기본권의 새로운 이해

한 수 웅

法 文 社

머 리 말

I.

이 책은 저자가 박사학위를 마치고 학자로서의 여정을 시작한 이래 지금까지 학술지에 게재한 논문 중에서 '기본권에 관한 논문'을 모은 것이다. 저자는 정년을 맞아 그동안 게재한 논문들을 '기본권의 영역'과 '헌법상 권력구조의 영역'으로 나누어 2권의 책으로 출간할 계획을 세웠는데, 기본권에 관한 논문들을 한 권으로 묶은 것이 바로 '기본권의 새로운 이해'이다. 헌법재판을 포함하여 권력구조에 관한 논문들을 하나로 묶은 것은 '헌법상 권력구조의 재조명'이란 제목으로 이 책에 이어서 곧 출간될 예정이다.

저자가 법학 중에서도 '헌법'을 택하여 학문의 길에 들어선 것이 어제 같은데, 올해 벌써 대학에서 정년을 맞게 되었다. 저자는 장기간의 독일 유학생활을 마치고 1994년 귀국하여 헌법재판소에서 약 10년 간 헌법연구관으로 헌법재판실무에 종사하였고, 그 이후로는 대학에서 헌법을 가르쳐왔다. 이제야 비로소 헌법학에 관하여 조금 알 것 같은데, 알만하니 학문의 장소인 대학을 떠나게 되었다. 아직도 마음과 자세에 있어서는 여전히 '신임교수'인 저자로서는 정말 받아들이기 어려운 현실이다.

지난 삶을 돌이켜 보면, 저자는 항상 무엇에 쫓기는 듯 여유 없는 삶을 살아왔다. 학문의 길은 그야말로 지루하고 수도승과 같은 인내를 요구하는 것이었고, 그동안 이를 지탱시켜 준 것은 자신을 연구해 달라고 소리치는 '숱한 학문적 주제들의 아우성'이었다. 자신을 무지의 세계에서 꺼내서 빛의 세계로 옮겨달라는 헌법적 문제들의 '외침'은 저자에게는 '학문적 호기심'을 의미하였고, 학문적 호기심이 꼬리에 꼬리를 물면서 지난 삶을 채워왔다. 학자로 하여금 아침에 눈을 뜨게 하고 학자의 삶을 지탱하는 것이 바로 '학문적 호기심'이고, 학문적 호기심이 끝나는 곳에서 학자로서의 삶도 끝난다. 지난 사반세기 동안 학문에 대한 저자의 원초적인 갈증은 어느 정도 해소된 것 같으나, 학문적 능력의 한계와 천성적 게으름으로 인하여 아직도 자신을 발굴해 달라고 소리치는 많은 주제들을 어둠 속에서 꺼내지 못한 것이 후회로 남는다.

II.

'기본권의 새로운 이해'는 기본권에 관한 저자의 연구결과의 총결산이다. 이 책은 저자의 기본권관련 논문 28개를 담고 있으며, 제1장 기본권 일반이론(6개의 논문), 제2장

인간의 존엄과 가치 및 행복추구권(2개의 논문), 제3장 평등권(2개의 논문), 제4장 자유권적 기본권(8개의 논문), 제5장 참정권(2개의 논문), 제6장 청구권적 기본권(2개의 논문), 제7장 사회적 기본권(5개의 논문), 제8장 국민의 기본의무(1개의 논문) 등 모두 8개의 장으로 구성되어 있다. 저자는 이 책에 실린 논문들을 발표연도순이 아니라 저자의 교과서 '헌법학'의 서술체계에 따라 유형화하여 해당 부분에 귀속시켰다. 이 책에 수록된 28개의 논문들은 '헌법학' 교과서의 '기본권론'을 작성하는데 결정적으로 기여한 것들이다.

저자는 이전에도 자신의 연구결과를 정리해 보고자 하는 생각을 가지고 있었으나, 여러 가지 이유로 실행에 옮길 수가 없었다. 누군가가 일기를 쓰는 것을 꺼려한다면, 이는 아마도 매일 자신과 마주 앉아 하루를 결산하는 작업이 무척이나 부담스럽기 때문일 것이다. 사실 정년을 맞아 자신의 학문적 활동을 결산하는 작업은, 자신의 학문적 업적을 스스로 무척 자랑스럽게 여기지 않고서는 마냥 즐거운 마음으로 진행되기 어려운 것이다. 자신의 지나간 시간을 정리하는 작업은 대부분의 경우 "그동안 살면서 이것밖에 한 것이 없나!"라는 탄식과 함께 자신의 '학문적 초라함'과 '게으름'을 확인하는 작업이기 때문이다. 저자도 또한 예외가 아니었다. 게다가 일부 논문은 거의 25년 전에 작성된 것인데, 오늘의 '내'가 25년 전의 '나'와 마주 앉아 지난날의 '나'를 바라본다는 것은 많은 인내와 자신에 대한 관용을 필요로 하는 것이었다.

원래 저자는 이 책에 수록된 논문들을 학술지에 게재되었던 '논문 원고' 그대로 싣고자 하였다. 그러나 논문을 정리하는 과정에서 독자에 대한 예의를 갖추기 위해서라도 오타를 수정하고 문장을 다듬는 작업은 불가피하였다. 또한, 독자의 이해를 돕기 위하여 필요하다고 판단되는 부분에서는 추가적으로 소제목을 부여하였다. 나아가, 논문 발표 이후에 저자의 학문적 인식이 근본적으로 개선된 경우에는 내용적 보완이 요청되는 부분에 한하여 내용을 약간 보완하거나 수정하였다.

III.

저자가 지난 논문들을 정리하는 과정에서 잠시나마 '과거로의 여행'은 피할 수 없는 것이었다. 거의 모든 논문이 저자가 그 당시 처했던 상황이나 논문을 작성하게 된 계기를 상기시켜 주었다. 이 책에 수록된 다수의 논문들은 저자가 헌법재판소에서 연구관으로 근무하면서 구체적인 헌법소송사건의 해결을 위하여 연구하는 과정에서 나온 것이다. 이러한 의미에서 헌법재판소는 구체적 사건을 통하여 연구의 동기를 부여하고 연구의 방향을 제시함으로써, 저자의 선생님 역할을 하였다고 말할 수 있다.

가령, 재산권보장에 관한 논문(제4장 제5절)은 '소위 그린벨트 사건(헌재 1998. 12. 24. 89헌마214 등)'을 연구하는 과정에서 나온 부수적 산물이다. 헌법재판소는 위 결정에서 처음으로 독일 연방헌법재판소에 의하여 형성된 '분리이론'을 채택하였고, 재산권제한 여부가 문제되는 사건에서 위헌여부를 판단하는 이론적 틀을 확립하였다. 저자는 독일 대학에서 '경제헌법'을 주제로 하여 박사학위를 취득하였음에도 대표적인 경제적 기본권인 재산권보장의 헌법적 의미에 관하여 명확한 이해를 가지지 못하였는데, 위 사건에 관하여 연구하면서 비로소 '재산권의 보장'에 관하여 법리적으로 이해할 수 있게 되었다.

또한, 양심의 자유에 관한 논문(제4장 제2절)도 양심의 자유의 침해여부를 다투는 헌법소원사건을 해결하기 위하여 연구한 결과를 논문으로 작성한 것이다. 위 논문은 '준법서약서 사건(헌재 2002. 4. 25. 98헌마425 등)'과 '양심적 병역거부 사건(헌재 2004. 8. 26. 2002헌가1)'을 비롯하여 일련의 사건에서 양심의 자유의 침해여부를 판단하는 이론적 기초를 제공하였다.

집회의 자유에 관한 논문(제4장 제4절 제1주제)도 '외교기관 앞 옥외집회금지 사건(헌재 2003. 10. 30. 2000헌바67 등)'을 해결하는 과정에서 나온 것으로, 위 결정뿐만 아니라 집회의 자유가 문제된 후속결정들에 대해서도 집회의 자유가 제기하는 근본적인 헌법적 문제를 해결하는 이론적 기초를 제공하였다.

나아가, 저자의 논문에서 제시한 '일련의 이론적 틀'이 헌법재판소결정에서 심판대상의 위헌여부를 판단하는 기본도구로서 사용되었다. 가령 '자유권의 제한' 개념에 관한 논문(제1장 제2절)은 2002년 '준법서약서 결정'에서 준법서약서제도가 양심의 자유에 대한 '제한'에 해당하지 않는다는 다수의견의 논리를 뒷받침하는 이론적 근거를 제공하였다.

또한, 평등권 일반이론에 관한 논문(제3장 제1절)은 평등권 위반여부를 판단하는 심사기준으로 '완화된 심사'와 '엄격한 심사'라는 이중적 심사기준의 틀을 처음으로 체계화하여 제시하였다. 위 논문에서 제시한 기준은 '제대군인 가산점 사건(헌재 1999. 12. 23. 98헌마363)'에서 평등권 위반여부를 판단하는 이론적 기초로서 사용되었고, 오늘날 헌법재판소의 확립된 판례로 자리 잡았다.

나아가, 사회적 기본권에 관한 일반이론(제7장 제1절 제1주제)도 국가에 의한 사회적 기본권 실현여부를 다투는 헌법소원심판에서 '사법적 심사의 한계'를 밝혀냄으로써, 위헌심사의 기준이 그 당시 학계의 다수 견해가 주장하던 '과잉금지원칙'이 아니라 '최소한 보장의 원칙'이라는 것을 처음으로 제시하였다. 위 심사기준은 '94년 생계보호기준 사건(헌재 1997. 5. 29. 94헌마33)'에서 사회적 기본권 위반여부를 판단하는 심사기준으로 적용된 이래로 지금까지 헌법재판소의 확고한 입장으로 자리 잡고 있다.

IV.

이 책의 출간을 기회로, 그동안 학문적으로 도움을 받은 여러분들께 감사의 마음을 전하고 싶다. 우선, 누구보다도 학문적으로 오늘의 저자를 있게 해 주신 독일 Freiburg 대학의 J. H. Kaiser 교수님께 깊은 감사의 말씀을 드리고 싶다. 저자의 박사학위논문을 지도해 주신 교수님으로부터 무한한 사랑을 받고서도 교수님이 살아계셨을 때 그 은혜를 조금도 갚을 길이 없었기에, 교수님께 더욱 감사하고 죄송하다. 그리고 저자가 학문에 전념할 수 있도록 헌법재판소에서 대학으로 이끌어주신 권영설 교수님, 헌법재판소에서 사건을 통하여 저자를 가르쳐주신 김문희 헌법재판관님께 깊이 감사드린다. 또한, 여러모로 부족한 저자가 작으나마 학문적 결실을 거둘 수 있도록 도와주고 지원해 주신 '중앙대학교'와 이인호 교수님을 비롯한 '중앙대학교 법학전문대학원 교수님들'께도 감사의 말씀을 드린다.

이 책을 출간하는 과정에서도 많은 분들의 도움을 받았다. 특히, 초인적인 인내를 가지고 초고를 빠짐없이 읽고 번거로운 교정작업을 맡아준 박사과정의 '송호춘 변호사'에게 고마운 마음을 전한다. 헌법을 공부하면서 인생의 즐거움을 느낀다는 그의 말이 가끔은 믿기 어렵지만, 앞으로도 그의 인생에 계속 '헌법의 축복'이 내리기를 빈다. 아울러, 어려운 출판 현실에도 불구하고 저자의 출간계획을 흔쾌히 지지해 주신 법문사 사장님과 좋은 책을 만들기 위하여 수고를 아끼지 않으신 유진걸 대리님, 노윤정 차장님께 다시 한 번 감사드린다.

이 책에 담긴 논문들은 비록 저자가 작성하였으나, 저자로 하여금 이 논문들을 쓸 수 있게 해준 사람은 지난 40년간 저자의 곁을 지켜준 '나의 아내'이다. 이 책을 '사랑하는 아내'와 '아내를 낳아주신 고맙고도 사랑스러운 장모님'께 바친다.

2020. 7. 7.

저자 韓秀雄

차 례

세부 차례

제 1 장 기본권 일반이론 1~200

제 2 장 인간의 존엄과 가치 및 행복추구권 201~264

제 3 장 평 등 권 265~350

■ 평등권의 구조와 심사기준

■ 헌법 제19조의 양심의 자유

■ 제2주제 헌법상의 '알 권리'

－헌법재판소 주요결정에 대한 판례평석을 겸하여－

■ 제2주제 헌법 제21조 제2항의 집회에 대한 허가금지의 의미

–'제2차 야간옥외집회금지 결정'에 대한 판례 평석을 겸하여–

제 5 장 참 정 권

■ 공무담임권의 보장내용

－공무담임권에 관한 헌법재판소결정의 판례평석을 겸하여－

■ 헌법 제27조의 재판청구권

제 7 장 사회적 기본권 755~906

■ 제2주제 사회복지의 헌법적 기초로서 사회적 기본권

－사회적 기본권의 개념과 법적 성격을 중심으로－

■ 제2주제 교육의 자주성·전문성·중립성 및 교사의 교육의 자유

－교사의 사상주입교육의 헌법적 문제를 계기로 하여－

제 8 장 국민의 기본의무 907～940

■ 국민의 기본의무

제1장

1 기본권 일반이론

제1절 자유권의 보호범위

제2절 자유권의 제한

제3절 자유권의 제한에 대한 헌법적 요청

제4절 기본권의 충돌

제5절 자유권의 기능 변화

제6절 제도보장

제1절 자유권의 보호범위

자유권의 보호범위*

Ⅰ. 머리말

자유권을 제한하는 공권력행위에 대한 위헌심사의 단계는 일반적으로 3단계로 나뉜다. 첫째, 개인의 행위나 상태 또는 법적 지위가 자유권의 보호범위에 속하는지 여부가 규명되어야 하고, 둘째, 공권력의 행위가 자유권의 보호범위를 제한하는지 여부를 확인해야 하며, 셋째, '자유권의 제한이 헌법적으로 정당화될 수 있는지' 여부가 판단되어야 한다. 헌법재판소도 이와 같은 심사구조에 의하여 판단을 하고 있음을 확인할 수 있다.[1]

자유권의 보호범위를 확정하는 문제는 자유권을 기준으로 하는 위헌심사의 첫 번째 단계로서 중요한 의미를 가진다. 자유권을 적용하기 위해서는 우선 자유권의 적용범위가 확정되어야 한다. 자유권이 언제 적용되는지, 즉 자유권의 보호범위에 관한 확정 없이는 자유권을 기준으로 하는 '공권력행위에 대한 위헌심사'가 불가능하다. 따라서 자유권의 보호범위를 확정하는 작업은 불가결하다.

---

* 위 논문은 2006년 12월, 헌법학연구(한국헌법학회), 제12권 제5호, 41-81면에 게재된 것을 일부 수정한 것이다.

1) 가령 대표적으로, 헌재 2002. 10. 31. 99헌바76등(요양기관 강제지정제): 헌재 1996. 12. 26. 96헌가18(자도소주 사건); 헌재 1998. 5. 28, 96헌가5(기부금품 모집금지 사건) 참조.

특히, 자유권의 보호범위를 좁게 또는 넓게 설정하는지의 문제는 자유권이 관련된 사건의 해결에 있어서 중대한 의미를 가진다. 자유권의 보호범위를 좁게 설정하는 경우, 자유권의 보호를 요청하는 개인의 행위나 법익이 자유권의 보호범위에 포함되지 않는 것이 되어, 자유권 제한의 문제가 처음부터 발생하지 않고, 이로써 자유권을 기준으로 하는 위헌심사가 종결된다.[2] 자유권의 보호범위를 넓게 확정하여 당해 사건에서 자유권의 적용을 인정하는 경우에 비로소 자유권을 기준으로 하는 위헌심사는 '자유권의 제한' 및 '제한의 정당성'이란 다음 단계에 이를 수 있다.

헌법재판소의 판례에서도 드러나는 바와 같이, 자유권의 보호범위는 다양한 문제를 제기하고 있다. 예컨대, 양심의 자유의 보호범위는 양심형성의 자유뿐만 아니라 양심실현의 자유도 포함하는가? 양심의 자유는 반사회적·비도덕적인 양심도 보호하는가? 음란표현이나 허위사실의 주장도 표현의 자유에 의하여 보호되는가? 정치적 파업도 근로3권에 의하여 보호되는가? 헌법 제12조 제1항의 신체의 자유에 의하여 '신체를 훼손당하지 않을 자유'도 보호되는가? 사회적으로 유해한 직업도 직업의 자유의 보호범위에 포함되는가? 폭력적 시위도 집회의 자유에 의하여 보호되는가? 타인의 재산권을 파괴하는 행위도 예술의 자유에 의하여 보호되는가? 사회적으로 유해한 직업, 폭력시위 또는 타인의 재산권을 파괴하는 예술행위가 자유권의 보호범위에서 제외된다면, 그 헌법적 근거는 무엇인가?

나아가, 헌법이 일반적 법률유보체계 또는 개별적 법률유보체계를 채택하고 있는지에 따라 자유권의 보호범위를 확정하는 의미는 다른가? 그렇다면, 모든 자유권에 대하여 일괄적으로 제한할 수 있는 '일반적 법률유보조항'을 두고 있는 우리 헌법에서 보호범위 확정의 의미는 무엇인가?

Ⅱ. 자유권의 특성

1. 자유권적 기본권의 구조

가. 기본권규정·국가의 객관적 의무·개인의 주관적 권리의 관계

기본권은 객관적 헌법규범인 기본권규정을 근거로 개인에게 귀속되는 법적 지위이다. 기본권규정은 헌법의 한 부분으로서 국가에게 객관적 의무를 부과하면서 개인에게는 주관적 권리를 부여하는 객관적 법규범이다.[3] 기본권의 구조는 객관적 법규범(기본

2) Vgl. W. Höfling, Grundrechtstatbestand-Grundrechtsschranken-Grundrechtsschrankenschranken, Jura 1994, S.170f. 가령, '직업의 자유'의 보호범위를 도덕적이고 윤리적인 직업의 경우에 한정한다면, 사회통념상 비도덕적인 직업을 행사하는 사람은 직업의 자유란 기본권을 주장할 수 없게 된다.

3) Vgl. Ipsen, Staatsrecht II, 2001, S.17ff.; Isensee, Das Grundrecht als Abwehrrecht und als staatliche Schutzpflicht, in: HbStR, Bd.V, 1992, §111 Rn.75f.

권규정), 국가의 객관적 의무(국가의 기본권 존중의무), 개인의 주관적 권리(기본권)의 상관관계에서 보아야 이해가 가능하다.

개인이 특정 상대방으로부터 작위나 부작위를 요구할 수 있는 법적 권리를 가지고 있는 경우, '주관적 권리'가 인정된다. 주관적 권리는 이에 대응하는 '상대방의 법적 의무'를 당연한 전제로 하며, 이러한 법적 의무는 '객관적 법규범'에 의하여 부과된다. 객관적 법규범의 본질은 법규범의 적용을 받는 자(受範者)를 법적으로 구속한다는 데 있으므로, 법규범은 수범자에 의하여 존중되고 준수되어야 한다. 다른 모든 법규범과 마찬가지로, 객관적 법규범으로서의 기본권규정은 그의 수범자인 국가권력을 구속하고, 국가권력에 의하여 존중되고 준수되어야 한다.[4] 따라서 주관적 권리인 기본권은 이에 대응하는 '국가의 기본권 존중의무'를 당연한 전제로 한다.

나. 主觀的 公權의 3가지 요소

기본권은 헌법상 기본권규정을 근거로 하여 국가공권력의 주체에 대하여 작위나 부작위를 요구할 수 있는 개인의 법적 권리, 즉 주관적 공권이다. 헌법은 제2장에서 기본권을 개인의 '자유' 또는 '권리'로 표현함으로써 주관적 권리의 형태로 규정하고 있다. 주관적 권리의 본질이 특정 상대방으로부터 작위나 부작위를 요구할 수 있는 법적 권리이므로, 기본권도 권리의 주체 · 권리의 상대방 · 권리의 보장내용이라는 주관적 권리의 3가지 요소('누가 누구로부터 무엇을 요구할 수 있다')로 구성되어 있다.[5]

가령, 헌법은 "모든 국민은 … 자유를 가진다."고 하여 자유권적 기본권을 주관적 권리의 형태로 규정하고 있다. 각 개별자유권규정은 '모든 국민'이라는 표현을 통하여 기본권의 주체를 언급하고 있으며, '신체의 자유', '거주 · 이전의 자유', '직업의 자유' 등과 같이 보호하고자 하는 생활영역을 구체적으로 언급함으로써 각 기본권의 보장내용을 표현하고 있다. 헌법은 제10조 후문에서 "국가는 … 기본적 인권을 … 보장할 의무를 진다."고 하여 '기본권의 구속을 받는 상대방'으로서 국가를 명시적으로 언급함으로써, 기본권을 존중해야 하는 국가의 객관적 의무를 밝히고 있다. 따라서 국가는 자유권의 주관적 권리에 대응하여 '헌법적으로 정당화되지 않는 한, 자유권을 침해해서는 안 된다'는 객관적 의무를 진다.

2. 자유권적 기본권의 법적 성격

자유권은 그 기능에 있어서 일차적으로 對國家的 防禦權으로서 자유영역에 대한 국

---

4) 국가권력의 기본권기속에 관하여 vgl. Schnapp, Die Grundrechtsbindung der Staatsgewalt, JuS 1989, S.1ff.

5) Vgl. Alexy, Theorie der Grundrechte, 1994, S.168ff.

가의 부당한 침해를 배제한다. 자유권은 국가가 개인의 자기결정의 영역을 단지 존중하고 침해하지 않음으로써 보장되는 소극적 성격을 가지고 있다. 자유권은 본질적으로 국가의 강제와 간섭으로부터의 자유, 즉 국가로부터의 자유를 의미한다. 그러므로 자유권은 국가로부터 부당한 침해행위를 하지 말 것을 요구하는 不作爲請求權이다. 개인은 자유권을 행사하기 위하여 원칙적으로 입법자에 의한 매개를 필요로 하지 않는다. 자유권적 기본권은 그 자체로서 직접 효력을 가지는 제소가능한 주관적 공권으로, 단순히 존재함으로써 그 자체로서 국가행위에 대한 방어적 기능을 하게 된다.

한편, 자유권은 국가의 모든 행위를 절대적으로 배제하는 것이 아니라, 자유권의 제한이 헌법적으로 정당화되어야 한다는 조건 하에서 자유에 대한 제한을 허용한다.[6] 따라서 국가가 자유권의 제한을 정당화할 수 있다면, 개인은 자신의 자유권에 대한 제한을 수인해야 한다. 단지 헌법적으로 정당화되지 않은 '제한'만이 기본권의 '침해'를 가져온다. 헌법은 제37조 제2항에서 "국민의 모든 자유와 권리는 … 법률로써 제한할 수 있으며, 제한하는 경우에도 자유와 권리의 본질적인 내용을 침해할 수 없다."고 하여, 위와 같은 의미에서 기본권의 '제한'과 '침해'를 구분하여 사용하고 있다.[7]

3. 先國家的 自由로서 자유권적 기본권

자유권이 보호하고자 하는 것은 인간의 본질에 속하는 것이다. 인간의 존엄, 생명, 양심 등은 국가나 헌법에 의하여 부여되는 것이 아니며, 표현과 집회의 자유, 양심과 예술의 자유, 거주·이전의 자유 등은 모든 인간에게 내재된 고유한 행위가능성이다. 자유권에 의하여 보호되는 대상은 인간생존의 전제조건으로서 또는 행위를 통하여 환경을 변화시킬 수 있는 인격체의 가능성으로서 인간 자체에게 고유한 것이며, 이로써 인간이 살고 있는 국가공동체의 형태나 헌법의 내용과 관계없이 존재하는 것이다. 자유권의 보장내용이 헌법에 의하여 창설되는 것이 아니라 헌법 이전에 존재한다는 의미에서, 자유권의 보호대상은 自然的 自由 또는 先國家的 自由로 달리 표현할 수 있다.

헌법은 제10조 후문에서 '개인이 가지는 불가침의 기본적 인권을 확인하고 보장해야 할 국가의 의무'를 규정함으로써, 기본적 인권으로서 인간의 자유와 평등은 국가에 의하여 부여되는 것이 아니라 단지 확인됨으로써 실정법인 기본권으로 전환된다는 것을 밝히고 있다. 따라서 헌법상 자유권적 기본권의 보장은 단지 '국가에 의한 자유의 확인'

---

6) Vgl. Isensee, Das Grundrecht als Abwehrrecht und als staatliche Schutzpflicht, in: HbStR, Bd.V, 1992, §111, Rn.2, 7, 8.

7) 이에 대하여 헌법은 제16조, 제17조, 제18조에서 주거의 자유, 사생활의 비밀과 자유, 통신의 비밀과 관련하여 "침해받지 아니한다."는 표현을 사용하고 있다. 그러나 여기서의 '침해'란 기본권에 대한 '위헌적인 제한'을 의미하는 것이 아니라, 위 기본권의 보호범위의 성격이 개인의 '행위가능성'이 아니라 생명이나 건강과 같이 실체를 가진 객관적 보호법익(사생활영역)임을 표현하고자 한 것이다.

에 지나지 않기 때문에, 국가가 선국가적인 자유권을 제대로 확인하지 아니함으로써 실정헌법규범으로 전환하지 않은 경우에는, 그러한 자유권은 헌법적으로 보장되지 않는 것이 아니라 헌법 제37조 제1항에 의하여 "헌법에 열거되지 아니한" 자유권으로서 보장된다.

자유권적 기본권의 기본사고는, 개인의 자유영역을 국가 이전에 존재하는 것으로 이해하여 원칙적으로 무제한적인 것으로 간주하는 반면, 이에 대하여 개인의 자유영역을 제한하는 국가의 권한은 원칙적으로 제한적이라고 하는 것이다. 이로써, 자유권적 기본권은 개인의 자유영역을 제한하는 국가의 행위에 대하여 특별한 정당성을 요청한다. 국가는 개인의 자유를 제한하는 자신의 행위를 항상 자유권의 관점에서 정당화해야 한다. 헌법 제37조 제2항은 개인의 자유는 공공복리를 위하여 제한될 수 있으나 "필요한 경우에 한하여" 제한될 수 있다고 규정함으로써, 자유를 제한하는 국가행위가 헌법적으로 정당화되어야 한다는 것을 표현하고 있다.

Ⅲ. 자유권의 보호범위의 의미 및 보호법익의 성격에 따른 자유권의 구분

1. 보호범위의 의미

공권력행위의 위헌성을 판단함에 있어서 우선 어떤 기본권이 적용되는지, 즉 공권력행위에 의하여 제한될 가능성이 있는 기본권(공권력행위와 관련된 기본권)이 무엇인지를 확인해야 하는데, 이는 자유권의 보호범위에 의하여 결정된다. 기본권의 주체가 어떠한 기본권을 주장할 것인지의 문제는 보호를 요청하는 개인의 행위나 상태가 어떠한 기본권의 보호범위에 해당하는지의 판단에 달려있다. 개인의 행위나 법익이 기본권의 보호범위에 포함되지 않는다면 기본권의 제한은 이미 부정되므로, 이러한 경우 기본권제한의 위헌여부, 즉 기본권의 침해여부를 논의하는 것은 무의미하다.

자유권은 일정한 보호범위(Schutzbereich)를 가지고 있다. 자유권은 그 본질에 있어서 일차적으로 국가공권력의 부당한 침해를 배제하는 '對國家的 防禦權'으로서 국가로부터 자유로운 일정한 생활영역(예컨대 집회, 학문, 예술, 직업, 사생활영역 등)을 서술하고 있다. 자유권에 의하여 보호되는 이러한 생활영역을 자유권의 '보호범위'라 하고,[8] 자유권

---

8) 보호범위(Schutzbereich)의 동의어로서 기본권의 구성요건(Grundrechtstatbestand)이란 표현이 사용되기도 한다. 이에 대하여 기본권에 의하여 보호되는 생활영역과 보호되지 않는 생활영역을 모두 포괄하는 개념으로서 규율영역(Regelungsbereich)이란 용어를 사용하기도 한다. 예컨대, 집회의 자유에 의하여 규율되는 영역은 모든 집회이지만, 보호되는 영역에는 단지 평화적 집회만이 속한다, vgl. Pieroth/Schlink, Grundrechte Staatsrecht II, 2000, Rn.195ff.; Alexy, Theorie der Grundrechte, 1994, 272ff.; P. Lerche, Grundrechtlicher Schutzbereich, Grundrechtsprägung und Grundrechtseingriff, in: HbStR, Bd.V, §121 Rn.11f.; Höfling, Grundrechtstatbestand - Grundrechtsschranken - Grundrechtsschrankenschranken,

의 보호범위 내에서 전개되는 개인의 행위를 '자유권의 사용' 또는 '자유권의 행사'라 한다.[9]

개인의 행위가 자유권의 보호범위에 속한다는 것은, '개인의 행위가 일단 헌법적으로 보호되고 허용되는 것으로 추정된다'는 것(prima facie Vermutung)을 의미한다.[10] 자유권은 보호범위에 속하는 개인의 행위가 원칙적으로 허용된다는 것을 규정함으로써, 국가가 개인의 자유를 제한하는 경우에는 자유권은 국가행위의 허용여부를 판단하는 심사기준으로서 작용한다. 이로써 자유권의 보호범위는 각 생활영역에서 자유권을 제한하는 국가행위에 대하여 이를 정당화해야 할 의무를 지우고 있다.

자유권의 보호범위는 국가의 제한을 원칙적으로 배제하면서 단지 제한이 헌법적으로 정당화된다는 조건하에서만 국가행위를 허용하는 '현실생활의 부분영역'을 의미한다. 이로써 보호범위는 국가로 하여금 개별자유권의 관점에서 '자신의 행위를 정당화해야 하는 범위'의 경계를 설정한다. 그러므로 보호범위는 고정적이고 객관적으로 확정된다.

2. 자유권의 보호법익

한편, 자유권의 '보호범위'와 구분되어야 하는 것은 자유권의 '保護法益'이다. 보호범위는 신체의 자유, 직업의 자유 등과 같이 기본권보호의 주제인 생활영역을 서술하고, 이로써 궁극적으로 보호하고자 하는 법익(Schutzgut 또는 Schutzinteresse)을 언급하고 있다. 보호범위와는 달리, 보호법익은 고정적이고 객관적으로 확정된 것이 아니라, 상충하는 법익과의 교량작업을 통하여 개별적인 경우마다 다양하게 실현될 수 있고, 이에 따라 제한될 수 있는 것으로 단지 최적으로 실현될 것을 요청할 뿐이다.[11]

자유권에 의하여 보호되는 법익은 인간의 행위가능성(표현행위, 직업행사 등), 자연적 인격의 요소(생명권, 신체를 훼손당하지 않을 권리)나 상태(인격권, 사생활의 보호 등)나 법적 지위(재산권)이다.[12] 자유권은 보호법익의 성격에 따라 아래와 같이 구분될 수 있다.

3. 자유권의 보호법익에 따른 자유권적 기본권의 구분

가. 주관적 행위가능성을 보장하는 자유권과 객관적 보호법익을 보장하는 자유권

자유권의 보호법익은 크게 일정 생활영역에서 자기결정에 기초한 주관적 행위가능성

Jura 1994, 170f.

9) Vgl. Pieroth/Schlink, Grundrechte Staatsrecht II, 2000, Rn.199.

10) Vgl. Alexy, Theorie der Grundrechte, 1994. S.272ff.; W. Höfling, Grundrechtstatbestand-Grundrechtsschranken-Grundrechtsschrankenschranken, Jura 1994, S.170.

11) Vgl. Isensee, Das Grundrecht als Abwehrrecht und als staatliche Schutzpflicht, in: HbStR, Bd.V, 1992, §111, Rn.40, 42.

12) Vgl. Sachs, Verfassungsrecht II Grundrechte, 2000, A7, Rn.13ff.; Alexy, Theorie der Grundrechte, 1994, S.174ff.

(직업 · 표현 · 집회 · 종교 · 양심 · 예술의 자유 등)과 인간의 존엄, 생명이나 신체, 주거나 통신의 비밀, 사생활영역과 같은 객관적 실체를 가지고 그 자체로서 보호되는 객관적 보호법익으로 나누어 볼 수 있다.[13] 이와 같은 구분은 '행위가능성'을 보장하는 자유권과 '법익의 불가침성'을 보장하는 자유권으로 달리 표현할 수 있다.[14]

(1) 法益의 不可侵性을 보호하는 자유권

일련의 자유권은 보호법익의 원칙적인 不可侵性을 전제로 하고 있다. 이러한 자유권은 원칙적으로 국가의 영향이나 작용을 배제하는 개인적 · 사적 영역에 귀속시킬 수 있는 보호법익을 가진 기본권이다. 이러한 자유권들의 보호대상은 그 자체로서 보호되는 물질적 · 정신적 실체로서, 행위가능성을 통한 자기결정권의 대상이 아니라 자기결정권을 행사하기 위한 전제로서(예컨대, 생명권, 건강권, 신체의 자유) 또는 자기결정권을 행사하기 위한 조건이나 상태로서(예컨대, 사생활의 보호) 보호되는 것이다. 이러한 기본권은 무엇을 보유하는 靜的 권리이지, 무엇을 해도 되는 動的 권리가 아니다. 생명권, 신체불가침권, 통신의 비밀, 주거의 자유 등은 살 권리, 신체적으로 훼손됨이 없이 생존할 권리, 서신을 쓰고 전화를 할 권리, 주택에서 살 권리 등과 같이 '무엇을 해도 되는 자유'를 보호하는 것이 아니라, 생명, 신체, 주거와 통신의 비밀 등 개인에게 전적으로 귀속되는 특정 법익의 불가침성을 국가의 침해로부터 보호함으로써 기본권의 주체가 보호법익을 보유하고 유지하는 것을 가능하게 한다.

인간의 존엄성, 생명권, 신체불가침권, 신체의 자유, 주거 · 통신의 비밀, 사생활의 보호, 개인의 명예를 비롯한 인격권 등은 전적으로 개인적 영역에 속하는 것으로 그 자체로서는 다른 법익과의 충돌가능성이 없으므로 원칙적으로 불가침이며, 정상적인 상황에서는 공익상의 이유로 제한을 해야 할 필요나 계기가 없다. 이러한 법익들은 소극적 · 수동적 법익으로서 국가의 공권력행사나 타인의 자유행사에 의하여 일방적으로 침해받는 법익이지, 다른 법익을 침해하는 법익이 아니다. 물론, 위 법익도 제한될 필요가 있으나, 이러한 법익에 대한 제한의 필요성은 위 자유권의 존재 자체로 인하여 발생하는 것이 아니라, 기본권주체가 행위가능성을 보장하는 자유권을 잘못 행사한 결과, 기본권주체의 범죄행위와 같은 다른 이유에 의하여 주거나 통신의 비밀, 사생활의 비밀 또는 건강권이나 생명권에 대한 제한을 요청하는 계기가 발생하는 것이다.

따라서 이러한 기본권에 대한 제한은 지속적인 제한이 아니라 일시적 또는 일회적, 국부적이며(예컨대, 음주운전여부의 판단을 위한 혈액의 채취, 범죄 혐의로 인한 체포 · 구속,

13) Vgl. W. Cremer, Freiheitsgrundrechte, 2003, S.74ff.; Alexy, Theorie der Grundrechte, 1994, S.311; Ipsen, Staatsrecht II, 2001, S.45ff.; Isensee, Das Grundrecht als Abwehrrecht und als staatliche Schutzpflicht, in: HbStR, Bd.V, 1992, §111, Rn.40f.

14) Vgl. Ipsen, Staatsrecht II, 2001, S.45ff.

주거에 대한 수색, 통신의 감청 등), 단지 법관의 영장과 같이 특별하고 엄격한 요건 하에서만 허용될 수 있다. 이러한 기본권에 대한 제한은 명령과 강제라는 고전적인 제한의 형태가 아니라 국가의 사실행위를 통하여 이루어진다. 위 자유권의 경우, 제한을 정당화하는 특수한 상황이 사라진 후에는 보호법익은 다시 完全無缺性과 不可侵性을 회복한다. 우리 헌법은 "… 침해받지 아니한다."는 표현을 통하여(제16조, 제17조, 제18조) 이러한 자유권의 소극성과 불가침성을 표현하고 있다.

한편, 헌법은 인간의 존엄(제10조)이나 신체의 자유(제12조)의 경우에는 "… 가진다."는 표현을 사용하고 있으나, 불가침성을 전제로 하는 "침해받지 아니한다."란 표현을 사용하는 것이 보다 타당하다.[15] 인간의 존엄과 신체의 자유는 다른 자유권을 행사하기 위한 조건이나 전제로서 전적으로 개인적 영역에 귀속되는 것이며, 적극적인 행위가능성을 보장하는 기본권이 아니라 국가나 사인에 의하여 일방적으로 침해받는 소극적인 법익이다.

(2) 行爲可能性을 보호하는 자유권

이에 대하여, 그 외의 자유권은 직업의 자유, 표현의 자유, 예술의 자유, 결사의 자유, 집회의 자유 등과 같이 자기결정에 따른 행위가능성을 보호대상으로 하고 있다. 이러한 기본권들은 '무엇을 해도 되는 권리'로서 서술할 수 있다. 이러한 기본권들이 보호하고자 하는 것은 특정 생활영역에서 행위를 통한 자기결정권으로, 가령 '종교'나 '표현' 그 자체가 보호되는 것이 아니라 '신앙생활을 할 자유'나 '의견을 표명할 자유'가 보호된다.

개인에게 전적으로 귀속될 수 있는 생명・신체・주거와 통신의 비밀・사생활의 비밀 등의 법익은 소극적・수동적 법익으로서 원칙적으로 불가침적인 반면, 사회공동체 내에서 개인의 행위가능성은 처음부터 타인과의 상호관계에 있고 타인과의 연관관계에서 파악해야 하므로, 타인과 공동체의 법익과 충돌할 가능성이 있고, 이에 따라 제한이 필요하다. 법익의 불가침성을 보장내용으로 하는 자유권의 경우 그에 대한 제한은 비정상적 상황에서 특별한 요건 하에서만 개별적인 경우 일회적으로 가능하다면, 행위가능성에 대한 제한과 규율은 자유권과 이에 대립하는 법익이 양립할 수 있도록 상시적・지속적으로 유지되어야 한다. 가령, 직업의 자유는 이를 규율하는 다양한 법률에 의하여, 집회의 자유는 집시법에 의하여 상시적으로 '자유권'과 '상충하는 반대법익' 간의 경계가 설정된다. 이러한 기본권에 대한 제한은 주로 명령과 강제라는 고전적인 제한의 형태로 이루어진다. 우리 헌법은 행위가능성을 보호하는 기본권에 대하여 "… 자유를 가진다."는 표현을 사용하여 규정하고 있다.

15) 독일 기본법의 경우, 인간의 존엄성, 신체의 자유, 주거의 자유, 통신의 비밀 등의 기본권과 관련하여 '불가침의'("unantastbar" 또는 "unverletzlich")란 표현을 사용하고 있다.

(3) 상태와 행위를 보호하는 자유권

헌법 제23조의 재산권보장은 법익의 불가침성(상태)과 행위가능성을 동시에 보호한다. 재산권보장은 개인의 주관적 권리로서 구체적 재산권의 존속보장, 즉 보유에 그치는 것이 아니라, 나아가 재산권자의 행위가능성으로서 재산권을 사용하고 처분하는 가능성을 보호한다. 따라서 재산권의 경우 '주관적 행위가능성'으로서 재산권의 자유로운 사용과 처분가능성 및 '법적 지위'로서 법질서에 의하여 개인에게 귀속된 구체적 재산권의 존속을 동시에 보장한다는 특수성이 있으므로, 헌법은 "… 보장된다."는 제3의 표현을 사용하고 있다.

나. 인간의 '상태'를 보호하는 자유권과 인간의 '행위'를 보호하는 자유권

한편, 자유권은 크게 개인의 '상태를 보호하는 기본권'과 '행위를 보호하는 기본권'으로 구분할 수 있다.[16] 모든 자유권은 인간존엄성의 실현과 자유로운 인격발현을 위하여 보장되는 것이며, 이러한 목적을 위하여 헌법은 특정한 영역을 국가의 침해로부터 차단함으로써 자유로운 인격발현을 위하여 필요한 상태나 법적 지위를 보장하는 자유권(예컨대 사생활의 보호, 주거의 자유와 통신의 비밀의 보장, 재산권의 존속보장 등)과 자유로운 인격발현을 위한 적극적인 행위를 보호하는 자유권(예컨대 언론, 집회의 자유, 직업의 자유, 재산권의 이용과 처분 등)을 함께 보장하고 있다. 인격의 자유로운 발현은 그의 기본조건으로서, 인간의 행위에 대한 보호와 인간의 사실적·법적 존재 또는 상태에 대한 보호라는 이중적인 보호를 필요로 한다.

마찬가지로 인격발현에 관한 일반적인 자유권으로서의 '행복추구권'도 적극적인 행위를 통하여 인격을 자유롭게 발현할 수 있는 가능성을 보장하는 '일반적 행동자유권'과 개인이 인격을 자유롭게 발현하고 유지할 수 있는 조건이나 상태를 보장하는 '일반적 인격권'을 그 구성요소로 한다.[17]

---

16) Vgl. Degenhart, Die allgemeine Handlungsfreiheit der Art.2 I, JuS 1990, S.161; Alexy, Theorie der Grundrechte, 1994, S.174ff., 330ff.

17) 이에 관하여 한수웅, 헌법상의 인격권, 헌법논총 제13집(2002), 637면 이하; 독일 인격발현권의 이중적 구조에 관하여 vgl. Schmitt Glaeser, Schutz der Privatsphäre, in: Isensee/Kirchhof(Hg), HbStR, Bd.VI, 1989, §129 Rn.17; Degenhart, Die allgemeine Handlungsfreiheit, JuS 1990, S.161; ders. Das allgemeine Persönlichkeitsrecht, JuS 1992, S.361; Jarass, Das allgemeine Persönlichkeitsrecht im Grundgesetz, NJW 1989, S.857; Alexy, Theorie der Grundrechte, 1994, 330ff.; Stein, Staatsrecht, 14.Auflage, 1993, S.252; BVerfGE 35, 202, 220.

Ⅳ. 보호범위 설정의 문제

1. 보호범위가 법익형량을 통하여 처음부터 축소되어야 하는지의 문제

가. 보호범위 확정을 위한 2가지 방법

개인의 행위가능성을 보호하는 자유권의 보호범위와 관련하여 일차적으로 제기되는 문제는, 자유권의 행사가 다른 법익과 충돌하는 경우에 다른 법익과 충돌하는 자유권의 행사도 일단 자유권의 보호를 받도록 하고 상충하는 법익간의 조정은 '제한의 정당성 단계'에서 할 것인지 아니면 상충하는 법익간의 비교형량과정이 이미 보호범위의 단계에서 이루어짐으로써 실제로 보호받아야 할 행위만을 자유권의 보호범위에 포함시킬 것인지의 문제이다. 예컨대, 화가가 화실에서 그림을 그리는 행위는 당연히 예술의 자유에 의한 보호를 받지만, 화가가 차량통행이 많은 도심에서 차도를 점유하여 도로에 그림을 그리는 경우에 이러한 시도를 행정청이 금지하였다면, 이러한 해프닝도 예술의 자유의 보호범위에 속하는지, 화가는 행정청의 금지처분으로 인하여 예술의 자유가 제한되었다고 주장할 수 있는지 하는 것이다. 이러한 경우, 구체적으로 다음과 같은 두 가지 방법에 의하여 보호범위를 설정하는 것이 가능하다.[18)]

첫째, 개별적인 사건마다, 공익이나 타인의 법익 등 상충하는 법익과 비교형량하였을 때 다른 법익에 양보할 필요가 없는 예술행위만을 예술의 자유의 보호범위에 포함시킴으로써 처음부터 기본권의 보호범위를 축소하는 방법이다. 이 경우 이미 보호범위의 단계에서 상충하는 법익간의 교량이 이루어지고, 이로써 기본권의 보호범위는 개별적인 경우마다 법익형량을 통하여 결정되기 때문에 상대적인 것이 되어, 기본권의 보호범위를 일반적으로 서술할 수 없게 된다.

'그림 그리는 행위'라도 구체적으로 어떠한 상황에서 이루어지는지에 따라 개별적 경우마다 보호범위에 포함되는지 여부가 달리 판단될 수 있다. 이러한 방법에 의하면, 가령 자신의 화실에서 이루어지는 화가의 창작활동이나 일요일 차량통행이 없는 보행자의 날에 10분간 도로에 그림을 그리는 행위는 예술의 자유의 보호범위에 속할 것이나, 차량통행이 많은 차도에서의 해프닝은 예술의 자유에 의하여 보호받지 못할 것이다. 그 결과, 보호범위가 추상적·일의적으로 확정되는 것이 아니라 구체적 사건마다 상이하게, 즉 상대적으로 결정된다는 단점을 안고 있다.

둘째, 자유권의 보호범위를 넓게 설정하여, 어떠한 행위가 공익이나 제3자의 기본권

---

18) 물론, 그의 행위와 대립하는 다른 반대법익을 고려할 때, 화가의 이러한 행위가 '궁극적으로' 허용될 수 없다는 것은 명백하다. 여기서 제기되는 문제는 화가의 이러한 행위가 '일단' 헌법적으로 허용되는 것으로 간주할 것인지 아니면 처음부터 허용되지 않는 것으로 볼 것인지에 관한 것이다.

과 충돌하는 경우에도 개별적인 경우의 구체적인 법익형량의 과정 없이 자유권의 보호범위에 포함된다고 보는 것이다. 즉, 개인의 행위는 일단 자유권에 의하여 보호되는 것으로 간주하고, 실제로 보호되는지 여부는 '자유권의 제한이 정당화되는지'를 심사하는 단계에서 자유권과 공익간의 구체적인 법익교량을 통하여 판단하는 것이다.

이러한 방법에 의하면, '그림 그리는 행위'는 개별적 상황과 관계없이 항상 예술에 해당되어 예술의 자유의 보호를 받는다. 이와 같이 보호범위를 넓게 설정하는 견해의 장점은 기본권의 보호범위가 구체적인 상황과 무관하게 추상적·일의적으로 확정될 수 있다는 점이다.

나. 자유권의 보호범위와 관련하여 헌법 제37조 제2항의 의미

위에서 살펴본 바와 같이, 보호범위 확정의 의미를 적용가능한 자유권을 확인하는 것에 둔다면, 보호범위는 객관적·추상적으로 확정될 수 있도록 넓게 설정하는 것이 바람직하다. 뿐만 아니라, 자유권의 보호범위를 고정적·객관적으로 정해야만, 개인은 자신의 행위가 자유권에 의하여 보호받는 것인지에 관하여 예측이 가능하다.[19]

또한, 우리 헌법은 자유권의 보호범위가 '형식적으로 광의로' 확정되어야 한다는 것을 간접적으로 밝히고 있다. 모든 자유권이 법률로써 제한될 수 있다고 규정하고 있는 헌법 제37조 제2항의 일반적 법률유보조항에 비추어, 자유권의 보호범위를 처음부터 법익교량을 통하여 '실제로 보호받을 수 있는 행위'로 축소하는 것은 자유권의 제한가능성을 규정하는 법률유보조항의 기능을 무의미하게 하는 것이다. 헌법 제37조 제2항에서 '자유권의 제한'이란 곧 '자유권의 보호범위'에 대한 제한을 의미하고, 나아가 '필요한 경우에 한하여' 제한할 수 있다는 것은 제한의 정당성을 요청하는 것이므로, 헌법은 자유권을 제한하는 공권력행위에 대하여 '보호범위, 그에 대한 제한, 제한의 정당성'이란 3단계의 위헌심사를 간접적으로 표현하고 있다. 헌법은 제37조 제2항의 법률유보조항을 통하여 이미 보호범위의 단계에서 법익교량을 통하여 보호범위를 축소하는 가능성에 대하여 부정적인 입장을 취하고 있다고 보아야 한다.

따라서 보호범위는 법익형량을 통하여 매 사안마다 개별적으로 확정되는 것이 아니라, 헌법해석을 통하여 객관적·일반적으로 확정되어야 한다.[20] 헌법재판소의 판례도 보호범위의 단계에서 상충하는 법익간의 비교형량을 시도하는 것이 아니라, 전반적으로 보호범위를 넓게 설정하면서 기본권제한의 정당성을 판단하는 단계에서 법익형량을 하고 있다.

---

19) 유사한 견해로 강태수, 기본권의 보호영역, 제한 및 제한의 한계, 허영박사 화갑기념논문집, 1997, 108면.

20) Vgl. Isensee, Das Grundrecht als Abwehrrecht und als staatliche Schutzpflicht, in: HbStR, Bd.V, 1992, §111, Rn.54.

2. 헌법해석을 통한 보호범위의 확정

가. 보호범위에 관한 헌법해석원칙

(1) 자유권이 보호하고자 하는 생활영역이나 보호대상이 헌법에 매우 추상적이고 간결하게 표현되어 있으므로, 보호범위와 관련하여 해석의 문제가 제기된다. 자유권규정도 헌법규범의 일부이므로, 해석을 통하여 보호범위를 파악함에 있어서 헌법해석에 관한 일반적 원칙이 적용된다. 기본권규정의 개방성·추상성에도 불구하고 해석의 출발점은 기본권규정의 法文이며(문리적 해석), 다른 헌법규정과의 연관관계(체계적 해석), 자유권보장의 의미와 목적(목적적 해석)을 고려하여 헌법제정자의 객관적 의사를 밝혀야 하고, 객관적 해석방법에 의하여 밝혀진 의미내용을 확인하거나 객관적 해석방법으로 발생한 의문을 제거하기 위하여 보충적으로 헌법제정 당시의 헌법제정자의 주관적 의사나 서구 인권보장의 역사 등을 고려할 수 있다(역사적 해석).[21)]

(2) 모든 헌법규범은 헌법 내에서 그에게 부여된 고유한 의미와 기능을 갖도록 해석되어야 한다는 것은 헌법해석의 기본적인 출발점이며, 이러한 원칙은 기본권규정에도 그대로 적용된다. 따라서 개별기본권규정은 헌법 내에서 고유한 보호범위와 의미를 가지도록 해석되어야 하며, 특히 보호범위의 확정과 관련하여 이미 다른 기본권에 의하여 보호되는 대상을 보호범위로 귀속시킴으로써, 개별기본권규정을 헌법 내에서 독자적인 존재의미가 없는 조항으로 전락시켜서는 안 된다.

또한, 기본권규정의 해석에 있어서 중요한 의미를 가지는 관점은, 가능하면 기본권규정이 實效性을 가지도록 해석되어야 한다는 '基本權實效性의 원칙'이다.[22)] 이에 따르면, 의문이 있는 경우 기본권규정이 효력을 가장 강력하게 발휘하도록 하는 해석가능성을 선택해야 한다. 이러한 의미에서 기본권의 보호범위를 '헌법해석이 허용하는 범위 내에

---

21) Vgl. v. Münch, in: Münch/Kunig(Hg), Grundgesetz Kommentar, Bd.1, 2000, Vorb. Rn.50; Pieroth/Schlink, Grundrechte Staatsrecht II, 2000, Rn.230; Stern, Das Staatsrecht der BRD, Ⅲ/2, 1994, §95.

22) Vgl. Stern, Das Staatsrecht der BRD, Ⅲ/2, 1994, S.63f., 1740ff.; v. Münch, in: Münch/Kunig(Hg), GGK, 2000, Vorb. Rn.51, ① '기본권실효성의 원칙'은 원래 바이마르 공화국 당시 R. Thoma에 의하여 주장된 것으로, 의문이 있는 경우에는 기본권에 직접적 효력을 가지는 현실적 규범으로서의 성격을 인정하고자 한 것이었다. ② 한편, 독일연방헌법재판소는 자유권을 단지 '주관적 공권'이 아니라 동시에 '객관적 가치질서'로서 이해해야 한다는 자신의 견해를 뒷받침하는 논거로서 '기본권실효성의 원칙'을 언급하였다. 이러한 의미의 기본권실효성의 원칙은 자유권의 다양한 기능을 인정함으로써 자유권의 효력을 강화하고자 하는 요청으로서 또는 직접 효력을 가지는 개인의 주관적 공권으로서의 성격을 강조하는 의미에서 주장된 이론이다. ③ 따라서 기본권실효성의 원칙을 '자유권 극대화의 요청'이나 '자유 추정 이론'(in dubio pro libertate)으로 이해함으로써 '자유는 최대한으로 보장되어야 한다'든지 또는 '의심이 있는 경우 자유에 유리하게 해석되어야 한다'고 주장하는 견해는 타당하지 않다. 이러한 견해는 '자유권과 자유에 일방적인 우위를 부여해야 한다'는 의미로 이해될 위험이 있으며, 자유권과 자유를 일방적으로 강조함으로써 다른 헌법적 법익의 희생 하에서 자유권과 자유를 극대화한다는 점에서 문제가 있다. 나아가, 위 견해는 그 내용에 있어서도 '자유는 공익실현을 위하여 필요한 정도를 넘어서 제한되어서는 안 된다'는 것 이상의 아무런 독자적 의미가 없다.

서' 광의로 해석하는 것이 바람직하다.[23] 예컨대, '주거의 자유'와 관련하여 '주거'의 개념은 매우 광의로 이해된다.[24] 여기서의 '주거'란 개인의 거주용 주택뿐 아니라 식당이나 상점과 같은 순수한 사업 및 작업의 공간(사업장 · 작업장)도 포함한다. 직업상의 사적 공간과 개인적인 사적 공간을 구분하는 것이 어렵고, 작업장을 보호범위에서 제외한다면 법인은 주거의 자유의 보호를 받지 못하며, 개인의 경우에도 작업장의 압수와 수색에 있어서 제16조 후문(영장주의)의 특별한 보호를 받지 못한다.[25]

(3) 한편, 자유권의 보호범위가 '제한의 필요성'의 관점에서 처음부터 축소되어서는 안 된다.[26] 자유권의 남용가능성 및 이로 인한 제한의 필요성은 기본권제한을 정당화하는 사유가 될 수는 있어도 보호범위의 축소를 정당화하는 사유가 될 수는 없다.[27] 자유권의 보호범위가 제한의 필요성의 관점에서 확정되는 경우에는, 자유권은 국가에 의한 부당한 침해로부터 개인의 자유를 더 이상 보호할 수 없게 될 것이다.

또한, '보호범위를 넓게 해석하는 경우에는 상충하는 법익과의 경계설정의 어려움이 있기 때문에 보호범위를 협소하게 확정해야 한다'고 주장함으로써, 자유권의 보호범위를 '법익충돌상황의 해결 가능성'의 관점에서 축소하고자 하는 견해도 타당하지 않다. 예컨대, 양심의 자유에 양심형성의 자유뿐만 아니라 양심실현의 자유를 포함시키는 경우, 양심실현의 자유와 다른 법익이 서로 충돌할 수 있기 때문에 '양심실현의 자유를 어떻게 어느 정도로 보장해야 하는지'의 어려운 헌법적 문제가 발생한다. 그러나 '양심실현의 자유'와 '국가의 법질서'를 양립시키는 것이 어렵다는 이유로 양심의 자유의 보호범위를 처음부터 내심의 영역인 '양심형성의 자유'에 한정해야 한다는 주장은,[28] 법익충돌

23) 헌법재판소는 헌법 제10조 전문의 행복추구권의 보장내용을 적극적인 행위를 통하여 인격을 발현할 수 있는 자유인 '일반적 행동자유권'과 개인이 인격을 자유롭게 발현하고 유지할 수 있는 조건이나 상태를 보장하는 '일반적 인격권'을 포함하는 것으로 해석하였다. 이로써 행복추구권은 헌법에 구체적으로 규정된 자유권에 의하여 보호될 수 없는 인간의 행위나 법익에 대하여 보충적으로 기본권적 보호를 제공하는 일반적 자유권이며 행복추구권에 의하여 헌법적으로 기본권적 자유가 빈틈없이 보장되는 것이다(헌재 1995. 7. 21. 93헌가14, 판례집 7-2, 1, 32). 헌법재판소가 행복추구권의 보호범위를 개별 기본권에 의하여 보호되지 않는 모든 자유영역에 확대함으로써, 기본권으로 보호할 가치가 있는 특정 생활영역뿐만 아니라 인간의 모든 활동영역이 기본권적으로 보호되었고, 국가의 공권력행위에 의하여 국민이 받는 모든 형태의 부담이 곧 기본권의 침해를 의미함으로써 기본권의 침해가능성이 있어야만 제기할 수 있는 헌법소원의 적용범위를 확대하였다.

24) Vgl. S. Glaeser, Schutz der Privatspäre, in: HbStR, Bd.Ⅵ, 1989, §129 Rn.47ff.; Kunig, in: Münch/Kunig(Hg), Grundgesetz Kommentar, Bd.1, 2000, Art.13 Rn.11; 허영, 한국헌법론, 2004, 364면.

25) 물론, 순수한 작업장을 보호범위에 포함시킨다는 것은, 순수한 작업장과 개인의 주택이 헌법상 동일한 보호를 받는다는 것을 의미하지는 않는다. 순수한 작업장은 그 성격상 개인적 연관성이 적은 반면에 강한 사회적 연관성을 가진다는 사실은 기본권에 의한 보호의 정도를 결정함에 있어서 고려된다.

26) Vgl. BVerfGE 85, 386, 397; Kloepfer, Grundrechtstatbestand und Grundrechtsschranken in der Rechtsprechung des Bundesverfassungsgerichts - dargestellt am Beispiel der Menschenwürde, in: Bundesverfassungsgericht und Grundgesetz Bd.II, 1976, S.407; Isensee, Das Grundrecht als Abwehrrecht und als staatliche Schutzpflicht, in: HbStR, Bd.V, 1992, §111, Rn.45.; Stern, Das Staatsrecht der BRD, Ⅲ/2, 1994, S.57ff.

27) 헌법적으로 허용되는 자유행사의 한계는 '제한의 정당성'의 단계에서 자유권과 공익을 비교형량을 통하여 과잉금지원칙에 따라 판단되어야 한다.

28) 예컨대 홍성방, 양심의 자유, 고시연구 2000. 1., 132면 이하; 또한 홍성방, 헌법학, 2003, 471면, '양심실현

의 상황을 법리적으로 용이하게 해결할 수 있는지 여부에 의하여 자유권의 보호범위가 결정된다는 주장과 다름없을 뿐 아니라, 자유권과 다른 법익의 충돌을 비례의 원칙을 통하여 조화와 균형의 상태로 조정하는 것은 모든 기본권에 있어서 공통적으로 발생하는 문제라는 것을 간과하고 있다.

나. 국가의 세계관적 중립의무와 자유권의 보호범위

(1) 자유권의 보호범위와 관련하여, 국가의 世界觀的 中立義務는 '자유권의 보호범위가 특정 세계관이나 가치관의 관점에서 확정되어서는 안 된다'는 것을 의미한다. 국가는 특정 종교관이나 세계관과 일체감을 가져서는 안 된다. 국가의 세계관적 중립의무는 현대국가 형성의 시초를 이루었다. 국가가 특정 종교나 세계관과 일치시키는 태도를 포기함으로써, 모든 국민에게 각자의 종교나 세계관과 관계없이 국가 내에서의 안전과 보호를 제공하는 국가, 즉 모든 국민의 국가, 관용의 국가가 되었고, 이로써 국가의 정당성이 보다 강화되었다.[29)]

국가는 모든 국민의 안식처가 되기 위하여 최종적 진리에 관한 논쟁에서 편파적이어서는 안 된다. 국가는 사회 내의 모든 세계관과 이해집단에 대하여 독립성과 중립성을 가지고 등거리를 유지해야만, 특정 집단이나 종교 또는 세계관을 위해서가 아니라 모든 국민을 위하여 국가가 존재한다는 국가목표가 실현될 수 있다. 특정 세계관과 사회세력에 대한 국가의 중립성과 독립성은 '모든 국민의 국가'가 되기 위한 국가정당성의 근거이자 모든 국민을 위한 이익인 공공복리를 실현하기 위한 전제조건이다.[30)]

(2) 따라서 기본권의 보호범위를 헌법해석을 통하여 규명함에 있어서, 보호범위가 국가기관을 비롯한 '해석 주체'의 주관적 가치평가와 관계없이 객관적으로 확정되어야 한다.[31)] 예컨대, '예술'의 개념이 무엇인지, 음란물이 예술의 자유나 표현의 자유에 의하여 보호되는지, 직업의 자유에 의하여 보호되는 '직업'의 범위는 어떠한 것인지의 문제와 관련하여, 기본권에 의하여 보호되는 행위가 비이성적인지, 반사회적인지, 비윤리적인지의 주관적 가치판단에 따라 보호범위가 달리 확정되어서는 안 된다.

만일 기본권의 보호범위가 국가나 민주적 다수의 가치관에 의하여 결정된다면, 기본권의 보호가 궁극적으로 '소수의 보호'라는 것을 간과하는 것이고, 결과적으로 기본권의 효력을 크게 약화시킬 것이다. 한편, 자유권의 보호범위는 '해석 주체'의 주관적 판단에

의 자유를 인정하면 다른 법익과의 충돌이 발생할 수 있고 무정부상태가 나타날 수 있다'고 한다. 이로써 '양심실현의 자유의 보장'과 '그에 대한 제한'의 문제를 구분하지 않고, 자유의 보장이 곧 무제한의 절대적 보장이라는 전제에서 출발하고 있다; 위와 같은 견해로는 권영성, 헌법학원론, 2006, 479면.

29) Vgl. Isensee, Staat und Verfassung, in: HbStR, Bd.II, 2004, §15 Rn.66ff.

30) Vgl. Isensee, Gemeinwohl und Staatsaufgaben im Verfassungsstaat, in: HbStR, Bd.Ⅲ, 1988, §57 Rn.57.

31) Vgl. Stern, Das Staatsrecht der BRD, Ⅲ/2, 1994, S.56f.

달려있어서는 안 될 뿐만 아니라, '기본권주체'의 주관적인 개념 정의에 맡겨져서도 안 된다. 가령, 기본권의 주체가 예술로 이해하는 모든 행위가 예술의 자유의 보호를 받는 것은 아니다.[32] 자유권의 보호범위는 자유권이 보호하고자 하는 모든 주관적 실현가능성을 포함하는 개방적이고 그 내용에 있어서 가치중립적인 기준에 의하여 객관적으로 확정되어야 한다.

(가) 예컨대, 표현의 자유는 의견의 내용이나 質과 관계없이 의견의 표명을 보호한다. 표현의 자유가 보장하고자 하는 것은, 누구나 자신이 생각한 바를 자유롭게 표현할 수 있어야 한다는 것, 즉 사고와 견해의 자유로운 표명과 전달이다. 만일 의견을 그 내용에 따라 표현의 자유의 보호범위에서 배제한다면, 국가는 표현의 내용에 따라 기본권의 보호범위를 결정하는 권한을 가지게 된다. 의견을 도덕적 또는 윤리적 성격에 따라 또는 가치 있는 의견과 가치 없는 의견으로 구분하여 아니면 타인에게 미치는 영향에 따라 차별하는 것은 기본권적 보장의 포괄적인 보호요청을 현저하게 상대화할 것이다. 따라서 의견의 표명이 타인의 권리를 침해하는지, 공익을 위협하는지 아니면 가치가 있는지 여부와 관계없이 기본권의 보호를 받는다.[33]

(나) 양심의 자유에 의하여 개인의 양심이 보호되기 위한 전제조건은, 모든 내용의 양심이 양심의 자유에 의하여 보장된다는 것이다.[34] 양심의 자유에서 항상 현실적으로 문제가 되는 것은 민주적 다수의 양심이 아니라, 국가의 법질서나 사회의 도덕률에서 벗어나는 '소수의 양심'이다. 민주적 다수와 달리 생각하고 달리 행동하고자 하는 소수의 양심이야말로 기본권에 의한 실질적 보호를 요청하고 있다. 따라서 양심은 그 대상이나 내용 또는 동기에 의하여 판단될 수 없으며, 특히 양심상의 결정이 이성적 · 합리적인지, 타당한지 또는 법질서나 사회규범, 도덕률과 합치하는지의 관점은 '양심상 결정'의 존재를 판단하는 기준이 될 수 없다.

(다) 또한, 직업의 자유의 경우에도, 개인의 주관적 가치평가의 요소를 직업의 개념적 요소로서 파악해서는 안 된다. 학계에서는 일반적으로 직업의 개념적 요소로서 생활수단성, 계속성, 公共無害性을 언급하고 있으나, 공공무해성의 여부는 해석의 주체마다 그 판단을 달리할 수 있는 근본적으로 주관적 가치평가의 문제이다. 직업활동이 사회에 해가 되는지, 반사회적인지 여부는 개인의 주관적 가치판단에 따라 평가가 달라진다는 점에서, 나아가 다수의 가치관에 의하여 기본권의 보호범위가 정해진다는 점에서 근본적인 문제를 안고 있으며, 뿐만 아니라 상충하는 법익간의 비교형량을 통하여 비로소 밝혀지는 문제라 할 수 있다. 따라서 '공공무해성'을 직업의 개념적 요소에 포함시키는

32) 이에 관하여 아래 (라) 서술 참조.
33) 이러한 관점에서, 음란물을 표현의 자유의 보호범위에서 제외하는 헌법재판소의 판례(헌재 1998. 4. 30. 95헌가16)는 문제가 있다.
34) 자세하게 한수웅, 헌법 제19조의 양심의 자유, 헌법논총 제12집(2001), 395면 이하.

것에 대하여 헌법적 의문이 제기된다.[35)]

(라) 뿐만 아니라, 국가는 예술의 개념에 대한 정의를 통하여 예술의 자유의 보호범위를 축소시킬 위험이 있다. 예술의 개념은 정의하기가 매우 어렵거나, 아니면 심지어 정의하는 것이 불가능하다. 그러나 헌법은 단지 서술할 수 있고 보호범위를 확정할 수 있는 대상만을 법적으로 보호할 수 있다. 따라서 예술의 자유의 보호대상을 확정하기 위하여 예술의 개념을 정의하는 것은 불가피하다. 여기서 제기되는 일차적인 문제는 누가 예술의 개념을 정의할 것인가 하는 것이다.[36)] 예술가가 자신의 창작물을 예술로서 이해한다는 주관적인 관점은 결정적인 의미를 가지는 것은 아니다. 누구나 예술가가 될 수 있고 예술의 개념이 회화, 조각, 음악, 시문학과 같은 고전적 장르에 제한되어 있지 않기 때문에, 예술가에게 예술을 주관적으로 정의할 수 있는 독점권을 인정한다는 것은 예술 개념의 해체, 이로써 예술 개념의 法的 無用性을 가져올 수 있다. 그렇다면, 예술의 개념을 확정하는 권한은 결국 국가에게 부여될 수밖에 없고,[37)] 이는 궁극적으로 사법기관의 과제이다. 따라서 헌법재판소를 비롯한 법원은 예술과 예술이 아닌 것의 경계를 설정하는 과제를 피할 수 없다.

한편, 국가가 예술의 개념을 확정하는 경우에는 자유권의 구속을 받는 국가가 스스로 자유권의 보호범위를 정한다는 문제점을 안고 있다. 따라서 국가가 자유권의 보호범위를 자의적으로 확정하는 위험을 방지하고 세계관적 중립의무와 사회의 다원주의 요청에 부합하기 위하여, 국가는 예술의 개념을 이에 상응하게 넓게 정의해야 한다.[38)] 즉, 국가는 예술을 이해하고 정의함에 있어서 다원주의에 기초한 중립과 관용의 요청을 준수해야 하는 것이다.

다. 명시적인 헌법규정에 의한 보호범위의 확정

예외적이나마, 헌법이 스스로 '단지 특정한 요건 하에서만 기본권이 보호되는 것'으로 명시적으로 규정함으로써 기본권의 보호범위를 확정하는 경우가 있다. 이와 같이 헌법이 명시적 표현을 통하여 보호범위를 확정하는 예로서 헌법 제33조 제1항의 근로3권을 들 수 있다. 헌법은 근로3권의 헌법적 목적으로서 '근로조건의 향상'을 명시적으로

---

35) 설사 이를 개념적 요소에 포함시킨다 하더라도, 직업의 자유가 개인의 인격발현의 수단이 아니라 폭력행사나 타인의 법익 침탈을 목적으로 한다는 것이 명백한 경우(가령, 직업적 절도범, 포주 등)에 한하여 예외적으로 보호범위에서 배제하는 것이 바람직하다. 이에 관하여 아래 Ⅳ. 2. 마. (2) (나) 참조.

36) Vgl. Isensee, Das Grundrecht als Abwehrrecht und als staatliche Schutzpflicht, in: HbStR, Bd.V, 1992, §111 Rn.57.

37) 같은 견해로 계희열, 헌법학(중), 2004, 376면 참조.

38) 이러한 이유에서 독일 연방헌법재판소는 예술을 실질적으로 내용적으로 정의하고자 하는 '내용적 개념' 외에도 하나의 작품을 특정한 예술유형에 귀속시킬 수 있는지의 여부를 형식적으로 판단하는 '형식적 개념' 및 예술적 표현의 다양성과 새로운 해석가능성을 고려하는 '개방적 개념'을 함께 병용하여 예술의 개념을 정의하고자 시도하고 있다[BVerfGE 67, 213, 224f.(時代錯誤的 行進 결정)], vgl. Wendt, in: Münch/Kunig, GGK, 2000, Art.5 Rn.90; Pieroth/Schlink, Grundrechte Staatsrecht II, 2000, Rn.611.

언급함으로써 단지 근로조건의 향상에 기여하는 자유행사만이 근로3권의 보호를 받는다는 것을 밝히고 있다.[39]

이로써 근로자단체의 선거운동이나 정치적 파업은 근로3권의 보호범위에 속하지 않는다.[40] '근로조건의 향상'이란 근로자생활의 전반적인 향상이 아니라 단체협약을 통한 근로조건의 향상, 즉 달성하고자 하는 요구의 상대방이 사용자 또는 사용자단체여야 한다는 것을 의미한다. 이라크 파병에 반대하는 파업이나 노동관련법의 제정을 반대하는 파업 등 정치적 파업은 단체협약의 당사자인 사용자에 대한 것이 아니라 국가에 대한 것이며, 단체협약에 의하여 규율될 수 있는 대상을 목표로 하지 않기 때문에, 근로3권에 의하여 보호되지 않는다.

라. 헌법해석을 통한 개별자유권의 보호범위 확정

개별기본권의 특수한 보호내용은 특히 기본권 체계 내에서의 고유한 의미와 기능에 의하여 결정된다. 따라서 자유권의 보호범위는 헌법이 개별자유권을 규정한 목적과 그에 부여한 기능의 관점에서 결정되어야 한다.[41] 나아가, 보호범위는 기본권체계 내에서의 개별기본권의 고유한 의미와 기능 등 개별기본권규정의 해석뿐만 아니라 다른 개별기본권과의 체계적 관계나 다른 헌법규정과의 관계를 함께 고려하여 확정되어야 한다.

특히, 헌법이 스스로 자유권에 대한 '특정한 제한형태나 제한수단'을 언급하고 있다면, '무엇으로부터 자유권을 보호하고자 하는 것인지'를 직접적으로 표현하는 제한형태를 고려하여 보호범위를 확정해야 한다.[42] 독일기본법과 같이 개별자유권마다 별개의 법률유보조항(소위 개별적 법률유보)을 두고 있는 경우에는 개별자유권의 보호범위를 파악함에 있어서 개별자유권에 대한 제한가능성을 함께 고려해야 한다.[43]

---

39) 독일 기본법의 경우, 예컨대 제8조 제1항은 집회의 자유를 단지 "평화적이고 무기를 휴대하지 아니하고"란 요건 하에서만 보호하고 있다. 이에 대하여 '헌법직접적인 제한'이란 표현을 사용하는 것은 오해의 소지가 있다. 이 경우 기본권제한에 관한 것이 아니라, 기본권의 보호범위를 서술함으로써 보호범위를 확정하고 있는 것이다, vgl. v. Münch, in: Münch/Kunig(Hg), GGK, 5. Aufl. 2000, Vorb. Art.1-19, Rn.49; Schnapp, Die Grundrechtsbindung der Staatsgewalt, JuS 1978, 730, 뿐만 아니라 독일 기본법은 제5조 제1항 제1문에서 알권리의 보호범위를 '일반적으로 접근할 수 있는 情報源'에 의한 알권리로 좁게 확정하고 있다.

40) Vgl. J. H. Kaiser, Der politische Streik, 1959, S.44ff.; Isensee, Staat und Verfassung, in: HbStR, Bd.II, 2004, §15 Rn.95; Löwer, in: Münch/Kunig(Hg), GGK, 2000, Art.9 Rn.80.

41) Vgl. Wendt, Der Garantiegehalt der Grundrechte und das Übermaßverbot, AöR 104(1979), S.424; Pieroth/Schlink, Grundrechte Staatsrecht II, 2000, Rn.230, 233f.

42) 이에 관한 구체적인 예로 아래 (4) 참조.

43) Vgl. Sachs, Verfassungsrecht II Grundrechte, 2000, A7, Rn.25f.; Stern, Das Staatsrecht der BRD, Ⅲ/2, 1994, S.62, 가령, 헌법이 개별자유권에 대하여 광범위한 제한가능성을 허용하고 있다면(예컨대 단순법률유보) 당해 자유권의 보호범위를 협소하게 이해해야 할 필요가 없다. 이러한 경우, 보호범위를 지나치게 협소하게 정하는 경우에는 법률유보가 사실상 그 기능을 상실할 수 있다. 따라서 법률유보가 광범위한 제한가능성을 부여한다면 보호범위도 그에 상응하여 광범위하게 확정될 수 있고, 이에 대하여 법률유보가 매우 한정적으로 제한가능성을 허용한다면(가령 가중적 법률유보), 이에 상응하여 보호범위는 좁게 확정되어야 할 필요가 있다. 특히 제한가능성이 없는 자유권(법률유보 없는 자유권)의 경우나 인간존엄성과 같이 절대적으로 이해되는 기본권의 경우, 그 보호범위는 그에 상응하여 협소하게 해석되어야 한다.

한편, 헌법 내에서의 개별자유권의 지위와 중요성은 보호범위를 확정함에 있어서 기준으로 작용하지 않는다.[44] 헌법 내에서 개별자유권의 지위(위계질서)와 중요성을 확정할 수 있는 실정법적 근거가 없다는 점을 차치하고라도, 개별자유권의 중요성은 보호범위와 연관되는 것이 아니라, 자유권에 대한 중대한 제한은 보다 중대한 공익에 의하여 정당화되어야 한다는 의미에서 '제한의 정당화'의 단계에서 고려되어야 하는 관점이다.

(1) 학계의 일부 견해는 양심의 자유의 보호범위와 관련하여 양심형성의 과정에서 국가의 간섭이나 강요를 받지 아니할 자유인 '양심형성의 자유'만을 인정하고, 양심상의 결정에 따라 행동하거나 행동하지 아니할 자유인 '양심실현의 자유'를 배제하고 있다.[45] 그러나 양심의 자유의 내용으로서 내심의 자유인 양심에 따라 결정할 권리만을 인정하고 양심상의 결정에 따라 행동할 권리를 부정하는 것은 헌법상 양심의 자유의 보장을 사실상 무의미하게 하는 것이다.

만일 내심의 자유로서 양심형성의 자유만이 보장된다면, 양심의 명령과 법질서의 명령이 서로 충돌하는 경우 양심에 반하는 행위(가령 병역의무, 고지의무, 선거의무 등의 이행)를 강요받지 아니할 자유(부작위에 의한 양심실현의 자유)는 헌법상 아무런 보장을 받을 수 없게 된다. 이에 따라 양심의 자유는 사실상 기본권적 보호의 필요성이 거의 없는 내심의 자유의 보호에 제한되어 결과적으로는 국가권력으로부터 개인의 양심을 보호하는 아무런 역할을 할 수 없게 된다.[46] 따라서 양심의 자유의 보장내용은 양심의 자유가 헌법상 부여된 고유한 기능을 이행할 수 있도록 결정되어야 한다.

(2) 또한, 집회의 자유의 보호범위와 관련하여 보건대, 집회의 개념을 일반적으로 '공동의 목적을 가진 다수인의 일시적 모임'으로 이해하고 있다. 그러나 여기서 '공동의 목적'이 무엇인지에 관하여 견해가 갈리는데, 공동의 목적을 추구한다는 내적인 유대관계 외에도 '공동의 의견형성과 의견표명'이라는 목적이 존재해야 한다고 주장하거나 또는 공동의 의사형성과 의견표명은 '공적·정치적 사안'에 관한 것이어야 한다고 주장하여, 집회의 개념을 사실상 정치적인 집회에 제한하고자 하는 견해가 있다.[47]

그러나 인간의 존엄성과 자유로운 인격발현을 최고의 가치로 삼는 우리 헌법질서 내에서, 집회의 자유도 다른 모든 자유권과 마찬가지로 일차적으로 개인의 자기결정과 인격발현에 기여하는 기본권이다. 집회의 자유는 타인과의 의견교환을 통하여 타인과 공동으로 인격을 발현하는 자유를 보장하는 기본권이자 동시에 국가에 의하여 개인이 타인과 사회공동체로부터 고립되는 것으로부터 보호하는 기본권이다. 집회의 자유는 결사

44) Vgl. Stern, Das Staatsrecht der BRD, III/2, 1994, S.66ff.
45) 가령, 홍성방, 양심의 자유, 고시연구 2000. 1., 132면 이하; 또한 홍성방, 헌법학, 2003, 471면; 권영성, 헌법학원론, 2006, 479면.
46) 같은 견해로 헌재 2004. 8. 26. 2002헌가1(양심적 집총거부 사건); 허영, 한국헌법론, 2004, 383면.
47) 이에 관하여 한수웅, 집회의 자유와 '집회 및 시위에 관한 법률', 저스티스, 2004/2, 12면 이하 참조.

의 자유와 더불어 공동의 인격발현을 위하여 타인과 함께 모이는 자유를 보장하는 것이다.[48] 따라서 '공동의 인격발현'이라는 목적 외에 다른 특별한 목적을 요구함으로써 목적의 관점에서 집회의 자유의 보호범위를 축소하고자 하는 견해는 개인의 인격발현에 대한 집회의 자유의 고유한 의미와 기능을 간과하는 것이다.

(3) 한편, 개별기본권에 부여된 고유한 헌법적 의미와 기능의 관점에서 보호범위가 축소될 수 있다. 예컨대, 표현의 자유가 보장하고자 하는 바는 사고와 견해의 자유로운 표명과 전파, 이로써 다양한 의견간의 정신적 투쟁이라는 점에서, 사실주장은 의견형성에 기여하는 한 표현의 자유에 의하여 보호를 받으므로, 의견형성에 기여할 수 없는 허위사실의 주장과 전파는 표현의 자유의 보호범위에서 원칙적으로 배제되어야 한다.[49]

나아가, '다양한 의견간의 정신적 투쟁'을 보장하고자 하는 표현의 자유의 헌법적 의미와 기능에 비추어, 타인이 자유로운 상태에서 의견을 형성할 수 있는 가능성을 제한하거나 배제하는 압력수단을 사용하는 것은 표현의 자유에 의하여 보호되지 않는다. 불매운동도 의견의 표명으로서 표현의 자유에 의하여 보호되지만, 불매운동이 논리의 설득력과 정신적 논쟁의 수단을 사용하는데 그치지 아니하고, 이를 넘어서 경제적 압력이나 협박 등 타인이 자유롭게 결정을 내일 수 있는 가능성을 제한하는 수단을 사용한다면, 이러한 불매운동은 표현의 자유에 의하여 보호되지 않는다.[50] 가령, 특정 신문에 대한 불매운동을 벌이면서, 신문의 광고주에게 광고를 중단할 것을 강요하고 협박하는 행위는 표현의 자유에 의하여 보호되지 않는다.

(4) 나아가, 자유권의 보호범위를 확정함에 있어서 '자유권의 제한에 관한 규정'을 체계적 연관관계에서 고려해야 한다. 예컨대, 헌법 제12조 제1항의 신체의 자유에 의하여 보호되는 것이 무엇인지, 신체를 훼손당하지 않을 자유(신체불가침권) 또는 일반적인 신체이동의 자유도 함께 보호되는 것인지의 문제는 같은 조 제1항 내지 제7항의 규정들을 함께 고려하여 체계적인 연관관계에서 밝혀져야 한다.[51] 헌법 제12조 제1항 내지 제

48) 집회의 자유는 표현의 자유에 종속된 기본권이 아니라, '자유로운 인격발현권'이 '집회'란 생활영역에서 구체화된 독자적인 기본권이다. 타인과의 접촉을 통하여 의견을 교환하고 공동으로 인격을 발현하고자 하는 개인의 이익은 정치적 영역뿐 아니라 종교적, 예술적, 학문적, 직업적 영역, 친목이나 오락의 영역에서도 인정할 수 있고, 이러한 이익이 반드시 '공동의 의견형성과 의견표명'의 결과, 즉 집단적 표현행위에 이르는 것은 아니다.

49) BVerfGE 54, 208, 219; BVerfGE 61, 1, 8(NPD Europas); 90, 241, 249, 254(Auschwitz-Lüge), 연방헌법재판소는, 사실주장은 의견형성에 기여하는 한 표현의 자유의 보호를 받는다는 전제에서 '허위사실'과 '진실된 사실'을 구분하여 허위사실이 의견형성에 기여하지 않기 때문에 이를 보호범위에서 배제하면서, 다른 한편으로는 진실의무에 너무 엄격한 요구를 하는 경우 자유언론을 저해할 위험이 있기 때문에 표현의 자유에 의하여 보호받지 못하는 범위를 다시금 '허위사실의 고의적 주장'에 제한하고 있다.

50) Vgl. BVerfGE 25, 256, 265(Blinkfüer-Beschuß), Springer 출판사를 비롯한 몇 출판사가 함부르크의 신문판매상에게 동독의 방송 프로그램을 게재하는 주간지 "Blinkfüer" 잡지의 불매운동에 동참할 것을 호소하면서, 불매운동에 동참하지 않는 경우에는 거래관계를 중단할 것이라고 위협하였다.

51) 독일 기본법 제2조 제2항 제2문의 신체의 자유의 보호범위를 확정함에 있어서 제104조와의 체계적 연관관계에서 보호범위를 밝히는 문헌으로 vgl. Grabitz, Freiheit der Person, in: HbStR, Bd.Ⅵ, 1989, §130, Rn.5.

7항의 규정에서 신체의 자유에 대한 제한의 형태로서 체포·구속·신체에 대한 압수·수색과 같은 물리적 제한형식을 언급하고 있는 것에 비추어, 신체이동의 자유가 물리적으로, 즉 직접적 강제에 의하여 제한되는 경우에 한하여 비로소 신체의 자유의 보호범위가 문제된다는 것을 도출할 수 있다.[52] 헌법이 스스로 신체의 자유에 대한 제한의 형태를 단지 신체적 이동의 자유에 대한 물리적 제한으로 한정하고 있다면, 신체의 자유의 보호범위도 이에 제한되어야 한다. 이러한 해석은, 신체의 자유를 국가의 부당한 체포로부터 인신의 자유를 보호하고자 하는 '영국의 인신보호법'(Habeas Corpus)의 전통을 잇는 헌법규정으로 헌법 제12조를 이해하는 '역사적 해석'에 의해서도 확인된다.

이에 따라 '두발에 대한 강제삭발'은 신체이동의 자유를 보호하는 신체의 자유에 의하여 보호되지 않으며, 일정한 장소로 나오라고 강제하는 행위(예컨대 증인의 소환)는 비록 신체이동의 자유에 대한 제한이기는 하나, 국가공권력의 직접적 강제에 의하여 신체이동의 자유가 억압되는 경우가 아니므로 신체의 자유에 의하여 보호되지 않는다.

(5) 다른 한편으로는, 보호범위의 지나친 확대는 다른 자유권과의 관계에서 보호범위의 중첩을 가져올 수 있다. 가령, 개인이 행위의 근거가 되는 내적 동기를 '양심상의 결정'이라고 주장하는 모든 경우에 양심의 자유가 문제된다면, 양심의 자유란 자신의 내적 결정에 따라 자율적으로 행동할 자유, 결국 개인의 자기결정에 따른 자유로운 행위가능성을 의미하게 되어, 개별 생활영역에서 개인의 자기결정권을 보장하는 개별자유권(집회·표현·예술·종교·직업의 자유 등) 및 보충적으로 일반적 행동자유권을 보장하는 헌법 제10조의 행복추구권과 그 보호범위에 있어서 중복된다. 따라서 양심의 자유가 기본권체계 내에서 고유한 의미와 기능을 가질 수 있도록, 보호범위는 '개인의 인격적·윤리적 정체성의 보호'로 협소하게 해석되어야 한다.[53]

마. 헌법상 자유권의 보장목적이나 평화적 행위의무에 의한 보호범위의 축소

(1) 자유권의 보호범위를 넓게 확정하는 경우, 보호범위가 당해 생활영역을 완벽하게 포괄하고 개인의 모든 행위와 상태가 기본권의 보호를 받게 됨으로써 빈틈없는 기본권의 보호를 제공한다. '효과적인 기본권보호'의 관점에서 보호범위는 넓게 확정하는 것이 바람직하나, 자유권의 보호범위를 무제한적으로 넓게 설정하는 것은, 법익형량의 단계에서 필연적으로 자유권의 보호가 부정되어야 하는 명백한 경우에도 국가행위가 정당화되어야 한다는 것을 요구함으로써 불필요하고 단지 형식적인 위헌심사를 강요하는 효과가 발생할 수 있다. 개인의 모든 행위가능성이 자유권의 보호범위에 속한다면, 심지어

52) 이에 대하여 헌법재판소는 신체의 자유의 보호범위를 '신체활동의 자유'와 '신체불가침권'을 포함하는 것으로 넓게 이해하고 있는 것으로 보인다(헌재 1992. 12. 24. 92헌가8, 판례집 4, 853, 874).

53) 이에 관하여 한수웅, 헌법 제19조의 양심의 자유, 헌법논총 제12집(2001), 393면 이하 참조.

살인행위, 강도행위도 기본권의 보호를 받으며, 폭력시위도 집회의 자유의 보호를 받게 된다.

따라서 개인의 특정 행위가능성이나 법익침해의 특정 형태를 처음부터 보호범위에서 배제하는 것을 고려해 볼 수 있다. 독일의 헌법학에서는 보호범위를 축소하기 위한 제안으로서 '자유권의 행사는 일반적 법질서의 범주 내에서만 보호를 받는다'든지 아니면 '형법 등 법률에 의하여 금지된 것은 기본권의 보호영역에 속하지 않는다'는 주장이 제기되었다.[54] 그러나 이러한 견해에 따라 법률에 의하여 허용된 것만이 기본권의 보호를 받는다면 입법자가 스스로 기본권의 보호범위를 확정하는 결과에 이른다. 입법자가 기본권의 구속을 받는다는 것은 바로 '입법자 스스로 자유권을 침해하는 법률을 만들 수 있으며 법률도 자유권의 관점에서 헌법적으로 정당화되어야 한다'는 것을 의미한다는 점에서 위 견해는 문제를 안고 있다.[55] 자유권의 제한을 정당화해야 하는 입법자가 보호범위를 확정할 수 있다는 것은 헌법상 자유권보장을 무의미하게 만들 수 있다.

(2) 따라서 자유권의 보호범위는 자유권의 구속을 받는 입법자에 의하여 축소될 수 있는 성격의 것이 아니라, 단지 헌법 스스로에 의하여 한정될 수 있을 뿐이다. 즉, 헌법상 자유권의 보장목적을 제한적으로 이해하여 이로부터 자유권의 보호범위를 목적적 관점에서 축소하거나 또는 국민의 평화적 행위의무에 비추어 자유는 본질상 평화적 행사의 유보 하에 있다고 하는 방향으로 자유권의 보호범위는 기껏해야 헌법적 관점에서 축소될 수 있다. 이러한 관점에서 본다면, 자유의 폭력적 행사나 타인의 법익을 침탈하는 행위까지 보호하는 것은 자유권을 보장한 헌법의 정신과 부합하지 않는다. 자유권은 개인에게 자기결정에 따른 자유로운 인격발현의 가능성을 보장하기 위하여 국가로부터 자유로운 생활영역을 보호하고자 하는 것이지, 폭력을 행사하거나 타인의 법익을 침탈하는 헌법적 근거나 권한을 부여하고자 하는 것이 아니다.

(가) 국가의 목표와 과제 중에서 가장 근본적인 것이 바로 국가공동체 내에서의 평화질서의 실현과 유지이며, 이는 일차적으로 모든 개인에 대하여 사적인 폭력행사와 自力救濟를 금지하고 국가가 물리적 강제력을 독점하는 것을 전제로 한다. '물리적 강제력

54) 독일 헌법학에서는 자유권의 보호범위를 처음부터 축소하고자 하는 다양한 논의가 전개되었다, 가령 W. Rüfner, Grundrechtskonflikte, in: Bundesverfassungsgericht und Grundgesetz, Bd.2, 1976, S.457f., 위 견해에 의하면, 기본권의 보장은 일반적 법질서에 대한 특권을 부여하는 것이 아니라고 하여 '기본권의 특권적 성격을 否認'하는 것을 출발점으로 삼아, 기본권의 기능은 '기본권행사를 방해하는 특별법을 금지'하는 것이라고 한다. 따라서 기본권의 행사는 모든 인간 행위와 마찬가지로 일반적 법률, 즉 당해 기본권행사를 특별히 겨냥하여 이를 제한하고자 하는 것이 아닌 법률, 즉 당해 기본권행사와 무관한 법률의 범주 내에서 이루어져야 한다고 주장한다. 독일 기본법 제5조 제2항은 '표현의 자유는 의견표명 그 자체를 제한하고자 하는 것이 아니라 다른 법익의 보호를 위하여 제정된 일반적 법률의 범주 내에서 행사되어야 한다'고 규정하고 있는데, 위 견해는 기본법 제5조 제2항의 사고를 모든 자유권에 대하여 확대하고자 한 것이다. 위 견해 및 그 외의 시도에 관한 자세한 소개로 Stern, Das Staatsrecht der BRD Ⅲ/2, 1994, S.532ff.; Alexy, Theorie der Grundrechte, 1994, S.278ff.

55) Vgl. Stern, Das Staatsrecht der BRD, Ⅲ/2, 1994, S.536.

의 국가적 독점'은 대내적으로 사회세력에 대하여 우월적 권력을 의미하는 국가의 內的 主權의 실질적 기초이자 공공복리를 실현하기 위한 불가결한 전제조건이다.[56] 국가가 물리적 강제력 행사의 권한을 독점하고 국민에게 평화적으로 행위할 의무를 부과함으로써, 사적인 폭력을 금지하고 국민을 상호적인 공격으로부터 보호하여 국가공동체의 내적 평화와 법익의 안전을 보장할 수 있는 것이다. '물리적 강제력의 국가적 독점'과 그에 대응하는 '평화적으로 행동해야 할 개인의 의무'의 관점에서, 기본권은 처음부터 평화적 자유행사의 유보 하에 있다. 따라서 기본권적 자유를 물리적 폭력의 방법을 통하여 행사하는 것은 법익형량의 과정에서 고려해야 할 대상이 아니라 이미 보호범위에서 제외할 필요가 있다.[57]

이에 따라 비평화적, 폭력적 집회는 집회의 자유의 보호범위에 포함되지 않는다. 따라서 폭력적 집회에 대한 금지와 해산은 집회의 자유에 대한 제한이 아니다. 종교의 자유와 관련하여, 종교의식에 근거한 살인행위(예컨대, 자녀를 제물로 바치는 행위)는 종교의 자유에 의하여 보호되지 않는다. 마찬가지로, 양심의 자유는 양심상 결정을 이유로 한 살인행위나 강도행위를 보호하지 않는다.

(나) 또한, 자유권의 보호범위는 헌법이 자유권을 보장한 의미와 목적에 의하여 제한될 수 있다. 헌법이 자유권을 보장한 것은 개인의 인격발현과 궁극적으로 인간존엄성의 실현을 위한 것이지, 타인의 법익을 侵奪하는 헌법적 권한을 부여하고자 한 것이 아니다.

가령, 헌법이 예술의 자유를 통하여 보장하고자 하는 바는 예술의 이름으로 타인의 재산을 임의로 사용하고 파괴하는 것이 아니라, 예술 활동을 통한 인격의 자유로운 발현가능성, 궁극적으로는 예술의 자유와 다른 법익이 서로 충돌하는 경우 예술작품을 가능하면 예술 특유의 관점에서 이해해야 함으로써 예술의 자유로 인하여 다른 법익에 대한 침해를 인정하는 것은 가능하면 최소화되어야 한다는 것이다.[58] 따라서 예술의 자유는 타인의 재산권을 부정하고 파괴하는 헌법적 근거가 될 수 없다. 가령, 타인의 주택 담 벽에 스프레이(분무기)를 이용하여 벽화를 그리는 행위는 예술의 자유에 의하여 보호받지 못한다.[59] 예술의 자유의 보장은 예술적 발현을 목적으로 타인의 재산권을 마

---

56) Vgl. Isensee, Gemeinwohl und Staatsaufgaben im Verfassungsstaat, in: HbStR, Bd.Ⅲ, 1988, §57 Rn.41ff.

57) Vgl. Isensee, Das Grundrecht als Abwehrrecht und als staatliche Schutzpflicht, in: HbStR, Bd.V, 1992, §111, Rn.171ff.

58) Vgl. BVerfGE 75, 369, 376ff.; 예컨대, 풍자의 경우 다른 상징적·은유적 해석가능성이 있음에도 불구하고, 풍자의 의미를 단지 소위 '건강한 상식'을 기준으로 판단함으로써 타인의 명예나 국가의 권위 등에 대한 침해를 인정하는 것으로부터 보호하고자 하는 것이다.

59) Vgl. BVerfG, NJW 1984, 1293[1294] - "Sprayer von Zürich"(Zürich 市에서 타인의 건물 벽에 스프레이로 낙서한 사람), 독일 연방헌법재판소는 위 결정에서 단지 재산권의 침해와 관련하여 예술의 자유의 보호범위가 축소됨을 확인하였으나, 이러한 보호범위의 축소는 또한 타인의 신체나 생명, 타인의 명예와 자유를 제멋대로 침해하는 경우에 대해서도 확대될 수 있다, vgl. Pieroth/Schlink, Grundrechte Staatsrecht, II, 2000, Rn.616f.

음대로 사용하거나 손상하는 행위에까지 확대되지 않는다.

마찬가지로, 직업의 개념을 '어느 정도의 지속성을 가지는 사회공동체에 무해한 경제적 소득활동'으로 정의함으로써 처음부터 직업의 자유의 보호범위를 '사회적으로 무해한 행위'에 한정하는 견해도 직업의 자유의 헌법상 보장목적을 제한적으로 이해하고 이에 상응하여 보호범위를 목적적 관점에서 축소하고자 하는 사고에 그 바탕을 두고 있는 것이다. 헌법이 직업의 자유를 보장한 목적은 직업 활동을 통한 개인의 인격발현에 있는 것이지, 직업적으로 행해지는 폭력행위나 절도행위와 같은 폭력행사나 타인의 법익에 대한 침탈행위를 보호하고자 하는 것이 아니다. 범죄행위가 단지 직업적으로 행해진다는 이유로 자신의 행위에 대하여 직업의 자유에 의한 보호를 요청할 수 없다.

(3) '헌법상 자유권의 보장목적'이나 '평화적 자유행사의 유보원칙'의 관점에서 자유권의 보호범위를 처음부터 축소하고자 하는 시도에 대하여, '평화적 자유행사의 유보원칙'은 내용적 정확성이 결여되어 있어 어떠한 것이 자유의 평화적 행사이고 폭력적 행사인지가 불명확하며 이러한 판단은 다시금 개별적 평가, 즉 법익형량에 달려있다는 비판,[60] 또는 자유권을 기준으로 하는 위헌심사에서 '보호범위'를 확정하는 의미는 단지 어떠한 자유권이 적용가능한지를 확인하는 형식적 의미 밖에 없기 때문에 사전적으로 보호범위를 축소하는 것은 불필요하다는 비판[61] 또는 보호범위를 축소하고자 하는 모든 시도는 법익형량의 필요성이 없을 정도로 명백히 보호받을 가치가 없는 행위가능성을 처음부터 배제하고자 하는 것인데, 이러한 시도도 법익형량의 결과가 명백할 뿐이지 법익형량과정을 통해서만 보호가치의 명백성을 판단할 수 있다는 점에서 결국 법익형량을 전제로 한다는 비판[62] 등 다양한 비판이 있다.

보호범위의 기능이 구체적 사건에서 적용가능한 자유권을 확정한다는 데 그 의미가 있다는 점에서 본다면, 보호범위를 축소하는 것이 필연적으로 요청되는 것은 아니다. 한편, 개인의 행위가 보호범위에 속한다는 것이 '개인의 행위가 일단 헌법적으로 보호되고 허용되는 것으로 추정된다'는 것을 의미한다는 점에서 본다면, 개인의 행위가 헌법적으로 보호된다는 추정이 명백히 반박될 수 있는 경우를 처음부터 보호범위에서 제외하는 것은 보호범위의 의미에도 부합하는 것이다. 그럼에도 보호범위를 처음부터 축소하는 것은 자유권의 보호를 제공하지 않는 것에 대하여 헌법적으로 의문의 여지가 없는 명백한 경우, 즉 법익형량의 필요성이 없을 정도로 명백한 경우에 한정되어야 한다. 이에 대하여 자유권에 의한 보호를 제공할 것인지에 관하여 일말의 의문이 제기되는 경우에는 이를 보호범위에 포함시켜 법익형량의 가능성을 개방하는 것이 바람직하

60) Vgl. Stern, Das Staatsrecht der BRD, Ⅲ/2, 1994, S.539f.

61) Vgl. Dreier, in: Dreier(Hg), GG, 2004, Vorb., Rn.120; Sachs, Verfassungsrecht II Grundrechte, 2000, A7 Rn.29.

62) Vgl. Alexy, Theorie der Grundrechte, 1994, S.289f.

다.[63] 기본권의 보호를 받지 못하는 것이 명백한 경우도 일단 보호범위에 포함시키고 모든 경우에 대하여 일원적으로 법익형량의 가능성을 열어놓아야 한다는 주장이 설득력을 가지는 이유도 그 때문이다.[64]

(4) 한편, 보호범위에서 제외된 행위는 보충적인 자유권인 일반적 행동자유권에 의해서도 보호되지 않는다.[65] 특정 행위가 보호범위에서 제외되는 경우에는 기본권보호의 공백이 존재하는 것이 아니라 기본권에 의하여 보호받을 필요가 없는 행위를 배제하는 것이므로, 일반적 행동자유권이 보충적으로 기능하지 않는다.

또한, 처음부터 보호범위에서 제외되는 행위와 구분되어야 할 것은 기본권행사의 기회를 구실로 하여 부수적으로 발생하는 행위이다. 예컨대, 학문의 자유는 연구를 목적으로 도서관의 서적을 훔치는 행위를 보호하지 않으며, 마찬가지로 대리석을 훔치는 조각가, 악기를 훔치는 음악가, 미성년의 모델을 유혹하는 화가의 행위는 예술의 자유의 보호범위에서 속하지 않는다.[66] 이러한 행위들은 자유권행사를 위한 행위가 아니라 단지 학문활동이나 예술활동을 하는 기회를 빙자하여 발생하는 행위로서 학문활동이나 예술활동과 단지 피상적인 연관관계에 있는 행위에 지나지 않으므로, 학문의 자유나 예술의 자유가 보호하고자 하는 고유한 학문행위나 예술행위에 해당하지 않는다.

바. 사회상황의 변화에 따른 헌법의 변천 및 보호범위의 변화

개별자유권의 보호범위가 헌법상 부여된 고유한 기능에 의하여 결정되어야 한다면, 사회상황의 변화에 따라 개별자유권이 그 기능을 이행할 수 있도록 자유권의 보호범위도 변해야 한다. 사회현상의 변화에 따라, 헌법 제정 당시에 인식할 수 없었고 예견할 수 없었던 '자유를 위협하는 새로운 위험상황'이 발생하는 경우, 국가는 헌법해석을 통하여 변화하는 사회상황에 대처하고 자유를 위협하는 새로운 위험상황에 대하여 기본권적 보호를 제공해야 할 필요성이 있다.

이에 관한 대표적인 例가 사회상황의 변화에 따른 재산권의 보장내용의 변화이다. 헌법상 재산권이 특정 시점에 '법률로써 구체적 권리로 형성된 재산적 가치'만을 그 보호대상으로 하기 때문에, 사회현상과 법문화의 변화를 수용하는 법질서의 변화에 따라 재산권의 보호범위도 변할 수밖에 없다. 자유로운 인격발현을 위한 경제적인 전제조건,

---

63) 예컨대, 양심상의 결정에 근거하여 범죄를 범한 소위 '양심범'의 경우, 양형의 범주 내에서 범죄행위의 동기로서 양심상 결정의 윤리성이 고려될 수 있는 가능성을 배제할 수 없으므로, 처음부터 양심상의 결정을 이유로 한 살인행위나 절도행위를 보호범위에서 제외하는 것은 문제가 있을 수 있다, 이에 관하여 자세하게 한수웅, 헌법 제19조의 양심의 자유, 헌법논총 제12집(2001), 423면 이하 참조.

64) Vgl. Alexy, Theorie der Grundrechte, 1994, S.296.

65) Vgl. Isensee, Das Grundrecht als Abwehrrecht und als staatliche Schutzpflicht, in: HbStR, Bd.V, 1992, §111 Rn.171ff.

66) Vgl. Pieroth/Schlink, Grundrechte Staatsrecht II, 2000, Rn.619f.

즉 '자유실현의 물질적 기초'라는 재산권보장의 헌법적 목적에 비추어, 재산권의 보호대상은 필연적으로 자유실현의 물질적 바탕이 될 수 있는 모든 권리로 점점 더 확대되었다. 이에 따라 지적재산권 등 재산적 가치 있는 사법상의 모든 권리, 나아가 연금청구권과 같은 공법상의 권리가 재산권의 보호범위에 포함되었다.

또한, 오늘날의 정보사회에서 공권력에 의한 개인정보의 수집과 처리에 의하여 개인의 자유가 위협받는 상황에 비추어, 변화한 사회상황에서 새로이 발생하는 위협으로부터 개인의 자유로운 인격발현의 조건을 보장하기 위하여, 헌법상의 행복추구권으로부터 '개인정보의 공개와 이용에 관하여 스스로 결정할 권리'인 개인정보자기결정권을 도출하게 되었다.

V. 일반적 또는 개별적 법률유보에 따른 보호범위 확정의 의미

헌법이 일반적 법률유보체계 또는 개별적 법률유보체계를 채택하고 있는지에 따라, 자유권의 보호범위를 확정하는 의미는 다르다. 개별적 법률유보를 채택하고 있는 기본권체계에서 개별자유권의 보호범위를 확정하는 작업은 단순히 문제되는 자유영역을 특정 자유권에 귀속시키는 것 이상의 의미를 가질 수 있다. 어떠한 자유권이 적용되는지에 따라 개별적 법률유보의 요건이 달라지고, 이로써 위헌심사의 기준이 달라짐으로써 심사의 결과가 달라질 수 있기 때문이다. 이에 대하여 일반적 법률유보를 채택한 기본권체계에서는 모든 개별자유권이 일괄적으로 동일한 요건의 구속을 받기 때문에, 보호범위의 확정의 의미가 공권력행위와 관련된 개별자유권을 특정하는 것에 그치게 된다.

예컨대, 개별적 법률유보를 채택하고 있는 독일기본법의 경우, '법률유보 없이 보장되는 자유권'의 보호범위를 확정하는 것은 중요한 의미를 가진다. '법률유보 없이 보장되는 자유권'은 '법률유보를 허용하는 자유권'과 비교할 때 헌법에 의한 보다 강력한 보호를 받기 때문이다. 개별자유권마다 헌법이 의도하는 보호의 정도가 상이한 기본권보장체계인 개별적 법률유보체계에서는 예술의 자유나 학문의 자유와 같이 '법률유보 없이 보장되는 자유권'의 보호범위를 확정하는 것은 실질적인 의미를 가진다. 예컨대, 예술의 자유의 보호범위에 속하지 않는 행위는 일반적 행동자유권과 같이 법률유보를 허용하는 다른 자유권에 의하여 보호를 받을 것이고, 이 경우 개인의 행위에 대한 제한이 보다 폭넓게 허용될 수 있다. 따라서 개별자유권의 보호범위를 어떻게 확정하는지에 따라, 적용되는 자유권이 달라지고 위헌심사의 기준이 달라짐으로써 위헌심사의 결과가 달라질 수 있다.

이에 대하여 우리 헌법과 같이 모든 자유권에 대하여 일반적인 법률유보조항을 두고 있는 기본권체계에서는, 자유권의 보호범위의 확정은 거의 전적으로 특정 생활영역이나 행위가 어떠한 자유권에 의하여 보호되는지, 자유권에 의하여 보호되는 생활영역이나 행위의 경계를 설정하는 의미에 그치게 되고, 결국 자유권과 생활영역·행위의 귀속관계를 확인하는 의미에 제한된다. 모든 자유권에 일률적으로 적용되는 일반적 법률유보조항으로 말미암아, 특정 생활영역이나 개인의 행위가 어떠한 자유권에 귀속되는지에 따라 보호의 강도나 제한의 허용정도에 있어서 원칙적으로 차이가 나지 않기 때문에, 적용되는 자유권에 따라 위헌심사의 기준이나 결과가 달라지지 않는다. 따라서 일반적 법률유보의 경우, 개별적 법률유보를 채택한 경우와 비교할 때, 보호범위 설정의 실질적 의미가 현저하게 감소한다.

Ⅵ. 맺는말

1. 자유권의 보호범위는 법익형량을 통하여 개별적으로 확정되는 것이 아니라, 헌법해석을 통하여 객관적·일반적으로 확정되어야 한다. 헌법은 제37조 제2항에서 일반적 법률유보조항을 수용함으로써, 이미 보호범위의 단계에서 법익교량을 통하여 보호범위를 축소하고자 하는 시도에 대하여 부정적인 입장을 취하고 있다. 개인의 행위가 자유권의 보호범위에 속한다는 것은, '개인의 행위가 일단 헌법적으로 보호되고 허용되는 것으로 추정된다'는 것을 의미한다.

모든 헌법규범과 마찬가지로, 자유권도 기본권체계 내에서 그에게 부여된 고유한 의미와 보호범위를 가지도록, 나아가 가능하면 자유권이 실효성을 가지도록 해석되어야 한다. 국가의 '세계관적 중립의무'의 관점 및 기본권의 보호가 궁극적으로 '소수의 보호'라는 관점에서, 개인의 행위가 반사회적인지, 비윤리적인지 또는 비이성적인지 여부 등을 고려함으로써 민주적 다수의 주관적 가치판단에 의하여 보호범위가 확정되어서는 안 된다. 자유권이 헌법상 부여된 자유보장의 기능을 이행하기 위하여, 그 보호범위는 자유권이 보호하고자 하는 모든 주관적 실현가능성을 포함하는 개방적이고 가치중립적인 기준에 의하여 객관적으로 확정되어야 한다. 한편, 헌법은 예외적이나마 제33조 제1항의 경우와 같이, 기본권이 단지 특정한 요건 하에서만("근로조건의 향상") 보호된다는 것을 스스로 명시적으로 규정함으로써 자유권의 보호범위를 확정하는 경우가 있다. 그러나 그 외의 경우에는 자유권의 보호범위는 헌법 내에서 개별자유권에 부여된 고유한 의미와 기능 및 다른 개별자유권이나 다른 헌법규정과의 체계적 연관관계를 고려하여 결정되어야 한다.

2. 한편, '자유권의 헌법적 보장목적'이나 '개인의 평화적 행위의무'의 관점에서 자유권의 보호범위를 처음부터 축소하는 것을 고려해 볼 수 있다. '물리적 강제력의 국가적

독점'과 그에 대응하는 '평화적으로 행동해야 할 개인의 의무'의 관점에서, 자유권은 처음부터 평화적 자유행사의 유보 하에 있다. 나아가, 자유권의 보호범위는 헌법이 자유권을 보장한 의미와 목적에 의하여 제한될 수 있다. 헌법이 자유권을 보장한 것은 개인의 자유로운 인격발현과 궁극적으로 인간존엄성의 실현을 위한 것이지, 타인의 법익을 침탈하는 헌법적 권한을 부여하고자 한 것이 아니다. 따라서 기본권적 자유를 물리적 폭력의 방법을 통하여 행사하는 것이나 타인의 법익을 침탈하는 행위까지 보호하는 것은 자유권을 보장한 헌법의 정신과 부합하지 않는다.

그럼에도 보호범위를 처음부터 축소하는 것은 자유권의 보호를 제공하지 않는 것에 대하여 헌법적으로 의문의 여지가 없는 명백한 경우, 즉 법익형량의 필요성이 없을 정도로 명백한 경우에 한정되어야 한다.

3. 자유권의 보호범위를 확정하는 의미는 헌법이 일반적 법률유보체계 또는 개별적 법률유보체계를 채택하고 있는지에 따라 다르다. 개별적 법률유보를 채택하고 있는 기본권체계에서는 어떠한 자유권이 적용되는지에 따라 개별적 법률유보의 요건이 달라지고, 이로써 위헌심사의 기준이 달라짐으로써 위헌심사의 결과가 달라질 수 있다. 이에 대하여 우리 헌법과 같이 일반적 법률유보를 채택한 기본권체계에서는 모든 개별자유권이 일괄적으로 동일한 요건의 구속을 받기 때문에, 보호범위 확정의 의미는 거의 전적으로 특정 생활영역이나 행위가 어떠한 자유권에 의하여 보호되는지의 확인에 그치게 된다. 따라서 일반적 법률유보의 경우, 개별적 법률유보를 채택한 경우와 비교할 때 보호범위 설정의 실질적 의미가 현저하게 감소한다.

참고문헌

강태수, 기본권의 보호영역, 제한 및 제한의 한계, 허영박사 화갑기념논문집, 1997
계희열, 헌법학(중), 2004
권영성, 헌법학원론, 2006
한수웅, 헌법 제19조의 양심의 자유, 헌법논총 제12집(2001)
_____, 헌법상의 인격권, 헌법논총 제13집(2002)
_____, 집회의 자유와 '집회 및 시위에 관한 법률', 저스티스, 2004/2
허 영, 한국헌법론, 2006
홍성방, 헌법학, 2003

Alexy, Theorie der Grundrechte, 1994
Cremer, Freiheitsgrundrechte, 2003
Dreier, in: Dreier(Hg), Grundgesetz Kommentar (GG), Bd.I, 2. Aufl. 2004, Vorbemerkungen vor Art.1 GG
Grabitz, Freiheit der Person, in: Isensee/Kirchhof(Hg), Handbuch des Staatsrechts (HbStR), Bd.Ⅵ, 1989, §130
Höfling, Grundrechtstatbestand-Grundrechtsschranken-Grundrechtsschrankenschranken, Jura 1994
Ipsen, Staatsrecht II, 2001
Isensee, Das Grundrecht als Abwehrrecht und als staatliche Schutzpflicht, in: Isensee/Kirchhof(Hg), Handbuch des Staatsrechts (HbStR), Bd.V, 1992, §111
_____, Staat und Verfassung, in: Isensee/Kirchhof(Hg), Handbuch des Staatsrechts (HbStR), Bd.II, 2004, §15
_____, Gemeinwohl und Staatsaufgaben im Verfassungsstaat, in: Isensee/Kirchhof(Hg), Handbuch des Staatsrechts (HbStR), Bd.Ⅲ, 1988, §57
J. H. Kaiser, Der politische Streik, 1959
Kloepfer, Grundrechtstatbestand und Grundrechtsschranken in der Rechtsprechung des Bundesverfassungsgerichts - dargestellt am Beispiel der Menschenwürde, in: Starck(Hg), Bundesverfassungsgericht und Grundgesetz Bd.2, 1976
Kunig, in: Münch/Kunig(Hg), Grundgesetz Kommentar (GGK), Bd.1, 2000, Art.13
Lerche, Grundrechtlicher Schutzbereich, Grundrechtsprägung und Grundrechtseingriff, in: Isensee/Kirchhof(Hg), Handbuch des Staatsrechts (HbStR), Bd.V, 1992, §121
Löwer, in: Münch/Kunig(Hg), Grundgesetz Kommentar (GGK), Bd.1, 2000, Art.9
v. Münch, in: Münch/Kunig(Hg), Grundgesetz Kommentar (GGK), Bd.1, 2000, Vorb.
Pieroth/Schlink, Grundrechte Staatsrecht II, 2000

Rüfner, Grundrechtskonflikte, in: Starck(Hg), Bundesverfassungsgericht und Grundgesetz, Bd.2, 1976

Sachs, Verfassungsrecht II Grundrechte, 2000

Schmitt Glaeser, Schutz der Privatsphäre, in: Isensee/Kirchhof(Hg), Handbuch des Staatsrechts (HbStR), Bd.Ⅵ., 1989, §129

Schnapp, Die Grundrechtsbindung der Staatsgewalt, JuS 1989

Stern, Das Staatsrecht der Bundesrepublik Deutschland, Bd.Ⅲ/2, 1994

Wendt, Der Garantiegehalt der Grundrechte und das Übermaßverbot, AöR 104(1979)

______, in: Münch/Kunig(Hg), Grundgesetz Kommentar (GGK), Bd.1, 2000, Art.5

제2절 자유권의 제한

자유권의 제한 개념과 헌법소원심판에서 제3자의 自己關聯性*

－사실적 기본권제한의 문제를 중심으로－

Ⅰ. 문제의 제기

자유권을 기준으로 하는 위헌심사의 두 번째 단계는 자유권의 '보호범위에 대한 제한'이 존재하는지의 문제에 관한 것이다. 자유권을 기준으로 하는 첫 번째 심사단계가 공권력행위와 관련된 자유권, 즉 공권력행위에 의하여 제한될 가능성이 있는 기본권을 확인하는 문제라면, 두 번째 심사단계는 공권력행위가 자유권에 대한 제한에 해당하기 때문에 헌법상 보장된 자유권의 관점에서 정당화되어야 하는지에 관한 문제이며, 세 번째 심사단계는 '자유권의 제한이 헌법적으로 정당화될 수 있는지'에 관한 문제이다.[1)]

개인의 행위가 자유권의 보호범위에 속한다는 것은, '개인의 행위가 일단 헌법적으로

---

* 위 논문은 2009년 3월, 헌법학연구(한국헌법학회), 제15권 제1호, 455-495면에 게재된 것을 일부 수정한 것이다.

1) 첫 번째 단계에 관하여 한수웅, 자유권의 보호범위, 헌법학연구, 2006. 12, 41면 이하 참조. 세 번째 단계에 관하여 한수웅, 헌법 제37조 제2항의 과잉금지원칙의 의미와 적용범위, 저스티스, 2006. 12, 5면 이하 참조. 자유권제한의 개념에 관한 독일이론의 소개로서 정태호, 자유권적 기본권의 제한 개념에 관한 고찰, 헌법논총 제13집, 2002, 561면 이하; 최갑선, 자유권적 기본권의 침해여부의 판단구조 및 판단기준, 헌법논총 제10집, 1999, 406면 이하.

보호되고 허용되는 것으로 추정된다'는 것을 의미한다.[2] 자유권은 보호범위에 속하는 개인의 행위가 원칙적으로 허용된다는 것을 규정함으로써, 국가가 개인의 자유행사를 제한하는 경우에는 자유권은 국가행위의 허용여부를 판단하는 심사기준으로서 작용한다. 이로써 보호범위는 자유권을 제한하는 국가행위에 대하여 각 생활영역에서 이를 정당화해야 할 의무를 지우고 있다.[3] 따라서 자유권을 제한하는 국가행위가 존재한다는 것은, 그 국가행위가 자유권을 위헌적으로 침해할 가능성이 있다는 것을 의미하는 것이고, 이로써 국가행위는 헌법 제37조 제2항에 따라 자유권의 관점에서 정당화되어야 한다는 것을 의미한다. 자유권의 '제한'이 존재하는지 여부를 확인하는 문제는 공권력행위가 헌법상 보장된 자유권의 관점에서 정당화되어야 하는지에 관한 문제이다.[4] 국가가 제한의 형태로 개인의 자유영역을 침범하는 경우에 비로소 개인은 국가에 대하여 국가작용을 자유권의 관점에서 정당화할 것을 요구할 수 있는 것이다. 그러므로 자유권의 제한이 존재하지 않는다면, 개인은 국가행위의 헌법적 정당성을 다툴 수 없고 이를 법적으로 수인해야 하는 것이다.

그러므로 자유권의 관점에서 헌법적으로 정당화되어야 하는 국가행위의 범위가 확정되어야 한다. 한편으로는, 헌법적으로 정당화되어야 하는 국가행위의 범위를 협소하게 인정한다면, 자유권의 보호범위를 광범위하게 설정한다 하더라도 자유권은 자유를 보장하는 기능을 제대로 이행할 수 없다. 이러한 점에서는 제한의 개념에 속하는 국가행위를 폭넓게 인정할 것이 요청된다. 그러나 다른 한편으로는, 모든 국가행위가 자유권의 관점에서 중요한 의미를 가지는 것은 아니다. 자유권의 '제한'에 속하는 국가행위의 범위를 너무 넓게 확정하는 것은 자유권의 보호를 과도하게 확장하고 국가의 행위가능성을 지나치게 위축시킬 위험이 있다. 따라서 헌법적으로 정당화되어야 하는 국가행위와 정당화될 필요가 없는 국가행위를 구분해야 할 필요가 있고, 제한의 개념에 속하는 국가행위가 적정한 범위로 축소되어야 할 필요가 있다.[5] 결국, 자유권의 제한과 관련하여 제기되는 핵심적인 문제는 '제한'의 개념에 해당하는 국가행위의 범위와 경계를 설정하는 것이다.

예컨대, 다음과 같은 경우 국가행위가 기본권의 제한에 해당하는지의 문제가 제기된다. 국민건강에 해로운 담배를 생산·판매하는 국가의 행위(담배전매사업)는 개인의 건강권과 신체불가침권을 제한하는가? 국가보안법 위반자에 대하여 가석방의 조건으로서

---

2) Vgl. Alexy, Theorie der Grundrechte, 1994. S.272ff.; W. Höfling, Grundrechtstatbestand – Grundrechtsschranken – Grundrechtsschrankenschranken, Jura 1994, S.170.

3) 한수웅, 자유권의 보호범위, 헌법학연구 2006. 12, 46면.

4) Vgl. Bethge, Der Grundrechtseingriff, VVDStRL 57(1998), S.10f.

5) Vgl. Isensee, Das Grundrecht als Abwehrrecht und als staatliche Schutzpflicht, in: Isensee/Kirchhof(Hg), HbStR, Bd.V, 1992, §111 Rn.107.

준법서약서의 제출을 규정하는 규칙조항은 양심의 자유를 제한하는 국가행위인가(헌재 2002. 4. 25. 98헌마425)?[6] 국가의 지시에 의하여 국공립학교의 교실에 게시된 십자가상은 종교의 자유를 제한하는 공권력행위인가(BVerfGE 93, 1)? 특정 기업의 제품이나 특정 종교단체의 위험성을 국민에게 알리는 국가의 홍보활동은 기업의 자유나 종교의 자유를 제한하는가? 각 道에서 생산되는 自道燒酒를 일정 비율 이상 판매해야 할 의무를 주류도매상에게 부과하는 주세법조항은 소주제조업자의 기업의 자유와 소비자인 국민의 행복추구권을 제한하는가(헌재 1996. 12. 26. 96헌가18)?

뿐만 아니라, 개인이 기본권의 침해를 이유로 제기하는 헌법소원심판에서, '자유권의 제한' 개념과 헌법소원심판의 적법요건으로서 '기본권침해의 자기관련성'은 서로 어떠한 연관관계에 있는지의 의문이 제기된다. 특히, 국가행위의 직접적인 상대방이 아닌 제3자의 자기관련성 여부를 판단함에 있어서 자유권 제한의 개념은 어떠한 의미를 가지는지의 문제가 규명되어야 한다.

Ⅱ. 자유권의 '제한' 개념

1. 고전적 의미의 제한 개념

가. 개인의 자유와 재산에 대한 국가의 침해에 대하여 법률의 수권을 요구하는 소위 '侵害留保'의 사고가 바탕을 이루고 있는 19세기 유럽의 자유주의적 법치국가에서 자유권의 제한은 주로 특정 행위에 대한 금지명령과 행위명령의 형태로 이루어졌다. 이에 따라 고전적인 제한의 개념도 명령과 강제를 통하여 의도적으로 그리고 직접적으로 기본권의 보호범위를 제한하는 법적 행위를 의미하였다. '고전적 기본권제한'이란 제한의 의도나 목적을 가지고 법적 행위의 형태(법률, 법규명령, 행정행위 등)로 기본권주체에 대하여 명령과 강제를 통하여 직접적으로 작용하는 국가행위를 말한다.

고전적 제한 개념을 구체적으로 살펴보면, 제한의 의도성 또는 목적성(제한의 효과가 국가행위에 의하여 의도된 결과일 것), 제한의 직접성(국가행위가 제3자나 기본권주체의 행위에 매개되지 아니하고 직접적으로 제한의 효과를 발생시킬 것), 법적 행위의 형태(기본권을 사실적이 아니라 법적으로 제한함으로써 의무의 부과 등 법률효과를 발생시킬 것), 명령성(기본권에 대한 불리한 효과가 명령과 강제를 통하여 명해지거나 관철될 수 있는 구속력을 가질 것)의 요소가 제한 개념의 본질적 요소에 속한다.[7]

---

6) 헌법재판소의 결정 중에서 특히 기본권제한의 개념이 문제된 결정은 '준법서약서 결정'이다. 이에 관하여 자세하게 아래 Ⅲ. 1. 나. (2) 및 (3) 참조.

7) Vgl. Weber-Dürler, Der Grundrechtseingriff, VVDStRL 57(1998), S.60ff.; Isensee, Das Grundrecht als Abwehrrecht und als staatliche Schutzpflicht, in: Isensee/Kirchhof(Hg), HbStR Bd.V, 1992, §111, Rn.61; Pieroth/Schlink, Grundrechte Staatsrecht II, 2000, Rn.238; J. Ipsen, Gesetzliche Einwirkung auf

위 요소 중에서 고전적 제한 개념의 핵심을 구성하는 것은 '命令性'(Imperativität)의 요소이다. 요컨대, 고전적 제한이란 당사자의 의사에 반하여 강제로 관철될 수 있는 국가의 명령이며, 국가행위의 상대방에 대한 일방적이고 법적 구속력 있는 금지명령과 행위명령이다. '명령성'은 국가권력이 명령적으로 개인의 자유영역에 침투하는 상태를 서술하고 있는데, 여기서 기본권의 제한은 명령 그 자체에 담겨있어야 하고, 명령에 의하여 기본권 제한적 효과가 직접 초래되어야 한다. 그러므로 명령에 의하여 기본권주체에게 특정 행위를 강제하고, 강제된 행위가 곧 기본권의 제한을 의미함으로써 '명령의 내용'과 '기본권제한'이 일치한다는 점에 고전적 제한 개념의 특징이 있다.[8] 직접 법률로써 또는 법률에 근거한 행정청이나 법원의 결정에 의하여 기본권의 주체에게 행위명령이나 금지명령이 부과되는 경우, 예컨대, 형법 등 법률에 의한 금지 또는 행위명령,[9] 경찰법상의 명령, 집회의 해산명령, 영업정지처분 등 영업활동의 금지 등이 고전적 제한 개념에 해당하는 대표적인 것이다.

한편, 고전적 제한의 개념적 요소로서 '직접성'의 요건은 이와 같이 이해되는 '명령성'의 요건에 이미 포함되어 있기 때문에 사실상 불필요한 요건에 해당하고, '목적성'의 요건도 명령적 국가행위에 필연적으로 내재하는 것이다.[10]

나. 고전적 제한 개념은 자유권의 발생단계에서 유래하는 개념이 아니라 19세기 형식적 법치국가로 발전하는 과정에서 형성된 개념이다. 그러므로 자유권이 역사적으로 또는 전통적으로 단지 '고전적인 제한'에 대해서만 보호를 제공하고자 하는 것으로 이해하는 것은 근본적인 오해에 속한다.[11] 원래 자유권은 언제나 기본권주체의 중요한 이익과 생활영역을 국가의 고전적 제한뿐만 아니라 사실적 제한에 대해서도 보호하고자 하는 것이었다.

다만, 고전적 제한이 존재한다는 것은 더 이상의 판단을 할 필요가 없을 정도로 예외 없이 잠재적인 기본권침해의 가능성이 있다는 것을 표현하는 것이고, 이로써 자유권의 관점에서 정당화될 필요가 있는 것으로 보이는 국가행위가 명백하게 존재한다는 것을 의미한다.[12] 즉, 기본권의 자유보장적 기능에 비추어, 명령과 강제로 이루어지는 고

---

grundrechtlich geschützte Rechtsgüter, JZ 1997, S.478; Sachs, Verfassungsrecht II Grundrechte, 2000, A8 Rn.6; Roth, Faktische Eingriffe in Freiheit und Eigentum, 1994, S.7; Lübbe-wolff, Die Grundrechte als Eingriffsabwehrrechte, 1988, S.42ff.

8) Vgl. Gallwas, Faktische Beeinträchtigungen im Bereich der Grundrechte, 1970, S.11f.; Ramsauer, Die faktischen Beeinträchtigungen des Eigentums, 1980, S.28.

9) 행글라이딩이나 이종 격투기 등 위험한 운동을 법률로써 금지하는 경우(금지명령를 통한 강제) 또는 운전자에게 운전 중 안전벨트를 착용할 의무를 법률로써 부과하는 경우(행위명령을 통한 강제) 등을 들 수 있다.

10) Vgl. Lübbe-wolff, Die Grundrechte als Eingriffsabwehrrechte, 1988, S.44f.; Weber-Dürler, Der Grundrechtseingriff, VVDStRL 57(1998), S.60.

11) Vgl. Sachs, Verfassungsrecht II Grundrechte, 2000, A8 Rn.7f.; Roth, Faktische Eingriffe in Freiheit und Eigentum, 1994, S.29ff.

12) Vgl. Bethge, Der Grundrechtseingriff, VVDStRL 57(1998), S.38; Sachs, Die relevanten

전적 제한은 자유권을 위협하는 가장 뚜렷하고 명백한 국가행위의 표현인 것이다.

2. '고전적 제한' 개념의 확장 필요성

가. 자유주의적 법치국가로부터 사회적 법치국가로 국가의 성격이 변화함에 따라 국가의 과제와 활동영역이 확대되었고, 국가가 사회의 모든 영역에 적극적으로 개입하여 활동할수록 국가와 개인 사이의 갈등과 충돌의 가능성도 증가하였다. 오늘날 국가에 의하여 개인의 자유가 위협받는 상황은 다양한 형태로 나타나고 있다. 이에 따라 자유권의 기능과 보장내용도 이에 상응하여 변화하고, 또한 자유권의 제한 개념도 고전적 의미의 제한 개념을 넘어서 확대해야 할 필요성이 대두되었다.[13] 즉, 개인의 자유를 효과적으로 보호하기 위해서는, 헌법의 해석과 변천을 통하여 자유권의 보장내용을 변화하는 사회현상에 적응시켜야 할 뿐만 아니라(보호범위의 확장), 나아가 확장된 보호범위에 상응하여 자유를 위협하는 새로운 형태의 국가행위를 자유권의 제한으로 파악해야 한다는 요청(제한 개념의 확장)이 제기되었다. 그러므로 '제한 개념의 확장'은 자유를 위협하는 새로운 사회현상에 대한 헌법학의 불가피한 반응이라 할 수 있다.

자유권보장의 주된 목적이 국가가 개인의 자유영역을 축소하는 것에 대하여 보호를 제공하고자 하는 것이라면, 자유권의 제한이 존재하는지 여부, 즉 국가행위가 자유권의 관점에서 정당화될 필요가 있는지의 문제는 '국가행위가 명령과 강제의 형태로 행해지는지'의 국가행위의 형식에 의해서가 아니라, 국가행위가 개인의 자유에 대하여 가지는 실질적 효과에 의하여 판단되어야 한다.[14] 즉, 자유권 제한의 문제는 국가의 관점에서 국가가 어떠한 행위형식을 취하는지에 의해서가 아니라, 기본권주체인 개인의 관점에서 개인의 자유에 대한 국가행위의 실체적 효과 및 영향력에 의하여 판단되어야 하는 것이다.[15] 따라서 국가행위의 형식과 관계없이 기본권제한을 폭넓게 인정함으로써, 국가에게 자신의 행위를 자유권의 관점에서 정당화해야 할 의무를 부과해야 할 필요성도 증가하였다.

나. 국가의 명령과 강제는 기본권의 보호법익과 자유영역에 대하여 불리한 효과를 초래할 수 있는 국가행위 중 단지 일부분에 해당하며, 자유권의 제한은 고전적 제한 외

Grundrechtsbeeinträchtigungen, JuS 1995, S.303.

13) Vgl. Weber-Dürler, Der Grundrechtseingriff, VVDStRL 57(1998), S.75, 가령, 전산화된 정보처리기술의 발달로 인하여 국가에 의한 개인정보 수집과 처리가 개인의 인격권을 제한할 수 있다는 것을 인식하게 되었고, 그 결과 개인정보자기결정권을 일반적 인격권의 보장내용으로 도출함으로써 인격권의 보장내용을 확대하였고, 그에 상응하여 국가의 정보수집·처리행위를 '개인정보자기결정권에 대한 제한'으로 파악하게 되었다.

14) Vgl. Cremer, Freiheitsgrundrechte, 2003, S.151; Gallwas, Faktische Beeinträchtigungen im Bereich der Grundrechte, 1970, S.48.

15) Vgl. Gallwas, Faktische Beeinträchtigungen im Bereich der Grundrechte, 1970, S.45ff.; Roth, Faktische Eingriffe in Freiheit und Eigentum, 1994, S.261ff.

에 국가의 사실행위에 의해서도 발생할 수 있다.

고전적 제한 개념과 같이 '협소한 제한 개념'은 헌법이 의도하는 포괄적인 기본권보호와 부합하지 않으며, 헌법도 자유권의 제한이 고전적인 제한의 형태 외에도 다른 형태로 이루어질 수 있음을 스스로 명시적으로 밝히고 있다. 헌법은 제12조에서 신체의 자유를 제한하는 전형적인 국가의 조치로서 체포, 구금, 압수, 수색 등을 언급하고 있으며, 제16조에서 주거의 자유에 대한 전형적인 제한의 예로 주거에 대한 압수와 수색을 언급하고 있는데, 이러한 제한의 유형은 모두 사실행위에 해당하는 것이다. 이러한 점에서, 기본권의 제한에 해당하는 국가행위는 이미 헌법적으로 사실행위를 포함하고 있는 것이다.

헌법상 보장된 개별자유권이 적극적인 행위가능성이 아니라 보호법익에 대한 불가침성을 보장하는 경우,[16] 이러한 자유권은 국가의 명령적 행위에 의하여 제한되는 것이 아니라 보호법익의 불가침성을 침해하는 사실적 강제(강제적인 혈액의 채취, 강제예방접종, 압수나 수색 등)나 사실행위(전화의 도청이나 주거의 감청, 개인정보의 수집 및 공개 등)에 의하여 제한된다. 예컨대, 통신의 비밀, 주거의 자유, 사생활영역에 대한 침해는 고전적 제한의 형태로는 이루어질 수 없다. 또한, 개인정보의 보호도 정보의 수집·처리행위라는 사실행위에 대한 보호 없이는 생각할 수 없다.

3. 그 외의 제한 개념으로서 사실적 기본권제한

가. 사실적 제한의 개념

고전적인 제한뿐만 아니라 그 외의 사실적·간접적 제한도 자유권의 관점에서 중요성을 가질 수 있다. 국가가 개인에게 특정 행위를 금지하거나 명령하는 경우, 가령 특정 제품의 제조업자에게 유해한 제품의 생산을 금지하거나 중지시키는 경우, 제조업자에 대한 국가의 금지명령은 곧 그 자체로서 제조업자의 기본권에 대한 불리한 효과를 의미하고, 이러한 명령적 국가행위는 의문의 여지없이 기본권제한의 성격을 가진다. 그러나 가령, 국가기관이 소비자에게 특정 제품의 위험성에 관하여 경고함으로써 제조업자의 매상이 감소하였다면, 이러한 경우 기본권에 대한 불리한 효과가 국가의 '규범적인' 명령행위가 아니라 그 외의 방법에 의하여 발생한다는 의미에서 '사실적' 기본권제

16) 자유권은 일정 생활영역에서 자기결정에 기초한 행위가능성(표현·종교·직업·양심·예술의 자유 등)을 보장하고자 하는 자유권과 인간의 존엄, 생명이나 신체, 주거나 통신의 비밀, 사생활영역과 같은 객관적 실체를 가지고 '不可侵性'을 보장하는 자유권으로 크게 나누어 볼 수 있는데, 우리 헌법은 행위가능성을 보호하는 기본권에 대하여 "… 자유를 가진다."는 표현을 사용하여 규정하면서, 불가침성을 보장하는 기본권에 대해서는 "… 침해받지 아니한다."는 표현을 사용하여 규정하고 있다(헌법 제16조, 제17조, 제18조 참조). 자유권의 보호법익에 따른 구분에 관하여 자세하게, 한수웅, 자유권의 보호범위, 헌법학연구, 제12권 제5호, 2006.12, 48-49면 참조.

한이라고 한다. 한편, 기본권제한의 효과가 국가에 의하여 직접 발생하는 것이 아니라 제3자의 개입에 의하여 이루어지는 경우, 이를 '간접적' 기본권제한이라고 부르기도 한다.

고전적 제한의 경우, 국가의 규율행위 자체에 기본권제한이 담겨있다는 점에서 국가의 명령적 규율행위와 기본권 제한적 효과가 일치한다. 이에 대하여 '사실적 제한'(Faktische Beeinträchtigungen)은 기본권에 대한 불리한 효과가 고전적 제한 외에 다른 방법에 의하여 발생하는 모든 상황을 포괄하는 개념이다.[17] 따라서 사실적 제한이란 국가의 사실행위에 의한 제한(가령, 전화의 도청이나 국가기관의 명예훼손적 표현)은 물론이고, 명령적 행위의 부수적 효과로서 발생하는 불리한 효과[18] 또는 사실행위의 결과로서 발생하는 불리한 효과[19], 이로써 국가행위의 상대방이 아닌 제3자에게 발생하는 불리한 효과도 포함하는 포괄적인 개념이다.

나. 사실적 제한의 경우 '기본권제한' 여부를 판단하는 관점

국가의 모든 행위가 기본권적 중요성을 가지는 것은 아니므로, 국가행위에 의하여 기본권의 주체에게 발생하는 모든 불리한 효과를 기본권의 제한으로 평가할 수 없다. 그러므로 국가행위가 자유권의 관점에서 정당화되어야 하는 것인지에 관하여 별도의 판단이 필요하다.

(1) 대국가적 방어권으로서 자유권의 성격에 비추어 더 이상 국가행위의 유형이 아니라 기본권에 대한 효과와 작용이 국가행위의 성격을 결정하는 중요한 관점이라는 것이 '새로운' 제한 개념의 출발점이다. 그러므로 제한 개념의 필수적 요소로서 '자유권의 행사와 보호법익에 대한 불리한 효과'가 존재해야 한다. 국가행위가 자유권의 보호범위를 침범하는 경우에만 자유권은 그의 방어적 기능을 발휘하기 때문에, 국가행위가 자유권에 의하여 보호되는 행위가능성이나 보호법익에 대하여 불리한 효과와 영향을 초래해야 한다는 것은 제한의 성격을 인정하기 위한 필수적 전제조건이다.[20]

그러나 자유권은 국가기관만을 직접적으로 구속하기 때문에 국가기관의 행위에 '기인하지' 않는 불리한 효과는 처음부터 제한의 개념에서 배제되어야 한다는 것이다. 따라

---

17) Vgl. Gallwas, Faktische Beeinträchtigungen im Bereich der Grundrechte, 1970, S.12; Ramsauer, Die faktischen Beeinträchtigungen des Eigentums, 1980, S.28ff.; Roth, Faktische Eingriffe in Freiheit und Eigentum, 1994, S.1.

18) 가령, 주류판매자에 대하여 自道燒酒의 판매의무를 부과하는 주세법규정에 의하여 소주 제조업자와 소비자에게 불리한 효과가 발생하는 경우를 예로 들 수 있다. 아래 Ⅲ. 2. 나. 참조.

19) 가령, 소비자에 대한 국가의 경고로 인하여 제품의 제조업자에게 불리한 효과가 발생하는 경우를 예로 들 수 있다. 아래 Ⅲ. 2. 가. 참조.

20) Vgl. Cremer, Freiheitsgrundrechte, 2003, S.137; Lübbe-wolff, Die Grundrechte als Eingriffsabwehrrechte, 1988, S.70f,; Isensee, Das Grundrecht als Abwehrrecht und als staatliche Schutzpflicht, in: Isensee/Kirchhof(Hg), HbStR, Bd.V, 1992, §111, Rn.63.

서 '국가행위'와 '기본권주체에 대한 불리한 작용' 사이에는 인과관계가 존재해야 한다. 뿐만 아니라, 기본권에 대한 불리한 작용을 국가의 책임으로 귀속시키기 위해서는, 단지 인과관계만으로는 불충분하다. 국가행위와 개인의 자유영역에 대한 불리한 작용 사이에 '인과관계'가 인정된다 하더라도, 국가기관에 귀속될 수 있는 행위, 즉 국가행위의 결과로 이해될 수 있는 불리한 작용만이 헌법적으로 정당화되어야 하는 국가행위에 해당한다.[21] 즉, 기본권에 대한 불리한 효과는 국가행위에 기인해야 하고, 불리한 효과의 발생을 국가에게 그의 책임으로서 귀속시킬 수 있는 경우에 한하여, 국가행위가 초래한 간접적인 결과는 '사실상의 제한'으로 인정될 수 있는 것이다.[22]

따라서 불리한 효과에 대한 국가책임을 결정하는 기준이 바로 기본권제한 개념을 확정하는 결정적 요소이다. 그러나 기본권에 대하여 불리한 작용이 국가에게 귀속되기 위하여 어떠한 요건이 부가적으로 요청되는지는 확실하지 않다.[23]

(2) 사실적 제한의 경우에도 고전적 제한 개념의 구성요소를 기준으로 삼아, 이에 얼마나 근접하는지에 따라 '국가행위가 제한에 해당하는지' 여부를 판단하는 것을 고려해 볼 수 있으나, 고전적 제한개념을 구성하는 각 개별적 요소는 다음과 같은 이유에서 '국가행위가 기본권의 제한에 해당하는지'를 판단하는 기준으로 불충분하거나 부적합하다.[24]

(가) 기본권에 대한 불리한 효과가 국가에 의하여 의도된 결과여야 한다는 '목적성 또는 의도성'의 기준은, '국가행위가 제한에 해당하는지' 여부가 국가기관의 의도나 동기에 달려있다는 문제를 안고 있다. 가령, 국가기관이 특정 제품에 대한 경고를 통하여 제조업자에 대한 불리한 효과를 의도하였는지 아니면 이러한 경고를 단지 국민에 대한 정보제공의 의무로 간주하고 제조업자에 대한 불리한 효과가 없으리라고 신뢰하였는지 여부, 즉 국가기관의 주관적 의도와 내적 동기에 따라 자신의 행위를 정당화해야 하는 의무를 부담하는지 여부가 달라져서는 안 된다. 따라서 국가기관의 주관적 의도로부터 독립된 객관적 관점에 의한 보완이 필요하다.

(나) 또한, '직접성'의 기준도 자유권의 제한 여부를 판단하는 적합한 기준이 될 수 없다. 직접성의 요건을 새로운 제한개념을 파악하는 기준으로 삼는다는 것은, 국가가 제3자를 개입시키는 간접적인 제한의 방법을 통하여 자신의 행위를 정당화해야 할 의

21) Vgl. Roth, Faktische Eingriffe in Freiheit und Eigentum, S.114ff.
22) Vgl. BVerfGE 66, 39, 60 (Nachrüstungsurteil)
23) 독일의 '거의 조감할 수 없을 정도로 혼란스러운' 논의에 관한 소개로서 Murswiek, Staatliche Warnungen, Wertungen, Kritik als Grundrechtseingriffe, DVBl 1997, S.1023ff.; Lübbe-Wolff, Grundrechte als Eingriffsabwehrrechte, 1988, S.47ff.; Isensee, Das Grundrecht als Abwehrrecht und als staatliche Schutzpflicht, in: Isensee/Kirchhof(Hg), HbStR Bd.V, 1992, §111, Rn.65ff.
24) 이에 관한 개괄적 소개로서 Weber-Dürler, Der Grundrechtseingriff, VVDStRL 57(1998), S.75; Cremer, Freiheitsgrundrechte, 2003, S.155ff.

무를 회피할 수 있는 가능성을 제공하는 것이다. 국가가 가령, 소비자에 대하여 정보를 제공함으로써 직접 소비자에 대한 경고를 하는지 아니면 사회단체를 재정적으로 지원함으로써 그 사회단체로 하여금 소비자에 대한 경고를 하게 하는지에 따라 국가행위의 성격을 규정함에 있어서 차이가 있을 수 없다.

(다) 나아가, 국가행위에 의하여 발생하는 '불리한 효과의 정도나 강도'를 결정적 기준으로 삼는 것도 문제가 있다. 이와 같이 순수하게 '양적인' 관점은 판단의 기준으로 구체화되기 어렵다는 문제를 안고 있다. 고전적 제한의 경우 기본권제한의 강도가 문제되지 않는 것과 마찬가지로, 비명령적, 사실적 행위의 경우에도 국가행위에 의하여 초래된 불리한 효과의 정도는 중요하지 않다.[25] 자유권은 중대한 제한뿐만 아니라 사소한 제한에 대해서도 개인의 자유영역을 보호하고자 하는 방어권적 기능을 이행한다. 자유권에 대한 모든 제한은 헌법 제37조 제2항의 관점에서 정당화되어야 하므로, 공익달성을 위하여 필요한 정도를 넘는 사소한 제한도 원칙적으로 위헌적인 것이다.[26]

제한의 강도의 문제는 '국가행위가 제한에 해당하는 것인지'에 관한 문제가 아니라, 과잉금지원칙에 따라 '제한이 정당화되는지'를 판단하는 다음 단계인 법익형량과정에서 '제한의 효과가 중대할수록 이를 정당화하는 공익도 상응하여 중대해야 한다'는 관점에 비추어 고려되어야 하는 요소이다. 이러한 의미에서, '제한이 중대하거나 지속적일 필요는 없으나 사소한 제한, 즉 기본권행사에 대한 다소의 불편함이나 성가심을 야기하는 국가행위는 제한 개념에 속하지 않는다'고 보는 견해는 '사소한 제한'과 '사소하지 않은 제한'을 구분하는 기준이 불분명하고, 기본권의 포괄적인 보호기능을 부당하게 축소시키며, 제한 여부의 판단과 관계없는 기준을 가지고 제한 여부를 판단하고자 한다는 점에서 문제가 있다.

(3) 위에서 서술한 내용을 종합하여 보건대, 국가행위가 기본권제한을 의도하는지 하는 '목적성' 또는 '의도성'은 고전적 제한 개념을 구성하는 본질적 요소이자 동시에 국가행위의 기본권 제한적 성격을 파악하는 가장 중요한 기준이라 할 수 있다.[27] 국가가 자유권에 대한 불리한 작용을 의도하는 경우 자신의 의도를 다양한 행위형식으로 실현할 수 있다는 점에서, 자유권이 방어권으로서의 고유한 기능을 발휘하는지 여부가 '국가의 행위형식'에 의하여, 즉 법적 행위 또는 사실행위로써, 국가 스스로 직접적으로 또는 제3자에 대하여 영향력을 행사함으로써 간접적으로 자유행사에 불리한 효과를 발생시키는지 여부에 좌우되어서는 안 된다.[28] 국가행위가 어떠한 방법으로 이루어지든 간

25) Vgl. Sachs, Verfassungsrecht II, 2000, A8 Rn.19; Roth, Faktische Eingriffe in Freiheit und Eigentum, S.267ff.

26) Vgl. Weber-Dürler, Der Grundrechtseingriff, VVDStRL 57(1998), S.87.

27) Vgl. Sachs, Verfassungsrecht II, 2000, A8 Rn.23; Lübbe-Wolff, Grundrechte als Eingriffsabwehrrechte, 1988, S.270; Weber-Dürler, Der Grundrechtseingriff, VVDStRL 57(1998), S.89f.

에, 국가에 의하여 意圖된 불리한 작용에 대해서는 원칙적으로 국가에 귀속되어야 하는 '기본권제한'으로서의 성격을 인정해야 한다. 국가는 고전적 제한의 형식을 회피함으로써 기본권주체에 대하여 고전적 제한에 버금가는 불리한 효과를 초래할 수 있다.

한편, 국가행위가 기본권의 제한에 해당하는지 여부가 전적으로 국가기관의 주관적 의도나 내적인 동기에 달려있을 수 없으므로, 이러한 점에서 기본권제한의 의도성과 목적성은 제한의 개념을 구성하는 요건으로서 불충분하다. 자유권이 보호법익에 대한 국가의 부당한 침해를 방어하고자 하는 것이므로, 국가가 자신의 행위에 의하여 초래되는 불리한 효과를 행위 당시에 예측할 수 있다면 이러한 불리한 효과도 마찬가지로 국가에게 그의 책임으로 귀속되어야 한다.[29] 국가기관은 그의 행위에 있어서 기본권에 미치는 불리한 효과를 고려해야 하므로, 예측할 수 있는 국가작용에 대하여 헌법적으로 '정당화의 의무'를 부과하는 것은 타당한 것으로 보인다. 여기서 豫測可能性이란, 국가기관의 주관적 예측성이 아니라 평균적인 제3자의 관점에서 판단되는 객관적 예측성이다. 국가행위가 기본권의 보호법익에 대하여 특정한 불리한 효과를 초래한다는 것을 행위 당시에 객관적으로 예측할 수 있다면, 이러한 국가행위는 자유권의 관점에서 정당화되어야 하는 행위에 속한다.

(4) 따라서 첫째, '자유권의 행사와 보호법익에 대한 불리한 효과'가 존재해야 하고, 둘째, '국가행위'와 '기본권주체에 대한 불리한 작용' 사이에는 인과관계가 존재해야 하며, 셋째, 나아가 불리한 효과의 발생을 국가에게 그의 책임으로서 귀속시킬 수 있는 경우에 한하여, 국가행위가 초래한 간접적인 결과는 '사실적 기본권제한'으로 인정될 수 있다. 국가가 기본권에 대한 불리한 효과를 의도하거나 또는 자신의 행위 당시에 이를 객관적으로 예측할 수 있다면, 이러한 불리한 효과의 발생은 국가에게 그의 책임으로 귀속되어야 하고, 이로써 자유권의 관점에서 정당화되어야 하는 국가행위, 즉 자유권의 제한이 존재하는 것이다.

4. 법률유보원칙의 관점에서 '기본권 제한' 개념의 합리적 축소의 필요성

자유권의 보호범위가 확대되고 자유권제한 개념이 확장됨에 따라 불가피하게 수반되는 헌법적 문제는, 자유권제한행위의 수권규범이 존재하는지 또는 수권규범이 존재한다면 입법자의 수권이 충분히 명확한지의 문제이다.[30] 이로써 기본권제한의 개념이 고전

28) 가령, 국가가 邪敎團體에 대하여 명령의 형태로써 특정한 제한을 가할 것인지, 아니면 국민에 대하여 사교단체의 위험성에 관하여 정보를 제공하고 경고할 것인지 또는 국가가 스스로 나서지 아니하고 사교단체를 퇴치하고자 하는 제3자인 사회단체를 재정적으로 지원할 것인지에 관하여 자유롭게 결정할 수 있고, 어떠한 방법을 선택하든 간에, 기본권주체에 대하여 발생하는 불리한 효과에 있어서는 근본적인 차이가 없다.

29) Vgl. Weber-Dürler, Der Grundrechtseingriff, VVDStRL 57(1998), S.90; Gallwas, Faktische Beeinträchtigungen im Bereich der Grundrechte, 1970, S.23, 92f.; Cremer, Freiheitsgrundrechte, 2003, S.159f.

적 제한의 개념에서 광의의 새로운 제한 개념으로 확대되면서 필연적으로 발생하는 문제는, 입법자의 授權이 있는 경우에 한하여 기본권제한이 가능하다는 내용의 법률유보원칙, 즉 '기본권제한'과 '법률에 의한 수권' 사이의 연계요건이 완화되어야 하는지에 관한 것이다.[31]

가. 헌법 제37조 제2항이 명시적으로 밝히고 있는 바와 같이, 수권 법률의 존재는 기본권제한의 필수적 요건이다. 행정청의 기본권제한 행위는 법률의 수권에 근거해야 한다. 입법자에 의한 수권이 없다면, 기본권제한은 정당화될 수 없고, 이미 이러한 이유만으로 법률에 근거하지 아니한 기본권제한은 위헌적인 기본권침해 행위에 해당한다. 그런데 입법자는 자유권의 제한 가능성을 예측할 수 있는 경우에만 이를 법률로써 규율할 수 있다. 이러한 점에서, 법률유보는 입법자가 자유권 제한의 가능성을 예측할 수 있다는 것을 전제로 한다.

따라서 국가가 기본권의 제한을 의도하거나 또는 적어도 객관적으로 예측할 수 있는 경우에만, 소위 목적적인 제한의 경우에만 법률유보의 구속을 받을 수 있는 것이지, 국가가 의도하지 아니하거나 예측할 수 없는 제한에 대해서는 법률유보의 요청을 충족시킬 수 없다는 사실상의 한계가 있는 것이다.[32] 자유권과 약간의 연관성을 보이는 모든 국가행위가 자유권에 대한 제한으로서 헌법적으로 정당화되어야 한다면, 헌법 제37조 제2항의 법률유보조항에 비추어 자유권 제한적 효과를 객관적으로 예측할 수 없는 국가행위의 경우에도 입법자의 법률을 필요로 한다는 결과에 이르게 된다.

나. 한편, 헌법 제37조 제2항의 법률유보의 요청을 충족시키기 위하여 '국가의 과제나 관할에 관한 규범'을 기본권제한의 권한을 부여하는 '수권규범'으로 해석함으로써 수권규범의 범위를 확대하는 것도 고려할 수 있다. 그러나 헌법에 의하여 부여된 국가의 과제나 관할은 입법자의 수권을 대체할 수 없고, 기본권을 제한할 수 있는 권한을 행정청에게 부여할 수 없다. 헌법상 규정된 국가의 과제조항이나 목표조항은 행정청에게 기본권제한의 권한을 부여하는 수권규범이 아니라, 입법자가 기본권을 제한하는 입법을 함에 있어서 법익교량과정에서 함께 고려해야 하는 반대법익, 즉 개인의 기본권과 충돌

30) 기본권의 제한개념을 확대하는 경우 법률유보의 문제가 제기된다는 것을 보여주는 대표적인 예가 바로 국가기관의 개인정보수집·처리행위와 관련된 헌법재판소결정이다. 가령, 지문날인제도 결정(헌재 2005. 05. 26, 2004헌마190)이나 교육정보시스템(NEIS) 결정(헌재 2005. 7. 21. 2003헌마282)에서 수권법률이 존재하는지, '공공기관의 개인정보보호에 관한 법률'이 일반조항으로서 수권법률의 기능을 하는지, 수권법률이 충분히 명확한지의 문제가 제기되었다.

31) Vgl. Bethge, Der Grundrechtseingriff, VVDStRL 57(1998), S.37ff.; 사실적 기본권제한에서 법률유보의 문제에 관하여 이미 vgl. Gallwas, Faktische Beeinträchtigungen im Bereich der Grundrechte, 1970, S.94ff.

32) Vgl. Isensee, Das Grundrecht als Abwehrrecht und als staatliche Schutzpflicht, in: Isensee/Kirchhof(Hg), HbStR Bd.V, 1992, §111, Rn.68; Gallwas, Faktische Beeinträchtigungen im Bereich der Grundrechte, 1970, S.94ff.

하고 기본권의 제한을 정당화하는 공익을 제시하는 헌법규정이다. 입법자의 명시적인 의사가 있어야만 행정청은 그의 과제이행에 있어서 국민의 기본권을 제한할 수 있으며, 이를 헌법적으로 보장하고자 하는 것이 바로 법률유보이다. 만일, 국가의 과제와 목표에 관한 헌법규정이 기본권을 제한할 수 있는 권한을 부여하는 수권규범으로 전환될 수 있다면, 이는 법률유보와 법치국가의 폐기를 의미한다.[33)]

다. 헌법상 법률유보의 요청이 포기될 수 없고, 국가의 과제와 관할에 관한 헌법규정이 기본권제한의 근거규범이 될 수 없다면, 자유권 제한의 개념은 법률유보의 관점에 의하여 합리적으로 축소되어야 한다.[34)] 자유권제한 개념을 과도하게 확장하는 경우 자유권제한과 수권규범과의 연계요건으로 말미암아 모든 불리한 효과에 대하여 수권규범을 마련해야 한다는 부담을 지게 되므로, 국가가 자신의 행위를 자유권의 관점에서 정당화해야 하는 범위를 예측할 수 없게 함으로써 국가활동을 위축시킬 수 있다.[35)] 나아가, 헌법적으로 허용되는 국가활동의 범위(수권규범에 근거한 기본권제한행위의 범위)가 자유권제한의 범위를 최종적으로 확정하는 권한을 가진 국가기관, 즉 헌법재판소를 비롯한 사법기관에 의하여 결정될 위험도 있다. 그렇다면, 자유권의 보호법익에 대한 모든 불리한 작용이 자유권의 제한으로 파악되어서는 안 되고, 원칙적으로 국가가 의도하거나 아니면 적어도 객관적으로 예측가능한 불리한 작용의 경우에만 제한의 성격을 인정해야 한다.

Ⅲ. 사실적 기본권제한의 유형

사실적 기본권제한은 다양한 관점에서 유형화할 수 있으나, 아래에서는 국가와 기본권주체가 서로 대립하는 兩者關係(아래 1.)와 국가와 기본권주체 외에도 제3자가 개입하는 三者關係(아래 2.)로 나누어 살펴보기로 한다.[36)]

1. 국가 단독에 의한 기본권제한(국가와 기본권주체의 兩者關係)[37)]

국가와 기본권주체의 양자관계에서 국가가 자유권을 사실적으로 제한하는 경우는 국

33) 가령, 국가가 특정 상품이나 종교단체의 위험성에 대하여 경고하는 홍보행위가 기본권의 제한으로서 정당화되어야 한다면, 국가의 홍보활동은 기본권을 제한할 수 있는 권한을 부여하는 명시적인 수권규범을 필요로 한다. 그러나 홍보활동을 해야 할 '국가의 과제나 의무'는 홍보활동의 범주 내에서 이루어지는 기본권제한을 정당화할 수 없다.

34) Vgl. Weber-Dürler, Der Grundrechtseingriff, VVDStRL 57(1998), S.75.

35) Vgl. Gallwas, Faktische Beeinträchtigungen im Bereich der Grundrechte, 1970, S.94f.

36) Vgl. Gallwas, Faktische Beeinträchtigungen im Bereich der Grundrechte, 1970, S.12ff.; Roth, Faktische Eingriffe in Freiheit und Eigentum, 1994, S.280f.; Sachs, in: Stern, Das Staatsrecht der BRD Ⅲ/2, 1994, S.158ff.

37) 事例群에 관하여 자세하게 vgl. Roth, Faktische Eingriffe in Freiheit und Eigentum, S.280ff.

가의 사실행위에 의한 기본권제한의 경우 및 국가가 불이익의 부과나 혜택의 부여를 통하여 개인의 행위를 조종하고자 하는 경우로 나누어 볼 수 있다.

가. 자유권제한의 형태로서 국가의 사실행위

(1) 위에서 이미 언급한 바와 같이, 자유권의 제한은 고전적 제한행위뿐만 아니라 사실행위에 의해서도 이루어진다. 이 경우, 국가의 사실행위에 의하여 자유권의 행사나 보호법익에 대한 불리한 효과가 직접 발생한다. 기본권을 제한하는 사실행위로는, 개인의 인격권을 제한하는 국가기관의 명예훼손적인 발언(가령, 명예훼손적인 판결이유를 담고 있는 형사판결), 사생활영역을 침해하는 전화의 도청이나 주거의 감청, 개인의 신체불가침권을 제한하는 강제건강검진이나 강제예방접종 또는 혈액의 채취, 개인정보자기결정권을 제한하는 개인정보의 수집·저장·처리 행위,[38] 등을 들 수 있다. 한편, 국공립학교 교실에 십자가상을 게시하는 행위가 기본권제한에 해당하는지에 관하여는 논란의 여지가 있다.[39]

헌법재판소는 미결수용자의 서신에 대한 교도소장의 검열·지연발송·지연교부행위(헌재 1995. 7. 21. 92헌마144), 교도소 내 접견실의 칸막이 설치행위(헌재 1997. 3. 27. 92헌마273), 구치소장이 미결수용자로 하여금 수사 및 재판을 받을 때 재소자용 의류를 입게 한 행위(헌재 1999. 5. 27. 97헌마137등), 유치장관리자가 현행범으로 체포된 피의자에게 차폐시설이 불충분한 화장실을 사용하도록 한 행위(헌재 2001. 7. 19. 2000헌마546), 경찰서장이 피의자들을 유치장에 수용하는 과정에서 실시한 정밀신체수색(헌재 2002. 7. 18. 2000헌마327)행위 등은 이른바 권력적 사실행위로서 헌법소원의 대상이 된다고 하였다.

---

38) 개인정보의 수집과 사용에 관하여 스스로 결정할 자유인 개인정보자기결정권은 무엇보다도 개인정보를 수집하고 저장·처리하는 사실행위에 의하여 제한된다. 인격권이나 사생활의 비밀이 전형적으로 국가의 사실행위에 의하여 제한되는 것과 맥락을 같이 한다. 이에 관하여 위 Ⅱ. 2. 나. 참조.

39) 독일 연방헌법재판소는 국공립학교의 교실 벽에 게시된 십자가가 다른 신앙을 가지고 있거나 신앙을 가지고 있지 않은 학생이나 그 학부모의 '소극적인 종교의 자유'를 제한하는지 여부가 문제된 사건에서 재판관 5인의 위헌의견과 재판관 3인의 합헌의견으로, 국공립학교의 교실에 십자가를 게시할 것을 명하고 있는 바이에른 州 학교법규정을 국가중립성의 요청에 위반된다고 확인하였다(BVerfGE 93, 1). 다수의견인 위헌의견에 따르면, 학생들은 피할 수 있는 가능성이 없는 상황에서 특정 종교의 신앙적 상징인 십자가와 대면해야 하고 그 결과 '십자가 밑에서' 배우도록 강요받기 때문에 소극적 종교의 자유에 대한 제한에 해당한다고 한다. 이에 대하여 소수의견은 '학교공간에서 십자가는 기독교에 의하여 형성된 서양문화의 표현이자 공유재산으로 이해해야 하고, 이러한 성격의 십자가로 인하여 기독교신앙을 가지지 않은 학생들은 특정 행동양식을 취하도록 강한 영향이나 강요를 받지 않는다'고 주장하였다. 따라서 소수의견에 의하면, 신앙적 상징물이 '단순한 呼訴的 성격'을 가지고 있기 때문에, 학생들이 상징물의 호소적 성격에 반응할 것인지 여부를 자유롭게 결정할 수 있는 한, 기본권제한으로 평가할 수 없다는 것이다. 결국, 어떠한 견해에 동의할 것인지는 개인의 자유에 대한 십자가의 영향력을 어떻게 판단할 것인지에 달려있다. '십자가 결정'에 대한 개략적인 소개 및 위 결정에 대한 학계의 비판적 문헌에 관한 소개로는 vgl. Mager, in: Münch/Kunig, GGK, 2000, Art.4 Rn.41; Hemmrich, in: Münch/Kunig, GGK, 2000, Art.7 Rn.17a; Bethge, Der Grundrechtseingriff, VVDStRL 57(1998), S.26f.

(2) 한편, 국가행위로 인하여 그 상대방인 개인이 자신의 행위를 통하여 스스로 자신의 보호법익을 침해하는 경우, 가령 국민건강에 해로운 담배를 생산·판매하는 국가의 행위(담배전매사업)로 인하여 흡연을 한 결과 개인에게 질병이 발생한 경우 또는 예방접종을 권유하는 국가의 계몽운동으로 인하여 예방접종을 한 결과 개인의 건강에 부작용이 발생한 경우, 자유권의 보호법익(건강권, 신체불가침권)에 대하여 발생한 불리한 효과를 '국가에 의한 기본권 제한'으로 간주할 수 있는지의 문제가 제기된다. 이러한 경우, 보호법익에 대하여 발생한 불리한 효과와 국가행위 사이에 인과관계가 존재한다는 것은 부인될 수 없다. 그러나 여기서 국가가 자신이 결과적으로 야기한 불리한 효과에 대하여 책임을 져야하는지, 즉 자유권에 대한 불리한 효과를 국가의 책임으로 귀속시킬 수 있는지의 문제가 제기된다.

자유로운 자기결정에 근거하여 스스로 자신의 법익을 침해하는 기본권주체의 행위로 인하여 기본권주체에 발생한 불리한 효과는 국가가 아니라 기본권주체 자신에게 귀속되어야 한다.[40] 비록 개인의 결정이 국가에 의하여 유발되었지만 기본권의 주체가 자유로운 결정을 내린 경우, 이러한 결정의 결과를 자신의 자유영역에 대한 축소로 보아 국가에 대하여 이의를 제기하는 것은 자신의 삶을 스스로 형성하고 결정하는 헌법의 人間像에 부합하지 않는다. 따라서 국가행위로 인하여 그 상대방인 개인이 자유로운 결정에 근거한 행위를 통하여 스스로 자신의 자유영역을 축소하는 경우, 이를 유발한 국가행위는 기본권의 제한에 해당하지 않는다.[41]

나. 그 외 사실적 기본권제한(불이익이나 혜택을 통하여 개인의 행위를 조종하는 경우)

국가가 개인에게 특정 행위를 명령하거나 금지하는 것이 아니라 불이익의 부과나 혜택의 부여를 통하여 개인의 행위를 국가가 원하는 일정한 방향으로 조종하고자 시도하는 경우에도 자유권의 제한여부가 문제될 수 있다. 국가가 개인의 특정한 행위에 대하여 '불이익'을 결부시키는 형태로는 납세의무의 부과, 그 외 의무의 부과(가령, 종교적 예배에 참석하지 않는 경우 화장실청소 등의 의무부과), 지위의 악화(가령, 수감자가 청원권을 행사하는 경우 수형조건의 강화), 급부나 혜택에 대한 법적 청구권의 배제(가령, 특정 신앙을 가진 자에 대하여 생계보조비의 지급거부) 등을 들 수 있다. 국가가 개인의 특정한 행위에 대하여 '이익이나 혜택'을 결부시키는 경우로는, 세제감면혜택의 부여나 보조금의 지급 등을 그 예로 들 수 있다.[42]

40) Vgl. Sachs, Verfassungsrecht II Grundrechte, 2000, A8 Rn.29f.

41) 다만, 기본권주체의 행위가 진정한 임의성과 자유로운 결정에 근거한 것이 아니라 개인의 자유로운 결정을 배제하는 효과, 즉 강제와 유사한 효과가 국가행위에 인정된다면, 이러한 경우에는 국가에 의하여 유발된 불리한 효과는 국가가 책임을 져야 하는 국가의 행위로 귀속되어야 한다.

(1) 국가가 조세의 부과를 통하여 사인의 행위를 유도하고 조종하고자 하는 경우, 조세부과로 인하여 발생하는 기본권제한과 구분되는 '독자적인' 기본권제한의 효과가 발생할 수 있다. 가령, 법인이 대도시 내에서 취득한 부동산의 등기에 대하여 중과세하는 경우, 국가가 법인의 직업활동을 명령과 금지를 통하여 직접적으로 규율하고자 하는 것은 아니나, 중과세를 통하여 대도시에서의 법인의 직업활동을 억제하고자 함으로써 직업행사의 자유를 제한할 수 있다.[43]

납세의무를 부과하는 세법규정이 직접적으로 직업을 규율하는 성격을 지니고 있지는 않더라도,[44] 납세의무자의 내적 동기에 간접적으로 작용함으로써 그의 사실적인 효과 때문에 직업의 자유를 간접적으로 제한하는 규정에 의해서도 직업의 자유는 제한될 수 있는 것이다. 예컨대, 조세의 부과를 통하여 특정 직업을 선택하고자 하는 자로 하여금 다른 직업을 선택하도록 유도하거나 또는 기존의 직업종사자로 하여금 특정한 방향으로 직업을 행사하도록 유도하는 방법으로 세법규정은 직업의 자유에 있어서 동기결정적으로 작용할 수 있다. 따라서 세법규정이 직업활동과 밀접한 연관관계에 있고 '객관적으로' 확인할 수 있는 직업규율적 성격을 가지고 있다면, 그 규정은 직업의 자유를 제한하는 국가행위이다.

(2) 국가가 급부의 제공이나 배제를 통하여 개인의 행위를 조종하고자 시도하는 경우, 급부의 제공이나 배제가 자유권제한의 성격을 가질 수 있는지 또는 어떠한 요건 하에서 제한의 성격이 인정될 수 있는지의 문제가 제기된다.

(가) 특정 급부를 제공해야 할 국가의 법적 의무가 존재하지 않는 이상, 국가가 급부를 제공하지 않음으로써 자유권을 제한할 수 있는 가능성은 원칙적으로 인정되지 않는다. 단지 매우 예외적으로, 가령 국가에게 생명권, 건강권과 사회국가원리의 관점에서 국민의 최소한의 신체적 생존을 보장해야 할 의무를 도출할 수 있는 경우에 한하여 최저생계를 가능하게 하는 급부의 거부는 비로소 자유권제한의 성격을 가질 수 있을 것이다.[45] 따라서 급부의 제공이나 거부와 관련하여 제기되는 헌법적 문제는 일차적으로

---

42) Vgl. Weber-Dürler, Der Grundrechtseingriff, VVDStRL 57(1998), S.69f.

43) 인구의 대도시집중을 억제할 목적으로 법인이 대도시 내에서 부동산등기를 하는 경우 통상세율의 5배에 해당하는 등록세를 부과하는 지방세법 규정에 대한 헌법소원사건에서, 헌법재판소는 이 규정의 위헌성을 직업수행의 자유를 기준으로 심사하여 합헌결정을 하였다(헌재 1996. 3. 28. 94헌바42, 판례집 8-1, 199). 또한, 독일 판례로는, 적자에 허덕이는 국영철도의 경영합리화와 도로교통의 원활한 흐름을 목적으로 '도로를 이용한 화물의 장거리운송'에 대하여 과세를 하는 세법규정은 화물운송업자의 직업행사의 자유를 제한하는 규정으로 보아야 한다는 연방헌법재판소의 결정이 있다(BVerfGE 38, 61ff.).

44) 물론, 세법규정이 직업활동을 직접 그 규율대상으로 삼는 경우, 당연히 직업의 자유를 심사기준으로 하여 그의 위헌성을 판단하게 된다. 직업의 허가나 그의 존속이 납세여부에 달려 있다면, 그러한 세법규정은 직업의 자유를 직접 제한하는 규정이다. 가령, 주점의 증가와 그에 따라 알코올 소비의 증가를 방지할 목적으로 주점을 허가하는 경우에 부과하는 주점허가세는 특정 직업에 대한 특별세로서 직업활동의 개시를 제한하고자 하는 성격의 규범이다(BVerfGE 13, 181ff.).

45) Vgl. Lübbe-wolff, Die Grundrechte als Eingriffsabwehrrechte, 1988, S.215ff.

'수혜범위의 확정이 자의적인지'에 관한 평등권의 문제이지 자유권의 문제가 아니다.[46)]

(나) 오늘날 국가는 명령이나 금지와 같은 직접적인 수단이 아니라 오히려 보조금의 지급, 세제감면 등 혜택의 부여를 통하여 국가가 원하는 일정한 방향으로 사경제를 조종하고 유도하고자 시도한다. 국가가 급부의 제공여부를 '급부의 수령자가 급부를 제공받기 위하여 충족시켜야 하는 일정 요건'에 결부시키는 경우, 혜택의 부여를 통하여 개인의 행위를 조종하고자 시도하기는 하나, 국가가 제공하는 혜택을 받을 것인지 여부를 개인이 스스로 자유롭게 결정할 수 있는 이상, 국가의 행위는 자유권의 관점에서 정당화되어야 하는 자유권제한의 성격을 가지지 않는다.[47)] 고전적 제한의 수단을 통한 행위조종과는 달리, 급부의 제공을 통한 행위조종의 경우, 개인은 급부를 수령할 것인지에 관하여 법적인 구속을 받지 않고 원칙적으로 자유롭게 결정할 수 있다. 예컨대, 특정 방향으로 기업의 투자를 유인하기 위하여 또는 개인의 저축을 유인하기 위하여 특정 유형의 투자나 저축과 결부시켜 세제혜택을 부여하는 것은 어느 누구에게도 투자나 저축을 강제하지 않으며, 투자나 저축에 관한 개인의 결정의 자유를 제한하지 않는다. 따라서 국가가 급부의 제공을 통하여 개인의 행위를 조종하고자 의도하는지 또는 행위를 조종하는 효과가 있는지의 관점은 자유권제한의 여부를 판단하는 결정적 기준이 아니다.[48)]

(다) 그러나 국가가 급부의 제공을 특정 행위요건에 결부시킴으로써 개인의 의사결정에 영향력을 행사하고자 하는 경우, 구체적 상황에 따라서는 급부의 제공을 통한 국가의 영향력행사가 그 실질적 효과에 있어서 명령적 행위의 효과와 유사할 수 있다. 이러한 경우에는 명령이나 강제, 제재 등의 '법적인 강제'가 발동되는 것이 아니라, 급부에 대한 사실상의 의존관계로부터 발생하는 '사실상의 강제'가 행사되는 것이다. 국가의 급부제공이 자유권제한의 성격을 가지기 위해서는, 급부제공의 여부를 특정 행위요건에 결부시키는 것이 그 행위조종적 효과에 있어서 명령적 제한과 유사한 강제적 효과를 가져야 한다.[49)] 즉, 국가의 급부제공에 대하여 자유권제한의 성격을 인정하기 위해서는, 법적 강제와 유사한 '사실상의 강제'가 존재해야 하는 것이다.[50)] 법적인 강제와 等價的

---

46) Vgl. Lübbe-wolff, Die Grundrechte als Eingriffsabwehrrechte, 1988, S.236ff.

47) 이에 관하여 vgl. Henseler, Staatliche Verhaltenslenkung durch Subventionen im Spannungsfeld zur Unternehmensfreiheit des Begüstigten, VerwArch 77(1986), S.252ff.; Zacher, Verwaltung durch Subvention, VVDStRL 25(1967), S.343ff.

48) 국가행위의 행위조종적 효과 그 자체만으로는 기본권제한의 개념을 충족시키지 않는다. 따라서 일반적으로 행위조종적 효과 때문에 기본권제약이라고 평가하는 것은 타당하지 않다. 그러나 이러한 견해로는 가령, 정태호, 헌법논총 제13집(2002), 588면.

49) Vgl. Lübbe-wolff, Die Grundrechte als Eingriffsabwehrrechte, 1988, S.267, 급부의 제공, 특히 보조금지급과 관련하여 자유권의 제한을 인정하는 기준으로서 '준강제적 효과'를 요구하는 독일의 다수견해에 관한 자세한 문헌의 소개로 위 책, 각주 153 참조.

50) 가령, 국가가 명령적인 방법이 아니라 하더라도 기업의 생존을 위하여 필수적인 급부의 제공여부를 국가가 적정하다고 판단되는 기업규모의 조건에 결부시킴으로써 생존의 위기에 처한 부실기업들의 합병을 사실상

인 효과를 확인할 수 있는 명확한 기준이 있는 것은 아니지만, 어쨌든 급부제공에 의하여 의도한 행위조종적 효과가 현실적으로 나타나지 않는다면, 즉 다수의 국민이 급부제공과 결부된 행위요청에 일반적으로 굴복하는 것이 아니라 급부의 수령을 포기하는 결정을 한다면, 행위조종의 強制類似的 효과는 없다고 보아야 한다. 국가가 급부제공을 통하여 의도한 행위조종적 효과가 크게 나타나지 않는다는 것은 개인의 의사결정의 자유를 배제하는 강제적 효과가 없다는 것을 암시하는 것이다.

(3) 위에서 서술한 관점에서 보건대, 특정 사상이나 신앙을 가진 자에 대하여 국가가 특정 사상이나 신앙의 포기를 유도하고자 법적으로 규정된 생계보조비의 지급을 거부하는 경우, 생계보조비의 거부 자체가 이에 생계를 의존하고 있는 개인의 생명권이나 건강권의 제한에 해당할 것이고, 나아가 생계보조비에 생존을 의존하고 있는 자에게 급부제공의 거부는 법적 강제에 버금가는 사실적 강제의 효과를 가질 수 있기 때문에, 양심이나 종교의 자유에 대한 제한을 인정할 수 있을 것이다.

위의 경우가 '생계보조비에 대한 법적 청구권의 박탈이나 배제'라는 '불이익의 부과'를 통하여 개인의 행위를 조종하고자 시도하는 경우인 반면, 논란이 되는 '준법서약서 결정'의 상황은 '혜택의 부여'를 통하여 개인의 행위를 조종하고자 하는 경우이다. '준법서약서 결정'의 핵심적인 문제는 특정 사상을 가진 수감자의 가석방 여부를 준법서약서의 제출에 결부시키는 것이 자유권의 제한에 해당하는지에 관한 것인데, 다수의견인 합헌의견은 양심의 자유에 대한 제한의 성격을 부인한 반면, 소수의견인 위헌의견은 제한의 성격을 인정하였다.[51] 여기서 문제가 되는 것은, 국가가 가석방 여부를 준법서약서의 제출이라는 행위요건에 결부시키는 경우 가석방이라는 혜택의 부여에 양심의 포기를 강제하는 명령과 유사한 효과가 인정되는지 아니면 수감자가 준법서약서의 제출과 결부된 가석방의 가능성이라는 호소적·권고적 성격에 반응할 것인지를 자유롭게 결정할 수 있는지 여부이다. 가석방 여부도 넓은 의미에서 국가의 '혜택부여'나 '급부제공'의 성격을 가지므로, 이 경우에도 자유권의 제한으로서 성격을 인정하기 위해서는 준법서약서제도가 행위를 조종하는 효과를 가지고 있다는 확인만으로는 부족하고, 이를 넘어서 개인의 양심상 결정의 자유를 배제하는 강제적 효과, 적어도 이에 준하는 효과를 가져야 한다.

다수의견에 의하면, 가석방은 국가가 혜택을 부여하는 제도이고 수감자는 스스로 국가가 제공하는 혜택을 받을 것인지 여부를 자유롭게 결정할 수 있기 때문에, 준법서약서제도로 인하여 양심을 포기해야 할 정도의 강제적 효과가 존재하지 않는다는 것이고,[52] 이에 대하여 반대의견은 준법서약서제도는 개인의 내심의 신조를 사실상 강요하

강제할 수 있다.

51) 헌재 2002. 4. 25. 98헌마425.

여 고백하게 한다는 점에서 양심의 자유에 대한 제한이 존재한다고 보아야 한다는 견해이다.[53] 결국, 다수의견과 소수의견은 '어떠한 조건 하에서 국가에 의한 혜택의 부여가 자유권제한의 성격을 가질 수 있는지' 또는 '개인의 양심상의 결정에 대한 국가적 강제와 유사한 효과를 준법서약서제도에 대하여 인정할 수 있는지'의 판단에 있어서 근본적인 차이를 보이는 것이다. 단지 고전적 의미의 제한이 존재하지 않는다는 이유만으로 이미 국가행위의 자유권 제한적 성격을 부인해서도 안 되지만, 다른 한편으로는 단순히 국가행위가 '행위를 조종하는 효과'를 가지고 있다는 것만으로 자유권의 제한을 인정해서도 안 된다. 국가의 혜택부여가 예외적으로 자유권의 관점에서 정당화되어야 하는 기본권제한의 성격을 가지기 위해서는, 고전적 제한에 버금가는 강제적 효과를 가져야 하는데, 준법서약서의 경우 이러한 강제적 효과를 인정할 수 있는지 의문이 든다.

2. 국가와 사인이 공동으로 야기하는 기본권제한(국가 · 기본권주체 · 제3자의 三者關係)

여기서는 국가가 단독으로 기본권 제한적 효과를 야기하는 것이 아니라, 중간매개자인 사인을 통하여 제3자의 기본권에 불리한 효과를 발생시킨다. 여기서 결정적인 것은, 언제 국가가 사인과 공동으로 야기한 결과에 대하여 책임을 져야 하는지의 문제이다.

가. 국가행위로 인하여 그 상대방이 아닌 제3자에게 불리한 효과가 발생하는 경우

(1) 국가가 사인에게 영향력을 행사하여 국가의 영향을 받은 사인의 행위를 야기함으로써 제3자인 기본권주체의 자유행사에 불리하게 작용하는 경우, 예컨대, 국가가 사이비 종교의 확산을 저지하고자 하는 민간단체를 보조금의 지급을 통하여 재정적으로 지원하는 경우 또는 국가가 특정 제품이나 특정 종교의 유해성에 관하여 일반 국민에게 경고함으로써 일반 국민이 특정 종교단체에 대하여 거리를 두거나 특정 제품의 소비를 하지 않는 경우, 이러한 국가행위가 종교단체나 제조업자의 기본권에 대한 제한에 해당하는지의 문제가 제기된다.

국가의 명령적 행위의 경우(가령, 특정 제품의 생산금지 명령), 명령이 스스로 수규자에 대하여 불리한 효과를 초래하는 것에 반해, 사실적 · 간접적 제한의 상황(가령, 특정 제품

---

52) 판례집 14-1, 351, "당해 실정법이 특정의 행위를 금지하거나 명령하는 것이 아니라 단지 특별한 혜택을 부여하거나 권고 내지 허용하고 있는 데에 불과하다면, 수범자는 수혜를 스스로 포기하거나 권고를 거부함으로써 법질서와 충돌하지 아니한 채 자신의 양심을 유지, 보존할 수 있으므로 양심의 자유에 대한 침해가 된다 할 수 없다."

53) 판례집 14-1, 351, 354, "… 자유민주주의 체제 하에서는, 그들의 '행위'를 법적으로 처벌할 수는 있어도, 그들로 하여금 여하한 직 · 간접적인 강제수단을 동원하여 자신의 신념을 번복하게 하거나, 자신의 신념과 어긋나게 대한민국 법의 준수의사를 강요하거나 고백시키게 해서는 안 될 것이다. … 비록 준법서약서라는 '표현된 행위'가 매개가 되지만 이는, 국가가 개인의 내심의 신조를 사실상 강요하여 고백시키게 한다는 점에서, 양심실현 행위의 측면이라기보다는, 내심의 신조를 사실상 강요하는 것에 다름 아니다."

에 대한 경고)에서는 불리한 효과의 발생이 인과관계의 매개자인 사인의 행위에 달려있다. 예컨대, 국가가 특정 제품의 소비에 대하여 소비자에게 경고하는 경우, 제품생산자에게 불리한 효과(매상의 감소)가 발생할 것인지 여부는 소비자가 국가의 경고로 인하여 소비행태를 변경할 것인지에 달려있다. 국가의 명령이 이미 기본권 제한적 효과를 초래하는 명령적 행위의 경우와는 달리, 여기서는 국가행위 당시에 기본권 제한적 효과가 발생할 것인지 여부가 불확실하다. 물론, 인과관계의 관점에서 본다면 국가행위가 사후적으로 불리한 효과를 초래하였다는 점은 인정되지만, 간접적인 제한효과를 국가에게 귀속시키기에는 그것만으로는 부족하다. 따라서 국가가 행위 당시에 제3자에 대한 불리한 효과를 의도하였는지 아니면 불리한 효과가 발생하리라는 것을 객관적으로 예측할 수 있었는지 여부가 별도로 검토되어야 한다.

우선, 국가행위가 그의 객관적인 목적에 있어서 국가행위의 직접적인 상대방인 사인을 통하여 제3자의 기본권제한을 초래하고자 의도하는 것이라면, 이러한 사인의 행위는 국가에게 귀속되어야 한다. 뿐만 아니라, 국가에 의하여 형성된 구체적 상황에서 '제3자에게 발생한 불리한 효과'가 국가에 의하여 영향을 받은 사인의 '합리적인 결정'에 해당한다면, 이러한 불리한 효과는 객관적으로 예측이 가능하다고 보아야 하고, 이러한 불리한 효과는 국가의 행위로서 귀속되어야 한다.[54] 그러나 불리한 효과가 국가의 영향을 받은 사인의 합리적 행위에 해당하는지 여부를 객관적으로 확인할 수 없는 경우에는 불리한 효과의 예측가능성을 부인해야 한다.

따라서 국가가 정보제공을 통하여 일반국민과 소비자의 행위를 일정 방향으로 유도하고자 영향력을 행사할 뿐만 아니라, 나아가 이를 통하여 제3자의 자유영역을 축소하고자 의도하고 있거나 아니면 적어도 기본권제한의 효과가 객관적으로 예측가능하다면, 국가와 사인에 의하여 공동으로 야기된 '제3자에 대한 불리한 효과'는 국가에게 귀속되어야 하고, 이로써 국가행위에 기본권제한의 성격을 인정해야 한다. 뿐만 아니라, 국가가 특정 사회단체를 재정적으로 지원함으로써 그 사회단체로 하여금 국가를 대신하여 정보제공의 과제를 수행하도록 하는 경우에도, 마찬가지로 기본권제한의 성격이 인정된다.

헌법재판소는 소위 '국제그룹 해체사건'에서, 재무부장관이 제일은행장에 대하여 한 해체준비 착수지시와 언론발표지시에 대하여, 이와 같은 유형의 행위는 형식적으로는 주거래은행의 *私法的*인 행위였던 점에서 행정행위는 될 수 없더라도 그 실질이 공권력의 힘으로 재벌기업의 해체라는 사태변동을 일으키는 경우인 점에서 일종의 권력적 사실행위로 보아, 헌법재판소법 제68조 제1항 소정의 헌법소원의 대상이 되는 공권력의

54) Vgl. Roth, Faktische Eingriffe in Freiheit und Eigentum, S.312ff.

행사에 해당되는 것으로 파악하였는데,[55] 위 사건의 경우도 국가가 사인에 대하여 영향력을 행사함으로써 사인을 통하여 간접적으로 제3자의 기본권을 제한하는 경우에 해당한다.

(2) 국가행위로 인하여 제3자에게 간접적으로 발생하는 불리한 효과를 자유권의 제한으로서 국가에게 귀속시켜야 하는 또 다른 경우는 '국가행위의 상대방인 사인'과 '불리한 효과를 입게 되는 제3자'가 일정 생활영역에서 서로 경쟁관계에 있거나 또는 국가행위가 하나의 집단에게는 이익을 의미하고 다른 집단에게는 불이익을 의미하는 複效的 성격을 가지는 경우이다.

국가가 특정 기업에 보조금을 지급함으로써 경쟁기업에 불리한 효과가 발생하는 경우, 경쟁기업의 경쟁의 자유에 대한 불리한 효과는 기본권제한으로 보아야 한다. 또한, 국가가 건축주나 시설사업자에게 허가를 내주고, 건축주나 시설사업자가 건축물이나 시설의 건축을 통하여 제3자인 이웃이나 인근주민의 기본권에 불리한 효과를 초래하는 경우에도 국가의 허가처분은 제3자의 기본권에 대한 제한에 해당한다. 또한, 안경사에게 안과의사의 업무를 부분적으로 허용함으로써 안경사에게는 직업영역의 확대란 이익을, 안과의사에게는 직업영역의 축소 내지 새로운 경쟁자의 출현이란 불이익을 주는 법률조항도 안과의사의 기본권을 제한한다.[56]

위의 경우들은 모두, 국가에 의하여 형성된 상황에서 제3자에게 불리한 효과의 발생이 국가행위의 상대방인 사인의 합리적인 결정에 해당하므로, 제3자에게 발생하는 불리한 효과가 객관적으로 예측가능한 경우이며, 이로써 국가행위에 의하여 수반되는 효과와 현상으로서 합리적인 관점에서 객관적으로 예측할 수 있는 경우로서 자유권의 제한에 해당하는 것이다.

나. 국가행위로 인하여 그 상대방뿐만 아니라 제3자에게도 불리한 효과가 발생하는 경우

국가행위의 상대방인 기본권주체가 국가의 명령에 따름으로써 제3자에게 불리한 효과가 초래되는 경우에도, 국가행위가 제3자에 대하여 기본권제한의 성격을 가질 수 있다. 이러한 경우, 국가는 고전적 제한의 형태로 受範者인 기본권주체에게 행위명령이나 금지명령을 부과하고, 수범자인 기본권주체가 이러한 명령을 이행함으로써 제3자의 기본권에 불리한 효과를 발생시킨다. 여기서 국가행위는 그 상대방인 수범자와의 관계에서는 '고전적 제한'에 해당하지만, 제3자와의 관계에서는 단지 '간접적인 효과'만을 초래할 뿐이다.

55) 헌재 1993. 7. 29. 89헌마31, 판례집 5-2, 87, 105.
56) 헌재 1993. 11. 25. 92헌마87 결정에서 헌법재판소는 안과의사인 청구인이 제기한 헌법소원에서 안과의사의 자기관련성을 인정하였다.

예컨대, 주세법조항이 주류도매상에 대하여 각 道에서 생산되는 自道燒酒를 일정 비율 이상 판매해야 할 의무를 부과하는 경우, 주류도매상이 주세법조항에 규정된 의무를 이행함으로써 소주제조업자는 주류도매상이 구매하는 만큼만 생산해야 하는 제약을 받고, 소주 소비자는 주류도매상이 판매하는 만큼만 소비해야 하는 제약을 받음으로써 소주제조업자와 소주 소비자의 기본권에 불리한 효과를 초래한다.[57] 또한, 법무사시행규칙조항이 법무사에게 사무원 중 5인을 초과하는 사무원을 해고해야 하는 법률상의 의무를 부과하는 경우,[58] 규범의 수범자는 법무사이지만, 법규범이 규정하는 바에 따라 법무사가 의무를 이행함으로써 제3자인 사무원의 기본권에 불리한 효과가 발생한다. 또한, 상점의 영업시간을 제한하는 閉店法 조항은 상점영업자를 수범자로 하고 있으나, 폐점법에 의한 영업시간의 제한은 동시에 일반소비자에게는 정해진 시간 이외의 상품구입의 가능성을 봉쇄하며 피용자에게는 정해진 시간 이외의 작업을 금지함으로써 수범자 외의 제3자의 기본권에 불리한 효과를 초래한다.[59] 또한, 당구장에 미성년자의 출입금지를 게시해야 하는 의무를 부과하는 법률조항의 직접적인 수범자는 당구장의 영업자이지만, 미성년자의 출입금지를 게시하는 영업자의 행위로 인하여 미성년자인 고객의 기본권에 불리한 효과가 발생한다.[60]

위에서 예로 든 모든 경우, 국가의 영향을 받은 사인에 의하여 발생하는 제3자에 대한 불리한 효과는 국가에 의하여 함께 의도되거나 아니면 적어도 국가행위의 직접적인 상대방인 사인의 합리적 결정의 결과로서 객관적으로 예측할 수 있는 것으로 기본권의 제한에 해당한다.

Ⅳ. 기본권제한 개념과 헌법소송의 관계

헌법소원심판은 실체법적으로 보장되는 개인의 기본권을 절차적으로 관철하는 주관

57) 헌재 1996. 12. 26. 96헌가18, 이 사건에서 입법자가 의도하는 바는, 주류판매상의 영업의 자유를 제한하고자 하는 것이 아니라 전국적으로 소주를 유통시키는 특정 소주제조업자의 경쟁적 우위를 제한하고 각 道에 존재하는 지방소주제조업자를 경쟁으로부터 보호함으로써 그들의 생존을 보장하고자 한 것이다. 그러므로 주세법조항은 처음부터 주류판매업자가 아니라 소주제조업자를 그 규율대상으로 하고 있는 것이다. 입법자가 소주제조업자나 소비자에 대하여 특정 의무를 부과하는 것이 입법기술상으로 사실상 불가능하기 때문에 주류판매업자를 受範者로 규정한 것이다.

58) 헌법재판소는 受範者인 법무사뿐 아니라 해고의 위험을 받고 있는 사무원의 자기관련성을 인정하였고, 이로써 사무원의 기본권도 제한받고 있음을 확인하였다(헌재 1996. 4. 25. 95헌마331).

59) BVerfGE 13, 230, 233.

60) 헌재 1993. 5. 13. 92헌마80, 판례집 5-1, 365, 이 사건에서 입법자가 의도하는 바는 미성년자의 당구장 출입을 막고자 하는 것이며, 이러한 의도를 실현하기 위하여 입법자는 '당구장 영업자'를 수범자로 하여 미성년자 출입금지의 게시의무를 부과할 수도 있고, 아니면 직접 '미성년자'를 수범자로 하여 당구장에 출입해서는 안 된다는 금지명령을 내릴 수도 있다. 따라서 '입법자가 누구를 수범자로 하는지'의 법률의 구체적 형성에 따라 기본권제한의 성격이 달라질 수 없다. 즉, 입법자가 미성년자의 기본권을 제한하는 행위를 스스로 하지 아니하고 사인으로 하여금 그러한 행위를 하게 하였다고 하여, 미성년자의 기본권을 제한하는 국가행위의 성격에 있어서 달라질 수 없는 것이다.

적 권리구제수단이다. 따라서 기본권제한의 개념은 기본권의 침해를 스스로 주장하고 방어할 수 있는 개인의 소송수단인 헌법소원심판에서 특별한 의미를 가진다.

1. 헌법소원심판에서 제3자의 自己關聯性

헌법소원을 적법하게 제기하기 위해서는 청구인은 자신의 기본권이 공권력행위에 의하여 침해받고 있다는 것을 주장해야 한다(기본권침해의 자기관련성). 대부분의 경우, 청구인은 자신을 직접 수범자나 상대방으로 하는 국가행위에 대하여 헌법소원을 제기하기 때문에, 이러한 경우에는 '기본권침해의 자기관련성'은 문제되지 않는다. 그러나 국가행위의 직접적인 상대방인 아닌 제3자인 기본권주체가 기본권의 침해를 주장하여 헌법소원심판을 청구하는 경우에는 심판청구의 적법성이 문제된다.

청구인이 공권력행위의 상대방이 아니고 제3자인 경우, 청구인은 원칙적으로 타인에 대한 공권력의 행사에 대하여 자신의 기본권침해를 주장할 수 없다. 만일 공권력행사의 직접적인 상대방이 아닌 제3자에게 폭넓게 기본권침해의 자기관련성을 인정한다면, 개인의 권리구제를 목적으로 하는 헌법소원제도가 민중소송으로 변질될 위험이 있다.[61] 그러나 공권력의 행사가 그의 직접적인 규율대상자뿐만 아니라 제3자에게도 불리한 영향을 미친다면, 헌법재판소가 어떠한 경우에 공권력의 행사로 인하여 입는 제3자의 불이익을 헌법소원제도를 통하여 구제해야 하는지의 문제가 제기된다.

2. 헌법재판소의 판례

가. 헌법재판소는 공권력작용의 직접적인 상대방이 아닌 제3자의 자기관련성과 관련하여, "공권력의 작용의 직접적인 상대방이 아닌 제3자라고 하더라도 공권력의 작용이 그 제3자의 기본권을 직접적이고 법적으로 침해하고 있는 경우에는 그 제3자에게 자기관련성이 있다고 할 것이다. 반대로 타인에 대한 공권력의 작용이 단지 간접적, 사실적 또는 경제적인 이해관계로만 관련되어 있는 제3자에게는 자기관련성은 인정되지 않는다고 보아야 할 것이다."고 판시하고 있다.[62]

한편, 헌법재판소는 "법률에 의한 기본권침해의 경우 어떠한 경우에 제3자의 자기관련성을 인정할 수 있는가의 문제는 입법의 목적, 실질적인 규율대상, 법규정에서의 제한이나 금지가 제3자에게 미치는 효과나 진지성의 정도 및 규범의 직접적인 수규자에 의한 헌법소원제기의 기대가능성 등을 종합적으로 고려하여 판단해야 한다."고 판시하여 제3자의 자기관련성을 판단하는 나름의 기준을 제시하고 있다.[63] 위의 판시내용을

61) Vgl. BVerfGE 79, 1, 14.
62) 헌재 1993. 3. 11. 91헌마233, 판례집 5-1, 104, 111; 헌재 1993. 7. 29. 89헌마123, 판례집 5-2, 127, 134; 헌재 1994. 6. 30. 92헌마61, 판례집 6-1, 680, 684.

구체적으로 살펴보면, 법률의 목적이 수범자뿐만 아니라 제3자를 함께 규율하려고 의도하는 경우, 법률의 규율대상이 수범자의 법적 지위에 그치는 것이 아니라 제3자를 포함하는 일정한 법적 관계인 경우, 공권력의 행위가 청구인인 제3자를 대상으로 하고 있지는 않지만, 법률이 내포하는 불이익이 수범자의 범위를 넘어 제3자에게도 유사한 정도의 불이익이라는 거의 동일한 효과를 가지고 작용하는 경우에는 제3자의 자기관련성이 인정되어야 한다는 것으로 이해된다.

나. 헌법재판소는 법무사가 고용할 수 있는 사무원의 수를 제한하는 법률조항에 대한 헌법소원심판에서, 국가가 명령의 형태로 직접 규율하는 상대방은 법무사이지만 제3자인 사무원의 '자기관련성'을 인정하였다.[64] 광고회사에 소속된 광고인이 방송광고 사전심의를 규정한 법령에 의하여 기본권침해의 자기관련성을 가지는지 여부에 관하여 헌법재판소는 '사전심의제도의 규율을 받는 직접 상대방은 광고주나 광고회사이지만 사전심의의 대상이 되는 광고표현물의 제작에 참여하는 광고인들도 직접 제약을 받고 있으므로, 사전심의제도 및 심의기준을 규정한 법령에 대하여 기본권침해의 자기관련성을 갖추고 있다'고 판단하였다.[65] 또한, 헌법재판소는 안경사에게 안과의사의 업무를 부분적으로 허용함으로써 안경사에게는 이익을 안과의사에게는 불이익을 주는 법률조항에 대한 헌법소원심판에서 안과의사의 자기관련성을 인정하였다.[66]

이에 대하여 정당에 대한 보조금의 배분을 규정하는 법률조항에 대하여 새로이 정당을 조직하고 그 정당의 후보로서 대통령선거에 출마하고자 하는 자가 제기한 헌법소원심판에서 청구인인 제3자의 자기관련성을 부인하였고,[67] 백화점 등의 셔틀버스운행을 금지하는 법률조항에 대하여 소비자들이 제기한 헌법소원심판에서 제3자인 소비자의 자기관련성을 부인하였다.[68]

---

63) 헌재 1997. 9. 25. 96헌마133, 판례집 9-2, 410, 416; 헌재 1998. 11. 26. 94헌마207, 판례집 10-2, 716, 726; 헌재 2000. 6. 29. 99헌마289, 판례집 12-1, 913, 934.

64) 헌재 1996. 4. 25. 95헌마331, 판례집 8-1, 465, 헌법재판소는 "제35조 제4항에 의하여 법무사가 사무원 중 일정 인원을 해고하여야 하는 법률상 의무를 직접 부담하는 경우에는 위 해고의 대상 중에 포함되어 있어 해고의 위험을 부담하는 것이 분명한 사무원들도 위 법령에 의하여 직접적이고 법적인 침해를 받는다고 할 것이다."라고 판시하여 법령의 직접적인 수범자가 아님에도 자기관련성을 인정하였다.

65) 헌재 1998. 11. 26. 94헌마207, 판례집 10-2, 716, 726.

66) 헌재 1993. 11. 25. 92헌마87, 판례집 5-2, 468, 474, "눈의 시력검사와 교정은 안과의 영역에 관련되는 업무이고, 자동굴절검사기기를 사용하는 타각적 굴절검사를 안경사에게 허용하고 있는 심판대상규정에 대하여 안과의사인 청구인이 자신의 권리가 침해되었다고 다투고 있는 이 사건 심판청구는 자기관련성을 갖추고 있다."

67) 헌재 1997. 3. 27. 92헌마263, 공보 21, 342, 344, "위 규정으로 인하여 어떤 불이익을 받게 되었다고 하더라도, 그것은 사실상의 간접적인 이해관계일 뿐 법적인 관련성이 있어 자기의 기본권을 직접 침해받은 것이라고는 할 수 없다."

68) 헌재 2001. 6. 28. 2001헌마132, 판례집 13-1, 1441, 1456, "소비자들이 그동안 백화점 등의 셔틀버스를 이용할 수 있었던 것은 백화점 등의 경영자가 셔틀버스를 운행함으로써 누린 반사적인 이익에 불과한 것이므로, 백화점 등의 셔틀버스운행을 금지하는 법률조항의 시행으로 인하여 기본권을 침해받는 것이 아니어서 청구인적격이 인정될 수 없다."

3. '사실적 기본권제한'과 '헌법소원심판에서 제3자의 자기관련성'의 관계

가. 기본권제한의 개념은 헌법소원심판에서 제3자의 자기관련성의 문제와 직결된다.[69] 헌법소원심판에서 제3자의 자기관련성에 관한 문제는, 제3자가 국가행위로 인하여 자신의 기본권에 간접적으로 미치는 불리한 효과를 헌법소원을 통하여 주장할 수 있는지의 문제를 의미한다. 그러므로 소송법에서 '제3자의 자기관련성'의 문제는 실체법에서 '간접적 제한'의 문제와 그 본질을 같이 한다.

'간접적 제한'의 문제가 실체법적인 관점에서, 국가가 직접 제3자의 기본권에 대하여 불리한 효과를 발생시키는 것이 아니라 명령, 혜택의 부여 또는 일반국민에 대한 정보제공 등 다양한 방법으로 국가행위의 상대방인 사인의 의사형성에 영향력을 행사하고 이로써 국가의 영향을 받은 사인에 의하여 제3자의 보호법익이나 자유행사에 불리한 효과가 발생하는 경우, 이러한 경우를 기본권제한으로 간주해야 하는지의 문제라면, '제3자의 자기관련성'의 문제는 소송법적인 관점에서 제3자가 이러한 '간접적 제한'을 기본권침해로서 주장하여 국가행위를 다툴 수 있는지의 문제인 것이다. 따라서 일차적으로는 '국가행위의 상대방 외에 제3자의 기본권제한을 어느 정도로 인정할 것인지'에 따라, 기본권침해의 자기관련성을 인정함으로써 헌법소원을 제기할 수 있는 제3자의 범위가 결정된다.

나. 헌법재판소법 제68조 제1항은 공권력의 행사에 의하여 자신의 기본권이 침해당했다고 주장하는 청구인에게 헌법소원을 제기할 수 있는 가능성을 개방하고 있다. 여기서 '어떠한 경우에 기본권의 침해를 주장할 수 있는지'는 전적으로 실체법의 내용, 즉 '기본권제한'의 여부에 달려있다. 물론, 입법자는 헌법재판소의 과중한 업무부담의 방지 등 정당하고 합리적인 공익상의 사유로 헌법소원을 제기할 수 있는 가능성을 제한할 수도 있으나, 헌법재판소법의 규정으로부터는 입법자의 이러한 의도를 인식할 수 없다. 헌법소원을 제기할 수 있는 가능성을 제한하기 위해서는 명시적인 규범적 확정을 필요로 한다.

따라서 현행 헌법재판소법에 의하면, 국가행위가 제3자인 기본권주체에 대하여 기본권제한의 성격을 가진다면, 이에 상응하여 국가행위의 직접적 상대방이 아닌 제3자가 이와 같은 기본권제한의 위헌성을 헌법소원심판에서 주장하고 관철할 수 있는 가능성도 절차적으로 보장된다. 공권력의 행사가 제3자에 대하여 간접적인 기본권제한에 해당한다면, 국가행위의 직접적인 상대방은 아니지만 국가행위에 의하여 기본권을 제한당한 제3자가 헌법소원을 제기할 수 있는 가능성, 즉 제3자의 자기관련성도 인정해야 하는

---

69) 유사한 취지로 vgl. Gallwas, Faktische Beeinträchtigungen im Bereich der Grundrechte, 1970, S.153ff.

것이다.

다. 한편, 헌법재판소는 기본권의 간접적 제한의 경우에 대하여 헌법소원을 제기할 수 있는 제3자의 가능성을 '간접적 이해관계'와 직접적, 법적 침해인 '법적 관련성'이라는 별도의 기준에 의하여 판단하고 있다. 그러나 헌법재판소의 판시내용에 의하면, 어떠한 경우에 제3자에게 미치는 불리한 효과가 단지 반사적 효과에 불과한 간접적, 사실적 또는 경제적 이해관계인지 아니면 직접적, 법적 침해로서 법적 관련성인지에 관한 판단의 어려움이 있다.

예컨대, 헌법재판소는 '백화점 셔틀버스 운행금지사건'에서 셔틀버스를 이용하는 소비자의 자기관련성을 부인하였는데, 위 사건에서 소비자에 대한 불리한 효과는 기본권 제한의 성격을 가진다는 점에서 헌법재판소의 판단에 대하여 의문이 제기된다. 입법자는 백화점에게 셔틀버스 운행금지의 의무를 부과하는 방법이 아니라 소비자에게 셔틀버스 이용금지의무의 부과를 통해서도 동일한 효과를 가지고 입법목적(여객자동차운송사업에 관한 질서 확립 및 여객자동차운송사업의 기능유지)을 달성할 수 있다는 점에서 입법자가 전자의 방법을 채택한 것은 단지 법집행의 실효성을 고려한 입법기술적인 문제이다. 결국, 입법자가 규율하고자 하는 것은 법적으로 분리될 수 없는 통일적인 사실관계인 '소비자에 의한 백화점 셔틀버스의 이용'인 것이므로, 이러한 사실관계에 소비자가 단지 반사적으로 또는 사실적으로 연관되었다고 할 수 없다.

위 결정과는 달리, 주류도매상에 대하여 각 道에서 생산되는 自道燒酒를 일정 비율 이상 판매해야 할 의무를 부과하는 주세법조항의 위헌성이 문제된 결정에서, 헌법재판소는 위 주세법조항에 의하여 주류판매상의 영업의 자유뿐만 아니라 소주제조업자의 기업의 자유 및 소비자의 자기결정권이 제한되었다고 판시하였다.[70] 위 사건이 위헌법률심판청구에 의한 것이었기 때문에 소비자의 자기관련성 문제가 적법요건으로 제기되지 않았으나, 만일 소비자의 헌법소원심판청구에 의한 것이었다면, '소비자의 기본권제한'을 인정하는 헌법재판소로서는 실체법적 기본권제한을 절차법적으로 관철하기 위한 요건으로서 '소비자의 자기관련성'도 인정하였을 것이다.

소비자의 자기관련성을 인정한 유사한 예로서 독일 연방헌법재판소의 閉店法 결정을 들 수 있다. 소비자가 '직장근무로 인하여 상품을 구매할 충분한 시간이 없기 때문에 상품구입의 가능성이 제한된다'는 이유로 상점의 영업시간을 제한하는 폐점법조항에 대하여 제기한 헌법소원사건에서 독일 연방헌법재판소는 "이 사건 심판대상조항의 수범자는 상점소유자들이지만, 이 사건 법률조항이 고객의 일반적 행동자유권에 미치는 영향은 단순한 반사적 효과를 넘어서는 것이다. 이 사건 법률조항은 고객의 구매를 제한함

70) 헌재 1996. 12. 26. 96헌가18, 판례집 8-2, 680, 691.

으로써 직접적으로 고객을 규율하는 규정과 같은 효과를 지니고 있다"고 판시하여 소비자의 자기관련성을 인정하였다.[71)]

제3자의 기본권제한의 경우에는 필연적으로 제한의 성격이 간접적일 수밖에 없음에도, 다시금 제한의 성격과 효과를 기준으로 삼아 "단지 반사적 효과에 불과한 간접적, 사실적 또는 경제적 이해관계인지" 아니면 "직접적, 법적 침해인지"에 따라 판단하고자 하는 헌법재판소의 시도는 그러한 구분의 기준을 전혀 제시하지 못한다는 점에서 상당히 자의적이다.[72)] 헌법이나 헌법소송법은 실체법적으로 '간접적인 기본권제한'을 절차법적으로 다시 '청구인의 기본권이 직접 또는 간접으로, 법적으로 또는 사실적으로 침해되었는지'에 따라 구분할 수 있는 어떠한 별도의 합리적인 관점도 제공하지 않는다.[73)] 따라서 헌법소원심판에서 제3자의 자기관련성은 불확실하고 자의적인 헌법소송법상의 별도의 기준이 아니라 실체법적으로 제3자에 대한 '기본권제한'이 존재하는지의 관점에 의하여 판단되어야 한다.

V. 맺는말

1. 자유권보장의 주된 목적은 국가가 개인의 자유영역을 축소하는 것에 대하여 보호를 제공하고자 하는 것이다. 따라서 자유권의 제한이 존재하는지의 문제는, 국가의 시각에서 국가가 어떠한 행위형식을 취하는지의 관점에 의해서가 아니라, 기본권주체인 개인의 관점에서 개인의 자유에 대한 국가행위의 실체적 효과 및 영향력에 의하여 판단되어야 한다. 더 이상 국가행위의 유형이 아니라 자유권에 대한 실질적인 효과와 작용이 국가행위의 성격을 결정하는 중요한 관점이라는 것이 '새로운' 제한 개념의 출발점이다.

따라서 첫째, '자유권의 행사와 보호법익에 대한 불리한 효과'가 존재해야 하고, 둘째, '국가행위'와 '기본권주체에 대한 불리한 작용' 사이에는 인과관계가 존재해야 하며, 셋째, 나아가 불리한 효과의 발생을 국가에게 그의 책임으로서 귀속시킬 수 있는 경우에 한하여, 국가행위가 초래한 간접적인 결과는 '사실적 기본권제한'으로 인정될 수 있는 것이다. 여기서 국가가 기본권에 대한 불리한 효과를 의도하거나 또는 자신의 행위

71) Vgl. BVerfGE 13, 230, 233; Benda/Klein, Verfassungsprozeßrecht, 2001, Rn.557; Umbach/Clemens/Dollinger, Bundesverfassungsgerichtsgesetz, 2005, §90 Rn.81; 제3자의 자기관련성에 관한 독일 판례의 소개로는 황도수, 헌법소원심판청구의 적법요건으로서의 『자기관련성』의 판단기준, 헌법논총 2집, 1991, 541면 이하.

72) Vgl. Gallwas, Faktische Beeinträchtigungen im Bereich der Grundrechte, 1970, S.161; Zuck, Das Recht der Verfassungsbeschwerde, 1988, Rn.573.

73) 여기서 '직접성'이란 법의 집행이 별도의 집행행위를 필요로 하지 않는다는 의미에서의 '직접성'이 아님은 명백하다.

당시에 이를 객관적으로 예측할 수 있다면, 이러한 불리한 효과의 발생은 국가에게 그의 책임으로 귀속되어야 하고, 이로써 자유권의 관점에서 정당화되어야 하는 국가행위, 즉 자유권의 제한이 존재하는 것이다. 국가가 자유권에 대한 불리한 작용을 의도하는 경우 자신의 의도를 다양한 행위형식(법적 행위 또는 사실행위, 직접적으로 또는 간접적으로)으로 실현할 수 있다는 점에서, 자신의 행위를 자유권의 관점에서 정당화해야 하는지 여부가 행위형식에 따라 달라질 수 없다. 국가행위가 어떠한 방법으로 이루어지든 간에, 국가에 의하여 의도된 불리한 작용에 대해서는 원칙적으로 국가에 귀속되어야 하는 '기본권제한'의 성격을 인정해야 한다.

2. 이러한 자유권 제한 개념은 입법자의 수권이 있는 경우에 한하여 기본권제한이 가능하다는 법률유보의 요청에도 부합한다. 자유권의 제한에 대하여 헌법상 법률유보의 요청이 포기될 수 없다면, 자유권 제한의 개념은 법률유보의 관점에 의하여 합리적으로 축소되어야 한다. 법률유보는 입법자가 자유권 제한의 가능성을 예측할 수 있다는 것을 전제로 하므로, 자유권의 보호법익에 대한 모든 불리한 작용이 자유권의 제한으로 파악되어서는 안 되고, 원칙적으로 국가가 의도하거나 아니면 적어도 객관적으로 사전에 예측가능한 불리한 작용의 경우에만 제한의 성격을 인정해야 한다.

3. 자유권의 제한 개념은 헌법소원심판에서 국가행위의 직접적 상대방이 아닌 '제3자의 자기관련성'의 문제와 직결된다. 헌법소원심판에서 제3자의 자기관련성에 관한 문제는, 제3자가 국가행위로 인하여 자신의 기본권에 간접적으로 미치는 불리한 효과를 헌법소원을 통하여 주장할 수 있는지의 문제를 의미한다. 그러므로 소송법에서 '제3자의 자기관련성'의 문제는 실체법에서 '간접적 제한'의 문제와 그 본질을 같이한다.

헌법재판소법 제68조 제1항은 공권력의 행사에 의하여 자신의 기본권이 침해당했다고 주장하는 청구인에게 헌법소원을 제기할 수 있는 가능성을 개방하고 있다. 여기서 '어떠한 경우에 기본권의 침해를 주장할 수 있는지'는 전적으로 실체법의 내용, 즉 '기본권제한'의 여부에 달려있다. 따라서 국가행위가 제3자인 기본권주체에 대하여 기본권제한의 성격을 가진다면, 이에 상응하여 국가행위의 직접적 상대방이 아닌 제3자가 이와 같은 기본권제한의 위헌성을 헌법소원심판에서 주장하고 관철할 수 있는 가능성도 절차적으로 보장되어야 한다. 헌법소원심판에서 제3자의 자기관련성은 '불확실하고 자의적인 헌법소송법상의 별도의 기준'이 아니라, 실체법적으로 제3자에 대한 '기본권제한'이 존재하는지의 관점에 의하여 판단되어야 한다.

참고문헌

정태호, 자유권적 기본권의 제한 개념에 관한 고찰, 헌법논총 제13집(2002)

최갑선, 자유권적 기본권의 침해여부의 판단구조 및 판단기준, 헌법논총 제10집(1999)

한수웅, 자유권의 보호범위, 헌법학연구 제12권 제5호, 2006. 12.

_____, 헌법 제37조 제2항의 과잉금지원칙의 의미와 적용범위, 저스티스, 2006. 12.

황도수, 헌법소원심판청구의 적법요건으로서의 『자기관련성』의 판단기준, 헌법논총 제2집 (1991)

Alexy, Theorie der Grundrechte, 1994

Benda/Klein, Verfassungsprozeßrecht, 2. Aufl. 2001

Bethge, Der Grundrechtseingriff, VVDStRL 57(1998)

Cremer, Freiheitsgrundrechte, 2003

Dreier, in: Dreier(Hg), Grundgesetz Kommentar (GG), Bd.I, 2. Aufl. 2004, Vorbemerkungen vor Art.1 GG

Gallwas, Faktische Beeinträchtigungen im Bereich der Grundrechte, 1970

Hemmrich, in: Münch/Kunig(Hg), Grundgesetz Kommentar (GGK), Bd.1, 2000, Art.7

Henseler, Staatliche Verhaltenslenkung durch Subventionen im Spannungsfeld zur Unternehmensfreiheit des Begüstigten, VerwArch 77(1986)

Höfling, Grundrechtstatbestand – Grundrechtsschranken – Grundrechts-schrankenschranken, Jura 1994

J. Ipsen, Staatsrecht II, 2001

_____, Gesetzliche Einwirkung auf grundrechtlich geschützte Rechtsgüter, JZ 1997

Isensee, Das Grundrecht als Abwehrrecht und als staatliche Schutzpflicht, in: Isensee/Kirchhof(Hg), Handbuch des Staatsrechts (HbStR), Bd.V, 1992, §111

Lerche, Grundrechtlicher Schutzbereich, Grundrechtsprägung und Grundrechtseingriff, in: Isensee/Kirchhof(Hg), Handbuch des Staatsrechts (HbStR), Bd.V, 1992, §121

Lübbe-wolff, Die Grundrechte als Eingriffsabwehrrechte, 1988

Mager, in: Münch/Kunig(Hg), Grundgesetz Kommentar (GGK), Bd.1, 2000, Art.4

Murswiek, Staatliche Warnungen, Wertungen, Kritik als Grundrechtseingriffe, DVBl 1997

Pieroth/Schlink, Grundrechte Staatsrecht II, 2000

Ramsauer, Die faktischen Beeinträchtigungen des Eigentums, 1980

Roth, Faktische Eingriffe in Freiheit und Eigentum, 1994

Sachs, Verfassungsrecht II Grundrechte, 2000

_____, Die relevanten Grundrechtsbeeinträchtigungen, JuS 1995

______, Grundrechtseingriff und Grundrechtsbetroffenheit, in: Stern, Das Staatsrecht der Bundesrepublik Deutschland, Bd.Ⅲ/2, 1994

Umbach/Clemens/Dollinger, Bundesverfassungsgerichtsgesetz, 2. Aufl. 2005

Weber-Dürler, Der Grundrechtseingriff, VVDStRL 57(1998)

Zacher, Verwaltung durch Subvention, VVDStRL 25(1967)

Zuck, Das Recht der Verfassungsbeschwerde, 2. Aufl. 1988

제3절 자유권의 제한에 대한 헌법적 요청

헌법 제37조 제2항의 過剩禁止原則의 의미와 적용범위*

Ⅰ. 머리말

오늘날 모든 헌법의 핵심적인 문제는 개인의 자유와 공동체의 이익 사이의 긴장관계를 어떻게 조화시킬 것인지, 그리고 양 법익간의 균형 상태를 발견하는 제도와 절차를 마련하는 문제라 할 수 있다.[1] 우리 헌법도 국가의 공익과 개인의 이익 간의 충돌상황을 근본적으로 규율하고 있다. 헌법은 다양한 자유권규정을 통하여 개인에게 국가로부터 자유로운 영역을 보장하면서, 다른 한편으로는 제37조 제2항에서 국가에게 공동체의 이익을 위하여 개인의 기본권을 제한할 수 있는 권한을 부여하고 있다.

헌법 제37조 제2항은 "국민의 모든 자유와 권리는 국가안전보장·질서유지 또는 공공복리를 위하여 필요한 경우에 한하여 법률로써 제한할 수 있으며, 제한하는 경우에도 자유와 권리의 본질적 내용을 침해할 수 없다."고 하여 모든 기본권에 대하여 일괄적으로 법률로써 제한할 수 있는 가능성인 '일반적 법률유보조항'을 규정하면서,[2] '필요한 경우에 한하여' 제한을 허용함으로써 기본권제한의 한계를 설정하고 있다.[3] 우리 헌법

* 위 논문은 2006년 12월, 저스티스(한국법학원), 통권 제95호, 5-28면에 게재된 것을 일부 수정한 것이다.

1) Vgl. Schnapp, Grenzen der Grundrechte, JuS 1978, 729.

2) '일반적 법률유보'란 모든 기본권에 대하여 어떠한 조건 하에서 법률로써 제한될 수 있는지에 관하여 일괄적으로 규정하는 경우를 말한다. 이에 대하여 헌법이 각 기본권마다 개별적으로 법률로써 제한될 수 있는지 또는 어떠한 조건 하에서 제한될 수 있는지를 규정한 경우, 이를 '개별적 법률유보'라 한다.

3) 헌재 1989. 12. 22. 88헌가13, 판례집 1, 357, 374, "헌법 제37조 제2항의 규정은 기본권 제한 입법의 수권규정인 성질과 아울러 기본권 제한 입법의 한계규정의 성질을 가지고 있다."고 판시하고 있다.

은 비록 과잉금지원칙을 명시적으로 언급하고 있지 않으나, “필요한 경우에 한하여”란 표현을 통하여 과잉금지원칙을 헌법적으로 구체화하면서 동시에 수용하고 있다.[4] 과잉금지원칙은 이미 헌법재판소 초기의 판례에서 법률의 위헌성을 판단하는 기준으로 적용되기 시작한 이래, 이제는 평등원칙과 함께 가장 빈번하게 사용되는 핵심적인 위헌심사기준이 되었다. 자유권을 제한하는 공권력행위에 대한 위헌심사의 경우, 과잉금지원칙을 적용하지 않는 경우란 생각할 수 없다. 과잉금지원칙의 이와 같은 헌법적 중요성에도 불구하고, 이에 관한 학계의 연구는 아직 심도 있게 논의되지 못한 단계에 머물고 있으며,[5] 특히 과잉금지원칙의 적용범위에 관한 연구는 사실상 전무한 실정이다.

학계의 다수견해와 헌법재판소의 일련의 판례는 ‘기본권의 보호범위, 그에 대한 제한, 제한의 정당성’이란 자유권에 고유한 심사구조를 청구권적 기본권이나 사회적 기본권, 선거권과 같이 전혀 다른 성격의 기본권에 대해서도 그대로 적용하고 있는데, 자유권을 제한하는 공권력행위의 심사기준인 과잉금지원칙을 자유권 외의 기본권유형에 대해서도 그대로 적용하는 것이 과연 타당한지의 의문이 제기된다. 과잉금지원칙의 의미와 적용범위는 결정적으로 과잉금지원칙의 헌법적 근거가 무엇인지에 달려있으므로, 우선 ‘과잉금지원칙의 헌법적 근거’가 무엇인지의 문제가 밝혀져야 한다. 즉, 과잉금지원칙이 헌법적 원칙으로서 효력을 가지기 위하여 헌법에 명문으로 규정되어야 하는지, 헌법 제37조 제2항이 과잉금지원칙의 헌법적 근거인지 아니면 과잉금지원칙은 명시적인 규정의 존부와 관계없이 다른 헌법규범이나 헌법원리로부터 도출되는 것인지의 문제가 규명되어야 한다. 이어서, 헌법 제37조 제2항의 과잉금지원칙이 기본권제한적 법률유보에만 적용되는지 아니면 기본권형성적 법률유보에도 적용되는지의 ‘적용범위’의 문제, 즉 과잉금지원칙이 자유권에만 적용되는지 아니면 청구권적 기본권, 사회적 기본권, 참정권과 같이 입법에 의하여 그 내용이 비로소 구체화되는 기본권에도 적용되는 것인지, 나아가 평등권의 경우에도 헌법 제37조 제2항이 적용되는지의 문제가 밝혀져야 한다.

이 글에서는 우선, 과잉금지원칙의 헌법적 근거와 의미를 확인하고(아래 Ⅱ.), 이어서 헌법 제37조 제2항의 과잉금지원칙이 자유권 외의 기본권에도 적용되는지 여부를 선거권, 재판청구권, 사회적 기본권, 평등권 등 각 기본권유형별로 하나씩 구체적으로 살펴보기로 한다(아래 Ⅲ.).

---

4) 가령 한태연, 헌법학, 1983, 907면.

5) 과잉금지원칙에 관한 문헌으로 문홍주 · 김형성, 비례성원칙과 기본권, 대한민국 학술원 논문집(인문사회과학편), 제28집(1989), 121면 이하; 황치연, 헌법재판의 심사척도로서의 과잉금지원칙에 관한 연구, 연세대학교 박사학위논문, 1995; 양삼승, 과잉금지의 원칙 : 특히 독일에서의 이론과 판례를 중심으로, 헌법논총 제1집(1990) 111면 이하; 이명웅, 비례의 원칙과 판례의 논증방법, 헌법논총 제9집(1998), 671면 이하.

Ⅱ. 과잉금지원칙의 헌법적 근거와 의미

1. 과잉금지원칙의 구조

가. 과잉금지원칙의 2가지 적용단계

(1) 헌법은 자유권을 규정함으로써 개인에게 자유와 자기결정의 영역을 보장하고 있다. 절대적 자유란 있을 수 없으며, 기본권에 의하여 보장된 자유의 행사는 필연적으로 국가공동체의 법익이나 타인의 법익과 충돌하게 된다. 따라서 충돌하는 법익 사이의 경계를 설정하고 양 법익을 조정하는 것이 필요하다. 여기서 양 법익간의 경계설정과 조정은 기본권에 대한 제한을 통하여 이루어진다. 이에 따라 헌법 제37조 제2항의 일반적 법률유보규정은 입법자에게 공동체의 이익을 추구하기 위하여 자유권을 제한할 수 있는 권한을 부여하면서, 동시에 "국민의 모든 자유와 권리는 … 필요한 경우에 한하여 법률로써 제한할 수 있으며 …"라고 규정하여, 입법자는 법률유보의 권한을 행사함에 있어서 기본권제한의 한계로서 과잉금지원칙의 구속을 받는다는 것을 밝히고 있다.[6]

(2) 과잉금지원칙은 그 구조상 '법익의 충돌' 및 '수단과 목적의 관계'를 전제로 하고 있다. 개인의 자유와 다른 법익이 충돌하는 경우 과잉금지원칙은 상충하는 법익이 적정한 균형과 조화를 이룰 것을, 즉 다른 법익의 실현을 이유로 개인의 자유가 과도하게 제한되어서는 안 될 것을 요구한다. 따라서 국가가 개인의 자유와 공익이라는 兩 법익을 동시에 완전히 실현할 수 없기 때문에 상충하는 법익간의 조화와 균형을 이루어야 하는 경우, 과잉금지원칙은 자유권과 그를 제한하는 공익 사이의 조정과 경계설정의 원칙으로서 적용된다.

과잉금지원칙은 다음의 두 가지 적용단계로 나누어 볼 수 있다. 첫 번째 단계는 국가가 자유의 제한을 통하여 달성하고자 하는 목적을 발견하고 확정하는 작업이다. 추구하는 목적이 확정되지 않는 한, 목적과 수단 사이의 관계를 판단하는 비례의 원칙의 적용은 불가능하다. 따라서 자유의 제한을 통하여 추구하는 목적이 무엇인지, 추구하는 목적이 헌법적으로 정당한 것인지, 즉 허용되는 것인지 여부를 판단해야 한다. 이에 대하여, 여기서 '수단'이란 심판의 대상이 되는 국가행위이므로, 수단에 관한 한, 별도로

6) 일부 학자(가령, 계희열, 헌법학(中), 2004, 138면; 홍성방, 헌법학, 2003, 331면 이하)는 "필요한 경우에 한하여"의 규정부분을 법률유보의 가중적 요건으로 파악하여 헌법 제37조 제2항을 '一般的 加重法律留保'로 파악하고 있으나, 이는 타당하지 않다. "필요한 경우에 한하여"의 규정내용은 기본권제한의 특정 목적이나 특정 수단 등 가중적 요건을 구체적으로 규정하는 가중적 법률유보의 구성부분이 아니라, 기본권을 제한하는 입법자의 권한을 다시 제한한다는 의미에서 '법률유보의 한계'에 관한 규정으로 보는 것이 타당하다. 뿐만 아니라, 위 견해는 "필요한 경우에 한하여"의 내용을 한편으로는 가중적 법률유보의 의미로, 다른 한편으로는 과잉금지원칙의 의미로 중복적으로 이해한다는 점에서도 문제점이 노출된다.

판단할 필요가 없이 명백하다.

이어서 두 번째 단계에서는 수단의 적합성 및 최소침해성, 법익균형성을 판단하게 된다. 즉, 입법자가 선택한 수단이 추구하는 목적을 달성하고 촉진시키기에 적합해야 하고(수단의 적합성), 목적을 달성하기에 똑같이 효과적인 수단 중에서 가장 기본권을 적게 침해하는 수단을 사용해야 하며(수단의 필요성 또는 최소침해성), 침해의 정도와 공익의 비중을 전반적으로 비교형량하였을 때 양자 사이에 적정한 비례관계가 성립해야 한다(협의의 비례성 또는 법익균형성).

나. 법익형량의 단계로서 법익균형성원칙

과잉금지원칙의 구성요소 중에서 법익균형성(협의의 비례성) 단계가 상충하는 법익 간의 비교형량이 이루어지는 과정이므로, 과잉금지원칙의 본질적 요소라 할 수 있다. 법익균형성의 심사단계에서 비로소 수단과 목적이 상호연관관계에 놓이게 됨으로써 법익형량이 이루어지고, 원래 의미에서의 비례의 심사가 행해진다.

'수단의 적합성' 단계 및 '수단의 최소침해성' 단계에서 '입법목적'은 선택한 수단의 적합성과 최소침해성을 판단하기 위하여 설정해야 하는 '단순히 형식적인 연관점'이라면, '법익균형성' 단계에서 비로소 입법목적 그 자체가 스스로 고려의 대상이 됨으로써 입법목적의 비중과 의미, 긴급성 등이 기본권제한의 효과와 비교형량되는 것이다.[7] 따라서 법익균형성의 단계에서 헌법이 입법목적에 대하여 어떠한 비중이나 의미를 부여하는지의 관점에서 비로소 입법목적이 헌법적으로 평가된다.

마찬가지로, 과잉금지원칙의 적용단계 중에서 각 개별자유권의 고유하고 특수한 내용이 고려될 수 있는 단계는 법익균형성의 심사단계이다. 목적의 정당성, 수단의 적합성 및 수단의 최소침해성의 단계에서는 각 개별기본권의 보장내용이 개입할 여지가 전혀 또는 거의 없다. 목적의 정당성 단계에서는 제한되는 기본권과의 상관관계가 아니라 목적 그 자체를 독립적으로 판단하기 때문에, 제한되는 기본권의 고유한 보장내용이 고려될 여지가 전혀 없다. 수단의 적합성 단계와 최소침해성의 단계에서는 '입법자가 선택한 수단이 목적달성을 위하여 적합하고 그 효과에 있어서 기본권을 최소한으로 제한하는지'에 관한 본질적으로 사회현실에 대한 질문으로서, 경제학적 · 사회학적 · 자연과학적 · 기술적 사실분석에 근거하여 판단되기 때문에, 그 판단은 개별기본권의 고유한 보장내용에 대하여 중립적이다. 법익균형성의 단계에서 기본권의 제한을 정당화하는 공익의 비중과 제한되는 구체적 기본권의 특성과 비중을 교량함으로써, 비로소 제한되는 개별기본권의 보장내용이 고려되는 것이다.[8]

---

7) Vgl. Kluth, Das Übermaßverbot, JA 1999, S.610.
8) Vgl. Wendt, Der Garantiegehalt der Grundrechte und das Übermaßverbot, AöR 104(1979), S.448f.

다. 현실판단 및 가치판단으로서 과잉금지원칙

수단의 적합성·최소침해성이 헌법해석자의 현실판단 또는 경험적 판단에 의존하고 있는 영역이라면, 법익균형성은 가치판단에 의존하고 있는 영역이다. 수단의 적합성·최소침해성의 단계에서 문제되는 것은, 수단이 목적의 실현에 기여하는지 또는 가장 기본권을 적게 제한하는 수단인지에 관한 것인데, 이는 미래의 현실발전에 대한 예측판단, 입법적 수단과 규율효과 사이의 인과관계, 규율되는 현실에 대한 사회학적·경제학적 이해 등 경험적 판단을 필요로 하는 것이다. 결국, 수단의 적합성 및 최소침해성의 단계에서는 규율대상인 사회현실을 타당하게 인식하고 합리적으로 서술하는 것에 논증의 중점이 있다. 이에 대하여, 법익균형성의 단계는 기본권과 공익이라는 상충하는 법익간의 형량의 문제로서 경험적 인식이 아니라 규범적 가치판단의 문제이다. 여기서는 충돌하는 각 법익의 헌법적 의미와 중요성, 즉 헌법적 가치를 확인하고 교량하는 작업이 이루어진다.

라. 과잉금지원칙의 생성 및 발전

(1) 과잉금지원칙은 원래 19세기 말 독일 행정법의 영역에서 개인의 재산과 자유에 대한 경찰법상의 침해를 제한하는 법원리로서 형성되었다.[9] 그러나 1949년 독일 기본법이 제정되면서, 연방헌법재판소의 판례에 의하여 독일법의 모든 영역으로 확대되었다.[10] 연방헌법재판소가 원래 행정법의 영역에서 형성된 과잉금지원칙을 헌법의 영역으로 확대하여 헌법적 원칙으로 정착시킨 것은 1945년 이후 '독일 공법학의 최대의 성과'로 간주되고 있다. 또한 비교법적 관점에서도 독일 공법학은 과잉금지원칙의 발상지라 할 수 있다. 오늘날 비례의 원칙은 독일뿐만 아니라 오스트리아, 스위스, 프랑스, 이태리, 영국 등 다른 유럽국가, 나아가 유럽공동체법을 비롯한 국제법에서도 인정되고 있다.[11] 우리 헌법재판소도 이미 초기의 판례부터 독일 공법학의 과잉금지원칙을 받아들여 법률의 위헌성을 심사하는 가장 중요한 기준으로 삼고 있다.

(2) 독일 기본법과는 달리, 우리 헌법은 제37조 제2항에서 과잉금지원칙의 의미로 이해될 수 있는 표현("필요한 경우에 한하여")을 담고 있으므로, 헌법재판소는 과잉금지원칙을 적용함에 있어서 헌법 제37조 제2항을 함께 언급하고 있다. 헌법재판소는 '과잉금

---

9) 독일에서 비례의 원칙의 형성과정에 관하여 Stern, Das Staatsrecht der BRD, Ⅲ/2, 1994, S.765ff.; H. Schneider, Zur Verhältnismäßigkeitskontrolle insbesondere bei Gesetzen, in: C. Starck(Hg), Bundesverfassungsgericht und Grundgesetz II, 1976, S.393ff.

10) Vgl. Maurer, Staatsrecht, 1999, S.234; Kluth, Das Übermaßverbot, JA 1999, S.606; 독일 연방헌법재판소는 1968년의 BVerfGE 23, 127, 133 결정에서 비례의 원칙을 모든 국가행위에 있어서 준수해야 하는 원칙이자 법치국가원리에서 도출되는 헌법적 지위를 가지는 원칙으로 선언하였다.

11) Vgl. Stern, Das Staatsrecht der BRD, Ⅲ/2, 1994, S.768f.

지원칙'과 '비례의 원칙'을 동일한 의미로 사용하고 있다.[12] 비례의 원칙이란 용어를 사용하는 경우, 과잉금지원칙에서 법익형량의 기능을 담당하는 세 번째 단계인 '비례성심사'와 상위개념인 '비례의 원칙'을 혼동할 우려가 있고, '광의의 비례원칙'과 '협의의 비례원칙'을 구분해야 하는 번거로움이 있기 때문에, 과잉금지원칙이란 표현을 사용하는 것이 보다 바람직하다는 것이 독일 학계의 다수견해이다.[13] 우리 헌법재판소는 '협의의 비례원칙'이란 표현 대신 '법익균형성'이란 용어를 사용함으로써 우려되는 용어상의 혼란을 피하고 있다. 헌법재판소는 과잉금지원칙을 '목적의 정당성', '방법의 적절성', '피해의 최소성', '법익의 균형성'으로 분류하고 있지만,[14] 과잉금지원칙은 목적과 수단과의 상관관계에 관한 것이므로 목적 그 자체의 정당성을 묻는 '목적의 정당성'은 엄밀한 의미에서 과잉금지원칙에 속하지 않는다.[15]

2. 과잉금지원칙의 헌법적 근거

과잉금지원칙이 헌법적 원칙으로서 효력을 가지기 위하여 헌법에 명문으로 규정되어야 하는지 아니면 명시적 헌법규범의 存否와 관계없이 헌법해석을 통하여 과잉금지원칙을 도출할 수 있는지의 문제가 우선 규명되어야 한다. 한편, 헌법은 제37조 제2항에서 과잉금지원칙에 관한 구체적 표현을 담고 있으나 위 조항이 입법자와의 관계만을 규율하고 있다는 점에서, 헌법 제37조 제2항이 기본권을 제한하는 모든 공권력행사의 한계로서 적용되는 포괄적 원칙인 과잉금지원칙의 헌법적 근거인지가 문제된다.[16]

가. 법치국가원리

헌법에 과잉금지원칙에 관한 명문의 규정이 없는 경우, 일차적으로 과잉금지원칙은 국가권력을 제한하려는 법치국가원리에 그 이론적 바탕을 두고 있다. 독일 연방헌법재판소는 이미 초기의 판례에서 과잉금지원칙을 법치국가원리로부터 도출하였고,[17] 이는 아직도 독일 학계의 지배적 견해 중의 하나이다. 우리 헌법재판소도 과잉금지원칙을 법치국가원리로부터 파생하는 헌법적 원칙으로 판시하고 있다.[18]

---

12) 헌재 1992. 12. 24. 92헌가8, 판례집 4, 853, 878; 헌재 1989. 12. 22. 88헌가13, 판례집 1, 357, 374.

13) Vgl. Schnapp, Die Verhältnismäßigkeit des Grundrechtseingriffs, JuS 1983, 852; Kluth, Das Übermaßverbot, JA 1999, S.606; Stern, Das Staatsrecht der BRD, III/2, 1994, S.763.

14) 예컨대, 헌재 1989. 12. 22. 88헌가13, 판례집 1, 357, 374.

15) 독일 연방헌법재판소와 학계의 다수의견은 '목적의 정당성 측면'과 '수단과 목적과의 상관관계'를 구분하여 비례의 원칙에는 '수단의 적합성', '수단의 필요성(최소침해성)', '협의의 비례성(법익균형성)'만을 포함시키고 있다.

16) 헌법적 근거에 관한 한국문헌으로 김형성, 과잉금지의 원칙과 적용상의 문제점, 헌법실무연구 제3권(2002), 59면 이하; 양삼승, 과잉금지의 원칙, 헌법논총 제1집(1990), 119면 이하 참조.

17) BVerfGE 23, 127, 133.

18) 헌재 1992. 12. 24. 92헌가8, 판례집 4, 853, 878, "과잉금지원칙이라 함은 … 법치국가의 원리에서 당연히 파생하는 헌법상의 기본원리의 하나인 비례의 원칙을 말하는 것이다."

여기서 법치국가원리란 국가행위의 예측성·지속성을 그 주된 내용으로 하는 형식적 법치국가원리가 아니라, 정의의 이념을 실현해야 할 국가의 의무를 포함하는 實質的 法治國家原理를 뜻하는 것으로 이해해야 한다.[19] 과잉금지원칙은 자의금지원칙과 더불어 정의의 본질적 구성부분이므로,[20] 명시적 헌법규범의 여부와 관계없이 법치국가원리가 지향하는 정의의 이념으로부터 국가행위에 대한 기준으로서 도출된다. 과잉금지원칙은 '목적에 비추어 적정한 국가행위'에 대한 요청으로서 법치국가원리에 내재한 정의 이념의 구체적 표현이라 할 수 있다. 이러한 관점에서 과잉금지원칙은 정의의 이념을 포함하는 실질적 법치국가원리로부터 도출될 수 있다.

한편, 법치국가원리는 그 개념에 있어서 개방적이고 다의적이며, 개별 헌법규범에 의하여 비로소 구체화된다. 따라서 법치국가원리는 개별 헌법규범을 근거로 하여 그를 구성하는 개별 구성원리(예컨대 권력분립원리, 기본권의 보장, 司法의 보장 등)의 총합 그 이상을 의미하지 않기 때문에, 법치국가원리로부터는 이미 사전에 개별구성원리로서 인정한 것 이상의 것을 도출할 수 없다는 한계가 있다. 이러한 점에서, 헌법해석을 통하여 과잉금지원칙을 법치국가원리의 구성요소로서 인정하고, 이와 같이 형성된 법치국가원리의 내용으로부터 다시 과잉금지원칙을 도출하는 것은 순환논리라는 비판이 있다.[21]

나. 자유권

과잉금지원칙은 공익 실현을 위하여 개인의 자유를 제한하는 경우에도 최소한의 필요한 정도에 그쳐야 한다는 요청으로서 '자유권의 본질' 자체로부터 나온다.[22] 자유권을 제한하는 공권력행사에 대한 심사기준으로서의 비례의 원칙은 '자유권에 대한 특정한 이해'를 그 전제로 한다. 우리 헌법의 자유권은 자연법적 기본권사상에 따라 개인의 자유는 원칙적으로 무제한적인 반면, 국가권력은 원칙적으로 제한적이라는 사고에 기초하고 있다.[23] 따라서 개인의 자유영역을 제한하는 국가의 권한은 원칙적으로 제한적이기에, 그 제한을 위한 합리적인 근거가 있어야 하며, 특별한 정당성을 필요로 한다. 개인

19) Vgl. Grabitz, Der Grundsatz der Verhältnismäßigkeit in der Rechtsprechung des Bundesverfassungsgerichts, AöR 98(1973), S.584; Stern, Das Staatsrecht der BRD, Ⅲ/2, S.772.

20) Vgl. H. Schneider, Zur Verhältnismäßigkeitskontrolle insbesondere bei Gesetzen, in: C. Starck(Hg), Bundesverfassungsgericht und Grundgesetz II, 1976, S.393f.

21) 이러한 비판으로는 vgl. Arnauld, Die normtheoretische Begründung des Verhältnismäßigkeitsgrundsatzes, JZ 2000, 276; Stern, Das Staatsrecht der BRD, Ⅲ/2, S.772; Schnapp, Die Verhältnismäßigkeit des Grundrechtseingriffs, JuS 1983, 852.

22) Vgl. BVerfGE 19, 342, 348f.; Alexy, Theorie der Grundrechte, 1996, S.100f; Kunig, Das Rechtsstaatsprinzip, 1986, S.350ff.; Schnapp, Die Verhältnismäßigkeit des Grundrechtseingriffs, JuS 1983, S.852f.; Arnauld, Die normtheoretische Begründung des Verhältnismäßigkeitsgrundsatzes, JZ 2000, S.278.

23) Vgl. Isensee, Das Grundrecht als Abwehrrecht und als staatliche Schutzpflicht, in: Isensee/Kirchhof(Hg), Handbuch des Staatsrechts, Bd.V, 1992, §111 Rn.44f.; Bethge, Der Grundrechtseingriff, VVDStRL 57(1998), S.11.; C. Schmitt, Verfassungslehre, 1957, S.126.

에 의한 자유의 행사는 국가에 대하여 정당화할 필요성이 없는 반면, 국가는 자유의 제한을 언제나 정당화해야 하는 것이다.[24] 자유권의 이러한 이해로부터, 개인의 자유에 대한 제한은 공익 실현이라는 합리적인 이유로 정당화되어야 하며 그러한 경우에도 꼭 필요한 정도에 그쳐야 한다는 요청, 즉 과잉금지원칙이 당연한 귀결로서 도출된다.

따라서 헌법이 입법자에게 자유권을 제한할 수 있는 권한을 부여하는 모든 법률유보조항에 내재하는 '不文法的 憲法原理'가 바로 과잉금지원칙이다. 과잉금지원칙은 자유권이 그의 자유보장기능을 이행하기 위하여 필수적인 헌법적 요청으로서, 이미 자유권의 본질에 내재하는 것이다. 과잉금지원칙은 헌법상 보장된 자유권을 실제로 실현하고 관철하는 원리로서, 자유권은 과잉금지원칙과 결합하여 비로소 그 온전한 효력을 발휘하게 된다. 그러므로 헌법이 과잉금지원칙을 명문으로 규정하는지 여부와 관계없이, 자유권의 본질로부터 국가권력의 한계로서 과잉금지원칙이 도출된다.

다. 헌법 제37조 제2항

헌법 제37조 제2항은 일반적 법률유보조항을 통하여 입법자로 하여금 법률로써 개인의 자유와 공익·타인의 법익의 경계를 설정하도록 위임하면서, 한편으로는 입법자가 어느 정도로 자유권을 제한할 수 있는지에 관하여 두 가지 중요한 원칙을 제시하고 있다. 헌법은 제37조 제2항에서 "필요한 경우에 한하여"란 표현을 통하여, 기본권은 국가에 의하여 제한될 수 있으나 기본권의 제한은 공익실현을 위하여 반드시 필요한 경우에 한하여 필요한 만큼만 허용될 수 있다는 '과잉금지원칙'을 기본권제한의 원칙으로서 제시하고 있고, 나아가 어떠한 경우에도 기본권의 본질적 내용은 침해되어서는 안 된다는 '기본권제한의 최종적 한계'를 설정하고 있다.

한편, 자유권 또는 법치국가원리에서 도출되는 헌법적 원칙으로서 과잉금지원칙은 입법자뿐만 아니라 법적용기관 등 모든 국가권력을 구속하는 포괄적인 헌법원칙으로서, 자유를 제한하는 모든 국가공권력에 대하여 적용되는 원리이다. 이에 대하여 헌법 제37조 제2항에서 구체화된 과잉금지원칙은 단지 입법자에 대한 요청으로서 기본권 제한입법의 한계규정이다. 즉, 헌법은 제37조 제2항에서 모든 법률유보에 내재한 헌법적 요청, 즉 입법자에 대한 요청을 명문으로 규정한 것이다. 따라서 헌법 제37조 제2항에 규정된 과잉금지원칙은 모든 국가권력에 대하여 포괄적으로 적용되어야 하는 '법치국가적 과잉금지원칙'의 일부분에 해당하는 것으로, 단지 입법자와의 관계에서 헌법적 근거를 제공할 뿐이다.

24) Vgl. Piroth/Schlink, Grundrechte Staatsrecht II, 2000, Rn.44.

라. 소결론

헌법이 명시적으로 규정하고 있는지 여부와 관계없이 과잉금지원칙은 자유권의 본질과 법치국가원리로부터 도출되는 불문법적 헌법원리이다. 헌법 제37조 제2항은 헌법원리인 과잉금지원칙이 입법자와의 관계에서 구체화된 헌법적 표현이다. 따라서 우리 헌법에서 과잉금지원칙의 헌법적 근거는 자유권, 법치국가원리 및 헌법 제37조 제2항이다.

3. 과잉금지원칙의 의미

가. 자유권 보장의 기술로서 과잉금지원칙

헌법은 자유권의 보장과 관련하여 입법기술적으로 다음과 같은 방법을 취하고 있다.[25] 자유권조항은 개인에게 국가로부터 자유로운 영역을 보장한다. 그러나 이러한 자유의 헌법적 보장은 입법자가 법률로써 공익을 실현하고 자유권의 한계를 확정할 수 있는 가능성을 가지고 있다는 유보 하에 있다. 즉, 자유권은 개인의 자유를 보호하는 것이고, 이에 대하여 법률유보는 공익의 실현을 확보하고자 하는 것이다. 헌법은 개인의 자유와 이에 상충하는 법익의 관계를 스스로 설정하지 아니하고 이를 입법자에게 위임하여, 입법자로 하여금 개인의 이익과 공동체의 이익을 균형과 조화의 상태로 형성하도록 하고 있다. 그런데 입법자는 공익이 요구하는 범위 내에서만, 즉 공익의 실현을 위하여 필요한 경우에 한하여 개인의 자유를 제한할 수 있다.

과잉금지원칙은, 자유권의 제한이 다른 법익의 실현을 위하여 적합하고 필요하며 비례성이 유지되는 경우에만 개인의 자유에 대한 제한을 허용함으로써, '자유제한의 조건'을 규정하고, 이로써 자유를 제한하는 국가권력을 다시금 제한하고 있다. 따라서 과잉금지원칙은 '자유를 제한하는 국가공권력에 대한 제한원리'이며, '기본권제한의 한계'라고 할 수 있다. 바로 여기에 자유권보장의 기술로서 과잉금지원칙의 핵심적 의미가 있는 것이다. 과잉금지원칙은 국가에 의하여 사용된 수단에 대한 통제로서, 개인의 자유를 가장 적게 제한하는 수단을 선택해야 할 의무를 국가권력에 부과하고자 하는 것이다.[26]

나. 헌법원리로서 과잉금지원칙(국가기관에 대한 기속력)

과잉금지원칙은 법치국가적 헌법원리로서 입법·행정·사법의 모든 국가권력에 대하여 구속력을 가진다. 과잉금지원칙은 입법자에게는 입법의 지침으로서, 행정청에게는

25) Vgl. Grabitz, Der Grundsatz der Verhältnismäßigkeit in der Rechtsprechung des Bundesverfassungsgerichts, AöR 98(1973), S.570, 586ff.; Schnapp, Die Verhältnismäßigkeit des Grundrechtseingriffs, JuS 1983, S.853.

26) Vgl. Kluth, Das Übermaßverbot, JA 1999, S.609.

법규범의 해석과 적용의 기준으로서, 국가행위의 위헌성을 심사하는 사법기관(헌법재판소나 법원)에게는 입법자나 행정청의 행위가 과잉금지원칙을 준수하였는지 여부를 판단하는 위헌심사기준으로서의 성격을 가진다.[27] 과잉금지원칙은 일차적으로 입법과 행정이 자유권을 제한함에 있어서 준수해야 하는 원칙이다. 과잉금지원칙은 입법자에게는 입법에 있어서, 행정청에게는 법률의 해석과 적용에 있어서 준수해야 하는 지침을 제시함으로써, 입법자와 행정청을 이중적으로 구속한다.

(1) 입법자에 대한 헌법적 지침

입법자는 국가기관으로서 그의 입법행위에 있어서 헌법의 구속을 받는다. 헌법적 원리로서 과잉금지원칙은 입법자에게 기본권을 제한하는 입법에 있어서 준수해야 하는 지침을 제시함으로써 입법자를 구속한다. 입법자는 법률을 제정함에 있어서 공익실현을 위하여 필요한 정도를 넘어서 개인의 자유를 과잉으로 제한해서는 안 된다는 구속을 받는다. 헌법은 제37조 제2항에서 입법자에 대한 이러한 구속을 명시적으로 규정하고 있다.

물론 입법자에 대하여 과잉금지원칙을 관철하기 위해서는 헌법재판의 존재를 그 당연한 전제로 한다. 입법자가 어느 정도로 과잉금지원칙의 구속을 받는지는 입법자와 헌법재판소의 권한배분의 관점을 고려하여 판단해야 할 문제이다.

(2) 행정청에 대한 법규범 해석과 적용의 기준

과잉금지원칙은 헌법에서뿐만 아니라 행정법에서도 적용되는 중요한 법치국가적 원리이다. 행정청은 추구해야 하는 목적이나 수단의 선택에 있어서 입법자의 의사에 의한 구속을 받으므로(법률에 의한 행정), 행위수단의 선택에 있어서 자유롭지 못하다. 입법자가 법률로써 법적용기관에게 행위기준을 제시하고 단지 유일한 행위가능성만을 허용하는 경우, 행정청은 입법자가 사전에 법률로써 정한 결정을 단지 집행해야 하기 때문에, 과잉금지원칙을 적용하기 위하여 필수적으로 요구되는 '최소한의 자유로운 행위공간'이 존재하지 않는다.

그러나 행정청에게 행위의 여부 및 방법에 관하여 재량이 부여된다든지 아니면 행정청이 스스로 행정입법을 제정하는 경우 또는 법규범이 다양한 해석가능성을 허용하는 경우에는 독자적인 활동의 여지가 주어진다.[28] 행정청이 과잉금지원칙의 구속을 받는다는 것은 재량을 행사하는 경우 가장 큰 의미를 가진다. 입법자가 행정청에게 재량을 부여하는 경우, 행정청은 입법목적을 달성하기 위하여 고려되는 다양한 조치 중에서 과잉금지원칙에 부합하는 조치, 즉 자유권을 가장 적게 침해하는 행위가능성을 선택해야 한

---

27) Vgl. Schnapp, Die Verhältnismäßigkeit des Grundrechtseingriffs, JuS 1983, S.853f.

28) Vgl. Kluth, Das Übermaßverbot, JA 1999, S.611f.

다는 구속을 받게 된다. 따라서 과잉금지원칙은 재량행위의 합헌성을 심사하는 기준으로 중요한 기능을 한다.

또한, 행정청은 행정입법을 제정하는 경우에도 입법자와 마찬가지로 과잉금지원칙을 입법의 지침으로 준수함으로써, 추구하는 목적의 달성을 위하여 필요한 정도를 넘어서 개인의 자유를 제한하지 않도록 규정해야 한다. 뿐만 아니라, 행정청이 기본권제한입법에 의하여 기본권을 제한하는 권한을 부여받았으나 수권법률이 다양한 해석의 가능성을 허용하는 경우에는, 과잉금지원칙의 요청에 부합하는 합헌적인 해석, 즉 자유권을 가정 적게 제한하는 해석을 선택해야 한다.

(3) 헌법재판의 심사기준

과잉금지원칙은 헌법재판기관에게는 자유권을 제한하는 국가행위의 위헌성을 판단하는 심사기준으로서의 의미를 가진다. 이러한 경우, 과잉금지원칙은 공권력에 의한 자유권의 제한이 헌법적으로 정당화되는지 여부를 판단하는 기준으로 기능한다. 한편, 권력분립원리의 관점에서 입법자의 형성의 자유가 보장되도록 헌법재판소의 심사밀도를 제한해야 할 필요가 있다.

(가) 장래를 규율하고자 하는 입법자의 조치는 장래 현상에 대한 특정한 예측판단에 기초하는 수밖에 없다. 헌법재판의 실무에서, 입법자가 선택한 수단이 의도한 효과를 발생하여 입법목적을 달성할 수 있는지 '수단의 적합성'에 대한 의문이 제기되거나 또는 입법자가 선택한 수단이 아니라 하더라도 기본권을 보다 존중하는 다른 수단을 통하여 마찬가지로 입법목적을 달성할 수 있다는 주장이 제기됨으로써 '수단의 최소침해성'의 여부의 판단이 불확실한 경우에는 헌법재판소가 입법자의 예측판단을 어느 정도로 심사할 수 있는지의 문제가 제기된다. 법률의 장래 효과에 대한 불확실성이 인정되는 경우, 독일 연방헌법재판소는 입법자에게 원칙적으로 우선적인 예측판단권, 이로써 장래 현상의 발전에 관하여 '착오할 권리'를 인정하고 있다.[29] 입법자에게 우선적인 예측판단권을 인정한다는 것은, 법률의 적합성과 최소침해성이 문제되는 경우에 법률이 입법목적의 달성을 위하여 적합하고 최소한의 침해를 가져오는 수단인지 여부를 사후적으로 헌법재판기관의 관점(ex post)에서가 아니라 법률제정 당시의 입법자의 관점(ex ante)에서 판단해야 한다는 것을 의미한다.

따라서 입법 당시 입법자의 상황에서 그와 같이 판단한 것이 명백히 잘못된 것이 아닌 한, 잘못된 예측판단을 근거로 하여 행한 입법조치는 이미 그러한 이유로 위헌으로

29) Vgl. H. Schneider, Zur Verhältnismäßigkeitskontrolle insbesondere bei Gesetzen, in: C. Starck(Hg), Bundesverfassungsgericht und Grundgesetz II, 1976, S.396; Grabitz, Der Grundsatz der Verhältnismäßigkeit in der Rechtsprechung des Bundesverfassungsgerichts, AöR 98(1973), S.572; Schnapp, Die Grundrechtsbindung der Staatsgewalt, JuS 1989, S.4

선언되어서는 안 되며, 대신 입법자는 실제로 발생한 상황에 따라 이에 부합하게 법률을 개정하거나 폐지해야 할 의무를 진다. 독일 연방헌법재판소는 입법자의 예측판단권을 원칙적으로 존중하면서도, 한편으로는 제한된 기본권의 의미 및 규율영역의 특성(확실한 판단을 내릴 수 있는 현실적 가능성의 정도)에 따라 입법자에게 상이한 예측판단권을 인정하여 '명백성의 심사, 타당성의 심사, 내용적 심사'라는 상이한 기준을 제시하고 있는데, 우리 헌법재판소도 일부 결정에서 독일 헌법재판소의 판례의 기본내용을 수용하여 판시한 바 있다.[30)]

(나) 법익균형성의 판단과 관련하여, 충돌하는 양 법익이 최적의 효력을 발휘할 수 있도록 양자 사이의 경계가 설정되어야 한다는 '最適化의 요청'이 실제적 조화의 원칙으로부터 제기된다. 헌법적 법익이 서로 충돌하는 경우 상충하는 법익을 모두 최대한으로 실현할 것을 요청하는 '실제적 조화의 원칙'에 의하면, 이론적으로는 법익형량의 과정에서 단지 유일하게 타당한 헌법적 해결책만이 존재한다. '최적화의 과제'는 입법자의 결정에 있어서 최상의 것 또는 가장 이상적인 법익형량의 결과를 요청하기 때문이다. 입법자의 결정이 이러한 요청에 부응하는지에 대한 헌법재판소의 심사에 의하여 최적화의 요청은 궁극적으로 실현되고 관철된다. 그러나 헌법재판소가 최적화의 요청을 위헌심사의 기준으로 삼아 입법자의 입법에 대하여 포괄적으로 심사한다면, 이러한 엄격한 심사는 입법자의 형성의 자유와 양립하기 어렵다.

따라서 헌법재판소는 입법자와의 권력분립의 관점에서, 입법목적과 기본권제한의 수단이 적정한 비례관계에 있는지, 즉 최적화의 요청에 부합하는지에 관한 적극적인 확인이 아니라, 수단과 목적이 적정한 비례관계를 일탈하였는지, 즉 최적화의 요청에 명백히 반하는지에 관한 소극적인 확인에 그쳐야 한다. 이로써, 헌법재판소는 법익균형성을 판단함에 있어서 대립하는 양 법익이 가능하면 최대한으로 그 효력을 발휘하도록 서로 조화와 균형의 상태에 있는지, 이로써 양 법익의 관계가 이상적인지 여부에 관한 적극적인 심사를 하지 않는다.[31)]

이러한 점에서, 헌법재판소의 심사기준으로서 '법익균형성원칙'과 '실제적 조화의 원

---

30) 헌재 1998. 10. 29. 97헌마345(자동차운수사업법), 판례집 10-2, 621, 630-631; 헌재 2002. 10. 31. 99헌바76등(요양기관 강제지정제), 판례집 14-2, 410, 432면 이하; 헌재 2004. 8. 26. 2002헌가1(양심적 집총거부), 판례집 16-2, 141, 156면 이하 참조. 법률이 개인의 핵심적 자유영역(생명권, 신체의 자유, 사생활의 자유, 직업선택의 자유 등)을 침해하는 경우에는, 입법자는 입법의 동기가 된 구체적 위험이나 공익의 존재 그리고 법률에 의하여 입법목적이 달성될 수 있다는 구체적 인과관계(적합성) 또는 입법자가 선택한 수단을 통해서만 입법목적을 효율적으로 달성할 수 있다는 것(최소침해성)을 헌법재판소가 납득하게끔 소명・입증해야 할 책임을 지는 반면, 일반적으로 개인이 타인과의 사회적 연관관계에 놓이는 경제적 활동 등을 규제하는 경우 입법자에게 보다 광범위한 형성권이 인정되고, 이로써 입법자의 예측판단이나 평가가 명백히 반박될 수 있는지 아니면 명백하게 잘못되었는지의 '명백성의 통제'에 그치게 된다. 입법자의 예측판단권에 관하여 상세하게 한수웅, 헌법재판의 한계 및 심사기준, 헌법논총 제8집(1997), 232면 이하 참조.

31) Vgl. Grabitz, Der Grundsatz der Verhältnismäßigkeit in der Rechtsprechung des Bundesverfassungsgerichts, AöR 98(1973), S.567.

칙'은 완전히 일치하지 않는다. 법익균형성의 원칙은 입법자에 대해서는 대립하는 양 법익 사이에 최적의 조화와 균형(실제적 조화의 원칙)을 적극적으로 실현할 것을 요청한다고 볼 수 있으나, 헌법재판소에 대해서는 입법자의 형성권을 존중하는 관점에서 양 법익 사이의 적절한 비례관계를 현저하게 일탈하였는지에 관한 소극적인 판단에 그칠 것을 요청한다.

다. 개별적 법익형량과 個別的 正義의 표현으로서 과잉금지원칙

과잉금지원칙의 가장 중요한 기능은 구체적 법익형량을 통하여 '개별사건에서의 正義'(Einzelfallgerechtigkeit)를 실현하고자 하는 것이다.[32] 개별사건에서의 정의로운 결정에 대한 요청은 자유권의 보장에 있어서 구체적이고 개별적인 판단을 요구한다. 따라서 자유권의 보호는 헌법적 법익간의 추상적인 가치질서나 위계질서에 근거하여 또는 추상적인 법익형량의 원칙에 의해서가 아니라 구체적인 경우의 개별적 법익형량을 요청한다.[33] 자유권은 '개인의' 자유를 보장함으로써 본질적으로 '개별적' 법익형량을 요청하고, 과잉금지원칙은 '개별적 정의'의 표현이다. 이로써 법익형량의 결과에 대한 예측가능성이 감소하여 법적 불안정성이 초래되는 것은 개별적 정의의 실현을 위하여 치러야 하는 대가이다.

이러한 의미에서 헌법 제37조 제2항은 개별사건에서의 법익형량을 배제하고 추상적 원칙에 따라 일반적으로 위헌판단을 하고자 하는 법원칙에 대한 헌법적 否定을 의미한다. 우리 헌법은 제37조 제2항의 과잉금지원칙을 규정함으로써, 예컨대 정신적 자유와 경제적 자유를 구분하여 개별적 사건에서의 구체적 법익형량 없이 추상적 원칙에 의하여 입법형성권의 정도를 결정하는 소위 미국 연방대법원의 '二重基準理論'을 이미 헌법적 차원에서 채택할 수 없는 것으로 부정하고 있다고 보아야 한다. 즉, 개별 사건의 구체적인 법익충돌상황과 무관하게, 제한되는 기본권의 유형에 따라 기본권제한의 가능성을 추상적으로 판단하는 법익형량의 기준은 헌법 제37조 제2항에서 "필요한 경우에 한하여"를 통하여 시사하고 있는 개별적 법익형량의 원칙과 부합하지 않는다. 기껏해야 법익형량을 위한 일반적 지침이 있을 수 있을 뿐이다.

라. 과잉금지원칙에 의한 위헌심사의 평준화 현상

모든 자유권의 제한은 과잉금지원칙이라는 동일한 기준에 의하여 심사된다. 자유권

---

32) 김형성, 과잉금지의 원칙과 적용상의 문제점, 헌법실무연구 제3권(2002), 71면 이하; 양삼승, 과잉금지의 원칙, 헌법논총 제1집(1990), 153면 참조; vgl. Schmidt-Aßmann, Der Rechtsstaat, in: Isensee/Kirchhof(Hg), Handbuch des Staatsrechts, Bd.II, 3. Aufl. 2003, §26 Rn.87; Kluth, Das Übermaßverbot, JA 1999, S.613.

33) Vgl. Stern, Das Staatsrecht der BRD, Ⅲ/2, 1994, S.818, 837.

을 기준으로 하는 위헌심사는 곧 과잉금지원칙을 기준으로 하는 위헌심사를 의미한다. 이에 따라 입법자에게 기본권을 제한할 수 있는 권한을 부여하는 '법률유보'는 실질적으로 '비례의 원칙에 부합하는 법률유보'로 전환되었다.[34)]

기본권제한입법은 과잉금지원칙에 부합해야 한다는 부가적 요소를 충족시켜야 하기 때문에, 특히 독일의 경우와 같이 개별적 법률유보를 채택한 기본권체계에서 단순법률유보와 가중법률유보의 구분은 그 의미를 사실상 크게 상실하였다. 그 결과, 기본권의 제한 가능성에 있어서 개별기본권 사이에 존재하는 법문상의 차이(예컨대, 다양한 개별적 법률유보)를 사실상 무의미하게 만드는 현상, 즉 위헌심사의 일원화 또는 평준화의 경향이 나타나고 있다.[35)]

Ⅲ. 헌법 제37조 제2항의 과잉금지원칙의 적용범위

헌법 제37조 제2항은 "국민의 모든 자유와 권리"는 법률로써 필요한 경우에 한하여 제한될 수 있다고 규정하고 있다. 여기서 '모든' 기본권이 헌법 제37조 제2항의 의미에서의 '제한'의 대상이 되는 것인지, 이로써 일반적 법률유보조항과 과잉금지원칙의 적용을 받는 것인지의 문제가 제기된다. 학계의 다수견해는 자유권뿐만 아니라 청구권적 기본권, 참정권, 사회적 기본권도 헌법 제37조 제2항에 의하여 제한의 대상이 되는 기본권으로 보고 있다.[36)] 이에 대하여 소수견해는, 자유권 이외의 기본권에 대한 법률유보는 그 기본권의 내용이나 절차를 형성하거나 구체화하는 의미를 가지며 자유권만이 그 성질상 한계가 없기 때문에 헌법 제37조 제2항에 의하여 제한될 수 있는 기본권은 자유권만이라고 주장한다.[37)] 아래에서는 헌법 제37조 제2항의 '법률로써 제한될 수 있는

---

34) Vgl. Pieroth/Schlink, Grundrechte Staatsrecht II, 2000, Rn.269.

35) 특히 Schlink 교수와 Schwabe 교수는 개별적 법률유보조항에 의하여 발생하는 '개별기본권 사이의 상이함'이 비례의 원칙에 의하여 평준화되는 효과를 지적하고 있다. Schlink 교수는 비례의 원칙에 근거한 법익형량을 부정하여 비례의 원칙을 단지 수단의 적합성과 최소침해성의 두 단계로 축소함으로써, 법익균형성 단계를 배제한 비례의 원칙이 모든 개별기본권을 평준화하는 효과에 이른다는 견해이고(Schlink, Abwägung im Verfassungsrecht, 1976), 반면에 Schwabe 교수는 세 번째 단계인 법익형량을 비례의 원칙의 본질적 요소로 이해하여 이에 결정적 의미를 부여함으로써 개별적 법률유보에 관한 특수한 표현이 법익형량의 단계에서 사실상 상실하게 되어, 비례의 원칙에 의하여 상이한 기본권제한가능성이 평준화된다고 하는 견해이다(Schwabe, Probleme der Grundrechtsproblematik, 1977). 이에 관하여 김형성, 과잉금지의 원칙과 적용상의 문제점, 헌법실무연구 제3권(2002), 70면; 양삼승, 과잉금지의 원칙, 헌법논총 제1집(1990), 150면; vgl. Wendt, Der Garantiegehalt der Grundrechte und das Übermaßverbot, AöR 104(1979), S.418ff.; Kluth, Das Übermaßverbot, A 1999, S.612f.; Stern, Das Staatsrecht der BRD, Ⅲ/2, 1994, S.812.

36) 예컨대 김철수, 헌법학개론, 2006, 343면, 만약 헌법 제37조 제2항이 자유권 이외의 기본권에 적용되지 않는다면, 이러한 기본권들은 필요한 경우라도 제한할 수 없거나 필요한 경우가 아니라도 제한할 수 있는 부당한 결과에 이른다고 주장한다.; 성낙인, 헌법학, 2006, 283면, 자유권만이 제한의 대상이 된다는 견해는 헌법의 정확한 문맥과 상통하지 않으며, 자유권 이외의 기본권에 대한 제한이 설정되지 아니할 우려가 있다고 주장한다.; 또한 권영성, 헌법학원론, 2006, 348면.

37) 한태연, 헌법학, 1983, 905, 909면.

국민의 자유와 권리'가 무엇을 의미하는지에 관하여 살펴보기로 한다.

1. 헌법 제37조 제2항의 해석가능성

헌법 제37조 제2항은 '국민의 모든 자유와 권리는 법률로써 제한될 수 있다'고 규정함으로써, 한편으로는 위 조항의 앞에 위치하는 모든 유형의 기본권, 즉 헌법 제10조 내지 제36조의 모든 기본권에 대하여 적용되는 것으로 해석할 수 있는 여지를 부여하고 있다.[38] 그러나 다른 한편으로는 위 조항은 "필요한 경우에 한하여 제한될 수 있다."고 함으로써 기본권의 보호범위, 보호범위에 대한 제한, 기본권제한의 헌법적 정당화의 3단계에 의한 심사구조를 전제로 하는 자유권만을 그 대상으로 하고 있다고 볼 수 있다. 기본권의 '제한'이란 기본권의 '보호범위에 대한 제한'을 의미하고 헌법 이전에 존재하는 보호범위를 가지는 기본권만이 제한의 대상이 될 수 있으므로, 위 조항은 기본권 중에서 특정한 보호범위를 가진 기본권, 즉 자유권을 염두에 두고 있음을 말해준다. 뿐만 아니라, 같은 조 제2항에서 언급하는 '본질적 내용의 침해금지'와의 연관관계에서 볼 때 헌법 제37조 제2항의 "자유와 권리"가 단지 자유권적 기본권만을 의미하는 것으로 해석할 수 있다. '본질적 내용의 침해금지'의 사고란 이미 존재하는 것을 전제로 하여 그 핵심적 내용에 대한 침해를 금지하는 것으로 선국가적·자연법적 기본권사상에 기초하고 있기 때문이다.

자유권이 보호하고자 하는 대상은 인간의 본질에 속하는 것이다. 인간의 존엄, 생명, 신체 등은 국가나 헌법에 의하여 부여되는 것이 아니며, 양심과 종교의 자유, 표현·집회의 자유, 거주·이전의 자유 등은 모든 인간에게 내재된 고유한 행위가능성이다. 자유권에 의하여 보호되는 영역(대상)은 인간생존의 전제조건으로서 또는 행위를 통하여 환경을 변화시킬 수 있는 개인의 가능성으로서 인간 자체에게 고유한 것이며 이로써 인간이 살고 있는 공동체의 형태나 헌법의 내용과 관계없이 존재하는 것이다. 이로써 자유권의 보장내용이 헌법에 의하여 창설되는 것이 아니라 헌법 이전에 존재한다는 의미에서 자유권의 보호대상은 자연적 자유(natürliche Freiheit) 또는 先國家的 自由로 달리 표현할 수 있다. 자유권보장의 기본사고는 개인의 자유영역을 국가 이전에 존재하는 것으로 전제하여 원칙적으로 무제한적으로 간주하는 반면, 이에 대하여 개인의 자유영역을 제한하는 국가의 권한은 원칙적으로 제한된다고 하는 것이다.[39]

따라서 특정한 보호범위가 없이 법률에 의하여 비로소 구체적 내용이 형성되는 기본권의 경우에는, 즉 구체적인 보호대상이 법질서에 의하여 비로소 형성되는 청구권적 기

38) 우리 헌법이 기본권을 규정한 형식을 보면, 자유권의 경우에는 "… 자유를 가진다."고 하여 '자유'로 표현하고 있으며, 이에 대하여 참정권(선거권, 공무담임권), 청구권(청원할 권리, 재판을 받을 권리 등), 사회적 기본권(교육을 받을 권리, 근로의 권리 등)의 경우에는 '권리'로 표현하고 있다.

39) Carl Schmitt, Verfassungslehre, 1957, S.126.

본권, 사회적 기본권, 참정권의 경우에는 '보호범위에 대한 제한'과 '그 제한의 헌법적 정당화'의 문제가 제기되지 않으므로, 헌법 제37조 제2항의 적용을 받는지 여부가 검토되어야 한다.

2. 과잉금지원칙이 자유권 외의 기본권에도 적용되는지 여부

가. 자유권과 그 외의 기본권의 본질적 차이 및 헌법상 규정형식의 차이

(1) 자유권의 보장내용은 '국가의 간섭을 받지 않고 … 할 자유'로서 일반적으로 입법자의 형성행위와 관계없이 이미 존재하는 것이며, 입법자의 입법에 의하여 그 보장내용이 제한될 뿐이다. 따라서 개인은 자유권을 행사하기 위하여 입법자의 조력을 필요로 하지 않으며, 입법자의 입법은 개인의 자유와 다른 법익의 경계를 설정함으로써 오히려 자유권을 제한하는 기능을 가진다. 이에 대하여 선거권, 청구권적 기본권 및 사회적 기본권의 경우, 개인이 구체적인 권리로서 행사하기 위하여 입법자에 의한 입법행위를 필요로 한다.

입법자에 의한 구체적인 형성을 필요로 하지 않는 자유권의 경우, 여기서 제기되는 헌법적 문제는 보호범위에 대한 제한이 과잉금지원칙에 부합하는지의 문제이다. 이에 대하여, 입법자에 의한 구체적인 형성을 필요로 하는 기본권의 경우, 자유권과는 달리 보호범위가 존재하지 아니하고, 이에 따라 입법자의 입법은 보호범위에 대한 제한의 문제가 아니다.[40] 자유권 외의 기본권의 경우 제기되는 헌법적 문제는, 입법자에 의한 규율이 과잉제한인지의 문제가 아니라 입법자가 입법형성권을 제대로 행사했는지의 문제, 입법자에 의한 구체적인 형성이 헌법상 부여된 형성권의 범위를 일탈하였는지의 문제이다. 즉, '기본권을 보장한 헌법의 기본정신'과 '이와 상충하는 법익' 사이의 법익교량의 문제인 것이다.

(2) 우리 헌법도 기본권을 규정함에 있어서 '규정형식'에 차이를 둠으로써 자유권과 그 외의 기본권 사이에 존재하는 이와 같은 근본적인 차이를 명시적으로 표현하고 있다. 자유권의 경우 입법자의 입법을 필요로 함이 없이 그 존재 자체로서 국가의 부당한 행위를 배제하는 주관적 공권으로서 완전한 기능을 하기 때문에, 헌법은 자유권의 규정형식으로서 단지 "모든 국민은 … 자유를 가진다."(헌법 제12조, 제14조, 제15조, 제19조, 제20조, 제21조, 제22조) 또는 "모든 국민은 … 자유를 침해받지 아니한다."(헌법 제16조, 제17조, 제18조), "… 보장된다."(헌법 제23조)는 표현을 사용하고 있다.

---

40) 이와 유사한 견해로 vgl. Lerche, Übermaß und Verfassungsrecht, 2. Aufl. 1999, S.106ff., 그는 자유권을 '그 보호내용이 헌법적으로 정해진 기본권'과 '입법자가 입법을 통하여 보호내용을 비로소 확정하는 기본권'으로 구분하여, 기본권에 대한 제한은 첫 번째 범주의 기본권의 경우에만 가능하며, 두 번째 범주의 기본권의 경우에는 입법자의 입법활동은 기본권형성적 성격을 가지기 때문에 기본권에 대한 제한이 논리필연적으로 불가능하다고 서술하고 있다.

이에 대하여 헌법은 참정권(헌법 제24조, 제25조), 청구권(제26조, 제27조, 제28조, 제29조, 제30조), 사회적 기본권(제31조 내지 제36조)의 경우에는 규정형식으로 "법률이 정하는 바에 의하여", "법률이 정하는" 또는 "법률에 의한" 등의 표현을 사용함으로써 자유권과는 달리 입법자에 의한 구체적 형성을 필요로 한다는 것을 분명히 밝히고 있다.

나. 基本權形成的 法律留保에 의한 헌법 제37조 제2항의 적용 배제

(1) 기본권제한적 법률유보와 기본권형성적 법률유보의 관계[41)]

입법을 통하여 비로소 기본권의 내용이 형성되거나 또는 기본권의 현실적인 행사가 가능한 경우, 이와 같은 기본권들은 법률에 의한 구체적인 형성을 필요로 하는데, 헌법이 이와 같은 권한을 입법자에게 부여하는 것을 '基本權形成的 법률유보'라 한다. 이에 대하여 '基本權制限的 법률유보'란, 헌법이 입법자에게 기본권을 제한할 수 있는 권한을 부여함으로써 법률로써 기본권의 제한이 가능한 경우를 말한다.

우리 헌법은 자유권과 그 외 기본권 사이의 본질적인 차이를 인식하여 이러한 차이를 헌법의 법문을 통하여 표현하고 있다. 즉, 자유권의 경우 자유권을 규정하는 개별 헌법규범에서는 입법자에 의한 제한가능성을 언급하지 아니하고, 대신 헌법 제37조 제2항(일반적 법률유보조항)에서 모든 자유권에 대하여 일괄적으로 그에 대한 제한가능성을 규정하고 있다. 이에 대하여, 참정권, 청구권, 사회적 기본권의 경우에는 이를 규정하는 각 개별 헌법규범에서 스스로 "법률이 정하는 바에 의하여", "법률이 정하는", "법률에 의한" 등의 표현을 통하여 개인이 기본권을 행사하기 위하여 입법자의 구체적 형성을 필요로 한다는 것을 표현하고 있는 것이다.

이러한 관점에서 볼 때, 헌법 제24조 내지 제36조의 규정들은 각 규정마다 개별적으로 독자적인 '기본권형성적 법률유보조항'을 두고 있기 때문에, 기본권형성적 법률유보를 가지고 있는 기본권에 부가적으로 헌법 제37조 제2항의 일반적인 '기본권제한적 법률유보조항'을 적용하는 것은 불필요하다. 나아가, 기본권제한유보와 기본권형성유보는 그 성격이 전혀 다른 것으로 상호배제의 관계에 있다는 점에서, 독자적인 기본권형성유보를 가지는 기본권들은 기본권제한유보규정의 적용을 배제하고 있다고 보아야 한다. 기본권의 제한이란 기본권의 보호범위에 대한 제한을 의미하며 '이미 존재하는 것'만이 제한될 수 있다. 그러나 법질서에 의하여 비로소 형성되고 생성되는 것은 법률로써 제한될 수 없으며, 이러한 법률을 기본권에 대한 제한으로 이해할 수 없다. 따라서 헌법

41) 우리 학계에서는 법률유보를 보다 다양하게 구분하고자 하는 시도도 있으나, 그 구분의 의도와 기능이 불분명하다. 법률유보는 크게 '제한적 법률유보'와 '형성적 법률유보'로 구분하는 것이 타당한 것으로 보인다. 우리 학계에서 법률유보와 관련하여 특히 주목해야 할 것은 자유권의 범주 내에서만 법률유보의 성격을 구분할 뿐(예컨대 재산권의 경우 기본권형성적 법률유보), 자유권 이외의 기본권의 경우에는 법률유보의 성격에 대한 언급이 없다는 점이다. 다만, 허영, 한국헌법론, 2006, 287면 이하는 모든 기본권을 제한적 법률유보와 형성적 법률유보로 분류하고 있다.

제37조 제2항을 자유권 외의 기본권에 적용하는 것은 이미 이러한 이유로 타당하지 않은 것으로 판단된다.[42)]

헌법 제37조 제2항에서 "국민의 모든 자유와 권리"라고 규정하고 있기 때문에 위 조항은 모든 기본권에 대하여 적용되어야 한다는 주장이나 또는 헌법 제37조 제2항이 자유권에만 적용된다면 그 외의 다른 기본권은 제한될 수 없다고 하는 결과에 이르기 때문에 헌법 제37조 제2항은 다른 기본권에 대해서도 적용되어야 한다는 주장은 '자유권 외의 기본권의 경우에는 제한의 문제가 아니며 헌법 제24조 내지 제36조의 기본권이 각 독자적인 기본권형성적 법률유보조항을 가지고 있다'는 것을 간과하고 있다.

(2) 과잉금지원칙의 적용 조건으로서 '원칙과 예외의 관계'

과잉금지원칙은 '국가행위의 정당성 차원에서 원칙과 예외의 관계'를 전제로 한다.[43)] 따라서 과잉금지원칙을 적용하기 위해서는 헌법규범으로부터 '원칙과 예외의 관계'를 도출할 수 있어야 한다. 자유권의 경우, 그 본질과 헌법의 규정형식에 비추어 개인의 자유가 원칙이고 그에 대한 제한이 예외라는 '원칙과 예외의 관계'가 성립한다. 우리 헌법은 제10조에서 인간의 존엄과 가치 및 행복추구권을 천명하고 불가침의 기본적 인권을 확인하고 보장해야 할 국가의 의무를 규정함으로써, 국가가 개인의 자유에 대한 경계를 설정하는 경우 개인의 자유가 국가에 대하여 先在하는 것으로 '원칙과 예외의 관계'를 확립하고 있으며, 규정형식에 있어서도 "법률에 정하는 바에 의하여" 보장되는 것이 아니라 "자유를 가진다.", "침해받지 아니한다."고 하여 원칙적으로 보장하면서 다만 제37조 제2항에서 '필요한 경우에 한하여 제한될 수 있다'고 규정함으로써 '원칙과 예외의 관계'를 강조하고 있다.

이에 대하여 헌법이 "법률이 정하는 바에 의하여" 보장하는 기본권의 경우, 위와 같은 성격의 '원칙과 예외의 관계'가 성립하지 않는다. 따라서 원칙과 예외의 관계가 성립하지 않는 '형성적 법률유보를 가지는 기본권'의 경우에는 헌법 제37조 제2항의 과잉금지원칙이 적용되지 않는다고 이해하는 것이 타당하다.

다. 학계의 다수견해에 대한 비판

학계의 다수견해가 법률유보를 '기본권제한적 법률유보'와 '기본권형성적 법률유보'로 구분하여 양자 간의 성격과 기능이 본질적으로 상이하다는 것을 인정하면서도, 형성적 법률유보를 가지는 기본권에 대해서도 헌법 제37조 제2항의 기본권제한적 법률유보조

---

42) Vgl. Lerche, Übermaß und Verfassungsrecht, 2. Aufl. 1999, S.140ff, 그는 자유권을 규율하는 법규범을 기본권제한적 규범과 기본권형성적 규범으로 구분하여, '기본권형성적 규범'에 대해서는 과잉금지원칙의 적용을 부인하고 있다.

43) Vgl. Arnauld, Die normtheoretische Begründung des Verhältnismäßigkeitsgrundsatzes, JZ 2000, S.279; Alexy, Theorie der Grundrechte, 1996, S.100ff.; Stern, Das Staatsrecht der BRD, Ⅲ 2, 1994, S.794f.

항을 적용하는 것은 그 자체로서 모순이라 할 수 있다. 헌법은 자유권에 대하여 개별적 법률유보조항을 두지 아니하고 제37조 제2항에서 일괄적으로 일반적 법률유보조항을 두는 반면, 형성적 법률유보를 가지는 참정권, 청구권, 사회적 기본권의 경우에는 각 개별기본권마다 독자적인 법률유보조항(예컨대 "법률이 정하는 바에 의하여")을 두고 있기 때문에, 학계의 다수견해는 자유권 이외의 기본권이 기본권제한적 법률유보조항의 적용을 받지 않는다는 것을 간과하고 있다.

학계의 다수견해는 헌법 제37조 제2항의 法文("국민의 모든 자유와 권리")과 기본권규율체계 내에서의 위 조항의 규정장소에 근거하여, 모든 기본권이 일반적 법률유보조항의 적용을 받아야 한다고 주장하나, 평등권의 경우에는 자유권과 근본적으로 상이한 기능과 구조로 말미암아 원칙적으로 헌법 제37조 제2항의 과잉금지원칙이 아니라 독자적인 기준인 자의금지원칙이 적용된다는 것은 이미 주지의 사실이다. 마찬가지로, 사회적 기본권의 경우 과잉금지원칙이 아니라 '최소한 보장의 원칙'이 심사기준으로 적용된다는 것은 헌법재판소의 확립된 판례이자 학계의 다수견해이기도 하다.

헌법 제37조 제2항의 규정장소에 관하여 보건대, 위 헌법규정이 자유권에만 적용된다는 점에서 헌법 제2장의 자유권규정에 이어서, 예컨대 헌법 제23조의 규정에 이어서 자유권에 대한 일반적 법률유보조항을 두는 것도 생각해 볼 수 있다. 그러나 헌법 제24조 내지 제36조의 기본권 중에는 헌법 제33조의 근로3권,[44] 헌법 제36조 제1항의 혼인과 가족생활에 관한 기본권[45] 등과 같이 본질적으로 자유권적 성격을 가지고 있는 기본권도 일부 있으므로, 헌법 제37조 제2항이 이러한 기본권도 함께 규율하기 위하여 모든 기본권규정 뒤에 위치한 것은 체계상으로도 타당하다. 따라서 '헌법 제37조 제2항이 자유권에만 적용된다면, 헌법은 자유권에만 적용되는 법률유보조항을 체계상 자유권규정 바로 뒤에 위치하게끔 하였을 것이라는 주장' 또는 '헌법 제37조 제2항이 기본권의 규율체계 내에서 모든 기본권 뒤에 위치하고 있으므로 과잉금지원칙은 모든 기본권에 대하여 적용되어야 한다는 주장'은 설득력이 없다.

학계의 다수견해가 과잉금지원칙을 모든 유형의 기본권에 대하여 적용하고자 하는 주된 이유는, 과잉금지원칙을 '기본권형성적 법률유보를 가진 기본권'에 대하여 적용하지 않는 경우에는 이러한 기본권을 형성하는 입법자를 헌법적으로 구속할 수 없다고

44) 근로3권은 '사회적 보호기능을 가진 자유권' 또는 '사회적 기본권의 성격을 가진 자유권'으로서 본질적으로 자유권이다, 이에 관하여 한수웅, 근로3권의 법적 성격과 한계, 법과 인간의 존엄(정경식박사 화갑기념논문집), 1997, 216면-237면 참조; 또한 헌재 1998. 2. 27. 94헌바13등; 같은 취지로 홍성방, 헌법학, 2003, 565면; 이에 대하여 김철수, 헌법학개론, 2006, 343면은 사회적 기본권인 근로3권도 헌법 제37조 제2항의 적용을 받는다고 주장하나, 근로3권은 본질적으로 사회적 기본권이 아니라 자유권이기 때문에 헌법 제37조 제2항의 적용을 받는 것이다.

45) 헌법 제36조 제1항은 자유권(혼인의 자유)으로서 대국가적 방어권이자, 동시에 제도보장 및 객관적 가치결정으로서의 성격을 가지고 있다.

판단하는 것에 있다.[46] 그러나 이러한 견해는, 기본권형성적 법률유보의 경우에도 입법자가 기본권의 구속을 받는다는 것을 간과하고 있다. '기본권형성적 법률유보'란 단지 당해 기본권의 구체적 내용이 입법자에 의하여 비로소 형성된다는 것을 의미할 뿐, 입법자가 기본권을 임의로 형성할 수 있다는 것, 즉 기본권의 구속을 받지 않는다는 것을 의미하지는 않는다. 오늘날의 헌법국가에서 입법자는 헌법의 구속을 받고, 이로써 형성적 법률유보를 가진 기본권을 포함하여 모든 기본권의 구속을 받는다는 것은 지극히 당연한 것이다.

다만, '기본권제한적 법률유보를 가진 자유권'과 '기본권형성적 법률유보를 가진 그 외의 기본권'의 경우, 기본권에 의한 헌법적 구속의 성격, 즉 헌법이 입법자에 대하여 요구하는 바가 다를 뿐이다. 입법자에 의한 구체적 형성을 필요로 하는 기본권의 경우, 한편으로는 입법자가 기본권의 구속을 받으면서 다른 한편으로는 입법자가 기본권의 구체적 내용을 형성한다는 점에서, 여기서 제기되는 핵심적인 헌법적 문제는 '입법자가 기본권에 의하여 어떠한 구속을 받는지', 나아가 입법자가 기본권에 의한 헌법적 구속(기본권의 가치결정)을 고려하여 입법형성권을 행사하는지의 문제이다. 이에 대하여 입법자에 의한 구체적인 형성을 필요로 하지 않는 자유권의 경우에 제기되는 핵심적인 헌법적 문제는, 개인의 무제한적 자유가 원칙이고 자유의 제한이 예외이라는 관점에서 '자유에 대한 제한이 과잉인지' 여부이다.

3. 형성적 법률유보를 가지는 기본권에서의 법익형량

가. '기본권의 헌법적 가치결정'과 '이와 상충하는 반대법익' 사이의 법익교량

(1) 형성적 법률유보를 가진 기본권의 경우, 입법자는 임의로 기본권을 형성할 수 있는 것이 아니라 기본권의 구속을 받는다. 기본권을 형성하는 입법자는 기본권에 의하여 구속을 받으나, 이러한 구속의 성격은 '과잉(제한)금지원칙에 의한 구속'이 아니라, 헌법이 기본권을 보장한 기본정신(가치결정)에 부합하게 기본권을 구체적으로 형성해야 한다는 요청에 의한 구속이다. 따라서 여기서 제기되는 헌법적 문제는, 입법자에 의한 제한이 과잉제한인지 여부가 아니라 입법자가 기본권의 가치결정에 부합하게 기본권을 구체적으로 형성하였는지 여부, 이로써 입법자가 형성권을 제대로 행사했는지 여부이고, 이는 결국 '헌법이 기본권을 보장한 기본정신'과 '이와 상충하는 법익' 사이의 법익교량의 문제로 귀결된다.

---

46) 심지어 일부 학자는 '기본권형성적 법률유보'의 경우에는 입법자가 헌법의 구속을 받을 수 없기 때문에 기본권형성적 법률유보의 성격을 부인하기도 한다. 가령, '입법권은 헌법상 청구권적 기본권의 구속을 받으며, 입법자가 법률로써 헌법상 청구권의 부여 여부를 결정할 수 없기 때문에, 청구권적 기본권을 규율하는 법률은 기본권형성적 유보가 아니다'라고 주장한다(김철수, 헌법학개론, 2006, 901면, 이를 따라 또한 성낙인, 헌법학, 2006, 620면).

입법자에 의한 구체적 형성을 필요로 하는 기본권의 경우, 입법자는 법률을 통하여 기본권을 구체적으로 형성함에 있어서 '기본권의 헌법적 가치결정'과 '이와 상충하는 반대법익'을 함께 고려하여 실제적 조화의 원칙에 따라 가능하면 양 법익을 최적으로 실현하고자 노력해야 한다. 헌법해석의 출발점인 '헌법의 통일성'에 비추어 헌법적 법익간의 충돌을 해결하는 유일한 방법은 '실제적 조화의 원칙'이며, 실제적 조화의 원칙은 충돌하는 양 법익이 최적으로 실현될 것을 요청한다. 실제적 조화의 원칙에 내재하는 '최적화의 요청'은 입법자가 선거권, 재판청구권, 사회적 기본권 등을 입법을 통하여 구체화하는 경우에도 마찬가지로 적용된다.[47)]

(2) 그러나 입법자에 대한 헌법적 요청인 '최적화의 요청'(행위규범)과 헌법재판소의 심사기준(통제규범)이 일치하는 것은 아니다. 헌법이 입법자에게 어느 정도로 입법형성권을 부여하는지 또는 역으로 어느 정도로 입법형성권을 제한하는지에 따라, 헌법재판소의 위헌심사기준은 달라진다. 헌법재판소가 입법자에 의한 법익교량의 타당성, 즉 입법형성의 결과인 법률의 위헌여부를 심사하는 경우, 그 위헌심사기준은 실제적 조화의 원칙에 따른 '최적화의 요청'이 아니라, 입법자가 기본권을 형성함에 있어서 헌법이 어느 정도로 직접 구체적인 지침을 제시하는지, 이로써 입법형성권을 스스로 제한하는지에 따라, 과잉금지원칙과 유사한 정도의 엄격한 심사(가령, 선거권 위반여부가 문제되거나 헌법이 명시적으로 평등을 요청하는 경우), 완화된 심사(재판청구권이나 평등권 위반여부가 문제되는 경우) 또는 최소한의 심사(사회적 기본권 위반여부가 문제되는 경우) 등 다양한 형태로 나타난다. 즉, 입법자에 의한 형성을 필요로 하는 기본권은, 법률을 통하여 기본권을 구체화하고 실현하는 立法者에 대해서는 '行爲規範'으로서 반대법익과의 관계에서 최적으로 실현될 것을 요청하지만, 기본권을 실현하는 법률의 위헌여부를 심사하는 憲法裁判所에 대해서는 '統制規範'으로서 헌법에 의하여 부여되는 입법형성권의 정도에 상응하는 위헌심사를 요청한다.

아래에서는 자유권 중에서 예외적으로 형성적 법률유보를 가지는 자유권, 참정권, 청구권적 기본권, 사회적 기본권 등 각 기본권별로 그 특성과 과잉금지원칙의 적용여부에 관하여 구체적으로 살펴보기로 한다.

나. 자유권

(1) 자유권의 경우 형성적 법률유보의 의미

자유권은 원칙적으로 입법자에 의한 구체적 형성을 필요로 함이 없이 직접 실현될

---

47) 가령, 헌법이 입법자에게 매우 광범위한 입법형성권을 부여하는 사회적 기본권의 경우, 입법자는 국가의 급부능력, 국가과제 이행의 우선순위 등을 고려하여 '사회적 기본권의 가치결정'과 '그 반대법익'을 가능하면 최적으로 조화시켜야 할 의무, 이로써 국가의 재정과 반대법익이 허용하는 범위 내에서 가능하면 최대한으로 사회적 기본권의 가치결정을 실현해야 할 의무를 진다.

수 있는 권리로서, 대부분의 입법은 자유권에 대한 제한을 의미한다. 그러나 자유권의 영역에서 모든 입법이 자유권을 제한하는 성격을 가지고 있는 것은 아니다. 입법자는 경우에 따라 자유권에 우호적인 입법을 할 수 있다. 자유권에 따라서는 법률에 의하여 기본권의 보호대상이 구체적으로 형성됨으로써, 개인이 입법자에 의한 입법을 통하여 비로소 기본권을 행사할 수 있는 경우가 있다. 예컨대, 법질서에 의하여 재산의 소유가 비로소 '재산권'이 되고, 여성과 남성의 생활공동체가 '혼인'이 된다. 이 경우, 입법자는 자유권의 보호범위에 포함되는 개인의 행위를 막고자 하는 것이 아니라, 개인이 자유권을 행사할 수 있도록 행위가능성을 개방하고 확대하는 것이다. 이 경우, 국가행위가 기본권 제한적 효과를 가지고 있지 않으므로 자유권의 방어권적 기능과 관련된 기본권제한의 문제가 아니다.

따라서 입법자가 자유권에 의하여 보호되는 자유영역을 규율하는 경우는 자유영역을 공익상의 목적을 위하여 제한하는 경우(기본권제한적 법률유보)와 자유권의 보호대상을 입법을 통하여 구체적으로 형성하거나 기본권적 자유를 행사하기 위한 조건을 형성하는 경우(기본권형성적 법률유보)로 나누어 볼 수 있다.[48] 물론, 자유권을 형성하는 법률이 동시에 자유권을 제한하는 효과를 가지는 경우도 있다.[49] 기본권형성적 법률유보의 경우, 법질서에 의하여 형성되는 보호범위를 가진 자유권은 한편으로는 입법자에 의한 형성을 필요로 하지만 다른 한편으로는 입법자가 자유권의 구속을 받는다는 점에서, 입법자가 헌법적으로 어떠한 구속을 받는지의 문제가 제기된다. 입법자가 자유권을 형성한다는 것은 자유권을 마음대로 처분할 수 있다는 것을 의미하지 않는다. 입법자가 자유권을 형성하는 경우, 입법자는 자유권의 제한을 전제로 하는 과잉금지원칙의 구속을 받는 것이 아니라, 자유권의 기본정신(가치결정)을 고려하여 입법을 해야 한다는 구속을 받는다. 아래에서는 자유권을 형성하는 법률유보의 대표적인 예인 재산권보장을 살펴보기로 한다.

(2) 재산권의 보장

자유권에 따라서는 그 보호대상이 이미 사전에 정해진 것이 아니라 구체적 보호대상이 법질서에 의하여 비로소 형성되는 것이 있는데, 그 대표적인 것이 바로 재산권이다.

---

48) 자유권과 관련한 기본권형성유보에 관하여 계희열, 헌법학(중), 2004, 146면; Lerche, Grundrechtlicher Schutzbereich, Grundrechtsprägung und Grundrechtseingriff, in: Isensee/Kirchhof(Hg), HbStR, Bd.V, 1992, §121 Rn.37ff.; Bethge, Grundrechtseingriff, VVDStRL 1998, S.28f.; Sachs, Verfassungsrecht II, S.104f.; Pieroth/Schlink, Grundrechte Staatsrecht II, 2001, Rn.226ff.; Isensee, Das Grundrecht als Abwehrrecht und als staatliche Schutzpflicht, in: Isensee/Kirchhof(Hg), HbStR, Bd.V, 1992, §111 Rn.51; Nierhaus, Grundrechte aus der Hand des Gesetzgebers?, AöR 116(1991), S.72, 82ff., 90ff.

49) 예컨대, 재산권의 내용과 한계를 정하는 법률이 재산권을 새로이 형성함으로써 과거에 구법에 의하여 형성된 재산권의 행사가능성을 축소하거나 폐지하는 경우, 재산권을 새로이 형성하는 법률이 동시에 기득재산권을 제한하는 효과를 가진다, vgl. Pieroth/Schlink, Grundrechte Staatsrecht II, 2000, Rn.920, 899.

재산권의 내용과 한계는 입법자가 법률로써 정하게 된다(헌법 제23조 제1항 후문). 입법자는 법률로써 무엇이 헌법상 재산권보장의 의미에서의 재산권에 해당하는지를 정함으로써 재산권의 보호대상이 비로소 입법자에 의하여 형성된다. 이러한 입법자의 형성행위는 그 자체로서는 재산권에 대한 제한이 아닌 것이다.

그러나 입법자의 형성권이 무제한적인 것은 아니다. 입법자는 헌법 제23조의 재산권보장의 구속을 받으므로, 입법을 통하여 사유재산권을 존중하고 실현해야 할 의무를 진다. 재산권보장의 구속을 받는 입법자가 스스로 재산권의 내용을 확정한다는 외견상의 모순은 입법자가 사유재산권을 보장하는 헌법 제23조의 기본정신에 구속을 받음으로써 해소된다. 입법자는 재산권의 보호대상을 구체적으로 형성함에 있어서 '사유재산에 관한 헌법의 기본결정', 즉 원칙적으로 재산적 가치를 사적으로 유용하게 사용할 수 있고 처분할 수 있도록 개인에게 귀속시켜야 한다는 요청과 재산권의 내용을 형성함에 있어서 공공복리를 고려해야 한다는 '재산권의 사회적 구속성'(헌법 제23조 제2항)을 함께 고려하여, 양 법익을 조화와 균형의 상태로 이끌어야 한다.[50] 입법자가 일방적으로 사회적 구속성을 강조하여 법익형량을 잘못한 경우, 재산권의 내용과 한계를 정하는 규정은 사유재산권을 보장하는 헌법 제23조의 가치결정에 위반되어 재산권을 침해하게 된다. 특히 재산권의 내용을 새로이 형성하는 법률의 경우, 입법자는 재산권보장이라는 객관적 헌법규범과 기득재산권이라는 주관적 기본권을 함께 침해할 수 있다.[51]

다. 선거권

(1) 선거권의 특성

헌법은 제24조에서 "모든 국민은 법률이 정하는 바에 의하여 선거권을 가진다."고 하여 선거권의 구체적 내용을 입법을 통하여 형성하도록 입법자에게 위임하고 있다.[52] 헌법 제24조는 "법률이 정하는 바에 의하여"란 표현에서 뚜렷하게 드러나듯이, 선거권을 제한하는 권한을 입법자에게 부여하는 규정이 아니라 입법자에 의한 구체적 형성을 요구하고 있다.[53] 그러나 입법자의 형성권은 무제한적인 것이 아니라 민주주의원리를

---

50) 이에 관하여 상세하게 한수웅, 재산권의 내용을 새로이 형성하는 법규정의 헌법적 문제, 저스티스 1999/6, 39면 이하 참조.

51) 재산권의 내용을 새롭게 형성하는 법률은 일반적·추상적으로 재산권을 형성하는 법률이자 동시에 구법 하에서 형성된 구체적 재산권을 제한하는 법률이다. 예컨대, 저작권의 보호기간을 30년에서 15년으로 축소하는 법률은 장래에 있어서 저작권의 내용을 새롭게 형성하는 규정이자, 동시에 구법 하에서 적법하게 취득한 既得著作權을 제한하는 규정이다. 이러한 경우에는 기득재산권의 제한과 관련하여 과잉금지원칙이 적용될 수 있다. 그러나 재산권을 최초로 형성하는 법률의 위헌성을 심사하는 기준으로는 과잉금지원칙이 아니라 단지 비례적 법익형량의 요청, 즉 협의의 비례원칙이 적용될 수 있을 뿐이다.

52) 헌법 제25조에서는 "모든 국민은 법률이 정하는 바에 의하여 공무담임권을 가진다."고 하여 피선거권의 구체적 형성을 입법자에 위임하고 있다.

53) 독일 연방의회의 선거와 관련하여 "자세한 것은 연방법률로 정한다."고 규정하는 독일 기본법 제38조 제3항의 법적 성격이 '기본권 제한적 법률유보'가 아니라 선거권을 선거원칙에 부합하게 절차적으로 형성할 권한

비롯한 헌법규범에 의하여 구속을 받는다. 헌법은 무엇보다도 제41조 제1항 및 제67조 제1항에서 보통·평등·직접·비밀선거의 일반적 선거원칙을 규정함으로써 입법자가 준수해야 할 지침을 제시하고 있다. 즉, 입법자는 선거관련입법을 통하여 국민의 선거권을 구체적으로 형성함에 있어서 헌법상의 선거원칙을 존중하고 실현해야 한다. 따라서 입법자의 구체적 형성이 헌법상 선거원칙에 위반되는 경우, 입법자는 헌법 제24조의 선거권을 침해하게 된다.

(2) 선거권과 과잉금지원칙

국가의사형성에 적극적으로 참여할 국민의 권리인 선거권은 입법에 의하여 비로소 주관적 공권으로서 형성되는 것으로, '국민 누구나가 아무런 제한 없이 마음대로 선거할 수 있는 권리'란 존재할 수도 없고, 상정할 수도 없다. 그러므로 자유권과 같이 원칙적으로 무제한적인 권리를 보호범위로 설정하고 입법자의 입법을 이에 대한 제한으로 볼 수 없다. 선거권과 관련하여 제기되는 헌법적 문제는 입법자에 의한 규율이 과잉제한인지 여부가 아니라, 입법자가 헌법상 선거원칙에 부합하게 선거권을 구체적으로 형성하였는지 여부, 즉 헌법상 부여된 입법형성권의 범위를 일탈하였는지 여부이다. 따라서 선거권의 침해여부는 과잉금지원칙이 아니라 선거원칙의 위반여부를 기준으로 하여 판단하게 된다. 여기서 제기되는 헌법적 문제는, 입법자가 선거권을 과잉으로 제한하는지 여부가 아니라, '헌법상 선거원칙의 요청'과 '이에 대립하는 반대법익' 사이의 법익형량을 통하여 선거원칙에 대한 예외가 합리적인 사유로 정당화되는지 여부이다.

그러나 학계의 다수견해는 선거권과 관련해서도 헌법 제37조 제2항의 과잉금지원칙을 자동적으로 적용하고 있다.[54] 일부 학자는 선거권의 경우 기본권 제한적 법률유보가 아니라 기본권 형성적 법률유보에 관한 것임을 인식하면서도 기본권제한에 관한 일반원리에 따라 제한될 수 있다는 견해를 피력하고 있다.[55]

을 부여하고 있다는 것에 관하여 v. Münch, in: GGK II, 1983, Art.38 Rn.67; Kunig, Fragen zu den Wahlrechtsgrundsätzen, Jura 1994, S.555; Sachs, Verfassungsrecht II Grundrechte, 2000, S.123, 516; Pieroth/Schlink, Grundrechte Staatsrecht II, 2000, Rn.1037, 1055.

54) 권영성, 헌법학원론, 2006, 586면; 허영, 한국헌법론, 2006, 534면; 김철수, 헌법학개론, 2006, 980면; 성낙인, 헌법학, 2006, 556면.

55) 예컨대 허영, 한국헌법론, 2006, 530면에서 '헌법에 규정된 이와 같은 선거권형성적 법률유보는 선거권을 실현하고 보장하기 위한 것이지 선거권을 제한하기 위한 것이 아니기 때문에, 입법권자가 그의 입법형성권에 의해서 선거법을 제정하는 경우에는 헌법에 명시된 선거원칙을 존중해야 한다'고 하면서, 한편으로는 534면에서 '국민의 참정권은 기본권제한입법의 한계조항(헌법 제37조 제2항)의 범위 내에서 제한될 수 있다'고 서술하고 있다.

라. 청구권적 기본권

(1) 재판청구권의 특성[56)]

여기서는 헌법실무에서 가장 중요한 비중을 차지하는 청구권적 기본권인 재판청구권의 예를 통하여 과잉금지원칙의 적용가능성에 관하여 살펴보기로 한다. 헌법 제27조 제1항은 "모든 국민은 헌법과 법률이 정한 법관에 의하여 법률에 의한 재판을 받을 권리를 가진다."고 하여 "법률에 의한" 재판청구권을 보장하고 있다. 개인이 재판청구권을 행사하기 위해서는, 즉 권리구제절차를 밟고 권리보호를 구할 수 있기 위해서는, 그 전에 법원이 설립되고 재판관할과 재판절차가 확정되어야 한다. 즉, 재판청구권은 법원조직법이나 소송법과 같은 입법자의 구체적인 형성을 전제로 한다.

이로써 "법률에 의한" 재판청구권은 원칙적으로 입법자에 의하여 형성된 현행소송법의 범주 내에서 권리구제절차를 보장한다는 것을 밝히고 있다. 재판청구권의 실현이 법원의 조직과 절차에 관한 입법에 의존하고 있기 때문에, 입법자에 의한 재판청구권의 구체적 형성은 불가피하다. 그러므로 입법자는 원칙적으로 소송법에 규정된 형식적 요건을 충족시켜야 비로소 법원에 제소할 수 있도록, 소송의 주체, 방식, 절차, 시기, 비용 등에 관하여 규율할 수 있다.

그러나 헌법은 권리구제절차에 관한 구체적 형성을 완전히 입법자의 형성권에 맡기지 않는다. 재판청구권은 본질적으로 실체적 기본권의 실현에 기여한다는 '절차적 수단'으로서의 성격을 가지고 있지만, 헌법적으로 규범적 독립성을 얻고 독자적인 기본권으로 보장됨에 따라, '그 자체로서' 실현되고 관철될 것을 요청한다. 즉 '단지 이론적 · 형식적으로만 보장되고 실질적으로는 실효성 없는 권리보호는 사실상 권리보호가 아니다'라는 명제 하에서, 재판청구권의 보장과 관철은 그 자체로서 목적이 된다. 이로써 재판청구권으로부터 그에 내재된 가치결정으로서 '효과적인 권리보호'의 요청이 나온다. 권리구제절차의 개설은 권리보호를 구하는 자에게 실제로 보호를 제공할 수 있어야 비로소 그 의미가 있으므로, '효과적인 권리보호'의 요청은 입법자가 권리구제절차를 구체적으로 형성함에 있어서 '중요한 지침'이자 동시에 '입법형성권의 한계'를 의미하며, 또한 재판청구권에 내재된 '헌법의 가치결정'으로서 그의 '존재의미이자 헌법적 목적'이다.[57)] 따라서 입법자는 재판청구권의 기본정신인 '효과적인 권리보호'의 요청에 부합하게 재판청구권을 구체적으로 형성해야 한다는 구속을 받는다.

---

56) 재판청구권에 관하여 자세하게 한수웅, 헌법 제27조의 재판청구권, 헌법논총 제10집(1999), 349면 이하.

57) Vgl. Lorenz, Der grundrechtliche Anspruch auf effektiven Rechtsschutz, AöR 105(1980), S.633ff.; Papier, Justizgewähranspruch, in: Isensee/Kirchhof, Handbuch des Staatsrechts, Bd.VI, 1989, §153, Rn.15.

(2) 재판청구권과 과잉금지원칙

학계의 다수견해는 재판청구권도 헌법 제37조 제2항에 따라 제한될 수 있다고 주장한다.[58] 그러나 재판청구권은 입법자에 의한 구체적 형성을 필요로 하는 기본권으로서, 국가로부터 효과적인 권리구제절차의 제공을 요구할 권리, 즉 효과적인 권리보호를 위한 구제절차의 형성을 요구할 권리이다. 따라서 국민이 마음대로(예컨대, 제소기간이나 소송수수료의 제한을 받음이 없이) 모든 심급(예컨대, 3심제 또는 4심제) 또는 모든 형태의 재판(예컨대, 배심제나 참심제)을 받을 권리로서 재판청구권은 존재하지도 않고 상정할 수도 없다. 설사 이러한 권리를 '보호범위'로 의제하고, 심급의 제한이나 법원절차에의 접근을 어렵게 하는 소송수수료나 제소기간 등 소송법규정 등을 이에 대한 '제한'으로 본다 하더라도, 제한의 정당성을 심사하는 기준으로 과잉금지원칙을 적용하기에는 근본적인 어려움이 있다.

우선, 재판청구권의 경우, 위와 같은 권리가 원칙이고 이에 대한 제한이 예외라는 관계가 성립하지 않는다. 또한, 재판청구권과 관련하여 헌법적으로 제기되는 문제는 보호범위에 대한 제한이 과잉인지 여부가 아니라, 입법자가 재판청구권의 기본정신에 부합하게 재판청구권을 구체적으로 형성하였는지 여부, 이로써 입법자가 헌법상 부여된 형성권의 범위를 일탈하였는지 여부이다. 구체적으로 입법자가 소송법 등 입법을 통하여 재판청구권을 구체적으로 형성함에 있어서 한편으로는 재판청구권의 헌법적 요청인 '효과적인 권리보호의 요청'이란 법익과 다른 한편으로는 이에 대립하는 법익인 '원활한 사법기능'이나 '법적 안정성' 등을 비교형량을 통하여 조화와 균형을 이루는 문제인 것이다.[59]

마. 사회적 기본권

(1) 사회적 기본권의 특성[60]

사회적 기본권은 그 본질상 구체적 권리가 되기 위하여 사전에 입법에 의한 구체적 형성을 필요로 한다. 그러므로 사회적 기본권으로부터 원칙적으로 소송을 통하여 사법적으로 관철할 수 있는 개인의 주관적인 권리가 나오지 않는다. 사회적 기본권의 본질적인 의미는 국가로 하여금 사회적 기본권에 담겨져 있는 객관적 내용, 즉 국가의 사회

58) 가령 권영성, 헌법학원론, 2006, 602면; 김철수 헌법학개론, 2006, 935면; 성낙인, 헌법학, 2004, 544면 참조.

59) 예컨대, 헌법재판소는 헌법소원심판청구와 심판수행에 있어서 변호사강제주의를 취하고 있는 헌법재판소법 제25조 제3항에 대하여 제기된 헌법소원심판사건에서, 변호사강제주의가 실현하려는 공익상의 법익(소송의 질적 향상, 사법의 원활한 운영, 재판심리의 부담경감 등)과 국민의 재판청구권을 비교형량하여 공익에 우위를 부여함으로써 합헌결정을 하였다(헌재 1990. 9. 3. 89헌마120 등).

60) 사회적 기본권에 관하여 자세하게 한수웅, 헌법소송을 통한 사회적 기본권 실현의 한계 -법적 권리설로부터의 결별-, 인권과 정의, 1997. 1., 70-90면 참조.

국가적 과제나 의무를 실현하도록 헌법적으로 구속하는 데 있다. 사회적 기본권은 그 내용이 실현되기 위해서는 국가의 적극적인 행위, 즉 입법과 행정의 조치를 요구하기 때문에 입법자에의 의존성에 그 특징이 있다. 따라서 사회적 기본권은 입법에 의하여 제한되는 것이 아니라, 비로소 구체적 권리로서 형성된다. 사회적 기본권의 실현이 입법자의 형성행위에 의존하고 있으므로, 사회적 기본권의 객관적 내용은 입법자의 활동에 의하여 비로소 구체화되고 실현된다.

(2) 사회적 기본권과 과잉금지원칙

(가) 사회적 기본권의 법적 성격을 '주관적 권리'로 파악하는 소위 '구체적 권리설'의 입장에서는 헌법 제37조 제2항의 일반적 법률유보조항이 사회적 기본권에도 적용된다고 주장한다.[61] 즉 사회적 기본권이 국가안전보장, 질서유지 또는 공공복리를 위하여 필요한 경우에 법률로써 제한될 수 있다는 것이다. 그러나 이러한 견해는 사회적 기본권과 자유권의 근본적인 구조적 차이를 간과하고 있다.[62]

첫째, 사회적 기본권은 법률에 의하여 제한되는 것이 아니라, 비로소 구체적 권리로서 형성되는 것이다. 아직 입법에 의하여 구체적 권리로 형성되지 않은 헌법상의 사회적 기본권이 어떻게 국가안전보장이나 질서유지, 공공복리의 이유로 법률로써 제한될 수 있는지 납득할 수 없다.[63]

둘째, 사회적 기본권의 본질적 내용이 정의로운 사회질서를 형성하기 위한 국가의 과제라는 점에서, 사회적 기본권은 '공공복리'에 의하여 제한되는 것이 아니라 역으로 '공공복리'를 실현하고자 하는 것이며,[64] 그 실현수단은 일반적으로 자유권에 대한 제한으로 나타난다. 입법자가 개인의 자유권을 제한하는 경우 공익상의 사유로 정당화되어야 하는데, 사회적 기본권에 담겨진 국가의 헌법상 의무와 과제는 '자유권의 제한을 정당화하는 헌법적 근거'로서 기능함으로써 스스로 헌법 제37조 제2항의 의미에서의 '공공복리'의 일부를 구성하는 것이다.

셋째, 사회적 기본권에 헌법 제37조 제2항을 적용할 수 없다는 것을 지지하는 또 다른 헌법적 근거는, 만일 사회적 기본권에 일반적 법률유보조항을 적용한다면 이와 불가분의 관계에 있는 '본질적 내용의 침해금지조항'이 함께 적용된다는 점이다. 그러나 '기

61) 예컨대 권영성, 헌법학 원론, 2006, 639면; 성낙인, 헌법학, 2006, 572면(인간다운 생활을 할 권리와 관련하여); 한편, 홍성방, 헌법학, 2003, 577면(인간다운 생활을 할 권리와 관련하여)은 사회적 기본권을 본질적으로 객관적 의무로 파악하면서도, 다른 한편으로는 과잉금지원칙의 적용을 인정하고 있다.

62) 같은 취지로 한태연, 헌법학, 1983, 905면 참조.

63) 물론, 사회적 기본권이 일단 입법에 의하여 주관적 권리로 형성된 경우 국가로부터 일정 급부를 요구하는 구체적 권리가 국가의 재정능력이나 다른 공공복리 등을 이유로 다시 법률개정을 통하여 축소·제한될 수 있다. 그러나 헌법상의 사회적 기본권은 그 본질상 법률유보조항에 의하여 제한될 수 없는 성질의 것이다.

64) 권영성, 헌법학원론, 2006, 350면은 '공공복리는 자유권에 대해서는 제한의 사유가 되지만 사회적 기본권에 대해서는 실천목표가 된다'고 하면서, 다른 한편으로는 '사회적 기본권도 헌법 제37조 제2항에 의하여 공공복리를 위하여 제한될 수 있다'고 함으로써 상호 모순을 보이고 있다.

본권의 본질적 내용의 침해금지'의 사고란 이미 존재하는 것을 전제로 하여 그 핵심에 대한 침해를 금지하는 것으로 선국가적, 자연법적 기본권사상에 기초하고 있다는 점에서, 사회적 기본권과 같이 국가의 입법에 의하여 '비로소 구체적으로 형성되는 것'에는 관련될 수 없다.

(나) 따라서 사회적 기본권을 실현하는 입법자의 입법에 대하여 제기되는 문제는, 입법자가 사회적 기본권을 과잉으로 제한하는지 여부가 아니라, 사회적 기본권의 가치결정에 부합하게 사회적 기본권을 구체적으로 형성하였는지 여부, 즉 사회적 기본권의 객관적 내용을 충분히 고려하는 입법에 해당하는지 여부이다. 헌법재판소는 이미 '1994년 생계보호기준' 사건에서 입법자의 입법이 사회적 기본권에 부합하는지 여부는 과잉금지원칙이 아니라, 국가가 사회적 기본권의 실현을 위하여 적어도 적절하고 효율적인 최소한의 조치를 취하여야 할 국가의 기본의무를 이행하였는지의 소위 '최소한 보장의 원칙'에 따라 판단해야 한다고 판시한 바 있다.[65]

4. 과잉금지원칙이 평등권에도 적용되는지 여부

가. 평등권의 구조 및 특징

개인이 평등권을 주장하기 위해서는 두개의 사실관계의 차별적 대우나 동일한 대우와 같이 '국가의 적극적인 행위'가 존재해야 한다. 국가의 모든 행위는 평등원칙을 준수해야 하기 때문에, 일단 국가가 일정 내용의 적극적인 활동을 해야만 비로소 국가의 事前的 行爲에서 비롯되는 평등권의 문제가 발생할 수 있다. 따라서 개인이 평등권을 행사하기 위해서는 입법자에 의한 사전적 형성을 필요로 하는 것이 아니라, 단지 '국가의 사전적 행위', 즉 행정작용이나 입법 등 '국가의 적극적인 행위'만을 필요로 한다.

평등권은 특정한 생활영역, 인간의 행위나 법익을 국가로부터 보호하려는 것이 아니라, 국가의 행위지침으로서 '정의에 부합하는 국가행위'를 할 것을 요청한다. 평등권은 그 헌법적 기능에 있어서 합리적인 이유 없는 국가의 차별로부터 개인을 보호하려고 한다. 그러나 평등권에 있어서는 국가의 침해로부터 보호하려는 고유한 '보호범위'가 존재하지 않으며, 이로써 '보호범위에 대한 제한'도 있을 수 없다.

평등권은 자유권과는 달리 국가에게 不作爲를 요구하지 않는다. 평등권은 국가작용 그 자체를 배제하는 것이 아니라, 국가가 자유를 제한한다면 누구에게나 평등하게 자유를 제한할 것을 요구할 뿐이다. 또한, 평등권은 국가에게 作爲를 요구하는 청구권과는 달리 국가에게 적극적인 행위나 급부를 요구하지 않는다. 평등권은 단지 국가가 일단 혜택을 부여한다면 누구에게나 평등한 혜택을 부여할 것을 요구할 뿐이다. 이로써 국가

---

65) 헌재 1997. 5. 29. 94헌마33.

작용이 평등원칙에 합치하는 한, 평등권은 모든 국가작용을 허용한다.

나. 평등권과 과잉금지원칙

(1) 과잉금지원칙을 기준으로 하는 심사는 수단과 목적의 상관관계에 관한 것이다. 이에 대하여 평등권의 경우, 수단과 목적의 상관관계를 통해서가 아니라 둘 이상의 기본권 주체의 법적 지위를 서로 비교함으로써 국가행위의 위헌성을 판단하게 된다. 평등권은 그 헌법적 요청에 있어서 본질적으로 국가적 恣意를 금지하는 원칙으로서 합리적인 이유가 없는 차별적 국가행위를 금지한다.

평등권의 경우, 자유권에 내재된 '원칙과 예외의 관계'가 일반적으로 성립하지 않는다. 예컨대, 평등권의 경우 모든 사실관계와 기본권주체에 대한 형식적 평등을 전제로 하여 '평등이 원칙이고 차별은 예외'라고 하는 관계가 성립하지 않는다. 평등권이란 정의에 부합하게 같은 것은 같게 다른 것은 다르게 취급할 것을 요청하는 그 본질상 '상대적 평등'으로서, '형식적 · 기계적 평등이 원칙이고 차별이 예외'라는 도식이 처음부터 성립하지 않는다. 다만, 헌법이 특정 생활영역과 관련하여 스스로 명시적으로 차별을 금지하는 경우에 한하여(예컨대 헌법 제32조 제4항의 근로영역에서의 여성에 대한 차별금지)[66] 예외적으로 평등이 원칙이고 차별이 예외라는 관계가 형성됨으로써, 과잉금지원칙이 변형된 형태로나마 적용될 여지가 있다.

(2) 과잉금지원칙이 그 구조상 법익충돌을 전제로 하고 그의 헌법적 기능이 자유권의 보호범위의 보호에 있으므로, 평등심사의 경우에도 과잉금지원칙이 적용되기 위해서는 상충하는 법익의 관계(수단과 목적의 관계)와 보호범위가 존재해야 한다. 즉, 이는 평등권의 구조를 자유권의 구조로 전환해야 한다는 것을 의미한다. 따라서 '정의의 기준에 부합하는 대우'를 평등권의 보호범위로 의제하고, '외견상의 차별대우'를 평등권에 대한 제한으로 간주함으로써, 평등권에 대한 제한(차별대우)과 제한목적(차별목적)간의 상관관계가 구성되고, 이로써 과잉금지원칙이 적용되기 위한 전제조건으로서 법익형량이 가능하게 된다.[67]

그러나 자유권의 경우, 그 위헌심사구조는 '보호범위, 그에 대한 제한, 제한의 정당성'의 요소로 구성되지만, 평등권에서는 실체적 보호범위의 결여로 말미암아 '보호범위'와 '제한'의 구분이 있을 수 없으며, 단지 '합리적인 이유가 있는 차별'과 '합리적인 이유가 없는 차별'만이 있을 뿐이다. 그런데 '합리적인 이유가 있는 차별'은 처음부터 평등원칙에 부합되는 것이므로, 이 경우 평등권이 제한된 적도 없고 제한될 수도 없다.

---

66) 이에 관하여 자세하게 한수웅, 평등권의 구조와 심사기준, 헌법논총 제9집(1998), 89면 이하 참조.

67) 이러한 시도로는 vgl. Kloepfer, Gleichheit als Verfassungsfrage, 1980, S.54ff.; Jarass, Bausteine einer umfassenden Grundrechtsdogmatik, AöR 120(1995), S.361f.; Huster, Rechte und Ziele, 1993, S.225ff.

따라서 외견상의 차별대우를 '평등권의 제한'으로 의제하는 것도 평등권의 본질과 부합하기 어렵다.

설사 평등권에 헌법 제37조 제2항을 적용하기 위하여 보호범위와 그에 대한 제한을 의제하더라도, 평등권에 대한 '과도한' 제한은 존재하지 않는다. 평등권에는 관념상의 의제한 보호범위만 있을 뿐 '실체적 보호범위'가 없으므로, 그 제한이 과도한지 미약한지 하는 것은 있을 수 없으며, 단지 합리적인 차별이유가 있기 때문에 '평등원칙에 부합하는 제한'과 합리적인 차별이유가 없기 때문에 '평등원칙에 위반되는 제한'만 있을 뿐이다.[68] 따라서 평등권과 자유권의 본질적인 구조적 차이 및 기능에 비추어, 그리고 평등권은 보호범위를 가지고 있지 않다는 점에 비추어 원칙적으로 평등권에 과잉금지원칙을 적용할 수 없다.

Ⅳ. 맺는말

1. 헌법 제37조 제2항의 적용범위와 관련하여 제기되는 문제는, 과잉금지원칙이라는 동일한 심사기준을 가지고 국가로부터 不作爲를 요청하는 기본권(자유권)과 국가로부터 作爲를 요청하는 기본권(청구권적 기본권, 사회적 기본권, 선거권 등)의 위반여부를 판단하는 것이 타당한지 여부이다. 기본권의 성격에 따라 또는 기본권이 국가에 대하여 요청하는 바에 따라 기본권위반 여부를 판단하는 심사기준이 달라야 한다는 것은, 그 동안 헌법재판소의 판례에서 평등권, 국가의 기본권 보호의무나 사회적 기본권과 관련하여 별도의 심사기준(가령, 자의금지원칙이나 과소보호금지원칙 등)이 확립되었다는 것에서도 확연하게 드러나고 있다.

입법자의 행위에 의하여 기본권이 제한되는지 또는 형성되는지의 관점은 기본권위반 여부의 판단을 위한 심사기준을 결정하는 가장 중요한 관점이다. 기본권을 형성하는 법률의 위헌성판단은 기본권을 제한하는 법률의 위헌성판단과는 그 구조상 방법을 달리해야 하는 것이다.

자유권이 적용되는 경우에는 자유권의 제한이 헌법적으로 정당화되는지에 관한 것이므로, 자유권을 제한하는 법률의 위헌성심사는 '보호범위', '그에 대한 제한', '제한의 정당성'의 3 단계의 심사로 이루어진다. 여기서 위헌성심사는, 보호범위에 대한 제한이 과잉금지원칙에 부합하는지의 심사이다. 평등권이 적용되는 경우에는 보호범위에 대한 제한이 아니라 국가에 의한 차별이 문제되기 때문에, 차별대우가 존재하는지, 차별대우가

68) '과도한 제한'이 있다면 그것은 '평등권'에 대한 과도한 제한이 아니라, 차별대우가 자유권에 불리한 영향을 초래하는 경우에 발생하는 '자유권'에 대한 과도한 제한이다. 평등권에서는 평등원칙에 대한 '위반여부'만이 문제이고, 자유권에서는 제한의 '정도'가 문제된다. 따라서 엄밀한 의미에서 평등권에 대한 '제한이나 침해'라는 표현보다는 평등권의 '위반'이라는 표현이 더욱 타당하다고 할 수 있다.

헌법적으로 정당화되는지의 2 단계심사로 그치게 된다.

이에 대하여, 광의의 청구권(기본권보호청구권, 사회적 기본권, 청구권적 기본권)이 적용되는 경우에는 개인이 자유의 제한이나 차별대우를 문제 삼는 것이 아니라, '일정한 입법행위가 청구권에 근거하여 요구될 수 있는지' 여부를 묻게 되므로, 법률의 위헌심사는 '입법자가 기본권보장의 기본정신(가치결정)에 부합하게 기본권을 구체적으로 형성하였는지'를 판단하는 單一 단계의 심사로 이루어진다. 여기서 제기되는 헌법적 문제는 입법자에 의한 제한이 과잉제한인지 여부가 아니라 입법자에 의한 구체적인 형성이 헌법상 부여된 형성권의 범위를 일탈하였는지 여부이다. 이는 형성적 법률유보를 가진 선거권이 적용되는 경우에도 마찬가지이다.

2. 우리 헌법학이 독일의 기본권이론을 빌어다 쓰면서 오로지 자유권과 평등권만을 규정하고 있는 독일헌법과 자유권, 평등권, 청구권, 선거권, 사회적 기본권 등 다양한 성격의 기본권을 담고 있는 우리 헌법의 근본적인 차이를 고려하지 아니하고, 독일의 기본권체계에서 형성된 '자유권에 관한 이론'을 한국헌법상의 '기본권 전체에 관한 이론'으로 전환하여 자유권과 본질적으로 상이한 성격의 기본권에 대해서도 자동적으로 적용함으로써, 처음부터 우리 헌법학의 기본권이론은 해결하기 어려운 근본적인 문제를 안게 되었다.[69)]

자유권의 보장내용은 '국가의 간섭을 받지 않고 … 할 자유'로서 일반적으로 입법자의 형성행위와 관계없이 이미 존재하는 것이며, 입법자의 입법에 의하여 그 보장내용이 제한될 뿐이다. 그러나 국가로부터 일정한 행위나 급부를 요구하는 청구권적 기본권과 사회적 기본권, 국가의사형성과정에의 참여를 요구하는 참정권은 법적으로 관철될 수 있는 개인의 주관적 권리로서 보장되기 위해서는 입법자에 의한 구체적 형성을 필요로 한다. 입법자에 의한 구체적인 형성을 필요로 하는 기본권의 경우, 이러한 기본권들은 보호범위를 가지고 있지 않으므로, 입법자에 의한 규율은 '보호범위에 대한 제한'의 문제가 아니다. 여기서 제기되는 헌법적 문제는, 입법자가 기본권의 가치결정에 부합하게 기본권을 구체적으로 형성하였는지 여부, 이로써 입법자에 의한 구체적인 형성이 헌법상 부여된 형성권의 범위를 일탈하였는지 여부이다. 즉, 입법자에 의한 제한이 과잉제한인지의 문제가 아니라 입법자가 형성권을 제대로 행사했는지의 문제, '헌법이 기본권을 보장한 기본정신'과 '이와 상충하는 법익' 사이의 법익교량의 문제인 것이다.

입법자에 의한 구체적 형성을 필요로 하는 기본권의 경우, 한편으로는 입법자가 기본권의 구속을 받으면서 다른 한편으로는 입법자가 기본권의 구체적 내용을 형성한다는

69) 이는 기본권일반이론 전반에 관한 것이다. 예컨대 독일 헌법학에서 '기본권의 이중적 성격'이란 '자유권'의 이중적 성격을 뜻하며, '기본권의 對私人的 효력'이란 '자유권'의 대사인적 효력을 의미한다.

점에서, 여기서 제기되는 핵심적인 헌법적 문제는 '입법자가 기본권에 의하여 어떠한 구속을 받는지', 입법자가 기본권에 의한 헌법적 구속(기본권의 가치결정)을 고려하여 입법형성권을 행사하는지의 문제이다. 이에 대하여 입법자에 의한 구체적인 형성을 필요로 하지 않는 자유권의 경우에 제기되는 핵심적인 헌법적 문제는 '자유에 대한 제한이 과잉금지원칙에 부합하는지' 여부이다. 따라서 헌법 제37조 제2항은 다양한 유형의 기본권 중에서 원칙적으로 자유권에 대해서만 적용되는 것으로 이해해야 한다. 과잉금지원칙이 자유권의 자유보장기능을 이행하기 위한 필수적 헌법적 요청으로서 무엇보다도 '자유권의 본질'로부터 도출된다면, 과잉금지원칙의 적용범위도 원칙적으로 자유권 아니면 적어도 기본권과 국가행위 사이에 '자유권에서 전제되는 원칙과 예외의 관계'가 존재하는 경우에 제한되어야 한다.

참고문헌

계희열, 헌법학(中), 2004

권영성, 헌법학원론, 2006

김형성, 과잉금지의 원칙과 적용상의 문제점, 헌법실무연구 제3권(2002)

김철수, 헌법학개론, 2006

문홍주 · 김형성, 비례성원칙과 기본권, 대한민국 학술원 논문집(인문사회과학편), 제28집 (1989)

성낙인, 헌법학, 2006

양삼승, 과잉금지의 원칙 : 특히 독일에서의 이론과 판례를 중심으로, 헌법논총 제1집 (1990)

이명웅, 비례의 원칙과 판례의 논증방법, 헌법논총 제9집(1998)

한수웅, 헌법재판의 한계 및 심사기준, 헌법논총 제8집(1997)

_____, 재산권의 내용을 새로이 형성하는 법규정의 헌법적 문제, 저스티스 1999/6

_____, 헌법 제27조의 재판청구권, 헌법논총 제10집(1999)

_____, 헌법소송을 통한 사회적 기본권 실현의 한계 -법적 권리설로부터의 결별-, 인권과 정의, 1997. 1.

_____, 평등권의 구조와 심사기준, 헌법논총 제9집(1998)

_____, 근로3권의 법적 성격과 한계, 법과 인간의 존엄(정경식박사 화갑기념논문집), 1997. 11.

한태연, 헌법학, 1983

허 영, 한국헌법론, 2006

황치연, 헌법재판의 심사척도로서의 과잉금지원칙에 관한 연구, 연세대학교 박사학위논문, 1995

홍성방, 헌법학, 2003

Alexy, Theorie der Grundrechte, 1996

Arnauld, Die normtheoretische Begründung des Verhältnismäßigkeitsgrundsatzes, JZ 2000

Bethge, Der Grundrechtseingriff, VVDStRL 57(1998)

Grabitz, Der Grundsatz der Verhältnismäßigkeit in der Rechtsprechung des Bundesverfassungsgerichts, AöR 98(1973)

Huster, Rechte und Ziele, 1993

Isensee, Das Grundrecht als Abwehrrecht und als staatliche Schutzpflicht, in: Isensee/Kirchhof(Hg), Handbuch des Staatsrechts (HbStR), Bd.V, 1992, §111

Jarass, Bausteine einer umfassenden Grundrechtsdogmatik, AöR 120(1995)

Kloepfer, Gleichheit als Verfassungsfrage, 1980
Kluth, Das Übermaßverbot, JA 1999
Krebs, in: Münch/Kunig(Hg), Grundgesetz Kommentar (GGK), 2000, Art.19 Ⅳ
Kunig, Das Rechtsstaatsprinzip, 1986
______, Fragen zu den Wahlrechtsgrundsätzen, Jura 1994
Lerche, Übermaß und Verfassungsrecht, 2. Aufl. 1999
______, Grundrechtlicher Schutzbereich, Grundrechtsprägung und Grundrechtseingriff, in: Isensee/Kirchhof(Hg), Handbuch des Staatsrechts (HbStR), Bd.V, 1992, §121
Lorenz, Der grundrechtliche Anspruch auf effektiven Rechtsschutz, AöR 105(1980)
Maurer, Staatsrecht, 1999
Nierhaus, Grundrechte aus der Hand des Gesetzgebers?, AöR 116(1991)
Papier, Justizgewähranspruch, in: Isensee/Kirchhof(Hg), Handbuch des Staatsrechts (HbStR), Bd.Ⅵ, 1989, §153
Piroth/Schlink, Grundrechte Staatsrecht II, 2000
Sachs, Verfassungsrecht II Grundrechte, 2000
Schlink, Abwägung im Verfassungsrecht, 1976
C. Schmitt, Verfassungslehre, 1957
Schmidt-Aßmann, Der Rechtsstaat, in: Isensee/Kirchhof(Hg), Handbuch des Staatsrechts (HbStR), Bd.II, 3. Aufl. 2004
______, in: Maunz/Dürig(Hg), Grundgesetz Kommentar (GG), Art.19 Ⅳ
Schnapp, Grenzen der Grundrechte, JuS 1978
______, Die Verhältnismäßigkeit des Grundrechtseingriffs, JuS 1983
H. Schneider, Zur Verhältnismäßigkeitskontrolle insbesondere bei Gesetzen, in: C. Starck(Hg), Bundesverfassungsgericht und Grundgesetz, Bd.II, 1976
Schwabe, Probleme der Grundrechtsproblematik, 1977
Stern, Das Staatsrecht der Bundesrepublik Deutschland, Bd.Ⅲ/2, 1994
Wendt, Der Garantiegehalt der Grundrechte und das Übermaßverbot, AöR 104(1979)

제4절 기본권의 충돌

헌재 2004. 8. 26. 2003헌마457 결정(금연구역지정 사건)에 대한 판례평석*

－기본권의 충돌과 그 해결방안을 중심으로－

Ⅰ. 문제의 제기

헌법재판소는 2004. 8. 26. 2003헌마457 결정(금연구역지정 사건)에서 보건복지부장관이 국민건강증진법의 위임에 의하여 공중이 이용하는 시설 중 흡연이 금지되는 금연구역을 구체적으로 규정하는 국민건강증진법시행규칙 제7조(이하 '이 사건 심판대상조항')에 대하여 합헌으로 판단하였다.

헌법재판소의 판시내용을 살펴보면, 헌법재판소는 다음과 같은 사고의 흐름을 통하여 결론에 이르고 있다. 헌법재판소는 첫 번째 단계에서, 이 사건 심판대상조항에 의하여 제한된 기본권을 '흡연권(吸煙權)'으로 언급하면서, 사생활의 자유를 규정한 헌법 제17조 및 행복추구권을 보장하고 있는 헌법 제10조에서 흡연권의 헌법적 근거를 찾고 있다. 두 번째 단계에서는, 흡연권이 제한될 수 있는 가능성을 서술하고 있다. 헌법재판

* 위 논문은 2011년 12월, 헌법논총(헌법재판소), 제22집, 447-498면에 게재된 것을 일부 수정한 것이다.

소는 '흡연자의 흡연권'과 대치하는 기본권으로서 '비흡연자의 혐연권(嫌煙權)'을 설정하여 흡연권과 혐연권이라는 기본권의 충돌상황이 발생한다는 것을 확인한 다음, 혐연권이 흡연권보다 상위의 기본권이기 때문에 '上位基本權 우선원칙'에 따라 흡연권이 제한될 수 있다고 한다. 또한, 흡연은 비흡연자의 기본권을 침해할 뿐만 아니라 흡연자 자신을 포함한 국민의 건강을 해치고 공기를 오염시켜 환경을 해친다는 점에서 헌법 제37조 제2항에 따라 공공복리를 위하여 흡연권은 제한될 수 있다고 한다. 세 번째 단계에서는 이 사건 심판대상이 흡연권을 과도하게 제한하는지 여부를 과잉금지원칙의 단계적 심사(수단의 적합성·최소침해성, 법익균형성)에 따라 판단한 다음, 과잉금지원칙에 위반되지 않는다고 하여 청구인의 심판청구를 기각하였다.

그러나 헌법재판소의 위 판시내용은, 첫째, 헌법재판소가 '흡연을 할 자유'(흡연권)와 '흡연을 하지 아니할 자유'(혐연권)라는 적극적 자유와 소극적 자유를 서로 대치시키고 기본권충돌상황을 확인한 것이 타당한 것인지, 적극적 자유와 소극적 자유 사이에서 기본권충돌이 발생할 수 있는 것인지, 이 사건에서 기본권충돌이 존재한다면 어떠한 기본권 사이에서 충돌이 발생하는지의 문제, 둘째, 기본권충돌을 해결하는 방법으로서 소위 '상위기본권 우선원칙'(序列理論)을 적용하여 흡연권에 대한 혐연권의 우위를 인정한 것이 타당한지, 기본권충돌을 해결하기 위하여 어떠한 방법이 고려되는지, 서열이론에 따라 기본권간의 우열관계를 추상적으로 확인한 다음에 이어서 다음 단계에서 과잉금지원칙에 따라 이 사건 심판대상조항의 위헌여부를 판단한 것이 타당한지의 문제, 셋째, 이 사건 심판대상조항의 위헌여부를 판단하기 위하여 기본권충돌의 상황을 확인하고 그 해결방법을 언급하는 것이 필요하고 사안의 해결에 기여하는 것인지, 헌법재판에서 언제 기본권충돌이 문제되고 그 해결방법이 논의되어야 하는지의 문제 등 일련의 중요한 헌법적 문제를 제기한다.

Ⅱ. 대상결정의 사건개요 및 결정이유의 요지

1. 사건의 개요

국민건강증진법 제9조 제6항 및 제4항은 공중이 이용하는 시설 중 시설관리자가 당해 시설의 전체를 금연구역으로 지정하거나 당해 시설을 금연구역과 흡연구역으로 구분하여 지정해야 하는 시설을 보건복지부령으로 정하도록 위임하고 있고, 이에 근거하여 제정된 보건복지부령인 국민건강증진법시행규칙 제7조는 시설관리자가 금연구역으로 지정해야 하는 각 해당시설을 구체적으로 규정하고 있으며, 국민건강증진법 제9조 제5항은 이와 같이 지정된 금연구역에서 시설이용자가 흡연하는 것을 금지하고 있다. 흡연자인 청구인은 국민건강증진법시행규칙 제7조가 자신의 기본권을 침해한다고 주장하며,

2003. 7. 11. 위 규칙조항의 위헌확인을 구하는 헌법소원심판을 청구하였다.

2. 결정이유의 요지[1)]

가. 흡연권

(1) 흡연권의 헌법적 근거

흡연자들이 자유롭게 흡연할 권리를 흡연권이라고 한다면, 이러한 흡연권은 인간의 존엄과 행복추구권을 규정한 헌법 제10조와 사생활의 자유를 규정한 헌법 제17조에 의하여 뒷받침된다.

우선 헌법 제17조가 근거가 될 수 있다는 점에 관하여 보건대, 사생활의 자유란 사회공동체의 일반적인 생활규범의 범위 내에서 사생활을 자유롭게 형성해 나가고 그 설계 및 내용에 대해서 외부로부터의 간섭을 받지 아니할 권리를 말하는바(헌재 2001. 8. 30. 99헌바92, 판례집 13-2, 174, 202), 흡연을 하는 행위는 이와 같은 사생활의 영역에 포함된다고 할 것이므로, 흡연권은 헌법 제17조에서 그 헌법적 근거를 찾을 수 있다.

또 인간으로서의 존엄과 가치를 실현하고 행복을 추구하기 위하여서는 누구나 자유로이 의사를 결정하고 그에 기하여 자율적인 생활을 형성할 수 있어야 하므로, 자유로운 흡연에의 결정 및 흡연행위를 포함하는 흡연권은 헌법 제10조에서도 그 근거를 찾을 수 있다.

(2) 그 밖의 헌법적 근거에 관한 청구인 주장에 관하여 [생략]

나. 흡연권의 제한 가능성

(1) 기본권의 충돌

위와 같이 흡연자들의 흡연권이 인정되듯이, 비흡연자들에게도 흡연을 하지 아니할 권리 내지 흡연으로부터 자유로울 권리가 인정된다(이하 이를 '혐연권'이라고 한다).

혐연권은 흡연권과 마찬가지로 헌법 제17조, 헌법 제10조에서 그 헌법적 근거를 찾을 수 있다. 나아가 흡연이 흡연자는 물론 간접흡연에 노출되는 비흡연자들의 건강과 생명도 위협한다는 면에서 혐연권은 헌법이 보장하는 건강권과 생명권에 기하여서도 인정된다.

흡연자가 비흡연자에게 아무런 영향을 미치지 않는 방법으로 흡연을 하는 경우에는 기본권의 충돌이 일어나지 않는다. 그러나 흡연자와 비흡연자가 함께 생활하는 공간에서의 흡연행위는 필연적으로 흡연자의 기본권과 비흡연자의 기본권이 충돌하는 상황이

---

1) 판례집 16-2상, 355, 360-363, 결정이유에 관한 한, 필자에 의한 편집 없이 원문 그대로 소개하면서, 일부 생략한 부분에서는 [생략]의 표시를 하였음을 밝힌다.

초래된다.

그런데 흡연권은 위와 같이 사생활의 자유를 실질적 핵으로 하는 것이고 혐연권은 사생활의 자유뿐만 아니라 생명권에까지 연결되는 것이므로 혐연권이 흡연권보다 상위의 기본권이라 할 수 있다. 이처럼 상하의 위계질서가 있는 기본권끼리 충돌하는 경우에는 상위기본권우선의 원칙에 따라 하위기본권이 제한될 수 있으므로, 결국 흡연권은 혐연권을 침해하지 않는 한에서 인정되어야 한다.

(2) 공공복리를 위한 제한

흡연은 비흡연자들 개개인의 기본권을 침해할 뿐만 아니라 흡연자 자신을 포함한 국민의 건강을 해치고 공기를 오염시켜 환경을 해친다는 점에서 개개인의 사익을 넘어서는 국민 공동의 공공복리에 관계된다. 따라서 공공복리를 위하여 개인의 자유와 권리를 제한할 수 있도록 한 헌법 제37조 제2항에 따라 흡연행위를 법률로써 제한할 수 있다.

나아가 국민은 헌법 제36조 제3항이 규정한 보건권에 기하여 국가로 하여금 흡연을 규제하도록 요구할 권리가 있으므로, 흡연에 대한 제한은 국가의 의무라고까지 할 수 있다.

(3) 이 사건 조문의 흡연권 제한

이 사건 조문은 위와 같은 근거에서 청구인을 포함한 흡연자의 흡연권을 일정부분 제한하고 있다.

다. 과잉금지원칙의 위반여부

[과잉금지원칙에 관한 일반적 서술 생략]

이 사건 조문은 국민의 건강을 보호하기 위한 것으로서(국민건강증진법 제1조 및 국민건강증진법시행규칙 제1조 참조) 목적의 정당성을 인정할 수 있고, 흡연자와 비흡연자가 생활을 공유하는 곳에서 일정한 내용의 금연구역을 설정하는 것은 위 목적의 달성을 위하여 효과적이고 적절하여 방법의 적정성도 인정할 수 있다. 또한 이 사건 조문으로 달성하려고 하는 공익(국민의 건강)이 제한되는 사익(흡연권)보다 크기 때문에 법익균형성도 인정된다. 나아가 이 사건 조문이 … 흡연자들의 흡연권을 최소한도로 침해하고 있다고 할 수 있다. 그렇다면 이 사건 조문은 과잉금지원칙에 위반되지 아니한다.

라. 평등권의 침해여부 [생략]

마. 결론

따라서 이 사건 헌법소원심판청구는 이유 없어 이를 기각하기로 하여 관여재판관 전원의 일치된 의견으로 주문과 같이 결정한다.

Ⅲ. 흡연권과 혐연권 사이에서 기본권의 충돌이 발생하는지의 문제

1. 기본권의 충돌

가. 기본권충돌의 개념

기본권의 衝突은, 하나의 동일한 사건에서 복수의 기본권주체가 서로 대립적인 이익을 가지고 국가에 대하여 각자 자신의 기본권을 주장하는 경우를 말한다.[2] 기본권의 競合이 동일한 기본권주체에 있어서 다양한 기본권의 병존에 관한 것이라면, 기본권의 충돌은 복수의 기본권주체가 동일한[3] 또는 상이한 기본권을 서로 대립적으로 주장함으로써 상호간의 관계에서 기본권의 보호범위 사이의 충돌이 발생하고 이로 인하여 일방 기본권주체의 기본권에 대한 제한 효과가 발생하는 상황을 말한다. 그러므로 하나의 기본권주체의 기본권행사가 다른 기본권주체의 기본권행사의 희생 하에서 이루어지거나 다른 기본권주체의 법익의 침해를 초래하는 경우에, 비로소 기본권의 충돌은 존재한다.[4] 기본권충돌의 상황은 예외 없이, 국가가 하나의 기본권주체의 기본권을 보호하기 위하여 다른 기본권주체의 기본권을 제한하는 상황에서 발생한다.[5] 기본권충돌의 경우, 兩 기본권주체가 국가에게 서로 자신의 기본권을 고려해 줄 것을 요청함으로써, '국가 공권력과 양 기본권주체의 3자 관계'가 발생한다.

기본권의 충돌이 발생하는 상황을 구체적으로 살펴보면, 다음과 같다. 가령, 입법자가 私法規定을 통하여 채권자의 이익을 보호하기 위하여 채무자의 이익을 제한하는 경우 채권자의 기본권과 채무자의 기본권이 충돌한다.[6] 뿐만 아니라, 입법자가 형법이나 행정법규정 등을 통하여 사인에 의한 기본권침해로부터 사인의 기본권을 보호하기 위하여 보호입법을 하는 경우에도 기본권충돌의 상황이 발생한다. 예컨대, 입법자가 낙태죄를 통하여 인공임신중절이 형법적으로 허용되는 범위를 정하는 경우, 산모의 행복추구권과 태아의 생명권이 서로 충돌하게 된다. 또한, 비흡연자의 건강권을 보호하기 위하

---

2) Vgl. Bethge, Zur Problematik von Grundrechtskollision, 1974, S.1f.; W. Rüfner, Grundrechtskonflikte, in: Bundesverfassungsgericht und Grundgesetz II, 1976, S.454; 우리 학계의 대부분의 견해와 헌법재판소의 판례도 이와 유사하게 기본권충돌을 정의하고 있다. 가령, 계희열, 헌법학(中), 2004, 121면; 이와 유사한 내용으로 헌재 2005. 11. 24. 2002헌바95등(Union Shop 협정 사건), 판례집 17-2, 392, 401, "기본권의 충돌이란 상이한 복수의 기본권주체가 서로의 권익을 실현하기 위해 하나의 동일한 사건에서 국가에 대하여 서로 대립되는 기본권의 적용을 주장하는 경우를 말하는데, 한 기본권주체의 기본권행사가 다른 기본권주체의 기본권행사를 제한 또는 희생시킨다는 데 그 특징이 있다."

3) 복수의 기본권주체가 상이한 기본권뿐만 아니라 동일한 기본권을 서로 대립적으로 주장하는 경우(가령, 집회와 반대집회의 경우)에도 기본권충돌이 존재한다.

4) Vgl. v. Münch, in: Münch/Kunig, GGK, Band 1, 2000, 5. Aufl. Vorb. Art.1-19 Rn.44.

5) Vgl. W. Rüfner, Grundrechtskonflikte, in: Bundesverfassungsgericht und Grundgesetz II, 1976, S.454.

6) 헌재 2007. 10. 25. 2005헌바96(채권자취소권), 판례집 19-2, 467.

여 흡연자의 권리를 제한하는 경우에도 흡연자의 일반적 행동자유권(행복추구권)과 비흡연자의 건강권이 서로 충돌하게 된다. 또한, 구체적 소송을 담당하는 민사법원의 법관이 기본권의 對私人的 효력으로 인하여 당해사건에 적용되는 私法規定의 해석과 적용에 있어서 양 당사자의 기본권을 고려해야 하는 경우도 기본권의 충돌이 발생하는 대표적인 경우이다. 예컨대, 작가가 문학작품에서 개인의 명예를 훼손하는 내용을 언급함으로써 손해배상청구가 문제되는 경우, 작가의 예술의 자유와 피해자의 인격권이 충돌하게 된다.

나. 진정한 의미의 기본권충돌과 단지 外見上의 기본권충돌

진정한 의미의 기본권충돌이란, 복수의 기본권주체가 서로 대립적인 이익을 가지고 기본권을 행사하는 경우 기본권의 보호범위가 서로 충돌하는 것을 말한다.[7] 즉, 기본권의 충돌이란 기본권 보호범위의 충돌을 의미한다. 하나의 기본권주체의 기본권행사가 다른 기본권주체의 기본권행사의 희생 하에서 이루어지는 경우에 비로소 기본권충돌은 인정될 수 있다. 그러므로 기본권충돌의 해결방법을 찾기 전에, 우선 당해 사건에서 기본권의 충돌이 실제로 존재하는지 아니면 단지 외견상의 기본권충돌(Scheinkollision)인지에 관하여 확인해야 한다.[8]

기본권충돌이란 '기본권 보호범위의 충돌'을 의미하므로, 기본권충돌의 문제는 일차적으로 기본권의 보호범위를 인식하고 확정하는 문제이다. 그러므로 기본권의 충돌여부를 확인하기 위하여, 구체적 사건에서 문제되는 개별기본권의 보호범위를 밝히는 것이 필요하다. 개별자유권의 보호범위를 넓게 이해할수록 기본권충돌의 상황을 폭넓게 인정하게 되며, 역으로 개별자유권의 보호범위를 좁게 확정할수록 진정한 의미의 기본권충돌은 감소하게 된다. 가령, 개인의 행위에 의하여 타인의 기본권행사 가능성이 저해되거나 법익이 침해되는 경우, 타인의 기본권을 제한하는 개인의 행위가 기본권의 보호범위에 포함되지 않는다면, 기본권충돌은 발생하지 않는다. 기본권충돌이 존재하지 않는다면, 기본권충돌의 해결방법을 찾는 것도 불필요하다.

예컨대, 살인범과 그의 희생자의 관계에서 살인범의 일반적 행동자유권과 범죄피해자의 생명권 사이의 충돌이 존재하지 않는다. 일반적 행동자유권의 보호범위는 인간의 생명을 박탈할 자유를 포함하지 않기 때문이다. 따라서 형법상 살인죄의 위헌여부가 문제되는 경우, 기본권충돌의 상황이 발생하지 않는다. 마찬가지로, 세입자가 임대주택의 외벽에 공직선거운동을 위한 벽보를 붙이고자 하는 경우, 세입자의 의견표명의 자유와

---

7) Vgl. v. Münch, in: Münch/Kunig, GGK, Band 1, 2000, 5. Aufl. Vorb. Art.1-19 Rn.44.

8) Vgl. v. Münch, in: Münch/Kunig, GGK, Band 1, 2000, 5. Aufl. Vorb. Art.1-19 Rn.45; W. Rüfner, Grundrechtskonflikte, in: Bundesverfassungsgericht und Grundgesetz II, 1976, S.455f.; 한국문헌으로 계희열, 헌법학(中), 2004, 123면 참조.

임대인(소유자)의 재산권이 서로 충돌하는 것처럼 보이지만, 이는 단지 외견상의 기본권 충돌일 뿐이다. 의견표명의 자유는 의견표명의 수단으로서 타인의 재산권을 사용할 권리를 보호하지 않기 때문이다. 또한, 집회의 자유를 행사하는 과정에서 폭력적 행위로 타인의 재물을 손괴한 경우, 폭력의 사용은 기본권적 자유를 행사하는 수단이 될 수 없다는 점에서 폭력적 집회는 집회의 자유에 의하여 보호되지 않기 때문에, 집회의 자유와 재산권 사이의 기본권충돌은 존재하지 않는다.

2. 흡연권과 혐연권 사이에 기본권충돌이 존재하는지 여부

가. 혐연권의 실체

(1) 혐연권과 관련하여 우선 혐연권의 실체가 무엇인지의 문제가 제기된다. 헌법재판소는 흡연자들에게 '흡연권'이 인정되듯이, 비흡연자들에게도 흡연을 하지 아니할 권리 내지 흡연으로부터 자유로울 권리로서 '혐연권'이 인정된다고 하면서, 혐연권의 헌법적 근거를 한편으로는 흡연권과 마찬가지로 헌법 제17조 및 헌법 제10조에서, 다른 한편으로는 흡연이 흡연자는 물론 비흡연자들의 건강과 생명도 위협한다는 면에서 헌법이 보장하는 건강권과 생명권에서도 찾을 수 있다고 한다.

그런데 여기서 문제가 되는 것은, 혐연권의 내용이 '흡연을 하지 아니할 권리'라면, 이러한 권리는 흡연을 할 권리(흡연권)의 소극적 측면에 해당하기 때문에, 흡연권과 혐연권은 '흡연의 자유'라는 동일한 자유의 적극적 측면과 소극적 측면을 표현하고 있다는 점이다. 흡연권과 혐연권을 서로 충돌하는 기본권으로 대치시키는 것은 결국 '동일한 자유'의 적극적 측면과 소극적 측면을 대치시키는 것이다.

(2) 자유권은 자유를 적극적으로 행사할 권리(적극적 자유)만을 보호하는 것이 아니라, 자유를 행사하지 아니할 권리(소극적 자유)도 함께 보호한다.[9] 개인의 행위가능성을 보호하는 자유권규정은 그 법문에 있어서 적극적인 행위를 보호하는 형식으로 규정되어 있는데, 이러한 자유권규정은 '무엇을 할 자유'인 적극적인 자유로서 '행위의 가능성'을 보호할 뿐만 아니라, 나아가 적극적인 자유에 대한 반대지위로서 '이러한 행위를 하지 않을 권리'를 소극적 자유로서 보호한다.[10] 즉, 개인이 자유권에 의하여 보호되는 행위

9) Vgl. Isensee, Die verdrängte Grundpflichten des Bürgers, DÖV 1982, S.615.

10) Vgl. D. Merten, Negative Grundrechte, in: Handbuch der Grundrechte, Bd.II, 2006, §42, Rn.2. 소극적 자유란 ' … 하지 않을 자유'이므로, 소극적 자유를 인정할 수 있는 범위는 처음부터 제한되어 있다. '무엇을 하지 않을 자유'는 '무엇을 할 자유'를 전제로 하는 것이며, 이로써 자유권이 행위(작위)나 활동을 보호하는 것을 전제로 하고 있는 것이다. 헌법이 개인에게 행위를 허용하는 경우에만, 행위의 다른 가능성으로서 부작위가 있을 수 있다. 그러므로 소극적 자유는 개인의 行爲可能性을 보호하는 자유권의 경우에만 인정될 수 있다. 반면에, '법익의 不可侵性을 보호하는 자유권'으로부터는 소극적 자유가 도출될 수 없다. 가령, 생명권으로부터 '자살할 권리'를 도출할 수 없다. 생명권은 단지 인간의 특정한 보호법익(생명)을 국가의 침해로부터 보호하고자 하는 것이지, 어떠한 행위가능성을 보장하고자 하는 것이 아니기 때문이다. 따라서 생명권은 '살 권리'를 보장하거나 '살아야 할 의무'를 부과하지도 않으며, 마찬가지로 이와 반대되는 보장내용인 '살지

를 해도 된다면, '해도 되는 것을 하지 아니할 자유'도 함께 보장되는 것이다. 가령, 혼인의 자유는 '혼인을 할 자유'뿐만 아니라, '혼인을 하지 아니할 자유'도 보장하는 것이고, 신앙의 자유는 '종교를 선택하여 신앙생활을 할 자유'뿐만 아니라 '종교를 가지지 아니할 자유'도 함께 보장하는 것이다.

자유권이 보장하고자 하는 궁극적인 것이 개인의 자기결정권이라면, 소극적 자유는 자기결정권을 보장하기 위한 필수적 요소이다.[11] 적극적 자유가 소극적 자유에 의하여 보완됨으로써 자유권은 비로소 개인의 자기결정권을 완전하게 보장할 수 있다.[12] 자유권이 특정한 내용의 자유나 특정한 방향이나 목적을 위한 자유로 변질되지 않으려면, 소극적 자유의 보장은 필수적이다. 소극적 자유가 비로소 자유권을 완전하게 만드는 것이다. 따라서 기본권적 자유는 '자유를 행사하지 아니할 자유'를 소극적 자유로서 포함한다.

나. 적극적 자유와 소극적 자유의 기본권충돌이 가능한지의 문제

그렇다면, 적극적 자유로서 '흡연의 자유'와 소극적 자유로서 '흡연하지 아니할 자유' 사이에서 기본권의 충돌이 발생할 수 있는지의 문제가 제기된다. 기본권에 의하여 보호되는 소극적인 자유가 적극적인 자유의 행사를 저해하거나 또는 적극적인 자유의 행사가 소극적인 자유를 저해하는 경우에만, 적극적 자유와 소극적 자유 사이에서 기본권의 충돌이 발생할 수 있다.

(1) 그러나 기본권주체의 적극적 자유는 제3자의 소극적 자유의 행사(부작위)에 의하여 침해되지 않는다. 적극적인 자유가 그 보호범위에 있어서 기본권의 적극적인 행사를 넘어서, 제3자의 협력의무나 기본권행사를 통하여 의도하는 성과를 함께 보장하는 경우에만, 타인의 부작위에 의하여 적극적인 자유가 침해될 수 있다.[13] 가령, 의견표명의 자유가 자신이 의견을 자유롭게 표명할 자유뿐만 아니라 이를 넘어서 제3자가 자신의 의견을 경청해야 할 의무나 타인에 대하여 자신의 의견을 관철할 권리를 포함하는 경우에만, 타인이 자신의 의견을 경청하려하지 않거나 설득당하지 않는다면 의견표명의 자유는 침해될 수 있을 것이다. 가령, 집회의 자유가 집단으로 의견을 표명하는 자유를 넘어서 집회가 의도하는 성과까지 포함하는 경우에만, 행인이 무관심하게 집회를 그냥 지나치거나 집회에 참여하지 않음으로써 집회의 자유는 타인의 부작위에 의하여 침해될 수 있을 것이다. 그러나 기본권은 단지 기본권의 주체에게 행위의 가능성을 허용하는 것이지, 타인의 기본권행사에 협력해야 할 의무 또는 타인의 기본권행사가 의도한 성과

않을 권리'나 '자살할 권리'도 보장하지 않는다.

11) Vgl. D. Merten, Negative Grundrechte, in: Handbuch der Grundrechte, Bd.II, 2006, §42, Rn.44ff.

12) Vgl. Bethge, Grundpflichten als verfassungsrechtliche Dimension, NJW 1982, S.2147.

13) Vgl. D. Merten, Negative Grundrechte, in: Handbuch der Grundrechte, Bd.II, 2006, §42, Rn.29.

에 이르도록 함께 노력해야 할 의무를 부과하는 것이 아니다. 이러한 이유에서 적극적 자유는 타인의 부작위, 즉 소극적 자유의 행사에 의하여 침해될 수 없는 것이다.

역으로, 소극적 자유는 타인의 적극적인 자유행사에 의하여 침해되지 않는다. 소극적 자유가 '무엇을 하지 아니할 부작위'의 권리를 넘어서 '부작위와 반대되는 타인의 행위를 저지하는 자유'까지 보호하는 경우에만 타인의 적극적인 기본권행사에 의하여 소극적인 자유가 침해될 수 있다. 그러나 소극적 자유는 적극적인 자유행사를 저지하고 방해하는 것까지 보호하지 않는다.[14] 만일, 소극적 자유가 '부작위에 대한 자기결정권'을 넘어서 '타인의 기본권행사를 저지하고 방해하는 권리'까지 포함한다면, 소극적 자유는 적극적 자유에 대하여 우위를 차지하는 상위의 기본권이 될 것이다. 결국, 적극적 자유와 소극적 자유는 서로의 보호범위를 건드리지 않으면서 동시에 행사될 수 있으며, 서로 평화롭게 병존할 수 있는 것이다. 적극적 자유와 소극적 자유는, 그것이 동일한 기본권에 근거하는지 아니면 서로 다른 기본권에 근거하고 있는지와 관계없이, 서로 충돌할 수 없다.

(2) 일반적 행동자유권에 의하여 보호되는 '흡연을 하지 아니할 자유'는 타인의 흡연을 저지하는 권리를 포함하지 않는다. 그러므로 흡연자와 비흡연자가 동일한 공간에서 생활하는 경우에도 적극적인 자유로서 흡연권과 소극적인 자유로서 혐연권의 충돌은 발생하지 않는다. 비흡연자는 흡연으로부터의 보호를 단지 건강권과 생명권을 근거로 하여 주장할 수 있을 뿐이다. 따라서 헌법재판소가 이 사건에서 '흡연을 할 자유'(흡연권)와 '흡연을 하지 아니할 자유'(혐연권)를 대치시키고 기본권충돌을 언급하였다면, 이는 잘못된 것이다.

흡연권(흡연을 할 자유)과 충돌하는 것은, 흡연권의 소극적 자유인 혐연권(흡연을 하지 아니할 자유)이 아니라 타인의 흡연에 의하여 위협받는 법익, 즉 개인의 건강권과 생명권이다. 따라서 흡연자의 일반적 행동자유권에 의하여 보호되는 흡연의 자유와 이로 인하여 위협받는 제3자의 건강권과 생명권이 서로 충돌하고 대치하는 것이다. 흡연자의 흡연행위는 일반적 행동자유권에 의하여 보호되는 행위로서 기본권에 의한 보호를 받으며, 흡연자는 기본권의 행사(흡연행위)를 통하여 비흡연자의 기본권인 건강권과 생명권을 침해하게 된다.

14) Vgl. D. Merten, Negative Grundrechte, in: Handbuch der Grundrechte, Bd.II, 2006, §42, Rn.30.

3. 대치하는 기본권으로서 흡연권의 문제점

가. 개인의 각 개별행위와 관련하여 별도의 기본권을 인정해야 하는지의 문제

(1) 자유권과 자기결정권의 관계

자유란 '개인의 행위와 사고에 있어서 타인에 의한 결정으로부터의 자유'를 의미하고, 이로써 자유란 각 생활영역에서 '개인의 자기결정권'과 '인격을 자유롭게 발현할 수 있는 가능성'의 보장을 뜻한다. 헌법상 보장된 개별자유권은 모두 일정 생활영역에서 개인의 自己決定權을 보장하고자 하는 것이다. 자기결정권은 자유권의 또 다른 표현일 뿐이다.

가령, 양심의 자유는 양심형성과 양심실현에 관한 자기결정권, 집회의 자유는 집회의 시간·장소·목적·방법에 관한 자기결정권, 재산권보장은 재산권의 이용과 처분에 관한 자기결정권을 의미한다. 일부 학자는 자기결정권이 마치 독자적인 성격이나 유형의 기본권인 것처럼 서술함으로써 자유권과 자기결정권의 同一性을 간과하고 있으나,[15] 자기결정권은 자유권의 또 다른 이름에 지나지 않는다. 마찬가지로, 개인정보에 관한 자기결정권, 성적 자기결정권, 소비자의 자기결정권 등도 행복추구권과 같은 일반적 자유권에서 파생하는 구체적 내용의 자유권에 불과하다.

(2) 흡연에 관한 자기결정권으로서 흡연권

이러한 관점에서 볼 때, 헌법재판소가 언급하는 '흡연권'은 흡연행위에 관하여 자유롭게 결정할 권리로서, 흡연에 관한 자기결정권을 의미한다. 여기서 제기되는 문제는, 인격을 자유롭게 발현하기 위한 개인의 행위가 모든 생활영역에서 무수하게 다양한 형태로 나타나는데, 일상생활의 각 개별행위와 관련하여 인정되는 자기결정권에 대하여 '흡연권', '혐연권' 등 별도의 기본권 이름을 붙일 필요가 있는지 하는 것이다. 만일 그렇다면, 用便權, 散策權, 睡眠權, 당구장출입권, 야간 수상레저 활동권, 결혼식 하객 접대권 등 무수한 개별기본권을 인정해야 할 것이다.

이러한 점에서, 헌법재판소가 흡연자들이 자유롭게 흡연할 권리를 '흡연권'으로, 흡연을 하지 아니할 권리를 '혐연권'으로 독자적인 기본권의 이름을 부여한 것은, 이러한 권리가 독자적인 기본권이 아니라 헌법상 기본권에 의하여 보호되는 개별행위에 지나지 않는다는 점에서 불필요하고 무의미하며, 나아가 흡연권, 혐연권 등의 이름은 개별 행위의 헌법적 실체를 가리고 왜곡할 가능성이 있다는 점에서도 지양되어야 한다.

15) 가령, 김철수, 헌법학개론, 2007, 497면 이하 참조.

나. 흡연권의 헌법적 근거의 문제점

헌법재판소는 흡연권의 헌법적 근거로서 행복추구권과 사생활의 자유를 함께 언급하고 있는데, 이러한 입장이 타당한 것인지 의문이 제기된다.

(1) 일반적 행동자유권

행복추구권은 인격발현의 적극적인 요소인 '일반적 행동의 자유'와 인격발현의 소극적 요소로서 '일반적 인격권'을 그 보장내용으로 하고 있다.[16] 개인이 인격을 자유롭게 발현하기 위해서는, 국가권력의 방해나 간섭을 받지 않고 자유롭게 자신이 원하는 대로 행동하고 원치 않는 것은 하지 않을 자유인 '일반적 행동의 자유'가 일차적으로 보장되어야 한다. 일반적 행동자유권은 광범위한 의미에서의 행동의 자유, 즉 원하는 바대로 하거나 하지 않을 권리를 보호한다.[17] 국가가 개인의 생활방식, 취미생활이나 여가형성을 규제하는 경우, 일반적 행동자유권이 제한된 기본권으로서 고려된다. 따라서 이 사건에서 입법자가 흡연행위를 규제하는 경우, 제한된 기본권으로서 헌법 제10조의 행복추구권으로부터 파생되는 일반적 행동자유권이 고려된다.

(2) 사생활의 자유

헌법은 제17조에서 사생활의 비밀과 자유를 보장하고 있는데, 사생활의 보호는 사생활영역을 외부로부터 차단하는 '사생활의 秘密'과 자유로운 사생활 형성의 권리로서 '사생활의 自由'로 구성된다.[18] 사생활의 비밀이 '사생활 정보에 관한 자기결정권'이라면, 사생활의 자유란 '사생활의 형성에 관한 자기결정권'을 보장하고자 하는 기본권으로 개인의 인격발현의 기본조건에 관하여 독자적으로 결정하고 이로써 사생활을 스스로 자율적으로 형성할 자유를 말한다.[19] 즉, 사생활의 자유는 개인의 인격발현 및 개인적 생존

---

16) 이에 관하여 한수웅, 헌법상의 人格權, - 특히 헌법 제10조의 幸福追求權, 一般的 人格權 및 헌법 제17조의 私生活의 保護에 관하여 -, 헌법논총 제13집(2002), 637면 이하 참조.

17) 헌재 2003. 10. 30. 2002헌마518(좌석안전띠 착용의무), 판례집 15-2하, 185, 199-200, "일반적 행동자유권에는 적극적으로 자유롭게 행동을 하는 것은 물론 소극적으로 행동을 하지 않을 자유 즉, 부작위의 자유도 포함되며, 포괄적인 의미의 자유권으로서 일반조항적인 성격을 가진다. 즉 일반적 행동자유권은 모든 행위를 할 자유와 행위를 하지 않을 자유로 가치 있는 행동만 그 보호영역으로 하는 것은 아닌 것으로, 그 보호영역에는 개인의 생활방식과 취미에 관한 사항도 포함되며, 여기에는 위험한 스포츠를 즐길 권리와 같은 위험한 생활방식으로 살아갈 권리도 포함된다."

18) 헌재 2003. 10. 30. 2002헌마518(좌석안전띠 착용의무), 판례집 15-2하, 185, 206, "사생활의 비밀은 국가가 사생활영역을 들여다보는 것에 대한 보호를 제공하는 기본권이며, 사생활의 자유는 국가가 사생활의 자유로운 형성을 방해하거나 금지하는 것에 대한 보호를 의미한다. … 우리 재판소는 '사생활의 자유'란 사회공동체의 일반적인 생활규범의 범위 내에서 사생활을 자유롭게 형성해 나가고 그 설계 및 내용에 대해서 외부로부터의 간섭을 받지 아니할 권리이며, 사생활과 관련된 사사로운 자신만의 영역이 본인의 의사에 반해서 타인에게 알려지지 않도록 할 수 있는 권리인 '사생활의 비밀'과 함께 헌법상 보장되고 있는 것이라고 판시한 바 있다. 즉, 헌법 제17조가 보호하고자 하는 기본권은 '사생활영역'의 자유로운 형성과 비밀유지라고 할 것이며, 공적인 영역의 활동은 다른 기본권에 의한 보호는 별론으로 하고 사생활의 비밀과 자유가 보호하는 것은 아니라고 할 것이다."; 同旨 헌재 2007. 5. 31. 2005헌마1139(공직자 병역공개).

19) '사생활의 자유'는, 국가가 사생활영역을 들여다보고 사생활정보를 수집하는 것에 대하여 사생활영역을 보호

의 근본조건의 보장에 관한 것이다.

헌법 제17조에 의하여 보호되는 '사생활의 자유'와 일반적 행동자유권에 의하여 보호되는 '사생활에 관련된 행동의 자유'의 구분이 항상 용이한 것은 아니나, '사생활의 자유'는 개인의 전체적 인격과 생존에 관계되는 사생활의 기본조건에 관한 자기결정권을 보호하고자 하는 것이고, '사생활에 관련된 행동의 자유'는 포괄적인 행동의 자유 중 하나의 개별적 측면인 사생활관련 행위가능성을 보호하는 것이다. 사생활의 자유는 부모와 자식의 관계, 혼인 및 부부관계, 성적 영역 등과 같이 인격권의 핵심영역에 속하는 사생활을 스스로 형성할 권리를 보호하는 반면, 취미생활이나 여가생활의 형성, 두발과 복장을 결정할 자유는 사생활의 자유가 아니라 일반적 행동자유권에 의하여 보호된다.

위와 같은 관점에서 볼 때, 흡연의 자유는 노래연습장이나 당구장을 출입할 자유, 결혼식하객에게 음식물을 제공할 자유, 야간에 수상레저활동을 할 자유와 마찬가지로, 개인의 전체적 인격과 생존에 관계되는 사생활의 기본조건에 관한 것이 아니라 개인의 생활방식, 취미생활이나 여가생활의 형성에 관한 것으로, 사생활의 자유가 아니라 일반적 행동자유권에 의하여 보호되는 것으로 판단하는 것이 보다 타당하다. 한편, 사생활의 자유의 보호범위를 개인의 생활방식, 취미생활이나 여가생활의 자유로운 형성을 포함하는 것으로 넓게 이해하는 입장에 선다면, 흡연의 자유도 사생활의 자유에 의하여 보호되는 것으로 간주할 수 있으나, 이러한 경우 일반적 행동자유권과의 관계에서 기본권 보호범위의 중복을 초래한다.

(3) 보충적 기본권으로서 일반적 행동자유권

한편, 행복추구권은 헌법에 구체적으로 규정된 자유권에 의하여 보호될 수 없는 인간의 행위나 법익에 대하여 보충적으로 기본권적 보호를 제공하는 일반적 자유권이다.[20] 행복추구권은 다른 개별자유권과의 관계에서 일반·특별관계에 있는 일반적 자유권이자, 다른 자유권에 의하여 보호되지 않는 자유영역을 그 보호범위로 하는 보충적 자유권이다.[21] 즉, 국가가 다른 개별 자유권에 의하여 보호되지 않는 자유영역을 침해

하고자 하는 것이 아니라, 사생활의 자유로운 형성을 방해하거나 금지하는 것에 대한 보호에 관한 것이다.

20) 헌법재판소도 행복추구권을 자유권의 일반조항으로 이해하고 있다, 헌재 1995. 7. 21. 93헌가14(국가유공자 예우 등에 관한 법률), 판례집 7-2, 1, 32, "헌법 제10조의 행복추구권은 국민이 행복을 추구하기 위하여 필요한 급부를 국가에게 적극적으로 요구할 수 있는 것을 내용으로 하는 것이 아니라, 국민이 행복을 추구하기 위한 활동을 국가권력의 간섭 없이 자유롭게 할 수 있다는 포괄적인 의미의 자유권으로서의 성격을 가지므로 국민에 대한 일정한 보상금의 수급기준을 정하고 있는 이 사건 규정이 행복추구권을 침해한다고 할 수 없다."; 같은 취지로 헌재 2000. 6. 1. 98헌마216, 판례집 12-1, 622, 648; 헌재 2002. 12. 18. 2001헌마546, 판례집 14-2, 890, 902; 헌재 2007. 3. 29. 2004헌마207(무공명예수당의 지급), 판례집 19-1, 276, 286; 헌재 2006. 7. 27. 2004헌바20(임금채권의 우선변제), 판례집 18-2, 52, 63.

21) 예컨대, 헌재 2002. 10. 31. 99헌바76(요양기관 강제지정제), 판례집 14-2, 410, 428, "'일반적 행동의 자유'는 이른바 보충적 자유권이다. … 따라서 직업의 자유와 같은 개별 기본권이 적용되는 경우에는 일반적 행동의 자유는 제한되는 기본권으로서 고려되지 아니한다."; 헌재 2000. 12. 14. 99헌마112(교육공무원의 정년단축), 판례집 12-2, 399, 408, "행복추구권은 다른 기본권에 대한 보충적 기본권으로서의 성격을 지니므로,

하는 경우, 비로소 행복추구권은 헌법적으로 기능한다. 그러나 헌법재판소는 헌법 제10조의 행복추구권과 헌법 제17조의 사생활의 자유를 흡연권의 헌법적 근거로서 함께 언급함으로써, 자유권의 영역에서 일반·특별관계에 관한 인식이 불분명함을 드러내고 있다. 헌법재판소의 견해와 같이, 흡연의 자유가 일반적 행동자유권뿐만 아니라 사생활의 자유에 의해서도 보호된다면, 흡연권의 헌법적 근거로서 일반규정과 특별규정을 함께 언급해서는 안 되고, 특별규정인 사생활의 자유를 흡연의 자유의 헌법적 근거로서 확인해야 할 것이다.

Ⅳ. 기본권충돌의 해결방안으로서 序列理論이 적용되는지의 문제

1. 헌법재판의 결정과정으로서 법익형량

가. 법적용의 2가지 방법으로서 포섭과 법익형량

헌법재판은 본질적으로 사법기능을 이행하는 국가작용으로서 그 주된 과제는 헌법의 해석과 적용에 있다. 따라서 일차적으로, 헌법재판에서 헌법이 어떠한 방법으로 해석되고 적용되는지를 확인하는 것이 필요하다.

법규범을 적용하는 2가지 방법 또는 법적 결정에 이르는 2가지 방법은 包攝(Subsumtion)과 법익형량(Abwägung)이다.[22] 법적용의 방법으로서 포섭은 우선 이를 가능하게 하는 법규범의 존재를 전제로 한다. 포섭의 이상적인 경우를 상정한다면, 법규범은 매우 상세하고 구체적이어서 모든 발생가능한 경우에 대한 해결책을 이미 규율하고 있어야 한다. 따라서 법적용자는 단지 문제되는 구체적인 개별사건에 법률을 적용할 수 있는지 또는 역으로 구체적 사실관계가 일반·추상적으로 규정된 법규범에 포섭될 수 있는지를 판단하게 된다. 포섭이 가능한 법규범은 일반적으로 條件命題의 구조("… 라면 … 이다.")를 취한다는 특징을 가지고 있다. 구체적 사실관계가 법규범에서 개념적으로 서술된 구성요건을 충족시키면, 법률이 규정하는 법률효과가 발생한다. 포섭이 가능한 법규범에서 그 의미의 불확실성으로 인하여 해석의 필요성이 있다면, 이러한 경우 법규범의 의미와 내용은 고전적 법률해석을 통하여 밝혀질 수 있다.

이와는 대조적으로, 법규범이 조건명제의 형식이 아니라 목적제시의 형식으로 규정

공무담임권이라는 우선적으로 적용되는 기본권이 존재하여 그 침해여부를 판단하는 이상, 행복추구권 침해여부를 독자적으로 판단할 필요가 없다."; 동일한 내용으로 헌재 2002. 8. 29. 2000헌가5등, 판례집 14-2, 106, 123, 한편, 헌법재판소는 일반적 행동자유권의 보충적 성격에 대한 인식이 불분명하여 다른 개별적 자유권과 행복추구권을 함께 심사기준으로 언급하는 것을 자주 확인할 수 있다, 예컨대 헌재 1997. 11. 27. 95헌바14등, 판례집 9-2, 575, 587, 직업의 자유와 행복추구권을 제한된 기본권으로서 함께 언급하고 있다.

22) 이에 관하여 vgl. v. Arnim, Staatslehre der Bundesrepublik Deutschland, 1984, S.211ff.; 한국문헌으로는 이준일, 헌법재판의 법적 성격, 헌법학연구 제12권 제2호(2006. 6.), 314면 이하 참조.

되어(가령, "… 을 실현하기 위하여 노력하여야 한다.") 단지 목적과 방향만을 제시한다면, 목적을 실현하는 방법을 찾는 것은 규범해석자에게 맡겨진다. 이러한 법규범의 경우, 규범해석자는 가능하면 목적을 실현할 수 있도록 법규범을 해석·적용해야 할 의무를 부담하게 되고, 규범해석과 관련하여 광범위한 형성적 공간이 부여된다. 여기서 법규범의 해석은 법규범이 제시하는 목적을 다른 법익과의 관계에서 가능하면 최적으로 실현해야 한다는 最適化의 과제를 의미한다. 이러한 법규범의 적용 방법은 상충하는 법익의 최적화를 목표로 양 법익간의 비례적 조정을 시도하는 법익형량이다.

나. 헌법의 해석

(1) 헌법해석의 특수성은 '해석의 대상'인 헌법규범의 특수성에 기인한다. 헌법은 국가 및 공동체생활의 기본질서를 조직적으로나 실체적으로 확정한다는 점에서 다른 법규범과 비교할 때 일반적으로 보다 간결하고 함축적이며 추상적 표현에 그치게 된다(헌법의 抽象性). 또한, 헌법의 규율대상인 정치적 영역은 이를 상세히 규율하는데 한계가 있고, 정치적 타협의 산물로서 합의될 수 없는 부분은 규율되지 아니한 채 미래의 정치적 발전에 대하여 개방적 상태에 놓이게 된다(헌법의 開放性). 헌법은 다른 법규범과는 달리 이러한 고유한 특징을 가지고 있기 때문에, 일반적인 법해석방법을 헌법에 그대로 적용하는 것은 부적절하다.

(2) 한편, 조직규범이나 권한규범과 같이 헌법제정자가 스스로 확정적으로 규율한 헌법규범은 '법적용의 방법으로서 포섭'이 가능한 법규범에 해당하고,[23] 이러한 헌법규범의 의미내용이 불분명하여 해석을 필요로 한다면, 고전적 해석방법을 통하여 그 의미와 내용을 밝힐 수 있다. 헌법규범의 특성에도 불구하고 헌법해석의 출발점은 私法 영역에서 형성된 일반적 법해석원칙, 즉 사비니(Savigny)의 고전적 법해석방법이다. 사비니의 법해석방법은 법조문, 즉 실정법을 출발점으로 삼아야 하고, 법조문의 뜻이 분명하지 않은 경우에는 의미내용을 밝히기 위하여 문법적·체계적·목적적·역사적 해석방법을 사용해야 한다는 해석원칙이다.[24]

(3) 그러나 헌법이 스스로 확정적으로 규율하지 않은 개방적인 헌법규범의 경우에는 고전적인 헌법해석을 통하여 접근하는 데 한계가 있다.[25] 특히 기본권조항, 법치국가·민주주의와 같은 국가의 기본구조에 관한 원칙, 국가행위의 목표를 제시하는 국가목표규정은 개방적이고 유동적인 헌법규범으로서 사회상황의 변화에 따라 지속적인 발전을

---

23) 가령, 헌법 제44조 제2항("… 때에는 … 된다."), 제47조 제3항("… 때에는 … 한다."), 제50조 제1항 단서("… 때에는 … 아니할 수 있다.") 등 조직과 권한에 관한 다수의 헌법규범이 명시적으로 조건명제의 형식을 취하고 있으며, 비록 명시적으로 조건명제의 형식을 취하고 있지 않은 일련의 헌법규범도 대부분의 경우, 조건명제의 형식으로 전환될 수 있다.

24) 이에 관하여 상세하게 한수웅, 헌법학, 2011, 42면 이하 참조.

25) 헌법해석에 관하여 근본적으로 Starck, Die Verfassungsauslegung, in: HbStR, Bd.Ⅶ, 1992, §164 Rn.16ff.

가능하게 한다. 이러한 개방적 헌법의 규범내용은 과거에 역사적으로 형성된 규범내용에 고정되고 확정된 것이 아니라 변화하는 사회현실을 고려하여 구체화되고 실현되어야 한다. 따라서 여기서 제기되는 문제는 이미 확정된 규범내용을 밝히는 문제가 아니라, 헌법규정을 창조적으로 발전시키는 문제이다.26) 가령, 자유권의 규범내용은 이미 확정된 것이 아니라 사회상황의 변화에 따라 발전하는 것이다. 현대 정보처리기술의 발전에 의하여 개인의 인격권에 대한 새로운 위험이 발생한다면, 개인의 자유권은 이에 대응하기 위하여 개인정보에 관한 자기결정권에 의하여 보완되어야 한다.

따라서 개방적인 헌법규범의 내용을 밝히는 것은 해석의 문제가 아니라 헌법의 내용을 채우는 작업, 즉 헌법의 보충이나 구체화의 문제를 의미한다. 헌법이 규율하지 않은 헌법적 문제의 해결책을 찾는 것은 고전적 의미의 해석을 통해서가 아니라 헌법의 구체화·실현·형성을 통해서 가능하다. 여기서 헌법은 일반적인 것을 구체화하는 작업, 또는 그 내용을 채워 넣는 작업, 다시 말하자면 해석 이상의 창조적인 작업을 요청하고 있는 것이다. 이로써 개방적 헌법규범의 해석은 법인식이 아니라 법창조에 관한 것이다. 개방적 헌법의 해석은 기본권조항이나 국가구조원칙 또는 국가목표규정을 불문법적 요소에 의하여 보완하는 형태로 이루어진다.27) 헌법의 구체화·실현의 과정에서 도출되는 이러한 불문법적 요소가 어느 정도 설득력을 가지는지의 문제는 일차적으로 법적 논증의 문제, 결국 헌법재판소결정의 논리적 설득력의 문제이다.

다. 헌법재판의 결정과정으로서 법익형량

헌법재판소가 헌법재판을 통하여 해결해야 하는 대부분의 헌법적 분쟁은 하나의 개방적 헌법규범과 또 다른 하나의 개방적 헌법규범, 가령 기본권과 기본권 또는 기본권과 공익이 서로 충돌하는 상황에서 발생한다. 서로 충돌하는 개방적 헌법규범, 즉 헌법적 법익은 국가에 대하여 그 실현을 요청한다. 따라서 헌법재판의 실무에서 헌법을 해석하고 적용하는 작업은, 문제되는 헌법규정의 내용을 고전적 헌법해석을 통하여 밝혀내고 밝혀진 규범내용을 헌법현실에 적용하는 포섭의 방법보다는, 개방적인 헌법규범의 내용을 불문법적 요소에 의하여 보완하고 이와 같이 헌법의 구체화와 보충을 통하여 밝혀진 내용을 근거로 상충하는 법익간의 교량을 통하여 이루어진다.28) 헌법재판에서 주로 문제되고 심사기준으로서 고려되는 헌법규범이 포섭을 가능하게 하는 '구체적이고 확정적인 헌법규범'이 아니라 포섭과 고전적 해석방법으로는 접근할 수 없는 '추상적이

26) Vgl. Hesse, Grundzüge des Verfassungsrechts der BRD, 1984, Rn.60ff.

27) 예컨대, 헌법재판소는 법치국가원리에서 헌법에 명시적으로 규정된 것 외에 법률의 명확성원칙, 신뢰보호의 원칙 등을 도출하였고, 헌법에 명시적으로 규정된 기본권 외에 헌법해석을 통하여 가령, 행복추구권으로부터 인격권이나 개인정보자기결정권을 도출하였다.

28) Vgl. v. Arnim, Staatslehre der Bundesrepublik Deutschland, 1984, S.224.

고 개방적인 헌법규범'이기 때문에, 헌법재판에서 주된 법적용의 방법은 '법익형량'이다.

개방적인 헌법규범의 적용은, 개별적인 사안마다 판단의 대상이 되는 구체적인 상황에 비추어 서로 충돌하는 개방적 헌법규범의 가치를 구체화하고 실현하는 작업을 의미한다. 따라서 헌법재판의 결정과정은 통일체로 이해되어야 하는 헌법 내에서 다수의 개방적 헌법규범(법익)이 서로 충돌하는 경우 상충하는 법익을 어떻게 구체화하고 실현시킬 것인지의 문제로 귀결된다. 개방적 헌법의 해석과 적용은 대립하는 관점의 규명과 법익교량에 의하여 지배되며, 헌법적인 결정은 헌법적 판단의 근간을 이루는 다양한 관점들을 규명하고 대치하는 관점들을 서로 저울질하는 법익형량의 형태로 내려진다.[29) 따라서 개방적 헌법의 해석과 적용은 상충하는 법익과 가치를 지지하는 관점과 논거를 형량하는 형태로 이루어짐으로써 근본적으로 논증의 성격을 가지고 있다. 결국, 헌법재판소의 결정과정은 상충하는 헌법규범을 그 의미와 가치에 상응하게 실현하고자 하는 법익형량의 과정이자 합리적 논증의 과정이다. 여기서 제기되는 문제는, 개방적인 헌법의 해석과 적용의 방법이 상충하는 헌법적 법익간의 형량에 관한 것이라면, 헌법재판의 결정과정으로서 법익형량이 어떠한 방법으로 이루어져야 하는지에 관한 것이다.

2. 기본권충돌의 해결방안

가. 문제의 제기

기본권의 충돌은 헌법적 법익간의 충돌이 발생하는 상황의 대표적인 경우에 해당한다. 따라서 기본권충돌의 해결방안은 곧 법익충돌의 해결방안을 의미한다. 아래에서 기본권충돌과 관련하여 서술하고 확인하는 모든 관점은 헌법적 법익간의 충돌에도 그대로 적용된다.

헌법재판소는 대상결정에서 "… 혐연권이 흡연권보다 상위의 기본권이라 할 수 있다. 이처럼 상하의 위계질서가 있는 기본권끼리 충돌하는 경우에는 상위기본권우선의 원칙에 따라 하위기본권이 제한될 수 있으므로, 결국 흡연권은 혐연권을 침해하지 않는 한에서 인정되어야 한다."고 판시함으로써, 헌법적 법익간의 우열관계를 판단할 수 있다는 소위 '序列理論'에 기초하여 흡연권에 대한 혐연권의 우위를 확인하고 있다. 여기서 일차적으로 제기되는 문제는 기본권의 충돌과 같이 헌법적 법익이 서로 충돌하는 경우 헌법적 법익간의 우열관계를 확인할 수 있는지, 어떠한 방법으로 헌법적 법익간의 충돌을 해결해야 하는지의 관한 것이다.

29) Vgl. Zippelius/Würtenberger, Deutsches Staatsrecht, 2005, S.58.

나. 헌법재판소의 판례와 학계의 견해

(1) 헌법재판소의 판례

헌법재판소는 종래 일련의 결정에서 기본권충돌의 문제를 '實際的 調和의 原則'(規範調和的 解釋)에 따라 해결하고자 시도하였음을 확인할 수 있다. 가령, 헌법재판소는 헌재 1991. 9. 16. 89헌마165 결정(정정보도청구제도)에서 인격권과 언론의 자유 사이의 '기본권 충돌 상황'을 확인한 후 해결방안으로서 '실제적 조화의 원칙'을 제시하였고, 이어서 '과잉금지원칙'을 적용하여 심판대상조항에 대한 합헌결정을 하였다.[30] 또한, 헌법재판소는 헌재 2007. 10. 25. 2005헌바96 결정(채권자취소권)에서도 채권자와 채무자 및 수익자의 기본권들이 충돌하는 상황을 실제적 조화의 원칙에 따라 해결해야 한다고 판시하고 있다.[31]

한편, 헌법재판소는 이 사건 대상결정의 영향을 받은 것으로 판단되는 헌재 2005. 11. 24. 2002헌바95등 결정(Union Shop 협정 사건)에서는 '서열이론, 법익형량의 원리, 실제적 조화의 원리' 중에서 그때그때마다 적절한 해결방법을 선택해야 한다고 판시함으로써 매우 혼란스런 모습을 보이고 있다.[32] 그럼에도, 헌법재판소는 위 결정에서도

---

30) 판례집 3, 518, 529, "… 보도기관이 누리는 언론의 자유에 대한 제약의 문제는 결국 피해자의 반론권과 서로 충돌하는 관계에 있는 것으로 보아야 할 것이다. 이와 같이 두 기본권이 서로 충돌하는 경우에는 헌법의 통일성을 유지하기 위하여 상충하는 기본권 모두가 최대한으로 그 기능과 효력을 나타낼 수 있도록 하는 조화로운 방법이 모색되어야 할 것이고, 결국은 이 법에 규정한 정정보도청구제도가 과잉금지의 원칙에 따라 그 목적이 정당한 것인가 그러한 목적을 달성하기 위하여 마련된 수단 또한 언론의 자유를 제한하는 정도가 인격권과의 사이에 적정한 비례를 유지하는 것인가의 여부가 문제된다 할 것이다."; 판례집 3, 518, 535, "현행 정정보도청구권제도는 그 명칭에 불구하고 피해자의 반론게재청구권으로 해석되고 이는 언론의 자유와는 비록 서로 충돌되는 면이 없지 아니하나 전체적으로는 상충되는 기본권 사이에 합리적인 조화를 이루고 있는 것으로 판단된다."

31) 판례집 19-2, 467, 473-474, "이 사건 법률조항은 채권자에게 채권의 실효성 확보를 위한 수단으로서 채권자취소권을 인정함으로써, 채권자의 재산권과 채무자와 수익자의 일반적 행동의 자유 내지 계약의 자유 및 수익자의 재산권이 서로 충돌하게 되는바, 위와 같은 채권자와 채무자 및 수익자의 기본권들이 충돌하는 경우에 기본권의 서열이나 법익의 형량을 통하여 어느 한 쪽의 기본권을 우선시키고 다른 쪽의 기본권을 후퇴시킬 수는 없다고 할 것이다. … 따라서 이러한 경우에는 헌법의 통일성을 유지하기 위하여 상충하는 기본권 모두가 최대한으로 그 기능과 효력을 발휘할 수 있도록 조화로운 방법을 모색하되(규범조화적 해석), 법익형량의 원리, 입법에 의한 선택적 재량 등을 종합적으로 참작하여 심사하여야 할 것이다."

32) 판례집 17-2, 392, 401, "이와 같이 두 기본권이 충돌하는 경우 그 해법으로는 기본권의 서열이론, 법익형량의 원리, 실제적 조화의 원리(규범조화적 해석) 등을 들 수 있다. 헌법재판소는 기본권 충돌의 문제에 관하여 충돌하는 기본권의 성격과 태양에 따라 그때그때마다 적절한 해결방법을 선택, 종합하여 이를 해결하여 왔다. 예컨대, 국민건강증진법시행규칙 제7조 위헌확인 사건에서 흡연권과 혐연권의 관계처럼 상하의 위계질서가 있는 기본권끼리 충돌하는 경우에는 상위기본권우선의 원칙에 따라 하위기본권이 제한될 수 있다고 보아서 흡연권은 혐연권을 침해하지 않는 한에서 인정된다고 판단한 바 있다(헌재 2004. 8. 26. 2003헌마457, 판례집 16-2, 355, 361 참조). 또한, 정기간행물의등록등에관한법률 제16조 제3항 등 위헌 여부에 관한 헌법소원 사건에서 동법 소정의 정정보도청구권(반론권)과 보도기관의 언론의 자유가 충돌하는 경우에는 헌법의 통일성을 유지하기 위하여 상충하는 기본권 모두가 최대한으로 그 기능과 효력을 발휘할 수 있도록 하는 조화로운 방법이 모색되어야 한다고 보고, 결국은 정정보도청구제도가 과잉금지의 원칙에 따라 그 목적이 정당한 것인가 그러한 목적을 달성하기 위하여 마련된 수단 또한 언론의 자유를 제한하는 정도가 인격권과의 사이에 적정한 비례를 유지하는 것인가의 관점에서 심사를 한 바 있다(헌재 1991. 9. 16. 89헌마165, 판례집 3, 518, 527-534 참조)."

최종적으로는 실제적 조화의 원리에 따라 기본권의 충돌 문제를 해결하고자 시도하고 있다.[33]

(2) 학계의 견해

학계에서는 기본권충돌의 해결방안으로서 독일의 학계와 판례에 의하여 형성되고 제시된 이론인 기본권의 서열이론, 법익형량의 원리, 실제적 조화의 원리의 3가지 가능성을 개괄적으로 소개하고 있다. '기본권의 서열이론'이란, 기본권 사이에 확정된 위계질서가 존재한다는 것을 전제로 기본권이 충돌하는 경우 그 서열을 기준으로 하여 하위의 기본권은 상위의 기본권의 실현을 위하여 희생되어야 한다는 이론으로 이해되고 있다.[34] '실제적 조화의 이론'은 헌법의 통일성의 관점에서 상충하는 기본권을 모두 최대한으로 실현시키기 위하여 조화의 방법을 찾는 시도로 이해되고 있다.[35] 한편, '법익형량의 이론'은 그 의미하는 바가 불분명하여, 학자에 따라서는 실제적 조화의 원칙과 근본적으로 동일한 내용으로 이해하는 견해도 있고,[36] 일부 학자의 경우에는 기본권의 서열이론과 동일한 것으로 이해함으로써 이념적으로 실제적 조화의 이론과 대립관계에 있는 해결방법으로 간주하기도 한다.[37]

다. 序列理論의 문제점

기본권의 서열이론(Rangordnung der Grundrechte)이란, 기본권 사이의 서열과 위계질서를 확정할 수 있다는 것을 전제로 하여 서로 충돌하는 기본권 중에서 서열이 높은 기본권, 보다 중요하고 보호가치가 큰 기본권을 우선시킨다는 이론이다. 서열이론에 대하여 제기되는 가장 큰 의문점은 헌법이 스스로 법익간의 우열관계를 추상적으로 확정

---

33) 판례집 17-2, 392, 403, "이와 같이 개인적 단결권과 집단적 단결권이 충돌하는 경우 기본권의 서열이론이나 법익형량의 원리에 입각하여 어느 기본권이 더 상위기본권이라고 단정할 수는 없다. 왜냐하면 개인적 단결권은 헌법상 단결권의 기초이자 집단적 단결권의 전제가 되는 반면에, 집단적 단결권은 개인적 단결권을 바탕으로 조직·강화된 단결체를 통하여 사용자와 사이에 실질적으로 대등한 관계를 유지하기 위하여 필수불가결한 것이기 때문이다. 즉 개인적 단결권이든 집단적 단결권이든 기본권의 서열이나 법익의 형량을 통하여 어느 쪽을 우선시키고 다른 쪽을 후퇴시킬 수는 없다고 할 것이다. 따라서 이러한 경우 헌법의 통일성을 유지하기 위하여 상충하는 기본권 모두가 최대한으로 그 기능과 효력을 발휘할 수 있도록 조화로운 방법을 모색하되(규범조화적 해석; 1991. 9. 16. 89헌마165, 판례집 3, 518, 528 참조), 법익형량의 원리, 입법에 의한 선택적 재량 등을 종합적으로 참작하여 심사하여야 한다."

34) 가령, 홍성방, 헌법학(上), 2010, 375면 이하.

35) 가령, 권영성, 헌법학, 2010, 340면; 학자에 따라서는 '규범조화적 해석'으로 표현하기도 한다, 가령, 허영, 한국헌법학, 2010, 273면.

36) 가령, 홍성방, 헌법학(上), 2010, 382면; 이준일, 헌법재판의 법적 성격, 헌법학연구 제12권 제2호(2006. 6.), 329면.

37) 가령, 권영성, 헌법학, 2010, 342면(법익형량의 원칙을 기본권 상호간에 효력의 우위를 가리기 위한 추상적 기준에 의한 법익형량으로 이해하여, 추상적 기준으로서 생명권·인격권우선의 원칙, 생존권우선의 원칙 등을 제시하고 있다.); 계희열, 헌법학(中), 2004, 126면(기본권의 위계질서를 전제로 하여 법익의 우열을 확정하는 방법으로 서술하고 있다.); 허영, 한국헌법론, 2010, 271면 이하(이익형량의 방법은 기본권상호간에 일정한 위계질서가 있다는 것을 전제로 상위기본권우선의 원칙, 인격적 가치우선의 원칙, 자유우선의 원칙에 따라 하나의 기본권을 다른 기본권에 우선시키는 방법으로 이해하고 있다.)

하고 있는지에 관한 것이다.

(1) 입법자에 의한 사회형성(政治)의 否定

법익충돌의 해결방안으로서 '서열이론' 아니면 '실제적 조화의 이론'을 따를 것인지의 문제는 본질적으로 헌법과 입법자의 관계, 즉 헌법과 정치(공동체의 형성)의 관계를 어떻게 이해할 것인지의 문제와 밀접한 관계에 있다.

헌법의 목적은 국가의 정치적 지배를 법적으로 구속하고자 하는 것이다.[38] 그러나 헌법에 의한 '정치의 법적 구속'은 완전한 구속일 수 없다. 헌법에 의하여 완전히 정치를 규범화한다는 것은 '정치의 否定'을 의미한다.[39] 정치는 '헌법의 집행'으로 축소될 것이고, 이로써 궁극적으로 '행정'으로 변질될 것이다. 헌법은 정치를 불필요한 것으로 만드는 것이 아니라, 정치를 유도하고 합리화하고자 하는 것이다. 그러므로 헌법은 항상 정치에 대하여 단지 '규범적 울타리'일 뿐이다.

헌법은 입법자에 의한 사회의 형성, 즉 정치를 대체할 수는 없으므로, 헌법의 실현은 헌법을 실현하려는 입법자의 부단한 정치적 의사에 의존하고 있다. 국가의 조직 및 절차규범과 같이 법문이 일의적이고 명확하여 직접 적용이 가능한 일부의 헌법규범을 제외한다면, 행정관청이 법을 집행하는 것과는 달리, 입법자는 헌법을 집행하는 것이 아니라 광범위한 입법형성권을 근거로 입법을 통하여 헌법의 내용을 구체화하고 실현하는 것이다.[40] 입법행위는 공동체질서의 형성에 관하여 입법자가 내리는 창조적 결정이다. 입법자는 헌법이 허용하는 범위 내에서 고유한 정치적인 형성의 공간을 가지고 있으며, 입법자의 이러한 형성의 자유는 민주주의헌법의 기본적인 구성요소에 해당한다.

민주국가의 헌법은 헌법적 법익간의 우열관계를 확정함으로써 스스로 사회를 형성하는 것이 아니라, 사회형성의 과제를 입법자에게 위임하고 있다. 다만, 헌법은 헌법적 가치와 법익을 제시함으로써 입법자에게 사회형성의 과제를 이행하기 위한 지침과 방향만을 제시할 뿐이다. 가령, 헌법은 다양한 국가과제를 제시할 뿐, 국가과제 사이의 우열관계를 확정함으로써 이행의 우선순위에 있어서 입법자를 구속하지 않는다. 마찬가지로, 헌법은 자유권의 보장을 통하여 자유권을 존중하고 보호해야 할 의무와 과제를 부과할 뿐, 어떠한 자유권이 우선적으로 보호되어야 하는지에 관하여 결정하지 않는다.

그러나 서열이론은 헌법적 차원에서 법익간의 우열관계를 추상적으로 확정함으로써 입법자를 구속하고자 한다. 그 결과, 헌법이 이미 법익간의 충돌관계를 사전에 서열로써 확정하게 된다. 이러한 법적 상황에서, 입법자는 단지 헌법에 이미 확정된 것을 확

38) 한수웅, 헌법학, 2011, 8면.

39) Vgl. D. Grimm, Ursprung und Wandel der Verfassung, in: HbStR, Bd.I, §1 Rn.44.

40) 입법자가 헌법을 집행하는 것은 매우 예외적으로 헌법이 입법자에게 구체적인 헌법적 위임을 통하여 특정한 내용의 입법의무를 부과하는 경우에 제한된다. 그러므로 입법자는 행위의 지침이자 한계규범으로서의 헌법에 기속되지만, 헌법으로부터 입법자에 대한 구체적인 지시나 명령을 원칙적으로 이끌어낼 수 없다.

인하고 집행하는 '헌법의 집행자'로 전락하게 될 것이다. 그러나 수시로 변화하는 사회현상에 끊임없이 대처해야 하는 현대의 사회국가에서, 헌법적 법익간의 우열관계를 확정하는 헌법이 기능할 수 없으며, 사회현상의 변화에 적응할 수 없다는 것은 두말할 필요가 없다.

(2) '헌법의 統一性'에 違背

서열이론의 또 다른 문제점은 기본권 사이의 추상적인 우열관계를 통하여 소위 하위의 기본권을 일방적으로 희생시키면서 소위 상위의 기본권을 전적으로 실현한다는 데 있다. 서열이론에 따른다면, 後順位 헌법적 법익이나 헌법적 과제는 법익간의 충돌상황이나 과제실현을 위한 경합과정에서 항상 先順位 헌법적 법익이나 과제에 대하여 양보하거나 후퇴해야 하는데, 이는 後順位 헌법적 법익이나 헌법규정이 헌법질서에서 사실상 제거되는 효과를 초래한다.

이러한 상황이 모든 헌법규범을 하나의 통일체로 이해하는 '憲法의 統一性'의 사고와 부합하지 않는다는 것은 두말할 필요가 없다. 헌법이 하나의 통일체를 형성한다는 것은, 헌법 내에서 헌법규정들이 서로 충돌하는 경우 양자 중 하나를 배제해야 하는 것이 아니라 서로 조화시켜야 한다는 것을 의미한다. 一見하여 다른 헌법규정들과 충돌을 일으키는 헌법규정도 헌법제정자에 의하여 의도적으로 헌법에 수용된 것이며, 이로써 헌법을 구성하는 하나의 요소인 것이다. 따라서 헌법제정자에 의하여 의도적으로 수용된 헌법규정을 헌법 내의 위계질서를 근거로 다시 제거하는 효과를 초래해서는 안 된다.

뿐만 아니라, 복수의 기본권주체가 '동일한 기본권'을 주장하는 기본권충돌의 상황에서는, 가령 집회의 자유와 반대집회의 자유가 서로 충돌하는 경우에는 서열이론은 전혀 기능할 수 없다는 한계를 안고 있다.[41] 또한, 서열이론은, "필요한 경우에 한하여"의 표현을 통하여 구체적 사건에서의 개별적 법익형량과 개별적 정의를 요청하는 헌법 제37조 제2항의 정신과도 부합하지 않는다.[42] 과잉금지원칙의 가장 중요한 기능은 구체적 경우의 개별적인 법익형량을 통하여 '개별사건에서의 정의'를 실현하고자 하는 것이다.[43] 이러한 의미에서, 헌법 제37조 제2항은 개별사건에서의 구체적 법익형량을 배제하고 추상적 원칙에 따라 포괄적으로 위헌판단을 하는 법원칙에 대한 헌법적 부정을 의미한다.

(3) 헌법적 법익간의 우열관계의 不在

(가) 헌법은 헌법적 가치나 법익 사이에 명확하고 체계적인 우열관계를 확립하고 있

41) Vgl. v. Münch, in: Münch/Kunig, GGK, Vorb. Art.1-19 Rn.46.
42) 과잉금지원칙이 개별적 법익형량과 개별적 정의의 표현이라는 것에 관하여 한수웅, 헌법 제37조 제2항의 過剩禁止原則의 意味와 適用範圍, 저스티스, 2006. 12., Ⅱ. 3. 다. 참조.
43) Vgl. Stern, Das Staatsrecht der BRD, Ⅲ/2, 1994, S.818, 837; Schmitdt-Aßmann, Der Rechtsstaat, in: HbStR, Bd.II, 3. Aufl. 2003, §26 Rn.87; Kluth, Das Übermaßverbot, JA 1999, S.613.

지 않으며, 또한 기본권 사이에도 추상적인 우열관계가 존재하지 않는다. 헌법에 보장된 개별기본권은 특정 상위기본권으로부터 도출되는 권리가 아니라, 각자 그 자체로서 역사적으로 형성되어 독자적으로 보장되는 권리이다. 우리 헌법은 개별자유권마다 각 상이한 개별적 법률유보를 규정하는 것이 아니라 제37조 제2항에서 모든 자유권에 대하여 일괄적으로 적용되는 '일반적인 법률유보조항'을 두고 있으므로, 법률유보의 정도를 기준으로 개별적 기본권의 근본성이나 중요성을 판단할 여지도 없고,[44] 그밖에 우리 헌법에서 경제적 자유권에 대한 정신적 자유권의 우위를 암시하는 어떠한 표현도 찾을 수 없다.[45] 헌법의 통일성의 사고에 비추어 개별기본권은 원칙적으로 상호간에 동등한 지위를 가진다. 다만, 헌법의 최고 가치이자 최고의 구성원리로서 '인간의 존엄성'만이 다른 기본권에 대하여 예외적으로 우위를 인정받을 수 있을 뿐이다. 결국, 서열이론에 따라 기본권사이의 서열을 일원적이고 체계적으로 확정하는 것은 불가능하다.[46]

학계의 일부에서는 기본권충돌의 해결을 위한 하나의 방안으로서 '서열이론'을 제시하면서, 생명권이 다른 기본권보다 상위에 있다는 주장이나 인격적 가치나 정신적 가치를 보호하기 위한 기본권이 재산적 가치를 보호하기 위한 기본권보다 우위에 있다는 주장 또는 자유를 실현하기 위한 기본권이 평등을 실현하기 위한 기본권보다 우위에 있다는 주장 등을 하기도 한다.[47] 그러나 이러한 주장들은 모든 헌법적 근거를 결여하고 있을 뿐만 아니라, 헌법재판에서 한 번도 실현된 적이 없다.[48]

(나) 생명권의 경우, 생명권이 절대적으로 보장되는 기본권이 아니라 생명권도 특수한 상황에서는 공익의 관점에서 또는 타인의 기본권과의 충돌관계에서 제한될 수 있다는 것에 대해서는 이론의 여지가 없다.[49] 가령, 인공임신중절행위에 의하여 태아의 생명권이 위협받는 경우, 태아의 생명권과 산모의 기본권이 충돌하는 상황에서 '생명권우위의 원칙'에 따라 추상적으로 태아의 생명권에 일방적인 우위가 부여되는 것이 아니라, 임신중절의 시기와 계기, 산모의 상황 등 구체적인 상황을 고려하여 일정한 조건 하에서는 태아의 생명권에 대하여 산모의 자기결정권이나 건강권 등이 우위를 차지함으

---

44) 개별적 법률유보의 규율형식과 그 의미에 관하여 한수웅, 헌법학, 2011, 444면 이하 참조.

45) 오히려, 헌법은 대표적 정신적 자유인 표현의 자유와 관련하여 제21조 제4항에서 헌법적 한계를 명시적으로 제시함으로써, 다른 모든 자유권과 마찬가지로 다른 법익의 보호를 위하여 제한될 수 있음을 밝히고 있다.

46) Vgl. Ossenbbühl, Die Kontrolle von Tatsachenfeststellungen und Prognoseentscheidungen durch das Bundesverfassungsgericht, in: Bundesverfassungsgericht und Grundgesetz, Bd.I, 1976, S.507; H. H. Rupp, Einteilung und Gewichtung der Grundrechte, in: HbGR, Bd.II, 2006, §36 Rn.30; W. Rüfner, Grundrechtskonflikte, in: Bundesverfassungsgericht und Grundgesetz, Bd.II, 1976, S.461ff.; 同旨 계희열, 헌법학(中), 2004, 126면.

47) 가령, 대표적으로 권영성, 헌법학, 2010, 342면; 허영, 한국헌법론, 2010, 272면.

48) 또한, '정신적 기본권 우위의 원칙'은 정신적 기본권과 정신적 기본권 또는 경제적 기본권과 경제적 기본권이 서로 충돌하는 경우에는 그 기능을 할 수 없으며, '자유권우선의 원칙'은 자유권과 자유권이 서로 충돌하는 경우에는 아무런 기능을 할 수 없다.

49) 가령, 사형제도에 의하여 생명권을 박탈하는 경우나 국가권력이 인질의 건강이나 생명을 보호하기 위하여 인질범의 생명권을 박탈하는 경우를 예로 들 수 있다.

로써 법적으로 낙태가 허용될 수도 있다.[50] 낙태가 법적으로 허용될 수 있다는 것은 특정한 상황에서는 태아의 생명권이 산모의 기본권에 대하여 양보해야 한다는 것을 의미한다. 즉, 생명권과 다른 기본권이 충돌하는 경우에도 일정한 상황에서는 생명권이 후퇴할 수도 있는 것이다. 따라서 개별적 상황의 구체적 법익형량 없이 생명권이 추상적으로 다른 기본권에 대하여 우위를 차지한다는 이론은 헌법에 그 근거를 찾을 수도 없고, 헌법재판에서 한 번도 採用된 적이 없다.[51]

마찬가지로, 정신적 자유가 경제적 자유에 우선한다거나 인격권이 비인격권에 대하여 우선한다는 '정신적 자유의 우위원칙' 또는 '인격권 우선의 원칙' 등은 헌법상 그 근거를 찾을 수도 없을 뿐만 아니라, 헌법재판에서 한 번도 그러한 추상적 원칙에 근거하여 법익형량이 이루어진 적이 없다.[52] 가령, 정신적 자유와 경제적 자유가 충돌하는 경우, 인격권우선의 원칙에 따라 모든 상황에서 경제적 자유가 정신적 자유에 대하여 양보해야 하는 것이 아니라, 개별사건의 구체적 상황을 고려하여 상충하는 경제적 자유와 정신적 자유가 개인의 인격발현과 인간존엄성실현 또는 민주주의의 실현 등에 대하여 가지는 구체적인 의미와 중요성에 따라 구체적인 법익형량이 이루어질 수 있을 뿐이다.[53] 헌법재판소도 종래 일관되게 추상적인 우위원칙이 아니라 구체적 법익형량의 원칙에 따라 결론에 이르고 있다.

또한, 자유가 평등에 우선한다는 '자유권우선의 원칙'도 헌법에서는 그 근거를 발견할 수 없다. 헌법적 차원에서 자유와 평등 사이에 충돌과 대립의 관계가 발생하지 않는다.[54] 헌법은 자유와 평등을 어떻게 조화시킬 것인지, 자유와 평등의 요청을 어떻게 동시에 보장할 것인지의 문제를 '법적 평등'이라는 방법을 통하여 해결하고 있다. 여기서 '법적 평등'이란 자유를 전제로 하는 평등, 즉 '자유행사에 있어서 법적 기회의 평등',

---

50) 일부 학자(가령, 계희열, 헌법학 中, 2004, 128면; 홍성방, 헌법학 上, 2010, 379면)는 태아의 생명권과 산모의 자기결정권이 충돌하는 낙태의 상황을 실제적 조화의 원칙으로 해결할 수 없는 예외적 상황으로 보고 있으나("낙태의 경우 그 성질상 예외적으로 상충하는 기본권을 모두 실현시킬 수 없고 그 중 하나를 희생시킬 수밖에 없다, 즉 양자택일적 방법으로 해결할 수밖에 없다."), 이는 실제적 조화의 이론을 제대로 이해하지 못한 결과이다. 입법자가 형법을 통하여 낙태행위를 규율함에 있어서 임신 후 일정기간 동안 낙태행위를 정당화하는 특정요건 하에서만 낙태를 허용함으로써, 한편으로는 산모의 행복추구권을 존중하면서, 다른 한편으로는 태아의 생명권을 보호할 수 있다. 바로 이러한 경우가 서로 충돌하는 기본권 사이의 조화로운 경계를 설정하는 대표적인 경우에 속한다.

51) 독일연방헌법재판소가 낙태결정에서 산모의 기본권에 대하여 생명권에 우위를 부여하였다면, 이는 기본권간의 추상적인 우열관계를 전제로 하는 서열이론에 따른 결과가 아니라, 실제적 조화의 이론에 따른 구체적 법익형량의 결과인 것이다(가령, BVerfGE 39, 1; 86, 390).

52) 이에 관하여 한수웅, 헌법학, 2011, 478면 이하 참조.

53) 가령, 불매운동으로 인하여 재산상의 손해를 입었다는 주장으로 제기된 손해배상청구소송에서 표현의 자유와 재산권이 서로 충돌하는 경우, 표현의 자유의 행사(불매운동)가 자신의 사적인 경제활동에서 이기적인 경쟁상의 이익을 추구하기 위하여 직접적으로 타인의 재산을 겨냥한 것인지 아니면 일반국민 모두와 관련되는 공적 사안에서 사회의 정신적 논쟁을 촉발하기 위한 것으로 이 과정에서 타인의 재산권침해가 불가피한 부수적 효과로 발생한 것인지에 따라, 개별적인 사건마다 어떠한 법익이 후퇴해야 할 것인지의 판단이 달라질 수 있다, 이러한 관점을 제시하는 독일 연방헌법재판소의 결정으로 vgl. BVerfGE 7, 198, 239(Lüth).

54) 이에 관하여 한수웅, 헌법학, 2011, 543면 참조.

즉 형식적 평등을 의미하는 것이지, 자유행사 '결과의 평등'이나 '사실상의 평등'을 의미하지 않는다. 따라서 평등이 단지 '법 앞에서의 평등' 또는 '법적(형식적) 평등'을 의미한다면, 평등은 자유행사의 기회에 있어서 평등, 즉 자유를 전제로 하는 '자유의 평등'을 의미하기 때문에, 자유와 평등은 서로 충돌하지 않는다. 평등을 '법적 평등'이 아니라 '실질적 평등'(자유를 행사할 수 있는 실질적 기회의 평등)으로 이해한다면, 자유와 평등이 서로 대립하는 것이 아니라 '자유'와 실질적 평등을 실현하기 위하여 국가에 대하여 적극적인 행위와 자유에 대한 제한을 요청하는 '사회국가원리'가 대립하는 것이다. 따라서 자유와 평등의 충돌을 전제로 하는 '자유권우선의 원칙'은 헌법상 존재하지 않는다.

라. 헌법적 법익간의 충돌을 해결하는 유일한 가능성으로 實際的 調和의 原則

(1) 실제적 조화의 원칙의 요청

실제적 조화의 원칙(Prinzip der praktischen Konkordanz)이란, 헌법규범간의 충돌관계를 헌법규범간의 우열관계로 해결하는 것이 아니라 헌법의 통일성의 관점에서 상충하는 헌법규범 모두가 최적의 효력을 발휘할 수 있도록 해석해야 한다는 원칙을 말한다. 실제적 조화의 원칙은 헌법의 통일성으로부터 나오는 당연한 원칙이며, 헌법적 법익간의 조정을 입법자에게 위임하는 민주적 헌법의 태도로부터 나오는 당연한 요청이다. 헌법이 하나의 통일체를 형성한다는 것은, 헌법 내에서 헌법규정들이 서로 충돌하는 경우 양자 중 하나를 배제해야 하는 것이 아니라 서로 조화시켜야 한다는 것을 의미하기 때문이다.

헌법의 통일성으로부터 헌법규범간의 최적화 또는 조화의 과제가 도출된다.[55] 헌법이 스스로 헌법규범 사이의 일정한 위계질서를 확정하고 있지 않는 한, 어느 하나의 헌법규범을 다른 헌법규범의 일방적인 희생 하에서 우위가 인정되는 것으로 간주해서는 안 된다. '실제적 조화의 원칙'은 충돌하는 법익의 양자택일이 아니라 竝立 가능성을 모색하고자 한다. 헌법규범간의 충돌이 발생하는 경우, 하나의 규범을 일방적으로 우대하여 다른 규범의 희생 하에서 실현해서는 안 되고, 양 헌법규범이 상호 관계에서 서로를 제약한다 하더라도, 양자가 가능하면 최적의 효과를 얻을 수 있도록 양 헌법규범의 경계가 설정되어야 한다. 따라서 기본권이 서로 충돌하는 경우 양자택일적으로 하나의 기본권만을 실현하고 다른 하나의 기본권을 희생시켜서는 안 되고, 헌법의 통일성의 관점에서 양 기본권이 모두 최대한으로 실현될 수 있도록, 조화의 방법을 찾아야 한다.[56]

---

55) Vgl. Hesse, Grundzüge des Verfassungsrechts der BRD, 1984, Rn.72.

56) Vgl. Hesse, Grundzüge des Verfassungsrechts der BRD, 1984, Rn.72; Lerche, Übermaß und Verfassungsrecht, 1961, S.152f.

(2) 구체적이고 개별적인 법익형량의 원칙

기본권의 충돌은 개별사건의 모든 구체적인 상황을 고려하는 법익형량을 통하여 해결되어야 하고, 이러한 법익형량의 방법이 바로 '실제적 조화의 원칙'이다.[57] 기본권충돌의 경우 문제가 되는 것은, 기본권 사이의 일반적이고 추상적인 우열관계가 아니라, 개별사건의 구체적인 상황을 고려하여 어떠한 기본권이 후퇴하는지 또는 우선하는지를 판단하는 구체적이고 개별적인 법익형량에 관한 것이다.[58] 실제적 조화의 이론은 헌법적 법익이 서로 충돌하는 경우 最適化의 과제를 제시하며, 최적화의 과제란 개별적인 경우 구체적인 상황을 고려하여 양 법익이 최대한으로 효력을 발휘할 수 있도록 상충하는 법익사이의 경계가 설정되어야 한다는 것을 의미한다. 결국, 최적화의 과제는 구체적 상황과 무관한 추상적이고 절대적인 법익형량이 아니라 구체적 상황에 의하여 좌우되는 상대적인 법익형량을 요구한다. 즉, 법익형량의 작업이란, 추상적으로 동등한 헌법적 법익 중에서 구체적인 경우 어떠한 법익에 보다 큰 비중이 부여되는지의 확인에 관한 것이다. 기본권의 충돌은 개별사건의 구체적 상황을 고려하여 상충하는 기본권간의 '條件附 優劣關係'를 확인함으로써 해결된다.[59] 조건부 우열관계란, 구체적 사건과 관련하여 특정한 상황에서 하나의 법익이 다른 법익에 우선한다는 것의 확인을 의미한다.

예컨대, 범죄행위가 발생한지 상당한 기간이 지난 후 언론(TV 방송)이 범죄인의 實名과 사진을 사용하여 반복적으로 범죄사실을 보도하는 것이 허용되는지를 판단함에 있어서 추상적으로 언론의 보도의 자유·국민의 알권리와 범죄인의 인격권 중에서 무엇이 우선하는지를 판단하는 것이 아니라, 언론이 보도를 하고자 하는 구체적 시점에서 '보도의 필요성과 중요성' 및 '인격권보호의 필요성과 중요성'을 구체적으로 형량하여 판단하게 된다.[60] 법익형량을 하기 위해서는 우선 관련당사자의 어떠한 기본권들이 문제되는지, 기본권이 어떠한 방법으로 어떠한 강도로 침해되었는지, 구체적으로 침해된 자유

57) Vgl. W. Rüfner, Grundrechtskonflikte, in: BVerfG und GG, Bd.II, 1976, S.465ff.

58) Vgl. H. H. Rupp, Einteilung und Gewichtung der Grundrechte, in: HbGR, Bd.II, 2006, §36 Rn.30.

59) Vgl. R. Alexy, Theorie der Grundrechte, 1994, S.81.

60) 독일 연방헌법재판소의 레바하(Lebach) 결정(BVerfGE 35, 202, 226ff.) 참조. 독일 공영TV 방송은 독일 레바하 市에서 군인이 살해된 사건에 관하여 위 사건의 공범인 헌법소원청구인에게 형이 선고되고 2년이 지난 후, 청구인의 사진과 실명을 사용하여 실화 드라마를 제작·방영할 것을 계획하였다. 청구인의 방영금지가처분신청을 기각한 법원의 판결에 대하여 제기된 헌법소원사건에서 연방헌법재판소는 "언론이 범죄인의 실명과 사진을 사용하여 범죄사실을 보도하는 것은 범죄인의 인격권에 대한 중대한 침해이나, 일반 국민이 발생한 범죄사실에 대하여 알아야 할 이익과 이를 보도해야 할 언론의 공적 과제가 있기 때문에, 양 법익을 비교형량하는 경우 '중대한 범죄가 발생한 당시'에는 범죄에 관한 사실을 보도해야 할 이익 및 국민의 알고자 하는 이익이 범죄인의 인격권에 대하여 원칙적인 우위를 차지한다."고 확인한 후, "그러나 범죄행위 후 시간이 경과할수록 범죄사실에 관하여 보도해야 할 이익이 감소하는 반면, 범죄인이 형을 치르고 출소의 시기에 접근할수록 범죄인의 인격권과 사회에 복귀할 권리의 비중이 커진다. 범죄행위가 발생한 후 몇 년이 경과하여 국민의 알고자 하는 이익이나 이에 관한 보도의 이익이 거의 존재하지 않음에도 다시 반복적으로 범죄행위에 관하여 보도하는 것은 범죄인의 사회복귀의 가능성을 위협하기 때문에 허용되지 않는다. 이 경우 사회에 복귀하고자 하는 범죄인의 이익과 범죄인의 사회복귀를 가능하게 하고자 하는 국가공동체의 이익이 범죄행위를 다시 상기시키고자 하는 보도의 이익에 대하여 원칙적인 우위를 차지한다."고 판시하였다.

영역이 인간존엄성실현과 자유로운 인격발현 또는 민주주의의 실현에 대하여 가지는 의미와 중요성이 어느 정도인지, 어떻게 기본권침해가 방지되거나 적어도 완화될 수 있는지 등의 관점이 구체적 사건의 판단을 위한 사실적 기초로서 규명되어야 한다. 구체적 사건의 판단은 실제적 조화의 원칙에 따라 양 기본권에 의하여 보호되는 자유행사나 법익이 각 기본권주체에 대하여 가지는 의미와 중요성에 부합하게 귀속되거나 또는 우열관계가 결정됨으로써 이루어진다. 따라서 헌법재판소의 결정이유에서 '어떠한 기본권이 다른 기본권에 대하여 양보해야 한다'고 판단함으로써 기본권의 우열관계를 확인한다면, 이는 헌법적으로 확정된 추상적인 우열관계의 확인이 아니라, 언제나 구체적인 충돌상황과 연관된 우열관계의 확인, 즉 개별적인 법익형량을 통한 우열관계의 확인인 것이다.

(3) 서열이론과의 근본적인 차이점

(가) 양자 사이의 근본적인 차이점은, 헌법이 상충하는 법익간의 충돌 문제를 법익간의 위계질서의 확정을 통하여 스스로 해결하는지 아니면 이를 개별 상황마다 구체적 법익교량을 통하여 해결하도록 입법자에게 위임하는지에 있다.[61] '서열이론'은 기본권충돌의 문제를 개별사건의 구체적 상황을 고려함이 없이 기본권 사이의 일반적인 위계질서를 통하여 '추상적으로' 해결하고자 하는 반면, '실제적 조화의 이론'은 개별사건의 모든 구체적 상황을 고려하는 법익교량을 통하여 기본권충돌의 문제를 해결하고자 한다.

실제적 조화의 이론은 가치 사이에 확정된 절대적 위계질서를 거부하고 법익교량의 상대성과 상황구속성을 강조한다. 충돌하는 모든 가치를 가능하면 최대한으로 실현해야 한다는 '최적화의 사고'는 가치간의 절대적 위계질서의 사고를 필연적으로 부정한다. 실제적 조화의 이론은 구체적 상황에 따라 실현되어야 하는 헌법적 법익과 가치가 다를 수 있다고 하는 사고에서 출발한다. 법익형량과정에서 상충하는 헌법적 법익의 비중과 중요성은 구체적 상황과 관계없이 절대적으로 결정되는 것이 아니라 구체적 상황에서 상대적으로 결정되는 것이다.[62]

(나) 입법자가 형법상의 낙태죄를 구체적으로 형성하는 경우와 같이, 산모의 임신과 출산에 관한 자기결정권과 태아의 생명권이 서로 대치하면서 충돌하는 경우, 서열이론에 따른다면, 구체적인 개별상황의 고려와 관계없이 추상적으로 태아의 생명권이 산모의 자기결정권에 대하여 우위를 차지하므로 입법의 내용이 이미 헌법적으로 결정된다. 그 결과, 서열이론에 의하면, 낙태의 전면금지를 규정하는 낙태죄규정만이 헌법의 의사

61) 물론, 입법자가 헌법적 법익간의 충돌문제를 입법을 통하여 확정적으로 해결하지 아니하고 개괄조항 등 해석을 필요로 하는 법규범의 형태로 규율하는 경우에는, 법익형량을 통하여 법익충돌의 문제를 해결하는 과제는 입법자에서 법원으로 轉移된다.

62) 유사한 취지로 이준일, 헌법재판의 법적 성격, 헌법학연구 제12권 제2호(2006. 6.), 329면.

에 부합한다.

그러나 실제적 조화의 이론에 의하면, 태아의 생명권과 산모의 행복추구권이라는 헌법적 법익이 서로 충돌하는 경우, 입법자는 낙태죄에서 낙태의 허용범위를 정함에 있어서 법익형량을 통하여 양 법익이 조화와 균형의 상태에 이르도록, 즉 가능하면 태아의 생명도 보호하면서 산모의 자기결정권도 효력을 발휘할 수 있도록 규율해야 한다. 이에 따라, 입법자는 헌법의 정신을 기본지침으로 삼아, 임신초기의 일정 기간 동안에는 낙태를 정당화하는 특정 사유가 존재하는 경우에 한하여 낙태를 허용하면서, 일정 기간이 경과한 후에는 낙태를 전면적으로 금지함으로써 태아의 생명권을 보호하는 등, 헌법에 부합하는 다양한 내용의 입법을 할 수 있는 형성권을 가진다.

(4) 실제적 조화의 원칙과 과잉금지원칙의 관계

과잉금지원칙은 그 구조상 법익의 충돌(개인의 자유와 공공복리의 충돌) 및 수단(자유권의 제한)과 목적(자유권의 제한을 통하여 달성하고자 하는 공익)의 관계를 전제로 하고 있다. 과잉금지원칙은 개인의 자유와 공익이 충돌하는 경우 공익의 실현을 위하여 개인의 자유가 과도하게 제한되어서는 안 될 것을 요청한다. 따라서 국가가 개인의 자유와 공익이라는 양 법익을 동시에 완전히 실현할 수 없기 때문에, 상충하는 법익간의 조화와 균형을 이루어야 하는 경우, 과잉금지원칙은 자유권과 그를 제한하는 공익 사이의 비례적 조정과 경계설정의 원칙으로서 적용된다.

'자유와 공익 사이의 실제적 조화'를 구현하는 방법이 바로 과잉금지원칙이다. 실제적 조화의 원칙은 기본권과 공익 사이의 비례적 조정을 요청한다.[63] 특히, 법익균형성의 단계에서 실제적 조화의 원칙에 따른 법익형량이 이루어진다. 기본권과 공익이 서로 충돌하는 경우, 양 법익이 모두 최대한으로 효력을 발휘할 수 있도록 양자 사이에 경계가 설정되어야 한다. 즉, 공익과 기본권 사이의 조화를 실현하기 위하여 반드시 필요한 정도를 넘어서 양자 사이에 경계가 그어져서는 안 된다. 이러한 점에서, '과잉금지원칙'은 자유권의 영역에서 실제적 조화의 원칙이 구체화된 특수한 형태라고 할 수 있다.

마. 법익형량의 이론

독일 연방헌법재판소는 류트(Lüth) 결정(BVerfGE 7, 198)에서[64] 기본권충돌을 해결하

63) Vgl. Hesse, Grundzüge des Verfassungsrechts der BRD, 1984, Rn.318.

64) 독일 연방헌법재판소의 'Lüth 결정'의 사실관계 및 헌법적 판단의 대상은 다음과 같다. 시사평론가이자 함부르크 州의 공보실장인 Lüth는 나치정권 당시 反유태인적 선전영화를 감독한 V. Harlan을 공적으로 비판하면서, 영화배급사, 극장주 및 관객에게 그의 영화를 배급·상영·관람하지 말 것을 호소하였다. 이에 영화배급사는 Lüth를 상대로 손해배상청구소송을 제기하였고 민사법원은 청구를 인용하는 판결을 하였다. Lüth가 법원의 판결에 대하여 제기한 헌법소원심판에서, 연방헌법재판소는 처음으로 자유권의 이중적 성격, 즉 객관적 가치질서로서 자유권의 성격을 언급함으로써 민사법원이 불법행위여부를 판단함에 있어서 표현의 자유가 불법행위조항에 미치는 영향을 고려해야 한다고 판시하여 법원의 판결을 파기 환송하였다.

는 방법으로서 법익형량의 이론을 제시한 이래, 지금까지도 이를 확고한 입장으로 견지하고 있다. 법익형량이론이란, 개별사건의 모든 본질적인 상황을 고려하는 구체적 법익형량을 통하여[65] 가능하면 양 법익을 조화시키고자 시도하고 이것이 실현될 수 없다면 어떠한 법익이 후퇴해야 하는지를 밝힘으로써 법익충돌을 해결하고자 하는 이론을 말한다.[66] 연방헌법재판소는 '법원의 재판에 의하여 개인의 기본권이 침해당했다는 주장으로 제기되는 재판소원'에서, 법원이 구체적 소송사건에서 상충하는 헌법적 법익을 고려하여 양 법익을 최대한으로 실현하고자 하였는지, 즉 법익형량의 위헌여부를 판단하는 과정에서 기본권충돌을 확인하고 '법익형량의 이론'에 따라 법익형량이 이루어졌는지를 심사하고 있다. 여기서 연방헌법재판소가 법익간의 우열관계를 언급한다면, 이는 서열이론에 따른 추상적인 우열관계가 아니라 개별사건마다 구체적인 법익형량의 결과로서 밝혀지는 우열관계이라는 것에 유의해야 한다.[67] 연방헌법재판소가 법익형량의 원칙에 따라 헌법적 법익간의 충돌문제를 해결한다는 것은 개별사건의 모든 구체적 상황을 고려하여 각 헌법적 법익을 지지하는 관점의 형량을 통하여 해결한다는 것을 의미하고, 이 과정에서 법익형량의 원칙은 필연적으로 '실제적 조화의 원칙'과 만나게 된다.[68] 연방헌법재판소의 법익형량은 '실제적 조화의 원칙에 따른 법익형량'을 의미한다. 실제적 조화의 원칙에 따른 비례적 이익조정의 결과로서 충돌하는 법익간의 경계가 설정되고, 이로써 어떠한 법익이 우선하는지 또는 후퇴하는지가 밝혀진다.

학계에서는 기본권충돌의 해결방안으로서 '법익형량의 이론'을 별도로 언급하고 있으나, 법익형량의 이론은 기본권충돌을 해결하기 위한 구체적 방안이 아니라, 개방적 헌법의 적용방법 또는 헌법적 결정에 이르는 방법이 '법익형량'임을 표현하고 강조하는 것에 지나지 않는다. 기본권충돌을 비롯하여 헌법적 법익간의 충돌은 '법익형량'을 통하여

---

65) Vgl. BVerfGE 7, 198, 229(Lüth), "민사법원은 표현의 자유의 의미를 사법상의 불법행위규정에 의하여 보호되는 법익(재산권)의 가치와 형량해야 하는데, 그 결정은 모든 본질적 상황을 고려하여 개별사건의 전체모습을 고찰해야만 내려질 수 있다."; BVerfGE 30, 173, 195(Mephisto), 예술의 자유와 인격권이 충돌하는 상황에서 "결정은 단지 개별사건의 모든 상황을 형량함으로써만 내려질 수 있다,"; BVerfGE 35, 202, 203(Lebach), 범죄자의 인격권과 언론의 보도의 자유가 충돌하는 상황에서 "兩 헌법적 법익 중에서 어떠한 것도 원칙적으로 절대적 우위를 주장할 수 없다. 개별사건에서 인격권에 대한 침해의 정도는 대중의 알고자 하는 이익과 형량해야 한다."

66) Vgl. R. Alexy, Theorie der Grundrechte, 1994, S.79ff., 84ff.; BVerfGE 35, 202, 225(Lebach), "헌법의 의사에 의하면 양 법익은 모두 헌법의 자유민주적 기본질서를 구성하는 본질적 요소이므로, 어떠한 법익도 원칙적인 우위를 주장할 수 없다. … 그러므로 양 법익은 충돌상황에서 가능하면 조화의 상태로 이끌어져야 하고, 이것이 실현될 수 없다면 개별사건의 구체적 상황을 고려하여 어떠한 법익이 후퇴해야 하는지를 판단해야 한다."

67) 국내의 일부 학자(가령, 계희열 헌법학 中, 2004, 126면)가 법익형량의 이론을 서열이론과 유사한 것 또는 동일한 것으로 간주한다면, 이는 독일연방헌법재판소의 결정이유에서 헌법적 법익간의 충돌상황을 법익형량을 통하여 해결하면서 법익형량의 결과로서 하나의 법익에 우위를 부여하는 것을 헌법적 법익간의 '추상적 우위관계의 확인'으로 잘못 이해한 것에서 기인한다.

68) 기본권의 충돌은 구체적 사건에서의 법익형량을 통하여 해결되며, 기본권충돌의 해결방법으로서 실제적 조화의 이론에 따라 구체적인 법익형량이 이루어져야 한다는 것은 독일 연방헌법재판소의 일관되고도 확립된 판례이다, vgl. v. Münch, in: Münch/Kunig, GGK, Vorb. Art.1-19 Rn.47.

해결할 수밖에 없고, 법익형량의 과정에서 기본권충돌의 해결방안으로는 상위의 법익과 가치를 일방적으로 실현하고자 하는 '기본권의 서열이론'과 충돌하는 법익 사이의 정당한 조정을 추구하고자 하는 '실제적 조화의 이론'만이 고려될 수 있을 뿐이다.

위에서 확인한 바와 같이, 헌법적 법익간의 충돌을 해결하는 유일하게 합헌적인 법익형량의 방법이 바로 '실제적 조화의 원칙'이므로, 법익형량이란 충돌하는 법익간의 실제적 조화를 추구하는 법익형량, 즉 비례적 법익형량만을 의미할 수 있을 뿐이다. 결국, 헌법적 법익간의 형량은 실제적 조화의 이론에 따른 법익형량 외에 다른 것을 의미할 수 없다. 이러한 점에서, 법익형량의 이론은 실제적 조화의 이론과 사실상 동일한 의미를 가진다.[69]

3. 서열이론을 적용한 판시내용의 문제점

가. 헌법재판소는 "흡연권은 위와 같이 사생활의 자유를 실질적 핵으로 하는 것이고 혐연권은 사생활의 자유뿐만 아니라 생명권에까지 연결되는 것"이라는 이유로 혐연권이 흡연권보다 상위의 기본권임을 확인하고 있다. 그러나 "흡연권은 '사생활의 자유'라는 하나의 기본권에 헌법적 근거를 두고 있지만 혐연권은 '사생활의 자유와 생명권'이라는 2개의 기본권에 헌법적 근거를 두고 있다."는 관점에 기초하여 상충하는 법익을 量的으로 計量化하여 우위관계를 설정한다는 것이 얼마나 불합리한 논증인지에 관하여는 자세한 설명을 요하지 않는다. 헌법상의 법익이나 가치는 양적으로 계량화될 수 있는 무게를 가질 수 없다.

뿐만 아니라, '사생활의 자유'와 '생명권'이라는 기본권 사이에는 헌법이 예정하는 추상적인 우열관계가 존재하지 않으며, 단지 조건부 우열관계, 즉 구체적 또는 상대적 우열관계만이 있을 뿐이다. 헌법재판에서 문제되는 것은, 어떠한 조건과 상황 하에서 어떠한 헌법적 법익이 우선하는지 또는 후퇴하는지의 판단에 관한 것이다. 헌법적 법익간의 충돌을 해결하는 유일한 합헌적인 방법은 위에서 상술한 바와 같이 '실제적 조화의 이론'이라는 점에서, 헌법재판소가 서열이론에 따라 흡연권에 대한 혐연권의 추상적 우위를 인정한 것은 중대한 오류에 속한다.

나. 대상결정의 또 다른 문제점은, "이처럼 상하의 위계질서가 있는 기본권끼리 충돌하는 경우에는 상위기본권우선의 원칙에 따라 하위기본권이 제한될 수 있다"는 것을 확인한 다음, 이어서 다음 단계에서 과잉금지원칙에 따라 상충하는 법익간의 실제적 조화의 여부를 판단하고 있다는 점이다. 헌법재판소가 기본권충돌상황에서 상위기본권우선의 원칙(서열이론)에 따라 기본권간의 우열관계를 추상적·절대적으로 확인하였다면, 구

---

69) 유사한 견해로 홍성방, 헌법학(上), 2010, 382면; 이준일, 헌법재판의 법적 성격, 헌법학연구 제12권 제2호(2006. 6.), 329면 주 34) 및 35).

체적 상황과 관계없이 하위의 기본권은 상위의 기본권의 실현을 위하여 후퇴해야 할 것이다. 따라서 헌법재판소가 서열이론을 따른다면, 상위의 기본권인 '혐연권'을 위하여 하위의 기본권인 '흡연권'을 후퇴시킨 이 사건 심판대상조항은 그 자체로서 기본권간의 추상적인 우열관계에 부합하는 것으로 헌법적으로 하자가 없으므로, 위헌심사는 이미 이 단계에서 종결되어야 한다. 그러나 헌법재판소는 서열이론에 따라 기본권간의 우열관계를 추상적으로 확인한 다음, 이어서 다음 단계에서 과잉금지원칙에 따라 개별사건에서의 구체적 상황을 고려하는 법익형량을 시도함으로써 상충하는 법익간의 실제적 조화의 여부를 판단하고 있다. 결국, 헌법재판소는 이 사건에서 '서열이론'과 '자유권의 영역에서 실제적 조화의 이론이 구체화된 형태인 과잉금지원칙'이라는 '상호 배제하는 원칙'을 단계적으로 함께 적용하는 중대한 논리적 모순을 보이고 있다.

한편, 단지 흡연의 자유가 제한될 수 있다는 것을 논증하기 위하여 헌법재판소가 상충하는 기본권간의 우열관계를 확인하였다면, 이러한 작업은 지극히 불필요하다. 하위의 기본권이든 상위의 기본권이든 모든 기본권은 절대적으로 보장되는 것이 아니라 기본권행사로 인하여 법익충돌의 가능성이 존재하는 경우에는 항상 제한될 수 있기 때문이다. 따라서 헌법재판소가 서열이론을 통하여 흡연권제한의 가능성이나 당위성을 논증하고자 하였다면, 헌법적으로 잘못된 이론에 근거하여 불필요한 시도를 한 것이다.

V. 대상결정에서 기본권충돌의 상황을 확인하는 것이 필요한지의 문제

1. 입법단계에서 제기되는 문제로서 기본권충돌

기본권충돌의 상황이란, 입법자가 법률을 통하여 일정 생활영역을 규율함에 있어서 서로 대립적인 이익을 가지는 양 기본권주체의 기본권을 함께 고려해야 하는 경우, 양 기본권주체가 국가에 대하여 자신의 기본권을 주장함으로써 언제나 발생하는 현상이다. 가령, 입법자가 행정법이나 형법 등을 통하여 사인에 의한 기본권침해로부터 사인의 기본권을 보호하기 위하여 입법을 하는 경우(보호의무의 이행) 또는 입법자가 사법을 통하여 사인간의 이익을 조정하면서 일방의 이익을 위하여 일방의 이익을 후퇴시키는 경우, 예외 없이 기본권충돌의 문제가 발생한다. 따라서 입법에서 기본권충돌의 문제는 상충하는 기본권을 함께 고려하여 이익조정을 해야 하는 '입법과정'에서 일반적으로 발생하는 일상적인 현상이다.

한편, 헌법재판소는 종래 하나의 기본권을 보호하기 위하여 다른 기본권을 제한하는 법률의 위헌여부가 문제된 대부분의 사건에서 기본권충돌의 문제를 전혀 언급하지 아니하고 과잉금지원칙에 따라 판단하였다.[70] 그렇다면, 헌법재판소가 이 사건 심판대상조항의 위헌여부를 판단함에 있어서 '입법과정에서의 기본권충돌상황'을 확인하는 것이 사안의 해결을 위하여 필요한 것인지, 어떠한 의미를 가지는 것인지의 문제가 제기된다.

2. 입법결과에 대한 위헌심사의 기준으로서 과잉금지원칙

가. 특정 생활영역에서 기본권충돌이 발생하는 경우(가령, 흡연행위로 인하여 타인의 건강과 생명이 위협받는 경우), 입법자는 이 사건 심판대상조항과 같이 기본권충돌을 확정적으로 해결하는 구체적인 입법을 할 수도 있고, 또는 개괄조항의 형태(가령, 私法上의 불법행위조항)로 규율하면서 개별 소송사건에서 발생하는 기본권충돌의 궁극적인 해결을 법원에 맡길 수도 있으며, 아니면 전혀 규율하지 않을 수도 있다. 입법자가 하나의 기본권을 위하여 다른 기본권을 제한하는 형태로 입법을 통하여 기본권충돌을 확정적으로 규율하는 경우, 헌법재판에서 문제되는 것은 기본권충돌을 해결하고자 시도한 결과인 법률의 위헌여부이다.

입법자가 특정 생활영역을 규율함에 있어서 상충하는 기본권을 고려하여 이익조정을 하는 경우 실제적 조화의 원칙에 따라 법익형량을 하게 되는데, 상충하는 기본권간의 조정을 시도하는 바로 이러한 입법단계에서 기본권충돌과 그 해결방법이 문제되는 것이다. 그러나 일단 법익형량의 결과인 입법자의 결정(법률)이 위헌심사의 대상이 되는 경우, 여기서 문제되는 것을 '기본권충돌'이 아니라 '법률에 의한 기본권제한'이므로, 기본권충돌을 언급하고 그 해결방법을 확인하는 것은 불필요하다.[71]

나. 기본권이 서로 충돌하는 상황에서 입법자는 하나의 기본권을 보호하기 위하여 입법을 할 수 있으며, 이로써 '개인의 기본권보호'를 '공익'으로 전환할 수 있다. 입법자는 개인의 복리를 공동체의 복리로 파악함으로써 사익을 공익으로 전환할 수 있는 것이다. 입법자가 개인의 기본권보호를 위하여 입법을 하는 경우, 개인의 기본권보호는 타인의 기본권제한을 정당화하는 입법목적이 된다. 입법자는 공동체의 이익뿐만 아니라 사익도 입법목적으로 추구할 수 있으며, 가령 개인의 명예 보호 또는 태아의 생명권 보호와 같은 개인의 기본권보호를 위해서도 개입할 수 있다. 따라서 개인의 기본권보호는 기본권의 제한을 정당화하는 입법목적으로서 헌법 제37조 제2항의 공공복리에 해당한다.

기본권이 서로 충돌하는 상황에서 입법자가 하나의 기본권을 위하여 다른 기본권을 제한하기로 결정하는 경우, 입법에 의하여 보호되는 개인의 기본권이 공익으로 전환됨

---

70) 가령, 헌법재판소는 교통사고처리특례법 사건(헌재 1997. 1. 16. 90헌마110등)이나 미국산 쇠고기수입의 위생조건에 관한 고시 사건(헌재 2008. 12. 26. 2008헌마419) 등에서 입법자가 기본권보호의무를 제대로 이행하였는지 여부가 문제되었음에도 불구하고 기본권충돌의 문제를 언급조차 하지 아니하였다.

71) 유사한 취지로 홍성방, 헌법학(上), 2010, 382면.

으로써, '기본권과 기본권의 충돌'이 '공익과 기본권의 충돌'로 전환된다. 공익을 실현하기 위하여 자유권이 제한되는 경우, '자유와 공익 사이의 실제적 조화'를 구현하는 방법이 바로 과잉금지원칙이다. 그렇다면, 이 사건 심판대상조항의 위헌심사는, 입법자가 개인의 건강권과 생명권 보호를 이유로 개인의 흡연의 자유를 과도하게 침해하는지의 판단, 즉 과잉금지원칙에 의한 심사로 귀결된다.

3. 헌법재판에서 기본권충돌이 문제되는 경우

헌법재판에서 기본권충돌이 문제되고 그 해결방법이 논의되어야 하는 경우란, 입법자가 구체적인 입법을 통하여 기본권충돌상황을 스스로 확정적으로 규율하지 않았기 때문에, 법관이 구체적인 소송사건에서 스스로 법익형량을 해야 하는 경우이다. 즉, 입법자가 상충하는 법익간의 관계를 확정적으로 정하지 않았기 때문에, 법관이 개괄조항 등 해석을 요하는 私法條項의 해석과 적용의 과정에서 대립하는 양 당사자의 기본권을 고려해야 하고, 이로써 스스로 법익형량을 통하여 상충하는 기본권간의 조화를 시도해야 하는 경우이다.

따라서 헌법재판에서 기본권충돌이 문제된다면, 이는 구체적 소송사건에서 법관의 법익형량의 결과인 재판이 헌법소원의 형태로 또는 상소에 의하여 헌법재판소나 상급심 법원에 의한 위헌심사의 대상이 되는 경우이다. 독일의 헌법재판에서도 상충하는 기본권간의 법익형량이 문제된 것은 예외 없이 법원의 재판에 대한 헌법소원에서 법원의 법익형량의 위헌여부가 심판대에 오른 경우이며, 독일 연방헌법재판소에 의하여 형성된 소위 '법익형량의 이론'도 법원의 재판에 대한 헌법소원심판에서 법원의 법익형량의 타당성을 판단하기 위한 것이다.[72] 이러한 관점에서 본다면, 이 사건에서 헌법재판소가 법원의 재판이 아니라 입법자의 법률에 대한 위헌심사를 하면서 기본권충돌과 그 해결방법을 언급한 것은 불필요하고 무의미할 뿐만 아니라, '기본권충돌이 어느 곳에서 언급되고 논의되어야 하는지'에 관하여 제대로 인식하지 못하고 있음을 드러내고 있다.

Ⅵ. 맺는말

1. 헌법재판소가 이 사건에서 '흡연을 할 자유'(흡연권)와 '흡연을 하지 아니할 자유'(혐연권) 사이의 기본권충돌을 언급하였다면, 이는 잘못된 것이다. 흡연권과 혐연권을 대치시키는 것은 결국 동일한 자유의 적극적 측면과 소극적 측면을 대치시키는 것이다.

---

72) Vgl. BVerfGE 7, 198, 229(Lüth), 私法上의 불법행위규정의 해석에 있어서 재산권과 표현의 자유가 충돌하는 경우; BVerfGE 30, 173, 195(Mephisto), 예술의 자유와 인격권이 충돌하는 경우; BVerfGE 35, 202, 203(Lebach), 인격권과 보도의 자유가 충돌하는 경우; BVerfGE 67, 213, 228(Anachronistischer Zug), 예술의 자유와 인격권이 충돌하는 경우.

적극적인 자유로서 흡연권과 소극적인 자유로서 혐연권 사이에서 기본권의 충돌은 발생하지 않는다. 흡연권과 충돌하는 것은, 흡연권의 소극적 자유인 혐연권이 아니라 타인의 흡연에 의하여 위협받는 법익, 즉 제3자의 건강권과 생명권이다. 따라서 흡연자의 흡연의 자유를 보호하는 '일반적 행동자유권'과 이로 인하여 위협받는 제3자의 '건강권과 생명권'이 서로 충돌하고 대치하는 것이다.

2. 헌법재판소가 序列理論에 따라 흡연권에 대한 혐연권의 추상적 우위를 인정한 것은 중대한 오류에 속한다. 헌법적 법익간의 충돌을 해결하는 유일한 합헌적인 방법은 '實際的 調和의 이론'이다. 기본권충돌의 경우 문제가 되는 것은, 기본권 사이의 일반적이고 추상적인 우열관계가 아니라, 개별사건의 구체적인 상황을 고려하여 어떠한 기본권이 후퇴하는지 또는 우선하는지를 판단하는 구체적이고 개별적인 법익형량에 관한 것이다.

대상결정의 또 다른 문제점은, 서열이론에 따라 기본권간의 우열관계를 추상적으로 확인한 다음, 이어서 다음 단계에서 과잉금지원칙에 따라 개별사건에서의 구체적 상황을 고려하는 법익형량을 시도함으로써 상충하는 법익간의 실제적 조화의 여부를 판단하고 있다는 점이다. 헌법재판소가 기본권충돌상황에서 서열이론에 따라 기본권간의 우열관계를 추상적·절대적으로 확인하였다면, 구체적 상황과 관계없이 하위의 기본권은 상위의 기본권의 실현을 위하여 후퇴해야 할 것이다. 따라서 헌법재판소가 서열이론을 따른다면, 상위의 기본권을 위하여 하위의 기본권을 후퇴시킨 이 사건 심판대상조항에 대한 위헌심사는 이미 이 단계에서 종결되어야 한다. 그러나 헌법재판소는 이 사건에서 '서열이론'과 '실제적 조화의 이론이 구체화된 형태인 과잉금지원칙'이라는 '상호 배제하는 원칙'을 단계적으로 함께 적용하는 중대한 논리적 모순을 보이고 있다.

3. 입법자가 하나의 기본권을 위하여 다른 기본권을 제한하는 형태로 입법을 통하여 기본권충돌을 확정적으로 규율하는 경우, 헌법재판에서 문제되는 것은 기본권충돌을 해결하고자 시도한 결과인 법률의 위헌여부이다. 법익형량의 결과인 입법자의 결정(법률)이 위헌심사의 대상이 되는 경우, 여기서 문제되는 것을 '기본권충돌'이 아니라 '법률에 의한 기본권제한'이므로, 기본권충돌을 언급하고 그 해결방법을 확인하는 것은 불필요하다. 기본권이 서로 대립적인 이해관계를 가지고 충돌하는 상황에서 입법자가 하나의 기본권을 위하여 다른 기본권을 제한하기로 결정하는 경우에는 입법에 의하여 보호되는 개인의 기본권이 공익으로 전환됨으로써, '기본권과 기본권의 충돌'이 '공익과 기본권의 충돌'로 전환된다. 그렇다면, 이 사건 심판대상조항의 위헌심사는, 입법자가 개인의 건강권과 생명권 보호를 이유로 개인의 흡연의 자유를 과도하게 침해하는지의 판단, 즉

과잉금지원칙에 의한 심사로 귀결된다.

4. 헌법재판에서 기본권충돌이 문제되고 그 해결방법이 논의되어야 하는 경우란, 입법자가 구체적인 입법을 통하여 상충하는 법익간의 관계를 확정적으로 규율하지 않았기 때문에, 법관이 개괄조항 등 해석을 요하는 私法條項의 해석과 적용의 과정에서 대립하는 양 당사자의 기본권을 고려해야 하고 이로써 스스로 법익형량을 통하여 상충하는 기본권간의 조화를 시도해야 하는 경우이다. 따라서 헌법재판에서 기본권충돌이 문제된다면, 이는 구체적 소송사건에서 법관의 법익형량의 결과인 재판이 헌법소원의 형태로 또는 상소에 의하여 헌법재판소나 상급심법원에 의한 위헌심사의 대상이 되는 경우이다. 따라서 이 사건에서 헌법재판소가 '법원의 재판'이 아니라 '입법자의 법률'에 대한 위헌심사를 하면서 기본권충돌과 그 해결방법을 언급한 것은 불필요하고 무의미할 뿐만 아니라, 기본권충돌이 어느 곳에서 언급되고 논의되어야 하는지에 관하여 제대로 인식하지 못하고 있음을 드러내고 있다.

참고문헌

계희열, 헌법학(中), 2004
권영성, 헌법학, 2010
김철수, 헌법학개론, 2007
이준일, 헌법재판의 법적 성격, 헌법학연구 제12권 제2호(2006. 6.)
한수웅, 헌법학, 2011
_____, 헌법상의 人格權, - 특히 헌법 제10조의 행복추구권, 일반적 인격권 및 헌법 제17조의 사생활의 보호에 관하여 -, 헌법논총 제13집(2002)
_____, 헌법 제37조 제2항의 過剩禁止原則의 의미와 적용범위, 저스티스, 2006.12.
허 영, 한국헌법학, 2010
홍성방, 헌법학(上), 2010

R. Alexy, Theorie der Grundrechte, 1994
v. Arnim, Staatslehre der Bundesrepublik Deutschland, 1984
Bethge, Zur Problematik von Grundrechtskollision, 1974,
_____, Grundpflichten als verfassungsrechtliche Dimension, NJW 1982
Grabitz, Der Grundsatz der Verhältnismäßigkeit in der Rechtsprechung des Bundesverfassungsgerichts, AöR 98(1973)
D. Grimm, Ursprung und Wandel der Verfassung, in: Isensee/Kirchhof(Hg), Handbuch des Staatsrechts (HbStR), Bd.I, 2003, §1
Hesse, Grundzüge des Verfassungsrechts der BRD, 1984
Isensee, Die verdrängte Grundpflichten des Bürgers, DÖV 1982
Kluth, Das Übermaßverbot, JA 1999
Lerche, Übermaß und Verfassungsrecht, 1961
D. Merten, Negative Grundrechte, in: Merten/Papier(Hg), Handbuch der Grundrechte in Deutschland und Europa (HbGR), Bd.II, 2006, §42
v. Münch, in: Münch/Kunig(Hg), Grundgesetz Kommentar (GGK), Band 1, 2000, 5. Aufl. Vorb. Art.1-19
Ossenbbühl, Die Kontrolle von Tatsachenfeststellungen und Prognoseentscheidungen durch das Bundesverfassungsgericht, in: Starck(Hg), Bundesverfassungsgericht und Grundgesetz, Bd.I, 1976
W. Rüfner, Grundrechtskonflikte, in: Starck(Hg), Bundesverfassungsgericht und Grundgesetz, Bd.II, 1976
H. H. Rupp, Einteilung und Gewichtung der Grundrechte, in: Merten/Papier(Hg), Handbuch der Grundrechte in Deutschland und Europa (HbGR), Bd.II,

2006, §36

Schmitdt-Aßmann, Der Rechtsstaat, in: Isensee/Kirchhof(Hg), Handbuch des Staatsrechts (HbStR), Bd.II, 3. Aufl. 2004, §26

Stern, Das Staatsrecht der Bundesrepublik Deutschland, Bd.Ⅲ/2, 1994

Starck, Die Verfassungsauslegung, in: Isensee/Kirchhof(Hg), Handbuch des Staatsrechts (HbStR), Bd.Ⅶ, 1992, §164

Wahl, Der Vorrang der Verfassung, Der Staat 1981

Zippelius/Würtenberger, Deutsches Staatsrecht, 2005

제5절 자유권의 기능 변화

절차와 조직에 의한 기본권보장*

Ⅰ. 머리말

자유권의 보장에 있어서 절차가 중요한 의미를 가진다는 것은 이미 1679년 영국의 人身保護法(Habeas Corpus Act)으로부터 유래하는 인식이다. 영국의 인신보호법은 자의적인 체포로부터 개인의 신체의 자유를 보호하기 위하여 신체의 자유를 박탈하는 경우 준수되어야 하는 절차적 보장과 拘束適否審制度를 도입하였는데, 신체의 자유의 보장에 있어서 절차가 얼마나 중요한 의미를 가지고 있는지를 보여주고 있다. 나아가, 절차와 조직이 기본권의 보장에 있어서 중요한 의미를 가진다는 것은, 재판청구권과 같은 절차적 기본권의 경우에도 명백하게 드러난다. 입법자가 재판절차를 잘못 형성하는 경우에는 소송법규정을 통하여 국민의 재판청구권을 침해할 수 있다는 것은 주지의 사실이다.[1)]

---

* 위 논문은 2016년 3월, 중앙법학(중앙법학회), 제18집 제1호, 95-138면에 게재된 것을 일부 수정한 것이다.

1) 가령, 입법자가 소송법을 구체적으로 형성함에 있어서 자유권을 비롯한 실체적 권리의 침해에 대하여 권리구제의 가능성을 제공하지 않는다든지 아니면 권리의 주체가 과중한 소송수수료로 말미암아 권리구제를 사실

그러나 여기서 말하는 절차와 조직에 의한 기본권의 보장이란, 재판청구권에 의하여 이루어지는 事後的인 司法的 권리보호를 의미하는 것이 아니다. 여기서 절차와 조직에 의한 기본권의 보장이란, 자유권이 효과적으로 보호되기 위하여 사후적으로 제공되는 법원절차와는 별도로 事前的으로 일정한 내용의 절차적 또는 조직상의 형성을 필요로 하는지, 그에 따라 국가가 절차나 조직을 잘못 형성함으로써 개인의 자유권을 침해할 수 있는지에 관한 것이다. 예컨대, 입법자가 공정하고 객관적인 평가를 보장할 수 없도록 국가자격시험의 절차를 형성함으로써 직업의 자유를 침해할 수 있는지, 입법자가 私人에 의한 재산권의 공용수용을 허용하면서 공공복리를 확보하기 위하여 적합한 절차를 규율하지 않음으로써 피수용자의 재산권을 침해할 수 있는지 또는 입법자가 서적이나 음반 등의 청소년 有害性 여부를 판정하는 합의제 행정기관인 위원회를 전반적으로 보수적인 인사로 구성하도록 규율함으로써 예술의 자유를 침해할 수 있는지의 문제이다.[2)]

절차와 조직에 의한 기본권보장의 문제는 우리 학계에서는 아직 생소한 것이지만,[3)] 헌법재판소의 판례에서는 기본권제한의 실체적 요건을 정하는 '실체적 규정'뿐만 아니라 기본권제한이 이루어지는 절차를 정하는 '절차적 규정'에 의해서도 실체적 기본권이 침해될 수 있다는 것을 이미 일련의 결정에서 확인하고 있다. 가령, 성폭력범죄를 저지른 성도착증 환자로서 재범의 위험성이 있다고 인정되는 성인에 대하여 법원이 유죄판결과 동시에 판결로 약물치료명령을 선고할 수 있도록 규정한 법률조항이 치료대상자의 신체불가침권을 침해하는지 여부가 문제된 사건(헌재 2015. 12. 23. 2013헌가9)에서, 헌법재판

상 포기해야 한다면, 이러한 절차법규정은 재판청구권을 침해하게 된다.

2) '절차에 의한 기본권보장'과 '적법절차원리'가 어떠한 관계에 있는지의 문제가 제기된다. 이 문제를 규명하기 위해서는 우선적으로 헌법 제12조의 '적법절차'가 영미법상의 적법절차원리와 동일한 것을 의미하는지, 영미법상의 적법절차원리가 무엇을 의미하는지 등의 문제가 밝혀져야 하는데, 이는 또 하나의 독자적인 논문 주제에 해당하는 것으로, 여기서는 양자의 차이점을 개괄적으로 확인하는 데 그치고자 한다. 헌법 제12조의 '적법절차'가 영미법의 적법절차원리와 동일한 것인지에 관하여 논란이 있으나, 헌법재판소는 헌법 제12조의 '적법절차'를 영미법에서의 적법절차조항과 동일한 일반적 헌법원리로 해석하고 있다(헌재 1992. 12. 24. 92헌가8). 오늘날 미국에서 '절차적 의미에서의 적법절차조항'의 내용은, 헌법에 보장된 국민의 권리가 행정작용에 의하여 침해된 경우에 대한 사법적 심사의 보장, 행정절차에서의 청문 및 고지절차의 보장, 형사절차에서의 변호인의 조력을 받을 권리 및 공판절차에서의 반대신문권의 보장 등을 포괄하는 것으로 이해되고 있다. 헌법재판소가 종래의 결정에서 절차적 측면에서의 적법절차를 언급하였다면, 이러한 적법절차는 공정한 재판을 받을 권리 또는 공정한 절차에 관한 법치국가적 요청을 의미하는 것이었다. 이러한 관점에서 볼 때, '절차에 의한 기본권보장'은 사전적 권리보호에 관한 것인 반면, 영미법상의 '적법절차원리'는 주로 사후적 권리보호에 관한 것이라는 점에서, 차이가 있다. 물론, 절차적 적법절차원리의 핵심적 내용이 무엇보다도 의견진술(청문) 기회의 보장이라는 점에서 사전적 권리보호의 측면을 포함하고 있고, 이로써 '절차에 의한 기본권보장'과 부분적으로 겹치는 영역이 있으나, '절차에 의한 기본권보장'이란 단순히 청문 기회의 보장을 넘어서, 모든 실체적 기본권은 효과적으로 보장되기 위하여 이에 상응하는 절차에 의한 보완을 필요로 하며, 절차에 관한 형식적 규범이 실체적 자유의 보장여부를 함께 결정한다는 포괄적인 인식, 즉 절차에 대한 실체적 기본권의 영향과 효력에 관한 것이다. 이 논문에서 소개하는 구체적인 사례들이 이러한 차이점과 '절차에 의한 기본권보장'의 포괄적인 성격을 잘 보여주고 있다.

3) 우리 학계에서 이에 관한 논의는 '절차와 조직에 의한 기본권보장' 문제의 존재를 개괄적으로 언급하거나(이강혁, "조직과 절차를 통한 기본권 실현", 고시계 30권 9호, 85. 8. 80면 이하) 또는 Alexy 교수의 저서 'Theorie der Grundrechte'의 '조직과 절차를 청구할 권리' 부분을 그대로 소개한 논문(이준일, "조직과 절차에 관한 기본권", 아·태공법연구 9집, 2001. 9. 133면 이하)에 그치고 있다.

소는 再犯의 위험성판단에 대한 불확실성에도 불구하고 이미 유죄판결의 선고시점에서 치료명령을 선고하도록 절차를 규정한 것은 최소침해성의 원칙에 위반된다고 판단하였다. 또한, 도시환경정비사업의 시행자가 사업시행인가를 신청하기 전에 얻어야 하는 토지소유자의 동의요건을 규약에 정하도록 규정한 도시정비법조항의 위헌여부가 문제된 사건(헌재 2011. 8. 30. 2009헌바128)에서, 헌법재판소는 '동의요건을 정하는 것은 토지소유자의 재산권에 중대한 영향을 미치고, 이해관계인 사이의 충돌을 조정하는 중요한 역할을 담당하므로, 동의정족수를 자치규약에 정하도록 한 것은 議會留保原則에 위배된다'고 판단한 바 있다. 위 사건들은 모두, 입법자가 기본권을 제한하는 절차를 잘못 형성함으로써 자유권을 침해할 수 있다는 것을 보여주고 있다.

이 글에서는 우선 기본권과 절차·조직의 연관관계를 독일에서의 논의를 중심으로 살펴보고, 절차와 조직이 실체적 기본권의 보장에 있어서 어떠한 의미를 가지는지에 관하여 검토한 다음(아래 II.), 자유권의 실현에 있어서 절차와 조직의 중요성을 인식하게 된 계기가 무엇인지, 자유권이 절차와 조직에 대하여 어떠한 효력을 가지는지를 확인하기로 한다(아래 III.). 이어서, 우리 헌법재판소와 독일 연방헌법재판소의 판례에 근거하여 신체의 자유, 생명권과 신체불가침권, 재산권보장, 직업의 자유, 예술의 자유, 사회적 기본권 등의 영역에서 '절차에 의한 기본권보장'의 구체적인 예를 살펴본 다음(아래 IV.), 대학이나 방송사의 조직에 대하여 학문의 자유나 방송의 자유가 어떠한 헌법적 요청을 하는지의 관점에서 '조직에 의한 기본권보장'의 구체적인 예를 살펴보기로 한다(아래 V.). 마지막으로, 실체적 기본권에 의하여 요청되는 절차보장의 정도, 즉 헌법재판소의 심사기준이 무엇인지에 관하여 살펴보는 것으로 이 글을 맺기로 한다(아래 VI.).

II. 실체적 기본권의 보장에 있어서 절차와 조직의 의미

1. 기본권과 절차·조직의 연관관계

가. 독일에서 기본권과 절차·조직의 연관관계에 관한 논의

절차와 조직은 오랫동안 기본권과 큰 연관성이 없는 것으로 간주되었다.[4] 종래의 기본권이해에 의하면, 실체적 기본권은 실체법에 속하는 것이었고, 절차와 조직은 재판청구권 등 절차적 기본권을 비롯한 절차법의 규율대상이었다. 헌법의 영역에서 절차와 조직은 기껏해야 국가조직법의 일부로 간주되었고, 국가조직법은 국가기관의 절차와 조직에 관한 규율로서 '국가에 대한 개인의 헌법적 지위'인 기본권과의 연관관계는 거의 존재하지 않았다. 물론, 국가조직법상의 일부 측면, 가령 권력분립이나 법치국가원리 등이

4) Vgl. Stern, Das Staatsrecht der Bundesrepublik Deutschland, Bd.III/1, 1988, S.953.

자유권을 촉진하고 보장하는 간접적인 효과를 가진다는 것은 인식되었으나, 기본권과 절차·조직 간의 직접적인 연관관계는 인식되지 못하였다.[5)]

독일에서도 1970년대에 들어와 비로소 기본권과 절차·조직 사이의 연관관계가 인식되기 시작하였다. 독일에서 '기본권의 제3자효'(對私人的 效力)에 관한 논의가 50년대 및 60년대에 절정에 이르렀다고 한다면, '기본권의 실현에 있어서 절차와 조직의 의미'는 70년대 말에 본격적으로 논의되기 시작하였고, 1980년대에는 기본권이론의 새로운 조류로 자리 잡게 되었다.[6)] 기본권의 실현에 있어서 절차와 조직의 의미는 특히 학문의 자유를 실현하기 위한 전제조건으로서의 대학의 조직, 행정청에게 계획재량이 부여되는 행정계획의 영역, 행정청에게 판단여지를 부여하는 시험절차 등 행정절차법과 관련하여 집중적으로 논의되었다.[7)] 절차법이 기본권을 보호하는 규범으로 기능한다는 것은 형사절차에서는 이미 오래된 사고인데, 기본권과 절차의 관계에 관한 논의를 통하여 이러한 사고는 다시 부활하였다.[8)]

실체적인 법적 지위뿐만 아니라 절차적인 규범도 실체적 기본권의 보장에 있어서 중요하며, 절차와 조직에 의하여 事前에 자유권의 침해를 방지하는 조치가 취해지는 경우에만 자유권이 효과적으로 보장될 수 있다는 새로운 인식의 발견이 그 당시 논의의 출발점이었다. 실체적 기본권의 실현에 있어서 事後的으로 '재판절차에서의 효과적인 권리보호'뿐만 아니라 무엇보다도 '행정절차법상의 事前的 조치'에 의한 기본권보장이 매우 중요하기 때문에, 법원의 재판절차뿐만 아니라 행정청의 절차도 기본권을 효과적으로 보호할 수 있도록 형성되어야 한다는 것이 인식되었다.[9)] '절차와 조직에 의한 기본권보장'의 핵심적인 목표는, 자유권을 효과적으로 보호하는 '절차의 입법적인 형성'과 자유권에 우호적인 '절차법의 해석과 적용'을 통하여 자유권의 효력이 약화되는 것을 사전에 방지하고자 하는 것이다. 이러한 인식은 인근주민의 건강과 생명을 위협하는 핵발전소 건립 허가절차나 특정 직업을 행사하기 위한 전제조건으로서의 국가자격시험의 절차에 관한 결정을 비롯한 다수의 연방헌법재판소 결정들에서 확인되었고,[10)] 이러한 결정들에

5) Vgl. Starck, Organisation und Finanzierung als Hilfen zu Grundrechtsverwirklichung?, in: Bundesverfassungsgericht und Grundgesetz, Bd.II, 1976, S.483.

6) Vgl. Rupp, Vom Wandel der Grundrechte, AöR 101(1976), S.187ff.; Richter/Schuppert/Bumke, Casebook Verfassungsrecht, 2001, S.36; Dreier, Subjektiv-rechtliche und objektiv-rechtliche Grundrechtsgehalte, Jura 1994, S.511; Stern, Das Staatsrecht der Bundesrepublik Deutschland, Bd.Ⅲ/1, 1988, S.953; Schmidt-Aßmann, Grundrechte als Organisations- und Verfahrensgarantien, in: HbGR, Bd.II, 2006, §45 Rn.6.

7) Vgl. Richter/Schuppert/Bumke, Casebook Verfassungsrecht, 2001, S.36.

8) Vgl. Niemöller/Schuppert, Die Rechtsprechung des Bundesverfassungsgerichts zum Strafverfahrensrecht, AöR 107(1982), S.403.

9) Vgl. Denninger, Staatliche Hilfe zur Grundrechtsausübung durch Verfahren, Organisation und Finanzierung, in: HbStR, Bd.IX, 3. Aufl. 2011, §193 Rn.3, 6.

10) 이에 관하여 아래 Ⅳ. 2. 및 4.의 서술내용 참조.

의하여 학계의 논의는 자극을 받았다.[11)]

나. 절차적 기본권과 절차·조직의 연관관계

절차적 기본권의 경우 기본권과 절차·조직의 연관관계는 명백하다.[12)] 절차적 기본권은, 한편으로는 실현되고 행사되기 위하여 절차와 조직을 규율하는 절차법에 의한 구체적 형성을 필요로 하고, 다른 한편으로는 절차와 조직의 형성에 대하여 영향을 미친다. 절차적 기본권의 경우 절차와 조직은 바로 기본권의 직접적인 규율대상이다. 절차적 기본권이 절차와 조직에 대하여 영향을 미친다는 것은 이미 절차적 기본권의 보장내용으로부터 직접 나오는 것이다. 절차적 기본권으로부터, 즉 헌법이 절차적 기본권을 보장한 의미와 목적으로부터 절차와 조직에 대한 헌법적 요청이 나온다. 여기서 헌법적으로 문제되는 것은, 입법자가 절차적 기본권으로부터 나오는 헌법적 요청을 절차법을 통하여 제대로 구체화하였는지 여부이다.

절차적 기본권의 대표적인 것이 실체적 권리의 보장과 관철에 기여하는 '재판청구권'이다. 재판청구권은 실체적 권리의 구제를 위하여 국가로부터 권리구제절차의 제공을 요구하는 기본권이다. 재판청구권은 절차법에 의하여 구체적으로 형성되고 실현된다. 개인은 재판청구권을 행사하기 위하여 사전에 입법자에 의한 구체적인 형성을 필요로 한다. 입법자가 법원조직법이나 소송법 등을 통하여 재판청구권을 구체적으로 형성해야만, 개인은 비로소 권리구제절차를 밟고 권리보호를 구할 수 있다.

재판청구권으로부터 권리보호를 제공하는 절차와 조직에 대하여 구체적인 헌법적 요청이 나온다. 헌법이 재판청구권을 규정한 목적은 '효과적인 권리보호'를 보장하고자 하는 것이므로, '효과적인 권리보호의 요청'은 재판청구권에 내재한 객관적 가치결정이자 헌법적 정신으로서, 입법자가 재판청구권을 절차법을 통하여 구체적으로 형성함에 있어서 입법자를 구속하는 헌법적 지침이다.[13)] 입법자는 절차법의 형성에 있어서 '효과적인 권리보호의 요청'에 위반하는 경우 재판청구권을 침해하게 된다. 따라서 입법자는 법원의 조직과 절차를 구체적으로 형성함에 있어서 법원에 의한 통제가 효과적이고 빈틈없이 적시에 이루어질 수 있도록 규율해야 한다. 무엇보다도 법원절차에의 접근이 정당한 사유 없이 불필요하게 방해되어서는 안 된다. '효과적인 권리보호의 요청'은 입법자에 대해서는 절차법의 형성에 있어서 영향을 미치고, 법적용기관에 대해서는 절차법의 해석과 적용에 있어서 영향을 미친다. 절차법은 재판청구권을 보장한 정신의 관점에서 해석되어야 하고, 법적용기관은 이러한 방법으로 재판청구권의 실효성을 확보해야 한다.

---

11) Vgl. Dreier, Subjektiv-rechtliche und objektiv-rechtliche Grundrechtsgehalte, Jura 1994, S.511.

12) Vgl. Stern, Das Staatsrecht der Bundesrepublik Deutschland, Bd.III/1, 1988, S.961; Starck, Die Grundrechte des Grundgesetzes, JUS 1981, S.242.

13) 한수웅, "헌법 제27조의 裁判請求權", 헌법논총 제10집, 1999, 356면 이하 참조.

다. 실체적 기본권과 절차·조직의 연관관계

(1) 절차와 조직의 측면은 실체적 기본권의 실현과 보장에 있어서도 일반적인 의미를 가지고 있다. 실체적 기본권에 의하여 규범화된 개인의 헌법적 지위가 사회현실에서 실제로 보장되기 위해서는, 규율대상이 실체법적 규정에 의하여 내용적으로 규범화되어야 할 뿐만 아니라 기본권의 행사를 절차적으로 보장하는 '절차와 조직에 관한 규정'을 필요로 한다. 개인의 자유가 본질적으로 국가의 지원, 배려 및 분배에 의존하고 있고, 상충하는 개인적 자유영역 간의 조정과 경계설정을 필요로 하는 현대의 상황에서, 절차와 조직에 의한 규율은 더욱 의미를 더해가고 있다.[14)]

(2) 절차와 조직에 관한 규정은 오늘날 특히 상충하는 헌법적 지위를 조정하는 수단으로 기능하고 있다.[15)] 오늘날 개인의 자유가 다른 개인의 자유와 빈번하게 충돌하는 상황에서 상호간에 자유영역의 경계를 설정하여 합리적으로 귀속시켜야 하는데, 이러한 법적 규율은 본질적으로 절차적 규정에 의하여 이루어질 수밖에 없다.

절차적 규정이 상충하는 개인적 자유간의 조정을 가능하게 하고 문제되는 자유권을 보호하는 수단으로 작용한다는 것은 특히 재산권행사의 영역에서 관찰할 수 있는 현상이다. 가령, 재건축사업시행에 있어서 토지소유자들의 이익이 서로 충돌하는 경우, 상충하는 토지소유자들의 이익은 사업시행의 요건과 구체적 절차를 규정하는 절차법에 의하여 조정되고 보호된다.

집회의 자유의 행사도 상충하는 법익간의 조정을 가능하게 하는 절차를 필요로 한다. 집회의 자유의 행사는 다수인의 집단적인 행동을 수반하기 때문에, 특히 옥외집회의 경우 공익이나 타인의 법익과 충돌할 가능성이 크다. 따라서 어떠한 방식으로든 행정청으로 하여금 사전에 집회의 자유와 다른 법익을 조화시킬 수 있는지 여부에 관하여 판단할 수 있도록 하는 사전적 절차가 필수적이다. 입법자는 집회의 자유도 효과적으로 보장하면서 집회의 자유의 행사로 인한 법익침해도 최소화할 수 있도록, 신고제 등을 통하여 집회의 자유를 행사하는 구체적인 절차를 형성해야 하고, 법적용기관은 입법자에 의하여 형성된 절차인 신고제규정을 집회의 자유를 보장한 정신(가치결정)에 비추어 해석·적용해야 한다.[16)]

(3) 뿐만 아니라, 일부 실체적 기본권은 실현되기 위하여 입법자에 의한 절차와 조직의 형성에 의존하고 있다. 특히 결사의 자유와 근로3권은 사회현실에서 그 기능을 이행하고 자유의 행사를 가능하게 하기 위하여 법질서에 의한 구체화와 형성, 즉 절차와 조

14) Vgl. Hesse, Grundrechte, in: HbVerfR, 1983, S.100.
15) Vgl. Hesse, Grundrechte, in: HbVerfR, 1983, S.101f.
16) 신고제 관련규정의 합헌적 해석에 관하여 한수웅, 헌법학, 2015, 803면 이하 참조.

직에 관한 법규범을 필요로 한다.[17)]

개인이 결사의 자유를 법적으로 의미 있게 행사하기 위해서는 입법자에 의한 구체적인 형성을 필요로 한다.[18)] 입법자는 결사가 특정 목적을 달성할 수 있도록 이에 적합한 법적 형식을 제공해야 한다. 가령, 주식회사법, 유한회사법 등은 특정 목적을 위한 결사의 설립과 운영을 가능하게 하는 법규범이다. 이러한 법규범은 조직과 절차의 제공을 통하여 특정한 형식으로 결사의 자유를 사용하는 것을 비로소 가능하게 함으로써 결사의 자유를 행사하기 위한 조건을 규율하는 것이다. 이러한 영역에서는 입법자의 법적 형성에 의하여 비로소 기본권적 자유의 행사가 가능하게 된다. 권리와 의무의 주체로서 단체나 회원의 지위는 모두 단체와 단체구성원 및 제3자의 관계를 규율하는 법질서에 의해서만 가능하다.

근로3권도 법현실에서 실현되고 보장되기 위하여 입법자에 의한 구체적인 형성을 필요로 한다.[19)] 근로3권은 근로자단체와 사용자간의 근로조건에 관한 사적 자치가 실제로 이루어질 수 있도록 무엇보다도 단체협약제도의 구체적 형성을 요구한다. 입법자는 근로자단체의 조직, 단체교섭, 단체협약, 노동쟁의 등의 절차에 관한 노동조합관련법의 제정을 통하여 근로자가 헌법적으로 보장된 자유인 단결권을 실제로 행사하기 위하여 필요한 법적 제도를 제공해야 한다.[20)] 근로자가 기본권적 자유를 실제로 행사할 수 있는 최소한의 조건이 입법자에 의하여 형성되지 않고서는 근로3권은 실질적으로 보장될 수 없다.

선거권도 선거절차의 규율 없이는 행사할 수 없다. 국민이 선거권을 실제로 행사하기 위해서는, 입법자는 입법을 통하여 국가의사형성에의 참여를 가능하게 하는 절차를 제공해야 한다.[21)] 선거연령, 국적, 주거지 등 선거권을 행사할 수 있는 인적 범위의 확정, 비례대표제 또는 다수대표제 등 선거제도의 형성, 선거구의 획정 등 선거의 조직과 절차를 정하는 선거법의 구체적인 규율 없이는 국민은 선거권을 행사할 수 없다. 여기서 헌법상 선거원칙은 선거절차를 규율하는 핵심적 원칙으로 작용한다.

---

17) Vgl. Bethge, Grundrechtsverwirklichung und Grundrechtssicherung durch Organisation und Verfahren, NJW 1982, S.3; Hesse, Grundrechte, in: HbVerfR, 1983, S.100.

18) 헌재 2002. 8. 29. 2000헌가5(상호신용금고 임원과 과점주주의 연대책임), 판례집 14-2, 106, 122, "입법자가 회사법 등과 같이 단체의 설립과 운영을 가능하게 하는 법규정을 마련해야 비로소 개개의 국민이 헌법상 보장된 결사의 자유를 법질서에서 실질적으로 행사할 수 있으므로, 결사의 자유는 입법자에 의한 형성을 필요로 한다."

19) 한수웅, 헌법학, 2015, 1022면 이하; 또한 헌재 1998. 2. 27. 94헌바13(노동조합 대표자의 단체협약체결권), 판례집 10-1, 32 참조.

20) Vgl. Starck, Organisation und Finanzierung als Hilfen zu Grundrechtsverwirklichung?, in: Bundesverfassungsgericht und Grundgesetz, Bd.II, 1976, S.505f.

21) Vgl. Alexy, Theorie der Grundrechte, 1994, S.453.

2. 모든 실체적 기본권을 효과적으로 보장하기 위한 수단으로서 절차와 조직

나아가, 거의 모든 자유권은 정도의 차이가 있을 뿐, 절차・조직과의 상호연관관계를 보이고 있다. 특히 신체의 자유의 경우 실체적 기본권과 절차의 연관관계는 뚜렷하게 나타난다. 헌법은 제12조에서 신체의 자유는 오로지 법관의 결정에 의해서만 박탈될 수 있다는 절차적 보장(영장주의원칙)을 통하여 신체의 자유에 대한 보호를 강화하고 있다. 뿐만 아니라 대부분의 자유권은 보장되고 실현되기 위하여 절차와 조직에 의한 보완을 필요로 한다. 입법자는 실체법의 제정에 있어서 자유권을 존중하고 준수해야 할 뿐만 아니라, 절차의 형성을 통하여 자유권의 효력을 확보해야 한다. 절차법이 자유권의 실효성을 확보할 수 없다면, 자유권의 실체적 내용이 손상될 수 있다. 이로써 절차와 조직에 관한 규정은 자유권을 실현하고 효과적으로 보장하기 위한 필수적 요소이다.[22)]

여기서 새로운 인식은 실체적 기본권도 효과적으로 보장되기 위하여 절차와 조직을 필요로 하며, 역으로 절차와 조직의 형성에 대하여 영향을 미친다는 것이다. 이 글에서 실체적 기본권과 절차・조직의 연관관계를 언급한다면, 바로 이러한 인식에 관한 것이며, 이러한 인식이 본질적으로 새로운 것이다. 이러한 인식은 결사의 자유와 같이 특정한 절차가 제공되지 않으면 제대로 실현될 수 없는 자유권과 관련하여 발생한 것이 아니라, 원칙적으로 모든 자유권에 적용될 수 있는 일반적 인식이다.[23)] 즉, 절차와 조직의 형성이 자유권의 효력을 확보하기 위한 수단으로 인식된 것이다.

따라서 절차와 조직에 의한 기본권의 보장이란, 실체적 기본권이 어느 정도로 절차와 조직에 의한 보호를 요청하는지, 실체적 기본권으로부터 해석을 통하여 절차법의 형성에 대한 특정한 요청을 도출할 수 있는지의 문제에 관한 것이며, 이로써 실체적 기본권의 효력을 절차와 조직에 관한 규정에 의하여 지원하고 강화하고자 하는 것이다.[24)] 자유권은 개인의 재산권이나 직업의 자유, 신체불가침권 등을 국가의 침해로부터 보호할 뿐만 아니라, 나아가 그 보호기능을 개인의 자유에 대한 침해를 야기할 수 있는 '국가의 절차'에 대해서도 확대하고 있다. 따라서 행정청의 결정이 개인의 자유권을 침해할 우려가 있는 경우에는 자유권은 행정청의 결정이 내려지는 행정절차의 형성에도 영향을 미친다. 자유권은 행정절차의 형성을 통하여 기본권보호의 실효성이 확보될 것을 요청한다.[25)]

---

22) Vgl. Stern, Das Staatsrecht der Bundesrepublik Deutschland, Bd.Ⅲ/1, 1988, S.955; Hesse, Grundrechte, in: HbVerfR, 1983, S.101.

23) Vgl. Grimm, Verfahrensfehler als Grundrechtsverstöße, NVwZ 1985, S.865; Stern, Das Staatsrecht der Bundesrepublik Deutschland, Bd.Ⅲ/1, 1988, S.966.

24) Vgl. Grimm, Verfahrensfehler als Grundrechtsverstöße, NVwZ 1985, S.865; Schmidt-Aßmann, Grundrechte als Organisations- und Verfahrensgarantien, in: HbGR, Bd.II, 2006, §45 Rn.4; Lorenz, Der grundrechtliche Anspruch auf effektiven Rechtsschutz, AöR 105(1980), S.626.

Ⅲ. 절차와 조직에 대한 자유권의 효력

1. 자유의 실현조건의 변화에 따른 자유권의 의미와 기능의 변화

헌법의 규범적 효력과 사회통합의 효과는, 그 시대가 던지는 중요한 문제에 대하여 헌법이 어느 정도로 만족할만한 대답을 제시하는지에 달려있다.[26] 오늘날 基本權理論의 핵심적인 문제는 기본권의 보장내용이 어느 정도로 사회현상의 변화에 의하여 영향을 받는지의 문제, 기본권의 보장내용이 사회현실의 변화에 따라 헌법해석을 통하여 변화하고 사회현실에 적응해야 하는지의 문제이다.[27] 기본권이론의 문제는 근본적으로 '법규범과 현실의 관계'에 관한 문제이다. 이로써 기본권이론의 문제는 변화한 사회현상이 어느 정도로 기본권규정의 새로운 해석을 요청하는지의 문제, 기본권규정이 시간의 역동성 속에서 지속적으로 발전해야 하고 변화하는 현실에 적응해야 하는지의 문제, 즉 헌법해석의 문제, 헌법해석을 통한 憲法變遷의 문제이다.[28] 기본권을 비롯한 헌법규범은 사회현상의 변화에 따라 그에 적합하도록 해석되어야 하며, 이에 따라 기본권의 의미와 기능도 변화해야 한다.

헌법이 자유권을 보장한 의미와 목적은 일차적으로 국가권력의 남용으로부터 개인을 보호하고자 하는 것이다. 자유권은 예나 지금이나 그 기능에 있어서 일차적으로 국가의 침해행위에 대하여 개인의 자유영역을 방어하고 보호하는 '국가에 대한 개인의 방어권'이다. 그러나 오늘날 현대 산업사회에서 개인의 자유는 약 2세기 전에 서구에서 자유권이 최초의 憲法典에 수용되었던 그 당시와는 다른 형태의 다양한 위협을 받고 있다. 오늘날 개인의 자유는 사회세력에 대해서도 보호를 필요로 하며, 자유가 단지 형식적으로 헌법적 차원에서 인정되는 것을 넘어서 실질적으로 개인에게 유용하기 위해서는 자유가 실제로 보장될 수 있는 기본조건이 국가에 의하여 형성되어야 한다.[29]

자유권이 오늘날의 변화한 조건 하에서도 개인의 자유를 보장하고자 하는 본래의 기능을 이행하려면, 자유권은 더 이상 '개인의 방어권'으로서만 이해되어서는 안 된다. 사회적 법치국가에서 자유는 국가에 대한 소극적 방어권만으로는 보장될 수 없으며, 오늘날에는 점차 '국가에 의한 자유보장'의 문제가 제기되고 있다.[30] 개인에게 법적인 자유

---

25) Vgl. Zippelius/Würtenberger, Deutsches Staatsrecht, 2005, S.164.

26) Vgl. Starck, Organisation und Finanzierung als Hilfen zu Grundrechtsverwirklichung?, in: Bundesverfassungsgericht und Grundgesetz, Bd.II, 1976, S.482.

27) Vgl. Friesenhahn, Der Wandel des Grundrechtsverständnisses, in: 50. DJT, 1974, G10; Rupp, Vom Wandel der Grundrechte, AöR 101(1976), S.161.

28) Vgl. Rupp, Vom Wandel der Grundrechte, AöR 101(1976), S.163f.

29) Vgl. Grimm, Verfahrensfehler als Grundrechtsverstöße, NVwZ 1985, S.866.

30) Vgl. Dreier, Dimensionen der Grundrechte, in: Idee und Gestalt des freiheitlichen Verfassungsstaates, 2014, S.225.

를 보장할 뿐만 아니라 자유실현의 실질적 조건을 확보하는 것이 사회국가의 본질적인 특징이므로, 개인의 자유 실현의 기본조건이 위협받는 경우에도 사회국가는 자유실현의 조건을 형성해야 할 의무와 책임을 지게 되었다.

개인적 자유를 위협하는 상황의 변화, 이로써 개인적 자유를 실현하는 조건의 변화는 자유권의 효력과 기능을 강화해야 할 필요성을 인식케 하였고, 이로써 자유권에 '客觀的 價值秩序'로서의 성격을 부여하게 된 직접적인 계기를 제공하였다.[31] 이로써 자유권규정은 헌법질서를 구성하는 헌법의 기본결정 또는 객관적 근본규범으로서 국가에 대하여 그 내용의 실현을 요구하며, 국가행위의 방향을 제시하는 지침으로 기능한다.[32] 자유권이 객관적인 근본규범으로서 모든 국가기관을 구속한다면, 이로부터 필연적으로 자유권이 전체 법질서에 영향을 미친다는 '放射效'가 나온다.

자유권의 객관적인 성격으로부터 기본권의 방사효, 제3자효, 국가의 기본권 보호의무 등 자유권의 객관적 측면을 통하여 자유권에 부여된 새로운 기능들이 나온다. 자유권의 새로운 기능은 자유권의 방어권적 기능을 제거하거나 대체하고자 하는 것이 아니라 부가적인 기능을 통하여 보완하고자 하는 것이고, 이로써 자유권을 그 적용범위와 효력에 있어서 확대하고자 하는 것이다.[33] 고전적인 방어권적 기능을 보완하는 새로운 기능들은 산업사회 이전에 생성된 자유권이 국가에 대한 방어권적 기능만으로는 현대의 산업사회에서 '개인의 자유 보장'이라는 헌법적 목적을 실현하기 어렵다는 인식으로부터 나온 산물이다.

2. 자유권의 실현에 있어서 절차와 조직의 중요성을 인식하게 된 계기

가. 여기서 자유권의 실현에 있어서 절차와 조직의 중요성을 인식하게 된 계기가 무엇인지의 문제가 제기된다.[34] 자유권의 보호는 전통적으로 국가의 실체적 결정과 연관된 것이었는데, 자유권의 보호가 국가의 '결정 내용'뿐만 아니라 '결정이 내려지는 절차'에 대해서도 확대된다면, 이는 무엇보다도 국가의 결정 내용에 대한 통제를 곤란하게 하는 상황의 발생에 기인하는 것이고, 특히 행정청의 결정내용을 사전에 명확하게 확정하지 않는 법률의 증가에 기인하는 것이다.

입법자가 행정청을 구속하는 명확한 법률을 제정하지 않는 것은 입법의무를 懈怠한

31) Vgl. Dreier, Dimensionen der Grundrechte, in: Idee und Gestalt des freiheitlichen Verfassungsstaates, 2014, S.247f.

32) 자유권의 객관적 성격과 그 효과에 관하여 한수웅, 헌법학, 2015, 418면 이하; vgl. Hesse, Grundrechte, in: HbVerfR, 1983, S.93f.; Jarass, Grundrechte als Wertentscheidungen bzw. objektrechtliche Prinzipien in der Rechtsprechung des Bundesverfassungsgerichts, AöR 110(1985), S.363ff.

33) Vgl. Ossenbühl, Die Interpretation der Grundrechte in der Rechtsprechung des Bundesverfassungsgerichts, NJW 1976, S.2100.

34) 이러한 문제의 제기에 관하여 vgl. Grimm, Verfahrensfehler als Grundrechtsverstöße, NVwZ 1985, S.866.

결과가 아니라, 오늘날 사회적 법치국가에서 국가과제의 확대가 초래한 결과이다. 법률의 명확성에 대한 요청, 즉 입법자가 얼마나 법률을 명확하게 규정함으로써 행정청에게 명확한 행위지침을 제시할 수 있는지의 문제는 규율대상을 고려하지 않고서는 파악할 수 없다. 사회적 법치국가에서 국가과제가 전통적인 질서행정에서 급부적·형성적 행정으로 확대되면서, 법률의 규율형식에 있어서 근본적인 변화가 발생하였고, 이에 따라 행정이 점진적으로 법의 구속과 지배를 벗어나고 있는 현상을 엿볼 수 있다.[35)]

나. 국가과제의 확대는 입법자가 법률로써 행정청을 구속할 수 있는 가능성의 정도에 있어서도 큰 영향을 미쳤다. 질서의 유지와 보장을 목적으로 하는 秩序行政의 경우 질서행정의 목적에 비추어 이미 행정청의 행위가 예정되어 있으므로, 입법자는 條件命題의 형식(… 인 경우에는 … 하여야 한다)으로 무엇이 질서위반이고 침해된 질서의 회복을 위하여 어떠한 조치가 취해져야 하는지에 관하여 일반·추상적으로 명확하게 규정함으로써, 행정청을 강력하게 구속할 수 있다.

이와는 대조적으로, 미래형성적인 計劃·誘導行政의 영역에서는 국가과제의 실현과 사회형성에 관한 것이고, 과제의 실현여부가 국가에 의하여 단지 제한적으로만 통제될 수 있는 다양한 외부적 요인, 사회적 상황의 변화, 국가과제간의 충돌과 경합, 과제이행의 長期性 등 불확실한 조건의 영향 하에 있기 때문에, 국가의 활동을 사전에 완전하게 파악하여 구성요건과 법률효과의 형식으로 일반·추상적으로 규율하는 것이 불가능하다. 따라서 급부·계획행정에서의 법규범은 조건명제의 형식이 아니라 단지 행정이 추구해야 하는 목표 및 목표의 실현에 있어서 고려해야 하는 관점과 이익만을 규정하는 형식을 취하면서, 목표를 실현하는 수단의 선택은 행정청에게 맡기고 있다. 질서행정에서의 조건부 규율형식과 비교할 때, 단지 목표만을 확정하는 법률의 규율형식은 행정청의 결정내용을 사전에 확정적으로 규율할 수 없다는 점에서, 법률의 구속성이 약할 수 밖에 없다.

다. 국가과제의 확대에 따라 행정절차의 역할과 의미도 변화하였다. 질서행정에서 입법자의 법률은 국가활동의 내용을 사전에 본질적으로 확정하기 때문에 사실상 오로지 법률만이 '공권력의 결정'으로서의 성격을 가지며, 행정청의 결정은 입법자가 이미 내린 결정을 단지 집행하는 성격을 가진다. 따라서 질서행정에서 행정절차는 행정청의 결정내용에 큰 영향을 미칠 수 없기 때문에 독자적인 의미가 없다. 반면에, 계획·유도행정을 규율하는 법률은 행정청의 결정내용을 확정하지 않고 행정청에게 폭넓은 형성의 자유를 부여하고 있으므로, 여기서 행정절차가 행정청의 결정내용에 중대한 영향을 미칠 수 있다.[36)] 이러한 점에서 계획·유도행정에 있어서 행정절차는, 사회의 중요한 이익과

35) Vgl. Grimm, Verfahrensfehler als Grundrechtsverstöße, NVwZ 1985, S.866.
36) Vgl. Grimm, Verfahrensfehler als Grundrechtsverstöße, NVwZ 1985, S.867.

견해의 반영을 보장하는 다원적으로 구성된 합의제기관에서 공개토론을 통하여 입법이 이루어지는 '의회입법절차의 실질'에 거의 접근한다.

반면에, 법원에 의한 통제는 사법적으로 심사될 수 있는 법규범의 존재를 전제로 하고 계획 · 유도행정에서는 이러한 법규범이 일반적으로 존재하지 않기 때문에, 결정내용에 대한 사법심사의 가능성은 매우 제한적이다. 나아가 이해관계인은 행정절차에의 참여가능성도 가지지 못한다. 따라서 계획 · 유도행정의 영역에서 제한적인 사법통제의 가능성 및 이해관계인의 참여가능성의 결여는 오로지 이를 보완하는 행정절차의 형성에 의해서만 상쇄될 수 있다. 행정절차의 이러한 의미 변화에 직면하여, 입법자는 행정청에게 이해관계인에 대한 정보제공의무를 부과하고 이해관계인에게 결정의 준비단계에서 자신의 입장 진술을 가능하게 하는 행정절차에의 참여권을 부여함으로써 이를 고려하기 시작하였다. 이러한 방법으로 이미 행정절차의 단계에서 권리보호가 사전적으로 이루어지고, 법원에 의한 사법적 통제도 '결과(결정내용)에 대한 통제'에서, 법률이 정한 절차를 준수하였는지의 여부에 관한 '절차에 대한 통제'로 이동하게 되었다.

행정이 법의 구속을 벗어나는 현상은 또한 행정청에게 판단여지(Beurteilungsspielraum)가 인정되는 영역에서도 마찬가지로 발견할 수 있다.[37] 국가의 자격시험결정이나 공무원의 人事考課 등과 같이 '결정의 非代替性'을 근거로 행정청에게 판단여지가 인정되기 때문에 사법심사가 제한적으로 이루어지는 영역 또는 서적의 청소년유해성판정 등과 같이 특별하게 구성된 합의제 행정기관에 의한 결정에 대하여 판단여지가 인정되기 때문에 사법심사가 제한되는 영역에서도 '결과에 대한 통제'의 不足分은 '절차에 의한 통제'에 의하여 보완되어야 한다.

요컨대, 입법자가 행정청의 결정내용을 사전에 확정할 수 있는 가능성이 제한적일수록, 행정청의 결정에 이르는 절차의 의미가 증가하고, 명확하게 규율된 절차, 법원에 의하여 통제될 수 있는 형식화된 절차를 필요로 하며, 이미 행정절차의 단계에서 효과적인 기본권의 보호가 요청된다.[38]

3. 절차와 조직의 형성에 관한 원칙으로서 자유권

가. 절차와 조직이 자유권의 실현에 있어서 중요한 의미를 가진다는 것은 자유권이 생성된 당시 또는 헌법이 자유권을 수용할 당시에는 전혀 예상하지 못한 것이었다. 변화된 상황으로 인하여 절차와 조직이 자유권의 실현과 보장에 있어서 중요한 의미를

---

37) 우리의 판례는 독일 판례와는 달리 행정청의 '판단여지'의 문제를 '재량'의 문제로 이해하고 있다. 이에 관하여 정하중, 행정법개론, 2012, 184면 이하; 김중권, 행정법, 2013, 84면 이하 참조.

38) Vgl. Starck, Die Grundrechte des Grundgesetzes, JUS 1981, S.242; Grimm, Verfahrensfehler als Grundrechtsverstöße, NVwZ 1985, S.867.

가진다면, 자유권은 그 보장내용에 있어서 변화한 상황에 적응해야 하며, 절차와 조직에 대하여 영향을 미침으로써 '절차와 조직의 형성에 관한 원칙'으로 기능해야 한다. 이로써 자유권은 그 보장내용에 있어서 국가로부터 자유권을 효과적으로 보호하는 절차와 조직을 요구한다. 자유권은 절차와 조직을 형성하는 효력을 가지며, 절차와 조직의 문제는 곧 자유권의 문제이다.[39]

자유권의 목적은 개인에게 자유롭고 독자적인 생활형성을 가능하게 하는 것이며, 이러한 목적은 사회상황이 변화하고 자유에 대한 침해의 양상이 달라진다 하더라도 확보되어야 한다. 특히 현대국가의 계획·유도행정은 자유에 대한 새로운 위협을 의미한다. 계획·유도행정은 개인의 자유를 직접적으로 침해하지는 않지만, 개인적 자유가 발현할 수 있는 가능성의 범위를 설정함으로써 질서행정에 의하여 초래되는 국부적 침해보다도 더욱 포괄적이고 지속적으로 불리하게 작용할 수 있다. 자유를 위협하는 계획·유도행정의 위험성이 결과(결정내용)에 대한 통제로써 방지될 수 없다면, 자유권의 보호는 '결과가 형성되는 과정에서' 절차적으로 이루어져야 한다.[40] 오늘날 절차와 조직에 관한 형식적인 규범이 실체적 자유의 보장여부를 함께 결정한다. 바로 여기에 절차와 조직에 의한 기본권보장으로서의 자유권의 새로운 측면의 의미가 있다.

나. 자유권이 효과적으로 보장되기 위하여 절차와 조직을 필요로 한다면, 자유권은 동시에 자신의 보장에 기여하는 절차와 조직에 관한 규정에 대하여 영향을 미쳐야 한다.[41] 자유권은 실체법의 형성에 영향을 미칠 뿐만 아니라, 기본권보호의 실효성을 확보하는 '절차법의 형성'에 대해서도 영향을 미친다. 이로써 입법자는 입법을 통하여 자유권의 실효성을 확보하는 절차법을 형성해야 할 의무를 진다.

나아가, 자유권은 입법자에 의하여 형성된 '절차법의 해석과 적용'에 대하여 영향을 미친다. 이로써 법적용기관은 자유권이 효과적으로 보호되고 자유권에 대한 위협이 방지될 수 있도록 절차적 규정을 해석·적용해야 한다. 이는 곧 자유권의 정신에 부합하는 절차법의 적용, 즉 절차법에 대한 자유권의 放射效에 관한 것이다. 모든 절차법규정은 자유권에 내재하는 가치결정에 비추어 해석되어야 한다. 물론, 전체 법질서에 대하여 미치는 자유권의 방사효는 이미 자유권의 객관적 성격으로부터 나오는 것으로 새로운 인식이 아니다.[42] 여기서 새로운 것은, 자유권이 실체법뿐만 아니라 절차법에 대해서도 영향을 미치기 때문에, 절차법도 자유권의 보장정신에 부합하게 해석되어야 한다는 것이다.

다. 절차와 조직에 대한 자유권의 영향과 효력은 자유권의 또 다른 독자적인 기능이

39) Vgl. Rupp, Vom Wandel der Grundrechte, AöR 101(1976), S.164.
40) Vgl. Grimm, Verfahrensfehler als Grundrechtsverstöße, NVwZ 1985, S.867.
41) Vgl. Hesse, Grundrechte, in: HbVerfR, 1983, S.100.
42) 자유권의 객관적 성격에 관하여 아래 Ⅲ. 1. 서술내용 참조.

아니라 대국가적 방어권, 국가의 기본권 보호의무, 국가에 대하여 절차나 조직의 특정한 형성을 요구하는 급부적 기능 등 자유권의 모든 기능과 관련하여 등장한다.[43] 절차법적 규정이 고전적인 자유권침해에 해당하는 경우에는 자유권은 그 방어권적 기능에 있어서 절차와 조직의 형성에 대하여 영향을 미친다. 또한, 국가가 절차규정을 통하여 기본권 보호의무를 이행하는 경우(가령, 핵발전소 허가절차)에도 자유권은 그 보호의무기능에 있어서 자유권을 효과적으로 보호하는 절차의 형성을 요구할 수 있다. 나아가, 대학의 조직과 관련하여 학문의 자유는 그 급부적 기능에 있어서 대학교수의 '대학의사결정에의 참여를 요구하는 권리'의 형태로 대학조직의 특정한 형성을 요구할 수 있다.

Ⅳ. 절차에 의한 기본권보장

1. 절차에 의한 신체의 자유의 보장

가. 신체의 자유를 보호하는 절차형성의 중요성

(1) 자유권의 실현과 보장에 있어서 절차의 중요성은 특히 신체의 자유에 있어서 두드러지게 나타난다. 절차에 의한 보호가 가장 요청되는 기본권이 있다면, 이는 바로 신체의 자유이다. 신체의 자유는, 실체법적으로 '신체의 자유를 박탈하는 조건'의 형성에 대하여 영향을 미칠 뿐만 아니라, 개인의 신체의 자유가 가능하면 효과적으로 보장될 수 있는 절차의 형성을 요청함으로써 절차의 형성에 대해서도 영향을 미친다.

헌법은 신체의 자유가 기본권의 주체에 대하여 가지는 근본적 의미를 고려하여, 헌법 제12조 제1항 내지 제7항에 특별한 절차적 보장을 위한 상세한 규정을 두고 있다. 절차에 의한 자유의 보장이 실체적 자유의 보장과 불가분의 관계에 있다는 것을 보여주는 것이 바로 헌법 제12조의 규정이다. 특히 헌법 제12조 제3항 제1문은 "체포·구속·압수 또는 수색을 할 때에는 적법한 절차에 따라 검사의 신청에 의하여 법관이 발부한 영장을 제시하여야 한다."고 하여, 事前令狀主義를 규정하고 있다. 이로써 헌법은 영장주의원칙을 통하여 신체의 자유에 대한 제한의 허용여부와 지속여부에 관해서는 오로지 법관만이 결정할 수 있다는 것을 밝히고 있다.[44] 신체의 자유에 대한 제한은 이를

43) Vgl. Schmidt-Aßmann, Grundrechte als Organisations- und Verfahrensgarantien, in: HbGR, Bd.II, 2006, §45 Rn.9f.; Stern, Das Staatsrecht der Bundesrepublik Deutschland, Bd.Ⅲ/1, 1988, S.971f.; Dreier, Dimensionen der Grundrechte, in: ders. Idee und Gestalt des freiheitlichen Verfassungsstaates, 2014, S.228; Jarass, Bausteine einer umfassenden Grundrrechtsdogmatik, AöR 120(1995), S.353. 조직과 절차에 대한 자유권의 효력에 관한 독일 연방헌법재판소결정 중에서 대학이나 방송사와 관련된 조직상의 규정, 그 외에도 사인간의 법률관계를 규율하는 절차규정의 해석과 적용, 행정절차에서 절차적 조치를 통하여 국가의 보호의무를 이행하는 경우 등 다수의 적용사례는 자유권의 객관적인 측면(객관적 가치결정)으로부터 나오는 것이다. 그러나 자유권이 국가의 고전적인 침해에 대하여 소극적인 방어권으로 기능하는 경우에도, 절차에 의한 기본권보장의 측면은 그 효력을 발휘한다.

44) 헌재 1992. 12. 24. 92헌가8(중형구형 시 석방제한), 판례집 4, 853, 885.

정당화하는 실체적 규범을 필요로 할 뿐만 아니라, 절차법이 정하는 절차에 따른 법관의 사전적 결정을 필요로 한다. 영장주의에 의한 절차적 보장은 신체의 자유에 대한 부가적 보장을 의미한다.[45] 이러한 절차적 보장에 대한 위반은 신체의 자유에 대한 침해에 해당한다.[46]

(2) 보안처분에 해당하는 치료감호나 보호감호의 제도는 '신체의 자유의 보장에 있어서 절차의 형성이 얼마나 중요한지'를 다시 한 번 보여주고 있다. 치료감호나 보호감호의 여부에 관한 결정의 실체적 타당성은 감호대상자의 장래 행동가능성, 즉 재범의 위험성에 대한 예측판단에 의하여 결정되는데, 이 경우 예측판단은 미래의 발전에 대한 개연성의 판단으로서 본질상 불확실성을 내재하고 있으므로, 예측판단의 타당성은 사후적으로 매우 제한적으로 심사될 수밖에 없다. 따라서 재범의 위험성 판단의 타당성에 대한 제한적인 사법심사의 가능성은 위험성판단에 대한 불확실성을 최소화할 수 있는 절차, 이로써 신체의 자유를 가능하면 효과적으로 보호할 수 있는 절차의 형성에 의하여 보완되어야 한다.[47] 이로써 신체의 자유에 대한 박탈의 경우 절차적 요건이 준수되었다면, 위험성에 대한 예측판단의 타당성을 신뢰해도 되는 것이다.

나. 치료감호의 경우 절차에 대한 요청

정신장애자를 치료시설에 수용함으로써 신체의 자유를 박탈하는 치료감호의 경우, 개인이 입는 기본권침해의 중대성 때문에 신체의 자유를 박탈하는 '실체적 조건'과 그 '절차'에 있어서 과잉금지원칙이 엄격하게 준수되어야 한다.[48] 치료감호가 허용되는 '실체적 조건'과 관련하여, 감호대상자의 인식능력의 결여가 의사의 객관적 진단의 형태로써 신빙성 있게 입증되어야 하며, 병적 상태(예컨대 중증의 정신병, 알코올 중독 또는 마약중독 등)의 성격과 정도가 강제구금을 정당화할 정도로 중대해야 하고, 당사자로부터 발생하는 위험이 국민일반이나 당사자의 사소한 보호법익에 대한 것이 아니라 생명이나 건강과 같은 중대한 법익에 대한 것이어야 하며, 치료·요양시설에의 강제구금을 통해서만 위험의 방지가 보장될 수 있는 경우이어야 한다.[49]

치료감호의 집행과 관련하여 '절차적 관점'에서도, 당사자의 상태가 허락하는 한 당

45) Vgl. Hill, Verfassungsrechtliche Gewährleistungen gegenüber der staatlichen Strafgewalt, in: HbStR, Bd.Ⅵ, 1989, §156 Rn.77.

46) Vgl. Grabitz, Freiheit der Person, in: HbStR, Bd.Ⅵ, 1989, §130 Rn.24.

47) Vgl. Bumke/Voßkuhle, Casebook Verfassungsrecht, 2013, Rn.174; 강제약물치료명령의 경우 기본권보장을 위한 특수한 절차적 요건에 관하여 BVerfGE 128, 282, 311ff.

48) 헌재 2005. 2. 3. 2003헌바1(치료감호기간), 판례집 17-1, 70, 78, "치료감호는 재범의 위험성이 있는 정신장애 범죄자를 치료감호시설에 수용하여 치료·개선하고 이로써 사회의 안전을 도모하는 조치로서 대인적·자유박탈적 보안처분의 일종이다. 보안처분의 경우에는 보안처분을 정당화하고 한계지우는 지도원리로서 비례의 원칙이 특히 강조된다. … 비례의 원칙은 보안처분의 선고 여부를 결정할 때 뿐만 아니라 보안처분을 종료할 것인지 여부를 판단할 때에도 적용된다."

49) Vgl. Grabitz, Freiheit der Person, in: HbStR, Bd.Ⅵ, 1989, §130 Rn.35.

사자에게 강제구금에 대하여 이의를 제기할 수 있는 '聽聞(의견진술)의 기회'를 부여해야 하고, 수용 결정 당시 의사소통이 불가능한 경우 그것이 다시 가능해진 시점에서 사후적으로 청문의 기회를 부여해야 한다.[50] 신체의 자유에 대한 박탈이 어느 정도 지속되어야 하는지 여부는 당사자의 위험이 어느 정도 지속되는지 여부에 달려있기 때문에, 적정한 시간적 간격을 두고 수용의 허용여부를 심사해야 할 뿐만 아니라, 심사를 해야 할만한 특별한 계기가 있는 경우에도 수용요건의 성립여부를 심사할 수 있도록 절차규정이 마련되어야 한다.[51]

다. 사회보호법상 보호감호의 경우 절차에 대한 요청

마찬가지로, 舊 사회보호법상 보호감호를 명령하는 경우에도 신체의 자유를 박탈하는 '실체적 조건'과 그 '절차'에 있어서 과잉금지원칙이 엄격하게 준수되어야 한다.[52] 보호감호제도의 목적은 재범의 위험성이 있는 범죄인으로부터 사회를 보호하고자 하는 것이므로, 보호감호처분의 요건은 '재범의 위험성'이다.[53] 따라서 보호감호가 허용되는 조건에 관하여 보건대, 재범의 위험성 여부와 관계없이 보호감호처분을 명하도록 규정하는 것은 신체의 자유를 과도하게 침해하는 것이며, 나아가 일반국민의 중대한 법익에 대한 위험이 존재하는 경우에만 보호감호로 인하여 신체의 자유를 박탈당하는 중대한 침해효과를 정당화할 수 있으므로, 사소한 범죄의 재범가능성을 이유로 신체의 자유를 박탈하는 것은 과잉금지원칙에 위반된다.

뿐만 아니라 '보호감호의 집행절차'와 관련하여, 보호감호의 필요성에 관하여 '주기적인 심사'가 가능하도록 보호감호의 절차가 형성되어야 한다.[54] 행위자의 재범의 위험성, 즉 장래에 다시 범죄를 범할 개연성에 대한 판단은 불확실성을 수반한다. 보호처분이 재범의 위험성을 근거로 하여 내려지고 보호처분이 당사자에게 중대한 침해효과를 가진다는 점에서, 국가는 재범의 위험성 판단에 있어서 불확실성을 최소화할 수 있는 절차를 형성해야 할 의무를 진다. 따라서 입법자는 재범의 위험성을 가능하면 확실하게 판단할 수 있도록, 이로써 불필요하게 사전에 보호처분을 내리지 않도록 절차를 형성해야 한다. 형의 집행기간 중에 재범의 위험성에 대한 판단이 달라질 수 있는 가능성을 배제

50) Vgl. BVerfGE 66, 191, 196f.

51) Vgl. Grabitz, Freiheit der Person, in: HbStR, Bd.VI, 1989, §130 Rn.36.

52) 사회보호법은 2005년 8월 전면 폐지되었고, 종전 사회보호법에서 규정하고 있던 치료감호제도를 존치시키기 위하여 치료감호법이 제정되었다.

53) 헌재 1989. 7. 14. 88헌가5(보호감호), 판례집 1, 69, 84-85, "보안처분은 재범의 위험성이 있는 자를 치료·보호·개선·격리하여 피감호자의 '재범의 위험성'을 방지하거나 예방하고, 이로써 공공의 안전과 이익을 보호하고자 하는 특별예방적 목적처분이다. … 행위자에 재범의 위험성은 보안처분의 핵심이며, 헌법 제12조 제1항 … 에서 구현된 죄형법정주의의 보안처분적 요청은 '재범의 위험성이 없으면 보안처분은 없다'는 뜻을 내포한다고 하겠다."

54) 가령, 구 사회보호법 제25조 제1항은 피보호감호자에 대하여 집행개시 후 매 1년 가출소여부를, 가출소한 피보호감호자에 대하여 매 6월 집행면제여부를 심사·결정하도록 규정하고 있다.

할 수 없으므로, 재범의 위험성 판단은 시기적으로 형의 집행 종료시점에 이루어져야 한다. 입법자가 이미 형의 선고 시점에 형의 선고와 함께 감호를 선고하도록 규정한다면, 적어도 형의 집행 종료시점에 재범의 위험성과 관련하여 '보호감호의 필요성 여부'를 다툴 수 있는 절차를 마련해야 한다.

한편, 구 사회보호법은 법원으로 하여금 형의 집행 종료시점이 아니라 이미 형의 선고 시점에 재범의 위험성에 관하여 판단하여 형의 선고와 함께 감호를 선고하도록 규정하고 있는데(제20조 제1항), 구 사회보호법상의 보호감호제도는 '보호처분의 시기'와 관련하여 피보호감호자의 신체의 자유를 과잉으로 침해한다는 헌법적 문제점을 제기한다.

2. 절차에 의한 생명권과 신체불가침권의 보장

가. 헌법재판소의 약물치료명령제도 결정

성폭력범죄를 저지른 성도착증 환자로서 재범의 위험성이 있다고 인정되는 성인에 대하여 법원이 검사의 청구에 의하여 판결로 약물치료명령을 선고할 수 있도록 규정한 법률조항이 치료대상자의 신체불가침권을 침해하는지 여부가 문제된 사건(헌재 2015. 12. 23. 2013헌가9)에서, 헌법재판소는 약물치료명령제도 자체는 과잉금지원칙에 위반되지 않지만, 장기형의 선고로 치료명령의 선고시점(유죄판결시점)과 약물치료 집행시점(형 집행 종료시점) 사이에 상당한 시간적 간극이 존재하게 되고, 장기간의 수감생활 중의 사정변경으로 인하여 집행시점에서 치료의 필요성이 없게 된 경우 불필요한 치료를 배제할 수 있는 절차가 없음에도 선고시점에서 치료명령을 선고하도록 한 것은 최소침해성의 원칙에 위반된다고 판단하였다.[55]

헌법재판소는 위 결정에서, 입법자가 실체법뿐만 아니라 절차법을 통해서도 기본권을 침해할 수 있다는 것을 확인하고 있다. 헌법재판소는 비록 명시적으로 언급하고 있지는 않지만, 자유권이 실체법뿐만 아니라 절차법의 형성에 대해서도 영향을 미치기 때문에, 입법자가 절차를 잘못 형성함으로써 자유권을 침해할 수 있다는 것을 전제로 하고 있다. 생명권과 신체불가침권의 헌법적 보장에 비추어, 입법자는 약물치료명령제도를 도입하면서, 신체불가침권을 과잉으로 침해하지 않도록 약물치료명령제도가 허용되는 실체적 요건을 규율해야 할 뿐만 아니라, 나아가 개인의 신체불가침권을 효과적으로 보호할 수 있도록, 즉 불필요한 약물치료명령을 내리지 않도록 재범의 위험성판단에 대한 불확실성을 최소화할 수 있는 절차를 형성해야 할 의무를 진다.

55) 판례집 27-2하, 391, 392, "다만 장기형이 선고되는 경우 치료명령의 선고시점과 집행시점 사이에 상당한 시간적 간극이 있어 집행시점에서 발생할 수 있는 불필요한 치료와 관련한 부분에 대해서는 침해의 최소성과 법익균형성을 인정하기 어렵다. 따라서 이 사건 청구조항은 과잉금지원칙에 위배되지 아니하나, 이 사건 명령조항은 집행 시점에서 불필요한 치료를 막을 수 있는 절차가 마련되어 있지 않은 점으로 인하여 과잉금지원칙에 위배되어 치료명령 피청구인의 신체의 자유 등 기본권을 침해한다."

나. 독일 연방헌법재판소의 핵발전소 결정(Mülheim-Kärlich)

생명권과 신체불가침권은 국가에 대하여 사인에 의한 침해로부터의 보호를 요구하고, 이로써 입법자에 대하여 국가의 기본권 보호의무의 이행을 위한 입법을 요구한다. 국가의 보호의무 이행에 있어서 절차의 중요성은 독일 연방헌법재판소의 핵발전소결정(Mülheim-Kärlich)에서 잘 드러나고 있다. 연방헌법재판소는 위 결정에서 '실체적 기본권이 기본권의 보호법익을 보장하는 행정절차의 형성과 적용을 요구한다'는 것을 확인하고 있다.

위 결정의 사실관계는 다음과 같다. 핵발전소 운영자는 핵발전소 건립허가를 받은 다음에 핵발전소법에 규정된 공고절차를 거치지 아니하고 설계변경을 하였고 관할 행정청은 이를 허가하였다. 이에 청문의 기회를 부여받지 못한 인근 주민들은 허가처분에 대하여 행정소송을 제기하였고, 행정소송이 기각되자 행정법원의 판결에 대하여 헌법소원을 제기하였다.

독일 연방헌법재판소는 위 결정에서 '생명과 건강의 보호'는 핵발전소법상의 허가절차와 관련하여 입법자에게 '안전의 기준'에 관한 실체법적 규정을 요청할 뿐만 아니라, 나아가 실체적 요건의 준수를 보장하고 '모든 관련 국가기관'과 '핵발전소의 건립으로 인하여 위협받는 주민'의 참여를 보장하는 절차법을 요구한다고 하면서, 절차법은 이미 행정절차의 단계에서 건립계획에 대한 이의 제기의 가능성을 부여함으로써 사전적인 권리보호를 가능하게 한다고 설시하였다.[56] 나아가, 연방헌법재판소는 "기본권의 보호는 또한 절차의 형성을 통해서도 이루어져야 하고, 절차적 형성이 효과적인 기본권보호에 중요한 의미를 가진다면 기본권은 실체법뿐만 아니라 절차법에도 영향을 미친다."고 하면서, "헌법재판소의 이러한 일관된 판례는 일차적으로 재산권보장과 직업의 자유와 관련하여 발전되어 왔으나, 국민의 신체불가침권도 자신을 보호하는 절차의 형성을 요구한다."고 판시하였다.[57] 연방헌법재판소는, 행정청이 절차규정을 잘못 해석·적용하는 경우에 이러한 절차의 하자가 기본권을 침해할 수 있는지 여부에 관하여 '모든 절차의 하자가 곧 기본권침해로 평가될 수는 없지만, 국가가 국민의 생명권과 신체불가침권에 대한 보호의무를 이행하기 위하여 절차규정을 제정하였고 관할관청이 이러한 절차규정을 위반하는 경우에는 기본권침해가 고려될 수 있다'고 판시하였다.[58]

56) Vgl. BVerfGE 53, 30, 59f.
57) Vgl. BVerfGE 53, 30, 65f.
58) Vgl. BVerfGE 53, 30, 65f.

3. 절차에 의한 재산권의 보장

가. 도시환경정비사업이나 주택재개발사업 등에서 절차의 의미

(1) 개인의 자유가 서로 충돌하는 경우에 절차가 상충하는 기본권간의 조정과 경계설정의 도구로서 기능할 수 있다는 것은, 도시환경정비사업이나 주택재개발사업 등에 관한 헌법재판소의 결정에서 잘 드러나고 있다. 가령, 도시환경정비사업을 추진함에 있어서 정비사업에 대하여 정비구역 내 토지소유자들의 찬반이 엇갈리는 경우, 입법자는 상충하는 이익간의 경계를 합리적으로 설정함으로써 정비구역 내 토지소유자의 재산권을 효과적으로 보호할 수 있는 정비사업절차를 규율해야 한다.[59] 여기서 사업시행자는 정비구역 내 토지소유자를 상대로 수용권을 행사하고 각종 행정처분을 발할 수 있는 행정주체로서의 지위를 가지므로, 사업시행절차는 행정절차에 해당한다.

사업시행과 관련하여 사인의 재산권이 서로 대립하는 경우, 충돌하는 법익간의 조화와 경계설정은 공용수용을 정당화하는 사유와 요건(사업시행의 사유와 동의요건)을 정하고 시행절차를 규율하는 절차법에 의하여 이루어질 수밖에 없다. 여기서 사업시행에 찬성하지 않는 토지소유자의 재산권 보호, 즉 수용권의 과잉행사에 대한 보호는 '절차에 의한 기본권보호'의 문제라 할 수 있다.

(2) 입법자는 실체법의 영역에서 뿐만 아니라 절차법의 영역에서도 기본권실현에 있어서 본질적인 것은 스스로 규율해야 한다. 헌법재판소는 아래의 결정에서 本質性理論이 실체법뿐만 아니라 절차법에 대해서도 적용되며, 재산권을 효과적으로 보호하기 위해서는 입법자가 절차법의 영역에서도 본질적인 것은 스스로 규율해야 한다는 것을 명시적으로 확인함으로써, 재산권을 제한하는 절차(토지수용권을 부여하는 절차)에 대한 심사를 통하여 재산권을 효과적으로 보호하고자 시도하고 있다.

사업시행에 반대하는 토지소유자가 '도시환경정비사업의 시행자인 토지소유자가 사업시행인가를 신청하기 전에 얻어야 하는 토지소유자의 동의요건을 규약에 정하도록 규정한 도시정비법 제28조 제4항이 법률유보원칙에 위반된다'고 주장하며 헌법소원을 제기한 사건에서, 헌법재판소는 "토지등소유자가 도시환경정비사업을 시행하는 경우 사업시행인가 신청 시 필요한 토지등소유자의 동의는 개발사업의 주체 및 정비구역 내 토지등소유자를 상대로 수용권을 행사하고 각종 행정처분을 발할 수 있는 행정주체로서의 지위를 가지는 사업시행자를 지정하는 문제로서, 그 동의요건을 정하는 것은 토지등소

59) 헌법재판소는 집합건물재건축과 관련하여 다음과 같이 판시한 바 있다. 헌재 1999. 9. 16. 97헌바73 등, 판례집 11-2, 285, 298, "여기서 바로 각 구분소유자간의 권리관계를 조정하는 것이 필요하게 된다. 즉, 한편으로 재건축에 반대하는 구분소유자의 권리를 보호하면서, 다른 한편으로는 집합건물을 유지하는 것 자체가 불합리하다고 판단되는 경우에는 그 요건을 엄격히 하여 재건축을 원하는 다수의 구분소유자의 권리행사를 가능하게 할 필요가 있는 것이다."

유자의 재산권에 중대한 영향을 미치고, 이해관계인 사이의 충돌을 조정하는 중요한 역할을 담당한다. 그렇다면 사업시행인가 신청 시 요구되는 토지등소유자의 동의정족수를 정하는 것은 국민의 권리와 의무의 형성에 관한 기본적이고 본질적인 사항으로 법률유보 내지 의회유보의 원칙이 지켜져야 할 영역이다. … 따라서 사업시행인가 신청에 필요한 동의정족수를 자치규약에 정하도록 한 이 사건 동의요건 조항은 법률유보 내지 의회유보원칙에 위배된다."고 판시하였다.[60)]

나. 私人에 의한 공용수용에서 절차의 의미

사인에 의한 공용수용의 경우에도 절차에 의한 재산권보장의 중요성이 드러나고 있다. 민간기업에게 사업시행을 위하여 토지를 수용할 수 있도록 규정하는 법률조항의 위헌심사에 있어서 수용의 요건으로서 '공공필요', 즉 '공익적 필요성'의 여부를 판단해야 하는데, 수용조항의 입법목적이 거의 예외 없이 '지역경제의 활성화 및 고용창출 등'에 있기 때문에 '公共性'을 부인하기 어렵고, 나아가 과잉금지원칙에 따른 '공공필요성의 심사'에 있어서도 공용수용을 통하여 달성하려는 공익과 그로 인하여 재산권을 침해당하는 사인의 이익 사이의 법익형량과정에서 일반적으로 공익의 우월성이 인정되기 때문에, 사인의 의한 수용을 가능하게 하는 법률조항에 대한 '실체적 심사'가 매우 제한적으로 이루어질 수밖에 없다. 헌법재판소의 판례를 보더라도, '공공필요성'의 요건에 대하여 완화된 심사를 함으로써 사인에게 수용권을 부여하는 규정에 대하여 관대하게 합헌결정을 하여왔음을 확인할 수 있다.[61)]

따라서 피수용자의 재산권을 효과적으로 보호하기 위해서는, 실체적 심사의 한계는 절차적 통제를 통하여 보완되어야 한다. 헌법재판소는 사인에 의한 수용을 허용하는 규정에 대한 위헌심사의 초점을 '공익적 필요성에 관한 실체적 심사'가 아니라, '공공복리를 확보하기 위하여 적합한 절차적 규정을 두고 있는지 여부'에 맞추는 것이 보다 바람직하다고 판단된다. 물론, 헌법재판소도 일부 결정에서 "사업시행자가 사인인 경우에는 그 사업 시행으로 획득할 수 있는 공익이 현저히 해태되지 않도록 보장하는 제도적 규율도 갖추어져 있어야 한다."고 하여 절차적 규율의 필요성을 언급하고 있으나, 이 경우에도 수용규정이 그러한 절차적 규율을 두고 있다는 것을 단지 형식적으로 확인만할 뿐, 수용규정이 공공복리를 담보하기 위하여 적합한 절차적 조치를 실제로 취하고 있는지에 관한 심사는 이루어지고 있지 않다.[62)]

60) 헌재 2011. 8. 30. 2009헌바128(사업시행인가신청 동의정족수의 규율형식), 판례집 23-2상, 304, 322; 또한, 민간사업시행자도 수용권을 가질 수 있는 도시계획시설사업의 대상이 되는 기반시설의 한 종류로 '체육시설'을 규정한 '국토의 계획 및 이용에 관한 법률'조항에 대하여 포괄위임금지원칙의 위반을 확인한 결정(헌재 2011. 6. 30. 2008헌바166 등)도 절차에 대한 심사를 통하여 재산권을 보호하고자 하는 판례에 귀속시킬 수 있다.

61) 가령, 헌재 2009. 9. 24. 2007헌바114(민간기업에 의한 토지수용); 헌재 2011. 6. 30. 2008헌바166.

4. 절차에 의한 직업의 자유의 보장

직업의 자유가 자신을 규율하는 절차의 형성에 대하여 영향을 미친다는 것은 직업선택의 전제조건이 되는 국가자격시험절차에서 드러나고 있다. 사법시험의 응시자가 성적평가의 하자를 문제 삼아 시험결정에 대하여 제기한 헌법소원사건에서, 독일 연방헌법재판소는 직업의 자유가 시험절차에 미치는 영향을 다음과 같이 판시하였다.[63]

연방헌법재판소는 우선 사법시험에 관한 규정이 '직업의 자유에 대한 제한'에 해당한다는 것을 확인하면서, 사법시험의 합격요건은 실체적인 측면에서 직업의 자유를 과잉으로 침해해서는 안 된다고 설시한 다음,[64] "나아가, 직업의 자유는 시험절차에 대해서도 효력을 발휘한다. 기본권은 절차의 형성에 의해서도 보호되어야 한다. 절차법이 효과적인 권리보호에 있어서 의미를 가지고 있는 한, 기본권은 실체법뿐만 아니라 절차법에 대해서도 영향을 미친다."고 판시하였다. 이어서, 행정절차에 의한 기본권보장이 요청되는지 여부를 판단하는 기준에 관하여 "행정절차에 의한 기본권의 보호가 요청되는지, 요청된다면 어느 정도로 요청되는지의 문제는 '기본권침해의 성질과 정도'의 관점 및 '어느 정도로 기본권의 보호가 법원에 의한 사후적인 통제를 통하여 효과적으로 이루어질 수 있는지'의 관점에 달려있다."고 언급하면서, 사법시험과 같은 국가자격시험에서는 '절차에 의한 기본권보호'가 요청된다고 다음과 같이 확인하였다.

"이러한 두 가지 관점은 장래의 직업선택을 위한 자격시험에서 '성적의 평가'와 관련하여 직업의 자유를 절차적으로 보호하는 것이 필수적임을 말해준다. 장래에 특정 직업을 선택할 수 있는지 여부가 시험의 결과에 달려있기 때문에, 그러한 자격시험은 직업선택의 자유를 중대하게 침해할 위험이 있다. 반면에, 자격시험의 평가과정이 단순히 계량화할 수 없는 다양한 요소에 의하여 결정되고 행정소송에서 이를 사후적으로 심사하는 것이 매우 어렵거나 거의 불가능하기 때문에, 법원에 의한 사후적 통제는 한계가 있을 수밖에 없다. 시험상황의 再現이 사실상 불가능하기 때문에 시험결정은 소위 '非代替的 決定'의 성격을 가지고 있고, 이러한 이유에서 시험결정에 대한 사후적 사법심사는

62) 헌재 2014. 10. 30. 2011헌바172 등, 판례집 26-2상, 639; 또한 헌재 2009. 9. 24. 2007헌바114(민간기업에 의한 토지수용), 판례집 21-2상, 562, "또한, 산업입지법상 규정들은 산업단지개발사업의 시행자인 민간기업이 자신의 이윤추구에 치우친 나머지 애초 산업단지를 조성함으로써 달성, 견지하고자 한 공익목적을 해태하지 않도록 규율하고 있다는 점도 함께 고려한다면, 이 사건 수용조항은 헌법 제23조 제3항의 '공공필요성'을 갖추고 있다고 보인다." 이에 대한 비판으로 재판관 김종대의 반대의견, 판례집 21-2상, 562, 565; 이인호, "역 로빈훗 방식의 수용권행사의 위헌성 -헌법 제23조 제3항의 「공공필요」의 해석론-", 헌법재판연구 제10권, 2009 참조.

63) Vgl. BVerfGE 84, 34, 46f.(시험결정에 대한 법원의 통제)

64) "직업의 선택에 대하여 특정한 事前敎育이나 특정한 능력의 입증을 요구하는 규정은 직업선택의 자유를 제한하므로, 직업의 자유의 요청에 부합해야 한다. 이러한 요청은 사법시험에 대해서도 마찬가지로 적용된다. 시험에서 요구되는 능력 및 능력을 평가하는 기준은 법률상의 근거를 필요로 하고, 그 성질과 정도에 있어서 부적합하거나 불필요한 것이어서는 안 된다."

매우 제한적일 수밖에 없다. 그러므로 시험결정의 타당성에 대한 매우 제한적인 사후적 사법심사의 가능성은 사전적으로 공정하고 객관적인 평가를 보장하는 시험절차의 형성을 통하여 보완되어야 한다."

이어서, 직업의 자유를 절차적으로 보장하기 위하여 사법시험의 평가절차가 구체적으로 어떻게 형성되어야 하는지에 관하여 다음과 같이 설시하고 있다. "따라서 직업의 자유는 가능하면 평가의 객관성과 공정성을 보장할 수 있도록 평가절차가 형성될 것을 요청한다. 절차적 규정은 평가의 객관성과 공정성을 확보할 수 있도록, 시험관의 선정 및 수, 특히 시험관에 따라 성적의 평가에서 차이가 나는 경우 시험관 사이의 편차 조정을 규율해야 한다. 나아가, 기본권을 보호하는 절차적 보장의 핵심적 요소로서 (주로 구두시험과 관련하여) 당사자가 자신의 입장을 진술할 수 있어야 하고, 절차의 진행상황에 관하여 적시에 정보를 제공받아야 하며, 당사자의 진술은 행정청의 결정과정에서 고려되어야 한다."

5. 절차에 의한 예술의 자유의 보장

가. 예술의 자유는 자신을 침해할 가능성이 있는 행정절차에 대하여 예술의 자유가 효과적으로 보호되도록 행정절차를 형성할 것을 요청한다. 여기서도 절차에 의한 기본권보호가 어느 정도로 요청되는지의 문제는 기본권침해의 성질과 정도 및 법원에 의한 사후적 사법통제에 의한 효과적인 기본권보호의 가능성에 의하여 결정된다. 가령, 국가가 합의제 행정기관인 위원회를 구성하여 서적의 靑少年有害性 여부를 판정하도록 하는 경우, '예술작품인 서적이 청소년과 접촉할 수 있는지 여부'가 위원회의 판정에 달려있기 때문에, 위원회의 판정은 예술의 자유를 중대하게 침해할 위험이 있다. 나아가, 위원회의 결정에 대하여 법원의 사후적 사법심사도 매우 제한적이라는 점에서도 위원회의 구성을 비롯한 절차의 형성에 대하여 특별한 요청이 제기된다. 예술의 자유는 위원회의 구성에 대하여 예술의 본질인 다양성을 고려할 수 있도록 위원회의 다원적 구성을 요청한다. 만일 청소년유해서적을 선정하는 위원회가 소위 '건전한 상식'을 가진 위원이나 지극히 보수적 성향을 가진 위원으로만 구성된다면, 예술의 자유는 이미 절차의 형성을 통하여 크게 위협받을 것이다.

나. 독일 연방헌법재판소의 '요세피네 무첸바허(Josefine Mutzenbacher) 결정'(BVerfGE 83, 130, 149f.)은 예술의 자유가 절차의 형성에 미치는 효력을 잘 보여주고 있다. 위 결정의 사실관계는 다음과 같다.

'청소년유해서적의 유포에 관한 법률'은 청소년유해서적의 선정은 연방심의위원회가 담당하도록 하면서, 이 사건 심판대상조항은 "연방심의위원회는 연방 청소년·가족부장관이 임명하는 위원장 1인과 각 주 정부가 임명하는 각 1인의 위원 및 위 연방장관이 임명하는 그 외의 위원들로 구성된다."고 규정하였다. 연방심의위원회는 '요세피네 무첸바허'라는 오스트리아 빈(Wien) 창녀의 자서전적 소설(독일어권의 대표적인 고전적 음란서적)을 청소년유해서적으로 분류하였는데, 위 소설을 발행한 출판업자는 '입법자가 기본권행사의 본질적인 문제에 관하여 스스로 결정해야 하는데, 심판대상인 법률조항이 청소년유해성 여부를 판정하는 연방심의위원회의 구성에 관하여 불충분하게 규율하였기 때문에 위헌이다'라고 주장하면서 헌법소원을 제기하였다.

독일 연방헌법재판소는 우선 "상충하는 자유권의 경계를 설정하는 행정절차의 형성도 입법자에 의하여 스스로 규율되어야 하는 대상에 속한다. 이러한 경우, 입법자는 상충하는 자유권의 경계설정이라는 과제도 이행하면서[65] 동시에 예술의 자유도 보장할 수 있는 절차를 마련해야 한다. 기본권을 절차규정을 통하여 실현해야 한다는 요청은 일차적으로 입법자에게 부과된 과제로서, 행정절차가 기본권에 의하여 보호된 지위에 직접적으로 영향을 미친다면, 절차규정은 기본권의 보호를 위하여 법률로써 확정되어야 한다. 그러나 이 사건에서 이러한 것이 제대로 이루어지지 않았다."고 확인한 다음에,[66] 입법자가 법률로써 규율해야 할 행정절차(위원회의 구성)는 청소년유해서적의 선정에 있어서 고려되어야 하는 모든 관점을 포괄할 수 있게끔 다원적으로 형성되어야 하므로, 입법자는 임명될 위원이 속하는 인적 집단과 사회단체에 관하여 그리고 각 위원이 어떻게 선발되는지에 관하여 보다 상세하게 규율해야 하는데, 입법자가 위원의 선발절차에 관하여 불충분하게 규율하였기 때문에 위헌이라고 판단하였다.[67]

연방헌법재판소는 위 결정에서 입법자가 기본권주체에게 중대한 침해의 위험이 초래될 수 있는 행정절차에 관하여 불충분하게 규율함으로써 기본권을 침해할 수 있다는 것을 전제로, 입법자가 국가공동체의 중요한 사안은 스스로 규율해야 한다는 의회유보원칙은 실체법뿐만 아니라 절차법에 대해서도 적용된다는 것을 새롭게 확인하였다.

6. 절차에 의한 사회적 기본권의 보장

국가공권력의 결정내용에 대한 통제가 제대로 기능하지 않는 경우에 결정에 이르는 절차에 대한 통제가 요청된다는 사고는, 헌법재판소가 사회적 기본권을 실현하는 법률의 위헌여부를 판단하는 경우에도 적용될 수 있다. 특히 입법자가 '헌법으로부터 예외적으로 도출할 수 있는 급부청구권'을 사회보장입법을 통하여 구체화하는 경우에 입법

65) 이 사건의 경우 자녀의 讀書에 관하여 결정할 수 있는 권리를 포함하는 '부모의 자녀교육권'과 사회 내에서 독자적인 인격체로 발전하기 위하여 보호를 필요로 하는 '자녀의 자유로운 인격발현권'이 '예술의 자유'와 충돌하는 상황이다.

66) Vgl. BVerfGE 83, 130, 162.

67) Vgl. BVerfGE 83, 130, 163f.

내용에 대한 사법적 통제가 제한적이라면, 입법자가 결정에 이르게 된 절차에 대한 통제를 통하여 실체적 통제의 부족분을 보완할 수 있고, 이러한 방법으로 실체적 기본권의 실현을 보장할 수 있다.

사회적 기본권의 실현여부를 판단하는 기준이 '과소금지원칙'이므로, 사회국가적 급부를 제공하는 입법에 대한 헌법재판소의 실체적 심사는 국가의 급부가 명백하게 불충분한지 여부에 관한 심사에 국한된다. 독일 연방헌법재판소는 '독일 社會法典 제2권'에 규정된, 실업자에게 제공되는 기본급여의 금액이 문제된 'Hartz Ⅳ 결정'에서 국가의 급부가 인간존엄성보장, 생명권, 사회국가원리의 연관관계로부터 도출되는 '인간다운 최저생계의 보장을 요구할 권리'에 부합하는지의 판단에 있어서 실체적 심사는 국가의 급부가 명백하게 불충분한지 여부에 관한 심사에 국한된다는 것을 전제로, 헌법이 최저생계의 산정에 관하여 스스로 지침을 제시하지 않기 때문에 입법자에게 광범위한 형성권이 인정될 수밖에 없고, 그 결과 생계보조금액 자체는 명백하게 불충분하다고 볼 수 없다고 확인하였다. 그러나 '인간다운 최저생계의 보장을 요구할 권리'는 급부산정의 근거와 방법에 대하여 이러한 헌법적 권리를 실현하고자 하는 정신에 부합하는지에 관한 통제를 요구한다고 판시하였다.[68] 그 결과, 입법자가 최저생계비를 밝히기 위하여 선택한 절차가 '현실과 수급자의 기본수요'를 적절하게 고려하는 절차에 해당하지 않는다고 확인함으로써, 절차위반을 시정하기 위하여 최저생계비를 새롭게 산정할 것을 촉구하였다.

Ⅴ. 조직에 의한 기본권보장

1. 조직에 미치는 자유권의 효력

기본권이 개인이 아니라 조직이나 단체에 의하여 행사된다면, 기본권에 의하여 보호되는 영역을 조직하는 문제는 불가피하다. 이러한 경우, 자유권은 입법자에게 조직상의 규정을 통하여 기본권의 주체가 자유권을 행사할 수 있는 법적 조건을 형성할 것을 요청한다.[69] 기본권이 다양한 기본권주체의 상호작용과 협력을 통하여 발현되는 곳에서는 조직이 자유보장의 결정적인 문제가 된다.[70]

조직에 관한 규정이 기본권 실현과 보장의 수단으로 직접적으로 기능할 수 있다는 것은 특히 '학문의 자유'와 '방송의 자유'에서 뚜렷하게 드러난다.[71] 다양한 기본권주체로 구성된 기능단위인 대학과 방송사에 의하여 학문의 자유나 방송의 자유가 행사된다면, 학문의 자유나 방송의 자유는 기본권의 실현을 가능하게 하는 조직의 형성을 요구

68) Vgl. BVerfGE 125, 175, 225f.

69) 이는 이미 결사의 자유와 관련하여 위 Ⅱ. 1. 다.에서 확인한 바 있다.

70) Vgl. Dreier, Subjektiv-rechtliche und objektiv-rechtliche Grundrechtsgehalte, Jura 1994, S.512.

71) Vgl. Hesse, Grundrechte, in: HbVerfR, 1983, S.101.

한다. 여기서 자유권은 '조직의 원칙'으로 기능하면서 조직의 형성에 대하여 영향을 미친다.[72] 조직에 의한 기본권실현은 사인간의 기본권충돌의 상황에서 사인에 의한 기본권침해의 위협에 대응하고 기본권발현의 最適化를 달성할 수 있는 유효한 수단으로 기능한다.

학문의 자유나 방송의 자유가 대학이나 방송사와 같은 작업분할적인 조직에 의하여 행사되는 경우, 자유권이 어느 정도로 조직의 내부질서의 형성에 대하여 영향을 미치고 조직을 규범화하는 효력을 가지는지의 문제가 제기된다.[73] 자유권이 조직의 형성에 대하여 어떠한 요청을 하는지의 문제는 자유권에 의하여 보호되는 영역에서 '조직이 이행해야 하는 과제'에 달려있다.[74] 즉, 조직이 이행해야 하는 과제가 조직의 형성을 결정한다. 따라서 대학의 조직에 대한 학문의 자유의 요청과 방송사의 조직에 대한 방송의 자유의 요청이 동일할 수 없다.[75] 대학의 과제는 연구와 교수이므로, 연구와 교수가 가능하도록 대학은 조직되어야 한다. 학문의 자유는 대학 교수의 '연구와 교수의 자유'의 실현을 가능하게 하는 대학조직의 형성을 요구한다. 반면에, 방송의 과제는 국가로부터 자유로운 여론형성에 있으므로, 자유로운 여론형성이 가능하도록 방송사는 조직되어야 한다. 방송의 자유는, 방송사가 국가로부터 자유로운 가운데 특정 사회세력의 지배를 받지 아니하고 사회의 모든 중요한 이익과 견해를 반영하도록 조직될 것을 요청한다.

2. 대학의 조직에 대한 학문의 자유의 헌법적 요청

가. 객관적 가치결정으로서 학문의 자유

헌법은 학문의 자유를 보장함으로써 학자 개인에게 국가공권력에 대한 주관적인 보호를 제공하는 것에 그치는 것이 아니라, 국가가 적극적으로 자유로운 연구와 교수를 보호하고 보장해야 한다는 객관적인 가치결정을 내리고 있다.[76] 국가는 가능하면 자유로운 학문적 과정에 간섭하지 말아야 하며(소극적인 측면), 나아가 국가는 학문의 발전을 위하여 학문적 활동이 이루어질 수 있는 조건을 형성해야 한다(적극적인 측면).

헌법의 객관적 가치결정으로서 학문의 자유는 학문을 적극적으로 보호하고 육성해야 할 국가의 의무를 부과할 뿐만 아니라, 학문의 자유가 주로 행사되는 대학에서 자유로운 학문 활동이 가능하도록 이에 적합한 조직상의 조치를 통하여 학문의 자유를 실현

72) Vgl. Rupp, Vom Wandel der Grundrechte, AöR 101(1976), S.195.
73) Vgl. Bethge, Grundrechtsverwirklichung und Grundrechtssicherung durch Organisation und Verfahren, NJW 1982, S.3f.
74) Vgl. Rupp, Vom Wandel der Grundrechte, AöR 101(1976), S.195.
75) Vgl. Starck, Organisation und Finanzierung als Hilfen zu Grundrechtsverwirklichung?, in: Bundesverfassungsgericht und Grundgesetz, Bd.II, 1976, S.501; Rupp, Vom Wandel der Grundrechte, AöR 101(1976), S.199.
76) 학문의 자유의 법적 성격에 관하여 한수웅, 헌법학, 2015, 823면 이하 참조.

해야 할 의무를 부과한다.77) 이로써 입법자는 대학에서 학문의 자유가 충분히 보호되도록, 대학의 조직상 구조를 형성해야 할 의무를 진다.

나. 대학의 조직에 대한 학문의 자유의 요청

입법자는 대학의 조직을 형성함에 있어서 원칙적으로 광범위한 형성권을 가지고 있다. 학문의 자유의 헌법적 보장은 대학의 특정한 구조적 모델을 예정하고 있지 않으며, 대학에서 학문적 활동을 위한 특정한 조직상의 형태를 요청하지도 않는다.78) 따라서 입법자는 대학의 자치행정과 의사결정에 교수 외에도 학생과 직원을 참여시킴으로써 대학의 구조적 형태로서 '다원적으로 다양한 집단으로 구성된 대학'의 유형을 채택할 수 있다. 학문의 자유는 입법자에 대하여 학문의 자유에 비추어 가장 합목적적인 대학조직의 형태를 실현해야 할 것을 요청하지 않는다. 그러나 학문의 자유는 대학의 조직을 통하여 자유로운 학문적 활동이 가능하고 보장될 것을 요청한다. 이러한 관점만이 대학조직의 합헌성을 판단하는 기준이 될 수 있다.79)

대학은 교수, 학생, 교직원 등 다양한 인적 집단으로 구성되어 있고, 각 집단은 대학자치의 범주 내에서 이행해야 하는 자치행정의 과제와 연관되어 있다. 그러나 학문의 자유와의 연관성은 인적 집단에 따라 상이하기 때문에, 대학 내부의 의사결정과정에 모든 집단을 동등하게 참여시키는 것은 학문의 자유와 합치하지 않는다. 비학문적 종사자인 교직원 집단의 경우에는 학문의 자유와의 연관성은 심지어 전혀 인정되지 않는다. 교직원 집단이 직업의 자유 등 다른 기본권의 관점에서 대학자치행정의 과제와 연관성이 있다는 것은 교직원집단을 대학의 과제이행에 참여하는 것으로부터 완전히 배제해서는 안 된다는 징표가 될 수 있으나, 대학의사결정에 참여하는 권리의 부여에 있어서 결정적인 것은 학문의 자유와의 연관성이다.80) 대학의 자치는 학문의 자유를 보장하고 실현하기 위하여 인정되는 것이기 때문이다.

따라서 대학에서 학문의 자유가 실현되는지 여부는 자치행정의 주체인 대학의 내부조직 형성에 달려있다는 것이 분명하게 드러난다. 대학을 구성하는 집단이 모두 동등한 참여권을 가진다면, 대학의 자치가 목표로 하는 학문의 자유의 보장과 실현은 위협을 받을 것이다.81) 이로부터 구체적으로, 다양한 인적 집단이 대학의 의사결정에 참여함에 있어서 '差等化'된 참여권 또는 투표권을 가져야 한다는 요청이 나온다.82) 입법자는 학

77) Vgl. BVerfGE 35, 79, 114f.; 88, 129, 137; 93, 85, 95.
78) Vgl. BVerfGE 35, 79, 116; BVerfGE 43, 242, 267; BVerwGE 45, 39, 44.
79) Vgl. BVerfGE 35, 79, 117; 또한 BVerfGE 93, 85, 95.
80) Vgl. Hendler, Das Prinzip Selbstverwaltung, in: HbStR, Bd.Ⅳ. 2. Aufl. 1999 §106 Rn.34.
81) Vgl. Starck, Organisation und Finanzierung als Hilfen zu Grundrechtsverwirklichung?, in: Bundesverfassungsgericht und Grundgesetz, Bd.II, 1976, S.502.
82) Vgl. Dreier, Subjektiv-rechtliche und objektiv-rechtliche Grundrechtsgehalte, Jura 1994, S.511.

문의 자유와 직접적으로 관련된 대학의 의사결정에 있어서 학문의 자유의 주체에게 강화된 참여가능성을 보장함으로써, 학문의 자유가 대학의 다른 구성원에 의하여 침해되는 것으로부터 보호해야 한다.

다. 독일 연방헌법재판소의 판시내용

대학교수들이 대학의 합의제기관과 위원회에서 대학교수의 영향력이 적다고 주장하며 독일 니더작센 州의 대학법조항에 대하여 헌법소원을 제기한 사건에서,[83] 독일 연방헌법재판소는 학문의 자유를 효과적으로 보호하기 위하여 이를 가능하게 하는 조직상의 조치를 필요로 한다는 것을 확인한 다음, 학문의 자유로부터 다양한 집단(교수·학생·교직원)으로 다원적으로 구성된 대학의 조직형태에 대하여 다음과 같은 구체적 요청을 도출하였다.[84]

대학의 자치를 보장하는 헌법적 근거가 학문의 자유라는 점에서, 대학교수가 아닌 다른 대학구성원이 대학자치행정에 참여하는 권리는 제한된다. 학문의 자유의 헌법적 보장은 대학에서 행해지는 학문적 활동과 관련해서는 대학교수에게 우월적 지위를 부여할 것을 요청한다. '교수'와 직접적으로 관련된 결정에 있어서는 대학교수의 집단에게 결정적인 영향력이 부여되어야 하는데, 교수 집단이 50% 이상의 투표권을 가진다면 이러한 요청을 충족시킨다. '연구'나 '교수초빙'과 직접적으로 관련된 결정에 있어서는 대학교수의 집단에게 그 이상의 보다 결정적인 영향력이 유보되어야 하고, 연구와 교수에 관한 모든 결정에 있어서 비학문적 종사자에게 동등한 참여권을 부여해서는 안 되며, 교수초빙에 관한 사안에 있어서는 비학문적 종사자가 결정에 참여하는 것은 허용되지 않는다.

라. 헌법재판소의 판례

대학의 장 후보자 선정의 방식으로 '임용추천위원회에서의 선정'을 규정한 교육공무원법조항이 간선제를 강요하여 대학의 자율을 침해하는 것인지 여부가 문제된 사건(헌재 2006. 4. 27. 2005헌마1047등)에서, 헌법재판소는 대학의 자치라는 자유권을 과잉으로 침해하지 않았다고 판단하였다.

그러나 헌법재판소는 위 결정에서 자유권의 침해여부의 판단에 그칠 것이 아니라, 한 보 더 나아가 대학에서의 자유로운 학문활동이 가능하기 위하여 학문의 자유가 그 객관적 가치결정에 있어서 '대학의 장의 직선제'와 같은 대학내부의 특정한 조직형성을 요청하는지의 관점에서도 판단할 수 있었고, 학문의 자유가 '대학의 장의 직선제'라는

83) Vgl. BVerfGE 35, 79, 112ff.(Hochschulurteil)
84) Vgl. BVerfGE 35, 79, 131ff.(Hochschulurteil)

특정한 조직상의 조치를 요청하지 않는다고 부가적으로 확인할 수 있었다.

3. 방송사의 조직에 대한 방송의 자유의 헌법적 요청

가. 제도보장으로서 방송의 자유

방송의 영역에서는 과거 주파수의 희소성이라는 기술적 특수상황과 소유와 경영에 거액의 자금이 소요되는 경제적 특수상황으로 말미암아, 다양한 견해의 경쟁을 통하여 견해의 다양성을 확보하는 '外部的 多元主義 모델'은 처음부터 고려의 대상이 될 수 없었고, '內部的 多元主義 모델'을 통하여 견해의 다양성을 확보하는 가능성만이 존재하였다.[85] 그러므로 견해의 다양성을 확보하기 위한 국가의 개입은 불가피하였다. 방송의 경우, 견해의 다양성은 자연적으로 주어지는 것이 아니라, 각 방송사의 내부에서 프로그램편성에 있어서 '보도의 균형성'이라는 지침 아래 인위적으로 달성되어야 하는 것이었다.[86]

이러한 배경에서, 방송의 자유는 다른 자유권과는 달리, 처음부터 개인적 자유의 보장이 아니라, '자유 방송'이라는 제도의 보장, 즉 자유로운 민주적 여론형성을 위한 특정한 규율상태의 보장으로 이해되었다. 방송의 자유의 이와 같은 객관적 보장내용은 일차적으로 국가의 영향력으로부터 자유로운 방송을 요청하고, 나아가 견해의 다양성을 보장하기 위한 입법자의 적극적인 규율을 요청한다. 방송의 자유는 일차적으로 조직의 문제로서, 의견의 다양성이 가능하면 최대한으로 확보될 수 있도록 방송은 조직되어야 할 것을 요청한다. 방송의 자유에 대한 이러한 '제도적 이해'는 민영방송이 정착한 후에도 근본적으로 변하지 않고 있다.[87]

나. 독일 연방헌법재판소의 판시내용

독일 연방헌법재판소는 공영방송과 관련하여 방송의 자유로부터 특정한 조직의 요청을 도출함으로써, 방송의 자유의 헌법적 보장을 구체화하고 방송사 조직의 형성에 관한 기초를 확정하였다.[88] 연방헌법재판소의 판시내용에 의하면, 국가에 대하여 방송의 자유를 보호하고 포괄적인 정보제공과 자유로운 의견형성을 가능하게 하는 방송프로그램을 보장하기 위하여, 방송의 자유는 조직상의 규정 없이는 실현될 수 없으며, 공영방송

---

85) 견해의 다양성을 확보하기 위한 수단으로서 외부적 다원주의 모델과 내부적 다원주의 모델에 관하여 한수웅, 헌법학, 2015, 743면 이하, 752면 이하 참조.

86) Vgl. Starck, Organisation und Finanzierung als Hilfen zu Grundrechtsverwirklichung?, in: Bundesverfassungsgericht und Grundgesetz, Bd.II, 1976, S.488.

87) 헌재 2003. 12. 18. 2002헌바49(방송사업자의 협찬고지), 판례집 15-2하, 502.

88) Vgl. Stern, Das Staatsrecht der Bundesrepublik Deutschland, Bd.Ⅲ/1, 1988, S.966; Starck, Organisation und Finanzierung als Hilfen zu Grundrechtsverwirklichung?, in: Bundesverfassungsgericht und Grundgesetz, Bd.II, 1976, S.490f.

사는 자유로운 여론형성을 보장하기 위하여 특정한 조직형태를 갖추어야 한다. 연방헌법재판소가 1961년 첫 번째 방송결정(BVerfGE 12, 205; 1. Rundfunkurteil)을 내린 이래로, 공영방송사의 내부적 다원주의적 구조에 대한 요청은 일관된 흐름을 유지하고 있다.

국가기간방송으로서 公營放送에 대하여 방송의 자유는 입법자에 대하여 다음과 같은 관점을 고려하여 법적으로 형성할 것을 요청한다.[89] 공영방송의 경우, 견해의 다양성의 보장은 법적으로 규율되는 프로그램원칙에 의한 내용적 구속 및 다원적으로 구성된 위원회의 형태로 이루어지는 자치행정에 의하여 확보된다.[90] 방송프로그램의 정치적 · 세계관적 균형성 및 주제상의 균형성의 요청(프로그램상의 내부적 다원주의) 및 내부적으로 견해의 다양성을 확보하기 위하여 확립된 요청인 방송사 내 위원회에서 사회의 모든 중요한 세력이 대표되어야 한다는 요청(조직상의 내부적 다원주의)은 공영방송을 헌법적으로 정당화하는 기초이다.[91] 프로그램과 조직의 측면에서 다원주의의 요청은 국가기간방송이 그 기능을 이행하기 위한 불가결한 조건이다.

民營放送의 영역에서는 방송매체가 발전함에 따라 위성방송의 시대로의 대전환이 이루어지고 있고, 그 결과 외부적 다원주의 모델의 환경이 점차 실현되고 있지만, 민영방송에 대해서도 특정한 조직형태에 대한 요청은 제기된다. 입법자는 경향성을 가진 민영방송사에 대하여 '균형적 보도의 최소한'을 보장해야 하고, 소수의 견해를 포함하여 사회 내의 모든 중요한 견해가 민영방송에서 표현될 수 있는 가능성을 보장해야 하며, 개별 민영방송사나 프로그램이 여론의 형성에 일방적인 영향을 미치는 것이 배제되도록, 특히 지배적인 여론형성권력이 생성되지 않도록 보장해야 한다.[92]

Ⅵ. 맺는말

1. 기본권은 기본권제한의 실체적 요건을 정하는 '실체적 규정'뿐만 아니라 기본권제한이 이루어지는 절차를 정하는 '절차적 규정'에 의해서도 침해될 수 있다. 절차와 조직에 의한 기본권의 보장은, 국가가 절차나 조직을 잘못 형성함으로써 개인의 자유권을 침해할 수 있다는 사고에 기초하고 있다.

절차와 조직에 의한 기본권보장의 사고는 '자유권'과 '그의 실현을 위한 절차 · 조직'의 상관관계를 인식하고, 자유권의 효과적인 보장을 위하여 자유권을 '절차와 조직의 형성에 관한 원칙'으로 이해하고자 하는 것이다. 이로써 자유권은 한편으로는 효과적으로 보장되기 위하여 절차와 조직을 필요로 하고, 다른 한편으로는 자유권의 실현과 보

89) Vgl. BVerfGE 12, 206 LS80.
90) Vgl. Rupp, Vom Wandel der Grundrechte, AöR 101(1976), S.199.
91) 이에 관하여 vgl. BVerfGE 57, 295, 325f.; BVerfGE 73, 118, 152ff.; BVerfGE 83, 238, 296ff.
92) Vgl. BVerfGE 57, 295, 322ff.; 73, 118, 160.

장에 기여하는 절차와 조직의 형성에 대하여 영향을 미친다. 자유권은 실체법의 형성에 대하여 영향을 미칠 뿐만 아니라, 절차와 조직의 법적 형성에 대해서도 헌법적 지침을 제시하고, 절차법을 해석·적용함에 있어서도 기준을 제시한다. 입법자가 '실체적 기본권의 보장'과 '형식적 절차의 형성' 사이에 존재하는 밀접한 상호 연관관계를 제대로 인식하지 못하는 경우, 절차법에 의하여 기본권이 침해될 수 있다.

2. 실체법이 추상적이고 개방적일수록, 법적으로 명확하게 규율된 절차에 의한 보완을 필요로 하며, 절차법은 내용적으로 타당한 결정에 이르는 데 기여한다는 사고가 '절차와 조직에 의한 기본권보장'의 바탕을 이루고 있다.[93] 즉, '결정의 내용적 타당성'과 '결정에 이르는 절차' 사이에는 긴밀한 내적 연관관계가 존재한다는 것이 그 바탕에 깔린 사고이다.[94]

절차와 조직에 의한 기본권보장이 적용되는 주된 영역은, 실체적 규범의 불명확성 또는 실체적 규범을 기준으로 하는 실체적 심사의 불충분함으로 말미암아 기본권의 효과적인 보장을 위하여 절차에 의한 보완과 통제를 필요로 하는 영역이다. 개방적인 실체적 규범에는 명확하게 확정된 절차법이 대응해야 하고, 실체법적 불명확성은 절차법적 명확성을 통하여 상쇄되고 보완되어야 한다. 결정의 내용적 타당성에 대한 실체적 심사가 제한적인 경우, 절차에 대한 통제가 사법적 통제의 한계를 보완한다.

3. 헌법재판이 기능하는 국가에서 기본권의 이해와 해석은 입법자와 헌법재판소 간의 권한배분과 직결되는 문제이다. '절차와 조직의 형성에 관한 원칙'으로서의 기본권 이해는 기본권의 효력과 적용범위를 확대하고, 이로써 입법자에 대한 헌법재판소의 사법적 통제의 권한을 강화한다.

따라서 절차와 조직에 의한 기본권보장과 관련해서도 필연적으로 실체적 기본권이 실현되기 위하여 어느 정도로 절차와 조직에 의한 보장을 요청하는지의 문제, 이로써 심사기준이 무엇인지의 문제가 제기된다.[95] 절차와 조직에 대한 자유권의 효력은 자유권의 모든 기능(방어권적 기능, 기본권 보호의무의 기능 등)에 있어서 문제되기 때문에, 자유권에 의하여 요청되는 절차보장의 정도를 판단하는 것은 쉽지 않다. 그럼에도 확인할 수 있는 것은, 자유권은 모든 기능에 있어서 그 기능에 부합하는 절차와 조직의 형성을 요구한다는 것이다.

---

93) Vgl. BVerfGE 42, 64, 73.

94) 실체적 측면과 절차적 측면의 관계에 관하여 vgl. Alexy, Theorie der Grundrechte, 1994, S.444f.

95) 이러한 문제의 제기에 관하여 vgl. Dennigner, Staatliche Hilfe zur Grundrechtsausübung durch Verfahren, Organisation und Finanzierung, in: HbStR, Bd.IX, 3. Aufl. 2011, §193 Rn.43ff.; Schmidt-Aßmann, Grundrechte als Organisations- und Verfahrensgarantien, in: HbGR, Bd.II, 2006, §45 Rn.9ff.

따라서 절차가 자유권의 어떠한 기능에 있어서 작용하는지, 즉 입법자가 절차를 기본권제한의 수단으로 또는 기본권보장의 수단으로 투입하는지에 따라 절차에 대한 자유권의 요청은 다르다. 자유권의 방어권적 기능이 문제되는 영역에서도 절차법이 '자유권을 제한하는 입법'인지 아니면 자유권의 효력을 확보하고자 하는 '자유권 우호적 입법' 인지에 따라 심사기준이 달라진다. 가령, 약물치료명령제도의 경우와 같이 절차규정을 통하여 자유권을 제한하는 경우에는, 자유권이 실체법에 의하여 제한되는 경우와 마찬가지로, 동일한 심사기준인 과잉금지원칙이 적용되어야 할 것이다. 이러한 경우, 자유권은 실체법뿐만 아니라 절차법에 대해서도 개인의 자유영역을 과잉으로 침해하지 말 것을 요구함으로써 자유권의 침해를 최소화할 수 있는 절차의 형성을 요구한다. 한편, 자유권의 방어권적 기능이 문제되는 영역에서도 가령 사인에 의한 수용을 허용하는 규정에 대하여 공공복리의 실현을 담보하기 위한 절차규정이 요청되는 경우에는, 여기서 절차규정은 자유권을 효과적으로 보장하기 위한 '자유권 우호적 입법'에 해당하므로, 기본권을 최적으로 보호할 수 있는 절차규정이 아니라 적절한 보호를 위하여 필요한 최소한의 절차규정을 요구해야 할 것이다(최소한 보장의 원칙 또는 과소금지원칙).

국가가 절차규정을 통하여 기본권 보호의무를 이행하는 경우(가령, 독일연방헌법재판소의 핵발전소결정)에는 절차법이 보호의무 이행의 수단으로 투입되므로, 국가과제의 이행여부를 판단하는 심사기준인 과소금지원칙이 적용되어야 할 것이다. 또한, 자유권이 보장되기 위하여 이에 부합하는 조직의 형성을 요구하는 경우(가령, 대학이나 방송사)에도 국가에 대하여 자유권의 실현을 가능하게 하는 조직규범의 제정을 적극적으로 요구하는 경우에 해당하므로, 급부권이나 청구권의 위반여부를 판단하는 과소금지원칙이 적용된다고 보아야 할 것이다.

참고문헌

김중권, 행정법, 2013
이강혁, "조직과 절차를 통한 기본권 실현", 고시계 30권 9호(343호)(85.08)
이인호, "역 로빈훗 방식의 수용권행사의 위헌성 - 헌법 제23조 제3항의 「공공필요」의 해석론-", 헌법재판연구 제10권, 2009
이준일, "조직과 절차에 관한 기본권", 아 · 태공법연구 9집(2001.09), 아세아 · 태평양공법학회
정하중, 행정법개론, 2012
한수웅, "헌법 제27조의 裁判請求權", 헌법논총 제10집, 1999
______, 헌법학, 2015

Alexy, Theorie der Grundrechte, 1994
Bethge, Grundrechtsverwirklichung und Grundrechtssicherung durch Organisation und Verfahren, NJW 1982
Bumke/Voßkuhle, Casebook Verfassungsrecht, 2013
Denninger, Staatliche Hilfe zur Grundrechtsausübung durch Verfahren, Organisation und Finanzierung, in: Isensee/Kirchhof(Hg), Handbuch des Staatsrechts (HbStR), Bd.IX, 3. Aufl. 2011, §193
Dreier, Dimensionen der Grundrechte, in: ders. Idee und Gestalt des freiheitlichen Verfassungsstaates, 2014
______, Subjektiv-rechtliche und objektiv-rechtliche Grundrechtsgehalte, Jura 1994
Friesenhahn, Der Wandel des Grundrechtsverständnisses, in: 50. DJT, 1974
Grimm, Verfahrensfehler als Grundrechtsverstöße, NVwZ 1985
Hendler, Das Prinzip Selbstverwaltung, in: Isensee/Kirchhof(Hg), Handbuch des Staatsrechts (HbStR), Bd.Ⅳ. 2. Aufl. 1999, §106
Hesse, Grundrechte, in: Benda/Maihofer/Vogel(Hg), Handbuch des Verfassungsrechts der Bundesrepublik Deutschland (HbVerfR), 1983
______, Bestand und Bedeutung der Grundrechte in der Bundesrepublik Deutschland, EuGRZ 1978
Jarass, Bausteine einer umfassenden Grundrrechtsdogmatik, AöR 120(1995)
______, Grundrechte als Wertentscheidungen bzw. objektrechtliche Prinzipien in der Rechtsprechung des Bundesverfassungsgerichts, AöR 110(1985)
Lorenz, Der grundrechtliche Anspruch auf effektiven Rechtsschutz, AöR 105(1980)
Niemöller/Schuppert, Die Rechtsprechung des Bundesverfassungsgerichts zum Strafverfahrensrecht, AöR 107(1982)

Ossenbühl, Die Interpretation der Grundrechte in der Rechtsprechung des Bundesverfassungsgerichts, NJW 1976

Richter/Schuppert/Bumke, Casebook Verfassungsrecht, 2001

Rupp, Vom Wandel der Grundrechte, AöR 101(1976)

Schmidt-Aßmann, Grundrechte als Organisations- und Verfahrensgarantien, in: Merten/Papier(Hg), Handbuch der Grundrechte in Deutschland und Europa (HbGR), Bd.II, 2006, §45

Starck, Organisation und Finanzierung als Hilfen zu Grundrechtsverwirklichung?, in: Starck(Hg), Bundesverfassungsgericht und Grundgesetz, Bd.II, 1976

______, Die Grundrechte des Grundgesetzes, JUS 1981

Stern, Das Staatsrecht der Bundesrepublik Deutschland, Bd.Ⅲ/1, 1988

Zippelius/Würtenberger, Deutsches Staatsrecht, 2005

제6절 제도보장

오늘날의 헌법국가에서 제도보장의 의미와 기능의 변화*

Ⅰ. 문제의 제기

우리 헌법은 특정 제도를 명시적으로 보장하고 있지는 않지만, 일련의 제도가 헌법적으로 보장된다는 것은 이미 오래 전부터 학계의 지배적인 견해에 속한다.[1] 헌법재판소도 *私法*의 영역에서 재산권보장을 비롯하여 *公法*의 영역에서 직업공무원제도나 지방자치제도의 보장 등 일련의 제도가 헌법적으로 보장된다는 입장을 취하고 있다. 학계와 판례의 이러한 견해는 독일 바이마르 헌법(Weimarer Verfassung) 하에서 형성된 '제도보장이론'을 수용한 결과이다.

그러나 '제도보장'이란 법적 유형은 헌법해석의 산물로서 그 개념, 내용, 범위 및 효력에 있어서 아직도 많은 것이 규명되지 않은 채 불확실한 상태에 놓여 있다.[2] 제도보장은 과거 우리 학계에서 상당히 활발하게 논의되었으나, 논의의 범위는 독일에서 형성

---

* 위 논문은 2017년 12월, 법학논문집(중앙대학교 법학연구소), 제41집 제3호, 5-51면에 게재된 것을 일부 수정한 것이다.

1) 권영성, 헌법학, 2010, 182면 이하, 276면; 김철수, 헌법학개론, 2000, 253면; 한수웅, 헌법학, 2017, 427면 이하; 허영, 한국헌법론, 2010, 174면, 236면, 807면; 홍성방, 헌법학(상), 2010, 306면 이하.

2) 이 글에서는 *私法上*의 제도보장(Institutsgarantie)과 *公法上*의 제도적 보장(institutionelle Garantie)을 포괄하는 상위개념으로 '제도보장(Einrichtungsgarantie)'이라는 용어를 사용하기로 한다, vgl. Stern, Das Staatsrecht der Bundesrepublik Deutschland, Bd.Ⅲ/1, 1988, S.782.

된 제도보장이론의 생성배경을 서술하고 이러한 이론에 근거하여 제도보장의 개념과 효력을 확인하는 단계를 넘지 못하고 있다.[3] 근래에 들어 '제도보장이론에 근거한 제도보장의 이해'에 대하여 비판적인 견해가 간헐적으로 주장되고 있지만,[4] 바이마르 헌법과는 그 규범적 효력에 있어서 근본적으로 다른 우리 헌법질서에서 제도보장이라는 법적 개념이 필요한지, 그 의미와 기능에 있어서 어떠한 변화가 발생하였는지, 제도보장의 효력은 무엇인지 등 본질적인 문제에 관해서는 지속적인 논의가 이루어지고 있지 있다.

특히 헌법재판소가 종래 일련의 결정에서 독일의 제도보장이론을 수용하여 '자유권을 제한하는 입법의 경우에는 심사기준으로서 최대한 보장의 원칙이 적용되지만 제도보장의 경우에는 최소한 보장의 원칙이 적용된다'고 판시함으로써 제도를 형성하는 법률의 위헌여부를 '최소한 보장의 원칙'을 기준으로 하여 판단하면서, 제도보장과 관련하여 다음과 같은 문제가 제기되고 있다. 제도보장이론이 바이마르 헌법 당시에 헌법의 구속을 받지 않는 입법자를 헌법적으로 구속하기 위하여 나온 헌법학의 산물이라면, 오늘날의 헌법국가에서 특정 제도를 입법자에 의한 폐지와 공동화로부터 보호하기 위하여 제도보장의 사고가 필요한 것인지, 오늘날의 헌법국가에서 입법자가 독일 바이마르 시대에서 유래하는 '제도보장이론'의 구속을 받아야 하는지, 제도를 형성하는 법률에 대한 사법적 통제가 과연 '최소한의 통제'에 그쳐야 하는지에 대하여 근본적인 의문이 제기되고 있는 것이다.

이 글에서는 첫째, 우선 독일 바이마르 헌법 하에서 제도보장이론이 생성된 배경 및 제도보장이론의 구체적 내용과 학문적 업적을 살펴보고, 제도보장이론에서 제도보장의 개념과 입법자에 대한 효력은 무엇인지, 특히 제도보장이 보호하고자 하는 제도의 핵심영역을 어떻게 확정할 수 있는지에 관하여 살펴보고자 한다(아래 Ⅱ.). 둘째, 우리 헌법학과 판례에 의하여 독일의 제도보장이론이 수용되었다는 것을 확인한 다음, 오늘날의 헌법국가에서 제도보장의 의미와 기능에 있어서 어떠한 근본적인 변화가 발생하였는지를 검토하기로 한다(아래 Ⅲ.). 셋째, 이어서 제도보장의 의미와 기능의 근본적인 변화가 구체적으로 어떠한 형태로 이루어졌는지의 문제를 私法의 영역에서는 사유재산제도와 혼인제도의 보장을 대표적인 예로 삼아, 公法의 영역에서는 직업공무원제도와 지방자치제도의 보장을 대표적인 예로 삼아 검토해 보고자 한다(아래 Ⅳ. 및 Ⅴ.). 마지막으로 오늘날의 변화한 헌법적 상황에서 제도보장이란 법적 개념이 독자적인 의미와 가능을 가지고 있는지, 어떠한 관점에서 제도보장의 의미를 아직도 인정할 수 있는지를 서술하고, 제도보장의 의미와 기능이 변화함에 따라 제도보장의 효력, 즉 입법자가 제도를 구

3) 제도보장을 다룬 한국 문헌에 관한 상세한 소개로는 김대환, 제도보장에 있어서 핵심영역의 보호, 「헌법학연구」, 제6권 제4호(2000), 77면 각주 71) 참조.

4) 가령, 오동석, 제도적 보장론 비판 서설, 「헌법학연구」 제6권 제2호(2000), 50면 이하; 조한상, 제도보장이론의 공법적 의미와 문제점, 극복방향, 「법학연구」, 부산대학교 법학연구소, 제48권 제2호(2008), 59면 이하.

체적으로 형성함에 있어서 제도보장에 의하여 어떠한 구속을 받는지의 문제도 달리 판단되어야 한다는 것을 서술하는 것으로 결론을 대신하고자 한다(아래 Ⅵ.).

Ⅱ. 독일 바이마르 헌법에서 제도보장의 개념 및 의미

1. 제도보장이론의 생성배경과 내용

가. 바이마르 헌법에서 기본권의 이해

'제도보장이론'은 바이마르 헌법 하에서 헌법학에 의하여 형성된 이론으로, 헌법해석의 산물이다.[5] 마찬가지로 '제도보장'도 헌법에서 스스로 언급하는 실정법적 개념이 아니라 헌법해석을 통하여 인정된 개념이다.[6] 바이마르 공화국 당시 입법자는 기본권의 구속을 받지 않는다는 것이 헌법학의 지배적 견해였는데,[7] 제도보장이론은 기본권의 구속을 받지 않는 입법자의 침해로부터 개인의 재산권영역과 같은 특정 생활영역을 보호하기 위하여 형성된 이론이다. 따라서 바이마르 공화국에서 제도보장이론이 생성된 배경을 살펴보아야만, 제도보장이란 법적 유형을 비로소 제대로 이해할 수 있다.[8]

1919년 제정된 바이마르 헌법에서 기본권에 대한 이해는 군주와 시민사회의 대립과 이원주의에 기초하는 '입헌군주시대에서의 기본권의 의미'에 의하여 지배되었다.[9] 입헌군주시대에서 기본권은 군주의 자의적 지배에 대한 방어권으로 이해되었다. 그 당시 의회는 '국가의 조직'이라기보다는 개인과 사회의 기본권을 보호하고 방어하는 '사회의 대표기관'으로 이해되었고, 사회의 자유를 제한하기 위해서는 의회의 동의를 필요로 한다는 '법률유보원칙'을 통하여 사회의 기본권을 보호하는 과제를 이행하였다.

제1차 세계대전 이후 독일제국이 붕괴되고 바이마르 공화국이 출범하면서 국가의 형태가 입헌군주국가에서 민주국가로 전환되었다. 이에 따라 '군주의 집행부'와 '시민계급을 대변하는 의회'의 대립과 이원주의가 사라졌고, 군주의 자의적 지배에 대한 방어권으로서의 기본권도 불필요한 것으로 간주되었다. 바이마르 헌법에서 기본권은 적어도 초기에는 구속력을 가지는 법규범이 아니라 단지 정치적으로 선언적인 의미만을 가지는 프로그램적 성격의 것으로 이해되었다.[10] 그 결과, 바이마르 헌법 하에서 입법자는 기

5) Vgl. Kloepfer, Einrichtungsgarantien, in: Merten/Papier(Hg), HbGR, Bd.II, 2006, §43 Rn.1f.
6) Vgl. Mager, Einrichtungsgarantien, 2003, S.81.
7) 바이마르 헌법에서 기본권의 법적 의미에 관하여 vgl. Dreier, Die Zwischenkriegszeit, in: Merten/Papier(Hg), HbGR, Bd.I, §4 Rn.39ff.
8) 제도보장의 생성배경을 소개하는 논문으로 김대환, 제도보장에 있어서 핵심영역의 보호, 헌법학연구, 제6권 제4호(2000), 64면 이하; 정극원, 제도보장론의 성립과 현대적 전개, 「헌법학연구」, 제4권 제3호(1998), 243면 이하 참조.
9) Vgl. Kloepfer, Einrichtungsgarantien, in: HbGR, Bd.II, 2006, §43 Rn.3.
10) Vgl. Stern, Das Staatsrecht der Bundesrepublik Deutschland, Bd.Ⅲ/1, 1988, S.122ff.

본권의 구속을 받지 않는 것으로 간주되었고, 게다가 그 당시 헌법학의 지배적인 견해에 의하면 헌법제정권력과 입법권은 일치하는 것으로 이해되었기 때문에 법률에 대한 헌법의 우위도 인정되지 아니하였다. 이로써 바이마르 헌법 하에서는 의회가 '기본권을 보호하는 시민사회의 대표'에서 '자유를 위협하는 국가기관'으로 변화하는 현상을 전혀 인식하지 못하였다.

나. 憲法의 優位를 도입하기 위한 시도로서 제도보장이론의 등장

(1) 이러한 헌법적 배경에서, 입법자의 무제한적인 형성권으로부터 기본권을 보호하고자 하는 학문적 시도가 등장하였는데, 바이마르 헌법의 재산권보장은 제도보장이론의 발생에 있어서 결정적인 계기를 제공하였다.[11] 바이마르 헌법은 재산권을 명시적으로 보장하였으나,[12] 입법자가 스스로 사유재산의 내용과 한계를 정하기 때문에 사유재산을 사실상 폐지할 수 있는 위험이 존재하였다. 특히 그 당시에 의회의 다수파가 광범위한 社會化의 조치를 도입함으로써 시민사회의 재산권질서를 위협하고 심지어 형해화 할 수 있다는 우려가 제기되었다. 장래에 있어서 사유재산의 존속을 보장하기 위해서는 헌법적 지위를 갖춘 법적 도구가 필요하였는데, 제도보장이 바로 이러한 과제를 담당하게 되었다. 재산권의 내용을 형성하는 입법자에 대하여 재산권을 헌법적으로 어떻게 보장할 것인지의 문제가 제도보장이론의 출발점이었다.

그 당시 저명한 *私法學者*인 볼프(M. Wolff) 교수는 1923년 그의 논문 '제국헌법과 재산권'(Reichsverfassung und Eigentum)에서 바이마르 헌법에 의하여 보장된 재산권과 관련하여 '제도보장'(Institutsgarantie)이란 개념을 사용하면서, "헌법상 재산권규정은 개인의 주관적 권리를 보장할 뿐만 아니라 법적 제도로서 사유재산제도를 보장하며, 이러한 제도보장은 무엇보다도 입법자에 대하여 효력을 가지는 것으로 입법자의 무제한적인 형성권으로부터 제도를 보호한다."고 서술하였다.[13] 그 후, 그 당시 대표적인 공법학자인 칼 슈미트(Carl Schmitt) 교수가 1928년 그의 저서 '헌법학(Verfassungslehre)'에서 1920년대에 이미 싹트기 시작한 제도보장의 사고를 체계화함으로써, '제도보장'은 헌법학의 새로운 개념으로 본격적으로 등장하였다.[14]

바이마르 공화국 당시 헌법학에서는 현대 헌법국가의 중요한 업적 중 하나인 '憲法의 優位'가 부인되었다. 바이마르 헌법은 현행 독일헌법인 본(Bonn) 기본법과는 달리 헌법의 우위에 관한 명시적인 규정을 두지 않았기 때문에, 헌법의 우위에 관하여 논란이 끊

11) Vgl. Mager, Einrichtungsgarantien, 2003, S.13ff.
12) 바이마르 헌법 제153조 "재산권은 헌법에 의하여 보장된다. 그 내용과 한계는 법률로부터 나온다."
13) Vgl. Stern, Das Staatsrecht der Bundesrepublik Deutschland, Bd.Ⅲ/1, 1988, S.756.
14) Vgl. C. Schmitt, Verfassungslehre, 1928, S.125f.; ders., Freiheitsrechte und institutionelle Garantien, in: ders., verfassungsrechtliche Aufsätze aus den Jahren 1924-1954, 1973, S.140ff.

이지 않았다. 당시 헌법학의 지배적 견해는 헌법과 법률 사이에는 우열관계가 없으며, 이에 따라 입법자는 헌법과 법률을 임의로 개정할 수 있다고 하는 것이었다.[15] 이에 대하여 칼 슈미트는 제도보장이론을 제시함으로써 입법자의 형성권을 제한하고자 시도하였고, 입법자를 헌법규범에 구속시키기 위해서는 입법자에 대한 헌법의 우위를 주장하는 것은 필수적이었다. 칼 슈미트는 헌법은 정치적 공동체의 성격과 형태에 관한 근본적 결정으로서 그 내용과 효력에 있어서 법률보다 우위에 있으며, 입법자가 아무런 구속을 받지 않는다는 것은 생각할 수 없다고 반박하였다.[16] 결국, 제도보장이론은 헌법의 우위를 부인하는 바이마르 헌법학에서 재산권 등 특정 기본권과 관련하여 헌법의 우위를 인정하기 위한 하나의 시도였다.[17]

(2) 칼 슈미트는 기본권의 개념을 좁게 이해하여 오로지 선국가적인 자유권만을 '순수한 기본권'으로 간주하였다.[18] 그의 이러한 '시민적 법치국가적 기본권 이해'에 의하면, 기본권은 국가와 개인 사이의 근본적인 '배분의 원리'(Verteilungsprinzip)의 표현으로, 배분의 원리에 따라 개인의 자유는 원칙적으로 무제한적인 반면, 국가의 권한은 원칙적으로 제한적이다. 그러므로 개인의 자유영역을 보호하는 기본권은 선국가적 권리로서 국가의 법률에 의하여 부여되는 것이 아니라 이미 국가 이전에 존재하는 것으로 보호되는 것이며, 국가는 단지 제한된 범위 내에서만 기본권을 제한할 수 있을 뿐이다.

칼 슈미트는 '순수한 기본권'과 '제도보장'을 대치시키면서, 오로지 국가 내에서만 존재하고 그 본질에 있어서 제한적이며 단지 입법에 의한 제거를 불가능하게 하고자 하는 목적을 가진 '제도보장'은 '기본권'과 구분되어야 한다고 서술하였다.[19] 기본권의 경우 개인과 국가 사이의 '배분의 원리'가 적용되기 때문에 입법자가 기본권의 제한을 별도로 정당화해야 한다는 점에서 오늘날의 비례의 원칙의 구속을 받는 반면에, 제도보장의 경우 '배분의 원리'가 적용되지 않기 때문에 제도보장에 의한 구속은 배분의 원리에 기초할 수 없다고 서술하였다. 따라서 그는 입법자에 대한 구속의 정도에 관하여 '제도보장은 입법자에 의한 폐지와 공동화로부터 제도를 보호하기 위한 것이며, 제도보장이 역사적 경험을 규범적으로 표현한 결과라는 점에서 언제 폐지와 공동화의 위험이 존재하는지의 문제는 일차적으로 역사적 관점에 의하여 판단되어야 한다'고 주장하였다.

칼 슈미트는 '헌법적으로 보장되는 제도'를 사유재산제, 혼인·가족제도와 같은 *私法*

---

15) 그 당시 공법학의 지배적 견해를 주도하던 공법학자인 안슈츠(Gerhard Anschütz)는 그의 주해서(Kommentar zur Weimarer Reichsverfassung, 1933)에서 "헌법은 입법자에 대하여 우위에 있지 아니하며, 입법자는 헌법을 임의로 변경할 수 있다. 심지어 민주주의원리, 공화국 등 헌법의 기본원리도 예외가 아니다."라는 견해를 취하고 있다.

16) Vgl. Kloepfer, Einrichtungsgarantien, in: HbGR, Bd.II, 2006, §43 Rn.7.

17) Vgl. W. Schmidt, Grundrechtstheorie im Wandel der Verfassungsgeschichte, Jura 1983, S.174.

18) Vgl. Mager, Einrichtungsgarantien, 2003, S.22f.

19) Vgl. Mager, Einrichtungsgarantien, 2003, S.24ff., 31ff.

영역에서의 '제도보장'(Institutsgarantie)과 국가존립의 기반이 되는 제도로서 선거제도, 정당제도, 지방자치제도, 교육제도 등 公法 영역에서의 '제도적 보장'(institutionelle Garantie)으로 구분하였다. 그는 입법자가 제도를 제한하고 형성할 수는 있으나 제거해서는 안 된다고 하면서, 제도보장에 의하여 제도의 존속만이 보장되는 것이 아니라 제도의 역사적 발전과정에서 전형적이고 본질적인 것으로 형성된 특정한 특징도 유지되어야 한다고 서술하였다.[20]

칼 슈미트의 제도보장이론은 그 당시 공법학계의 전반적인 지지를 받았다. 제도보장이론이 학계의 지지를 받고 자신을 관철할 수 있었던 것은 단지 칼 슈미트의 업적에만 기인하는 것은 아니다. 독일의 역사학파(historische Rechtsschule)는 이미 19세기 초에 제도보장의 사고를 통하여 입법자를 구속하고자 시도한 바 있는데, 제도보장이론이 역사학파의 이러한 법전통에 그 뿌리를 두고 있다는 것에도 제도보장이론의 성공은 기인한다.[21] 1918년 독일제국의 붕괴와 함께 기존의 안정적이고 전통적인 관계가 사라지고 정치적・사회적 분열이 발생하였는데, 역사학파의 전통주의는 정치적・사회적으로 매우 불안한 변혁의 시기에 어느 정도 법적 지속성과 안정성을 제공하기에 적합한 것이었다. 그러나 나치 정권의 불법적 지배 하에서 바이마르 헌법은 사실상 그 효력을 상실하였고, 헌법으로부터 도출한 제도보장도 더 이상 효력을 가질 수 없게 되었다. 그 결과, 칼 슈미트의 제도보장이론은 헌법 현실에서 거의 아무런 효력을 발휘할 수 없었다.[22]

다. 기본권의 객관적 성격을 인정한 최초의 시도로서 제도보장이론

칼 슈미트는 그 당시 논쟁의 중심에 있었고 시급한 해결을 요하는 헌법적 문제인 '법률에 대한 헌법의 우위'를 해결하기 위한 하나의 방안으로서 제도보장이론을 제시하였을 뿐만 아니라, 나아가 '진정한 자유권'과 '제도보장'을 구분하고 대치시킴으로써 오늘날의 기본권이론에서 '자연적 자유'와 '법적 형성을 필요로 하는 자유' 사이의 본질적

---

20) Vgl. Schmitt, Die Grundrechte und Grundpflichten des deutschen Volkes, in: ders., verfassungsrechtliche Aufsätze aus den Jahren 1924-1954, 1973, S.181(213f).

21) Vgl. Mager, Einrichtungsgarantien, 2003, S.395, 476f. '역사학파'는 19세기 초반에 독일에서 사비니(Savigny) 등을 중심으로 '합리주의적 자연법사상'에 대한 반대운동으로 탄생하였다. 합리주의적 자연법사상은 그 추상성과 非歷史性을 특징으로 하면서 고전적인 자유권의 정신적 배경을 형성하였다. 합리주의적 자연법사상에서 자연법은 시간을 초월하는 범세계적인 것이고 궁극적으로 개인에게 귀속되는 것이다. 반면에, 역사학파의 자연법은 시간의 흐름 속에서 생성되고 민족과 공동체에 연관된 것이다. 역사학파는 민족정신(Volksgeist)으로부터 법이 생성되고 발전한다는 것을 전제로 하여 '법은 민족정신의 산물'로서 국가로부터 독립적인 법의 생성을 주장하였다. 입법자의 과제는 법제도의 형태로 생성된 법을 인식하고 구체화하는 것에 제한된다. 이러한 법생성이론으로부터 '제도의 고유한 본질(Wesen)'과 '시간의 구속을 받는 현상(Erscheinung)'이라는 2가지 법의 영역이 구분된다. '제도의 본질'은 역사적・체계적 해석을 통하여 인식될 수 있는 것이고, '현상'은 시간의 흐름에 따라 지속적으로 발전하는 과정 속에서 변화하는 것이다. '현상'을 시대에 맞게 수정하는 것은 입법자의 과제인 반면, 입법자는 '제도의 본질'에 의한 구속을 받는다. 이러한 사고는 바이마르 공화국 당시 제도보장이론의 내용과 완전히 일치한다.

22) Vgl. Kloepfer, Einrichtungsgarantien, in: HbGR, Bd.II, 2006, §43 Rn.14; Stern, Das Staatsrecht der Bundesrepublik Deutschland, Bd.Ⅲ/1, 1988, S.762f.

인 차이를 파악하였다.[23)]

(1) 법적으로 형성되는 자유권

대부분의 자유권은, 개인이 국가의 도움 없이 스스로 행사할 수 있는 '자연적 자유'를 보장하고 있다. 인간은 누구나 양심과 신앙을 형성하고 실현할 수 있으며, 자신의 의견을 자유롭게 표명할 수 있는 가능성, 즉 자연적으로 행사할 수 있는 자유를 가지고 있다. 자연적 자유의 경우, 개인은 자유를 행사하기 위하여 입법자에 의한 구체적 형성을 필요로 하지 않는다.

그러나 자유권에 의하여 보호되는 자유공간은 단지 자연적으로 부여된 자유로서 생각할 수 없는 경우가 있다. 자유권에 따라서는 법률에 의하여 기본권의 보호대상이 구체적으로 형성됨으로써, 개인이 입법자에 의한 입법을 통하여 비로소 기본권을 행사할 수 있는 경우가 있다. 이러한 경우, 자유권은 국가의 법질서의 조력을 받아야만 실현될 수 있다. 예컨대, 법질서에 의하여 재산의 소유가 비로소 '재산권'이 되고, 여성과 남성의 생활공동체가 '혼인'이 된다.[24)] 혼인・가족 및 재산권은 선국가적 개념이 아니라 법률에 의하여 형성되는 개념이라는 공통점을 가지고 있다. 이러한 경우, 입법자는 입법을 통하여 자유권의 보호범위에 포함되는 개인의 행위를 막고자 하는 것이 아니라 개인이 자유권을 행사할 수 있도록 행위가능성을 개방하고 확대하는 것이다.

(2) 제도보장에 의한 자유권의 효력의 확대

제도보장이론에 의하면, 특정한 자유권은 국가에 대한 개인의 주관적 권리일 뿐만 아니라 특정 생활영역이나 규범체계를 제도로서 보장한다. 가령, 헌법 제36조의 '혼인과 가족생활의 보장'은 혼인과 가족생활의 사적 영역에 대한 국가의 침해를 방어하는 주관적 권리일 뿐만 아니라 '사회질서로서 혼인과 가족생활'을 보호한다는 것이고, 헌법 제23조의 재산권보장은 개인의 구체적인 재산권을 보장할 뿐만 아니라 '법적 제도로서 사유재산제'를 보호한다는 것이다.

주관적 권리로서의 자유권은 개인에게 공권력의 침해에 대하여 이를 방어하고 법적으로 관철할 수 있는 가능성을 제공하는 반면, 제도보장은 특정한 사회질서나 규범체계와 관련하여 역사적으로 형성된 기본구조의 지속성을 헌법적으로 보장한다.[25)] 자유권은

23) Vgl. Mager, Einrichtungsgarantien, 2003, S.474.

24) 가령, 입법자가 사인에 의한 사유재산의 이용과 처분이 가능하도록 사유재산제도를 구체적으로 형성해야 비로소 재산권의 행사가 가능하다. 입법자가 저작권법이나 특허법의 제정을 통하여 창작물이나 발명에 관한 재산적 가치를 구체적인 권리로 형성하고 권리의 내용과 범위를 정하여 개인에게 귀속시킨 후에야, 비로소 개인은 자신의 저작권이나 특허권을 재산권으로서 주장할 수 있다. 또한, 입법자가 법률로써 혼인의 성립과 효력을 규율함으로써 혼인제도를 구체적으로 형성해야 비로소 개인은 혼인의 자유를 행사할 수 있다. 입법자에 의한 혼인제도의 구체적 형성은 개인이 혼인의 자유를 행사하기 위한 전제조건이다.

25) Vgl. Zippelius/Würtenberger, Deutsches Staatsrecht, 2005, S.160.

제도보장의 형태를 통하여 '개인이 자유를 실제로 행사하기 위하여 불가결한 규범질서'에 대해서도 보호의 범위를 확대함으로써, 간접적으로 대국가적 방어권으로 보호되는 개인의 주관적 권리를 강화한다. 이러한 방법으로 법률에 의하여 비로소 형성되는 자유권인 재산권 및 혼인과 가족생활은 어느 정도 객관적으로 제도의 핵심영역에 의한 보호를 받게 된다. 이러한 점에서, 제도보장이론은 자유권에 주관적 성격 외에도 객관적 성격과 내용을 인정한 최초의 시도라고 할 수 있다.[26)]

2. 제도보장의 개념

가. 바이마르 헌법 하에서 고전적인 개념

독일 바이마르 공화국의 헌법학에서 1920년대 말부터 1930년대 초반에 걸쳐 형성된 '제도보장이론'의 바탕을 이루는 기본사고는 특정한 제도와 관련하여 제도의 본질적 내용 또는 핵심적 영역을 입법자에 의한 제거의 위험으로부터 보호하고자 하는 것이었고, 이로써 기본권의 보장과 유사하게 특정한 제도에게 헌법적 보호를 제공하고자 하는 것이었다.[27)]

제도보장의 보호대상은 사회학적 의미에서의 제도, 즉 사회적 현실의 특정 현상이나 사회적 형성물(soziales Gebilde)이 아니라 오로지 법적 형성물(rechtliches Gebilde)이다.[28)] 제도보장은 법적으로 형성된 규범체계(법적 형성물)를 보장하기 위한 것이고, 법적 형성에 의하여 비로소 제도가 생성될 수 있다. 집회나 주거 등 사회적 생활관계는 비록 헌법에서 언급하고 있다 하더라도, 이러한 '생활관계의 성격을 특징짓는 규범체계'를 갖추지 않은 경우에는 제도보장이라 할 수 없다. 나아가, 오로지 이미 법적으로 형성되고 조직되어 현재 존재하는 제도만이 제도보장에 의한 존속의 보호를 받을 수 있다.[29)] 아직 존재하지 않고 형성되지 않은 제도의 경우, 존속되어야 할 것이 없기 때문에 '존속의 보장'이란 있을 수 없다. 뿐만 아니라, 헌법이 제도의 존속을 보장하고자 한다는 것을 객관적으로 인식할 수 있도록 스스로 표현해야만, 비로소 제도보장에 의한 보호를 받는다. 따라서 제도보장의 대상은 헌법이 그 존속을 보장하기 위하여 수용한 규범적 형성물로서, 대부분의 경우 역사적으로 형성되고 발전되어 사회의 의식에서 오랫동안 깊게 뿌리내린 규범체계(Normenkomplexe)이다.

26) Vgl. Dreier, in: Dreier(Hg), Grundgesetz Kommentar, 2. Aufl. Bd.I, 2004, Vorbem. vor Art.1 Rn.108; Jarass, Funktionen und Dimensionen der Grundrechte, in; Merten/Papier(Hg), HbGR, Bd.II, 2006, Rn.12.
27) Vgl. Kloepfer, Einrichtungsgarantien, in: HbGR, Bd.II, 2006, §43 Rn.21.
28) Vgl. Kloepfer, Einrichtungsgarantien, in: HbGR, Bd.II, 2006, §43 Rn.24.
29) Vgl. BVerfGE 61, 149, 195; Stern, Das Staatsrecht der Bundesrepublik Deutschland, Bd.Ⅲ/1, 1988, S.785, 788.

여기서, 어떠한 제도가 입법자로부터 특별히 보호되어야 하기 때문에 헌법적 보장을 필요로 하는지의 문제가 제기된다. 헌법이 스스로 특정 제도의 존속을 보장하고자 한다는 것을 명시적으로 규정하는 경우에는 당연히 그러한 제도가 헌법적으로 보장되어야 할 것이나, 헌법이 이를 명시적으로 표현하는 경우는 사실상 찾아보기 어렵다. 따라서 이러한 규범적 상황에서는 제도의 헌법적 보장을 추론할 수 있는 관점을 찾아내야 한다. 제도보장도 주관적 공권과 마찬가지로 근본적으로 '보호의 과제'를 이행하기 때문에, 특정 제도가 헌법에 의한 존속의 보호를 필요로 한다면, 이는 제도의 헌법적 보장을 요청하는 중요한 징표로 간주될 수 있다.

특정 제도가 헌법적으로 보호되어야 할 필요성이 있는지를 판단함에 있어서 '과거의 역사적 경험'과 '장래에 대한 예측판단'이라는 2가지 관점은 매우 중요한 역할을 한다.[30] 제도의 보호 필요성을 판단하기 위해서는 일차적으로 과거의 역사적 상황을 돌이켜 보아야 한다. 과거의 역사적 경험은 제도의 존속에 대한 위험상황이 존재하는지 여부를 판단할 수 있는 효과적인 징표이다. 나아가, 과거 헌법국가의 발전과정에서의 역사적 경험에 비추어 특정 제도의 배후에 존재하는 중요한 공적 이익 또는 개인적 이익이 장래에 있어서도 적어도 잠재적으로 국가에 의하여 위협을 받을 우려가 있는지 여부를 확인해야 한다.

이러한 점에서, 과거 헌법국가의 역사적 발전과정에서 국가에 의한 위협의 우려가 있었기 때문에, 국가공동체에 있어서 중요한 의미와 고유한 가치를 가지며 장래에도 계속 존속해야 하는 특정한 규범적 형성물을 헌법적으로 특별히 보호하고자 하는 것이 바로 제도보장이다.[31]

나. 독일 기본법 하에서 제도보장 개념에 관한 논란

(1) 1949년 제정된 독일 본(Bonn) 기본법은 제도보장을 명시적으로 규정한 바는 없으나, 독일 헌법학계에서 제도보장의 사고는 다시 부활하였고 지속적으로 발전하였다.[32] 특히 독일 연방헌법재판소는 초기의 판례부터 헌법 내에서 제도보장의 존재를 인정함으로써 이러한 추세를 더욱 촉진시켰다. 연방헌법재판소는 칼 슈미트의 제도보장이론에 따라 '私法上의 제도보장'과 '公法上의 제도적 보장'으로 구분하면서, 기본권의 영역에서는 혼인과 가족생활, 사립학교의 자유, 재산권 등에 주관적 권리를 넘어서 제도보장의 의미를 부여하였고, 기본권 외의 영역에서 지방자치행정과 직업공무원제도를 제도적 보장으로 이해하였다.[33]

---

30) Vgl. Kloepfer, Einrichtungsgarantien, in: HbGR, Bd.II, 2006, §43 Rn.27.

31) Vgl. Kloepfer, Einrichtungsgarantien, in: HbGR, Bd.II, 2006, §43 Rn.28; Stern, Das Staatsrecht der Bundesrepublik Deutschland, Bd.Ⅲ/1, 1988, S.791.

32) Vgl. Stern, Das Staatsrecht der Bundesrepublik Deutschland, Bd.Ⅲ/1, 1988, S.763ff.

한편, 독일 학계에서는 바이마르 헌법 하에서 제도보장이론에 의하여 인정된 '고전적인 제도보장' 외에도 현행헌법인 기본법 하에서 그 밖의 기본권규정이 제도보장의 범주에 속하는 것으로 이해될 수 있는지에 관하여 오랫동안 논란이 지속되었다. 특히 국가로부터의 자유 또는 주관적 방어권만으로는 그 구조를 충분히 설명할 수 없고 부분적이나마 입법자에 의한 법적 형성을 요구하는 기본권을 둘러싸고, 이러한 기본권에 대해서도 제도보장의 성격을 인정할 수 있는지 여부에 관하여 견해가 갈리고 있다. 제도보장의 개념적 요소를 구체적으로 어떻게 확정하는지에 따라 제도보장의 범주에 포함되는 기본권규정이 달라지는 양상을 보이고 있다.[34] 그러나 기본권에 대하여 규범적 구속력과 객관적 가치질서로서의 성격을 인정하는 독일의 헌법질서에서, 부분적으로 법적 형성을 필요로 하는 기본권의 경우에도 제도보장의 인정 여부와 관계없이 기본권의 객관적 측면에 의하여 보호를 받기 때문에, 제도보장의 확대 여부에 관한 논의는 근본적인 중요성을 가지는 것은 아니다.

(2) 가령, 신문과 방송의 자유, 대학의 자유, 근로자의 단결권 등과 관련하여 이를 제도보장으로 해석할 수 있는지에 관하여 독일의 학계에서 다툼이 있다.[35] 이러한 기본권의 경우에는 제도보장의 전제조건인 '기본법 시행 당시에 이미 존재하는 형성된 규범체계'가 존재하지 않는다. 그러므로 여기서 일차적으로 제기되는 문제는, 전통적으로 형성된 제도보장의 범위를 넘어서 시간의 흐름에 따라 제도로서 새롭게 형성된 영역에 대하여 제도보장을 확대하는 것이 가능한지 여부이다.[36] 제도보장의 개념적 요소를 어떻게 이해하는지에 따라, 헌법 제정 이후 새롭게 형성된 제도도 제도보장에 포함시킬 수 있는지 여부에 대한 대답이 달라질 수밖에 없다.

나아가, 제도보장을 '법률에 의하여 형성되는 보호대상의 헌법적 보호'로 이해함으로써 '법률에 의하여 형성되는 보호대상'을 제도보장의 개념적 요소로 이해한다면, 그 보호대상이 입법에 의한 구체적 형성에 의존하고 있는 것이 아니라 단지 사실상 존재하는 생활관계인 경우에는, 가령 신문이나 방송, 정당 등의 경우에는 이미 이러한 이유로 제도보장의 범주에서 탈락한다.[37] 예컨대, '언론의 자유'에는 민주국가에서 여론형성에

---

33) Vgl. Stern, Das Staatsrecht der Bundesrepublik Deutschland, Bd.Ⅲ/1, 1988, S.774ff.

34) 가령, Mager 교수의 경우, 제도보장의 개념적 요소를 구조적 측면에서 '법률에 의하여 형성되는 보호대상' 및 기능적 측면에서 '보호목적으로서 자율성의 보장'으로 확정함으로써 제도보장의 개념을 매우 독특하고 좁게 이해하고 있다. 그 결과, 전통적으로 제도보장으로 이해되는 직업공무원제도는 그 보호목적이 '자율성의 보장'이 아니라 '국가제도의 유지'이기 때문에 제도보장이 아니라는 입장을 취하고 있다, vgl. Mager, Einrichtungsgarantien, 2003, S.406ff. 이러한 견해를 그대로 추종하는 논문으로 김세진, 헌법과 제도, 「공법연구」 제34집 제4호 제2권(2006), 265면 이하,

35) Vgl. Bumke/Voßkuhle, Casebook Verfassungsrecht, 2015, Rn.183; Kloepfer, Einrichtungsgarantien, in: HbGR, Bd.II, 2006, §43 Rn.82ff.; Mager, Einrichtungsgarantien, 2003, S.450ff.; Stern, Das Staatsrecht der Bundesrepublik Deutschland, Bd.Ⅲ/1, 1988, S.832ff.

36) Vgl. Sachs, Verfassungsrecht II, Grundrechte, 2000, A4 Rn.55.

37) Vgl. Kloepfer, Einrichtungsgarantien, in: HbGR, Bd.II, 2006, §43 Rn.85f.; Mager, Einrichtungsgarantien,

있어서 중요한 기능과 과제가 부과되므로, 입법자는 '자유언론'이 유지될 수 있도록 입법을 해야 할 의무를 진다. 그러나 개인이 언론의 자유를 행사하기 위하여 입법자에 의한 법적 형성을 필요로 하는 것은 아니며, 기본권이 헌법적 기능을 유지하기 위하여 부분적으로 입법자의 형성을 필요로 한다는 것이 곧 기본권에 제도보장의 성격을 부여하지 않는다. 언론제도는 '사회적 제도'로서, 언론제도의 본질적 형태는 입법자의 입법이 아니라 사회적 현실에 의하여 형성된다. 게다가 언론의 자유에 대하여 제도보장의 성격을 인정하지 않는다 하더라도, 자유권의 객관적 측면인 '객관적 가치질서'를 통하여 언론의 자유를 형성하는 입법자를 구속할 수 있으므로 제도보장에 의하여 보호하고자 하는 바가 자유권의 객관적 측면에 의하여 충분히 보호된다.

제도보장의 개념적 요소를 위와 같이 '법률에 의하여 비로소 형성되는 보호대상'으로 이해하는 입장에서는 마찬가지의 이유로 '가족'도 제도보장의 성격을 상실한다.[38] 혼인의 성립과는 달리, 전형적으로 가족은 법률효과의 발생을 목적으로 하는 '당사자의 의사표시'가 아니라 자녀의 출생 및 부모와 자녀의 공동생활이라는 '사실'에 의하여 성립한다. 혼인의 자유는 법적으로 형성되는 자유이지만, 가족을 구성하는 자유는 원칙적으로 '사실상의 자유'이다. 입양 등 법률행위를 통하여 부모와 자녀의 관계를 성립시키는 법적 가능성이 가족을 법제도로 만드는 것은 아니다. 가족을 구성하는 자유권의 보호범위가 입양 등 '법질서에 의하여 가족을 구성할 수 있는 가능성'에 의하여 보완되고 확대되지만, 법질서에 의하여 자유행사의 가능성이 비로소 개방되는 것은 아니다. 이러한 점에서, 헌법 제36조 제1항은 가족을 법적 제도가 아니라 단지 사회적 제도로서 보장할 뿐이다.

3. 제도보장의 효력

가. 제도보장이론에 따른 제도보장의 효력

제도는 한편으로는 규범체계를 갖추고 기능하기 위하여 입법자에 의한 구체적 형성에 의존하고 있다. 그러나 다른 한편으로는 입법자가 제도의 형성과정에서 입법을 통하여 제도를 폐지하거나 제도의 본질을 훼손할 위험이 있다. 입법자는 제도가 기능하도록 제도를 형성하면서 동시에 위협한다는 점에서, 제도보장과 입법자의 관계는 이중적이다.[39] 제도보장의 효력은, 입법자가 입법을 통하여 존재하는 제도를 근본적으로 변화시키는 것의 방지에 있다. 입법자는 제도를 구체적으로 형성함에 있어서 제도를 제거하거

2003, S.406.

38) Vgl. Mager, Einrichtungsgarantien, 2003, S.457; Kloepfer, Einrichtungsgarantien, in: HbGR, Bd.II, 2006, §43 Rn.74.

39) Vgl. Kloepfer, Einrichtungsgarantien, in: HbGR, Bd.II, 2006, §43 Rn.31; Stern, Das Staatsrecht der Bundesrepublik Deutschland, Bd.Ⅲ/1, 1988, S.868.

나 제도의 본질을 변질시켜서는 안 된다는 구속을 받는다.[40] 입법자는 제도를 제거할 수 없으며, 나아가 제도의 유형을 구성하는 본질적 내용을 空洞化해서는 안 된다. 이로써, 제도보장의 일차적 보호효과는 제도의 제거 및 본질적인 침해에 대한 방어에 있다.

한편, 제도보장은 제도의 모든 변경을 금지하는 것이 아니라 제도를 구성하는 특징적이고 구조적인 핵심을 보호하고자 하는 것이다.[41] 제도보장은 기본권과는 달리 현재의 상태(status quo)를 그 자체로서 보호하고자 하는 것은 아니다. 제도는 유지되어야 할 뿐만 아니라, 사회현상의 변화에 대하여 개방적이어야 하고 사회현실의 변화에 따라 지속적으로 발전해야 한다. 따라서 제도보장은 입법자에게 제도의 본질적인 구조를 유지하면서 이를 계속 발전시키는 것을 금지하지 않는다.[42] 법규범이 규범적 효력을 유지하기 위해서는 변화하는 사회현상에 적응해야 하는 것과 마찬가지로, 제도를 구성하는 규범체계도 사회현상의 변화에 적응해야 한다. 바로 이러한 이유에서, 입법자에게는 제도의 본질을 훼손하지 않는 범위 내에서 광범위한 형성권이 인정된다. 제도보장의 경우, 제도의 핵심적 영역 또는 본질적 내용이 보장되어야 한다는 의미로 보호의 기능이 축소된다. 제도보장의 보장내용은 전통적으로 형성된 '제도의 핵심적 영역'에 국한되고, 보호의 효과는 '최소한의 보장'에 그친다('최소한 보장의 원칙').

나. 독일 기본법 하에서 제도보장의 효력

독일 기본법 하에서도 학설과 판례가 바이마르 헌법학의 제도보장이론을 그대로 수용함에 따라 기본법상의 제도보장의 효력에 있어서도 바이마르 헌법학의 견해가 그대로 유지되었다.[43] 독일 연방헌법재판소도 학계와 마찬가지로 바이마르 헌법학의 제도보장이론을 수용하였고, 소위 '핵심영역이론'을 통하여 제도보장의 보호내용을 구체화하였다.[44]

독일 연방헌법재판소는 이미 초기의 판례에서 지방자치제도를 헌법상 '제도적 보장'으로 이해하면서, 제도적 보장의 보호내용을 바이마르 헌법학에서 주로 사용하던 '본질'(Wesen) 또는 '본질적 내용'(Wesensgehalt) 대신에 자치행정의 '핵심영역'(Kernbereich)이란 용어를 사용하여 표현하였다. 마찬가지로 직업공무원제도와 관련해서도, 제도적 보장의 보호내용을 역사 속에서 전통적으로 형성된 직업공무원제도의 구조적 원칙의 '핵심부분'(Kernbestand)으로 서술하였다. 또한 혼인과 가족생활의 보장이나 재산권보장 등 사법상의 제도보장과 관련해서도, 공법 영역에서의 제도적 보장과 동일하거나 유사한 표현

40) Vgl. Stern, Das Staatsrecht der Bundesrepublik Deutschland, Bd.Ⅲ/1, 1988, S.854f.
41) Vgl. Kloepfer, Einrichtungsgarantien, in: HbGR, Bd.II, 2006, §43 Rn.31.
42) Vgl. Zippelius/Würtenberger, Deutsches Staatsrecht, 2005, S.160.
43) Vgl. Stern, Das Staatsrecht der Bundesrepublik Deutschland, Bd.Ⅲ/1, 1988, S.859.
44) Vgl. Stern, Das Staatsrecht der Bundesrepublik Deutschland, Bd.Ⅲ/1, 1988, S.861ff.

을 사용하여 제도보장의 보호내용을 서술하였다.

4. 제도의 핵심적 영역 또는 본질적 내용

가. 제도보장의 본질적 문제로서 핵심적 영역의 규명

제도보장이론에 따라 제도보장이 보호하고자 하는 것이 '제도의 핵심적 영역'이라면, 제도보장에 의하여 보호되는 '핵심적 영역'과 보호되지 않는 '그 외의 영역' 사이의 경계설정의 문제가 제기된다. 이러한 구분은 '핵심과 껍질'의 구분 또는 '침해할 수 없는 내부적 영역과 법적 형성이 가능한 외부적 영역', '헌법적으로 허용되지 않는 본질적 침해와 허용되는 입법적 형성' 등으로 달리 표현할 수 있다. 이러한 구분은 모든 제도보장과 관련하여 공통적으로 제기되는 본질적 문제이다.

여기서 제도보장에 의하여 입법자로부터 보호되는 대상인 제도의 핵심적 영역 또는 본질적 내용이 무엇인지의 문제가 규명되어야 한다. 헌법 제37조 제2항에서 언급하는 '기본권의 본질적 내용'이 무엇인지에 대한 질문과 마찬가지로, 제도의 핵심적 영역이 무엇인지를 확정하는 것은 매우 어려운 과제이다. 제도보장이론의 결정적인 문제점은 바로 핵심영역으로 표현되는 보장내용을 확정하는 것의 어려움에 있다. 한편, 각 제도마다 핵심영역과 주변영역(껍질)을 구분하는 것은, '절대적으로 보호되는 제도 그 자체'와 '입법적 변경이 가능한 제도의 구체적 형태'가 구분될 수 있다는 독일 역사학파의 '二重性(Doppelung)의 명제'에 기초하고 있다.[45] 그러므로 핵심영역의 확정에 있어서 제도의 생성과 관련된 '역사적 해석'에 결정적인 의미가 부여된다. 제도보장은 '과거에 전통적으로 형성된 것'을 미래에서도 유지하고 보존하고자 하는 것이므로, 핵심적 영역의 문제는 일차적으로 '과거에 형성된 제도의 본질'을 밝히는 문제이다. 제도보장의 경우, 헌법제정자가 과거의 역사적 경험에 비추어 특정 제도의 존속을 가치 있는 것으로 간주하여 보장의 필요성을 인정하였기 때문에, 제도의 본질을 해석함에 있어서 헌법제정자의 관점이 일차적으로 고려된다. 제도보장의 過去聯關的 성격으로 말미암아, 제도의 본질을 밝히는 방법도 일반적 법해석원칙인 객관적 해석이 아니라 일차적으로 주관적·역사적 해석이다.

나아가, 제도의 핵심적 영역은 양적으로 파악될 수 있는 것이 아니라, 오로지 제도의 본질을 기준으로 삼아 質的·內容的으로만 파악될 수 있다.[46] 가령 제도의 핵심에 속하는 개별적 구성요소를 열거적인 방법으로 확인함으로써 제도의 본질적 내용을 한정한 다음에 입법자에 의한 구체적인 형성 후에도 이러한 개별적 구성요소가 아직 남아있는

45) Vgl. Mager, Einrichtungsgarantien, 2003, S.429.

46) Vgl. Stern, Das Staatsrecht der Bundesrepublik Deutschland, Bd.Ⅲ/1, 1988, S.869.

지 여부를 판단하고자 하거나 또는 입법자에 의한 법적 변경 이전의 상태와 이후의 상태를 비교하여 본질적인 변화가 초래되었는지 여부를 판단하고자 하는 것은 제도의 핵심적 영역을 양적으로 파악하고자 하는 시도에 속한다. 그러나 이러한 경우, 개별 구성요소를 확정하는 어려움이 있고, 나아가 이러한 방법으로는 단계적·점층적으로 이루어지는 제도의 변화와 공동화를 방지할 수 없으므로, 이미 이러한 이유에서 제도의 핵심적 영역을 파악하는 방법으로 채택되기 어렵다.[47]

나. 제도의 핵심적 영역으로서 '본질적인 구조원칙'

제도의 핵심적 영역이 내용적으로 무엇인지를 확정하기 위해서는 우선 당해 제도에 특수한 형태를 부여하고 각 제도의 구조와 유형을 결정하는 본질적 특징인 '근본적 구조원칙'을 밝혀내야 한다.[48] 역사적 요소가 제도를 형성하였고 제도에 정체성과 연속성을 부여하였다는 점에서, 제도의 역사적 형태가 제도의 구조원칙을 밝히기 위한 출발점이다.[49] 제도보장의 현상유지적·보존적 기능으로 말미암아 '제도의 과거연관성'은 제도보장에 내재하는 본질적인 요소이고 제도의 역사적 형태는 헌법제정자의 사고의 바탕을 이루고 있기 때문에, 일차적으로 헌법제정자의 사고가 중요하다. 가령, 헌법제정자가 혼인제도를 헌법적으로 보장한다면, 혼인의 본질은 일차적으로 18, 19세기에 걸쳐 서구 문명국가에서 확립된 가치관에 기초하고 있다.

한편, 단지 제도의 기본골격만이 핵심영역에 속하기 때문에, 제도의 구조를 형성하는 본질적 특징을 걸러내야 한다. 이러한 구조적 특징은 제도의 생성 이래로 사회현상의 변화에도 불구하고 부단히 제도에 부속되어 유지되어온 본질적인 常數이다. 제도의 구조와 유형을 변형시키지 않고서는 제도로부터 제거될 수 없는 핵심적인 것, 제도를 본질적으로 특징짓는 유형결정적 구성요소가 제도의 핵심적 영역으로 보호되어야 한다. 가령, 혼인제도의 본질적인 구조원칙은 '남성과 여성 사이의 자유로운 합의에 기초하여 원칙적으로 오랫동안 지속되는 생활공동체'이며, 사유재산제도의 본질적인 구조원칙은 '사적 유용성과 원칙적인 처분권'이다. 이러한 구조원칙은, 법인식의 변화로 인하여 제도에 대한 근본적인 이해가 변화하지 않는 한, 입법자에 의하여 변경되어서는 안 된다.

그러나 제도의 과거연관성에 기초하는 역사적 해석방법은 절대적이거나 유일한 기준은 아니다. '법인식의 변화'나 '제도에 대한 근본적인 이해의 변화'로 인하여 원래 역사적으로 형성된 제도의 본질적 특징도 부분적으로 변화할 수 있는 가능성을 배제할 수 없다.[50] 헌법규범이 장래의 사회현상의 변화에 대하여 개방적으로 규정되어 있다는 점

47) Vgl. Mager, Einrichtungsgarantien, 2003, S.430; Stern, Das Staatsrecht der Bundesrepublik Deutschland, Bd.Ⅲ/1, 1988, S.869; Bumke/Voßkuhle, Casebook Verfassungsrecht, 2015, Rn.184.
48) Vgl. Bumke/Voßkuhle, Casebook Verfassungsrecht, 2015, Rn.184.
49) Vgl. Stern, Das Staatsrecht der Bundesrepublik Deutschland, Bd.Ⅲ/1, 1988, S.870.

에서, 제도보장의 경우에도 기존의 구조원칙 외에 새로운 구조원칙이 형성될 수 있는 가능성을 원칙적으로 부인할 수 없다. 이러한 경우, 제도의 구조적 특징이 사회현상의 변화에 부합하게 새롭게 정의되어야 한다.

Ⅲ. 오늘날의 헌법국가에서 제도보장의 의미와 기능

1. 우리 헌법학과 판례에 의한 제도보장이론의 수용

우리 헌법학과 헌법재판소의 판례도 독일의 제도보장이론을 수용하여 일부 헌법규범을 제도보장으로 이해하고 있다. 특히 헌법재판소는 초기의 결정부터 일관되게 사유재산제도, 혼인제도, 직업공무원제도, 지방자치제도 등을 헌법적으로 특별하게 보장되는 법제도로 파악하고 있다. 대표적으로 직업공무원제도와 관련하여, 헌법재판소는 제도보장의 개념과 의미를 "제도적 보장은 객관적 제도를 헌법에 규정하여 당해 제도의 본질을 유지하려는 것으로서, 헌법제정권자가 특히 중요하고도 가치가 있다고 인정되고 헌법적으로 보장할 필요가 있다고 생각하는 국가제도를 헌법에 규정함으로써 장래의 법발전, 법형성의 방침과 범주를 미리 규율하려는 데 있다."고 서술하면서,[51] "이러한 제도적 보장은 주관적 권리가 아닌 객관적 법규범이라는 점에서 기본권과 구별되기는 하지만 헌법에 의하여 일정한 제도가 보장되면 입법자는 그 제도를 설정하고 유지할 입법의무를 지게 될 뿐만 아니라 헌법에 규정되어 있기 때문에 법률로써 이를 폐지할 수 없고, 비록 내용을 제한한다고 하더라도 그 본질적 내용을 침해할 수는 없다. 그러나 기본권의 보장은 … '최대한 보장의 원칙'이 적용되는 것임에 반하여, 제도적 보장은 기본권 보장의 경우와는 달리 그 본질적 내용을 침해하지 아니하는 범위 안에서 입법자에게 제도의 구체적인 내용과 형태의 형성권을 폭넓게 인정한다는 의미에서 '최소한 보장의 원칙'이 적용될 뿐인 것이다."라고 하여 제도보장의 효력을 제도의 핵심영역 또는 본질적 내용의 보호에 제한하고 하고 있다.[52]

제도보장의 개념과 관련하여, 서구 민주국가와는 달리 제도형성에 관한 고유한 역사와 전통을 결여하고 있는 우리의 경우, '역사적 · 전통적인 관점'에서 제도보장의 내용을 확인하고자 하는 것은 서구의 제도보장의 역사를 우리의 것으로 의제하지 않는 이상 불가능하므로, 이러한 점에서 제도보장 개념의 수정은 불가피하다. 따라서 헌법재판소는 "헌법제정권자가 특히 중요하고도 가치가 있다고 인정되고 헌법적으로 보장할 필요가 있다고 생각하는 제도"라는 표현을 통하여, 제도보장이란 서구에서 역사적 · 전통적

50) Vgl. Bumke/Voßkuhle, Casebook Verfassungsrecht, 2015, Rn.184; Stern, Das Staatsrecht der Bundesrepublik Deutschland, Bd.Ⅲ/1, 1988, S.870.

51) 헌재 1997. 4. 24. 95헌바48, 판례집 9-1, 435, 444.

52) 헌재 1997. 4. 24. 95헌바48, 판례집 9-1, 435, 445.

으로 형성된 규범체계를 우리 헌법제정권자가 특별히 헌법적 보호의 필요성이 있다고 인정하여 수용한 것으로 그 개념을 일부 수정하고 있다.

그럼에도 헌법재판소의 위 판시내용에 의하면, 제도보장에 대한 헌법재판소의 이해가 아직도 여전히 바이마르 헌법 하에서 형성된 '제도보장이론'의 공식, 즉 제도보장은 제도를 폐지와 공동화의 위험으로부터 보호하는 것이라는 사고에 기초하고 있다는 것을 확인할 수 있다.

2. 헌법국가에서 제도보장의 의미와 기능의 변화

가. 현대 헌법의 전체적 성격의 변화

우리 헌법은 바이마르 헌법과는 달리 형식적이고 가치상대적인 헌법이 아니라 특정한 가치체계에 대한 결정을 담고 있는 '가치지향적 헌법'이다. 헌법은 특정한 가치체계의 표현으로서 헌법을 구성하는 모든 제도와 규범은 특정한 기본가치를 실현하기 위한 수단과 도구로 이해된다. 우리 헌법이 선택한 가치질서는 전문, 제4조, 제8조, 제10조 등에서 밝히고 있는 바와 같이 '인간의 존엄성을 가치의 정점으로 하는 자유민주적 기본질서'로 요약할 수 있다.[53] 이로써 헌법은 자유민주국가의 가치결정적 근본규범이다.

나아가, 헌법은 국가 법질서 내에서 최고의 규범으로서 모든 법규범에 대하여 우위를 차지할 뿐만 아니라 입법자를 비롯한 모든 국가기관을 구속한다. 이러한 내용의 헌법의 우위는 헌법재판을 통하여 보장되고 관철된다. 헌법의 우위는 비록 헌법에 명시적으로 규정되어 있지 않지만, 헌법재판이 '실정헌법의 존재'와 '헌법의 우위'를 전제조건으로 한다는 점에서, 헌법의 우위는 법규범이나 국가행위의 위헌여부를 심사할 수 있는 헌법재판제도를 통하여 간접적으로 표현되고 있다.

제도보장의 사고는 입법자가 헌법의 구속을 받지 않는다는 것을 전제로 하는 바이마르 헌법학의 산물로서, 헌법의 구속을 받지 않는 입법자를 최소한이나마 제도의 핵심적 내용에 구속시키고자 하는 것이었다. 그러나 오늘날의 헌법국가에서 모든 헌법규범이 국가기관을 구속하는 규범적 성격을 가지며, 국가기관에게는 헌법규범에 담겨있는 실체적 내용을 실현해야 할 의무가 부과된다.

이러한 헌법질서에서 자유권은 '개인의 주관적 공권'이자 '객관적 가치질서'라는 이중적 성격을 가진다. 자유권은 단순히 개인의 주관적 권리로서 대국가적 방어권에 지나지 않는 것이 아니라, 헌법의 기본원리와 함께 헌법질서를 구성하는 헌법의 기본적 가치결정을 내재하고 있다. 가령, 헌법 제23조의 재산권보장은 개인의 구체적 재산권을 주관적 권리로 보장할 뿐만 아니라 '국가 내에서 사유재산권이 보장되고 실현되어야 한다'는

53) 한수웅, 헌법학, 2017, 16면.

객관적 가치결정을 담고 있다. 객관적 가치질서로서의 자유권은 헌법의 기본원리인 민주주의·법치국가·사회국가원리와 마찬가지로 객관적 헌법질서로서 그 내용의 실현을 요구하며, 국가행위의 방향을 제시하는 지침으로 기능한다. 따라서 자유권에서 표현되는 객관적 가치결정은 입법과 법규범의 해석·적용에 있어서 존중되어야 한다. 객관적 가치질서로서의 자유권은 '입법자'에 대해서는 입법을 통하여 자유권의 가치결정을 실현해야 할 의무를 의미하고, '법적용기관'인 행정청과 법원에 대해서는 법규범의 해석과 적용을 통하여 자유권의 가치결정을 실현해야 할 의무를 뜻하게 된다.[54)]

나. 제도보장에 대한 이해의 근본적인 변화

헌법의 전반적인 성격이 이와 같이 변화함에 따라, 제도보장에 대한 이해도 달라져야 하며, 제도보장과 입법자의 관계도 변화해야 한다. 모든 헌법규정이 규범적 구속력을 가진다는 헌법적 상황의 변화는 제도보장의 의미와 기능에 대하여 영향을 미칠 수밖에 없다. 바이마르 헌법 하에서 형성된 '제도보장'이란 법적 유형도 헌법에 수용됨으로써 고유한 가치질서를 담고 있는 헌법적 질서의 통일체 내에 위치하게 되었고, 이와 동시에 모든 헌법규정이 인간존엄성의 실현을 위하여 존재한다는 의미에서 '그 기능과 목적에 있어서 변환'이 이루어진다. 바이마르공화국에서 제도보장의 의미와 기능이 '전통적으로 형성된 규범체계의 핵심을 유지'하고자 한 것에 있었다면, 오늘날의 헌법국가에서 제도보장의 의미와 기능은 헌법적 가치결정의 실현, 가령 기본권적 제도보장의 경우(사유재산권제도나 혼인제도 등)에는 개인의 자유로운 인격발현과 인간의 존엄성 실현에 봉사하는 것으로 근본적으로 변화하였다.[55)] 오늘날 입법자에 대한 특별한 구속력이나 제도의 유지, 법질서의 안정성 등은 더 이상 제도보장의 특징을 서술하는 요소가 아니다.[56)] 오늘날의 헌법국가에서 특정 제도가 입법자에 의하여 폐지되거나 공동화되어서는 안 된다는 것을 주장하기 위하여 더 이상 '제도보장'이란 법적 사고를 필요로 하지 않는다.[57)]

제도보장의 보장내용이 독일 바이마르시대의 '제도보장이론'에 의하여 역사적·전통적으로 확정되었다면, 오늘날의 헌법국가에서는 일차적으로 제도를 보장한 헌법의 가치

---

54) 객관적 가치질서로서 자유권의 성격은 1950년대 독일에서 연방판례에 의하여 인정된 이래, 오늘날 독일의 지배적 견해로 자리 잡고 있다. 우리 헌법학도 독일의 위 이론을 전반적으로 수용하고 있다. 가령, 대표적으로 한수웅, 헌법학, 2017, 425면 이하; 허영, 한국헌법론, 2010, 235면 참조.

55) Vgl. Mager, Einrichtungsgarantien, 2003, S.222.

56) Vgl. Mager, Einrichtungsgarantien, 2003, S.398.

57) Vgl. Maurer, Verfassungsrechtliche Grundlage der kommunalen Selbstverwaltung, DVBl 1995, S.1042; Waechter, Einrichtungsgarantien als dogmatische Fossilien, Die Verwaltung 29(1996), S.47ff.; Ehlers, Die verfassungsrechtliche Garantie der kommunalen Selbstverwaltung, DVBl 2000, S.1304; 유사한 취지로 김명연, 지방자치행정의 제도적 보장의 의의와 내용 -독일 기본법 제28조 제2항에 관한 연방헌법재판소 판례의 분석-, 「공법연구」 제32집 제5호(2004), 674면.

결정, 즉 기능적·목적적 헌법해석을 통하여 밝혀지는 '제도보장의 헌법적 목적'에 의하여 확정된다.[58] 헌법국가에서 제도보장을 통하여 입법자에게 제시되는 주된 지침과 구속은 더 이상 '전통적으로 형성된 제도의 규율모델'이 아니라, '헌법에 의하여 제도보장에 부여된 목적과 기능'(제도의 헌법적 목적과 기능)으로부터 나온다. 이로써 제도보장의 보장내용은 한편으로는 歷史的으로 전통에 의하여, 다른 한편으로는 機能的으로 헌법의 가치결정에 의하여, 즉 전통과 기능의 2가지 관점에서 헌법해석을 통하여 확정된다. 제도보장의 보장내용을 결정함에 있어서 전통적 요소는 헌법의 가치결정에 대하여 단지 부차적·보완적으로 기능한다. 따라서 전통적인 규범체계의 핵심은 헌법적 가치결정에 반하지 않는 경우에만 입법자를 구속한다.[59]

예컨대, 사유재산제도의 보장은 민법상의 재산권을 보호하는 전통적인 私法秩序의 핵심을 유지하고자 하는 것이 아니라, 재산권적 영역에서 '개인의 자유실현의 물질적 기초'로서의 재산권의 헌법적 기능에 비추어 개인의 자유행사에 기여하고자 하는 것이다. 따라서 사유재산제도의 보장내용은 전통적으로 형성된 사유재산제도의 규범적 핵심뿐만 아니라 재산권의 자유보장적 기능에 의하여 확정된다. 혼인제도의 보장내용은 '전통적인 혼인 개념'뿐만 아니라 '인간의 존엄성, 혼인의 자유, 양성의 평등'이라는 가치결정에 의하여 확정된다. 이로써 기본권의 영역에서 제도보장은 '인간 존엄성과 자유의 실현을 위한 도구'로 기능한다.[60]

마찬가지로, 직업공무원제도의 보장내용도 일차적으로 공무원제도의 전통적인 원칙이 아니라 '안정적이고 전문적인 국가행정의 보장'이라는 기능의 관점에서 확정되는 것이고, 지방자치제도의 보장내용도 지방자치에 관한 전통적인 규율체계의 핵심이 아니라, 주민의 복리에 관한 지역적 사무는 원칙적으로 지방자치단체에 의하여 자율적으로 처리되어야 한다는 헌법 제117조의 기본정신에 의하여 확정된다.[61]

Ⅳ. 私法의 영역에서 제도보장의 의미와 기능의 변화

1. 사유재산제도의 헌법적 보장

가. 주관적 보장과 객관적 보장으로서 재산권보장

헌법 제23조 제1항 전문은 "모든 국민의 재산권은 보장된다."고 규정하고 있다. 입법

58) Vgl. Mager, Einrichtungsgarantien, 2003, S.345, 482f.; 지방자치제도와 관련하여 유사한 취지로 오동석, 지방자치의 제도적 보장론 비판, 「공법연구」, 공법학회, 제29집 제1호(2000), 219-234면; 조성규, 지방자치의 보장과 헌법규정, 「공법연구」, 공법학회, 제34집 제1호(2005), 417면.
59) 이에 관하여 상세하게 아래 Ⅳ. 2. 다. 부분 서술 참조.
60) 이에 관하여 상세하게 아래 Ⅳ. 부분 서술 참조.
61) 이에 관하여 상세하게 아래 Ⅴ. 부분 서술 참조.

자가 스스로 재산권을 형성하면서 동시에 헌법상 재산권보장의 구속을 받기 때문에, 재산권보장은 개인의 구체적인 재산권에 대한 주관적 보장만으로는 기본권적 보호기능을 완전하게 이행할 수 없으며, '재산권을 형성하는 입법자'에 대해서도 보호를 제공해야 한다. 따라서 '재산권보장'은 개인의 구체적인 재산권을 기본권으로서 보호한다는 '주관적 보장'과 재산권을 구체적으로 형성하는 입법자에 대한 '객관적 보장'이라는 이중적 의미를 가지고 있다. 즉, 재산권보장은 각 재산권자에게 귀속된 구체적인 권리의 존속을 보장함으로써 법적으로 형성된 구체적인 주관적 권리를 보호하며(주관적 보장), 나아가 입법자가 법률로써 재산권을 위헌적으로 형성하는 것에 대하여 객관적인 보호를 제공한다(객관적 보장).

입법자가 재산권의 내용을 장래에 있어서 새롭게 규율하면서 장래에 재산권을 취득하는 경우만을 규율대상으로 삼는 경우, 과거에 재산권을 취득한 자에 대해서는 위 법률이 적용되지 않기 때문에, 개인의 구체적인 재산권의 보호 문제인 주관적 보장의 문제는 제기되지 않으며, 다만 위 법률의 객관적인 위헌여부만이 문제될 뿐이다. 이러한 경우, 재산권의 주관적 보장은 재산권의 내용을 형성하는 입법자에 대하여 아무런 보호를 제공하지 못한다.[62] 따라서 재산권보장은 장래에 발생하는 사실관계를 규율하는 입법자에 대해서도 보호를 제공해야 하는데, 이러한 기능을 이행하는 것이 바로 객관적 보장이다.

나. 입법자에 대한 객관적 보장

(1) 사유재산제도의 보장

재산권의 객관적 보장은 종래 주로 '법제도로서 사유재산제도의 보장'으로 이해되었다. 헌법재판소도 이미 초기의 결정에서 재산권보장의 이중적 성격을 인정하여 "재산권보장은 개인이 현재 누리고 있는 재산권을 개인의 기본권으로 보장한다는 의미와 개인이 재산권을 향유할 수 있는 법제도로서의 사유재산제도를 보장한다는 이중적 의미를 가지고 있다."고 판시하고 있다.[63]

법제도로서의 재산권보장은 재산권을 형성하는 입법자에 대한 요청으로서, 사유재산권의 취득·사용·양도를 가능하게 하는 최소한의 법제도를 형성하고 유지해야 할 의무를 입법자에게 부과한다.[64] 입법자는 재산권을 법제도로서 형성함에 있어서 재산권보

---

62) 예컨대, 입법자가 법률로써 택지소유의 상한을 정하면서, 장래에 택지를 취득하는 경우에 한하여 위 법률을 적용하는 경우, 과거에 택지를 취득한 자에 대해서는 위 법률이 적용되지 않기 때문에, 개인의 구체적인 재산권의 보호 문제인 주관적 보장의 문제는 제기되지 않는다. 다만, 위 법률의 객관적인 위헌여부만이 문제될 뿐이다.

63) 헌재 1993. 7. 29. 92헌바20, 판례집 5-2, 36, 44.

64) Vgl. Ehlers, Eigentumsschutz, Sozialbindung und Enteignung bei der Nutzung von Boden und Umwelt, VVDStRL 51(1992), S.216.

장의 핵심적 내용인 '재산권객체에 대한 사적 유용성과 원칙적인 처분권'을 유지해야 한다.[65] 제도보장이론에 따른다면, 입법자는 재산권을 법제도로서 폐지해서는 안 되고 유지해야 할 의무에 의한 최소한의 구속을 받는다.

그러나 입법자를 비롯하여 모든 국가권력이 헌법의 구속을 받는 오늘날의 헌법질서에서, 제도보장의 사고는 재산권을 형성하는 입법자에 대한 최소한의 요청으로서, 입법자에 대한 헌법적 구속의 단지 하나의 측면만을 서술하고 있을 뿐이다.[66] 이러한 의미의 제도보장은 재산권보장의 포괄적인 객관적 내용 중에서 단지 하나의 특수한 형태를 의미한다.[67] 이러한 점에서, 헌법재판소의 위 판시내용에서 확인할 수 있는 바와 같이, '재산권의 객관적 보장'과 '제도보장이론의 의미에서의 제도보장'을 동일시함으로써 재산권의 헌법적 보장에 의한 입법자의 구속을 '최소한의 보장'으로 축소시키는 종래의 사고는 극복되어야 한다.

(2) 사유재산권에 관한 헌법적 가치결정

오늘날의 헌법국가에서 입법자를 구속하는 것은, 무엇보다도 헌법이 사유재산권을 보장한 것의 기본정신, 즉 '사유재산권에 관한 객관적 가치결정'이다.[68] 그러므로 입법자는 재산권을 구체적으로 형성함에 있어서 '사유재산제도의 보장', 즉 *私法秩序*의 핵심영역의 보장을 넘어서 '사유재산권에 관한 헌법적 가치결정'에 의하여 구속을 받는다. 입법자는 헌법상 재산권보장에 부합하는 법적 제도를 형성해야 할 의무, 이로써 입법을 통하여 사유재산권을 실현해야 할 의무를 진다.[69]

사유재산권에 관한 헌법적 가치결정을 이해함에 있어서 개인의 자유와 재산권보장의 내적인 관계, 즉 '재산권의 自由保障的 機能'이 결정적인 관점이다. 헌법질서 내에서 재산권보장의 기능은, 개인이 각자의 인생관에 따라 자신의 생활을 자기책임 하에서 형성하도록 그에 필요한 물질적·경제적 조건을 보장해 주는 데 있다. 재산권보장은 자유로운 인격발현을 위한 경제적 전제조건, 즉 '자유실현의 물질적 기초'이다.[70] 재산권보장은 다른 자유권과 마찬가지로 궁극적으로 개인의 자유로운 인격발현과 자기결정을 위한 것이다. 이로써 재산권은 개인의 자유보장의 관점에서 機能的으로 해석된다. 재산권의 자유보장적 기능은 재산권보장의 보호대상, 입법자의 구속의 정도 등을 판단함에 있어서 결정적인 역할을 한다. 재산권보장의 보호대상은 소유권 등 물권의 범위를 넘어서 '자유실현의 물질적 기초'가 될 수 있는 모든 권리로 확대되며, 재산권보장에 의한 입법

---

65) 한수웅, 헌법학, 2017, 850면, 860면 참조.
66) Vgl. Jarass, Funktionen und Dimensionen der Grundrechte, in; HbGR, Bd.II, 2006, Rn.13.
67) Vgl. Ehlers, Eigentumsschutz, Sozialbindung und Enteignung bei der Nutzung von Boden und Umwelt, VVDStRL 51(1992), S.216 Fn.19.
68) Vgl. Bryde, in: v. Münch/Kunig(Hg), Grundgesetz Kommentar, 2001, Art.14 Rn.32.
69) Vgl. Bumke/Voßkuhle, Casebook Verfassungsrecht, 2015, Rn.1226.
70) 헌재 1998. 12. 24. 89헌마214, 판례집 10-2, 927, 945.

자의 구속의 정도도 재산권이 개인의 자유에 대하여 가지는 의미에 따라 달라진다.[71)]

사유재산권에 관한 헌법적 가치결정에 비추어, 입법자는 사회 내에 존재하는 재산적 가치를 법질서에 의하여 규율하는 경우에는 원칙적으로 사유재산의 형태를 선택해야 한다. 입법자는 '개인의 노력과 희생에 의하여 획득되는 재산적 가치'를 원칙적으로 '법적 권리'로 형성함으로써 법질서에 의한 보호를 제공해야 하며, 나아가 당해 재산적 가치가 개인적 자유에 대하여 가지는 의미를 고려하여 자유실현의 물질적 기초로서 기능할 수 있도록, 재산적 가치를 권리의 주체인 개인에게 그가 사용·수익·처분할 수 있도록 원칙적으로 귀속시켜야 한다.[72)] 재산권은 권리의 주체에게 귀속되어 사용·수익을 통하여 사적으로 유용하도록 형성되어야 하며(사적 유용성), 재산권의 객체에 대한 원칙적인 처분권한이 권리의 주체에게 보장되어야 한다(임의적 처분권).

다. 재산권의 형성에 있어서 입법자에 대한 구속의 내용

(1) 재산권의 내용과 한계는 입법자가 정하지만, 헌법 제23조는 제1항 및 제2항에서 각 '사유재산권의 보장'과 '사회적 구속성'을 규정함으로써, 입법자가 재산권을 형성함에 있어서 고려해야 하는 기본적 지침을 제시하고 있다. 이에 따라, 입법자는 재산권의 내용을 구체적으로 형성함에 있어서 사적 유용성과 원칙적인 처분권을 그 본질로 하는 '헌법상의 재산권보장'과 재산권의 제한을 요청하는 '재산권의 사회적 구속성'(공공복리)을 함께 고려하여 양 법익이 조화와 균형을 이루도록 하여야 한다.[73)] 사유재산권의 보장에 의하여 원칙적으로 인정된 재산권자의 추상적 이익(당해 재산권이 재산권자의 개인적 자유에 대하여 가지는 의미)과 공익적 사유(당해 재산권에 대한 국민 일반의 이익)의 교량을 통하여 입법자가 상충하는 법익 간의 조화를 이루었는지 여부는 비례의 원칙 또는 법익균형성의 원칙에 의하여 판단된다.

(2) 헌법재판소가 일련의 결정에서 '재산권의 객관적 보장'을 '제도보장'과 동일시하고 이를 '제도보장'으로 표현한다면, '제도보장'이라는 용어의 사용에도 불구하고 재산권의 객관적 보장으로서의 제도보장의 내용은 재산권을 보장한 헌법의 가치결정에 의하여 결정적으로 형성된다. 그렇다면 우리 헌법질서 내에서의 제도보장의 내용은 개인의 자유와 재산권보장의 내적인 관계에 비추어 재산적 가치는 '사적 유용성과 원칙적인 처분권'의 원칙에 따라 개인에게 귀속되어야 한다는 입법자에 대한 요청, 즉 개인이 재산적 가치에 대하여 원칙적인 처분권을 가져야 한다는 요청이다.[74)] 헌법의 이러한 가치결정은

---

71) 헌재 1998. 12. 24. 89헌마214, 판례집 10-2, 927, 945, "재산권에 대한 제한의 허용정도는 재산권행사의 대상이 되는 객체가 기본권의 주체인 국민 개개인에 대하여 가지는 의미와 다른 한편으로는 그것이 사회전반에 대하여 가지는 의미가 어떠한가에 달려 있다. 즉, 재산권 행사의 대상이 되는 객체가 지닌 사회적인 연관성과 사회적 기능이 크면 클수록 입법자에 의한 보다 광범위한 제한이 정당화된다."

72) Vgl. Bumke/Voßkuhle, Casebook Verfassungsrecht, 2015, Rn.1227.

73) 헌재 1998. 12. 24. 89헌마214, 판례집 10-2, 927, 944; BVerfGE 52, 1, 29; 58, 300, 338.

'개인에게 유리한 재산적 가치의 귀속원칙'으로서 비례의 원칙의 적용을 통해서만 실현되고 그 효력을 가질 수 있다.

이러한 이유에서, 헌법재판소는 재산권보장의 객관적 측면을 '제도보장'으로 이해하면서도, 제도보장의 구속력과 관련해서는 '제도보장이론'을 따르고 있지 않다. 헌법재판소는 재산권의 객관적 보장이 문제된 일련의 결정에서 제도보장이론에 따른 '최소한 보장의 원칙'이 아니라 비례의 원칙이나 과잉금지원칙을 적용하여 재산권의 내용을 형성하는 법률의 위헌여부를 판단하고 있다.[75] 헌법재판소는 제도보장의 위반여부를 최소한 보장의 원칙이 아니라 비례원칙에 따라 공익상의 사유와 재산권자의 이익의 교량을 통하여 판단하였기 때문에, 이 과정에서 제도보장이론에 따라 절대적으로 보호되는 핵심영역을 제시할 필요도 없었고 핵심영역의 침해여부를 판단할 필요도 없었다.[76]

2. 혼인제도와 가족제도의 헌법적 보장

가. 혼인과 가족의 제도보장

헌법은 제36조 제1항에서 "혼인과 가족생활은 개인의 존엄과 兩性의 평등을 기초로 성립되고 유지되어야 하며, 국가는 이를 보장한다."고 규정함으로써, 혼인과 가족을 국가의 특별한 보호 하에 두고 있다. 혼인과 가족생활은 인간생활의 가장 근본적인 사적 영역에 속하며, 가족은 모든 인간공동체의 자연적 胚細胞이자 동시에 국가의 존립근거이기도 하다. 이러한 이유에서, 혼인과 가족은 국가의 특별한 보호를 필요로 한다. 헌법 제36조 제1항은 개인의 대국가적 방어권이자 제도보장이며 구속력 있는 객관적 가치결정이라는 3가지 보장의 측면을 가지고 있다.[77]

'혼인과 가족생활의 보호'는 일차적으로 혼인과 가족생활이라는 특별한 사적 영역에

---

74) Vgl. Mager, Einrichtungsgarantien, 2003, S.181, 183.

75) 대표적으로, 개인에 대하여 그 소유시기와 상관없이 대도시에서 택지소유의 상한을 200평으로 제한하고, 허용된 소유상한을 넘는 택지에 대해서는 처분 또는 이용·개발의무를 부과하면서, 법 시행 이전부터 택지를 소유하고 있는 사람에게도 일률적으로 택지소유상한제를 적용하는 '택지소유상한에 관한 법률'의 위헌여부가 문제된 '택지소유상한제 사건'에서, 헌법재판소는 첫째, 장래에 적용될 법률이 재산권을 침해하는지 여부를 과잉금지원칙을 적용하여 판단하였는데, 택지소유의 상한을 일률적으로 200평으로 제한한 것은 '재산권보장'과 '공공복리'의 교량과정에서 일방적으로 공공복리를 강조한 것으로 재산권을 과잉으로 침해한다고 판시하였고, 둘째, 기득재산권을 제한하는 것이 재산권을 침해하는지 여부는 신뢰보호원칙의 관점에서 판단한 바 있다(헌재 1999. 4. 29. 94헌바37, 판례집 11-1, 289, 290).

76) 독일 연방헌법재판소도 초기의 결정부터 제도보장의 위반여부를 비례의 원칙을 가지고 판단하고 있다는 것을 확인하는 것으로 vgl. Mager, Einrichtungsgarantien, 2003, S.183ff.

77) 헌법재판소도 '부부자산소득 합산과세제도 사건'에서 헌법 제36조 제1항의 규범내용에 관하여 "헌법 제36조 제1항은 혼인과 가족생활을 스스로 결정하고 형성할 수 있는 자유를 기본권으로서 보장하고, 혼인과 가족에 대한 제도를 보장한다. 그리고 헌법 제36조 제1항은 혼인과 가족에 관련되는 공법 및 사법의 모든 영역에 영향을 미치는 헌법원리 내지 원칙규범으로서의 성격도 가지는데, 이는 적극적으로는 적절한 조치를 통해서 혼인과 가족을 지원하고 제삼자에 의한 침해 앞에서 혼인과 가족을 보호해야 할 국가의 과제를 포함하며, 소극적으로는 불이익을 야기하는 제한조치를 통해서 혼인과 가족을 차별하는 것을 금지해야 할 국가의 의무를 포함한다."고 판시하고 있다(헌재 2002. 8. 29. 2001헌바82, 판례집 14-2, 170).

대한 국가의 침해를 금지하는 자유권으로서 혼인과 가족생활에 관한 자율적 형성을 부부와 가족 스스로에게 맡기고 있다.[78] 나아가, 헌법 제36조 제1항은 개인의 방어권일 뿐만 아니라, 혼인과 가족이란 생활질서를 제도로서 보장함으로써 제도보장의 성격을 가진다. 혼인과 가족은 선국가적 개념이 아니라 법률에 의하여 비로소 형성되는 개념이다. 혼인과 가족이 법질서 내에서 보호받기 위해서는 입법자에 의한 구체적인 형성을 필요로 한다.

혼인은 남성과 여성의 공동생활을 위한 법적 형식이다. 법적 형식으로서의 혼인은 입법자에 의한 형성을 필요로 한다. 혼인은 혼인의 성립을 규율하는 법규범, 공동생활의 규율과 재산의 귀속과 사용을 가능하게 하는 법규범, 혼인의 해체와 그 결과를 규율하는 법규범 등을 필요로 한다.[79] 입법자가 법률로써 혼인의 성립과 효력을 규율하는 혼인제도를 형성해야, 개인은 비로소 혼인의 자유를 행사할 수 있다. 가족은 부모와 자녀의 생활공동체이다. 가족은 출생에 의하여 또는 입양 등 국가의 법질서에 의한 인정에 의하여 성립될 수 있다.[80] 가족은 무엇보다도 양육공동체이자 경제공동체로서의 기능에 있어서 보호된다. 입법자가 법률로써 구체적으로 가족제도를 형성해야 비로소 국가의 법질서에 의하여 보호받는 가족의 범위와 부양의무 등 가족의 의무가 확정된다.

입법자는 혼인과 가족의 제도를 형성함에 있어서 혼인·가족제도의 핵심적 내용을 보장해야 한다는 구속을 받는다. 제도보장으로 인하여 입법자가 혼인과 가족을 폐지할 수 없는 것은 물론이고, 제도의 규범적 핵심을 형해화해서는 안 된다. 입법자는 혼인과 가족생활을 형성함에 있어서 헌법에 기초된 婚姻像과 家族像, 즉 문화적·역사적으로 형성된 혼인과 가족에 대한 헌법의 지도적 이념을 기준으로 삼아야 하고, 이러한 헌법의 지도적 이념 및 이로부터 나오는 본질적인 구조적 요소에 의하여 구속을 받는다.

역사적으로 형성된 헌법의 지도적 이념에 따라 혼인이란, 자유로운 합의에 기초하여 원칙적으로 오랫동안 지속되는 '남성과 여성간의 생활공동체'를 말한다.[81] 가족은 부모의 혼인여부, 자녀의 성년여부 등과 관계없이, 혈연 또는 입양 등에 의하여 결합된 '부모와 자녀의 생활공동체'이다. 부모에게 자녀양육의 권리와 의무가 인정된다는 점에서 '부모의 자녀양육권'은 '부모와 자녀의 생활공동체'와 더불어 가족이라는 제도보장의 본질적 구성부분이다.[82] 또한, 가족구성원 사이의 '상호조력의 의무'도 가족을 구성하는

78) '혼인의 보호'는 구체적으로 혼인의 자유, 혼인생활의 구체적 형성에 관한 자유, 혼인제도와 부합하는 범위 내에서 이혼과 재혼의 자유 등을 보장한다. '가족생활의 보호'는 가족을 구성할 것인지 여부를 비롯하여 가족생활의 구체적인 형성을 국가의 간섭으로부터 보호하며, 뿐만 아니라 '가족 내에서 부모와 자녀의 관계', 특히 자녀양육에 관한 부모의 자율권(부모의 자녀양육권)을 보호한다.

79) Vgl. Mager, Einrichtungsgarantien, 2003, S.451.

80) Vgl. BVerfGE 18, 97, 105f.

81) Vgl. BVerfGE 6, 55, 72; 10, 59, 66.

82) Vgl. Mager, Einrichtungsgarantien, 2003, S.207ff.

구조적 원칙에 속한다.

나. 객관적 가치결정으로서 혼인과 가족생활의 보장

헌법 제36조 제1항은 혼인과 가족생활을 주관적 방어권이자 제도로서 보장하는 것에 그치지 아니하고, 나아가 객관적 가치결정으로서 모든 국가기관에 대하여 혼인과 가족생활을 보장하고 적극적으로 실현해야 할 의무와 과제를 부과하고 있다. 객관적 가치결정으로서 '혼인과 가족생활의 보장'은 일차적으로 혼인과 가족에 대한 불리한 차별을 금지할 뿐만 아니라, 혼인과 가족생활을 제3자의 침해로부터 보호하고 적극적으로 지원해야 할 국가의 의무를 부과한다.

입법자는 혼인과 가족의 제도를 구체적으로 형성함에 있어서 헌법적 가치결정을 지침으로 삼아야 한다. 헌법은 제도보장 외에도, 입법자가 혼인제도와 가족제도를 형성함에 있어서 준수해야 하는 2가지 중요한 헌법적 지침인 '개인의 존엄'과 '양성의 평등'을 제시하고 있다. 입법자는 '개인의 존엄'과 '양성의 평등'을 입법형성의 헌법적 지침으로 삼아야 한다는 구속을 받는다.[83] 혼인과 가족생활이 '개인의 존엄'에 기초해야 한다는 것은, 혼인과 가족생활의 형성에 관한 개인의 자기결정권이 보장되도록 혼인·가족제도를 형성해야 한다는 것을 의미한다. 따라서 개인의 존엄성에 기초하는 혼인제도는 혼인에 관한 자기결정권을 전제로 하는 自由婚 제도를 요청하고, 나아가 重婚을 금지하며 一夫一妻制를 요청한다.[84] 혼인과 가족생활에서 '양성의 평등'은 전통적인 남존여비사상과 가부장적 사고를 부정하고, 나아가 혼인에서의 양성 평등(남편과 처의 관계) 및 가족에서의 양성 평등(아들과 딸의 관계)이 실현되도록 혼인과 가족의 제도를 규율할 것을 요청한다.

다. 혼인과 가족 제도의 형성에 있어서 입법자에 대한 구속의 내용

입법자는 제도보장에 의하여 일차적으로 예로부터 전례되고 오늘의 현실에서도 일반적인 법의식에 의하여 지탱되는 '혼인과 가족을 규율하는 규범체계의 핵심'을 유지해야 한다는 구속을 받으며, 나아가 혼인과 가족에 관한 헌법적 가치결정에 의하여 구속을 받는다.[85] 입법자는 혼인과 가족의 제도를 헌법적 가치결정에 부합하게 구체적으로 형성해야 한다. 한편, 헌법적 가치결정이 입법자에 의하여 형성된 전통적인 규범체계에

---

83) 유사한 취지로 허영, 한국헌법론, 2010, 175면.

84) 헌재 2014. 7. 24. 2011헌바275, 판례집 26-2상, 1, 5, [중혼을 언제든지 취소할 수 있도록 규정한 민법조항이 혼인의 제도보장에 위반되는지 여부] "제도보장으로서의 혼인은 일반적인 법에 의한 폐지나 제도 본질의 침해를 금지한다는 의미의 최소보장의 원칙이 적용되는 대상으로서 혼인제도의 규범적 핵심을 말하고, 여기에는 당연히 일부일처제가 포함된다. 그런데 중혼은 일부일처제에 반하는 상태로, 언제든지 重婚을 취소할 수 있게 하는 것은 헌법 제36조 제1항의 규정에 의하여 국가에 부과된, 개인의 존엄과 양성의 평등을 기초로 한 혼인과 가족생활의 유지·보장의무 이행에 부합한다."

85) Vgl. Mager, Einrichtungsgarantien, 2003, S.200f.

대하여 우위에 있으므로(헌법의 우위), 전통적인 규범체계의 핵심은 헌법적 가치결정에 반하지 않는 경우에만 입법자를 구속한다.[86] 오로지 전통적인 규범체계의 유지만을 목표로 하는 바이마르 헌법 하에서의 제도보장과 비교할 때, 헌법의 가치결정에 의하여 제도보장의 내용이 결정적으로 확정된다는 것에 근본적인 차이가 있다.

따라서 제도보장의 내용은 전통적으로 형성되어 오늘날 일반적인 법적 확신에 의하여 지탱되는 규범체계의 구조적 원칙 및 헌법의 가치결정에 그 근거를 두고 있는 구조적 원칙이며, 입법자는 바로 이러한 제도보장의 내용에 의하여 구속을 받는다.[87] 전통적으로 형성된 구조적 원칙은 '남성과 여성 간의 생활공동체' 및 '부모와 자녀의 생활공동체'이며, 헌법의 가치결정으로부터 나오는 구조적 원칙은 '개인의 존엄', '양성의 평등' 및 '혼인의 자유'이다.

입법자가 혼인·가족제도의 구체적 형성에 있어서 이러한 구조적 원칙을 준수하지 않는 경우 제도보장에 위반된다. 혼인과 가족생활의 영역에서 '혼인의 자유'나 '가족생활의 자율성'이 제한되는 경우에는 개인은 자유권의 대국가적 방어권의 성격에 의하여 충분한 보호를 받으므로, 제도보장은 실질적으로 기능하지 않는다. 따라서 제도보장이 실질적으로 문제되고 그 효력을 발휘하는 경우는, 기본권침해의 관점에서 법률의 위헌여부가 문제되지 않는 경우이다. 가령, 입법자가 입법을 통하여 이혼법제를 '有責主義'에서 '파탄주의'로 변경하거나 또는 '重婚'이나 '同性 간의 혼인'을 도입하고자 하는 경우, 이러한 입법으로 인하여 기존의 혼인공동체 당사자들의 기본권인 혼인의 자유나 이혼의 자유 등이 제한되는 것은 아니므로, 기본권침해의 관점에서 법률의 위헌여부가 문제되지 않는다.[88] 따라서 개인의 주관적 권리의 침해가 고려되지 않는 경우, '일부일처제', '남성과 여성 사이의 생활공동체' 등을 제도의 핵심으로 보호하는 제도보장이 혼인의 기본구조를 유지하는 데 기여할 수 있다.

예컨대, 입법자가 이혼법제를 有責主義에서 파탄주의로 개혁하는 것이 허용되는지 여부의 판단에 있어서 '혼인제도의 보장'이 심사기준으로 고려되는데, '혼인의 終身 원칙'은 입법적 형성의 대상이 되지 않는 '제도의 구조적 원칙'이 아니라 사회현상의 변화에 상응하게 형성될 수 있는 것이므로, 파탄주의의 도입은 혼인제도의 헌법적 보장에 위반되지 않는다.[89]

---

86) 헌법재판소는 '호주제 사건'에서 "가족제도에 관한 전통·전통문화란 적어도 그것이 가족제도에 관한 헌법이념인 개인의 존엄과 양성의 평등에 반하는 것이어서는 안 된다는 자명한 한계가 도출된다. …전래의 어떤 가족제도가 헌법 제36조 제1항이 요구하는 개인의 존엄과 양성평등에 반한다면 헌법 제9조를 근거로 그 헌법적 정당성을 주장할 수는 없다."고 판시하고 있다(헌재 2005. 2. 3. 2001헌가9, 판례집 17-1, 1, 17).

87) Vgl. Mager, Einrichtungsgarantien, 2003, S.206f.

88) 예컨대, 입법자가 이혼법제를 '有責主義'에서 '파탄주의'로 변경하는 경우, 이혼을 보다 용이하게 하기 때문에 기존의 혼인공동체 당사자들의 '이혼의 자유'를 제한하지 않으며, '동성 간의 혼인'을 허용하는 경우에는 기존 혼인공동체 당사자들의 법적 지위에 아무런 직접적인 영향을 미치지 않는다.

89) Vgl. BVerfGE 53, 224, 245.

한편, 입법자가 입법을 통하여 혼인을 同姓 간의 관계에도 확대하는 것이 혼인제도의 보장에 의하여 금지되는지의 문제가 제기된다. 혼인에 대한 헌법제정권자의 이해를 묻는 역사적 해석에 의하면, '남성과 여성 사이의 생활공동체'가 역사적으로 형성된 혼인제도의 본질적 특징에 속한다는 것에는 의문의 여지가 없다. 그러나 사회현상과 법인식의 변화로 인하여 원래 역사적으로 형성된 제도의 본질적 특징도 부분적으로 변화할 수 있으며, 제도의 구조적 특징이 사회현상의 변화에 부합하게 새롭게 정의될 수 있는 가능성을 원칙적으로 부인할 수 없다. 나아가, 제도보장의 보장내용은 한편으로는 歷史的으로 전통에 의하여, 다른 한편으로는 機能的으로 헌법의 가치결정에 의하여 확정되며, 전통적인 규범체계의 핵심은 헌법적 가치결정에 반하지 않는 경우에만 입법자를 구속한다. 오늘날의 헌법질서에서 기본권의 영역에서의 제도보장은 '인간 존엄성과 자유의 실현을 위한 도구'로 기능한다는 것을 고려한다면, '자신이 원하는 사람과 혼인할 자유'는 인간존엄성과 자기결정권의 실현을 위하여 필수적인 요소라는 점에서 헌법의 가치결정이 혼인을 '전통적인 혼인 개념'을 넘어서 '동성 간의 혼인'에도 확대할 것을 요청한다고 볼 수 있다. 그러나 우리 헌법은 제36조 제1항에서 '兩性의 평등'을 명시적으로 언급함으로써 이러한 방향으로의 헌법 변천을 허용하고 있지 않다. 혼인을 同姓 간의 관계에 확대하는 것은 헌법이 스스로 확정하고 있는 혼인제도의 가치결정에 위반된다. 따라서 '동성 간의 혼인'을 가능하게 하기 위해서는 헌법 개정이 선행되어야 한다.[90]

V. 公法의 영역에서 제도적 보장의 의미와 기능의 변화

1. 직업공무원제도의 헌법적 보장

가. 헌법 제7조 제2항의 제도적 보장

헌법은 제7조 제2항에서 "공무원의 신분과 정치적 중립성은 법률이 정하는 바에 의하여 보장된다."고 규정함으로써, 직업공무원제도를 헌법적 제도로서 보장하면서, 신분보장과 정치적 중립성을 본질적 구성요소로 하는 직업공무원제도를 법률로써 형성해야 할 의무를 입법자에게 부과하고 있다.

제도적 보장이란 원래 국가공동체 내에서 역사적·전통적으로 형성된 중요하고 의미있는 공법상 기존 제도의 헌법적 보장에 관한 것이다. 직업공무원제도가 오랜 기간에 걸쳐 전통적으로 형성된 독일의 경우, 기본법은 제33조 제5항에서 "공무원에 관한 법은 직업공무원제도의 전통적인 원칙(hergebrachte Grundsätze)을 고려하여 규율해야 한다."

90) BVerfGE 105, 313, 345f.; Kloepfer, Einrichtungsgarantien, in: HbGR, Bd.II, 2006, §43 Rn.70; Mager, Einrichtungsgarantien, 2003, S.452f.

고 규정함으로써, 스스로 제도적 보장의 과거연관적 성격을 명시적으로 밝히고 있다. 그러나 우리의 경우 직업공무원제도에 관한 고유한 역사와 전통을 결여하고 있기 때문에, 헌법 제7조 제2항은 서구에서 형성된 직업공무원제도를 수용하면서, 헌법이 예정하는 직업공무원제도의 구조적 원칙으로 '신분보장'과 '정치적 중립성'의 요소를 스스로 제시하고 있다.[91] 이로써 헌법 제7조 제2항은 헌법이 제시하는 구조적 원칙에 따라 직업공무원제도를 시대에 맞게 구체적으로 형성해야 할 의무를 입법자에게 부과하고 있다.

나. 직업공무원제도의 구조적 원칙

여기서 헌법 제7조 제2항의 직업공무원제도를 구성하는 구조적 원칙이 무엇인지의 문제가 제기된다. 이러한 구조적 원칙은 제도를 구성하는 핵심적 요소로서 입법자가 직업공무원제도를 시대에 맞게 발전시키고 구체적으로 형성함에 있어서 준수해야 하는 헌법적 지침을 의미한다. 직업공무원제도의 구조적 원칙(핵심적 요소)이 무엇인지는 직업공무원제도의 헌법적 의미와 기능 및 직업공무원제도를 규정하는 헌법 제7조, 공직취임에 있어서 기회균등을 보장하는 헌법 제25조(공무담임권)의 연관관계에서 헌법해석을 통하여 밝혀져야 한다.[92]

직업공무원제도란, 국가공권력의 행사를 전문적 지식과 능력, 충성적인 의무이행에 기초하는 공법상의 근무관계에 있는 공무원에게 위임함으로써 안정적이고 효율적인 행정을 확보하고 나아가 국가생활을 형성하는 정치적 세력에 대한 균형적 요소로 기능하게 하고자 하는 제도이다.[93] 따라서 직업공무원제도는 이러한 헌법적 과제와 기능(안정적이고 효율적인 국가행정의 확보)을 이행할 수 있도록 법적으로 구체적으로 형성되어야 한다. 나아가, 헌법은 제7조 제1항에서 모든 공직자의 헌법적 지위를 "국민전체에 대한 봉사자"로 규정함으로써 공익실현의 의무를 제시하고, 제2항에서 직업공무원제도의 헌법적 像을 결정적으로 형성하는 2가지 본질적 요소인 '공무원의 신분보장'과 '정치적 중립성'을 명시적으로 언급함으로써 입법자가 공무원제도를 구체적으로 형성함에 있어서 준수해야 하는 지침을 제시하고 있다.

'공무원의 신분보장'과 '정치적 중립성'은 직업공무원제도를 구성하는 핵심적인 구조원칙이다. 뿐만 아니라, 헌법은 제25조에서 국가에 의하여 제공된 공직을 누구나 균등

---

91) 한수웅, 헌법 제7조의 의미 및 직업공무원제도의 보장, 「법조」, 제674호(2012. 11), Ⅲ. 1. '헌법 제7조 제2항의 의미' 서술 부분 참조.

92) 한수웅, 헌법 제7조의 의미 및 직업공무원제도의 보장, 「법조」, 제674호(2012. 11), Ⅲ. 3. '직업공무원제도의 구조적 원칙' 부분 서술 참조.

93) 헌재 1997. 4. 24. 95헌바48, 판례집 9-1, 435, 442, 직업공무원제도의 헌법적 의미에 관하여 "헌법 제7조 제2항은 공무원의 신분과 정치적 중립성을 법률로써 보장할 것을 규정하고 있다. 위 조항의 뜻은 공무원이 정치과정에서 승리한 정당원에 의하여 충원되는 엽관제를 지양하고, 정권교체에 따른 국가작용의 중단과 혼란을 예방하며 일관성 있는 공무수행의 독자성과 영속성을 유지하기 위하여 공직구조에 관한 제도적 보장으로서의 직업공무원제도를 마련해야 한다는 것이다."

하게 담당할 수 있는 권리(공무담임권)를 국민의 기본권으로 보장함으로써, 여러 지원자가 한정된 공직을 가지고 경쟁하는 경우에는 평등원칙에 그 바탕을 둔 '능력주의'에 따라 최적격자가 선발된다는 것을 함께 규정하고 있다. 한편, 헌법은 비록 공무원의 충성의무를 명시적으로 언급하고 있지 않지만, 공무원의 신분보장은 이에 대응하는 공무원의 충성의무를 전제로 한다는 점에서 '공무원의 신분보장'이란 표현을 통하여 '공무원의 충성의무'를 간접적으로 규정하고 있다.[94)]

따라서 직업공무원제도를 구성하는 본질적 요소에는 공무원의 충성의무, 공무원의 신분보장, 공무원의 정치적 중립성 및 능력주의가 속한다. 이러한 요소들은 직업공무원제도가 헌법상 부여받은 기능과 과제를 이행하기 위하여 갖추어야 하는 필수적인 조건에 해당한다.

다. 직업공무원제도의 형성에 있어서 입법자에 대한 구속의 내용

(1) 헌법재판소는 "제도적 보장은 기본권 보장의 경우와는 달리 그 본질적 내용을 침해하지 아니하는 범위 안에서 입법자에게 제도의 구체적인 내용과 형태의 형성권을 폭넓게 인정한다는 의미에서 '최소한 보장의 원칙'이 적용될 뿐인 것이다."라고 판시하여, 직업공무원제도의 헌법적 보장을 고전적 제도보장이론에 따라 '최소한의 보장'으로 이해하고 있다.[95)] 그러나 입법자는 독일 바이마르 공화국의 헌법적 상황에서 발생한 특정 이론의 구속을 받는 것이 아니라 직업공무원제도를 보장하고 있는 헌법규범의 구속을 받는다.

직업공무원제도의 형성에 관한 고유한 역사와 전통을 가지고 있지 않은 우리의 경우, 직업공무원제도를 구성하는 구조적 원칙은 역사적·전통적으로 규명될 수 있는 것이 아니라 헌법해석을 통하여 목적적·기능적으로 밝혀져야 한다. 헌법은 스스로 제도를 구성하는 2가지 본질적 요소(공무원의 신분보장과 정치적 중립성)를 명시적으로 제시하고 있다. 제도를 구성하는 구조적 원칙은 제도가 유지되고 기능하기 위한 최소한의 불가결한 요소이며, 입법자는 이러한 구조적 원칙을 고려하여 제도가 기능할 수 있도록 구체적으로 형성해야 한다는 구속을 받는다. 직업공무원제도의 보장은 기능적인 관점에서 법치국가적 행정을 보장하기 위하여 공무원의 공법상의 법적 지위를 형성해야 할 입법자의 의무로 서술할 수 있다.

따라서 입법자는 직업공무원제도를 구체적으로 형성함에 있어서 '실제적 조화의 원

94) '공무원의 신분보장'은 '공무원의 충성의무'(Treuepflicht)에 대응하는 국가의 보호·배려의무(Fürsorgepflicht)의 헌법적 표현이다. 공무원은 국가에 대하여 충성과 복종의 의무, 사익을 배제한 채 공익실현을 위하여 직무에 전념해야 할 의무를 지는 대신, 국가는 이에 대한 반대급부로서 공무원에 대한 보호·배려의무를 진다. 국가의 보호·배려의무의 주된 내용이 바로 공무원에 대한 신분보장과 경제적 보장(부양의무)이다.

95) 헌재 1997. 4. 24. 95헌바48(동장의 신분보장), 판례집 9-1, 435, 444.

칙'에 따라 '제도의 구조적 원칙'과 '이와 충돌하는 반대법익' 사이에 조화와 균형을 이루고자 시도해야 한다. 가령, 입법자가 직업공무원제도를 규율하면서 '능력주의에 대한 예외'를 허용하는 경우 또는 신분보장을 받지 못하는 '별정직공무원제도'나 '직권면직제도'를 도입하는 경우,[96] 이러한 법률조항이 직업공무원제도에 위반되는지 여부는 '최소한 보장의 원칙'의 관점에서가 아니라, 직업공무원제도의 구성요소인 '능력주의나 신분보장'과 '능력주의나 신분보장에 대한 예외를 요청하는 반대법익' 간에 조화와 균형을 이루고 있는지의 관점에서 판단되어야 한다.

(2) 물론, 입법자에 대한 제도보장의 헌법적 요청(행위규범)과 헌법재판소의 위헌심사기준(통제규범)이 일치하는 것은 아니다. 헌법이 입법자에게 어느 정도로 입법형성권을 부여하는지 또는 역으로 어느 정도로 입법형성권을 제한하는지에 따라 헌법재판소의 위헌심사기준은 달라진다. 직업공무원제도의 형성과 관련하여 입법자에게 광범위한 입법형성권이 인정된다는 점을 고려한다면, 직업공무원제도를 구체적으로 형성하는 법률의 위헌여부를 판단하는 헌법적 기준은 가령 과잉금지원칙과 같이 '원칙과 예외의 관계'를 전제로 하여 엄격한 심사를 요청하는 기준일 수는 없다.

그러나 직업공무원제도를 형성하는 법률의 위헌여부는 적어도 상충하는 법익 간의 교량과정을 통하여 판단되고 논증되어야 한다. 따라서 위헌심사의 기준은 제도보장이론에 근거한 '최소한 보장의 원칙'이 아니라, 입법자가 직업공무원제도의 가치결정에 부합하게 입법형성권을 제대로 행사하였는지 여부, 즉 직업공무원제도의 구조적 원칙에 대한 예외가 합리적인 공익에 의하여 정당화될 수 있는지 여부이다. 헌법재판소는 일부 결정에서 심사기준으로 '최소한 보장의 원칙'을 습관적으로 확인하면서도, 실질적으로는 법익교량을 통하여 '직업공무원제도의 구조적 원칙에 대한 예외가 합리적인 공익에 의하여 정당화되는지 여부'의 관점에서 심판대상조항의 위헌여부를 판단하고 있다.[97] 그러나 이러한 논증이 '최소한 보장의 원칙'에 기초한 논증에 해당하지 않는다는 것을 헌법재판소가 스스로 인식하고 있는지는 의문이다.

---

96) 헌재 1997. 4. 24. 95헌바48(동장의 지위를 별정직 공무원으로 정한 지방공무원법규정의 위헌여부), 판례집 9-1, 435, 436; 헌재 2004. 11. 25. 2002헌바8(지방공무원 직권면직), 판례집 16-2하, 282.

97) 헌재 2004. 11. 25. 2002헌바8(지방공무원 직권면직), 판례집 16-2하, 282, [직권면직규정이 직업공무원제도에 위반되는 것인지 여부에 관하여] "지방공무원법 제62조 제1항 제3호에서 지방자치단체의 직제가 폐지된 경우에 행할 수 있도록 하고 있는 직권면직은 행정조직의 효율성을 높이기 위한 제도로서 행정수요가 소멸하거나 조직의 비대화로 효율성이 저하되는 경우 불가피하게 이루어지게 된다. 한편, 우리 헌법 제7조가 정하고 있는 직업공무원제도는 … 공무원의 정치적 중립과 신분보장을 그 중추적 요소로 한다. 이러한 직업공무원제도 하에서 입법자는 직제폐지로 생기는 유휴인력을 직권면직하여 행정의 효율성 이념을 달성하고자 할 경우에도 직업공무원제도에 따른 공무원의 권익이 손상되지 않도록 조화로운 입법을 하여야 하는데, 직제가 폐지되면 해당 공무원은 그 신분을 잃게 되므로 직제폐지를 이유로 공무원을 직권면직할 때는 합리적인 근거를 요하며, 직권면직이 시행되는 과정에서 합리성과 공정성이 담보될 수 있는 절차적 장치가 요구된다."

2. 지방자치제도의 헌법적 보장

가. 지방자치제도의 본질적 내용 또는 핵심적 영역

헌법재판소의 판례와 학계의 다수견해는 헌법 제117조 제1항의 지방자치행정의 헌법적 보장을 '제도적 보장'으로 이해하고 있다.[98] 지방자치행정의 헌법적 보장으로부터 필연적으로 '자치행정의 대상'으로서 지역적 사무에 관한 원칙적인 관할권(全權能性)과 '자치행정의 방법'으로서 지역적 사무의 자율적 이행가능성(自己責任性)이 나온다. 헌법이 지방자치제도를 보장하는 한, 실정헌법의 규정내용의 차이에도 불구하고 지방자치제도를 구성하는 본질적 내용은 동일할 수밖에 없다. 전권능성과 자기책임성은 지방자치행정의 본질로부터 나오는 것이며, 지방자치제도가 기능하기 위하여 필수적으로 요청되는 최소한의 요소이기 때문이다.[99]

지방자치제도가 기능하기 위해서는 일차적으로 지방자치행정의 주체가 될 수 있는 지방자치단체가 제도적으로 존속해야 하고, 지역주민의 참여 하에서 처리할 수 있는 행정과제가 지방자치단체에게 귀속되어야 하며, 나아가 지방자치단체가 자신에게 귀속된 행정과제(지역적 사무)를 자기책임 하에서 자율적으로 처리할 수 있어야 한다. 이러한 3가지 요소는 지방자치제도가 기능하기 위한 필수적인 요건에 해당한다. 이러한 관점에서 볼 때, 지방자치제도의 본질적 보장내용은 '자치단체의 존속보장', '자치사무(지역적 사무라는 특정 행정과제)의 보장'(전권능성), 자기책임 하에서 자율적으로 과제를 이행할 수 있는 가능성인 '자치기능의 보장'(자기책임성)이라는 3가지 요소에 의하여 구성된다.[100]

나. 핵심영역이론(최소한 보장의 원칙)의 문제점

헌법재판소는 독일의 제도보장이론을 수용하여 지방자치행정의 헌법적 보장을 제도적 보장으로 이해하면서, '제도의 본질적 내용을 침해하지 않는 한, 입법자에 의한 광범위한 규율은 가능하다'는 핵심영역이론을 사용하여 입법자의 규율이 자치권을 침해하는지 여부를 판단하고 있다.[101]

핵심영역이론의 일차적 문제는, 무엇이 입법자에 의하여 침해되어서는 안 되는 지방자치의 핵심적 과제영역에 속하는지를 구체적으로 규명하는 것이 이론적으로 불가능하

98) 대표적으로 한수웅, 헌법학, 2017, 1310면; 허영, 한국헌법론, 2010, 826면; 성낙인, 헌법학, 2010, 1111면.
99) 한수웅, 지방자치단체의 자치권을 제한하는 입법적 규율의 헌법적 한계 -헌법재판소의 결정에서 드러난 '최소한 보장 원칙'의 문제점을 중심으로-, 「헌법재판연구」, 헌법재판연구원, 창간호(2014. 11), 259면 이하.
100) 이는 헌법재판소의 일관된 판례이자 학계의 다수견해이기도 하다. 가령, 헌재 1994. 12. 29. 94헌마201; 헌재 2001. 6. 28. 2000헌마735 참조; 대표적으로 한수웅, 헌법학, 2017, 1310면 이하 참조.
101) 헌재 2006. 2. 23. 2005헌마403(지방자치단체장 연임제한 사건), 판례집 18-1 상, 320, 334.

다는 것이다.[102] 핵심영역으로 보호되는 지방자치단체의 구체적 과제를 '量的 관점에서' 인식하고 확정하는 것은 불가능하므로, 지방자치행정 보장의 핵심에 속하는 것은 '그 대상에 있어서 확정될 수 있는 특정한 과제의 목록'이 아니다.[103]

따라서 핵심영역은 다른 관점에서 質的으로, 즉 지방자치행정을 본질적으로 특징짓는 유형결정적 구성요소의 관점에서 파악되어야 한다. 이러한 관점에서 본다면, 지방자치제도의 핵심영역은 제도의 필수적 구성요소이자 그 본질을 결정하는 요소를 의미하는 것이고,[104] 이는 곧 지역적 사무에 관한 원칙적인 관할권인 '全權能性' 및 이러한 과제를 자주적으로 이행할 수 있는 '自己責任性'으로 구체화된다.[105]

핵심영역이론의 또 다른 문제는, 핵심영역을 위와 같이 이해한다 하더라도 입법자로부터 지방자치행정을 보호하는 기능을 거의 이행하지 못한다는 점이다.[106] 지방자치단체에게 과제의 박탈 후에 남아있는 과제영역이 지방자치단체의 자치행정에 더 이상 충분한 공간을 제공하지 못한다는 것이 확인되어야 또는 지역적 사무의 자율적인 이행을 위한 자유공간이 더 이상 충분히 남아있지 않다는 것이 확인되어야, 비로소 핵심영역이론이 적용되어 보호를 받을 수 있게 된다.[107] 은유적으로 표현하자면, 환자가 이미 죽었거나 또는 거의 죽을 지경에 이른 경우에, 비로소 핵심영역이론은 보호기능을 발동하기 시작하는 것이다.[108] 헌법재판소도 핵심영역이론에 따라 판단하는 경우에는 아무런 구체적 논증이나 법익형량의 과정이 없이 단지 '입법자의 규율이 아직 핵심영역의 침해에 이르지 않았기 때문에 지방자치권을 침해하지 않는다'는 일방적인 확인에 그치고 있다.[109]

지방자치행정의 헌법적 보장을 '제도적 보장이론'에 따라 '최소한 보장'으로 이해하는 것은 지방자치를 입법자의 광범위한 형성권에 맡기고 지방자치의 보장을 핵심적 영역의 보호에 축소시킴으로써 지방자치행정의 최소화를 초래한다.[110] 제도적 보장이론은 바이마르 공화국 당시에는 지방자치행정을 보호하고 강화하는 데 기여하였지만, 오늘날에는

---

102) 독일에서의 논의에 관하여 vgl. G. Püttner, Kommunale Selbstverwaltung, in: Handbuch des Staatsrechts, Bd.Ⅳ, 1999, §107, Rn.20; 본질적 내용 제한의 한계에 관하여 허영, 한국헌법론, 2010, 827면 이하 참조. 제도밀착기준설, 공제설, 制度史的 판단설 등 독일의 과거 논의를 일부 소개하고 있다.

103) Vgl. BVerfGE 79, 127, 148; BVerfGE 107, 1, 12.

104) 이러한 사고는 재산권보장의 본질적 내용을 사유재산권의 본질을 결정하는 '사적 유용성'과 '원칙적인 처분권'으로 이해하는 것과 흡사하다.

105) Vgl. BVerfGE 79, 127, 148; Schmidt-Aßmann, Die Garantie der kommunalen Selbstverwaltung, in: FS 50 Jahre BVerfG, Bd.II, 2001, S.819; Löwer, in: v. Münch/Kunig(Hg), Grundgesetz Kommentar, 2001, Art.28 Rn.49.

106) 이러한 비판으로 허영, 한국헌법론, 2010, 822면.

107) Vgl. BVerfGE 79, 127, 148.

108) 이는 공제이론에 대하여 일반적으로 제기되는 비판이다. 이에 관하여 Löwer, in: v. Münch/Kunig(Hg), GGK, 2001, Art.28 Rn.48.

109) 이에 관하여 한수웅, 헌법학, 2017, 1311면 참조.

110) Vgl. Maurer, verfassungsrechtliche Grundlage der kommunalen Selbstverwaltung, DVBl 1995, S.1041

지방자치행정을 약화시키고 과거의 보장내용에 구속시키는 족쇄로 작용하고 있다.[111)]

다. 지방자치제도의 형성에 있어서 입법자에 대한 구속의 내용

(1) 헌법이 보장하는 지방자치행정의 목적과 기능은 분권적 민주주의와 분권적 행정의 실현을 통하여 지역적 차원에서 주민의 민주적 참여를 강화하고자 하는 것이다.[112)] 지역주민이 지역공동체의 사무에 민주적으로 참여하는 것이 가능하기 위해서는, 지역공동체의 사무는 원칙적으로 지방자치단체에게 귀속되어야 하고 지방자치단체에 의하여 자율적으로 처리되어야 한다. 헌법의 이러한 결정으로부터 주민의 복리와 관련된 지역적 사무는 지방자치단체에 의하여 자율적으로 처리되어야 한다는 원칙이 나온다.

헌법은 제117조 제1항에서 '주민의 복리에 관한 사무'를 지방자치단체의 관할로 귀속시키고 재정자치권과 조례자치권을 보장함으로써, 주민의 복리와 관련되는 지역적 사무에 관한 원칙적인 관할권(전권능성)과 지역적 사무를 자율적으로 자기책임 하에서 처리할 수 있는 권한(자기책임성)을 지방자치단체에게 부여한다는 '헌법적 가치결정'을 내리고 있다. 헌법은 제117조에서 지방자치행정의 보장을 통하여 지역적 사무에 관한 한, 국가에 의한 중앙집권적인 과제이행에 대하여 지방자치행정에 의한 分權的 과제이행의 원칙적인 우위를 표현하고 있다.[113)] 따라서 입법자는 지방자치제도를 입법을 통하여 구체적으로 형성함에 있어서 '분권적 과제이행의 우위 원칙'을 지침으로 삼아야 하며, 지역공동체의 사무는 원칙적으로 지방자치단체에 의하여 자율적으로 처리되어야 한다는 헌법적 결정에 의한 구속을 받는다.

(2) 이러한 관점에서 본다면, 입법자는 지방자치제도를 구체적으로 형성함에 있어서 '제도보장이론'의 구속을 받는 것이 아니라 헌법 제117조 제1항에서 내린 '헌법적 가치결정'에 의한 구속을 받는다. 따라서 입법자는 지방자치제도를 구체적으로 형성함에 있어서 '실제적 조화의 원칙'에 따라 '지방자치행정의 헌법적 보장'(전권능성과 자기책임성)과 '지방자치권의 제한을 요청하는 공익'이라는 상충하는 양 법익을 가능하면 최대한으로 실현하고자 시도해야 한다.

따라서 지방자치권을 제한하는 법률의 위헌여부는 '핵심영역이론'이 아니라 헌법 제117조의 가치결정인 '분권적 과제이행의 우위 원칙'에 의하여 판단되어야 하며, 입법자

111) 핵심영역이론의 문제점에 관하여 한수웅, 지방자치단체의 자치권을 제한하는 입법적 규율의 헌법적 한계 -헌법재판소의 결정에서 드러난 '최소한 보장 원칙'의 문제점을 중심으로-, 「헌법재판연구」, 헌법재판연구원, 창간호(2014. 11), 241면 이하.

112) Vgl. BVerfGE 79, 127, 148f.; Maurer, Verfassungsrechtliche Grundlage der kommunalen Selbstverwaltung, DVBl 1995, S.1040; Püttner, Kommunale Selbstverwaltung, in: Isensee/Kirchhof (Hg), HbStR, Bd.Ⅳ, 2. Aufl., 1999, §107 Rn.6ff.

113) 한수웅, 지방자치단체의 자치권을 제한하는 입법적 규율의 헌법적 한계 -헌법재판소의 결정에서 드러난 '최소한 보장 원칙'의 문제점을 중심으로-, 「헌법재판연구」, 헌법재판연구원, 창간호(2014. 11), 251면.

는 헌법의 기본정신에 비추어 지방자치권의 제한을 정당화해야 한다. 지방자치권을 제한하는 법률의 위헌여부는 지방자치권에 대한 제한이 공익적 사유에 의하여 정당화되는지 여부에 의하여 판단되어야 한다.[114] 지방자치권의 침해여부를 판단함에 있어서 법익교량의 과정을 통해서만 최소한의 논증이 가능하다.

입법자가 지방자치단체로부터 지역적 과제를 박탈함으로써 지역적 과제의 분권적 처리의 원칙에 대하여 예외를 설정하고자 하는 경우, 지역적 과제를 이전하지 않고서는 달리 원활한 과제이행이 더 이상 확보될 수 없는 때에만, 지역적 과제의 박탈이 정당화될 수 있다. 마찬가지로, 입법자가 법률의 제정을 통하여 감독과 지시의 형태로 자치사무의 자율적 이행에 대하여 간섭하는 경우, 지방자치단체가 입법자의 간섭 없이는 지역적 과제를 처리할 수 없다거나 또는 공익이 국가의 간섭을 필수적으로 요청하는 때에만, 지역적 과제의 자율적 이행에 대한 국가의 간섭은 정당화될 수 있다.

Ⅵ. 맺는말

1. 전통적인 제도보장이론의 기능은, 헌법에 의하여 수용되고 보장된 것으로 간주된 법률상의 규범체계와 관련하여 입법자에게 그 지속성을 유지해야 할 의무를 부과함으로써 헌법규정의 공동화를 방지하고자 하는 것이었다. 그러나 현행 헌법은 입법자를 비롯한 모든 국가기관을 구속하는 효력을 가지고 입법자의 형성권을 제한하고 있고, 나아가 학계와 판례의 주된 견해는 자유권에 대해서도 국가기관을 구속하는 '객관적 가치질서'로서의 성격을 인정하고 있다. 모든 국가권력이 헌법의 구속을 받는 헌법국가에서, 입법자가 헌법의 구속을 받지 않는 헌법적 상황에서 형성된 제도보장의 사고는 독자적인 의미와 기능을 크게 상실하였다.[115] 제도보장이론은 자유권에 주관적 성격 외에도 객관적 성격을 인정한 최초의 시도이었으나, 오늘날 자유권의 이중적 성격으로 말미암아 '객관적 가치질서'로서의 자유권의 성격이 제도보장이론의 요청을 포괄함으로써 제도보장의 기능을 대체하고 있다.

이로써 오늘날 입법자를 헌법에 구속시키기 위하여 굳이 제도보장의 사고를 필요로 하지 않는다. 따라서 제도보장에게 부과된 원래의 기능과 과제가 사라졌음에도 불구하고, 제도보장이라는 헌법이론적 개념이 유지되어야 하는지, 개념이 유지되어야 한다면 어떠한 개념적 요소에 의하여 제도보장의 범주가 확정되어야 하는지, 나아가 제도보장의 독자적인 의미와 고유한 과제가 인정될 수 있는지에 관한 근본적인 문제가 제기된

114) 한수웅, 지방자치단체의 자치권을 제한하는 입법적 규율의 헌법적 한계 -헌법재판소의 결정에서 드러난 '최소한 보장 원칙'의 문제점을 중심으로-, 「헌법재판연구」, 헌법재판연구원, 창간호(2014. 11), 277면.

115) Vgl. Dreier, in: Dreier(Hg), Grundgesetz Kommentar, Vorbem. vor Art.1 Rn.108; Jarass, Funktionen und Dimensionen der Grundrechte, in; HbGR, Bd.II, 2006, Rn.13.

다. 이는 한국 헌법학이 해결해야 하는 중대한 과제 중 하나이다.

2. 한편, 변화한 헌법적 상황에서 제도보장의 의미를 찾는다면, 다음과 같은 관점에서 제도보장에 어느 정도 의미를 부여할 수 있을 것이다.

첫째, 자유권의 영역에서 제도보장의 기능은, 개인이 자유를 행사하기 위하여 입법자의 법적 형성에 의존하고 있다는 것을 표현함으로써, 자유행사를 위하여 그에 필요한 법질서를 형성해야 할 입법자의 의무를 부과하는 것에 있다.

둘째, 자유권적 기본권이 '개인의 주관적 권리'이자 '객관적 가치질서'라는 인식(자유권의 이중적 성격)이 학계와 판례에서 아직 확고히 자리 잡지 못한 것이 우리 헌법학의 현실이다. 이러한 헌법적 상황에서 자유권을 개인의 주관적 권리(대국가적 방어권)로만 이해하는 경우에는 제도보장은 자유권의 객관적인 측면을 통하여 자유권의 효력을 보완한다는 점에서 아직도 고유한 의미를 가진다.

자유권을 '개인의 주관적 권리'로만 이해하는 경우, 자유권은 '제도보장'에 의하여 개인적인 법적 지위의 침해와 관계없이 보호된다. 따라서 입법자가 자유권에 의하여 보호되는 생활영역을 '오로지 장래에 있어서' 규율하기 때문에 주관적 권리의 침해가 고려되지 않는 경우에도 입법자의 입법이 허용되지 않을 수 있다. 제도보장에 의한 이러한 부가적인 보장으로 인하여 당해 자유권은 '현재의 개인적 법적 지위' 외에 '장래의 기본권행사'도 보호하게 된다. 가령, 입법자가 재산권의 내용을 장래에 있어서 새롭게 규율하면서 장래에 재산권을 취득하는 경우만을 규율대상으로 삼는 경우 또는 입법을 통하여 '同性 간의 혼인'을 도입하고자 하는 경우, 이러한 입법으로 인하여 개인의 기득재산권이나 기혼자의 기본권이 침해되는 것은 아니므로, 제도보장만이 재산권이나 혼인제도를 구체적으로 형성하는 입법자에 대하여 보호를 제공할 수 있다.

셋째, 모든 헌법규정에 규범적 구속력이 인정됨에도 불구하고, 기본권영역 외에 위치하는 공법상의 제도적 보장도 여전히 의미를 가진다. 공법상의 제도적 보장은 그 성격에 있어서 헌법적 보장의 특수한 형태이다. 제도적 보장으로 인하여 공법상의 특정한 제도가 단순히 법률에 의하여 보호되는 것이 아니라 '헌법에 의한 특별한 보호'를 받음으로써, '헌법상의 지위'를 누리고 헌법 개정을 통하지 않고서는 폐지될 수 없다는 '강화된 존속 보호'를 누린다.[116] 물론, 헌법이 직업공무원제도나 지방자치제도를 명시적으로 규정하고 있는 것 자체가 이미 이러한 제도가 입법자에 의하여 폐지되어서는 안 된다는 것을 의미하는 것이고, 이로써 '제도의 존속 보호'를 포함하고 있는 것으로 이해할 수도 있다. 그럼에도 제도보장은 입법자에 의한 폐지와 공동화를 금지함으로써 제도의 존속 보호를 강조하고, 나아가 특정한 공적 과제의 수행을 위하여 그에 필요한 법질서

116) Vgl. Stern, Das Staatsrecht der Bundesrepublik Deutschland, Bd.Ⅲ/1, 1988, S.867.

를 형성해야 할 입법자의 의무를 부과한다는 점에서 고유한 의미를 가질 수 있다.[117)]

3. 제도보장의 개념, 기능 및 필요성 등 근본적인 문제에 대한 해명 여부와 관계없이, 학계와 판례에서 제도보장의 개념을 유지하고 사용하는 한, 일차적으로 확인해야 하는 것은 '입법자에 대한 제도보장의 효력'이다. 헌법국가에서 제도보장의 의미와 기능이 변화함에 따라, 제도보장의 효력, 즉 입법자가 제도보장에 의하여 어떠한 구속을 받는지의 문제도 달리 판단되어야 한다.

모든 국가권력이 헌법의 구속을 받는 오늘날의 헌법국가에서 입법자는 독일에서 약 1세기 전에 형성된 '제도보장이론'이라는 '특정한 헌법이론'의 구속을 받는 것이 아니라, 제도를 보장하는 헌법규범의 구속을 받는다. 그러므로 제도를 형성하는 법률의 위헌심사에 있어서 '역사적으로 형성된 제도의 본질적 내용이나 핵심적 영역'이 아니라 일차적으로 '제도를 도입한 헌법의 가치결정'이 심사기준이 된다. 이러한 관점에서 볼 때, 오늘날의 헌법질서에서 '제도보장이론'은 제도를 형성하는 입법자에 대한 헌법적 구속의 단지 하나의 측면만을 서술하고 있을 뿐이다. 나아가, 제도보장이론에 근거한 '최소한 보장의 원칙'은 핵심영역을 확정하는 것의 어려움과 함께, 무엇보다도 법익교량의 과정을 배제함으로써 최소한의 합리적 논증이 불가능하다는 치명적인 결함을 안고 있다.

헌법국가에서 입법자를 구속하는 것은 무엇보다도 헌법이 제도를 보장한 것의 기본정신, 즉 '제도보장에 관한 객관적 가치결정'이다. 그러므로 입법자는 제도를 구체적으로 형성함에 있어서 '제도보장이론'의 의미에서의 '핵심영역의 보장'을 넘어서 '제도보장에 관한 헌법적 가치결정'에 의하여 구속을 받는다. 이로써 입법자에 대한 제도보장의 효력은 '제도보장이론에 의한 최소한의 보장'을 넘어서 '헌법적 가치결정에 따른 보장'으로 확대된다.

입법자는 제도를 구체적으로 형성함에 있어서 제도를 보장하는 헌법의 가치결정을 존중하고 고려해야 한다는 구속을 받는다. 입법자는 '제도를 보장하는 헌법적 가치결정'과 '이와 상충하는 다른 법익'을 교량함에 있어서 '실제적 조화의 원칙'에 따라 양 법익을 모두 가능하면 최대한으로 실현할 수 있도록 규율해야 한다. 여기서 제기되는 헌법적 문제는, 입법자가 제도보장의 헌법적 가치결정에 부합하게 제도를 구체적으로 형성하였는지 여부, 즉 '헌법이 제도를 보장한 기본정신'과 '이와 상충하는 법익' 사이의 법익교량의 문제이다. 이러한 의미에서, '자유는 최대한으로 보장되지만, 제도는 최소한으로 보장된다'는 '제도보장이론'의 명제는 더 이상 타당하지 않다.[118)] 제도를 구체적으로 형성하는 법률의 위헌여부는 '최소한 보장의 원칙'의 관점에서가 아니라 입법자가 '상충

117) Vgl. Mager, Einrichtungsgarantien, 2003, S.481.
118) 이러한 명제에 대하여 의문을 제기하는 국내문헌으로 허영, 한국헌법론, 2010, 236면.

하는 법익 간의 형량'을 통하여 입법형성권을 제대로 행사하였는지 여부의 관점에서 밝혀져야 한다. 이 경우, 헌법이 입법자에게 제도를 구체적으로 형성함에 있어서 어느 정도로 입법형성권을 부여하는지 또는 제한하는지에 따라 헌법재판소에 의한 위헌심사의 밀도와 기준은 달라지며, 엄격한 심사(가령, 재산권의 보장)부터 단순한 합리성의 심사(가령, 직업공무원제도의 보장)에 이르기까지 다양한 형태로 나타난다.

참고문헌

권영설, 바이마르시대 슈미트의 헌법사상, 「법학논문집」, 중앙대학교 법학연구소, 제23집 (1998)

권영성, 헌법학, 법문사, 2010

김대환, 제도보장에 있어서 핵심영역의 보호, 「헌법학연구」, 헌법학회, 제6권 제4호(2000)

김명연, 지방자치행정의 제도적 보장의 의의와 내용 -독일 기본법 제28조 제2항에 관한 연방헌법재판소 판례의 분석-, 「공법연구」, 공법학회, 제32집 제5호(2004)

김세진, 헌법과 제도, 「공법연구」, 공법학회, 제34집 제4호 제2권(2006)

김철수, 헌법학개론, 박영사, 2000

오동석, 제도적 보장론 비판 서설, 「헌법학연구」, 헌법학회, 제6권 제2호(2000)

______, 지방자치의 제도적 보장론 비판, 「공법연구」, 공법학회, 제29집 제1호(2000)

정극원, 제도보장론의 성립과 현대적 전개, 「헌법학연구」 제4권 제3호(1998)

조성규, 지방자치의 보장과 헌법규정, 「공법연구」, 공법학회, 제34집 제1호(2005)

조한상, 제도보장이론의 공법적 의미와 문제점, 극복방향, 「법학연구」, 부산대학교 법학연구소, 제48권 제2호(2008)

한수웅, 헌법학, 법문사, 2017

______, 헌법 제7조의 의미 및 직업공무원제도의 보장, 「법조」, 제674호(2012. 11)

______, 지방자치단체의 자치권을 제한하는 입법적 규율의 헌법적 한계 -헌법재판소의 결정에서 드러난 '최소한 보장 원칙'의 문제점을 중심으로-, 「헌법재판연구」, 헌법재판연구원, 창간호(2014. 11.)

허 영, 한국헌법론, 박영사, 2010

홍성방, 헌법학(상), 박영사, 2010

Bryde, in: v. Münch/Kunig(Hg), Grundgesetz Kommentar (GGK), 2001, Art.14

Bumke/Voßkuhle, Casebook Verfassungsrecht, 2015

Dreier, in: Dreier(Hg), Grundgesetz Kommentar, 2. Aufl. Bd.I, 2004, Vorbem. vor Art.1

______, Die Zwischenkriegszeit, in: Merten/Papier(Hg), Handbuch der Grundrechte in Deutschland und Europa (HbGR), Bd.I, 2005, §4

Ehlers, Die verfassungsrechliche Garantie der kommunalen Selbstverwaltung, DVBl 2000

______, Eigentumsschutz, Sozialbindung und Enteignung bei der Nutzung von Boden und Umwelt, VVDStRL 51(1992)

Jarass, Funktionen und Dimensionen der Grundrechte, in; Merten/Papier(Hg), Handbuch der Grundrechte in Deutschland und Europa (HbGR), Bd.II, 2006

Kloepfer, Einrichtungsgarantien, in: Merten/Papier(Hg), Handbuch der Grundrechte in Deutschland und Europa (HbGR), Bd.II, 2006, §43

Löwer, in: v. Münch/Kunig(Hg), Grundgesetz Kommentar (GGK), 2001, Bd.II, Art.28

Mager, Einrichtungsgarantien, 2003

Maurer, Verfassungsrechtliche Grundlage der kommunalen Selbstverwaltung, DVBl 1995

G. Püttner, Kommunale Selbstverwaltung, in: Isensee/Kirchhof(Hg), Handbuch des Staatsrechts (HbStR), Bd.Ⅳ, 1999, §107

Sachs, Verfassungsrecht II, Grundrechte, 2000

W. Schmidt, Grundrechtstheorie im Wandel der Verfassungsgeschichte, Jura 1983

Schmidt-Aßmann, Die Garantie der kommunalen Selbstverwaltung, in: Badura/Dreier(Hg), Festschrift 50 Jahre Bundesverfassungsgericht, Bd.II, 2001

C. Schmitt, Verfassungslehre, 1928

______, verfassungsrechtliche Aufsätze aus den Jahren 1924-1954, 1973

Stern, Das Staatsrecht der Bundesrepublik Deutschland, Bd.Ⅲ/1, 1988

Waechter, Einrichtungsgarantien als dogmatische Fossilien, Die Verwaltung 29(1996)

Zippelius/Würtenberger, Deutsches Staatsrecht, 2005

제2장

2 인간의 존엄과 가치 및 행복추구권

제1절 인간의 존엄과 가치

헌법 제10조의 인간의 존엄성*

Ⅰ. 문제의 제기

헌법은 제10조 전문에서 "모든 국민은 인간으로서의 존엄과 가치를 가지며, 행복을 추구할 권리를 가진다."고 하여 인간의 존엄성을 보장하고 있다. 오늘날 대부분의 헌법은 지향하는 고유한 가치질서나 기본정신을 담고 있으며, 우리 헌법은 인간존엄성을 최고의 헌법적 가치로 규정함으로써 '인간존엄성을 최고의 목적으로 하는 가치질서'를 선택하였다. 이로써 인간의 존엄성은 헌법의 근본적 성격을 결정하고 개인과 공동체의 관계를 규정하는 핵심적 개념이므로, 헌법체계 내에서 인간존엄성의 구체적인 의미와 기능은 무엇인가 하는 것은 헌법학의 중대한 문제에 속한다.

인간존엄성조항에 관한 종래 학계의 논의는 다음의 몇 가지 문제로 요약될 수 있다. 인간존엄성조항이 독자적인 기본권으로서의 성격을 가지는가?[1] 인간존엄성조항에 독자적인 기본권으로서의 성격을 인정한다면, 기본권으로서의 인간존엄성의 보호범위

* 위 논문은 2007년 6월, 헌법학연구(한국헌법학회), 제13권 제2호, 239-273면에 게재된 것을 일부 수정한 것이다.

1) 인간존엄성 규정의 독자적인 기본권적 성격을 인정하는 견해로 예컨대 계희열, 헌법학(중), 2004, 208면; 기본권적 성격을 부인하는 견해로는 권영성, 헌법학원론, 2007, 376면, 인간존엄성 규정을 행복추구권과 함께 포괄적인 주기본권으로 이해하는 견해로는 김철수, 헌법학개론, 2007, 486면.

또는 보장내용은 무엇인가? 기본권체계 내에서 인간존엄성은 어떠한 기능을 하는가? 인간존엄성 보장이 개인의 기본권이라면, 인간존엄성도 헌법 제37조 제2항에 의하여 제한될 수 있는가 아니면 불가침의 절대적 기본권인가? 헌법 제10조 前文에서 함께 언급하고 있는 인간의 존엄성과 행복추구권의 관계는 무엇인가? 양자를 함께 통합하여 하나의 기본권으로 간주하는 것이 가능한가? 인간존엄성의 보장내용과 헌법 제37조 제2항의 의미에서의 '기본권의 본질적인 내용'은 일치하는가?

학계의 일부 견해는 인간존엄성조항을 헌법에 열거되지 아니한 기본권을 도출하는 근거조항으로 이해하고 있는데, 이와 관련하여 다음과 같은 의문이 제기된다.[2] 인간존엄성조항은 헌법에 명시적으로 규정되지 아니한 기본권을 도출하는 근거조항인가? 인간존엄성조항을 단지 객관적 가치나 규범으로 이해하여 기본권으로서의 성격을 부인하면서, 한편으로는 헌법에 열거되지 아니한 기본권을 도출하는 헌법적 근거로 파악하는 것이 가능한가? 나아가, 인간존엄성조항으로부터 헌법에 열거되지 아니한 기본권을 도출하면서 이러한 기본권이 제한될 수 있다고 하는 견해는 타당한가?

아래에서는 인간존엄성보장의 법적 성격을 살펴보고(아래 Ⅱ.), 인간의 존엄과 가치의 의미를 확인한 후(아래 Ⅲ.), 이어서 '최고의 헌법적 가치'로서 인간존엄성의 헌법적 의미(아래 Ⅳ.) 및 '기본권'으로서 인간존엄성의 보장내용(아래 Ⅴ.)에 관하여 차례로 검토해 보기로 한다.

Ⅱ. 인간존엄성 보장의 법적 성격

인간의 존엄성은 최고의 헌법적 가치이자 헌법을 구성하는 최고의 원리이며, 동시에 '인간과 국가의 관계'에 관한 핵심적인 헌법적 표현이다. 인간존엄성조항은 일차적으로 객관적 헌법규범(가치질서)으로서 인간존엄성을 실현해야 할 국가의 목표와 과제를 의미한다. 나아가, 인간존엄성조항은 인간존엄성의 침해를 주장할 수 있는 개인의 권리를 기본권으로 보장하며, 국가에게 개인의 존엄성을 제3자나 사회적 세력에 의한 침해로부터 보호해야 할 의무를 부과한다.

1. 최고의 헌법적 가치

가. 국가기관을 구속하는 최고의 객관적 헌법규범

헌법은 제10조에서 인간의 존엄성을 천부인권으로서 先國家的 自然權으로 선언하고

2) 가령, 정종섭, 헌법학원론, 2007, 346면, 358면은 인간존엄성조항을 전적으로 객관적 헌법규범으로 이해하면서 한편으로는 이로부터 헌법에 열거되지 아니한 기본권을 도출하고 있으며, 나아가 불가침의 인간존엄성조항으로부터 도출된 기본권이 헌법 제37조 제2항에 의하여 제한될 수 있다고 한다.

있다. 인간의 존엄성은 인간의 모든 사회적 관계 및 법질서의 성립 이전에 이미 존재하는 것으로서 법질서에 의한 별도의 인정을 필요로 하지 않으며, 국가가 인간의 존엄성을 규범화하고 있는지 여부와 관계없이 국가권력에 의하여 존중되어야 한다. 그러나 인간의 존엄성이 규범력을 가지고 국가권력을 구속하기 위해서는, 국가가 인간의 존엄성을 헌법적으로 확인하고 규범화하여야 한다.

인간의 존엄성이 헌법에 실정법적으로 규정됨으로써 헌법의 구성부분이 되었고, 이로써 '인간의 존엄성을 모든 국가행위의 최고원칙으로 삼아야 한다'는 요청이 헌법적 가치로서 보장되었다.[3] '모든 국민은 인간으로서의 존엄과 가치를 가진다'는 헌법 제10조 전문 전단은 윤리적으로 바람직한 것을 단순히 선언한 조항이 아니라, 최고의 헌법적 가치이자 모든 국가기관을 구속하는 최고의 객관적 헌법규범으로서 국가행위의 방향을 결정하는 지침이다.[4] 인간존엄성조항은 모든 국가기관을 구속하는 행위지침으로서 인간존엄성을 실현해야 할 국가의 의무와 과제를 의미한다.[5] 이러한 관점에서 인간존엄성조항은 국가의 기본원리나 다른 목표규범과 그 성격을 같이 하는 '국가목표규범'이라고 할 수 있다. 따라서 인간존엄성조항은 입법자에게는 입법지침으로서 입법을 통하여 인간존엄성을 실현해야 할 의무를 부과하며, 법적용기관에게는 해석의 지침으로서 모든 법규범의 해석과 적용에 있어서 또는 재량을 행사함에 있어서 인간존엄성의 정신을 고려하고 실현해야 할 의무를 의미한다.

이로써 헌법이란 인간의 존엄성을 최고의 목적으로 하는 가치질서라고 할 수 있다. 인간이란 그 자체로서 궁극적 목적이자 최고의 가치로서, 인간에 대하여 우위를 주장하는 어떠한 가치나 목적도 인정할 수 없으며, 어떠한 경우에도 인간이 다른 가치나 목적, 법익을 위하여 수단으로서 간주되어서는 안 된다는 것을 의미한다.

나. 국가와 인간의 관계에 관한 기본결정

동시에 헌법 제10조 제1문 전단은 국가와 인간의 관계, 국가의 존재 의미, 국가권력 행사의 정당성에 관한 헌법의 기본결정을 담고 있다.[6] 인간이 국가를 위하여 존재하는

---

3) Vgl. Stern, Menschenwürde als Wurzel der Menschen- und Grundrechte, in: Recht und Staat im sozialen Wandel, Festschrift für Scupin, 1983, S.632.

4) Vgl. Benda, Menschenwürde und Persönlichkeitsrecht, in: HbVerfR, Bd.I, 1995, Rn.6; Stern, Das Staatsrecht der BRD, Band Ⅲ/1, 1988, S.27ff.; Kunig, in: Münch/Kunig(Hg), GGK, 2000, Art.1 Rn.3f.; Dreier, in: Dreier(Hg), GG, 2004, Bd.I, Art.1 Rn.42.

5) Vgl. Enders, Die Menschenwürde in der Verfassungsordnung, 1997, S.314f.

6) Vgl. Dürig, Der Grundrechtssatz von der Menschenwürde, AöR 81(1956), S.123; Starck, Menschenwürde als Verfassungsgarantie im modernen Staat, JZ 1981, S.457; Badura, Staatsrecht, 1996, S.108; Stern, Menschenwürde als Wurzel der Menschen- und Grundrechte, in: FS für Scupin, 1983, S.634; Höfling, Die Unantastbarkeit der Menschenwürde - Annäherungen an einen schwierigen Verfassungssatz, JuS 1995, S.858; Häberle, Die Menschenwürde als Grundlage der staatlichen Gemeinschaft, in: HbStR, Bd.I, 1987, §20, Rn.71.

것이 아니라, 국가가 공동체로 결합한 개인을 위하여, 즉 개인의 인간다운 생존의 기본조건으로서 존재하는 것이다. 인간존엄성조항은 국가권력의 自己目的的 행사에 대한 명백한 부정을 의미한다. 인간존엄성의 실현이 모든 국가권력의 궁극적인 목적이자 그의 행사를 정당화하는 이유인 것이며, 국가권력의 윤리적 정당성은 바로 인간존엄성의 실현에 그 근원을 두고 있는 것이다.

2. 개인의 기본권

가. 국가에 대한 방어권

인간존엄성조항은 단지 객관적인 헌법규범에 지나지 않는 것이 아니라, 국가권력에 의하여 인간존엄성을 침해당하거나 또는 보호받지 못한 경우 개인에게 침해의 배제나 적극적인 보호를 요구할 수 있는 주관적 권리를 부여하는 기본권이다.[7] 인간존엄성의 침해에 대하여는 이미 다른 기본권에 근거하여 충분한 보호를 받을 수 있기 때문에 헌법 제10조 前文의 인간존엄성조항을 기본권으로 인정하는 것이 불필요하다는 견해가 있다.[8] 그러나 오늘날 모든 권리의 침해에 대하여 거의 완벽한 구제절차를 제공하는 법치국가에서, 국민은 가치질서의 정점에 있는 최고의 헌법적 가치의 침해에 대해서도 직접 방어할 수 있는 가능성을 부여받아야 하기 때문에, 인간의 존엄성은 헌법소원을 통하여 관철할 수 있는 개인의 기본권으로 간주하는 것이 타당하다.[9]

무엇보다도 인간존엄성조항의 法文, 헌법체계 내에서 규정된 위치, 다른 헌법규범과의 연관관계 등을 고려하여 볼 때, 인간존엄성조항의 기본권적 성격은 인정되어야 한다. 인간존엄성조항의 법문은 '모든 국민은 인간의 존엄과 가치를 가진다'고 하여 다른 기본권과 근본적으로 동일한 규정형식을 취함으로써 '인간의 존엄과 가치'를 개인에게 귀속되는 주관적인 것으로 표현하고 있다.[10] 또한, 헌법 내에서 인간존엄성조항이 규정된 장소가 객관적 원칙이나 기본원리를 규정하는 '제1장 총강' 부분이 아니라 '제2장 국

---

7) 기본권으로서의 인간존엄성은 일차적으로 인간존엄성을 국가의 침해로부터 보호하고자 하는 방어권적 성격을 가지고 있으며, 이를 넘어서 국가권력에게 인간존엄성을 사인의 침해로부터 보호해야 할 의무를 부과하고, 나아가 생존을 위한 최저생계의 보장을 위한 사회급부를 요구할 수 있는 급부권적 내용을 포함하고 있다. 따라서 국가가 보호의무를 이행하지 않은 경우나 국민의 최저생계보장을 위한 급부를 제공하지 않은 경우에도 인간존엄성은 침해될 수 있다.

8) 대표적으로 vgl. Dürig, Der Grundrechtssatz von der Menschenwürde, AöR 81(1956), S.121f., 독일에서 기본권적 성격에 관한 찬반논의를 소개한 문헌으로 Dreier, in: Dreier(Hg), GG, 2004, Bd.I, Art.1 Rn.124ff.

9) 독일 학계의 다수견해는 기본권적 성격을 인정하고 있다, vgl. Höfling, Die Unantastbarkeit der Menschenwürde, JuS 1995, 857f.; Benda, Menschenwürde und Persönlichkeitsrecht, in: HbVerfR, Bd.I, 1995, Rn.7; Sachs, Verfassungsrecht II Grundrechte, 2000, S.172 Rn.3; Stern, Das Staatsrecht der BRD, Ⅲ/1, S.26f.; Pieroth/Schlink, Grundrechte, 2000, Rn.350; Kunig, in: Münch/Kunig(Hg), GGK, 2000, Art.1 Rn.3.

10) 한국 헌법과는 달리, 독일 기본법의 경우 제1조 제1항 전문에서 "인간의 존엄성은 불가침이다."고 객관적인 형식으로 규정되어 있고, 그 결과 인간존엄성이 기본권으로서의 성격을 가지고 있는지의 문제가 제기되었다.

민의 권리와 의무' 부분이라는 점도 인간존엄성이 주관적 권리로서의 성격을 가진다는 것을 말해주고 있다. 나아가, "국가는 개인이 가지는 불가침의 기본적 인권을 확인하고 이를 보장할 의무를 진다."고 규정하는 헌법 제10조 후문과의 연관관계에서 보더라도, 여기서 말하는 '기본적 인권의 보장의무'는 헌법 제11조 이하의 규정뿐만 아니라 제10조 전문에서 언급하는 인간존엄성과 행복추구권에도 연관되는 것으로 보아야 한다는 점에서, 인간존엄성은 인간이면 누구나가 가지는 '기본적 인권'에 속하는 것으로 판단해야 한다.

요컨대, 헌법 제10조에 따라 모든 개인이 인간의 존엄과 가치를 가지고 있다면, 개인은 인간존엄성조항에 근거하여 국가공권력에 의한 인간존엄성의 침해를 스스로 주장하고 방어할 수 있어야 한다. 헌법이 명시적으로 인간의 존엄성을 개인에게 귀속시키고 있음에도 불구하고, 인간존엄성조항은 주관적 기본권이 아니라 단지 객관적 가치로서 다른 헌법규범을 위해서만 존재한다는 것은 납득하기 어렵다. 따라서 인간의 존엄성은 최고의 헌법적 가치일 뿐 아니라 개인에게 귀속되는 '불가침의 인권'으로 보아야 한다. 물론, 인간의 존엄성에 대하여 기본권적 성격을 인정하는 경우에는 기본권의 보호범위를 확정하는 어려움이 있다. 그러나 보호범위를 확정하는 것이 어렵다고 하는 관점이 기본권으로서의 법적 성격을 부인하는 이유가 될 수는 없다.

나. 국가의 보호의무

(1) 인간의 존엄성을 실현해야 할 국가의 의무로서 보호의무

인간의 존엄성은 최고의 헌법적 가치이자 국가목표규범으로서 모든 국가기관을 구속하며, 이로써 인간존엄성을 실현해야 할 국가의 의무와 과제를 의미한다. 이러한 과제에 속하는 것이 일차적으로 국가의 보호의무이다. 우리 헌법은 제10조 제2문에서 '기본적인 인권을 보장해야 할 국가의 의무'를 규정하고 있다.[11] 기본권이 국가뿐만 아니라 사인에 의해서도 침해될 수 있다는 점에 비추어, 여기서 '보장'이란, 국가권력이 기본권을 침해해서는 안 될 뿐만 아니라(방어권적 측면) 기본적 인권을 私人으로부터 보호해야 할 국가의 의무(보호의무)가 있다는 것을 뜻한다.

기본적인 인권 중 가장 중요한 기본권인 인간의 존엄성과 관련하여, 국가는 인간의 존엄성을 존중해야 하고 공권력의 행사를 통하여 침해해서는 안 될 뿐만 아니라, 사인에 의한 침해에 대해서도 인간의 존엄성을 보호해야 할 의무를 부과 받는 것이다.[12] 국

---

11) 헌법 제10조 후문의 '개인의 기본적 인권을 확인하고 보장할 의무'의 헌법적 의미에 관하여 자세한 것은 한수웅, 헌법상의 인격권, 헌법논총 제13집(2002), 631면 이하 참조.

12) Vgl. Dürig, Der Grundrechtssatz von der Menschenwürde, AöR 81(1956), S.123; Starck, Menschenwürde als Verfassungsgarantie im modernen Staat, JZ 1981, S.459; Pieroth/Schlink, Grundrechte, 2000, Rn.351; Häberle, Die Menschenwürde als Grundlage der staatlichen Gemeinschaft, in: HbStR, Bd.I, §20, Rn.74.

가 보호의무의 이행은 일차적으로 입법자의 과제라는 점에서, 인간존엄성의 보호도 형법, 행정법 등 입법적 활동에 의하여 이루어진다. 나아가, 국가가 私法을 통하여 사인간의 법률관계를 형성함에 있어서 사인에 의한 인간존엄성의 침해가 발생하지 않도록 또는 허용되지 않도록 규율해야 할 의무가 있는 것이다.

따라서 인간의 존엄성은 '국가권력에 대한 한계'로서 인간의 존엄성을 국가에 의한 침해로부터 보호하는 '개인의 방어권'이자, 인간존엄성을 실현해야 할 '국가과제'의 일환으로서 사인에 의하여 인간존엄성을 위협받는 '개인을 보호할 국가의 의무'를 의미한다.

(2) 인간의 존엄성을 유지해야 할 국민의 의무?

인간의 존엄성을 실현해야 할 국가의 과제와 관련하여, 개인으로 하여금 자신의 인간존엄성을 실현하고 유지하도록 강요할 수 있는 국가의 과제나 권한이 도출될 수 있는지의 문제가 제기된다.

인간의 존엄성은 개인의 권리이지 의무가 아니므로, 인간존엄성에 부합하게 행동하고 생활해야 할 국민의 의무는 존재하지 않는다. 인간존엄성은 국민의 기본권이지, 국민을 개선해야 할 국가과제의 근거조항이 아니다.[13] 헌법 제10조에 근거하여 인간존엄성을 유지해야 할 국민의 의무가 인정된다면, 개인은 더 이상 자신의 삶을 자기책임 하에서 스스로 결정하는 주체가 아니라 '인간의 존엄성'에 관한 사회 다수의 가치관에 따라 행해지는 교육적·후견인적 조치의 대상이 될 것이다. 개인이 인간의 존엄성을 어떻게 이해하고 어떠한 방법으로 개인적인 삶을 형성하고자 하는가는, 국가나 사회가 결정할 문제가 아니라 각자의 판단과 책임에 맡겨져야 하며, 바로 이러한 요청이 인간존엄성 보장의 핵심적 내용이다. 그러므로 개인의 행위가 인간존엄성에 부합하지 않는다는 이유로 국가가 국민에 대하여 제재를 가하는 경우, 이러한 국가의 조치를 정당화하는 헌법적 근거로서 인간존엄성조항이 고려될 수 없다.[14]

Ⅲ. '인간의 존엄과 가치'의 의미

1. 인간의 존엄성

'인간의 존엄성'이란 인간을 그 본질에 있어서 규정하는 헌법적인 표현이므로, 인간존엄성의 개념은 오로지 인간의 본질로부터 밝혀질 수 있다. 따라서 인간의 존엄성을 정의하려면, 우선 '인간이 무엇이기 때문에 존엄한가', '인간의 특성과 본질을 이루는 것

---

13) Vgl. BVerfGE 22, 180, 219f.

14) Vgl. Benda, Menschenwürde und Persönlichkeitsrecht, in: HbVerfR, Bd.I, 1995, Rn.51; Ipsen, Staatsrecht II(Grundrechte), 2001, Rn.226, 예컨대 국가가 스트립쇼를 금지한다면, 스트립쇼가 사회의 미풍양속이나 청소년의 보호를 이유로 금지되어야지, 스트립쇼를 하는 여성의 인간존엄성이 침해된다는 이유로 금지되어서는 안 된다.

은 무엇인가' 하는 질문을 던져야 한다. 인간은 이성을 근거로 자신을 윤리적으로 인식하고 스스로 결정하며 자신과 외부환경을 자율적으로 형성하는 능력을 부여받은 이성적 존재이다.[15] '이성적 존재'라는 인간의 특성이 이미 인간을 그 자체로서 목적으로 만든다. '그 자체로서 스스로 목적일 수 있는 것'은 내적인 고유한 가치를 가지며, 이것이 바로 '존엄성'이다. 자율성과 윤리성은 이성적 존재가 그 자체로서 목적일 수 있는 조건이다. 인간은 이성에 바탕을 둔 자율적이고 윤리적인 인격의 주체인 것이며, 인간의 본질은 자율적이고 윤리적인 인격의 주체성이라 할 수 있다.[16] 바로 여기에 인간존엄성의 근거가 있는 것이다.

그러므로 '인간의 존엄과 가치'란, 인간이면 누구나가 독자적 인격체로서 그의 인격을 근거로 지니는 고유한 가치라 할 수 있고,[17] 헌법적 의미에서 '인간의 존엄성'이란 공동체 내에서의 자율적 인격체로서 인간의 독자적 가치의 보장 또는 인격체로서 사회적으로 존중받을 개인의 권리를 말한다.

2. 헌법의 人間像

헌법은 인간존엄성 및 자유권, 사회적 기본권 등 다양한 성격의 기본권 보장, 기본권의 사회적 기속성 및 헌법 제37조 제2항의 일반적 법률유보조항, 헌법 제119조 등 헌법규범을 통하여 일정한 인간상을 전제로 하고 있음을 표현하고 있다. '개인의 자유'와 '공익상의 요청에 의한 사회적 구속' 간의 대립·긴장관계는 오늘날 모든 헌법적 질서의 기초를 이루고 있다. 현대 헌법이 '자유와 사회적 구속'이라는 두 개의 기본가치에 기초하고 있듯이, 우리 헌법도 두 개의 근본적 가치에 의하여 지배되고 있다. 사회적 법치국가의 핵심적 문제는 국가의 사회적 과제와 개인의 자유 사이의 긴장관계를 정치적 형성을 통하여 조화시키는 것이다. 이에 따라 헌법은 자유와 구속의 이중성을 가진 인간을 '헌법의 인간상'으로 예정하고 있다. 인간은 '개인적 인격체'로서 대체·교환될 수 없는 一回的 정체성과 개성을 가지고 자신의 삶을 스스로 결정하고 형성하면서, 다른 한편으로는 '사회적 인격체'로서 인간공동체 내에서 생활하면서 타인과의 접촉과 교류를 통한 상호영향 하에서 자신의 외부세계를 형성하는 것이다.[18]

이러한 관점에서 보건대, 헌법의 인간상은 사회공동체 내에서 생활하며 사회에 의하

15) Vgl. Dürig, Der Grundrechtssatz von der Menschenwürde, AöR 81(1956), S.125.

16) Vgl. Hofmann, Die versprochene Menschenwürde, AöR 118(1993), S.356; Dürig, in: Maunz/Dürig(Hg), GG, Art.1 Abs.1 Rn.18; Stern, Menschenwürde als Wurzel des Menschen- und Grundrechte, in: FS für Scupin, 1983, S.631f.; 또한 유사하게 계희열, 헌법학 (중), 2004, 191면.

17) 학자마다 '인격성 내지 인격주체성'(권영성, 헌법학원론, 2007, 374면), '인격의 내용을 이루는 윤리적 가치'(허영, 한국헌법론, 2007, 321면), '인간의 인격과 평가'(김철수, 헌법학개론, 2007, 489면) 등 다양한 표현을 사용하고 있으나, 그 내용에 있어서는 본질적으로 유사하다고 볼 수 있다.

18) Vgl. Benda, Menschenwürde und Persönlichkeitsrecht, in: HbVerfR, Bd.I, 1995, Rn.5; Stern, Menschenwürde als Wurzel der Menschen- und Grundrechte, in: FS für Scupin, 1983, S.627, 636f.

여 구속을 받으면서도 독자적 인격의 주체로서 자신의 인격을 발현하고 개인의 고유한 가치를 유지하는 인간을 바탕으로 하고 있다. 다시 말하자면 자기결정권과 자유로운 인격발현의 가능성을 가진 '자주적 인간'이자 동시에 사회공동체와의 관계에서 구속을 받는 '사회공동체 구성원'이 바로 헌법의 인간상인 것이다.[19] 헌법재판소도 "헌법상의 인간상은 자기결정권을 지닌 창의적이고 성숙한 개체로서의 국민이다. 우리 국민은 자신이 스스로 선택한 인생관·사회관을 바탕으로 사회공동체 안에서 각자의 생활을 자신의 책임 하에 스스로 결정하고 형성하는 민주적 시민이다."라고 판시하고 있다.[20]

Ⅳ. 최고의 헌법적 가치로서 인간존엄성 보장의 헌법적 의미

1. 기본권 및 국가원리의 목적으로서 헌법을 구성하는 최고의 원리

인간존엄성조항은 '헌법을 구성하는 최고의 원리'로서 개별 헌법규범을 구체적으로 형성함에 있어서 결정적인 영향을 미친다. 인간존엄성을 최고의 가치로 하는 헌법의 가치체계에서는 개별 헌법규범은 인간의 존엄성을 실현할 수 있도록 구체적으로 형성되어야 한다.

인간의 존엄성은 개별 헌법규범을 통하여 구체화되며, 특히 기본권과 국가의 기본원리는 인간의 존엄성을 실현하기 위한 구체적 수단이다. 이로써 인간의 존엄성과 이를 구체화하는 헌법규범 사이에 '목적과 수단의 관계'가 존재한다.[21]

가. 자유권·법치국가원리와 인간의 존엄성

모든 인간은 인간의 존엄성을 근거로 개인적 자유를 가진다. 인간은 '자유'를 통해서만 스스로를 결정하고 자율적으로 외부세계를 형성할 수 있다. 자유는 인간의 자기실현의 근본조건이자 개인적 인격의 기초이다. 따라서 자유는 인간존엄성에 내재된 것으로서 국가가 인간의 존엄성을 실현하기 위하여 보장해야 할 기본적인 인권에 속한다.

헌법상 보장된 개별자유권은 모두 일정 생활영역에서 개인의 자기결정권을 보장하고자 하는 것이다.[22] 자유란 '개인의 행위와 사고에 있어서 타인에 의한 결정으로부터의

19) 유사하게 vgl. BVerfGE 4, 7, 15f.; Enders, Die Menschenwürde in der Verfassungsordnung, 1997, S.17ff., 45ff.; 같은 취지로 허영, 한국헌법론, 2007, 322면; 권영성, 헌법학원론, 2007, 373면; 김철수, 헌법학개론, 2007, 481면; 계희열, 헌법학(중), 2004, 192면.

20) 헌재 1998. 5. 28. 96헌가5, 판례집 10-1, 541, 555.

21) 같은 취지로 권영성, 헌법학원론, 2007, 375면; 허영, 한국헌법론, 2007, 323면, vgl. Benda, Menschenwürde und Persönlichkeitsrecht, in: HbVerfR, Bd.I, 1995, Rn.4, 12; Stern, Menschenwürde als Wurzel der Menschen- und Grundrechte, in: FS für Scupin, 1983, S.635; BVerfGE 96, 266, 293.

22) 가령, 양심의 자유는 양심형성과 양심실현에 관한 자기결정권, 집회의 자유는 집회의 시간, 장소, 목적, 방법에 관한 자기결정권, 재산권보장은 재산권의 이용과 처분에 관한 자기결정권을 의미한다. 일부 학자(가령, 김철수, 헌법학개론, 2007, 497면 이하 참조)는 자기결정권이 마치 독자적인 성격이나 유형의 기본권인 것처럼 서술함으로써 자유권과 자기결정권의 동일성을 간과하고 있으나, 자기결정권은 자유권의 또 다른 이름에 지

자유'를 의미하고, 이로써 자유란 각 생활영역에서의 '개인의 자기결정권'과 '인격을 자유롭게 발현할 수 있는 가능성'의 보장을 뜻한다. 개인이 인간의 존엄을 유지하기 위해서는 자신의 생활영역을 스스로 규율할 수 있는 자기결정권을 가져야 한다. 자기결정권에 기초한 자유로운 인격발현의 가능성이야말로 인간으로서 존엄을 유지하기 위하여 요청되는 불가결한 전제조건이다. 헌법에 보장된 개별자유권이란, 각 생활영역에서 자기결정권의 실현과 개인의 자유로운 인격발현을 위하여 포기할 수 없는 자유를 규정한 것이다.

결국, 자유권의 보장이란 인간의 존엄성에 관한 헌법적 가치결정으로부터 나오는 필연적 결과이다. 국민의 자유를 보장하기 위하여 국가권력을 제한하고 통제하고자 하는 헌법적 원리가 법치국가원리이므로, 모든 법치국가적 헌법의 기초는 개인의 자유보장이다. 따라서 자유권의 보장을 핵심적 내용으로 하는 법치국가원리도 인간의 존엄성을 실현하기 위한 불가결한 수단이다.

나. 평등권과 인간의 존엄성

모든 인간이 인간의 존엄성을 지닌 인격체로서 자유를 행사할 능력이 있고 인격을 자유롭게 발현할 수 있기 때문에, '인간의 존엄성을 지니는 모든 인간은 동등한 권리를 가져야 한다'는 평등원칙은 인간존엄성에서 나오는 당연한 결과이다. 모든 인간에게 그의 존엄성을 근거로 자유가 귀속된다면, 이는 또한 '동등한 자유'여야 한다.[23] 이러한 점에서 인간은 자유와 함께 평등도 生來的으로 부여받았다.

물론, 인간의 평등이란 자유를 행사할 수 있는 기회의 평등을 말하는 것이지, 결코 자유를 행사한 결과의 평등을 의미하지 않는다. 개인의 능력과 적성이 다르기 때문에, 각자가 자유를 행사한 결과는 항상 인간 사이의 불평등으로 나타난다. 평등은 자유행사의 기회와 연관된 것으로서, 자유행사에서의 평등, 즉 기본권적 자유의 평등이다. 단지 자유행사의 가능성에 있어서만 모든 인간은 평등하다. 이러한 이유로 '자유권'의 보장과 함께 '자유의 평등'을 보장하는 평등권이 인간의 존엄성 실현의 기본조건으로서 헌법에 보장되는 것이다.

다. 사회적 기본권 · 사회국가원리와 인간의 존엄성

인간은 '법적으로' 자유롭고 평등할 뿐만 아니라, 자유행사의 '실질적' 조건을 갖춘 경우에만 사실상 자유롭다. 헌법은 자유권의 보장을 통하여 개인이 자유를 행사함으로

나지 않는다. 마찬가지로, 개인정보에 관한 자기결정권, 성적 자기결정권, 소비자의 자기결정권 등도 행복추구권과 같은 일반적 자유권에서 파생하는 구체적 내용의 자유권에 불과하다.

23) Vgl. Dürig, Der Grundrechtssatz von der Menschenwürde, AöR 81(1956), S.125; Stern, Menschenwürde als Wurzel der Menschen- und Grundrechte, in: FS für Scupin, 1983, S.640.

써 필연적으로 발생하는 사회 내에서의 불평등을 인정하면서, 다른 한편으로는 사회국가원리와 사회적 기본권의 보장을 통하여 국민 누구나가 자력으로 자신의 자유를 행사할 수 있는 실질적 조건을 형성해야 할 국가의 의무를 부과하고 있다.

이러한 관점에서 오늘날의 사회국가는 모든 국민에게 자유행사 및 인격발현의 '실질적 조건'을 마련해 주는 것을 국가의 주요한 과제로 삼고 있다.[24] 사회국가란 정의로운 사회질서의 형성을 위하여 사회현상에 적극적으로 관여하고 간섭하고 분배하고 조정하는 국가이며, 단지 형식적인 법적 자유와 평등의 보장이 아니라 실질적인 자유와 평등을 실현하고자 하는 국가이다. 이로써 사회국가원리는 궁극적으로 인간의 존엄성과 기본권적 자유를 실현하고자 하는 국가원리이다. 사회국가원리와 이의 구체화된 헌법적 표현인 사회적 기본권은 인간존엄성을 실현하기 위하여 개인의 '자유에 대한 제한'과 '평등에 대한 예외인 차별대우'를 정당화하는 헌법규범이다.

오늘날 인간의 존엄성과 자유의 보장은 국가권력으로부터 개인의 자유영역을 보호하는 '국가로부터의 자유'뿐 아니라, 자유행사의 실질적인 조건을 형성하고 유지하는 국가의 적극적인 활동, 즉 '국가에 의한 자유'도 또한 필요로 한다. 이러한 의미에서 국민의 생존과 복지를 배려하는 적극적인 국가활동을 요청하는 사회국가원리 또는 사회적 기본권은 인간존엄성 실현을 위한 불가결한 요소이다.[25]

라. 참정권 · 민주주의원리와 인간의 존엄성

인간의 존엄성은 참정권의 보장을 통해서만 실현될 수 있다.[26] 민주주의는 정치적 공동체 내에서 타인과의 공동생활과 정치적 지배가 불가피하다는 것을 전제로 하여 개인의 자유와 자기결정의 사고를 국가 내에서 실현하고자 하는 원리이다. 민주주의의 출발점은 모든 국민의 자유로운 자기결정의 이념이다.[27] 즉, 개인은 자신의 행위에 대한 구속을 타율적으로 외부의 권력이나 권위에 의하여 부과 받는 것이 아니라 자신의 주인으로서 스스로에게 부과하는 '자신에 대한 입법자'이어야 한다. 그러므로 민주주의국가에서 국가공동체의 정치질서는 그 안에서 생활하고 그의 구속을 받는 개인에 의하여

---

24) 예를 든다면, 재산권보장이란 이미 개인이 재산을 가지고 있다는 것을 전제로 하여 이를 보호하는 것이지, 없는 재산권을 형성해 주는 기본권이 아니다. 그러므로 재산이 없는 자에게 자유권으로서의 재산권보장은 무의미하다. 직업의 자유도 선택하고 행사할 수 있는 직업이 있다는 것을 전제로 하여 직업이란 생활영역을 보호하는 것이므로, 직장을 구할 수 없는 상황에서 직업의 자유는 무의미하다. 따라서 사회국가는 소득의 재분배나 빈민에 대한 사회급부, 고용정책 등을 통하여 국민이 재산권보장과 직업의 자유와 같은 기본권을 실제로 행사할 수 있는 그 실질적 조건을 형성해야 한다.

25) 자세한 것은 한수웅, 헌법소송을 통한 사회적 기본권 실현의 한계, 인권과 정의 1997/1, 86면 이하 참조.

26) Vgl. Häberle, Die Menschenwürde als Grundlage der staatlichen Gemeinschaft, in: Isensee/Kirchhof(Hg), HbStR, Bd.I, 1987, §20, Rn.61ff.; H. Hofmann, Die versprochene Menschenwürde, AöR 118(1994), S.368.

27) Böckenförde, Demokratie als Verfassungsprinzip, in: Isensee/Kirchhof(Hg), HbStR, Bd.II, 2004, §24, Rn.35ff.

형성되고 구체적으로 확정되어야 한다. '개인의 자유와 자기결정'은 국가라는 정치공동체에서는 평등의 기반 위에서 다른 개인의 자기결정과 결합하여 '민주적 참여의 자유'로 전환되고, 모든 국민에게 평등하게 부여되는 민주적 참여의 자유는 결과적으로 '국민의 집단적 자율과 자기통치'의 형태로 나타나는 것이다.

이러한 관점에서 보건대, 국민이 국가권력과 법의 지배를 받는다는 사실이 곧, 인간을 국가권력의 단순한 대상으로 만들지 않는다. 모든 국민이 정치적 기본권(참정권, 표현의 자유 등)의 보장을 통하여 국가기관의 형성 및 국가의 정치적 의사형성에 참여할 기회를 부여받았고, 이로써 각자가 국가의사형성에 스스로 참여하고 동의했기 때문에 민주적으로 정당화된 국가권력에 복종하는 것이고, 이는 결국 자기가 스스로 정한 것에 대한 복종, 즉 자기결정에 대한 복종을 의미하는 것이다. 따라서 인간의 존엄성은 참정권의 보장과 민주주의원리를 통하여 '자신이 참여하고 결정한 것에 구속을 받고 복종한다'는 구체적인 형태로 실현되는 것이다. 개인이 국가통치권의 지배를 받는 이유가 바로 개인이 선거를 통하여 대의기관의 구성에 참여하여 국가권력을 위임하였다는 데 있으므로, 민주주의원리는 '참정권의 주체'와 '국가권력의 지배를 받는 국민'이 가능하면 일치할 것을 요청한다.

그러므로 인간존엄성은 정치적 판단능력을 갖춘 모든 국민은 원칙적으로 참정권의 주체가 될 것을 요청하며, 정당한 사유 없이 국민의 일부로부터 참정권을 박탈하는 것은 이들을 국가행위의 단순한 객체로 전락시키는 것으로 인간의 존엄성에 반한다.

2. 기본권을 비롯한 모든 헌법규범의 해석기준

가. 헌법상 최고의 가치로서 인간의 존엄성은 헌법을 비롯한 모든 법규범의 해석에 있어서 해석의 지침으로서 작용한다. 인간존엄성은 헌법규범, 특히 개별기본권을 해석함에 있어서 중대한 의미를 가진다. 인간의 존엄과 가치는 모든 기본권의 이념적 출발점이자 목적이고 기본권의 보장은 인간존엄성 보장의 구체화된 헌법적 표현이므로, 기본권은 인간존엄성의 관점에서 해석되어야 한다.[28]

(1) 인간의 존엄성은 자유 중에서 보다 근본적인 자유, 보다 보호되어야 할 자유를 판단함에 있어서 유일한 헌법적 기준을 제시한다.[29] 인간의 존엄성을 실현하는데 있어서 불가결하고 근본적인 자유는 더욱 보호되어야 하고, 이에 대한 제한은 더욱 엄격히 심사되어야 하며, 그 반면에 인간존엄성 실현에 있어서 부차적이고 잉여적인 자유는 공익상의 이유로 보다 광범위한 제한이 가능하다. 즉 제한되는 구체적인 자유영역이 인간의 존엄성 실현에 대하여 중요한 의미를 가질수록, 자유권에 대한 보호는 더욱 강화되

28) Vgl. Sachs, Verfassungsrecht II Grundrechte, 2000, S.172 Rn.4.
29) Vgl. Enders, Die Menschenwürde in der Verfassungsordnung, 1997, S.313f.

고, 공권력의 침해는 더욱 중대한 공익에 의하여 정당화되어야 한다. 이에 따라 인간의 존엄성은 기본권이 제한되는 경우 심사밀도를 결정함에 있어서 중요한 지침을 제공한다.[30)]

(2) 나아가, 인간의 존엄성은 개별기본권의 구체적 보장내용을 밝히는 과정에서 해석의 기준으로 작용함으로써 기본권의 보장내용을 구체화하고 강화한다.[31)]

예컨대, 헌법 제10조 前文 후단의 행복추구권으로부터 인간존엄성과의 연관관계에서 '일반적 인격권'이 도출된다. 이로써 행복추구권은 인간존엄성과 연관되어 그 보장내용에 있어서 일반적 인격권으로 구체화되고 강화되었다.[32)]

또한, 헌법 제27조의 재판청구권도 인간존엄성과의 연관관계에서 해석됨으로써 그 보장내용에 있어서 '聽聞請求權'으로 구체화되고 강화되었다. 청문청구권(의견진술권)은 법치국가적 사고의 필연적인 산물로서 인간존엄성의 실현에 있어서 중요한 의미를 가진다.[33)] 소송당사자가 국가공권력의 단순한 대상이 아니라 소송의 주체로서 자신의 권리와 관계되는 결정에 앞서서 자신의 견해를 진술함으로써 소송절차와 그 결과에 대하여 영향을 미칠 수 있어야, 비로소 인간의 존엄성이 보장된다. 따라서 인간이 사법절차의 일방적 대상이 되는 것을 금지하는 인간존엄성의 정신에 비추어 재판청구권으로부터 개인의 진술할 권리인 청문청구권이 도출되는 것이다.

나. 뿐만 아니라, 인간의 존엄성은 헌법 제37조 제1항의 '열거되지 아니한 자유'의 의미를 밝히는데 있어서 결정적 역할을 한다.[34)] 헌법 제37조 제1항의 '헌법에 열거되지 아니한 자유로서 경시되어서는 아니 될 자유'라 함은, 헌법 제10조의 인간의 존엄과 가치를 실현하기 위하여 불가결한 수단으로서 국가가 헌법에 수용하였는지 여부와 관계없이 헌법적으로 보장되어야 할 개인의 자유를 말한다.

여기서 인간의 존엄성은 기본권해석의 지침인 것이지, 헌법에 열거되지 아니한 기본권을 도출하는 직접적인 헌법적 근거조항이 아니다.[35)] 마찬가지로 헌법 제37조 제1항도 헌법에 열거되지 아니한 기본권을 도출하는 근거조항이 아니라, '헌법에 명시적으로 규정되지 아니한 자유도 헌법해석을 통하여 보장되어야 한다'는 내용의 헌법해석의 지침을 담고 있는 객관적인 규정이다. 헌법 제37조 제1항은 국가, 특히 헌법재판소에 대하

---

30) 이에 관하여 자세한 것은 한수웅, 헌법재판의 한계 및 심사기준, 헌법논총 제8집(1997), 222면 이하 참조.

31) Vgl. Vitztum, Die Menschenwürde als Verfassungsbegriff, JZ 1985, S.203; Häberle, Die Menschenwürde als Grundlage der staatlichen Gemeinschaft, in: Isensee/Kirchhof(Hg), HbStR, Bd.I, 1987, §20 Rn.6, 75f.

32) 이에 관하여 보다 자세하게 아래 V. 2. 마. '인간존엄성과 행복추구권의 관계' 참조.

33) 청문청구권의 의미에 관하여 자세하게 한수웅, 헌법 제27조의 재판청구권, 헌법논총 제10집(1999), 368면 이하 참조.

34) 헌법 제37조 제1항의 '열거되지 아니한 기본권'의 내용에 관하여 한수웅, 헌법상의 인격권, 헌법논총 제13집(2002), 633면 이하 참조.

35) 아래 V. 2. 마. '인간존엄성과 행복추구권의 관계' 참조.

여 헌법해석을 통하여 개인의 자유를 위협하는 새로운 상황에 대처할 의무를 부과하는 규정이며, 헌법재판소의 헌법해석을 통한 헌법의 변천을 허용할 뿐만 아니라 이를 국가의 의무로서 부과하는 규정이다. 헌법에 열거되지 아니한 자유권을 도출하는 직접적인 근거조항은 일반적 자유권인 행복추구권을 비롯한 다른 자유권이다.

3. 不可侵的 가치로서 헌법개정의 한계

최고의 헌법적 가치로서 인간존엄성보장은 다음의 2가지를 의미한다.[36)]

첫째, 인간의 존엄성은 최고의 가치로서 不可侵이다. 이로써 인간의 존엄성은 다른 법익과의 비교형량을 거부하며 다른 법익과의 관계에서 상대화되는 것을 배제한다. 인간의 존엄성이 불가침이라는 것은, 어떠한 공익에 의해서도 인간의 존엄성에 대한 침해는 정당화될 수 없다는 것을 의미한다. 그러므로 인간의 존엄성에 대한 침해는 곧 헌법위반을 의미한다.[37)] 둘째, 인간존엄성보장은 헌법의 정체성을 결정하는 최고의 원리로서 헌법개정의 한계를 의미한다. 이로써 인간의 존엄성에 반하는 행위나 조치는 헌법개정을 통해서도 허용될 수 없다.

V. 기본권으로서 인간존엄성의 보장내용

1. 기본권의 주체

모든 인간은 개인의 능력이나 특성, 사회적 지위, 윤리적 인식능력 등과 관계없이 단지 이 세상에 태어남으로써 인간으로서의 존엄과 가치를 지닌다. 개인이 인간의 존엄성을 의식하고 있는지 또는 인간존엄성을 유지할 능력이 있는지 하는 것은 중요하지 않다. 정신적·육체적 결함으로 말미암아 자신의 인격을 자유롭게 발현할 수 없는 사람(정신적·신체적 장애인)에게도 인간의 존엄성은 그가 단지 인간이라는 이유만으로 귀속된다.[38)] 또한, 인간의 존엄성에 반하는 행위를 통해서도 인간의 존엄성은 박탈되지 않는다.

기본권주체성과 관련하여, 胎兒나 死者도 인간존엄성의 주체가 될 수 있는지의 의문이 제기된다. 이 경우, 주관적 기본권으로서 인간의 존엄성과 객관적 헌법규범의 내용인 보호법익으로서 인간존엄성은 구분되어야 한다. 따라서 태아나 사자의 '기본권적 보호의 필요성'과 '기본권의 주체성'은 일치하는 것은 아니다. 기본권의 주체성을 인정할 것인지 여부와 관계없이, 태아의 생명권이나 사자의 인격권은 헌법상의 보호법익으로서

---

36) Vgl. Dreier, in: Dreier(Hg), GG, 2004, Bd.I, Art.1 Rn.43.
37) 인간존엄성의 불가침적 성격에 관하여 보다 자세하게 아래 V. 2. 나. 참조.
38) Vgl. BVerfGE 87, 209, 228.

이를 보호해야 할 국가의 의무가 발생한다. 기본권주체성의 현실적 의미가 헌법소원의 제기가능성에 있고 태아가 스스로 자신의 기본권침해를 주장할 수 없다는 점에서, 태아의 기본권주체성에 관한 논의는 큰 의미가 없는 것으로 보인다. 한편, 사자에게는 기본권이 귀속될 수 없기 때문에, 사자는 기본권의 주체가 될 수 없다. 그러나 인간의 존엄성을 보호해야 할 국가의 의무는 死後에도 계속 존재한다.[39] 인간존엄성은 생명이 종료된 후에도 지속되며 생체적 측면 외에 정신적 측면을 포함한다는 점에서 생명권보다 포괄적이다.

인간의 존엄성은 그 본질상 자연인을 전제로 하기 때문에, 법인은 인간존엄성의 주체가 될 수 없다.[40] 인간의 존엄성은 인권으로서 체류의 적법성과 관계없이 외국인에게도 부여된다.[41]

2. 기본권의 보장내용

가. 보호범위 확정의 문제

인간의 존엄성이 객관적인 헌법적 가치에 그치는 것이 아니라 사법절차를 통하여 다툴 수 있는 개인의 기본권이라면, 인간존엄성의 보장내용은 사법적 심사의 헌법적 기준이 될 수 있도록 객관적으로 정해져야 한다. 그런데 인간의 생명권이나 신체의 자유에 대한 침해행위는 객관적으로 비교적 명백히 인식될 수 있는 반면, 언제 인간의 존엄성이 침해되는가의 문제를 판단하는 것은 매우 어렵다. 이를 위해서는 우선적으로 인간의 존엄성의 '보호범위'가 확정되어야 하기 때문이다. 다른 기본권이 일반적으로 예술, 직업, 주거, 집회, 언론 등 사회현실의 한 부분과 관련하여 특정 생활영역을 보장하는 반면, 인간존엄성조항은 그 규범구조상 특정한 생활영역과 연관되는 것이 아니라 모든 인간의 행위를 포괄적으로 망라하는 일반조항이라는 점에서도 그 보장내용을 규정하는 어려움이 있다.[42]

또한, 인간의 존엄성에 대한 이해는 공동체의 문화적·윤리적·법적 질서를 함께 고려하여 판단되어야 할 문제이고, 시간적·장소적 상황에 따라 변화하는 것이다. 사회의 문화적 상황과 文明化의 정도에 따라 인간의 존엄성에 대한 이해와 그 실현가능성은 다를 수밖에 없다. 따라서 '무엇이 인간의 존엄성에 부합하는지'의 판단은 구체적 상황에

39) Vgl. BVerfGE 30, 173, 194(Mephisto).
40) Vgl. Sachs, Verfassungsrecht II Grundrechte, 2000, S.177 Rn.27.
41) Vgl. Dreier, in: Dreier(Hg), GG, 2004, Bd.I, Art.1 Rn.62.
42) 물론 인간존엄성조항의 개방성과 불확실성은 다른 기본권 규정과 근본적인 차이를 가져오는 것은 아니다. 모든 기본권조항이 해석을 통하지 않고서는 적용을 할 수 없는 정도의 불명확성을 지니고 있다는 당연한 사실 외에도, 헌법 제10조 전문 및 제11조 제1항에 보장된 일반적 자유권인 행복추구권과 일반적 평등권도 독자적인 보호영역이 없이 인간의 모든 생활영역과 연관될 수 있는 일반조항의 성격을 띠고 있다.

따라 다를 수밖에 없고 단지 구체적 상황과 관련하여 판단할 수 있기 때문에, '인간의 존엄성'을 추상적으로 정의하는 것은 불가능하다.[43] 인간의 존엄성을 정의하고자 하는 시도는 마치 개별기본권의 본질적 내용이 무엇인지를 서술하는 것과 유사한 어려움을 가진다.

따라서 인간존엄성의 보호범위를 적극적으로 정의하는 것이 사실상 불가능하므로, '어떠한 경우에 인간의 존엄성이 침해되는가' 하는 소극적 관점에서 인간존엄성의 보장내용을 파악할 수밖에 없다.[44] 다시 말하자면, 인간존엄성의 개념은 그를 부정하는 사례를 통하여 비로소 구체적인 형태를 갖추게 되며, '어떠한 상황에서 인간의 존엄성이 침해될 수 있는가'의 확인을 통하여 기본권의 보호범위가 정해진다.[45] 그러므로 인간존엄성의 경우, 침해행위에 의하여 비로소 기본권의 보호범위가 정해진다는 점에서 '보호범위'와 '그에 대한 제한'이라는 단계적 구분이 사실상 존재하지 않는다.

인간존엄성의 보호범위를 그에 대한 침해를 통하여 파악하려는 시도로서, '인간이 국가행위의 단순한 객체나 수단 또는 대체·교환될 수 있는 것으로 격하되거나 인격적 주체로서의 성격을 의문시하는 취급을 받는다면, 인간의 존엄성은 침해된다'는 소위 '國家行爲 客體說'(Objekttheorie)[46]은 비록 불명확하기는 하나, 침해여부를 판단하는 중요한 지침을 제공한다.

나. 인간존엄성의 제한가능성 여부

한편, 인간존엄성의 보호범위와 관련하여 제기되는 문제는, 인간의 존엄성도 다른 기본권과 마찬가지로 '헌법 제37조 제2항에 의하여 공익상의 이유로 제한될 수 있는가' 하는 것이다.

인간의 존엄성은 최고의 헌법적 가치이자 헌법과 국가의 존재이유로서 법익교량과정을 통하여 공익과 부합하는 상태로 축소되거나 그 내용이 변질될 수 있는 성격의 법익이 아니다. 객관적 가치로서 인간존엄성이 不可侵이라면, 이에 상응하여 기본권으로서의 인간존엄성도 불가침적인 것이다. 기본권으로서 인간의 존엄성은 어떠한 경우에도 국가

---

43) BVerfGE 30, 1, 25f.

44) 인간존엄성의 보호대상을 적극적으로 확정하고자 하는 다양한 시도에 관한 소개로서 vgl. Pieroth/Schlink, Grundrechte 2000, Rn.353ff.; Dreier, in: Dreier(Hg), GG, 2004, Bd.I, Art.1 Rn.50ff.

45) Vgl. Vitzthum, Die Menschenwürde als Verfassungsbegriff, JZ 1985, S.204; Höfling, Die Unantastbarkeit der Menschenwürde, JuS 1995, S.860; Kunig, in: Münch/Kunig(Hg), GGK, Bd.1, 2000, Art.1 Rn.22.

46) Vgl. Dürig, Der Grundrechtssatz von der Menschenwürde, AöR 81(1956), S.127; Enders, Die Menschenwürde in der Verfassungsordnung, 1997, S.20ff.; Vitztum, Die Menschenwürde als Verfassungsbegriff, JZ 1985, S.202f.; BVerfGE 9, 89, 95; 50, 166, 175; 87, 209, 228, 독일 연방헌법재판소는 '인간이 국가행위의 단순한 객체가 된다면, 인간존엄성에 위반된다'는 Dürig 교수의 이론을 채택하여 인간존엄성의 침해여부를 판단하는 기준으로 삼고 있다; 계희열, 헌법학(중), 2004, 198면 이하; 권영성, 헌법학원론, 2007, 378면

권력에 의하여 침해되어서는 안 되는 절대적 권리로서 다른 법익과의 비교형량의 가능성을 배제한다.[47] 인간의 존엄성은 그 자체로서 보장되어야 하는 것으로서 다른 법익과의 교량의 대상, 즉 기본권의 보호범위와 기본권제한의 사유를 서로 대치시키고 상충하는 법익이 서로 조화와 균형의 상태에 있는가를 심사하는 과정의 대상이 될 수 없으며, 이에 따라 상충하는 법익에 의하여 제한이 정당화될 수 없다. 인간의 존엄성은 다른 기본권과는 달리, 헌법 제37조 제2항에 의하여 국가안전보장이나 공공복리의 이유로 제한될 수 있는 기본권이 아니다.[48]

인간의 존엄성이 문제되는 구체적인 경우, 인간의 존엄성이 다른 헌법규범에 우선하는지의 문제가 아니라, 인간의 존엄성이 침해되었는지 여부에 관한 것이다.[49] 인간존엄성에 대한 모든 침해는 곧 인간존엄성에 대한 위반을 의미한다.

다. 보장내용

위에서 확인한 바와 같이, 인간존엄성이 불가침적 가치이자 제한될 수 없는 기본권이라면, 이와 같은 절대적 기본권의 보호범위는 필연적으로 협소하게 확정될 수밖에 없다.[50] 또한, 인간존엄성이 헌법개정금지사항이라는 점도 그 보호대상을 좁게 해석해야 한다는 것을 말해주고 있다.[51] 따라서 인간존엄성조항에 의하여 보호되는 것은 인간 생존의 절대적인 핵심영역에 제한된다고 보아야 한다. 즉 문화국가에서 禁忌視되는 침해, 예컨대 고문, 잔혹한 형벌, 노예제도, 인종적・종교적 차별과 박해 등과 같은 국가행위에 대한 보호를 비롯하여 자기결정 및 인격발현의 불가결한 요건에 대한 중대한 침해(예컨대 최저생계의 박탈, 혼인의 강제)에 대해서만 보호를 제공한다고 보아야 한다. 결국 인간존엄성의 기능이란, 문화국가에서 일반적으로 금기시되는 비인간적인 국가행위의 한계를 정하는 기능, 다시 말하자면 국가공권력이 개인과의 관계에서 더 이상 넘어서는 안 되는 경계선이 어디에 있는지를 정하는 기능이라고 할 수 있다.[52] 또한, 인간존엄성

---

47) Vgl. BVerfGE 93, 266, 293; 독일의 지배적 견해에 관한 자세한 문헌소개로서 특히 Dreier, in: Dreier(Hg), GG, 2004, Bd.I, Art.1 Rn.44, 132; Höfling, Die Unantastbarkeit der Menschenwürde, JuS 1995, S.859; Kunig, in: Münch/Kunig(Hg), GGK, Art.1 Rn.4; Ipsen, Staatsrecht II(Grundrechte), 2001, Rn.228; Pieroth/Schlink, Grundrechte, 2000, Rn.365.

48) 인간존엄성은 헌법 제37조 제2항에 의하여 제한될 수 없다고 보는 견해로 권영성, 헌법학원론, 2007, 376면(그러나 권 교수의 경우, 인간존엄성조항의 기본권적 성격을 부인하면서 한편으로는 인간존엄성이 헌법 제37조 제2항에 의하여 제한될 수 없다고 하는 것은, 헌법 제37조 제2항에 의한 제한가능성에 관한 언급이 인간존엄성조항의 기본권적 성격을 전제로 한다는 점에서 상호모순이다); 계희열, 헌법학(중), 2004, 213면; 허영, 한국헌법론, 2007, 326면; 이에 대하여 김철수, 헌법학개론, 2007, 514면은 인간의 존엄성을 행복추구권과 동일시하여 보충적 기본권으로 간주함으로써 헌법 제37조 제2항에 의한 제한이 가능하다고 한다.

49) Vgl. Alexy, Theorie der Grundrechte, 1994, S.95f.

50) Vgl. Kunig, in: Münch/Kunig(Hg), GGK, Art.1 Rn.22f.; Jarass, in: Jarass/Pieroth(Hg), GG, Art.1 Rn.5; Höfling, Die Unantastbarkeit der Menschenwürde, JuS 1995, S.860.

51) Vgl. Dreier, in: Dreier(Hg), GG, 2004, Bd.I, Art.1 Rn.41; Höfling, Die Unantastbarkeit der Menschenwürde, JuS 1995, S.860.

52) Vgl. Pieroth/Schlink, Grundrechte Staatsrecht II, 2000, Rn.358; Ipsen, Staatsrecht II, 2001, S.67;

조항은 국가권력으로부터 개인의 자기결정과 인격발현을 위하여 불가결한 최소한의 요건 또는 인간 생존의 절대적 요건을 보호하는 것이다.

인간존엄성조항이 구체적인 규범적 기준을 제시하지 않기 때문에, 이와 같은 명백한 침해의 경우를 넘어서 일상다반사에서 인간존엄성의 침해를 인정함으로써 인간존엄성조항을 이상적 사회의 실현을 요청하는 근거조항으로 해석하는 것은 타당하지 않다. 마찬가지로 유전자공학의 허용정도나 핵발전소의 폐지 여부 등 사회공동체의 중요한 논쟁에서 인간존엄성조항을 근거로 그 해결책을 찾으려는 시도도 규범적 기준의 결여로 말미암아 무리한 헌법해석의 위험이나 또는 헌법해석자의 가치관을 헌법의 객관적 내용으로 주장할 수 있는 위험을 내포하고 있다.[53] 결국, 바람직한 사회의 실현을 입법자에게 맡겨 정치적으로, 즉 입법적으로 해결할 것인지 아니면 헌법재판소의 헌법해석을 통하여 헌법적으로 해결할 것인지의 문제에 관한 것이다. 모든 것을 헌법적으로 해결하려는 시도는 필연적으로 헌법재판소에 의한 헌법해석, 때로는 무리한 헌법해석에 의존하게 되고, 이로써 입법자의 정치적 형성권을 부당하게 축소하여 헌법재판소의 권한을 확대하는 결과를 가져온다.

라. 인간의 존엄성과 헌법 제37조 제2항의 '기본권의 본질적인 내용'의 관계

인간의 존엄성은 절대적으로 보장되는 헌법적 가치로서 침해될 수 없다는 점에서 '기본권의 본질적인 내용'과 외형상의 공통점을 가지고 있다. 이러한 점에서, 인간존엄성의 내용을 '기본권제한의 한계로서의 기본권의 본질적 내용'과 동일시하고자 하는 견해도 있다.[54] 그러나 인간의 존엄성과 기본권의 본질적인 내용은 그 의미와 성격에 있어서 일치하지 않는다.

인간의 존엄성은 헌법을 구성하는 최고의 원리로서 헌법개정의 한계를 의미하나, 모든 개별기본권이 헌법개정의 한계를 의미하지는 않으므로 모든 개별기본권의 본질적 내용이 헌법개정의 한계에 해당하는 것은 아니다. 뿐만 아니라 인간존엄성의 보장내용이 개별기본권의 본질적 내용의 '총합'에 해당하는 것은 아니므로, 인간존엄성의 내용과 개별기본권의 본질적 내용은 일치하는 것도 아니다.[55] 가령, 재산권의 본질적 내용이나 직업의 자유의 본질적 내용이 인간존엄성의 보장내용에 해당하는 것은 아니다.

결국, '인간의 존엄성'과 '기본권의 본질적 내용'은 단지 침해될 수 없다는 '불가침성'

Höfling, Die Unantastbarkeit der Menschenwürde, JuS 1995, S.860; Kunig, in: Münch/Kunig(Hg), GGK, Art.1 Rn.23.

53) Vgl. Hoerster, Zur Bedeutung des Prinzips der Menschenwürde, JuS 1983, S.93ff.; Dreier, in: Dreier(Hg), GG, 2004, Bd.I, Art.1 Rn.45ff.

54) 가령, 허영, 한국헌법론, 2007, 326면; 권영성, 헌법학원론, 2007, 376면.

55) 이에 관한 광범위한 문헌소개로서 vgl. Dreier, in: Dreier(Hg), GG, 2004, Bd.I, Art.1 Rn.163, 주) 559 참조.

의 관점에서만 외관상 유사함을 보일 뿐, 그 실체와 법리에 있어서는 다르다고 할 수 있다. '기본권의 본질적 내용의 불가침성'이란 개별기본권이 제한될 수 있다는 것을 전제로 하여 국가권력에 의한 기본권제한의 최종적 한계에 관한 원칙이며, 이에 대하여 '인간존엄성의 불가침성'은 처음부터 불가침적인 가치를 출발점으로 하여 이에 대한 제한이 곧 위반으로 이어진다는 법리인 것이다.

마. 인간의 존엄성과 행복추구권의 관계

(1) 헌법 제10조 前文은 인간의 존엄성과 행복추구권을 함께 규정하고 있다.[56] 그러나 인간의 존엄성과 행복추구권은 각 상이한 성격과 보장내용을 가진 독자적 기본권으로서 서로 구분되어야 한다. 인간의 존엄성이 헌법상 최고의 가치이자 그에 상응하는 기본권으로서의 성격을 가지며 절대적 가치이자 기본권으로서 불가침의 것이라면, 행복추구권은 개별자유권이 적용되지 않는 경우에 비로소 적용되는 보충적·일반적 자유권으로서 헌법 제37조 제2항에 의하여 공익상의 사유로 제한될 수 있는 것이다.

행복추구권은 헌법에 구체적으로 규정된 개별자유권에 의하여 보호될 수 없는 인간의 행위나 법익에 대하여 보충적으로 기본권적 보호를 제공하는 일반적 자유권으로서, 헌법에 열거되지 아니한 자유권을 도출하는 실정법적 근거이다.[57] 다른 자유권에 의하여 보호되지 않는 자유영역을 그 보호범위로 하는 보충적 자유권의 본질은 바로 보호범위의 광범위함, 불확정성 및 개방성에 있다. 변화하는 사회상황에 대처하고 자유를 위협하는 새로운 위험상황에 대한 보호를 제공하기 위하여 행복추구권의 보호범위는 새로운 현상과 발전에 대하여 개방적·유동적이어야 한다.

이에 대하여, 인간의 존엄성은 협소하지만 나름대로 독자적인 보호범위를 가지고 있다는 점에서 개별기본권이 적용되지 않는 경우에 적용되는 보충적 기본권도 아니고,[58] 헌법에 명시적으로 보장되지 않은 기본권을 도출하는 직접적인 헌법적 근거도 아니다. 생명권이나 인격권 등은 인간의 존엄성으로부터 직접 도출되는 기본권이 아니라 그 헌법적 근거를 다른 기본권에 두고 있다. 인간의 존엄성은 행복추구권과 같은 다른 기본권의 보장내용을 밝히는 과정에서 해석의 지침으로 작용함으로써 기본권의 내용을 구체화하고 강화하지만, 헌법에 명시적으로 보장되지 않은 기본권을 도출하는 직접적인 헌법적 근거는 아니다.

---

56) 헌법이 양 기본권을 하나의 문장에서 함께 언급하고 있다는 것은 양 기본권을 하나의 통합된 기본권으로 이해해야 한다는 근거가 될 수 없음은 물론하다. 가령, 헌법 제21조 제1항에서 언론·출판의 자유와 집회·결사의 자유를 함께 언급하고 있다고 하여 위 기본권들을 하나의 통합된 기본권으로 볼 수 없다고 하는 것은 별론을 요하지 아니한다.

57) 일반적·보충적 자유권으로서 행복추구권에 관하여 한수웅, 헌법상의 인격권, 헌법논총 제13집(2002), 633면 이하 참조.

58) 아래 Ⅴ. 4. '다른 기본권과의 관계' 참조.

가령, 일반적 인격권은 행복추구권에 의하여 보장되는 것으로 그 일차적이고 직접적인 헌법적 근거를 행복추구권에 두고 있다.[59] 다만, 일반적 인격권은 사생활의 보호를 비롯하여 '인간의 존엄성과 밀접한 연관관계를 보이는 자유로운 인격발현의 기본조건'을 포괄적으로 보호하고자 하는 것이고 개인에게 독자적인 인격형성을 위한 자율적 영역이 보장되지 않는다면 인간의 존엄성은 실현될 수 없으므로, 이러한 의미에서 인간의 존엄성과 밀접한 연관관계에 있는 것이다. 따라서 행복추구권은 인간존엄성과의 연관관계에서 그 보장내용에 있어서 일반적 인격권으로 구체화되고 강화되었다. 요컨대, 일반적 인격권의 일차적이고 주된 헌법적 근거는 인간존엄성조항이 아니라 행복추구권인 것이다.[60] 절대적인 기본권인 인간의 존엄성으로부터 도출되는 기본권도 그 母體와 마찬가지로 불가침적인 성격을 가질 수밖에 없다는 점에서, 인간의 존엄성은 제한될 수 있는 기본권인 '일반적 인격권'의 직접적인 헌법적 근거조항이 될 수 없다.

따라서 인간의 존엄성과 행복추구권은 각 '절대적 기본권'과 '보충적 기본권'으로서 또는 '제한될 수 없는 것'과 '제한될 수 있는 것'으로서 근본적으로 상이한 성격을 가지고 있으므로, 하나의 기본권으로 통합될 수 없는 것이다.

(2) 그러나 인간의 존엄성에 기본권적 성격을 인정하는 학계의 일부 견해는 인간의 존엄성을 행복추구권과 구분하지 아니하고 양자를 불가분의 관계에 있는 '통합적 기본권'으로 보아, 인간의 존엄성도 그 보장내용에 있어서 행복추구권과 동일한 것으로 간주하고 있다.[61] 이러한 견해는 한편으로는 인간의 존엄성을 헌법상 최고의 가치로 이해하면서, 다른 한편으로는 주관적 공권의 성격에 있어서는 행복추구권과 마찬가지로 다른 개별기본권이 적용되지 않는 경우 비로소 적용되는 보충적 기본권으로서 간주하여 헌법 제37조 제2항에 의하여 제한될 수 있다고 한다.

그러나 헌법상 최고의 가치가 그 주관적 성격에 있어서는 단지 보충적으로 기능한다는 점도 납득하기 어려울 뿐만 아니라, 최고의 가치인 인간의 존엄성이 주관적 권리로서의 성격에 있어서는 '침해될 수 있다'는 것은 그 자체로서 모순이라 할 수 있다. 이러한 결과는 완전히 상이한 성격과 내용을 가진 서로 통합될 수 없는 두 기본권을 구분하지 아니하고 하나의 기본권으로 통합한 것에 기인한다.

---

59) 인격권과 행복추구권의 관계에 관하여 근본적으로 한수웅, 헌법상의 인격권, 헌법논총 제13집(2002), 636면 이하 참조. 또한, 생명권이나 신체불가침권은 그 헌법적 근거를 인간존엄성조항에 두고 있는 것이 아니라, 보충적 자유권인 행복추구권이나 또는 그 보호법익의 성질에 있어서 생명권·신체불가침권과 가장 인접한 권리인 제12조의 신체의 자유로부터 인간존엄성보장 및 헌법 제37조 제1항의 연관관계에서 해석을 통하여 도출되는 기본권이다.

60) Vgl. Kunig, in: Münch/Kunig(Hg), GGK Bd.1, Art.1 Rn.10; Jarass, Jarass/Pieroth, GG, Art.1 Rn.13; 헌법재판소는 일련의 결정에서 일반적 인격권의 근거조항으로서 인간존엄성과 행복추구권을 함께 언급함으로써 인격권의 헌법적 근거에 관하여 불분명한 입장을 보이고 있다, 가령 헌재 1991. 4. 1. 89헌마160, 판례집 3, 149, 158 참조.

61) 가령, 김철수, 헌법학개론, 2007, 486면.

3. 인간의 존엄성 위반의 구체적인 예

역사적 경험에 비추어 인간의 존엄성이 특별히 위협받는 영역에 따라, 인간존엄성에 대한 전형적인 침해를 다음과 같이 구체화할 수 있다.[62)]

가. 근본적인 법적 평등의 보장

모든 인간의 법적 평등은 인간존엄성을 실현하기 위한 기본요소이므로, 모든 인간이 자주적 인격체로서 동등하게 존중받을 권리에 대한 중대한 침해는 평등권에 대한 침해일 뿐 아니라 또한 인간존엄성의 위반을 의미한다. 이러한 관점에서 노예제도, 농노제도, 인종차별, 인신매매, 종교적·인종적 이유 등으로 인한 박해나 추방 등은 인간존엄성의 관점에서 허용되지 않는다.

나. 인간의 인격적 정체성과 신체적 불가침성의 보호

국가형벌권의 행사는 인간존엄성의 보호를 위하여 국가가 취하는 가장 단호한 조치이자 동시에 피의자나 수형자의 인간존엄성에 대한 중대한 위협을 의미한다. 따라서 인간의 존엄성은 법치국가적 절차보장의 정신적 뿌리로서 특히 형사절차에서 매우 중요한 의미를 가진다.

인간의 존엄성은 국가형벌권을 관철하는 과정에서 피의자가 국가행위의 단순한 객체가 되는 것을 금지한다. 따라서 피고인의 진술권과 진술거부권은 형사절차에 적극적으로 참여하고 자신을 방어할 수 있는 권리로서 보장되어야 한다. 또한, 형사절차에서 실체적 진실을 밝힐 목적으로 고문이나 최면, 약물 등을 사용하는 것은 피의자를 범죄 퇴치나 진실발견의 단순한 수단이나 대상으로 삼는 것이므로, 피의자의 의사결정과 의사형성의 자유를 침해하는 신문수단은 금지된다. 헌법 제12조 제2항에 규정된 '고문의 금지' 및 '불리한 진술의 강요 금지'는 형사절차에서 인간존엄성의 요청이 구체화된 표현이라 할 수 있다.

나아가, 인간의 존엄성은 비인간적이거나 잔인한 형벌을 금지한다. 인간의 존엄성은 行刑의 영역에서 受刑의 조건과 관련하여 중요한 의미를 가진다. 인간생존의 기본조건이 박탈된 비인간적인 상황에서 이루어지는 재소자의 수감(가령 비인간적인 수형조건에서 지나치게 과도한 인원의 수용)은 인간존엄성의 위반에 해당될 수 있다. 또한, 국가에 의한 생명의 박탈을 의미하는 사형제도가 인간의 존엄과 가치를 가진 인격체를 사회로부터

---

62) Vgl. H. Hofmann, Die versprochene Menschenwürde, AöR 118(1993), S.363; Starck, Menschenwürde als Verfassungsgarantie im moderen Staat, JZ 1981, S.459; Dreier, in: Dreier(Hg), GG, 2004, Bd.I, Art.1 Rn.138ff.; Pieroth/Schlink, Grundrechte Staatsrecht II, 2000, Rn.361; 또한 계희열, 헌법학(중), 2004, 199면 이하.

제거하고 인간의 생명을 범죄퇴치의 수단으로 사용한다는 점에서 그 자체로서 인간존엄성에 반한다고 볼 수 있는지의 문제가 제기된다. 나아가, 종신형의 선고를 받은 자가 형의 집행 중 자신의 인격이 구체적으로 어떻게 형성되고 발전하는지와 관계없이 다시 자유를 회복할 기회를 완전히 배제하도록 규정하는 '감형의 가능성을 배제한 終身刑'도 인간존엄성에 위반되는지의 문제를 야기한다.

다. 사인에 의한 침해로부터 인간존엄성의 보호

국가는 사인의 침해에 대해서도 인간의 존엄성을 보호해야 할 의무가 있으므로, 국가가 인간존엄성의 보호를 위한 최소한의 조치를 취하지 않은 경우에도 인간존엄성의 위반이 인정된다. 국가의 보호의무는 무엇보다도 형법과 행정법을 통하여 이행된다.

형법상 보호되는 모든 법익이 인간존엄성의 관점에서 본질적인 중요함을 가지는 것은 아니지만, 인간의 생명은 인간존엄성의 생체적 기초를 구성하는 중요한 법익이므로, 국가는 사후적으로 범죄행위를 처벌하는 형법조항과 사전적으로 인간의 생명을 보호하는 경찰법 등을 통하여 인간의 생명을 제3자의 침해로부터 보호해야 할 의무가 있다.[63) 인간의 존엄성은 타인의 존엄성을 침해하는 사인의 행위가 금지될 것을 요청하므로, 예컨대 개인의 명예에 대한 보호나 인간을 노예화·상품화하여 타인의 인격을 파괴하는 행위(가령 인신매매행위)의 처벌도 인간의 존엄성을 보호하기 위한 형법적 조치이다.

라. 최저생계의 보장

최저생계의 보장은 인간다운 생존을 위한 근본요건에 속한다. 국가가 과세를 통하여 개인의 최저생계의 가능성을 박탈함으로써 인간다운 생존의 기본조건을 위협해서도 안되며, 한편으로는 자력으로 자신의 생계를 유지할 능력이 없는 국민에게 사회적 급부의 형태로 최저생계를 보장해야 한다.[64) 국가에 의한 과세는 원칙적으로 최저생계를 초과하는 소득에 대해서만 가능하다.[65) 국가가 과세를 통하여 국민으로부터 생존의 기본조건인 최저생계를 박탈한다면, 이는 인간의 존엄성을 침해하는 것이다.

뿐만 아니라, 개인이 달리 자신의 생계를 유지할 수 없다면, 국가는 인간다운 생존을 위한 최소한의 조건으로서 최저생계를 적극적인 급부를 통하여 보장해야 할 의무가 있다.[66) '최저생계'란 시간과 상황의 구속을 받는 개념으로서, 무엇이 최저생계에 해당하는가의 문제는 일반적으로 확정될 수 없고, 특정 시점에서 사회가 보유하는 경제적 능

---

63) Vgl. Starck, Menschenwürde als Verfassungsgarantie im moderen Staat, JZ 1981, S.459.

64) Vgl. Benda, Menschenwürde und Persönlichkeitsrecht, in: HbVerfR, Bd.I, 1995, Rn.18; Sachs, Verfassungsrecht II Grundrechte, 2001, S.175f., 179f.

65) BVerfGE 82, 60, 85; 87, 152, 169, 172.

66) Vgl. BVerfGE 1, 159, 161f.

력과 '최저생계'에 대한 일반적 이해에 달려 있다. 따라서 최저생계란 餓死를 방지하기 위하여 반드시 필요한 것에 제한되는 것도 아니고, 사회국가 또는 문화국가의 관점에서 바람직하거나 요청되는 모든 것이 인간의 존엄성을 유지하기 위한 조건이 되는 것도 아니다.

4. 다른 기본권과의 관계

모든 기본권은 인간의 존엄성을 실현하기 위하여 헌법에 보장된 것이고, 인간의 존엄성은 다른 개별기본권에 의하여 구체화되었다. 자유권과 평등권은 인간존엄성 보장의 '완성된 표현'이다. 자유와 평등을 보장하는 개별 기본권의 규범내용은 비교적 구체적인 반면, 인간존엄성의 보호범위는 상대적으로 불명확하기 때문에, 위헌심사의 경우 우선적으로 개별기본권을 기준으로 하여 심사해야 한다.[67] 즉, 다른 개별기본권과의 관계에서 인간의 존엄성은 심사기준으로서 맨 마지막에 고려된다.

그러나 개별자유권과의 관계에서 보충적으로 적용되는 일반적 자유권인 행복추구권과는 달리, 위헌심사에서 우선적으로 다른 기본권을 기준으로 하여 심사한다는 것은 인간존엄성조항이 보충적으로 적용된다는 것을 의미하는 것은 아니다. 개별기본권이 침해된 경우 동시에 인간의 존엄성이 침해될 수 있다.[68] 인간의 생존이나 인격발현의 기본조건을 박탈하거나 금지하는 중대한 기본권침해는 개별기본권뿐만 아니라 또한 인간의 존엄성에 대한 위반을 의미하므로, 인간존엄성이 문제될 정도로 중대한 침해가 인정된다면, 개별기본권의 침해를 확인한 후 부가적으로 인간존엄성의 침해여부를 확인해야 한다.[69] 물론, 다른 개별기본권의 침해로 인하여 공권력의 위헌성이 이미 확인된 후에 비로소 인간의 존엄성이 부가적인 심사기준으로서 고려되기 때문에, 기본권으로서 인간의 존엄성은 헌법재판의 실무에 있어서는 독자적인 의미가 없다고 할 것이다.

Ⅵ. 맺는말

1. 헌법은 인간의 존엄성을 최고의 가치로 선언함으로써 '헌법의 근본적인 성격' 및 '인간과 국가의 관계'를 스스로 규정하고 있다. 인간의 존엄성을 최고의 가치로 삼는 헌법은 '자유와 사회정의'를 동시에 실현하고자 하는 가치질서이다. 헌법의 이러한 목표설

---

67) Vgl. Jarass, in: Jarass/Pieroth(Hg), GG, 2004, Art.1 Rn.4; Kunig, in: Münch/Kunig(Hg), GGK, Art.1 Rn.69; Höfling, Die Unantastbarkeit der Menschenwürde, JuS 1995, S.861.

68) 다른 기본권이 침해되지 않은 경우 인간존엄성이 독자적으로 최후의 방어벽으로서 기능할 수 있는지에 관하여 보건대, 일반적 자유권인 행복추구권의 포괄적인 보충적 기능에 비추어 그 개연성이 없다고 판단된다.

69) Vgl. Höfling, Die Unantastbarkeit der Menschenwürde, JuS 1995, S.862; Kunig, in: Münch/Kunig(Hg), GGK, Art.1 Rn.69; Manssen, Staatsrecht II, 2004, Rn.211.

정은 '자유와 사회적 구속'의 양면성을 지닌 人間像을 형성한다. 뿐만 아니라, 헌법의 모든 개별규범, 즉 기본원리, 기본권보장, 국가과제 등은 궁극적으로 인간존엄성의 실현 수단으로서 인간의 존엄성을 실현할 수 있도록 구체적으로 형성되어야 한다는 의미에서, 인간의 존엄성은 '헌법을 구성하는 최고의 원리'이다.

2. 헌법 제10조의 인간존엄성조항은 최고의 헌법적 가치이자 동시에 개인에게 귀속되는 불가침의 인권, 즉 기본권이다. 인간의 존엄성은 어떠한 공익에 의해서도 제한될 수 없는 절대적 기본권으로서 보호범위에 있어서 매우 협소할 수밖에 없다. 기본권으로서 인간존엄성의 기능이란 문화국가에서 일반적으로 금기시되는 비인간적인 국가행위의 최종적 한계를 정하는 기능이라 할 수 있다.

헌법이 명시적으로 인간의 존엄성을 개인에게 주관적인 것으로 귀속시키고 있다면, 인간존엄성조항은 개인에게 인간존엄성의 침해를 스스로 방어할 수 있는 가능성도 함께 부여해야 한다. 이러한 이유로 주관적 권리로서의 성격을 인정해야 한다는 헌법이론적 당위성에도 불구하고, 인간존엄성조항의 기본권적 성격을 인정하는 것은 단지 기본권의 주체가 인간존엄성의 침해를 이유로 헌법소원을 제기할 수 있는 가능성이 있는지의 관점에서만 현실적인 의미를 가질 뿐이다. 그러나 인간존엄성의 침해는 일반적으로 다른 기본권의 침해를 수반하고 이에 따라 인간존엄성의 침해에 대해서는 다른 기본권에 근거하여 충분한 보호를 받을 수 있기 때문에, 기본권으로서 인간의 존엄성은 헌법재판의 실무에서 독자적인 역할을 하지 못한다. 이러한 관점에서 본다면, 인간존엄성조항의 주된 헌법적 의미와 기능은 주관적인 측면이 아니라 객관적인 측면에 있는 것이며, 인간존엄성의 기본권적 성격을 인정할 것인지의 논의는 부차적인 문제라 할 수 있다.

3. 오히려, 헌법학에서 인간존엄성조항과 관련되어 규명되어야 할 문제는 논리적으로 일관되지 아니한 일부 학계의 견해와 그 타당성여부에 있는 것으로 보인다. 예컨대, 인간존엄성조항을 전적으로 객관적인 규범으로 이해하면서 다른 한편으로는 헌법에 열거되지 아니한 기본권을 도출하는 근거조항으로 간주한다든지 아니면 인간존엄성조항을 절대적 기본권으로 이해하면서 다른 한편으로는 상대적 기본권을 도출하는 헌법적 근거조항으로 파악하는 견해가 그것이다.

인간존엄성조항에 대하여 기본권적 성격을 부인하면서 한편으로는 헌법에 열거되지 아니한 기본권을 도출하는 헌법적 근거로 파악하고자 하는 시도는 그 자체로서 모순이다. 법치국가원리나 민주주의원리와 같은 객관적 헌법규범으로부터 직접 개인의 주관적 공권을 이끌어 낼 수 없는 것과 마찬가지로, 객관적 가치로서 인간존엄성조항은 개인의 주관적 권리의 직접적인 헌법적 근거가 될 수 없다. 주관적 권리를 도출할 수 있는 헌법적 근거조항은 역시 주관적 권리를 규정하고 있는 기본권조항이며, 객관적 헌법규범은 주관적 권리를 도출하는 직접적인 근거조항이 될 수는 없고 단지 해석의 지침으로서 기능할 뿐이다.

마찬가지로, 인간존엄성조항에 기본권으로서의 성격을 인정하면서 다른 한편으로는 헌법 제37조 제2항에 의하여 제한될 수 있다고 하는 견해도 논리적으로 극복될 수 없는 결함을 안고 있다. 인간의 존엄성이 헌법의 최고의 가치로서 不可侵이라면, 기본권으로서의 인간의 존엄성도 이에 상응하여 불가침일 수밖에 없다. 뿐만 아니라, 인간존엄성조항으로부터 헌법에 열거되지 아니한 기본권을 도출하면서 이러한 기본권이 제한될 수 있다는 것도 논리적 모순이다. 왜냐하면 절대적 기본권으로부터 도출되는 기본권은 그 모체와 '불가침의 성격'을 같이 하기 때문에 필연적으로 불가침이기 때문이다. 헌법해석을 통하여 도출된 기본권이 제한될 수 있다면, 절대적 기본권인 인간의 존엄성은 이러한 기본권의 헌법적 근거로 고려될 수 없다. 이를 확인하는 것은 도출된 기본권의 제한가능성의 측면에서 매우 중요하다.

따라서 일반적 인격권 등 헌법해석을 통하여 도출된 기본권은 그 직접적이고 일차적인 헌법적 근거를 인간존엄성조항에 두고 있는 것이 아니라 일반적 자유권인 행복추구권 등에 두고 있다. 인간의 존엄성은 헌법해석을 통하여 개별 헌법규범의 의미를 밝히는 데 있어서 중요한 역할을 하지만, 헌법에 열거되지 아니한 기본권을 도출하는 직접적인 헌법적 근거는 아니다.

참고문헌

권영성, 헌법학원론, 2007
계희열, 헌법학(중), 2004
김철수, 헌법학개론, 2007
정종섭, 헌법학원론, 2007
한수웅, 헌법상의 인격권, 헌법논총 제13집(2002)
_____, 헌법소송을 통한 사회적 기본권 실현의 한계, 인권과 정의 1997/1
_____, 헌법재판의 한계 및 심사기준, 헌법논총 제8집(1997)
_____, 헌법 제27조의 재판청구권, 헌법논총 제10집(1999)
허 영, 한국헌법론, 2007

Alexy, Theorie der Grundrechte, 1994
Badura, Staatsrecht, 1996
Benda, Menschenwürde und Persönlichkeitsrecht, in: Benda/Maihofer/Vogel(Hg), Handbuch des Verfassungsrechts der Bundesrepublik Deutschland (HbVerfR), Bd.I, 1995
Böckenförde, Demokratie als Verfassungsprinzip, in: Isensee/Kirchhof(Hg), Handbuch des Staatsrechts (HbStR), Bd.II, 2004, §24
Dreier, in: Dreier(Hg), Grundgesetz Kommentar (GG), Bd.I, 2004, Art.1
Dürig, Der Grundrechtssatz von der Menschenwürde, AöR 81(1956)
_____, in: Maunz/Dürig(Hg), Grundgesetz (GG), Art.1 Abs.1
Enders, Die Menschenwürde in der Verfassungsordnung, 1997
Häberle, Die Menschenwürde als Grundlage der staatlichen Gemeinschaft, in: Isensee/Kirchhof(Hg), Handbuch des Staatsrechts (HbStR), Bd.I, 1987, §20
Höfling, Die Unantastbarkeit der Menschenwürde - Annäherungen an einen schwierigen Verfassungssatz, JuS 1995
Hoerster, Zur Bedeutung des Prinzips der Menschenwürde, JuS 1983
Hofmann, Die versprochene Menschenwürde, AöR 118(1993)
Ipsen, Staatsrecht II(Grundrechte), 2001
Jarass, in: Jarass/Pieroth(Hg), Grundgesetz (GG), 2004, Art.1
Kunig, in: Münch/Kunig(Hg), Grundgesetz Kommentar (GGK). Bd.I, 2000, Art.1
Manssen, Staatsrecht II, 2004
Pieroth/Schlink, Grundrechte, 2000
Sachs, Verfassungsrecht II Grundrechte, 2000
Starck, Menschenwürde als Verfassungsgarantie im modernen Staat, JZ 1981

Stern, Das Staatsrecht der Bundesrepublik Deutschland, Bd.III/1, 1988
______, Menschenwürde als Wurzel der Menschen- und Grundrechte, in: Recht und Staat im sozialen Wandel, Festschrift für Scupin, 1983
Vitztum, Die Menschenwürde als Verfassungsbegriff, JZ 1985

제2절 행복추구권

헌법상의 인격권*

–특히 헌법 제10조의 행복추구권, 일반적 인격권 및 헌법 제17조의 사생활의 보호에 관하여–

Ⅰ. 머리말

헌법은 제10조 전문에서 "모든 국민은 인간으로서의 존엄과 가치를 가지며, 행복을 추구할 권리를 가진다."고 규정하고 있다. '행복을 추구할 권리'는 1980년 헌법에 삽입된 이래, 그의 법적 성격과 보장내용에 관하여 많은 논란을 가져 온 기본권 조항이며, 아직도 그 내용이 완전히 해명되지 않은 헌법규정에 속한다. 헌법재판소는 이미 초기의 판례에서 행복추구권의 내용을 '일반적 행동자유권'과 '일반적 인격권'을 포함하는 것으로 해석하였으나, 행복추구권의 2가지 측면의 구체적 내용이 무엇인지, 특히 일반적 인격권의 보장내용이 무엇인지에 관하여는 충분히 규명되지 않은 상태이다.

종래 인격권에 관한 많은 연구가 있었으나, 이는 주로 *私法上*의 인격권에 관한 것이었고, 특히 '언론보도에 의한 인격권(명예)의 침해와 그에 대한 보호나 구제'의 관점에서 다루어졌다. 이에 대하여 *憲法上*의 인격권에 관하여는 체계적인 연구가 거의 없는 것으로 보인다.[1] 헌법상의 인격권은 주로 헌법 제10조에서 도출되는 '일반적 인격권'의 범

* 위 논문은 2002년 12월, 헌법논총(헌법재판소), 제13집, 623-678면에 게재된 것을 일부 수정한 것이다.

1) '*私法上* 보호되는 인격권'과 '*憲法上*의 인격권' 또는 '*基本權*으로서의 인격권'은 구분되어야 한다. 사법상 보호되는 인격권은 법률상의 제도이자 법률상의 권리인 반면, 기본권으로서의 인격권은 헌법상의 권리이다. 이에 따라 사법상의 인격권이 사인간의 관계에서만 적용되는데 반하여, 헌법상의 인격권은 사인간의 관계에서 뿐

주에서 논의되고 있으나, 헌법 제17조의 '사생활의 비밀과 자유'를 비롯하여 사생활을 보호하는 개별적 기본권을 두고 있는 우리 헌법에서 개별적 기본권과 일반적 인격권의 보호범위는 무엇인지, 사생활을 보호하는 개별적 기본권의 존재에 비추어 헌법해석을 통하여 일반적 인격권을 인정할 필요가 있는지, 일반적 인격권과 사생활을 보호하는 개별 기본권과의 관계는 어떠한지에 관하여 충분히 조명되지 않았다.

이 글에서는 우선 행복추구권의 헌법적 의미와 법적 성격을 살펴보고(아래 Ⅱ.), 이어서 일반적 인격권의 헌법적 근거, 의미 및 보장내용, 일반적 인격권에 대한 특별규정으로서 사생활의 보호에 관한 개별적 기본권의 의미와 내용을 확인한 다음(아래 Ⅲ.), 국가에 의한 인격권의 침해 가능성을 다루어보기로 한다(아래 Ⅳ.). 인격권이 국가와 사인에 의하여 침해될 수 있기 때문에 인격권의 문제는 국가와 개인의 관계 및 사인간의 관계에서 파악되어야 하나, 여기서 다루고자 하는 '헌법상의 인격권'은 일차적으로 국가와 개인의 관계에서 중요한 의미를 가지므로, 사인에 의한 인격권 침해의 헌법적 문제를 제외하고, 국가의 침해에 의한 인격권의 문제를 크게 '사생활의 보호'와 '사회적 인격상에 관한 자기결정권'의 관점으로 나누어 살펴보기로 한다. 마지막으로 '사회적 인격상에 관한 자기결정권'의 한 내용인 '사회에 복귀할 범죄인의 권리'와 관련하여 현행 성범죄자 신상공개제도의 위헌성여부를 간략하게 검토하는 것으로 이 글을 마치기로 한다.

Ⅱ. 행복추구권의 법적 성격 및 헌법적 의미

1. 헌법적 가치이자 기본권으로서 행복추구권

가. 헌법적 개념으로서 행복추구권

'행복'이란 지극히 주관적·상대적인 개념으로서, 무엇이 행복이고 어떠한 방법으로 행복을 추구할 수 있는지에 관하여는 개인의 가치관과 인생관에 따라 그 대답을 달리 한다. 행복추구의 문제는 궁극적으로 자기만족과 자기실현의 문제이다. 그러나 '행복을 추구할 권리'가 헌법에 실정법적으로 규정됨으로써 '행복의 추구'는 더 이상 일상적인 개념이나 형이상학적·철학적·종교적 범주의 개념이 아니라 헌법적 개념으로 전환되었고, 이로써 헌법의 구성부분이자 헌법적 가치가 되었다.[2] 즉 '행복추구'란 그 자체로

만 아니라, 일차적으로 국가와 개인과의 관계에서 중요한 역할을 한다. 헌법상의 인격권은 어떠한 방법으로 인격권을 실현할 것인지에 관하여 입법자에게 위임하고 있으므로, 입법자는 '사법상의 인격권 보호'뿐만 아니라 '형법상의 인격권 보호'와 같이 다양한 방법으로 헌법상의 인격권을 실현할 수 있다. 따라서 사법상의 인격권은 단지 헌법상 인격권을 실현하기 위한, 헌법적으로 가능한 여러 가능성 중의 하나인 것이다, 비록 헌법상의 인격권과 사법상의 인격권의 보호범위가 결과적으로 거의 일치함에도 불구하고, 마치 헌법상의 재산권과 사법상의 재산권이 서로 다른 것과 마찬가지로, 서로 혼동되어서는 안 된다. 이에 관하여 vgl. Jarass, Das allgemeine Persönlichkeitsrecht im Grundgesetz, NJW 1989, S.858; 특히 사법상의 인격권에 관하여 Ehmann, Zur Struktur des Allgemeinen Persönlichkeitsrechts, JuS 1997, S.193ff.

서 비규범적 용어가 헌법에 수용됨으로써 고유한 가치질서를 담고 있는 헌법적 질서의 통일체 내에 위치하게 되었고, 이와 동시에 모든 기본권의 규정이 인간존엄성의 실현을 위하여 존재한다는 의미에서 '目的上의 變換'[3]이 이루어 진 것이다.

헌법이 다른 개별기본권에 관한 규정에 앞서, 제10조 前文에서 최고의 헌법적 가치이자 국가와 인간의 관계에 관한 헌법의 기본결정인 '인간의 존엄성' 조항에 이어서 '행복추구권'을 규정하였고, 같은 조 後文에서 국가에게 '기본적 인권을 확인하고 보장할 의무'를 부과하고 있다면, 이와 같은 헌법규정은 헌법의 중대한 가치결정이자, 국가 내에서의 개인의 지위에 관한 근본적인 헌법적 결정이며 또한 중요한 기본권이라는 해석 외에는 달리 파악될 수 없는 것이다.

나. 행복추구권의 人權史的 由來 및 그 내용

인권을 실정법화 하는 과정을 역사적으로 보더라도, 이미 세계 각국의 다수 헌법이 개인의 일반적 자유를 보장하는 규정을 수용하고 명문화하였다는 사실을 확인할 수 있다.[4] 1776년의 버지니아 권리장전이 제1조에서 '행복과 안전을 추구할 권리'를 개인의 천부적 인권으로 선언하였고, 1789년의 불란서 인권선언은 제4조에서, '자유'란 '타인을 해하지 않는 한 모든 것을 할 수 있는 권리'로 규정하였다. 1794년의 프로이센의 일반법전 序章(Allgemeines Landrecht Einleitung) 제83조는 '타인의 권리를 침해함이 없이 자신의 행복을 찾고 추구할 수 있는 자유에 인간의 일반적인 권리가 기초하고 있다'고 규정하였다. 현행 독일 헌법인 기본법 제2조 제1항은 최종적으로는 '인격의 자유로운 발현권'의 형태로 규정되었지만, 원래 헌법제정회의(Parlamentarischer Rat)에서 '행복을 추구할 권리'와 유사한 표현인 '하고 싶은 대로하거나 하지 않을 권리'라는 형태의 초안을 고려하였다가, 그 표현이 너무 통속적이고 비규범적이라고 하여 현재와 같은 법문의 형태를 갖추게 되었다.

위와 같이 인권을 규범화한 역사를 보더라도, 독일 헌법상의 '인격의 자유로운 발현권'은 결국 버지니아 권리장전에 규정된 '행복추구권'의 독일적 표현이라고 볼 수 있으며, 미국의 '행복추구권'이든 독일의 '인격발현권'이든 간에 모두 이러한 헌법적 규정을 통하여 '개인적 자유가 국가권력에 대하여 우선한다'는 원칙을 표현하고자 시도한 것이

2) 타 학문의 용어나 일상 용어가 법적으로 규범화됨으로써 개념의 의미전환이 이루어지는 것이다. 따라서 '행복추구는 그 상대성과 세속성 때문에 규범적 가치로서의 성격을 인정하기 어렵고, 처음부터 규범화의 대상이 되기 어렵다'는 주장으로 행복추구권의 기본권적 성격은 물론 규범적 성격마저도 부인하는 견해(허영, 한국헌법론, 2001, 319면)는, 비규범적인 표현도 헌법에 규범화된 이상, 헌법규정의 규범적 내용을 밝히는 작업이 헌법학자의 과제라는 것을 간과하고 있다.

3) Vgl. Radbruch, Rechtsphilosophie, 1963, S.220.

4) Vgl. Ipsen, Staatsrecht II, 1997, S.226; Erichsen, Allgemeine Handlungsfreiheit, in: Isensee/Kirchhof(Hg), HbStR, Bd.VI, 1989, §152 Rn.15, 한국문헌으로는 김선택, 헌법재판소 판례에 비추어 본 행복추구권, 헌법논총 제9집(1998), 13면 이하.

다. 이러한 관점에서 '행복의 추구'를 규범적인 개념으로 전환하여 표현하자면, 이는 '각자의 개성과 인생관에 따른 자유롭고 독자적인 인격발현'을 의미하는 것이다. 따라서 행복추구권이란, '개인이 자신의 인격을 자유롭게 발현할 수 있는 권리'를 보장하는 포괄적인 기본권이다.[5)]

다. '자유 원칙'의 헌법적 표현

행복추구권이 '누구나 자신의 인격을 자유롭게 발현할 수 있고 자신의 삶을 스스로 결정할 수 있는 권리, 특히 누구나 자기가 원하는 대로 행동할 수 있는 권리'를 보장한다는 것은, 자유가 원칙이고 이에 대한 제한이 예외라는 헌법적 결정의 중대한 표현이다.[6)] 행복추구권은 '국가권력과 개인의 자유'의 관계 및 '국가와 개인 중 자신의 행위를 정당화해야 하는 책임이 누구에게 있는지'에 관한 핵심적인 헌법적 표현이다.[7)]

헌법이 행복추구권을 통하여 표현하고자 하는 바는, 인간의 행동가능성을 제한하는 모든 국가행위는 정당화되어야 한다는 것이다. 즉 개인은 자유의 행사를 국가에 대하여 정당화해야 할 필요가 없는 반면, 국가는 자유의 제한을 언제나 정당화해야 한다. 원칙적으로 무제한적인 개인의 자유와 원칙적으로 제한적인 국가권력이라는 사고를 바탕으로,[8)] 국가권력은 원칙적으로 제한적이기 때문에 국가권력에 의한 자유의 침해는 그를 위한 합리적인 이유가 있어야 하며, 특별한 정당성을 필요로 한다. 자신의 행위를 정당화해야 하는 책임이 국가에 있기 때문에 국가가 자신의 행위를 정당화할 수 없다면, 이는 국가의 위험부담으로 돌아가고, 공권력행사의 위헌성을 결과로 가져온다.

만일 자유가 예외이고 그에 대한 제한이 원칙이라면, 자유를 구체적으로 규정하는 실정법적 규정이 헌법적 근거로서 존재해야만 개인은 자유를 행사할 수 있을 것이나, 헌법은 행복추구권을 통하여 인간의 모든 행동의 자유를 포괄적으로 보장할 뿐만 아니라, 제37조 제1항에서도 "국민의 자유와 권리는 헌법에 열거되지 아니한 이유로 경시되지 아니한다."고 하여, 개인은 자유를 행사하기 위하여 이를 구체적으로 규정한 실정법적 근거를 필요로 하지 않는다는 것을 밝히고 있다.

---

5) 행복추구권의 개념으로, '모든 국민의 당위적인 삶의 지표를 분명히 밝혀놓은 것'이라는 견해(허영, 한국헌법론, 2001, 319면), '안락하고 만족스러운 삶을 추구할 수 있는 권리'라는 견해(권영성, 헌법학원론, 2000, 361면)가 있다. 허영교수를 제외하고는(허영, 한국헌법론, 2001, 319면) 대부분의 학자가 행복추구권의 독자적인 기본권성을 인정하고 있다(예컨대 권영성, 헌법학원론, 2000, 361-362면; 김철수, 헌법학개론 2002, 375면). 헌법재판소는 초기의 결정부터 행복추구권의 기본권적 성격을 일관되게 인정하고 있다, 행복추구권에 관한 헌법재판소의 결정례에 관하여 김선택, 헌법재판소 판례에 비추어 본 행복추구권, 헌법논총 제9집(1998), 7면 이하.

6) Vgl. Schmitt Glaeser, Schutz der Privatsphäre, in: Isensee/Kirchhof(Hg), HbStR, Bd.Ⅵ. §129 Rn.22; Ipsen, Staatsrecht II, 1997, S.227.

7) Vgl. Gallwas, Grundrechte, 1995, S.54f.

8) Vgl. C. Schmitt, Verfassungslehre, 1965, S.126f.

2. 헌법에 열거되지 아니한 자유권의 실정법적 근거

가. 헌법에 열거되지 아니한 자유와 권리(헌법 제37조 제1항)의 의미

헌법은 제37조 제1항에서 "국민의 자유와 권리는 헌법에 열거되지 아니한 이유로 경시되지 아니한다."고 규정하여, 헌법에 명시적으로 규정된 기본권 외에도 헌법적으로 보장되는 기본권이 있음을 밝히고 있다. '인간의 존엄과 가치'가 헌법을 구성하는 최고의 원칙으로서 모든 헌법규범, 특히 기본권과 헌법의 기본원리는 인간의 존엄성을 실현하기 위한 구체적 수단이며 한편 인간의 존엄성은 기본권과 헌법적 기본원리의 궁극적 목적이라는 점에서, 헌법 제37조 제1항의 '헌법에 열거되지 아니한 자유와 권리로서 경시되어서는 아니 될 자유와 권리'라 함은, 헌법 제10조의 인간의 존엄과 가치를 실현하기 위하여 불가결한 수단으로서 국가가 이를 실정법화 했는지 여부와 관계없이 헌법적으로 보장되어야 할 국민의 자유와 권리를 말한다.[9)]

나. 불가침의 기본적 인권을 확인하고 보장할 의무(헌법 제10조 後文)의 의미

헌법은 제10조 後文에서 "국가는 개인이 가지는 불가침의 기본적 인권을 확인하고 이를 보장할 의무를 진다."라고 규정하여, 국가에게 '기본적 인권을 확인할 의무' 및 '이를 보장할 의무'를 부과하고 있다. 헌법은 '인권의 확인'이란 표현을 통하여 인권, 즉 개인의 자유는 헌법에 의하여 비로소 창설된 것이 아니라 선국가적, 초실정법적 질서의 구성부분이라는 것을 밝히고 있다.[10)] 헌법 제10조 後文은 같은 조 前文의 '인간의 존엄과 가치', '행복추구권'과 함께 우리 헌법상 자연법사상, 천부인권사상의 실정법적 표현이다. 또한, "국민의 자유와 권리는 헌법에 열거되지 아니한 이유로 경시되지 아니 한다."고 규정한 헌법 제37조 제1항 및 "자유와 권리의 본질적 내용을 침해할 수 없다."는 헌법 제37조 제2항 후단의 규정도, 국가 이전에 존재하는 자유, 국가에 의하여 마음대로 처분될 수 없는 자유의 존재를 전제로 하고 있다.

즉 인권의 '확인'이란, 인권(개인의 자유와 평등)이 국가에 의하여 부여되는 것이 아니라 국가 이전에 이미 존재하는 것으로서 단지 인간이 인간이기 때문에 누리는 천부적 또는 生來的 권리이며, 국가는 선국가적 인권을 단지 인정하고 다시 확인함으로써 헌법적 권리로 전환하고 헌법질서의 구성부분으로 수용한다는 것을 뜻한다. 인권(개인의 자유와 평등)은 인간이 만든 어떠한 질서나 심급에 의하여 부여되는 것이 아니라, 단지 인간으로 태어남으로써 모든 개인에게 귀속되는 것이다. 인권이 인간에 의하여 부여된 것이 아니기 때문에, 인권은 인간에 의하여, 즉 법질서에 의하여 박탈될 수도 없고 실효

9) 같은 취지로 허영, 한국헌법론, 2001, 317면.
10) 같은 취지로 김철수, 헌법학개론, 2002, 376-377면; 권영성, 헌법학원론, 2000, 347면.

될 수도 없으며, 개인이 이를 스스로 포기할 수도 없다.[11] 그러나 인권이 실정법적으로 규범화되지 않는 이상, 인권은 단순히 소망이나 理想, 정치적 요구에 불과하다. 인권이 국가 내에서 관철되기 위해서는 법적인 보장을 필요로 한다.[12] 따라서 '인권을 확인할 국가의 의무'란 국가가 기본적 인권을 헌법상 기본권으로 실정법화 하여 헌법적으로 규정해야 할 의무를 말한다. 이로써 인권의 근본적 부분은 헌법개정을 통해서도 제거될 수 없다는 의미에서, 헌법개정권자가 넘어서는 안 되는 한계가 동시에 설정되었다.

'인권을 보장할 의무'란, 일차적으로 국가가 스스로 개인의 자유를 존중하고 침해하지 않음으로써 자유를 보장해야 한다는 것을 뜻한다. 그러나 국가가 개인에게 단지 자유공간을 보장하는 것만으로는 개인의 자유가 충분히 보장되지 않으며, 이를 넘어서 국가는 변화하는 상황에 따라 새로이 발생하는 인권에 대한 위협에 대하여 적극적으로 대처하여 개인의 자유를 보장해야 할 의무를 진다. 오늘날 인권이 국가뿐만 아니라 사회에 의하여도 위협을 받는다는 것을 고려할 때, '인권을 보장할 의무'란 소극적으로 국가가 개인의 자유를 침해해서는 안 된다는 의미에서 '국가의 부작위'를 요청하는 것에 그치지 아니하고, 사인에 의한 침해에 대해서도 개인의 인권을 '적극적으로 보호해야 할 의무'를 함께 포함한다.[13] 따라서 '인권을 보장할 의무'는 인권을 국가와 사회로부터 보호해야 할 의무, 즉 국가가 인권을 침해하는 행위를 해서도 안 될 뿐만 아니라, 사인이나 사회적 세력으로부터의 발생하는 인권침해나 위협에 대하여도 개인을 보호해야 할 국가의 의무가 있다는 것을 뜻한다.

다. 兩者의 연관관계에서 헌법에 열거되지 아니한 자유와 권리의 의미

헌법은 제10조 후문에서 모든 인간에게 귀속되는 천부적 또는 생래적 권리를 실정법화 하여 헌법적으로 규정하고 보장해야 할 국가의 의무를 부과하는 한편, 제37조 제1항에서 국가가 기본적 인권을 실정헌법의 체계에 수용하지 않은 경우에도 개인의 기본적 인권은 헌법적으로 보장되어야 한다는 것을 밝히고 있다.

헌법 제10조 후문과 제37조 제1항의 연관관계에서 볼 때, 헌법에 열거되지 아니함에도 불구하고 헌법적으로 보장되는 국민의 자유와 권리란, 선국가적 권리이기 때문에 국가가 헌법에 수용하였는지 여부와 관계없이 보장되어야 하는 권리, 즉 인간이 인간이기 때문에 당연히 누린다고 생각되는 인간의 생래적·천부적 권리에 국한되는 것이지, 국

11) Vgl. Stern, Menschenwürde als Wurzel der Menschen- und Grundrechte, in: FS für Scupin, 1983, S.628.

12) Vgl. Stern, Das Staatsrecht der BRD, Bd.III/1, 1988, S.38.

13) 헌재 1997. 1. 16. 90헌마110등, 판례집 9-1, 119-120, "우리 헌법은 제10조에서 국가는 개인이 가지는 불가침의 인권을 확인하고 이를 보장할 의무를 진다고 규정함으로써, 소극적으로 국가권력이 국민의 기본권을 침해하는 것을 금지하는데 그치지 아니하고 나아가 적극적으로 국민의 기본권을 타인의 침해로부터 보호할 의무를 부과하고 있다."; 또한 같은 취지로 권영성, 헌법학원론, 2000, 347면.

가에 의하여 비로소 부여되고 형성되는 참정권이나 사회적 기본권, 청구권적 기본권을 포함하는 것이 아니다. 따라서 헌법 제37조 제1항의 '헌법에 열거되지 아니한 이유로 경시되어서는 안 되는 국민의 자유와 권리'는 단지 자유권만을 의미한다고 보는 것이 타당하다.

라. 일반적 · 보충적 자유권으로서 행복추구권

행복추구권은 헌법에 구체적으로 규정된 자유권에 의하여 보호될 수 없는 인간의 행위나 법익에 대하여 보충적으로 기본권적 보호를 제공하는 '일반적 자유권'으로서, 헌법에 열거되지 아니한 자유권을 도출하는 실정법적 근거이다.[14] 즉, 행복추구권에 의하여 헌법적으로 기본권적 자유가 빈틈없이 보장되는 것이다.

행복추구권은 다른 자유권에 의하여 보호되지 않는 자유영역을 그 보호범위로 하는 '보충적 자유권'이다.[15] 공권력행위의 합헌성 심사의 경우, 행복추구권은 다른 기본권과의 관계에서 단지 보충적으로만 기능한다. 즉 다른 개별자유권의 보호범위가 제한되는 경우, 다른 개별자유권을 심사기준으로 판단하여 그 결과 공권력행위가 위헌인 경우뿐만 아니라 합헌인 경우에도, 행복추구권은 더 이상 적용되지 않는다. 국가가 다른 개별자유권에 의하여 보호되지 않는 자유영역을 제한하는 경우, 비로소 행복추구권은 헌법적으로 기능한다.

행복추구권의 보호범위는 '인격의 자유로운 발현'을 위하여 필요한 인간의 모든 행위와 상태에 대한 보장이다. 개별 기본권의 보장내용을 보완하는 보충적 기본권의 본질은 바로 보호범위의 광범위함, 불확정성 및 개방성에 있다. 행복추구권의 보장내용인 일반적 행동자유권과 일반적 인격권의 보호범위는 변화하는 사회상황에 대처하고 자유를 위협하는 새로운 위험상황에 대한 보호를 제공하기 위하여 새로운 현상과 발전에 대하여 개방적 · 유동적이어야 한다.

---

14) 헌법재판소도 '헌법 제10조의 행복추구권은, 국민이 행복을 추구하기 위하여 필요한 급부를 국가에게 적극적으로 요구할 수 있는 것을 내용으로 하는 것이 아니라, 국민이 행복을 추구하기 위한 활동을 국가권력의 간섭없이 자유롭게 할 수 있다는 포괄적인 의미의 자유권이다'고 판시함으로써, 자유권에 관한 일반조항임을 밝혔다(헌재 1995. 7. 21. 93헌가14, 판례집 7-2, 1, 32). 학계에서는 행복추구권을 자유권뿐만 아니라 사회적 기본권에 관한 일반조항으로 보는 견해가 있으나, 행복추구권을 선국가적 자연법상의 권리라고 이해하면서, 한편으로는 국가에 의하여 비로소 부여되고 형성되는 사회적 기본권에 관한 일반조항으로 파악하는 것은(예컨대 권영성, 헌법학원론, 2000, 362-363면) 그 자체로서 논리적 모순이다. 헌법은 제34조에 "인간다운 생활을 할 권리"를 사회적 기본권에 관한 일반조항으로서 명시적으로 규정하고 있다.

15) 헌법재판소는 일반적 행동자유권의 보충적 성격에 대한 인식이 불분명하여 다른 개별적 자유권과 행복추구권을 함께 심사기준으로 언급하는 것을 자주 확인할 수 있다, 예컨대, 헌재 1997. 11. 27. 95헌바14등, 판례집 9-2, 575, 587, 직업의 자유와 행복추구권을 제한된 기본권으로서 함께 언급하고 있다.

3. 헌법 제10조의 행복추구권과 제37조 제1항의 관계

헌법 제10조의 행복추구권과 제37조 제1항 사이의 관계에 관하여, 위 두 조항 모두를 헌법에 열거되지 아니한 기본권을 도출하는 근거조항으로 보고자 하는 일부 견해도 있으나,[16] 헌법에 열거되지 아니한 자유권을 국민의 주관적 권리로서 보장하는 헌법규정은 단지 헌법 제10조의 행복추구권이다. 반면에, 헌법 제37조 제1항은 국민의 권리를 직접적으로 보장하는 기본권 조항이 아니다. 헌법 제37조 제1항의 기본권체계 내에서의 위치, 객관적인 성격의 법문, 개인의 자유를 제한하는 국가권력을 다시금 제한하는 '자유제한의 조건'(법률유보 · 비례의 원칙 · 본질적 내용의 침해금지)을 규정한 헌법 제37조 제2항과의 연관관계에서 볼 때, 헌법 제37조 제1항은 '헌법에 명시적으로 규정되지 아니한 자유도 헌법해석을 통하여 보장되어야 한다'는 헌법해석의 지침을 담고 있는 객관적인 규정으로 이해하는 것이 타당하다.[17]

헌법상 자유권의 보장이란, 역사적으로 발생한 자유의 위협과 침해에 대한 헌법적 대답이다. 헌법에 열거된 자유권이 역사상 경험적으로 국가공권력에 의한 침해의 위험이 있는 자유영역을 보호하고자 하는 헌법제정자의 의지의 표현이라면, 헌법해석을 통하여 새로운 자유권을 인정한다는 것은 사회현상의 변화에 따라 자유에 대하여 새로이 발생하는 위협적 상황에 적절하게 대처하고자 하는 시도이다. 즉, 헌법에 열거되지 아니한 기본권은 새로운 상황에 대처하기 위한 헌법해석의 결과, 특히 헌법재판의 결과이다.[18] 이렇게 본다면, 헌법 제37조 제1항은 헌법재판소를 비롯한 국가기관에 대하여 헌법해석을 통하여 새로운 기본권을 인정함으로써 개인의 자유를 위협하는 새로운 상황에 대처할 의무를 부과하는 규정이라고 할 수 있으며, 이로써 헌법재판소의 헌법해석을 통한 헌법의 변천을 허용할 뿐만 아니라, 이를 국가의 의무로서 부과하는 규정이다.

Ⅲ. 기본권으로서 인격권

아래에서는 인격권을 일반적 인격권과 개별적 인격권으로 나누어 살펴보기로 한다. '개별적 인격권'이란 헌법상의 명시적인 규정에 의하여 보호되는 인격권이고, '일반적 인격권'이란 헌법해석을 통하여 인정되고 보호되는 포괄적인 의미의 인격권을 말한다. 개별적 인격권은 일반적 인격권의 한 내용이며, 구체적인 사건에 적용함에 있어서 일반

---

16) 예컨대 박일경, 제6공화국 신헌법, 1990, 220면; 김선택, 헌법재판소 판례에 비추어 본 행복추구권, 헌법논총 제9집(1998), 12, 33면; 헌법 제10조와 제37조 제1항의 관계에 관한 학계의 견해에 관하여 성낙인, 기본권의 개념과 범위에 관한 연구, 헌법재판연구 제6권, 1995, 24면 이하.

17) 이와 유사한 견해로 김철수, 헌법학개론, 2002, 377면.

18) Vgl. Alexy, Theorie der Grundrechte, 1994, S.335.

적 인격권과 개별적 인격권은 일반 · 특별관계에 있다.

1. 일반적 인격권

가. 행복추구권의 보장내용으로서 일반적 행동자유권과 일반적 인격권

모든 自由權은 인간존엄성의 실현과 자유로운 인격발현을 위하여 보장되는 것이며, 이러한 목적을 위하여 헌법은 인격의 발현을 위한 적극적인 행위가능성을 보호하는 기본권(예컨대 언론과 집회의 자유, 직업의 자유 등)과 특정한 영역을 국가의 침해로부터 차단함으로써 독자적인 인격형성에 필요한 상태나 법적 지위를 보장하는 기본권(예컨대 사생활의 보호, 주거의 자유와 통신의 비밀의 보장 등)을 함께 보장하고 있다.[19]

마찬가지로 인격발현에 관한 一般的 自由權으로서의 행복추구권도, 적극적인 행위를 통하여 인격을 발현할 수 있는 자유인 '일반적 행동자유권'과 개인이 인격을 자유롭게 발현하고 유지할 수 있는 조건이나 상태를 보장하는 '일반적 인격권'을 그 구성요소로 한다.[20] 즉 인격의 자유로운 발현은 그의 기본조건으로서, 인간의 행위에 대한 보호와 인간의 사실적 · 법적 존재 또는 상태에 대한 보호라는 이중적인 보호를 필요로 하는 것이다. 따라서 행복추구권은 인격발현의 적극적인 요소인 '일반적 행동자유권'과 인격발현의 소극적 요소인 '일반적 인격권'을 그 보장내용으로 하고 있다.[21]

인간이 인격을 자유롭게 발현하기 위해서는, 국가권력의 방해나 간섭을 받지 않고 자유롭게 자신이 원하는 대로 행동하고 원치 않는 것은 하지 않을 자유인 '일반적 행동자유권'이 보장되어야 함은 물론이고, 다른 한편으로는 외부로부터 隱居하여 자기를 발견하고 자신의 고유한 개성을 유지하고 발전시킬 수 있는 개인적 생활영역, 국가나 외부세계의 간섭과 관찰로부터 차단된 사적 생활영역을 필요로 한다. 나아가, 개인의 인격은 외부세계의 영향을 배제하는 사생활영역뿐만 아니라 사회 내에서 외부세계와의 접촉과 교류를 통하여 형성되고 발현되므로, 개인을 외부와의 관계, 즉 사회적 또는 공적

19) Vgl. Degenhart, Die allgemeine Handlungsfreiheit der Art.2 I, JuS 1990, S.161; Alexy, Theorie der Grundrechte, 1994, S.330ff.

20) 독일에서 인격발현권의 이중적 구조에 관하여, Schmitt Glaeser, Schutz der Privatsphäre, in: Isensee/Kirchhof(Hg), HbStR, Bd.VI, 1989, §129 Rn.17; Degenhart, Die allgemeine Handlungsfreiheit der Art.2 I, JuS 1990, S.161; ders. Das allgemeine Persönlichkeitsrecht, JuS 1992, S.361; Jarass, Das allgemeine Persönlichkeitsrecht im Grundgesetz, NJW 1989, S.857; Alexy, Theorie der Grundrechte, 1994, 330ff.; Stein, Staatsrecht, 14.Auflage, 1993, S.252; BVerfGE 35, 202, 220.

21) 헌법재판소는 종래 다수의 결정(헌재 1991. 6. 3. 89헌마204, 판례집 3, 268, 275 및 그 이후의 다수 결정)에서 행복추구권의 구체적인 내용으로서 '일반적 행동자유권과 개성의 자유로운 발현권'을 언급하면서, 한편으로는 일부 결정(헌재 1990. 9. 10. 89헌마82, 판례집 2, 306, 310; 헌재 1997. 7. 16. 95헌가6등, 판례집 9-2, 1, 16; 헌재 1997. 3. 27. 95헌가14등, 판례집 9-1, 193, 204)에서는 '개인의 인격권 및 행복추구권'이라고 표현하여 인격권과 행복추구권을 병렬적으로 언급함으로써 '행복추구권', '일반적 행동자유권', '개성의 자유로운 발현권', '인격권'이 서로 어떠한 관계에 있는지 불명확하다. 행복추구권의 규범적 내용이 바로 '개성의 자유로운 발현권'이며, 이러한 권리로부터 '일반적 행동자유권'과 '일반적 인격권'이 구체적인 내용으로 도출된다는 의미로, 위 개념들 사이의 상호관계가 법리적으로 정리될 것이 요청된다.

영역에서도 보호하는 다른 요소가 부가적으로 보장되어야 한다. 다시 말하자면, 인격의 자유로운 발현이 가능한 상태가 확보되기 위해서는, 개인이 자신의 사생활영역을 외부에 공개할 것인지에 관하여 결정할 권리뿐만 아니라, 외부세계에 묘사되는 자신의 社會的 人格像에 관하여 스스로 결정할 권리가 함께 보장되어야 하는 것이다.[22)]

나. 포괄적 · 개방적 · 보충적 기본권으로서 일반적 인격권

일반적 인격권의 보호범위를 정하는 결정적인 기준은, 누구나 각자의 삶을 스스로 자주적으로 결정할 수 있어야 한다는 의미에서 개인의 자율성과 자기결정의 사고이다. 일반적 인격권은 개인적 생활공간인 사생활의 보호를 비롯하여 '인간의 존엄성과 밀접한 연관관계를 보이는 자유로운 인격발현의 기본조건'을 포괄적으로 보호하고자 하는 것이므로,[23)] 자신의 삶을 스스로 결정할 수 있는 생존의 가능성이 박탈당하는 경우, 즉 자유로운 인격발현의 기본조건이 위협받는 경우에는 일반적 인격권에 의한 헌법적 보호가 필요하다.[24)]

이러한 의미에서 일반적 인격권이란, 개인의 사생활영역을 비롯하여 독자적인 생활형성을 위하여 필요한 기본조건을 보장하는 기본권이다.[25)] 일반적 인격권은 국가에 의한 사생활의 침해나 사인의 명예훼손적 발언에 대한 헌법적 보호에 그치는 것이 아니라, 사회현상의 발전에 따라 발생하는 새로운 위험에 대하여 대처할 수 있도록 그 보호범위에 있어서 변화하는 '개방적 기본권'이다. 따라서 일반적 인격권의 구체적 보호법익은 사생활영역, 개인의 명예, 사회적 인격상의 형성에 관한 자기결정권, 초상권, 성명권 및 자기가 한 말에 관한 권리, 개인관련 정보의 공개와 사용에 관하여 스스로 결정할 수 있는 권리인 개인정보자기결정권 등을 포괄한다.[26)]

개인에게 독자적인 인격형성을 위한 자율적 영역이 보장되지 않는다면, 인격의 자유로운 발현과 인간의 존엄성은 실현될 수 없다는 점에서, 일반적 인격권이 실현하고자 하는 것은 궁극적으로 인격의 자유로운 발현과 인간의 존엄성이며, 이에 따라 일반적 인격권은 인격의 자유로운 발현을 보장하는 '행복추구권'과 '인간의 존엄과 가치'에 그

22) 이에 관하여 자세하게 아래 Ⅲ. 1. 다. 참조.

23) 마찬가지로 권영성, 헌법학원론, 2000, 424면, '인격권이란 권리주체와 분리될 수 없는 인격적 이익, 즉 명예, 성명, 정조, 초상, 사생활의 비밀과 자유 등의 향유를 내용으로 하는 권리를 말한다'고 하여, '사생활의 비밀과 자유'를 인격권의 일종으로 파악하고 있다, 또한 허영, 한국헌법론, 2001, 367면, '사생활의 비밀과 자유'를 인격권의 한 내용으로 이해하고 있다. 마찬가지로 김철수, 헌법학개론, 2002, 381면 및 564-565면 참조. 헌법재판소는 헌재 1991. 9. 16. 89헌마165 결정에서 '인격권을 침해당한 피해자에게 반론의 기회를 부여하는 정정보도청구권은 헌법상 보장된 인격권과 사생활의 비밀과 자유에 그 바탕을 둔 것이다'고 판시하여, 비록 '일반적 인격권'과 '사생활의 비밀과 자유'의 관계를 밝히고 있지는 않지만, '사생활의 비밀과 자유'도 인격권의 보호에 관한 규정임을 분명히 하고 있다(판례집 3, 518, 529-530).

24) Vgl. Degenhart, Das allgemeine Persönlichkeitsrecht, JuS 1992, S.366, 368.

25) Vgl. BVerfGE 54, 148, 153; 72, 155, 170.

26) Vgl. BVerfGE 54, 148, 154.

헌법적 기초를 두고 있다.[27)]

'헌법상 인격권'의 보호에 있어서 일반적 인격권은 헌법에 규정된 개별적 인격권에 대하여 보충적으로 적용되는 기본권이다. 헌법은 제16조, 제17조, 제18조를 통하여 자유로운 인격발현의 기본조건인 '사생활영역'을 보호하는 개별기본권을 두고 있다. 그러나 일반적 인격권에 대하여 특별규정인 위 개별기본권들은 인격발현의 모든 요건을 포괄하는 것이 아니라 '사생활의 보호'라는 부분적인 측면만을 보호하고 있으므로, 인격권의 포괄적인 보호는 헌법에 명시적으로 규정되지 아니한 자유권을 보장하는 일반적 인격권에 의하여 보충적으로 이루어지는 것이다.[28)]

다. 일반적 인격권의 보장내용

(1) 사생활의 보호(사생활의 비밀과 자유)

개인의 사생활영역이 외부로부터 차단되어 보호됨으로써, 비로소 개성의 독자적인 형성이 가능하다. 개인은 개체의 고유성을 근거로 각자 다양한 방법으로 사회적 활동을 함으로써 공동체의 형성에 참여하게 되고, 이는 결국 살아있는 민주주의의 근간이 된다. 개별성·고유성·다양성으로 표현되는 문화는 사회의 자율적 영역이나 자유공간이 없이는 생길 수 없고, 사회의 자유공간은 무엇보다도 바로 개인의 사생활영역으로부터 출발한다. 사생활영역의 보호는 견해와 사상의 다양성을 그 본질로 하는 문화국가를 실현하기 위한 필수적인 조건이다.

사생활의 보호란, 인간이 독자적인 개성을 자율적으로 형성할 수 있는 개인적 생활영역으로서의 사생활영역의 보호에 관한 것이다. 사생활의 보호는, 사생활영역을 외부로부터 차단하는 '사생활의 秘密'과 자유로운 사생활 형성의 권리로서 '사생활의 自由'로 구성된다.[29)]

---

27) 헌법재판소는 '인격의 자유로운 발현을 위하여 보호받아야 할 인격권', '인간의 존엄과 가치를 바탕으로 하는 인격권'이라고 판시하여, 인격권의 근거조항이 인격의 자유로운 발현권 및 인간의 존엄성임을 시사하고 있다(헌재 1991. 4. 1. 89헌마160, 판례집 3, 149, 158).

28) 우리 헌법상의 기본권체계에서 '일반적 인격권'이 존재하는지에 대하여 의문을 제기한 논문으로는 김일환, 한국헌법상 '일반적 인격권' 존재여부에 관한 비판적 고찰, 공법연구 제28집 제4호 제2권, 113면 이하 참조. 김일환교수가 주장하는 바와 같이, 헌법 제17조의 '사생활의 비밀과 자유'를 그 보호범위에 있어서 인격권의 모든 요소를 포함하는 포괄적인 기본권으로 이해한다면, 우리 헌법체계에서 일반조항으로서의 '일반적 인격권'을 인정할 여지가 없을 것이다. 그러나 필자는 아래에서 서술하는 바와 같이 헌법상 인격권의 내용을 크게 '사생활의 보호'와 '사회적 인격상에 관한 자기결정권'이란 2가지 요소로 구분하여, 이 중에서 '사생활의 보호'에 관한 부분은 헌법 제17조에 의하여 명시적으로 규정된 반면, '사회적 인격상에 관한 자기결정권'의 부분에 관하여는 헌법에 명시적인 규정이 없으므로, 일반적 인격권에 의하여 보호되는 것으로 이해한다.

29) 학계에서도 일반적으로 '사생활의 비밀과 자유'를 그 내용에 있어서 크게 '사생활의 비밀'과 '사생활의 자유'로 구분하고 있다, 예컨대 허영, 한국헌법론, 2001, 368면, '사생활의 비밀이란, 사생활과 관련된 사사로운 나만의 영역이 본인의 의사에 반해서 타인에게 알려지지 않도록 나만이 간직할 수 있는 권리이며, 사생활의 자유는 사생활의 설계 및 그 내용에 있어서 외부로부터의 간섭을 받지 아니할 권리'라고 설명하고 있다, 또한 권영성, 헌법학원론, 2000, 426-427면, '사생활의 비밀'을 사생활을 공개당하지 아니할 권리로, '사생활의 자유'를 사생활의 자유로운 형성과 전개를 방해받지 아니할 권리로 이해하고 있다.

'사생활의 비밀'이란, 개인의 사생활영역이 당사자의 의사에 반하여 공개되지 아니할 권리, 즉 당사자의 의사에 반하여 사생활영역으로부터 정보를 수집하는 것에 대한 보호를 제공하는 기본권이다.[30] '사생활의 비밀'의 특징적 요소는 외부에 대한 사생활영역의 차단과 가족과 친지 등과의 관계에서의 상호행위의 內密性이다. 외부의 방해·간섭·관찰을 받지 않고 '혼자 있을 개인의 권리', '그냥 내버려 둘 것을 요구할 수 있는 권리'는 현대 산업사회에서 정신적·육체적 측면에서 개인의 생존을 위한 기본조건이다. 어느 누구도 외부 세계로부터 자신만의 세계로 은거하는 기회나 외부의 방해를 받지 않고 자신과 혼자 있을 수 있는 기회 없이는, 사회가 그에게 요구하는 바를 끊임없이 이행할 수 없다. 이러한 의미에서 사생활의 보호는 기본적인 물질적 생존에 관한 권리와 마찬가지로 중요하다.[31] 우리 헌법은 제16조, 제17조 및 제18조에서 '주거의 자유'와 '사생활의 비밀', '통신의 비밀'을 보장함으로써 일반적 인격권에 대하여 특별규정으로서 사생활영역을 차단하는 과제를 이행하는 개별기본권을 두고 있다.

이에 대하여 '사생활의 자유'란 '사생활 정보에 관한 자기결정권'이 아니라 '사생활의 형성 에 관한 자기결정권'을 보장하고자 하는 기본권으로서, 개인의 인격발현의 기본조건에 관하여 독자적으로 결정하고 이로써 사생활을 스스로 형성할 자유를 말하는데,[32] 사생활의 자유도 일반적 인격권에 대하여 특별조항인 헌법 제17조에 구체적으로 규정되었다.

(2) 社會的 人格像에 관한 자기결정권

인격권은 주로 국가나 사인의 사생활침해에 대하여 개인의 사생활영역을 보호하기 위한 헌법적 근거로 이해되어 왔지만, 인격권과 사생활의 보호가 일치하는 것은 아니다. 인격권의 침해는 사생활영역에 대한 침해 없이도 가능하다.

개인의 인격은 사회 내에서, 즉 외부세계와의 접촉과 상호작용을 통하여 형성되고 발현된다. 이 경우 개인과 관련된 어떠한 정보가 어떠한 연관관계에서 사회적으로 공개되는가 하는 것은 매우 중요하다. 사회는 개인에 관한 정보로부터 그에 대한 사회적 인격상을 형성하게 되고, 상대방은 그의 기대와 행동에 있어서 이러한 人格像을 기준으로 삼게 된다. 즉 개인은 자신에 대한 외부세계의 기대와 행동에서 '어느 정도로 사회에 대한 자기묘사가 성공적이었는가' 하는 것을 인식하게 된다.[33] 그런데 개인과 관련하여 허위사실이 주장되는 경우, 예컨대 자신이 하지도 않은 이야기나 행동을 했다고 제3자가 주장하거나,[34] 언론사가 하지도 않은 인터뷰를 허구로 조작하여 보도하거나,[35] 자신

30) Vgl. Schmitt Glaeser, Schutz der Privatsphäre, in: Isensee/Kirchhof(Hg), HbStR, Bd.VI, §129 Rn.30.
31) Vgl. Benda, Menschenwürde und Persönlichkeitsrecht, in: Benda/Maihofer/Vogel(Hg), HbVerfR, Bd.I, 1995, §6, Rn.27.
32) Vgl. Kunig, in: Münch/Kunig(Hg), GGK, 2000, Art.2, Rn.33.
33) Vgl. Schlink, Das Recht der informationellen Selbstbestimmung, Der Staat 1986, S.243.

이 한 이야기가 부정확하게 인용되거나,[36] 자신의 작품이 왜곡되어 묘사되는 경우, 외부사회에 대하여 개인의 사회적 인격상이 왜곡되고 이로써 자신의 삶을 스스로 결정하고 형성하는 가능성이 크게 제한될 수 있다.[37] 이 경우, 허위사실의 주장이 사생활의 비밀에 속하는 것인지 또는 명예훼손적 내용의 것인지 하는 것은 중요하지 않다.

예컨대, 특정 정치인이 하지도 않은 정치적 발언을 하였다고 언론이 그러한 내용의 보도를 하는 경우, 보도의 내용이 개인의 사생활에 관한 것이나 명예훼손적인 것이 아니기 때문에 비록 정치인의 사생활이나 명예에 대한 침해는 없다 하더라도, 그럼에도 불구하고 잘못된 언론보도로 인하여 사회적으로 그에 관한 왜곡된 인격상이 형성되기 때문에 정치인은 '외부세계에 대하여 자신의 사회적 인격상을 스스로 결정하는 권리'를 침해받게 된다.[38] 가령, 유명인의 사진을 본인의 동의 없이 '남성정력제'를 선전하는 상업적 광고에 사용하는 경우, 일반대중에 널리 알려진 유명인의 사진은 사생활관련 정보는 아니나, 그의 사진이 특정 광고의 내용과 관련하여 유포됨으로써 그에 관한 사회적 인격상이 그의 의사와 관계없이 형성되고, 이로써 인격의 자유로운 발현이 저해된다.[39]

뿐만 아니라, 정치적 집회나 시민운동단체에 참여하는 행위가 국가에 의하여 빠짐없이 자료로써 등록되고 이로써 자신에 관한 사회적 인격상이 일방적으로 국가에 의하여 형성됨으로써 불이익이나 위험이 발생할 수 있다고 예상하는 자는 자신의 기본권인 집회의 자유나 결사의 자유를 행사하는 것을 포기할 수도 있다. 이러한 점에서 국가가 보

34) Vgl. BVerfGE 54, 148, 153f.(Eppler).
35) BGH, NJW 1965, 685, 687; BVerfGE 34, 269, 282f.(Soraya).
36) BVerfGE 54, 208, 217f.(Böll).
37) Vgl. Ehmann, Zur Struktur des Allgemeinen Persönlichkeitsrechts, JuS 1997, S.198f.
38) Vgl. BVerfGE 54, 148, 153 ff.(Eppler), ① Baden-Württemberg 주의 SPD 정당(사민당) 당수인 'Eppler'가 (기업이 현재보다도 가중된 조세부담을 감당할 수 있다는 취지에서) "기업이 어느 정도로 (조세)부담을 감당할 수 있는지 재검토해야 한다."는 발언을 하였다고, CDU 정당(기민당)이 주장하였다. 재판과정에서 발언의 진위여부는 밝혀지지 않았다. 법원은 '그가 이미 다른 기회에 유사한 발언을 했으므로, 설사 하지 않은 발언을 했다고 주장했더라도, 그의 인격상이 왜곡되지 않는다'라는 이유로, 장래의 계속적인 침해를 방지해달라는 취지의 Eppler의 예방적 부작위청구를 기각하였다. ② Eppler가 위 법원 판결에 대하여 청구한 헌법소원심판에서, 연방헌법재판소는 Eppler의 심판청구를 다른 이유에서 기각하였지만, 법원의 판결이유가 타당하지 않음을 다음과 같이 지적하였다(E 54, 148, 155 f.). 개인이 하지 않은 발언을 했다고 주장함으로써 그에 의하여 스스로 정의된 사회적 인격상을 침해한다면, '자기결정의 사고에 그 바탕을 두고 있는 일반적 인격권이 침해된다. 청구인이 했다고 주장하는 발언이 그의 인격상을 왜곡하는지 여부를 판단함에 있어서, 법원은 법원 스스로가 청구인에 대하여 설정한 인격상을 기준으로 삼아 이에 따라 판단함으로써, 청구인의 사회적 인격상이 청구인 자신에 의해서가 아니라 법원에 의하여 결정되었는데, 이는 인격권과 합치하지 않는다.' 이에 따라, 허위사실의 주장이나 잘못된 인용의 경우, 발언이 당사자의 명예를 훼손하였는지 여부와 관계없이, 외부에 전달하려는 자신의 모습이 타인에 의하여 방해를 받음으로써 외부세계에 대한 자기묘사의 결정권이 침해되는 경우에도 인격권이 침해된다는 것을 인정하였다. 다양한 가치관이 존재하는 다원적 사회에서, 특정한 내용의 발언을 했다고 하는 주장이나 특정 집회에 참여했다고 하는 주장 또는 특정인을 만났다고 하는 주장이 당사자의 명예를 손상시키는지 여부를 확정하는 것은, 사회적으로 객관적인 기준이 없기 때문에 더 이상 법원의 과제가 아니며, 그 대신 개인 각자에 의하여 정의된 사회적 인격상에 관한 결정권이 기준이 된다는 것이다, vgl. Kübler, Öffentlichkeit als Tribunal? -Zum Konflikt zwischen Medienfreiheit und Ehrenschutz -, JZ 1984, S.544.
39) Vgl. BGHZ 26, 349, 354(Herrenreiter Fall).

유하는 정보나 자료를 무제한적으로 활용하여 개인에 대한 사회적 인격상을 형성하는 경우, 자기결정에 따라 계획하고 행동하는 자유, 즉 인격의 자유로운 발현이 현저하게 저해될 수 있다.[40] 또한, 국가가 범죄인의 사진, 성명, 주소 등을 사용하여 범죄사실을 공적으로 공개하는 것도 자신에 관하여 무엇이 어떠한 관계에서 사회적으로 공개되어야 할 것인지에 관하여 스스로 결정할 권리를 제한하는 것으로, 사회 내에서 인격발현의 가능성이 현저하게 저해된다.[41] 뿐만 아니라, 국가기관이 '알코올 중독으로 인한 금치산 선고의 공고'와 같이 개인의 인격을 비하하는 정보를 일반에 공개함으로써 개인의 인격권을 침해할 수 있다.[42]

따라서 자유로운 인격발현을 위해서는 '사생활의 비밀과 자유'외에도 개인을 외부와의 관계, 즉 사회적 또는 공적 영역에서 보호하는 다른 요소가 부가적으로 보장되어야 한다. 일반적 인격권의 보호범위는 단지 사생활영역을 외부로부터 차단하는 것에 한정되는 것이 아니라, 타인의 눈에 비칠 자신의 모습(사회적 인격상)을 형성할 수 있는 정보의 공개와 이용에 관하여 스스로 결정할 수 있는 권리를 포함해야 한다.[43] 개인의 인격은 타인에 대하여 차단되어 보호받는 사생활영역과 타인 앞에서의 자기묘사를 통하여 발현되므로, 인격발현의 자유로서 인격권은 차단된 사생활영역의 보호뿐만 아니라 자기묘사가 이루어지는 사회적 무대에 등장할 것인지 여부 및 어떠한 모습으로 등장할 것인지에 관하여 스스로 결정하는 권리를 의미한다. 즉 개인은 자기관련 정보가 사생활에 관한 것인지 여부와 관계없이, 국가나 제3자가 자신에 대하여 어떠한 사회적 인격상을 형성할지 또는 자신을 사회적으로 어떻게 평가할지에 관하여 스스로 결정할 수 있어야 한다. 이러한 의미에서 사회적 인격상에 관한 자기결정권에 속하는 것으로서, 초상권, 성명권 및 자기가 한 말에 대한 권리, 언론보도에 의한 사회적 인격상의 왜곡에 대하여 방어할 수 있는 반론보도청구권,[44] 명예의 보호,[45] 사회에 복귀할 전과자의 권리 등을

---

40) 이에 관하여 자세하게 아래 Ⅳ. 2. 가. 참조.

41) 이에 관하여 자세하게 아래 Ⅳ. 2. 나. 참조.

42) Vgl. BVerfGE 78, 77, 84ff.(알코올 중독으로 인한 금치산 선고의 공개).

43) Vgl. Jarass, Das allgemeine Persönlichkeitsrecht im Grundgesetz, NJW 1989, S.859; Degenhart, Das allgemeine Persönlichkeitsrecht, JuS 1992, S.365; Schmitt Glaeser, Schutz der Privatsphäre, in: Isensee/Kirchhof(Hg), HbStR, Bd.Ⅵ, 1989, §129 Rn.42 ff.; Schlink, Das Recht der informellen Selbstbestimmung, Der Staat 1986, S.245; Kunig, Der Grundsatz informationeller Selbstbestimmung, Jura 1993, S.599.

44) 반론권은 '사회적 인격상에 관한 자기결정권'에서 파생되는 권리로서, 언론보도에 의하여 개인의 사회적 인격상이 왜곡되는 것에 대하여 보호를 제공하고자 하는 것이다. 반론권은 헌법에 직접 보장된 것은 아니지만, 헌법 제10조의 행복추구권과 인간의 존엄성에 헌법적 근거를 둔 '일반적 인격권'에 포함되는 권리로서, 사회적 인격상에 관하여 스스로 결정할 권리의 보호에 기여하는 것이다. 개인은 자신의 인격상에 관한 결정권을 가진 주체로서 언론의 보도나 공적 토론의 단순한 객체로 전락해서는 아니 되고, 언론 보도를 통하여 인격권을 침해당한 자가 자기의 표현을 통하여 그 보도 내용에 대처할 수 있는 법적 가능성을 가져야만, 인격권에 부합한다. 반론권의 헌법상 보장은 인격의 주체적 성격의 필연적 결과라고 할 수 있다, vgl. BVerfGE 63, 131, 142.

45) 개인의 명예는 그 자체로서 독립적으로 존재하는 법익이 아니라, 사회적 접촉을 통하여 타인과의 관계에서

들 수 있다.[46)]

(3) 2가지 보장내용의 차이

'사생활의 비밀'의 경우, 개인의 사생활영역에 관하여 무엇이 공개되어도 되는지에 관하여 결정할 권리에 관한 것이고 당사자의 의사에 반하여 사생활에 관한 정보를 '수집'하는 것에 그 전형적인 침해행위가 있다면, '사회적 인격상에 관한 자기결정권'의 경우, 정보의 수집이 아니라 정보를 '처리'하는 방법(정보의 공개와 이용)에 의하여 인격권이 침해된다. '세상에 자신이 어떻게 묘사되고 소개되는지'의 문제는 이미 사생활영역을 외부로부터 차단하는 것의 문제가 아니라, 개인이 외부세계와의 관계에서 사회적으로 활동하면서 자신의 인격을 발현하기 위한 기본조건의 보장에 관한 것이다.

'사생활의 비밀'이 일회적이고 唯一無二한 개체로서의 개성의 형성과 개인적 정체성의 보호를 주안점으로 삼는다면, '사회적 인격상에 관한 자기결정권'은 국가나 제3자가 개인과의 상호관계에서 형성하는 사회적 인격상, 즉 개인의 사회적 정체성에 관한 것이다.[47)] 즉 전자의 경우, 수집한 정보를 가지고 무엇을 하는지와 관계없이, 국가나 제3자가 사생활영역을 들여다보고 사생활정보를 '수집'함으로써 사생활을 침해하는 것이 특징이라면, 후자의 경우, 개인관련 정보를 어떠한 방법으로 수집하였는지와 관계없이, 수집한 정보의 '처리', 즉 정보의 공개와 이용에 의하여 인격권이 침해된다는 데 그 특징이 있다.[48)] '사회적 인격상에 관한 결정권'은 인격권의 보호에 있어서 '사생활의 비밀'에 대하여 독자적인 권리이자, 사회적 영역에서 인격권을 보호할 수 없는 '사생활의 비밀'을 보완하는 권리이다.

형성되는 것이고, 자신의 인격에 대한 타인의 평가 및 그 표현을 통하여 존재하는 것이다. 명예란 자신의 인격에 대한 사회적 평가라고 말할 수 있고, 명예훼손이란 사회적 평가를 저하시키는 행위를 말한다. 개인의 명예는 능동적으로 행사하는 것이 아니라 침해되고 보호받는 법익이기 때문에, 자신의 명예를 주장하는 자는 필연적으로 수동적·방어적 위치에 있게 된다. 따라서 명예는 타인의 기본권행사에 의하여 침해되거나 위협받는 경우에 비로소 법적으로 문제되고 의미를 가지게 된다. 국가가 직접 공권력의 행사를 통하여 개인의 명예를 침해하는 경우는 지극히 예외적이므로, 개인의 명예에 대한 침해는 일반적으로 사인에 의한 침해이다. 표현의 자유의 행사에 의하여 타인의 명예가 침해되는 경우, 개인의 제한되는 자유와 기본권의 제한을 통하여 달성하려는 국가 공익과의 비교형량의 문제가 아니라, 기본권 주체간의 분쟁이며 기본권 충돌의 문제이다, vgl. Isensee, Grundrecht auf Ehre, in: Festschrift für Kriele, 1997, S.16ff.

46) 권영성, 헌법학원론, 2000, 426면 이하, '사생활의 비밀'의 내용으로서 사사의 공개, 명예나 신용을 훼손하는 공표, 타인에 의한 인격적 징표의 도용을 들고 있으나, '허구의 사실을 공표하거나 사실을 과장·왜곡하여 공표함으로써 세인으로 하여금 특정인을 오해하도록 해서는 아니 된다'는 내용의 '명예나 신용의 불가침'의 측면이나 '성명, 초상 등 본인의 고유한 속성인 인격적 징표는 도용되어서는 아니 된다'는 내용의 '인격적 징표의 불가침'의 측면은 그 자체로서 '사생활의 비밀'에 속하는 것이 아니다.

47) Vgl. Jarass, Das allgemeine Persönlichkeitsrecht im Grundgesetz, NJW 1989, S.859.

48) Vgl. Schmitt Glaeser, Schutz der Privatsphäre, in: Isensee/Kirchhof(Hg), HbStR, Bd.Ⅵ, §129 Rn.31, 44.

2. 개별적 인격권

가. 사생활의 보호에 관한 특별규정으로서 헌법 제16조, 제17조 및 제18조

우리 헌법은 자유로운 인격발현을 위한 요소 중에서 '사생활의 보호'에 관한 부분에 관하여는 사생활영역을 보호하는 개별적 기본권인 '주거의 자유'(제16조), '사생활의 비밀과 자유'(제17조), '통신의 비밀'(제18조)을 통하여 직접 구체적으로 규범화하였다.[49] 따라서 일반적 인격권의 보호범위 중에서 '사생활의 보호'에 관한 부분은 헌법 제10조의 행복추구권에 대하여 특별규정인 개별적 기본권에 의하여 규율되었다.[50]

'주거의 자유'는 '주거'란 사적 영역의 공간적 보호를 통하여 개인의 인간존엄성과 인격발현을 위하여 불가결한 생활공간을 확보해 주고자 하는 기본권이고,[51] '통신의 비밀'은 사적 영역에 속하는 개인 간의 의사소통을 사생활의 일부로서 보장하고자 하는 기본권이다.[52] '주거의 자유', '통신의 비밀', '사생활의 비밀'과 같은 사생활의 보호에 관한 기본권의 보장기능은 우선적으로 사생활영역을 외부로부터 차단하고자 하는 것이며, 사생활영역으로부터 정보를 수집하는 것에 대하여 보호하고자 하는 것이다. 이러한 점에서 사생활영역의 보호는 '사생활에 관한 정보의 보호'로 그 성격을 규정할 수 있다.[53] '주거의 자유'와 '통신의 비밀'이 그 보호범위에 있어서 제한적이기 때문에 단지 사생활영역에 대한 부분적인 보호를 제공하는 반면, '사생활의 비밀'은 사회현상의 변화와 그로 인하여 발생하는 새로운 위험에 대처할 수 있도록 그 보장내용이 변화하는 기본권으로서, 주거와 통신의 비밀이라는 전통적인 기본권으로는 보호되지 않는 사생활영역을 포괄적으로 보호하는 기본권이다.

나. 개별적 인격권의 내용 및 기능

(1) 사생활영역이란, '주거'와 같이 보호대상에 있어서 그 범위가 공간적으로 제한된

---

49) 같은 취지로 권영성, 헌법학원론, 2000, 421-422면; 허영, 한국헌법론, 2001, 363면.

50) 헌법재판소는 종래 결정에서 '친생자관계를 확인할 권리', '성적 자기결정권' 등을 인간의 존엄성 및(또는) 행복추구권과의 연관관계에서 도출된 '인격권'에 의하여 보호된다고 판시하고 있다. 그러나 사생활의 보호에 관한 별도의 규정을 두고 있지 않는 독일의 기본법과는 달리, 제17조에 '사생활의 비밀과 자유'를 명시적으로 규정하고 있는 우리 헌법에서는 '일반적 인격권'과 '사생활의 자유'가 일반·특별의 관계에 있으므로, 헌법 제17조가 '자율적으로 사생활을 형성할 권리'의 우선적 근거조항이다.

51) 연립주택 등에 대한 재건축의 결의가 있는 때에는 재건축에 반대하는 주민에 대하여 소유권을 매도할 것을 청구할 수 있도록 규정한 법률조항의 위헌여부가 문제된 사건(헌재 1999. 9. 16. 97헌바73등, 판례집 11-2, 285, 303-304)에서, 헌법재판소는 위 규정에 의하여 침해된 (재건축에 반대하는) 청구인들의 기본권으로서 '주거의 자유'도 함께 판단하였는데, 주거의 자유는 주민 다수결에 의하여 재건축을 허용하는 법률조항에 의하여 침해될 수 있는 성격의 기본권이 아니므로, 위 결정은 주거의 자유의 보호범위를 오해한 것이다.

52) 헌재 2001. 3. 21. 2000헌바25, 판례집 13-1, 652, 658, "사생활의 비밀과 자유에 포섭될 수 있는 사적 영역에 속하는 통신의 자유를 헌법이 별개의 조항을 통해서 기본권으로 보호하고 있는 이유는, 국가에 의한 침해가능성이 여타의 사적 영역보다 크기 때문이다."

53) Vgl. Schmitt Glaeser, Schutz der Privatsphäre, in: Isensee/Kirchhof(Hg), HbStR, VI, §129 Rn.4.

개념이 아니라는 것에 유의해야 한다. 역사적으로 보면, 사생활영역이란 일반적으로 가족, 친척, 친구 등 가까운 사람과의 관계에서 가정적 범위에서 이루어지는 사적 생활영역을 의미하였다. 따라서 '주거'라는 보호범위가 이웃의 호기심이나 세상의 관심으로부터 사생활영역을 보호하는데 충분하였고, 이러한 의미에서 적어도 19세기까지는 '주거의 자유'가 사생활보호의 기능을 충분히 담당하고 있었다.

그러나 과학기술의 발달에 따라 출판기술이 발전하고 새로운 통신기술이 출현함에 따라, 사생활영역에 대한 침해가능성이 양과 질에서 증가함으로써 사생활의 보호는 새로운 국면을 맞게 되었다. 전화, 마이크를 이용한 도청가능성, 녹음기, 사진기 등의 출현은, 모든 장소에서 사적인 대화를 도청할 수 있고 또는 인물의 사진을 촬영하여 동의없이 유포할 수 있는 등, 종래에 알지 못하였던 완전히 새로운 침해의 가능성을 열어놓았다. 이미 이러한 형태의 침해는 주거와 같이 '공간적으로 제한된 영역'에 대한 침해라는 차원에서는 더 이상 파악될 수 없는 성질의 것이었다. 이러한 변화로 인하여, 사생활의 공간적인 보호로서 '주거의 보호'가 불필요해진 것이 아니라, 이에 대한 보호는 예나 지금이나 불가결하고 중대하지만, '주거의 자유'와 '통신의 비밀'은 오늘날의 변화한 현실에 비추어 사생활의 단지 부분적인 측면만을 보호할 수 있게 되었다.

(2) 사회국가의 생존적 배려의 의무, 일반 국민의 알려고 하는 욕구의 증대, 정보가 다른 재화나 에너지와 같은 중요한 재원으로 간주되는 정보기능의 변화, 정보관련 기술의 발전, 국가와 사회의 정보화로 인하여 개인의 사생활은 새로운 형태의 위험에 처하게 되었다.

현대 산업사회는 국가의 생존적 배려, 국가에 의한 계획과 조정을 필요로 한다. 국민에 대한 생존배려의 의무가 있는 국가는 미래에 대하여 계획적으로 대처해야 한다. 따라서 오늘날의 국가행위는 얻을 수 있는 모든 정보를 바탕으로 합리적인 질서를 체계적으로 수립한 案, 즉 계획에 따라 추진된다. 국가는 국민의 복지와 생존을 확보하기 위하여 계획을 세워야 하고, 이를 위해서는 필연적으로 국민의 사생활영역과 관계되는 정보와 자료를 수집하고 분석해야 한다.[54] 통계조사, 호구조사, 국세조사 등은 국가행위의 바탕이 되는 계획을 수립하기 위한 기본조건이다. 특히 사회급부의 영역, 전기·가스·수도의 공급 및 하수처리, 병원, 학교 등과 같은 국민보건시설 및 교육시설의 설치 등은 장기적인 계획에 근거해야 하고, 계획은 개인생활에 대한 파악을 전제로 한다. 이러한 점에서 본다면, 국가가 국민의 복지와 생존을 성공적으로 확보할수록, 개인의 사생활영역이 더욱 위협을 받게 되었다.

뿐만 아니라, 국가에 의한 생존적 배려의 과제는 점점 더 행정의 현대화·기술화, 특

54) Vgl. Benda, Menschenwürde und Persönlichkeitsrecht, in: Benda/Maihofer/Vogel(Hg), HbVerfR, Bd.I, 1995, §6, Rn.27.

히 자료처리의 전산화를 통하여 이행되고 있다. 현대 산업사회의 기술의 발전은 복지향상의 기회를 제공하면서도, 동시에 국가가 생존배려의 과제수행을 위하여 전산화된 자료처리의 방법을 사용함으로써 점점 더 개인의 사적 영역에 깊숙이 파고든다는 위험을 내포하고 있다.[55)]

이에 따라 사생활영역에 대한 침해의 가능성은 전면적으로 확대되었고, 국민이 기본권을 주장함으로써 이를 방어할 수 있는 가능성도 전면적으로 확대되어야 한다. 헌법은 사생활을 위협하는 새로운 현상에 대하여 적절한 보호를 제공할 수 있도록, 제17조에서 '사생활의 비밀과 자유'를 규정함으로써 사생활영역을 포괄적으로 보장하고자 하는 것이다.

Ⅳ. 국가에 의한 인격권의 침해

1. 사생활의 보호

가. 사생활의 비밀

(1) 보호범위

'사생활의 비밀'은 사생활영역을 외부에 대하여 차단함으로써 당사자의 의사에 반하여 사생활영역을 들여다보는 것을 금지하고자 하는 것이다. '사생활의 비밀'이란, 개인의 사생활영역이 당사자의 의사에 반하여 공개되지 아니 할 권리를 말하는 것으로, 당사자의 의사에 반하여 사생활영역으로부터 정보를 수집하는 것을 금지한다. 사생활의 비밀이란 사생활정보의 보호에 관한 것이고, 궁극적으로 사생활정보의 공개에 관한 자기결정권의 문제이다.

사생활의 비밀에 대한 국가의 전형적인 침해행위는 당사자의 의사에 반하여 사생활정보를 수집·공개하는 국가의 행위이다. 예컨대, 국가기관이 당사자 몰래 대화내용을 녹취하는 행위,[56)] 공무원의 징계절차에서 이혼소송기록을 참조하거나[57)] 피고인의 사사로운 일기를 형사소송절차에서 유죄의 증거로 사용하는 것,[58)] 환자의 진료기록을 열람하는 것,[59)] 국가가 법률로써 개인에게 사생활의 공개의무를 부과하고 강제적으로 사생활관련 정보를 수집하는 경우[60)] 등이 국가에 의한 침해에 해당한다.

---

55) 국가의 생존배려 의무와 사생활과의 관계에 관하여 vgl. Benda, Menschenwürde und Persönlichkeitsrecht, in: Benda/Maihofer/Vogel(Hg), HbVerfR, Bd.I, 1995, §6 Rn.17, 24, 27, 44f.

56) 헌법재판소는 '자기의 말을 누가 녹음할 것인지에 관하여 스스로 결정할 권리'를 헌법 제17조의 '사생활의 비밀과 자유'에 의하여 보호되는 권리로서 인정하였다(헌재 1995. 12. 28. 91헌마114). 또한 독일 연방헌법재판소도 '누가 자신의 말을 녹음해야 하는지, 누구 앞에서 녹음된 내용이 다시 재생되어도 되는지 여부에 관하여 스스로 결정할 수 있어야 한다. 이로써 인간이 아무런 구애나 심리적 장애를 받지 않고 대화할 수 있는 것, 사적인 대화의 비밀이 보호된다'고 판시하였다(BVerfGE 34, 238, 246f.).

57) BVerfGE 27, 344, 351(Scheidungsakten).

58) BVerfGE 80, 367(Verwertbarkeit von Tagebuchaufzeichnung).

59) BVerfGE 32, 373, 379(Arztkartei); 44, 353(Suchtkranke).

모든 기본권과 마찬가지로, 사생활정보에 관한 개인의 자기결정권도 무제한으로 보장되는 것이 아니라 중대한 공익상의 이유로 제한될 수 있다. 사생활의 비밀에 대한 국가의 침해행위가 존재하는 경우, 사생활정보를 얻고자 하는 국가의 이익(공익)과 사생활영역을 외부로부터 차단함으로써 사적인 생활관계를 비밀로 유지하려는 개인의 이익, 즉 사생활정보에 관한 자기결정권이 서로 대치하는데, 양 법익은 법익형량 과정을 통하여 균형과 조화의 상태로 이끌어져야 한다.[61] 사생활에 대한 국가의 침해행위가 중대한 공익(예컨대, 중범죄의 해명)의 달성을 위하여 필요할수록 사생활영역에 대한 보다 광범위한 제한이 정당화되며, 국가행위에 의하여 발생하는 사생활영역의 침해가 민감할수록 그러한 제한은 보다 중대한 공익에 의하여 정당화되어야 한다. 여기서 특히 수집·공개되는 사생활정보의 성격이 중요한 의미를 가진다.

(2) 법익형량의 지침으로서 독일의 領域理論

국가의 이익과 개인의 이익 또는 사인과의 관계에서 언론의 보도이익과 개인의 이익이 서로 충돌하는 경우, 보호되는 사생활영역을 영역별로 구분하여 그 보호의 정도를 달리하는 '독일의 領域理論'이 법익형량의 중요한 지침으로서 고려될 수 있다.[62] 영역이론이란, '사생활영역이 자기결정의 핵심적 영역 또는 인격적 핵심과 어느 정도로 밀접한 관계에 있는지'에 따라 침해된 사생활영역의 비중을 판단하려는 시도이다.[63] 영역이론은 원칙적으로 사생활비밀의 보호가 존재하지 않는 '公的 영역'에 대하여, 사생활영역을 보호의 정도에 따라 또는 역으로 제한의 허용 정도에 따라 內密한 영역(Intimsphäre), 私的 영역(Privatsphäre), 社會的 영역(Sozialsphäre)이란 3 가지 영역으로 구분한다.

---

60) BVerfGE 27, 1, 6f.(Mikrozensus), '자유롭고 독자적인 인격발현을 위하여 개인에게 내적인 공간이 남아 있어야 하기 때문에, 인간을 그 인격에 있어서 총체적으로 등록하고 목록화하는 형태로 개인적 생활관계를 포괄적으로 들여다보는 것은 인간의 존엄성에 부합하지 않는다. 국가는 경우에 따라 개인적 생활관계를 들여다보는 것 그 자체만으로도, 공권력이 관심을 가지고 관찰하고 있다는 심리적 압박을 행사함으로써 인격의 자유로운 발현을 저해할 수 있다.'고 판시하였다.

61) 국세조사에 관한 법률과 같이, 법률이 직접 사생활정보의 수집을 명령함으로써 개인의 기본권을 직접 제한하는 경우, 그 법률에 기초된 법익형량의 타당성을 심사해야 하고, 이와는 달리 법률이 직접 개인의 기본권을 침해하는 것이 아니라 기본권의 침해가 법의 적용과 집행을 통하여 비로소 나타나는 경우에는, 법적용기관의 구체적인 결정(예컨대 형사소송절차에서 개인적 일기를 증거로 사용할 것인가에 관한 결정)에 기초된 법익형량이 타당한지를 심사해야 한다.

62) 독일의 연방통상법원(BGH)의 민사판례가 최초로 '영역이론'을 전개하여 절대적인 보호를 받는 '내밀 영역'을 구성하였고, 연방헌법재판소(BVerfG)도 일찍이 위의 견해에 합류하여[BVerfGE 6, 32, 41(Elfes); 6, 389, 433(Homosexualität)] 국가가 침해할 수 없는 '핵심영역'을 인정하였다. 그러나 연방통상법원의 형사판례는 영역에 따라 구분하지 않고 처음부터 '개인의 인격권'과 '국가의 형벌소추의 이익'을 법익형량의 문제로 다루고 있다(BGHSt 19, 325 ff; 34, 397ff). 영역이론의 내용에 관하여 또는 그 비판으로는 Ameling, Die zweite Tagebuchentscheidung des BVerfG, NJW 1990, 1753ff.; Geis, Der Kern des Persönlichkeitsrechts, JZ 1991, S.112ff.; Kunig, Der Grundsatz informationeller Selstbestimmung, Jura 1993, S.602; Schlink, Das Recht der informationellen Selbstbestimmung, Der Staat 1986, S.241; Alexy, Theorie der Grundrechte, 1994, S.327ff.; Degenhart, Das allgemeine Persönlichkeitsrecht, JuS 1992 S.363f.; Schmitt Glaeser, Schutz der Privatsphäre, in: Isensee/Kirchhof(Hg), HbStR, Bd.Ⅵ, §129 Rn.35ff.; Pieroth/Schlink, Grundrechte, 1994, Rn.415.

63) Vgl. Scholz/Konrad, Meinungsfreiheit und allgemeines Persönlichkeitsrecht, AöR 123(1998), S.64.

'내밀한 영역'이란, 인간존엄성의 핵심과 일치하는 본질적 내용으로서 침해될 수 없는 사적 생활의 절대적 영역을 의미한다. 이에 대하여 '사적 영역'의 경우 비례원칙의 엄격한 적용 하에서 중대한 공익상의 이유로 또는 언론의 보도이익이 우위를 차지하는 경우에 그에 대한 제한이 정당화되며, '사회적 영역'에서는 직업상의 활동이나 공적 활동과 같이 개인이 외부세계와의 관계에서 처음부터 타인과의 접촉을 통하여 인격을 발현한다는 점에서, 국가에 의한 제한에 있어서 덜 엄격한 기준이 적용되며 언론보도가 일반적으로 허용된다. '영역이론'의 요지는 다른 법익과의 교량을 통하여 상대화될 수 없고 침해될 수 없는 '인격의 핵심적 영역'과 그 외의 '사적 영역'을 구분하는데 있다. 절대적으로 보호되는 핵심영역의 구성은 인간의 존엄성보장과 밀접한 관계에 있다. 법익형량의 대상이 될 수 없고 침해될 수 없는 '인간의 존엄성'이 절대적으로 보호되는 '내밀한 영역'의 불가침성을 정당화하는 헌법적 근거이다.[64)]

그러나 사생활의 어떠한 부분이 침해될 수 없는 핵심영역에 속하는가 하는 것은 매우 불확실하다.[65)] 또한, '내밀한 영역'을 핵으로 하여 그를 둘러싸는 '사적 영역', '사회적 영역'으로 인간의 인격을 도식화하는 것이 구체적인 문제의 해결에 어느 정도로 기여하는지 그 실효성이 의문시되고, 나아가 각 영역을 납득할만하게 구분하는 것이 불가능하다는 점에서, 영역이론은 단지 상충하는 법익의 형량과정에 대하여 하나의 지침을

64) Vgl. BVerfGE 6, 32, 41; 27, 1, 6; 35, 202, 220, '각자가 외부로부터 분리되어 자기만의 세계에 은거할 수 있고, 아무런 방해를 받지 않고 그냥 내버려 둘 것을 요구할 수 있고, 고독할 권리를 누릴 수 있는 내적 공간의 절대적인 보호가 없이는, 인간의 존엄성이 실현될 수 없다. 따라서 개인이 원하지 않는 외부의 영향을 받지 않고 자유롭게 개성을 유지하고 발전시키고 복원할 수 있는 상태가 인격형성과 자유행사의 기본조건이자 근원으로서 그 핵심에 있어서 보장되어야만 한다. 이와 같이 절대적으로 보호된 사생활의 핵심영역에 대한 침해는 중대한 공익에 의해서도 정당화될 수 없다.'는 취지로 판시하였다.

65) ① 독일 연방헌법재판소는 '핵심영역'을 판단하는 기준으로서, '생활관계를 비밀로 유지하고자 하는 당사자의 의사'와 이에 부가적으로 '그 생활관계가 고도의 개인적 성격을 가지고 있는지'에 따라 판단하려고 하나(BVerfGE 80, 367, 373), 위 기준을 가지고 핵심영역과 그 외의 사생활영역을 구분하는 것은 매우 어렵다. 특히 '핵심영역에 속하는 생활관계는 고도의 개인적 성격을 가져야 한다'는 내용적 기준은 그 자체로서 동어반복에 지나지 않는다. 독일 연방헌법재판소는 개인의 사생활영역 중 불가침의 핵심영역을 이론적으로 인정하면서도, 무엇이 그에 해당하는지 구체적인 예를 든 적이 없으며, 현재까지 그의 결정에서 인격적 핵심의 침해를 한번도 인정한 적이 없다. ② '형사절차에서 일기장의 내용을 증거로 사용할 수 있는지'의 문제에 관하여, 독일 연방통상법원은 첫 번째 일기장 판결(BGHSt 19, 325)의 경우 '위증죄 사건'에서 일기장을 증거로 사용하는 것은 허용되지 않는다고 판단하였고, 위 판결은 연방헌법재판소에 의하여 지지를 받았다(BVerfGE 18, 146). 두 번째 일기장 판결(BGHSt 34, 397)의 경우 연방통상법원은 '살인 사건'에서 일기장을 증거로 사용하는 것을 허용하였고, 위 판결에 대하여 제기된 헌법소원사건에서 연방헌법재판소도 마찬가지로 살인 사건과 관련하여 일기장을 증거로 사용하는 것을 허용하였다(BVerfGE 80, 367, 373ff.). ③ 연방통상법원은 일기장을 증거로 사용하는 문제를 처음부터 피고인의 인격권과 국가의 형벌소추권과의 법익형량의 문제로 보았으나, 연방헌법재판소는 영역이론을 적용하여 '국가가 침해할 수 없는 핵심영역이 아닌 한, 인격권에 대한 침해가 가능하다'는 전제에서 출발하였고, 영역이론을 구체적 사건에 적용한 결과, 재판관 4인은 '일기장 내용의 고도의 개인적 성격 때문에 일기장은 인격의 핵심영역에 속한다'고 보았으나, 다른 재판관 4인은 '피고인의 일기장 내용이 나중에 범한 구체적인 살인행위와 직접적인 연관성이 있기 때문에 핵심영역에 속하지 않는다'고 판단하였다. 결국 합헌의견과 위헌의견이 동수인 경우 합헌으로 판단된다는 연방헌법재판소법 규정으로 인하여 위 판결에 대한 헌법소원은 기각되었다. 연방헌법재판소가 고도의 사적인 성격을 보이는 일기장의 내용조차도 나중에 범한 중범죄와의 관계 때문에 핵심영역에 속하지 않는 것으로 판단한 이상, 무엇이 핵심영역에 속하는지, 인간의 내심 영역만이 핵심영역에 속하는지의 의문이 제기된다.

제공하려는 시도로 이해되어야 한다.

인간은 인격의 핵심에서도 필연적으로 사회적 관계에서 존재하며, '사적인 것'의 의미는 사회적 접촉과 타인과의 상호관계에 따라 변화한다는 점에서, 개인의 행위나 정보 중에서 '무엇이 사적 또는 사회적인가' 하는 판단은 상대적일 수밖에 없고, 이에 따라 인격권의 보호도 법익형량에 따른 상대적인 보호일 수밖에 없다. 따라서 사생활영역에 대한 침해가 어느 정도로 허용되는지의 문제는, 한편으로는 '사생활영역의 보호를 주장하는 개인이 자신의 행위나 존재에 의하여 타인에게 어느 정도로 작용하고 이로써 타인의 자유영역 및 공동체의 이익과 어느 정도로 접촉하고 충돌하는지의 관점'을 의미하는 '사회적 연관성'과 다른 한편으로는 '제한되는 사생활영역이 어느 정도로 고도의 개인적 성격을 지니고 있는지, 즉 개인의 인격발현과 인간존엄성실현에 대하여 중대한 의미를 가지는지의 관점'을 의미하는 '개인적 연관성'('인격적 핵심에의 근접성')에 달려 있다.[66)]

나. 사생활의 자유

(1) 보호범위

사생활의 자유란 사생활을 스스로 자율적으로 형성할 자유를 말한다. 사생활의 자유는 개인의 인격발현 및 개인적 생존의 근본조건의 자율적 형성에 관한 것으로 '사생활의 형성에 관한 자기결정권'을 보장한다. '사생활의 자유'는 '사생활의 비밀'과는 달리, 국가가 사생활영역을 들여다보고 사생활 정보를 수집하는 것에 대하여 사생활영역을 보호하고자 하는 것이 아니라, 사생활의 자유로운 형성을 방해하거나 금지하는 것에 대한 보호에 관한 것이다.

한편, '자기결정에 따라 사생활을 형성할 권리'로서 사생활의 자유가 일반적 행동자유권에 의하여 보호되는 것으로 볼 수도 있으나, '사생활의 자유'는 다음과 같은 점에서 '일반적 행동자유권'과 차이가 있다. 사생활의 자유가 보호하고자 하는 것은, 사생활과 관련된 '행동의 자유'가 아니라, 개인의 전체적 인격과 생존에 관계되는 '사생활의 기본적 조건과 상태에 관한 자기결정'이다.[67)] 사생활의 자유는 일반적 행동자유권과는 달리, 적극적인 '행위가능성'을 보장하고자 하는 것이 아니라, 부모와 자식의 관계, 아이를 가질 것인지, 누구와 혼인할 것인지, 누구와 성관계를 가질 것인지 등에 관하여 스스로

---

66) Vgl. BVerfGE 27, 344, 351f.; 35, 202, 220(Lebach).

67) Vgl. Degenhart, Das allgemeine Persönlichkeitsrecht, JuS 1992, S.367, 이와는 달리 권영성, 헌법학원론, 2000, 427면, '사생활의 자유'에 대한 제한의 예로서, 호텔에 무단 침입하는 행위, 옆방의 전화를 도청하는 행위, 주거지역의 가옥형태를 일정한 규격으로 강제하는 행위, 취미생활을 간섭·방해하는 행위 등을 열거하고 있는데, 이러한 예는 사생활을 보호하는 다른 기본권(주거나 통신의 불가침)이나 재산권보장, 일반적 행동의 자유의 보호범위에 속하는 것이다. 더욱이 '사생활의 자유는 일반적 행동의 자유를 보장하는 것이다'라고 서술하여, 사생활의 자유와 일반적 행동의 자유의 관계가 불분명하다.

결정할 권리를 보장함으로써, 사생활의 영역에서 인격발현을 위한 '기본적 상태'를 확보하고자 하는 것이다. 이러한 점에서, 사생활의 자유는 '일반적 인격권'의 한 내용이다. 헌법은 제17조에서 '사생활의 자유'를 명시적으로 규정하고 있으므로, '일반적 인격권'과 '사생활의 자유'는 일반 · 특별의 관계에 있다.

(2) 제한

사생활의 자유에 대한 제한은, 국가가 자율적인 사생활의 형성을 방해하거나 금지함으로써 이루어진다. 사생활의 자유에는 '자신의 태생에 관하여 알 권리' 또는 '親生子關係를 확인할 권리', '부모와 자식의 관계를 스스로 결정할 권리'가 포함된다. 자신의 태생에 관하여 안다는 것은, 자신에 관한 확실한 정체성의 바탕 위에서 개성을 발전시킨다는 면에서 인격의 자유로운 발현에 대하여 대단히 중요한 의미를 가진다. 따라서 '親子確認의 訴'나 '親生否認의 訴'의 제기 가능성을 제한하는 민법규정은 사생활의 자유에 대한 제한을 의미한다.[68] 자신의 태생을 아는 것 또는 부모와 자식의 관계를 스스로 결정하는 것과 같이 인격발현에 있어서 대단히 중요한 문제의 경우, 개인의 인격권은 원칙적으로 가정의 평화나 母의 명예, 소의 제한을 정당화하는 법적 안정성 등 법익에 대하여 우위를 차지한다.

'아이를 가질 것인지 또는 부모가 될 것인지에 관하여 결정할 자유'도, 개인의 인격발현과 생존의 기본조건에 속하는 것으로서 사생활의 자유에 의하여 보호된다.[69] 따라서 국가가 낙태죄의 처벌을 통하여 낙태행위를 금지하는 경우에는 사생활의 자유가 제한된다. 또한, '자신이 선택한 배우자와 혼인을 할 자유'도 자주적인 인격발현의 근본조건에 속하는 것으로서 사생활의 자유에 의하여 보호를 받는다. 국가가 同姓同本禁婚制度를 통하여 동성동본간의 혼인을 금지하는 것은 사생활의 자유에 대한 제한에 해당한다.[70]

性的 自己決定權도 자주적 인격발현의 기본조건으로서 사생활의 자유에 의하여 보호된다.[71] 인격권은 개인에게 자신의 성적 가치관을 스스로 결정하고 이에 따라 성적 영

---

68) 헌재 1997. 3. 27. 95헌가14등(친생부인의 소의 제소기간 제한), 판례집 9-1, 193, 204, '모든 국민은 그의 인격권을 바탕으로 하여 자율적으로 자신의 생활영역을 형성해 나갈 수 있는 권리를 가지는 것이다. … 그런데 이 사건 조항은 자유로운 의사에 따라 친자관계를 부인하고자 하는 부의 가정생활과 신분관계에서 누려야 할 인격권 및 행복추구권을 침해하는 것이다.'; 헌재 98헌바9(부모의 사망 시 인지청구의 소의 제소기간을 1년으로 제한하는 민법 제864조의 위헌여부); BVerfGE 79, 256, 270ff.

69) Vgl. BVerfGE 39, 1, 43(Fristenlösung).

70) 헌재 1997. 7. 16. 95헌가6등, 판례집 9-2, 1, 16-17(동성동본금혼제 결정), '개인의 인격권 · 행복추구권에는 성적 자기결정권, 특히 혼인의 자유와 혼인에 있어서 상대방을 결정할 수 있는 자유가 포함되어 있다.'; 허영, 한국헌법론, 2001, 368면, '혼인여부, 배우자선택, 자녀의 수와 같은 사생활형성에 관한 사항'을 '사생활의 자유'의 예로 들고 있다.

71) 헌재 1990. 9. 10. 89헌마82, 판례집 2, 306, 310(간통죄 결정), '개인의 인격권 · 행복추구권에는 개인의 자기운명결정권이 전제되어 있으며, 이 자기운명결정권에는 성행위여부 및 그 상대방을 결정할 수 있는 성적 자기결정권이 또한 포함되어 있다.'

역에서의 생활을 독자적으로 형성할 권리를 보장한다. '누구와 성관계를 가질 것인지'에 관하여 스스로 결정할 권리는 자신의 삶을 스스로 결정하는 생존의 기본조건에 속하는 것이다. 성적 자기결정권은 혼인 중의 성관계뿐만 아니라 혼인 외의 성관계도 보호한다. 국가가 학교교육의 범주 내에서 성교육을 실시하는 경우, 학교의 성교육으로 인하여 성교육을 받는 청소년의 성적 자기결정권, 즉 자신의 성적 가치관을 스스로 결정하고 자신의 성적 가치관에 대한 외부의 영향을 어느 정도로 수인할 것인지를 결정할 권리가 제한된다.[72)]

자신이 결정한 성에 따라 성전환수술을 할 권리, 자신이 결정한 성에 따라 생활할 권리, 여기서 도출되는 戶籍公簿上 性別訂正請求權도 성적 자기결정의 문제로서 인격권(사생활의 자유)의 핵심영역에 속하는 것이다.[73)] 따라서 국가가 성전환자에게 성별의 정정을 허용하지 않는 경우, 사생활형성의 자유가 제한된다.

2. 사회적 인격상에 관한 자기결정권

가. 국가의 개인정보 수집·처리행위

(1) 기본권적 보호의 필요성 및 개인정보자기결정권

(가) '사회적 인격상에 관한 자기결정권'의 경우, 국가가 주거에 대한 압수나 수색, 전화통화의 감청 등의 형태로 사생활영역에 침입하는 것이 아니라, 개인관련 정보에 관한 처분권한을 장악하고 마음대로 개인에 관한 社會的 人格像을 형성하는 방법으로 개인의 인격권을 침해하게 된다.[74)]

비록 국가가 개인의 사생활영역을 침해하는 것은 아니라 하더라도, 개인의 행위를 단지 관찰하고 그에 관한 정보를 수집·처리하는 행위가 개인의 자유와 무관한 것은 아니다. 국가가 관심을 가지고 개인의 행동을 관찰하고 파악한다는 그 자체가 심리적 압박으로 작용하여 자유를 행사하려는 개인의 의사에 영향을 미치고, 이러한 방법으로 개인의 자유로운 기본권행사를 저해하거나 심지어 마비시킬 수 있다.[75)] 또한, 자신과 관련된 정보 중에서 어떠한 것이 외부에 알려져 있는지 제대로 파악할 수 없고 상대방이 자신에 관하여 무엇을 알고 있는지 전혀 예측할 수 없는 자는 자신의 결정을 근거로 계획하고 행동하는 자유에 있어서 크게 제약을 받게 된다. 예컨대, 집회나 시민운동단체에 참여하는 것이 국가기관에 의하여 관찰되고 이로 인하여 불이익이나 위험이 발생할 수 있다고 예상하는 자는 집회의 자유나 결사의 자유와 같은 자신의 기본권을 행

72) Vgl. BVerfGE 47, 46, 73, 학교의 성교육으로 인하여 자녀의 인격권 외에도 부모의 자녀교육권이 제한된다.
73) Vgl. BVerfGE 49, 286, 298f.; 60, 123, 134(Transsexuelle).
74) Vgl. Schmitt Glaeser, Schutz der Privatsphäre, in: Isensee/Kirchhof(Hg), HbStR, Bd.Ⅵ, §129 Rn.43.
75) Vgl. Gallwas, Verfassungsrechtliche Grundlagen des Datenschutzes, Der Staat 1979, S.510f.

사하는 것을 포기할 수 있다.[76] 뿐만 아니라, 타인과 다른 자신의 행동이 기록되고 정보로서 장기적으로 저장·사용·전달되는지 여부에 관하여 확실하게 알지 못하는 자는 눈에 띄는 행동을 하지 않으려고 할 것이다. 그러므로 자유행사에 대한 저해효과는 위에서 예를 든 집회나 결사의 자유에 국한되는 것이 아니라, 정당활동, 재산권의 행사, 직업활동, 표현의 자유 등 모든 기본권의 행사에 있어서 나타날 수 있다.

(나) 더욱이, 국가의 자동화된 자료처리는 개인관련 개별 자료가 서로 결합될 수 있다는 새로운 가능성을 열어 놓았다.[77] 분산된 상태에서는 그 자체로서 특별한 의미가 있는 것도 아니고 특별히 보호될 필요성도 없는 개별정보도 다른 정보와의 결합을 통하여 개인의 전체적인 또는 부분적인 인격상을 형성할 수 있게 되었고, 이로써 개인의 행위를 예측하고 조종할 수 있는 기준을 얻게 되었다. 수작업에 의하여 자료목록이나 기록을 처리하였던 과거와는 달리, 오늘날 정보의 전산처리과정으로 인하여 개인관련 정보가 무제한적으로 저장될 수 있고, 언제든지 다시 불러 낼 수 있으며, 개인관련 정보들은 수집된 다른 정보들과 함께 통합되어 개인에 관한 거의 완벽한 인격상을 형성하도록 결합될 수 있는 반면, 당사자는 그의 타당성이나 사용을 충분히 통제할 수 없게 되었다.[78]

정보의 처리기술이 점점 더 완벽하게 발전할수록, 개인의 '사회적 인격상에 관한 자기결정권'은 국가의 개인정보 수집·처리행위에 의하여 위협을 받게 되었고, 이에 따라 개인정보보호의 필요성은 더욱 증가하였다.

(다) 이와 같이 변화한 현대의 상황에 비추어, 인격의 자유로운 발현은 개인정보를 무제한적으로 수집·저장·사용·전달하는 국가행위에 대한 보호를 요청하고 있다. 국가에 의한 개인정보의 수집과 처리에 대한 보호는 특정한 개별기본권의 보호범위에 귀속시킬 수 있는 문제가 아니라, 인격 전체의 자유로운 발현에 관한 문제이며, 자주적 인격의 자유로운 생존과 인격발현의 근본조건에 관한 문제이다.[79] 따라서 국가의 개인정보 수집·처리행위에 의하여 발생하는 위험에 대한 보호를 제공하는 기능은 보충적 기본권인 '일반적 인격권'이 담당하게 되었다.

---

76) Vgl. BVerfGE 65, 1, 43(Volkszählung).

77) '자료'란, 자료의 형태로서 저장, 변경, 삭제, 전달될 수 있는 모든 개별 정보를 말한다. 단순한 정보와는 달리, 자료는 어떠한 방법에 의하든 간에 정보로서의 영속성을 지니며, 이에 따라 매 경우마다 정보를 인식해야 하는 주체를 필요로 하지 않는다. 또한 자료는, 개별 정보가 수집, 취합될 수 있고 일정한 기준에 따라 정리되어 평가될 수 있으며, 다른 기준에 의하여 재정리되고 다시 그 결과의 평가가 가능하다는 속성, 즉 자료상으로 처리될 수 있다는 속성을 지니고 있다, vgl. Schmitt Glaeser, Schutz der Privatsphäre, in: Isensee/Kirchhof(Hg), HbStR, Bd.VI, §129 Rn.76f.

78) Vgl. BVerfGE 65, 1, 41ff.

79) Vgl. Schmitt Glaeser, Die Meinungsfreiheit in der Rechtsprechung des BVerfG, AöR 113(1988), S.62f., 이 경우, 개인이 사적 영역을 자율적으로 형성함에 있어서 국가의 방해를 가능하면 적게 받고자 하는 것이 아니라, 타인(국가)의 활동, 즉 국가가 수집한 정보를 근거로 마음대로 개인의 사회적 인격상을 형성하는 것을 막고자 하는 것이다.

여기서 기본권 보호의 주안점은, 인격의 자유로운 발현의 관점에서 자유의 실질적 행사를 위협하는 국가의 개인정보 수집·처리로부터의 보호이다. 무엇을 할 것인지 또는 하지 않을 것인지를 결정할 자유뿐만 아니라 이러한 결정에 따라 실질적으로 행동할 수 있는 가능성이 개인에게 주어져야만, 개인의 자기결정권은 그 현실적인 의미를 가진다는 점에서, 개인정보 보호의 주된 목적은 '자유의 행사를 실질적으로 가능하게 하는 상황의 유지'라고 할 수 있다.80)

(라) 이로써 일반적 인격권은 자신의 인생과 운명을 독자적인 책임 하에서 스스로 형성할 권리, 즉 자기결정의 사고에 그 바탕을 둔 권리로서, '언제, 어느 범위에서 개인적인 생활관계가 공개되는지'에 관하여 원칙적으로 스스로 결정할 권리, 즉 자기에 관한 개인정보를 통제할 수 있는 권리를 보장한다.

일반적 인격권의 보장내용은 '개인정보 보호'의 관점에서 개인정보자기결정권으로 전환하여 서술될 수 있다. '사생활의 비밀'이란, 개인이 자신의 사생활영역을 외부에 공개할 것인지에 관하여 결정할 권리, 즉 '사생활정보의 공개에 관한 자기결정권'을 의미하고, '사회적 인격상에 관한 자기결정권'이란, 누가 자신에 관하여 어떠한 사회적 인격상을 형성해도 되는지에 관하여 스스로 결정할 권리, 즉 '사회적 인격상을 형성하는 개인정보의 공개와 이용에 관한 자기결정권'을 의미한다. 이러한 관점에서 볼 때, 인격권보호의 핵심적 내용은 개인정보의 보호에 있으며, 일반적 인격권으로부터 그 핵심적 보장내용으로서 '개인정보의 공개와 이용에 관하여 스스로 결정할 권리'인 개인정보자기결정권이 도출된다.81)

(마) 공권력에 의한 개인정보의 수집과 처리는 개인의 기본권인 개인정보자기결정권에 대한 제한을 의미하므로, 당사자가 개인정보의 수집과 처리에 대하여 동의하거나 또는 이를 허용하는 법적 근거가 있는 경우에만, 국가는 개인정보를 구하고 사용할 수 있다.82) 물론, 개인정보자기결정권은 법률에 의하여 제한될 수 있으며, 그 제한이 헌법적으로 허용되는지의 문제는 국가의 개인정보 수집·처리에 관한 이익과 개인정보자기결정권 중에서 어떠한 법익이 우위를 차지하는지를 판단하는 법익교량의 문제이다.

---

80) Vgl. Gallwas, Verfassungsrechtliche Grundlagen des Datenschutzes, Der Staat 1979, S.514.

81) Vgl. BVerfGE 65, 1, 41ff.; 한국문헌으로는 박용상, 정보법제의 체계와 내용, 법조 1998. 6. 12면.

82) 개인정보의 사용과 처리로 인하여 개인의 사생활침해 등이 우려됨에 따라, 우리나라도 1995년 1월부터 '공공기관의 개인정보보호에 관한 법'이 시행되어, 공공기관, 개인 또는 단체가 개인정보를 컴퓨터를 사용하여 처리함에 있어서 개인정보의 보호를 위한 조치를 취하고 있다. 개인정보보호법상의 개인정보는 원칙적으로 정보주체 이외의 자에게는 공개되어서는 안 된다. 다른 법률에 의하여 허용되는 것이 아닌 한, 개인정보를 보유하는 국가기관은 개인정보의 보유목적 외의 목적으로 정보처리를 이용하거나 다른 기관에 제공하여서는 안 된다(법 제10조 제1항). 법 제10조 제2항은 보유목적 외의 목적으로 처리정보를 이용하거나 다른 기관에게 제공할 수 있는 경우를 열거하고 있다. 개인정보보호에 관하여 성낙인, 헌법재판연구 제6권(기본권의 개념과 범위에 관한 연구), 1995, 302면 이하; 독일의 개인정보보호에 관하여 vgl. Gallwas, Der Allgemeine Konflikt zwischen dem Recht auf informationelle Selbstbestimmung und der Informationsfreiheit, NJW 1992, S.2787.

여기서 기본권보장의 중심적 내용은 정보의 저장, 전달, 변경, 삭제의 형태로 개인관련 정보를 처리하는 문제에 관한 것이다. 즉 국가가 어떠한 방법으로 정보를 얻는지의 '정보수집'의 관점보다는 '정보처리'의 효과가 결정적인 의미를 가진다. 사회적 인격상에 관한 자기결정권의 관점에서, 개인정보가 어떠한 방법으로 얻어졌는지, 개인정보가 어떠한 종류의 것인지 하는 것은 중요하지 않으며, 결정적인 것은 '개인정보가 개인의 사회적 인격상을 형성함에 있어서 유용하고 이용가능한지' 여부이다.[83] 따라서 국가가 처리하는 개인정보 중 사생활관련 정보는 사생활영역에 대한 침해 없이도(예컨대, 당사자 또는 친지가 외부에 사생활에 관한 정보를 스스로 공개하고 국가가 이를 단지 인지하는 경우) 얻을 수 있으며, 인격권에 의하여 보호되어야 할 정보는 반드시 사생활에 속하는 정보일 필요는 없고 단지 개인관련 정보인 것으로 충분하다. 그 자체로서 사생활과 특별한 연관성이 없는 정보라 하더라도, 정보의 전산처리가능성으로 인하여 광범위하게 개인정보와 결합되어 개인의 사회적 인격상을 형성할 수 있기 때문에, 사생활관련 정보인지 여부와 관계없이 그 자체로서 무의미한 정보는 없다. 따라서 모든 개인관련 정보가 '사회적 인격상에 관한 자기결정권'의 보호대상이 된다.[84]

(2) 自己情報公開請求權[85]

개인은 자기관련 정보의 공개와 이용에 관하여 스스로 결정할 권리인 개인정보자기결정권을 가지고 있다. 한편, 자신에 관하여 어떠한 국가기관이 무엇을 언제 어떠한 기회에 알고 있는지를 당사자가 파악할 수 있어야만, 개인은 개인정보자기결정권을 현실적으로 행사할 수 있다.[86] 방어권으로서의 개인정보자기결정권은 그의 실질적인 보장을 위하여 '자기관련 정보에 접근할 수 있는 권리', 즉 자기정보공개청구권에 의한 보완을 필요로 하며, 이로써 청구권적 요소를 포함한다.[87] 즉 개인정보자기결정권에는 스스로를 관철하기 위한 조건으로서 절차형성적 요소가 내재되어 있는 것이다.[88] 따라서 입법자는 개인정보자기결정권의 실질적인 행사가 가능하기 위한 전제조건으로서, 자기관련 자료에 관한 정보를 청구할 수 있도록 그에 필요한 절차를 법률로써 형성해야 한다.[89]

---

83) Vgl. Kunig, Der Grundsatz informationeller Sebstbestimmung, Jura 1993, S.602; Glaeser, Schutz der Privatsphäre, in: Isensee/Kirchhof(Hg), HbStR, Bd.Ⅵ, §129 Rn.44.

84) Vgl. BVerfGE 65, 1, 42ff. (Volkszählung).

85) 박용상, 정보법제의 체계와 내용, 법조 1988. 6., 21, 23면; 권영성, 헌법학원론, 1995, 405면, '자기정보 관리통제권' 또는 '자기정보 접근권'으로 표현하고 있다.

86) Vgl. Kunig, Der Grundsatz informationeller Selbstbestimmung, Jura 1993, S.601; Gallwas, Der Allgemeine Konflikt zwischen dem Recht auf informationelle Selbstbestimmung und der Informationsfreiheit, NJW 1992, S.2789.

87) 개인정보자기결정권의 청구권적 성격을 언급한 한국문헌으로는 홍준형, 정보공개청구권과 정보의 자유, 김철수교수 화갑기념논문집, 557면 이하; 박용상, 정보법제의 체계와 내용, 법조 1988. 6., 21, 23면; 권영성, 헌법학원론, 1995, 405면.

88) Vgl. Kunig, Der Grundsatz informationeller Selbstbestimmung, Jura 1993, S.601.

89) '공공기관의 개인정보보호에 관한 법률' 제12조는 개인의 자기정보열람청구권을, 제14조는 자기정보정정청구

개인정보자기결정권이 제한될 수 있는 것과 마찬가지로, 자기정보공개청구권도 공익이나 제3자의 이익을 이유로 제한될 수 있으나, 개인은 원칙적으로 국가기관이 보유하는 모든 자기관련 기록을 열람할 권리가 있다.[90] 물론 정보의 공개가 국가과제의 원활한 수행을 저해하거나 또는 국가이익에 해가 되거나, 정보가 제3자의 정당한 이익을 위하여 비밀로 취급되어야 하는 경우에는 열람권의 제한이 가능하지만, 열람권을 제한하는 법률규정의 위헌여부는 자기관련 정보에 접근하려는 당사자의 이익과 정보제공의 거부를 통하여 달성하고자 하는 국가의 이익을 서로 교량하여 판단하여야 한다. 국가가 개인의 자기관련 정보의 열람을 정당하게 제한하는 경우에는, 당사자의 개인정보자기결정권을 보호하기 위한 절차상·조직상의 안전조치(예컨대, 개인정보보호를 담당하는 전권위원의 임명 등)를 취하는 것이 필요하다. 국가는 자신이 보유하는 자료로 인하여 개인에 대한 잘못된 인격상이 형성되지 않도록 노력해야 하며, 개인에 관하여 왜곡된 인격상이 형성된 경우, 이를 정정 또는 삭제해야 할 의무가 있고, 이에 대응하여 개인은 자신에 관한 개인정보를 열람한 결과 정보의 내용이 잘못된 경우 그의 정정 또는 삭제를 요구할 수 있는 권리를 자기정보공개청구권의 부수적 권리로서 가지고 있다.[91]

나. 범죄사실 공개행위

(1) 사회에 복귀할 범죄인의 권리

개인이 외부세계와의 관계에서 사회적으로 활동하면서 자신의 인격을 발현하기 위한 기본조건에 속하는 것 중의 하나가 바로 '사회에 복귀할 전과자의 권리'이다. 형을 선고받은 범죄인에게도 개인적·사회적 생존의 기본요건은 유지되어야 하며, 형을 치른 후에는 다시 사회에 복귀할 수 있는 기회가 보장되어야 한다.[92] 한 번 실수를 범한 사람도 적정한 기간이 지난 후에는 다시 처음부터 시작할 수 있는 기회가 보장되어야 하는데, 이러한 요청은 인간의 존엄성을 헌법상 가치질서의 정점으로 삼는 공동체에서 당연한 것이다.

국가기관이 개인의 사생활과 관련된 정보는 아니라 하더라도 범죄사실과 같이 개인의 사회적 인격상의 형성에 중대한 영향을 주는 정보를 공적으로 공개하는 행위는 개인의 범죄사실을 공적인 논의나 관심의 대상으로 삼음으로써, 범죄인의 사회적 인격상을 임의로 형성하고 '자신이 사회적으로 어떻게 묘사되어야 하는지에 관하여 스스로 결정할 권리'를 제한하는 것이다. 국가기관이 개인의 성명, 사진 등을 이용하여 범죄사실

권을 규정하고 있다.

90) Vgl. Gallwas, Der Allgemeine Konflikt zwischen dem Recht auf informationelle Selbstbestimmung und der Informationsfreiheit, NJW 1992, S.2789.

91) Vgl. Gallwas, Verfassungsrechtliche Grundlagen des Datenschutzes, Der Staat 1979, S.519.

92) Vgl. BVerfGE 35, 202, 235f.; 45, 187, 239; 64, 261, 276f.

을 일반에 공개하는 경우, 이로 인하여 개인의 긍정적인 성격을 포함하여 전반적인 인격이 묘사되는 것이 아니라 그의 부정적인 성격만이 일반에 부각됨으로써 일반 국민은 그에 관하여 부정적인 측면에 국한된 사회적 인격상을 일방적으로 형성하게 된다. 따라서 국가의 범죄사실 공개행위는 범죄인의 인격을 세인의 시각에 부정적으로 규정한다는 점에서, 인격권에 대한 현저한 제한을 의미한다.[93)]

(2) 현행 성범죄자 신상공개제도의 위헌여부

2000년 7월 1일부터 시행된 '청소년의 성보호에 관한 법률' 제20조 제2항에 의하면, 청소년보호위원회는 청소년의 성을 사는 행위 등의 죄를 범한 자의 성명, 연령, 직업 등의 신상과 범죄사실의 요지를 형이 확정된 후 공개할 수 있고, 법시행령 제3조 제2항에서는 한 보 더 나아가 범죄자의 주소(시, 군, 구) 및 생년월일도 공개하도록 규정하고 있다. 성범죄자의 신상은 관보를 비롯하여 청소년보호위원회의 인터넷 홈페이지에 6월간, 정부중앙청사 및 16개의 시·도의 게시판에 1월간 공개된다(위 법 제20조 제1항 및 법시행령 제5조 제1항).

(가) 신상공개제도가 공개의 대상이 된 性買收者에 미치는 효과

신상공개가 성범죄자에 미치는 효과를 보자면, 성명, 생년월일, 직업, 대강의 주소가 공개되는 경우, 성범죄자를 평소에 알지 못하던 일반 국민은 위의 자료를 근거로 그의 신상을 파악하는 것이 사실상 불가능하다. 그러나 비록 정확한 주소나 직장, 사진, 직책 등 상세한 자료가 공개의 대상에서 제외된다 하더라도, 공개되는 개인정보인 "성명, 생년월일, 직업, 대강의 주소"는 평소 그를 알았던 사람들, 즉 알 만한 사람들로 하여금 그의 신상을 파악하도록 하기에 충분하다. 대부분의 사람들이 두려워하는 것은 바로 평소 그를 알았던 사람들이 자신의 성매매 사실에 관하여 알게 되는 것이라고 할 수 있다.

혹자는 현행 공개제도가 '본인식별이 불가능할 정도'의 성매매사례의 공개에 지나지 않는다고 주장하나, 문제는 바로 사회생활을 하면서 아는 사람들이 본인이 밝히고 싶지

93) 독일 연방헌법재판소는 Lebach 결정에서 '사회에 복귀할 범죄인의 권리'를 역설하였다(BVerfGE 35, 202, 226ff.). 독일 Lebach에서 여러 명의 군인이 살해된 사건에 관하여 공영TV 방송에서 위 사건의 공범인 헌법소원 청구인의 사진과 실명을 사용하여 청구인에게 형이 선고되고 2년이 지난 후 실화 드라마를 제작·방영할 것을 계획하였는데, 연방헌법재판소는 '언론이 범죄인의 실명과 사진을 사용하여 범죄사실을 보도하는 것은 범죄인의 인격권에 대한 중대한 침해이나. 한편으로는 일반 국민이 발생한 범죄사실에 대하여 알아야 할 이익과 이를 보도해야 할 언론의 공적 과제가 있기 때문에, 위 2가지 법익을 비교형량하는 경우 중범죄에 관한 사실을 보도해야 할 이익 및 국민의 알고자 하는 이익이 범죄인의 인격권에 대하여 원칙적인 우위를 차지한다(이에 대하여 경범죄의 경우에는 범죄인의 인격권이 우선한다).'고 확인한 후, '그러나 범죄행위 후 시간이 경과할수록 범죄사실에 관하여 보도해야 할 이익이 감소하는 반면, 범죄인이 형을 치르고 출소의 시기에 접근할수록 범죄인 인격권의 비중이 커진다. 범죄행위가 발생한 후 몇 년이 경과하여 알고자 하는 국민의 이익이나 이에 관한 보도의 이익이 존재하지 않음에도 다시 반복적으로 범죄행위에 관하여 보도하는 것은 범죄인의 사회복귀의 가능성을 위협하기 때문에 허용되지 않는다. 이 경우 사회에 복귀하고자 하는 범죄인의 이익과 범죄인의 사회복귀를 가능하게 하고자 하는 국가공동체의 이익이 범죄행위를 다시 상기시키고자 하는 이익에 대하여 원칙적인 우위를 차지한다.'고 판시하였다.

않은 은밀한 수치스러운 사생활의 비밀을 알 수 있게 된다는 데에 있으며, 이로써 사회생활의 기반을 박탈당하는데 있다. 주변의 사람들이 자신을 경멸하는 것으로부터 시작하여 직장 생활을 그만 두거나 삶의 근거지를 옮기거나 이혼 등 가정파탄을 겪거나 아니면 자녀들이 상처를 받고 가족들이 심한 정신적 고통을 겪는 등 한 인간이 사회적으로 매장되고 지금까지 조성해온 사회적 주변 환경을 하루아침 사이에 박탈당하는 결과가 발생할 수 있다. 또한 신상공개제도에서 간과할 수 없는 중요한 요소는 성범죄자 본인의 인격권에 대한 침해뿐만 아니라 신상공개의 사실적 효과로서 그의 가족의 사회생활 기반이 동시에 손상된다는 것이다. 개인주의가 발달한 서구 사회와는 달리, 우리 사회는 아직도 운명공동체, 가치공동체로서의 가족관의 사고에 기초하고 있고, 이에 따라 신상공개로 인하여 가족이 입는 피해는 매우 심각하다.

(나) 신상공개제도의 입법목적

현행법상의 신상공개제도의 개괄적인 목적은 '성범죄의 방지를 통한 청소년의 보호'에 있다. 그러나 입법목적을 보다 구체적으로 살펴보면, 재범의 위험성이 있는 성범죄자로부터 청소년을 구체적으로 보호하기 위한 것이 아니라 성범죄자를 공개하는 방법을 통하여 일반국민에게 위협적 효과를 주고자 하는 것, 즉 '경고를 통한 國民啓導와 범죄예방'에 주된 목적이 있다.

1) 만일 입법목적이 청소년 대상 성범죄를 범할 구체적 위험성이 있는 자로부터 청소년을 보호하고자 하는 것이라면, '신상공개제도가 선택한 공개의 방법'이 입법목적의 달성을 위하여 적합하다고 볼 수 없다. 미국의 '메간 법(Megan's Law)'에서 의도하는 바와 같이, 청소년 상대 변태성욕자와 같이 상습적 성범죄자에 의한 재범의 우려가 크기 때문에 청소년의 생명, 건강, 성적 자결권 등 중요한 보호법익에 대한 고도의 구체적 위험성이 있는 경우에는 보호법익의 중요성과 법익침해의 고도의 개연성에 비추어 범죄인의 신상공개가 잠재적 피해자의 경각심을 높이고 이로써 범죄방지를 위한 적합하고도 필요한 수단으로서 고려될 수 있다. 물론 이 경우에도 이와 같은 조치 이전에 범죄인의 기본권을 보다 적게 침해하는 다른 수단으로도 입법목적을 달성할 수 있는지, 예컨대 관할관청에서 일정 범위의 인근주민에게 단지 성범죄자의 주거사실, 성향, 범죄양식 등을 고지하는 방법을 통하여 범죄인의 신상을 공개하지 않으면서도 청소년을 보호할 수 있는지 그 가능성을 살펴보아야 한다.

그러나 청소년성보호법상의 신상공개제도는 성범죄 발생의 구체적 개연성이나 재범의 위험과 관계없이 '단지 일회적으로' 청소년의 성을 사는 행위를 한 자도 공개대상자에 포함시킨 점, '신상공개의 방법'에 있어서도 구체적으로 위협받는 청소년 및 그 보호자 또는 국가의 보호기관에 대하여 범죄인의 공개가 이루어지는 것이 아니라 일반 국민을 향하고 있다는 점, '신상공개의 내용'에서도 범죄인의 주거지 공개가 시 · 군 · 구에 그치고 있어 구체적인 성범죄의 방지를 위하여 적합하지 않은 점 등을 감안할 때, 그 입법목적이 미국의 '메간 법'과는 달리 '구체적인 성범죄의 방지'에 있는 것이 아니라고 보아야 한다.

2) 이러한 관점에서 본다면, 신상공개제도의 입법목적은, 청소년의 성을 사는 자는 신상공개를 통하여 그 신상이 친지들에게 파악될 수 있고 이로써 사회적으로 경멸과 조롱, 망신을 당할 수 있다는 것을 경고함으로써 '청소년 성매매'라는 잘못된 사회현상을 개선하고자 하는 것이다. 즉, 신상공개제도의 주된 목적은, 청소년의 성을 사는 자는 신상공개를 통하여 사회적으로 매장될 수 있다고 하는 '대한민국 전체 남성에 대한 위협적 효과'에 있다.

(다) 인격권의 침해 여부

그렇다면 청소년 성매매 행위를 예방하기 위하여 성매수자를 일반에 공개하는 것이 헌법적으로 정당화되는지의 문제가 제기된다.

1) 성인이 청소년의 성을 사는 경우 그 신상이 공개될 수 있고 그 결과 사회적으로 매장될 수 있다는 것을 경고하는 것은 일반 국민을 위협하여 성매매를 예방하는 효과가 있음을 인정할 수 있다는 점에서 신상공개제도는 입법목적의 달성에 조금이라도 기여하는 적합한 수단이라고 할 수 있다.

그럼에도 여기서 근본적으로 제기되는 문제는, 현대의 법치국가가 잘못된 사회현상을 개선하기 위하여 '적합하고 효율적인 방법이라면 어떠한 방법도 택할 수 있는가' 하는 것이다. 청소년 성매매에 관한 범죄뿐만 아니라 다른 범죄의 사실도 공개하고 범죄자의 신상을 밝히는 방법으로 '한번 범죄를 저지르면 대단히 망신당하고 사회적으로 매장될 수도 있다'고 경고함으로써 일반 국민에 대한 범죄예방의 효과를 거둘 수도 있다는 점에서, 국가가 입법목적을 효율적으로 달성할 수 있다는 이유로 모든 수단을 택할 수 있다면, 사회적으로 유해한 행위를 범한 자에 대하여 전반적으로 신상공개를 하는 것이 법치국가적으로 용인된다는 결론에 도달할 수 있다.

2) 그러나 형벌을 비롯한 모든 국가공권력 조치의 본질과 한계는 최고의 헌법적 가치인 인간의 존엄성에 의하여 결정되며, 우선 인간존엄성의 관점에서 볼 때 신상공개제도의 합헌성에 대하여 강한 의문이 제기된다.[94]

---

94) 독일 연방헌법재판소는, 낭비벽이나 알코올 중독으로 인하여 금치산선고를 하는 경우 법원이 이러한 사실을 공고하도록 규정한 민사소송법 제687조에 대하여 개인의 인격권을 과도하게 침해한다는 이유로 위헌으로 선언하였다(BVerfGE 78, 77, 86f.). 위 규정은 금치산선고의 내용을 공고함으로써 금치산자와 법률행위를 하는 제3자를 보호하고 사전에 경고할 목적으로 제정된 것인데, 연방헌법재판소는 '낭비벽이나 알코올 중독으로 인하여 금치산선고를 받았다는 공고의 내용이 당사자를 사회적으로 낙인찍을 위험이 있고 당사자가 자신의 중독증을 치유하고 사회에 복귀하는 것을 어렵게 한다'는 이유로 위 규정을 위헌으로 선언하였다.

인간존엄성의 요청이란, 자신이 '인간으로서의 존엄성'을 의식하고 있는지 또는 인간존엄성을 유지할 능력이 있는지와 관계없이, 인간이면 누구나가 독자적 인격체로서 사회적으로 존중받을 권리를 가지고 있음을 말한다. 인간의 존엄성은 그에 반하는 극악한 범죄행위를 통해서도 상실되지 않으므로, 국가는 범죄인에 대해서도 인간존엄성에 반하는 행위를 해서는 안 된다. 따라서 인간의 존엄성의 관점에서 볼 때 범죄인에게 잔인하거나 비인간적인 또는 인격을 비하하는 형벌이 가해져서도 안 될 뿐만 아니라, 범죄인은 국가에 의하여 독자적 인격체로서의 주체성을 박탈당한 채 범죄퇴치의 단순한 수단으로 전락해서는 안 된다.

그러나 '신상공개제도'는 청소년 성매매를 한 자를 '범죄퇴치의 단순한 대상'으로 격하시키는 공권력의 조치라 할 수 있으며, 이로써 인간의 존엄성에 반하는 국가의 행위이다. 국가가 개인을 공적으로 망신을 주어 사회적으로 격리시키는 것은 사회적 존재로서의 인간 생존을 위하여 필요한 기본조건을 침해하는 것이며, 오늘날 문화국가에서 금기시하는 잔혹한 형벌이나 인종적·종교적 박해에 버금가는 가혹성과 사회적 박해의 성격을 지니고 있는 것이다.

성범죄자의 신상공개는 그로부터 발생하는 '구체적 위험'에 대처하기 위하여 필요한 최종적인 수단에 해당하는 경우에 한하여 최소침해성원칙을 충족시킴으로써 법치국가적으로 용인될 수 있는 수단이다. 그러나 타인의 법익에 대한 구체적인 위험이 존재하지 않음에도, 국가가 단지 잘못된 사회현상을 시정하고 국민의 도덕성을 회복하기 위하여 성매매를 한 자를 공개하는 것은, 一罰百戒의 효과를 노려 당사자를 범죄퇴치의 수단으로 삼는다는 점에서 인간의 존엄성에 반하는 국가행위이며, 사실상 현대판 '주홍 글씨'이자 고대에서 행한 '십자가 형벌'과 그 본질상 크게 다를 바가 없다. 인간존엄성의 존중을 모든 국가행위의 최고원칙으로 삼는 우리 헌법의 가치체계에서, 국가가 병적인 사회현상을 치유하고 국민의 도덕성을 회복하기 위하여 일부 사회구성원을 세인의 조롱거리로 만들고 사회로부터 소외시키는 조치를 채택하는 것은 정당화될 수 없다. 결국, 범죄인으로부터 나오는 구체적 위험성이 없음에도 단지 제3자에 대한 위협적 효과 때문에 범죄인의 신상을 공개하는 국가의 행위는 인간의 존엄성에 반하는 조치이다.

3) 나아가, 법익균형성의 관점에서도 신상공개제도를 통하여 달성할 수 있는 '범죄예방의 효과'는 불확실하고 작은 반면에, 신상공개제도를 통하여 범죄인이 입는 피해는 매우 중대하다.

개인이 자신의 인격을 자유롭게 발현하기 위해서는 인간 누구에게나 부여되는 사회적 생존의 기본조건이 보장되어야 하는데, 이에 속하는 것이 범죄인의 사회복귀의 가능성이다. 범죄인에게는 형의 집행이 종료된 후 다시 사회에 복귀할 수 있는 가능성이 주어져야 하는데, 신상공개제도는 범죄인의 신상을 공개함으로써 범죄인의 사회적 생존을 위하여 절대적으로 필요한 기회인 사회로 복귀할 가능성을 차단하고 있다. 신상공개제도가 범죄예방에만 관심을 둔 채 범죄인의 사회복귀를 전혀 고려하고 있지 않다는 것은, 이 제도가 범죄인을 독자적 인격의 주체가 아니라 단지 '범죄퇴치의 수단'으로 간주하고 있다는 사실을 다시 한 번 확인시켜 주고 있다.

반면에, 청소년 대상 변태성욕자나 흉악범에 의한 침해의 경우와는 달리, 단순한 성매매에 의하여 위협받는 보호법익이 청소년의 생명이나 건강이 아니라 단지 성적 자기결정권이라는 점에서 '보호법익의 비중'이 작다. 더욱이 신상공개제도를 통하여 보호하고자 하는 대상이 비록 미성년자이기는 하나, 17, 18세 이상의 청소년이 자신의 자유의사에 의하여 성관계를 가지는 경우 그들의 인식·판단능력의 정도에 비추어 상당히 자력으로 성적 자결권을 행사할 수 있다는 점에서, 보호법익인 '성적 자기결정권의 침해의 정도'도 크지 않다. '법익침해의 위험성'의 관점에서 보더라도 신상공개제도가 방지하고자 하는 것이 법익침해의 구체적 위험성이 아니라 막연히 추상적으로 사회적으로 유해한 현상(소위 '원조교제')의 확산에 지나지 않으며, 신상공개제도를 통한 범죄예방의 효과나 사회적 병리현상의 치유효과도 사실상 매우 불확실하다. 성범죄자의 신상공개를 시행한 후에도 범죄율이 감소하는 징후가 없다는 사실도 이를 뒷받침하고 있다.

이에 대하여 위에서 언급한 바와 같이, 신상공개제도로 인하여 개인의 사회적 생존기반이 박탈되고 그의 가족이 막대한 정신적 고통을 입는다는 점 등을 고려한다면, 기본권침해의 효과는 심대한 반면, 기본권침해를 통한 실현하려는 공익의 비중이나 공익실현의 효과는 상당히 작다고 판단되므로, 법익균형성을 현저하게 일탈하고 있다고 보아야 한다.

Ⅴ. 맺는말

1. 헌법 제10조의 행복추구권은, 개인이 자신의 인격을 자유롭게 발현할 수 있고 자신의 삶을 스스로 독자적으로 형성할 수 있는 권리를 보장하는 포괄적인 기본권이다. 행복추구권은 '자유가 원칙이고 이에 대한 제한이 예외'라는 헌법적 결정의 중대한 표현이며, 이로써 개인은 자유의 행사를 국가에 대하여 정당화해야 할 필요가 없는 반면, 국가는 자유에 대한 제한을 언제나 정당화해야 한다는 것을 의미한다. 행복추구권은 헌법에 구체적으로 규정된 자유권에 의하여 보호될 수 없는 인간의 행위, 법익 또는 상태에 대하여 보충적으로 기본권적 보호를 제공하는 '일반적·보충적 자유권'이다.

인간이 인격을 자유롭게 발현하기 위해서는 자신이 원하는 대로 행동할 자유가 보장되어야 할 뿐만 아니라 개인이 인격을 자유롭게 발현할 수 있는 상태도 함께 보장되어야 하므로, 행복추구권은 인격발현의 적극적 요소로서 '일반적 행동자유권'과 인격발현의 소극적 요소로서 '일반적 인격권'을 그 보장내용으로 하고 있다. 즉, 인격의 자유로운 발현은 그의 기본조건으로서, '인간의 행위에 대한 보호'와 '인간의 사실적·법적 존재 또는 상태에 대한 보호'라는 이중적인 보호를 필요로 하는 것이다.

2. 일반적 인격권이 실현하고자 하는 것은 궁극적으로 인격의 자유로운 발현과 인간의 존엄성이며, 이에 따라 일반적 인격권은 인격의 자유로운 발현을 보장하는 '행복추구권' 및 '인간의 존엄과 가치'에 그 헌법적 기초를 두고 있다.

일반적 인격권은 자신의 인생과 운명을 독자적인 책임 하에서 스스로 형성할 권리, 즉 자기결정의 사고에 그 바탕을 둔 권리로서, 그 보호범위를 정하는 결정적인 기준도 마찬가지로 '누구나 각자의 삶을 스스로 자주적으로 결정할 수 있어야 한다'는 의미에서 개인의 자율성과 자기결정의 사고이다. 일반적 인격권은 좁은 개인적 생활공간인 사생활의 보호를 비롯하여 '인간의 존엄성과 밀접한 연관관계를 보이는 자유로운 인격발현의 기본조건'을 포괄적으로 보호하고자 하는 것이므로, 자신의 삶을 스스로 결정할 수 있는 개인적 생존의 가능성이 박탈당하는 경우, 즉 자유로운 인격발현의 기본조건이 위협받는 경우에는 일반적 인격권에 의한 헌법적 보호가 필요하다.

이러한 의미에서 일반적 인격권이란, 개인의 사생활영역을 비롯하여 독자적인 생활형성을 위하여 필요한 기본조건을 보장하는 기본권이다. 따라서 일반적 인격권은 국가나 사인에 의한 사생활의 침해에 대한 헌법적 보호에 그치는 것이 아니라, 사회현상의 발전에 따라 발생하는 새로운 위험에 대하여 대처할 수 있도록 그 보호범위에 있어서 변화하는 개방적 기본권이다.

3. 일반적 인격권의 보장내용은 '사생활의 보호'와 '사회적 인격상에 관한 자기결정권'으로 나누어 볼 수 있다. 인격의 자유로운 발현이 가능한 상태가 확보되기 위해서는, 한편으로는 인간이 독자적인 개성을 자율적으로 형성할 수 있는 개인적 생활영역인 '사생활의 보호'를 필요로 한다. 사생활의 보호는 개인의 사생활영역이 당사자의 의사에 반하여 공개되지 아니할 권리, 즉 사생활영역으로부터 당사자의 의사에 반하여 정보를 수집하는 것에 대한 보호를 제공하는 '사생활의 비밀'과 사생활의 기본조건(예컨대 성적 영역, 부모와 자식의 관계, 혼인 및 부부관계 등)에 관하여 독자적으로 결정하고 이로써 사생활을 스스로 형성할 자유, 즉 국가가 사생활의 자유로운 형성을 방해하거나 금지하는 것에 대하여 보호하는 '사생활의 자유'를 포함한다.

다른 한편으로는, 개인의 인격은 외부세계의 영향을 배제하는 사생활영역뿐만 아니라 사회 내에서 외부세계와의 접촉과 교류를 통하여 형성되고 발현되므로, 자유로운 인격발현을 위해서는 '사생활의 보호' 외에도 개인을 외부와의 관계, 즉 사회적 또는 공적 영역에서도 보호하는 다른 요소가 부가적으로 보장되어야 한다.

개인이 사회적 활동을 통하여 인격을 자유롭게 발현하기 위해서는, 개인에 관한 어떠한 정보가 어떠한 연관관계에서 사회적으로 공개되는가 하는 것은 매우 중요하다. 국가 및 사회는 개인에 관한 정보로부터 그에 대한 사회적 인격상을 형성하고 이를 기준으로 개인을 평가하고 예측하게 되므로, '자신에 관하여 무엇이 어떠한 연관관계에서 사회적으로 공개되어야 할 것인지에 관하여 스스로 결정할 권리'가 보장되어야 한다. 세상에 자신이 어떻게 묘사되고 국가나 제3자가 자신을 어떻게 평가할지에 관하여 결정할 권리는, 개인이 외부 세계와의 관계에서 사회적으로 활동하면서 자신의 인격을 발현하기 위한 기본조건의 보장에 관한 것이다. 따라서 일반적 인격권은 단지 사생활영역을 외부로부터 차단하는 것에 제한되는 것이 아니라, 외부세계에 묘사되는 자신의 '사회적 인격상'을 형성하는 정보에 관하여 스스로 결정할 수 있는 권리를 포함해야 한다.

'사생활의 비밀'의 경우, 수집한 정보를 가지고 무엇을 하는지와 관계없이 사생활정보를 수집함으로써 사생활을 침해하는 것이 특징이라면, '사회적 인격상에 관한 자기결정권'의 경우 개인정보를 어떠한 방법으로 수집하는지와 관계없이 정보를 처리하는 방법에 의하여 인격권이 침해된다는 데 그 특징이 있다. 결국 인격권보호의 핵심을 이루는 것은 '개인정보의 공개와 이용에 관하여 스스로 결정할 권리', 즉 개인정보자기결정권이라고 할 수 있다.

4. '헌법상 인격권'의 보호와 관련하여, '일반적 인격권'은 헌법에 규정된 '개별적 인격권'에 대하여 보충적으로 적용되는 기본권이다. 우리 헌법은 일반적 인격권의 보호범위 중에서 '사생활의 보호'에 관한 부분에 관하여는 사생활영역을 보호하는 개별적 기본권인 '주거의 자유'(제16조), '사생활의 비밀과 자유'(제17조), '통신의 비밀'(제18조)를 통하여 직접 구체적으로 규범화하였다. 따라서 '사생활의 보호'에 관한 한, 일반적 인격권이 아니라 그에 대하여 일반·특별관계에 있는 개별적 기본권이 적용되어야 한다.

그러나 위 개별 기본권들은 인격발현의 모든 요소를 포괄하는 것이 아니라 '사생활의 보호'라는 부분적인 측면만을 보호하는 것이므로, 사회적 인격상에 관한 자기결정권에 대하여 특별관계에 있는 개별기본권이 존재하지 않는다. 따라서 인격권의 포괄적인 보호, 특히 '사회적 인격상에 관한 자기결정권'의 보호는 헌법에 명시적으로 규정되지 아니한 인격권을 보장하는 '일반적 인격권'에 의하여 이루어진다. 이러한 점에서, 헌법이 별도로 개별기본권을 통하여 인격권을 구체화하고 있다 하더라도, 헌법해석을 통하여 일반적 인격권을 인정할 필요가 있다.

참고문헌

권영성, 헌법학원론, 2000

김선택, 헌법재판소 판례에 비추어 본 행복추구권, 헌법논총 제9집(1998)

김일환, 한국헌법상 '일반적 인격권' 존재여부에 관한 비판적 고찰, 공법연구 제28집 제4호 제2권

김철수, 헌법학개론, 2002

박용상, 정보법제의 체계와 내용, 법조 1998. 6.

박일경, 제6공화국 신헌법, 1990

성낙인, 기본권의 개념과 범위에 관한 연구, 헌법재판연구 제6권, 1995. 9.

허 영, 한국헌법론, 2001

홍준형, 정보공개청구권과 정보의 자유, 現代法의 理論과 實際, 김철수교수 화갑기념논문집, 1993

Alexy, Theorie der Grundrechte, 1994

Ameling, Die zweite Tagebuchentscheidung des BVerfG, NJW 1990

Benda, Menschenwürde und Persönlichkeitsrecht, in: Benda/Maihofer/Vogel(Hg), Handbuch des Verfassungsrechts (HbVerfR), Bd.I, 1995, §6

Degenhart, Die allgemeine Handlungsfreiheit der Art.2 I, JuS 1990

______, Das allgemeine Persönlichkeitsrecht, JuS 1992

Ehmann, Zur Struktur des Allgemeinen Persönlichkeitsrechts, JuS 1997

Erichsen, Allgemeine Handlungsfreiheit, in: Isensee/Kirchhof(Hg), Handbuch des Staatsrechts (HbStR), Bd.Ⅵ, 1989, §152

Gallwas, Grundrechte, 1995

______, Der Allgemeine Konflikt zwischen dem Recht auf informationelle Selbstbestimmung und der Informationsfreiheit, NJW 1992

______, Verfassungsrechtliche Grundlagen des Datenschutzes, Der Staat 1979

Geis, Der Kern des Persönlichkeitsrechts, JZ 1991

Ipsen, Staatsrecht II, 1997

Isensee, Grundrecht auf Ehre, in: Festschrift für Kriele, 1997

Jarass, Das allgemeine Persönlichkeitsrecht im Grundgesetz, NJW 1989

Kübler, Öffentlichkeit als Tribunal? -Zum Konflikt zwischen Medienfreiheit und Ehrenschutz -, JZ 1984

Kunig, Der Grundsatz informationeller Selbstbestimmung, Jura 1993

______, in: Münch/Kunig(Hg), Grundgesetz Kommentar (GGK), Bd.I, 2000, Art.2

Pieroth/Schlink, Grundrechte, 1994

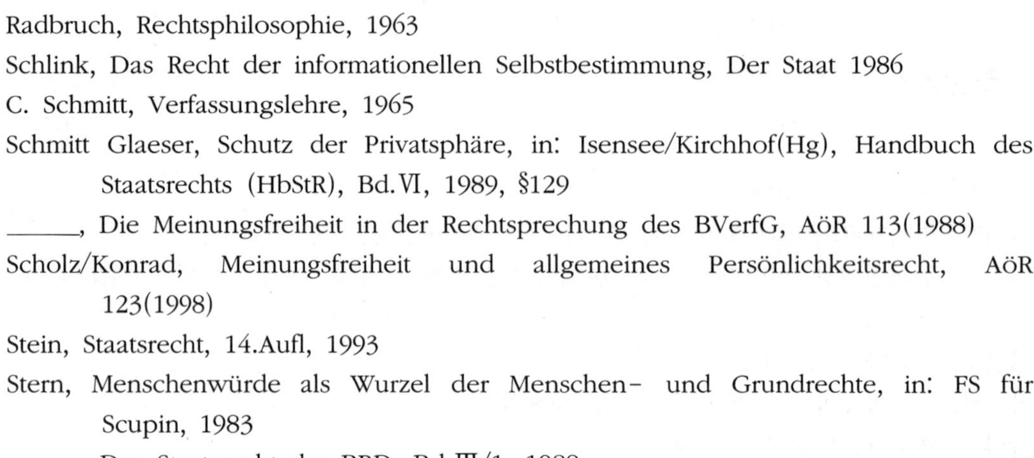

Radbruch, Rechtsphilosophie, 1963

Schlink, Das Recht der informationellen Selbstbestimmung, Der Staat 1986

C. Schmitt, Verfassungslehre, 1965

Schmitt Glaeser, Schutz der Privatsphäre, in: Isensee/Kirchhof(Hg), Handbuch des Staatsrechts (HbStR), Bd.Ⅵ, 1989, §129

______, Die Meinungsfreiheit in der Rechtsprechung des BVerfG, AöR 113(1988)

Scholz/Konrad, Meinungsfreiheit und allgemeines Persönlichkeitsrecht, AöR 123(1998)

Stein, Staatsrecht, 14.Aufl, 1993

Stern, Menschenwürde als Wurzel der Menschen- und Grundrechte, in: FS für Scupin, 1983

______, Das Staatsrecht der BRD, Bd.Ⅲ/1, 1988

제3장

3 평 등 권

제1절 일반이론

평등권의 구조와 심사기준*

Ⅰ. 머리말

헌법은 제11조에서 "모든 국민은 법 앞에 평등하다. 누구든지 성별·종교 또는 사회적 신분에 의하여 정치적·경제적·사회적·문화적 생활의 모든 영역에서 차별을 받지 아니한다."고 규정함으로써 평등권을 보장하고 있다. 자유권이 국가의 침해적 행위에 의하여 개인의 자유영역이 제한되는 경우에 적용되는 반면에, 평등권은 국가의 침해적 행위뿐만 아니라 施惠的 또는 급부적 행위에 있어서도 적용되기 때문에, 기본권 중에서 가장 넓은 적용범위를 가진 기본권이자 헌법재판에서 가장 빈번하게 사용되는 심사기준이다. 그럼에도 평등권은 그 구조와 심사기준에 있어서 불확실하고 아직 해명되지 않은 기본권이라고 볼 수 있다.[1)]

오늘날 기본권은 모든 국가권력을 구속하므로, "법 앞"이라는 명시적인 헌법적 표현에도 불구하고 헌법 제11조의 평등권은 '법적용의 평등'뿐만 아니라 '법제정의 평등'을

* 위 논문은 1998년 12월 헌법논총(헌법재판소), 제9집, 41-105면에 게재된 것을 일부 수정한 것이다.

1) Vgl. Jarass, Folgerung aus der neueren Rechtsprechung des BVerfG für die Prüfung von Verstößen gegen Art.3 I GG, NJW 1997, S.2545; Gubelt, in: v. Münch(Hg), GG, Bd.I, 4. Aufl. Art.3 Rn.4; Schoch, Der Gleichheitssatz, DVBl 1988, S.864; Rupp, Art.3 GG als Maßstab verfassungsgerichtlicher Gesetzeskontrolle, in: C. Starck(Hg), BVerfG und GG, Bd. II, 1976, S.365.

의미한다.[2)] 평등권을 法文("법 앞에 평등")에 따라 단지 법적용의 평등으로만 이해한다면, 평등권은 헌법적으로는 아무런 법리적 문제를 야기하지 않는다. '법적용의 평등'이란, 법원이나 행정청이 법적용대상자의 지위·신분·권위 등과 관계없이 법률의 구성요건을 충족시키는 경우 누구에게나 적용해야 한다는 지극히 당연한 법치국가적 요청을 의미하기 때문이다. 이러한 측면은 오늘날 이미 법률의 개념적 요소인 '법률의 일반·추상성'에 포함되어 있다.

그러나 평등권을 '법적용의 평등'뿐만 아니라 법률 스스로 평등원칙에 부합해야 한다는 '법제정의 평등'으로 파악한다면, 헌법상의 평등권은 입법자와 헌법재판소에 대하여 어떠한 내용을 가지고 어떠한 요청을 하는지에 관한 매우 어려운 헌법적 문제를 제기하게 된다. 입법자가 제정하는 법률이 평등원칙에 부합해야 한다면, 법률은 정의에 입각하여 '같은 것은 같게 다른 것은 다르게' 취급해야 한다. 헌법은 제11조 제1항에서 '성별·종교·사회적 신분'을 언급함으로써 이러한 특징을 차별기준으로 삼아서는 안된다는 것을 명시적으로 표현할 뿐, 어떠한 인적 집단이나 사실관계가 같기 때문에 법적으로 같게 취급해야 할 것인지에 관해서는 구체적으로 제시하는 바가 없다.

여기서 수많은 인적 집단과 사실관계 중에서 '무엇이 같은 것인가' 하는 문제가 제기된다. 비교의 대상은 모든 관점에서 동일한 것이 아니라 단지 일정한 관점에서만 동일할 뿐이고 그 외의 관점에서는 서로 다르기 때문에, '두개의 비교대상이 같다'고 하는 판단은 서로 일치하는 요소를 본질적인 것으로, 그 외의 서로 상이한 요소를 비본질적인 것으로 간주함으로써 두 비교대상 간에 필연적으로 존재하는 상이함을 도외시한 결과이다. 그러나 '무엇이 본질적인가' 하는 문제는 비교의 관점을 선택함에 따라 달라지는 것으로서 논리의 문제가 아니라 주관적 평가와 판단의 문제이다.[3)]

따라서 입법자가 두 개의 인적 집단이나 사실관계를 '본질적으로 같다 또는 다르다'고 판단하여 이에 따라 같게 또는 다르게 취급한 것에 대하여 헌법재판소가 어느 정도로 심사할 수 있는지의 문제가 제기된다. 입법자와 헌법재판소 모두 국가기관으로서 평등원칙의 구속을 받을 뿐만 아니라 헌법상의 권력분립질서에도 구속을 받기 때문에, 평등원칙을 근거로 한 헌법재판소의 심사에 있어서 어디에 규범심사의 한계가 있으며 평등심사의 기준은 무엇인가 하는 것이 평등권에 관한 핵심적인 헌법적 문제이다.[4)]

---

2) Vgl. Dürig, in: Maunz/Dürig(Hg), GG, Art.3 Abs. 1, Rn.280ff.

3) Vgl. Alexy, Theorie der Grundrechte, 2. Aufl. 1984, S.364ff.; Hesse, Der Gleichheitssatz in der neueren deutschen Verfassungsentwicklung, AöR 109(1984), S.177; Gubelt, in: v. Münch(Hg), GG, Bd.I, 4. Aufl. Art.3 Rn.17.

4) Vgl. Hesse, Der allgemeine Gleichheitssatz in der neueren Rechtsprechung des BVerfG zur Rechtssetzungsgleichheit, in: FS für Peter Lerche, 1993, S.121f.

Ⅱ. 평등원칙의 구조와 특성

1. 평등원칙의 구조

가. 평등권의 구조적 특징으로서 三者關係

국가의 침해를 방어하는 자유권이나 국가로부터 급부나 행위를 요구하는 청구권의 경우, 기본권의 주체인 '개인'과 기본권의 구속을 받는 '국가' 사이의 兩者關係에 관한 것으로, 개인과 국가의 관계에서 자유권이나 청구권의 위반이 주장된다. 이에 대하여 평등권의 경우, 자신의 평등권을 주장하는 기본권의 주체, 평등권의 구속을 받는 국가 그리고 기본권주체와 비교의 대상이 되는 제3자(인적 집단이나 사실관계)라는 '3자관계'가 특징적이다.

평등권의 경우, 기본권의 주체가 주장하는 위헌성은 국가작용의 '과잉'(자유권의 경우)이나 국가의 '부작위'(청구권의 경우)에 있는 것이 아니라 국가작용의 '차별성'에 있다. 따라서 평등권이 적용되기 위해서는 비교의 대상을 전제로 하며, 평등권위반의 주장은 기본권주체와 비교되는 제3자와의 연관관계에서만 가능하다. 평등권의 위반여부는 개인과 국가의 관계 그 자체만을 파악함으로써 판단할 수 있는 것이 아니라 제3자와의 비교를 통하여 판단할 수 있다는 점에서, 평등권은 그 본질상 상대적이다.

평등권이 적용되기 위해서는 두개의 사실관계의 차별적 대우나 동일한 대우와 같이 국가의 적극적인 행위가 존재해야 한다. 평등권 그 자체로부터는 국가의 행위의무를 이끌어 낼 수 없기 때문에, 국가의 적극적인 행위가 존재하지 않는다면 평등권은 적용될 여지가 없다.[5] 일단 국가가 일정 내용의 적극적인 활동을 해야만 비로소 국가의 모든 행위는 평등원칙을 준수해야 하기 때문에, 국가의 事前的 행위에서 비롯되는 평등권의 문제가 발생할 수 있다.[6] 평등원칙 그 자체는 입법자에게 헌법적으로 아무런 구체적인 입법의무를 부과하지 않는다.[7] 그러나 일단 입법자가 일정 내용의 입법을 하면, 평등원칙은 본질적으로 같은 것은 같게 다른 것은 다르게 취급할 것을 요구함으로써, 입법자와의 관계에서 '입법'이라는 事前的 행위에서 유래하는 규범적 효력을 발휘한다.

---

5) 자유권의 경우, 반드시 적극적인 국가작용이 있어야만 자유권이 침해되는 것은 아니다. 물론, 원칙적으로 국가의 적극적인 침해행위가 있어야 자유권이 비로소 적용될 수 있다. 그러나 다른 한편으로는 자유권의 객관적 가치질서적 측면으로부터 국가의 보호의무가 도출될 수 있으며, 국가가 기본권 보호의무를 해태한다면 경우에 따라 부작위를 통하여 자유권을 침해할 수 있다. 보호의무에 관하여 자세한 것은 한수웅, 입법부작위에 대한 헌법소원, 현대헌법학이론(이명구교수 화갑기념논문집), 1996, 710면 이하 참조

6) Vgl. Schoch, Der Gleichheitssatz, DVBl 1988, S.868; Sachs, Zur dogmatischen Struktur der Gleichheitsrechte als Abwehrrechte, DÖV 1984, S.415; Gubelt, in: v. Münch, GG, Art.3 I, Rn.10.

7) 평등권과 헌법적 입법의무에 관하여 한수웅, 평등권과 입법부작위, 법조 1997/2, 13면 이하.

나. 평등권과 보호범위

자유권은 각 그의 고유한 보호범위가 존재하고 그 기능에 있어서 일차적으로 對國家的 防禦權으로서 보호범위에 대한 국가의 부당한 침해를 배제한다. 그러나 평등원칙은 특정한 생활영역, 인간의 행위나 법익을 국가로부터 보호하려는 것이 아니라, 국가의 행위지침으로서 正義에 부합하는 국가행위를 할 것을 요청한다.[8] 평등권의 경우, 국가의 침해로부터 보호하려는 고유한 보호범위가 존재하지 않으며, 이로써 보호범위에 대한 침해 또한 있을 수 없다.[9]

따라서 평등권의 위반여부를 판단하는 심사구조도 자유권의 경우와 다를 수밖에 없다. 자유권의 경우, 기본권위반여부의 심사가 '보호범위의 확인', '보호범위에 대한 제한', '제한의 헌법적 정당성'이라는 3단계로 이루어지나, 평등권의 경우에는 '차별대우의 확인'과 '차별대우의 헌법적 정당성'이라는 2단계로 이루어진다.

다. 相對的 基本權으로서 평등권

평등권은 국가의 不作爲를 요구하는 방어권적 성격이나 국가의 作爲를 요구하는 청구권적 성격을 가진 기본권이 아니라, 다양한 사실관계의 비교를 통하여 비로소 그 내용이 결정되고 기능하는 '相對的' 기본권이다.

평등권은 자유권과는 달리 국가작용 그 자체를 금지하는 것이 아니라, 국가작용이 평등원칙에 합치하는 한 모든 국가작용을 허용한다. 즉, 국가가 혜택을 부여한다면 누구에게나 평등한 혜택을 부여할 것을, 또는 부담을 부과한다면 누구에게나 평등한 부담을 부과할 것을 평등권은 요구할 뿐, 국가의 부담으로부터의 면제 또는 침해의 배제나 국가로부터 일정 급부를 요구할 수 있는 권리가 아니다.[10] 바로 이러한 이유에서 자유권을 제한하는 법률이 평등원칙에 합치한다고 하여 곧 합헌적인 법률이 아니라, 자유권을 침해할 가능성은 언제나 있는 것이다. 예컨대, 국민 모두에게 '균등하게' '과도한' 조세부담을 부과하는 세법규정의 경우, 재산권침해의 가능성은 별론으로 하고 부담이 평등하게 부과되는 이상, 평등권의 관점에서는 헌법적으로 하자가 없다. 나아가, 국민은 평등권을 근거로 하여 일정 급부를 국가로부터 요구할 수는 없고, 단지 국가가 이미 일정 인적 집단에게 혜택이나 급부를 제공한 경우에 한하여 평등권의 위반을 주장하여 급부에의 참여를 요구할 수 있을 뿐이다.

따라서 평등권은 부담이나 혜택·기회를 분배하는 모든 문제에 있어서 중요한 의미를 가진다. 평등권이 적용되는 주요영역으로는 특히 급부행정의 영역(급부의 균등한 분

8) BVerfGE 3, 58, 135.

9) 이에 관하여 자세하게 아래 VI. 3. '평등권과 헌법 제37조 제2항' 참조.

10) Vgl. Sachs, Zur dogmatischen Struktur der Gleichheitsrechte als Abwehrrechte, DÖV 1984, S.415.

배), 교육영역(교육기회의 균등), 세법의 영역(조세평등주의), 노동법의 영역(근로조건이나 취업기회에 있어서의 남녀평등) 등을 들 수 있다.

라. 평등권의 상대적 성격이 헌법재판소의 결정유형에 미치는 효과

평등권은 국가로부터 '부작위 그 자체'를 요구하는 것이 아니라 단지 '차별적 국가행위의 부작위'를 요구하는 주관적 공권이다. 설사 평등권을 그 헌법적 요청에 있어서 '부당한 차별의 부작위'를 요구하는 대국가적 방어권으로 본다고 하더라도, 부담의 부과나 혜택의 배제에 대한 방어권이 아니라 불평등한 대우 그 자체에 대한 방어권으로서, 부담의 평등 아니면 혜택의 평등이 문제되는지의 상황에 따라 방어권의 내용이 달라진다.[11] 따라서 평등권은 단지 동일한 것의 동일한 취급이라는 법적 형성을 입법자로부터 요구하는 권리, 즉 입법자에게 '평등원칙에 위배되는 입법'을 '평등원칙에 합치하는 입법'으로 대체하여 줄 것을 요구하는 '상대적 권리'이다.

자유권의 대국가적 방어권으로서 국가의 부작위를 요구하는 '消極的 성격'과 평등권의 차별금지기능으로서의 '相對的 성격'의 근본적인 차이는 헌법재판소의 결정유형에 있어서도 나타난다. 자유권적 기본권이 침해된 경우에는 헌법재판소가 '위헌결정'을 통하여 위헌적 법률을 제거하고, 이로써 위헌적 법률에 의한 자유권 침해를 제거함으로써 다시 합헌적 상태를 자동으로 회복할 수 있다. 그러나 施惠的 법률이 평등권에 위반되는 경우에는 '평등권의 상대적 성격'으로 인하여 합헌적 상태가 여러 가지 다양한 방법으로 실현될 수 있기 때문에, 헌법재판소가 위헌결정을 통하여 위헌적 법률을 단순히 제거함으로써는 합헌적 상태가 궁극적으로 회복될 수 없다. 따라서 이러한 경우, 헌법재판소는 시혜적 법률이 평등권에 위반된다는 것을 단지 확인하면서 입법자에게 평등원칙에 합치하는 상태로 전환해야 할 입법개선의무를 부과하는 '헌법불합치결정'을 내리게 된다.[12]

2. 평등권과 헌법소원심판의 적법요건으로서의 '기본권침해의 自己關聯性'

가. 헌법재판소법 제68조 제1항에 의하면 헌법소원심판은 공권력의 행사 또는 불행사로 인하여 기본권을 침해받은 자가 청구하여야 한다고 규정하고 있다. 평등권은, 국가가 혜택을 부여한다면 누구에게나 평등한 혜택을 부여할 것을, 부담을 부과한다면 누구에게나 평등한 부담을 부과할 것을 요구한다. 따라서 청구인은 '施惠的 법률'에 대해

11) Vgl. Schoch, Der Gleichheitssatz, DVBl 1988, S.867; Sachs, Zur dogmatischen Struktur der Gleichheitsrechte als Abwehrrechte, DÖV 1984, S.414.

12) 평등권에 위반된 시혜적 법률에 대한 결정유형으로서 헌법불합치결정에 관하여 자세하게, 한수웅, 헌법불합치결정의 소급효력, 판례월보 1997/10, 10면 이하; 헌법불합치결정의 헌법적 근거와 효력, 헌법논총 제6집, 486면 이하.

서는 국가가 다른 집단에게 혜택을 부여하면서 자신이 속한 집단을 평등원칙에 위배되게 배제하였다는 주장으로, '侵害的 법률'에 대해서는 국가가 부담을 부과하면서 자신이 속한 집단에게만 불평등하게 부담을 부과하였거나 아니면 불평등하게 과도한 부담을 부과하였다는 주장으로 헌법소원을 제기하게 된다.

헌법소원심판의 적법요건으로서의 '기본권침해의 자기관련성'은 현재관련성·직접관련성과 함께 '일반적인 권리보호이익'이 헌법소원심판에서 구체화된 형태로서, 심판청구 당시에 권리보호이익이 존재하는지 여부에 관한 것이다. 따라서 청구인의 헌법소원이 인용되는 경우 청구인의 법적 지위의 향상을 가져올 수 있는지의 관점에서 권리보호이익의 유무는 자기관련성을 판단하는 중요한 기준이 된다. 헌법재판소가 심판대상의 평등권위반을 확인한다면, 그 결과로서 침해적 법률에 의하여 청구인에게 부과된 불평등한 부담이 제거될 가능성이 있거나 아니면 청구인이 시혜적 법률에 의하여 배제된 혜택에 참여할 가능성이 있는 경우에 비로소 권리보호이익이 있고, 이로써 청구인의 자기관련성은 인정될 수 있다.

국민의 기본권을 제한하고 부담을 부과하는 소위 '侵害的 법률'에 있어서는 법률의 受範者가 당사자로서 자신의 기본권침해를 주장하게 되지만, 반대로 법률의 성격이 施惠的인 경우에는 수혜범위에서 제외된 청구인은 형식적으로는 시혜적 법률의 수범자가 아닌 제3자이지만, 실질적으로는 시혜적 법률에 의한 평등권 침해를 주장할 수 있는 당사자에 해당한다. 즉, 평등권위반을 이유로 제기되는 법률소원에 있어서는 법률의 직접적인 수범자인 수혜자가 아니라 법률의 수범자 범위에서 배제되는 자가 자신의 기본권침해를 주장할 수 있는 실체적 당사자의 범위에 속한다.[13] 그러므로 평등권의 침해에 있어서 '기본권침해의 자기관련성'을 판단하는 기준은, 청구인이 법률의 직접적인 수범자인지 여부가 아니라, 헌법재판소가 청구인의 심판청구를 인용하는 경우에 청구인에게 유리한 법적 효과를 가져 올 수 있는지 여부이다. 헌법재판소가 심판대상인 법률조항에 대하여 "청구인을 법률의 수혜대상에 포함시키지 않은 것은 청구인의 평등권을 침해한

13) 1980년 정화계획에 의하여 강제해직된 정부산하기관의 임직원을 보상대상자에서 제외한 '1980년 해직공무원의 보상 등에 관한 특별조치법'에 대한 헌법소원에서, 재판관 5인의 다수의견은 특조법이 당해소송사건에 적용할 법률에 해당한다고 하여 '재판의 전제성'을 인정하였고, 본안에서 평등원칙의 위반을 확인하였다(헌재 1993. 5. 13. 90헌바22 등, 판례집 5-1, 253, 261-267). 그러나 재판관 4인의 소수의견은, "특조법의 적용대상은 어디까지나 해직공무원이고 따라서 이 법률은 청구인이 속하는 정부산하 임직원과는 무관한 법률이며 당해소송사건에 적용할 법률이 아니므로, 재판의 전제성이 없기 때문에 본안에 들어갈 필요도 없이 각하하여야 한다."고 주장하였는데(판례집 5-1, 253, 268-274), 수혜대상에서 배제된 집단은 평등권 위반을 주장하는 것 외에는 달리 자신의 권리침해를 다툴 수 있는 방법이 없다. 입법자가 일정 사항을 규율함에 있어서 수혜대상의 경계설정을 잘못하여 그 결과로 일정 집단이 수혜대상에서 제외된 경우가 바로 평등원칙의 전형적인 적용례인 것이다(이에 관하여 자세하게 한수웅, 평등권과 입법부작위, 법조 1997/2, 17면 이하 참조). 위 결정은 헌법재판소법 제68조 제2항의 심판청구에 의한 것이기 때문에 적법요건으로서 '재판의 전제성'이 문제되고 있으나, 청구인이 권리구제형 헌법소원심판에서 평등권의 침해를 주장하는 경우라면 그 문제의 실체는 '기본권침해의 자기관련성'을 인정할 수 있는지 여부에 관한 것이다.

다."는 것을 확인하는 헌법불합치결정을 내린다면, 청구인은 입법개선을 통하여 심판대상규정이 부여하는 혜택에 참여할 수 있는 길이 열려 있으므로, 자신의 법적 지위의 향상을 기대할 수 있다.

나. 따라서 두 개의 사실관계가 서로 비교의 대상을 이루는 것만으로는 수혜범위에서 제외된 모든 자에게 '기본권침해의 자기관련성'을 인정할 수 없다. 헌법소원의 적법요건으로서의 자기관련성을 판단함에 있어서, 헌법재판소가 심판대상규범의 위헌성을 확인하는 경우에 청구인의 법적 지위의 향상을 가져 올 수 있는지 여부, 즉 권리보호이익의 유무가 일차적이고 결정적인 기준이다.

청구인이 시혜적 법률에 대하여 자신이 부당하게 배제되었다고 주장하는 경우, 청구인이 서로 비교대상을 이루는 2개의 사실관계를 서술하고 이로부터 불평등한 대우를 이끌어 낸다고 하여 이미 자기관련성이 인정되는 것은 아니다. 설사 입법자가 달리 규율한 사실관계들이 본질적으로 유사하고, 그 중의 하나의 사실관계에 청구인을 귀속시킬 수 있다 하더라도, 헌법소원이 인용되는 경우 현재의 수혜자 집단의 혜택이 단지 제거되는 것에 그치는 것이 아니라, 자신의 법적 지위의 향상을 가져 올 수 있는 가능성이 존재해야 한다.[14] 따라서 청구인이 평등권위반을 주장하더라도 시혜적 법률이 부여하는 혜택이 자신에게도 확대되지 않으리라는 것이 확실하고, 그 결과 청구의 취지나 인용결정의 결과가 수혜대상범위의 확대가 아니라 현재의 수혜자에게 부여되는 혜택을 박탈하려는 것에 있다면, 권리보호이익, 즉 자기관련성이 인정될 수 없다.[15]

예컨대, 회사원이 공무원의 '겨울철 오후 5시 조기퇴근규정'을 문제 삼는다면, 또는 남성 직장인이 '여성에게만 산후휴가를 부여하는 규정'에 대하여 평등권 위반을 주장한다면, 또는 일반국민이 '국회의원직 수행으로 인하여 발생하는 비용의 보상에 대한 세법상의 면세규정'에 대하여 평등원칙에 반하여 자신은 그러한 혜택에서 제외되었다는 주장을 한다면,[16] 이러한 모든 경우에 당해법률이 위헌으로 선언된다 하더라도, 타인에

14) 헌재 1993. 12. 23. 89헌마189, 판례집 5-2, 639, 648, 헌법재판소는 소수의견에서 "심판대상에 대한 위헌선언을 통하여 청구인의 권리 또는 법적 지위에 유리한 변동을 가져 올 수 있는 경우라야 자기관련성이 인정된다."고 판시하였다.

15) 헌법재판소도 이러한 의미에서 "평등의 원칙은 개인의 기본권신장의 상향적 실현을 보편화하기 위한 것이지 불평등(차별)의 제거만을 목적으로 한 나머지 하향적 균등까지 수용한 것은 아니다."라고 판시한 바 있다(헌재 1990. 6. 25. 89헌마107, 판례집 2, 178, 196).

16) 평등권 침해를 이유로 제기한 헌법소원에서 기본권침해의 自己關聯性을 부인한 독일의 판례를 살펴보면, 연방의회의원의 그 의원직 수행으로 인하여 발생하는 비용의 보상과 그에 대한 세법상의 혜택(면세)을 규정하는 법률규정에 대하여, 일반국민인 청구인이 자신은 평등원칙에 반하여 그러한 혜택으로부터 제외되었다는 주장으로 제기한 헌법소원(BVerfGE 49, 8f.)에서, "의원의 세법상의 혜택을 규정하는 연방의원법은 단지 연방의회의원의 비용보상만을 규율하고 있을 뿐, 위 법률은 청구인의 납세의무의 변경과는 아무런 연관관계가 없다. 청구인은 심판대상이 된 법률규정에 의하여 규율되는 사실관계, 즉 의원의 지위와 아무런 관계가 없기 때문에, 설사 심판대상규범이 무효로 선언된다고 하더라도, 청구인에게 유리하게 세법이 변경되거나 그의 법적 의무가 감소하리라는 것은 전혀 기대할 수 없다."고 판시하여 위 법률규정에 의한 청구인의 법적 관련성을 부인하였다.

게 부여되는 혜택만이 제거될 뿐 청구인에게 유리하게 법률규정이 개선되거나 그의 법적 의무가 축소될 가능성은 전혀 없으므로, 헌법소원이 적법하기 위한 요건인 '기본권 침해의 자기관련성'을 충족시키지 못한다.

다. 그러나 비교집단이 일정 생활영역에서 서로 경쟁관계에 있기 때문에, 일정 집단에게 특정 행위를 허용하는 등 혜택을 부여하는 법규범이 동시에 다른 집단에게는 침해적 규범을 의미한다면, 즉 법률의 내용이 한 집단에게는 이익을, 다른 집단에게는 불이익을 의미하는 復效的 성격을 지닌다면, 일정 집단에 대한 시혜적 법률에 의하여 불이익을 입는 집단에 속한 청구인에게는 자기관련성이 인정된다.

가령, 공무원임용시험에 있어서 남성에게만 군복무를 이유로 가산점을 부여하는 규정에 대하여 여성응시자가 평등권의 위반을 주장하는 경우를 하나의 예로 들 수 있다. 위 규정은 군복무를 마친 남성응시자에게만 가산점을 부여함으로써 남성응시자에게는 시험에서의 이익을, 여성응시자에게는 시험에서의 불이익을 주고 있다. 위 규정이 위헌으로 선언된다면,[17] 청구인의 경쟁자인 남성응시자에 대한 법적 혜택(가산점)이 박탈될 뿐, 청구인이 '가산점'이라는 법적 혜택에 참여할 수 있는 가능성이 있는 것은 아니다. 그러나 이러한 경우 위헌선언은 타인에게 부여된 혜택을 제거할 뿐만 아니라 동시에 경쟁관계에서 있는 청구인의 불이익도 제거하게 되므로, 결과적으로 청구인 자신의 법적 지위의 향상을 가져오게 된다.

Ⅲ. 평등권에 관한 독일 연방헌법재판소 판례의 경향[18]

평등권이 적용되기 위해서는 두 개 이상의 사실관계나 인적 집단을 서로 비교해야 하는데, 헌법은 어떠한 것이 같기 때문에 입법자가 같이 취급해야 하는지에 관하여 아무런 구체적인 기준을 제시하고 있지 않다. 따라서 입법을 통하여 평등원칙을 일차적으로 실현하는 입법자가 헌법재판소에 의하여 어느 정도로 통제될 수 있는지, 즉 헌법재판소가 헌법상 권력분립원칙을 고려하여 입법자에게 부여된 헌법적 권한 및 기능을 존중하면서도, 다른 한편으로는 헌법상 평등원칙을 심사기준으로 하여 어느 정도로 법률이 평등권에 위반된다는 것을 확인할 수 있는지의 문제가 제기된다.

---

17) 위 규정이 위헌으로 확인된다면 헌법재판소로서는 합헌성을 회복하기 위하여 문제의 규정을 제거하는 것 외에는 헌법적으로 다른 방법이 없으므로, 이 경우 법률규정을 무효로 선언하게 된다. 즉 헌법재판소는 평등원칙에 위배되는 시혜적 법률에 대하여 원칙적으로 헌법불합치결정을 하면서도, 헌법이 스스로 위헌적 상태를 일정한 방향으로 제거할 것을 요청하는 경우에는 입법자에게 달리 형성의 여지가 없기 때문에 예외적으로 무효선언을 한다, 이에 관하여 자세한 것은 한수웅, 헌법불합치결정의 헌법적 근거와 효력, 헌법논총 제6집, 486면 이하 참조.

18) 개괄적으로 소개한 것으로 vgl. Herzog, in: Maunz/Dürig, GG, Art.3 Anh.; Schoch, Der Gleichheitssatz, DVBl 1988, S.875f.; Hesse, Der Gleichheitssatz in der neueren deutschen Verfassungsentwicklung, AöR 109(1984), S.186f.

1. 恣意禁止原則

가. 자의금지원칙의 이론적 배경

(1) 독일 연방헌법재판소의 판례를 살펴보면, '자의금지원칙'은 평등권에 관한 첫 번째 결정부터 판례의 방향을 결정하였고, 1980년 초반에 이르기까지 평등심사의 기준이 되었다. 연방헌법재판소는 평등권에 관한 최초의 결정인 '南西國(Südweststaat) 결정'에서 "법률적 차별이나 평등대우에 대하여 사물의 본성으로부터 나오는 합리적인 근거나 그 밖의 객관적으로 명백한 근거가 발견되지 않는 경우, 요컨대 법률규정이 자의적인 것으로 판단되는 경우에 평등원칙에 위반된다."고 판시함으로써 평등원칙을 자의금지원칙으로 해석하였다.[19]

그 이후의 결정에서 헌법재판소는 "법적 차별은 규율목적의 관점에서 보아 자의적이어서는 아니 되고 합리적인 고려에 기인해야 한다."거나[20] "법적 차별은 사물의 본성으로부터 나오는 합리적인 이유에 의하여 정당화되어야 한다."는[21] 등의 다양한 표현을 사용하였으나, 자의금지원칙의 핵심적 내용에 약간의 변형을 가하거나 표현을 달리했을 뿐, 자의금지원칙을 계속 고수하였다.

(2) 독일의 Leibholz 교수는 이미 바이마르 공화국 당시에 '입법자도 평등권의 구속을 받는다'는 미국과 스위스의 판례의 영향을 받아 평등권의 위반여부를 판단하는 헌법적 심사기준으로서 '자의금지원칙'을 제시하였다. 戰後에 독일 연방헌법재판소가 출범하고 Leibholz 교수가 초기에 제2재판부의 재판관으로 활동하면서, 연방헌법재판소는 그의 이론을 그대로 수용하였다.

Leibholz 교수에 의하면,[22] '법 앞에서의 평등'이란 '올바른 법에 대한 요청'으로서, 올바른 법은 '正義'의 개념을 전제로 하기 때문에 국가가 같게 또는 다르게 취급하는 것이 정의로워야 한다는 것을 의미한다. 그러나 '정의'란 내용적으로 규정될 수 없으며, 정의의 개념은 다른 도덕적 가치와 마찬가지로 인간의 생활관계와의 연관성으로 말미암아 不變의 고정된 실체가 아니라 인간공동체와 함께 끊임없이 변화한다. Leibholz 교수는 정의의 이러한 상대성 때문에 정의를 근거로 하는 절대적 가치판단은 불가능하지만, 정의에 대한 인식은 공동체의 법의식에서 나타난다고 보았다. 물론 법공동체에서도 일

---

19) Vgl. BVerfGE 1, 14, 52.
20) BVerfGE 3, 162, 183.
21) BVerfGE 13, 181, 203.
22) Vgl. Leibholz, Die Gleichheit vor dem Gesetz, 2. Aufl. 1959, S.57ff.; Hesse, Der Gleichheitssatz in der neueren deutschen Verfassungsentwicklung, AöR 109(1984), S.176f.; Sachs, Die Maßstäbe des allgemeinen Gleichheitssatzes -Willkürverbot und sogenannte neue Formel, JuS 1997, S.124.

원적이고 통일적인 법의식이 존재하지 않으므로, '무엇이 정의에 부합하는지'의 적극적인 판단은 불가능하지만, 그러나 '무엇이 정의에 반하는지'는 거의 확실하게 판단할 수 있다고 생각하였다.

결국, '정의가 무엇인가' 하는 것은 인간공동체에서 그 확인이 불가능하기 때문에, 그는 정의를 극단적이고 절대적으로 부정하는 개념인 '恣意'의 개념을 설정하여 이 반대개념을 통하여 평등권위반의 판단기준, 즉 입법자를 구속할 수 있는 기준을 제시하려고 시도하였다. 다시 말하자면, 일반적인 정의는 평등권위반 여부의 심사에 있어서 평가의 기준을 적극적으로 제시할 수는 없지만 지극히 부적절한 관점을 배제하는 소극적인 기능을 할 수 있다는 것이다. '정의가 무엇인지, 법률이 정의에 부합하는지'의 문제는 공동체 구성원 모두가 약간씩 그 판단을 달리 할 수 있지만, 정의를 절대적으로 부정하는 최소한의 기준을 설정하여 입법자에게 법공동체 누구나가 납득하고 동의할 수 있는 최소한의 요구를 한다면, 법률이 정의에 반하는지 여부는 그 파악이 가능하다는 것이다.

결국 비교나 평가의 아무런 기준을 제시하지 못한다는 소위 평등권의 '內容的 開放性'으로 인하여, 평등권을 기준으로 판단될 수 있는 것은 최소한의 내용인 '자의 여부'라는 것이다. 결론적으로, Leibholz 교수는 두 사실관계를 같게 또는 달리 취급한 입법자의 평가가 '자의적'이어서는 안 된다는 것에서 평등심사의 기준을 찾았다.

(3) 따라서 이러한 이론적 배경을 이해한다면, 평등심사의 기준으로서의 자의금지원칙이 무엇을 요구하는지는 자명해 진다. 법률에 의한 차별에 있어서 어떠한 합리적인 이유도 찾아 볼 수 없기 때문에 그 규정을 자의로 볼 수밖에 없는 경우, 즉 차별의 불합리성이 명백하고 쉽게 인식될 수 있는 경우에 한하여 평등원칙에 대한 위반은 확인될 수 있다.[23] 여기서의 '자의'란, 입법자에 의하여 의도적으로 불합리하게 행해진 차별이라는 의미에서의 주관적 자의가 아니라, 차별을 통하여 규율하려는 현실상황과의 관계에 있어서 차별의 명백한 불합리성, 즉 객관적 자의를 말한다.[24]

그러므로 자의금지원칙에 의하면, 차별을 정당화하는 합리적인 이유를 더 이상 인식할 수 없기 때문에 입법자의 결정을 용인하는 것이 일반적인 정의감정에 반하다고 판단되는 경우에 비로소 헌법재판소는 입법자의 판단에 대하여 이의를 제기하게 된다. 따라서 헌법재판소는 입법자의 결정이 가장 합목적적이고 이상적인 해결방법인지 여부는 판단하지 아니하고, 단지 '恣意禁止'라는 최종적인 헌법적 한계의 준수 여부만을 심사하게 된다.[25] 따라서 자의금지원칙에 의하면 입법자에게 광범위한 형성의 자유가 인정된다.[26]

---

23) BVerfGE 37, 121, 129.
24) BVerfGE 2, 266, 281.
25) BVerfGE 3, 58, 135f.
26) Vgl. Jarass, Folgerung aus der neueren Rechtsprechung des BVerfG für die Prüfung von Verstößen

나. '恣意' 개념의 기능

(1) 첫째, '正義'의 개념을 정의하는 것이 불가능하고 법공동체의 통일적인 법의식이 확인될 수 없다는 점에 비추어, '자의'의 개념은 정의를 실현해야 하는 국가권력에 대한 최소한의 요구로서, 평등원칙의 위반 여부에 관한 판단에 있어서 누구나 납득할 수 있는 명확한 기준을 제시하게 된다.[27]

(2) 둘째, 자의의 개념은, 헌법재판소가 권력분립질서의 관점에서 '무엇이 같은 것인지'에 관한 입법자의 평가를 합헌적인 것으로 인정해야 하는 명확한 한계를 설정한다. '비교되는 두 사실관계가 같은 것인지'에 대하여 타당한 기준을 제시해 주지 못하는 평등원칙의 '내용적 개방성'으로 인하여, 위헌심사의 기준으로서의 평등원칙은 헌법상 권력분립원리의 관점과 결합하여 '명백하게 정의에 반하는 것의 금지', 즉 '자의금지'로 축소되었다. 이로써 자의금지원칙을 기준으로 한 위헌심사는 헌법재판소에 의한 심사의 자제를 가져오게 되므로, 자의금지원칙은 '司法的 自制'의 중요한 표현이다.

(3) 셋째, 독일 연방헌법재판소는 '자의'의 개념을 통하여 평등원칙으로부터 '법적용의 평등'과 '법 내용상의 평등'뿐만 아니라, 그를 넘어서 '恣意的 法適用의 禁止原則'을 도출하였다. 연방헌법재판소는 법원에 의한 "법적용이나 법원의 절차가 합리적인 평가에 의하여 더 이상 수긍될 수 없고 이로써 비합리적인 고려에 기인한다는 결론을 도저히 피할 수 없다면, 법원의 결정은 평등원칙에 위반된다."고 판시함으로써,[28] 법원의 결정이 사실관계의 비교를 통하여 내려지는 결정, 즉 차별대우에 관한 판단이 아님에도 불구하고, 법원결정의 위헌성을 심사함에 있어서 법원결정이 현저한 흠결을 지닌 경우 평등원칙에 위반된다고 판시하였다.

이로써 구조적으로 항상 비교를 전제로 하는 평등원칙의 원래의 적용범위를 넘어서 사실관계의 비교와 아무런 관계가 없는 경우도 정의의 요청에 반하는 것으로 파악되었다. 자의금지원칙으로 이해된 평등원칙은 법원의 재판에 대한 헌법소원을 허용하고 있는 독일의 헌법재판제도에서 '명백히 잘못된 법원결정의 취소를 가능하게 하는 원칙'으로 변형되었고, 이로써 '자의금지원칙'은 그의 모체인 평등원칙으로부터 분리되어 독자적인 기준으로 발전하였다.

그러나 연방헌법재판소가 위와 같이 자의금지원칙을 평등원칙으로부터 분리된 독자적인 심사기준으로 발전시킨 것에 대하여, "자의금지원칙이 법률에 대한 위헌심사기준으로서 평등원칙으로부터 파생되었다는 것을 감안한다면, 자의금지원칙의 해석에 대한

---

gegen Art.3 I GG, NJW 1997, S.2548.

27) 한편, 평등권을 자의금지원칙으로 해석한 것에 대하여 입법형성권에 대한 지나친 제한이라는 비판으로는 vgl. Fortsthoff, Der Staat der Industriegesellschaft, 2. Aufl. 1971, S.136.

28) BVerfGE 4, 1, 7; 42, 63, 73f.; 59, 98, 101.

한계는 그 모체인 평등원칙으로부터 나오며, 법치국가적으로 수인할 수 없는 모든 국가행위가 헌법적으로 평등원칙의 위반을 의미하지는 않는다."는 설득력 있는 비판이 제기되었다.[29] 평등원칙은 항상 두 개의 사실관계를 서로 비교하는 것을 전제로 하기 때문에, 자의금지원칙에 의한 심사에 있어서 합리적인 이유의 결여로 인하여 자의적이라는 결론에 이르기 위해서는 평등원칙과 마찬가지로 사실관계를 서로 비교하는 경우에 제한되어야 한다는 견해이다.

다. 자의금지원칙에 대한 비판[30]

자의금지원칙에 의한 평등권위반 여부의 심사가 입법자에게 광범위한 형성의 자유를 부여하고, 일반적으로 차별을 정당화하는 이유는 항상 발견될 수 있기 때문에, 결과적으로 자의금지원칙에 의한 심사는 평등권이 적용되는 영역에서 헌법재판소의 지나친 사법적 자제를 가져온다는 비판이 제기되었다.[31] 또한, 자의금지원칙은 '합리적인 이유'의 存否만을 위헌심사의 기준으로 삼기 때문에, '규율대상의 영역'에 따라 심사의 밀도를 달리 할 수 없다는 관점에서도 문제가 제기되었다.

헌법재판소가 적용하는 평등심사의 기준, 즉 심사밀도가 '규율대상의 영역'에 따라 다를 수 있다고 하는 것은 이미 오래 전부터 미국 연방대법원의 판례[32]가 보여주고 있다. 미국의 연방대법원은 차별대우의 위헌여부를 평등권을 기준으로 심사함에 있어서 '의심스러운' 차별(인종, 국적, 기본적 권리의 침해), '거의 의심스러운' 차별(성별, 사생아), '의심스럽지 않은' 차별(경제 · 사회분야의 입법)로 분류하고 있다. 이에 따라, 일정 인종집단의 권리를 제한하는 법률은 평등권의 관점에서 위헌의 의심이 있는데, 물론 이러한 규정이 곧 위헌이라는 것을 의미하지는 않지만 연방대법원은 그러한 차별대우에 대해서는 엄격한 기준을 적용하여 심사하는 한편,[33] 경제 · 사회영역에서의 입법에 의한 차별대우에 대해서는 합리적인 이유에 의하여 차별이 정당화될 수 있는지에 관한 단순한 합리성의 심사(명백성의 심사)에 그치는 방법으로 심사밀도를 달리하고 있다. 엄격한 심사기준을 적용하는 경우 대부분 법률규정의 위헌확인을, 합리성의 심사기준을 적용하는

---

29) Vgl. 독일 연방헌법재판소의 Geiger 재판관의 소수의견, BVerfGE 42, 64, 79f.; Stein, in: AK-GG, Art.3, Rn.29ff.; Gusy, Der Gleichheitsschutz des Grundgesetzes, JuS 1982, S.34f.

30) Richter/Schuppert, Casebook Verfassungrecht, 2. Aufl. Art.3 S.104ff.; Huster, Rechte und Ziele, 1993, S.58ff.

31) Vgl. 독일 연방헌법재판소의 재판관 Brünneck의 소수의견, BVerfGE 36, 237, 247.

32) Vgl. Brugger, Grundrechte und Verfassungsgerichtsbarkeit in den Vereinigten Staaten von Amerika, 1987, S.144ff.; ders., Einführung in das öffentliche Recht der USA, 1993, S.112ff., 128ff.; Schuppert, Self-restraints der Rspr., DVBl 1988, S.1191ff.; Hesse, Der Gleichheitssatz in der neueren deutschen Verfassungsentwicklung, AöR 109(1984), S.194; 황도수, 법규범으로서의 평등의 사적 전개, 헌법논총 제7집, 196면 이하; 안경환, 평등권-미국헌법을 중심으로, 헌법재판연구 제6권, 45면 이하.

33) 이 경우 입법자는 차별대우는 긴급한 입법목적을 실현하는데 기여하고 불가피한 것이라는 것을 입증해야 한다.

경우 대부분 법률규정의 합헌확인을 결과로 가져오기 때문에, 어떠한 등급의 기준을 적용하는지의 문제는 위헌성판단에 있어서 중요한 의미를 가진다.[34)]

독일 연방헌법재판소도 일찍이 자유권의 영역에서 '규율영역의 특성'과 '기본권침해의 효과'에 따라 심사기준을 달리한다는 원칙을 확립하였다.[35)] 이에 의하면, 침해적 법률에 대해서는 시혜적 법률에 비하여 보다 엄격한 기준이 적용된다.[36)] 연방헌법재판소는 침해된 법익의 의미, 즉 기본권침해의 효과에 따라 심사의 밀도를 달리하는데, 개인적 자유의 핵심영역에 대한 공권력의 침해는 더욱 중대한 공익에 의하여 정당화되어야 하는 반면, 침해된 자유영역이 사회적 기능 및 사회적 연관성을 가질수록 입법자는 폭넓은 규율권한을 가진다. 즉, 침해된 법익이 개인연관성을 가질수록 더욱 보호되어야 하는 반면, 사회적 연관성을 가질수록 입법자에 의한 광범위한 규율이 가능하다.[37)]

따라서 비록 아무런 평가의 기준을 제시하지 않는 평등원칙의 '내용적 개방성'을 고려한다 하더라도, 평등원칙을 단지 자의금지원칙으로 이해하는 것은 헌법상 기본권의 과도한 축소가 아닌지,[38)] 평등원칙의 해석과 적용에 있어서 헌법재판소의 자제가 모든 관점에서 정당화될 수 있는지 아니면 스스로에게 부과한 사법적 자제가 너무 과도한 것은 아닌지,[39)] 왜 평등권에 있어서는 헌법재판소의 심사기준이 자유권의 경우보다 무제한적으로 완화되어야 하는지의[40)] 의문이 제기되었다.

2. 독일 연방헌법재판소 판례의 변화

가. 소위 '새로운 공식(neue Formel)'

(1) 1980년대 이후 연방헌법재판소의 판례에서는 자의금지원칙을 내용적으로 보다 명확한 기준에 의하여 보완 또는 대체하려는 경향을 엿볼 수 있다.

연방헌법재판소의 제1재판부는, 1980년 소송법상의 의무(소송촉진의 관점에서 공격방어방법의 신속한 제출의무)를 해태한 소송당사자에 대하여 어떠한 상황에서 그 의무를 해태했는지에 따라 상이하게 '실기한 공격방어방법의 각하'규정을 두고 있는 독일 민사소송법 제528조의 규정에 대한 위헌제청 및 헌법소원사건(Präklusion im Zivilprozeß)[41)]에

34) Vgl. Brugger, Grundrechte und Verfassungsgerichtsbarkeit in den Vereinigten Staaten von Amerika, 1987, S.43, 59f.; 한수웅, 헌법재판의 한계 및 심사기준, 헌법논총 제8집, 227면 이하.

35) 독일 연방헌법재판소는 수권법률의 명확성에 대한 요구는 문제되는 규율대상의 특성과 규율효과(기본권침해의 효과)의 정도에 따라 다르다고 판시함으로써 위 두 가지 관점이 수권법률을 포함한 모든 법률의 위헌심사의 기준을 결정하는 기본적이고 공통적인 관점임을 밝혔다(BVerfGE 58, 257, 277).

36) Vgl. BVerfGE 49, 280, 283.

37) Vgl. BVerfGE 50, 290, 332ff.

38) Vgl. Sachs, JuS 1997, S.125.

39) Vgl. 연방헌법재판소의 재판관 Brünneck의 소수의견, BVerfGE 36, 237, 247.

40) Vgl. Alexy, Theorie der Grundrechte, 2. Aufl. 1984, S.375f.; Schoch, Der Gleichheitssatz, DVBl 1988, S.877.

서, 평등권위반 심사에 있어서도 적용례에 따라 상이한 기준이 고려될 수 있다는 것을 본안판단의 서두에서 처음으로 밝혔다.

위 결정에서 연방헌법재판소는 법률이 의도하는 차별이 인적 집단에 따른 차별(人的差別)인지 아니면 인간의 생활관계나 행위에 따른 차별(事項的 差別)인지로 구분하여, "일정 인적 집단이 다른 인적 집단에 대하여 달리 취급되는 경우에 특히 평등권이 침해될 여지가 많다."고 전제하면서, 그에 반해 개인의 생활관계나 행위를 규율영역에 따라 달리 취급하는 경우를 소위 사항적 차별로 보았다. 연방헌법재판소는 '인적 차별'과 '사항적 차별'로 구분하여 각 상이한 기준을 제시하고 있는데, "인적 차별의 경우에는 차별대우를 정당화할 정도로 두 인적 집단 사이에 성질과 비중에 있어서 차이가 없음에도 불구하고 달리 취급한다면 평등권에 위반된다."고 하면서(소위 '새로운 공식'), 사항적 차별의 경우에는 단순히 자의금지원칙이 적용되므로 차별의 불합리성이 명백한 경우에만 평등권의 위반을 확인할 수 있다고 판시하였다.

이 사건에서는 소송법상 의무의 해태로 인하여 발생하는 상이한 효력이 청구인의 주장의 시점에 달려있기 때문에, 그러한 점에서 '인적 차별'이 아니라 동일한 인간의 소송상의 행위를 달리 취급한다고 판단하여 소위 '사항적 차별'로 분류되었고, 이에 따라 자의금지원칙을 기준으로 평등권위반 여부를 심사하여, 법률규정의 차별이 명백히 비합리적이지 않다는 이유로 심판청구를 기각하였다.

연방헌법재판소는 위 결정에서 '사항적 차별'을 설명하기 위한 예로서 그 이전에 선고한 결정의 사실관계를 함께 언급하였는데,[42] 보호자를 동반하는 경우에만 22시 이후 16세 이상 청소년의 디스코텍 출입을 허용하는 청소년보호법 규정의 평등권위반 여부가 문제된 결정에서, 헌법재판소는 위 규정이 16세 이상의 청소년 모두에게 해당되므로 '인적 차별'이 아니고, 위 규정이 16세 이상의 청소년에 대하여 음식점과 디스코텍의 출입을 서로 다르게 규율하고 있는 것은 동일한 청소년의 생활관계를 규율영역에 따라 달리 취급하는 것이므로 '사항적 차별'이라고 판시하였다.

(2) 연방헌법재판소가 차별대우를 人的 差別과 事項的 差別로 구분하여 인적 집단이 서로 다르게 취급되는 경우에 엄격한 심사가 요청된다고 한 것은, 무엇보다도 평등권을 규정한 독일 기본법 제3조 제1항의 법문과 그 의미에 충실한 해석이라 할 수 있다. "모든 인간은 법 앞에서 평등하다."는 원칙은 일차적으로 '인간 사이의 차별'을 방지하고자 하는 것이므로, 사무직 근로자와 생산직 근로자의 차별,[43] 기혼자와 이혼자의 차별,[44]

41) BVerfGE 55, 72, 88ff.

42) Vgl. BVerfGE 52, 277, 282, 독일 연방헌법재판소는 위 결정에서 자의금지원칙을 적용하여, '심판대상규정이 청소년에게 디스코텍의 출입을 금지한 이유는 춤 자체의 有害性이 아니라 늦은 시간대 디스코텍 분위기의 청소년 유해성 때문인데, 입법자의 이러한 결정이 명백히 잘못되었다고 할 수 없다'고 하여 위 규정의 합헌성을 인정하였다. 물론, 위 결정은 '새로운 공식'에 관한 결정 이전에 선고된 것이다.

25세 이상과 25세 미만의 성전환수술자의 차별[45] 등과 같이, 인적 집단을 서로 달리 취급하는 경우, 특히 나이, 혼인여부, 성별 등 당해 인적 집단의 특징적인 징표인 인적 관련 특징을 차별기준으로 사용하여 차별하는 경우에는, 입법자는 평등권에 의하여 보다 강한 구속을 받는다는 것이다.

연방헌법재판소는 위에서 언급한 1980년의 결정(BVerfGE 55, 72)에서 두 인적 집단의 차별에 있어서 '차별대우를 정당화할 정도로 두 집단 사이에 성질과 비중에 있어서 차이가 존재하는지 여부'를 심사기준으로 제시하였다. 이러한 기준에 따르면, 차별대우가 정당화되기 위해서는 자의금지원칙의 경우와 같이 단순히 법적 차별을 정당화할 수 있는 '어떠한 합리적인 이유'의 존재가 아니라, 두 인적 집단 사이에 존재하는 차이의 성질과 비중이 차별대우와 적정한 비례관계에 있어야 하므로, 이러한 기준은 평등심사에 '비례원칙'의 관점을 도입하고 있다.[46]

나. 판례의 발전

(1) 연방헌법재판소 제1재판부는 위 결정(BVerfGE 55, 72, 88ff.)에서 제시한 기준인 소위 '새로운 공식'을 결정 이후에 제기된 문제점을 고려하여 보완하고 세분화하였다. 제1재판부에 의하여 그 동안 형성된 구체적인 개별기준을 살펴본다면, 다음과 같다.[47]

인적 집단을 서로 달리 취급하는 경우 입법자는 평등권에 의하여 보다 강한 구속을 받는다. 인적 차별이나 사항적 차별이 기본권적으로 보호된 자유의 행사에 대하여 불리하게 작용할수록, 입법형성권은 축소되고 엄격한 기준에 따른 심사가 이루어진다.[48] 이러한 관점은 처음에는 인적 차별의 범주 내에서 심사기준을 더욱 엄격히 하기 위하여

---

43) Vgl. BVerfGE 82, 126, '생산직 근로자'의 해고기간을 '사무직 근로자'의 해고기간보다 短期로 규정하는 민법규정의 위헌여부가 문제된 위 결정에서, 독일 연방헌법재판소는 생산직 근로자와 사무직 근로자의 차별을 人的 差別로 보았고, 두 인적 집단 사이의 차이가 해고기간에 있어서의 차별을 정당화할 수 있는지를 엄격한 기준을 적용하여 심사하였는데, 차별을 정당화하는 차이가 존재하지 않는다고 판단하였기 때문에 평등원칙의 위반을 확인하였다.

44) Vgl. BVerfGE 91, 389, 배우자에 의하여 부양되고 있다는 점에서는 '장기간 별거 중인 기혼자'나 '이혼자'의 경제적 상황이 동일한데도, '장기간 별거 중인 기혼자'를 '이혼자'와는 달리 직업교육보조금의 지급에 있어서 배우자의 수입을 고려함으로써 보조금지급에 있어서 차별하는 규정이 평등권에 위반되는지 여부가 문제된 위 결정에서, 독일 연방헌법재판소는 두 집단 사이의 '人的 差別'을 인정하였고 '새로운 공식'을 적용하여 차별을 정당화하는 이유를 부정하였다.

45) Vgl. BVerfGE 60, 123, 독일 연방헌법재판소는 성전환수술을 한 자를 '25세 이상의 자'와 '25세 미만의 자'로 구분하여 25세 이상의 자에게만 호적상의 성명변경을 허용하는 규정이 평등권에 위반되는지 여부를 심사한 결정에서, 이를 '人的 差別'로 보아 엄격한 기준인 '새로운 공식'을 적용하여 평등권위반을 확인하였다.

46) Vgl. Hesse, Der Gleichheitssatz in der neueren deutschen Verfassungsentwicklung, AöR 109(1984), S.188; Robbers, Der Gleichheitssatz, DÖV 1988, S.749f.

47) 개별기준을 개괄적으로 설명한 것으로는 vgl. Sachs, Die Maßstäbe des allgemeinen Gleichheitssatzes –Willkürverbot und sogenannte neue Formel, JuS 1997, S.125f.; Herzog, in: Maunz/Dürig, GG, Art.3 Anh. Rn.69; BVerfGE 88, 87, 96; 91, 389, 401.

48) Vgl. BVerfGE 60, 123, 134; 85, 238, 245, 위 결정들에서는 차별이 자유권에 미치는 불리한 효과를 고려하여 엄격한 기준을 적용하였다.

개발된 관점이었으나, 차츰 인적 또는 사항적 차별인지와 관계없이 엄격한 심사를 요하는 독자적인 기준으로 형성되었다. 또한 사항적 차별이 간접적으로 인적 차별을 결과로 가져온다면, 이 경우에도 인적 차별과 마찬가지로 간주하여 엄격한 기준이 적용된다.[49)]

인적 집단의 차별의 경우 이미 엄격한 기준이 적용되는데, 인적 집단을 차별하면서 차별기준으로서의 인적관련 특징이 기본법 제3조 제3항의 차별기준에[50)] 접근할수록, 이로써 인적관련 특징에 연관된 차별이 소수의 차별을 가져올 위험이 클수록 심사기준은 더욱 엄격해진다. 반면에, 인적 집단의 차별이라도 인적관련 특징이 차별기준으로 사용되지 않는다면, 자의금지원칙과 엄격한 심사 사이의 중간단계의 심사가 이루어진다. 행위연관적인 차별에 있어서는 '어느 정도로 당사자가 그의 행위를 통하여 차별의 기준이 된 특징을 실현하는데 영향을 미칠 수 있는지'에 따라 입법자의 구속의 정도가 달라진다.[51)]

위의 여러 기준들이 제시하는 핵심적인 내용은, 인적 집단의 차별을 가져오는 경우와 차별이 다른 기본권의 행사에 불리한 영향을 미치는 경우에는 엄격한 심사를 하고, 그 외의 경우에는 자의심사를 한다는 것이다.[52)]

(2) 이에 반하여 연방헌법재판소 제2재판부는 제1재판부의 새로운 시도를 따르지 않고 여전히 자의금지원칙을 평등심사의 기준으로 고수하고 있다.[53)] 독일 州 헌법재판소의 결정과 행정입법의 심사에 관한 행정법원의 판례도 '새로운 공식'이 아니라 종래의 자의금지원칙을 계속 적용하고 있다.[54)]

한편, '새로운 공식'을 제시한 제1재판부도 엄격한 비례심사를 좁은 의미의 비례성(법익의 균형성) 심사에 국한함으로써, 평등심사에 있어서도 자유권과 동일한 심사유형(입법목적의 정당성, 수단의 적합성 및 최소침해성, 법익균형성)을 요구하는 학계의 견해를 따르지 아니하고 있다.

다. 연방헌법재판소의 '새로운 공식'에 대한 비판

(1) 위에서 살펴본 바와 같이, 연방헌법재판소 제1재판부가 자의금지원칙을 보완하기

---

49) Vgl. BVerfGE 55, 72, 89, 위 결정에서 단지 이러한 원칙을 이론적으로 체계화했을 뿐, '언제 이러한 경우에 해당하는지'에 관해서는 그 이후의 결정에서도 구체적인 적용례를 찾을 수 없다.

50) 독일 기본법 제3조 제3항: "누구도 그의 성별, 가문, 인종, 언어, 출생지와 혈통, 신앙, 종교적 내지 정치적 견해 때문에 차별받거나 또는 특권을 받을 수 없다."

51) Vgl. BVerfGE 55, 72, 89; 88, 87, 97.

52) BVerfGE 89, 15, 23.

53) Vgl. Hesse, Der allgemeine Gleichheitssatz in der neueren Rechtsprechung des BVerfG zur Rechtssetzungsgleichheit, in: FS für Peter Lerche, 1993, S.123ff.; Schoch, Der Gleichheitssatz, DVBl 1988, S.876.

54) Vgl. Schoch, Der Gleichheitssatz, DVBl 1988, S.876, Fn.209, 210; Hesse, Der allgemeine Gleichheitssatz in der neueren Rechtsprechung des BVerfG zur Rechtssetzungsgleichheit, in: FS für Peter Lerche, 1993, S.125f.

위하여 제시한 새로운 기준들이 너무 복잡하고 다양하기 때문에, 이러한 기준 스스로가 자의에 접근하는 인상마저 주고 있다. 연방헌법재판소의 새로운 판례는 언제 엄격한 심사가 또는 완화된 심사가 이루어지는지에 관하여 명확한 대답을 주기에는 아직 완전히 해명이 되지 않은 상태이고, 특히 일관성과 예측성도 결여되어 있다.

또한, 연방헌법재판소가 심사기준을 실제로 적용함에 있어서도 '새로운 공식'과 자의금지원칙의 차이가 불분명한 경우를 자주 찾아 볼 수 있다. 인적 집단의 차별에 관한 것이 아님에도 '새로운 공식'이 적용되거나,[55] 또는 '새로운 공식'을 서두에 언급한 다음 단지 '비교집단 사이에 있어서 충분한 합리적인 이유가 있는지'[56] 아니면 '차별이 합리적인 이유로 충분히 정당화되는지'[57] 여부만을 심사함으로써 사실상 자의금지원칙에 의한 심사에 그치는 경우도 있다.

나아가, 연방헌법재판소의 '새로운 공식'은 인적 차별과 사항적 차별의 구분이 모호하고 유동적이라는 결점을 안고 있다.[58] 모든 사항관련 차별규정은 인적관련 차별규정으로 바꾸어 표현할 수 있다는 점에서, 이미 바이마르 공화국 당시에 그 구분이 가능한지에 대한 의문이 제기되었다. 모든 사항관련 차별규정의 수범자는 인간이므로 사항에 연관되어 차별을 받는 인적 집단이 형성되고, 이로써 다른 인적 집단과의 차별문제가 항상 발생한다. 즉, 모든 규정에 있어서 '규정의 적용을 받는 인적 집단'과 '규정의 적용을 받지 않는 인적집단'이라는 2개의 인적 집단이 형성될 수 있다는 것이다. 인적관련 또는 사항관련에 의한 구분이 불명확하기 때문에, 연방헌법재판소 스스로도 바로 이러한 이유로 인하여 사항적 차별이 간접적으로 인적 집단에 대한 차별효과를 가져온다면 인적 차별과 같이 취급하고 있다.

(2) 이에 따라, 자의금지원칙은 사항관련 차별이면서 차별규정이 다른 기본권에 불리한 영향을 미치지 않는 경우와 명백히 잘못된 법원의 판결과 같이 자의적 법적용의 경우 등 예외적인 경우에 적용되는 반면, 비례원칙에 의한 엄격한 심사는 인적관련 차별이거나 아니면 사항관련차별이 간접적으로 인적 차별을 가져오는 경우와 인적 또는 사항적 차별이 다른 기본권의 행사에 영향을 미치는 경우 등 차별규정의 거의 대부분에 적용된다.[59] 그렇다면 평등심사에 있어서 거의 모든 법적 차별에 대하여 엄격한 기준을 적용해야 하므로, '새로운 공식'을 계기로 한 연방헌법재판소의 판례의 전환은 사실상

---

55) Vgl. BVerfGE 64, 229, 239.

56) BVerfGE 78, 238, 247; 81, 1, 8.

57) BVerfGE 79, 87, 98.

58) Vgl. Hesse, Der Gleichheitssatz in der neueren deutschen Verfassungsentwicklung, AöR 109(1984), S.189; Herzog, in: Maunz/Dürig, GG, Art.3 Anh. Rn.9f.; Sachs, Die Maßstäbe des allgemeinen Gleichheitssatzes –Willkürverbot und sogenannte neue Formel, JuS 1997, S.128; Osterloh, in: Sachs, Grundgesetz, 1996, Art.3 Rn.29.

59) Vgl. Jarass, Folgerung aus der neueren Rechtsprechung des BVerfG für die Prüfung von Verstößen gegen Art.3 I GG, NJW 1997, S.2547f.

'자의금지원칙'을 '엄격한 기준'으로 대체하는 결과를 초래하였다.

'새로운 공식'에 의하여 평등심사의 기준이 다양해지고 엄격해졌다는 것에 대해서는 이론적으로는 이론의 여지가 없지만, 지금까지 '새로운 공식'에 의하여 심사를 한 연방헌법재판소의 판례를 살펴본다면, 종래의 자의금지원칙에 의하여 차별대우의 헌법적 허용여부를 심사했더라도 다른 결과가 나왔으리라고 판단되는 어떠한 결정도 찾아 볼 수 없다고 한다.[60] 그 이유가 어디에 있는지는 불확실하지만, 이는 '새로운 공식'의 실효성이나 존재 의미를 의심케 하는 점이다.

Ⅳ. 평등권의 위반여부를 판단하는 심사구조

평등권은 '본질적으로 같은 것은 같게 본질적으로 다른 것은 다르게 취급할 것'을 요청한다. 따라서 평등권위반 여부의 심사는 다음의 두 단계로 이루어진다. 첫째, 본질적으로 같은 것을 다르게 또는 본질적으로 다른 것을 같게 취급하고 있는가 하는 '본질적인 차별대우의 확인'과 둘째, '차별대우가 헌법적으로 정당화되는지'의 판단이다.[61]

1. 본질적으로 같은 것의 차별대우

가. 본질적으로 같은 것의 의미

평등심사의 첫 번째 단계로서, 사실관계의 비교를 통하여 본질적으로 같은 것을 다르게 차별취급하고 있는지를 확인해야 한다. 이를 확인하기 위해서는 비교되는 집단 간의 '본질적인 동일성'이 존재하는지 여부를 밝혀야 한다.

그러나 서로 비교될 수 있는 두 집단(사실관계)은 모든 관점에서 완전히 동일한 것이 아니라 단지 일정 요소에 있어서 부분적으로 동일할 뿐이므로, 평등권의 적용은 부분적으로 일치하는 사실관계의 비교에서 출발한다.[62] 두개의 비교대상이 서로 다르기 때문에, 무엇이 같은지 또는 다른지의 질문은 단지 일정한 비교의 관점에서만 제기될 수 있다. 따라서 같다는 것은 항상 '일정한 관점에서의 동일함'이며, 일정한 관점에서 그 외의 상이함을 도외시한 결과이다.[63] 여기서 무엇을 기준으로 하여 비교되는 두 집단을 본질적으로 동일한 것으로 판단해야 하는지의 문제가 제기된다.

---

60) Vgl. Herzog, in: Maunz/Dürig, GG, Art.3 Anh. Rn.7.

61) Vgl. Alexy, Theorie der Grundrechte, 2. Aufl. 1984, S.365f.; Pieroth/Schlink, Staatsrecht II, 11. Aufl. 1995, Rn.474ff.; Gallwas, Grundrechte, 2. Aufl. 1995, S.41ff.; Gubelt, in: v. Münch(Hg), GG, Bd.I, 4. Aufl. Art.3, Rn.16aff.; Manssen, Staatsrecht, 1995, S.200ff.

62) Vgl. Robbers, Der Gleichheitssatz, DÖV 1988, S.749f.

63) Vgl. Radbruch, Rechtsphilosophie, 8. Aufl. 1973, S.122.

나. 비교기준의 選定

그런데 다수의 사실관계를 서로 같은 것 또는 다른 것으로 간주해야 하는지의 확인은 어떠한 관점에서 비교가 이루어져야 하는가 하는 '비교기준' 또는 '공통의 상위개념'을 선정해야만 가능하다.[64] 예컨대, 경제적 능력이 없어서 국가의 도움을 필요로 하는 자와 그렇지 않은 자 사이의 비교에 있어서 '인간'을 비교기준으로 한다면 두 집단은 같게 취급되어야 할 대상이 되고, '재산'을 비교기준으로 한다면 두 집단은 달리 취급되어야 할 대상이 된다.

따라서 비교기준의 선정에 따라 비교대상의 범위가 달라진다. 비교기준의 의미·내용이 부정확하고 빈약할수록(위의 예에서 '인간') 같은 것으로 간주해야 할 사실관계의 범위가 넓어지고, 반대로 비교기준의 내용이 정확하고 엄밀할수록(위의 예에서 '재산') 같은 것으로 보아야 할 비교대상의 범위가 축소된다.[65] 이러한 이유에서 평등권의 위반을 주장하는 입장에서는 부정확한 비교기준을 택함으로써 '같게' 취급되어야 할 것이 '다르게' 취급되고 있다는 주장을 용이하게 할 수 있다. 그러나 다른 한편으로는 청구인들이 평등권위반을 빈번하게 주장하지만, 헌법재판소가 평등권의 위반을 드물게 인정하는 것도 부분적이나마 이러한 이유에 기인한다.

다. 입법목적에 의한 비교기준의 선정

(1) 비교대상의 선정은 대부분의 경우 청구인의 주장 등 사실관계의 확인을 통하여 큰 어려움이 없이 이루어진다. 그러나 이에 관하여 의문이 있는 경우, 비교집단이 본질적으로 동일한지의 판단, 즉 비교기준의 선정은 일반적으로 심판대상인 당해 법률규정의 의미와 목적을 고려함으로써 이루어진다.[66] 입법자는 정치적 결정을 통하여 일정한 목표를 설정하고, 이 목표를 실현하기 위하여 규율대상인 일정 생활영역이 차별적으로 규율되어야 한다는 판단을 하게 되며, 이에 따라 그에 부합하는 차별기준을 선정한다. 따라서 국가에 의한 차별대우의 배후에는 일반적으로 차별을 통하여 달성하려는 일정한 목표가 있으며,[67] 이러한 차별목적은 대부분의 경우 법률 그 자체, 즉 법률의 의미와 목적으로부터 얻을 수 있다.

예컨대, 환경보호를 이유로 도로교통에서 발생하는 배기가스를 줄인다는 목표를 설

64) Vgl. Kirchhof, Der allgemeine Gleichheitssatz, in: Isensee/Kirchhof(Hrsg.), Handbuch des Staatsrechts, Bd.V, §124 Rn.20; Schoch, Der Gleichheitssatz, DVBl 1988, S.873; Robbers, Der Gleichheitssatz, DÖV 1988, S.749f.; BVerfGE 51, 300.

65) Vgl. Gubelt, in: v. Münch(Hg), GG, Bd.I, 4. Aufl. Art.3 Rn.16a.

66) Vgl. Gusy, Der Gleichheitssatz, NJW 1988, S.2507; Gubelt, in: v. Münch(Hg), GG, Bd.I, 4. Aufl. Art.3 Rn.18; Gallwas, Grundrechte, S.42f.; Robbers, Der Gleichheitssatz, DÖV 1988, S.752.

67) Vgl. Stein, Staatsrecht, 14. Aufl. 1993, S.393; Schoch, Der Gleichheitssatz, DVBl 1988, S.874; Kirchhof, Gleichheit vor dem Grundgesetz, NJW 1987, S.2356.

정하고 배기가스가 적은 차량에게만 세제감면혜택을 부여한다면, 이 경우 입법자가 선택한 차별기준은 '배기가스가 적은 차량'이다. 즉, 입법(차별)목적의 관점에서 배기가스를 적게 배출하는 차량은 본질적으로 같기 때문에, 만일 입법자가 '화물차'에게만 세제혜택을 부여하고 '승용차'에게는 세제혜택을 부여하지 않는다면, 본질적으로 같은 것을 달리 취급하는 것이 된다. 따라서 본질적으로 같은 것의 차별은 합리적인 이유(예컨대, 화물차의 우대를 정당화할 수 있는 또 다른 부가적 입법목적)에 의하여 정당화되어야 한다.

(2) 평등권에 있어서 '본질적 동일성'의 문제, 즉 '비교대상 선정'의 문제는 자유권에 있어서의 '보호범위 설정'의 문제와 유사하다고 볼 수 있다. 자유권의 보호범위를 넓게 설정할수록 자유권에 대한 제한은 공익상의 이유로 정당화될 가능성이 많은 것처럼, 평등권의 경우 비교의 대상을 넓게 잡을수록 다른 것을 다르게 취급할 기능성이 많음으로써 차별대우가 자의적인지에 관한 심사가 무의미한 것이 될 가능성이 크다.[68]

하나의 예를 들자면, 고령인 産婆의 助産行爲로 인하여 산모의 건강에 발생할 수 있는 위험을 방지할 목적으로 조산원의 정년을 60세로 제한하는 조산원법에 대하여 조산원 甲이 평등권 침해를 주장한다면,[69] 이 경우 입법목적이 '조산행위에 있어서의 위험방지'이므로, 법의 목적으로부터 '助産의 직업적 행사'가 비교의 기준 또는 공통의 상위개념으로 형성된다. '조산의 직업적 행사'는 산파뿐만 아니라 또한 산부인과 의사의 직업영역이므로, 이러한 관점에서 산파와 산부인과 의사는 본질적으로 동일한 비교집단이 된다.

그러나 다른 직업(예컨대, 교원)이나 다른 의료행위에 종사하는 자(예컨대, 안과의사)는 조산원의 직업과 의미 있는 비교의 대상이 되지 않는다. 만일 '직업'을 비교기준 또는 상위개념으로 하여 위 직업들을 본질적으로 동일한 것, 즉 비교대상으로 인정하여 평등심사를 한다면, 이미 각 직업마다 업무의 성격이 다르고 업무의 성격에 따라 정년규정이 다를 수밖에 없으므로, 차별을 정당화하는 합리적인 이유가 예외 없이 존재한다. 결국, 근본적인 공통점이 없는 것을 서로 비교하고 공통점이 없기 때문에, 즉 서로 다르기 때문에 합리적인 차별이라는 무의미한 작업을 하게 된다. 법이 조산원, 교원, 안과의사의 정년을 서로 다르게 규정하고 있다면, 이는 근본적으로 서로 다른 것을 다르게 취급한 것이 되므로, 여기서 평등권을 기준으로 한 심사는 무의미하다. 마찬가지로 자동차의 운전자에게는 '도로교통법'이 음식점을 경영하는 자에게는 '식품위생법'이 적용된다면, 두 집단 사이에는 차별대우가 헌법적으로 정당화될 필요성이 있는 것으로 보이는 '의미 있는' 공통의 상위개념, 즉 연관점이 형성되지 않는다.

---

68) 영화법상의 처벌요건과 부동산중개업법, '보건범죄단속에 관한 특별조치법'상의 처벌요건을 비교한 결정으로는 헌재 1996. 8. 29. 94헌바15 판례집 8-2, 74, 81, 88.

69) Vgl. BVerfGE 9, 338; Richter/Schuppert, Casebook Verfassungrecht, 2. Aufl. Art.3 S.118.

라. 비교기준 선정의 의미

본질적 동일성을 결정하는 비교기준은 비교의 대상을 많이 포함하도록 넓게 설정될 수도 있고, 아니면 단지 의미 있는 비교에 그치도록 근본적인 동일성에 제한될 수도 있다. 임의의 관점에서 부분적 동일함을 확인하고 이어서 두 사실관계 사이에 차별을 정당화할 정도의 충분한 상이함이 존재한다는 것을 확인하는 것은 불필요한 작업이다. 따라서 전반적인 관점에서 보아 동등한 취급을 해야 할 입법자의 의무가 어느 정도 문제될 수 있는 경우에 한하여 두 사실관계를 동일한 것으로 간주하는 것이 바람직하다.

결국, '본질적으로 같은 것의 차별대우'란 헌법적으로 정당화될 필요가 있는 차별대우를 말한다.[70] 다시 말하자면, 비교대상 사이에 법적으로 의미 있는 연관관계가 있기 때문에 차별이 정당화될 필요성이 있는 것으로 보인다면, 비로소 차별대우의 정당성에 관한 심사가 의미를 가진다. 본질적으로 동일한 것의 차별대우를 확인하는 작업은 비교의 기준을 선정하는 작업이며, 이는 법적으로 의미 있는 심사를 가능하게 하기 위한 사전준비 작업이다. 비교의 대상은 비교의 관점에 따라 여러 가지의 형태로 설정될 수 있고, 다른 비교대상이 선정되었다면 경우에 따라서는 다른 결과에 도달할 수 있으므로, 어떠한 비교대상이 선정되는가는 비교의 결과에 큰 영향을 미칠 수 있다.

2. 차별대우의 헌법적 정당성

가. 恣意禁止原則

(1) 자의금지원칙의 내용

심사기준으로서의 자의금지원칙은 입법자에게 본질적으로 같은 것을 자의적으로 다르게, 본질적으로 다른 것을 자의적으로 같게 취급하는 것을 금지하고 있다. 본질적으로 같은 것을 다르게 취급하였다고 하여 그것이 곧 평등권에 위반되는 것은 아니고, 차별대우가 헌법적인 정당성을 가지지 못하는 경우, 즉 자의적인 경우에 평등권에 위반된다. 차별대우가 恣意性을 면하려면 헌법적으로 정당화되어야 하는데, 차별대우를 정당화하는 객관적이고 합리적인 관점이 존재한다면, 차별대우는 자의적이 아닌 것으로 판단된다. 즉, 여기서의 '恣意性'은 '합리적인 이유의 결여'이므로, 자의금지원칙에 의한 심사의 경우 단지 '차별의 합리적인 이유가 존재하는지' 여부만을 판단한다.

(2) 차별을 정당화하는 합리적인 이유로서 고려되는 관점

차별을 정당화하는 합리적인 이유로서 고려되는 관점은 '비교대상 간에 존재하는 사실상의 차이'와 입법자가 법률(차별대우)을 통하여 달성하려고 하는 '입법목적(차별목적)'

---

70) Vgl. Pieroth/Schlink, Grundrechte, Staatsrecht II, 1995, S.474.

으로 크게 나누어 볼 수 있다.[71] 입법자는 첫째, 차별을 통하여 구체적인 공익을 실현하고자 하거나, 둘째, 규율대상의 특성이나 비교대상간의 사실상의 차이를 단지 반영함으로써 법적으로 차별하게 된다.

입법자는 차별을 통하여 무엇인가를 달성하고자 한다. 입법자는 일정 생활영역이나 인간의 행위 등을 규율함에 있어서 법률이 의도하는 효과가 발생하도록 법률요건을 규정한다. 이로써 그 법률의 적용을 받는 집단과 그렇지 않은 집단을 법적으로 차별하게 된다. 따라서 국가에 의한 차별의 배후에는 일반적으로 차별을 통하여 달성하려는 일정한 목표가 있다. 따라서 입법목적은 곧 차별목적이다.[72]

이와는 달리, 입법자는 이미 존재하는 법현실, 전통, 관습 등을 합리적으로 법률에 수용하거나 사물의 본성으로부터 나오는 차이를 입법을 통하여 반영함으로써 법적 차별을 가져올 수 있다.[73] 이 경우 법률요건은 입법자의 의도나 법적 논리가 아니라 현실 또는 사물의 본성에 의하여 결정된다. 물론, 법률은 많은 경우 위의 2 가지 성격을 동시에 가지고 있다. 따라서 법적 차별은 규율목적의 관점에서 보아 합리적인 고려에 기인하거나 사물의 본성으로부터 나오는 합리적인 이유에 의하여 정당화되어야 한다.[74]

---

71) Vgl. Kirchhof, Der allgemeine Gleichheitssatz, in: Isensee/Kirchhof(Hg), Handbuch des Staatsrechts, Bd.V, §124 Rn.13f.; Gusy, Der Gleichheitssatz, NJW 1988, S.2507.

72) 예컨대, 국가가 사인의 투자를 촉진하기 위하여 일정 요건을 충족시키는 집단에게 보조금이나 세제혜택을 제공하는 경우가 이에 해당한다.

73) 이에 관한 예로는 ① 초·중등학교 교원에게는 교육위원직 겸직을 금하면서 대학교원에게는 겸직을 허용하는 '지방교육자치에 관한 법률'의 평등권위반 여부를 판단함에 있어서(헌재 1993. 7. 29. 91헌마69 판례집 5-2, 145, 154), '교육법에서 양자의 직무를 달리 규정하였고 양자 간의 직무의 본질이나 태양이 다른 것을 고려할 때 합리적 차별'이라고 하여 초·중등학교 교원과 대학교원 사이에 존재하는 사실상의 차이를 '합리적인 이유'로 고려하였다. ② 공탁금에 대하여 일반예금 중에서 가장 금리가 낮은 별단예금의 금리만 지급되도록 규정한 '공탁금의 이자에 관한 규칙' 규정에 대한 헌법소원사건(헌재 1995. 2. 23. 90헌마214 판례집 7-1, 245, 261)에서 '공탁과 예금은 그 제도의 본질을 달리하는 것'이라고 하여 차별을 정당화하는 합리적인 이유로서 '비교대상간의 사실상의 차이'를 들었다. ③ 도시재개발사업의 시행자를 공법인으로 제한한 것의 위헌여부가 문제된 도시재개발법 규정에 대한 위헌소원사건(헌재 1996. 3. 28. 95헌바47, 판례집 8-1, 213, 224)에서, '우선적으로 공익을 추구하는 공법인과 이윤을 추구하는 일반건설회사간의 본질적 차이가 차별을 정당화한다'고 하여 이 결정에서도 '비교대상간의 차이'를 차별을 정당화하는 합리적인 이유로 언급하였다. ④ 농촌지도관의 정년을 61세, 농촌지도사의 정년을 58세로 차등을 두어 규정한 국가공무원법 규정은 '농촌지도관과 농촌지도사의 직무내용 및 구성정원의 차이로 인하여 어느 정도의 차별은 불가피하다는 점을 고려할 때 그러한 차별은 합리적인 차별이다'라고 하여 '사실상의 차이'를 합리적인 이유로 고려하였다(헌재 1997. 3. 27. 96헌바86 판례집 9-1, 325, 334). ⑤ 국가공무원법 규정보다 다소 넓은 임용결격사유 및 당연퇴직사유를 규정한 경찰공무원법 규정에 대한 헌법소원(헌재 1998. 4. 30. 96헌마7 판례집 10-1, 465, 477)에서 '경찰공무원에게는 일반공무원보다 더 높은 윤리성과 성실성이 요구된다'고 하여 비교집단의 특성과 그로 인한 차이를 차별의 근거로 삼았으며, ⑥ 승객이 사망하거나 부상당한 경우에는 승객이 아닌 자의 경우와는 달리 운행자에게 무과실책임을 지우고 있는 자동차손해배상보장법 규정에 대한 위헌소원(헌재 1998. 5. 28. 96헌가4등 판례집 10-1, 522, 539)에서 '승객과 승객이 아닌 자 사이에는 … 본질적인 차이가 있고, 과실 있는 운행자와 과실 없는 운행자 사이에는 … 본질적으로 차이가 없으므로, 위 규정이 승객을 승객 아닌 자와 차별하고 과실 있는 운행자와 과실 없는 운행자를 다 같이 취급한 것은 합리적인 이유가 있다'고 하였다.

74) BVerfGE 3, 162, 183; 13, 181, 203.

(3) 입법형성권에 대한 존중의 표현

자의금지원칙에 기초된 사고는 입법자의 형성권에 대한 존중이며, 평등권이 헌법재판소와 입법자 중에서 누구를 수범자로 하는지, 즉 누구를 구속하는지에 따른 행위규범·통제규범으로서의 기능상의 구분이다. 헌법재판소의 심사기준이 되는 '통제규범으로서의 평등원칙'은 단지 자의금지원칙으로서 입법·집행·사법기관에게 자의적인 공권력의 행사를 금지한다. 즉 헌법재판소는 입법자의 결정에서 차별을 정당화하는 아무런 합리적인 이유를 찾아 볼 수 없는 경우에만 평등원칙의 위반을 확인하게 된다. 그러나 '행위규범으로서의 평등원칙'은 입법자에게, 본질적으로 같은 것은 같게 다른 것은 다르게 규범의 대상을 실질적으로 평등하게 규율할 것을 요구함으로써 자의의 금지 이상의 훨씬 많은 것을 의미한다. 이로써 평등원칙은 입법자에 대해서는 평등의 실현의무를, 헌법재판소에 대하여는 단지 자의금지원칙을 의미하게 된다.

나. 비례의 원칙에 따른 심사

(1) 헌법재판소에 의한 강화된 심사

비례의 원칙에 따른 심사는 '차별대우가 헌법적으로 정당화되는지'를 판단하기 위하여 차별대우와 차별목적간의 상호관계를 비례의 원칙을 기준으로 하여 심사한다. 독일 연방헌법재판소는 차별대우가 정당화되는지의 문제를 자의금지원칙과 더불어 비례의 원칙을 사용하여 해결하려고 시도함으로써, 자의금지원칙이 강조한 입법자의 형성권을 제한하고 규율영역에 따라 보다 강화된 심사하고 있다.

"두 비교대상 사이에 차별대우를 정당화할 만한 정도로 그 성질과 비중에 있어서 차이가 있다면, 차별대우는 정당화된다."는 연방헌법재판소의 '새로운 공식'에 의하면, 비교대상 사이에 어떠한 사실상의 차이가 존재하는지를 확인하고 확인된 차이가 그 성질과 비중에 있어서 법적인 차별대우를 정당화하는지, 즉 입법자에 의한 법적 차별이 두 비교대상 사이에 존재하는 사실상의 차이에 의하여 정당화되는지의 문제이다. 물론, '새로운 공식'은 위의 서술에 의하여 불충분하게 표현되었기 때문에 오해의 여지가 있다.[75] 입법자는 비교대상 사이에 이미 존재하는 사실상의 차이에 대해서만 법적 차별을 할 수 있는 것이 아니라, 법적 차별을 통하여 일정한 목적을 추구할 수 있다. 따라서 법적 차별을 정당화하는 이유는 '존재하는 사실상의 차이'뿐만 아니라,[76] 입법자가 차별

75) Vgl. Gusy, Der Gleichheitssatz, NJW 1988, S.2507; Huster, Rechte und Ziele, S.165ff.; Manssen, Staatsrecht I, 1995, S.206; Pieroth/Schlink, Grundrechte, Staatsrecht II, 1995, Rn.482.

76) 예컨대, 한 달에 500 만원의 수입이 있는 자가 200 만원의 수입이 있는 자보다 세금을 많이 납부해야 한다면, 이러한 차별은 '담세능력에 따른 납세의무의 부과'라는 관점에서 정당화된다. 이 경우 두 집단 사이의 담세능력의 차이라는 '사실상의 차이'가 법적 차별을 정당화한다. 여기서 '應能負擔의 원칙'을 입법목적으로 보아 법적 차별이 이러한 원칙을 달성하기 위하여 적합하고 필요한지를 묻는 것은 무의미하다, vgl. Huster, Gleichheit und Verhältnismäßigkeit, JZ 1994, S.543.

대우를 통하여 실현하려는 '입법목적', 즉 '차별목적'일 수도 있다.[77] 따라서 연방헌법재판소는 '성질과 비중에 있어서의 차이'란 표현 대신, '차별을 정당화할 수 있을 정도의 그러한 성질과 비중의 이유가 있는지'의 표현을 사용하고 있다.[78]

입법자가 차별을 통하여 차별목적을 달성하고자 하는 경우에는 차별대우(수단)와 차별목적 간에 자유권의 심사와 유사한 상관관계가 이루어진다. 그러나 입법자가 차별을 통하여 구체적인 목적을 달성하고자 하는 것이 아니라 비교대상 사이에 존재하는 '사실상의 차이'를 단지 반영하여 규정하는 경우에는, 차별목적을 전제로 한 '목적의 정당성', '수단의 적합성', '수단의 필요성'의 심사는 모두 이루어질 수 없다. 이 경우, 비례의 심사는 '사실상의 차이'와 '차별대우' 사이의 상관관계의 타당성을 묻는 법익균형성의 심사로 제한된다.

(2) '차별대우'와 '차별목적' 간의 상관관계에 대한 심사

자유권침해 여부의 심사는 우선 보호범위에 대한 제한을 확인하고 제한의 헌법적 정당성을 판단하는 문제로서 '자유권의 제한'과 '입법목적' 간의 상관관계에 대한 심사이지만, 평등권의 경우에는 차별대우를 확인한 후 차별대우가 헌법적으로 정당화되는지의 문제로서, 여기서는 수단으로서의 '차별대우'와 '입법(차별)목적' 간의 상관관계를 비례의 원칙에 의하여 다음과 같이 심사하게 된다.[79]

(가) 정당한 차별목적

차별을 통하여 정당한 목적을 추구하는 경우에만 입법자는 법률규정을 통한 차별을 할 수 있다. 따라서 개별적인 경우마다 입법자가 차별을 통하여 어떠한 목적을 추구하는지를 살펴보아야 하고, 이러한 목적의 추구가 헌법적으로 허용되는지를 심사해야 한다. 차별이 실현하려는 정당한 목적을 인식할 수 없거나 차별목적 스스로가 위헌적이라면, 차별 자체가 이미 평등원칙에 위반된다. 물론, 실제에 있어서 차별목적의 위헌성이 확인되는 경우는 거의 없다고 할 것이다.

예를 들자면, 여성을 주부와 어머니로서의 전통적인 역할에 고착시키고 이를 더욱 조장하려는 목적을 가진 법률은 헌법 제34조 제3항(여성의 권익을 향상할 국가의무), 제

77) 똑같이 500 만원의 수입이 있는 경우라도 국가가 '건축 景氣'를 부양할 목적으로 자신의 주택을 마련하고자 하는 자에게만 조세감면혜택을 부여한다면, 이 경우의 법적 차별은 이미 존재하는 사실상의 차이에 의한 것이 아니라 국가의 일정한 경제정책적 고려에 기인하는 것이다. 이 경우 차별(조세감면혜택)과 입법목적(건축경기의 부양)의 비례성의 심사가 가능하다, vgl. Huster, Gleichheit und Verhältnismäßigkeit, JZ 1994, S.544.

78) BVerfGE 88, 87, 97; 82, 126, 146.

79) Vgl. Kloepfer, Gleichheit als Verfassungsfrage, 1980, S.54ff.; Schoch, Der Gleichheitssatz, DVBl 1988, S.874; Gubelt, in: v. Münch(Hg), GG, Bd.I, 4. Aufl. Art.3 Rn.14ff.; Stein, in: AK-GG, Art.3, Rn.34, 48, 50ff.; Kirchhof, Gleichheit vor dem Grundgesetz, NJW 1987, S.2356; Jarass, Folgerung aus der neueren Rechtsprechung des BVerfG für die Prüfung von Verstößen gegen Art.3 I GG, NJW 1997, S.2549.

36조 제1항(양성의 평등에 기초한 혼인과 가정생활), 제11조 제1항 후문(성별에 의한 차별 금지)에 위배된다.

(나) 차별대우의 적합성

차별대우는 입법자가 추구하는 입법목적을 달성하는데 적합해야, 즉 차별목적을 촉진하는데 기여해야 한다.

(다) 차별대우의 필요성 또는 불가피성

차별대우의 필요성은 '똑같이 유효한 수단 중에서 가장 평등권을 적게 침해하는 수단'이라는 의미에서의 자유권의 최소침해성원칙을 의미하지 않는다. 차별대우가 입법목적을 달성하기에 불가피한지 또는 불가결한 것인지의 문제이다. 즉, 입법자의 차별목적은 차별대우 없이는 달성될 수 없어야 한다. 그러나 차별대우가 자유권에 불리한 영향을 미치는 경우에는 '차별은 최소한의 부담을 가져오는 수단이어야 한다'는 의미에서 차별효과의 최소침해성을 의미한다.[80)]

(라) 법익균형성 또는 비례성

법익균형성의 판단은 평등권심사의 핵심적 부분이다. 비례의 원칙을 기준으로 하는 독일 연방헌법재판소의 심사는 주로 이 부분에 한정되고 있다. 법익균형성은, '비교대상 사이의 사실상의 차이'나 '차별대우를 통하여 달성하려는 입법목적'이 그 성질과 비중에 있어서 차별대우를 정당화할 정도로 과연 그 만큼 현저하고 중대한 것인지의 문제에 관한 것이다. 이로써 사실상의 차이의 정도 또는 차별대우를 통하여 달성하려는 입법목적의 비중은 법적인 차별대우의 정도와 적절한 균형관계를 이루어야 한다.

자유권에서의 비교형량은 제한을 통하여 달성하려는 공익과 자유권 사이의 법익형량이지만, 평등권의 경우 '차별대우를 통하여 달성하려는 입법목적' 또는 '비교대상 간의 사실상의 차이'를 '차별대우'와 비교형량하게 된다.

V. 평등권에 관한 한국 헌법재판소의 판례

1. 평등권에 관한 주요결정

가. 자의금지원칙을 심사기준으로 한 결정례[81)]

(1) 사인과 달리 국가가 피고인 경우에는 가집행의 선고를 붙일 수 없도록 규정한 '소송촉진 등에 관한 특례법' 규정에 대한 위헌제청사건은 헌법재판소가 출범한 후 최초

---

80) BVerfGE 85, 238, 245; 91, 389, 403f. 이에 관하여 자세하게 아래 VI. 1. 나. 참조.

81) 자의금지원칙을 기준으로 하여 평등위반 여부를 심사한 결정이 너무 많으므로, 아래에서는 이를 전부 서술하지 아니하고 단지 법리적으로 새로운 것을 제시한 결정만을 언급하기로 한다.

로 선고한 결정이었다.[82] 헌법재판소는 위 결정에서 "평등의 원칙은 국민의 기본권 보장에 관한 우리 헌법의 최고원리로서 국가가 입법을 하거나 법을 해석 및 집행함에 있어 따라야할 기준"이라고 판시함으로써, 평등권이 헌법상의 법문과는 달리 법적용기관뿐만 아니라 입법기관을 구속한다는 것을 밝히면서, 이어서 헌법상 평등권의 내용을 "국가에 대하여 합리적 이유 없이 불평등한 대우를 하지 말 것과, 평등한 대우를 요구할 수 있는 모든 국민의 권리"라고 정의하였다.

헌법재판소는 위 결정에서 평등심사의 기준에 관한 구체적 언급 없이 단지 합리적인 이유 없는 차별대우의 경우 평등권에 위반된다는 것을 밝히면서 "민사소송의 당사자를 차별하여 국가를 우대할만한 합리적 이유도 찾기 어렵다."고 하여 평등권의 위반을 확인하였다.

(2) 같은 해에 곧이어 선고된 사법서사법시행규칙에 대한 헌법소원사건에서, 헌법재판소는 "위 입법에 헌법재판소가 관여할 만큼 현저한 합리성이 결여되거나 입법형성권에 명백한 남용 내지 자의가 있어서 평등권의 침해가 있었다고 할 사유를 찾을 수 없다."고 판시함으로써, 심사기준으로서의 자의금지원칙의 내용을 보다 명확히 하였다.[83]

(3) 주류판매업자로 하여금 소주의 총구입액의 절반 이상을 自道燒酒를 구입하도록 규정함으로써 지방소주업체를 경쟁으로부터 보호하는 酒稅法 조항(소위 자도소주 구입명령제도)에 대한 위헌제청사건에서,[84] 헌법재판소는 "서로 비교될 수 있는 두 사실관계가 모든 관점에서 완전히 동일한 것이 아니라 단지 일정 요소에 있어서만 동일한 경우에, 비교되는 두 사실관계를 법적으로 동일한 것으로 볼 것인지 아니면 다른 것으로 볼 것인지를 판단하기 위해서는 어떠한 요소가 결정적인 기준이 되는가가 문제된다. 두개의 사실관계가 본질적으로 동일한가의 판단은 일반적으로 당해 법률조항의 의미와 목적에 달려 있다."고 판시함으로써, 법률의 평등권위반여부를 심사함에 있어서 '무엇을 비교대상으로 삼을 것인지', 즉 '무엇이 본질적으로 동일한지'의 판단에 관하여 중요한 기준을 제시하였다.

이어서 헌법재판소는 "이 사건 법률조항의 의미와 목적을 '독과점규제 및 중소기업의 보호'로 본다면, 중소기업이 주조회사냐 다른 제조기업이냐 하는 것은 본질적인 차이가 될 수 없고, 단지 기업의 형태가 중소기업이고 그 상품시장에 시장지배적 지위나 독과점적 현상이 존재한다는 것이라면, 주조회사와 다른 제조기업은 본질적으로 동일한 것으로 즉 법적으로 동일하게 판단해야 하는 것"으로 간주하고, 본질적으로 동일한 사실관계를 그 중소기업이 소주제조업자냐 아니면 다른 제조업자냐에 따라 달리 취급함에

82) 헌재 1989. 1. 25. 88헌가7, 판례집 1, 1, 2.
83) 헌재 1989. 3. 17. 88헌마1, 판례집 1, 9, 22.
84) 헌재 1996. 12. 26. 96헌가18, 판례집 8-2, 680, 701 이하.

있어서 객관적으로 납득할 만한 이유가 있는지를 살펴보았다. 여기서 헌법재판소는 차별을 정당화하는 합리적인 이유로서 비교집단간의 사실상의 차이('전통적, 문화적 유산으로서의 지역소주')와 또 다른 입법목적('다른 공익')이 존재하는지 여부를 심사하였는데, 아무런 합리적인 이유를 찾을 수 없기 때문에 평등원칙의 위반을 확인하였다.

(4) 교통사고처리특례법 제4조 등에 대한 헌법소원 등 병합사건에서, 헌법재판소는 "헌법재판소와 입법자는 모두 헌법에 기속되나, 그 기속의 성질은 서로 다르다. 헌법은 입법자와 같이 적극적으로 형성적 활동을 하는 국가기관에게는 행위의 지침이자 한계인 행위규범을 의미하나, 헌법재판소에게는 다른 국가기관의 행위의 합헌성을 심사하는 기준으로서의 재판규범 즉 통제규범을 의미한다. 평등원칙은 행위규범으로서 입법자에게, 객관적으로 같은 것은 같게 다른 것은 다르게, 규범의 대상을 실질적으로 평등하게 규율할 것을 요구하고 있다. 그러나 헌법재판소의 심사기준이 되는 통제규범으로서의 평등원칙은 단지 자의적인 입법의 금지기준만을 의미하게 되므로 헌법재판소는 입법자의 결정에서 차별을 정당화할 수 있는 합리적인 이유를 찾아 볼 수 없는 경우에만 평등원칙의 위반을 선언하게 된다. 즉 헌법에 따른 입법자의 평등실현의무는 헌법재판소에 대하여는 단지 자의금지원칙으로 그 의미가 한정 축소된다. 따라서 헌법재판소가 행하는 규범에 대한 심사는 그것이 가장 합리적이고 타당한 수단인가에 있지 아니하고 단지 입법자의 정치적 형성이 헌법적 한계 내에 머물고 있는가 하는 것에 국한시켜야 하며, 그럼으로써 입법자의 형성의 자유와 민주국가의 권력분립적 기능질서가 보장될 수 있다."라고 판시함으로써, 자의금지원칙의 이론적 배경을 설명하고 그 내용을 한층 분명히 밝혔다.[85)]

(5) 헌법재판소는 일련의 결정에서 시혜적 법률의 평등심사에 있어서 자의금지원칙이 적용된다는 것을 확인하였다. 중학교 의무교육의 단계적 실시가 평등원칙에 위반되는지 여부가 문제된 교육법 제8조의 2에 대한 위헌제청사건에서, 평등심사의 경우에도 '국가가 국민에게 혜택을 부여할 때는 국민의 권리를 제한할 때보다 더 넓은 형성의 자유를 가진다'고 밝힘으로써 시혜적 성격이 강한 법률의 위헌심사에 있어서는 단지 합리적인 근거의 존재만을 확인하는 자의금지원칙이 적용됨을 밝혔다.[86)]

또한, '이민'을 이유로 보상에 제한을 둔 '1980년 해직공무원의 보상 등에 관한 특별조치법'(이하 '특조법')에 대한 헌법소원심판에서 '재외국민을 국내거주 국민과 차별하여 재외국민의 평등권을 침해했는지'의 문제가 제기되었는데, 헌법재판소는 특조법을 시혜적 성격의 법률로 규정하고 '시혜적 법률에 있어서는 국민의 권리를 제한하거나 의무를 부과하는 법률과는 달리 입법자에게 광범위한 입법형성의 자유가 인정되므로, 제정된

85) 헌재 1997. 1. 16. 90헌마110등, 판례집 9-1, 90, 115.
86) 헌재 1991. 2. 11. 90헌가27, 판례집 3, 11, 24.

법률의 내용이 현저하게 합리성을 결여되고 있는 것이 아닌 이상 헌법에 위반된다고 할 수 없다'는 논거로 위의 차별을 합리적 차별로 보아 평등권위반을 부인하였다.[87]

(6) 한편, 헌법재판소는 1989년 4월 검사의 불기소처분에 대한 헌법소원사건에서 처음으로, "검사의 자의적인 수사 또는 판단에 의하여 불기소처분이 이루어진 경우에는 '같은 것은 같게, 같지 아니한 것은 같지 않게' 처리함으로써 실현되는 헌법 제11조에 정한 법 앞에서의 평등권을 침해하게 된다."고 결정함으로써, 검사의 불기소처분이 자의적으로 행해지는 경우에도 형사피해자의 평등권이 침해된다는 것을 확인하였다.[88]

검사의 불기소처분이 사실관계의 비교를 통하여 내려지는 결정이 아님에도, 헌법재판소는 검사의 결정이 현저한 흠결을 지닌 경우 정의의 요청에 반하는 것으로서 평등원칙에 위반된다고 판단하였는데, 이는 독일 연방헌법재판소에 의하여 형성된 '恣意的 法適用의 禁止原則'의 영향을 받은 것으로 보인다.[89] 위 결정을 통하여 자의금지원칙은 구조적으로 항상 비교를 전제로 하는 평등원칙의 원래의 적용범위를 넘어서, 그의 모체인 평등원칙으로부터 분리되어 독자적인 기준으로 형성되었다.

나. 비례의 원칙을 심사기준으로 한 결정례

(1) 경매절차에 있어서 금융기관이 경매신청인이 된 사건에서만 경락허가결정에 대한 항고를 하고자 하는 자에게 공탁을 하도록 규정한 '금융기관의 연체대출금에 관한 특별조치법' 제5조의2에 대한 위헌제청사건에서, 헌법재판소는 "헌법 제11조 제1항에 정한 법 앞에서의 평등의 원칙은 결코 일체의 차별적 대우를 부정하는 절대적 평등을 의미하는 것은 아니나, 법을 적용함에 있어서 뿐만 아니라 입법을 함에 있어서도 불합리한 차별대우를 하여서는 아니 된다는 것을 뜻한다. … 헌법 제37조 제2항의 규정에 미루어 이러한 기본권에 대한 제한이나 차별적인 대우를 하고자 하는 때에는, 첫째, 제한 또는 차별의 목적이 국가안전보장·질서유지 또는 공공복리를 위하여 필요하고 정당한 것이어야 하고, 둘째, 그 수단·방법이 목적의 실현을 위하여 실질적인 관계가 있어야 할 뿐만 아니라 그 정도 또한 적정한 것이어야 한다고 하겠다."고 밝힘으로써, 차별대우의 합리성을 심사함에 있어서 헌법 제37조 제2항을 적용하여 불완전하나마 비례의 원칙에 의한 심사를 시도하였다.[90]

(2) 회사정리절차에서 금융기관의 채권을 일반채권보다 우선적으로 보호하는 '금융기관의 연체대출금에 관한 특별조치법' 제7조의3(회사정리절차에 대한 특례)에 대한 위헌제청사건에서, 헌법재판소는 목적의 정당성, 수단의 적정성 등을 심사하는 비례의 원칙을

87) 헌재 1993. 12. 23. 89헌마189, 판례집 5-2, 622, 640.
88) 헌재 1989. 4. 17. 88헌마3, 판례집 1, 31, 37.
89) 이에 관하여 위 Ⅲ. 1. 나. '恣意 개념의 기능' 참조.
90) 헌재 1989. 5. 24. 89헌마37 등, 판례집 1, 48, 54 이하.

적용하여 평등권의 위반을 확인하였다.[91] 이에 대하여 '재판관 한병채'는 소수의견에서 경제적 자유와 인권적 자유를 구분하는 미국의 二重基準理論을 바탕으로 '경제관련 법률의 위헌심사에서는 차별의 합리적 이유가 있는지를 판단하는 자의금지원칙을 적용해야 하며, 그렇지 않은 경우 헌법상의 권력분립제도에 반하는 결론이 도출된다'고 주장함으로써,[92] 평등심사에 있어서 差等化 된 기준이 적용될 수 있는지, 어떠한 경우에 어떤 기준이 적용되어야 하는지의 문제가 처음으로 제기되었다.

(3) 국·공립 사범대학교 출신자를 교사로 우선 채용하도록 규정한 교육공무원법 규정에 대한 헌법소원사건에서 평등권의 심사구조를 '차별의 존재'와 '차별의 합리성'의 2단계로 구분하여 체계화하였다.[93] 헌법재판소는 우선, 이 사건 조항이 국·공립사범대학을 졸업한 교사자격자를 우대함으로써 사립사범대학을 졸업한 교사자격자나 일반대학에서 교직과정을 이수한 교사자격자를 교사임용에 있어서 불리하게 차별한다는 것을 확인하고(차별대우의 확인),[94] 이어서 다음단계에서 "이러한 차별은 합리적인 이유가 있지 아니하는 한, 헌법이 규정한 평등의 원칙에 반한다."고 하여, 차별의 헌법적 정당화 여부를 판단하는 관점으로 '자의금지원칙의 요청'을 언급하였다.

그런데 차별을 정당화하는 합리적인 이유가 있는지의 판단에 있어서는 헌법재판소는 자의금지원칙을 벗어나 '비례의 원칙'에 입각한 심사를 하였다. 우선, 우선채용제도의 입법목적이 취업기회의 보장을 통한 우수인력의 확보라는 것을 확인하고 '입법목적의 정당성'을 인정하였다.[95] 이어서 차별이 입법목적의 달성에 기여하는지의 관점에서 '차별의 적합성'을 판단하였는데, '이러한 차별은 오히려 교원의 자질저하를 초래할 가능성이 있기 때문에 우수교사의 확보라는 당초의 입법목적에 기여하지 못하고 있다'고 판단하여 차별의 적합성을 부인하였다.[96]

헌법재판소는 위 결정에서 '법익의 균형성'을 명시적으로 심사하지는 않았지만, 비교집단들 사이에 교원자격이나 자질에 있어서 본질적 차이가 없다는 것을 확인하고, 비교집단 사이에 존재하는 사실상의 차이(교원의 자질)가 이 사건 조항에 의한 차별을 정당화할 수 없다는 판단을 함으로써 '비교집단 사이의 차이와 차별간의 상관관계'를 검토하였다.[97] 그 결과, 우선채용제도에 의하여 사립사범대학 졸업자와 교직과정 이수자를 차별하는 것은 이를 정당화하는 합리적인 근거가 없다고 하여 평등권에 위반된다고 결정하였다.[98]

---

91) 헌재 1990. 6. 25. 89헌가98 등, 판례집 2, 132, 153.
92) 헌재 1990. 6. 25. 89헌가98 등, 판례집 2, 132, 163.
93) 헌재 1990. 10. 8. 89헌마89, 판례집 2, 332, 342 이하.
94) 판례집 2, 332, 343.
95) 판례집 2, 332, 345.
96) 판례집 2, 332, 349.
97) 판례집 2, 332, 345.

(4) 조합원의 자격을 無住宅者로 한정함으로써 有住宅者를 배제하고 있는 주택건설촉진법 제3조 제9호 위헌확인 사건에서, "헌법 제11조 제1항의 평등의 원칙은 일체의 차별적 대우를 부정하는 절대적 평등을 의미하는 것이 아니라 입법과 법의 적용에 있어서 합리적 근거 없는 차별을 하여서는 아니 된다는 상대적 평등을 뜻하고 따라서 합리적 근거 있는 차별 내지 불평등은 평등의 원칙에 반하는 것이 아니다. 그리고 합리적 근거 있는 차별인가의 여부는 그 차별이 인간의 존엄성 존중이라는 헌법원리에 반하지 아니하면서 정당한 입법목적을 달성하기 위하여 필요하고도 적정한 것인가를 기준으로 판단되어야 한다."고 판시함으로써, 합리적 근거 있는 차별의 기준으로서 "차별이 입법목적을 달성하기에 필요하고 적정한지"의 요건을 제시하였다.[99]

그러나 이러한 요건이 구체적으로 충족되었는지의 판단에 있어서, 헌법재판소는 입법목적의 정당성 및 차별이라는 수단이 입법목적을 달성하기에 적합한지(수단의 적정성)만을 확인하였을 뿐, 차별과 입법목적의 상관관계의 적정성은 심사하지 않고 합리적인 차별이라고 하여 평등권위반을 부정하였다.[100]

(5) 그 외에도 헌법 제37조 제2항을 직접 언급하거나 적용한 결정례는 다음과 같다. 교통사고를 일으킨 운전자에게 신고의무를 부담시키고 있는 도로교통법 규정에 대한 위헌제청사건에서 "… 과잉제한금지원칙에 반하는 규정이라 볼 수 없고, 따라서 평등원칙에 위반된다고 할 수 없다."고 판시하였는데,[101] 위 판시내용은 과잉금지원칙과 평등원칙 사이에 어떠한 연관관계가 있는지에 대한 의문을 제기하였다.

겸직금지를 규정한 지방의회의원선거법 규정에 관한 위헌소원에서, 평등심사에 헌법 제37조 제2항을 직접 적용하여 "… 평등권에 관하여 도저히 헌법 제37조 제2항에 의하여 정당화될 수 없는 과도한 제한이며 그 기본권의 침해라고 할 것이다."라고 결정하였다.[102]

약사나 의사와는 달리 한약사에게만 영업지역을 제한하는 약사법 규정이 평등권 및 직업의 자유를 위반하는지 여부가 문제된 헌법소원에서, 헌법재판소는 평등권과 자유권에 대하여 각 다른 심사기준을 적용하지 아니하고, '지역적 제한이 공공복리를 위한 것이고 제한의 정도 또한 목적을 달성하기에 적정한 것이므로 평등의 원칙에 위배된다거

98) 판례집 2, 332, 350.

99) 헌재 1994. 2. 24. 92헌바43, 판례집 6-1, 72, 75.

100) 예비범과 未遂犯을 既遂犯에 준하여 처벌하도록 규정한 관세법 제182조 제2항 위헌제청사건(헌재 1996. 11. 28. 96헌가13, 판례집 8-2, 507, 517면 이하)에서도 마찬가지로, 헌법재판소는 1994. 2. 24. 선고한 92헌바43 결정을 인용하여 "차별이 정당한 입법목적을 달성하기 위하여 필요하고도 적정한 것인가"의 기준을 적용하여 합리적 근거가 있는 차별인지 여부를 판단하였다. 헌법재판소는 위 결정에서 우선 입법목적의 정당성을 확인하고 이어서 차별이 입법목적을 달성하기에 필요하고 적정하다는 것을 인정하여 평등권위반을 부정하였다.

101) 헌재 1990. 8. 27. 89헌가118, 판례집 2, 222, 236.

102) 헌재 1991. 3. 11. 90헌바28, 판례집 3, 63, 81.

나 직업선택의 자유 등을 침해한다고 볼 수 없다'고 결정함으로써 자유권과 평등권을 하나로 묶어 일원적으로 판단하였다.[103]

마찬가지로, 상속세법 제29조의4 제2항에 대한 위헌심판 등 병합사건에서, 헌법재판소는 "… 평등권, 재산권, 재판청구권도 헌법 제37조 제2항에 의하여 … 법률로써 제한될 수 있다."고 하면서, 이어서 '평등권 등을 제한함에 있어서 얻어지는 공익과 제한되는 기본권 사이에 합리적인 비례관계가 유지되었다고 볼 수 없으므로, 평등권 등을 제한하는 정도가 지나치고 불합리하여 그 본질적인 내용을 침해하는 것이어서 헌법 제37조 제2항에 위배된다'고 판단하였는데,[104] 위 결정에서도 헌법재판소는 평등권과 자유권을 그 구조와 심사기준에 있어서 완전히 동일시하였다.

2. 평등권에 관한 헌법재판소 판례의 경향

가. 평등권에 관한 헌법재판소의 판례는, 합리적인 이유의 결여, 즉 자의의 확인에 그치는 '자의금지원칙에 의한 심사'와[105] 비례의 원칙을 적용하여 보다 체계적으로 심사하려는 '비례의 심사'로 크게 나누어 볼 수 있다.

그러나 헌법재판소가 어떠한 경우에 자의금지원칙을 기준으로 하여 심사하며 어떠한 경우에 비례심사를 하는지에 관하여 헌법재판소 스스로 밝힌 바도 없을 뿐만 아니라, 헌법재판소의 판례를 전반적으로 검토하더라도 조감할 수 있는 일관된 흐름을 발견할 수 없다. 헌법재판소가 비례심사를 한다고 하여 심판대상조항의 위헌확인을 결과로 가져오는 것도 아니고, 자의금지원칙에 의한 심사를 한다고 하여 그 심사결과가 심판대상조항의 합헌으로 나타나는 것도 아니다. 헌법재판소가 자의심사보다 엄격한 기준인 비례심사를 한 경우에도 적어도 유사한 정도로 심판대상조항의 합헌판단을 결과로 가져왔음을 종래의 판례를 통하여 확인할 수 있다.

그렇다면 미국 연방대법원의 판례에서 엿볼 수 있는 바와 같이, 엄격한 심사기준을 적용하는 경우 대부분 법률규정의 위헌판단을, 합리성의 기준을 적용하는 경우 대부분 법률규정의 합헌판단을 결과로 가져온다는 의미에서 헌법재판의 예측성이나 일관성도 없다. 헌법재판소의 판례에서 자의금지원칙과 비례의 원칙이 아무런 기준의 제시 없이 혼용되고 있다는 것을 보면, 헌법재판소 스스로 이러한 사실을 인식하지 못하고 있다는 인상을 받는다.

나. 물론 여기서 한 가지 언급해야 할 것은, 종래 헌법재판소가 비례의 원칙에 입각

103) 헌재 1991. 9. 16. 89헌마231, 판례집 3, 542, 551.

104) 헌재 1992. 2. 25. 90헌가69등, 판례집 4, 114, 122, 124.

105) 헌법재판소 판례 중에는 평등심사의 기준으로서 우선 '비례의 원칙'을 단지 언급만하고 실제로는 '자의금지원칙'을 적용하여 심사하는 경우도 적지 않게 찾아 볼 수 있다, 예컨대, 헌재 1991. 7. 22. 89헌가106, 판례집 3, 387, 423; 헌재 1992. 4. 28. 90헌바27등, 판례집4, 255, 272.

한 평등심사를 하였더라도 사실상 '엄밀한 의미에서의 비례심사'는 한 번도 하지 않았다는 것이다. 심사의 기준으로서 '자의금지원칙'과 '비례의 원칙'의 본질적인 차이는, 자의심사의 경우 '차별을 정당화하는 합리적인 이유가 있는지 여부'만을 심사하기 때문에 합리적인 이유에 해당하는 '비교대상간의 사실상의 차이'나 '입법(차별)목적'을 발견하고 확인하는 것에 그치는 반면에, 비례심사의 경우 단순히 합리적인 이유의 존부 문제가 아니라 '차별을 정당화하는 이유와 차별' 간의 상관관계에 대한 심사, 즉 한편으로는 '비교대상 간의 차이'의 성질과 비중이나 차별대우를 통하여 달성하려는 '입법목적'의 비중, 다른 한편으로는 '차별'의 정도 사이에 적정한 균형관계가 이루어져 있는지 여부를 심사하는 데 있다. 다시 말하자면, 자의금지원칙은 단지 차별을 정당화하는 합리적인 이유만을 확인하는데 반하여, 비례원칙은 차별을 정당화하는 이유와 차별대우 사이의 상관관계의 타당성 · 비례성을 심사한다.

그런데 헌법재판소결정에서 비례심사가 행해진 경우, 헌법재판소는 '입법목적이 정당하고 차별이 입법목적을 달성하기 위하여 적정한 수단이라면, 그 차별은 합리적인 차별이다'는 간소화된 방식의 심사를 해 온 것을 알 수 있다. 즉, 비례원칙에 의한 평등심사에서 차별목적의 정당성과 수단(차별)의 적정성만을 심사할 뿐, 사실상 엄격심사의 본질을 이루는 나머지 단계인 '필요성의 심사'와 '법익균형성(협의의 비례성)심사'는 하고 있지 않다. 차별목적의 정당성은 대부분의 경우 예외 없이 인정되고, 차별의 적정성도 차별이 입법목적의 실현에 조금이라도 기여한다면 인정되므로, 이 단계까지의 비례심사는 자의금지원칙에 의한 심사와 크게 다르지 않다. 법익의 균형성의 심사단계에서 비로소 차별을 정당화하는 이유의 성질과 비중을 차별의 정도와 비교형량하게 되므로, 이로 인하여 헌법재판소가 평등에 관한 입법자의 평가를 배척하고 자신의 평가를 관철하려고 시도할 가능성이 높다. 따라서 바로 이 단계에서 사실상 비례심사와 자의심사 간의 근본적인 차이가 있고, 바로 주관적 법익형량의 가능성 때문에 헌법재판소가 입법자의 판단을 헌법적으로 허용되지 않는 것으로 판단할 가능성이 높은 것이다.

다. 헌법재판소의 구체적 결정을 예로 삼아 살펴본다면, 국 · 공립 사범대학교 출신자를 교사로 우선 채용하도록 규정한 교육공무원법 사건에서 헌법재판소는 비례의 원칙을 기준으로 하여 심판대상이 평등원칙에 위반된다고 결정하였다.[106] 만일 이 결정에서 헌법재판소가 비례심사 대신에 자의금지원칙을 기준으로 한 심사를 하였더라도, 헌법재판소는 동일한 결론에 도달했으리라는 것은 거의 확실하다.

자의금지원칙에 의하면 차별을 정당화하는 합리적인 이유가 없는 경우에 평등원칙에 위반되는데, 여기서 '합리적인 이유'란 비교대상간의 사실상의 차이나 또는 법적 차별을

106) 헌재 1990. 10. 8. 89헌마89, 판례집 2, 332.

통하여 달성하려는 입법목적을 뜻한다. 우선 '비교대상 사이의 사실상의 차이'(교원의 자질이나 자격요건)가 심판대상에 의한 차별을 정당화하는지 여부를 살펴보면, 교원의 자질이나 자격요건에 있어서 비교집단 사이에 아무런 근본적인 차이가 없으므로, 사실상의 차이는 차별을 정당화하는 합리적인 이유가 되지 못한다. 또한, '입법목적'의 관점(우수교사의 확보)에서 살펴보더라도, 국공립 사범대학 졸업자의 우선채용은 오히려 교사의 자질을 저하할 우려가 있으므로, 우수교사의 확보라는 차별목적도 이러한 차별을 정당화하는 합리적인 이유가 될 수 없다.

그렇다면 자의금지원칙에서 말하는 '합리적 이유'란 '아무런' 사실상의 차이나 '아무런' 입법목적이 아니라 '차별대우를 정당화할 수 있는 그러한 차이나 입법목적'을 말한다. 따라서 입법목적을 확인하고 그의 헌법적 정당성을 따지는 것은, 자의심사에서도 마찬가지로 '합리적 차별이유의 *存否*'를 판단하기 위하여 필수적으로 거쳐야 하는 과정이며, 자의심사에 있어서 비록 수단의 적정성의 문제를 명시적으로 언급하고 있지는 않지만, 입법목적을 달성하는데 적합하지 않은 수단(차별)은 아무런 의미가 없기 때문에, 수단의 적정성도 입법목적의 '합리성'을 심사하는 과정에 필연적으로 내재되어 있는 요소이다. 위 결정에서 볼 수 있듯이, 헌법재판소는 비례심사의 형식을 갖춘 경우에도 비례심사의 핵심적 부분을 제외하고 단지 전반부의 2단계 심사(입법목적의 정당성, 차별의 적정성)에 그치고 있기 때문에, 실제로는 자의금지원칙에 의한 심사와 큰 차이가 없다.[107)]

결론적으로, 헌법재판소가 형식적으로는 비례심사의 격식을 갖추어 심사했다고 하더라도 법익형량을 하지 않고 단지 차별대우가 차별목적을 달성하기에 적합한지 여부의 심사에 그친다는 점에서, 헌법재판소가 행하는 비례심사는 한마디로 '불완전한 비례심사' 또는 '체계화된 자의심사'라고 할 수 있다.

라. 헌법재판소의 판례에 관하여 또 한 가지 지적해야 할 것은, 차별목적의 정당성, 차별의 적정성, 차별의 필요성은 차별을 통하여 달성하고자 하는 구체적인 공익, 즉 차별목적이 존재하는 경우에만 심사될 수 있다는 점이다. 따라서 입법자가 차별을 통하여 구체적인 공익을 실현하고자 하는 것이 아니라 규율대상의 특성이나 다른 비교대상과의 차이를 단지 반영하여 차별을 규정하는 경우에는 차별을 정당화하는 이유로서 단지 '비교대상 사이의 사실상의 차이'만이 고려되므로, 이 경우 비례의 심사는 '비교대상 간의 차이'와 '차별' 사이의 상관관계의 타당성을 묻는 법익의 균형성의 심사로 제한된다.

---

107) 헌법재판소는 미국 연방대법원의 엄격심사처럼 목적의 정당성의 단계에서 '입법목적의 중대성과 긴급성'부터 따지는 강화된 심사를 하는 것도 아니고, 독일 연방헌법재판소에 의한 비례심사의 핵심인 '법익균형성의 심사'도 하고 있지 않다.

Ⅵ. 헌법 제11조 평등권의 심사기준

헌법재판소가 엄격한 또는 완화된 심사를 하는지의 심사밀도를 결정하는 중요한 기준은 입법자에게 인정되는 형성권의 정도이다. 평등권을 심사기준으로 하는 법률의 위헌심사에 있어서도 심사밀도는 입법자에게 인정되는 입법형성권의 정도에 따라 달라질 수밖에 없다. 따라서 입법자가 입법을 통하여 평등권을 구체적으로 실현하고 형성함에 있어서 '언제 어느 정도로 입법형성권이 헌법적으로 제한되는지'의 관점에 의하여 심사밀도가 결정된다.

1. 엄격한 심사가 요청되는 경우

가. 헌법 스스로가 평등권을 구체화하는 경우

우선, 헌법 제11조 제1항 제1문("모든 국민은 법 앞에 평등하다.")에 의하여 입법자에게 주어지는 형성권은 헌법의 다른 근본결정에 의하여 축소될 수 있다. 즉, 입법자는 평등권을 자신의 정의관에 따라 실현함에 있어서 헌법이 스스로 평등한 대우 또는 차별대우에 관한 기준을 제시하고 있는지를 살펴보아야 한다. 특히 평등권을 구체화하는 헌법규범은 입법형성권에 있어서 중요한 의미를 가진다. 평등권의 내용을 구체화하는 헌법규범을 개괄적으로 살펴본다면, 다음과 같다.

(1) 평등권의 내용을 구체화하는 헌법규범으로서 차별금지규정과 차별명령규정

헌법은 일련의 규정에서 차별을 금지하거나 명령하는 등 구체적 표현을 통하여 평등원칙을 실현하는 입법자의 형성권을 제한하고 있다. 평등권을 구체화하는 헌법규범은 '불리한 차별을 금지하는 규정'과 '유리한 차별을 명령하는 규정'으로 나누어 볼 수 있다. 차별금지규정과 차별명령규정은 각 차별대우를 금지함으로써 또는 명령함으로써 입법자의 형성권을 제한하는 규정이다.

헌법 제11조 제1항 後文은 "성별·종교 또는 사회적 신분"을 이유로 한 차별을 금지하고 있다. 성별에 의한 차별금지는 다시 헌법 제32조 제4항에서 근로영역에서 성별을 이유로 한 차별금지로, 헌법 제36조 제1항에서는 혼인과 가족생활에서 성별에 의한 차별금지로 구체화되고 있다. 또한, 종교에 의한 차별금지도 헌법 제20조 제2항에서 국교를 이유로 한 종교의 차별금지로 구체화되고 있고, 사회적 신분에 의한 차별금지도 헌법 제11조 제2항의 '사회적 특수계급제도의 불인정 및 창설금지' 규정에 의하여 구체화되고 있다. 병역의 영역에서는 헌법 제39조 제2항에 의하여 '병역의무의 이행'으로 인한 차별금지로 구체화되고 있다. 반면에, 헌법 제32조 제6항은 근로의 기회에 있어서 국가

유공자, 상이군경 및 전몰군경의 유가족에 대하여 차별대우(우대)을 명령하는 헌법규범이라 할 것이다.

헌법상의 차별금지규정과 차별명령규정은 입법자가 모든 경우에 평등대우나 차별대우를 해야 한다는 것은 아니지만, 헌법이 명시적으로 차별을 금지하거나 명령함으로써 이에 반하는 차별대우 또는 동등한 대우의 경우에는 특별한 정당성을 필요로 한다는 것을 의미한다.

(2) 차별허용규정의 법적 성격

입법자의 형성권을 제한하는 위의 규정들과 구분해야 하는 것은 '유리한 차별을 허용하는 헌법규정'이다. 차별허용규정은 입법자의 형성권을 제한하는 헌법규정이 아니라, 단지 유리한 '차별을 위한 합리적 이유'로 고려될 수 있는 헌법적 근거를 제공하는 규정에 불과하다.

가령, 헌법 제32조 제4항은 "여자의 근로는 특별한 보호를 받으며"라고 규정함으로써 근로영역에서 여성에게 유리한 차별을 허용하고 있으며, 헌법 제32조 제5항에서도 "연소자의 근로는 특별한 보호를 받는다."라고 규정하여 마찬가지로 근로영역에서 연소자에게 유리한 차별을 허용하고 있다. 헌법 제34조도 사회국가를 실현하기 위하여 사회적·경제적 약자인 여자, 노인, 청소년, 신체장애자, 생활능력이 없는 국민 등에 대하여 유리한 차별(우대)을 허용하고 있는 조항이다.

위 조항들은 사회적·경제적 약자에게도 자유행사의 실질적 조건을 마련해 주고자 하는 사회국가원리의 구체적 표현으로서, 그들에 대한 유리한 차별의 헌법적 근거를 제공하는 규범들이다. 사회국가원리를 실현하기 위하여 차별을 허용하는 위 규정들에 의하여 사회적 약자에 대한 유리한 차별이 곧 정당화되는 것은 아니므로, 차별이 평등원칙의 관점에서 정당화되는지 여부는 별도로 심사되어야 한다. 한편, 입법자는 헌법이 허용하는 한계 내에서 국가목표나 구체적인 입법목적을 실현하기 위하여 원칙적으로 자유로이 차별기준을 설정하고 이에 따라 차별을 할 수 있으므로, 헌법은 위의 '차별허용규정' 외에도 광범위하게 입법자에게 차별을 허용하고 있다.

(3) 헌법 제11조 제1항 後文의 헌법적 의미

(가) 입법자의 형성권을 제한하는 차별금지규정

평등권을 구체화하는 헌법규정 중에서 가장 중요한 것은 "성별·종교 또는 사회적 신분"에 의한 차별을 금지하는 헌법 제11조 제1항 後文이다.[108] 헌법 제11조 제1항 前文의 일반적 평등권("모든 국민은 법 앞에 평등하다.")이 단지 차별에 대한 정당한 이유를

108) 위 헌법규정의 해석에 관한 학계의 의견을 자세히 소개한 것으로 황도수, 헌법재판의 심사기준으로서의 평등(박사학위 논문), 1996, 139면 이하 참조.

요구할 뿐이라면, 後文은 구체적으로 어떠한 징표가 차별을 정당화하는 이유로 고려될 수 없는지를 규정하고 있다. 헌법은 여기서 절대적인 차별금지나 평등대우를 명령하는 것은 아니지만 입법자가 차별의 근거로 삼아서는 안 되는 징표를 언급함으로써 헌법이 스스로 입법자의 형성권을 제한하고 있기 때문에, 헌법재판소는 이러한 점에서 헌법적 요청이 준수되는지를 엄격하게 심사해야 한다. "성별 · 종교 또는 사회적 신분"에 의한 차별이 발생하는 경우에는 헌법이 스스로 차별금지규정의 실현과 관철을 요구하므로, 헌법재판소의 보다 엄격한 심사가 요청되며, 바로 이러한 경우에 비례심사를 하는 것이 타당하다고 할 것이다.

헌법제정자는 과거의 역사적 경험에 비추어 성별 · 종교 · 사회적 신분에 의한 차별을 헌법규정을 통하여 금지하는 것이 필요하고, 아직 일반적인 평등원칙(헌법 제11조 제1항 전문)만으로는 효율적으로 성별 등에 의한 차별을 배제할 수 있을 만큼 국민 일반의 법의식이나 인식이 확고하지 않다고 판단하였기 때문에, 차별의 기준이 될 수 없는 특징을 특별히 명시적으로 언급하였다. 이로써 헌법은 제11조 제1항 후문에 열거된 기준들이 법적 차별에 있어서 합리적 이유가 될 수 있는지의 질문에 대하여 확고하게 부정적인 입장을 취하고 있다.

각국의 헌법은 그 나라의 역사적 경험과 고유한 정치적, 사회적 배경을 반영하여 평등원칙을 헌법이나 판례를 통하여 구체적으로 형성하였다. 미국의 경우에는 이민국가, 다인종 · 다민족국가라는 고유한 상황에서 인종이나 국적에 의한 차별,[109] 독일의 경우 나치정권에 의한 인종, 민족, 혈통, 언어, 신앙 등에 따른 차별[110]이 역사적으로 문제가 되었고, 이러한 경험이 평등권의 구체적 형성에 영향을 미쳤다면, 우리 헌법은 평등권을 규정함에 있어서 다른 민족적 체험에 기초하고 있다. 따라서 한국 헌법이 차별을 정당화하는 기준으로 고려해서는 안 되는 특징으로 열거한 "성별 · 종교 · 사회적 신분"은 위와 같은 의미에서 해석되어야 한다.[111]

(나) '사회적 신분'에 의한 차별의 의미

'성별'과 '종교'에 관한 한, 그것이 무엇을 의미하는지는 별도의 해석 여지없이 명백한 반면에, "사회적 신분"이 무엇을 의미하는지는 분명하지 않다.

---

109) 미국 연방헌법은 한국 헌법 제11조 제1항 후문이나 독일 기본법 제3조 제2항 및 제3항과 같이 평등권에 관한 구체적인 규정을 두고 있지 않은 대신, 연방대법원이 스스로 판례를 통하여 인종, 국적과 같은 차별금지기준을 확립하였다.

110) 헌법 제11조 제1항 후문에 해당하는 독일 기본법 제3조 제3항 제1문("누구도 그의 성별, 출신, 인종, 언어, 출생지와 혈통, 신앙, 종교적 내지 정치적 견해 때문에 차별받거나 우대받지 아니한다.")의 의미에 관하여 vgl. BVerfGE 3, 225, 239 f.; G. Müller, Der Gleichheitssatz, VVDStRL 47(1988), S.38.

111) 한국의 경우 소위 '단일민족'으로서 역사적으로 한 번도 인종차별의 상황을 경험한 적이 없었기 때문에, 미국이나 독일의 헌법제정자가 극복하려고 하는 사회현상인 인종문제나 민족적 문제가 한국의 평등권조항에 언급되지 않은 것은 당연한 것이다.

헌법재판소는 누범(累犯)의 가중처벌을 규정하는 형법규정에 대한 위헌소원에서 "여기서 사회적 신분이란 사회에서 장기간 점하는 지위로서 일정한 사회적 평가를 수반하는 것을 의미한다 할 것이므로, 전과자도 사회적 신분에 해당된다고 할 것이며, 누범을 가중처벌하는 것이 전과자라는 사회적 신분을 이유로 차별대우를 하는 것이 되어 헌법상의 평등의 원칙에 위배되는 것이 아닌가 하는 의문이 생길 수 있다"고 판시하였다.[112)]

이로써 헌법재판소는 학계의 통설을 따라[113)] 헌법 제11조 제1항 후문에 대하여 단지 전문의 평등조항의 예시적 표현에 불과할 뿐 특별한 법적 의미가 없다는 견해를 취하였는데, 이러한 해석은 헌법 제11조 제1항 후문 규정의 헌법상의 의미와 기능에 비추어 타당하다고 볼 수 없다.[114)] 헌법 제11조 제1항 후문을 전문의 '법 앞의 평등'의 내용을 단지 예시한 것이라는 해석에 의하면, 후문 규정은 헌법이 굳이 규정하지 않아도 될 당연한 사실을 규정한 조항, 즉 헌법 내에서 존재의미가 없는 조항으로 전락한다. 그러나 각 개별 헌법규범은 헌법 내에서 그에게 부여된 고유한 의미를 갖도록 해석되어야 한다는 것은 헌법해석의 기본적인 출발점이다. 학계의 다수의견도 후문의 규정이 전문의 일반적 평등원칙을 구체화한 것이라는 견해에 대하여 이의가 없다면, 이 구체화의 헌법적 의미를 찾아야 할 것이다.

'사회적 신분'에 의한 차별이란 우리 헌법이 제정된 그 당시의 역사적 경험에 비추어 신분에 따른 사회적 차별이 있었던 것을 의미하며, 이는 곧 조선시대의 유교에 바탕을 둔 士農工商의 사회적 신분제도 또는 '양반과 상놈'이란 신분적 차이를 말한다고 보아야 할 것이다. 1948년 건국헌법의 제정 당시, 우리 사회에서 유교적 전통에 기인한 사회적 신분에 의한 차별이 아직도 완전히 폐지되지 않았고 이에 의한 차별이 특별히 우려되었기 때문에, 헌법은 차별금지기준으로서 '사회적 신분'을 명문으로 수용한 것이다.

(다) '성별'에 의한 차별의 의미

헌법 제11조의 차별금지규정에 언급된 특징 중에서 특히 '성별'이 현실적으로 중요한 법적 의미를 가지고 있다. '성별에 의한 차별'이란 성별을 이유로 한 차별을 뜻하는데,

112) 헌재 1995. 2. 23. 93헌바43, 판례집 7-1, 222, 235. 위 판시내용에 대하여 다음과 같은 비판이 가능하다. ① '사회적 신분'을 위와 같이 이해한다면, 개인마다 사회적으로 점하는 지위와 사회적 평가가 상이하기 때문에 모든 인간 사이의 차별대우는 필연적으로 '사회적 신분'에 의한 차별에 해당하게 된다. 그렇다면, 예컨대 '초등학교의 교사'와 '대학의 교수'를 차별하거나 '학생'과 '교사'를 차별하는 경우, '국가유공자'와 '국가유공자가 아닌 자'를 차별하는 경우 등 결국 인간 사이의 모든 차별대우가 사회적 신분에 의한 차별의 문제를 의미하므로, 헌법 제11조 제1항 후문의 "사회적 신분"은 아무런 고유한 의미를 지니지 못하는 공허한 개념에 불과한 것이 된다. ② 뿐만 아니라, 헌법재판소의 위 결정에서 문제된 것은 '누범과 누범 아닌 자를 차별대우 하는 것이 합리적인 이유로 정당화되는 것인지' 여부이므로, 위 결정에서 '전과자도 사회적 신분에 해당한다'고 언급한 것은 문제의 해결에 아무런 기여를 못하는 무의미한 확인에 지나지 않는다.

113) 황도수, 헌법재판의 심사기준으로서의 평등(학위논문), 141면 참조.

114) 같은 견해로 황도수, 헌법재판의 심사기준으로서의 평등(학위논문), 142면.

'성별'이란 표지와 '차별' 사이에 인과관계가 있어야 한다.[115] 즉 성별에 의한 차별이란, 누가 여자 또는 남자이기 때문에 바로 그 이유로 차별을 받는다는 것을 말한다.[116]

물론, 성별에 따른 모든 차별대우가 평등권에 위반되는 것은 아니고, 사물의 본질상 단지 남자나 여자에게서만 발생할 수 있는 문제의 해결을 위하여 필연적으로 차별이 요구되는 경우에는, 차별금지에 대한 정당한 예외적 사유가 있기 때문에 남녀를 차별하는 규정이 허용된다. 따라서 남녀를 차별하는 법규정은 단지 출산, 임신, 육체적 능력 등 '생리적 차이'에 기인하는 경우에 정당화된다. 따라서 출산 전 일정 기간 동안 産母에게만 早産豫防休暇를 부여하는 규정은, 父가 될 자에게 조산예방휴가를 부여하지 않는다고 하여 자신의 건강이나 태아의 건강에 위험이 있을 리 없고, 성질상 단지 여성에게만 나타날 수 있는 문제의 해결을 위한 규정이므로, 헌법상 남녀차별금지의 요청에도 불구하고 차별을 정당화하는 이유가 있다.

한편, 남녀 간의 사회적 역할분담에 기인하는 '기능상의 차이'도 차별대우를 정당화할 수 있다는 견해가 있으나, 과거 전통적으로 생활관계가 일정 형태로 형성되었다는 사실만으로는 남녀차별이 정당화될 수 없을 뿐만 아니라, 바로 이러한 사고는 헌법이 명시적인 차별금지규정을 통하여 극복하려고 하는 전래적 사고라고 할 수 있다.[117] 기존에 형성된 사회적 현상과 그에 따른 남녀 간의 차이를 계속 감수해야 한다면, 장래에 있어서 남녀평등을 관철하려는 헌법규정은 그 의미와 기능을 상실하고 말 것이다. 따라서 단지 남녀 간의 사회적 역할분담에 기인하는 '기능상의 차이'는 성별에 의한 차별을 정당화할 수 없다.[118]

115) Vgl. BVerfGE 2, 266, 286.

116) 헌법적으로 금지된 징표를 차별의 이유로 직접 언급하지는 않지만, 사실상 금지된 기준에 의한 차별을 목적으로 하는 경우에도 마찬가지이다.

117) BVerfGE 84, 9, 17.

118) 독일 연방헌법재판소는 처음에는 성별의 '생리적 차이'뿐만 아니라 '기능적 차이'에 대해서도 차별을 정당화하는 이유를 인정했었는데, 근래 들어서는 단지 '생리적 차이'를 이유로 한 차별만을 허용하고 있다. 남녀차별을 위헌으로 판단한 연방헌법재판소의 판례를 살펴보면, 다음과 같다. '독립세대를 구성하는 여성근로자'에게만 한 달에 하루 家事를 돌볼 수 있는 유급휴가를 부여하는 규정은 '동일한 상황에 있는 남성근로자'를 정당한 이유 없이 배제하였기 때문에 평등권에 위반된다고 하였다(소위 家事休暇日 결정, BVerfGE 52, 369, 376). 헌법재판소는 위 규정은 '家事를 돌보는 것이 여성의 역할이라는 전통적인 사고'에 기인하고 있고 그 외에 차별을 정당화할 수 있는 다른 이유를 찾을 수 없다고 판단하였다. '남성 생산직 근로자'와는 달리 '여성 생산직 근로자'에게만 夜間作業을 금지시킨 규정에 대하여 연방헌법재판소는 야간작업이 남성보다 여성에 있어서 더 건강에 해롭다는 의학적 인식이 존재하지 않기 때문에 남녀 간에 존재하는 근본적인 생리적 차이가 없고, 여성의 경우 가사와 근로의 이중적 부담이 있다고 하는 기능적 차이는, 남성에게도 이중적 부담의 가능성이 충분히 있기 때문에, 차별을 정당화하는 이유가 될 수 없다고 하여, 평등권의 위반을 확인하였다(소위 여성 근로자의 야간작업금지 결정, BVerfGE 85, 191, 207ff.). 남자만이 自願消防手가 될 수 있다는 규정도 마찬가지 이유로 평등권위반을 확인하였다(BVerfGE, DVBl 1995, 613).

나. 평등권의 내용이 다른 기본권에 의하여 구체화되는 경우

(1) '입법형성권의 정도'와 '헌법재판소의 심사밀도'의 관계

입법자의 형성권은 언제나 동일하게 존중되는 것이 아니라 규율효과(기본권침해의 효과)의 정도와 규율영역의 특성에 따라 인정되는 범위가 다르다. 따라서 자유권의 영역에서 구체적으로 제한되는 자유가 개인의 핵심적 자유영역에 속하는 것인지 아니면 사회적 기능이나 사회적 연관성을 가지는 것인지에 따라 기본권보호에 차등을 둠으로써 입법자에게 인정되는 형성권의 범위를 달리하는 것과 마찬가지로,[119] 평등권의 경우에도 '헌법재판소에 의한 강화된 심사가 요청되는지'의 판단은 차별대우의 실질적 비중과 차별대우가 당사자에 대하여 가지는 의미와 효과에 달려 있다. 차별대우가 당사자의 기본권행사에 미치는 불리한 효과가 매우 크기 때문에 차별대우의 실체적 비중이 현저하다면, 이러한 경우 심사기준의 강화와 입법형성권의 축소가 정당화된다.

(2) 차별대우가 자유권에 중대한 제한을 초래하는 경우 정당화되는 엄격한 심사

미국 연방대법원은 이미 1960년대 '엄격한 심사'를 인종, 종교, 국적에 의한 차별에 국한시키지 아니하고 '기본적 권리'가 침해당한 경우에까지 확대하였고, 독일 연방헌법재판소의 제1재판부도 1980년 이래 평등권의 심사에 있어서 차별이 다른 기본권에 미치는 영향을 고려하여 차별의 효과가 자유권의 행사에 불리하게 나타나는 경우에는 엄격한 심사를 하고 있다.

차별대우가 자유권의 행사에 불리한 영향을 미치는 모든 경우에 엄격한 심사를 한다면, 이는 곧 자유권이 항상 문제되는 '침해적 법률'의 경우에는 엄격한 비례심사를 해야 하고, 자유권이 문제되지 않는 '시혜적 법률'의 경우에는 완화된 자의심사를 해야 한다는 결론에 이른다. 그러나 구체적으로 제한되는 자유권의 의미가 개인의 핵심적 자유영역에 대하여 크면 클수록 자유권에 대한 보호는 더욱 강화되는 것과 마찬가지로, 평등권의 경우에도 입법자가 차별을 통하여 자유권의 핵심적인 영역을 제한할수록, 입법형성권은 축소되고 엄격한 심사가 정당화된다고 보는 것이 타당하다. 따라서 차별대우가 인간의 생존이나 핵심적인 자유행사의 기본적인 조건(예컨대 신체의 자유, 인격권, 사생활의 자유, 직업선택의 자유 등)을 제약할수록 입법자의 형성권이 제한되고 엄격한 심사가 정당화된다고 하겠다.[120]

---

119) 기본권에 대한 침해가 진지할수록 침해적 규정을 정당화하는 공익이 중대해야 하며, 따라서 기본권의 제한은 더욱 엄격히 심사되어야 한다. 기본권침해의 진지성은 침해된 기본권의 의미, 즉 기본권의 근본성·중대성에 따라 달라지며, 이에 따라 심사의 밀도도 달라진다. 자유영역의 근본성을 결정하는 유일한 근거는 인간의 존엄성실현에 있어서의 침해된 자유의 의미이므로, 개인적 자유의 핵심영역에 대한 공권력의 침해는 더욱 중대한 공익에 의하여 정당화되어야 하는 반면, 침해된 자유영역이 사회적 기능 및 사회적 연관성을 가질수록 입법자는 폭넓은 규율권한을 갖는다, 한수웅, 헌법재판의 한계 및 심사기준, 헌법논총 제8집, 224면 참조.

즉, 차별대우에 의하여 불리한 효과를 받은 자유권이 인간의 존엄성실현에 있어서 얼마나 중요한 의미를 가지고 있는지의 관점에서 '차별대우로 인하여 침해된 자유의 의미와 기능'에 의하여 입법형성권이 결정된다. 따라서 인간의 존엄성을 실현하기 위하여 필수적이고 핵심적인 자유행사의 기회가 입법자의 차별대우로 인하여 위협받는 경우에는, 헌법재판소가 자의심사에 만족할 것이 아니라, '차별목적'과 '차별로 인하여 기본권 주체에 있어서 발생한 부담'이 적정한 비례관계에 있는지 여부를 엄격하게 심사하더라도 입법형성권에 대한 과도한 제한이 아니라고 판단된다.

(3) 평등권 및 자유권을 심사기준으로 하는 위헌심사의 一元化

차별대우로 인하여 자유권의 행사에 불리한 효과가 발생하는 경우, 헌법재판소는 과잉금지원칙에 따른 평등심사를 통하여 자유권의 침해여부를 함께 심사함으로써 평등권과 자유권을 기준으로 한 심사가 일원화되는 결과가 발생한다. 과잉금지원칙에 따른 평등심사의 경우, 평등심사에서의 '정당한 차별목적'의 존재란 바로 자유권을 기준으로 하는 심사에서의 '입법목적의 정당성'을 의미하고, '차별대우의 적합성'이란 '수단의 적합성'을 의미하며, 차별의 '필요성'도 '차별은 그 효과에 있어서 최소한의 부담을 가져오는 수단이어야 한다'는 의미에서의 '최소침해성'을 뜻한다. 여기서 최소한의 부담이란 당연히 '자유권제한에 있어서의 최소한'을 의미하기 때문이다. 또한, 자유권에 있어서의 법익균형성의 심사는 기본권침해의 효과로서의 제한의 정도와 입법목적을 비교형량하는 것이지만, 평등권에서의 비례심사는 차별의 정도와 입법목적을 비교형량하는 것이다. 그런데 여기서 차별의 정도란 차별로 인하여 초래되는 자유권의 행사에 있어서의 불리한 효과로서 결국 자유권적 효과를 의미한다.[121)]

따라서 헌법재판소가 과잉금지원칙을 적용하여 평등위반여부를 심사한다면, 이는 곧 평등심사를 통하여 자유권제한의 효과와 입법목적을 서로 교량함으로써 자유권에 의한 심사가 동시에 이루어진다는 것을 뜻한다. 이러한 의미에서 '차별이 자유권의 행사에

---

120) Vgl. Hesse, Der allgemeine Gleichheitssatz in der neueren Rechtsprechung des BVerfG zur Rechtssetzungsgleichheit, in: FS für Peter Lerche, 1993, S.131.

121) Vgl. BVerfGE 60, 123, 134, 성전환수술을 한 사람에 있어서 25세 이상과 25세 미만을 차별하여 25세 이상의 자에게만 호적상의 성명변경을 허용한 법률규정에 대한 헌법소원에서, 독일 연방헌법재판소는 '차별대우가 성전환수술을 한 자의 인격권에 현저한 영향을 미치는 경우에는 입법자의 형성권은 인격권과 인간의 존엄성에 의하여 제한을 받는다.'고 하여 위 규정의 평등권위반을 확인하였다. 또한, 아직 성전환수술을 받지 않은 사람에 있어서 25세 이상에게만 호적상의 성명변경을 허용하는 법률규정에 대한 위헌제청사건(BVerfGE 88, 87, 98f.)에서도, '차별대우를 정당화할 정도로 비중이 있는 중대한 이유가 있는지'를 심사함에 있어서, '차별대우가 당사자에 미치는 효과는 인격권의 침해로서 매우 중대한데, 이러한 중대한 침해를 정당화할 수 있는 이유를 찾을 수 없다'고 판시하여 법규정의 위헌성을 확인하였다. 택시회사에게 조세감면혜택을 부여하면서 렌트카 회사는 그 혜택에서 배제한 세법규정에 대한 위헌제청사건(BVerfGE 85, 238, 245)에서 '평등권을 기준으로 한 심사는 일정 납세자집단이 다른 납세자집단에 비하여 충분히 합리적인 이유 없이 과도한 부담을 받음으로써 현저하게 불리한 경쟁상황에 처하게 되었는지의 판단에 달려있다'고 함으로써 자유권에 미치는 불리한 효과를 평등심사의 기준으로 삼았으나, 차별의 합리성을 인정하여 평등권 위반을 부인하였다.

불리한 효과를 가져오는 경우'의 평등심사는 실질적으로 평등권이 아니라 자유권을 기준으로 한 심사이다. 따라서 비례원칙에 의한 평등심사 이후에 별도로 자유권을 기준으로 한 위헌심사는 사실상 불필요하다. 독일 연방헌법재판소도 평등권을 기준으로 하여 심사한 후에는 "평등원칙의 위반이 확인된 이상, 자유권을 침해했는지 여부는 판단할 필요가 없다."고 하거나[122] 아니면 "위의 평등심사에서 언급한 논거와 같은 이유로 직업의 자유도 침해되지 않았다."고 판시하고 있다.[123]

요컨대, 과잉금지원칙을 적용하여 평등심사를 한다는 것은 평등권의 고유한 관점에 의해서가 아니라 자유권의 관점에서 위헌여부를 판단하게 된다는 것을 의미하는 것이다. 이러한 경우, 위헌심사의 기준으로서 평등권의 헌법상 고유한 기능은 사실상 상실된다고 보아야 한다.

2. 자의금지원칙

가. 원칙적인 평등심사기준으로서 자의금지원칙

헌법재판소가 헌법해석을 통하여 평등심사에 있어서 보다 정확한 기준을 얻을 수 있다면, 입법형성권의 존중을 이유로 평등심사를 반드시 자의금지원칙에 제한해야 할 필요는 없다. 이러한 경우에 한하여 평등심사에 있어서 자의금지원칙보다 엄격한 심사기준이 적용된다고 하더라도, 입법자에게는 충분한 형성의 자유가 주어진다.[124]

따라서 헌법이 스스로 평등권을 직접 구체화하고 있거나 차별대우가 자유권에 영향을 미침으로써 평등권의 내용이 자유권을 통하여 구체화될 수 있는 경우에는 입법자의 형성권을 침해함이 없이 헌법에 근거하여 헌법재판소의 엄격한 심사가 정당화된다. 그러나 그 외의 경우에는 법률에 대한 헌법재판소의 위헌심사는 원칙적으로 '명확하게 확정될 수 있는 한계(자의금지)에 대한 위반을 확인하는 자의금지원칙'에 제한되어야 한다.

나. 통제규범으로서 자의금지원칙

자의금지원칙은 헌법상 평등원칙을 '본질적으로 같은 것은 같게 본질적으로 다른 것은 다르게 취급해야 한다'는 정의의 요청으로 해석하였고, 무엇이 본질적으로 같은지에 있어서의 '가치개방성' 및 이와 관련되어 발생하는 '헌법재판소와 입법자간의 권한배분'의 관점에서 평등원칙을 처음부터 '통제규범의 기능'으로 축소하였다. 이로써 법률규정이 '정의로운지 여부'가 아니라 '단지 명확하게 정의에 반하는지 여부'가 헌법재판소의 심사기준이 되었다.

122) BVerfGE 88, 87, 101.
123) BVerfGE 85, 238, 247.
124) Vgl. G. Müller, Der Gleichheitssatz, VVDStRL 47(1988), S.44, 52.

따라서 자의금지원칙은 헌법상 평등원칙의 실체적 내용이라기보다는, 입법자와 헌법재판소 중에서 누가 '무엇이 본질적으로 같은지'를 결정하는지의 관점에서 제기되는 권한배분의 문제를 해결하기 위한 하나의 해답이라고 할 수 있다. 헌법 제11조의 평등원칙을 그 헌법적 내용에 있어서 자의금지원칙으로 축소시킨 것의 일차적 의미는 입법자와의 관계에서 헌법재판소의 권한을 제한하려는 데 있다. 자의금지원칙에 의하여 평등원칙의 내용은 '자의적인 차별대우의 금지'로 축소되었고, 입법자에 대해서는 법적인 차별에 있어서 단지 합리적이거나 이성적인 근거를 제시할 것을 요구하는 '차별대우에 대한 이유제시의무'로 전환되었다.[125]

다. 정의의 실현에 있어서 자의금지원칙의 기능

헌법재판소가 평등권의 영역에서 법률의 위헌여부를 자의금지원칙을 기준으로 심사한다는 것은, 입법자를 비롯한 국가기관이 자의의 한계에 이르기까지는 정의에 부합되지 않는 행위를 해도 된다는 것을 의미하는 것은 결코 아니다. 국가기관은 당연히 언제나 가장 정의롭고 이성적이며 타당한 해결책을 실현하려고 노력해야 한다. 그러나 헌법상 평등원칙이 국가기관에 부과하는 이러한 헌법적 의무는 각 국가기관의 책임 하에서 이행되어야 하는 것이지, 헌법재판소에 의하여 그 이행이 강제될 수 있는 성질의 것이 아니다.

법적 차별이나 평등대우를 통하여 정의를 실현하는 것은 헌법질서에서 일차적으로 입법자의 관할이자 책임이다. 자의금지원칙을 심사기준으로 하는 헌법재판소의 평등심사는 전반적이고 포괄적인 정의를 실현하고자 하는 것이 아니라, 국가행위에 있어서 '최소한의 정의'를 보장하려는 데 있다. 헌법재판소가 합리성과 객관성을 기준으로 법적 차별에 있어서 합리적인 이유가 존재하는지 여부를 심사함으로써, 헌법재판소는 정의를 전반적으로 실현할 수는 없다. 그러나 헌법재판소가 이러한 방법으로 정의의 기본조건을 보장하는 과제를 이행함으로써, 자의금지원칙은 적어도 정의로운 질서의 핵심적 내용을 보장하는데 기여한다.[126] 헌법재판소가 종래 결정에서 대부분의 경우 자의금지원칙을 심사기준으로 하여 판단했음에도 불구하고 적지 않은 경우에 평등원칙의 위반을 확인하였다는 점에 비추어, 헌법재판소의 이러한 과제를 과소평가해서는 안 된다.

라. 행위규범과 통제규범의 구분의 의미

'평등원칙의 실체적 내용'과 '국가기관의 권한'의 문제를 분리하여 행위규범과 통제규

---

125) Vgl. Huster, Gleichheit und Verhältnismäßigkeit, JZ 1994, S.541.

126) Vgl. Robbers, Der Gleichheitssatz, DÖV 1988, S.755; Müller, Der Gleichheitssatz, VVDStRL 47(1988), S.42f.; Hesse, Der allgemeine Gleichheitssatz in der neueren Rechtsprechung des BVerfG zur Rechtssetzungsgleichheit, in: FS für Peter Lerche, 1993, S.127.

범으로 구분하는 권력분립적 관점의 정당성은 부인되어서는 안 된다.[127] 물론, 행위규범과 통제규범의 구분은 법률의 위헌여부를 판단함에 있어서 구체적인 심사기준을 제시하지는 않는다. 그러므로 이러한 구분을 통하여 그로부터 평등심사에 관한 특정한 기준이 나오는 것은 아니며, 가령 평등권의 심사기준으로서 자의금지원칙이 필연적으로 도출되는 것도 아니다.

그러나 행위규범과 통제규범의 구분은 헌법재판소와 입법자의 관계를 권력분립원칙의 관점에서 기능질서적·권한질서적 문제로 부각시킴으로써 헌법재판소가 입법자의 형성권을 원칙적으로 존중해야 한다는 것을 강조한다는 점에서, 그 의미와 타당성이 있다.

3. 평등권과 헌법 제37조 제2항

가. 평등권에서 과잉금지원칙 적용의 한계

(1) 평등심사와 과잉금지원칙의 본질적인 構造的 差異

평등심사는 기본권주체와 제3자와의 비교를 통하여 국가작용의 자의성을 판단하고자 하는 절차이고, 과잉금지원칙은 기본권주체와 국가와의 관계에서 국가작용의 過剩性을 판단하는 절차이다. 과잉금지원칙은 그 구조상 법익의 충돌 및 수단과 목적의 관계를 전제로 하고 있다. 평등권의 문제는 국가와 개인의 대립 또는 공익과 사익의 충돌의 문제, 즉 법익충돌의 문제가 아니다. 평등심사는 수단과 목적의 상호관계를 통하여 목적의 관점에서 투입된 수단이 과도한지를 판단하고자 하는 것이 아니라, 둘 이상의 기본권주체의 법적 지위를 서로 비교하고자 하는 것이다. 평등권에서 문제되는 것은 서로 다르게 취급되는 사실관계에 대한 비교적 평가이지, 과잉금지원칙에서 문제되는 목적과 수단의 관계가 아니다. 따라서 국가와 개인이라는 兩者關係에 맞추어진 구조를 가지고 있는 과잉금지원칙을 三者關係를 전제로 하는 평등심사에 적용하는 것은 한계가 있을 수밖에 없다.

(2) 원칙과 예외의 관계의 不在

뿐만 아니라, 과잉금지원칙이 '자유가 원칙이고 이에 대한 제한이 예외'라는 사고에 그 바탕을 두고 있다는 관점에서 보더라도, 평등권의 경우에는 이와 같은 '원칙과 예외의 관계'가 일반적으로 성립하지 않는다. 예컨대, 평등권의 경우 모든 사실관계와 기본권주체를 동일하게 취급해야 한다는 형식적 평등을 전제로 하여 '형식적 평등이 원칙이

---

127) Vgl. Dürig, in: Maunz/Dürig, GG, Art.3 Abs. 1, Rn.395; Hesse, Grundzüge des Verfassungsrechts, 1993, Rn.439, 569; ders. Der Gleichheitssatz in der neueren deutschen Verfassungsentwicklung, AöR 109(1984), S.191ff.; Robbers, Der Gleichheitssatz, DÖV 1988, S.755; Huster, Gleichheit und Verhältnismäßigkeit, JZ 1994, S.541.

고 차별은 예외'라고 하는 관계가 성립하지 않는다. 평등권이란 정의에 부합하게 같은 것은 같게 다른 것은 다르게 취급할 것을 요청하는 그 본질상 상대적 평등이다.

다만, 헌법이 특정 생활영역과 관련하여 스스로 명시적으로 차별을 금지하는 경우에 한하여(예컨대, 헌법 제32조 제4항의 근로영역에서의 여성에 대한 차별금지) 예외적으로 '평등이 원칙이고 차별이 예외'라는 관계가 형성됨으로써, 과잉금지원칙이 변형된 형태로나마 적용될 여지가 있다.

나. 평등권의 구조를 자유권의 구조로 전환하는 것의 한계

과잉금지원칙이 그 구조상 법익충돌을 전제로 하고 그의 헌법적 기능이 자유권의 보호에 있으므로, 평등심사에 있어서 과잉금지원칙이 적용되기 위해서는 상충하는 법익의 관계, 즉 수단과 목적의 관계가 형성되어야 한다.[128] 즉, 이는 평등권의 구조를 자유권의 구조로 전환해야 한다는 것을 의미한다. '평등권의 보호범위가 있는지'의 질문은, 實體的 보호범위의 개념(일정한 생활영역이나 법익 등)에서 출발한다면 부정되어야 하고, 반면에 법현실에 존재하지 않는 단지 觀念的 보호범위(정의에 부합하는 대우)를 전제로 한다면 긍정될 수 있다. 따라서 '정의의 기준에 부합하는 대우'를 평등권의 보호범위로 의제하고, '외견상의 차별대우'를 평등권에 대한 제한으로 간주함으로써, 평등권에 대한 제한(차별대우)과 제한목적(차별목적)간의 상관관계가 구성되고, 이로써 과잉금지원칙이 적용되기 위한 전제조건으로서 법익형량이 가능하게 된다.[129]

그러나 자유권의 심사구조는 '보호범위, 그에 대한 제한, 제한의 정당성'의 심사구조로 구성되지만, 평등권은 처음부터 개인을 합리적인 이유 없는 국가의 차별로부터 보호하려고 한다. 평등권에서는 실체적 보호범위의 결여로 말미암아 보호범위와 제한의 구분이 있을 수 없으며, 단지 '합리적인 이유가 있는 차별'과 '합리적인 이유가 없는 차별'만이 있을 뿐이다. 그런데 합리적인 이유가 있는 차별은 처음부터 평등원칙에 부합되는 것이므로, 이 경우 평등권이 제한된 적도 없고 제한될 수도 없다. 따라서 외견상의 차별대우를 '평등권의 제한'으로 의제하는 것도 평등권의 본질과 부합하기 어렵다.

설사 평등권에 헌법 제37조 제2항을 적용하기 위하여 '보호범위'와 '그에 대한 제한'을 의제하더라도, 평등권에 대한 '과도한' 제한은 존재하지 않는다. 평등권에는 관념상의 보호범위만 있을 뿐 실체적 보호범위가 없으므로, 그 제한이 과도한지 또는 미약한지 하는 것은 있을 수 없으며, 단지 합리적인 차별이유가 있기 때문에 '평등원칙에 부합하는 제한'과 합리적인 이유가 없기 때문에 '평등원칙에 위반되는 제한'만이 있을 뿐

128) Vgl. Huster, Gleichheit und Verhältnismäßigkeit, JZ 1994, S.542.

129) 이러한 시도로는 vgl. Kloepfer, Gleichheit als Verfassungsfrage, 1980, S.54ff.; Jarass, Bausteine einer umfassenden Grundrechtsdogmatik, AöR 120(1995), S.361f.; Huster, Rechte und Ziele, 1993, S.225ff.

이다. '과도한 제한'이 있다면 그것은 평등권에 대한 과도한 제한이 아니라, 차별대우가 자유권에 불리한 효과를 초래하는 경우에 문제되는 '자유권에 대한 과도한 제한'이다. 평등권에서는 국가행위가 평등원칙에 위반되는지 '여부'만이 문제이고, 자유권에서는 국가행위가 자유권을 과도하게 제한하는지의 '정도'가 문제된다. 따라서 엄밀한 의미에서 평등권에 대한 '제한'이나 '침해'라는 표현보다는 평등권의 '위반'이라는 표현이 더욱 타당하다고 할 수 있다.

따라서 평등권과 자유권의 본질적인 구조적 차이 및 기능에 비추어, 그리고 평등권은 보호범위를 가지고 있지 않다는 점에 비추어, 평등권에 과잉금지원칙을 적용하는 것은 한계가 있을 수밖에 없다. 나아가, 수단과 목적의 관계, 평등권과 공익의 충돌관계는 입법자가 법적인 차별대우를 통하여 특정 목적을 실현하고자 의도하는 경우에만 그 구성이 가능하다. 입법자가 법적 차별을 통하여 적극적으로 일정 방향으로 사회를 형성하려는 것이 아니라 단지 사물의 본성을 고려하여 이미 존재하는 사실상의 차이를 법률에 반영하는 경우에는 수단과 목적의 관계가 성립되지 않으므로, 이 경우 법익충돌을 전제로 하는 헌법 제37조 제2항이 적용될 여지가 없다.

Ⅶ. 맺는말

1. 입법자는 적극적으로 사회질서를 형성하거나 또는 일정 생활영역이나 사회상황 등을 규율하기 위하여 특정한 목표를 설정하고, 이를 달성할 수 있도록 법률요건을 정하게 된다. 이로써 입법자는 법률규정의 적용을 받는 자와 적용을 받지 않는 자의 차별을 통하여 일정한 입법목적을 실현하고자 한다. 나아가, 입법자는 이미 법현실에 존재하는 사실상의 차이를 고려하여 이를 법률에 반영함으로써 사물의 본성에 따른 차이를 입법화하는 경우도 있다. 그러므로 헌법재판소는 법률이 평등권에 위반되는지 여부를 심사함에 있어서 '법적 차별을 통하여 달성하려는 입법목적'과 '비교대상 간에 존재하는 사실상의 차이'를 법적 차별을 정당화하는 이유로서 고려하게 된다.

헌법재판소는 차별이유의 합리성을 심사함에 있어서 '아무런 이유'가 아니라 '사물의 본성으로부터 나오는' 또는 '규율목적의 관점에서 보아' 합리적인 이유가 있는지 여부를 심사하게 된다. 차별이유와 차별 사이의 상관관계를 살피지 않고서는 차별이유의 합리성을 판단할 수 없으므로, 자의금지원칙에 의한 심사는 필연적으로 '비교대상 간의 사실상의 차이가 차별을 정당화하는지' 또는 '차별대우가 차별목적에 의하여 정당화되는지, 즉 차별대우가 입법목적을 달성하기에 적정한지'에 대한 판단을 내포하고 있다.

이러한 의미에서 종래 헌법재판소가 일부 결정에서 비례심사의 형식을 취한 평등심사를 하였다 하더라도 실제로는 자의금지원칙에 의한 심사와 같은 내용의 심사를 하였다고 볼 수 있다. 헌법재판소가 내용상 자의심사와 실질적으로 동일한 성격의 심사를 헌법 제37조 제2항에 기초하여 소위 '비례심사'의 이름으로 행한 것은, 독일 연방헌법재판소에 의하여 형성된 '새로운 공식'을 수용함에 있어서 이에 대한 깊은 이해 없이 이를 적용하는 과정에서 발생한 결과라 판단된다.

2. 단순한 자의심사를 넘어서 '비교대상 간에 존재하는 차이의 성질과 비중이나 또는 입법목적의 비중'을 '차별대우 또는 그 효과'와 비교형량하는 엄격한 심사인 비례심사는 헌법에 직접적이든 간접적이든 간에 그 근거가 있는 경우에만 허용될 수 있다. 헌법이 스스로 차별금지조항 또는 차별명령조항을 통하여 직접 평등권을 구체화하고 있거나 또는 차별대우가 자유권의 행사에 중대한 영향을 미침으로써 평등권이 자유권에 의하여 구체화되는 경우에 한하여 입법형성권의 축소 및 이로 인한 엄격한 비례심사는 정당화된다.

참고문헌

안경환, 평등권-미국헌법을 중심으로, 헌법재판연구 제6권

한수웅, 입법부작위에 대한 헌법소원, 현대헌법학이론(이명구교수 화갑기념논문집), 1996

______, 평등권과 입법부작위, 법조 1997/2

______, 헌법불합치결정의 소급효력, 판례월보 1997/10

______, 헌법불합치결정의 헌법적 근거와 효력, 헌법논총 제6집(1995)

______, 헌법재판의 한계 및 심사기준, 헌법논총 제8집(1997)

황도수, 헌법재판의 심사기준으로서의 평등, 박사학위 논문, 1996

______, 법규범으로서의 평등의 사적 전개, 헌법논총 제7집(1996)

Alexy, Theorie der Grundrechte, 2. Aufl. 1984

Brugger, Grundrechte und Verfassungsgerichtsbarkeit in den Vereinigten Staaten von Amerika, 1987

______, Einführung in das öffentliche Recht der USA, 1993

Dürig, in: Maunz/Dürig(Hg), GG, Art.3 Abs. 1

Fortsthoff, Der Staat der Industriegesellschaft, 2. Aufl. 1971

Gallwas, Grundrechte, 2. Aufl. 1995

Gubelt, in: v. Münch(Hg), Grundgesetz Kommentar (GGK), Bd.I, 4. Aufl. Art.3

Gusy, Der Gleichheitsschutz des Grundgesetzes, JuS 1982

______, Der Gleichheitssatz, NJW 1988

Hesse, Der Gleichheitssatz in der neueren deutschen Verfassungsentwicklung, AöR 109(1984)

______, Der allgemeine Gleichheitssatz in der neueren Rechtsprechung des BVerfG zur Rechtssetzungsgleichheit, in: FS für Peter Lerche, 1993

______, Grundzüge des Verfassungsrechts der Bundesrepublik Deutschland, 1993

Huster, Rechte und Ziele, 1993

______, Gleichheit und Verhältnismäßigkeit, JZ 1994

Jarass, Folgerung aus der neueren Rechtsprechung des BVerfG für die Prüfung von Verstößen gegen Art.3 I GG, NJW 1997

______, Bausteine einer umfassenden Grundrechtsdogmatik, AöR 120(1995)

Kirchhof, Der allgemeine Gleichheitssatz, in: Isensee/Kirchhof(Hg), Handbuch des Staatsrechts (HbStR), Bd.V, §124

______, Gleichheit vor dem Grundgesetz, NJW 1987

Kloepfer, Gleichheit als Verfassungsfrage, 1980

Leibholz, Die Gleichheit vor dem Gesetz, 2. Aufl. 1959

Manssen, Staatsrecht, 1995

G. Müller, Der Gleichheitssatz, VVDStRL 47(1988)
Osterloh, in: Sachs(Hg), Grundgesetz, 1996, Art.3
Pieroth/Schlink, Staatsrecht II, 11. Aufl. 1995
Radbruch, Rechtsphilosophie, 8. Aufl. 1973
Richter/Schuppert, Casebook Verfassungrecht, 2. Aufl. Art.3
Robbers, Der Gleichheitssatz, DÖV 1988
Rupp, Art.3 GG als Maßstab verfassungsgerichtlicher Gesetzeskontrolle, in: C. Starck(Hg), Bundesverfassungsgericht und Grundgesetz, Bd.II, 1976
Sachs, Zur dogmatischen Struktur der Gleichheitsrechte als Abwehrrechte, DÖV 1984
_____, Die Maßstäbe des allgemeinen Gleichheitssatzes -Willkürverbot und sogenannte neue Formel, JuS 1997
Schoch, Der Gleichheitssatz, DVBl 1988
Schuppert, Self-restraints der Rechtsprechung, DVBl 1988
Stein, Staatsrecht, 14. Aufl. 1993
_____, in: AlternativKommnetare (AK-GG), Bd.I, 1989, Art.3

제2절 판례평석

평등권에 관한 최근 헌법재판소결정의 문제점*

Ⅰ. 문제의 제기

헌법은 제11조 제1항 前文에서 "모든 국민은 법 앞에 평등하다."고 하여 평등권을 보장하고 있다. 헌법상 평등권조항에 담겨 있는 평등원칙은 과잉금지원칙과 더불어 정의를 지향하는 헌법국가의 핵심적 행위원칙이다. 입법자는 법률의 제정에 있어서 무엇보다도 과잉금지원칙과 평등원칙을 입법의 한계로서 존중하고 준수해야 한다.

한편, 헌법 제11조 제1항 전문의 평등조항은 '어떠한 것이 같기 때문에 입법자가 같게 취급해야 하는지'를 판단할 수 있는 평가의 기준을 전혀 제시하지 않는다. 평등심사에 있어서 평가의 구체적 기준을 제시하지 못한다는 평등조항의 '內容的 開放性'으로 인하여, 헌법재판소는 이미 초기의 결정에서 '비교되는 사실관계를 달리 또는 같게 취급한 입법자의 평가가 자의적이어서는 안 된다'는 의미에서 '恣意禁止原則'을 평등권 위반여부를 판단하는 심사기준으로 삼았다. 자의금지원칙에 의하면, 법률에 의한 차별을 정당화하는 합리적인 이유를 더 이상 인식할 수 없기 때문에 입법자의 결정을 용인하는 것이 일반적인 정의감정에 반하다고 판단되는 경우에 비로소, 평등원칙에 위반된다.[1)]

헌법재판소는 '제대군인 加算點 결정'(헌재 1999. 12. 23. 98헌마363)을 계기로, 평등권의 위반여부를 판단하는 심사기준을 '자의금지원칙에 의한 완화된 심사'와 '비례의 원칙

* 위 논문은 2015년 12월, 헌법논총(헌법재판소), 제26집, 241면-298면에 게재된 것을 일부 수정한 것이다.
1) 한수웅, "평등권의 구조와 심사기준", 헌법논총 제9집(1998), 52면 이하 참조.

에 의한 엄격한 심사'로 구분하면서 엄격한 심사기준이 적용되는 경우를 구체적으로 서술함으로써 그 이후의 결정부터는 이러한 관점에 따라 평등심사를 하고자 시도하고 있다. 그러나 헌법재판소는 위 결정에서 엄격한 심사가 정당화되는 경우로서 '헌법이 특별히 평등을 요청하는 경우'와 '차별적 취급으로 인하여 관련 기본권에 대한 중대한 제한을 초래하는 경우'의 2가지 기준을 제시하였으나, 위 결정이 선고 된지 15년이 지난 지금까지도 이러한 기준이 무엇을 의미하는지, 구체적으로 어떠한 경우가 이에 해당하는지에 관한 일관되고 명확한 판례가 형성되어 있지 않은 것으로 보인다. '제대군인 가산점 결정'에서 제시된 기준을 적용하고 있는 최근의 결정들을 살펴보면, 헌법재판소는 이러한 기준이 생성된 이론적 배경에 대한 기본적인 이해 없이, 나아가 위 기준의 적용범위에 관한 기본적인 합의 없이 매 사건마다 임기응변으로 대처하는 모습을 보이고 있다.

가령, 헌법재판소는 '제대군인 가산점 결정'에서는 근로의 영역에서 성별에 의한 차별을 금지하는 헌법 제32조 제4항은 '헌법이 특별히 평등을 요청하는 경우'에 해당한다고 판단한 반면, '남성에 국한된 병역의무의 부과 결정'(헌재 2010. 11. 25. 2006헌마328)에서는 성별 등에 의한 차별을 금지하는 헌법 제11조 제1항 後文은 '헌법이 특별히 평등을 요청하는 경우'에 해당하지 않는 것으로 판단하였다. 또한, 헌법재판소는 '선거방송토론회 결정'(헌재 2011. 5. 26. 2010헌마451)에서 '선거운동에서의 기회균등'을 명시적으로 요구하는 헌법 제116조 제1항의 규정에도 불구하고 평등권위반 여부를 자의금지원칙을 적용하여 판단하였다. 뿐만 아니라, 헌법재판소는 '직계존속 告訴不許 결정'(헌재 2011. 2. 24. 2008헌바56)에서 엄격한 심사가 요청되는 또 다른 경우인 '차별적 취급으로 인하여 관련 기본권에 대한 중대한 제한을 초래하는 경우'를 차별대우가 자유권이 아니라 재판절차진술권과 같은 절차적 기본권의 행사에 불리한 영향을 미치는 경우에 대해서도 적용하고 있다.

헌법재판소의 이와 같이 일관되지 않는 판례의 발전에 직면하여, 헌법재판소가 스스로 제시한 기준의 생성배경과 그 적용범위를 다시 규명하고 확인해야 할 필요성은 매우 크다. 이 글에서는 첫째, 엄격한 평등심사가 요청되는 경우를 헌법재판소가 제시한 기준에 따라 '헌법이 특별히 차별을 금지하는 특별평등조항의 경우'와 '차별대우가 기본권에 대한 중대한 제한을 초래하는 경우'로 나누어, 우선 특별평등조항의 경우에 엄격한 심사를 정당화하는 헌법적 근거가 무엇인지, 일반적 평등조항과의 관계에서 특별평등조항의 헌법적 의미와 가능이 무엇인지, 어떠한 헌법규정이 특별평등조항에 해당하는지를 살펴본 다음(아래 Ⅱ. 1.), 엄격한 심사를 요청하는 두 번째 경우와 관련하여 왜 엄격한 심사가 정당화되는지 그 헌법적 근거를 살펴보고, 두 번째 경우의 헌법적 의미와 적용의 한계를 검토하기로 한다(아래 Ⅱ. 2.).

둘째, '평등심사기준에 관한 최근 주요 결정'을 대상으로 삼아, 헌법재판소가 '제대군인 가산점 결정'에서 제시한 '엄격한 평등심사의 기준'을 어떻게 구체화하고 있으며, 헌법재판소의 이러한 판시내용이 타당한 것인지에 관하여 위에서 확인한 이론적 바탕을 근거로 검토하고자 한다. 구체적으로, 헌법 제11조 제1항 후문의 규정, 헌법 제116조 제1항의 규정이 '헌법이 특별히 차별을 금지하거나 평등을 요청하는 특별규정에 해당하는지'의 여부(아래 Ⅲ. 1. 및 3.), 헌법 제25조의 공직취임권이 일반적 평등조항과 어떠한 관계에 있는지의 문제(아래 Ⅲ. 2.), '차별대우로 인하여 관련 기본권에 대한 중대한 제한이 초래되는 경우'가 어떠한 경우이며, 자유권과 전혀 다른 성격을 가진 절차적 기본권의 제한이 문제되는 경우도 엄격한 심사를 정당화하는 경우에 해당하는지의 문제(아래 Ⅲ. 4.) 등을 비판적으로 살펴보기로 한다.

Ⅱ. 엄격한 평등심사가 정당화되는 경우

1. 헌법이 스스로 차별을 금지하거나 평등을 요청하는 경우(특별평등조항)

가. 엄격한 평등심사를 요청하는 헌법적 근거

(1) 헌법은 헌법재판의 근거이자 동시에 한계이다. 헌법재판의 한계는 심사기준인 '실체적 헌법'으로부터 나온다. 헌법재판의 규범적 한계는 심사기준으로서의 헌법규범이 존재하지 않는 곳에 있다. 헌법재판소는 헌법을 심사기준으로 하여 입법자를 비롯한 국가기관이 헌법에 의하여 설정된 한계를 준수하였는지 여부에 대하여 심사한다. 헌법이 국가행위에 대한 규범적 기준을 제시하고 있는 경우에만 헌법재판소는 이에 대한 위반을 확인할 수 있다. 사법적 판단의 심사기준이 될 수 있는 헌법규범이 존재하지 않는 경우, 바로 여기에 헌법재판의 한계가 있다.

따라서 헌법이 국가기관을 구속하는 만큼, 헌법재판소에 의한 위헌심사가 가능하다. 이러한 점에서 '헌법이 국가기관을 구속하는 범위'와 '헌법재판소에 의한 심사의 범위'는 일치한다. 그런데 개별 헌법규범은 그 규율의 밀도와 규범적 효력에 있어서 상이하고, 이에 따라 국가기관에 대한 구속력에 있어서도 상이하다. 따라서 심사기준으로 고려되는 개별 헌법규범마다 입법자를 어느 정도로 구속하는지, 입법자에게 어느 정도로 형성권을 부여하는지 또는 제한하는지를 별도로 판단해야 한다.

평등권의 경우 입법자에게 광범위한 형성권이 인정된다면, 이는 헌법규범의 규율밀도가 낮기 때문이고, 그 결과 입법자에 대한 구속력이 약하기 때문이다. 헌법재판의 심사기준으로서의 헌법규범이 가지는 이러한 결정적인 의미에 비추어, '헌법재판소'가 司法的으로 자제하는 것이 아니라 '헌법'이 스스로 확정하지 아니하고 입법자에게 그 형성을 위임하는 형태로 자제하는 것이다.[2] 마찬가지로 헌법재판소가 입법자에게 정치적 형성권을 인정한다면, 이는 '헌법재판소'가 아니라 '헌법'이 스스로 부여하는 것이다.

(2) 이러한 관점에서 보건대, 헌법재판소의 심사밀도(엄격한 또는 완화된 심사)를 결정하는 중요한 기준은 입법자에게 인정되는 형성권의 정도이다. 평등권을 심사기준으로 하는 위헌심사에 있어서도 헌법재판소의 심사밀도는 입법자에게 인정되는 입법형성권의 정도에 따라 달라질 수밖에 없다. 따라서 입법자가 평등권을 입법을 통하여 구체적으로 실현함에 있어서 '헌법이 언제 어느 정도로 입법형성권을 제한하는지'의 관점에 의하여 심사밀도가 결정된다.

헌법이 스스로 평등권을 구체화하는 표현을 통하여 입법자에게 준수해야 하는 지침을 제시하는 경우, 입법자의 형성권은 축소되고, 이에 따라 보다 엄격한 심사가 요청된다. 단순한 자의심사를 넘는 엄격한 심사는 헌법에 직접적이든 간접적이든 근거가 있는 경우에만 허용될 수 있다. 따라서 헌법이 스스로 차별금지조항을 통하여 특별히 차별을 금지하거나 평등을 요청하는 경우, 가령 헌법이 스스로 차별의 근거로 삼아서는 안 되는 기준이나 차별이 이루어져서는 안 되는 영역을 특별히 제시하고 있는 경우, 그러한 기준을 근거로 한 차별이나 그러한 영역에서의 차별에 대하여 헌법재판소가 이러한 헌법적 요청이 준수되는지 여부를 보다 엄격하게 심사하는 것이 정당화된다.

나. 특별평등조항의 헌법적 의미

'특별평등조항'이란,[3] 무엇을 같게 또는 다르게 취급해야 하는지에 관하여 아무런 기준을 제시하지 않는 '일반적 평등조항'(헌법 제11조 제1항 前文)과는 달리, 특수한 방법으로 차별을 금지한다든지 아니면 평등을 요청함으로써 일반적 평등원칙의 내용을 구체화하고 입법을 통하여 평등원칙을 실현하는 입법자의 형성권을 제한하는 헌법상의 규정을 말한다. 특별평등조항은 헌법 제11조 제1항 전문의 일반적 평등조항에 대한 특별규정으로서 일반적 평등조항의 적용을 배제한다.[4] 자유권의 영역에서 헌법 제10조 前文의 행복추구권이 개별자유권과의 관계에서 일반·특별관계에 있으며 개별자유권이 적용되지 않는 경우에 비로소 적용되는 일반적·보충적 자유권인 것과 마찬가지로, 일반적 평등조항은 특별평등조항이 적용되지 않는 경우에 비로소 보충적으로 적용된다.

---

2) Vgl. Schlaich, Die Verfassungsgerichtsbarkeit im Gefüge der Staatsfunktionen, in: VVDStRL 39(1981), S.112; Hillgruber/Goos, Verfassungsprozessrecht, 3. Aufl. 2010, Rn.38; Benda/Klein, Verfassungsprozessrecht, 3. Aufl. 2012, Rn.24.

3) '평등조항'이란 평등에 관한 객관적인 헌법규범을 말하며, 평등조항에 근거하여 개인에게는 국가에 대하여 평등을 요구할 수 있는 주관적 권리인 '평등권'이 부여되고, 국가에게는 이에 대응하는 의무로서 '평등을 실현해야 할 의무'가 부과된다.

4) 독일에서 일반적 평등조항과 특별평등조항의 관계에 관하여 vgl. Wendt, Spezielle Gleichheitsrechte, in: HbGR, Bd.V, 2013, §127 Rn.3; Michael/Morlok, Grundrechte, 3. Aufl. 2012, Rn.783, 825.

특별평등조항은 일반적 평등조항과 비교할 때 보다 강화된 평등보호를 제공하고, 이로써 차별대우의 정당성에 대하여 보다 강화된 요구를 한다. 특별평등조항은 입법자가 모든 경우에 동등한 대우를 해야 한다는 것은 아니지만, 차별대우의 경우에는 특별한 정당성을 필요로 한다는 것을 의미한다. 헌법은 가령, 제11조 제1항 후문에서 절대적인 차별금지나 평등대우를 명령하는 것은 아니지만 입법자가 차별의 근거로 삼아서는 안 되는 징표 또는 표지(標識)를 제시하였고, 이로써 헌법 스스로가 입법자의 형성권을 제한하고 있기 때문에, 입법자가 이러한 표지를 차별의 근거로 삼는 경우에는 헌법재판소가 헌법적 요청의 준수 여부를 엄격하게 심사하는 것이 정당화된다.

헌법상의 특별평등조항은 '規定形式의 측면'에서는 아래에서 살펴보는 바와 같이, '헌법의 문언이 명시적으로 특별히 차별을 금지하거나 평등을 요청하는 경우'[아래 Ⅱ. 1. 다. (1)] 및 '헌법해석을 통하여 헌법규정에 내재한 특별한 차별금지나 평등요청을 도출할 수 있는 경우'[아래 Ⅰ. 1. 다 (2)]로 크게 나누어 볼 수 있다. 또한, 특별평등조항은 '規定內容의 측면'에서는 '역사적으로 우리 사회의 고유한 상황에 비추어 특별히 차별이 우려되기 때문에 헌법이 스스로 성별 등에 의한 차별을 금지하는 경우'와 '선거권·피선거권·선거운동에서의 기회균등·공직취임에서의 기회균등 등 참정권의 영역에서 모든 국민의 평등한 정치적 참여, 즉 엄격하고 형식적인 정치적 평등을 요청하는 경우'로 나누어 볼 수 있다.

다. 엄격한 평등심사를 요청하는 헌법규정(특별평등조항)

(1) 헌법의 문언이 명시적으로 특별히 차별을 금지하거나 평등을 요청하는 경우

(가) 헌법 제11조 제1항 後文(성별·종교 또는 사회적 신분에 의한 차별금지)

1) 헌법 제11조 제1항 후문은 "누구든지 성별·종교 또는 사회적 신분에 의하여 정치적·경제적·사회적·문화적 생활의 모든 영역에 있어서 차별을 받지 아니한다."고 규정하고 있다. 헌법 제11조 제1항 前文의 일반적 평등조항이 국가에 대하여 단지 평등원칙에 부합하는 행위를 요구할 뿐이라면, 後文은 구체적으로 어떠한 징표(표지)가 차별을 정당화하는 사유로 고려될 수 없는지에 관하여 규정하고 있다. 이로써 헌법 제11조 제1항 후문은 전문의 일반적 평등조항을 구체화하는 특별평등조항이다.[5)]

헌법제정자는 과거의 역사적 경험에 비추어 성별·종교·사회적 신분에 의한 차별을 헌법규정을 통하여 금지하는 것이 필요하고, 일반적인 평등원칙만으로는 효율적으로 성

---

5) 독일에서도 기본법 제3조 제2항 제1문("남성과 여성은 동등하다.") 및 제3조 제3항 제1문("누구도 그의 성별, 출신, 인종, 언어, 출생지와 혈통, 신앙, 종교적 내지 정치적 견해 때문에 차별받거나 우대받지 아니한다.")은 일반적 평등조항인 제3조 제1항("모든 인간은 법 앞에 평등하다.")에 대한 특별규정으로서 일반적 평등조항의 적용을 배제하는 것으로 이해하고 있다, vgl Richter, Gleichberechtigung von Mann und Frau, in: HbGR, Bd.V. 2013, §126 Rn.34.

별 등에 의한 차별을 배제할 수 있을 만큼 아직 국민 일반의 법의식이나 인식이 확고하지 않다고 판단하였기 때문에, 차별의 기준이 될 수 없는 특징을 특별히 명시적으로 언급하였다.[6)]

헌법 제11조 제1항 후문이 차별의 근거로 삼아서는 안 되는 사유로서 '성별'을 언급한 것은 유교적 전통에 바탕을 둔 男尊女卑 思想에 대한 명시적인 부정을 의미한다. 헌법제정 당시 우리 사회에서 아직도 전통적인 남존여비 사상과 家父長的 思考가 팽배하였고 혼인과 가정에서 남녀의 평등이 실현되고 있지 않았기 때문에, 헌법은 특별히 성별을 차별의 기준으로 삼아서는 안 되는 징표로 강조하고 있는 것이다.[7)]

헌법이 제11조 제1항 후문에서 차별금지사유로서 '종교'를 언급한 것은 국가가 특정 종교나 세계관과 일체감을 가지지 않는다는 종교적・세계관적 중립성을 표방한 것이고, 헌법 제20조 제2항의 政教分離의 원칙과 함께 국가의 세계관적 중립성을 실현하기 위한 필수적 요건을 규정한 것이다. 종교적・세계관적 중립성은 국가가 '모든 국민의 국가'로서 기능하기 위하여 불가결한 요건이다.[8)]

헌법 제11조 제1항 후문이 차별금지사유로서 '사회적 신분'을 언급한 것은, 헌법제정 당시 아직도 우리 사회에 잔존하고 있던 유교적 전통으로서 班常制度와 같은 사회적 계급・신분제도에 대한 명시적인 부정을 표현하고 있는 것이다.[9)] 헌법 제11조의 평등원칙을 제정할 당시, 우리 사회에서 유교적 전통에 기인한 사회적 신분에 의한 차별이 아직도 완전히 폐지되지 않았고, 이에 의한 차별이 특별히 우려되었기 때문에, 헌법은 차별금지기준으로서 '사회적 신분'을 명문으로 수용한 것이다. "사회적 특수계급의 제도는 인정되지 아니하며, 어떠한 형태로도 이를 창설할 수 없다."고 규정하는 헌법 제11조 제2항도 위와 같은 헌법해석의 타당성을 뒷받침하고 있다.

2) 한편, 학계의 견해는 '헌법 제11조 제1항 후문은 전문의 내용을 단지 예시한 규정으로 이해해야 한다'고 주장하는 '例示的 규정설'과 '전문과 후문을 각 고유한 헌법적 의미와 기능을 가진 일반적 평등조항과 특별평등조항으로 이해하면서, 후문에 규정된 차별금지사유를 열거적인 것으로 이해해야 한다'고 주장하는 '列擧的 규정설'로 나뉘어있다.[10)] 여기서 '열거적'이란, 후문에 규정된 차별금지사유에 의한 차별의 경우에 한하여

6) 1948년 건국헌법 제8조 "모든 국민은 법률 앞에 평등이며 성별, 신앙 또는 사회적 신분에 의하여 정치적, 경제적, 사회적 생활의 모든 영역에 있어서 차별을 받지 아니한다. 사회적 특수계급의 제도는 일체 인정되지 아니하며 여하한 형태로도 이를 창설하지 못한다. 훈장과 기타 영전의 수여는 오로지 그 받은 자의 영예에 한한 것이며 여하한 특권도 창설되지 아니한다."
7) 한수웅, 헌법학, 2015, 586면.
8) 한수웅, 헌법학, 2015, 586면.
9) 한수웅, "평등권의 구조와 심사기준", 헌법논총 제9집(1988), Ⅵ. 1. 가. 서술부분 참조.
10) [예시적 규정설]로는 권영성, 헌법학원론, 2010, 394면; 성낙인, 헌법학, 2014, 1006면; 정종섭, 헌법학원론, 2014, 452면; 홍성방, 헌법학(중), 2010, 62면; 허영, 한국헌법론, 2010, 346면. 이에 대하여 [열거적 규정설]로는 한수웅, "평등권의 구조와 심사기준", 헌법논총 제9집(1988), 90면; 김주환, "평등권 심사기준의 체계

특별평등조항인 후문의 규정이 적용되고, 그 외의 사유에 의한 차별의 경우에는, 예외적으로 다른 특별평등조항이 적용되지 않는 한, 일반적 평등조항을 적용하여 평등권위반여부를 심사해야 한다는 것을 의미한다. 반면에, '예시적 규정설'에 의하면 성별·종교·사회적 신분에 의한 차별의 경우 및 그 외의 사유에 의한 차별의 경우 모두 전문의 일반적 평등조항을 적용하여 위헌여부를 판단하게 된다.

'예시적 규정설'에 의하면, 위 후문 규정은 고유한 의미와 기능을 부여받음이 없이 전문 규정에 종속되어 단지 일반적 평등조항의 내용을 예시하는 규정으로, 헌법이 굳이 규정하지 않아도 될 당연한 사실을 규정한 조항, 즉 헌법 내에서 독자적인 존재의미가 없는 조항으로 전락하게 된다. 그러나 개별 헌법규범은 '헌법의 통일성'의 관점에서 헌법 내에서 그에게 부여된 고유한 의미를 갖도록 해석되어야 한다는 것은 헌법해석의 기본적인 출발점이다. 뿐만 아니라, 헌법 제11조 제1항 후문을 예시적 규정으로 본다면, 전문의 일반적 평등원칙을 구체화하고 있는 일련의 특별평등조항들(가령, 헌법 제32조 제4항 등)도 모두 헌법적으로 특별한 의미가 없는 예시적 규정으로 보아야 하는데, 다수의 헌법규정을 무의미하게 만드는 이러한 해석이 타당할 수 없다. 따라서 헌법 제11조 제1항 후문은 전문에 대한 특별규정으로서 차별의 기준으로 삼아서는 안 되는 특징을 '열거적으로' 규정한 것으로 이해해야 한다.

3) '예시적 규정설'은 '성별·종교·사회적 신분 외에도 입법자가 차별의 근거로 삼아서는 안 되는 기준은 다양하게 존재하기 때문에 헌법 제11조 제1항 후문을 단지 예시적인 규정으로 보아야 한다'고 주장한다. 물론, 헌법 제11조 제1항 후문에 규정된 차별금지사유 외에도 이에 버금가게 중요하기 때문에, 헌법이 차별의 기준으로 삼아서는 안 되는 다양한 사유, 가령 인종이나 출신 등을 제시하는 것이 가능할 것이다. 그러나 독일과 미국을 비롯하여 다수 국가의 헌법은 각국의 고유한 민족적 또는 역사적 체험을 바탕으로 명문으로 또는 최고법원의 판례를 통하여 특별히 차별의 기준으로 삼아서는 안 되는 사유를 제시하면서 이러한 차별금지사유를 열거적인 의미에서 이해하고 있는데,[11] 우리의 경우에는 왜 달리 판단되어야 하는지의 의문이 제기된다.

우리 헌법은 제11조 제1항 후문 외에도, 아래에서 살펴보는 바와 같이 일반적 평등원칙을 구체화하는 다수의 특별평등조항을 가지고 있다. 나아가 헌법이 차별대우와 관

화", 강원법학 제31권, 2010. 10. 38면; 이재희, "일반적 평등권 보장과 개별적 평등권 보장", 헌법학연구 제21권 제2호, 2015. 6. 151면; 이상경, "사회적 신분에 의한 차별사유에 관한 소고", 헌법학연구 제20권 제4호, 2014. 12. 177면; 이종수, "사회적 신분에 의한 차별금지의 헌법적 의미", 공법연구 제31권 제1호, 2002. 11. 357면; 전광석, 한국헌법론, 2011, 262면; 조홍석, "평등권에 대한 헌법재판소 판례의 분석과 전망", 공법연구 제33집 제4호, 2005. 6. 118면; 손상식, "평등권의 침해 여부에 대한 심사기준", 헌법재판소 헌법재판연구원, 2013, 26면. 또한 이러한 방향으로 성기용, "평등권의 보장과 발전", 헌법논총 제19집(2008), 536면.

11) 차별의 근거로 삼아서는 안 되는 표지를 특별히 언급하고 있는 독일 기본법 제3조 제3항은 우리 헌법 제11조 제1항 후문에 해당하는데, 독일 기본법 제3조 제3항에 언급된 표지는 열거적으로 규정된 것이라는 것이 독일의 학계와 판례의 지배적 견해이다, vgl. Michael/Morlok, Grundrechte, 3. Aufl. 2012, Rn.825.

련하여 구체적인 기준을 제시하고 있지 않기 때문에 '일반적 평등조항'이 적용되는 경우라 하더라도, 헌법에 열거되지 아니한 사유로 인한 차별이 개인의 인격발현에 중대한 영향을 미치는 경우에는 헌법해석을 통하여 엄격한 심사를 할 수 있는 가능성을 제공하고 있다. 가령, 입법자가 헌법 제11조 제1항 후문에 열거된 차별금지사유와 유사하게 개인의 인격발현에 중대한 영향을 미치는 인격적 요소(가령, 인종, 출신, 혈통 등)를 차별의 기준으로 삼는다면, 헌법재판소의 확립된 판례에 따라 이러한 차별은 자유권의 행사에 미치는 중대한 제한효과로 인하여 '차별이 기본권에 대한 중대한 제한을 초래하는 경우'에 해당하게 되어 예외 없이 엄격한 심사가 이루어진다.[12)]

(나) 헌법 제31조 제1항(교육의 영역에서 능력 외의 기준에 의한 차별금지)

헌법은 제31조 제1항에서 "모든 국민은 능력에 따라 균등하게 교육을 받을 권리를 가진다."고 규정하고 있다. 헌법은 "능력에 따라 균등하게"라는 표현을 통하여 교육영역에서 일반적 평등조항을 구체화하고 있다. 헌법 제31조 제1항은 헌법 제11조의 일반적 평등조항에 대한 특별규정으로서 교육의 영역에서 평등원칙을 실현하고자 하는 것이다.[13)] 평등권으로서 교육을 받을 권리는 '就學의 기회균등', 즉 각자의 능력에 상응하는 교육을 받을 수 있도록 교육시설에 입학함에 있어서 자의적 차별이 금지되어야 한다는 차별금지원칙을 의미한다.

헌법 제31조 제1항은 교육시설에 입학함에 있어서 고려될 수 있는 유일한 차별기준으로서 '능력'의 요건을 스스로 제시함으로써, 능력 이외의 다른 요소에 의한 차별을 원칙적으로 금지하고 있다.[14)] 여기서 '능력'이란 '修學能力'을 의미한다. 교육제도에서 '수학능력'은 개인의 인격발현과 밀접한 관계에 있는 인격적 요소이며, 교육시설에 입학함에 있어서 고려될 수 있는 합리적인 차별기준을 의미한다.[15)] 이로써 교육의 영역에서 '능력주의'가 헌법적으로 확정되었고, 교육시설의 입학에서 능력 외의 다른 요소를 고려하여 취학기회를 제한하는 것은 원칙적으로 금지되며, 이에 대하여 특별한 정당성을 요구한다. 교육의 영역에서 능력주의는 입학여부를 결정하는 시험에 있어서 수학능력을 기준으로 하는 평가를 요구한다. 따라서 가령, 수학능력이 아니라 다른 기준에 의한 학생선발제도나 입학시험제도는 위헌의 의심을 강하게 불러일으키는 차별로서 보다 엄격하게 심사되어야 한다.[16)]

---

12) 한수웅, 헌법학, 2015, 587-588면; 김주환, "일반적 평등원칙의 심사기준과 방법의 합리화 방안", 공법학연구 제9권 제3호, 2008. 8. 215면; 이재희, "일반적 평등권 보장과 개별적 평등권 보장", 헌법학연구 제21권 제2호, 2015. 6. 151면.

13) 유사한 취지로 헌재 1994. 2. 24. 93헌마192(의무교육 취학연령), 판례집 6-1, 173, 177.

14) 한수웅, "교육을 받을 권리와 국가교육권한의 한계 - 교육평준화 및 학교선택권 제한의 헌법적 한계를 중심으로 -", 『법조』, 2008. 4. 8면.

15) Vgl. Oppermann, Schule und berufliche Ausbildung, in: HbStR, Bd.Ⅵ, 1989, §135, Rn.41.

16) 같은 취지로 허영, 한국헌법론, 2010, 446면.

(다) 헌법 제32조 제4항(근로의 영역에서 성별에 의한 차별금지)

헌법은 제32조 제4항에서 "여자의 근로는 특별한 보호를 받으며, 고용·임금 및 근로조건에 있어서 부당한 차별을 받지 아니한다."고 규정하고 있다. 위 헌법규정은 근로의 영역에서 성별에 의한 차별을 금지함으로써 특별히 남녀평등을 요구하고 있으므로, 엄격한 평등심사가 요청된다. 근로의 영역에서 양성의 평등을 요청하는 헌법 제32조 제4항은 헌법 제11조 제1항 전문의 일반적 평등권을 구체화하는 특별평등조항이자, 나아가 성별에 의한 차별을 모든 생활영역에서 금지하는 헌법 제11조 제1항 후문을 '근로의 영역에서' 다시 강조하고 확인하는 규정이다.

(라) 헌법 제36조 제1항(혼인과 가족생활에서 성별에 의한 차별금지)

헌법은 제36조 제1항에서 "혼인과 가족생활은 개인의 존엄과 양성의 평등을 기초로 성립되고 유지되어야 하며, 국가는 이를 보장한다."고 규정하고 있다. 위 헌법규정은 입법자가 혼인과 가족생활을 형성함에 있어서 준수해야 하는 헌법적 지침으로 '개인의 존엄'과 '양성의 평등'을 제시함으로써 혼인과 가족생활에서 성별에 의한 차별을 명시적으로 금지하고 있다. 혼인과 가족생활에서 '양성의 평등'은 전통적인 남존여비 사상과 가부장적 사고에 대한 명시적인 부정을 의미한다. 헌법 제36조 제1항은 성별에 의한 차별을 금지하는 헌법 제11조 제1항 후문을 '혼인과 가족생활의 영역에서' 다시 강조하고 확인하는 규정이다.

(마) 헌법 제39조 제2항(병역의무의 이행으로 인한 차별금지)

헌법 제39조 제2항은 "누구든지 병역의무의 이행으로 인하여 불이익한 처우를 받지 아니한다."고 하여, 병역의무의 이행을 이유로 하는 불리한 차별을 금지하는 것은 물론이고, 병역의무의 이행으로 인하여 발생한 사실적 상황에 불리한 차별을 결부시키는 것을 금지하고 있다.[17] 가령, 입법자가 국가공무원 임용연령의 확정함에 있어서 군복무기간을 고려하지 아니하고 그 상한을 너무 낮게 정함으로써 군복무를 이행한 지원자(군필자)의 임용을 사실상 어렵게 하는 경우 또는 특정 자격시험의 응시연령을 제한함에 있어서 병역의무의 이행으로 인한 시간적 지체를 고려하지 아니하고 응시연령을 확정하는 경우에는 헌법 제39조 제2항의 위반여부가 문제될 수 있다.

'병역의무의 이행'과 '불이익한 처우' 사이에는 인과관계가 있어야 하므로, '병역의무의 이행으로 인한 불이익한 처우'란 '누가 병역의무를 이행하였다는 바로 그 이유 때문에 불이익한 처우를 받는 경우'를 말한다. 여기서 불이익한 처우라 함은 단순한 사실상,

17) 헌재 1999. 2. 25. 97헌바3, 판례집 11-1, 122, 133, "헌법 제39조 제2항 … 의 의미에 관하여는 논란이 있을 수 있겠으나, 병역의무 이행을 직접적 이유로 차별적 불이익을 가하거나, 또는 병역의무를 이행한 것이 결과적, 간접적으로 그렇지 아니한 경우보다 오히려 불이익을 받는 결과를 초래하여서는 아니 된다는 것이 그 일차적이고도 기본적인 의미이다."

경제상의 이익을 모두 포함하는 것이 아니라 법적인 불이익을 의미하는 것으로 보아야 한다.[18] 따라서 헌법 제39조 제2항은 제대군인 가산점제도와 같이 제대군인에게 적극적인 보상조치를 취하는 제도의 헌법적 근거가 될 수 없다.[19] 또한, 병역의무 그 자체를 이행하느라 받는 불이익은 병역의무의 이행으로 인한 불이익한 처우의 금지와는 무관하다.[20]

(바) 헌법 제116조 제1항(선거운동에서의 기회균등)

헌법은 제116조 제1항에서 "선거운동은 각급 선거관리위원회의 관리 하에서 법률이 정하는 범위 안에서 하되, 균등한 기회가 보장되어야 한다."고 규정하고 있다. 위 헌법 규정은 선거운동에서의 기회균등을 보장함으로써, 선거의 공정을 실현할 수 있도록 입법자에게 선거운동의 자유를 제한할 수 있는 권한을 부여하는 규범이자, 선거에서의 기회균등을 요청하는 '평등선거원칙'을 다시 한 번 확인하고 강조하는 규범이다. 헌법 제116조 제1항은 선거운동의 영역에서 평등원칙이 구체화된 형태로서, 선거운동과 관련하여 특별히 명시적으로 평등을 요청함으로써, 선거운동에서의 차별대우는 특별한 정당성을 필요로 한다는 것을 표현하고 있다. 따라서 선거운동에서의 기회균등의 위반이 문제되는 경우에는 엄격한 심사가 정당화된다.

(2) 헌법해석을 통하여 특별한 차별금지나 평등요청을 도출할 수 있는 경우

(가) 헌법 제25조(공직취임에서 능력 외의 기준에 의한 차별금지)[21]

헌법은 제25조에서 "모든 국민은 법률이 정하는 바에 의하여 공무담임권을 가진다."고 하여 선거직 이외의 공직에 임명될 수 있는 '공직취임권'과 각종 선거에 입후보하여 당선될 수 있는 '피선거권'이라는 상이한 보장내용을 포괄하는 공무담임권을 보장하고 있다.[22] 공직취임권은 '누구나 공직에 취임할 수 있는 권리'가 아니라. 단지 '누구나 공직에 균등하게 접근할 수 있는 권리'를 보장한다.[23] 국민은 공직취임권을 근거로 하여 국가로부터 공직의 제공을 요구할 수 없으나, 국가가 일단 공직을 제공하는 경우에는 국가는 급부를 제공하는 경우와 마찬가지로 평등원칙의 구속을 받기 때문에, 공직의 배분에 있어서 평등원칙을 준수해야 한다. 따라서 공직취임권은 '공직취임의 기회균등'에 관한 것이다.

---

18) 헌재 1999. 12. 23. 98헌마363등(제대군인가산점), 판례집 11-2, 770, 784.

19) 헌재 1999. 12. 23. 98헌마363등(제대군인가산점), 판례집 11-2, 770, 784, "가산점제도는 이러한 헌법 제39조 제2항의 범위를 넘어 제대군인에게 일종의 적극적 보상조치를 취하는 제도라고 할 것이므로 이를 헌법 제39조 제2항에 근거한 제도라고 할 수 없다."

20) 헌재 1999. 2. 25. 97헌바3등, 판례집 11-1, 122.

21) 공무담임권에 관한 상세한 서술로는 한수웅, "공무담임권의 보장내용 -공무담임권에 관한 헌법재판소결정의 판례평석을 겸하여-", 『중앙법학』 제16집 제3호, 2014. 9. 9-16면 참조.

22) 헌재 1996. 6. 26. 96헌마200, 판례집 8-1, 550, 557.

23) 헌재 2002. 8. 29. 2001헌마788등(선고유예 받은 공무원의 당연퇴직), 판례집 14-2, 219, 224.

헌법 제25조의 공무담임권은 공무원선발의 구체적 기준을 제시하고 있지 않지만, 평등원칙의 관점에서 능력주의를 기준으로 삼을 것을 필연적으로 요청한다.[24] 능력주의란, 공무원의 임용과 승진에 있어서 단지 공무원의 '능력과 적성'만이 유일한 기준으로서 고려될 수 있다는 원칙이다.[25] 다수의 국민이 제한된 공직을 가지고 경쟁하는 경우, 평등민주주의의 관점에서 볼 때 직업공무원의 선발에서 고려될 수 있는 유일한 합헌적 기준은 '공직에의 適格性', 즉 지원자의 '능력과 적성'일 수밖에 없다. 공무담임권의 헌법적 보장은 곧 能力主義의 헌법적 보장을 의미한다.[26]

따라서 헌법 제25조의 공무담임권은 적어도 직업공무원의 임용(공직취임)에 관한 한, 헌법해석을 통하여 "모든 국민은 능력에 따라 균등하게 공무담임권을 가진다."의 의미로 이해되어야 한다.[27] 공무담임권은 공무원선발에 있어서 고려될 수 있는 유일한 차별기준으로서 '능력'을 제시함으로써, 능력 이외의 다른 요소에 의한 차별을 원칙적으로 금지하고 있다. 이로써 공무원선발에 있어서 능력 외의 다른 요소를 고려하여 공직에의 접근을 제한하는 것은 원칙적으로 금지된다.[28] 그러므로 공무원의 선발에 있어서 지원자의 능력 외에도 다른 요소(가령, 제대군인인지 또는 국가유공자인지 여부 등)를 함께 고려하는 제도는 원칙적으로 능력에 의한 차별만을 허용하는 헌법 제25조의 요청에 반하는 것이므로, 위헌의 의심을 강하게 불러일으키는 차별로서 엄격한 평등심사가 정당화된다.

요컨대, 헌법 제25조의 공무담임권은 공직취임에 있어서 '능력' 외의 기준에 의한 차별을 금지함으로써 특별히 평등을 요구하고 있다. 이로써 공직취임권은 특별평등권으로서 헌법 제11조 제1항의 일반적 평등권의 적용을 배제한다.[29]

(나) 헌법 제36조 제1항(혼인과 가족생활에 대한 차별금지)

헌법은 제36조 제1항에서 "혼인과 가족생활은 개인의 존엄과 양성의 평등을 기초로

---

24) 한편, 독일 기본법 제33조 제2항은 "모든 독일인은 적성, 능력과 전문성에 따라 균등하게 공직에 취임할 권리를 가진다."고 하여 공직선발에 있어서 능력주의를 스스로 확정하고 있다.

25) 헌재 1999. 12. 23. 98헌마363(제대군인 가산점제도), 판례집 11-2, 770, 797, "헌법 제25조의 공무담임권 조항은 모든 국민이 누구나 그 능력과 적성에 따라 공직에 취임할 수 있는 균등한 기회를 보장함을 내용으로 하므로, 공직자선발에 관하여 능력주의에 바탕한 선발기준을 마련하지 아니하고 해당 공직이 요구하는 직무수행능력과 무관한 요소를 기준으로 삼는 것은 국민의 공직취임권을 침해하는 것이 되는바, …."

26) 능력주의에 관하여 상세하게 한수웅, "헌법 제7조의 의미 및 직업공무원제도의 보장", 『법조』 2012. 11, 46면 이하 참조.

27) 이는 헌법 제31조 제1항에서 "모든 국민은 능력에 따라 균등하게 교육을 받을 권리를 가진다."고 하여 교육을 받을 권리를 '개인적 능력의 유보' 하에 둔 것과 그 맥락을 같이 한다.

28) 헌재 2001. 2. 22. 2000헌마25(국가유공자 및 가족 가산점), 판례집 13-1, 386, "헌법 제25조가 보장하고 있는 비선거직 공직에 대한 공직취임권은 모든 국민에게 누구나 그 능력과 적성에 따라 공직에 취임할 수 있는 균등한 기회를 보장한다는 뜻으로 보아야 할 것이므로, 원칙적으로 공직자선발에 있어 해당 공직이 요구하는 직무수행능력과 무관한 요소인 성별·종교·사회적 신분·출신지역 등을 이유로 하는 어떠한 차별도 허용되지 않는다."

29) Vgl. Wendt, Spezielle Gleichheitsrechte, in: HbGR, Bd.V. 2013, §127 Rn.50ff.

성립되고 유지되어야 하며, 국가는 이를 보장한다."고 규정하고 있다. 여기서 국가의 '보장의무'란, 첫째, 이에 대응하는 개인의 주관적 권리로서 국가공권력에 의한 혼인과 가족생활의 침해를 금지하는 자유권의 보장을 의미하고, 둘째, 혼인 · 가족제도를 헌법적으로 보장하며(제도보장), 셋째, 모든 국가기관에 대하여 혼인과 가족생활을 보장해야 할 객관적 의무를 부과하고 있다.[30]

혼인과 가족생활을 보장해야 할 국가의 객관적 의무는 혼인과 가족생활의 영역을 규율하는 입법자 및 법규범을 적용하는 법원과 행정청에 대하여 구속력 있는 가치결정을 의미한다. '혼인과 가족생활의 보장의무'로부터 일차적으로 혼인과 가족에 대한 불리한 차별의 금지가 도출된다. 국가가 혼인과 가족생활을 보장해야 한다면, '기혼자 및 가족의 구성원'을 '미혼자 및 가족의 구성원이 아닌 자'에 대하여 불리하게 차별해서는 안 된다는 것은, 국가가 취해야 할 가장 소극적이고도 일차적인 조치인 것이다. 헌법 제36조 제1항은 혼인을 하였다는 이유로 또는 가족을 구성하였다는 이유로 누구도 불리한 차별을 받아서는 안 된다는 요청을 함으로써, 헌법 제11조 제1항 전문의 일반적 평등조항에 대한 특별조항에 해당한다. 따라서 국가가 혼인과 가족에 대하여 차별을 하는 경우에는 엄격한 심사가 정당화된다.[31] 부부 또는 가족구성원으로서의 특징에 의무나 부담을 결부시키는 것은 원칙적으로 허용되지 않으며, 이를 정당화하는 '중대한 합리적인 이유'를 필요로 한다.

(다) 헌법 제41조 제1항 및 제67조 제1항의 보통·평등선거원칙(정치적 참여의 평등)[32]

보통 · 평등선거원칙은 선거의 영역에서 일반적 평등조항이 구체화된 형태로서 헌법 제11조 제1항 전문의 일반적 평등조항에 대한 특별규정이다.[33] 일반적 평등조항이 '사

---

30) 헌법재판소도 헌법 제36조 제1항의 보장내용을 이러한 취지로 이해하고 있다. 헌재 2002. 8. 29. 2001헌바82(부부자산소득 합산과세제도), 판례집 14-2, 170, "헌법 제36조 제1항은 혼인과 가족생활을 스스로 결정하고 형성할 수 있는 자유를 기본권으로서 보장하고, 혼인과 가족에 대한 제도를 보장한다. 그리고 헌법 제36조 제1항은 혼인과 가족에 관련되는 공법 및 사법의 모든 영역에 영향을 미치는 헌법원리 내지 원칙규범으로서의 성격도 가지는데, 이는 적극적으로는 적절한 조치를 통해서 혼인과 가족을 지원하고 제삼자에 의한 침해 앞에서 혼인과 가족을 보호해야 할 국가의 과제를 포함하며, 소극적으로는 불이익을 야기하는 제한조치를 통해서 혼인과 가족을 차별하는 것을 금지해야 할 국가의 의무를 포함한다. 이러한 헌법원리로부터 도출되는 차별금지명령은 헌법 제11조 제1항에서 보장되는 평등원칙을 혼인과 가족생활영역에서 더욱 더 구체화함으로써 혼인과 가족을 부당한 차별로부터 특별히 더 보호하려는 목적을 가진다. 이 때 특정한 법률조항이 혼인한 자를 불리하게 하는 차별취급은 중대한 합리적 근거가 존재하여 헌법상 정당화되는 경우에만 헌법 제36조 제1항에 위배되지 아니한다."

31) 헌재 2002. 8. 29. 2001헌바82(부부자산소득 합산과세제도), 판례집 14-2, 170; 또한 헌재 2008. 11. 13. 2006헌바112(종합부동산세), 판례집 20-2하, 1, 2, "특정한 조세 법률조항이 혼인이나 가족생활을 근거로 부부 등 가족이 있는 자를 혼인하지 아니한 자 등에 비하여 차별 취급하는 것이라면 비례의 원칙에 의한 심사에 의하여 정당화되지 않는 한 헌법 제36조 제1항에 위반된다 할 것인데, …."

32) 이에 관한 상세한 서술로는 한수웅, "헌재 2011. 5. 26. 2010헌마451 결정(선거방송토론회 사건)에 대한 판례평석- 평등권과 평등선거원칙의 관계를 중심으로 -", 『중앙법학』 제14집 제3호, 2012. 9. 103-118면 참조.

33) Vgl. Wendt, Spezielle Gleichheitsrechte, in: HbGR, Bd.V. 2013, §127 Rn.9ff.; Frowein, Die Rechtsprechung des Bundesverfassungsgerichts zum Wahlrecht, AöR 99(1974), S.80; M. Morlok, in:

회의 영역'을 규율하는 국가에 대한 평등의 요청이라면, 보통·평등선거원칙은 '정치적 영역'을 규율하는 국가에 대한 평등의 요청이다. 사회의 영역은 개체의 고유성, 상이함, 다양성, 사적 자치의 사고에 의하여 지배되고 있으므로, 국가에 대하여 모든 대상을 원칙적으로 동등하게 대우할 것을 요청하지 않는다. 이에 대하여, 정치적 영역은 민주주의를 구성하는 영역으로서 모든 국민의 원칙적인 정치적 평등에서 출발하고 있다.[34]

헌법 제11조 제1항 전문의 일반적 평등조항은 모든 대상을 원칙적으로 동등하게 취급할 것을 요청하는 것이 아니라, 같은 것은 같게 다른 것은 다르게 취급할 것을 요청한다. 일반적 평등조항의 경우, 모든 사실관계와 기본권주체를 원칙적으로 평등하게 취급해야 한다는 전제가 성립하지 않으며, 이에 따라 '형식적 평등이 원칙이고 차별은 예외'라고 하는 관계가 성립하지 않는다. 일반적 평등원칙이란 정의에 부합하게 같은 것은 같게 다른 것은 다르게 취급할 것을 요청하는 그 본질상 '상대적 평등'이다.

반면에, 보통·평등선거원칙은 모든 국민의 평등한 정치적 참여를 요구하고, 이로써 선거권과 피선거권의 영역에서 모든 국민의 원칙적인 평등을 요청한다. 헌법상 선거원칙은 선거의 헌법적 기능을 확보하고자 하는 것이고, 피선거권과 후보자 권리의 평등을 보장하지 못하는 선거원칙은 선거의 헌법적 기능을 확보할 수 없다. 선거원칙이 유권자의 평등 및 후보자의 평등을 요청한다는 것은 평등민주주의에서 필연적이다.

그러므로 모든 국민은 유권자로서 同數의 투표권을 가지며(보통선거원칙) 모든 투표는 가능하면 동등한 비중을 가져야 한다(평등선거원칙). 이러한 요청은 피선거권에 대해서도 마찬가지로 적용되어, 보통선거원칙의 관점에서 모든 국민은 선거에 입후보하여 공직에 취임할 수 있는 동등한 권리를 가져야 하며, 나아가 평등선거원칙의 관점에서 선거에 입후보하여 선출될 수 있는 동등한 기회(선거에서의 기회균등)를 가져야 한다.[35] 이러한 의미에서 보통·평등선거원칙은 엄격하고도 형식적인 평등을 요청한다. 보통·평등선거원칙의 경우에는 평등대우가 원칙이고 차별대우가 예외이므로, 선거의 영역에서 차별대우는 불가피한 합리적인 사유에 의하여 특별히 정당화되어야 한다.[36] 일반적 평등원칙과 보통·평등선거원칙이 헌법적으로 국가에 대하여 요청하는 바가 서로 다르다면, 이에 상응하여 그 위반여부를 판단하는 기준도 달라야 한다.[37]

Dreier(Hg), Grundgesetz Kommentar, Bd.2, 2006, Art.38, Rn.94.

34) Vgl. Böckenförde, Demokratie als Verfassungsprinzip, in: HbStR, Bd.II, 2004, §24 Rn.42; Meyer, Wahlgrundsätze und Wahlverfahren, in: HbStR, Bd.II, 1987, §38 Rn.21.

35) Vgl. Pauly, Das Wahlrecht in der Rechtsprechung des Bundesverfassungsgerichts, AöR 123(1998), S.246ff.; Meyer, Wahlgrundsätze und Wahlverfahren, in: HbStR, Bd.II, 1987, §38 Rn.25; H. H. Trute, in: v. Münch/Kunig(Hg), Grundgesetz Kommentar, Bd.2, 2001, Art.38 Rn.56; Kunig, Fragen zu den Wahlrechtsgrundsätzen, Jura 1994 S.557; 허영, 한국헌법론, 2010, 771면; 권영성, 헌법학, 2010, 204면; 계희열, 헌법학(상), 2004, 309면.

36) Vgl. BVerfGE 34, 81, 98f.; 69, 92, 106.

37) Vgl. Pauly, Das Wahlrecht in der Rechtsprechung des Bundesverfassungsgerichts, AöR 123(1998),

라. 특별평등조항에 관한 헌법재판소 판례

헌법재판소는 근로영역에서 남녀평등을 요청하는 헌법 제32조 제4항 및 혼인과 가족생활의 영역에서 남녀평등을 요청하는 헌법 제36조 제1항에 대하여 헌법에서 특별히 평등을 요청하는 특별평등조항의 성격을 인정함으로써 엄격한 심사가 정당화된다고 판시하였다.[38)]

반면에, 헌법 제11조 제1항 후문에 대해서는 비록 재판관 4인의 의견이기는 하지만, 특별히 평등을 금지하는 규정이 아니라 단지 일반적 평등조항의 내용을 예시하는 규정으로 판단함으로써 입법형성권을 제한하는 특별평등조항으로서의 성격을 부인하였고,[39)] 마찬가지로 헌법 제116조 제1항에 대해서도 엄격한 심사를 요청하는 특별평등조항의 성격을 부인하였다.[40)]

교육의 영역에서 능력 외의 기준에 의한 차별을 금지하는 헌법 제31조 제1항이 특별평등조항에 해당하는지에 관해서는 아직 입장을 밝힐 기회가 없었던 것으로 보인다.[41)] 한편, 헌법 제36조 제1항의 경우, 헌법이 법문상 명시적으로 차별을 금지하는 것은 아님에도 헌법해석을 통하여 혼인과 가족생활에 대한 차별금지를 도출함으로써 엄격한 심사기준을 적용하고 있다.[42)]

이에 대하여 헌법 제25조의 경우, 공무담임권이 공직취임에서 능력 외의 기준에 의한 차별금지를 요청하는 특별평등권임을 인식하지 못하고 있다. 그 결과, '제대군인 가산점 결정'을 비롯하여 일련의 결정에서 공무담임권 대신 일반적 평등조항을 심사기준으로 삼아 평등권위반여부를 판단하고 있다.[43)] 또한, 헌법재판소는 헌법 제41조 제1항 및 제67조 제1항의 보통·평등선거원칙이 참정권의 영역에서 특별평등조항이라는 것, 나아가 '피선거권의 제한'이나 '선거운동에서의 기회균등'의 문제가 보통·평등선거원칙의 문제라는 것을 인식하지 못하고, 피선거권의 제한이나 선거에서의 기회균등이 문제되는 일련의 결정에서 엄격한 심사가 아니라 자의금지원칙에 따른 완화된 심사를 하고 있다.[44)]

S.250ff.

38) 헌법 제32조 제4항과 관련하여 헌재 1999. 12. 23. 98헌마363 결정(제대군인 가산점 사건) 참조; 헌법 제36조 제1항과 관련하여 헌재 2010. 11. 25. 2006헌마328 결정(남성에 국한된 병역의무 부과 사건) 참조.

39) 헌재 2010. 11. 25. 2006헌마328 결정(남성에 국한된 병역의무 부과 사건)

40) 헌재 2011. 5. 26. 2010헌마451 결정(선거방송토론회 사건)

41) (위 논문 발표 이후) 헌법재판소는 뒤늦게나마 이를 인식하여, '교육을 받을 권리가 헌법 제11조의 일반적 평등조항에 대한 특별규정이며 교육의 영역에서 능력주의를 보장하고 있다'는 것을 명시적으로 밝히고 있다(헌재 2017. 12. 28. 2016헌마649, 판례집 29-2하, 537, 544).

42) 헌재 2002. 8. 29. 2001헌바82 결정(부부자산소득 합산과세제도)

43) 헌재 1999. 12. 23. 98헌마363 결정(제대군인 가산점 사건)

44) 헌재 2011. 5. 26. 2010헌마451 결정(선거방송토론회 사건)

2. 차별대우가 기본권에 대한 중대한 제한을 초래하는 경우

가. 엄격한 심사를 요청하는 헌법적 근거

(1) 헌법재판소는 "차별적 취급으로 인하여 관련 기본권에 대한 중대한 제한을 초래하게 된다면 입법형성권은 축소되어 보다 엄격한 심사척도가 적용되어야 할 것이다."라고 하여 엄격한 심사기준이 적용되는 또 다른 경우로 '차별대우가 관련 기본권에 대한 중대한 제한을 초래하는 경우'를 언급하고 있다. 여기서 '엄격한 평등심사를 요청하는 또 다른 법적 상황'이 무엇인지를 이해하기 위해서는, 차별대우가 관련 기본권에 대한 중대한 제한을 초래한다면 왜 입법형성권이 제한되는지, 입법형성권이 축소됨으로써 헌법재판소에 의한 엄격한 평등심사가 정당화되는 경우란 구체적으로 어떠한 경우인지의 문제가 규명되어야 한다.

입법자의 형성권은 언제나 동일하게 인정되는 것이 아니라 자유권침해의 효과에 따라 그 정도를 달리한다. 기본권제한의 효과에 따라 입법자에게 인정되는 입법형성권의 범위와 심사밀도가 달라질 수 있다고 하는 것은 자유권의 영역에서 확립된 원칙에 속한다. 자유권에 대한 제한의 효과가 클수록 자유의 제한을 정당화하는 공익이 중대해야 하며, 이에 따라 자유권의 제한은 더욱 엄격하게 심사되어야 한다. 자유권제한의 중대성은 공권력행위에 의하여 구체적으로 제한된 자유영역이 개인의 자유로운 인격발현에 대하여 가지는 중대성에 따라 달라지며, 이에 따라 헌법재판소에 의한 심사의 밀도도 달라진다.

헌법재판소도 침해된 법익의 의미, 즉 자유권제한의 효과에 따라 심사의 밀도가 다르며, 개인적 자유의 핵심영역에 대한 공권력의 침해는 더욱 중대한 공익에 의하여 정당화되어야 하는 반면, 침해된 자유영역이 사회적 기능 및 사회적 연관성을 가질수록 입법자는 폭넓은 규율권한을 가진다는 것을 일련의 결정에서 언급하고 있다.[45)]

(2) 따라서 자유권의 영역에서 제한된 자유가 개인의 핵심적 자유영역에 속하는 것인지 아니면 사회적 기능이나 사회적 연관성을 가지는 것인지에 따라 기본권보호에 차등을 두고 이로써 입법자에게 인정되는 형성권의 범위를 달리하는 것과 마찬가지로, 평등권의 영역에서도 차별대우가 당사자의 자유권에 대하여 미치는 의미와 효과에 따라 입법형성권의 정도가 달라지고 헌법재판소에 의한 심사의 강도가 달라진다.[46)] 차별대우가

45) 예컨대, 헌법재판소는 직업의 자유와 관련하여 직업의 자유에 대한 제한이 개인의 자유로운 인격발현에 미치는 효과를 고려하여 객관적 사유·주관적 사유에 의한 허가요건, 직업수행의 자유에 대한 제한 등으로 나누어 심사밀도를 달리하고 있다. 또한, 표현의 자유와 관련해서도 개인의 인격발현에 기여하는 측면이 적은 상업광고에 대한 제한의 경우에는 완화된 심사를 하고 있으며, 재산권보장과 관련해서도 재산권객체가 인격발현에 미치는 영향을 고려하여 재산권의 제한에 대하여 차등화된 심사를 하고 있다.

46) 한수웅, "평등권의 구조와 심사기준", 헌법논총 제9집(1988), 94면 이하 참조.

당사자의 자유권행사에 미치는 불리한 효과가 매우 크기 때문에 개인의 자유로운 인격발현을 저해하는 '차별대우의 실체적 비중'이 현저하다면, 이 경우 입법형성권이 축소됨으로써 심사기준의 강화가 정당화된다.[47)]

한편, 차별대우가 자유권의 행사에 불리한 영향을 미치는 모든 경우에 엄격한 심사를 한다면, 이는 곧 자유권이 항상 문제되는 침해적 법률의 경우에는 엄격한 심사를 해야 하고 자유권이 문제되지 않는 시혜적 법률의 경우에만 완화된 자의심사를 해야 한다는 결론에 이른다. 그러나 구체적으로 제한되는 자유영역의 의미가 개인의 핵심적 자유영역에 대하여 크면 클수록 자유권에 대한 보호는 더욱 강화되는 것과 마찬가지로, 평등권의 경우에도 입법자가 차별을 통하여 자유권의 핵심적인 영역을 제한할수록 입법형성권은 축소되고, 엄격한 심사가 정당화된다고 보는 것이 타당하다.[48)] 즉, 차별에 의하여 불리한 효과가 발생하는 구체적인 자유영역이 인간의 존엄성실현이나 자유로운 인격발현에 있어서 얼마나 중요한 의미를 가지고 있는가 하는 '침해된 자유의 의미와 기능'에 의하여 입법형성권의 정도가 결정된다.

따라서 인간의 존엄성실현 및 인격의 자유로운 발현을 위하여 중대하고도 불가결한 자유행사의 기회가 입법자의 차별대우로 인하여 위협받는 경우에는, 헌법재판소가 자의심사에 만족할 것이 아니라 엄격한 심사를 할 것이 요청된다. 이러한 관점에서 볼 때, '차별대우가 개인의 자유권행사에 중대한 영향을 미치는 경우'란 일반적으로, 차별대우에 의하여 생명권, 신체불가침권, 신체의 자유, 인격권, 사생활의 자유, 직업선택의 자유 등 인간존엄성 실현과 자유로운 인격발현의 핵심적 영역에 대한 중대한 제한이 초래되는 경우를 말한다.[49)]

(3) 자유권에 있어서의 비례심사는 '기본권제한의 정도와 입법목적'을 비교형량하는 것이지만, 평등권에서의 비례심사는 '차별의 정도와 입법목적'을 비교형량하는 것인데, 여기서 차별의 정도란 차별로 인하여 초래되는 자유권의 행사에 있어서의 불리한 효과로서 결국 자유권적 효과를 의미한다.[50)] 이는 곧 평등심사를 통하여 자유권제한의 효과와 입법목적을 서로 교량함으로써 자유권에 의한 심사가 동시에 이루어진다는 것을 뜻

47) 미국 연방대법원은 이미 1960년대에 엄격한 기준에 의한 평등심사를 인종, 종교, 국적에 의한 차별에 국한시키지 아니하고 '기본적 자유권'이 침해당한 경우에까지 확대하였고, 독일 연방헌법재판소의 제1재판부도 1980년 이래 평등권의 심사에 있어서 차별이 다른 자유권에 미치는 영향을 고려하여 차별의 효과가 자유권의 행사에 불리하게 나타나는 경우에는 엄격한 심사를 하고 있다.

48) Vgl. BVerfGE 98, 365, 389, 차별이 기본권적 자유의 행사에 부정적인 영향을 강하게 미칠수록 입법자의 형성권은 제한된다.

49) Vgl. Hesse, Der allgemeine Gleichheitssatz in der neueren Rspr. des BVerfG zur Rechtssetzungsgleichheit, in: FS für Peter Lerche, 1993, S.131.

50) Vgl. BVerfGE 60, 123, 134, 성전환수술을 한 사람에 대하여 25세 이상과 25세 미만을 차별하여 25세 이상의 자에게만 호적상의 성명변경을 허용한 법률조항에 대한 헌법소원심판사건에서 '차별이 성전환수술을 한 자의 인격권에 현저한 영향을 미치는 경우에는 입법자의 형성권은 인격권과 인간의 존엄성에 의하여 제한을 받는다.'고 하여 위 규정의 평등권위반을 확인하였다. 또한, BVerfGE 88, 87, 98f.

한다. 따라서 비례원칙에 의한 평등심사 이후에 별도로 자유권을 기준으로 한 위헌심사는 사실상 불필요하다.

이러한 의미에서 '차별이 관련 기본권에 대한 중대한 제한을 초래하는 경우'란 '차별이 자유권의 행사에 불리한 효과를 초래하는 경우'를 전제로 하는 것이고, 일반적 평등조항의 내용이 자유권에 대한 제한효과를 통하여 구체화될 수 있는 경우에 한정되는 것이다.[51] 결국, '차별이 관련 기본권에 대한 중대한 제한을 초래하는 경우'란 평등심사가 실질적으로 자유권에 의한 심사로 대체될 수 있는 경우를 전제로 하는 것이고, 이로써 평등권을 실현하는 입법자의 형성권이 자유권의 관점을 통하여 제한될 수 있는 경우를 의미하는 것이다.

(4) 이에 대하여, 차별대우가 자유권이 아니라 다른 법적 성격의 기본권(가령, 재판청구권, 선거권 등)의 행사에 불리한 영향을 미치는 경우, 자유권 외의 기본권은 실체적인 보호범위를 가지고 있지 않기 때문에 차별대우로 인하여 초래되는 기본권침해의 정도를 측정할 수 있는 방법이 없고, 그 결과 침해의 정도에 따라 입법형성권의 정도를 달리 인정할 수 있는 가능성이 없다. 차별대우로 인하여 자유권이 제한되는 경우에만 평등권의 내용이 자유권을 통하여 구체화될 수 있기 때문에, '차별대우가 관련 기본권에 대한 중대한 제한을 초래하는 경우'란 결국 '차별대우가 자유권에 대한 중대한 제한을 초래하는 경우'로 한정된다.

가령, 차별대우로 인하여 재판청구권에 대한 제한이 초래되는 경우, 재판청구권이 절차적 기본권으로서 단지 형식적인 보장내용('효과적인 권리보호')만을 가질 뿐, 실체적인 보장내용을 결여하고 있기 때문에, '재판청구권의 제한이 기본권주체에게 어느 정도로 중대한 효과를 초래하는지'의 관점을 판단할 수 있는 아무런 실체적 근거를 제시하지 아니한다.

한편, 차별대우가 선거권과 같은 참정권의 행사에 불리한 영향을 미치는 경우는 정치적 영역에서 특별평등조항인 보통·평등선거원칙이 적용되는 영역이므로, 이러한 경우는 위에서 이미 확인한 바와 같이 '차별대우로 인하여 관련 기본권에 대한 중대한 제한을 초래하는 경우'가 아니라 '헌법이 스스로 평등을 요청하고 있는 경우'에 해당한다. 나아가, 사회적 기본권은 그 자체로서 행사할 수 없고, 이를 행사하기 위해서는 입법자에 의한 事前的 형성을 필요로 한다는 점에서, 차별대우로 인하여 사회적 기본권에 대한 중대한 제한이 초래되는 경우란 생각할 수 없으며, 단지 사회적 기본권을 실현하고자 하는 사회국가적 입법이 평등권에 위반되는지의 문제만이 제기될 수 있을 뿐이다.

---

51) 독일연방헌법재판소가 엄격한 평등심사기준을 적용하는 경우도 차별대우로 인하여 자유권에 불리한 효과가 발생하는 경우이며, 이로써 평등심사를 통하여 자유권에 의한 심사가 이루어지는 경우, 즉 평등권과 자유권이 만나는 경우에 한정된다, vgl. Pietzcker, Der allgemeine Gleichheitssatz, in: HbGR, Bd.V, 2013, §125, Rn.38, 56f.; Michael/Morlok, Grundrechte, 3. Aufl. 2012, Rn.795.

나. 헌법적 의미

위에서 살펴본 바와 같이, '차별대우가 관련 기본권에 대한 중대한 제한을 초래하는 경우'란 '차별대우가 자유권에 대한 중대한 제한을 초래하는 경우'로 이해해야 한다. '차별대우가 자유권에 대한 중대한 제한을 초래하는 경우'는 헌법이 스스로 평등을 요청하는 경우가 아니라, 차별대우가 자유권에 영향을 미침으로써 일반적 평등조항의 내용이 자유권을 통하여 구체화될 수 있는 경우, 즉 헌법해석을 통하여 자유권과의 연관관계에서 일반적 평등조항의 내용이 구체화될 수 있는 경우에 해당한다.

따라서 이러한 경우에는 특별평등조항이 아니라 헌법 제11조 제1항 전문의 '일반적 평등조항'이 적용된다. 그러나 입법자에 의한 차별대우가 자유권에 대한 중대한 제한을 초래하는 경우, 자유권에 대한 중대한 제한은 보다 중대한 사유에 의하여 정당화되어야 하므로, 이러한 경우에는 엄격한 심사가 정당화된다.

Ⅲ. 평등심사기준과 관련된 최근 주요 헌법재판소결정에 대한 비판

1. '남성에 국한된 병역의무 부과 사건'의 문제점

가. 헌재 2010. 11. 25. 2006헌마328 결정의 판시내용 요지

대한민국 국민인 남자에 한하여 병역의무를 부과하고 있는 병역법조항의 평등권침해 여부가 문제된 사건에서, 헌법재판소는 재판관 6인의 기각의견에 따라 심판청구를 기각하는 결정을 하였는데,[52] 기각의견 중에서 평등권위반 여부를 판단한 재판관 4인의 기각의견을 살펴보면 다음과 같다.

"이 사건 법률조항은 '성별'을 기준으로 병역의무를 달리 부과하도록 한 규정이고, 이는 헌법 제11조 제1항 후문이 예시하는 사유에 기한 차별임은 분명하다. 그러나 헌법 제11조 제1항 후문의 위와 같은 규정은 불합리한 차별의 금지에 초점이 있고, 예시한 사유가 있는 경우에 절대적으로 차별을 금지할 것을 요구함으로써 입법자에게 인정되는 입법형성권을 제한하는 것은 아니다. '성별'의 경우를 살펴보면, 성별은 개인이 자유로이 선택할 수 없고 변경하기 어려운 생래적인 특징으로서 개인의 인간으로서의 존엄과 가치에 영향을 미치는 요소는 아니다. 그럼에도 불구하고 역사적으로 매우 오랜 기간

52) 위 결정에서 헌법재판관의 견해는 '이 사건 법률조항이 성별을 기준으로 병역의무자의 범위를 정한 것은 자의금지원칙에 위배하여 평등권을 침해하지 않는다'는 재판관 4인의 기각의견, '이 사건 법률조항은 국가보위를 목적으로 하는 국군의 최적의 전투력 확보를 위한 것으로서 여자의 신체적 특징, 대한민국의 국방안보현실 등을 고려할 때 기본의무 부과에 있어 지켜야 할 헌법상 심사기준을 충족시킨다'는 재판관 2인의 기각의견, '이 사건 법률조항은 국방의 의무의 자의적 배분으로서 남성의 평등권을 침해하여 헌법에 위반된다'는 재판관 2인의 위헌의견, '이 사건 법률조항으로 인하여 심판청구의 이익이 인정된다고 보기 어려우므로 위 조항에 대한 청구는 부적법하다'는 재판관 1인의 각하의견으로 갈리었다.

동안 대표적인 차별가능사유로서 정당화되어 왔기 때문에, 불합리한 차별을 극복해야 할 절실한 필요에 의하여 우리 헌법이 이를 차별금지의 사유로 예시하기에 이른 것이다. 그러나 이와 같은 헌법규정이 남성과 여성의 차이, 예컨대 임신이나 출산과 관련된 신체적 차이 등을 이유로 한 차별취급까지 금지하는 것은 아니며, 성별에 의한 차별취급이 곧바로 위헌의 강한 의심을 일으키는 사례군으로서 언제나 엄격한 심사를 요구하는 것이라고 단정 짓기는 어렵다. 우리 헌법은 '근로', '혼인과 가족생활' 등 인간의 활동의 주요부분을 차지하는 영역으로서 성별에 의한 불합리한 차별적 취급을 엄격하게 통제할 필요가 있는 영역에 대하여는 양성평등 보호규정(제32조 제4항, 제36조 제1항)을 별도로 두고 있으며, 헌법재판소는 위와 같이 헌법이 특별히 양성평등을 요구하는 경우에는 엄격한 심사기준을 적용하여 왔으나, 이 사건 법률조항은 그에 해당한다고 보기 어렵다."[53]

위 기각의견은 위와 같은 이유로 '평등권위반 여부는 완화된 심사척도인 자의금지원칙에 따라 판단해야 한다'고 확인한 다음, '남녀 간에 존재하는 신체적·생리적 차이에 비추어 남자만을 병역의무자로 정한 것이 현저히 자의적인 차별취급이라 보기 어렵다'고 판단하였다.

나. 비판

(1) 특별평등조항의 헌법적 의미에 대한 오해

위 결정에서 재판관 4인의 기각의견은 헌법 제11조 제1항 후문을 예시적 조항으로 판단함에 있어서, 판단의 전제가 되는 '특별평등조항의 헌법적 의미'를 완전히 잘못 이해하고 있다. 위 기각의견은 "헌법 제11조 제1항 후문의 규정은 … 예시한 사유가 있는 경우에 절대적으로 차별을 금지할 것을 요구함으로써 입법자에게 인정되는 입법형성권을 제한하는 것은 아니다." 또는 "이와 같은 헌법규정이 남성과 여성의 차이, 예컨대 임신이나 출산과 관련된 신체적 차이 등을 이유로 한 차별취급까지 금지하는 것은 아니며, …"라고 판시함으로써, 헌법 제11조 제1항 후문을 특별평등조항으로 이해하는 경우에는 헌법 제11조 제1항 후문이 성별에 의한 차별대우를 절대적으로 금지하는 것으로, 심지어 임신이나 출산과 관련된 신체적 차이 등을 이유로 한 차별취급까지 절대적으로 금지하는 것으로 오해하고 있다. 이로써 재판관 4인의 기각의견은 헌법 제11조 제1항 후문의 규범내용을 해석을 통하여 밝혀내는 과정에서 '특별평등조항의 헌법적 의미'에 대한 완전히 잘못된 이해에서 출발하고 있다.

특별평등조항의 의미는 차별의 '절대적' 금지가 아니라 차별의 '원칙적' 금지에 있다.

---

53) 헌재 2010. 11. 25. 2006헌마328(남성에 국한된 병역의무의 부과), 판례집 22-2하, 446, 454; 同旨 헌재 2011. 6. 30. 2010헌마460.

헌법 제11조 제1항 후문에서 헌법이 성별에 의한 차별을 명시적으로 금지한다는 것은, 헌법이 성별에 의한 차별을 원칙적으로 금지하고 있기 때문에 국가가 성별을 이유로 차별을 하는 경우에는 이러한 차별대우를 특별히 정당화해야 한다는 것을 의미한다. 즉, 헌법이 스스로 특별히 차별을 금지함으로써 평등을 요청하는 경우에는 '평등대우가 원칙이고 차별대우가 예외'에 해당하기 때문에, 국가가 차별대우를 하는 경우에는 이러한 예외는 특별한 정당성을 필요로 한다는 것이다.

헌법상 남녀차별금지의 요청에도 불구하고, 성별에 의한 모든 차별대우가 평등권에 위반되는 것은 아니고, 사물의 본질상 단지 남자나 여자에게서만 발생할 수 있는 문제의 해결을 위하여 필연적으로 차별이 요구되는 경우에는, 차별금지에 대한 정당한 예외적 사유가 있기 때문에 남녀를 차별하는 규정이 허용된다.[54] 따라서 남녀를 차별하는 법률규정은 단지 임신, 출산, 신체적 능력 등 '생리적 차이'에 기인하는 경우에만 정당화된다.[55]

그러나 위 기각의견은 특별평등조항의 헌법적 의미에 대한 잘못된 이해에 기초하여, 헌법 제11조 제1항 후문을 '특별평등조항'으로 해석하는 경우에는 신체적 차이를 이유로 하는 남녀 간의 차별까지도 헌법적으로 허용되지 않는 것으로 파악하였기 때문에, 그 결과 병역의무의 부과에 있어서 성별에 의한 차별을 헌법적으로 허용되는 것으로 판단하기 위해서는 위 헌법규정을 '예시적 조항'으로 파악할 수밖에 없었던 것으로 보인다. 헌법 제11조 제1항 후문을 입법형성권을 제한하는 특별평등조항으로 파악하고 성별에 의한 차별에 대하여 엄격한 심사기준을 적용한다 하더라도, 남녀 간의 생리적 · 신체적인 차이는 성별에 의한 차별을 정당화하는 예외적인 사유에 해당하기 때문에, 마찬가지로 합헌판단에 이를 수 있었다.

(2) 헌법 제11조 제1항 후문의 해석에 있어서 오류

위 기각의견은 헌법해석을 통하여 헌법규정의 객관적 의미를 밝혀냄에 있어서 논증의 오류와 모순을 안고 있다.

첫째, 위 기각의견이 스스로 밝히고 있는 바와 같이, 성별에 의한 차별이 우리 사회에서 오랜 기간을 두고 고착화되었고, 이러한 차별을 극복해야 할 절실한 필요에 의하여 우리 헌법이 이를 차별금지의 사유로 규정하였다면, 이러한 차별금지조항이 국가에 대하여 아무런 특별한 헌법적 의미를 가지지 않는 '단지 예시적인 조항'이라고 주장할

54) 예컨대, 출산 전 일정 기간 동안 産母에게만 早産豫防休暇를 부여하는 규정은 성질상 단지 여성에게만 나타날 수 있는 문제의 해결을 위한 규정으로, 父가 될 자에게 조산예방휴가를 부여하지 않는다고 하여 자신이나 태아의 건강에 위험이 발생하는 것은 아니므로, 헌법상 남녀차별금지의 요청에도 불구하고 차별을 정당화하는 필연적인 사유가 있다, vgl. BVerfGE 52, 369, 376(여성근로자에게만 부여되는 家事休暇日); BVerfGE 85, 191, 207ff.(여성 근로자의 야간작업금지); 한수웅, "평등권의 구조와 심사기준", 헌법논총 제9집(1988), 93-94면 참조.

55) Vgl. Richter, Gleichberechtigung von Mann und Frau, in: HbGR, Bd.V. 2013, §126 Rn.34.

수는 없다. 헌법이 우리 사회에서 성별에 의한 불합리한 차별을 극복할 의도로 성별에 의한 차별금지조항을 수용하였다면, 이러한 차별금지조항은 국가기관을 구속하는 효력을 가진 규정, 특히 입법자에 대해서는 성별에 의한 차별을 초래하는 입법을 원칙적으로 금지함으로써 입법형성권을 제한하는 규정으로 보는 것이 논리적으로 타당하다.

둘째, '헌법 제32조 제4항, 제36조 제1항의 양성평등 보호규정은 헌법이 특별히 양성평등을 요구하는 경우에 해당하나, 헌법 제11조 제1항 후문은 그에 해당한다고 보기 어렵다'는 위 기각의견은, 엄격한 평등심사가 정당화되는 경우인 '헌법이 특별히 평등을 요구하는 경우'에 대한 자의적인 해석의 결과이며, 나아가 모든 생활영역에서 성별에 의한 차별을 명시적으로 금지하는 헌법 제11조 제1항 후문의 객관적 규범내용에도 반하는 것이다.

헌법재판소는 '제대군인 가산점 결정'에서 제11조 제1항 후문의 법적 성격에 관하여는 명시적으로 언급하지 아니하였으나, 헌법재판소가 헌법 제32조 제4항을 일반적 평등조항의 구체화된 표현으로 '헌법이 특별히 평등을 요구하고 있는 경우'로 보았다면, 헌법 제11조 제1항 후문도 마찬가지로 바로 이러한 경우에 해당하는 것으로 파악하는 것이 논리적으로 타당하다. 이러한 점에서, '제대군인 가산점 결정'의 판시내용은 제11조 제1항 후문의 규정도 특별평등조항으로 파악해야 한다는 것을 암시하고 있다. 그러나 위 기각의견은 헌법 제32조 제4항은 특별평등조항인 반면, 헌법 제11조 제1항 후문은 헌법적으로 특별한 의미가 없는 예시적인 조항으로 판단함으로써, 논리적으로 일관된 입장을 취하지 못하고 있다.

헌법이 제11조 제1항 후문, 제32조 제4항, 제36조 제1항에서 모두 성별에 의한 차별을 명시적으로 금지하고 있음에도, '근로의 영역이나 혼인과 가족생활의 영역에서는 성별에 의한 차별이 원칙적으로 금지되지만, 정치 · 경제 · 문화 · 교육 · 납세 · 국방 등 그 외의 생활영역에서는 성별에 의한 차별이 원칙적으로 허용되며 단지 불합리한 차별만이 금지된다'고 하는 위 기각의견의 주장은 논리적으로 납득하기 어렵다. 이러한 판시내용은 "누구든지 성별에 의하여 정치적 · 경제적 · 사회적 · 문화적 생활의 모든 영역에 있어서 차별을 받지 아니한다."는 표현을 통하여 '모든 생활영역에서' 성별에 의한 차별을 축출하고자 하는 헌법 제11조 제1항 후문의 객관적 규범내용에 정면으로 반하는 것이다.

2. '제대군인 가산점 사건'을 비롯하여 공직취임권에 관한 결정의 문제점

가. 헌재 1999. 12. 23. 98헌마363 결정의 판시내용 요지

(1) 6급 이하의 공무원채용시험 등에서 제대군인에게 가산점을 부여하도록 규정하고 있는 '제대군인지원에 관한 법률'조항의 위헌여부가 문제된 사건에서, 헌법재판소는 '가

산점제도에 의하여 여성, 신체장애자 등의 평등권이 침해되는지 여부'를 판단한 다음,[56] 이어서 '가산점제도에 의하여 여성, 신체장애자 등의 공무담임권이 침해되는지 여부'를 판단하였다.[57]

헌법재판소는 평등권의 위반여부를 판단함에 있어서 '헌법 제32조 제4항이 근로의 영역에서 특별히 성별에 의한 차별을 금지하고 있고 또한 차별대우가 공무담임권이라는 기본권행사에 중대한 제약을 초래하고 있기 때문에 가산점제도는 엄격한 심사척도를 적용하여야 하는 위 두 경우에 모두 해당한다'고 판시함으로써 심판대상조항에 대하여 엄격한 비례심사를 한 결과 가산점제도가 평등권을 침해한다고 판단하였고,[58] 나아가 공무담임권의 침해여부를 판단함에 있어서 '가산점제도에 의한 공직취임권의 제한은 위 평등권침해 여부의 판단부분에서 본 바와 마찬가지 이유로 그 방법이 부당하고 그 정도가 현저히 지나쳐서 비례성원칙에 어긋나기 때문에. 공무담임권도 과도하게 침해한다'고 판단하였다.[59]

(2) 헌법재판소는 공직취임의 기회균등이 문제되는 다수의 결정에서 공무담임권이 직업선택의 자유에 대한 특별규정으로서 '자유권적 성격'을 가지는 것으로 오해하여, '과잉금지원칙에 따른 공무담임권의 과잉제한 여부의 심사' 및 '일반적 평등권을 기준으로 하는 평등심사'를 하고 있다. 예컨대, 헌법재판소는 5급 공무원 임용시험의 응시연령 제한이 문제된 사건(헌재 2008. 5. 29. 2007헌마1105)에서, "이 사건 시행령조항은 32세가 넘은 사람의 공직취임권을 직접적으로 제한하는 것이므로, 그러한 제한을 정당화하려면 헌법 제37조 제2항이 요구하는 과잉금지의 원칙에 부합하여야 한다."고 판시함으로써, 응시연령의 제한을 차별의 문제가 아니라 공직취임권에 대한 과잉제한의 문제로 보아 공무담임권을 과잉으로 제한하는지의 관점에서 판단하였다.[60]

나. 비판

(1) 평등권과 공무담임권에 의한 이중적 심사의 문제점[61]

헌법재판소는 위 결정에서 심판대상조항이 '평등권에 위반되는지 여부' 및 '공무담임권을 과잉으로 제한하는지 여부'의 이중적인 관점에서 판단하고 있다. 그런데 여기서 헌법재판소가 과잉금지원칙을 적용하여 그 위반여부를 심사하고 있는 '공무담임권'의 실체가 무엇인지에 대하여 의문이 제기된다.

---

56) 판례집 11-2, 770, 785면 이하.
57) 판례집 11-2, 770, 798면 이하.
58) 판례집 11-2, 770, 287-296.
59) 판례집 11-2, 770, 296-299.
60) 판례집 20-1하, 329.
61) 이미 이러한 문제점을 지적하는 논문으로 한수웅, "공무담임권의 보장내용 -공무담임권에 관한 헌법재판소 결정의 판례평석을 겸하여-", 『중앙법학』 제16집 제3호, 2014. 9. 15-16면.

헌법재판소는 '제대군인 가산점 결정'에서 한편으로는 '공무담임권의 요체가 능력주의와 기회균등에 있으며, 해당 공직이 요구하는 직무수행능력과 무관한 요소를 기준으로 삼는 것은 국민의 공직취임권을 침해하는 것이 된다'고 하여 공무담임권의 본질을 특별평등권으로 이해하는 듯한 태도를 취하다가도,[62] 다른 한편으로는 '공무담임권도 필요한 경우 법률로써 제한될 수 있으나 그 경우에도 이를 과도하게 침해하여서는 아니 된다'거나[63] 또는 엄격한 심사척도가 적용되어야 하는 이유로서 "가산점제도는 헌법 제25조에 의하여 보장된 공무담임권이라는 기본권의 행사에 중대한 제약을 초래하는 것이기 때문이다."라고 하여[64] 궁극적으로는 공무담임권을 '자유권적 성격을 가진 기본권'으로 이해하고 있다.

헌법재판소는 과잉금지원칙의 적용대상인 '공무담임권'의 보장내용이 무엇인지에 관하여 한 번도 스스로 의문을 제기한 적도 없고 이를 밝히고자 시도한 바도 없으나, '누구나 자유롭게 공직에 임명될 권리'를 보장내용으로 상정하지 않은 이상, 과잉금지원칙을 적용하여 공무담임권의 침해여부를 심사하는 헌법재판소의 판시내용을 이해하는 것은 불가능하다. 그러나 '누구나 자유롭게 공직에 임명될 권리를 보장하는 기본권'이란 헌법상 존재하지 않는다.

공직의 경우, 직업의 자유로운 선택은 처음부터 국가의 조직권한에 의하여 배제되기 때문에, 직업에의 '자유로운' 접근이 보장되지 않는다. 직업으로 제공되는 공직의 수는 오로지 국가에 의하여 결정되며, 그러한 범위 내에서 공직은 직업으로서 선택될 수 있다. 공직의 경우, 직업을 국가의 간섭이나 방해를 받지 아니하고 자유롭게 선택할 수 있는 자유권적 측면은 사실상 존재하지 않는 것이다. 공직과 관련하여 직업선택의 자유는 '누구나 자유롭게 공직을 선택할 권리'가 아니라, '국가에 의하여 제공되는 한정된 공직을 누구나 균등하게 담당할 수 있는 권리'로 축소된다.[65] 이로써 공직의 영역에서 직업선택의 자유는 '공직에 균등하게 접근할 권리'를 의미하게 된다. 요컨대, 공직을 '자유롭게' 선택할 권리란 기본권으로서 존재하지 않으며, 단지 공직을 '균등하게' 선택할 권리만이 존재할 뿐이다.

결국, 공직과 관련하여 '직업선택의 자유'라는 자유권은 직업으로서의 공직의 특수성으로 인하여 '균등한 공직취임권'이라는 평등권으로 전환되는 것이다.[66] 이러한 점에서 공직과 관련하여 직업선택의 자유는 공직취임의 평등을 요청하는 공직취임권에 대하여

---

62) 판례집 11-2, 770, 797-798.

63) 판례집 11-2, 770, 797.

64) 판례집 11-2, 770, 787.

65) Vgl. BVerfGE 16, 6, 21.

66) 한수웅, "공무담임권의 보장내용 -공무담임권에 관한 헌법재판소결정의 판례평석을 겸하여-", 『중앙법학』 제16집 제3호, 2014. 9. 10-11면.

독자적인 의미를 가지지 못한다. 공직취임권은 직업의 자유에 대한 특별규정으로서 직업의 자유의 적용을 원칙적으로 배제한다.[67] 헌법재판소도 적어도 2000년대에 들어서부터는 이러한 입장을 취하고 있다.[68]

공무담임권은 오로지 '공직에의 접근과 배분에 있어서의 평등'을 보장할 뿐이다. 헌법재판에서 공무담임권이 문제된다면, 공무담임권에 대한 과잉제한의 문제가 아니라 평등의 문제이다. 헌법재판소는 종래 다수의 결정에서 공무담임권의 법적 성격이 '평등에 대한 요청'이라는 것을 간과한 채, 공무담임권을 직업의 자유와 같은 자유권으로 오해함으로써, 헌법상 존재하지 않는 보호범위를 가진 '가상의 자유권'을 기준으로 하여 과잉금지원칙에 따른 위헌심사를 하여 왔다.

(2) 공무담임권이 특별평등권이라는 것에 대한 인식의 不在

공무담임권은 공직취임에 있어서 '능력' 외의 기준에 의한 차별을 금지함으로써 특별히 평등을 요구하고 있는 특별평등권이다.[69] 공무원시험에서 제대군인이나 국가유공자 등 특정 집단에게 가산점을 부여함으로써 일정 응시자집단을 차별대우하는 경우에는 헌법 제11조 제1항 전문의 일반적 평등권이 아니라 특별평등권인 공무담임권이 적용된다.[70]

나아가, 공무담임권은 '자유로운 공직취임의 권리'가 아니라 '동등한 공직취임의 권리'로서 일반적 평등권뿐만 아니라 직업선택의 자유의 적용도 배제하는 특별조항이므로, 공직취임의 기회균등이 문제되는 경우에는 오로지 특별조항인 공무담임권만이 심사기준으로서 적용되어야 한다.[71] 그러므로 공무원 채용시험에서 제대군인이나 국가유공자에게 가산점을 부여하는 경우, 헌법재판소는 특별평등권인 공무담임권을 심사기준으로 하여 위헌여부를 판단해야 하며, 공무담임권이 공직취임에 있어서 특별히 평등을 요청하기 때문에 가산점제도의 위헌여부를 판단함에 있어서 비례의 원칙에 의한 엄격한 평등심사를 해야 한다.[72] 헌법재판소가 '제대군인 가산점 사건'에서 '평등권 위반여부'와 '공

67) Vgl. Breuer, Freiheit des Berufs, in: HbStR, Bd.Ⅵ, 1989, §147 Rn.98; Merten, Berufsfreiheit des Beamten und Berufsbeamtentum, in: HbGR, Bd.V, 2013, §114, Rn.11; H.-P. Schneider, Berufsfreiheit, in: HbGR, Bd.V, 2013, §113, Rn.182; Mann, in: Sachs(Hg), GG, Art.12 Rn.56.

68) 헌재 2000. 12. 14. 99헌마112(교육공무원 정년단축), 판례집 12-2, 399, 409, "공직의 경우 공무담임권은 직업선택의 자유에 대하여 특별기본권이어서 후자의 적용을 배제하므로, … 직업선택의 자유는 문제되지 아니한다."

69) 한수웅, "공무담임권의 보장내용 -공무담임권에 관한 헌법재판소결정의 판례평석을 겸하여-", 『중앙법학』 제16집 제3호, 2014. 9, 13-15면.

70) 그러나 문제되는 공무원집단과 다른 인적 집단을 비교한다든지 아니면 공무원임용시험에 있어서 7급 공무원과 9급 공무원의 응시연령을 다르게 규정하는 경우 또는 초중등학교교원과 대학교원의 정년을 달리 규정하는 경우에는 공직자의 선발에 있어서 기회균등을 요청하는 공무담임권이 적용될 여지가 없으므로, 이러한 경우에는 헌법 제11조 제1항의 일반적 평등원칙이 적용된다.

71) Vgl. Kunig, in: v. Münch/Kunig(Hg), Grundgesetz Kommentar, Bd.2 2001, Art.33 Rn.14; Merten, Berufsfreiheit des Beamten und Berufsbeamtentum, in: HbGR, Bd.V, 2013, §114, Rn.14.

72) 이에 관하여 위 Ⅱ. 1. 다. (2) (가) 부분 서술 참조.

무담임권 침해여부'로 나누어 이중적으로 위헌여부를 판단한 것은, 공무담임권이 그 자체로서 일반평등권과 직업의 자유의 적용을 배제하는 특별평등권이라는 것을 간과한 것이다.

헌법재판소는 '제대군인 가산점 사건'에서 평등심사를 하면서 엄격한 심사척도가 적용되는 이유로, 헌법 제32조 제4항이 근로의 영역에서 특별히 평등을 요구하고 있고, 나아가 차별대우가 공무담임권이라는 기본권행사에 중대한 제약을 초래하는 것이라고 판시함으로써,[73] 공무담임권 스스로가 공직에의 접근에 있어서 특별히 평등을 요구하고 있는 '특별평등권'임을 인식하지 못하고 있다. 위 사건에서 엄격한 심사척도가 적용되는 이유는 일차적으로, 공무담임권이 공직취임에 있어서 능력 외의 요소에 의한 차별을 금지함으로써 특별히 평등을 요구하고 있기 때문이고, 나아가 헌법 제32조 제4항이 부가적으로 근로의 영역에서 성별에 의한 차별을 명시적으로 금지하고 있기 때문이다.

(3) 기업 채용시험에서 가산점을 부여하는 경우 심사기준으로서 일반적 평등권

공무원 채용시험에서 가산점이 부여되는 경우에는 특별평등권인 공무담임권을 심사기준으로 하여 판단해야 하는 반면에, 공·사기업체의 채용시험에서 가산점이 부여되는 경우에는 헌법 제11조 제1항 전문의 '일반적 평등권'과 '직업의 자유'의 침해여부를 판단해야 한다.[74] 가산점제도가 근로의 영역에서 성별에 의한 차별을 명시적으로 금지하고 있는 헌법 제32조 제4항의 요청에 반할 뿐만 아니라 가산점제도로 인한 차별대우가 여성과 장애인의 직업선택의 자유에 미치는 불리한 효과가 중대하므로, 일반적 평등조항을 적용함에 있어서 엄격한 심사척도가 적용되어야 한다. 결국, 위 사건에서 헌법재판소는 가산점제도가 공·사기업체의 채용시험에서 실시되는 경우와 공무원 채용시험에서 실시되는 경우를 구분하여 각 경우에 대하여 다른 심사기준을 적용하여 판단했어야 한다.

3. '선거방송토론회 사건'의 문제점

가. 헌재 2011. 5. 26. 2010헌마451 결정의 판시내용 요지

공직선거법은 구·시·군 선거방송토론위원회로 하여금 선거운동기간 중 지역구국회의원선거의 후보자를 초청하여 1회 이상의 대담·토론회 또는 합동방송연설회를 개최하도록 규정하면서(제82조의2 제3항), 지역구국회의원선거에서 공영방송매체를 이용한

---

73) '차별대우가 공무담임권이라는 기본권행사에 중대한 제약을 초래하는 것'이기 때문에 엄격한 평등심사를 해야 한다는 헌법재판소의 판시내용은 '차별대우로 인하여 평등권인 공무담임권이 중대하게 침해되는 것'이기 때문에 엄격심사를 해야 한다는 의미인데, 이러한 판시내용이 타당하지 않다는 것은 두말할 필요가 없다.

74) 만일 심판대상조항이 여성·장애인·군복무를 하지 않은 남성 등이 아니라 오로지 여성만을 차별의 대상으로 삼고 있다면, 이러한 경우에는 일반적 평등조항이 아니라 특별평등조항인 헌법 제32조 제4항이 적용되어야 한다.

선거방송 대담·토론회에 초청받을 수 있는 후보자를 주요정당이 추천한 후보자, 지난 선거에 입후보하여 일정 비율 이상을 득표한 후보자, 여론조사결과 일정 지지율 이상의 후보자로 제한하고 있다(제82조의2 제4항 제3호).

지역구국회의원선거에서 구·시·군 선거방송토론위원회가 개최하는 대담·토론회의 초청자격을 제한하고 있는 위 공직선거법조항의 위헌여부가 문제된 사건에서, 헌법재판소는 평등원칙의 위반여부를 판단하는 심사기준과 관련하여 "선거운동에서의 기회균등 보장은 일반적 평등원칙과 마찬가지로 합리적인 근거가 없는 자의적인 차별 내지 차등만을 금지하는 것으로 이해하여야 한다. 또한, 헌법 제116조 제1항에서 선거운동에 관하여 균등한 기회가 보장되어야 한다고 규정하고 있으나, 이를 두고 헌법이 특별히 차별을 금지하고 있는 영역으로 볼 수 없고, 헌법 제116조 제1항의 경우 입법자에게 선거운동에 관한 형성적 권한을 부여하고 있다고 볼 수 있다. 나아가 이 사건 법률조항에 의하여 중대한 기본권 제한을 초래하는 것도 아니므로, 이 사건 법률조항에 대한 평등권 침해 여부를 심사함에 있어서는 특별히 엄격한 심사척도가 적용되어야 하는 것이 아니며 완화된 합리성 심사에 의하는 것으로 족하다고 할 것이다. 선거방송 대담·토론회에 대한 구체적인 형성 및 그에 관한 참가의 요건 등은 원칙적으로 입법정책의 문제로서 입법자의 입법형성의 자유에 속하는 사항이라고 할 것이다."라고 판시함으로써, 선거운동에서의 기회균등이 문제되는 경우 이를 판단하는 심사기준으로 자의금지원칙을 제시하였다.[75]

나. 비판

(1) 평등선거원칙이 아니라 일반적 평등조항을 적용한 것의 문제점

심판대상조항은, 공영방송사에 의한 선거운동 기회의 차별적 제공이 선거운동의 기회균등원칙에 위반하는지의 평등위반 문제를 제기한다. 공영방송사가 선거방송의 기회를 후보자에게 차별적으로 제공하는 경우 이를 헌법적으로 판단하기 위한 출발점은, 선거운동에서의 기회균등의 문제는 평등선거원칙의 적용범위에 속한다고 하는 것이다. 위에서 서술한 바와 같이,[76] 평등선거원칙은 보통선거원칙과 마찬가지로 선거와 피선거의 양면을 모두 포괄하는 원칙으로서 유권자의 입장에서 '투표가치의 평등'뿐만 아니라, 정당과 후보자의 입장에서 '선거에서의 기회균등'을 요청한다. 평등선거원칙은 선거의 영역에서 일반적 평등원칙이 구체화된 형태로서 헌법 제11조 제1항 전문의 일반적 평등조항에 대한 특별규정이다. 따라서 선거에서의 기회균등이 문제되는 경우에는 일반적 평등조항의 적용을 배제하는 특별평등조항인 평등선거원칙이 적용되어야 한다.

75) 판례집 23-1하, 237, 246-247.
76) 위 Ⅱ. 1. 다. (2) (다) 서술 부분 참조.

그러나 헌법재판소는 선거운동에서의 기회균등 위반여부를 다투는 사건에서 평등선거원칙이 아니라 일반적 평등조항을 심사기준으로 삼아 판단하였다. 헌법재판소가 이러한 오류를 범한 것은, 첫째, 선거운동에서의 기회균등의 문제가 곧 평등선거원칙의 문제라는 것을 인식하지 못한 것에 기인하는 것이며, 둘째, 헌법 제11조 제1항 전문의 일반적 평등조항과 헌법 제41조 제1항·제67조 제1항의 평등선거원칙은 서로 일반·특별관계에 있다고 하는 것을 인식하지 못한 것에 기인하는 것이다.

(2) 평등원칙의 위반여부를 판단하면서 엄격한 심사가 아니라 완화된 심사를 한 점

(가) 헌법재판소가 위 결정에서 범한 또 다른 잘못은, 평등원칙의 위반여부를 판단하면서 엄격한 비례심사가 아니라 완화된 자의심사를 하였다는 점이다. 일반적 평등조항과 선거에서의 평등(평등선거원칙)은 그 발생사에 있어서 서로 완전히 다른 기원을 가지고 있다.

평등선거원칙은 모든 국민을 정치적 권리에 있어서 기계적이고 형식적으로 평등하게 대우할 것을 요청하는 민주주의의 이념에 그 정신적 기반을 두고 있는 반면, 일반적 평등조항은 사회의 영역에서 모든 개체의 상이함과 고유성에 그 출발점을 두고 있다. 정치적 영역에서 모든 국민은 그의 구체적 상황이나 개인적 특성과 관계없이 형식적으로 평등하게 취급되어야 하는 반면, 사회적 영역에서 국가는 단지 같은 것은 같게 취급할 것을 요청하는 일반적 평등조항의 구속을 받으며, 무엇이 같은 것이기 때문에 같게 취급해야 하는지의 판단에 관해서는 원칙적으로 입법자에게 광범위한 형성권이 인정된다. 다만, 헌법에서 스스로 차별을 금지함으로써 평등을 명시적으로 요청하는 경우에만 입법자의 형성권이 축소되어 엄격심사가 정당화될 수 있을 뿐이다.

이와 같이, '일반적 평등조항'과 '평등선거원칙'이 서로 상이한 영역에 그 정신적 기반을 두고 있고 서로 헌법적으로 국가에 대하여 요청하는 바가 다르다면, 이에 상응하여 그 위반여부를 판단하는 기준도 달라야 한다. 평등선거원칙은 그 이념적 기반을 평등민주주의에 두고 있기 때문에 국가에 대하여 엄격하고 형식적인 평등을 요청하며, 이에 대한 제한은 특별한 정당성을 필요로 한다. 따라서 평등선거원칙의 위반여부가 문제되는 경우에는 엄격한 심사가 정당화된다. 그러나 헌법재판소는 "선거운동에서의 기회균등 보장은 일반적 평등원칙과 마찬가지로 … 합리적인 근거가 없는 자의적인 차별 내지 차등만을 금지하는 것으로 이해하여야 한다."고 하여[77] 선거운동에서의 기회균등을 내포하는 평등선거원칙의 요청과 일반적 평등원칙의 요청이 근본적으로 다르다는 것을 간과하고 있다.

(나) 설사, 헌법재판소가 선거운동에서의 기회균등이 평등선거원칙의 문제라는 것을

77) 판례집 23-1하, 237, 246.

인식하지 못하였다 하더라도, 적어도 헌법 제116조 제1항의 특별평등조항을 근거로 엄격한 비례심사를 해야 한다는 결론에 이르지 않은 것은 납득하기 어렵다.

헌법재판소는 위 결정에서 일반적 평등조항이 적용된다는 것을 전제로, 평등심사의 기준으로 자의금지원칙에 의한 완화된 심사와 엄격한 심사 중에서 무엇을 선택해야 하는지를 고민한 결과, "헌법 제116조 제1항에서 선거운동에 관하여 균등한 기회가 보장되어야 한다고 규정하고 있으나, 이를 두고 … 헌법이 특별히 차별을 금지하고 있는 영역으로 볼 수 없다."고 판시함으로서 완화된 심사를 해야 한다는 결론에 이르렀다. 그러나 헌법재판소의 이러한 판단은 첫째, 헌법 제116조 제1항을 객관적인 규정내용에 반하여 자의적으로 해석한 결과이며, 둘째, 엄격한 평등심사를 정당화하기 위하여 자신이 스스로 제시한 지침인 '헌법이 특별히 평등을 요청하는 경우'에 대한 불명확한 이해, 특히 '헌법에 의한 입법형성권의 제한'과 '엄격한 심사' 사이의 상관관계에 대한 이해의 부족에 기인하는 것이다.

헌법 제116조 제1항은 '선거운동에서 균등한 기회의 보장'을 특별히 요청함으로써 입법자에게 명시적으로 선거운동과 관련하여 차별을 금지하고 평등취급을 명령하고 있으므로, 위 헌법조항은 '선거운동'과 관련하여 일반적 평등조항을 구체화하는 특별평등조항이며, 이로써 입법자의 형성권을 제한하는 규정으로 이해해야 하기 때문이다. 헌법에서 이와 같이 명시적으로 선거운동에서의 평등을 요청하고 있음에도 이러한 경우가 '헌법이 스스로 평등을 요청하고 있는 경우'에 해당하지 않는다면, 대체 어떠한 경우에 이에 해당하는지 근본적인 의문이 제기된다.

4. '직계존속 告訴不許 사건'의 문제점

가. 헌재 2011. 2. 24. 2008헌바56 결정의 판시내용 요지

자기 또는 배우자의 直系尊屬을 고소하지 못하도록 규정한 형사소송법규정이 卑屬을 차별 취급하여 평등권을 침해하는지 여부가 문제된 사건에서, 헌법재판소는 재판관 4(합헌):5(위헌)의 의견으로 헌법에 위반되지 않는다는 결정을 선고하였다.

헌법재판소는 우선 일치된 의견으로 "이 사건 법률조항은 '비속'이라는 특수한 신분관계인에 대하여 그 직계존속 및 배우자의 직계존속에 대한 고소권을 부정하고 있는데, 이러한 지위의 차이를 이유로 고소권을 제한하는 이 사건 법률조항이 헌법 제11조 제1항의 평등의 원칙에 위배되는지 여부가 쟁점이 된다."고 전제한 다음, 재판관 4인의 합헌의견은 "범죄 피해자의 고소권은 그 자체로 헌법상의 기본권의 성격을 갖는 것이 아니라 형사절차상의 법적인 권리에 불과하지만, 한편으로는 국민의 재판절차진술권 행사의 전제가 되기도 하므로, 이 점에서 이 사건 법률조항이 비속인 범죄피해자의 재판절차진술권 행사에 중대한 제한을 초래하는 것인지 여부에 대한 판단이 필요하다. … 이러한 점들을 고려해 볼 때 친고죄의 경우든 비친고죄의 경우든 이 사건 법률조항이 재판절차진술권의 중대한 제한을 초래한다고 보기는 어려우므로, 이 사건 법률조항이 평등원칙에 위반되는지 여부에 대한 판단은 완화된 자의심사에 따라 차별에 합리적인 이유가 있는지를 따져보는 것으로 족하다 할 것이다."하고 하여 "이 사건 법률조항은 그 차별에 있어서 합리적인 이유가 있는 것이므로, 헌법 제11조 제1항의 평등원칙에 위반된다고 할 수 없다."고 판단하였다.[78)]

반면에, 재판관 5인의 위헌의견은 "이 사건 법률조항은 범죄피해자인 비속에 대하여 단순히 법적 권리인 고소권의 배제·박탈에 그치는 것이 아니라 헌법상 기본권인 재판절차진술권의 행사에 중대한 제한을 초래할 수 있다. … 따라서, 비속의 존속에 대한 고소를 금지하는 이 사건 법률조항으로 인하여 비속의 재판절차청구권은 중대한 제한을 받게 된다 할 것이므로 위헌심사의 기준은 엄격한 심사척도에 의하여야 한다."고 하여, "이 사건 법률조항은 비속에 대한 차별을 정당화할 수 있을 정도로 차별 목적의 비중과 차별의 정도 간에 비례성을 갖춘 것이라고 볼 수 없으므로, 헌법상 평등원칙에 위배된다."고 판단하였다.[79)]

나. 비판

(1) '차별대우가 관련 기본권에 대한 중대한 제한을 초래하는 경우'에 대한 오해

위에서 확인한 바와 같이,[80)] 엄격한 평등심사가 정당화되는 경우로서 '차별대우가 관련 기본권에 대한 중대한 제한을 초래하는 경우'란 차별대우로 인하여 自由權에 중대한 제한효과가 발생하였고 이로써 중대한 자유권제한을 정당화해야 하는 입법자의 부담으로 인하여 입법형성권이 축소되는 경우, 즉 '차별대우가 자유권에 대한 중대한 제한을 초래하는 경우'를 말한다.

헌법재판소는 일부 결정에서 '차별대우가 관련 기본권에 대한 중대한 제한을 초래하는 경우'가 위와 같은 한정적인 의미임을 제대로 이해하지 못하고 있다. 이는 무엇보다도 '제대군인 가산점 사건'에서 언급한 '부정확한' 판시내용에 기인한다. 헌법재판소는 위 결정에서 엄격한 평등심사가 정당화되는 두 가지 경우를 서술하면서 두 번째 경우와 관련하여 "차별적 취급으로 인하여 관련 기본권에 대한 중대한 제한을 초래하는 경우"라고 판시하고 있는데, '관련 기본권에 대한 중대한 제한'이란 표현은 부정확하며 오해의 소지를 안고 있다. 이러한 판시내용에 의하면 차별대우로 인하여 모든 기본권이

---

78) 헌재 2011. 2. 24. 2008헌바56, 판례집 23-1상, 12, 19-21.
79) 헌재 2011. 2. 24. 2008헌바56, 판례집 23-1상, 12, 22-23.
80) 위 Ⅱ. 2. 부분 서술 참조.

관련될 수 있고 관련된 기본권에 대한 제한이 중대하다고 판단된다면 엄격한 심사를 해야 한다는 것인데, 차별대우가 '자유권'이 아니라 '다른 성격의 기본권'의 행사에 불리한 영향을 미치는 경우에는 엄격한 심사가 정당화되지 않는다.

단순한 자의심사를 넘어서 비례의 원칙에 의한 엄격한 평등심사가 요청되는 경우란, 차별대우가 자유권의 행사에 불리한 영향을 미침으로써 평등권의 내용이 자유권을 통하여 구체화되는 경우를 의미하는 것인데, 위 결정의 판시내용은 엄격한 심사를 정당화하는 기준이 형성된 이론적 바탕을 전혀 이해하지 못하고 있다. 그 결과, 헌법재판소는 차별대우로 인하여 자유권이 아니라 '재판절차진술권'과 같이 절차적 기본권의 행사에 대하여 불리한 효과가 발생하는 경우에도 '완화된 또는 엄격한 평등심사를 해야 하는지'에 관하여 논란을 벌이는 잘못을 범하고 있다.

차별대우가 개인의 자유로운 인격발현에 미치는 실질적 효과를 구체적으로 고려함이 없이 단지 추상적으로 '차별대우가 관련 기본권에 대한 중대한 제한인지 또는 아닌지의 여부'만을 판단하는 것은 엄격한 평등심사를 정당화하는 논증의 바탕을 완전히 벗어난 것이다. 위 사건의 경우 '차별대우로 인하여 자유권에 중대한 제한을 초래하는 경우'에 해당하지 않으므로, 재판절차진술권에 대한 중대한 제한이 초래되는지에 관한 판단은 그 자체로서 불필요하다. 위 사건의 경우는 엄격한 심사가 처음부터 고려되지 않는 경우이므로, 자의금지원칙에 의한 평등심사를 해야 한다.

(2) 재판절차진술권에 대한 제한의 중대성여부를 판단하는 실체적 기준의 不在

차별대우가 기본권에 대한 중대한 제한을 초래하는지 여부를 확인하기 위해서는 기본권제한의 중대성을 측정할 수 있어야 하고, 이는 기본권이 '실체적 보호범위'를 가져야 한다는 것을 의미한다. 기본권이 실체적 보호범위를 가지고 있는 경우에만 그에 대한 제한의 중대성을 확인할 수 있고, 기본권에 대한 중대한 제한 또는 중대하지 않은 제한의 구분이 가능하다. 재판청구권이나 재판절차진술권과 같이 '효과적인 권리보호의 요청'이나 '재판절차에서 형사피해자로서 진술할 수 있는 가능성의 보장' 등 단지 형식적 보장내용만을 가지고 있는 절차적 기본권의 경우에는 기본권제한의 중대성을 파악하기 위하여 필요한 실체적 보장내용이 결여되어 있다.

가령, 재판청구권은 특정한 생활영역이나 법익을 '실체적' 보호범위로 하는 자유권과는 달리, '효과적인 권리보호'라는 단지 '형식적' 보장내용을 가지고 있기 때문에, 재판청구권의 제한이 기본권주체에게 어느 정도로 중대한 효과를 초래하는지의 관점을 판단할 수 있는 아무런 실체적 근거를 제공하지 아니한다. 이러한 이유에서 과잉금지원칙을 적용하여 재판청구권을 제한하는 소송법규정의 위헌여부를 판단한다 하더라도, 기본권제한 효과의 판단을 전제로 하여 '기본권제한의 효과'와 '공익의 비중'을 교량하는 '법익균형성'의 심사는 사실상 불가능하며, 기본권을 보다 적게 제한하는 대안을 찾는 '수단의 최소침해성'의 심사도 형식적인 심사에 그칠 수밖에 없다. 헌법재판소도 이를 인식하여 재판청구권을 구체적으로 형성하는 소송법규정의 위헌여부를 판단하는 기준으로서 '합리성원칙이나 자의금지원칙' 또는 '완화된 비례의 원칙'을 언급하고 있다.[81)]

마찬가지로 절차적 기본권인 재판절차진술권의 경우에도 재판절차진술권은 입법자에 대하여 형사절차법을 형성함에 있어서 형사피해자가 재판절차에서 진술할 수 있는 이익도 함께 고려해야 한다는 것만을 요청하기 때문에, '형사절차에서 형사피해자의 진술가능성에 대한 요청'이라는 형식적인 보장내용만을 가질 뿐, 기본권제한의 정도나 중대성 여부를 판단할 수 있는 실체적 보장내용을 가지고 있지 않다. 입법자는 형사절차의 구체적 형성에 있어서 형사피해자의 재판절차진술권을 어느 정도로 고려할 것인지에 관하여 광범위한 형성의 자유를 가지므로, 재판절차진술권을 제한하는 절차법규정의 위헌여부는 '재판절차진술권의 제한이 이를 요청하는 합리적인 반대법익에 의하여 정당화되는지'의 관점에 의하여 판단된다. 헌법재판소도 재판절차진술권의 위반여부를 판단하는 기준으로 '입법재량의 범위를 넘어 명백히 불합리한 경우인지'의 관점을 제시하고 있다.[82)]

결국, 절차적 기본권의 본질상 절차적 기본권의 침해여부에 관한 판단이 실질적으로 '합리성심사'에 국한된다면, 차별대우가 절차적 기본권의 행사에 불리한 영향을 미치는 경우에 평등권위반여부를 판단하는 기준도 차별대우의 합리성여부만을 판단하는 '완화된 심사'일 수밖에 없다.

Ⅳ. 맺는말

1. 엄격한 평등심사가 정당화되는 경우는 크게 '헌법이 스스로 차별을 금지하거나 평등을 요청하는 특별평등조항의 경우'와 '차별대우가 기본권에 중대한 제한을 초래하는 경우'로 나누어 볼 수 있다.

특별평등조항은 '규정형식의 측면'에서 다시 '헌법의 문언에서 명시적으로 특별히 차별을 금지하거나 평등을 요청하는 경우'와 '헌법해석을 통하여 헌법규정에 내재한 특별

81) 재판청구권 침해여부를 판단하는 심사기준으로 합리성원칙이나 자의금지원칙을 언급하는 결정으로 헌재 2005. 5. 26. 2003헌가7, 판례집 17-1, 558, 567; 헌재 1998. 9. 30. 97헌바51, 판례집 10-2, 541, 550; 헌재 1998. 12. 24. 94헌바46, 판례집 10-2, 842, 851; 완화된 비례원칙을 언급하는 결정으로 헌재 2001. 6. 28. 2000헌바77, 판례집 13-1, 1358, 1372.

82) 헌재 2003. 9. 25. 2002헌마533(형사미성년자의 형사책임면제), 판례집 15-2상, 479, 485, "헌법 제27조 제5항이 정한 법률유보는 법률에 의한 기본권의 제한을 목적으로 하는 자유권적 기본권에 대한 법률유보의 경우와는 달리 기본권으로서의 재판절차진술권을 보장하고 있는 헌법규범의 의미와 내용을 법률로써 구체화하기 위한 이른바 기본권형성적 법률유보에 해당한다. 따라서 헌법이 보장하는 형사피해자의 재판절차진술권을 어떠한 내용으로 구체화할 것인가에 관하여는 입법자에게 입법형성의 자유가 부여되고 있으며, 다만 그것이 재량의 범위를 넘어 명백히 불합리한 경우에 비로소 위헌의 문제가 생길 수 있다."

한 차별금지나 평등요청을 도출할 수 있는 경우'로 구분할 수 있다. 前者에 속하는 특별평등조항으로는 성별·종교·사회적 신분에 의한 차별을 금지하는 헌법 제10조 제1항 후문, 교육의 영역에서 능력 외의 기준에 의한 차별을 금지하는 헌법 제31조 제1항, 근로의 영역에서 성별에 의한 차별을 금지하는 헌법 제32조 제4항, 혼인과 가족생활에서 성별에 의한 차별을 금지하는 헌법 제36조 제1항, 병역의무의 이행으로 인한 차별을 금지하는 헌법 제39조 제2항, 선거운동에서의 기회균등을 요청하는 헌법 제116조 제1항을 들 수 있고, 後者에 속하는 특별평등조항으로는 공직취임에서 능력 외의 기준에 의한 차별을 금지하는 헌법 제25조, 혼인과 가족생활에 대한 차별을 금지하는 헌법 제36조 제1항, 선거에서 정치적 참여의 평등을 요청하는 헌법 제41조 제1항·제67조 제1항의 보통·평등선거원칙을 언급할 수 있다.

한편, 엄격한 평등심사를 요청하는 두 번째 경우인 '차별이 관련 기본권에 대한 중대한 제한을 초래하는 경우'란 일반적 평등조항의 내용이 자유권에 대한 제한효과를 통하여 구체화될 수 있는 경우, 즉 평등심사가 실질적으로 자유권에 의한 심사로 대체됨으로써 평등권을 실현하는 입법자의 형성권이 자유권의 관점을 통하여 제한될 수 있는 경우를 전제로 하는 것이다. 따라서 '차별대우가 기본권에 중대한 제한을 초래하는 경우'는 차별대우로 인하여 자유권에 중대한 제한효과가 발생하였고 이로써 중대한 자유권제한을 정당화해야 하는 입법자의 부담으로 인하여 입법형성권이 축소되는 경우, 즉 '차별대우가 자유권에 대한 중대한 제한을 초래하는 경우'로 한정적으로 이해해야 한다.

특별평등조항은 헌법 제11조 제1항 전문의 일반적 평등조항에 대한 특별규정으로 일반적 평등조항의 적용을 배제한다. 따라서 평등심사의 기준으로 특별평등조항이 고려되는 경우에는 우선적으로 특별평등조항을 심사기준으로 하여 평등권위반여부를 판단해야 한다. 반면에, '차별대우가 기본권에 중대한 제한을 초래하는 경우'에는 일반적 평등조항을 심사기준으로 하여 평등권위반여부를 판단하지만, 이 경우 입법자의 형성권이 제한되기 때문에 엄격한 심사가 정당화된다.

2. 헌법재판소는 '제대군인 가산점 결정'에서 엄격한 평등심사의 기준을 제시하였으나, 이러한 기준을 개별 사건에서 구체적으로 적용함에 있어서 매우 혼란스럽고 일관되지 못한 모습을 보이고 있다. 위 결정 이후 선고된 '평등심사기준에 관한 주요 결정들'을 살펴보면, 첫째, 일반적 평등조항과 특별평등조항의 관계 및 특별평등조항의 헌법적 의미와 기능이 무엇인지 불확실하고, 둘째, 어떠한 헌법규정이 특별평등조항에 해당하는지에 관한 판단이 자의적이거나 논증에 있어서 오류를 안고 있으며, 셋째, '차별대우가 기본권에 대한 중대한 제한을 초래하는 경우'가 구체적으로 어떠한 법적 상황인지에 관한 기본입장을 확립하지 못하고 있다.

헌법재판소의 이러한 혼란스런 모습은 무엇보다도 '엄격한 평등심사의 기준'이 생성된 이론적 배경에 대한 기본적인 이해 없이 매 결정마다 임의로 위 기준을 해석하여 적용함으로써, 헌법재판소의 판례가 원래의 이론적 바탕으로부터 분리되어 독자적으로 발전하고 있는 것에 기인한다. 헌법재판소는 이제 다시 자신이 스스로 제시한 이론의 原點으로 돌아가 '왜 어떠한 경우에 엄격한 평등심사가 헌법적으로 정당화되는지' 그 헌법적 근거를 새롭게 확인해야 하고, 이를 바탕으로 '엄격한 평등심사의 기준'을 재정립해야 한다고 본다.

참고문헌

김주환, “평등권 심사기준의 체계화”, 『강원법학 제31권』, 2010. 10.

_____, “일반적 평등원칙의 심사기준과 방법의 합리화 방안”, 『공법학연구』 제9권 제3호, 2008. 8.

성기용, “평등권의 보장과 발전”, 『헌법논총』 제19집(2008)

손상식, “평등권의 침해 여부에 대한 심사기준”, 헌법재판소 헌법재판연구원, 2013

이상경, “사회적 신분에 의한 차별사유에 관한 소고”, 『헌법학연구』 제20권 제4호, 2014. 12.

이재희, “일반적 평등권 보장과 개별적 평등권 보장”, 『헌법학연구』 제21권 제2호, 2015. 6.

이종수, “사회적 신분에 의한 차별금지의 헌법적 의미”, 『공법연구』 제31권 제1호, 2002. 11.

조홍석, “평등권에 대한 헌법재판소 판례의 분석과 전망”, 『공법연구』 제33집 제4호, 2005. 6.

한수웅, “평등권의 구조와 심사기준”, 『헌법논총』 제9집(1998)

_____, “교육을 받을 권리와 국가교육권한의 한계 - 교육평준화 및 학교선택권 제한의 헌법적 한계를 중심으로 -”, 『법조』 2008. 4.

_____, “공무담임권의 보장내용 -공무담임권에 관한 헌법재판소결정의 판례평석을 겸하여-”, 『중앙법학』 제16집 제3호, 2014. 9.

_____, “헌법 제7조의 의미 및 직업공무원제도의 보장”, 『법조』 2012. 11.

_____, “헌재 2011. 5. 26. 2010헌마451 결정(선거방송토론회 사건)에 대한 판례평석-평등권과 평등선거원칙의 관계를 중심으로 - ”, 『중앙법학』 제14집 제3호, 2012. 9.

_____, 헌법학, 2015

허 영, 한국헌법론, 2010

Benda/Klein, Verfassungsprozessrecht, 3. Aufl. 2012

Böckenförde, Demokratie als Verfassungsprinzip, in: Isensee/Kirchhof(Hg), Handbuch des Staatsrechts (HbStR), Bd.II, 2004, §24

Breuer, Freiheit des Berufs, in: Isensee/Kirchhof(Hg), Handbuch des Staatsrechts (HbStR), Bd.Ⅵ, 1989, §147

Frowein, Die Rechtsprechung des Bundesverfassungsgerichts zum Wahlrecht, AöR 99(1974)

Hesse, Der allgemeine Gleichheitssatz in der neueren Rspr. des BVerfG zur

Rechtssetzungsgleichheit, in: FS für Peter Lerche, 1993
Hillgruber/Goos, Verfassungsprozessrecht, 3. Aufl. 2010
Kunig, Fragen zu den Wahlrechtsgrundsätzen, Jura 1994
______, in: v. Münch/Kunig(Hg), Grundgesetz Kommentar (GGK), Bd.2 2001, Art.33
Mann, in: Sachs(Hg), Grundgesetz Kommentar, Art.12
Merten, Berufsfreiheit des Beamten und Berufsbeamtentum, in: Merten/Papier(Hg), Handbuch der Grundrechte in Deutschland und Europa (HbGR), Bd.V, 2013, §114
Meyer, Wahlgrundsätze und Wahlverfahren, in: Isensee/Kirchhof(Hg), Handbuch des Staatsrechts (HbStR), Bd.II, 1987, §38
Michael/Morlok, Grundrechte, 3. Aufl. 2012
M. Morlok, in: Dreier(Hg), Grundgesetz Kommentar, Bd.2, 2006, Art.38
Oppermann, Schule und berufliche Ausbildung, in: Isensee/Kirchhof(Hg), Handbuch des Staatsrechts (HbStR), Bd.VI, 1989, §135
Pauly, Das Wahlrecht in der Rechtsprechung des Bundesverfassungsgerichts, AöR 123(1998)
Pietzcker, Der allgemeine Gleichheitssatz, in: Merten/Papier(Hg), Handbuch der Grundrechte in Deutschland und Europa (HbGR), Bd.V, 2013, §125
Richter, Gleichberechtigung von Mann und Frau, in: Merten/Papier(Hg), Handbuch der Grundrechte in Deutschland und Europa (HbGR), Bd.V. 2013, §126
Schlaich, Die Verfassungsgerichtsbarkeit im Gefüge der Staatsfunktionen, in: VVDStRL 39(1981)
H.-P. Schneider, Berufsfreiheit, in: Merten/Papier(Hg), Handbuch der Grundrechte in Deutschland und Europa (HbGR), Bd.V, 2013, §113
H. H. Trute, in: v. Münch/Kunig, Grundgesetz Kommentar (GGK), Bd.2, 2001, Art.38
Wendt, Spezielle Gleichheitsrechte, in: Merten/Papier(Hg), Handbuch der Grundrechte in Deutschland und Europa (HbGR), Bd.V, 2013, §127

제4장

4 자유권적 기본권

제1절 직업의 자유

직업의 자유와 3단계이론*

Ⅰ. 문제의 제기

헌법은 제15조에서 "모든 국민은 직업선택의 자유를 가진다."고 하여 직업의 자유를 보장하고 있다. 직업의 자유를 언급하면 곧 '3段階理論'을 떠올릴 정도로, 3단계이론은 이제 헌법학의 古典으로서 자리를 잡은 것으로 보인다. 그럼에도 3단계이론이 구체적으로 어떻게 적용되며 어떠한 문제를 안고 있는지에 관하여 아직까지 깊이 있는 연구가 이루어지지 않고 있다. '3단계이론'(Dreistufentheorie)이란 독일 연방헌법재판소의 판례에 의하여 형성된 이론인데, 직업의 자유에 대한 제한의 형태를 제한의 강도에 따라 3가지 단계로 구분하여 제한의 강도가 높아짐에 따라 직업의 자유에 대한 제한은 보다 엄격한 요건 하에서 정당화된다는 이론이다. 독일 연방헌법재판소는 직업의 자유를 제한하는 법률의 위헌여부를 판단함에 있어서 단계이론을 통하여 정확성과 합리성을 제고하고자 시도하였다. 우리 헌법재판소도 이미 초기의 결정에서 '직업의 자유에 대한 제한'을 '직업행사(직업수행)의 자유에 대한 제한'과 '직업선택의 자유에 대한 제한'으로 구

* 위 논문은 2010년 9월, 중앙법학(중앙법학회), 제12집 제3호, 9-47면에 게재된 것을 일부 수정한 것이다.

분하여 기본권제한의 효과에 따라 헌법적 정당화의 요건을 달리하였고, 나아가 일련의 결정에서는 명시적으로 3단계이론을 적용하고자 하는 시도를 보이고 있다. 그러나 단계이론에 대한 이해가 부족하기 때문에 단계이론을 제대로 적용하지 못하거나 또는 정확한 논증을 하지 못하는 결함을 보여주고 있다.

따라서 3단계이론을 적용함에 있어서 어떠한 문제가 있는지, 어떠한 관점이 장애요소로서 작용하는지, 우리의 경우 3단계이론을 그대로 적용할 수 있는지에 관한 근본적인 검토가 필요하다. 3단계이론과 관련해서는 구체적으로 다음과 같은 문제가 제기된다.

3단계이론의 의미와 기능은 무엇인가? 3단계이론은 과잉금지원칙과 어떠한 관계에 있는가? 3단계이론은 과잉금지원칙을 대체하는 독자적인 이론인가 아니면 과잉금지원칙을 보완하는 이론인가? 3단계이론은 과잉금지원칙의 어떠한 단계에서 유용할 수 있는가? 3단계이론의 문제점이나 한계는 무엇인가? 헌법재판소의 판례는 3단계이론을 어느 정도로 수용하고 있는가? 헌법재판소가 3단계이론을 적용함에 있어서 문제점은 무엇인가? 3단계이론은 어느 정도로 유용한가? 나아가, 헌법재판소가 자격제도의 위헌여부를 심사함에 있어서 문제점은 무엇인가?

Ⅱ. 직업의 자유의 보장내용 및 직업의 개념

1. 직업의 자유의 헌법적 의미

직업의 자유는 직업을 개인의 생계기반과 자아실현의 근거로 삼을 권리를 보장한다. 직업은 일차적으로 생활의 기본적인 수요를 충족시키고 개인의 생계를 가능케 하는 경제적 소득활동의 기반이다. 직업은 소득활동을 통하여 개인에게 독자적인 생계유지를 가능하게 함으로써 다른 자유권을 행사하기 위한 물질적 기반을 보장한다.

그러나 직업은 개인의 생계기반이라는 경제적인 측면을 넘어서 개인의 인격발현과 정체성에 대하여 매우 중요한 의미를 가진다. 여기에 직업의 자유의 보다 중요한 헌법적 기능이 있다. 직업활동이 수반하는 정신적·육체적 노동은 자기실현의 가장 고귀한 표현이며, 개인은 직업활동을 통하여 인격을 발현하고 형성한다.[1] 직업은 자신이 원하는 삶을 살기 위한 중요한 수단이자 인생에 있어서 매우 중요한 자아실현의 수단이다. '직업'과 '개인의 인격발현'의 밀접한 연관관계가 직업의 자유를 이해하는 출발점이다.[2] 직업의 자유는 직업의 영역에서 개인의 자유로운 인격발현과 자기결정권을 보장하고자 하는 기본권이다.

1) Vgl. O. Depenheuer, Freiheit des Berufs und Grundfreiheiten der Arbeit, in: Festschrift 50 Jahre Bundesverfassungsgericht, Bd.II, 2001, S.245.

2) Vgl. Bryde, Artikel 12 Grundgesetz - Freiheit des Berufes und Grundrecht der Arbeit, NJW 1984, S.2181.

2. 포괄적인 기본권으로서 직업의 자유

헌법은 제15조에서 '직업선택의 자유'만을 언급하고 있지만, 제15조는 직업 영역에서 자기결정권을 보장하는 기본권으로서, 개인이 국가의 간섭이나 방해를 받지 아니하고 원하는 직업을 자유롭게 선택할 권리인 '직업선택의 자유'뿐만 아니라 선택한 직업을 자유롭게 행사할 권리인 '직업행사(직업수행)의 자유'도 보장하는 포괄적인 기본권이다.[3] 직업의 선택은 그 자체가 목적이 아니라 선택한 직업에 종사하는 것이 궁극적인 목적이기 때문에, 선택한 직업의 행사를 보장하지 않는 직업선택의 자유는 무의미하다.

직업선택과 직업행사를 개념적으로 구분한다 하더라도, 직업의 선택과 행사는 不可分的으로 함께 하나의 전체를 이루고 있다.[4] 외부로 표명된 특정 직업의 결정은 직업선택의 행위이자 동시에 직업행사의 개시이고, 역으로 지속적인 직업행사에서 표현되는 직업유지의 의사는 동시에 지속적인 직업결정의 행위이다.[5] '통일적인 기본권'으로서 직업의 자유는 직업행사의 영역뿐만 아니라 직업선택의 영역에서도 입법자에 의하여 제한될 수 있지만, 여기서 직업의 자유의 양 측면의 차이는 허용되는 제한의 정도에 있어서 본질적인 의미를 가진다. 직업의 자유의 보장내용을 '직업선택의 자유'와 '직업행사의 자유'로 구분하여 직업의 자유에 대한 제한의 허용 정도가 서로 다르다는 인식이 바로 독일 연방헌법재판소에 의하여 형성된 단계이론의 출발점이다.

3. 직업의 개념

가. 개념적 요소

직업의 자유와 같이 인간의 행위가능성을 보호하고자 하는 기본권의 경우, 기본권의 보호범위는 '인간행위의 어떠한 형태'를 보호되는 법익으로 간주할 것인지에 달려있다. 이로써 '직업의 개념'은 직업의 자유의 핵심적인 문제이다. 직업의 자유를 가능하면 최대한으로 보장하기 위하여, 직업의 개념은 기본권보장의 실효성의 관점에서 광의로 해석되어야 하고 미래의 발전에 대하여 개방적이어야 한다.[6] 직업에는 기존에 전통적으로 형성된 전형적인 직업뿐만 아니라 사회현상의 변화에 따라 새롭게 발생하는 비전형적인

3) 헌재 1995. 7. 21. 94헌마125, 판례집 7-2, 155, 162, "헌법 제15조에 의한 직업선택의 자유라 함은 자신이 원하는 직업 내지 직종을 자유롭게 선택하는 직업의 선택의 자유뿐만 아니라 그가 선택한 직업을 자기가 결정한 방식으로 자유롭게 수행할 수 있는 직업의 수행의 자유를 포함한다고 할 것이다."

4) Vgl. BVerfGE 9, 338, 344f.; Breuer, Freiheit des Berufs, in: HbStR, Bd.Ⅵ, 1989, §147 Rn.32f.

5) Vgl. Friauf, Die Freiheit des Berufes nach Art.12 Abs.1 GG, JA 1984, S.538; Gubelt, in: Münch/Kunig, GGK, Bd.I, 2000, Art.12 Rn.40.

6) Vgl. Gubelt, in: Münch/Kunig, GGK, Bd.I, 2000, Art.12 Rn.8; Papier, Art.12 GG-Freiheit des Berufs und Grundrecht der Arbeit, DVBl 1984, S.802; Friauf, Die Freiheit des Berufes nach Art.12 Abs.1 GG, JA 1984, S.537.

경제활동도 속한다.

이에 따라 직업이란, 어느 정도의 지속성을 가지고 개인의 생계에 기여하는 모든 경제적 소득활동을 말한다.[7] 직업의 개념에 속하는 활동은 어느 정도 지속적이어야 하므로, 일회적인 소득활동은 직업에 속하지 않는다. 직업은 경제적 생활기반을 마련하고 유지하는데 기여해야 하므로 무상의 활동이나 취미활동은 직업에 속하지 않지만, 제2의 직업(이중직업)이나 부업도 직업에 포함된다. 또한 직업활동이 독립된 형태(가령, 자유업이나 자영업)로 또는 종속된 형태(고용직)로 이루어지는지와 관계없이 모든 경제적 활동이 보호된다.

나. 직업의 개념적 요소로서 公共無害性?

한편, 학계에서는 직업의 개념적 요소로서 일반적으로 생활수단성 · 계속성 · 공공무해성의 3 요소를 언급함으로써, 공동체에 대하여 또는 사회적으로 유해한 행위는 처음부터 직업의 개념에서 배제하고 있는데,[8] 공공무해성이 직업의 개념적 요소인지의 문제가 제기된다.[9]

(1) '법적으로 허용되는 소득활동'이 직업의 개념적 요소인지 여부

이와 관련하여 우선, '법적으로 허용되는 소득활동'만이 직업의 자유의 보호범위에 속하는지 여부가 규명되어야 한다. 법적으로 금지되지 아니한 소득활동만이 직업의 자유의 보호를 받는다면, 입법자가 입법을 통하여 소득활동의 허용여부를 결정함으로써 직업의 자유의 보호범위를 스스로 확정할 수 있는 가능성을 가지게 된다. 직업의 자유의 주된 기능이 직업의 자유를 제한하는 국가행위에 대한 방어권에 있다는 것을 감안한다면, 자유권의 제한을 정당화해야 하는 입법자가 스스로 자유권의 보호범위를 확정할 수 있다는 것은 직업의 자유의 헌법적 보장을 무의미하게 만들 수 있다.[10]

법적으로 허용된 활동만이 직업의 자유의 보호를 받는다면, 법적인 직업금지조항은 '직업의 자유에 대한 제한'에 해당하지 않기 때문에, 직업의 자유의 관점에서, 즉 헌법

---

7) 헌재 2003. 9. 25. 2002헌마519(학원강사의 자격제한), 판례집 15-2상, 454, 471, "직업의 자유에 의한 보호의 대상이 되는 '직업'은 '생활의 기본적 수요를 충족시키기 위한 계속적 소득활동'을 의미하며 그러한 내용의 활동인 한 그 종류나 성질을 묻지 아니한다(헌재 1993. 5. 13. 92헌바80, 판례집 5-1, 365, 374). 이러한 직업의 개념표지들은 개방적 성질을 지녀 엄격하게 해석할 필요는 없는바, '계속성'과 관련하여서는 주관적으로 활동의 주체가 어느 정도 계속적으로 해당 소득활동을 영위할 의사가 있고, 객관적으로도 그러한 활동이 계속성을 띨 수 있으면 족하다고 해석되므로 휴가기간 중에 하는 일, 수습직으로서의 활동 따위도 이에 포함된다고 볼 것이고, 또 '생활수단성'과 관련하여서는 단순한 여가활동이나 취미활동은 직업의 개념에 포함되지 않으나 겸업이나 부업은 삶의 수요를 충족하기에 적합하므로 직업에 해당한다고 말할 수 있다."

8) 가령, 권영성, 헌법학원론, 2009, 569면; 허영, 한국헌법론, 2009, 458면; 정종섭, 헌법학원론, 2008, 577면.

9) 이에 대하여 의문을 제기하는 견해로는 한수웅, 자유권의 보호범위, 헌법학연구 제12권 제5호, 2006. 12, Ⅳ. 2. 나 및 마 참조; 방승주, 직업선택의 자유, 헌법논총 제9집, 1998, 217면; 성낙인, 헌법학, 2009, 608면; 이준일, 헌법학강의, 2008, 721면.

10) Vgl. Breuer, Freiheit des Berufs, in: HbStR, Bd.Ⅵ, 1989, §147, Rn.43f.

적으로 정당화될 필요가 없다는 결론에 이른다. 입법자가 법률로써 특정 경제활동(가령, 윤락행위나 도박장의 개설 등)을 금지한다면, 이러한 금지규정은 소위 3단계이론에서 '객관적인 직업허가규정'으로서 직업의 자유를 제한하는 것이고, 이로써 입법자의 결정은 직업의 자유의 관점에서 정당화되어야 한다. 그런데 특정 경제활동을 보호범위에서 처음부터 제외하는 것은, 기본권제한규정이 헌법적으로 정당화되어야 한다는 요청으로부터 면제되는 결과를 초래한다. 따라서 법적으로 금지된 모든 경제활동 또는 허가를 받아야만 합법적으로 행사할 수 있는 모든 경제활동도 직업의 개념에 포함되어야 한다. 소득활동이 '법적으로 허용되는지 여부'가 직업의 자유의 보호범위를 결정하는 기준이 될 수 없다.[11]

(2) '公共無害性'이 직업의 개념적 요소인지 여부

위와 동일한 이유에서, '社會的 無害性' 또는 '公共無害性'의 기준을 직업의 개념적 요소에 포함시키는 것도 직업의 자유의 헌법적 보장을 무의미하게 만들 위험이 있다. 직업의 자유의 보호범위가 소득활동의 공공무해성 여부를 판단하는 국가기관에 의하여 확정된다는 점에서, 공공무해성의 기준도 '법적으로 허용되는 소득활동'의 기준과 근본적인 차이가 없다. 단지, 사회적 무해성 여부를 궁극적으로 판단하는 국가기관이 입법자가 아니라 사법기관이라는 점에서 차이가 있을 뿐이다.

사회적 무해성의 여부는 상충하는 법익간의 비교형량을 통하여 비로소 밝혀지는 문제이고 해석의 주체마다 그 판단을 달리할 수 있는 근본적으로 주관적 가치평가의 문제인데, 직업활동이 사회공동체에 무해한지 여부는 다수의 가치관에 의하여 결정된다는 점에서 근본적인 문제를 안고 있다. 개인의 가치관에 따른 자기결정권을 보호하고자 하는 기본권보장의 정신에 비추어, 민주적 다수의 가치관에 기초하여 소위 '사회적으로 가치 없는 활동'을 보호범위로부터 배제하는 것의 위험성을 인식해야 한다.[12] 기본권보장의 실효성의 관점에서, 직업의 개념은 가치중립적이고 개방적인 개념으로서 이해되어야 한다.

(3) 소결론

'사회적 무해성'이나 '법적으로 허용된 소득활동' 등의 특징을 직업의 개념적 요소로 인정하는 것은 직업의 자유의 보호범위를 부당하게 축소할 위험이 있다.[13] 따라서 생활수단성·계속성 외의 다른 부가적인 요소를 직업의 개념적 요소로 인정함에 있어서 주의가 요청된다.[14] 특정 활동을 허용되지 않는 것으로 또는 사회적으로 무가치한 것으로

---

11) Vgl. Manssen, Staatsrecht II, 2004, S.153.

12) Vgl. Tettinger, Das Grundrecht der Berufsfreiheit in der Rechtsprechung des Bundesverfassungsgerichts, AöR 108(1983), S.98.

13) Vgl. Friauf, Die Freiheit des Berufes nach Art.12 Abs.1 GG, JA 1984, S.537.

14) 독일 학계의 다수 견해는 직업의 개념적 요소로서 '공공무해성'을 부정하고 있다, vgl. Gubelt, in:

직업의 개념으로부터 제외한다면, 이로써 직업의 자유를 심사기준으로 하는 위헌심사가 불가능하게 된다. 법적으로 금지된 것이나 사회적으로 무가치한 것으로 낙인찍는 공권력행위가 직업의 자유와 부합하는지 여부가 헌법적으로 심사될 수 있어야 하고, 이러한 심사를 헌법적으로 가능하게 하고자 하는 것이 바로 '직업의 자유'의 보장이다. 그러므로 법적으로 금지된 활동이나 사회적으로 무가치한 활동도 직업의 개념에 포함시킴으로써, 이러한 국가의 조치가 직업의 자유의 관점에서 정당화되는 것인지의 심사를 가능하게 해야 한다. 따라서 개인의 경제활동은 법률에 의하여 금지되거나 또는 형사처벌의 대상이 됨으로써 '직업'의 성격을 상실하지 않는다.

헌법재판소는 학계의 다수 견해와는 달리, 이미 초기의 판례부터 직업 개념의 개방성을 인식하여 직업활동의 공공무해성이나 사회적 유해성 여부 등의 요소를 직업의 개념적 요소로 언급하고 있지 않다.[15]

Ⅲ. 독일 연방헌법재판소의 3단계이론

1. 단계이론의 개요

독일 연방헌법재판소는 소위 '藥局 결정'(BVerfGE 7, 377)에서[16] 직업의 자유에 대한 제한의 형태를, 제한의 강도에 따라 직업행사의 자유에 대한 제한(직업행사에 관한 규정), 주관적 사유에 의한 직업선택의 자유의 제한(주관적 직업허가요건) 및 객관적 사유에 의한 직업선택의 자유의 제한(객관적 직업허가요건)의 3단계로 구분하여, 제한의 강도가 높아짐에 따라 입법자의 형성의 자유는 축소되고 직업의 자유에 대한 제한은 보다 엄격한 요건 하에서 정당화된다는 소위 '3단계이론'(Dreistufentheorie)을 구성하였다.[17] 여기서 '3단계'란 세 가지 제한단계를 말한다.[18]

Münch/Kunig, GGK, Bd.I, 2000, Art.12 Rn.9.

15) 헌법재판소는 "헌법 제15조에서의 '직업'이란 생활의 기본적 수요를 충족시키기 위해서 행하는 계속적인 소득활동을 의미하며, 이러한 내용의 활동인 한 그 종류나 성질을 묻지 않는다."고 하여 직업의 개념적 요소로서 공공무해성을 언급하고 있지 않다(헌재 1993. 5. 13. 92헌마80, 판례집 5-1, 365, 374; 헌재 1998. 3. 26. 97헌마194, 판례집 10-1, 302, 314; 헌재 2002. 5. 30. 2000헌마81, 판례집 14-1, 528, 541).

16) 연방헌법재판소의 '약국 결정'에 관한 소개로, 김승환, 독일기본법상의 직업의 자유-약국판결을 중심으로-, 공법학연구 제4권 제2호, 2003, 5면 이하.

17) 독일 연방헌법재판소의 '약국 결정'의 내용은 다음과 같다(BVerfGE 7, 377, 404ff.). '약국 결정'에서 심판의 대상은 바이에른 州의 '약국법' 조항이었는데, 위 심판대상규정은 새로운 약국의 개설을 약국에 대한 수요가 있는 경우에 한하여 허가함으로써 소위 '객관적 허가요건'을 규정하고 있었다. 입법자가 약국개설을 제한한 목적은 국민의 건강유지였다. 입법자는 지나치게 많은 약국이 자유롭게 경쟁하게 되면 법률에 의하여 부과된 의무의 이행해태, 경솔한 의약품판매, 의약품의 소비를 조장하는 의약품광고, 건강을 해치는 의약품 남용현상이 발생할 것을 우려하였다. 연방헌법재판소는 위와 같은 입법목적을 직업수행에 대한 규율, 의약품생산에 대한 국가의 통제, 광고의 자유 및 매매의 자유에 대한 제한을 통해서 달성할 수 있는지 여부를 검토하였는데, 그 결과 직업의 자유를 보다 적게 제한하는 다른 방법으로도 입법목적을 달성할 수 있다고 판단함으로써 위 심판대상조항에 대하여 위헌결정을 하였다.

18) 3단계이론에 관한 개괄적 서술로서 vgl. Breuer, Die staatliche Berufsregelung und Wirtschaftslenkung,

가. 제한된 자유영역의 의미에 따른 제한의 허용 정도

일반적으로, 제한되는 자유영역의 의미가 개인의 인격발현에 대하여 크면 클수록 자유권에 대한 보호는 더욱 강화되는 반면, 개인이 직업활동 또는 사회적·경제적 활동 등을 통하여 타인과 사회적 연관관계에 위치함으로써 타인의 자유영역과 접촉하고 충돌할수록, 입법자가 타인과 공동체의 이익을 위하여 개인의 자유를 제한하는 것을 보다 수인해야 한다.

마찬가지로, 직업의 자유를 제한하는 국가공권력의 조치가 개인의 인격발현에 어느 정도로 영향을 미치는지에 따라, 직업의 자유에 대한 제한을 허용하는 정도, 즉 입법자의 형성권이 달라진다. 직업의 자유에 대한 제한이라 하더라도, 직업선택 그 자체에 대한 제한은 직업에서 인생의 과제를 찾으려는 개인의 인격발현의 가능성을 처음부터 봉쇄하는 것이므로, 개인의 자유로운 인격발현에 대한 침해가 중대하다. 그러므로 기본권의 주체가 아무런 영향을 미칠 수 없는 소위 '객관적 사유에 의한 직업선택의 자유에 대한 제한'(예컨대, 동일 업종에 종사하는 사업자 數의 제한, 適正 需要의 심사 등)은 대단히 중대한 공익에 의하여 정당화되어야 하며, 매우 엄격한 요건을 갖춘 예외적인 경우에만 허용된다. 이에 대하여 소위 '주관적 사유에 의한 직업선택의 자유에 대한 제한'과 '직업행사의 자유에 대한 제한'은 기본권의 주체가 허가요건의 충족에 스스로 영향을 미칠 수 있거나 아니면 일단 선택한 직업의 행사방법을 제한하는 것이므로, 인격발현에 대한 침해의 정도가 상대적으로 작다고 볼 수 있다. 따라서 이러한 경우, 입법자에 의한 보다 광범위한 규율이 정당화된다.

나. 직업선택의 자유에 대한 제한에 있어서 주관적·객관적 허가요건의 구분

직업선택의 자유에 대한 제한은 직업활동의 허가에 관한 것이므로, '직업허가요건'으로 부르기도 한다. '주관적 허가요건'이란 직업의 허가여부를 기본권주체의 개인적 특징에 결부시키는 경우로서, 허가요건이 기본권주체의 책임 범위 내에 존재한다. 기본권주체의 개인적 특징으로서 그의 책임 범위에 귀속될 수 있는 특징이라면, 기본권주체가 요건의 충족여부에 영향을 미칠 수 없는 특징이라 하더라도(가령, 연령이나 신장 등), 주관적 허가요건에 속한다.[19] 이에 대하여 '객관적 허가요건'이란 직업의 허가여부를 기본권주체의 개인적 특성과 무관한 요건에 결부시키는 경우로서, 허가요건이 기본권주체의

---

in: HbStR, Bd.Ⅵ, 1989, §148 Rn.7.

19) 여기서 결정적인 것은, 개인이 주관적 요건의 충족에 영향력을 행사할 수 있는지 여부가 아니라 주관적 허가요건이 당사자의 개인적 생활영역·책임영역에 그 기반을 두고 있는지 여부이다, vgl. Sachs, Verfassungsrecht II Grundrechte, 2000, S.416; Breuer, Die staatliche Berufsregelung und Wirtschaftslenkung, in: HbStR, Bd.Ⅵ, 1989, §148 Rn.38.

책임 영역 밖에 존재한다.[20)]

'주관적 허가요건'의 경우, 입법자는 규율하고자 하는 생활관계로부터 스스로 제기되는 요청을 단지 구체화하는 것이다. 개인에게는 당해 직업을 정상적으로 수행하기 위하여 사물의 본질상 원칙적으로 수인해야 하는 것만이 주관적 허가요건의 형태로 요구된다.[21)] '주관적 허가요건'은 사물의 본성, 즉 직업활동의 요청으로부터 스스로 나오는 것이고, 기본권주체가 일반적으로 충족시킬 수 있는 개인적 특성으로 자신의 책임 범위 내에 존재하는 것이기 때문에, 직업의 자유의 관점에서도 헌법적으로 근본적인 의문이 제기되지 않는다.

그러나 '객관적 허가요건'은 직업의 정상적인 수행을 위하여 요구되는 모든 주관적 요건을 충족시킨 사람에 대해서도 자신의 힘으로 극복할 수 없는 진입장벽을 의미한다. '객관적 허가요건'은 직업활동의 요청에 의하여 정당화되지 않으며 기본권주체가 요건의 충족에 영향을 미칠 가능성이 전혀 없다는 점에서, 직업의 자유에 대한 가장 강력한 제한에 해당한다.

다. 제한의 정당성 요건의 差等化

단계이론에 의하면, 직업선택의 자유는 단지 '중대한 법익'의 보호를 위하여 제한될 수 있다. 직업의 행사(수행)를 규율하는 경우, '합리적인 공익상의 이유'만으로도 충분한 반면, 자유로운 직업선택을 입법적으로 제한하는 것은 중대한 공익의 보호를 위하여 반드시 필요한 것이어야 한다. 나아가, 객관적 직업허가요건의 형태로 직업선택의 자유를 제한하는 경우에는 입법자의 형성권은 다시 제한된다. 이 경우, 직업의 자유에 대한 제한은 중대한 법익에 대한 입증할 수 있는 또는 고도의 개연성이 있는 중대한 위험의 방지를 위하여 불가결한 것이어야 한다.[22)]

---

20) 객관적 허가요건은 직업지원자의 개인적 생활영역·책임영역에 그 기반을 두고 있는 것이 아니라, 일반국민의 이익, 즉 국가와 사회의 영역으로부터 발생하는 것이다, vgl. Breuer, Die staatliche Berufsregelung und Wirtschaftslenkung, in: HbStR, Bd.Ⅵ, 1989, §148 Rn.47.

21) Vgl. BVerfGE 7, 377, 404ff., "그러므로 이러한 자유제한은 장래 발생할 수 있는 손해나 위험의 방지를 위한 적합한 수단으로 간주된다. 또한, 주관적 요건이 모든 직업지원자에 대하여 평등하게 적용되고, 모든 지원자가 주관적 요건의 존재를 사전에 알고 있어서 그 요건을 충족시키는 것이 가능한지를 직업선택 전에 판단할 수 있으므로, 이러한 자유제한은 부당하지 않다. 여기서는 정해진 주관적 요건이 직업의 정상적인 수행이라는 목적과 비례관계를 벗어나서는 안 된다는 의미에서 과잉금지원칙이 적용된다."

22) BVerfGE 7, 377, 404ff., "객관적 허가요건은 기본권의 정신에 정면으로 반한다. 왜냐하면, 심지어 주관적 허가요건을 충족시킴으로써 직업을 사실상 선택한 사람까지도 직업의 허가로부터 배제될 수 있기 때문이다. 직업교육이 長期的이고 전문적일수록, 즉 직업교육의 선택과 동시에 이미 구체적인 직업이 선택되었다는 것이 명백할수록, 이러한 형태의 자유제한은 보다 중대하게 느껴진다. 게다가, 전문적으로 교육을 받은 지원자가 특정 직업을 행사하는 것이 국민일반에 대하여 어떠한 손해를 초래할 것인지가 명확하지 않기 때문에, 이러한 자유제한과 의도하는 목표 사이의 연관관계가 그 효과에 있어서 충분히 납득할 수 있도록 서술될 수 없는 것이 일반적이다. 그러므로 비합리적인 동기가 침투할 위험이 특히 크다. 무엇보다도 직업에의 진입을 제한하는 것이 '이미 직업을 행사하고 있는 사람들'을 경쟁으로부터 보호하는 데 기여한다는 생각이 들게끔 한다. 그러나 이러한 동기는 결코 직업선택의 자유에 대한 제한을 정당화할 수 없는 동기이다. … 그러므로

2. 단계이론의 구체적 내용

3가지 제한단계의 내용을 구체적으로 살펴보면 다음과 같다.[23)]

가. 직업행사의 자유의 제한

'직업행사(직업수행)의 자유에 대한 제한'이란, 직업의 선택을 금지하거나 직업에의 접근 자체를 봉쇄하는 것이 아니라, 일단 선택한 직업을 구체적으로 행사하는 방법에 대하여 제한하는 경우를 말한다. 직업행사의 자유를 제한하는 법률은 '합리적이고 이성적인 공익'에 의하여 정당화되어야 한다.[24)] 직업행사규정에서 입법자는 가장 광범위한 입법형성권을 가진다. 여기서 직업의 자유에 의한 기본권의 보호는 합리적인 공익상의 고려에 의하여 정당화되지 않는 법률규정의 방어에 제한된다. 직업행사의 자유에 대한 제한의 예로는, 상점이나 식당의 영업시간의 제한과 같은 방법적 제한 및 특정 장소에서의 영업 제한(가령, 변호사의 개업지 제한, 학교환경정화구역 내에서 당구장시설 금지 등)과 같은 장소적 제한 등을 들 수 있다.

나. 주관적 사유에 의한 직업선택의 자유의 제한

특정 직업이 그 성질상 일정한 전문성이나 기술성 등을 요구하는 경우, 그 직업의 정상적인 수행을 보장하기 위하여 직업선택의 여부를 직업지원자가 스스로 충족시킬 수 있는 일정한 조건, 즉 개인적 특성(일정 연령, 신장, 시력, 신뢰성 등), 능력, 일정한 과정의 이수, 시험의 합격, 일정한 학력이나 경력, 자격 등의 요건에 결부시키는 경우를 말한다. '주관적 허가요건'의 특징은 직업을 선택하려는 자가 본인의 노력에 의하여 그 요건을 충족시킬 수 있고, 이로써 그 제한으로부터 벗어날 수 있다는 것이다.

주관적 사유에 의한 직업선택의 자유의 제한이 과잉금지원칙의 관점에서 정당화되기 위해서는, 주관적 허가요건과 '직업의 정상적인 수행'이라는 목적 사이에 합리적인 관계가 성립해야 한다. 즉, 오늘날 다수의 직업이 그 직업의 정상적인 수행을 위하여 전문성과 특정한 개인적 특성을 요청한다는 상황에 비추어, 주관적 요건의 제한 없이 누구나 직업에 종사할 수 있도록 한다면 직업의 정상적인 수행을 보장할 수 없거나 국민일

이와 같이 중대한 자유제한의 필요성을 입증함에 있어서 특별히 엄격한 요건이 제시되어야 한다."

23) 3단계이론에 관하여 상세하게 vgl. Breuer, Die staatliche Berufsregelung und Wirtschaftslenkung, in: HbStR, Bd.Ⅵ, 1989, §148 Rn.6ff.; Tettinger, Das Grundrecht der Berufsfreiheit in der Rechtsprechung des Bundesverfassungsgerichts, AöR 108(1983), S.117ff.; Gubelt, in: Münch/Kunig, GGK, Bd.I, 2000, Art.12 Rn.44ff.

24) 헌재 2002. 9. 19. 2000헌바84(법인의 약국개설금지 사건), 판례집 14-2, 268, 277, "기본권인 직업행사의 자유를 제한하는 법률이 헌법에 저촉되지 아니하기 위하여는 그 기본권의 침해가 합리적이고 이성적인 공익상의 이유로 정당화될 수 있어야 한다."

반에 대한 위험이나 손해가 발생할 우려가 있는 경우, 입법자는 주관적 허가요건을 도입할 수 있다.[25)]

주관적 허가요건을 정당화하는 중대한 공익으로는 가령, '직업의 정상적인 수행'을 비롯하여 국민건강, 소비자의 보호, 도로교통에서의 안전 등이 고려된다. 주관적 허가요건에 관한 예로는, 일정 직업에 있어서 그 직업의 정상적인 수행을 보장하기 위하여 요구되는 최소한의 요건(예컨대 학력, 경력, 일정 자격요건 등)을 규정하는 각종 자격제도와 면허제도(의사, 약사, 변호사, 변리사, 건축사, 세무사, 공인중개사 등)를 들 수 있다.

다. 객관적 사유에 의한 직업선택의 자유의 제한

(1) '객관적 허가요건'이란, 직업선택의 여부를 직업을 선택하려는 자의 개인적인 능력이나 자격과는 하등의 관계가 없는 요건에 결부시키는 경우, 즉 개인이 그 요건의 충족에 아무런 영향을 미칠 수 없는 경우를 말한다. 기본권주체의 책임 영역 외부에 존재하는 객관적 허가요건은 직업수행에 적합한 지원자의 진입을 차단하는 극단적인 수단으로서 개인의 인격발현에 대한 제한의 정도가 매우 크기 때문에, 엄격한 요건을 갖춘 예외적인 경우에만 허용된다. 즉, '월등하게 중대한 공익'에 대한 '명백하고 현존하는 위험'(입증할 수 있거나 고도의 개연성이 있는 중대한 위험)을 방어하기 위한 경우에 한하여, 기본권의 주체가 자력으로 충족시킬 수 없는 객관적 사유에 의한 제한이 정당화될 수 있다.[26)]

객관적 허가요건에 속하는 것으로, 국가의 독점, 직업의 금지(가령, 윤락행위의 금지 등), 동일 업종에 있어서 사업자 數의 제한이나 適正 需要의 심사 등을 들 수 있다.[27)] 가령, 시내 택시의 수를 제한하는 것은 '지역 대중운송체계의 생존과 기능의 확보'라는 중대한 공익을 위하여 불가결한 경우에 한하여 정당화될 수 있다.

(2) 또한, 국가가 일정한 경제활동영역을 스스로 독점하는 경우도 객관적 사유에 의한 허가요건에 해당한다. 국가가 특정한 경제활동을 독점하는 경우, 개인은 법적으로 특정 직업을 선택할 수 없게 된다. 단계이론에 의하면, 국가에 의한 독점은 객관적 직업허가요건에 해당하므로, 월등하게 중대한 공익에 대한 명백하고 현존하는 위험을 방

---

25) Vgl. BVerfGE 7, 377, 407; 이와 유사한 내용으로 헌재 1995. 6. 29. 90헌바43(군법무관의 복무기간), 판례집 7-1, 854, 868, "일반적으로 직업선택의 자유를 제한함에 있어, 어떤 직업의 수행을 위한 전제요건으로서 일정한 주관적 요건을 갖춘 자에게만 그 직업에 종사할 수 있도록 제한하는 경우에는, 이러한 주관적 요건을 갖추도록 요구하는 것이, 누구에게나 제한 없이 그 직업에 종사하도록 방임함으로써 발생할 우려가 있는 공공의 손실과 위험을 방지하기 위한 적절한 수단이고, 그 직업을 희망하는 모든 사람에게 동일하게 적용되어야 하며, 주관적 요건 자체가 그 제한목적과 합리적인 관계가 있어야 한다는 비례의 원칙이 적용되어야 할 것이다."

26) Vgl. BVerfGE 7, 377, 408.

27) 이 경우, 기존업체의 보호의 관점에서 과잉경쟁을 방지하고자 하는 목적은 그 자체로서 위헌의 소지가 있다. 기존업체를 경쟁으로부터 보호하고자 하는 목적은 객관적 사유에 의한 제한을 정당화하는 중대한 공익이 될 수 없다.

지하기 위하여 반드시 필요한 경우에만 정당화될 수 있다.[28)]

3. 독일 연방헌법재판소의 판례 경향

가. 독일 연방헌법재판소는 '약국 결정' 이래 직업규율규정의 위헌여부를 판단하는 중요한 기준으로서 '3단계이론'을 적용하고 있다. 연방헌법재판소는 독일 학계의 비판에도 불구하고 여전히 그 핵심에 있어서는 단계이론을 고수하고 있다. 물론, 단계이론에 의존하지 않고 직접 과잉금지원칙을 적용하는 다수의 판례가 있다. 독일 학계에서는 '단계이론이 안고 있는 경직성과 형식성의 위험을 감안하여 적용한다면, 과잉금지원칙을 기준으로 하는 위헌심사에 있어서 단계이론을 출발점으로 삼는 것은 유용하고 의미가 있으며, 단계이론을 불필요한 이론으로 비난하는 것은 부적절하다'는 견해와[29)] '과잉금지원칙으로도 동일한 결과에 이를 수 있기 때문에, 단계이론을 포기하고 대신 과잉금지원칙을 적용해야 한다'는 견해가[30)] 대립하고 있다.

연방헌법재판소도 단계이론의 적용에 있어서 경직성과 형식성의 위험이 있다는 것을 충분히 인식하고 있기 때문에, 단계이론을 형식적으로 적용하는 것이 아니라 단계의 귀속에 있어서 입법조치의 실질적 효과를 결정적인 기준으로 삼고 있다.[31)] 연방헌법재판소는 실체적인 관점에 의한 보완을 통하여 단계 사이의 형식적인 경계설정에 대하여 어느 정도 유연성을 부여함으로써, 단계이론의 경직성을 완화하였다.[32)]

입법적 조치가 비록 단순히 '직업행사를 규율하는 형태'로 등장하지만, 그 침해의 강도에 있어서 사실상 자유로운 직업선택의 제한으로 작용하는 경우에는, 직업선택의 자유에 대한 제한이 허용되기 위하여 충족시켜야 하는 강화된 요건을 적용해야 한다고 하는 것이 연방헌법재판소의 일관된 판례이다.[33)] 또한, 연방헌법재판소는 직업규율규정이 형식상 '객관적 허가사유'에 해당한다 하더라도 실질적으로는 중대한 제한을 초래하지 않을 수 있다는 것을 인식하고 있고(가령, 兼職이나 兼營의 금지), 역으로 주관적 허가사유라 하더라도 실질적으로 객관적 허가사유에 버금가는 중대한 제한을 초래할 수 있다는 것을 인식하고 있다.[34)]

---

28) Vgl. Friauf, Die Freiheit des Berufes nach Art.12 Abs.1 GG, JA 1984, S.541.

29) 가령, vgl. Papier, Art.12 GG-Freiheit des Berufs und Grundrecht der Arbeit, DVBl 1984, S.804; Breuer, Die staatliche Berufsregelung und Wirtschaftslenkung, in: HbStR, Bd.Ⅵ, 1989, §148 Rn.8ff.; Sachs, Verfassungsrecht II Grundrechte, 2000, B12 Rn.48.

30) 가령, vgl. H. H. Rupp, Das Grundrecht der Berufsfreiheit in der Rechtsprechung des Bundesverfassungsgerichts, AöR 92(1967), S.233ff.; Schwabe, Die Stufentheorie des Bundesverfassungsgerichts zu Art.12 GG, JA 1981, S.321; J. Ipsen, Stufentheorie und Übermaßverbot - Zur Dogmatik des Art.12 GG, JuS 1990, S.67f.; H. Lecheler, Artikel 12 GG - Freiheit des Berufs und Grundrecht der Arbeit, VVDStRL 43(1985), S.55ff.

31) Vgl. BVerfGE 11, 30, 43f.

32) Vgl. Friauf, Die Freiheit des Berufes nach Art.12 Abs.1 GG, JA 1984, S.544.

33) Vgl. BVerfGE 72, 26, 33.

나. 한편, 직업규율규정의 위헌여부를 판단하는 심사기준의 관점에서 독일 연방헌법재판소의 판례를 살펴보면, 2가지 상이한 경향을 보이고 있다. 하나는 단계이론을 발전시키고 보완하고자 하는 경향이고, 다른 하나는 단계이론을 언급하지 아니하고 직접 과잉금지원칙을 적용하고자 하는 경향이다.[35] 이로써 연방헌법재판소의 판례에서 '3단계이론'은 직업규율규정의 위헌여부의 판단에 있어서 반드시 적용되어야 하는 이론이 아니라, 과잉금지원칙의 적용에 있어서 하나의 '보조적 도구'의 역할로 상대화되었다.

Ⅳ. 단계이론의 의미와 기능

1. 단계이론과 과잉금지원칙의 관계

가. 단계이론의 의미

독일 연방헌법재판소는 직업의 자유의 영역에서 과잉금지원칙을 적용함에 있어서 단계이론을 통하여 정확성과 합리성을 제고하고 기본권보장의 실효성을 강화하고자 시도하였다. 3단계이론은 직업의 자유에 내재하는 독특한 구조, 즉 직업의 자유를 '직업선택의 자유'와 '직업행사의 자유'로 구분하는 것이 가능하다는 구조를 이용하여 과잉금지원칙을 보다 합리적으로 적용하고자 하는 것이다. 3단계이론은 직업의 자유를 제한하는 공권력행위의 위헌성이 문제되는 경우 과잉금지원칙의 적용을 용이하게 하기 위하여 개발된 이론으로서, 무엇보다도 최소침해성의 심사와 법익균형성의 심사 단계에서 제한의 과잉여부를 판단하는 유용한 기준을 제시한다. 따라서 3단계이론은 그 자체로서 독자적으로 기능하는 이론이 아니라, 과잉금지원칙에 의한 보완을 필요로 하고 과잉금지원칙의 틀 안에서 적용되는 이론이다.

단계이론을 적용하기 위해서는 일차적으로 입법자가 선택한 입법적 수단이 3단계 중에서 어떠한 단계에 해당하는지를 우선 확인해야 하고, 이어서 입법자가 선택한 단계에서 과잉금지원칙을 준수하고 있는지 여부, 즉 구체적으로 선택한 수단이 입법목적의 달성을 위하여 적합하고 필요하며 법익균형성을 유지하는지 여부를 별도로 판단해야 한다.[36]

34) Vgl. Bryde, Artikel 12 Grundgesetz - Freiheit des Berufes und Grundrecht der Arbeit, NJW 1984, S.2182.

35) Vgl. Tettinger, Das Grundrecht der Berufsfreiheit in der Rechtsprechung des Bundesverfassungsgerichts, AöR 108(1983), S.117ff.

36) Vgl. Breuer, Die staatliche Berufsregelung und Wirtschaftslenkung, in: HbStR, Bd.Ⅵ, §148 Rn.9; Richter/Schuppert/Bumke, Casebook Verfassungsrecht, 2001, S.223.

나. 단계이론에 의한 과잉금지원칙의 심사

3단계이론에 의한 과잉금지원칙의 심사는 다음과 같이 이루어진다.[37)]

(1) 첫째, 직업의 자유에 대한 제한이 정당한 목적을 추구하는지, 나아가 입법목적이 각 단계에서 공익에 대하여 제기되는 추상적 요청('합리적 공익', '중대한 공익', '월등하게 중대한 공익')에 부합하는지를 판단해야 한다. 가령, 객관적 허가요건의 위헌여부가 문제되는 경우에는 입법목적이 '월등하게 중대한 공익'에 해당해야 한다.

(2) 둘째, 입법자가 채택한 수단이 입법목적을 달성하기에 적합한지를 판단한다. 수단의 적합성의 단계에서는 3단계이론은 공권력행위의 위헌성을 판단하는 아무런 별도의 지침을 제공하지 않는다. 이 단계에서의 심사는 다른 기본권이 제한되는 경우와 차이가 없다.

(3) 셋째, 최소침해성 원칙의 관점에서, 3단계이론은 우선 직업의 자유를 가장 적게 제한하는 방법으로 입법목적의 달성을 시도해 보고, 그 방법으로는 추구한 목적의 달성이 어려운 경우에 다음 단계, 즉 직업의 자유를 더욱 제한하는 방법을 사용할 것을 요청한다. 최소침해성원칙의 위반여부를 판단하기 위해서는 문제되는 공권력행위에 대한 '代案'으로서 '기본권을 보다 적게 제한하는 수단'을 제시해야 하는데, 3단계이론은 직업의 자유에 대한 제한의 강도에 따른 대안 가능성을 제시하고 있다.

최소침해성 위반여부를 판단하기 위해서는 우선 직업의 자유에 대한 제한이 3단계 중 어떠한 단계에서 이루어지고 있는지를 확인한 다음, 보다 낮은 단계에서의 제한을 통해서도 마찬가지로 입법목적을 달성할 수 있는지를 판단해야 한다. 그러므로 공권력행위가 '직업행사의 자유'를 제한하는 경우 이러한 제한은 3단계 중에서 가장 낮은 단계의 제한에 해당하므로, 3단계이론이 제공하는 대안이 고려될 여지가 없다. 이 경우에는 문제되는 공권력행위에 대한 대안을 일반적인 최소침해성의 관점에서 스스로 찾아 제시해야 한다.[38)]

(4) 넷째, 법익균형성원칙의 관점에서 볼 때, '기본권의 제한효과가 클수록 기본권의 제한을 통해서 실현하려는 목적은 더욱 중대해야 한다'는 일반적 원리에 따라, 3단계이론은 직업의 자유에 대한 제한의 강도가 높아질수록 제한의 목적도 그에 비례하여 중

---

37) Vgl. Richter/Schuppert/Bumke, Casebook Verfassungsrecht, 2001, S.223.

38) 예컨대, 의료보험 요양기관 강제지정제 사건(헌재 2002. 10. 30. 99헌바76)에서 심판대상조항인 강제지정제는 제한의 단계 중 가장 기본권에 우호적인 단계인 '직업행사의 자유에 대한 제한'에 해당하기 때문에, 3단계이론은 최소침해성의 판단을 위한 대안을 스스로 제시하지 못한다. 따라서 최소침해성의 판단을 위하여 기본권을 보다 적게 제한하는 대안을 스스로 제시해야 한다. 이에 따라 헌법재판소는 '계약지정제가 아니라 강제지정제를 택한 것의 최소침해성 위반여부', '강제지정제를 택하면서 예외를 두지 않은 것의 최소침해성 위반여부' 등의 대안을 제시하여 판단하였다. 이러한 사례가 보여주는 바와 같이, 문제되는 공권력행위가 '직업행사의 자유'를 제한하는 것이 과잉인지를 묻는 경우에는, 3단계이론은 대안을 제시하지 못하기 때문에 스스로 대안을 찾아야 한다.

대해야 할 것을 요청한다.

이에 따라, '객관적 허가요건'은 직업의 자유에 대한 중대한 제한효과에 비추어 '월등하게 중대한 법익'에 대한 '명백하고 현존하는 위험'의 방지를 위하여 필요한 경우에만 정당화된다. '주관적 허가요건'은 일정한 요건을 충족시키지 아니하고 직업을 정상적으로 수행하는 것이 불가능하거나 일반에 대한 위험이나 피해를 초래할 경우, 즉 '중대한 공익'에 의하여 요청되는 경우에만 정당화된다. '직업행사에 관한 규율'은 '공익상의 합리적인 이유'로 직업행사에 대한 규율이 필요한 경우에 정당화된다.

다. 단계이론의 적용에 관한 구체적인 예

가령, 직업행사의 자유를 제한하는 법률조항의 위헌여부를 판단함에 있어서 위에서 서술한 단계이론에 의한 비례심사가 구체적으로 어떻게 이루어지는지를 예로 든다면, 다음과 같다. 직업행사규정의 위헌여부의 판단에 있어서도 획일적인 기준에 의하여 형식적으로 심사하는 것이 아니라 실질적인 제한의 효과에 따라 차별화된 심사를 해야 한다. 직업행사의 자유는 '합리적인 공익상의 이유'로 제한될 수 있다는 관점에서 이를 단지 형식적으로 확인하는 것에 그친다면, 직업행사의 자유의 보장은 사실상 무의미해질 수 있다. 모든 합리적인 공익이 직업행사의 자유를 제한하는 규정을 자동적으로 정당화할 수 있다면, 입법자는 단지 합리적인 공익의 존재를 주장함으로써 직업행사의 자유를 임의로 제한할 수 있을 것이다. 이러한 위험은 오로지 과잉금지원칙에 의한 실질적 심사가 별도로 이루어짐으로써 방지될 수 있다.[39] 따라서 직업행사의 자유를 규율하는 조치의 합헌성을 판단함에 있어서도, 구체적인 직업규율조치의 침해강도와 실질적 효과가 클수록 이러한 조치를 정당화해야 할 필요성도 더욱 커진다.

그러므로 입법목적을 확인하여 입법목적이 '합리적인 공익'에 해당하는지를 판단한 다음, 과잉금지원칙의 적용단계별로 별도로 심사하는 것이 요청된다.[40] 첫째, 입법자는 직업행사의 자유를 단지 합리적인 공익상의 이유로, 즉 헌법의 가치결정에 부합하는 정당한 국가과제의 해결을 위하여 제한할 수 있다. 둘째, 입법자에 의하여 투입된 수단은 의도하는 입법목적을 달성하기에 적합하고 최소한의 침해를 초래하는 수단이어야 한다. 셋째, 기본권침해의 정도와 이를 정당화하는 공익적 사유의 비중과 긴급성을 전반적으로 교량하였을 때 기본권주체가 수인할 수 있는 한계를 넘어서는 안 된다. 따라서 기본권주체의 인격발현가능성을 민감하게 침해할수록 이를 정당화하는 공익의 비중이 중대해야 한다.

---

39) Vgl. H. Lecheler, Artikel 12 GG – Freiheit des Berufs und Grundrecht der Arbeit, VVDStRL 43(1985), S.59f.; Gubelt, in: Münch/Kunig, GGK, Bd.I, 2000, Art.12 Rn.49.

40) Vgl. Friauf, Die Freiheit des Berufes nach Art.12 Abs.1 GG, JA 1984, S.543; Manssen, Staatsrecht II, Grundrechte, 2004, S.168.

한편, 이러한 기준을 실제로 적용함에 있어서 특히 최소침해성의 요청이 중요한 역할을 한다.[41] 연방헌법재판소는 최소침해성의 위반을 이유로 직업행사를 규율하는 다수의 규정을 위헌으로 판단하였다.

2. 헌법재판소에 의한 司法的 審査의 段階化로서 3단계이론

가. 직업을 규율하는 법률의 헌법적 정당성의 문제는 경제적 연관관계와 미래의 발전에 대한 입법자의 예측판단을 어느 정도로 존중하는지에 달려 있다. 장래를 규율하고자 하는 입법자의 조치는 장래 현상에 대한 예측판단에 기초하는 수밖에 없다. 이러한 예측판단은 그 속성상 불확실성을 내포하고 있다. 입법자는 법률의 제정에 있어서, 실현해야 하는 공익 또는 방지해야 하는 위험이 존재하며(입법목적의 설정) 선택한 입법적 수단을 통하여 의도하는 입법목적을 실현할 수 있고, 나아가 선택한 입법적 수단이 기본권의 침해를 최소한으로 가져오리라는 판단에 기초하고 있다. 입법자는 미래의 발전과 규율효과에 대한 이러한 예측판단에 기초하여 입법을 하기 때문에, 입법의 결과인 '법률의 규율내용'은 '입법자의 현실 판단에 대한 규범적 표현'이다.

여기서 헌법재판소가 입법자의 예측판단을 어느 정도로 심사할 수 있는지의 문제가 제기된다. 입법에 의한 기본권제한을 정당화하는 공익상의 사유, 수단의 적합성, 최소침해성이 입법자에 의하여 입증되어야 하는지, 이로써 헌법재판소에 의한 완전한 사법적 심사의 대상이 되는지 아니면 이러한 문제에 있어서 입법자에게 광범위한 예측판단권이 인정될 수 있기 때문에 헌법재판소에 의한 사법적 심사가 명백하게 잘못된 예측판단권의 행사 여부에 제한되는지에 따라, 과잉금지원칙에 의한 사법적 심사의 정도가 달라진다.[42] 입법자의 예측판단에 대한 심사는 곧 법률의 규율내용에 대한 내용적 심사를 의미하는 것이기 때문에, 예측판단에 대한 통제의 여부 및 정도는 사실상 법률의 위헌성 판단과 직결된다.

나. 이러한 예측판단권이 전적으로 입법자에게 인정된다면, 입법자는 단지 중대한 공익의 존재를 주장하고 이러한 공익에 대한 위험을 일방적으로 확인함으로써 직업의 자유에 대한 포괄적인 제한이 가능할 것이고, 이로써 직업의 자유의 보장은 사실상 형해화될 수 있을 것이다.[43] 헌법재판소가 입법자의 예측판단권을 어느 정도 적절하게 독자

41) 가령, 국민건강에는 유해하지 않으나 초콜릿과 혼동의 우려가 있는 유사초콜릿 제품에 대하여 유통금지를 규정한 경우, 유사초콜릿의 유통금지명령은 '직업행사의 자유'에 대한 제한으로서 소비자의 보호(소비자가 유사제품으로 인한 혼동과 속임으로부터 보호되어야 할 법익)라는 정당한 입법목적이 존재하고, '유통금지'라는 수단은 입법목적의 달성에 효과적이다. 그러나 유사제품이 국민건강에 해로운 것이 아닌 이상, 소비자를 유사초콜릿제품과의 혼동으로부터 보호하기 위하여 '유통금지의 방법'을 택하는 것은 과도하고, '유사제품이라는 표기를 명시해야 할 의무를 부과'하는 것으로 충분하다. 이러한 점에서 유통금지 규정은 최소침해성의 원칙에 위반된다(vgl. BVerfGE 53, 135, 145).

42) 이에 관하여 상세하게 한수웅, 헌법재판의 한계 및 심사기준, 헌법논총 제8집(1997), Ⅴ. 2. 참조.

적으로 심사할 수 있는 경우에만, 직업의 자유는 입법자에 대한 헌법적 구속력을 현실적으로 발휘할 수 있다.[44] 입법자의 예측판단권은 미래에 있어서 규율대상의 발전추이와 규율효과에 대한 입법자의 판단재량으로서 입법형성권의 한 부분에 해당하는 것이므로, 기본권제한의 효과에 따라 입법자에게 인정되는 예측판단권의 정도나 심사밀도가 달라진다. 즉, 기본권제한의 효과가 중대할수록 입법자의 입법은 보다 확실한 사실확인과 예측판단에 기초해야 하며, 역으로 입법자가 달성하고자 하는 공익(가령, 위험의 방지 등)이 중대할수록 현실에 대한 입법자의 예측판단에 대하여 광범위한 형성권이 인정된다.

이러한 관점에서 보건대, 3단계이론은 과잉금지원칙에 의한 '사법적 심사가능성의 단계화'에 관한 것이다.[45] '객관적 직업허가요건'의 경우에는 공익의 비중, 공익에 대한 위험, 수단의 적합성 및 최소침해성과 관련하여 입법자에게 이를 납득할 수 있도록 소명해야 하는 입증책임이 부과된다. 따라서 중대한 공익에 대한 구체적인 위험이나 투입된 수단의 적합성이나 최소침해성을 입증할 수 없는 경우에는 직업의 자유에 대한 위헌적 침해가 인정된다.

이와는 달리, 주관적 허가요건이나 직업행사의 자유를 규율하는 경우에는 과잉금지원칙에 의한 사법적 심사의 강도가 완화된다. '주관적 허가요건'의 경우, 공익의 중대성이나 공익에 대한 위험은 입증되어야 하나, 투입된 수단의 적합성과 최소침해성과 관련하여 입법자의 광범위한 예측판단권이 인정된다. '직업행사를 규율하는 규정'의 경우, 제한입법을 통하여 추구하고자 하는 공익을 확정하는 것은 입법자의 과제이며, 공익에 대한 위험의 판단 및 입법적 수단의 적합성과 최소침해성과 관련해서도 입법자의 광범위한 예측판단권이 인정된다.

3. 단계이론과 명확성원칙 · 본질성이론의 관계

가. 직업의 자유를 규율하는 법규범의 명확성의 정도

직업의 자유는 헌법 제37조 제2항에 따라 법률로써 제한될 수 있다. 입법자는 법률로써 직접 직업의 자유를 제한하거나 또는 구체적인 사안을 행정입법이나 조례로써 규율하도록 입법권을 위임할 수도 있다.

입법자가 직접 법률로써 직업의 자유를 제한하는 경우, 규율의 효과가 중대할수록

---

43) Vgl. Friauf, Die Freiheit des Berufes nach Art.12 Abs.1 GG, JA 1984, S.544.

44) 이에 관하여 Ossenbühl, Die Kontrolle von Tatsachenfeststellungen und Prognoseentscheidungen durch das BVerfG, in: BVerfG und GG, Bd.I, 1976, S.458ff.; BVerfGE 50, 290, 332f.

45) Vgl. Papier, Art.12 GG-Freiheit des Berufs und Grundrecht der Arbeit, DVBl 1984, S.805; Breuer, Die staatliche Berufsregelung und Wirtschaftslenkung, in: HbStR, Bd.VI, §148 Rn.14ff.; Gubelt, in: Münch/Kunig, GGK, Bd.I, 2000, Art.12 Rn.47.

법률의 명확성에 대하여 보다 엄격한 요청을 하게 되므로, 입법자가 '직업선택의 자유'를 규율하는 경우에는 '직업행사의 자유'를 규율하는 경우에 비하여 보다 명확하게 규정해야 한다. 나아가, 법률의 위임에 근거하여 제정된 행정입법이나 조례 그 자체도 3단계이론의 취지에 비추어 3단계 중 제한의 강도가 강한 단계에서 규율할수록 보다 명확해야 한다.

나. 직업의 자유에 대한 규율을 행정부에 위임하는 수권법률의 명확성의 정도

마찬가지로, 입법자가 직업의 자유에 대한 상세한 규율을 행정입법이나 조례에 위임하는 경우에도, 개인의 인격발현에 중대한 효과를 초래하는 영역인 '직업선택의 자유'를 규율하는 경우에는 '직업행사의 자유'를 규율하는 경우와 비교할 때 보다 명확하게 규율함으로써 행정입법이나 조례의 제정에 있어서 준수해야 하는 기본적인 지침을 제공해야 한다. 헌법은 제75조에서 입법자가 행정청에 입법권을 위임하는 경우에 준수해야 하는 '위임법률의 명확성원칙'을 규정하고 있다. 헌법 제75조는 '국가공동체의 본질적인 결정은 입법자에 유보되어야 한다'는 소위 '本質性理論'이 입법권을 행정입법에 위임하는 과정과 관련하여 구체화된 헌법적 표현이라 할 수 있다.[46] 기본권제한의 효과가 중대할수록 입법자가 보다 명확하게 규율해야 한다면, 이는 곧 중대한 기본권제한을 야기하는 사안에 관해서는 입법자가 그 규율을 행정입법이나 조례에 위임해서는 안 되고 스스로 규율해야 한다는 것을 의미한다.

따라서 비록 구체적 사안에 관한 규율이 행정입법이나 조례 또는 행정행위에 의하여 이루어진다 하더라도, 입법자는 기본권제한의 본질적인 내용을 형식적 법률로써 스스로 규율해야 한다. 이에 따라 '직업선택의 자유'에 대한 제한은 원칙적으로 형식적 법률에 의하여 규율되어야 하고, '직업행사의 자유'에 대해서는 그 상세한 규율을 원칙적으로 행정입법이나 조례에 위임할 수 있다.[47] 조례에 위임하는 경우에는 헌법 제75조의 직접적인 적용을 받지 않으나, 일반원칙인 '본질성이론'에 따라 입법자는 직업선택의 자유를 규율하는 경우에는 스스로 본질적인 것을 정해야 하고 직업활동의 全體像을 그 대강에 있어서 규정해야 한다는 요청이 나온다.

Ⅴ. 단계이론의 문제점

1. 단계 사이의 구분의 모호함

단계이론에 대하여 제기되는 중대한 비판은 단계들 사이의 경계가 모호하다는 점이

46) 이에 관하여 상세하게 한수웅, 본질성이론과 입법위임의 명확성원칙, 헌법논총 제14집(2003), Ⅳ. 3. 참조.
47) Vgl. BVerfGE 33, 125, 159f.; Sachs, Verfassungsrecht II Grundrechte, 2000, S.419.

다.[48] 직업선택과 직업행사의 구분은 경우에 따라 불명확하다. 법률에 의한 기본권제한이 어느 단계에 귀속되는지에 따라 양 영역에 대한 제한의 가능성이 다르고 법률의 위헌여부가 달리 판단될 수 있다는 점에서, 양자의 구분은 중요한 의미를 가진다.

특정 직업활동을 금지하는 경우, 자유롭게 선택할 수 있는 직업의 활동영역 중 단지 특정한 일부 활동영역이 금지되었기 때문에 이러한 금지가 단지 '직업행사의 자유에 대한 규율'로 보아야 하는지 아니면 금지가 특정 직업의 활동영역 전체를 포괄하기 때문에 '직업선택의 자유에 대한 규율'로 보아야 하는지의 문제가 제기된다. 직업의 활동범위를 좁게 확정할수록 '직업선택의 자유를 규율하는 규정'이 인정될 수 있는 가능성이 크고, 이를 넓게 확정할수록 '직업행사의 자유를 규율하는 규정'이 인정될 수 있는 가능성이 크다.[49]

따라서 법률이 직업선택 또는 직업행사를 제한하는지의 판단은 적지 않은 경우 職業像의 구체적 확정과 경계설정에 달려있다. 가령, 법률이 保險醫의 허가요건을 규율하는 경우, 보험의를 독자적인 직업으로 이해한다면, 위 법률은 직업선택의 자유를 제한하는 법률일 것이고, 이에 대하여 보험의를 단지 '開業醫'라는 직업을 행사하는 하나의 방법으로 이해한다면, 위 법률은 직업행사의 자유를 제한하는 법률일 것이다. 이러한 예는 특정 경제활동을 직업상에 귀속시키는 것이 상당히 불확실하고 자의적일 수 있음을 보여주고 있다.

또한, 퇴직공직자에 대하여 퇴직 후 일정 기간 동안 퇴직 전 근무하였던 부서의 업무와 밀접한 관련이 있는 有關 사기업체에의 취업을 제한하는 것이 직업선택의 자유에 대한 제한인지 아니면 직업행사의 자유에 대한 제한인지 불명확하다.[50] 퇴직공무원이 일정 기간 동안 유관 사기업체의 취업이 불가능하다는 점에서 직업선택의 자유에 대한 제한으로 볼 수도 있지만, 모든 사기업체에의 취업 자체를 금지하는 것이 아니라 단지 특정 有關 사기업체에의 취업을 제한한다는 점에서는 직업행사의 자유에 대한 제한으로 볼 수 있다.

뿐만 아니라, 직업활동이 법질서에 위반되는 경우 이로 인한 면허나 등록의 취소는 직업에의 진입 자체를 막는 것이 아니라 단지 일정 기간 직업활동을 할 수 없도록 한다는 점에서 직업행사의 자유에 대한 제한에 해당한다고 볼 수도 있고, 면허나 등록의

48) 이에 관한 언급으로 가령, 홍성방, 헌법학, 2009, 467면; 장영수, 헌법학, 2009, 784면; 나아가 단계이론을 수용하는 것에 대한 비판으로 표명환, 직업의 자유의 제한원리와 그 문제점 -독일의 기본법을 중심으로-, 공법학 연구 제3권 2호, 2002, 203면 이하.

49) 헌재 2002. 12. 18. 2000헌마764(교통수단이용 광고제한 사건), 판례집 14-2, 856, 870-871, "이 사건의 경우, 이 사건 시행령조항에 의한 제한이 청구인들의 인격발현과 개성신장에 미치는 비교적 경미한 효과를 고려할 때, '비영업용 차량을 광고매체로 이용하는 광고대행업'은 하나의 독립된 직업이 아니라 단지 '광고대행업'을 행사하는 방법의 하나라고 판단되므로, 위 시행령조항은 '광고대행업'이란 직업의 행사방법을 제한하는 규정이다."

50) Vgl. Papier, Art.12 GG-Freiheit des Berufs und Grundrecht der Arbeit, DVBl 1984, S.803.

취소로 인하여 일정 기간 직업행사를 할 수 없는 경우 그 실질적 효과에 있어서 사실상 직업선택의 자유를 제한한다고 볼 수도 있다.[51)]

2. 단계이론의 硬直性과 形式性

구체적인 법률조항이 직업행사의 자유 또는 직업선택의 자유를 제한하는 규정인지를 확인하여 이를 단계에 귀속시키는 것은 단계이론을 적용하기 위하여 필수적이다. 단계이론에서 직업규율규정의 허용여부에 대하여 제시되는 정당성의 요건은 직업규율규정이 어디에 귀속되는지에 따라 다르다. 그런데 단계이론의 또 다른 문제점은 '낮은 단계에서의 제한'도 '높은 단계에서의 제한'과 유사한 제한의 강도를 가질 수 있다는 점이다.

예컨대, 開業醫를 保險醫의 허가로부터 배제하는 것은 단지 직업행사의 자유에 대한 제한으로 볼 수 있으나, 사회보험에 가입한 환자가 지배적인 상황에서 단지 私保險 환자만을 진료할 수 있는 개업의는 일반적으로 존속이 어렵다는 점에 비추어 경제적인 효과의 측면에서는 객관적인 허가요건과 동일하다고 볼 수 있으므로, 이에 상응하는 엄격한 요건을 제기하는 것이 정당화된다. 또한, 주관적 허가요건은 침해강도나 침해의 실질적 효과에 있어서 객관적인 진입장벽과 사실상 마찬가지로 작용할 수 있다. 역으로, 퇴직공직자의 유관 사기업체의 취업제한의 경우에는 그 규율형식에 있어서는 객관적 허가요건에 의한 직업선택의 자유에 귀속시킬 수 있으나, 그 제한의 효과와 강도는 사실상 직업행사의 자유에 대한 규율과 유사한 것이다. 이러한 점에서, 단계이론에 의한 형식적인 경계설정과 귀속은 직업규율규정의 사실상의 침해강도를 모든 경우에 정확하게 표현할 수 없다.

3. 직업의 자유의 제한을 정당화하는 公益의 差等化의 문제

단계이론은 직업의 자유에 대한 제한을 정당화하는 법익으로서 공익의 多樣性(합리적 공익·중대한 공익·월등하게 중대한 공익)을 전제로 하고 있다. 그런데 단계이론의 또 다른 문제점은, 직업규율규정이 추구하는 입법목적을 그 중대성에 있어서 판단하여 '합리적 공익·중대한 공익·월등하게 중대한 공익'으로 차등화된 단계에 귀속시키는 것이 매우 어렵다고 하는 점이다.[52)] 헌법은 공익의 위계질서나 우위관계에 관한 어떠한 표현도 하고 있지 않으며, 공익을 '합리적 공익', '중대한 공익' 또는 '월등하게 중대한 공익'

---

51) 직업행사를 규율하는 규정이 특히 법적으로 규정된 제재조항과 결합하여 직업선택의 자유를 제한하는 효과를 발생시키는 경우, 가령, 직업행사와 관련되어 부과되는 의무의 위반에 대하여 영업허가의 취소를 규정하고 있는 경우, 직업행사규정은 직업선택에 대한 제한의 경우와 마찬가지로 엄격한 헌법적 요건을 충족시켜야 한다, vgl. BVerfGE 72, 26, 33.

52) Vgl. H. Lecheler, Artikel 12 GG - Freiheit des Berufs und Grundrecht der Arbeit, VVDStRL 43(1985), S.56f.; Czybulka, Berufs- und Gewerbefreiheit: Ende oder Fortbildung der Stufentheorie?, NVwZ 1991, S.147f.; Gubelt, in: Münch/Kunig, GGK, Bd.I, 2000, Art.12 Rn.46.

으로 평가하는 것에 대한 어떠한 내용적 기준도 제시하고 있지 않다.

물론, 독일의 경우에는 공익을 그 중대성과 비중에 따라 '상대적 공익 · 절대적 공익' 등으로 차등화 하는 관점이 학계와 판례에서 제시되고는 있지만,[53] 이러한 기준이 어느 정도로 합리적인 기준이 될 수 있는지에 관하여 의문이 제기될 뿐만 아니라, 공익의 중대성에 대한 평가는 헌법재판소의 주관적 평가와 가치판단에 달려있다고 하는 비판이 끊이지 않고 있다.[54] 결국, 공익의 중대성에 따라 그에 상응하여 기본권을 제한하는 것이 가능하다는 사고가 단계이론의 이론적 기초이지만, 동시에 공익의 중대성에 대한 판단이 결정주체의 주관적 평가와 가치판단에 달려있다는 점에서 문제를 안고 있다.

4. 실체적 관점에 의한 단계이론의 보완 필요성

단계이론에 의하면, 직업규율규정을 제한의 3단계 중에서 하나의 단계에 귀속시킴으로써 직업의 자유의 보호 강도가 결정된다. 단계이론의 목적이자 법리적 기여는 바로 심판대상조항인 직업규율규정이 어느 단계에 해당하는지의 확인을 통하여 직업의 자유가 보호되는 강도 또는 입법자가 제한할 수 있는 권한의 정도를 결정하고자 하는 것에 있는데, 바로 단계에 따라 보호 강도를 형식적으로 확정하는 것에 단계이론의 문제점이 있다.[55] 확인된 모든 단계에서 과잉금지원칙이 별도로 준수되어야 한다는 요청도 이러한 문제를 해결하지 못한다. 직업행사와 직업선택의 구분은 그 자체가 목적이 아니라 제한되는 기본권영역의 확인을 통하여 기본권침해의 강도를 표현하는 하나의 중요한 징표에 불과하므로, 입법자의 제한입법을 아무런 비판적 심사 없이 형식적으로 귀속시키는 것은 배제되어야 한다.[56]

이러한 관점에서 볼 때, 특정 단계에의 귀속이 직업의 자유가 보호되는 강도를 확정적 · 최종적으로 결정할 수 없으므로, 단계이론의 형식성은 '제한의 실체적 중대함'이라

53) 어떠한 목적을 위하여 개인의 자유를 제한할 것인지는 원칙적으로 입법자가 자유롭게 결정할 문제이므로, 입법자는 일반적으로 입법 당시의 구체적 정치 · 경제 · 사회적 상황을 고려하여 기본권의 제한을 정당화하는 공익을 스스로 결정할 수 있는데, 이러한 공익을 '相對的 公益'이라 한다. 이에 대하여 정치적 관점이나 사회 · 경제적 상황에 따라 그 의미가 수시로 달라지고 상황의 변화에 따라 등장하는 상대적 공익이 아니라, 정치적 · 사회적 상황의 변화와 관계없이 기본적으로 보호되어야 하는 법익(가령, 개인의 생명이나 건강)이나 헌법에 스스로 표현된 보호법익(가령, 국가형벌권의 행사)이 있는데, 이를 '絕對的 公益'이라 한다(vgl. BVerfGE 13, 97, 101; BVerfGE 30, 1, 20). 직업행사에 관한 규정이나 주관적 허가요건의 경우, 입법자는 절대적인 공익뿐만 아니라 헌법이 허용하는 범위 내에서 정치적 판단에 의하여 추구하는 목표를 자유롭게 확정할 수 있다. 이에 대하여, 객관적 허가요건에 의하여 추구하는 목표는 상황의 구속을 받는 정치와 무관하게 일반적으로 인정되는 '절대적 공익'이어야 한다. 이에 관하여 상세하게 vgl. Breuer, Die staatliche Berufsregelung und Wirtschaftslenkung, in: HbStR, Bd.Ⅵ, §148 Rn.11ff., 21f., 39f., 50f.

54) 대표적으로 vgl. H. H. Rupp, Das Grundrecht der Berufsfreiheit in der Rechtsprechung des Bundesverfassungsgerichts, AöR 92(1967), S.233.

55) Vgl. Bryde, Artikel 12 Grundgesetz - Freiheit des Berufes und Grundrecht der Arbeit, NJW 1984, S.2182.

56) Vgl. Papier, Art.12 GG-Freiheit des Berufs und Grundrecht der Arbeit, DVBl 1984, S.803.

는 관점에 의하여 보완되고 수정되어야 한다.[57] 따라서 '낮은 단계에서의 제한'이 그 실질적 효과에 있어서 '높은 단계에서의 제한'과 유사한 제한 강도를 보이는 경우에는, 심판대상조항을 일단 3단계 중에서 특정 단계에 형식적으로 귀속시킨 다음, 과잉금지원칙에 의한 실질적 심사의 과정에서 부가적으로 내용적 수정이 이루어져야 한다.[58] 따라서 확정된 단계에 따른 비례심사 대신에, 실질적 침해의 강도에 상응하는 '강화된 정당성의 요건'에 의한 심사가 이루어지고, 이로써 다음 단계의 법익교량의 기준이 적용되는 것이다. 그러므로 형식적인 관점에서는 '직업행사에 관한 규율'로 귀속시킬 수 있는 제한도 실질적인 침해의 강도에 있어서 '직업선택의 자유에 대한 제한'에 상응한다면, 그러한 제한규정은 '직업선택의 자유의 제한'에 있어서 요구되는 헌법적 요건을 준수해야 한다.

Ⅵ. 헌법재판소의 판례 경향 및 문제점

1. 단계이론의 적용에 있어서 문제점

가. 단계이론과 과잉금지원칙의 관계에 관한 불명확성

(1) 독일 연방헌법재판소와 마찬가지로, 헌법재판소도 직업의 자유를 제한하는 법률의 위헌여부를 판단함에 있어서 2가지 상이한 경향을 보이고 있다. 헌법재판소는 다수의 결정에서 3단계이론에 의한 단계를 언급조차 하지 아니하고 일반적인 과잉금지원칙을 적용하여 판단하고 있는 반면, 일련의 결정에서는 '직업의 자유에 대한 제한'을 '직업행사의 자유에 대한 제한'과 '직업선택의 자유에 대한 제한'으로 구분하여 기본권제한의 효과에 따라 헌법적 정당화의 요건을 달리할 뿐만 아니라,[59] 나아가 명시적으로 3단계이론을 적용하고자 시도하고 있다.

한편, 헌법재판소는 일부 결정에서 3단계이론을 적용하는 경우에도, 단계이론과 과잉

57) Vgl. Friauf, Die Freiheit des Berufes nach Art.12 Abs.1 GG, JA 1984, S.541.

58) Vgl. Breuer, Die staatliche Berufsregelung und Wirtschaftslenkung, in: HbStR, Bd.Ⅵ, 1989, §148 Rn.10.

59) 헌재 2003. 9. 25. 2002헌마519(학원강사의 자격제한), 판례집 15-2상, 454, 472-473, "직업의 자유에 대한 제한이라고 하더라도 그 제한사유가 직업의 자유의 내용을 이루는 직업수행의 자유와 직업선택의 자유 중 어느 쪽에 작용하느냐에 따라 그 제한에 대하여 요구되는 정당화의 수준이 달라진다. 그리하여 직업의 자유에 대한 법적 규율이 직업수행에 대한 규율로부터 직업선택에 대한 규율로 가면 갈수록 자유제약의 정도가 상대적으로 강해져 입법재량의 폭이 좁아지게 되고, 직업선택의 자유에 대한 제한이 문제되는 경우에 있어서도 일정한 주관적 사유를 직업의 개시 또는 계속수행의 전제조건으로 삼아 직업선택의 자유를 제한하는 경우보다는 직업의 선택을 객관적 허가조건에 걸리게 하는 방법으로 제한하는 경우에 침해의 심각성이 더 크므로 보다 엄밀한 정당화가 요구된다."; 헌재 2002. 12. 18. 2000헌마764(교통수단이용 광고제한), 판례집 14-2, 856, 870, "직업의 자유를 구체적으로 어느 정도까지 제한할 수 있는지에 관하여 우리재판소는 직업결정의 자유나 전직의 자유에 비하여 직업종사의 자유에 대하여는 상대적으로 더욱 폭 넓은 법률상의 규제가 가능하다고 판시한 바 있다."

금지원칙의 관계를 명확하게 인식하고 있지 못하기 때문에, 과잉금지원칙의 위반여부를 판단하는 과정에서 3단계이론을 제대로 적용하지 못하고 있다.

(2) 대표적으로, 경비업의 兼營禁止 사건(헌재 2002. 4. 25. 2001헌마614)에서 과잉금지원칙에 따라 심판대상조항의 위헌여부를 판단함에 있어서 3단계이론을 제대로 적용하지 못하는 문제점을 보이고 있다.[60] 헌법재판소는 일단 심판대상조항이 3단계 중에서 '객관적 허가요건'에 해당한다는 것을 확인한 후, 과잉금지원칙에 따라 단계별로 목적의 정당성, 방법의 적절성, 피해의 최소성, 법익의 균형성을 판단하고 있다.

그런데 '목적의 정당성'의 단계에서는 입법목적이 헌법적으로 허용되는 것인지의 판단에 그칠 뿐, 입법목적이 세 번째 단계에서 요청하는 공익의 중대성('월등하게 중대한 공익')에 부합하는지 여부를 판단하고 있지 않다. '최소침해성의 단계'에서는 제한의 강도에 따른 3단계에 근거하여 '직업행사의 자유에 대한 제한'이나 '주관적 사유에 의한 직업선택의 자유에 대한 제한'으로도 입법목적을 달성할 수 있다는 것을 일차적으로 논증해야 하는데, 대신 '입법목적은 이 법의 다른 조항에 의하여도 충분히 달성할 수 있다'라고 하여 3단계이론이 아닌 다른 관점에서 代案을 제시하고 있다. '법익균형성의 단계'에서도 객관적 사유에 의한 제한은 매우 중대한 공익에 대한 명백하거나 현존하는 위험에 의하여 정당화되어야 한다는 관점에서 판단하는 것이 아니라, 과잉금지원칙에 따라 일반적으로 '공익실현의 효과'와 '기본권의 제한효과' 사이의 법익형량을 하고 있다.

헌법재판소가 위 결정에서 '목적의 정당성'의 단계에서 입법목적이 '월등하게 중대한 공익'에 해당하는지의 판단을 회피한 것은, 우리의 경우 공익의 중대성에 따라 공익을 차등화 하는 일반이론이 확립되어 있지 않은 상황에서 입법목적이 각 단계에서 요구하는 공익의 요건에 해당하는지를 판단하는 것이 사실상 불가능하고, 이러한 상황에서 공익의 중대성을 판단하는 것은 주관적 가치판단과 평가의 위험이 있다는 사고에서 비롯된 것이라고 생각된다.

한편, '제2차 시각장애인 안마사 독점 사건'에서 재판관 7인의 위헌의견 중 법률유보원칙의 위반과 직업의 자유에 대한 과잉제한을 모두 인정한 재판관 3인의 위헌의견의 판시내용을 보면, 우선 3단계이론에 따라 심판대상조항을 '객관적 사유에 의한 직업의 자유의 제한'으로 귀속시킨 뒤, 이어서 과잉금지원칙에 따라 제한의 과잉여부를 판단함에 있어서 '목적의 정당성' 부분에서 '객관적 허가요건에 의한 제한을 가하기 위해서는 일반적인 목적의 정당성 외에 월등하게 중요한 공익에 대한 명백하고 확실한 위험을

60) 헌재 2002. 4. 25. 2001헌마614(경비업의 겸영금지 사건), 판례집 14-1, 410, "당사자의 능력이나 자격과 상관없는 객관적 사유에 의한 제한은 월등하게 중요한 공익을 위하여 명백하고 확실한 위험을 방지하기 위한 경우에만 정당화될 수 있고, 따라서 헌법재판소가 이 사건을 심사함에 있어서는 헌법 제37조 제2항이 요구하는바 과잉금지의 원칙, 즉 엄격한 비례의 원칙이 그 심사척도가 된다."

방지하기 위한 목적이 존재해야 한다'고 언급하면서, 확인한 입법목적이 이러한 공익에 해당하는지 여부를 판단하였다.[61)]

나. 단계이론의 적용에 있어서 경직성

(1) 단계이론을 적용함에 있어서 직업규율규정을 어느 단계에 귀속시키는지에 따라 기본권제한의 정당성에 대한 요청이 형식적으로 결정되므로, 단계의 확정은 위헌심사의 결과와 타당성을 좌우하는 결정적인 요소이다. 따라서 단계이론이 과잉금지원칙을 보완하는 관점으로서 기여하기 위해서는, 단계이론이 제공하는 '형식성'의 장점은 직업규율규정의 실질적 제한효과를 고려하는 실체적 관점에 의하여 보완되어야 한다. 이러한 경우에만, 단계의 확정을 통하여 과잉금지원칙에 의한 심사의 정확성과 합리성을 제고하려는 단계이론의 본래 의도는 달성될 수 있다. 따라서 단계이론을 적용함에 있어서, 직업행사에 관한 규정이라 하더라도 직업선택에 관한 규정과 유사하게 중대한 제한을 가져오는 것이 가능하다는 것을 인식해야 하며, 낮은 단계에서의 제한이 높은 단계에서의 제한의 강도에 접근하는 경우에는 높은 단계의 제한을 정당화하는 요건을 기준으로 삼아야 한다.

(2) 한편, 헌법재판소는 헌재 2002. 4. 25. 2001헌마614(경비업의 兼營禁止 사건)에서 경비업자에게 경비업 이외의 영업을 금지하는 것을 '객관적 허가요건에 의한 제한'으로 판단하였는데, 단계이론을 형식적으로 적용한 대표적인 사례라고 할 수 있다.[62)] 제2의 직업선택을 객관적으로 규율하는 경우에는 객관적 허가요건에 대하여 적용되는 요청과 동일한 정도로 엄격한 요청이 제기되지 않는다.[63)] 개인이 원하는 특정 직업에 대한 진입을 입법적으로 금지하는지 또는 단지 제2의 직업에 대한 진입장벽을 설정하는지는 근본적으로 다르다.[64)]

2가지의 직업을 동시에 행사하는 것을 금지하는 겸직(겸영)금지규정의 경우, 특정 직업의 선택을 금지한다는 점에서 형식적으로는 '객관적 사유에 의한 직업선택의 자유에

---

61) 헌재 2006. 5. 25. 2003헌마715, 판례집 18-1하, 112, 124, "그러나 시각장애인에 대한 생계보장이 공익임에는 틀림없지만 다른 공익들과 비교할 때 '월등하게' 중요한 것으로 평가되기 어렵고, 비맹제외기준이 유지되지 않으면 이에 대한 명백하고 확실한 위험이 발생한다고 보기도 어렵다."

62) 헌재 2002. 4. 25. 2001헌마614(경비업의 겸영금지 사건), 판례집 14-1, 410, "이 사건 법률조항은 청구인들과 같이 경비업을 경영하고 있는 자들이나 다른 업종을 경영하면서 새로이 경비업에 진출하고자 하는 자들로 하여금 경비업을 전문으로 하는 별개의 법인을 설립하지 않는 한 경비업과 그 밖의 업종 간에 택일하도록 법으로 강제하고 있다. 이와 같이 당사자의 능력이나 자격과 상관없는 객관적 사유에 의한 제한은 월등하게 중요한 공익을 위하여 명백하고 확실한 위험을 방지하기 위한 경우에만 정당화될 수 있고, 따라서 헌법재판소가 이 사건을 심사함에 있어서는 헌법 제37조 제2항이 요구하는바 과잉금지의 원칙, 즉 엄격한 비례의 원칙이 그 심사척도가 된다."

63) Vgl. Tettinger, Das Grundrecht der Berufsfreiheit in der Rechtsprechung des Bundesverfassungsgerichts, AöR 108(1983), S.121.

64) Vgl. BVerfGE 21, 173, 181; 54, 237, 246.

대한 제한'에 해당하나, 직업을 선택하고자 하는 자가 2가지 직업 중에서 적어도 한 가지 직업을 자유롭게 선택할 수 있다는 점에서는 일반적으로 객관적 허가요건과 동일하게 엄격한 요청을 할 수 없다.[65] 겸직금지규정의 경우, 그 적용을 받는지 여부는 기본권의 주체가 스스로 2가지 직업 중 다른 직업을 동시에 행사하는지에 달려있으므로, 이는 결국 기본권주체의 내부 영역에서 발생하는 요건으로 볼 수 있고, 이로써 '주관적 허가요건'으로 평가할 수 있다. 따라서 이러한 경우에는 겸직금지규정이 기본권의 주체에 초래하는 실질적 효과를 기준으로 삼아 판단해야 할 것이다.[66]

2. 資格制度의 위헌심사에 있어서 문제점

가. 입법자에 의한 職業像의 확정

(1) 오늘날 경제활동의 기능적 分化와 전문화의 과정에서 어느 사회에서나 존재하는 직업제도가 발생하였고, 직업의 사회적 중요성에 비추어 차별화되고 적정한 직업허가요건과 행사방법에 관한 합리적인 규율의 필요성이 제기되었다. 나아가, 민주국가에서 공동체의 중요한 사안에 관하여 입법자의 결정을 요구하는 本質性理論의 관점에서도, 입법자가 직업요건의 본질적인 것에 관하여 스스로 규율해야 한다는 요청이 나온다.[67] 입법자는 전형적인 직업의 職業像을 법적으로 확정하는 권한, 즉 직업활동의 내용 및 직업행사의 자격요건(직업교육, 시험 등 주관적 허가요건)을 규범화하는 권한을 가진다. '주관적 허가요건'은 입법자가 직업상을 법적으로 규율한 것의 한 부분이다.[68]

입법자는 공익상의 이유에서 직업형태를 유형화하고 직업상을 법적으로 확정할 수 있다. 입법자는 직업행사를 위한 개인적·전문적·경제적 요건을 규범화함으로써, 직업적 활동영역을 내용적으로 확정하고 다른 직업과의 관계에서 경계를 설정하고 차별화할 수 있다.[69] 입법자는 직업상의 확정을 통하여 특정한 경제정책적·사회정책적 목표를 실현하고자 한다. 오늘날 입법자에 의하여 규율되지 않은 직업활동을 거의 찾아 볼 수 없을 정도로, 입법자는 대부분의 전형적인 직업활동을 법적으로 규율하고 있다. 이로써, 직업의 자유는, 적어도 전형적인 직업에 관한 한, 더 이상 국가의 간섭과 방해를 받지 아니하고 모든 경제적 활동을 자유롭게 직업으로 삼을 권리가 아니라, 입법자가 불필요한 또는 불합리한 진입장벽이나 직업행사의 요건을 규율해서는 안 된다는 요청으로 사

---

65) Vgl. BVerfGE 21, 173, 181; 87, 287, 316f.

66) Vgl. Sachs, Verfassungsrecht II Grundrechte, 2000, S.418.

67) Vgl. Breuer, Freiheit des Berufs, in: HbStR, Bd.Ⅵ, 1989, §147, Rn.38.

68) Vgl. Breuer, Die staatliche Berufsregelung und Wirtschaftslenkung, in: HbStR, Bd.Ⅵ, 1989, §148 Rn.7.

69) Vgl. Tettinger, Das Grundrecht der Berufsfreiheit in der Rechtsprechung des Bundesverfassungsgerichts, AöR 108(1983), S.100.

실상 축소되었다.

(2) 입법자가 직업의 유형화 · 규격화 · 체계화를 통하여 職業像을 확정하는 것은 다음과 같은 효과를 가진다.[70)]

첫째, 특정 직업상의 법적인 확정은 필연적으로 당해 직업의 독점화를 초래한다. 규범적으로 확정된 개인적 · 전문적 · 경제적 요건을 충족시키는 직업지망자에 의해서만 당해 직업은 선택될 수 있다. 입법자가 직업상을 확정한다는 것은 직업허가요건을 충족시키지 못한 집단을 직업선택으로부터 배제한다는 것을 의미하고, 직업선택과 직업행사에 대한 특정한 요건을 확정함으로써 특정 경제적 활동을 하나의 직업집단에게 독점시킨다는 것을 의미한다.[71)]

둘째, 직업을 선택하고자 하는 사람은 입법자가 법적으로 형성한 형태로만 직업을 선택할 수 있고, 이러한 생활영역에서 비전형적인 직업활동의 가능성은 배제된다. 이로써 '직업선택의 자유'는 입법자에 의하여 '유형화 · 규격화 · 체계화를 통하여 형성되고 확정된 직업의 자유로운 선택'에 제한된다. 개인이 비전형적인 직업을 선택할 기본권적 자유는 입법자가 직업상을 확정하지 않은 경우에만 존재한다.

나. 職業像의 확정에 있어서 헌법적 한계

여기서 직업상을 확정함에 있어서 헌법적으로 허용되는 한계가 어디에 있는지의 문제가 제기된다. 직업상을 확정하는 입법자의 권한은 무제한적인 것이 아니다. 비록, 직업상을 법률로써 확정해야 할 필요성이나 당위성은 규율대상인 직업활동 그 자체, 즉 직업활동으로 인한 법익충돌의 가능성으로부터 나오는 것이고, 이로써 입법자에 의한 규율의 필요성은 사물의 본성으로부터 나오는 요청이라 하더라도, 이는 입법자가 공익상의 이유로 직업의 자유를 제한할 수 있다는 것을 의미하는 것일 뿐, 무제한적으로 제한할 수 있다는 것을 의미하는 것은 아니다. 따라서 입법자가 법률에 의하여 직업상을 확정하였다고 하여, 단계이론이나 과잉금지원칙을 근거로 하는 구체적인 심사가 불필요하게 되는 것은 아니다. 단순히 법률에 의하여 확정된 직업상을 언급함으로써, 직업허가나 직업행사에 대한 제한이 정당화될 수 없다.[72)]

직업상을 법적으로 확정하는 한계가 어디에 있는지는 일반적으로 서술할 수 없으나, 입법자가 규율하고자 하는 직업활동 영역으로부터 사물의 본질상 스스로 나오는 것을

---

70) Vgl. BVerfGE 13, 97, 106; Tettinger, Das Grundrecht der Berufsfreiheit in der Rechtsprechung des Bundesverfassungsgerichts, AöR 108(1983), S.100; Gubelt, in: Münch/Kunig, GGK, Bd.I, 2000, Art.12, Rn.13; Friauf, Die Freiheit des Berufes nach Art.12 Abs.1 GG, JA 1984, S.539; Papier, Art.12 GG-Freiheit des Berufs und Grundrecht der Arbeit, DVBl 1984, S.802; Breuer, Freiheit des Berufs, in: HbStR, Bd.VI, 1989, §147, Rn.37.

71) 면허제도의 '독점적 직업행사'의 성격을 인식하고 있는 것으로, 이승우, 직업의 자유와 면허제도, 2002, 40면.

72) Vgl. Breuer, Freiheit des Berufs, in: HbStR, Bd.VI, 1989, §147, Rn.39.

법률로써 그대로 반영하는지 아니면 충분한 합리적인 이유 없이 직업활동의 본질에 의하여 이미 정해진 것과는 다른 규율을 자의적으로 강요하는지를 구분함으로써, 규율의 한계에 관한 일차적인 기준을 찾을 수 있다.[73] 입법자는 직업지망자에 대하여 사물의 본성으로부터 나오는 것 이상으로 직업교육과 직업허가요건 등을 원칙적으로 요구해서는 안 된다. 입법자는 직업의 分化와 專門化를 충분히 고려하여 일정한 범주의 경제적 활동영역을 하나의 직업으로 통합해야 하고, 이러한 기반 위에서 하나의 통일된 요건을 제시해야 한다. 입법자는 경제활동영역을 유형화할 수밖에 없고, 이러한 기반 위에서 평균적으로 요청되고 정당화되는 자격요건에서 출발할 수밖에 없기 때문에, 이러한 점에서 입법자에게는 어느 정도 형성공간이 인정된다.[74]

그럼에도, 직업상의 확정은 직업허가요건을 충족시키는 집단에게 당해 직업활동을 독점시키는 효과를 초래하기 때문에, 직업상의 법적 확정에 의하여 규율된 활동영역이 반드시 일정 직업집단에 독점되어야 하는지에 관한 심사를 요청한다. 규율된 활동범위가 직업허가요건에 의하여 초래된 '集團留保를 아직도 정당화하는지'의 관점에서, 직업상의 법적 확정은 비판적 심사의 대상이 된다.[75] 직업활동의 獨占化의 이러한 위험은 오로지 직업을 규격화하는 입법자의 권한을 제한함으로써만 대처할 수 있다. 그래야만 입법자가 직업상을 임의로 형성함으로써 직업의 자유의 보장을 무의미하게 만드는 것을 방지할 수 있다.

따라서 직업상을 규격화하고 유형화하는 입법자의 권한은 직업의 자유의 보장의 관점에서 정당화되어야 한다. 직업의 자유를 제한하는 입법의 헌법적 허용여부를 판단하는 기준인 과잉금지원칙과 단계이론은 직업상을 확정하고 형성하는 경우에도 마찬가지로 적용되어야 한다.[76] 독점적 효과를 가진 직업상의 확정은 '직업선택의 자유에 대한 제한'으로서 평가되어야 하고, 이러한 제한은 단계이론에 따라 정당화되어야 한다.[77]

다. 자격제도의 위헌심사에 있어서 헌법재판소 판례의 문제점

헌법재판소는 일정한 전문분야의 자격제도나 자격시험을 규율함에 있어서 입법자에

---

73) Vgl. BVerfGE 13, 97, 106(수공업자의 匠人 資格 결정), "입법자는 직업상의 법적 형성을 통하여 당해 직업의 영역에서 전통적으로 형성된 그리고 사실상 존재하는 관계를 왜곡해서는 안 된다. 입법자는 직업상을 확정함에 있어서 당해 활동의 '사전에 정해진 사실관계'를 고려해야 하고, 나아가 사실상의 관습, 전통, 합리성을 기준으로 삼아야 한다."

74) Vgl. BVerfGE 13, 97, 107(수공업자의 匠人 資格 결정)

75) Vgl. Papier, Art.12 GG-Freiheit des Berufs und Grundrecht der Arbeit, DVBl 1984, 802.

76) Vgl. Friauf, Die Freiheit des Berufes nach Art.12 Abs.1 GG, JA 1984, S.539; Tettinger, Das Grundrecht der Berufsfreiheit in der Rechtsprechung des Bundesverfassungsgerichts, AöR 108(1983), S.100.

77) Vgl. O. Depenheuer, Freiheit des Berufs und Grundfreiheiten der Arbeit, in: Festschrift 50 Jahre Bundesverfassungsgericht, Bd.II, 2001, S.254; Gubelt, in: Münch/Kunig, GGK, Bd.I, 2000, Art.12, Rn.13.

게 광범위한 형성권을 인정하고 있다.[78] 헌법재판소는 "입법부가 일정한 전문분야에 관한 자격제도를 마련함에 있어서는 그 제도를 마련한 목적을 고려하여 정책적인 판단에 따라 자유롭게 제도의 내용을 구성할 수 있고, 그 내용이 명백히 불합리하고 불공정하지 아니하는 한 원칙적으로 입법부의 정책적 판단은 존중되어야 한다."고 하면서 "입법자에게는 그 자격요건을 정함에 있어서 광범위한 입법재량이 인정되는 만큼, 자격요건에 관한 법률조항은 합리적인 근거 없이 현저히 자의적인 경우에만 헌법에 위반된다고 할 수 있다."고 판시하고 있다. 나아가, 헌법재판소는 "과잉금지의 원칙을 적용함에 있어, 어떠한 직업분야에 관하여 자격제도를 만들면서 그 자격요건을 어떻게 설정할 것인가에 관하여는 국가에게 폭넓은 입법재량권이 부여되어 있으므로, 다른 방법으로 직업의 자유를 제한하는 경우에 비하여 보다 유연하고 탄력적인 심사가 필요하다."고 판시하고 있다.[79] 이로써 헌법재판소는 자격제도의 위헌여부를 판단함에 있어서 과잉금지원칙에 의한 심사가 아니라, 단지 그 내용이 명백히 불합리하고 자의적인지의 여부만을 판단하는 합리성심사(恣意審査)에 그치고 있다.

그러나 자격시험이나 자격요건 등은 '직업선택의 자유에 대한 제한'으로서 과잉금지원칙의 관점에서 정당화되어야 한다. 입법자가 자격요건을 규정하는 경우 왜 광범위한 입법형성권이 인정되는지에 관하여 헌법재판소는 아무런 근거를 제시하지 않고 있다. 독일 연방헌법재판소는 '수공업자의 匠人 資格 결정'(BVerfGE 13, 97)에서 직업을 형성할 수 있는 입법자의 원칙적인 권한을 인정함으로써 직업상을 확정하는 법률에 대한 위헌심사를 단지 자의심사에 국한하였는데, 헌법재판소의 이러한 판시내용은 연방헌법재판소의 위 결정의 영향을 받은 것으로 보인다. 그러나 독일 연방헌법재판소의 위 결정은 독일 학계에서 지속적으로 비판의 대상이 되고 있으며, 입법자가 직업상을 확정하는 경우에는 왜 직업의 자유를 제한하는 다른 법률과 비교할 때 특별대우를 받아야 하는지, 왜 위헌심사가 자의심사에 한정됨으로써 사실상 위헌심사가 포기되어야 하는지에 관하여 설득력 있는 대답을 제시하지 못하고 있다.

Ⅶ. 맺는말

1. 독일 연방헌법재판소에 의하여 형성된 3단계이론은, 입법자가 직업의 자유를 제

78) 헌재 2000. 4. 27. 97헌바88(세무사자격의 제한), 판례집 12-1, 495, 501-502; 헌재 2001. 9. 27. 2000헌마152(세무사자격 자동취득제도 폐지), 판례집 13-2, 338, 345; 동일한 취지로 헌재 2007. 4. 26. 2003헌마947등(영어대체시험제도); 헌재 2006. 4. 27. 2005헌마997(변호사자격의 결격사유); 헌재 2007. 5. 31. 2003헌마422(군법무관의 차별); 헌재 2008. 5. 29. 2005헌마195(건축사자격의 제한); 헌재 2008. 9. 25. 2007헌마419(공인중개사자격의 제한)

79) 헌재 2003. 9. 25. 2009헌마519, 판례집 15-2상, 454, 473; 헌재 2008. 9. 25. 2007헌마419(공인중개사자격의 제한), 판례집 20-2상, 616, 623.

한하는 경우 위헌심사의 기준인 과잉금지원칙을 보다 합리적이고 정확하게 적용하기 위한 하나의 시도이다. 단계이론은 그 자체로서 독자적으로 적용될 수 있는 이론이 아니라, 과잉금지원칙을 적용하는 과정에서 유용한 관점을 제시한다. 따라서 단계이론은 과잉금지원칙을 대체하는 이론이 아니라 이를 단지 보완하는 이론이고 과잉금지원칙의 틀 안에서 적용되는 이론이다.

단계이론을 적용하기 위해서는 우선, 직업의 자유를 제한하는 법률조항이 3단계 중에서 어느 단계에 속하는지를 확인하여 하나의 단계에 귀속시켜야 하고, 이어서 확정된 단계에서 과잉금지원칙에 따라 입법목적의 정당성, 수단의 적합성, 수단의 최소침해성 및 법익균형성의 각 단계별로 수단과 목적간의 실체적 타당성을 별도로 심사해야 한다.

2. 단계이론은 모든 이론과 마찬가지로, 이론의 형식이라는 틀에 의하여 실체적 내용과 결과가 결정될 수 있다는 '형식성과 경직성의 위험'을 내포하고 있다. 직업의 자유를 제한하는 법률이 어느 단계에 해당하는지를 확정하는 것은, 기본권제한에 대한 헌법적 정당화의 요건이 달라지고 위헌심사의 결과가 달라질 수 있다는 것을 의미한다. 단계이론에서 단계의 확정이 이와 같이 결정적인 의미를 가짐에도, 단계간의 구분과 경계설정이 불분명하다는 것에 문제가 있다. 직업활동을 금지하는 법률의 경우, 직업의 활동범위를 좁게 또는 넓게 설정하는지에 따라 이러한 법률이 '직업행사의 자유에 대한 제한규정'이 될 수도 있고 '직업선택의 자유에 대한 제한규정'이 될 수도 있다. 설사, 직업규율규정을 어려움이 없이 명확하게 3단계 중에서 특정한 단계에 귀속시킨다 하더라도, 직업의 자유에 대한 실질적 제한효과가 달리 나타날 수 있고, 이에 따라 귀속된 단계와는 다른 단계의 성질과 강도를 보일 수 있다. 따라서 단계이론에 내재하는 형식성과 경직성은 직업규율규정의 실질적 제한효과를 고려하는 실체적 관점에 의하여 보완되어야 한다. 단계이론이 과잉금지원칙의 적용에 있어서 정확성과 합리성을 제고하고자 하는 목적을 달성하기 위해서는 실체적 관점에 의한 보완은 필수적이다.

뿐만 아니라, 단계이론의 적용은 직업의 자유에 대한 제한을 정당화하는 공익의 다양성(합리적 공익, 중대한 공익, 월등하게 중대한 공익)을 전제로 하고 있는데, 헌법에서 공익의 위계질서에 관한 어떠한 표현도 존재하지 않으며, 공익의 중요성을 합리적으로 판단할 수 있는 어떠한 객관적 기준도 헌법학과 판례에서 확립되거나 제시되지 않았다는 것에 단계이론의 또 다른 문제점이 있다. 독일과는 달리, 공익을 그 비중에 따라 어느 정도 합리적으로 차등화하고 분류할 수 있는 최소한의 기준이 존재하지 않는다는 관점은 단계이론을 원형 그대로 적용하는 데 가장 큰 장애요소로 나타난다. 헌법재판소가 입법목적을 그 비중에 따라 '합리적 공익, 중대한 공익, 월등하게 중대한 공익'에 귀속시킬 수 있는 최소한의 기준을 제시하지 않고서는, 독일 연방헌법재판소에 의하여 형성된 단계이론을 그대로 적용하는 것은 사실상 불가능하다.

3단계이론의 위와 같은 문제점에도 불구하고, 단계이론은 직업의 자유의 영역에서 헌법재판의 예측성과 객관성을 확보하는 데 상당 부분 기여할 수 있다. 3단계이론이 요구하는 단계의 확정은 이미 그 자체만으로도 큰 의미가 있다. 3단계이론은 직업규율규정이 기본권제한의 효과에 있어서 3단계 중에서 어느 단계에 해당하는 것인지에 관한 판단(단계의 확정)을 요구함으로써, 이를 통하여 기본권제한의 정도와 실질적 효과를 가늠할 수 있고, 이로써 직업을 규율하는 법률에 대하여 이에 상응하여 헌법적으로 정당화할 것을 요구할 수 있기 때문이다. 이러한 점에서 3단계이론을 적용하는 경우, 헌법재판소는 과잉금지원칙에 따라 일원적이고 추상적인 법익형량을 하는 것에서 벗어나, 논증의 합리성과 정확성을 제고할 수 있는 것이다.

참고문헌

권영성, 헌법학원론, 2009

김승환, 독일기본법상의 직업의 자유-약국판결을 중심으로-, 공법학연구 제4권 제2호, 2003

성낙인, 헌법학, 2009

이승우, 직업의 자유와 면허제도, 2002

이준일, 헌법학강의, 2008

방승주, 직업선택의 자유, 헌법논총 제9집, 1998

장영수, 헌법학, 2009

정종섭, 헌법학 원론, 2008

표명환, 직업의 자유의 제한원리와 그 문제점 -독일의 기본법을 중심으로-, 공법학 연구 제3권 2호, 2002

한수웅, 자유권의 보호범위, 헌법학연구, 제12권 제5호, 2006. 12

______, 본질성이론과 입법위임의 명확성원칙, 헌법논총 제14집, 2003

______, 헌법재판의 한계 및 심사기준, 헌법논총 제8집, 1997

홍성방, 헌법학, 2009

허 영, 한국헌법론, 2009

Breuer, Freiheit des Berufs, in: Isensee/Kirchhof(Hg), Handbuch des Staatsrechts (HbStR), Bd.Ⅵ, 1989, §147

______, Die staatliche Berufsregelung und Wirtschaftslenkung, in: Isensee/Kirchhof(Hg), Handbuch des Staatsrechts (HbStR), Bd.Ⅵ, 1989, §148

Bryde, Artikel 12 Grundgesetz - Freiheit des Berufes und Grundrecht der Arbeit, NJW 1984

Czybulka, Berufs- und Gewerbefreiheit: Ende oder Fortbildung der Stufentheorie?, NVwZ 1991

O. Depenheuer, Freiheit des Berufs und Grundfreiheiten der Arbeit, in: Badura/Dreier(Hg), Festschrift 50 Jahre Bundesverfassungsgericht, Bd.II, 2001

Friauf, Die Freiheit des Berufes nach Art.12 Abs.1 GG, JA 1984

Gubelt, in: Münch/Kunig(Hg), Grundgesetz Kommentar (GGK), Bd.I, 2000, Art.12

Ipsen, Stufentheorie und Übermaßverbot - Zur Dogmatik des Art.12 GG, JuS 1990

J. H. Lecheler, Artikel 12 GG - Freiheit des Berufs und Grundrecht der Arbeit, VVDStRL 43(1985)

Manssen, Staatsrecht II, Grundrechte, 2004

Ossenbühl, Die Kontrolle von Tatsachenfeststellungen und Prognoseentscheidungen durch das Bundesverfassungsgericht, in: Starck(Hg), Bundesverfassungsgericht und Grundgesetz, Bd.I, 1976

Papier, Art.12 GG-Freiheit des Berufs und Grundrecht der Arbeit, DVBl 1984

Richter/Schuppert/Bumke, Casebook Verfassungsrecht, 2001

H. H. Rupp, Das Grundrecht der Berufsfreiheit in der Rechtsprechung des Bundesverfassungsgerichts, AöR 92(1967)

Sachs, Verfassungsrecht II Grundrechte, 2000

Schwabe, Die Stufentheorie des Bundesverfassungsgerichts zu Art.12 GG, JA 1981

Tettinger, Das Grundrecht der Berufsfreiheit in der Rechtsprechung des Bundesverfassungsgerichts, AöR 108(1983)

제2절 양심의 자유

헌법 제19조의 양심의 자유*

Ⅰ. 머리말

헌법은 제19조에서 "모든 국민은 양심의 자유를 가진다."고 하여 명문으로 양심의 자유를 보장하고 있다. 이로써 민주적 다수의 정치적 의사가 법적으로 표현된 '법질서'와 개인의 내적·윤리적 심급인 '양심'이 서로 충돌하는 경우, 헌법은 개인의 양심을 보장할 것을 규정하고 있다. 소수의 국민이 다수와 다른 견해를 주장하는데 그치는 것이 아니라 소위 優位의 규범이나 道德律의 이름으로 다수에 의하여 결정된 법질서에 대하여 복종을 거부한다면, 국가의 법질서와 개인의 양심 사이의 충돌은 항상 발생할 수 있다.

헌법상 보장된 양심의 자유는 법적으로 여러 가지 난해한 문제를 제기한다. 우선 양심의 자유의 '보호범위'와 관련하여, 어떠한 경우에 양심의 자유가 국가행위의 위헌 여부를 판단하는 심사기준이 될 수 있는지의 문제가 제기된다. 양심이란 지극히 주관적 현상으로서 객관적으로 그 확인이 어렵다는 점에서, 언제 개인은 국가공권력에 의하여 자신의 양심의 자유가 침해당했다는 것을 주장하여 헌법소원을 제기할 수 있는가? 개인이 양심의 자유의 침해를 주장하는 모든 경우에 양심의 자유가 공권력행위의 위헌여부

* 위 논문은 2001년 12월, 헌법논총(헌법재판소), 제12집, 387-442면에 게재된 것을 일부 수정한 것이다.

를 판단하는 심사기준으로서 문제되는가? 예컨대, 주취운전의 혐의자에게 음주측정에 응할 의무를 부과하는 것이 양심의 자유에 대한 제한에 해당하는가? 또는 타인에 대한 명예훼손으로 인하여 법원이 언론사에 사죄광고를 명하는 경우, 이러한 공권력의 행사가 양심의 자유에 대한 제한인가?

양심의 자유의 '보장내용'과 관련하여, 양심의 자유가 단지 개인의 내심의 영역에서 이루어지는 '양심형성의 자유'만을 보호하는가 아니면 그를 넘어서 양심에 따라 살 권리, 즉 양심을 집행하고 실현할 자유까지도 보호하는가?

나아가, '국가가 어느 정도까지 양심의 자유를 보장할 수 있는지'의 문제와 관련해서도 일련의 의문이 제기된다. 만일 양심의 자유가 내심의 자유뿐만 아니라 양심을 외부세계에서 실현하는 자유도 보장한다면, 헌법상 양심의 자유가 보장하고자 하는 바가 궁극적으로 무엇인가? '양심실현의 자유'가 보장된다는 것은 곧 국가로 하여금 개인의 양심에 반하는 행위를 강요해서는 아니 된다는 것을 의미하는가? 국가는 자신의 존립과 법질서를 포기하지 않으면서도 '양심실현의 자유'를 보장할 수 있는가?

이 글에서는 우선 '어떠한 경우에 양심의 자유가 문제되는지'(아래 Ⅱ.), '양심의 자유의 보장내용은 무엇인지'(아래 Ⅲ.)를 밝히고, 이어서 '양심실현의 자유가 어떠한 경우 어떠한 방법으로 보장될 수 있는지'(아래 Ⅳ.)를 살펴보고자 한다. 이어서 양심의 자유에 관한 헌법재판소의 주요결정에 대한 간략한 평석을 하는 것으로(아래 Ⅴ.) 이 글을 마치고자 한다.

Ⅱ. 양심의 자유의 헌법적 의미 및 보호범위

1. 헌법적 의미

가. 역사적 배경

자유권은 그 기능에 있어서 일차적으로 역사적 경험상 국가에 의한 전형적인 침해의 위험이 있는 개인의 자유영역에 대하여 보호를 제공하고자 하는 것이다. 양심의 자유도 역사적으로 국가에 의한 신앙의 강제에 대하여 개인의 자유를 보호하고자 하는 '對國家的 防禦權'으로서의 의미를 가지고 있다. 국가가 國教決定權을 가지고 있다는 것을 전제로 하여 '국가로부터 종교를 강요받지 아니할 개인의 자유'를 보장하려고 했던 것이 양심의 자유의 출발점이었다. 따라서 초기의 양심의 자유는 종교와 관련되어 보장되었으며, 양심의 자유의 보호범위도 특정한 종교를 받아들이거나 유지해야 하는 국가적 강제로부터의 자유 또는 신앙을 자유롭게 행사하기 위하여 '이민을 갈 자유'에 제한되었다.[1)]

1) Vgl. Böckenförde, Das Grundrecht der Gewissensfreiheit, VVDStRL 28(1970), S.37.

역사적으로 볼 때, 종교와 관련하여 보장된 양심의 자유는 개인에게 인정된 최초의 기본권이었다.[2)]

그 후, 국가가 국교결정권을 포기함으로써 양심의 자유는 신앙과의 상호연관관계에서 해방되어 고유한 보호영역을 가진 독자적인 기본권으로 발전하였고, 이와 함께 양심의 자유의 보호범위도 더 이상 '종교적 양심'에 국한되지 아니하고 종교의 자유로부터 분리된 '세속적 양심'으로 확대되었다. 이에 따라 양심이란 종교적 양심이 아니라 자주적·도덕적 인격의 최상의 또는 최종적 審級으로 이해되었고, 종교적 믿음에 근거한 양심뿐만 아니라 종교적 동기가 없는 모든 양심상의 결정이 양심의 자유에 의하여 보호를 받게 되었다.

나. 법적 성격

(1) 개인의 防禦權

양심의 자유는 일차적으로 국가에 대한 소극적 방어권, 즉 국가가 양심의 형성 및 실현의 과정에 대하여 부당한 간섭이나 강요를 '하지 말 것'을 요구하는, 소위 국가에 대한 '부작위 청구권'이다. 따라서 양심의 자유는 국가의 간섭이나 방해를 받지 않고 자유롭게 양심을 형성하고 실현할 권리를 개인의 주관적 공권으로서 보장한다.

(2) 국가의 중립의무 및 관용의 원칙의 헌법적 표현

양심의 자유는 개인의 주관적 공권일 뿐만 아니라 客觀的 價値秩序로서의 성격도 가지고 있다. 헌법은 양심의 자유를 개인의 기본권으로 보장함으로써 동시에 특정한 내용의 가치결정을 내리고 있다. 양심의 자유가 객관적 규범으로서 국가기관을 구속한다면, 그 객관적 성격은 무엇보다도 '국가의 중립의무'와 '관용의 원칙'으로 나타난다. 국가의 중립의무와 관용의 원칙이 준수되지 않는다면 양심의 자유는 실질적으로 보장될 수 없다는 점에서, 국가의 중립의무와 관용의 원칙은 양심의 자유가 보장되기 위한 객관적 조건이다. 양심의 자유는, 국가가 특정 종교나 세계관과 일치시켜서는 안 된다는 '국가의 중립의무'의 표현이자, 다수의 사회구성원과 달리 생각하고 다른 윤리적 가치관을 가진 소수의 국민에 대하여 국가가 관용을 베풀어야 한다는 '관용의 원칙'의 뚜렷한 헌법적 표현이다.[3)]

양심의 자유가 개인적 자유의 시초라면, '국가의 세계관적 중립의무'는 현대국가 형

---

2) 법제사적 관점에서 양심의 자유의 발전에 관하여 Herdegen, Gewissensfreiheit und Normativität des positiven Rechts, 1989, S.74ff.

3) Vgl. BVerfGE 21, 362, 371f.; 23, 127, 134, 독일의 연방헌법재판소는 위 결정들에서 관용의 원칙을 언급하고 있다; Böckenförde, Das Grundrecht der Gewissensfreiheit, VVDStRL 28(1970), S.65; Bäumlin, Das Grundrecht der Gewissensfreiheit, VVDStRL 28(1970), S.20ff.; Arndt, Das Gewissen in der oberlandesgerichtlichen Rechtsprechung, NJW 1966, S.2206; Preuß, in: Alternativkommentare, Art.4, Rn.36; 한국 문헌으로 관용의 원칙을 언급한 것으로는 허영, 한국헌법론, 1999, 378면.

성의 시초를 이루었다고 할 수 있다. 국가가 특정 종교나 세계관과 일치시키는 태도를 포기함으로써 모든 국민에게 각자의 종교나 세계관과 관계없이 국가 내에서의 안전과 보호를 제공하는 국가, 즉 모든 국민의 국가, 관용의 국가가 되었고, 이로써 국가의 정당성이 보다 강화되었다.

또한, 양심의 자유는 국민 누구에게나 적용되는 법적 의무에 대한 예외를 허용해 줄 것을 국가로부터 요구하는 기본권으로서 '국가적 관용의 산물'이다. 국가의 법질서가 감당할 수 있는 범위 내에서 민주적 다수가 소수의 국민에게 양심에 따른 법적 의무의 거부를 어느 정도 허용함으로써 양심의 자유가 궁극적으로 실현하고자 하는 관용을 실천하는 것이며, 이 경우 다수의 정치적 의사와 그의 법적 표현인 법질서에 대하여 복종을 요구하는 민주주의 다수결원칙은 보다 정당하다고 할 수 있다.[4] 국가는 이러한 방법을 통하여 달리 사고하는 소수 국민에 대하여 자신의 관대함과 강력함을 보이고, 국가권력의 보다 강력한 정당성을 이끌어 내는 것이다.

이러한 관점에서 본다면, 오늘날의 헌법체계에서 양심의 자유는 자유권의 출발점이 아니라 '자유권의 完結'이라고 할 수 있다.[5] 국가는 양심의 자유를 보장함으로써 양심과 법질서가 충돌하는 경우 국민에게 가능한 범위 내에서 법적 의무를 면제하는 방법으로 피난처를 제공하고, 이로써 법치국가가 감당할 수 있는 최종적 한계까지 국가권력의 행사를 자제하는 것이다. 국가가 양심상의 갈등이 존재하는 개별적인 경우에 한하여 국민의 의무를 개별적·부분적으로 면제해 줌으로써 당해 법규범의 효력이 제거되는 것이 아니라, 단지 '법규범은 엄격하게 준수되어야 한다'는 원칙에 대한 예외를 허용하는 것이다.

2. 보호범위

가. 기본권체계 내에서 양심의 자유의 고유한 기능과 보호범위

양심의 자유의 보호범위는 양심의 자유에 부여된 헌법상의 고유한 목적 및 의미에 의하여 밝혀져야 한다. 헌법상의 기본권체계 내에서 양심의 기능이란, 다시 말하자면 인간의 존엄성 과 개인의 자유로운 인격발현의 관점에서 볼 때 양심의 기능은 개인적 인격의 정체성을 유지하는데 있다.[6] 양심의 자유가 보호하고자 하는 법익은 '양심의 不可侵性', 즉 '개인의 倫理的 正體性·同質性'이다.[7] 따라서 양심의 자유를 제한하는 행위

4) 같은 취지로 허영, 헌법이론과 헌법, 2000, 514-515면.

5) Vgl. Böckenförde, Das Grundrecht der Gewissensfreiheit, VVDStRL 28(1970), S.65.

6) Vgl. Luhmann, Die Gewissensfreiheit und das Gewissen, AöR 90(1965), S.264ff.; Herdegen, Gewissensfreiheit und Normativität des positiven Rechts, 1989, S.179f.

7) Vgl. Böckenförde, Das Grundrecht der Gewissensfreiheit, VVDStRL 28(1970), S.66f.; Bethge, Gewissensfreiheit, in: Isensee/Kirchhof, HbStR, Bd.Ⅵ, 1989, §137, Rn.11; Bäumlin, VVDStRL

는 개인의 윤리적 정체성을 침해하는 행위이다. 양심은, 自我가 윤리적 정체성을 상실하지 않도록 감독하고 통제하는 심급으로서 일상적으로 표출되는 것이 아니라 인격의 동질성을 유지하는 가능성이 심각하게 위협받고 있는 상황, 소위 존재의 정체성의 위기상황에서 비로소 활동한다.[8] 그러나 법질서에 대한 단순한 의심이나 회의는 '도덕적 인격체로서의 개인의 정체성에 대한 중대한 위기'에 의하여 규정되는 '양심상의 갈등' 단계에 이르지 못한다.

양심의 자유가 양심을 내적으로 형성하는 자유뿐만 아니라 또한 양심을 외부세계에서 실현하는 자유도 보장한다면, '언제 개인의 행위가 양심의 자유에 의하여 보호받는지'의 판단은 '언제 양심상의 결정이 존재하는지'의 문제에 달려 있다. 그러나 개인이 자신의 행위의 근거가 되는 내적 동기를 '양심상의 결정'이라고 주장하는 모든 경우에 양심의 자유가 문제된다면, 양심의 자유란 자신의 내적 결정에 따라 자율적으로 행동할 자유, 결국 일반적 행동의 자유를 의미하게 되며, 이로써 헌법 제10조의 행복추구권에 의하여 보장되는 일반적 행동자유권과 거의 동일한 보호범위를 가지게 된다. 그렇다면 양심의 자유는 이미 다른 개별자유권이나 헌법 제10조의 일반적 행동자유권에 의하여 보호되는 것으로 고유한 보호범위나 의미·기능을 결여한 기본권으로 전락하고, 이로써 헌법적으로 별도의 보호를 필요로 하지 않는다.

따라서 헌법이 양심의 자유를 통하여 보장하고자 하는 것은 개인의 일반적 행동의 자유가 아니라 인격적 정체성의 유지 내지 양심의 불가침성이다. 따라서 양심의 자유에 의하여 '내적 결정에 근거한 인간의 모든 행위'가 보호받는 것이 아니라 '양심상의 결정에 근거한 행위'만이 보호된다.

나. '양심상의 결정'

(1) '양심상 결정'의 개념

'양심상의 결정'이란, 선과 악의 기준에 따른 모든 진지한 윤리적 결정으로서, 구체적인 상황에서 개인이 이러한 결정을 '자신을 구속하고 무조건적으로 따라야 하는 것'으로 받아들이기 때문에, 양심상의 심각한 갈등이 없이는 그에 반하여 행동할 수 없는 것을 말한다.[9]

여기서 말하는 '윤리적 결정'이란, 도덕적 인격체로서 인생을 영위함에 있어서 개인의 윤리적 심급의 당위적 요청에 근거하여 내려지는 결정을 말하며, 윤리적 결정의 '진

28(1970), S.9; Mager, in: Münch/Kunig, GGK, 5. Aufl. 2000, Art.4, Rn.22; 허영, 한국헌법론, 1999, 370면은 이를 "인간의 윤리적 자동성"으로 표현하고 있다.

8) Vgl. Böckenförde, Das Grundrecht der Gewissensfreiheit, VVDStRL 28(1970), S.68f.

9) 유사한 개념정의로는 헌재 1997. 3. 27. 96헌가11, 판례집 9-1, 245, 263; BVerfGE 12, 45, 55; 48, 127, 173f.; 계희열, 양심의 자유, 고시연구 1997. 6., 76면; 허영, 한국헌법론, 1999, 370면.

지성'이란 인격의 정체성·동질성을 상실하지 않고 유지하기 위하여 양심상의 결정이 반드시 필요하다는 인식을 말한다. 윤리적 결정의 진지성 여부는 국가나 외부세계의 관점에서는 객관적으로 '양심상 결정을 주장하여 법질서에 위반하는 개인이 이로 인한 불이익까지도 감수할 자세가 되어 있는지'의 관점을 통해서 간접적으로 파악될 수 있다. '무조건적 준수'라 함은, 양심상의 단순한 회의나 권유가 아니라 고유한 인격의 동질성을 유지하기 위해서는 양심상의 명령에 따르는 것 외에는 달리 가능성이 없는 경우를 말한다.

(2) 양심상 결정의 내용

양심의 자유에 의하여 개인의 양심, 특히 사회적 소수의 양심이 보호되기 위한 법적 전제조건은, 양심의 개념이 타인이나 사회적 다수가 타당하다고 생각하는 것으로부터 내용적으로 독립하는 것이다.[10] 국가가 특정 종교나 세계관과 일치시키지 않음으로써, '양심'의 개념도 내용적으로 중립적 성격을 지니게 되었으며, 이로써 양심상의 결정이 어떠한 종교관·세계관 또는 그 외의 어떠한 가치체계에 기초하고 있는지와 관계없이, 모든 양심상의 결정이 양심의 자유에 의한 보호를 받게 되었다.[11]

양심의 자유에서 항상 현실적으로 문제가 되는 것은 사회적 다수의 양심이 아니라, 국가의 법질서나 사회의 도덕률에서 벗어나는 소수의 양심이다. 일반적으로 민주적 다수는 법질서와 사회질서를 그의 정치적 의사와 도덕적 기준에 따라 형성하기 때문에, 그들이 국가의 법질서나 사회의 도덕률과 양심상의 갈등을 일으키는 것은 예외에 속한다. 따라서 '양심의 자유'가 보장하고자 하는 '양심'은 민주적 다수의 사고나 가치관과 일치하는 것이 아니라, 개인적 현상으로서 지극히 주관적인 관점에서 판단되어야 한다.[12]

'양심의 자유'의 이와 같은 순수한 주관적인 기준으로 말미암아, 양심상 결정의 존재여부는 그 대상이나 내용 또는 동기나 근거에 의하여 판단될 수 없으며, 특히 양심상의 결정이 이성적·합리적인지, 타당한지 또는 법질서나 사회규범, 도덕률과 합치하는지의 관점은 양심상 결정의 존재여부를 판단하는 기준이 될 수 없다. 그러므로 양심의 내용과 방향을 미리 확정하고 개인의 양심상의 결정을 그 내용에 따라 평가하려는 개념 정의는 헌법상 양심의 자유와 부합할 수 없다.[13]

(3) 언제 '양심의 자유에 대한 제한'이 존재하는지의 문제

(가) 그렇다면 언제 '양심상의 결정'이 존재하는가? 나아가, 언제 국가가 개인의 양심

10) Vgl. Eckertz, Die sekularisierte Gewissensfreiheit, Der Staat 1986, S.252.
11) Vgl. Mager, in: Münch/Kunig, GGK, Art.4, Rn.30.
12) Vgl. Arndt, Das Gewissen in der oberlandesgerichtlichen Rechtsprechung, NJW 1966, S.2205.
13) Vgl. Preuß, in: Alternativkommentare, Art.4, Rn.37.

의 자유를 제한하는가?

양심의 자유가 그 현실적 기초를 두고 있는 위험상황이란, 양심의 갈등에 빠진 개인의 예외적 상황이며, 이러한 정신적 갈등상황에서 자신의 인격적 정체성을 유지하기 위하여 법질서에 대한 복종을 거부하는 개체의 상황이다. 양심의 자유란 개인에게 그가 스스로 초래하지 않은 갈등 상황에서 그의 양심의 목소리를 따를 수 있는 가능성을 부여함으로써, 국가에 의하여 강요된 양심상의 갈등상황을 방어할 수 있는 권리를 부여하는 기본권이다.[14] 개인의 기본권으로서의 '양심의 자유'의 핵심적 내용은 국가에 의하여 강요된 갈등상황에 대한 방어적 기능이다.

양심의 자유는 전형적으로 '양심의 명령'과 '법질서의 명령'이 서로 충돌하는 상황에서 문제된다.[15] 상이한 내용을 가진 2 개의 명령, 즉 특정 행위에 대한 행위명령과 금지명령이 서로 충돌하는 경우에, 비로소 양심의 자유가 문제될 수 있다. 무조건적 준수를 요구하는 양심상 결정과 법적용의 예외를 허용하지 않는 법규범이 서로 충돌하는 경우 비로소 '양심의 자유에 대한 제한'이 존재하는 것이다.[16] 우리의 현실에서 볼 때, '여호와의 증인'과 같이 종교적인 이유로 병역의무의 이행을 거부(소위 '집총거부')하는 경우가 양심의 자유가 제한당하는 대표적인 예이다.[17]

(나) 따라서 종교적 규율이나 법질서가 특정 행위를 금지하거나 명령하는 것이 아니라 단지 허용한다면, '양심의 자유에 대한 제한'이 존재하지 않고, 이에 따라 양심의 문제는 발생하지 않는다.

예를 들자면, 모르몬교는 그 신자에게 一夫多妻制를 허용하는 것이지 명령하는 것이 아니기 때문에, 모르몬 교도는 二重婚을 금지하는 법질서와의 충돌상황에 빠질 수 없고, 따라서 양심의 문제를 일으킬 수 없다.

마찬가지로, 국가가 가석방 대상자의 준법의지를 확인하기 위하여 '대한민국 국법질서를 준수한다'는 내용의 遵法誓約書의 제출을 요구하는 것은 수형자에게 준법서약서를 제출해야 할 의무를 부과하고 이를 강제하는 것이 아니기 때문에, 법적 의무의 부과로 인하여 양심상의 명령과 충돌하는 상황이 발생하지 않는다. 준법서약서의 제출을 요구

14) Vgl. Muckel, Die Grenzen der Gewissensfreiheit, NJW 2000, S.689.

15) Vgl. 최대권, 양심의 자유와 사죄광고, 8면; Preuß, in: Alternativkommentare, Art.4, Rn.34; Herzog, Die Freiheit des Gewissens und der Gewissensverwirklichung, DVBl 1969, S.720; Böckenförde, Das Grundrecht der Gewissensfreiheit, VVDStRL 28(1970), S.64.

16) Vgl. W. Kluth, Das Grundrecht der Gewissensfreiheit und die allgemeine Geltung der Gesetze, in: Festschrift für J. Listl, 1999, S.228.

17) 이에 대하여 대법원의 판례는 집총거부가 양심의 자유에 속하지 않는 것으로 판단하고 있다(대법원 1985. 7. 23. 선고 85도1094 판결; 대법원 1992. 9. 14. 선고 92도1534 판결). 그러나 종교적 양심에 근거하여 병역의무를 거부하는 것은 양심의 자유에 의하여 보호받는 행위임에 의문의 여지가 없다. '집총거부가 양심의 자유의 보호범위에 속하는지의 문제'와 '양심의 자유와 공익을 교량하는 과정에서 양심의 자유가 국가안전보장 등 중대한 공익에 대하여 양보해야 하는지의 문제'는 별개의 문제로서 구분되어 판단되어야 한다.

하는 것은, 국가의 법질서를 준수하겠다는 의지를 평소 수형 중에 보일 뿐만 아니라 이를 다시 한 번 외부로 천명할 것을 요구하는 것으로서, 가석방의 적격여부를 판단하기 위한 여러 요소, 예컨대 수형중의 태도, 재범의 위험성 중의 하나인 것이다. 특히 준법의지의 여부는 재범의 위험성 여부와 직결된다는 점에 비추어, 가석방 여부를 판단하기 위하여 준법의지를 인터뷰 등을 통하여 심사하는 절차의 도입은 헌법적으로 하자가 없다고 보이며, 준법의지를 서면으로 표현하도록 하는 것은 준법의지를 심사하는 한 방법이라고 할 수 있다.

준법서약서의 제출은 단지 국가로부터 가석방이라는 혜택을 부여받기 위한 요소로서, 이러한 요건을 충족시킬 것인지 여부는 수형자 개인이 양심의 목소리를 따라 스스로 자유롭게 결정할 수 있다. 수형자가 준법서약서를 제출하지 않는다 하더라도, 그에 대하여 어떠한 형태의 징계나 처벌이 따르지 아니한다. 양심유지의 자유는 국가가 특정 사상의 보유에 대하여 불이익을 주고 이를 포기하도록 강제하는 상황에서 문제가 되는 것인데, 준법서약서제도는 양심의 포기를 강제하는 것이 아니다. 준법서약서의 제출은 가석방의 대상에 포함되기 위한 요건으로서 국가에 의하여 강요되는 것이 아니라는 점에서 법질서의 강제가 존재하지 아니하고, 따라서 법적 명령과 양심상의 명령 사이의 충돌이 존재하지 않는다. 그렇다면 준법서약서제도에 의하여 양심의 자유가 제한된다고 볼 수 없다.[18)]

(다) 나아가, 법질서가 요구하는 특정 행위에 대하여 마음이 내키지 않는 감정이나 이를 마지못해 하는 것은 양심상의 결정이라고 할 수 없다. 단순한 의심이나 회의는 '도덕적 인격체로서의 개인의 정체성에 대한 중대한 위기'에 의하여 규정되는 '양심상의 갈등' 단계에 이르지 못한다. 또한, 정치적·사회적 상황에 대한 단순한 비판이나 불만은 양심의 자유의 문제라 할 수 없다.

예컨대, 주취운전의 혐의자에게 음주측정에 응할 의무를 지우고 이에 불응하는 사람을 처벌하는 법률조항에 의하여 제한되는 것은 양심의 자유가 아니다.[19)] 타인에 대한

---

18) 또한, 최대권, 양심의 자유와 사죄광고, 24면 이하에서도 비록 논거를 달리하나 준법서약서의 제출은 양심의 문제가 아니라고 한다. 한편, 이에 대하여 강경근, 양심의 자유와 사상전향제도, 고시연구 1991. 8., 93면 이하에서 '사상전향제도는 강제성의 여부에 관계없이 양심을 추측케 할 수 있는 행위를 하도록 하는 것이므로 양심추지의 금지에 반한다'고 하나, '양심추지의 금지'란 '양심을 표명하도록 강제당하지 않을 자유'를 말하므로 양심표명의 강제성 여부가 양심의 자유의 문제인지를 판단함에 있어서 결정적인 기준이 된다. 양심의 자유가 보호하고자 하는 양심상의 갈등상황은, 국가에 의하여 특정한 행위를 하도록 강요받는 상황이지, 국가가 '준법서약서의 제출'과 같은 특정 행위를 허용하는 상황이 아니다, 만일 준법서약서의 제출이 양심추지의 금지에 반한다면, 가석방 여부를 판단하기 위하여 준법의지를 인터뷰 등을 통하여 심사하는 절차도 마찬가지로 양심을 추측케 할 수 있는 행위를 하도록 간접적으로 강제한다는 점에서 양심의 자유를 침해하는 헌법적으로 허용되지 않는 절차라는 결과에 이르는데, 이러한 결과가 타당할 수 없다. '양심을 표명하도록 강제당하지 않을 자유'가 보호하고자 하는 바는 '양심의 유지'이므로, 국가가 양심을 포기할 것을 강제하는 상황에서 비로소 '양심을 표명하도록 강제당하지 않을 자유'가 제한된다. 그러나 준법서약서제도는 국가가 양심의 포기를 강요하는 제도가 아니라 단순히 가석방의 조건으로서 준법의 의지를 심사하는 제도이다.

19) 헌재 1997. 3. 27. 96헌가11(음주측정에 응할 의무), 판례집 9-1, 245, 246, "음주측정요구에 처하여 이에

명예훼손으로 인하여 법원이 명하는 謝罪廣告를 거부하는 경우, 법질서의 명령과 충돌하는 양심상의 명령이 존재하지 않기 때문에, 양심의 자유의 문제가 아니다.[20]

(라) 또한, 개인에게 자신의 사상에 따라 외부세계에 영향을 미치고 사회를 적극적으로 형성하는 광범위한 가능성을 보호하고자 하는 것은 양심의 자유의 헌법적 기능이 아니다. 이러한 의미에서, 양심의 자유는 思想의 自由를 보호하지 않는다. 사상의 자유는 내면의 세계에서 이루어지는 한, 기본권에 의한 보호를 필요로 하지 않으며, 외부세계에서 이루어지는 '思想 實現의 자유'는 표현의 자유나 집회·결사의 자유 등 외부세계에 정신적 영향력을 행사하고자 하는 다른 개별기본권에 의하여 또는 보충적으로 일반적 행동자유권에 의하여 보호된다. 양심의 자유는 인격적 정체성을 지키고자 하는 소극적인 성격의 기본권인 반면, 사상의 자유는 외부세계에 정신적으로 작용하고자 하는 적극적인 성격의 기본권이라는 점에서, 양자 사이에는 근본적인 차이가 있다.

양심이란 그 본질상 개인의 고유한 인격의 동질성과 행동을 감독하고 통제하는 심급이므로, 양심의 자유의 보호범위도 마찬가지로 기본권의 주체가 인격의 정체성을 유지하고 자신의 행동을 규율하는 영역에 국한되는 것이다. 이에 대하여 타인이나 사회공동체에 대하여 자신의 가치관을 관철하고 타인의 행위에 영향을 행사하려는 적극적 행동은 양심의 자유에 의하여 보호되지 않는다.[21] 양심의 자유가 보호하고자 하는 것은, 양심상의 이유로 국가 법질서의 명령을 거부할 권리를 부여함으로써 개인적 인격의 정체성을 보호하고자 하는 소극적인 것이다. 이러한 의미에서 소위 '시민 불복종'의 형태로 이루어지는 법적 의무의 위반은 양심의 자유에 의하여 보호되지 않는다.

(마) 뿐만 아니라, 양심의 자유는 각자의 개인적 책임 영역에 귀속될 수 있는 개인적 양심상의 결정 및 그에 따른 행위를 보호하고자 하는 것이므로, 개인이 소속된 단체가 그의 개인적 양심에 반하는 행동을 하기 때문에 그 단체에 소속된 사람으로서 공동책임을 느끼고 이로 인하여 양심상의 갈등에 빠지는 경우, 그 개인은 양심의 자유를 주장할 수 없다. 단체의 그러한 행위에 대한 책임은 전적으로 그 단체에 있는 것이기 때문에, 단체의 행위가 단체의 각 구성원에게 그의 행위로서 귀속될 수 없다.

응하여야 할 것인지 거부해야 할 것인지 고민에 빠질 수는 있겠으나 그러한 고민은 선과 악의 범주에 관한 진지한 윤리적 결정을 위한 고민이라 할 수 없으므로 그 고민 끝에 어쩔 수 없이 음주측정에 응하였다 하여 내면적으로 구축된 인간양심이 왜곡·굴절된다고 할 수 없다. 따라서 이 사건 법률조항을 두고 헌법 제19조에서 보장하는 양심의 자유를 침해하는 것이라고 할 수 없다."

20) 한편, 헌법재판소는 타인의 명예를 훼손한 자에 대하여 법원으로 하여금 명예회복에 적당한 처분을 명할 수 있도록 규정한 민법규정의 "명예회복에 적당한 처분"에 사죄광고를 포함시키는 것이 양심의 자유를 침해하는 것으로 판단하였으나(헌재 1991. 4. 1. 89헌마160, 판례집 3, 149), 사죄광고명령에 의하여 양심의 자유가 침해되는지에 대해서는 의문이 제기된다. 이에 관하여 자세하게 아래 V. 2. 가. (2) 참조; 같은 견해로는 최대권, 양심의 자유와 사죄광고, 서울대 법학 1998. 11., 4면 이하.

21) Vgl. Böckenförde, Das Grundrecht der Gewissensfreiheit, VVDStRL 28(1970), S.65; Bethge, Gewissensfreiheit, in: Isensee/Kirchhof, HbStR, Bd.Ⅵ, 1989, §137 Rn.40ff.

예컨대, 그가 속한 의료보험조합이 자신의 양심에 반하는 낙태행위를 의료보험급여의 범위에 포함시켰다는 이유로 보험료의 납부를 거부하는 행위는 양심의 자유의 보호를 받지 못한다. 마찬가지로 국가가 자신이 낸 세금을 군비확장에 사용하고 있다는 이유로 조세의 납부를 거부하는 행위도 양심의 자유에 의하여 보호받는 범위에 포함되지 않는다.[22)]

(바) 또한, 양심의 자유가 보호하고자 하는 것은 '인격상의 양심'이기 때문에, 헌법 제46조 제2항, 제103조에 규정된 국회의원이나 법관의 양심은 헌법 제19조의 의미에서의 양심이 아니라 직무상의 양심이다.[23)] 직무상의 양심은 기본권에 의하여 보호되는 것이 아니라 국가기관에게 부여된 법적 지위이므로, 직무상의 양심이 침해된 경우에는 헌법소원이 아니라 권한쟁의로 다투어야 한다.

다. 양심상 결정의 확인 절차

(1) 다른 자유권이 객관적으로 존재하고 확인할 수 있는 법익(가령, 재산권, 생명 등)이나 인간의 행위(가령, 직업활동, 표현행위 등)를 보호하는 데 반하여, 양심의 자유의 경우에는 외부로부터 명확하게 확인될 수 없는 순수하게 정신적·내적 과정이나 또는 그러한 결정과정에 근거한 인간의 행위가 보호된다는 데 그 특수함이 있다. 따라서 양심의 자유의 가장 큰 문제는 양심의 개념정의에 있다고 하기 보다는 오히려 '진정한 양심상의 결정이 존재하는지' 여부를 밝히는 데 있다고 할 수 있다.

헌법상 보호되는 양심이 종교적 양심으로부터 분리·독립되어 종교적 동기가 없는 모든 양심상의 결정에 확대됨으로써, 오늘날 사실상 개인의 모든 문제가 양심상의 문제가 될 수 있다. 나아가, 양심의 자유가 내적인 양심형성의 자유뿐만 아니라 양심실현의 자유, 즉 외부세계에서 양심을 실현하고자 하는 개인의 행위도 보장하기 때문에, 필연적으로 '양심상의 결정'과 '그 외의 결정'을 구분하는 어려움이 발생한다. 즉, 인간의 다양한 행위 중에서 양심상의 결정에 근거한 행위를 어떻게 가려내고 식별할 수 있는지의 입증의 문제가 제기되는 것이다.

개인의 양심상의 결정은 내면의 목소리로서, '개인이 양심상의 명령을 윤리적으로 절대적이며 무조건적인 것으로 받아들여야 하는지' 여부는 외부에서 명확하게 확인할 수

---

22) Vgl. BVerfG, NJW 1993, 455f., 독일 연방헌법재판소는 '납세의 의무를 이행할 것인지에 관한 결정은 개인의 양심상 결정과 아무런 관계가 없다'고 판시하였다. '국민에 의한 조세의 납부'와 '예산사용에 관한 의회의 결정권'을 엄격하게 분리함으로써, 국가는 한편으로는 납세자로부터 예산사용에 관한 독립성을 확보하고, 다른 한편으로 납세자는 이로 인하여 국가의 재정지출 결정에 대한 책임을 면제받으므로, 납세의 의무는 양심의 자유의 보호범위에 속하지 않는다'고 결정하였다.

23) Vgl. Bethge, Gewissensfreiheit, in: Isensee/Kirchhof, HbStR, Bd.Ⅵ, 1989, §137 Rn.9; 이에 대하여 최대권, 헌법학강의, 2001, 274면에서 헌법 제46조 제2항, 제103조의 '양심'을 제19조의 '양심'과 같은 것으로 보고 있다.

도 없고 인식할 수도 없다. 그러나 비록 제3자가 양심적 명령의 진정성을 직접 인식할 수는 없지만, 도덕적 명령의 진지성, 절대성, 무조건성은 일차적으로 '언어'라는 매개수단을 통하여 외부로 전달되고 표현된다.[24] 따라서 양심의 자유에 의한 기본권적인 보호를 받고자 하는 자는 제3자인 외부세계가 어느 정도 납득할 수 있도록 양심상 결정의 내용 및 그 진지성, 절대성, 무조건성, 구속성을 주장하고 소명해야 하는 책임을 진다. 즉, 양심의 자유를 주장하는 기본권의 주체는 법질서와 충돌하는 양심상 명령의 기초가 되는 도덕률 및 그 도덕규범이 개인적 인격의 정체성 유지에 대하여 어떠한 의미를 가지는지를 제3자가 납득하게끔 설명하여야 한다.[25]

(2) 양심의 자유가 개별적인 경우에 누구에게나 적용되는 법적 의무로부터 면제를 허용하고, 개인적 의무면제의 유일한 조건이 바로 '양심상 결정의 존재'이기 때문에, '양심상의 결정이 실제로 존재하는지'에 대한 심사 및 확인절차는 헌법 제11조 제1항의 '법 앞에서의 평등'에 대한 예외를 인정하기 위한 필수적인 전제조건이다. 물론, 양심상의 결정을 언어를 통하여 소명해야 한다는 것은 양심상 결정의 존재여부를 확인하기 위한 유일한 또는 절대적인 기준은 아니다. 양심의 자유를 주장하는 기본권의 주체는 언어를 통하여 양심상 결정의 존재여부를 속일 수도 있으며, 양심상의 갈등을 주장하고 소명하는 기술은 사전의 준비와 연습을 통하여 익힐 수도 있기 때문에, '과거에 양심상의 결정에 따라 살아 왔고 장래에 이에 따라 살아갈 자세가 되어 있는지'의 관점에서 평소의 생활양식이나 행동방식도 양심상 결정의 존재여부를 확인하는 절차에서 함께 고려되어야 한다.

따라서 '기본권의 주체가 양심상 결정의 존재를 어느 정도로 소명해야 하는지' 소명의 정도에 있어서 다음과 같은 차이가 있다.[26] 양심상의 결정이나 그에 따른 행위가 종교적 교리나 계율에 근거하고 있다면(가령, 집총거부가 '여호와의 증인'의 교리에 기초하고 있다면), 종교적인 이유에 기인하는 양심상의 결정은 객관적인 종교적 교리나 계율에 의하여 일반적으로 증명될 수 있다. 그렇기 때문에 양심의 자유를 주장하는 자의 평소 생활양식이나 행동방식이 양심상의 결정에 부합하는지의 문제만이 제기된다. 양심의 자유를 주장하는 자가 평소 그의 신앙에 따른 생활을 해온 경우라면, 양심상 결정의 존재를 인정하기 위하여 그로부터 소명을 엄격하게 요구할 필요가 없다. 이에 대하여 양심상의 결정이 객관적으로 확인할 수 있고 인정할 수 있는 종교적 교리가 아니라 순수하게 주관적인 윤리관·가치관에 근거하고 있다면, 양심상의 갈등을 주장하는 자는 이를 보다 소상하게 소명해야 한다.

---

24) Vgl. H. H. Rupp, Verfassungsprobleme der Gewissensfreiheit, NVwZ 1991, S.1034.

25) 최대권, 양심의 자유와 사죄광고, 서울대 법학, 98. 11., 8면 이하에서도 양심상 결정의 존재를 확인하는 절차적 조치의 필요성을 강조하고 있다; vgl. Mager, in: Münch/Kunig, GGK, 5. Aufl. 2000, Art.4, Rn.29.

26) Vgl. Rupp, Verfassungsprobleme der Gewissensfreiheit, NVwZ 1991, S.1035.

한편, 기본권의 주체가 주장하는 양심상의 결정이 평소의 행동과 일치하지 않는 경우에는, 병역의무의 거부 등 문제되는 행위가 양심상의 결정에 근거하지 않는다는 의심이 크기 때문에, 양심의 자유를 주장하는 자는 제3자가 보다 납득할 수 있게끔 양심상 결정의 존재를 소명해야 할 책임을 진다. 물론, 개인의 인생관이나 가치관도 바뀔 수 있고 최종적·도덕적 심급으로서의 양심의 목소리도 바뀔 수 있지만, 양심은 인간의 정체성을 유지하는 최고의 도덕적 심급으로서 임의로 교체될 수 있는 것이 아니기 때문에, 가치관이나 인생관의 변화는 보다 설득력 있게 소명되어야 한다.

따라서 국가가 병역의무와 같이 소수의 국민이 아니라 집단적으로 양심상의 갈등을 야기할 수 있는 법적 의무를 부과하는 경우, 입법자가 병역의무를 대신하는 대체복무의 가능성을 도입하면서 양심상의 결정을 입증할 수 있는 적절한 절차를 마련하는 것은 양심의 자유에 위반되지 않는다. 그러나 국가는 양심의 자유를 주장하는 국민에 대하여 양심상의 결정을 입증하기 위하여 국가기관 앞에서 개인적 인격의 모든 것을 드러내고 정신적으로 발가벗을 것을 강제함으로써 인간의 존엄성을 침해해서도 안 된다.

Ⅲ. 양심의 자유의 보장내용[27)]

1. 양심형성의 자유

양심형성의 자유란, 외부로부터 간섭이나 압력·강제를 받지 아니하고 양심을 형성하고 내적으로 양심상의 결정을 내리는 자유로서 '양심상의 문제에 있어서 사고의 자유'를 의미한다. 그러나 개인의 내면적·윤리적 통제심급인 양심은 외부와의 사상적 교류 없이는 형성되지 않으며 그 형성과정에서 국가와 사회에 의하여 다양하게 영향을 받기 때문에,[28)] 양심형성의 자유가 외부로부터의 일체의 영향을 배제하려는 것이 아님은 물론이다.[29)] 양심형성의 자유는 단지, 국가가 개인의 윤리적 통제심급을 마음대로 조종할

---

27) ① 국내의 학자들은 '양심의 자유'의 보장내용을 다양하게 설명하고 있다. 김철수교수, 헌법학개론, 2001, 574면 이하는 양심의 자유를 양심형성의 자유와 양심유지의 자유(침묵의 자유, 양심추지의 금지, 양심에 반하는 행위를 강제당하지 아니할 자유)로, 권영성교수, 헌법학원론, 1998, 430면 이하는 양심결정의 자유와 침묵의 자유(양심추지의 금지, 양심에 반하는 행위의 금지)로, 허영교수, 헌법이론과 헌법, 2000, 516면 이하는 양심형성의 자유, 양심유지의 자유(침묵의 자유, 양심추지의 금지, 양심에 반하는 행위의 금지), 양심실현의 자유(양심의 결정을 작위·부작위로 실현하는 자유)로 구분하고 있다. ② 그러나 김철수, 권영성교수의 경우, 십자가 밟기의 강요와 같은 '양심추지의 금지'가 동시에 '양심에 반하는 행위의 금지'를 의미한다는 점에서 양 영역의 구분이 불분명하며, 특히 권영성교수는 양심에 반하는 행위를 강요받지 아니할 부작위의 자유를 '침묵의 자유'로 표현하고 있으나, 이러한 용어가 '침묵의 자유'의 구체적 보장내용으로 열거한 '양심추지의 금지, 양심에 반하는 행위의 금지'를 모두 포괄하는 개념으로서 적절한지의 의문이 든다. 허영교수의 경우, '양심유지의 자유'의 내용인 '양심에 반하는 행위의 금지'는 바로 '부작위에 의한 양심실현의 자유'를 뜻하므로, 동일한 내용의 자유에 다른 이름을 부여하여 서로 다른 것처럼 구분하고 있다.

28) 특히 국가는 헌법 제31조(포괄적인 교육책임)에 근거하여 학교교육을 통하여 개인의 사고형성에 광범위한 영향력을 행사할 수 있는 권한을 위임받았다.

29) Vgl. Herdegen, Gewissensfreiheit und Normativität des positiven Rechts, 1989, S.271f.; Preuß, in:

목적으로 개인이 윤리적으로 독자적인 결정을 내리는 것을 방해하는 것을 막으려는 것이다. 양심형성의 자유란 개인의 양심형성에 대한 국가의 결정권을 배제하려는 것이며, 특히 교도소나 군대와 같은 특별권력관계에서 양심형성의 자유가 침해될 가능성이 크다.

한편, 외부세계로 나타나는 인간의 행위만이 국가의 간섭과 제한의 대상이 될 수 있다는 점에서, 인간의 내심영역은 본질상 국가가 간섭할 수 없고 국가의 영향권 밖에 있기 때문에, 인간의 내적 사고영역·결정영역을 보호하고자 하는 양심형성의 자유는 사실상 기본권에 의한 별도의 보호를 필요로 하지 않는다. 따라서 양심형성의 자유에 대한 침해는 현실적으로 큰 의미가 없다. 다만, 오늘날의 현대국가는 최면, 세뇌, 마취분석, 마약 등과 같이 양심의 형성과정에 부당한 영향을 미치거나, 개인의 내적인 심급을 제거하여 개인을 굴복시키고 윤리적으로 침묵시키기에 적당한 수단을 가지고 있으므로, 내심의 영역도 또한 이러한 점에서 보호되어야 할 필요성이 있다.[30)]

2. 양심실현의 자유

가. 양심보호의 핵심적 영역으로서 양심실현의 자유

(1) 양심의 자유는 '양심형성의 과정에서 국가의 간섭이나 강요를 받지 아니할 자유' 뿐만 아니라 내적으로 자신을 구속하고 반드시 따라야 하는 양심상의 명령에 따라 행동하거나 행동하지 아니 할 자유, 즉 '양심을 실현할 자유'를 보호한다.[31)] 양심은 소극적인 부작위 및 적극적인 작위에 의해서 실현될 수 있으므로, 양심실현의 자유는 크게, 양심에 반하는 행위를 강요받지 아니할 자유(부작위의 자유)와 양심에 따른 행동을 할 자유(작위의 자유)를 포함한다.

(2) 양심의 자유의 보장내용으로서 내심의 자유인 '양심에 따라 결정할 권리'만을 인정하고 '양심상의 결정에 따라 행동할 권리'를 부정하는 것은 헌법상 양심의 자유의 보장을 사실상 무의미하게 만드는 것이다. 만일 내심의 자유로서 '양심형성의 자유'만이 보장된다면, 양심의 명령과 법질서의 명령이 법현실에서 서로 충돌하는 경우 '양심에 반하는 행위를 강요받지 아니할 자유'는 헌법상 아무런 보장을 받을 수 없게 되며, 이에 따라 양심의 자유는 사실상 기본권적 보호의 필요성이 거의 없는 내심의 자유의 보

Alternativkommentare, Art.4 Rn.40.

30) Vgl. Bethge, Gewissensfreiheit, in: Isensee/Kirchhof, HbStR, Bd.VI, 1989, §137, Rn.13; Herzog, Die Freiheit des Gewissens und der Gewissensverwirklichung, DVBl 1969, S.719; Böckenförde, Das Grundrecht der Gewissensfreiheit, VVDStRL 28(1970), S.51.

31) 독일에서의 지배적인 견해이다, 홍성방, 양심의 자유, 고시연구 2000. 1., 주 38)에서 양심의 자유의 보호범위를 행위영역으로 확대하는 것을 부정하는 학자로서 Böckenförde 교수와 Zippelius 교수를 들고 있으나, Böckenförde 교수는 처음부터 이를 긍정하였고, Zippelius 교수는 BK Art.4 Rn.44f., 57에서 그의 견해를 변경하였다고 볼 수 있다.

호에 제한되어, 결과적으로는 국가권력으로부터 개인의 양심을 보호하는 아무런 역할을 할 수 없게 된다. 그렇다면 왜 헌법이 양심의 자유를 명문으로 보장하고 있는지 묻지 않을 수 없다.

양심의 자유에 '양심실현의 자유'를 포함시키는 경우, 물론 다른 법익과 충돌할 수 있고 타인의 권리를 침해할 수도 있기 때문에 '양심실현의 자유를 어떻게 제한해야 하는가' 하는 어려운 헌법적 문제가 발생한다. 그러나 양심실현의 자유와 국가의 법질서를 양립시키는 것이 어렵다는 이유로 양심의 자유의 보호범위를 처음부터 내심의 영역에 제한해야 한다는 주장은, '기본권제한의 문제를 법리적으로 해결할 수 있는지 여부가 기본권의 보호범위를 결정한다'는 주장과 다름없는데, 이러한 주장이 타당할 수 없다. 나아가, 법익간의 충돌을 비례의 원칙을 통하여 조화와 균형의 상태로 조정하는 것이 모든 기본권에 있어서 일반적으로 나타나는 자유제한의 문제라는 것을 위 주장은 간과하고 있다.[32] 역사적으로 보더라도, 양심이 종교적 양심만을 의미하던 때에도 양심의 자유란 단지 신앙을 가지는 자유뿐만 아니라 종교적 확신에 따라 행동할 자유, 특히 자신의 종교를 가정에서 예배의 형태로 실현할 자유를 당연히 포함하였다.[33] 자주적인 인격체에 있어서 사고와 행동은 분리되어 판단될 수 없으며, 개인에게 '사고와 결정의 자유'를 보장하면서 '사고와 결정에 따른 행동의 자유'를 부인하는 것은 인간의 존엄성과 인격의 자유로운 발현을 기초로 하는 헌법의 인간상과도 부합하지 않는다.[34]

(3) 따라서 양심의 자유는 그 보호범위에 있어서 '양심실현의 자유'를 포함하며, 양심실현의 자유는 헌법이 개인의 양심과 관련하여 보장하고자 하는 핵심적 영역이다. 양심실현의 자유는 양심형성의 내부영역을 넘어서, 양심을 외부세계에서 실현하고 집행하기 위하여 필요한 모든 자유영역을 포함한다.

이에 따라 양심실현의 자유는 형성된 양심을 외부로 표명하고 양심에 따라 삶을 형성할 자유, 구체적으로는 양심을 표명하거나 또는 양심을 표명하도록 강요받지 아니할 자유(양심표명의 자유), 양심에 반하는 행동을 강요받지 아니할 자유(부작위에 의한 양심실현의 자유), 양심에 따른 행동을 할 자유(작위에 의한 양심실현의 자유)를 모두 포함한다. 양심의 자유는 양심을 가지지 아니할 자유나 양심에 따라 행동하지 아니할 자유와 같은 소위 '소극적 자유'[35]도 보장한다.

32) 예컨대 홍성방, 양심의 자유, 고시연구 2000. 1., 132면 이하, '양심실현의 자유를 인정하면 다른 법익과의 충돌이 발생할 수 있고 무정부상태가 나타날 수 있다'고 한다. 이로써 '양심의 자유의 보호범위'와 '그에 대한 제한'의 문제를 구분하지 않고, 자유의 보장이 곧 무제한의 절대적 보장이라는 잘못된 전제에서 출발하고 있다; 위와 같은 견해로 권영성, 헌법학원론, 1995, 432면.

33) Vgl. Böckenförde, Das Grundrecht der Gewissensfreiheit, VVDStRL 28(1970), S.51.

34) Vgl. Herzog, in: Maunz/Dürig, GG, Art.4, Rn.135f.; Bäumlin, Das Grundrecht der Gewissensfreiheit, VVDStRL 28(1970), S.16.

35) ① 계희열, 양심의 자유, 고시연구 1997. 6., 79면 이하에서 양심활동의 자유를 소극적 자유와 적극적 자유로 구분하여 적극적 자유를 '형성된 양심을 적극적으로 표명하고 그에 따라 행동할 자유, 즉 작위의 자유'로

나. 양심표명의 자유

우선, 양심실현의 자유는 내적으로 형성된 양심을 국가로부터 간섭이나 불이익을 받지 않고 외부로 표명할 자유를 포함한다. 국가가 특정 내용의 양심상 결정에 대하여 적대적인 태도를 취하고 이를 징계함으로써 국민들로 하여금 양심상 결정을 포기하도록 강요하는 상황에서는 국민은 자신의 양심을 자유롭게 외부로 표명할 수 없다. 양심의 보유 그 자체 또는 양심의 단순한 표명에 대하여 국가가 처벌·징계 등 불이익을 가하는 것은 양심표명의 자유에 대한 제한이다. 국가가 특정 이념이나 종교를 탄압하거나 일제 때 기독교인을 가리기 위하여 강요한 '십자가 밟기'와 같이 행동을 통하여 양심을 간접적으로 표명하도록 강요하는 상황과 같이, 개인이 양심을 보유하고 있는 것 그 자체에 대하여 국가가 간섭하거나 불이익을 가하는 경우가 양심표명의 자유가 적용되는 전형적인 예이다. 이러한 점에서 '양심을 외부로 표명하도록 강요받지 않을 자유'인 소위 '沈默의 自由'나 '良心推知의 禁止'란 양심표명의 자유의 소극적 측면에 지나지 않는다.[36)]

양심표명의 자유가 보호하고자 하는 것은 궁극적으로 외부세계와의 관계에서 양심의 유지이므로, 양심표명의 자유는 또한 '양심유지의 자유'라고 할 수 있다.[37)] 양심표명의 자유가 보호하고자 하는 것은 양심 보유 자체이고, 양심표명의 자유가 문제되는 상황이란 국가가 양심을 포기하도록 강제하는 상황이라는 점에서, 양심표명의 자유가 보호하고자 하는 것은 궁극적으로 양심의 유지이다.

종교적 중립성을 국가의 기본원리로 삼는 오늘날의 민주적 법치국가에서 양심표명의 자유가 침해당할 가능성은 희박하므로, 양심형성의 자유와 마찬가지로 양심표명의 자유

서, 소극적 자유를 '형성된 양심을 표명하도록 또는 양심에 반하여 행동하도록 강요당하지 않을 권리'로서 이해하고 있으나, 이러한 표현은 '자유권의 적극적·소극적 자유'와 혼동될 우려가 있으므로, 적극적·소극적 자유란 표현보다는 작위·부작위의 자유란 용어를 사용하는 것이 바람직하다고 생각된다. ② 자유권의 소극적 자유란, 기본권을 행사하지 아니할 자유를 의미하며, 이는 양심의 자유의 경우, 양심형성의 자유의 소극적 측면으로서 '양심을 형성하지 않을 자유' 또는 양심실현의 자유의 소극적 측면으로서 '형성된 양심을 실현하지 아니할 자유'를 의미한다. 반면에, 양심에 반하는 행동을 강요당하지 아니할 자유(소위 부작위의 자유)는 양심실현을 위하여 필요한 요소라는 점에서 양심실현의 자유의 적극적인 측면인 것이다. '양심에 반하는 행동을 강요받지 아니할 자유'란 '양심에 따라 살 자유', 곧 '양심실현의 자유'이며, 이에 반하여 소극적 자유는 '양심에 따라 살지 않을 자유'이다. 물론 양심을 형성하지 아니한 자는 법적 의무의 부과로 인하여 양심상의 갈등에 빠질 수 없으며, 소극적 자유는 국가에 의하여 침해될 가능성이 없고 또한 보호받을 필요성이 없기 때문에, 이를 확인하는 실익은 없다고 할 것이다.

36) 모든 자유권이 적극적 자유(… 할 자유)와 소극적 자유(… 하지 아니할 자유)의 양 측면을 보장하고 있는 것과 마찬가지로, 양심표명의 자유는 '양심을 표명할 자유'와 '양심을 표명하지 아니할 자유 또는 표명하도록 강요받지 아니할 자유'를 모두 포함한다. 이러한 점에서 양심표명의 자유를 단지 소극적 자유의 측면만을 포함하는 '침묵의 자유'나 '양심추지의 금지'로 표현하는 것은 문제가 있다.

37) 이러한 이유에서 김철수, 헌법학개론, 2001, 574면 이하 및 허영, 헌법이론과 헌법, 2000, 516면 이하는 '침묵의 자유'(양심을 언어에 의해서 표명하도록 강요당하지 않을 자유)와 '양심추지의 금지'(양심을 일정한 행동을 통해 간접적으로 표명하도록 강요당하지 않을 자유)를 '양심유지의 자유'라는 상위개념에 귀속시키고 있다.

는 헌법재판의 실무에서 현실적으로 큰 의미가 없다고 할 것이다. 물론, 양심표명의 자유를 양심형성의 자유 및 양심실현의 자유와 함께 별개의 자유영역으로 분류하는 것도 가능하나, 양심의 유지가 양심실현의 사실적 전제가 되며, 양심을 외부로 표명하는 것은 양심을 외부세계에서 실현하는 하나의 방법이라는 점에서 '양심표명 또는 양심유지의 자유'를 별도로 분류할 것이 아니라 양심실현의 자유에 포함되는 것으로 보는 것이 적절하다.[38]

다. 작위 및 부작위에 의한 양심실현의 자유

(1) 양심이란 그 본질상 외부로부터의 강제에 대하여 소극적·수동적으로 반응하는 내적인 통제심급이지, 자발적·능동적으로 법적 금지명령에 반하여 행동함으로써 국가의 법질서와 갈등상황을 야기하는 것이 아니다. 이러한 점에서 볼 때, 양심의 명령은 일반적으로 외부로부터의 행위요구에 대한 부작위("… 행위는 해서는 안 된다.")의 명령이다. 양심실현의 자유가 일차적으로 보호하고자 하는 바는, 기본권의 주체에게 양심에 반하는 행위를 강요하지 않으려는 데 있다. 따라서 양심실현의 자유는 일차적으로, '법질서에 의하여 양심에 반하는 행동을 강요당하지 아니 할 자유', '양심에 반하는 법적 의무를 이행하지 아니할 자유', 즉 부작위의 자유이다. 구체적으로 양심실현의 자유란 양심에 반하는 병역의무, 고지의무, 선서의무 또는 계약이행의무 등의 이행을 거부할 권리이다.

(2) 한편, 양심의 자유의 고유한 기능이 국가에 의하여 강요된 갈등상황에 대한 방어에 있고, 강요된 갈등상황이란 법적 행위의무뿐만 아니라 금지명령의 부과에 의해서도 발생할 수 있기 때문에, 법적 금지명령에 대한 양심상의 방어로서 '양심의 명령에 따른 적극적인 행위', 즉 작위의 자유도 보호된다.[39] 그러나 특정 행위를 할 것을 요청하는 양심상의 행위명령과 그러한 행위에 대한 법적인 금지명령이 서로 충돌하는 것은 매우 드문 경우이다.[40] 적극적인 행위를 통하여 국가의 금지명령을 위반할 자유는, 바로 이러한 행위를 하는 것만이 양심상 명령의 무조건적인 요청에 해당하는 경우, 즉 개인이 스스로 선택하거나 야기하지 아니한 구체적인 상황에서 양심의 목소리를 따르기 위해서

---

38) 헌재 1998. 7. 16. 96헌바35 결정(국가보안법상의 불고지죄)에서도 "양심의 자유는 내심적 자유뿐이 아니라 양심적 결정을 외부로 표현하고 실현할 수 있는 양심실현의 자유를 포함한다."고 판시하였다(판례집 10-2, 159, 166-167).

39) 이에 대하여 양심실현의 자유를 '양심에 반하는 행위를 강요받지 아니할 자유' 또는 '양심에 반하는 행위를 해야 할 법적 의무로부터 면제받을 권리'로서 소위 부작위의 자유로 제한하려는 견해로는 김철수, 헌법학개론, 2001, 575면 이하; 권영성, 헌법학원론, 1998, 433면; Arndt, NJW 1966, S.2205.

40) 양심상의 행위명령과 그러한 행위에 대한 법적인 금지명령이 서로 충돌하는 예로는, 예컨대 휴일에도 일하라는 종교적 명령과 휴일작업을 금지하는 법률이 충돌하는 경우, 치유가능성이 없는 환자를 그의 간곡한 요구에 의하여 양심상의 결정에 따라 살해하는 경우 또는 직무상의 기밀을 양심상의 이유로 누설하는 경우, 보안사의 민간인 정치사찰을 폭로하기 위하여 부대를 빠져 나간 군인의 양심의 자유가 군무이탈금지명령과 충돌하는 경우(대법원 1993. 6. 8. 선고 93도766 판결) 등을 들 수 있다.

는 법적 금지명령을 위반하는 것 외에는 달리 아무런 행위가능성이 없는 경우에 한하여 양심실현의 자유에 의하여 보호된다.[41)]

그러나 양심상의 명령은 대부분의 경우 적극적인 행위를 통해서는 여러 가지 방법으로 구현될 수 있으며, 한편으로는 "… 행위는 해서는 안 된다."는 법적인 금지는 금지된 행위 외에는 다른 행위가능성을 전반적으로 허용하고 있으므로, 처음부터 양심실현의 방법에 있어서 다양한 행위가능성이 개방되어 있다. 예를 들자면, "가난한 자를 도우라."는 양심상의 명령은 '부자에게서 재물을 빼앗아 가난한 자에게 나누어 주는 방법' 외에도 다양한 행위형태로 실현될 수 있으므로, "가난한 자를 도우라."는 양심상의 행위명령은 '부자에게서 재물을 빼앗는 행위'의 명령과 일치하지 않는다. 따라서 "가난한 자를 도우라."는 양심상의 행위명령과 "도둑질을 하지 말라."는 형법상의 행위금지명령의 충돌이 존재하지 않고, 이에 따라 양심상의 갈등 상황은 일반적으로 발생하지 않는다.

(3) 결국, 국가의 행위명령에 대한 거부가 양심의 자유와 관련하여 가장 빈번하게 발생하는 전형적인 경우라는 점에서, 양심의 자유는 무엇보다도 '법이 요구하는 특정 행위를 하지 아니할 자유'를 부여하는 것이다. 이 경우에도 양심의 자유가 양심에 반하는 국가적 강제로부터 개인의 양심상 결정을 보호하려는 것이지, 법적 의무 그 자체를 면제하려는 것이 아니기 때문에, 국가가 법적 의무의 부과를 통하여 실현하려는 목적을 달성하기 위하여 양심을 보호하는 다른 대체의무를 부과하는 것은 양심의 자유에 반하지 아니한다. 예를 들자면, 양심상의 이유로 병역의무를 거부하는 자에게 그 대신 대체복무의 의무를 부과하는 것이다.

Ⅳ. 양심실현의 자유의 보장 문제

1. 헌법적 질서의 일부분으로서 양심실현의 자유

양심의 자유의 보호범위를 단지 개인의 내면세계에서 이루어지는 '양심형성의 자유'로 한정한다면, 양심의 자유가 법질서에 의하여 제한되어야 할 필요성이 없지만, 양심의 자유가 '양심실현의 자유'를 포함하는 한, 양심의 자유는 법질서나 타인의 법익과 충돌할 수 있고 이로써 필연적으로 제한을 받는다.[42)] 양심의 자유가 보장된다는 것은, 곧 개인이 양심상의 이유로 법질서에 대한 복종을 거부할 수 있는 권리를 부여받는다는

41) Vgl. Preuß, in: Alternativkommentare, Art.4, Rn.43; Mager, in: Münch/Kunig, GGK, Art.4, Rn.27.

42) '양심표명의 자유'를 양심실현의 자유에 포함시키는 경우, 양심을 단지 보유하고 유지하는 것에 의하여 법익충돌이 발생할 가능성이 없다는 점에서, '양심유지의 자유'는 양심형성의 자유와 함께 절대적으로 보장되는 자유로 간주된다. 또한, 양심을 단순히 외부로 표명하는 것으로 인하여 법익충돌이 야기될 가능성이 거의 없으므로, '양심표명의 자유'도 거의 절대적으로 보호되는 기본권의 범주에 속한다고 보아야 한다. 다만, 특정한 상황에서 종교적 양심을 외부로 표명하는 경우(가령, 학교수업에서 국공립교사의 종교적 상징물의 착용 등)에는 법익충돌의 가능성이 있으므로, 이러한 경우 제한이 가능하다.

것을 의미하지는 않는다. 만일 그렇다면, 법질서는 '법적 명령이 개인의 양심에 반하지 않는 한, 국가의 법질서는 유효하다'는 의미에서 良心留保의 원칙 하에 있게 된다. 이는 법질서의 해체, 국가와 헌법의 해체를 의미한다.

양심의 자유는 헌법상의 기본권에 의하여 보호되는 자유로서 실정법적 질서의 한 부분이다. 기본권적 자유는 법적 자유이며, 법적 자유는 절대적 또는 무제한적으로 보장될 수 없다. 어떠한 헌법규범도 헌법 스스로를 파괴하는 근거가 될 수 없으며, 이러한 의미로 해석될 수 없다. 기본권의 행사가 국가공동체 내에서의 타인과의 공동생활을 가능하게 하고 국가의 법질서를 위태롭게 하지 않는 범위 내에서 이루어져야 한다는 것은 모든 기본권에 내재하는 원칙적인 한계이다. 양심의 자유가 다른 헌법적 법익과 마찬가지로 헌법적 질서 내에 자리 잡음으로써 모든 헌법적 법익을 구속하는 한계가 이미 설정되었다.

국가의 존립과 법질서는 국가공동체의 모든 구성원이 자유를 행사하기 위한 기본적 전제조건이다. 양심의 자유는 국가의 법질서를 무시할 수 있는 법적 권한이 될 수 없으며, 자유민주적 기본질서는 양심의 자유를 주장하는 기본권주체의 자유로운 처분에 맡겨 질 수 없다. 만일 양심의 자유가 위와 같은 헌법적 한계를 극복하는 파괴력을 가진다면, 국가의 법질서는 양심의 자유를 주장하는 세력에 의하여 붕괴되고 말 것이며, 결국 양심의 자유는 자유민주적 질서를 구성하는 기본권이 아니라 국가와 헌법을 제거하는 기본권이 될 것이다.

2. 법익교량과정의 특수성

양심실현의 자유의 보장 문제는 '양심의 자유'와 '국가의 법질서' 사이의 조화의 문제이며, 양 법익간의 법익형량의 문제이다. 그런데 수단의 적합성, 최소침해성을 심사한 후 법익형량을 통하여 어느 정도까지 기본권이 공익상의 이유로 양보해야 하는지를 밝히는 '비례의 원칙'(과잉금지원칙)의 일반적 심사과정은 양심의 자유에 있어서는 그대로 적용되지 않는다.[43] 양심의 자유의 경우, 비례의 원칙을 통하여 양심의 자유를 공익과 교량하고 공익을 실현하기 위하여 양심을 상대화하는 것은 양심의 자유의 본질과 부합할 수 없다. 양심상의 결정이 법익교량과정에서 공익에 부합하는 상태로 축소되거나 그 내용에 있어서 왜곡·굴절된다면, 이는 이미 '양심'이 아니다.[44]

예컨대, 종교적 양심상의 이유로 병역의무의 이행을 거부하는 자에게 병역의무의 절반을 면제해 주거나 아니면 유사시에만 병역의무를 부과한다는 조건 하에서 병역의무를

43) Vgl. Mager, in: Münch/Kunig, GGK, Art.4, Rn.24f.

44) Vgl. Rupp, Verfassungsprobleme der Gewissensfreiheit, NVwZ 1991, S.1036f.; 허영, 한국헌법론, 1999, 371면, 양심은 타협이나 합의가 불가능하다는 점에서 그 특수성을 들고 있다.

면제해 주는 것은, 국방을 책임진 국가의 관점에서나 또는 병역의무 거부자의 양심의 관점에서나 채택될 수 없는 해결책이다. 마찬가지로, 평화주의자인 인쇄소 직원이 '전쟁을 예찬하는 서적을 인쇄하는 작업은 자신의 양심에 반한다'는 이유로 근로계약상의 의무이행을 거부하는 경우, 인쇄소 직원의 양심상의 갈등은 인쇄할 서적의 양을 반으로 줄이거나 근무시간을 반으로 줄인다고 하여 해소되지 않는다.

이러한 관점에서 볼 때, 비례의 원칙을 통하여 기본권제한의 정도와 한계를 확정하려는 작업은 양심의 자유의 본질에 비추어 독특한 형태를 가진다. 양심의 자유의 경우에는 법익교량을 통하여 양심의 자유와 공익을 조화와 균형의 상태로 이루어 양 법익을 함께 실현하는 것이 아니라, 단지 '양심의 자유'와 '공익' 중 양자택일, 즉 양심에 반하는 작위나 부작위를 법질서에 의하여 '강요받는지 아니면 강요받지 않는지'의 문제가 있을 뿐이다.[45)]

3. 양심실현의 자유의 구현 방법

가. 양심의 갈등을 해소할 수 있는 代案의 존재여부

이러한 이유로 양심실현의 자유의 보장 문제는 법공동체가 개인의 양심을 존중하는 방법을 통하여 양심상의 갈등을 덜어줄 가능성을 가지고 있는지 여부에 관한 문제이다. 결국, 양심실현의 자유의 보장 문제는, 국가가 소수의 국민을 어떻게 배려하는지의 문제, 소수에 대한 국가적·사회적 관용의 문제이며, 국가가 법질서를 유지하면서도 또한 양심도 보호하는 대안을 제시할 수 있는지의 문제이다. 국가의 법질서와 양심의 조화를 이루게 하는 원칙은 '관용의 원칙'이며, 양심의 자유는 양심과 법질서의 갈등문제를 국가적 관용을 통하여 해결하고자 하는 것이다.[46)]

즉, 국가가 양심의 자유를 주장하여 법적 의무의 이행을 거부하는 자에게 법적 의무를 면제해 주는 것을 감당할 수 있고 의무면제를 대신하는 다른 가능성을 제공할 수 있다면, 양심의 자유는 국가공권력에게 법적인 대체가능성을 제공할 의무를 부과하는 것이다.[47)] 이러한 점에서 볼 때, 법률의 위헌성심사에 있어서 다른 기본권의 침해여부를 우선적으로 심사해야 하며, 법률이 다른 헌법적 관점에서 합헌이라는 것을 전제로 하여, 양심의 자유의 문제는 최종적으로 판단되어야 한다.

---

45) Vgl. Rupp, Verfassungsprobleme der Gewissensfreiheit, NVwZ 1991, S.1036f.

46) Böckenförde, Das Grundrecht der Gewissensfreiheit, VVDStRL 28(1970), S.65; Arndt, Das Gewissen in der oberlandesgerichtlichen Rechtsprechung, NJW 1966, S.2206; Bäumlin, Das Grundrecht der Gewissensfreiheit, VVDStRL 28(1970), S.20.

47) Vgl. Luhmann, Die Gewissensfreiheit und das Gewissen, AöR 90(1965), S.283ff.; Podlech, Das Grundrecht der Gewissensfreiheit und die besonderen Gewaltverhältnisse, SzöR. Bd. 92, 1969, S.35; Muckel, Die Grenzen der Gewissensfreiheit, NJW 2000, S.690; Böckenförde, Das Grundrecht der Gewissensfreiheit, VVDStRL 28(1970), S.61f., 71; Preuß, in: Alternativkommentare, Art.4, Rn.43, 45.

나. 양심의 자유를 고려해야 할 입법자의 의무

(1) 양심의 자유를 보호하는 법질서 형성의 의무

개인의 입장에서 본다면, 법률에 의하여 양심의 자유를 침해당했다고 주장하는 경우는 법률이 국민 누구에게나 적용되는 법적 의무를 부과하면서 자신의 고유한 윤리적 갈등상황을 특별히 배려해 주지 않는다는 것, 즉 개인의 양심상의 갈등 상황을 고려하는 의무면제규정이나 대체의무규정과 같은 특례규정을 두고 있지 않다는 것을 문제 삼는 경우이다.[48]

양심의 자유는 일차적으로 입법자에 대한 요청으로서, 가능하면 양심의 자유가 보장될 수 있도록 법질서를 형성해야 할 의무를 부과하는 기본권이다.[49] 법적 의무와 개인의 양심이 충돌하는 경우, 법질서를 위태롭게 함이 없이 법적 의무를 대체하는 다른 가능성이나 법적 의무의 개별적 면제와 같은 대안을 제시함으로써 양심상의 갈등이 제거될 수 있다면, 입법자는 이와 같은 방법을 통하여 개인의 양심과 국가 법질서의 충돌가능성을 최소화해야 할 의무가 있다. 나아가, 입법자는 공익상의 이유로 법적 의무로부터 면제하거나 또는 이를 대체할 수 있는 다른 가능성을 제공할 수 없다면, 법적 의무에 위반한 경우 가해지는 처벌이나 징계에 있어서 적어도 그의 경감이나 면제를 허용함으로써 양심의 자유를 보호할 수 있는지를 살펴보아야 한다.

한편, 양심의 자유를 주장하는 자에 대하여 아무런 대체의무의 부과 없이 국민 모두에게 적용되는 의무로부터 면제하는 것은 기본권이 허용하지 않는 '특권'을 부여하는 것과 같다. 그러므로 양심의 자유가 개별적으로 국민의 의무로부터의 예외를 허용한다면, 부분적인 의무면제가 소수의 특권이 되지 않도록, 국가는 가능하면 다른 대체의무의 부과를 통하여 이러한 불평등적 요소를 상쇄해야 한다.[50] 예컨대, 종교적 내용의 선서를 거부하는 자는 '종교적 내용 없는' 선서의 의무를 이행해야 한다. 병역의무를 거부하는 자는 그의 양심을 존중하는 다른 대체복무를 받아들여야 한다.

(2) 양심의 자유의 特殊性

그러나 양심은 지극히 주관적인 현상으로서 언제 법규범의 제정이 국가공동체의 구성원에게 양심상 갈등을 초래하는지 양심갈등의 발생여부를 사전에 예측하기 어려울 뿐

---

48) 예컨대, 병역법이 병역의무를 부과하면서 종교적인 이유 등으로 양심상의 갈등에 처하게 되는 일부 국민에게 이러한 갈등을 완화할 수 있는 대체복무와 같은 다른 가능성을 규정하지 않는 경우가 법률에 의한 양심의 자유의 침해를 주장하는 전형적인 예이다.

49) Vgl. Bäumlin, Das Grundrecht der Gewissensfreiheit, VVDStRL 28(1970), S.21; Faller, Gewissensfreiheit und ziviler Ungehorsam, in: FS für Hildebert Kirchner, 1985, S.78; Scholler, Gewissen, Gesetz und Rechtsstaat, DÖV 1969, S.532.

50) Vgl. Böckenförde, Das Grundrecht der Gewissensfreiheit, VVDStRL 28(1970), S.61f.; Bethge, Gewissensfreiheit, in: Isensee/Kirchhof, HbStR, Bd.Ⅵ, 1989, §137, Rn.35.

만 아니라, 양심과 법질서가 충돌할 수 있는 상황은 그 대상에 있어서 제한되어 있지 않기 때문에 모든 법규범의 경우에 개인적 양심갈등의 현상이 발생할 수 있다. 그렇다고 하여 입법자에게 법률의 제정 당시에 양심상 갈등의 여지가 발생할 수 있는 모든 경우에 대하여 사전에 예방적으로 양심의 자유를 고려하는 일반조항을 둘 것을 요구할 수는 없다. 예측할 수 없고 조감할 수 없는 무수한 개별적 양심갈등 발생의 가능성에 비추어, 법적 의무를 대체하는 다른 대안을 예방적으로 제공해야 할 입법자의 의무는 원칙적으로 부과될 수 없다.[51] 그러므로 입법자가 법률의 제정 당시 양심의 자유와 법질서가 충돌할 가능성을 예견하지 못하였기 때문에 이러한 가능성을 규범화하지 않았다면, 개별적 경우 법률을 구체적으로 적용한 결과가 양심의 자유에 대한 침해로 나타난다고 하더라도, 법률이 이로 인하여 위헌적 법률이 되는 것이 아니며, 따라서 법률의 효력에는 아무런 영향을 받지 않는다.[52]

이러한 점에서 양심의 자유는 다른 기본권과 근본적인 차이가 있다. 생명, 재산권, 표현의 자유, 집회의 자유, 직업의 자유 등은 기본권 주체의 개인적·주관적인 내적 상황과 관계없이 보장되고 또한 국가권력에 의하여 침해될 수 있다는 특징이 있다. 그러므로 어떤 법규정이 한 개인의 기본권을 침해한다면, 이 법규정이 다른 개인에 적용되는 경우 또한 다른 개인의 기본권도 침해하게 된다. 법률이 누구에게나 모든 경우에 대하여 일반·추상적인 효력을 가진다는 것은, 이 법률에 의하여 누구나가 일반적으로 기본권을 침해당할 수 있다는 것을 의미한다. 따라서 개별적 경우 법률에 의한 기본권의 침해가 확인된다면, 그 법률을 구체적 사건의 당사자에 한하여 적용하지 않는 것에 그치는 것이 아니라 법률의 일반적 효력 때문에 위헌결정을 통하여 당해 법률을 법질서에서 제거하는 것이 정당화된다.

그러나 양심은 그 본질상 지극히 주관적이기 때문에 양심상 결정과 국가 법질서의 충돌, 이로 인하여 발생할 수 있는 양심의 자유에 대한 침해는 필연적으로 개인적이며, 이로써 법규정이 한 개인의 양심의 자유를 침해하였다고 하여 다른 개인의 양심의 자유가 침해된다는 일반적 효과가 존재하지 않는다.[53]

이러한 관점에서도 양심의 자유를 침해하는 법률에 대하여 위헌결정을 함으로써 그 법률을 법질서에서 제거하는 것은 적절치 않다. 뿐만 아니라, 모든 생활영역에서 양심

51) Vgl. Herzog, in: Maunz/Dürig, GG, Art.4, Rn.174; Herdegen, Gewissensfreiheit und Normativität des positiven Rechts, 1989, S.282; Kluth, Das Grundrecht der Gewissensfreiheit und die allgemeine Geltung der Gesetze, in: Festschrift für J. Listl, 1999, S.232f.; Mager, in: Münch/Kunig, GGK, Art.4, Rn.28.

52) Vgl. Herdegen, Gewissensfreiheit und Normativität des positiven Rechts, S.286f.; 개인의 양심이 법률의 효력을 문제 삼을 수 없다는 것은 또한 미국 연방대법원의 일관된 판례이기도 하다, 미국 연방대법원의 판례에 관하여 자세히 vgl. Herdegen, a.a.O., S.97ff.

53) Vgl. Kluth, Das Grundrecht der Gewissensfreiheit und die allgemeine Geltung der Gesetze, in: Festschrift für J. Listl, 1999, S.232f.

상의 갈등이 발생할 수 있고, 이에 따라 모든 법규범의 경우 양심의 자유에 대한 위반이 확인될 수 있다. 따라서 만일 누군가의 양심의 자유를 침해하는 법규정이 법질서에서 제거되어야 한다면, 이는 곧 개별적으로 발생할 수 있는 단 하나의 양심상 갈등이 법질서의 대부분을 마비시킬 수 있다는 것을 의미한다.

(3) 언제 입법자가 양심의 자유를 침해하는지의 문제

설사, 입법자가 법률의 제정 당시 양심의 자유와 법질서가 충돌할 가능성을 예견하였거나 또는 법시행 이후 양심의 갈등상황이 집단적으로 나타나기 때문에 이를 충분히 인식할 수 있음에도 법적 의무로부터 면제하거나 또는 양심을 고려하는 다른 대안을 제시하는 규정을 두지 않는다 하더라도, 그로 인하여 법규정이 양심의 자유에 위반되기 때문에 위헌인 것은 아니다. 양심의 자유는 개별적으로 발생할 수 있는 무수한 양심상 갈등에 대하여 입법자가 구체적 경우마다 어떠한 방법으로 개인의 양심을 배려해야 하는가에 관하여는 아무런 구체적인 지침을 제시하지 않는다. 마치 헌법 제11조의 평등원칙이 입법자에게 정의로운 법질서의 형성을 위하여 객관적으로 같은 것은 같게 다른 것은 다르게 규범의 대상을 실질적으로 평등하게 규율해야 할 '일반적 의무'를 부과하는 것과 같이, 양심의 자유는 입법자에게 단지 입법을 통하여 양심의 자유의 객관적 내용인 '관용의 원칙을 실천할 것', 즉 '양심의 자유를 보호하는 법질서를 형성할 것'을 위임하고 있을 뿐이다.

따라서 양심의 자유에서 파생하는 입법자의 의무는 단지 입법과정에서 양심의 자유를 고려할 것을 요구하는 '일반적 의무'이지 '구체적 내용의 대안을 제시해야 할 헌법적 입법의무'가 아니다. 따라서 헌법재판소는 원칙적으로 양심의 자유가 부과하는 입법자의 추상적 의무를 근거로 대안을 부여하지 않는 법률에 대하여 위헌판단을 하거나 또는 입법부작위 위헌확인을 할 수 없다.[54] 다시 말하자면, 양심의 자유는 입법자로부터 구체적 법적 의무의 면제를 요구하거나 법적 의무를 대체하는 다른 가능성의 제공을 요구할 수 있는 주관적 권리, 다시 말하자면 자신의 주관적 윤리적 상황을 다른 국민과 달리 특별히 배려해 줄 것을 요구하는 권리를 원칙적으로 부여하지 않는다.

단지, 예외적으로 헌법이 스스로 대안을 제공할 것을 규정하고 있거나[55], 또는 입법

---

54) 군복무를 거부하는 '여호와의 증인'과 같이 양심상의 이유로 병역의무의 이행을 거부하는 자에 대하여 대체복무의 가능성을 입법화하지 않은 것은 다음과 같은 조건 하에서는 헌법에 위반되지 않는다. 병역의무와 양심의 자유가 충돌하는 경우 입법자는 법익형량과정에서 양심의 자유를 고려해야 할 의무가 있으나, 법익형량의 결과가 국가안보를 고려할 때 국방이란 공익을 위태롭게 하지 않고서는 양심의 자유를 실현할 수 없다는 판단에 이르렀기 때문에 병역의무를 대체하는 대체복무의 가능성을 제공하지 않았다면, 이러한 입법자의 결정은 양심의 자유에 근거하는 '입법자의 양심보호의무'에 대한 위반이라고 할 수 없다. 헌법이 스스로 양심상의 이유로 인한 병역거부의 경우에 대하여 대체복무를 제공할 것을 규정하고 있지 않는 한, 입법자는 양심의 자유에 의하여 대체복무를 제공해야 할 구체적 의무를 부과 받지 아니하고, 따라서 양심의 자유에 의해서는 아무런 구체적인 헌법적 구속을 받지 아니한다. 이에 따라 법익교량과정에서 양심의 자유를 고려해야 할 국가의 과제는 실질적으로 법적용기관에게 전가되었다.

자가 양심갈등의 발생 가능성을 사전에 충분히 예측할 수 있었고 공익실현이나 법질서를 저해함이 없이도 대안의 제시가 가능하다는 것이 명백한 경우에 한하여,[56] 양심을 보호하는 대안을 제시해야 할 구체적인 입법자의 의무가 인정된다. 그러나 법익교량과정에서 법적 의무를 대체하는 다른 가능성을 허용하더라도 실현하고자 하는 공익의 달성이 명백한 경우는 사실상 예외에 해당한다고 보이므로, 입법과정에서 양심의 자유를 고려해야 할 입법자의 의무는 헌법재판에서 예외적으로 확인될 수 있다.

법질서에 대하여 '예외의 허용' 또는 '관용의 실천'을 요구하는 양심의 자유의 特殊性에 비추어, 결국 '법률이 양심의 자유를 침해하는지'의 문제는 '법률이 양심의 자유를 과잉으로 침해하는지의 문제'가 아니라 '입법자가 양심의 자유를 고려해야 할 의무를 제대로 이행했는지'의 문제로 귀결된다. 자유권에서 파생하는 '기본권 보호의무'와 마찬가지로, 입법자에 의한 '良心 保護義務'의 이행은 '관용의 원칙의 실현 여부'에 관한 것이기 때문에, 권력분립과 민주주의원칙의 관점에서 입법자에게 의무이행과 관련하여 광범위한 형성권이 부여되며, 그 결과 입법자의 의무이행은 헌법재판소에 의하여 매우 제약적으로만 심사될 수 있다. 소위 '명백성의 이론'은 입법자가 헌법의 객관적 내용을 실현하는 영역에서 일반적으로 적용될 수 있는 심사기준이므로, 입법자에 의한 양심보호의무의 이행여부를 판단함에 있어서도 이러한 기준이 적용된다.[57]

다. 양심의 자유를 고려해야 할 법적용기관의 의무

양심의 자유를 고려해야 할 입법자의 의무가 헌법소송으로 관철하기 어려운 일반적 의무라 한다면, 결국 양심의 자유를 보호하는 과제는 입법자가 아니라 사실상 법을 적용하는 법원과 행정청으로 轉移되었으며, 양심의 자유와 법질서간의 법익교량의 문제는 양심의 갈등이 발생한 개별 사건에서의 구체적인 법적용과정에서 법률의 해석과 적용을 통하여 해결해야 할 문제가 되었다.

헌법적으로 아무런 하자가 없는 합헌적 법률을 적용하는 경우에도 개인에 따라 양심

---

55) 우리 헌법에는 법적 의무를 대체하는 가능성을 명시적으로 제시하는 규범이 없으나, 독일 기본법은 양심상의 이유로 병역의무를 거부할 권리를 명문으로 인정하면서(제4조 제3항) 병역의무에 대한 대안으로서 '대체복무'(제12조 제2항)를 규정하고 있고, 연방대통령 등의 취임선서와 관련하여 '종교적 내용 없는' 선서를 할 수 있다고(제56조 제2문) 대안을 명문으로 제시하고 있다.

56) 또한 법제정 당시에는 입법자가 양심갈등의 발생 가능성을 예측할 수 없었으나, 법적용기관이 법률을 적용한 결과 양심의 자유에 대한 과도한 침해가 발생한다는 것이 확인되었고 입법자도 이를 장기간에 걸쳐 충분히 인식할 수 있으며 대안을 제시하더라도 법질서나 공익을 위태롭게 하지 않는다는 것이 명백하다면, 대안을 제시하는 방향으로 법률을 개선해야 할 의무를 인정할 수 있다, 독일의 판례 중 유일하게 입법자의 입법개선의무를 언급한 결정으로는 vgl. BVerfGE 33, 32ff.(Eidespflicht)

57) '사회적 기본권 실현에 대한 헌법재판소의 판단기준으로서 명백성의 원칙에 관하여 한수웅, 헌법소송을 통한 사회적 기본권 실현의 한계, 인권과 정의 1997. 1., 82면 이하, 보호의무의 실현에 대한 헌법재판소의 판단기준으로서 명백성의 원칙에 관하여 한수웅, 입법부작위에 대한 헌법소원, 이명구박사 화갑기념논문집, 1996, 710면 이하.

상의 갈등을 일으킬 수 있으므로, 양심의 자유는 법률을 적용하는 국가기관인 법원과 행정청에 대하여 합헌적 법률을 개별적인 경우에 적용하는 과정에서 발생하는 양심상의 강제에 대한 보호를 요청한다. 모든 법규범은 다양한 생활관계를 일반·추상적으로 규율해야 하기 때문에, 입법자의 법익형량의 결과인 법률의 내용이 구체적인 경우의 고유하고 특수한 상황, 특히 개인에 따라서는 양심상의 갈등을 불러일으킬 수 있다는 것을 충분히 고려하지 못한다. 따라서 개별적인 경우의 구체적인 상황을 고려하여 법관이 다시 한 번 양심의 자유와 공익간의 법익형량을 해야 한다. 이러한 의미에서 양심의 자유는 법관에 대한 요청, 구체적으로 法律의 良心友好的 適用에 대한 요청이다.[58]

(1) 국가와 개인의 관계에서 良心友好的 규범적용의 요청

법률이 법적용기관에 재량을 부여하고 있다면, 법적용기관은 입법목적을 실현하면서도 양심의 자유를 고려하는 방향으로 재량을 행사해야 한다. 또는 법규범이 해석을 요하는 일반조항이나 불확정 개념을 담고 있는 경우, 법관은 양심우호적으로, 즉 개인이 양심을 유지할 수 있도록 대체의무나 대체행위 가능성을 제공할 수 있는 방향으로 법규범을 해석해야 한다.[59] 이는, '국민 모두에게 적용되는 법률에 대하여 예외를 허용함으로써 양심상의 결정을 가능하면 그대로 유지하도록 하면서, 다른 한편으로는 법적 의무를 대체할 수 있는 다른 의무를 이끌어낼 수 있는지'를 판단하는 작업이다. 물론 전제조건은, 법률을 그러한 방법으로 해석하는 것이 가능하고 그러한 해석에도 불구하고 법률이 의도하는 공익의 실현이 가능하며, 또한 양심상의 갈등을 주장하는 개인에게도 그러한 해결책을 받아들일 것을 요구할 수 있는 경우이다. 이러한 조건이 성립될 수 없다면, 양심상의 이유로 법적 의무의 이행을 거부하는 자는 의무위반에 대하여 가해지는 법률상 규정된 불이익이나 징계를 감수해야 한다. 양심의 갈등을 피할 수 있는 대안이 있고 대안을 제시해도 공익과 법의 목적이 충분히 실현될 수 있음에도 법관이 이와 같은 양심우호적 해석을 하지 않는다면, 법관의 이러한 결정은 비례의 원칙에 위반되어 양심의 자유를 침해하는 것이다.

(2) 사인간의 분쟁의 경우 良心友好的 규범해석의 요청

법관에 대한 양심우호적 규범해석의 요청은 사인간의 분쟁에 있어서, 특히 노동법상 근로자가 양심상의 이유로 작업을 거부하는 경우에 문제된다.[60] 이 경우, 법관은 우선

---

58) Vgl. BVerfGE 23, 127, 134; 33, 23, 32ff., 독일 연방헌법재판소는 위 결정에서 "법적 근거 없이 증언이나 선서를 거부하는 행위를 징계하는 규정(독일 형사소송법 제70조 제1항)을 해석함에 있어서, 형사소송법에 명시적으로 열거된 이유 외에도 또한 기본법 제4조 제1항의 양심·종교의 자유가 선서의 거부를 정당화하는 '법적 근거'로서 고려될 수 있도록, 헌법합치적으로 해석해야 한다."고 판시하였다; Herdegen, Gewissensfreiheit und Normativität des positiven Rechts, 1989, S.291f.; Mager, in: Münch/Kunig, GGK, Art.4, Rn.24.

59) Vgl. Rupp, Verfassungsprobleme der Gewissensfreiheit, NVwZ 1991, S.1036f.

60) Vgl. W. Kluth, Das Grundrecht der Gewissensfreiheit und die allgemeine Geltung der Gesetze, in:

다른 대체 작업가능성을 타진해 보고 이러한 가능성을 제공하는 것이 불가능한 경우에 비로소 근로자의 해고가 정당화된다고 판단해야 한다.

기본권은 사인에 의해서도 침해될 수 있기 때문에, 기본권은 사인간의 관계에서도 효력을 가진다. 이 경우 기본권의 對私人的 효력이 직접효력인지 아니면 간접효력인지의 논쟁에 관계없이, 법원에 미치는 기본권의 효력은 동일하다. 기본권의 제3자효란, 민사법원의 법관은 판결을 통하여 기본권을 존중하고 실현해야 할 의무가 있다는 것을 의미하며, 이러한 의무는 특히 법관의 헌법합치적 법률해석과 위헌제청의무에서 표현된다.

마찬가지로, 양심의 자유도 국가에 의한 법적 의무의 관철에 대한 방어기능 외에, 사인의 강제에 대하여 개인의 양심을 보호해야 할 국가의 의무를 부과한다. 이는 구체적으로, 채무자가 양심상의 이유로 계약의 이행을 거부하는 경우, 즉 사법상의 청구권이 문제될 때, 민사법원이 양심상의 갈등이라는 항변사유를 존중하고 고려해야 한다는 것을 의미한다.[61] 민사법원은 '양심의 자유'와 이와 충돌하는 '사적 자치의 원칙'의 구체적 표현으로서 '계약준수의 원칙'을 교량해야 하는데, 이러한 법익교량의 장소는 일반조항이나 불확정 법개념이다. 계약의 효력은 채무자의 양심상의 갈등에 의하여 원칙적으로 문제될 수 없다. 민사법원이 양심의 자유를 고려하기 위해서는 양 당사자에게 요구할 수 있는 대안이 있는지를 판단해야 하는데, 이는 구체적으로 양심을 유지시킬 수 있는 다른 가능성이 있고 이를 채권자에게 요구하는 것이 가능한지에 달려 있다.[62] 만일 이러한 가능성이 없다면, 양심상의 갈등으로 말미암아 계약을 위반하는 자, 즉 채무자가 계약의무이행의 거부에 대한 책임을 져야 한다. 민사법원이 '양심상의 갈등이 존중받을 만한 것인지'를 판단함에 있어서, 의무의 이행을 거부하는 채무자가 계약의 체결 시 양심상의 갈등을 예견할 수 있었는지의 관점도 또한 중요한 역할을 한다.

(3) 良心犯의 문제

양심우호적 규범적용의 또 다른 중요한 적용영역은 소위 양심범에 대한 量刑이다. 형벌규정이 법관에게 양형의 가능성을 부여한다면, 법관은 양형에 있어서 범죄인의 양심의 자유를 고려해야 한다. 국가의 법적 평화와 타인의 법익 보호의 관점에서 볼 때, 형법의 효력이 개인의 양심의 동의여부에 달려 있을 수 없음은 물론이다. 따라서 양심범도 원칙적으로 처벌받아야 하나, 법관은 개별적인 경우의 구체적인 상황을 고려하여 양심의 자유와 국가의 형벌권 사이의 법익형량을 해야 한다. 즉 법관은 형벌권의 행사

Festschrift für J. Listl, 1999, S.229.

61) Vgl. Prueß, Alternativkommentare, Art.4, Rn.48; Mager, in: Münch/Kunig, GGK, Art.4, Rn.31.

62) Vgl. Rupp, Verfassungsprobleme der Gewissensfreiheit, NVwZ 1991, S.1037f.; Mager, in: Münch/Kunig, GGK, Art.4, Rn.51.

에 있어서 가능하면 개별적인 경우마다 범행동기에 해당하는 '양심상 결정의 윤리성'을 고려해야 한다.[63)]

타인의 생명, 신체의 자유, 재산권 등 제3자의 헌법적 법익을 보호하는 형법규범에 대한 위반은 양심에 따른 행위의 경우에도 그 위법성이 조각되지 않는다. 그러나 범죄행위의 동기로서 양심상 결정이 행위의 책임성이나 양형의 범주에서 고려될 수 있다.[64)] 법규범에 합치하는 행위를 기대할 수 있는 가능성이 전혀 없는 특수한 상황에서는, 양심상 결정이 예외적으로 책임성 조각사유로 인정될 수 있다. 그러나 일반적인 경우에는 행위의 주관적 비난가능성으로서의 책임이 조각되는 것은 아니지만, 범인의 의사와 관계없이 발생한 갈등상황에서 행한 범죄의 경우, 특히 부작위범의 경우 형의 감경이 고려될 수 있다.

양심의 자유와 법적 의무의 충돌이 법질서에 미치는 영향이 제한적일수록, 범인의 범행동기의 윤리성이 높을수록, 범인이 자신의 의도와 관계없이 양심상의 갈등상황에 처하고 갈등상황의 발생에 대하여 아무런 영향을 미칠 수 없을수록,[65)] 형법상의 책임성 판단이나 양형에 있어서 양심상 결정이 피고인에게 유리한 요소로서 고려되어야 한다.[66)] 이러한 점에서 볼 때, '여호와의 증인'의 병역의무이행 거부에 대하여 개인의 양심의 자유를 전혀 고려하지 않고 법정최고형을 선고한다면, 이러한 판결은 법률의 적용에 있어서 기본권의 의미를 완전히 간과한 것으로서 위헌이다.[67)]

4. 양심실현의 자유의 보장의 정도

'어떠한 경우에 양심의 자유가 다른 헌법적 법익에 대하여 양보해야 하는지'의 문제는 '개인에게 양심실현의 자유를 허용하는 경우, 국가 및 그의 법질서가 어느 정도로

63) 같은 취지로 허영, 헌법이론과 헌법, 2000, 524면.

64) Vgl. BVerfGE 32, 98, 108; Preuß, in: Alternativkommentare, Art.4, Rn.4; Mager, in: Münch/Kunig, GGK, Art.4, Rn.50; Faller, Gewissensfreiheit und ziviler Ungehorsam, in: FS für Hildebert Kirchner, 1985, S.78; Herdegen, Gewissensfreiheit und Normativität des positiven Rechts, S.299ff.

65) '갈등 야기의 책임'에 따른 구분을 언급한 것으로는 허영, 한국헌법론, 1999, 379면.

66) Vgl. Mager, in: Münch/Kunig, GGK, Art.4, Rn.50.

67) Vgl. BVerfGE 32, 98, 108ff., 종교상의 이유로 모든 의료조치를 거부하는 부부의 경우, 妻가 출산 중 시급히 수혈을 요하는 상황에서 스스로의 결정으로 수혈을 거부하였고 이에 夫가 妻에게 수혈을 받도록 설득하지도 않았기 때문에 그 결과 妻가 사망하였다. 이 사건에서 법원은 夫가 구조행위를 하지 않았다는 이유로 夫에게 벌금형을 선고하였는데, 독일 연방헌법재판소는 '독일 형법 제330c조의 救助不作爲罪의 해석과 적용에 있어서 양심의 자유(이 사건에서 연방헌법재판소는 종교의 자유를 심사기준으로 하여 판시하였으나, 그 법리는 양심의 자유에도 동일하게 적용된다)를 고려해야 하는데, 법원이 이를 간과하고 판단하였다'는 이유로 법원의 판결을 취소하였다. 이 사건에서 연방헌법재판소는 '처는 스스로의 결정에 의하여 수혈을 거부하였고, 부는 처의 이러한 결정을 무시하고 자신의 결정으로 대체해야 할 의무가 없을 뿐 아니라, 오히려 부부는 서로 상대방의 생과 사에 관한 진지한 결정을 존중해야 하고, 동일한 믿음을 가진 부부가 서로에게 신앙에 근거한 수혈거부행위의 위험성을 확인시킴으로써 결국 서로 각자의 신앙을 포기하도록 설득할 것을 국가공동체는 요구할 수 없기 때문에, 처의 결정을 존중하려는 부의 행위는 형법적으로 비난할 여지가 없다'고 판시하였다.

이를 견디어 낼 수 있는지'의 문제와 表裏關係에 있다. 국가가 개인의 양심실현의 자유를 존중할 수 있는지의 문제는, 양심의 실현이 작위에 의하여 아니면 부작위에 의하여 이루어지는지, 양심실현의 자유를 존중하여 법질서의 위반에 대하여 예외를 허용하는 것이 국가공동체와 법질서의 존속을 근본적으로 문제 삼는지, 법질서와의 충돌에서 발생하는 양심상 갈등의 강도 등의 관점에서 판단되어야 한다. 이러한 관점을 하나씩 살펴보면 다음과 같다.

첫째, 일반적으로 국가가 양심실현의 자유를 허용할 수 있는 정도는 '법적 의무의 이행을 거부하는지, 즉 양심에 반하는 행위를 강요받지 아니할 자유가 문제되는지'(부작위의 자유) 아니면 '양심상의 결정을 적극적인 행위를 통하여 실현하려고 하는지'(작위의 자유)에 따라 다르다.[68] 법적 의무의 이행거부는 단지 수동적인 부작위에 그친다는 점에서, 일반적으로 타인의 법익을 직접 침해하는 것도 아니고 공익을 크게 저해하지도 않기 때문에 법질서에 미치는 영향이 상대적으로 적다. 따라서 국가가 의무이행의 거부를 관용할 수 있는 여지가 있다.

이에 대하여 적극적인 행위를 통하여 양심을 관철하려는 대부분의 경우, 타인의 법익을 직접 침해하고 법질서에 대한 파괴효과가 지대하기 때문에, 일반적으로 국가의 법질서가 견디어 낼 수 있는 한계를 넘어선다. 이러한 경우, 국가가 관용을 보일 수 있는 여지가 지극히 제한될 뿐 아니라, 오히려 타인의 법익보호와 법질서의 유지를 위하여 그러한 행위를 징계해야 할 필요성이 강하게 나타난다.

둘째, 법질서의 복종의무에 대한 예외의 허용은 국가의 존립을 위해하지 않는 경우에만 가능하다. 인간의 생명과 신체를 훼손당하지 않을 자유, 국가의 존립, 법적 평화와 국가안보는 국가의 근본적이고 최종적 존립목적으로서, 국가는 어떠한 경우라도 이러한 법익을 포기할 수 없다.[69] 따라서 이러한 중대한 법익은 양심의 자유라 하더라도 원칙적으로 넘을 수 없는 헌법상의 한계이며, 국가가 관용을 보일 수 없는 영역이자 양심실현의 자유가 양보를 해야 하는 영역이다.

국가공동체 및 법질서의 존속이 문제되지 않는다면, 양심의 자유는 규범적 명령을 준수해야 하는 의무로부터 부분적인 면제를 허용해 줄 것을 요청할 수 있다. 국가가 절대로 포기할 수 없는 근본적인 영역이 아닌 한, 국가는 개인의 양심을 존중하기 위하여 관용과 의무면제의 가능성이 존재하는지를 판단해야 한다. 법질서는 원칙적으로 합헌적

---

68) Vgl. Arndt, Das Gewissen in der oberlandesgerichtlichen Rechtsprechung, NJW 1966, S.2205f.; Bethge, Gewissensfreiheit, in: Isensee/Kirchhof, HbStR, Bd.Ⅵ, 1989, §137, S.459; Luhmann, Die Gewissensfreiheit und das Gewissen, AöR 90(1965), S.282f.; 물론 이러한 기준은 절대적인 것이 아니라 법익형량과정에서 고려할 수 있는 하나의 중요한 관점이다. 법적 의무의 구체적 성격에 따라, '부작위에 의한 양심실현'이 '작위에 의한 양심실현'보다도 공익과 법질서를 위해하는 경우도 있다.

69) Vgl. Böckenförde, Das Grundrecht der Gewissensfreiheit, VVDStRL 28(1970), S.59f.; Bethge, Gewissensfreiheit, in: Isensee/Kirchhof, HbStR, Bd.Ⅵ, 1989, §137, Rn.30.

법률과 그에 근거한 법적용기관의 결정에 대한 복종을 요구하지만, 예외적인 경우 양심의 자유는 법질서의 준수의무로부터의 면제나 법복종의무의 위반 시 가해지는 국가적 징계의 경감이나 면제를 가져 올 수 있다.

셋째, 국가의 법적 의무의 부과로 인하여 '양심에 반하는 행위를 강요받지 아니 할 자유'가 문제되는 경우, 법질서의 강제에 의하여 양심상의 결정을 유지하려는 개인에게 발생하는 '양심상 갈등의 정도'는, '양심에 반하는 행동을 스스로 하도록 강요받는지' 아니면 '양심에 반하는 행동이 타인에 의하여 대체될 수 있기 때문에, 타인이나 국가의 개입에 의하여 강제적으로 양심에 반하는 행동이 이루어질 수 있는지'에 따라 다르다.[70)]

예컨대, 병역의무나 선서의무, 고지의무와 같이, 법적 의무의 성격상 국민이 자신 스스로의 행동을 통하여 이행해야 하는 의무의 경우, 개인이 겪는 양심상의 갈등이 크다는 점에서 특히 관용이 요청된다.

이에 대하여 양심상의 이유로 납세의무의 이행을 거부하거나 또는 보호자가 자녀의 생명이 달린 치료에 대한 동의를 거부하는 경우, 법질서가 요구하는 행동이 제3자나 국가에 의하여 법원의 명령이나 조세의 강제징수의 형태로 대체될 수 있다. 이러한 경우, 국가의 법질서가 개인에게 양심에 반하는 행동을 강요하는 것이 아니라, 이미 양심을 보호하는 다른 대체행위 가능성을 제공하고 있는 것이다.[71)] 양심의 자유는 단지 자신이 직접 양심에 반하는 행위를 하도록 강요받는 것을 금지하는 것이지 제3자가 이를 대신하는 것까지 금지하는 것은 아니다. 양심상의 이유로 납세의무의 이행을 거부하는 자는 자신의 행동을 통한 자발적인 납부를 거부할 수 있다. 그러나 그 대신 대체행위로서 국가에 의한 강제징수를 감수해야 한다.

V. 양심의 자유에 관한 헌법재판소의 주요결정 및 그 문제점

1. 주요결정 요지

가. 헌재 1991. 4. 1. 89헌마160 결정(사죄광고제도)[72)]

헌법 제19조는 "모든 국민은 양심의 자유를 가진다."라고 하여 양심의 자유를 기본권의 하나로 보장하고 있는바, 여기의 양심이란 세계관·인생관·주의·신조 등은 물론, 이에 이르지 아니하여도 보다 널리 개인의 인격형성에 관계되는 내심에 있어서의

---

70) Böckenförde, Das Grundrecht der Gewissensfreiheit, VVDStRL 28(1970), S.61f.
71) 조세의 납부를 거부하는 행위는 이미 위 Ⅱ. 2. 나. (3)에서 서술한 바와 같이 양심의 자유에 의하여 보호되지 않으나, 설사 이를 보호범위에 포함시킨다 하더라도, 국가는 '강제징수'란 대체행위의 가능성을 통하여 납세자의 양심의 자유를 보호하고 있다.
72) 필자에 의한 별도의 편집 없이 결정이유에서 그대로 인용함(판례집 3, 149, 153-154).

가치적·윤리적 판단도 포함된다고 볼 것이다. 그러므로 양심의 자유에는 널리 사물의 시시비비나 선악과 같은 윤리적 판단에 국가가 개입해서는 안 되는 내심의 자유는 물론, 이와 같은 윤리적 판단을 국가권력에 의하여 외부에 표명하도록 강제 받지 않는 자유, 즉 윤리적 판단사항에 관한 침묵의 자유까지 포괄한다고 할 것이다. … 그런데 사죄광고제도란 타인의 명예를 훼손하여 비행을 저질렀다고 믿지 않는 자에게 본심에 반하여 깊이 "사과한다."하면서 죄악을 자인하는 의미의 사죄의 의사표시를 강요하는 것이므로, 국가가 재판이라는 권력작용을 통해 자기의 신념에 반하여 자기의 행위가 비행이며 죄가 된다는 윤리적 판단을 형성 강요하여 외부에 표시하기를 명하는 한편, 의사·감정과 맞지 않는 사과라는 도의적 의사까지 광포시키는 것이다. 따라서 사죄광고의 강제는 양심도 아닌 것이 양심인 것처럼 표현할 것의 강제로 인간 양심의 왜곡·굴절이고 겉과 속이 다른 이중인격 형성의 강요인 것으로서 침묵의 자유의 파생인 양심에 반하는 행위의 강제금지에 저촉되는 것이며, 따라서 우리 헌법이 보호하고자 하는 정신적 기본권의 하나인 양심의 자유의 제약이라고 보지 않을 수 없다.

나. 헌재 1997. 3. 27. 96헌가11 결정(음주측정에 응할 의무)[73)]

양심이란 인간의 윤리적·도덕적 내심영역의 문제이고, 헌법이 보호하려는 양심은 어떤 일의 옳고 그름을 판단함에 있어서 그렇게 행동하지 아니하고는 자신의 인격적인 존재가치가 허물어지고 말 것이라는 강력하고 진지한 마음의 소리이지, 막연하고 추상적인 개념으로서의 양심이 아니다. 음주측정에 응해야 할 것인지, 거부해야 할 것인지 그 상황에서 고민에 빠질 수는 있겠으나, 그러한 고민은 선과 악의 범주에 관한 진지한 윤리적 결정을 위한 고민이라 할 수 없으므로, 그 고민 끝에 어쩔 수 없이 음주측정에 응하였다 하여 내면적으로 구축된 인간양심이 왜곡·굴절된다고 할 수 없다.

따라서 음주측정요구와 그 거부는 양심의 자유의 보호영역에 포괄되지 아니하므로, 주취운전의 혐의자에게 주취여부의 측정에 응할 의무를 지우는 도로교통법 규정은 양심의 자유를 침해하는 것이라 할 수 없다.

다. 헌재 1998. 7. 16. 96헌바35 결정(국가보안법상의 불고지죄)[74)]

헌법 제19조가 보호하고 있는 양심의 자유는 양심형성의 자유와 양심적 결정의 자유를 포함하는 내심적 자유(forum internum)뿐만 아니라, 양심적 결정을 외부로 표현하고 실현할 수 있는 양심실현의 자유(forum externum)를 포함한다고 할 수 있다. 내심적 자유, 즉 양심형성의 자유와 양심적 결정의 자유는 내심에 머무르는 한 절대적 자유라고

---

73) 필자에 의한 별도의 편집 없이 결정이유에서 그대로 인용함(판례집 9-1, 245, 263-264).
74) 필자에 의한 별도의 편집 없이 결정이유에서 그대로 인용함(판례집 10-2, 159, 166-167).

할 수 있지만, 양심실현의 자유는 타인의 기본권이나 다른 헌법적 질서와 저촉되는 경우 헌법 제37조 제2항에 따라 국가안전보장 · 질서유지 또는 공공복리를 위하여 법률에 의하여 제한될 수 있는 상대적 자유라고 할 수 있다. 그리고 양심실현은 적극적인 작위의 방법으로도 실현될 수 있지만 소극적으로 부작위에 의해서도 그 실현이 가능하다 할 것이다.

그런데 국가보안법 제10조가 규정한 불고지죄는 국가의 존립과 안전에 저해가 되는 타인의 범행에 관한 객관적 사실을 고지할 의무를 부과할 뿐이고 개인의 세계관 · 인생관 · 주의 · 신조 등이나 내심에 있어서의 윤리적 판단을 그 고지의 대상으로 하는 것은 아니므로, 양심의 자유 특히 침묵의 자유를 직접적으로 침해하는 것이라고 볼 수 없을 뿐만 아니라, 국가의 존립 · 안전에 저해가 되는 죄를 범한 자라는 사실을 알고서도 그 것이 본인의 양심이나 사상에 비추어 범죄가 되지 아니한다거나 이를 수사기관 또는 정보기관에 고지하는 것이 양심이나 사상에 어긋난다는 등의 이유로 고지하지 아니하는 것은 결국 부작위에 의한 양심실현 즉 내심의 의사를 외부에 표현하거나 실현하는 행위가 되는 것이고, 이는 이미 순수한 내심의 영역을 벗어난 것이므로 이에 대하여는 필요한 경우 법률에 의한 제한이 가능하다 할 것이다. 그리고 여러 가지 국내외 정세의 변화에도 불구하고 남 · 북한의 정치 · 군사적 대결이나 긴장관계가 여전히 존재하고 있는 우리의 현실, 불고지죄가 보호하고자 하는 국가의 존립 · 안전이라는 법익의 중요성, 범인의 친족에 대한 형사처벌에 있어서의 특례설정 등 제반사정에 비추어 볼 때, 이 사건 심판대상이 양심의 자유를 제한하더라도 그것이 과잉금지의 원칙이나 기본권의 본질적 내용에 대한 침해금지의 원칙에 위반된 것이라고 볼 수 없다.

2. 비판

가. 양심의 개념, 양심의 자유의 보호범위 및 기본권의 주체

(1) 양심의 자유에 관한 종래의 결정을 보면, 헌법재판소가 양심의 개념을 어떻게 이해하고 양심의 자유의 보호범위를 어떻게 설정하고 있는가 하는 것이 불분명하다.

'사죄광고 결정' 및 '불고지죄 결정'에서는 양심을 "세계관 · 인생관 · 주의 · 신조 등을 비롯하여 널리 개인의 인격형성에 관계되는 내심에 있어서의 가치적 · 윤리적 판단"으로 정의함으로써 양심을 매우 넓게 이해하고 있다. 헌법재판소가 초기의 결정부터 양심의 자유를 내심(양심형성)의 자유뿐만 아니라 양심실현의 자유도 포함되는 것으로 판단하였다는 점을 감안한다면, 위와 같은 정의에 따른 양심의 자유란, 결국 '자신의 인생관이나 가치관, 사상을 형성하고 그에 따라 행동할 자유'를 보장하는 것이 된다. 그러나 '자신의 결정에 따라 표현하고 집회에 참가하고 직업을 행사하는 등 행동하는 자유'는 이미 다른 개별기본권에 의하여 보장되고 있다.

따라서 양심의 자유가 기본권의 체계 내에서 그에게 부여된 고유한 기능을 담당하도록 다른 기본권의 보호범위와 경계를 설정하는 것이 필요하다. 양심의 자유가 보장하는 바는, 국가가 부과하는 법질서의 명령과 자신의 양심상 명령 사이에서 인격의 정체성을 유지하기 위하여 갈등하는 개인에게 양심에 반하는 행위를 강요하지 않고자 하는 것이다. 이러한 점에서 양심은 '음주측정거부 결정'(위 V. 1. 나.)에서 정의한 바와 같이, "선과 악의 범주에 관한 진지한 윤리적 결정"이라고 좁게 정의하는 것이 타당하며, 이에 따라 양심의 자유가 적용되는 범위는 '도덕적 존재로서의 개인의 정체성이 위협받는 상황'에 제한되어야 한다.

(2) 음주측정을 거부하는 경우나 타인에 대한 명예훼손으로 인하여 법원이 명하는 사죄광고를 거부하는 경우, 법질서의 명령과 충돌하는 양심상의 명령이 존재하지 않기 때문에, 양심의 자유의 문제가 아니다. 양심의 자유가 문제되기 위해서는, 음주측정에 응하는 것이나 사죄광고를 하는 것이 종교적이나 윤리적인 확신에 반하는 것이라는 수긍할만한 주장이 가능해야 하는데, 위와 같은 경우 이러한 주장을 납득할 수 있게끔 하는 것이 사실상 불가능하다. 음주측정이나 사죄광고를 거부하는 것은 양심상의 명령에 의한 것이 아니라 단지 법질서의 명령에 따르기 싫다는 것에 불과하다.

특히 사죄광고를 거부하는 경우, '잘못한 것이 없기 때문에 사과할 수 없다'는 것 그 자체만으로는 자신을 구속하는 윤리적 명령, 즉 양심상의 명령을 구성할 수 없으므로, 양심상의 갈등상황을 야기하지 않는다.[75] 양심의 자유가 보호하고자 하는 갈등상황은 본인의 의사와 관계없이 법질서에 의하여 강요된 상황에 있으며, 양심의 자유의 고유한 기능이란 국가에 의하여 일방적으로 강요된 갈등상황에 대한 방어에 있다. 그러나 음주운전이나 명예훼손 등의 능동적인 행위를 통하여 법질서를 위반함으로써 법질서와의 갈등상황을 스스로 야기한 자에게 법질서 위반의 결과를 책임져야 하는 과정에서 기본권적 보호를 제공하고자 하는 것은 헌법상 양심의 자유의 기능이 아니라고 할 것이다.

(3) 양심의 자유가 보장하고자 하는 것이 고유한 인격의 정체성 유지라는 점에 비추어 볼 때, 언론기관에 대한 사죄광고 명령은 언론의 공적 과제의 이행을 위한 보도활동의 범주 내에서 이루어지는 것으로서, '개인적 인격의 정체성 유지'와는 아무런 관계가 없다. 즉, 신문사의 사죄광고 게재로 인하여 그 기사를 작성한 언론인의 윤리적 정체성이 진지하게 위협받을 가능성은 없는 것이다. 사죄광고가 법인인 신문사의 이름으로 게재되며 사죄광고의 실질적 주체도 타인의 명예를 훼손하는 기사를 작성한 '언론인'이 아니라 '신문사'라는 점도 사죄광고의 문제가 개인적 양심의 문제가 아니라는 것을 뒷받침

75) 같은 견해로는 최대권, 양심의 자유와 사죄광고, 7면 이하.

한다. 사죄광고의 게재에 있어서 문제되는 것은 언론의 자유로운 보도활동을 위축시킨다는 점에서 언론기관과 언론인의 '언론의 자유'에 대한 제한의 문제이지, 개인적 양심에 대한 제한의 문제가 아닌 것이다. 이러한 관점에서 볼 때, 헌법재판소는 사죄광고 사건에서 양심의 자유가 아니라 '언론의 자유'를 침해된 기본권으로서 판단하는 것이 타당하였다고 생각된다.[76)]

나아가, 양심의 자유의 보호법익이 '개인의 윤리적 정체성·동질성'이라는 점에 비추어, 양심의 자유의 주체는 오로지 자연인이다.[77)] 양심의 자유는 그 성격상 인간 누구에게나 인정되는 인권으로서 외국인도 기본권의 주체가 된다. 양심이란 항상 자주적 인격체의 단독적인 윤리적 결정이기 때문에, 단체에 의하여 집단적으로 행사될 수 있는 종교의 자유와는 달리, 양심의 자유는 고도의 개인적 권리이며, 따라서 단체나 법인은 기본권의 주체가 될 수 없다. 그렇다면 헌법재판소의 결정이유와는 달리, 사죄광고의 주체인 신문사는 양심의 자유를 주장할 수 없다.

나. 양심의 자유의 보장내용

(1) 헌법재판소는 '사죄광고 결정'(위 V. 1. 가.)에서, 개인의 윤리적 판단에 국가가 개입해서는 안 되는 '내심의 자유'와 이와 같은 윤리적 판단을 국가권력에 의하여 외부에 표명하도록 강제 받지 않는 '침묵의 자유'로 양심의 자유의 내용을 구분하면서 '양심에 반하는 행위를 강제 받지 아니 할 자유'를 '침묵의 자유'의 한 내용으로 보았다. 그러나 '불고지죄 결정'(위 V. 1. 다.)에서는 양심의 자유를 내심의 자유인 '양심형성의 자유'와 양심의 결정을 외부로 표현하고 실현하는 '양심실현의 자유'로 구분하면서 양심실현의 자유는 적극적인 작위에 의한 양심실현과 소극적인 부작위에 의한 양심실현을 포함한다고 판시하였다. 사죄광고 결정 등 종래의 결정과 달리, '불고지죄 결정'은 양심의 자유의 포괄적인 내용을 모두 포함하도록 적절한 기준에 의하여 구분하였고, 특히 양심실현의 자유에는 '부작위에 의한 양심실현의 자유'뿐만 아니라 '작위에 의한 양심실현의 자유'도 포함된다고 밝힌 데 그 의미가 크다.

헌법재판소는 '사죄광고 결정'에서 양심의 자유의 내용을 크게 '내심의 자유'와 '침묵의 자유'로 구분하였는데, 이러한 구분은 양심의 자유의 보장내용을 제대로 반영하지 못한다. 헌법재판소가 '불고지죄 결정'에서 판시한 바와 같이, 양심의 자유란 크게 '양심형성의 내부 영역과 형성된 양심을 실현하는 외부 영역' 또는 '형성의 영역과 실현의

---

76) 유사한 취지로 최대권, 양심의 자유와 사죄광고, 12면; 한편 허영, 사죄광고와 양심의 자유, 법률신문 1991. 7. 15. 15면에서 양심의 자유와 언론의 자유를 함께 제한된 기본권으로 보고 있다.

77) 최대권, 양심의 자유와 사죄광고, 15면 이하; 계희열, 고시연구 1997. 6., 85면; 권영성, 헌법학원론, 1995, 428면; 김철수, 헌법학개론, 2001, 579면; vgl. Bethge, Gewissensfreiheit, in: Isensee/Kirchhof, HbStR, Bd.VI, 1989, §137, Rn.5.

영역'으로 나누어 볼 수 있기 때문에, 그 내용도 또한 마찬가지로 인간의 내부영역에서 양심을 형성하는 '양심형성의 자유'와 양심을 외부에서 실현하는 모든 자유영역을 포함하는 '양심실현의 자유'로 구분하는 것이 타당하다고 본다.

(2) 헌법재판소가 '사죄광고 결정'에서 언급하는 '沈默의 自由'란 '양심을 외부에 표명하도록 강제 받지 아니 할 자유'인데, 이러한 내용의 침묵의 자유는 '양심에 반하는 행동을 강요받지 아니 할 자유'(부작위에 의한 양심실현의 자유), '양심에 따른 행동을 할 자유'(작위에 의한 양심실현의 자유)를 포괄하는 상위개념이 되기에는 너무 협소하다. 뿐만 아니라, 일반적으로 양심의 자유가 외부영역에서 문제되는 경우란 국가가 양심에 반하는 행위명령이나 금지명령을 부과함으로써 개인에게 양심에 반하는 작위나 부작위를 강제하는 상황이며, 그 반면에 침묵의 자유가 보호하고자 하는 상황인 '양심을 표명하도록 강제 받는 상황'이란 법치국가의 현실에서 지극히 예외적으로 발생한다는 점을 감안한다면,[78] 양심의 자유의 보호범위 중에서 침묵의 자유는 거의 현실적 의미가 없다.[79] 이러한 점에서, '침묵의 자유'는 양심실현의 자유를 대신하는 용어가 될 수 없음은 물론이고, 양심실현의 자유의 내용 중에서도 큰 의미가 없는 단지 일부분에 해당하는 것으로 독자적인 위치를 차지하기에는 실질적 중요성이 없는 자유영역이다.

따라서 헌법재판소는 양심의 자유의 보호범위를 설명함에 있어서 '내심의 자유'와 '침묵의 자유'가 아니라 '양심형성의 자유'와 '양심실현의 자유'로 구분하는 것이 양심의 자유의 내용을 보다 타당하게 표현하는 것이라고 생각된다.

다. 양심실현의 자유의 보장 문제

(1) 헌법재판소는 '불고지죄 결정'(위 V. 1. 다.)에서 국가의 안전에 저해가 되는 죄를 범한 자라는 사실을 알고서도 이를 수사기관에 고지하는 것이 양심에 어긋난다는 이유로 고지하지 않는 것은 부작위에 의한 양심실현이라고 판단하였고, 이어서 중대한 공익인 국가 안보와 개인의 양심의 자유의 법익교량 결과 양심의 자유에 대한 제한은 정당하다고 판시하였다.

본범과 친족관계에 있거나 친구관계에 있는 자에게 본범의 범행을 국가기관에 고지해야 하는 상황은 고지의무가 부과된 자에게 양심상의 갈등을 야기하는 전형적인 경우이다. 이러한 상황에서는 '친족이나 친구를 고지할 수 없다'는 양심상의 결정과 '친족이나 친구의 범행을 고지해야 한다'는 법질서의 명령이 서로 충돌한다. 친족이나 친구의

78) 양심을 표명하도록 강제당하는 상황으로서 예컨대, 일제 때 기독교인을 가리기 위하여 강요한 '십자가 밟기'와 같이 행동을 통하여 양심을 간접적으로 표명할 것을 강요하는 상황을 상정할 수 있는데, 이러한 상황이란 오늘날 법치국가에서는 양심의 자유가 제한되는 전형적인 경우가 아니라 거의 발생할 수 없는 예외적 현상에 속한다.

79) '침묵의 자유'에 관하여 자세한 것은 위 Ⅲ. 2. 나.(양심표명의 자유) 참조.

범행을 고지해야 하는 상황은 개인의 윤리적 정체성에 대한 중대한 위기상황에 해당하며, '친족이나 친구를 고지할 수 없다'는 결정은 양심상의 심각한 갈등 없이는 그에 반하여 행동할 수 없는 진지한 윤리적 결정인 것이다. 이와 같은 경우에 개인에게 그가 스스로 초래하지 않은 갈등 상황에서 그의 양심의 목소리를 따를 수 있는 가능성을 부여하고자 하는 것이 바로 양심의 자유이다. 고지의무의 이행을 거부하는 것은 '법질서에 의하여 양심에 반하는 행동을 강요당하지 아니 할 자유', '양심에 반하는 법적 의무를 이행하지 아니 할 자유', 즉 부작위에 의한 양심실현의 자유에 해당한다.

(2) '법률이 양심의 자유를 침해하는지'의 문제는 '입법자가 법률의 제정 시 법익교량과정에서 양심의 자유를 보호해야 하는 의무를 이행하였는지'의 문제, 구체적으로 '입법자가 양심의 자유를 고려하는 특례규정을 두더라도 고지의무의 부과를 통하여 실현하려는 공익을 달성할 수 있는지'를 판단하는 문제이다. 입법자는 공익이나 법질서를 저해하지 않는 범위 내에서 법적 의무를 대체하는 다른 가능성이나 법적 의무의 개별적인 면제와 같은 대안을 제시함으로써 양심상의 갈등을 완화해야 할 의무가 있으며, 이러한 가능성을 제공할 수 없다면 적어도 의무위반 시 가해지는 처벌이나 징계에 있어서 그의 경감이나 면제를 허용함으로써 양심의 자유를 보호할 수 있는 여지가 있는가를 살펴보아야 한다.

국가가 양심실현의 자유를 어느 정도로 보장할 수 있는지, 역으로 어느 정도로 제한할 수 있는지의 문제는 '개인에게 양심실현의 자유를 허용하는 경우, 국가가 어느 정도로 이를 견디어 낼 수 있는지'의 판단에 달려 있다. 일반적으로 국가가 양심실현의 자유를 허용할 수 있는 정도를 판단함에 있어서, 무엇보다도 '개인이 소극적으로 법적 의무의 이행을 거부하는지 아니면 양심상 결정을 적극적 행위를 통하여 실현하려고 하는지', '법질서의 복종의무에 대한 예외를 허용하는 것이 국가의 존립이나 국가안보와 같은 포기할 수 없는 법익을 위해하는지'의 관점이 중요한 기준으로 고려될 수 있다.[80)]

이러한 기준에 의한다면, 고지의무의 이행거부는 법이 명하는 작위의무를 이행하지 않은 부작위범이라는 점에서 작위범 보다 법질서의 파괴효과가 적고, 양심상의 갈등상황이 개인의 의사와 관계없이 개인이 아무런 영향을 행사할 수 없는 상황에서 발생했다는 점, 즉 외부에 의하여 갈등상황이 강요되었다는 점에서, 국가가 의무이행의 거부를 관용할 여지가 있다. 그러나 다른 한편으로는 불고지죄의 보호법익이 국가의 존립·안전이나 자유민주적 기본질서이므로, 이와 같은 중대한 법익은 양심의 자유라 하더라도 원칙적으로 넘을 수 없는 한계이자 국가가 관용을 보일 수 없는 영역을 의미한다.

그럼에도 불구하고 친족관계에 있는 자의 범행을 고지할 의무를 부과하는 것은, 국

80) 이에 관하여 위 Ⅳ. 4. 참조.

가가 보호해야 할 혼인과 가정생활(헌법 제36조 제1항)의 사실적 성립기초를 뒤흔드는 것이자 인간의 본성에 반하는 것으로서 '행위의 기대가능성'이 없으며, 본범과 친족관계에 있는 자에게 예외를 허용하더라도 국가공동체나 법질서의 존립이 근본적으로 문제되지 않는다는 점에서, 적어도 친족의 범행에 대한 고지의무의 부과는 입법과정에서나 개별적인 범죄에 대한 법관의 책임성 및 양형의 판단과정에서 달리 취급될 것이 요청된다.

따라서 이러한 경우, 입법자는 친족의 양심의 자유를 보장하기 위하여 고지의무로부터의 면제나 아니면 적어도 고지의무의 위반 시 가해지는 처벌의 경감이나 면제의 가능성을 규정해야 한다. 그런데 국가보안법상의 불고지죄는 그 단서조항에서 "다만, 본범과 친족관계에 있을 때에는 그 형을 감경 또는 면제할 수 있다."는 특례규정을 통하여 친족의 양심상 갈등을 특별히 배려하는 규정을 두고 있으므로, 양심실현의 자유에 대한 제한은 비례의 원칙에 위반되는 과도한 제한이라 볼 수 없다.

(3) 물론, 양심은 지극히 주관적인 현상으로서 양심갈등의 발생여부를 사전에 예측하기 어려울 뿐만 아니라 모든 법규범의 경우에 개인적 양심갈등의 현상이 발생할 수 있다는 점에서, 양심을 배려하는 특례규정을 두어야 하는 입법자의 의무는 원칙적으로 부과될 수 없다.[81)]

그럼에도 친족의 범행을 고지하는 것을 인간에게 기대할 수 없다는 점, 헌법 스스로 혼인과 가족생활을 보호해야 할 국가의 의무를 부과하고 있다는 점에서 보더라도, 친족에 대한 고지의무의 부과는 양심상의 갈등을 해소하는 대안의 제시 없이는 양심의 자유에 대한 침해를 인정할 수 있는 예외적인 경우, 즉 입법자가 양심갈등의 가능성을 사전에 충분히 예측할 수 있고 공익실현이나 법질서를 저해함이 없이도 대안의 제시가 가능하다는 것이 명백한 경우에 해당하는 것으로 볼 수 있다.

이에 대하여 친족 외에, 고지의무의 부과로 인하여 양심의 갈등에 빠지는 자의 양심의 자유는 입법자에 의하여 특례규정의 형태로 고려될 것을 요청할 수는 없고, 법을 적용하는 법관에 의하여 책임성과 양형의 판단과정에서 고려되어야 한다. 예컨대, 본범이 친구이기 때문에 고지의무를 이행하지 않은 자의 경우, 범행동기에 해당하는 양심상 결정의 윤리성이 적어도 양형단계에서 피고인에게 유리한 요소로서 고려되어야 한다.

Ⅵ. 맺는말

1. 양심은 자주적·도덕적 인격의 최상의 또는 최종적 윤리적 심급으로서 인격의 정체성·동질성을 심각하게 위협받고 있는 상황에서 비로소 문제된다. 양심의 자유가 보

---

81) 이에 관하여 위 Ⅳ. 3. 나. 참조.

호하고자 하는 바는 양심의 불가침성, 즉 개인의 윤리적 정체성·동질성의 보장이다. 양심의 자유에 의하여 내심의 결정에 근거한 인간의 모든 행위가 보호받는 것이 아니라 '양심상의 명령에 근거한 행위'만이 보호된다. '양심상의 결정'이란, 선과 악의 기준에 따른 모든 진지한 윤리적 결정으로서, 구체적인 상황에서 개인이 이러한 결정을 자신을 구속하고 무조건적으로 따라야 하는 것으로 받아들이기 때문에, 양심상의 심각한 갈등이 없이는 그에 반하여 행동할 수 없는 것을 말한다.

개인의 기본권으로서의 '양심의 자유'의 핵심적 내용은 국가에 의하여 강요된 갈등상황에 대한 방어적 기능이다. 양심의 자유가 그 현실적 기초를 두고 있는 위험 상황이란, 양심의 갈등에 빠진 개인의 예외적 상황이며, 이러한 정신적 갈등상황에서 자신의 인격적 정체성을 유지하기 위하여 법질서에 대한 복종을 거부하는 개체의 상황이다. 양심의 자유란 개인에게 그가 스스로 초래하지 않은 갈등 상황에서 그의 양심의 목소리를 따를 수 있는 가능성을 부여함으로써, 국가에 의하여 강요된 양심상의 갈등상황을 방어할 수 있는 권리를 부여하는 기본권이다.

2. 개인의 방어권으로서의 양심의 자유는 국가의 관점에서는, 국가가 법질서 내에서 개인의 양심상 결정을 어느 정도로 존중하는지의 '관용의 문제'를 의미한다. 국가는 양심의 자유를 주장하여 법질서에 대한 복종을 거부하는 국민에게 관용을 보임으로써 '법질서는 모든 국민에 의하여 존중되고 준수되어야 한다'는 원칙에 대한 예외를 인정하는 것이다. 따라서 양심의 자유를 어느 정도로 보장할 수 있는지의 문제는 국가가 민주적 공동체의 다수결정과 달리 생각하고 달리 행동하고자 하는 소수의 국민에 대하여 어느 정도까지 국가의 체제와 법질서를 유지하면서도 관용을 베풀 수 있는지의 문제이다. 어떠한 기본권도 법질서에 대하여 개별적인 '예외의 허용'을 요구하지 않는다는 점에서, 양심의 자유의 이러한 특수성은 양심의 자유를 이해하는 출발점이자 그 보장의 한계이다.

양심의 자유란, 국가의 법질서와 개인의 양심상 결정이 충돌하는 경우 국가에게 '관용의 원칙을 실현해야 할 의무', 구체적으로 양심상 갈등을 완화할 수 있는 가능성을 제공해야 할 의무를 부과하는 기본권이다. 양심의 자유는 일차적으로 입법자에 대한 요청으로서, 가능하면 양심의 자유가 보장될 수 있도록 법질서를 형성해야 할 의무를 부과한다. 법질서에 대하여 '예외의 허용' 또는 '관용의 실천'을 요구하는 양심의 자유의 특수성에 비추어, '법률이 양심의 자유를 침해하는지'의 문제는 '법률이 양심의 자유를 과잉으로 침해하는지의 문제'가 아니라 '입법자가 양심의 자유를 고려해야 할 의무를 제대로 이행했는지'의 문제로 귀결된다. 자유권에서 파생하는 '기본권 보호의무'와 마찬가지로, 입법자에 의한 '양심 보호의무'의 이행은 '관용의 원칙의 실현여부'에 관한 것이기 때문에, 권력분립과 민주주의원칙의 관점에서 입법자에게 의무이행과 관련하여 광범위한 형성권이 부여된다. 그 결과 헌법재판소는 의무이행의 위반이 명백한 경우에 한하여 양심의 자유에 대한 침해를 확인할 수 있다.

따라서 헌법이 예외적으로 스스로 대안을 제공할 것을 명시적으로 규정하고 있거나, 또는 입법자가 양심갈등의 발생 가능성을 사전에 충분히 예측할 수 있었고 공익실현이나 법질서를 저해함이 없이도 대안의 제시가 가능하다는 것이 명백한 경우에 한하여, 양심을 보호하는 대안을 제시해야 할 구체적인 입법자의 의무가 인정된다. 입법자가 공익이나 법질서를 저해함이 없이 양심의 자유를 보호하는 대안을 제시할 수 있음에도 대안을 제시하지 않는다면, 이러한 경우 입법자는 양심의 자유를 위헌적으로 침해하게 되는 것이다. 따라서 헌법재판소는 입법자의 의무이행 여부를 단지 제약적으로만 심사할 수 있다.

3. 결국, 양심의 자유를 보호하는 과제는 실질적으로 입법자가 아니라 법을 적용하는 법원과 행정청으로 轉移되었으며, 양심의 자유와 법질서간의 법익교량의 문제는 양심의 갈등이 발생한 개별 사건에서의 구체적인 법적용과정에서 법률의 해석과 적용을 통하여 해결해야 할 문제가 되었다. 따라서 헌법상 양심의 자유의 본질적 기능은 법적용기관에 대한 *良心友好的 法適用*의 요청이라고 할 수 있으며, 양심의 자유가 보장하고자 하는 바는 결국 합헌적인 법률의 적용과정에서 발생하는 국가의 강제에 대한 방어라고 할 수 있다. 법관이나 행정청과 같은 법적용기관은 법규범의 해석이나 재량의 행사에 있어서 가능하면 양심의 자유를 실현할 수 있는 방향으로 법률을 해석·적용해야 하며, 특히 형법의 영역에서 양심우호적 법적용의 요청은 소위 '良心犯'과 관련하여 책임성의 판단이나 양형에 있어서 중대한 의미를 가진다.

참고문헌

강경근, 양심의 자유와 사상전향제도, 고시연구 1991. 8.
계희열, 양심의 자유, 고시연구 1997. 6.
권영성, 헌법학원론, 1998
김철수, 헌법학개론, 2001
최대권, 양심의 자유와 사죄광고, 서울대 법학 1998. 11.
______, 헌법학강의, 2001
한수웅, 헌법소송을 통한 사회적 기본권 실현의 한계, 인권과 정의 1997. 1.
______, 입법부작위에 대한 헌법소원, 현대 헌법학 이론(이명구박사 화갑기념논문집), 1996
허　영, 헌법이론과 헌법, 2000
______, 한국헌법론, 1999
홍성방, 양심의 자유, 고시연구 2000. 1.

Arndt, Das Gewissen in der oberlandesgerichtlichen Rechtsprechung, NJW 1966
Bäumlin, Das Grundrecht der Gewissensfreiheit, VVDStRL 28(1970)
Bethge, Gewissensfreiheit, in: Isensee/Kirchhof(Hg), Handbuch des Staatsrechts (HbStR), Bd.Ⅵ, 1989, §137
Böckenförde, Das Grundrecht der Gewissensfreiheit, VVDStRL 28(1970)
Eckertz, Die sekularisierte Gewissensfreiheit, Der Staat 1986
Faller, Gewissensfreiheit und ziviler Ungehorsam, in: FS für Hildebert Kirchner, 1985
Herdegen, Gewissensfreiheit und Normativität des positiven Rechts, 1989
Herzog, Die Freiheit des Gewissens und der Gewissensverwirklichung, DVBl 1969
______, in: Maunz/Dürig(Hg), GG, 1997, Art.4
W. Kluth, Das Grundrecht der Gewissensfreiheit und die allgemeine Geltung der Gesetze, in: Festschrift für J. Listl, 1999
Luhmann, Die Gewissensfreiheit und das Gewissen, AöR 90(1965)
Mager, in: Münch/Kunig(Hg), Grundgesetz Kommentar (GGK), 5. Aufl. 2000, Art.4
Muckel, Die Grenzen der Gewissensfreiheit, NJW 2000
Podlech, Das Grundrecht der Gewissensfreiheit und die besonderen Gewaltverhältnisse, SzöR. Bd. 92, 1969
Preuß, in: Alternativkommentare (AK-GG), 1989, Art.4
H. H. Rupp, Verfassungsprobleme der Gewissensfreiheit, NVwZ 1991
Scholler, Gewissen, Gesetz und Rechtsstaat, DÖV 1969

제3절 표현의 자유

제1주제

표현의 자유와 명예의 보호*

–한국, 독일과 미국에서의 명예훼손 법리에 관한 헌법적 고찰과 비판을 겸하여–

Ⅰ. 머리말

헌법은 제21조 제1항에서 언론·출판의 자유를 국민의 기본권으로서 보장하면서, 같은 조 제4항에서 "언론·출판은 타인의 명예나 권리 또는 공중도덕이나 사회윤리를 침해하여서는 아니 된다. 언론·출판이 타인의 명예나 권리를 침해한 때에는 피해자는 이에 대한 피해의 배상을 청구할 수 있다."고 하여 개인의 명예를 표현의 자유에 대하여 한계를 설정하는 헌법상의 법익으로 명시하고 있다.

명예훼손적 발언이 사적인 범위에서 행해진다면 일반적으로 그러한 발언은 제3자에 의하여 진지하게 받아들여지지 아니하고 그 효과도 작은 인적 범위에 제한되지만, 파급효과가 큰 언론보도를 통하여 명예가 침해되는 경우, 당사자가 입는 피해는 막심하며, 언론보도로 인하여 한 인간이 지금까지 조성해온 사회적 주변 환경을 하루아침 사이에 박탈당할 수도 있다. 더욱이 문제되는 것은, 언론보도에 의한 침해효과가 도덕적 가치를 높게 평가하는 양심적인 사람에게 더욱 크다는 것이다. 이들에게 명예는 자유보다도 소중하고, 때로는 목숨보다도 소중할 수 있다.

---

* 위 논문은 2005년 4월, 저스티스(한국법학원), 제84호, 21-52면에 게재된 것을 일부 수정한 것이다.

한편, 명예를 훼손당하는 자는 명예를 침해하는 공격자에 대하여 처음부터 구조적으로 열세에 있다. 공격자는 자신의 자유를 능동적으로 행사하여 타인의 명예를 침해하는 시기, 방법, 정도 등을 결정하지만, 명예를 훼손당하는 자는 우선 일방적으로 당한 후 비로소 자신을 수동적으로 방어해야 한다. 게다가 명예에 의한 침해가 막강한 언론 매체를 통하여 공적으로 행해지는 경우, 언론에 자유롭게 접근할 수 없는 피해자의 열세는 거의 숙명적이다.

명예를 손상당한 자가 명예회복을 위한 구제수단을 밟는다고 하더라도, 피해자의 구조적 열세는 마찬가지이다. 명예를 훼손당한 자가 민·형사적 구제절차를 밟는 경우, 소송을 통하여 언론의 명예훼손적 발언이 또 한 번 일반 대중의 주목을 받게 되고, 이로써 명예훼손의 효과는 더욱 지속성을 띠게 된다. 즉 구제절차를 밟음으로써 오히려 그가 의도하는 바와는 정반대의 효과를 보게 되는 경우가 드물지 않으며, 결국 명예훼손을 당하여 그 불을 끄고자 하는 것이 오히려 '불에 기름을 붓는 꼴'이 되고 마는 것이다. 따라서 명예가 손상된 자는 이를 감수하는 것이 오히려 현명할 수도 있다. 그러나 다른 한편으로는 당사자가 소송을 제기하지 않는다면, 그에 대한 언론보도가 진실이라는 것을 인정하는 것으로 외부에 받아들여지게 된다. 결국, 언론에 의하여 한번 보도되면, 피해자가 어떠한 조치를 취하든 간에 회복이 불가능한 명예 침해를 받게 되며 권리구제절차를 통해서도 제대로 보호받을 수 없는 상황에 처하게 된다. 더욱이 언론보도의 진실성 여부에 관한 입증책임이 명예훼손적 사실주장을 하는 자가 아니라 피해자에게 돌아가는 경우, 피해자의 구조적 열세 및 무기의 불평등은 더욱 深化된다.

'표현의 자유와 명예 보호'와 관련하여 수많은 문헌이 있으나, 종래의 문헌은 주로 미국의 판례를 소개하거나 미연방대법원의 법리를 바탕으로 표현의 자유를 일방적으로 강조하는 입장을 취하는 것이 대부분이었다. 이 글에서는 개인의 명예가 침해당하는 경우 일방적으로 표현의 자유에 우위를 부여하는 견해의 문제점을 지적하는데 그 주안점을 두고, 우선 명예의 보호의 헌법적 의미와 중요성을 확인한 뒤(아래 Ⅲ.), 표현의 자유와 명예 보호가 충돌하는 경우 법익형량의 원칙으로 적용되는 미국 연방대법원의 '표현의 자유의 우위 원칙'(아래 Ⅳ. 1.), 독일 연방헌법재판소의 '공적 토론의 경우 표현의 자유의 우위 추정의 원칙'(아래 Ⅳ. 2.), 영국의 '인격권 우위의 원칙'(아래 Ⅳ. 3.)을 살펴본 다음, 이어서 우리 헌법재판소의 판례, 특히 '김일성 사망 애도 편지 사건'에서의 판시 내용에 관하여 비판적으로 검토해 보기로 한다(아래 Ⅳ. 4.).

Ⅱ. 표현의 자유와 명예 보호의 관계

1. 兩 기본권의 차이점

'명예'란, 표현의 자유, 직업의 자유, 종교의 자유 등과 같이 개인의 자유영역이나 자기결정의 영역을 국가의 간섭과 침해로부터 보호하는 기본권이 아니라, 인간의 생명권이나 신체불가침권과 유사하게 객관화될 수 있는 실질적 보호법익을 가진 기본권이다. 그러나 다른 한편으로는, 인간의 생명이나 신체의 불가침성은 기본권의 주체가 존재함으로써 그 자체로서 존재하는 반면, 개인의 명예는 사회적 접촉을 통하여 타인과의 관계에서 형성되는 것으로서, 자신의 인격에 대한 타인의 평가 및 그 표현을 통하여 오로지 타인과의 관계에서만 존재하는 것이다. 즉 명예란, 자신의 인격에 대한 사회적 평가라고 말할 수 있고, 명예훼손이란 사회적 평가를 저하시키는 행위를 말한다.

명예는 타인의 기본권행사에 의하여 침해되거나 위협받는 경우에 비로소 법적으로 문제되고 의미를 가지게 된다. 이러한 관점에서 볼 때, '표현의 자유'와 '명예' 사이에는 근본적인 차이가 있다. 표현의 자유는 기본권의 주체에 의하여 적극적으로 행사되는 반면, 명예는 타인의 침해에 대하여 소극적으로 보호되고 방어된다. 명예는 행사하는 것이 아니라 보호받는 법익이기 때문에, 자신의 명예를 주장하는 자는 필연적으로 수동적·방어적 위치에 있게 된다.[1] 국가가 직접 공권력의 행사를 통하여 개인의 명예를 침해하는 예외적인 경우를 제외한다면, 개인의 명예에 대한 침해는 일반적으로 사인에 의한 침해이다. 그러므로 표현의 자유의 행사에 의하여 타인의 명예가 침해되는 경우, 제한되는 개인의 자유와 기본권의 제한을 통하여 달성하려는 국가 공익과의 비교형량의 문제가 아니라, 기본권 주체간의 분쟁이며 기본권 충돌의 문제인 것이다.

2. 방어권과 보호의무

따라서 기본권으로서의 명예가 문제되는 대부분의 경우, 국가 對 개인의 관계가 문제되는 것이 아니라, 표현의 자유를 행사함으로써 타인의 명예를 손상시키는 기본권의 주체(가해자)와 자신의 명예가 침해당하였기 때문에 이를 방어하고자 하는 기본권의 주체(피해자) 그리고 국가의 삼각관계가 문제된다. 이 경우, 2인의 기본권 주체가 서로 분쟁관계에 있게 되며, '국가와의 관계에서' 각자 자신의 기본권을 주장할 수 있다.

타인의 명예를 침해하는 자는 가능하면 국가의 간섭을 받지 않고 자신의 생각과 의견을 자유롭게 표현하려고 하는 반면, 피해자는 국가에게 자신의 명예를 보호하고 가해

1) Vgl. Isensee, Grundrecht auf Ehre, in: Festschrift für Kriele, 1997, S.39f.

자가 그의 자유행사에 있어서 헌법적으로 허용된 범위를 넘지 않도록 제재해 줄 것, 즉 국가의 간섭을 요구하는 것이다. 즉, 가해자는 국가권력에 대하여 자신의 對國家的 防禦權을 주장함으로써 자신의 자유행사에 대하여 간섭하지 말 것, 즉 '소극적 不作爲'를 요구하는 반면, 피해자는 국가에 대하여 보호의무의 이행을 주장함으로써 그 의무의 실현을 위한 '적극적인 행위', 즉 자신의 명예 보호를 위하여 간섭해 줄 것을 요구하는 것이다. 방어권은 국가로부터의 침해를 방지하는 것을 그 목적으로 하며, 반면에 보호의무는 사인으로부터의 침해를 방지하는 것을 그 목적으로 한다.[2)]

방어권으로서의 '표현의 자유'는 법률의 매개 없이 그 자체로서 국가권력을 직접 구속하지만, 이에 대하여 '명예의 보호'라는 국가의 기본권보호의무의 이행은 법률에 의한 매개를 필요로 한다. 즉, 명예에 관한 기본권이 표현의 자유에 대한 한계로서 기능하기 위해서는 입법자에 의한 구체적 형성, 즉 법률을 필요로 하는 것이다. 따라서 명예 보호는 일차적으로 명예를 보호하는 법률을 제정하는 입법자와 그 법률을 적용하는 법적용기관의 과제이다. 입법을 통하여 비로소 명예를 침해하는 자에 대하여 법적 구속력 있는 금지명령이 규정되고, 행정청과 법원에게 징계조치를 취할 수 있는 권한이 부여된다.[3)] 법률은 방어권인 '표현의 자유'에 대하여는 기본권의 한계로서 작용하지만, '명예 보호'에 대하여는 기본권보호의 수단이자 매개체로서 작용한다.

법원은 법적용기관으로서 헌법의 구속을 받고, 법률의 해석과 적용에 있어서, 특히 해석을 통하여 개괄조항이나 불확정 법개념 등을 구체화하는 과정에서 기본권을 비롯한 헌법의 기본결정을 내용적 지침으로서 고려해야 한다. 이에 따라 법원은 명예훼손적 표현을 계기로 명예를 보호하는 법률을 해석·적용하는 경우, 한편으로는 '표현의 자유'와 관련하여 가능하면 자유를 적게 제한할 것을 요구하는 '과잉제한금지의 원칙'을 헌법적 지침으로 삼아야 하고, 다른 한편으로는 '명예 보호'와 관련하여 국가가 개인의 명예를 너무 적게 보호해서는 안 된다는 '과소보호금지의 원칙'을 헌법적 지침으로 삼아야 한다.

Ⅲ. 명예 보호의 헌법적 근거 및 의미

1. 명예 보호의 헌법적 근거

헌법 제10조의 행복추구권은, 개인이 자신의 인격을 자유롭게 발현할 수 있고 자신의 삶을 스스로 독자적으로 형성할 수 있는 권리를 보장하는 포괄적인 자유권이다.[4)] 인

2) 보호의무에 관하여 한수웅, 입법부작위에 대한 헌법소원, 현대헌법학이론, 이명구교수 화갑기념논문집, 1996, 710면 이하 참조.

3) 명예를 보호하는 입법은 구체적으로, 명예훼손죄와 같은 형법규정, 명예훼손적 발언의 취소를 구하는 청구권, 명예침해행위를 사전적으로 방지하는 부작위청구권, 불법행위로 인한 손해배상청구권과 같은 사법적 규정, 반론보도청구권과 같은 언론법적 규정 등으로 나타난다.

간이 인격을 자유롭게 발현하기 위해서는 자신이 원하는 대로 행동할 자유가 보장되어야 할 뿐만 아니라 개인이 인격을 자유롭게 발현할 수 있는 상태도 보장되어야 하므로, 행복추구권은 인격발현의 적극적 요소로서 '일반적 행동자유권'과 인격발현의 소극적 요소로서 '일반적 인격권'을 그 보장내용으로 하고 있다. 즉 인격의 자유로운 발현은 그의 기본조건으로서, '인간의 행위에 대한 보호'와 '인간의 사실적 · 법적 상태에 대한 보호'라는 이중적인 보호를 필요로 하는 것이다.

일반적 인격권의 보장내용은 '사생활의 보호'와 '社會的 人格像에 관한 자기결정권'으로 나누어 볼 수 있다.[5] 인격의 자유로운 발현이 가능한 상태가 확보되기 위해서는, 한편으로는 인간이 독자적인 개성을 자율적으로 형성할 수 있는 개인적 생활영역인 '사생활의 보호'를 필요로 한다. 다른 한편으로는, 개인의 인격은 외부세계의 영향을 배제하는 사생활영역뿐 아니라 사회 내에서 외부세계와의 접촉과 교류를 통하여 형성되고 발현되므로, 자유로운 인격발현을 위해서는 '사생활의 보호' 외에도 개인을 외부와의 관계, 즉 사회적 또는 공적 영역에서도 보호하는 다른 요소가 부가적으로 보장되어야 한다. 다시 말하자면, 인격의 자유로운 발현이 가능한 상태가 확보되기 위해서는, 개인이 자신의 사생활영역을 외부에 공개할 것인지에 관하여 결정할 권리뿐만 아니라, 외부세계에 묘사되는 자신의 사회적 인격상에 관하여 스스로 결정할 권리가 함께 보장되어야 하는 것이다.[6] 개인의 인격은 사생활영역뿐만 아니라 사회 내에서, 즉 외부세계와의 접촉과 상호작용을 통하여 형성되고 발현되므로, 세상에 자신이 어떻게 묘사되는지에 관하여 결정할 권리는 개인이 외부 세계와의 관계에서 사회적으로 활동하면서 자신의 인격을 발현하기 위한 기본조건의 보장에 관한 것이다.

사회적 인격상에 관한 자기결정권에 속하는 것으로서, 명예의 보호를 비롯하여, 초상권, 성명권 및 자기가 한 말에 대한 권리, 언론보도에 의한 인격상의 왜곡에 대하여 방어할 수 있는 반론보도청구권, 사회에 복귀할 전과자의 권리 등을 들 수 있다. 이로써 명예의 보호는 헌법 제10조의 행복추구권과 인간의 존엄성 보장에 그 헌법적 근거를 두고 있는 '일반적 인격권'으로부터 파생하는 기본권이다.

2. 민주주의에서 명예 보호의 헌법적 의미

명예의 보호는 사회 내에서 개인의 인격을 발현하기 위한 기본조건을 보장함으로써 인격의 자유로운 발현과 인간의 존엄성 보장에 기여하는 기본권일 뿐만 아니라, 또한

---

4) 행복추구권의 법적 성격 및 그 보장내용에 관하여 자세하게, 한수웅, 헌법상의 인격권, 헌법논총 제13집(2002), 626면 이하, 637면 이하 참조.

5) 이에 관하여 자세하게 한수웅, 헌법상의 인격권, 헌법논총 제13집(2002), 641면 이하 참조.

6) 사회적 인격상에 관한 자기결정권에 관하여 한수웅, 헌법상의 인격권, 헌법논총 제13집(2002), 643면 이하, 660면 이하 참조.

민주주의의 실현에 기여하는 기본권이기도 하다.

명예의 보호도 표현의 자유와 마찬가지로 민주주의를 구성하는 요소이다.[7)] 일반 국민의 관심사에 관하여 공적으로 입장을 밝힘으로써 공적 토론에 참여하는 자는 그의 공적인 입장표명에 대하여 언론이나 타인으로부터 공적인 반응이 나오리라는 것을 예상해야 한다. 그런데 이와 같은 공적 반격에 의하여 명예가 침해되는 경우 법공동체에 의하여 개인의 명예가 보호되리라는 것을 신뢰할 수 있다면, 개인은 이러한 위험을 감수하고 공동체의 여론 형성에 참여하려고 할 것이다. 그러나 개인이 법질서에 의한 명예보호를 신뢰할 수 없다면, 그는 공적 토론에 참여함으로써 예측할 수 없는 위험에 처하게 된다. 더욱이, 명예를 보다 중시하기 때문에 타인의 명예훼손적 공격에 대하여 민감한 사람에게는 이러한 위험은 보다 위협적으로 작용할 것이고, 차라리 공적 토론의 과정에 참여하는 것을 포기하게끔 할 수 있다.[8)]

그렇다면, 명예훼손적 표현에 대하여 엄격한 기준을 적용하여 제재를 가하는 경우에만 표현의 자유에 대한 위협적 효과가 발생하는 것이 아니라,[9)] 명예 보호가 제대로 이루어지지 않는 경우에도 표현의 자유에 대하여 동일하게 위협적 효과가 발생하는 것이다.[10)] 명예가 제대로 보호받지 못하는 사회에서는 개인의 명예가 훼손되더라도 司法的으로 이에 대하여 방어할 가능성이 거의 없다는 것을 일반 국민이 알기 때문에, 많은 사람이 자신의 솔직한 발언을 꺼리거나 포기하든지 또는 사회가 요구하는 바를 고려하여 자기 내부의 검열을 거쳐 발언을 하게 된다. 국가가 자신의 명예를 보호해 주리라는 믿음이 존재하지 않는 사회에서, 개인이 공적 토론에 참여하는 것이나 다수의 의견과 다른 견해를 공적으로 표명하는 것은 용기를 필요로 할 뿐만 아니라 큰 위험부담을 안고 있기 때문에 일반 국민은 이를 주저하게 되며, 결국 다양한 사고의 자유로운 경합을 통하여 진리를 발견하고자 하는 민주적 의견형성과정이 크게 저해된다. 이러한 사회에서는 정치적 영역에서의 표현의 자유가 타인의 법익을 고려하지 않고 자신의 견해를 관철하고자 하는 개인이나 강력한 언론매체, 사회단체의 전유물이 될 위험이 있다.

그러므로 명예가 제대로 보호되지 않는 사회에서는 명예를 침해당한 자가 구체적 개별사건에서 명예를 보호받지 못한다는 것을 넘어서, 일반국민에 미치는 전반적인 파급

---

7) Vgl. Kriele, Ehrenschutz und Meinungsfreiheit, NJW 1994, S.1898; Isensee, Grundrecht auf Ehre, in: Festschrift für Kriele, 1997, S.37; Schmitt Glaeser, Meinungsfreiheit, Ehrenschutz und Toleranzgebot, NJW 1996, S.878; Ossenbühl, Medien zwischen Macht und Recht, JZ 1995, S.636.

8) 그러나 이러한 경우 더욱 문제되는 것은, 위와 같은 사람들은 일반적으로 명예를 보다 중시하는 사람들이며 법과 정의, 진실에 대한 감각이 남보다 뚜렷한 사람들이기 때문에, 이들의 적극적인 참여가 민주주의의 발전을 위하여 보다 요청되고 바람직하다는 것이다.

9) 표현의 자유에 대한 위축 효과에 관하여 아래 Ⅳ. 2. 가. (2) 참조.

10) Vgl. Kriele, Ehrenschutz und Meinungsfreiheit, NJW 1994, S.1898; Isensee, Grundrecht auf Ehre, in: Festschrift für Kriele, 1997, S.37; Schmitt Glaeser, Meinungsfreiheit, Ehrenschutz und Toleranzgebot, NJW 1996, S.878; Ossenbühl, Medien zwischen Macht und Recht, JZ 1995, S.636.

효과, 즉 민주주의의 불가결한 요소인 '자유로운 의견교환과정에 대한 위축 효과'가 발생한다. 결국, 법공동체가 개인의 명예를 제대로 보호하지 못한다는 것은, 공적 생활 또는 공적 토론에 적극적으로 참여할 의사가 있는 많은 사람들이 민주적 의사형성과정에 참여하는 것을 막는 결과를 가져오는 것이다. 이러한 관점에서 명예의 보호는 자유로운 의견표명에 대한 한계일 뿐 아니라 동시에 민주주의를 구성하는 중요한 요소인 것이다.[11] 따라서 효과적인 명예 보호도 표현의 자유와 동등하게 민주주의가 제대로 기능하기 위한 기본조건에 속한다.

Ⅳ. 표현의 자유와 명예 보호의 법익형량의 문제

표현의 자유를 제한하는 법규정의 해석과 적용에 있어서, 제한되는 '표현의 자유'와 그 법규정에 의하여 보호되고 실현되는 '법익' 사이의 비교형량이 이루어진다. 표현의 자유와 충돌하는 법익은 명예의 보호뿐만 아니라 청소년 보호, 재산권, 직업의 자유, 行刑, 기업 내의 평화 등 다양하다. 표현의 자유와 명예의 보호가 서로 충돌하는 경우, 헌법상 양 법익간의 우위관계가 존재하는지 또는 법익교량의 일반적 기준이 존재하는지의 문제가 제기된다.

1. 미국 연방대법원의 '표현의 자유의 優位 原則'

가. 표현의 자유의 一般的 優位

'표현의 자유의 우위 원칙'이란, 표현의 자유와 명예 보호가 서로 충돌하는 경우 상충하는 법익간의 교량이 개별적인 경우마다 구체적으로 이루어지는 것이 아니라, 표현의 자유가 인격권에 일반적으로 우선한다는 원칙에 따라 법익교량이 이루어지는 것을 말한다. 미연방대법원은 판례를 통하여 '공적인 토론의 경우, 표현의 자유가 명예의 보호에 대하여 우위를 차지한다'는 원칙을 확립하였다.[12]

---

11) Vgl. Schmitt Glaeser, Glaeser, Meinungsfreiheit, Ehrenschutz und Toleranzgebot, NJW 1996, S.879.

12) 표현의 자유와 명예 보호에 관한 미연방대법원의 판례 경향에 관하여 vgl. Grimm, Die Meinungsfreiheit in der Rechtsprechung des Bundesverfassungsgerichts, NJW 1995, S.1701f.; Stadler, Persönlichkeitsrecht contra Medienfreiheit - Zivilrechtliche Aspekte der Kontroverse in den U.S.A., JZ 1989, S.1084ff.; Stürner, Die verlorene Ehre des Bundesbürgers, JZ 1994, S.868ff.; Frowein, Reform durch Meinungsfreiheit, AöR 105(1980), S.176f.; Kommers, Kann das Deutsche Verfassungsrechtsdenken Vorbild für die Vereinigten Staaten sein?, Der Staat 1998, S.344f.; Kübler, Öffentlichkeit als Tribunal? -Zum Konflikt zwischen Medienfreiheit und Ehrenschutz -, JZ 1984, S.542, 545; 한국문헌으로는 염규호, 공직자와 명예훼손 -미국 언론법의 '현실적 악의'를 중심으로-, 언론중재 1999년 겨울호, 82면 이하 및 언론중재 2000년 봄호, 62면 이하; 한위수, 공인에 대한 명예훼손의 비교법적 일고찰, 저스티스 2002/10, 131면 이하; 김민중, 원고의 신분과 명예훼손법리의 적용, 언론중재 2000년 여름호, 18면 이하.

(1) 표현의 자유와 명예 보호가 충돌하는 경우[13]: 現實的 惡意의 原則

(가) 미국에서는 19세기 초부터 명예훼손적 출판물에 의한 언론의 책임은 영국에서와 마찬가지로 무과실책임 또는 엄격책임(strict liability)의 원칙에 의하여 판단되었다.[14] 오늘의 영국법제가 아직도 고수하는 바와 같이, 언론의 명예훼손적 발언은 私法上 위험성 폭발물이나 위험한 동물과 같은 차원에 있는 것으로 간주되어, 언론은 자신의 행위에 대하여 무과실책임을 져야 했다. 즉, 원고는 단지 그의 명예를 훼손하는 사실이 주장되었다는 것만을 주장하면 되었고, 피고가 자기 주장의 진실성을 입증할 수 없거나 특별한 면책특권(Privilege)을 주장할 수 없는 경우에는 그의 책임여부와 관계없이 손해배상을 명하였다. 그 경우 원고는 그의 손해를 주장할 필요도 입증할 필요도 없이 손해는 추정되었다. 원고의 악의(malice)가 인정되는 경우에는 징벌적 손해배상도 명할 수 있었다,

그러나 1964년의 연방대법원 판결(New York v. Sullivan)은 명예훼손 법제의 결정적인 전환을 가져 왔다.[15] 원래 19세기 초 이래 적용되던 common law에 의하면 명예훼손적 주장이 허위라는 것이 원고에게 유리하게 추정되기 때문에, 진실성의 입증은 피고가 손해배상청구에 대항하는 전통적인 방어수단이었다. 따라서 원고는 사실의 허위성을 주장만 할 뿐, 입증할 필요가 없었다. 그러나 위 판결에 의하여 입증책임이 원고에게 부과되었다. 위 판결에서 원고에게 '現實的 惡意'(actual malice)의 존재에 대한 입증책임을 전가한다는 것은, '사실주장이 객관적으로 허위라는 것도 원고가 입증해야 한다'는 것을 그 전제로 한다. 즉 원고는 '피고가 허위사실을 현실적 악의를 가지고 주장했다'는 것을 입증해야 한다.[16]

(나) 표현의 자유를 규정하는 수정헌법 제1조는 1791년에 제정되었으나, 언론의 私法上 책임과 관련해서는 1964년의 위 판결에서 비로소 결정적인 역할을 하게 되었다. 연방대법원은 위 판결에서, '공직자'(public official)에 대하여 그의 직무와 관련되어 명예훼손적인 허위사실이 주장된다면, 언론이 '現實的 惡意'(actual malice)를 가지고, 즉 그 사실이 허위인 것을 알면서 또는 진위여부에 관한 무모할 정도의 무관심을 가지고[17]

---

13) 표현의 자유가 공익과 충돌하는 경우, 미연방대법원은 Schenck 사건[Schenck v. U.S., 249 U.S. 47(1919)] 이후 '명백하고 현존하는 위험'(clear and present danger)의 기준을 적용하고 있다. 그러나 표현의 자유가 명예 보호와 충돌하는 경우, 즉 기본권과 기본권이 서로 충돌하는 경우에는 위 기준을 적용하지 않고 있다, 명백하고 현존하는 위험의 기준과 관련된 미연방대법원 판례의 변화에 관하여 vgl. Frowein, Reform durch Meinungsfreiheit, AöR 105(1980), S.172ff.; 한국문헌으로는 예컨대 권영성, 헌법학원론, 2003, 485면 이하.

14) Vgl. Stadler, Persönlichkeitsrecht contra Medienfreiheit – Zivilrechtliche Aspekte der Kontroverse in den U.S.A., JZ 1989, S.1086; 염규호, 공직자와 명예훼손 –미국 언론법의 '현실적 악의'를 중심으로–, 언론중재 1999년 겨울호, 85면 참조.

15) New York v. Sullivan, 376 U.S. 254(1964)

16) Vgl. Stadler, Persönlichkeitsrecht contra Medienfreiheit – Zivilrechtliche Aspekte der Kontroverse in den U.S.A., JZ 1989, S.1090f.

17) 한국 문헌에서는 일반적으로 '현실적 악의'로 번역하나, 'actual malice'란 사실이 허위인줄 알면서도 허위사

보도하였다는 것을 공직자가 입증하는 경우에만 손해배상을 받을 수 있다고 판시하였다. 위 판결에서 연방대법원은 종래 표현의 자유에 대한 제한의 위헌여부를 판단하는 심사기준인 '명백하고도 현존하는 위험'의 기준을 적용하지 않았고, 그 대신 민주주의에서 언론의 자유와 여론형성과정의 중요성 및 그 보장의 필요성을 강조하였다. 연방대법원은 '현실적 악의'의 요건을 공직자(공무원과 공직에 출마한 후보자)뿐만 아니라 일반적으로 '公的 人物'(public figure), 즉 그의 지위나 특정 사건으로 인하여 공적 관심의 대상이 된 모든 사람에게도 확대하여 적용하였다.[18]

그 이후 연방대법원의 판례는 우선적으로 '공적 인물'이라는 원고의 지위를 기준으로 삼으면서도, 한편으로는 판결이유에서 '공적 관심사에 관한 토론의 경우 언론은 보다 보호받아야 한다'는 방향으로 점차 발언의 내용을 고려하는 경향을 보이다가, 1971년의 판결에서 피해자의 지위가 아니라 발언내용에 따라 구분하는 '공적 관심사'(public interest)의 기준으로 심사기준을 전환함으로써, 언론의 자유가 극대화되는 소위 '언론의 황금시대'를 맞게 되었다.[19] 이에 따라 사인의 경우에도 보도내용이 공적 관심사에 해당하는 한, 사인인 피해자가 언론의 '현실적 악의'를 입증해야 한다고 판시함으로써, 피해자의 지위가 아니라 보도내용의 성격을 결정적인 기준으로 삼는 '공적 관심사'의 기준을 확립하였다. 이로써, 언론이 단지 공적 관심사에 관하여 보도한다는 것만으로 언론의 책임을 현저하게 제한하는 '현실적 악의' 요건의 적용을 받게 되었다.

그러나 1974년 연방대법원은 'Gertz v. welch 사건'에서 '공적 관심사'의 기준을 포기하고, 다시 '공적 인물과 사인'이라는 피해자의 지위에 따른 구분을 기준으로 삼아 판단하는 종래의 판례로 회귀하였다.[20] 이러한 판례의 전환을 가져온 근본적인 이유는, 사인은 공적 인물과는 달리 언론매체에 접근할 수 있는 가능성을 가지고 있지 않으며, 스스로 자발적으로 일반 국민의 주목을 받고자 한 것이 아니라는 것에 있다. 'Gertz v. welch 사건'에서 밝힌 기본원칙은 지금까지 명예훼손적 사실주장을 판단하는 결정적인 기준이 되고 있다.

(2) 미국에서의 명예 보호에 관한 법제: 公的 人物과 私人의 구분

미국에서의 명예 보호에 관한 법제의 기본출발점은 '공적 인물'(public figure)과 '사인'(private person)의 구분이다. 원고가 공적 인물 또는 사인인지에 따라 피고에게 인정되어야 하는 책임의 형태가 달라진다. 또한, 연방대법원의 판례에 의하면 의견표명은

실을 주장하거나, 조금만 주의를 기울여도 사실이 허위라는 것을 알 수 있음에도 불구하고 주장의 진실여부를 전혀 고려하지 않는 경우를 말하는 것으로서, 인식의 문제이지 이를 넘어 피고에게 손해를 입히려는 악의의 문제가 아니다.

18) Curtis Publishing Co. v. Butts, 338 U.S. 130(1967).

19) Rosenbloom v. Metromedia, 403 U.S. 29(1971), 구체적인 판결내용에 관하여 한위수, 공인에 대한 명예훼손의 비교법적 일고찰, 저스티스 2002/10, 136면 참조.

20) Gertz v. welch, 418 U.S. 323(1974), 구체적인 판결내용에 관하여 한위수, 위 논문, 137면 참조.

거의 절대적인 보호를 받으므로, 명예훼손적 표현이 사실주장(fact)인지 또는 의견(opinion)인지의 구분도 중요하다.

(가) 事實主張의 경우, 미연방대법원은 공적 인물과 사인을 구분하여 타인을 비하하는 발언을 그에 따라 달리 판단하였다.

공적 인물의 경우 그의 직무와 관련되어 명예훼손적인 허위사실이 주장된다면, 언론이 '현실적 악의'를 가지고 허위사실을 주장하는 경우에 한하여 손해배상의 청구가 가능하며, 명예를 훼손당한 공적 인물이 이를 입증해야 한다. 이 경우, 손해는 추정되고(presumed damages) 'jury'에 의하여 평가되는데, '현실적 악의'가 인정된다면 항상 징벌적 손해배상(punitive damages)이 가능하다.

그에 대하여 사인의 경우, 언론이 단지 과실로 허위사실을 주장했다는 것을 입증할 수 있다면, 손해배상의 청구가 가능하다. 사인이 명예를 훼손당한 경우에는 손해가 추정되는 것이 아니라 손해의 발생을 입증하는 것이 필요하다. 단지 '현실적 악의'가 존재하는 경우에 한하여 사인의 경우에도 손해가 추정되고 징벌적 손해배상이 가능하다.

따라서 언론에 대한 소송의 승소여부는 결정적으로 원고가 '공적 인물'에 해당하는지 여부에 달려 있으며, 공적 인물의 경우 승소가능성이 매우 희박하다. 60년대 중반에서 70년대 중반까지는 그의 행위에 대하여 '공적 관심'(public interest)이 존재하는 모든 사람을 '공적 인물'로 간주했으나,[21] 그 이후 연방대법원은 언론의 광범위한 책임 면제를 다시 제한하는 방향으로 판례를 수정함으로써, '자신을 방어하기 위하여 언론매체에 대한 접근가능성을 가지고 있고 스스로 일반대중의 주목을 받도록 한 사람' 만을 '공적 인물'로 판단하였다.[22]

(나) 이와는 달리, 평가적 意見表明에 대하여는 일반적으로 명예의 보호를 거의 기대할 수 없다. 미국 수정헌법 제1조("의회는 표현의 자유나 언론의 자유 … 를 제한하는 법률을 제정해서는 안 된다.") 하에서 잘못된 사고란 있을 수 없으며, 견해가 얼마나 유해하든지 간에, 견해의 타당성을 판단함에 있어서 법관의 양심을 신뢰하는 것이 아니라 다른 사고와의 경쟁과정을 신뢰해야 한다는 것이 연방대법원의 기본입장이다.[23]

공적 인물의 경우, 개인의 평가적 의견표명은 상대방을 어느 정도로 비하하고 어떠한 손해를 입히는지와 관계없이 항상 이를 수인해야 한다. 연방대법원의 판례에 의하면 공적 인물의 경우 '비방 그 자체를 목적으로 하는 비판'에 대해서도 거의 보호를 받지 못한다.[24] 한편, 사인의 경우에는 '고의에 의한 정신적 고통'(intentional infliction of

21) Rosenbloom v. Metromedia 403 U.S. 29 (1971).
22) Gertz v. Welch 418 U.S. 323 (1974).
23) Gertz v. Welch 418 U.S. 323, 340.
24) Hustler Magazine v. Falwell, 485 U.S. 46, 'Hustler' 잡지가 일반대중에 잘 알려진 성직자 Falwell의 권위를 파괴하고 그를 위선자로 만들기 위하여, Campari 酒의 광고 선전을 변형하여 그를 술주정꾼으로 묘사하

emotional distress)의 경우, 즉 독일 법제의 '비방을 목적으로 하는 비판'과 유사한 경우에는 손해배상을 청구할 수 있다.

(다) 명예를 침해하는 언론보도에 대한 구제제도에 있어서도, 미국의 법제는 단지 금전배상청구권만을 인정할 뿐, 사전적 구제절차나 정정보도청구권, 반론보도청구권 등을 두고 있지 않다.[25] 미연방대법원의 견해에 의하면, 특히 반론권은 언론의 자유에 위반된다고 한다. 다만, 방송매체의 경우 주파수의 부족으로 인하여 인쇄매체처럼 견해의 다양성을 보장할 수 없기 때문에, 공격당하는 자에게 미리 이를 사전에 알리고 반론의 기회를 제공해야 할 의무를 부과하는 '인신공격의 원칙'(personal attack rule)은 합헌이라고 판단하였다.[26]

나. '표현의 자유의 우위' 원칙의 이념적 바탕으로서 思想의 自由市場理論

미국 연방대법원의 '표현의 자유의 優位 原則'은 소위 '思想의 自由市場理論'[27]에 그 사상적 바탕을 두고 있다. 어떠한 견해나 사상이 옳고 그른지 또는 가치 있고 가치 없는 것인지에 관하여 평가하고 결정하는 것은 일차적으로 국가권력이나 특정 사법기관이 아니라 누구에게나 개방되어 있는 사상의 자유시장이며, 비록 유해한 사상이나 표현이라도 그 해악의 교정은 국가의 개입에 의해서가 아니라 우선적으로 다양한 의견의 경합을 통하여 이루어져야 한다는 믿음이 바로 '사상의 자유시장이론'이다. 이에 따라 '사상의 자유시장이론'에는 다양한 견해의 자유경쟁이 진실을 발견하고 공익을 실현하는 방향으로 발전한다는 확고한 신념이 기초되어 있다. 표현의 자유로부터 발생하는 위험에 대처하는 유일한 처방은 '강요된 침묵'이 아니라 '보다 다양한 발언'이라는 것이다.

결국, 사상의 자유시장이론은 '자유를 통한 진리발견'의 사고이다. 진리란 국가권력, 특히 사법절차를 통하여 밝혀지는 것이 아니라, 사상의 자유시장에서 진리발견을 위한 투쟁과정인 다양한 사상 간의 자유경쟁을 통하여 실현된다는 사고이다. 진리와 자유는 상호의존관계에 있으며, 국가의 규제가 없는 상태에서 가장 잘 실현될 수 있고, 자유·

면서 자신의 母와의 근친상간을 범한 것을 인정하는 문구를 그가 말하는 것처럼 써 넣은 풍자를 게재하였고, 이에 대하여 Falwell이 제기한 소송에서, 前審法院은 '그가 비록 공적 인물에 속하지만 수인해야 할 표현의 한계를 넘었다'고 판단하였으나, 연방대법원은 '근친상간을 범하는 술주정꾼으로 풍자한 것은 상스럽고 저속하지만, 제한을 전혀 받지 않는 사상의 자유시장이 진리를 추구하고 공익실현에 기여하기 때문에 저속한 표현도 수인되어야 하며, 위 사건에서는 actual malice가 없다'고 하여 언론의 자유를 보호하였다. 연방대법원은 위 결정에서 사실주장에 의한 명예훼손의 요건인 'actual malice'를 '명예훼손'(defamation)뿐만 아니라 '프라이버시의 침해'(invasion of privacy)에도 확대하였다.

25) Vgl. Stürner, Die verlorene Ehre des Bundesbürgers, JZ 1994, S.869.

26) 그러나 이는 오늘날 방송영역에서의 기술 발전으로 인하여 설득력이 없는 논거이다.

27) Vgl. Grimm, Die Meinungsfreiheit in der Rechtsprechung des Bundesverfassungsgerichts, NJW 1995, S.1702; Stürner, Die verlorene Ehre des Bundesbürgers, JZ 1994, S.869; 한국문헌으로는 이인호, "뉴미디어의 발전과 언론자유법의 새로운 전개", 헌법논총 제8집, 1997, 374-375; 헌재 1998. 4. 30. 95헌가16, 판례집 10-1, 339-340.

진리·정의를 보장하는 것은 일차적으로 법원이 아니라 사회 스스로이며, 법원의 판결은 진리와 정의를 위한 투쟁에서 단지 하나의 경기규칙일 뿐이라는 것이다. 이러한 사고는 진리의 발견과정에 있어서 사법적 절차보다는 당연히 여론과 공개토론에 보다 큰 의미를 부여한다.

그러므로 개인의 명예 등 보호법익이 표현의 자유에 의하여 침해되는 경우에도 침해당하는 개인 스스로가 다시금 표현의 자유의 잠재적 수혜자이며, 국가에 의하여 표현의 자유가 규제되는 사회에서는 더욱 나쁜 상황에 처하게 되리라는 전제에서, 개인은 타인에 의한 표현의 자유의 행사를 원칙적으로 수인해야 한다는 것이다. 그 결과, 사상의 자유시장이론은, '표현의 자유는 인격권과 충돌하는 경우 개별적인 사건마다의 구체적인 법익형량과 관계없이 일반적인 우위를 누린다'는 '표현의 자유의 우위 원칙'으로 구체화된다.

미국의 권리구제제도에서도 언론의 자유의 총체적인 우위가 그대로 드러난다. 미국의 권리구제제도의 특징은, 국가가 언론의 자유에 대하여 직접적인 제한을 가하는 것이 아니라 단지 금전적 배상을 명함으로써 언론의 행위를 간접적으로 규제하고자 하는데 있다. 이에 따라 언론에 대한 모든 事前的 구제수단이 인정되지 않고, 사후적으로도 취소청구권과 같은 원상회복청구권이 존재하지 않는다.

다. 비판[28)]

자유를 통하여 스스로 진리에 도달한다고 하는 미국식 '표현의 자유'의 이념은 기본적으로는 타당하지만, 부분적으로 매우 불완전하며 비현실적이라는 점에서 보완의 필요성이 있다.

진리가 사회구성원 누구나의 자유행사를 통하여 실현된다고 하는 사고는, 누구나 다양한 의견과 사상의 자유로운 교환과정인 '사상의 자유시장'에 동등하게 참여할 수 있는 가능성을 가지고 있다는 것을 그 전제로 한다. 즉 누구나 사상의 자유시장에 접근할 수 있는 가능성을 어느 정도 동등하게 가지고 있는 경우에만, '사상의 자유시장이론' 또는 '자유를 통한 진리발견의 이론'이 제대로 기능할 수 있다. 따라서 사상의 자유경쟁에 참여하는 자 사이에 어느 정도의 세력균형이 이루어진 경우에만 비로소 진정한 의미의 경쟁이 가능하고, 이로써 사상의 자유시장이 기능할 수 있다. 다양한 견해가 경합하는 경우, 경쟁자 사이의 경쟁조건의 평등은 경쟁의 산물인 '진리의 타당성'을 확보하기 위한 필수조건이다. 국가가 사상의 자유시장에서 공정한 경쟁조건을 마련해 주지 않는다

28) '현실적 악의 원칙'에 대해서는 이미 미국 내에서도 많은 비판이 제기되고 있다(이에 관하여 Stadler, Persönlichkeitsrecht contra Medienfreiheit – Zivilrechtliche Aspekte der Kontroverse in den U.S.A., JZ 1989, S.1092; 염규호, 언론중재 1999년 겨울호, 84면 및 2000년 봄호 75면 이하 참조). 그러나 여기서는 개괄적이고 본질적인 비판에 한정하기로 한다.

면, 사상의 경쟁을 통하여 진리의 발견이 아니라 언론의 자유를 적극적으로 활용하는 사회적 강자의 견해만이 관철되는 결과를 가져올 뿐이다. 경쟁지상주의를 표명하면서 말(馬)이 없는 자에게도 競馬에 참여할 것을 권유하는 것은 상당히 냉소적이며 이상적인 사고이다. 다양한 사고의 자유로운 경쟁은 공정한 경쟁을 가능하게 하는 최소한의 규칙을 필요로 하며, 이에 속하는 불가결한 것이 바로 국가에 의한 적절한 명예 보호이다.

특히, 타당한 견해의 관철과 진리의 발견이라는 궁극적인 목적을 위하여 '다양한 사상의 자유로운 경쟁'이란 이념을 표현의 자유에 대한 이해의 출발점으로 삼으면서, 언론매체에의 접근가능성의 불평등을 어느 정도 해소할 수 있는 제도인 '반론보도청구권'을 위헌적인 것으로 부정하는 것은 그 출발점이나 기본이념과 부합하지 않는다.[29] 언론에 의하여 개인의 명예가 침해되는 경우, 강력한 언론기관과 명예를 침해당한 개인 사이에 존재하는 경쟁조건의 차이는 명백하며, 이러한 점에서 경쟁의 왜곡을 교정할 수 있는 최소한의 도구로서의 반론보도청구권의 근본적인 의미가 더욱 뚜렷하게 드러난다.

언론에 의하여 명예를 손상당한 자는 진리의 발견을 위한 공정한 경쟁의 관점에서 반론보도를 청구할 수 있는 권리를 가져야 한다. 언론보도를 통하여 인격권을 침해당한 자가 자기의 표현을 통하여 그 보도내용에 대처할 수 있는 '반론보도청구권'이 인정되지 않는 경우, 자유로운 의견형성과정이 저해될 뿐만 아니라, 명예가 침해된 자는 인격권과 자기결정권의 주체가 아니라 의견형성과정의 단순한 객체나 언론보도의 단순한 대상으로 전락한다. 미국의 법제는 손해배상청구권을 인정함으로써 경쟁의 왜곡을 교정하고자 시도하나, 금전배상에 의한 제재가 재정적으로 강력한 언론에 대해서는 큰 효과가 없는 반면, 재정이 취약한 언론에 대해서는 그 존립을 위협할 수도 있다는 점에서, 금전배상을 통하여 언론기관의 행위를 어느 정도로 조종하고 유도할 수 있는지 금전배상의 징계효과에 대하여 진지한 의문이 제기된다.

2. 독일 연방헌법재판소의 '公的 討論의 경우 표현의 자유의 優位 推定의 原則'

가. 개별적 경우에 대한 구체적 법익형량의 원칙

미국 연방대법원의 경우, 표현의 자유가 진실발견의 관점이나 국민주권·자기통치에 대하여 가지는 객관적인 의미를 출발점으로 삼아, 표현의 자유에 원칙적인 우위를 부여하는 일반적인 결정을 내린 반면, 독일 연방헌법재판소는 민주주의의 의견교환과정에서 차지하는 표현의 자유의 중요성을 강조하면서도, 표현의 자유에 의하여 타인의 기본권이 침해되는 경우에는 개별적 사건마다 상충하는 법익간의 구체적인 교량과정을 요청하

29) Vgl. Stürner, Die verlorene Ehre des Bundesbürgers, JZ 1994, S.875.

고 있다.[30] 이에 따라 표현의 자유와 인격권 중에서 어떠한 법익도 처음부터 일반적 우위를 주장할 수 없으나, 구체적인 법익교량과정의 지침으로서 '공적 토론의 경우에는 표현의 자유의 우위가 추정된다는 원칙'을 확립하였다.[31] 또한, 독일 연방헌법재판소는 의견표명과 사실주장을 구분하여, 가치판단적 의견표명에 대해서는 명예를 거의 보호하지 않으며, 사실주장에 대해서도 단지 제한적으로만 명예를 보호하는 판례를 형성하였다.

(1) 의견표명과 사실주장의 구분에 따른 명예 보호의 차이

(가) 의견표명과 사실주장의 구분

연방헌법재판소는 발언의 내용을 의견표명인지 아니면 사실주장인지에 따라 구분하여 법익형량의 과정에서 차이를 두고 있다.[32]

의견이란, 모든 사물과 인간에 대하여 평가적인 사고의 과정을 거친 개인의 평가적 가치판단 또는 입장표명으로서, 의견의 경우 발언자와 발언내용과의 주관적 관계가 특징적이다. 반면에, 사실주장의 경우에는 무엇인가가 객관적으로 존재하는 것으로서 주장되기 때문에, 발언자의 주관적 견해와는 관계없이 발언의 내용과 객관적인 현실과의 관계가 우선적으로 표현된다. 이에 따라 사실주장은 주장의 眞僞與否를 객관적인 사실을 근거로 하여 밝힐 수 있는 것으로 진실이거나 허위인 반면에, 의견은 진실 또는 허위인 것이 아니라 가치 있거나 가치 없는 것 또는 합리적이거나 감정적인 것이다.

발언이 의견표명인지 아니면 사실주장인지 여부가 그 성격에 있어서 불확실한 경우에는 해석을 통하여 확인되어야 한다. 발언이 내용에 있어서 빈약하거나 또는 구체적으로 파악할 수 있는 상황을 내용으로 하고 있는 것이 아니라면, 이는 가치판단이 존재한다는 것을 말하는 것이다.[33] 법질서가 '언론보도에 의한 인격권침해의 방어수단으로서의 반론권'을 사실주장에 대해서만 인정하는 경우, 의견표명과 사실주장의 구분은 특히 그 실질적 의미와 중요성을 가진다.

연방헌법재판소가 발언의 내용을 의견표명인지 아니면 사실주장인지에 따라 구분하

---

30) Vgl. Grimm, Die Meinungsfreiheit in der Rechtsprechung des Bundesverfassungsgerichts, NJW 1995, S.1702; ders. ZRP-Rechtsgespräch, ZRP 1994, S.277ff.

31) Vgl. Scholz/Konrad, Meinungsfreiheit und allgemeines Persönlichkeitsrecht, AöR 123(1998), S.102ff.; Kriele, Ehrenschutz und Meinungsfreiheit, NJW 1994, S.1898; Schmitt Glaeser, Meinungsfreiheit, Ehrenschutz und Toleranzgebot, NJW 1996, S.874; 이에 관한 한국 문헌으로는 손원선, 독일법상의 언론·출판의 자유와 명예 내지 인격권의 보호, 민사법학 17호, 1999, 432면 이하.

32) Vgl. Mager, Meinungsfreiheit und Ehrenschutz von Soldaten, Jura 1996, S.406f.; Grimm, Die Meinungsfreiheit in der Rechtsprechung des Bundesverfassungsgerichts, NJW 1995, S.1702ff.; Stürner, Die verlorene Ehre des Bundesbürgers, JZ 1994, S.867f.; Scholz/Konrad, Meinungsfreiheit und allgemeines Persönlichkeitsrecht, AöR 123(1998), S.107ff.

33) 예컨대, "군인은 살인자이다."라는 발언을 통하여 모든 또는 특정 군인이 살인죄를 범하였다는 사실을 주장하고자 하는 것이 아니라, 군인이 전쟁 상황에서 적군을 살해해야만 하는 사실을 지극히 극적이고 비판적으로 평가한 것이다(BVerfGE 93, 266, 289f.).

여 명예 보호에 있어서 차이를 두는 이유는, 표현의 자유에 의하여 '침해되는 법익에 대한 위험성의 정도'가 발언의 내용이 가치판단인지 또는 사실주장인지에 따라 상이하다고 판단하기 때문이다. 즉 가치판단적 의견표명의 경우, 발언자의 주관적 견해에 대하여 상대방이 거리를 두고 나름대로 의견을 형성하거나 자신의 의견을 유지하는 것이 용이하지만, 이와 달리 사실주장은 객관적 진실의 형태를 취하여 사실에 근거한 특별한 설득력과 증명력의 지지를 받기 때문에, 상대방이 그에 거리를 두고 독자적으로 판단하는 것이 용이하지 않으며, 발언자보다 정확한 정보를 가지고 있지 않는 한, 발언을 그대로 받아들이는 상황에 처하게 된다고 한다.[34] 이러한 점에서 사실주장은 일반적으로 발언에 의하여 침해되는 법익에 대하여 한층 더 큰 위협으로서 작용하므로, 사실주장에 대해서는 다른 법익이 보다 보호될 필요가 있다는 것이다.

(나) 가치판단적 의견표명의 경우 명예 보호

1) 위와 같은 이유에서 가치판단적 의견표명의 경우, 명예의 보호를 거의 기대할 수 없다. 다만, 발언이 인간의 존엄성을 침해하거나[35] 또는 전적으로 비방을 목적으로 하는 경우[36]에 한하여 예외적으로 인격권의 보호가 우위를 차지한다. 그러나 연방헌법재판소는 '비방을 목적으로 하는 발언'의 개념을 매우 좁게 해석함으로써, 발언이 타인을 비하하는 내용을 담고 있는 것만으로는 불충분하고, 발언이 사안에 관한 논쟁을 위한 것이 아니라 전적으로 개인에 대한 비하에 그치는 경우에 한하여 '비방을 목적으로 하는 비판'(Schmähkritik)으로서의 성격을 인정하고 있다.[37] 의견표명이 여론형성에 있어서

---

34) Vgl. BVerfGE 54, 208, 217(Böll).

35) BVerfGE 75, 369, 380(Strauß-Karikatur), 미연방대법원의 Falwell 사건과 매우 유사한 사건으로서, 어떤 풍자잡지의 만화에서 당시 바이에른 州 수상인 'Strauß'가 소송에서 승소한 것을 암시하기 위하여 그가 법복을 입은 다른 돼지들과 교미하는 돼지로 묘사되었는데, 연방헌법재판소는 Strauß의 인간존엄성을 침해하는 명예훼손을 인정하였다, 미국의 Hustler Magazine v. Falwell 사건과 독일의 Strauß Karikatur 사건을 비교한 것으로 Nolte, Falwell vs. Strauß: Die rechtlichen Grenzen politischer Satire in den USA und der Bundesrepublik, EuGRZ 1988, S.253ff.

36) Vgl. BVerfGE 61, 1, 12(Henscheid 對 Böll 사건), Henscheid가 노벨문학상 수상작가인 Heinrich Böll의 작품인 '그리고 아무말도 하지 않았다'에 대한 문예비평에서 작가인 Böll을 "가장 기만적이고 부패한 작가"로, 그의 작품들을 "역겨운 오물"이라고 칭한 사건에서, 연방헌법재판소는 위 비평의 명예훼손적 성격을 판단함에 있어서 '전적으로 작가 개인에 대한 비하적 표현으로 가득 차있고 소설의 내용과의 연관성을 전혀 인식할 수 없다'고 판시하여 유일하게 '비방적 비판'의 성격을 인정하였다.

37) Vgl. BVerfGE 82, 272(Zwangsdemokraten: 억지로 민주주의자가 된 자), Giordano는, 독일의 민주주의가 반민주적 흐름에 대하여 어느 정도로 면역력이 있는지에 관한 대담에서, "독일에서 민주적 의식이 전반적으로 확고하게 자리를 잡은 것으로 본다."고 하면서, "그러나 권위적인 지도자를 은밀하게 그리워하는 세력이 있고, 정치인 중에도 단지 정치적 상황의 압력을 받아 민주적인 척하지만 민주적으로 사고하지 않는 사람들이 있는데, 이와 같이 '강제로 민주주의자가 된 사람들'의 예로서 당시 바이에른 州의 수상인 Strauß를 들 수 있다."고 발언하였다. 위와 같은 발언에 대하여 Strauß가 제기한 소송에서 민사법원은 '비방을 목적으로 한 비판'(Schmähkritik)을 인정하였으나, 연방헌법재판소는 '민사법원이 그와 같은 발언을 Schmähkritik으로 판단함으로써 표현의 자유를 침해하였다'고 판시하였다. 연방헌법재판소에 의하면, 발언이 사안에 관한 실질적 토론과 전혀 관계없이 단지 상대방을 비하하려는 것이라면 비로소 '비방을 목적으로 하는 비판'으로 간주될 수 있는데, 이 사건의 경우 문제되는 발언이 비록 Strauß를 비하하고 그의 명예를 손상한다고 하더라도, 그 발언은 독일의 민주주의가 어느 정도로 저항력이 있는가 하는 독일의 민주주의 상태에 관한 진지한 토론의

중요하다는 관점에서, 卑下的 의견표명은 '비방을 목적으로 하는 비판'의 한계까지 관대하게 허용된다는 것이다.

2) 인간의 존엄성을 침해하거나 비방적 의견표명이 문제되지 않는 그 외의 영역에서는, 개별적 경우의 구체적인 상황을 고려하여 표현의 자유와 인격권을 서로 법익형량해야 하는데, 이 경우 문제되는 발언이 포함된 의견교환과정의 전체적 연관관계, 특히 동기와 반응을 고려해야 한다.

법익형량과정에서 고려해야 할 관점으로는 특히, 명예훼손을 당한 자가 반격하는 경우인지의 관점(반격의 관점), 명예훼손을 당한 자가 자발적으로 자신의 자유결정에 의하여 공적 토론에 참여했는지의 관점(토론참여의 자발성의 관점)을 들 수 있다. 연방헌법재판소의 판례에 의하면, 반격은 경우에 따라 공격과 달리 판단되어야 하고, 스스로의 결정에 의하여 공적 논쟁에 자발적으로 참여하는 자는 본인의 의사와 관계없이 공적 논쟁에 끌려든 사람보다 많은 것을 수인해야 한다.[38]

소위 '反擊權'과 관련하여, 연방헌법재판소는 '거칠게 공적으로 공격당한 사람은 자극적 발언이 범람하는 언론풍토에서 자신의 발언에 대한 공적인 관심을 끌기 위하여 마찬가지로 강력하게 그에 대응하여 반격할 권리가 있다'고 판시하였고,[39] 한 보 더 나아가, '반격권은 상호적 명예훼손이나 직접적이고 先行的인 명예훼손을 전제로 하는 것이 아니라, 반격하는 상대방이 비록 개인적으로 직접 공격당하지는 않았지만 제3자의 발언에 의하여 정치적으로 도발 당했다고 느끼는 경우에도, 반격할 권리가 있다'는 입장을 밝혔다.[40] 이로써 연방헌법재판소는 반격권의 범위를 확대하여 개인적으로 명예훼손을 당하지 않은 제3자인 언론기관에게도 전반적으로 반격권을 인정하고 있다. 따라서 발언자가 정치인 등 '時事的 人物'(Personen der Zeitgeschichte)이 아니라 사인이라 하더라도, 단지 공적인 강연 등을 통하여 공적 의견의 형성과정에 참여하는 것만으로도 언론기관을 포함하여 상대방의 반격권을 인정하였는데, 반격당하는 자는 공적 토론에 참여하는 그의 행위를 통하여 자신의 보호받는 사적 영역의 일부분을 포기했기 때문이라는 것이다.[41]

범주에서 행해진 발언으로서 Strauß 개인의 비하에 그치는 것이 아니기 때문에, Schmähkritik으로 볼 수 없다고 판단하였다. 그러나 연방헌법재판소의 판례에 의한다면, 공적 관심사안에 관한 토론의 형태를 취한다면 그 과정에서 타인의 명예를 얼마든지 침해해도 된다는 결론에 도달한다. 전적으로 타인을 비하하는 발언은 현실에서 거의 찾아 볼 수 없기 때문이다.

38) BVerfGE 12, 113, 126ff.(Schmid/Spiegel); 54, 129, 138(Kunstkritik).

39) BVerfGE 12, 113, 130(Schmid/Spiegel), 'Spiegel' 잡지는 특정 기사에서 Stuttgart 市 고등법원장인 Schmid 판사에 대하여 '그가 공산주의 성향이 있는지 의심스럽고, 고위 판사직을 수행할 능력이 있는지 의심스럽다'고 묘사하였고, 이에 대응하여 Schmid 판사는 한 인터뷰에서 'Spiegel' 잡지를 "정치적 영역에서 발간되는 포르노 잡지"라고 비하하였다. 위 발언으로 인하여 Schmid 판사는 명예훼손죄로 기소되어 지방법원과 고등법원에서 유죄판결을 받았으나, 연방헌법재판소는 여론형성에서의 의견과 반대의견의 의미를 강조하면서 '정당한 반격의 원칙'을 이끌어내었다; 또한 BVerfGE 24, 278(Tonjäger).

40) Vgl. BVerfGE 54, 129, 138(Kunstkritik).

개인적으로 명예를 침해당하지 않은 언론기관에게 반격권을 인정한 것과 같은 맥락에 있는 것이 명예 보호에 있어서 시사적 인물, 특히 정치인에 대한 차별대우이다. 시사적 인물, 특히 정치인의 경우 거의 명예 보호를 기대할 수 없다. 사인이 어쩌다 공적인 발언을 하는 경우에도 언론에 의한 반격을 감수해야 하고 그의 명예 또는 사적 영역의 일부분의 보호를 포기해야 한다면, 일상적으로 공적 발언을 하는 정치인이 명예 보호에 있어서 불리한 차별을 당하는 것은 연방헌법재판소의 견해에 따른다면 어쩌면 당연하다 하겠다.[42] 연방헌법재판소의 판례는 '정치인은 민주적 정치과정에 참여하려는 자신의 결정을 통하여 명예 보호에 관한 권리를 자발적으로 포기하였다'는 사고에 그 바탕을 두고 있는 것으로 보인다.[43]

연방헌법재판소는 법익형량과정에서 고려해야 할 또 다른 관점으로 '자유로운 발언의 즉흥성'(Spontanität der freien Rede)의 관점을 들고 있다. 이러한 관점도 발언이 이루어진 의견교환과정 전체를 고려하여 법익형량을 해야 한다는 요청의 하나이다. 자유로운 발언의 즉흥성은 자유토론의 기본조건으로서, 바로 그 즉흥성 때문에 격렬한 언사나 도를 넘는 지나친 표현도 용인되어야 하며, 감정적으로 격한 분위기에서 이루어지는 토론의 경우 심사숙고하지 않은 표현을 할 수가 있고, 이러한 표현은 또한 청중에 의해서도 표현이 이루어진 상황에 맞게 인식되고 평가된다는 것이다.[44] 연방헌법재판소는 '자유로운 발언의 즉흥성'의 관점을 라디오 방송에서 낭독된 논평, 즉 사전에 편집의 과정을 거쳐 준비된 표현에 대하여도 확대하였다.[45]

(다) 사실주장의 경우 명예 보호

사실주장은 의견형성에 기여하는 한 표현의 자유에 의한 보호를 받으며 허위사실은 의견형성에 기여할 수 없다는 점에서, 연방헌법재판소는 '표현의 자유는 진실이 아닌 사실주장이나 사실전달을 보호하지 않는다'는 원칙에서 출발한다.

그에 따라 사실주장이 진실인 경우에만 표현의 자유가 일반적인 우위를 차지한다.

---

41) BVerfGE 54, 129, 138(Kunstkritik), 어떤 개인이 공적 강연에서 화랑에 대하여 직설적인 비판을 하였는데, 이에 대하여 특정 라디오 방송은 "촌동네 교조주의자", "증오에 가득찬 공격적 연설", "개인적 증오심", "편협한 교감선생", "위선적", "박해분위기의 조장", "모든 전시물에 대한 증오" 등의 표현을 사용하여 그를 공격하였다. 연방헌법재판소 제1재판부의 견해에 의하면, 위 사인은 공적 토론에 자발적으로 참여함으로써 자신의 명예의 한 부분을 포기하였고, 결국 언론에 의한 명예훼손을 자초한 것이라고 판시하여 피해자의 명예 보호를 거부하였다.

42) Vgl. Schmitt Glaeser, Meinungsfreiheit und Ehrenschutz, JZ 1983, S.95ff.; Stürner, Die verlorene Ehre des Bundesbürgers, JZ 1994, S.867; Kriele, Ehrenschutz und Meinungsfreiheit, NJW 1994, S.1901, 독일 형법이 제187a 조에서 사실주장에 대하여 정치인의 명예를 보다 강력하게 보호하는 규정을 두고 있음에도 사실주장이 가치판단적 요소와 혼합되어 있다고 보아 일반적으로 허용되는 것으로 판단함으로써, 정치인의 명예 보호는 사실상 이루어지고 있지 않다고 보아야 한다.

43) BVerfGE 82, 43; 82, 272.

44) BVerfGE 54, 129, 139(Kunstkritik).

45) BVerfGE 54, 129, 139(Kunstkritik).

그러나 제3자의 내밀영역(Intimsphäre)에 관한 보도는 그것이 진실이라 하더라도 이를 보도해야 할 정당한 이익이 없다. 공적으로 관심이 있는 영역이라도, 표현의 자유는 범죄인의 사회복귀의 관점 등에서 예외적으로 양보해야 하는 경우가 있다.[46)]

사실주장이 허위인 경우에는, 명예의 보호가 원칙적인 우위를 차지한다. 그러나 진실성과 관련하여 그 정확성이 지나치게 엄격하게 요구되어서는 안 되며, 전체적으로 보도내용이 진실이라면 사소한 부정확함은 문제가 되지 않는다.[47)]

(2) 公的 토론과 私的 토론의 구분: 표현의 내용에 따른 차별

연방헌법재판소는, 문제되는 발언이 단지 개인적·이기적인 목적이나 경제적 이익을 추구하는 사적 토론에 속하는지 아니면 국민일반과 본질적으로 관계되는 문제에 관한 공적 토론에 속하는지를 구분하여 구체적인 법익형량과정에서 발언의 내용과 목적을 고려함으로써,[48)] 공적 토론에 대하여는 소위 '표현의 자유의 우위 추정의 원칙'을 확립하였다.[49)] 즉 공적 토론의 경우, 단지 그 이유만으로 표현의 자유가 절대적인 우위를 차지하는 것은 아니고 개별적 경우마다 구체적인 법익형량을 필요로 하지만, '표현의 자유의 우위 추정의 원칙'은 '표현의 자유가 다른 법익에 대하여 양보해야 한다면, 다른 법익이 우위를 차지한다는 것에 대하여 보다 엄격하고 납득할 수 있는 논거가 필요하다'는 요청을 의미한다. 이에 따라, 개인의 명예는 보호받기 위하여 구체적 경우마다 특별한 논거를 필요로 하고, 결과적으로 예외적인 경우에만 관철될 수 있다는 것이다.

'공적 토론의 경우, 자유로운 발언이 허용된다는 추정 원칙'의 핵심적 논거는, 정치적 영역에서의 표현의 자유가 민주주의에 대하여 가지는 중대한 의미에 비추어, 공적 토론과 관련된 표현의 자유에 대한 제한은 민주주의의 바탕인 자유로운 의견교환과정과 공적 토론을 위축시킬 수 있다는 것이다.[50)] 공적인 발언의 허용여부에 관하여 엄격한 기준을 적용하여 개별적 경우에 대하여 강력한 제재를 가한다면, 이는 당해 사건만을 규

---

46) Vgl. BVerfGE 35, 202(Lebach), 방송사가 보도하려는 것이 사실임에도 불구하고, 연방헌법재판소는 당사자의 出獄이 임박한 시점에서의 실화 드라마의 방영은 범죄인의 사회복귀의 가능성을 위협하기 때문에 드라마의 방영을 금지하였다. 만일 범행 후 얼마 안 되는 시점에서 실화 드라마가 방영되는 경우에는 법익교량의 결과가 달랐을 것이다.

47) BVerfGE 60, 234, 242(Kredithaie).

48) BVerfGE 7, 198, 212(Lüth-Urteil).

49) BVerfGE 82, 43; 82, 272; 85, 1; 연방헌법재판소에서 장기간 사실상 '표현의 자유'의 주심재판관의 역할을 담당한 Grimm 교수는 "공적인 토론의 경우, 표현의 자유와 인격권이라는 상충하는 2 개의 개인적 법익만이 문제될 뿐만 아니라, 민주주의에 있어서 불가결한 다양한 의견의 자유로운 교환과정이란 초개인적인 이익이 추가되기 때문에, 민주주의 질서가 손상되지 않도록 하기 위해서는 표현의 자유가 일반적인 우위를 차지해야 한다. 물론 모든 기본권이 다소 민주적 연관성을 지니고 있지만, 표현의 자유의 경우 민주주의와의 연관성은 매우 밀접하다. 다른 기본권이 간접적으로 민주주의의 조건을 보장하고 있다면, 자유로운 의견교환과정은 바로 민주주의의 본질적 구성요소이다."라고 그 근거를 들고 있다, vgl. Grimm, Die Meinungsfreiheit in der Rechtsprechung des Bundesverfassungsgerichts, NJW 1995, S.1703.

50) Vgl. Frowein, Reform durch Meinungsfreiheit, AöR 105(1980), S.186f.; Grimm, Die Meinungsfreiheit in der Rechtsprechung des Bundesverfassungsgerichts, NJW 1995, S.1703; Schmitt Glaeser, Die Meinungsfreiheit in der Rechtsprechung des BVerfG, AöR 113(1988), S.65ff.

율하는 것이 아니라 자유로운 의견교환과정 전체에 대한 위축 또는 위협적 효과, 즉 표현의 자유의 행사에 대한 일반적 제한효과가 있기 때문에, 구체적으로 지나친 표현만이 감소하는 것이 아니라 자유로운 의견교환과정 전체가 위축된다는 견해이다.[51] 이로써 일반적으로 표현의 자유의 행사에 대한 징계의 두려움 때문에 비판을 하지 않는 상황이 우려되고, 그 결과 민주주의가 손상을 입게 된다고 한다.

특히, 선거운동에서의 발언은 더욱 보호를 받기 때문에, 지극히 예외적인 경우에만 제한될 수 있다는 것이 연방헌법재판소의 판례이다. 기본법 제21조의 '정당의 헌법적 보장'에 비추어, 국민의 대표기관에게 민주적 정당성을 부여하는 선거를 준비하는 정당의 공적 과제는 본질적으로 정치적 행위로서 내용상의 규제를 원칙적으로 허용하지 않는다는 것이 그 이유이다.[52] 선거운동에서의 발언은 유권자의 지지를 얻으려는 노력의 표현으로서 사실에 근거하지 않은 발언도 헌법의 정당규정에 비추어 보호를 받는다는 것이다.[53]

(3) 권리구제수단

(가) 명예 등 개인의 인격권을 침해하는 언론보도에 대한 구제제도로서, 독일의 법제는 우선 '事前的 구제절차'로서 인격권에 대한 침해의 우려가 있거나 침해 반복의 위험이 있는 경우에는 그 침해행위의 부작위를 청구할 수 있는 권리를 인정하고 있고, '事後的 구제절차'로서 민사상 불법행위가 성립하는 경우 발언의 취소나 정정을 요구할 수 있는 원상회복청구권 및 금전적 배상을 요구하는 손해배상청구권을 두고 있다[54] 또한, 명예훼손죄 등과 같이 법이 정한 경우에 한하여 인격권을 침해하는 언론을 처벌하는 형사적 제도가 있다.

뿐만 아니라 언론법상의 특수한 권리구제제도로서 반론보도청구권이 있다. 독일 연방헌법재판소는 미국 연방대법원과는 달리, 반론보도청구권을 인격권을 실현하기 위하여 헌법적으로 보장되는 제도로서 인정하였다. 그러나 독일의 반론보도청구권은 가치판단적 의견표명과 사실주장을 구분하여 의견표명에 대해서는 반론권을 행사할 수 없도록 제한하였다.

---

51) Vgl. BVerfGE 43, 130, 136; 54, 129, 136ff.(Kunstkritik).

52) BVerfGE 61, 1, 11f.

53) 그러나 특히 선거 직전에는 명예훼손적 발언에 의하여 의견형성과정이 손상될 위험이 크다. 설사 피해자의 명예가 선거가 끝난 후 사후적으로 회복될 수 있다고 하더라도, 유권자의 의사가 명예훼손적 발언에 의하여 영향을 받았고 이미 선거는 종료되었기 때문에, 명예훼손적 발언이 유권자의 정치적 의사형성과정을 왜곡할 위험이 크다. 또한 선거운동에서의 발언이 보다 보호된다는 원칙의 적용을 받는 인적 범위가 선거에 입후보한 후보자나 정당의 대표자에 제한되는 것인지 아니면 선거운동기간 동안 특정 정당을 위하여 선거운동을 하는 모든 사람을 포함하는 것인지 불분명하다. 이러한 비판으로 vgl. Scholz/Konrad, Meinungsfreiheit und allgemeines Persönlichkeitsrecht, AöR 123(1998), S.106.

54) 독일의 구제수단에 관하여 vgl. Stürner, Die verlorene Ehre des Bundesbürgers, JZ 1994, S.867f.; Kriele, Ehrenschutz und Meinungsfreiheit, NJW 1994, S.1899.

(나) 사실주장에 의하여 명예를 침해받은 자가 취소청구권, 반복의 위험 때문에 부여되는 사전적 구제절차인 부작위청구권, 손해배상청구권을 행사하는 경우, 그가 언론보도가 진실이 아님을 입증해야 한다. 언론에게 입증책임을 부과한다면 진실의무를 지나치게 강조하여 공적 토론에 참여하는 사람들을 지나치게 위축시키고 지나친 위험에 처하게 된다는 것이 그 이유이다. 이로써 사실주장의 진위 여부가 밝혀지지 않는 경우 피해자에게 입증책임이 있고, 언론은 단지 사실주장의 근거가 되는 상황을 설명하고 납득할 수 있게끔 소명할 수 있다면 그로 족하다.[55)]

언론의 소명책임(Darlegungs- und Substantiierungslast)과 관련해서도, 그에 대한 엄격한 요구는 표현의 자유의 행사에 대한 위축 효과를 초래할 수 있기 때문에 소명책임에 대하여 지나친 요구를 해서는 안 된다는 것이 연방헌법재판소의 견해이다. 특히 부작위청구권과 손해배상청구권의 경우, 사실주장이 허위임을 입증해야 할 뿐만 아니라 나아가 주의의무의 위반이 인정되어야 하므로, 사실주장이 허위임이 입증되더라도 언론이 주의의무를 기울였다는 것이 인정된다면, 부작위청구나 손해배상청구는 기각된다.

나. 비판[56)]

(1) 가치판단적 의견표명에 대한 사실상 명예 보호의 포기

(가) 연방헌법재판소의 판례에 의하면, 전적으로 비방을 목적으로 하는 의견표명에 한하여 명예 보호가 가능하고, 이 경우에도 '비방의 목적'을 매우 협소하게 해석함으로써 명예의 보호 가능성을 다시금 제한하고 있으므로, 가치판단적 의견표명의 경우, 명예의 보호를 거의 기대할 수 없다.

비방적 비판(Schmähkritik)이란, 다양한 견해의 자유로운 경합과 공적 토론을 위한 것이 아니라, 개인의 비하 및 상대방을 공적 토론에서 배제하려는 것을 목적으로 한다. 상대방의 비하를 통하여 그의 명예를 손상시키고 그의 견해가 사회적으로 정당한 평가를 받을 기반을 박탈함으로써 다른 견해를 가진 사람을 공적 토론의 場과 자유로운 의견교환과정에서 추방하고자 하는 것이다. 따라서 타인을 비방하는 것이 주된 목적이나 동기가 된 경우, 이러한 유형의 표현행위는 공적 토론과 이를 통한 진리발견에 기여하는 바가 전혀 없으므로 공공의 이익을 위한 것으로 인정될 여지가 없고, 이에 따라 원칙적으로 표현의 자유가 제한되어야 한다. 그러나 연방헌법재판소는 이와 같이 근본적으로 타당한 출발점을 채택했음에도 불구하고, '비방적 비판'의 성립요건에 대하여 너무

---

55) Vgl. Grimm, Die Meinungsfreiheit in der Rechtsprechung des Bundesverfassungsgerichts, NJW 1995, S.1702; ders. ZRP-Rechtsgespräch, ZRP 1994, S.277.

56) 연방헌법재판소의 판례는 "표현의 자유를 보장하고자 하는데 너무 열중한 나머지 명예를 훼손당한 국민의 보호 필요성과 헌법상의 보호요청을 완전히 그의 시야에서 잃어버렸다."고 하는 학계의 강력한 비판을 받고 있다, 이에 관하여 이 글에 언급된 모든 독일 문헌 참조.

엄격한 기준(상대방에 대한 고의적 비방)을 제시함으로써, 지금까지 단 한 번의 결정에서만 헌법적으로 허용되지 않는 비방적 발언(Schmähung)을 인정하였다.[57)]

연방헌법재판소는 '표현의 자유가 언제 제한되어야 하는지'의 문제도 표현의 자유와 상충하는 다른 법익과의 관계에서가 아니라, 민주주의에 대한 표현의 자유의 헌법적 의미와 기능의 관점에서 판단하였기 때문에, '비방적 비판'의 개념을 매우 좁게 설정하였다.[58)]

(나) 연방헌법재판소 판례에 의하여 인정된 '反擊權'에 대하여 보자면, '공적으로 거칠게 공격당한 자는 일반 대중의 이목을 끌기 위하여 마찬가지로 거칠게 반격할 권리가 있다'고 하는 판시내용은, 거친 발언에 대한 대중의 무감각과 언어의 난폭성의 악순환 과정을 조장할 위험이 있으며, 정치적 논쟁이 난폭성을 더하여 구두폭력으로 변질되는 데 기여할 위험이 있다.[59)]

또한, 공적 토론에 참여하는 자가 이를 통하여 자신의 명예에 관한 권리를 일부분 포기했다고 하는 판시내용도 수긍하기 어렵다. 사적 영역의 포기란, 자신을 알리기 위하여 의도적으로 사적 영역을 도구화하고 상업화하는 경우에 한하여 비로소 인정될 수 있을 뿐이다. 위와 같은 판시내용에 의하여 명예에 대한 보호가 약화된다면, 많은 사람들이 명예훼손을 당할 것을 우려하여 공적인 의견형성과정에 참여하는 것을 포기할 수 있기 때문에, 이러한 판례는 오히려 공적인 의견형성과정을 저해하는 효과를 초래한다.

또한, 연방헌법재판소가 반격권의 주체를 확대하여 개인적으로 명예훼손을 당하지 않은 제3자인 언론기관에 대해서도 반격권을 인정한 것에 관하여 보건대, 이는 결국 언론기관에게 공적 토론에 참여하는 자의 명예를 훼손할 수 있는 포괄적인 권한을 부여한 것과 같으며, 사인이 공적 토론에 참여한 것을 '여론형성에 있어서 누리는 언론의 독점적 영역을 침범한 것'으로 간주하여 이에 대한 대가를 치러야 한다는 사고라 할 수 있다.[60)]

한편, 표현행위를 전체의 연관관계에서 분리하여 그 자체로서 판단해야 하는 것이 아니라 의견교환과정의 전체적 연관관계에서 평가해야 한다는 점은 타당하며, 격한 토론의 과정에서 나온 '즉흥적인 발언'이 '서면으로 미리 준비된 표현'과는 달리 평가되어야 한다는 점에서 '자유로운 발언의 즉흥성'의 관점도 그 자체로서 타당하다. 그러나 즉흥적인 발언을 우대하는 것은 순간적으로 한 말에 대해서만 제한적으로 적용되어야지, 사전에 서면으로 준비되어 낭독되는 표현에까지 확대하는 연방헌법재판소의 판례는 문

57) BVerfGE 61, 1(Henscheid 對 Böll 사건), 위 각주 36) 참조.

58) Vgl. Schmidt Glaeser, Meinungsfreiheit, Ehrenschutz und Toleranzgebot, NJW 1996, S.877.

59) Vgl. Scholz/Konrad, Meinungsfreiheit und allgemeines Persönlichkeitsrecht, AöR 123(1998), S.113; Kriele, NJW 1994, S.1901.

60) Vgl. Kriele, Ehrenschutz und Meinungsfreiheit, NJW 1994, S.1901.

제가 있다.[61)]

(2) 사실주장의 경우, 입증책임의 전환으로 인한 명예 보호의 제한

언론보도의 사실주장과 관련하여 眞僞 여부가 밝혀지지 않는 경우, 언론보도에 의하여 명예를 훼손당한 피해자가 언론보도가 허위임을 입증해야 할 책임을 지는 반면, 언론은 단지 사실주장의 근거가 되는 상황을 설명하고 납득할 수 있게끔 소명해야 할 책임을 진다.[62)] 게다가 언론의 소명책임에 대해서도 엄격한 기준이 적용되는 경우에는 '위축 효과'가 우려되기 때문에 이에 대하여 엄격한 요구를 해서는 안 된다는 것이 연방헌법재판소의 견해이다.

그러나 국가에 의한 명예 보호는 명예훼손적 사실주장의 진위 여부에 관한 입증책임과 그 운명을 같이 한다고 하더라도 과언이 아니다. 입증된 허위사실의 경우, 표현의 자유의 보호를 받지 못한다. 나아가, 사실주장의 진위 여부가 밝혀지지 않는 경우, 이는 명예를 훼손한 자의 부담으로 돌아가야 한다. 타인의 법익을 침해한 자로 하여금 자신의 침해행위가 정당하다는 것을 입증하도록 하는 것이 일반적인 법원칙이다.

(3) 허위사실의 주장과 가치판단이 혼합된 발언에 대한 명예 보호의 포기

허위 사실주장에 대해서는 제한적이나마 국가로부터 명예 보호를 기대할 수 있으나, 가치판단적 의견표명에 대해서는 명예 보호가 사실상 全無하기 때문에, 명예의 보호에 있어서 언론보도가 사실주장인지 아니면 가치판단인지의 구분은 매우 중요하다. 그런데 연방헌법재판소는 '하나의 발언에 사실적 요소와 가치판단적 요소가 서로 혼합되어 있다면, 이러한 발언은 가치판단적 발언으로 간주되어야 한다'는 원칙을 확립하였고, 나아가 그의 판례에 의하면 가치판단적 발언은 '비방을 목적으로 하는 비판'의 한계까지 폭넓게 표현의 자유의 보호를 받는다.

따라서 언론이 객관적인 사실보도를 피하고 사실주장과 가치판단을 적당히 혼합하면서, 언론보도가 명예훼손적 성격을 가짐에도 불구하고 일방적인 비방을 목적으로 하는 것이 아니라 공적 논쟁에 기여하는 것으로 포장한다면, 언론의 명예훼손적 보도는 가치판단적 표현으로서 법적 분쟁시 표현의 자유의 보호를 받게 되며, 민·형사상의 징계를 두려워 할 필요가 없다.[63)] 또한, 독일 법제상 명예를 훼손당한 자에 의한 반론보도청구

61) Vgl. Kriele, Ehrenschutz und Meinungsfreiheit, NJW 1994, S.1901; Scholz/Konrad, Meinungsfreiheit und allgemeines Persönlichkeitsrecht, AöR 123(1998), S.114.

62) Vgl. Stürner, Die verlorene Ehre des Bundesbürgers, JZ 1994, S.867; Kriele, Ehrenschutz und Meinungsfreiheit, NJW 1994, S.1899; Grimm, Die Meinungsfreiheit in der Rechtsprechung des Bundesverfassungsgerichts, NJW 1995, S.1702.

63) 연방헌법재판소는 제약회사 Bayer 사건(BVerfGE 85, 1)에서 "발언내용의 진위여부가 객관적으로 규명될 수 있다는 점에서 모든 부분적 발언에 사실적 요소가 담겨 있다. 그러나 동시에 또한 (이를 통하여) 입장을 표명하려고 하였다. 결과적으로 사실주장과 가치판단의 혼합된 상태가 존재하므로 이러한 혼합상태는 가치판단으로 간주되어야 한다. 이로써 문제된 표현행위는 허용된다."고 판시하였다. 독일 법원도 연방헌법재판소의 위와 같은 경향의 판례를 받아들여, 예컨대 "의사 B가 그의 재직 중 병원의 재정 상태를 망쳐 놓았다."는 언

권의 행사가 사실주장에 한하여 허용되기 때문에, 언론이 사실보도에 가치판단적 요소를 삽입함으로써 피해자의 반론보도청구권의 행사를 어렵게 할 수 있다.

이로써 연방헌법재판소의 판례는, 언론이 진위여부가 규명될 수 있는 사실을 객관적으로 보도하는 것보다 가치판단적 보도를 하는 것을 우대하는 결과를 가져오고, 이러한 점에서 국민의 알권리를 충족시키는 공적 과제를 이행함에 있어서 가능하면 객관적 사실보도를 해야 할 언론을 바람직하지 않은 방향으로 이끄는 효과를 유발할 수 있다.[64)]

(4) '공적 토론의 경우 표현의 자유의 우위 추정의 원칙'에 대한 비판

(가) 公的·政治的 기본권행사와 私的·非政治的 기본권행사의 구분과 차별대우의 문제

공적 토론의 경우, 표현의 자유가 민주주의 질서에 대하여 가지는 본질적 의미가 명예의 보호에 대하여 일반적인 우위를 정당화하는지의 의문이 제기된다.

연방헌법재판소는 이미 초기의 결정에서 '표현의 자유는 모든 자유의 근거이며 민주주의를 구성하는 요소'라고 판시하여 표현의 자유를 이해함에 있어서 민주주의와의 연관관계를 출발점으로 삼았다.[65)] 연방헌법재판소는 민주주의의 관점에서 표현의 자유의 정치적 행사와 사적 행사를 구분하여, 표현의 자유의 정치적 행사는 개인의 사적인 사안에서의 행사보다 우위를 차지한다는 결론을 이끌어 내었다.[66)] 이러한 원칙은 표현의 자유와 충돌하는 다른 법익과의 관계에서 볼 때, 표현의 자유의 행사가 경제적 또는 이기적인 목적의 추구가 아니라 일반국민과 관계되는 중요한 문제에 관한 의견과 사상의 경쟁에 기여하는 것이라면, 사적인 법익의 보호는 표현의 자유에 양보해야 한다는 결과를 가져온다.

연방헌법재판소의 이러한 논리에 의하면, 명예는 처음부터 헌법적으로 표현의 자유의 정치적 행사에 대하여 양보해야 하는 운명을 갖고 태어난 기본권이라 할 수 있다. 명예란 본질적으로 '사적인 법익'으로서, 공적 또는 정치적으로 행사할 수 있는 것이 아니라 단지 일방적으로 침해되거나 위협받을 수 있을 뿐이며, 이러한 경우에 비로소 법적으로 현실화되는 법익이기 때문이다. 그러나 인격권도 헌법상 최고가치인 인간의 존엄성에 헌법적 근거를 두고 있는 중요한 헌법적 법익으로서, '여론의 형성'이란 민주주의의 祭壇에 일방적으로 희생되어서는 안 되는 법익이다.[67)]

론보도에 대하여, 언론보도가 사실주장임에도 가치판단적 요소가 있다고 보아 그 발언을 허용하였고, "S 회사는 위험한 산업쓰레기를 유포하고 유해물질을 불법적으로 처리하는 마피아 단체와 함께 일하고 있다."는 TV 방송사의 보도에 대하여, 이를 허용되는 가치판단적 발언으로 간주하여 언론의 허위사실 주장을 정당화하였다. 독일 연방헌법재판소 및 법원의 판례에 관한 자세한 소개로는 vgl. Kriele, Ehrenschutz und Meinungsfreiheit, NJW 1994, S.1900.

64) Vgl. Ossenbühl, Medien zwischen Macht und Recht, JZ 1995, S.639; Kriele, Ehrenschutz und Meinungsfreiheit, NJW 1994, S.1900; Stürner, Die verlorene Ehre des Bundesbürgers, JZ 1994, S.868.

65) Vgl. BVerfGE 7, 198, 208(Lüth-Urteil).

66) 기본권의 정치적 행사에 대하여 우위를 부여하는 연방헌법재판소의 판례에는 통합효과에 따른 자유행사의 구분이라는 'Smend的 사고'가 바탕에 깔려 있다.

나아가, 보다 근본적인 헌법적 문제는 기본권의 공적·정치적 행사와 사적·비정치적 행사를 구분하여 정치적 행사를 우대하는 것이 헌법적으로 허용되는지 여부이다.[68] 기본권의 정치적 행사와 사적 행사는 원칙적으로 동등한 지위를 누리기 때문에, 표현의 자유의 정치적 행사에 대한 '가산점'도 없고, 마찬가지로 타인이 표현의 자유를 정치적으로 행사하는 것에 대하여 감수해야 하는 명예 보호의 '특별희생'도 인정될 수 없다.[69]

(나) 명예 보호의 축소로 인하여 공적 토론이 위축되는 효과

표현의 자유에 대한 지나친 제한이 자유로운 의견교환과정을 위축하는 효과를 가져올 수 있다는 것은 그 자체로서 타당하다. 그러나 문제는, 표현의 자유에 대한 어느 정도의 제한부터 그러한 위축 효과가 우려되는지, 그러한 위축 효과가 우려되기 때문에 국민에게 표현의 자유의 이름으로 행해지는 인격권에 대한 침해를 수인하도록 요구할 수 있는지 하는 것이다.

연방헌법재판소는 국가가 명예훼손적 발언에 대하여 제재를 가하는 경우에만 민주주의에 대한 위축 효과를 우려하고 있는데, 마찬가지로 민주사회 구성원의 명예가 제대로 보호되지 못하는 경우에도 민주주의에 대한 동일한 위축 효과가 발생한다는 것을 간과하고 있다.[70] 공적 토론의 경우 표현의 자유가 명예의 보호에 우선한다면, 명예 보호는 단지 사적인 의견형성의 영역에서만 이루어진다는 결과를 초래한다. 표현의 자유를 지나치게 제한하면 민주주의에 대한 위협적 효과가 발생하는 것과 마찬가지로, 인격권을 지나치게 적게 보호하는 경우에도 동일한 위협적 효과가 나타나고, 이로써 자유로운 의견교환과정을 저해하게 된다.

(5) 반론보도청구권의 제한

(가) 독일 법제의 또 다른 단점은 사실주장과 가치판단을 구분하여 명예훼손적 발언이 가치판단적 의견표명에 해당하는 경우에는 반론보도청구권의 행사를 제한한 것이다.[71]

반론권은 언론에 의한 개인의 인격권 침해에 대한 보호를 제공하기 위한 언론법상의 수단이다. 민·형사적 구제절차에 의한 권리구제가 적시에 이루어지지 못하는 반면, 개인은 반론권을 통하여 자신을 즉각적이고 효율적으로 방어할 수 있다. 개인을 언론의 일방적인 보도로부터 보호하고, 언론 보도에 의하여 법익이 침해당한 피해자와 언론기관 간에 어느 정도 무기의 대등을 확보하며, 인격권의 침해 시 민·형사적 구제수단의

---

67) Vgl. Ossenbühl, Medien zwischen Macht und Recht, JZ 1995, S.636.
68) 이에 관하여 자세하게 아래 4. 다. (2) 부분 참조.
69) Vgl. Isensee, Grundrecht auf Ehre, in: Festschrift für Kriele, 1997, S.38.
70) Vgl. Schmitt Glaeser, Meinungsfreiheit, Ehrenschutz und Toleranzgebot, NJW 1996, S.878.
71) Vgl. Ossenbühl, Medien zwischen Macht und Recht, JZ 1995, S.641f.; Stürner, Die verlorene Ehre des Bundesbürgers, JZ 1994, S.875f.

미흡함을 보완하고자 하는 것이 반론권의 기능이다.[72] 표현의 자유가 언론기관의 독점물이 아니라, 언론 보도에 의하여 인격권이 침해당한 피해자가 언론기관과 마찬가지로 의견표명의 수단을 사용하여 스스로를 방어할 수 있다는 점에서, 반론권은 '무기의 對等性'을 어느 정도 보장한다.

(나) 연방헌법재판소는 "언론 보도를 통하여 인격권을 침해당한 자가 자기의 표현을 통하여 그 보도 내용에 대처할 수 있는 법적 가능성을 가져야만, 인격권에 부합한다. 그렇지 않다면, 개인은 공적 토론의 단순한 객체로 전락한다."고 판시함으로써, 반론권의 헌법상 보장을 바로 인격의 주체적 성격으로부터 나오는 필연적 결과로 이해하고 있다.[73]

반론권이 개인의 인격권의 구성요소인 '社會的 人格像에 관한 自己決定權'에서 도출되는 헌법적 결과라면, 이러한 내용의 자기결정권이 사실주장뿐만 아니라 또한 가치판단적 의견표명에 의해서도 침해될 수 있다는 것은 의문의 여지가 없다. 가치판단적 발언은 적어도 사실주장과 같은 정도로 개인의 사회적 인격상을 왜곡하기에 적합하다. 따라서 반론권이 보호하고자 하는 법익이 개인의 사회적 인격상이나 가치가 왜곡되는 것에 대한 보호라면, 반론권은 가치판단적 발언에 의하여 개인의 인격권이 침해당한 경우에도 인정되어야 한다. 프랑스의 경우 독일과는 달리 사실주장뿐만 아니라 가치판단적 의견표명에 대해서도 반론권을 허용하고 있는데, 프랑스의 폭넓은 반론권의 인정과 이의 모범적인 운용은 반론권을 가치판단적 발언에 대하여 인정하더라도 언론의 자유가 제한되지 않는다는 것을 보여주고 있다.[74]

3. 영국의 '인격권 優位의 原則'

가. 언론의 엄격 책임 원칙

명예를 보다 보호해야 한다고 주장하는 자에게 영국은 이론적으로 이상적인 국가이다.[75] 언론의 명예훼손적 발언은 무과실 책임 또는 엄격 책임(strict liability)의 원칙에 의하여 판단된다. 언론의 사실보도에 의하여 명예가 훼손된 경우, 원칙적으로 언론이 사실주장이 진실임을 입증해야 한다. 원고는 단지 그의 명예를 훼손하는 사실이 공표되었다는 것만을 주장하면 되고, 피고가 자신 주장의 진실성을 입증할 수 없거나 특별한

---

72) Vgl. Ossenbühl, Medien zwischen Macht und Recht, JZ 1995, S.641.
73) Vgl. BVerfGE 63, 131, 142.
74) 프랑스의 반론권에 관하여 vgl. Stürner, Die verlorene Ehre des Bundesbürgers, JZ 1994, S.871f.
75) 영국의 언론법제에 관하여 vgl. Stürner, Die verlorene Ehre des Bundesbürgers, JZ 1994, S.870f.; Stadler, Persönlichkeitsrecht contra Medienfreiheit – Zivilrechtliche Aspekte der Kontroverse in den U.S.A., JZ 1989, S.1086; 홍임석, 영국에서의 언론에 의한 명예훼손의 법적 문제, 재판자료 제93집 외국사법연수논집[21](법원도서관, 2001), 183면 이하.

위법성조각사유를 주장할 수 없는 경우에는 법원은 그의 책임여부와 관계없이 손해배상을 명한다. 그 경우 원고는 그의 손해를 주장할 필요도 입증할 필요도 없이 손해는 추정되고, 징벌적 손해배상도 명할 수 있다.

독일이나 미국에서는 사실보도를 기피하고 가치판단으로 도피하는 경우 오히려 이를 우대하고 상을 주지만, 영국의 '공정한 논평'(fair comment)의 법리는 언론을 사실보도에 충실하도록 하는 역할을 한다.[76] 卑下的 사실주장과 마찬가지로 비하적 가치판단의 경우에도 언론이 '공정한 논평의 주장'(plea of fair comment)을 통하여 정당화할 수 없다면, 비방적 발언에 해당한다. 이 경우, '언론의 논평이 공정한지' 여부는 가치판단과 함께 보도된 사실관계, 즉 가치판단으로부터 분리될 수 있는 사실관계를 근거로 심사한다.

권리구제제도와 관련해서는, 미국과 마찬가지로 언론보도에 의한 명예훼손의 경우 손해배상청구만이 가능할 뿐, 사전적 구제절차나 취소청구권과 같은 원상회복청구권을 인정하고 있지 않다. 반론권도 법원에 의한 사법적 절차로서가 아니라, 인쇄매체와 방송매체를 구분하여 인쇄매체의 경우 구속력 없는 사적인 자율심의기관의 결정의 형태로서, 방송매체의 경우 반론의 방송의무를 명할 수 있는 방송고발위원회의 결정의 형태로서 인정하고 있다.

나. 인격권의 優位

전통적인 영국 언론법제의 특징은 한 마디로 '인격권의 우위'에 있다. 미국이나 독일과는 달리, 명예를 훼손당한 자가 아니라 언론이 타인의 법익에 대한 침해자로서 그의 행위를 정당화해야 한다. 이러한 점에서 '사상의 자유시장'을 통한 진리발견의 원칙이 아니라 司法的으로 확인될 수 있는 진실발견의 원칙이 영국의 법제를 지배한다고 할 수 있다.

영국의 법제는, 명예의 침해에 대하여 거의 징계를 받지 않는 자유로운 언론이 없이도 민주주의가 가능하다는 것을 보여준다. 영국의 법제가 미연방대법원이나 독일 연방헌법재판소 판례가 제시하는 기본요건을 전혀 충족시키고 있지 않음에도 불구하고, 그 누구도 영국이 언론의 자유를 보장하는 모범적인 민주주의국가라는 것에 대하여 의문을 제기하지 않는다.[77]

---

76) '공정한 논평의 법리'란, 공공의 관심사에 관한 의견을 보호하려는 면책사유로서, 타인의 명예를 해하는 논평이라 하더라도 사실에 입각한 공평한 논평인 경우에는 위법성이 조각된다는 법리이다.

77) 독일은 영국 언론의 독립성 · 자율성 · 객관성을 높이 평가하였기 때문에, 제2차 세계대전 후 독일 언론제도의 재건 당시 영국의 언론 · 방송제도는 가장 중요한 모범적 모델이 되었다고 한다.

4. 한국의 경우

가. 표현의 자유와 인격권이 충돌하는 경우에 관한 헌법재판소의 판례

(1) 헌법재판소는 '언론의 자유는 바로 민주국가의 존립과 발전을 위한 기초가 되기 때문에 특히 우월적인 지위를 지니고 있는 것이 현대 헌법의 한 특징이다. 그러나 다른 한편으로는 모든 권리의 출발점인 동시에 그 구심점을 이루는 인격권이 언론의 자유와 서로 충돌하는 경우에는 헌법을 규범조화적으로 해석하여 이들을 합리적으로 해석하여 조화시키기 위한 노력이 따라야 한다. 언론·출판의 자유가 민주사회에서 비록 중요한 기능을 수행한다고 하더라도, 그것이 인간의 존엄성에서 유래하는 개인의 일반적 인격권 등의 희생을 강요할 수는 없다는 것을, 헌법 제10조, 제17조, 제21조 제1항 및 제4항이 분명히 밝히고 있다'고 판시하였고,[78] "개인의 기본권인 언론의 자유와 타인의 인격권인 명예는 모두 인간으로서의 존엄과 가치, 행복추구권에 그 뿌리를 두고 있으므로 두 권리의 우열은 쉽사리 단정할 성질의 것이 아니다. … 국민의 알 권리와 다양한 사상·의견의 교환을 보장하는 언론의 자유는 민주제의 근간이 되는 핵심적 기본권이고, 명예 보호는 인간의 존엄과 가치, 행복을 추구하는 기초가 되는 권리이므로, 이 두 권리를 비교·형량하여 어느 쪽이 우위에 서는가를 가리는 것은 헌법적 평가의 문제"라고 밝히고 있다.[79]

(2) 한편, 헌법재판소는 소위 '김일성 사망 애도 편지 사건'(헌재 1999. 6. 24. 97헌마265 결정)에서 명예훼손의 법리에 관하여 "개인의 언론활동이 타인의 명예를 훼손하는 경우, 행위자와 피해자라는 개인 대 개인 간의 사적 관계에서는 언론의 자유보다 명예보호라는 인격권이 우선하나, 당해 표현이 공공적·사회적·객관적인 의미를 가진 정보에 해당되는 것은 그 평가를 달리 하여야 한다. 왜냐하면 국민이 알아야 할 정보(알 권리)는 개인의 인격형성과 자기실현은 물론 정치적 의사형성과정에 참여하는 공적 성격도 아울러 갖고 있기 때문이다. … 그러므로 언론매체의 명예훼손적 표현에 위에서 본 실정법을 해석·적용할 때에는 언론의 자유와 명예 보호라는 상반되는 두 권리의 조정과정에서 다음과 같은 것을 고려해야 한다. 즉, 당해 표현으로 인한 피해자가 공적 인물인지 아니면 사인인지, 그 표현이 공적인 관심사안에 관한 것인지 순수한 사적 영역에 속하는 것인지, 피해자가 당해 명예훼손적 위험을 자초한 것인지, 그 표현이 객관적으로 국민이 알아야 할 공공성·사회성을 갖춘 사실로서 여론형성이나 공개토론에 기여하는 것인지 등을 종합하여 구체적인 표현 내용과 방식에 따라 상충하는 양 법익을

78) 헌재 1991. 9. 16. 89헌마165, 판례집 3, 518, 524, 526-527.
79) 헌재 1999. 6. 24. 97헌마265, 판례집 11-1, 768, 775-777.

유형적으로 형량한 비례관계를 따져 언론의 자유에 대한 한계 설정을 할 필요가 있는 것이다."라고 판시함으로써 처음으로 자세한 입장을 표명하였다.

나. 대법원의 판례

대법원은 공적 인물과 사인 또는 공적 관심사와 사적 관심사의 구분을 하고 있지 않으며,[80] 공무원이 당사자가 된 명예훼손사건에서 오히려 공직자의 명예를 사인에 비하여 더욱 보호하는 듯한 판례도 찾아 볼 수 있다.[81] 이러한 점에서 대법원은 명예의 보호에 관한 한, 미국이나 독일 판례의 영향을 받지 않고 독자적인 길을 가고 있는 것으로 보인다. 특히 입증책임과 관련해서도, 대법원은 미국 판례의 영향을 전혀 받지 않고,[82] 사실주장의 진실성에 대한 입증책임을 명예훼손행위를 한 사람에게 부과하고 있다.[83] 이에 따라 사실이 공익에 부합하는지 및 진실인지 여부, 행위자가 진실이라고 믿은 데 상당한 이유가 있었는지 여부, 즉 공익성, 진실성 및 상당성에 대한 입증책임은 명예를 훼손한 자가 부담한다.[84]

다. 헌법재판소의 판례에 대한 비판

(1) 표현의 자유의 優越的 地位

(가) 헌법재판소는 일련의 결정에서 표현의 자유나 언론의 자유의 우위를 언급하고 있다.[85] 그러나 표현의 자유가 다른 기본권에 대하여 우위를 차지한다면, 표현의 자유가 인격권 등 다른 법익과 충돌하는 경우 법익형량과정에서 이러한 원칙이 어떠한 형태로든 고려되고 관철되어야 하는데, 헌법재판소는 표현의 자유의 우위를 단지 선언적으로만 언급할 뿐 이로부터 구체적인 법적 결과를 이끌어내지 않고 있다. 오히려 헌법재판소는 인격권과 표현의 자유 중 어떠한 기본권도 일반적인 우위를 차지하는 것이 아니라 구체적 경우마다 법익형량을 할 것을 요청하고 있다.[86] 헌법재판소가 일단 '표

---

80) 이에 관하여 자세히 한위수, 공인에 대한 명예훼손의 비교법적 일고찰, 저스티스 2002/10, 149면 이하; 박선영, 헌법소원사건 결정을 통해서 본 언론에 의한 명예훼손의 법리, 헌법실무연구 제2권(2001), 350면 참조.

81) 대법원 1993. 11. 26. 선고 93다18389 판결.

82) "언론의 특성상 공직자의 윤리 및 비위사실에 관한 보도에 있어서는 특별한 보도의 내용이 허위임을 알았거나 이를 무분별하게 무시한 경우에만 상당한 이유가 없다고 보아야 할 것이라거나 상당한 이유에 대한 입증책임을 피해자가 부담하여야 할 것이라는 등의 상고이유의 주장은 독자적인 견해에 불과하여 받아들일 수 없다."고 하거나(대법원 1997. 9. 30. 선고 97다24207 판결), "입증책임은 어디까지나 명예훼손 행위를 한 방송 등 언론매체에 있고, 피해자가 공적 인물이라고 하여 방송 등 언론매체의 명예훼손행위가 현실적 악의에 기한 것임을 그 피해자 측에서 입증해야 하는 것은 아니다."라고 하였다(대법원 1988. 5. 8. 선고 97다34563 판결).

83) "위법성이 조각되어 처벌대상이 되지 않기 위해서는 그것이 진실한 사실로서 오로지 공공의 이익에 관한 때에 해당한다는 점을 행위자가 증명하여야 한다."고 판시하였다(대법원 1988. 10. 11. 선고 85다카29 판결; 1993. 6. 22. 선고 92도3160판결; 1996. 5. 28. 선고 94다33828 판결).

84) 박선영, 헌법소원사건 결정을 통해서 본 언론에 의한 명예훼손의 법리, 헌법실무연구 제2권(2001), 353면 및 370면 참조.

85) 헌재 1991. 9. 16. 89헌마163, 판례집 3, 518, 524; 헌재 1992. 2. 25. 89헌마104, 판례집 4, 64, 94-95.

현의 자유의 우위'를 언급한다면, 우선 이러한 원칙의 헌법적 근거가 무엇인지 납득할 수 있도록 논증해야 하고, 뿐만 아니라 법익형량과정에서 그러한 원칙을 어떠한 형태로든 반영해야만, 논리적으로 일관된 자세라 할 수 있다.

(나) 한편, 표현의 자유의 우월적 지위는 기본권체계 내에 일정한 위계질서가 있는 경우에만 인정될 수 있다. 미연방대법원은 헌법상의 특정한 단어나 문구를 절대적인 의미로 해석함으로써,[87] 상충하는 다른 법익의 희생 하에서 표현의 자유와 같은 특정 자유를 일방적으로 지나치게 강조하는 경향이 있다.

그러나 우리 헌법은 기본권 간의 일정한 위계질서를 규정하고 있지 않다. 나아가, 헌법은 언론의 자유의 행사로 인하여 발생할 수 있는 위험을 인식하여, 제21조 제4항에서 언론의 자유의 헌법적 한계를 명백히 밝히고 언론의 사회적 책임을 강조하고 있다. 언론의 자유의 한계를 규정하는 위 조항에 비추어 보더라도, 우리 헌법은 표현의 자유의 일반적 우위에 대하여 부정적인 입장을 취하고 있다. 따라서 이미 이러한 이유만으로도 미연방대법원에 의하여 형성된 법리는 우리 헌법질서에 그대로 수용되기 어렵다.[88]

(2) 公的 표현 · 私的 표현 또는 公的 인물 · 私的 인물의 구분에 따른 법익형량

헌법재판소는 소위 '김일성 사망 애도 편지 사건'(헌재 1999. 6. 24. 97헌마265 결정)에서 언론의 자유와 인격권이 충돌하는 경우 법익형량의 과정에서 고려해야 할 구체적 관점으로서, '피해자가 공적 인물인지 아니면 사인인지의 관점', '그 표현이 공적인 관심사안에 관한 것인지 순수한 사적 영역에 속하는 사안인지의 관점', '피해자가 당해 명예훼손적 위험을 자초한 것인지의 관점'을 들면서, '공적 인물과 사인, 공적인 관심사안과 사적인 영역에 속하는 사안 간에는 심사기준에 차이를 두어야 하고, 더욱이 이 사건과 같은 공적 인물의 공적 활동과 관련된 명예훼손적 표현은 그 제한이 더 완화되어야 한다'는 결론을 내리고 있다.

(가) 헌법재판소는 표현의 자유를 일차적으로 민주적 의사형성과정에서의 기능적 관점에서 해석함으로써, '사적인 사안에서의 의견표명'에 대하여 '정치적인 의견표명'을 우대하는 결정을 하였는데, 이러한 결정에는 사적인 의견표명은 개인적 · 이기적 목적을 추구하는 반면, 공적 관심사에 관하여 발언함으로써 공적 토론에 참여하는 것은 민주주의의 실현 및 공익에 기여하기 때문에 보다 헌법적 보호를 받아야 한다는 사고가 그 바탕에 깔려있다. 헌법재판소가 공적 표현과 사적 표현을 구분함에 있어서 그 기준은 민주주의의 실현, 즉 공적인 여론형성과정에 기여하는지 여부라 할 수 있고, 결국 "공

---

86) 헌재 1991. 9. 16. 89헌마165, 판례집 3, 518, 524, 526-527.

87) 미국의 연방헌법 수정 제1조는 '의회는 언론 또는 출판의 자유를 제한하는 법률을 제정하지 못한다'고 규정하고 있는데, 미연방대법원은 표현의 자유에 대한 제한을 허용하지 않는 法文의 文意대로 표현의 자유를 절대시하고 있다.

88) 같은 견해로는 한위수, 공인에 대한 명예훼손의 비교법적 일고찰, 저스티스 2002/10, 154면 참조.

적인 관심사에 관한 표현"이란 국민에게 중요한 일반적 관심사를 토론의 대상으로 삼음으로써 공익에 기여하는 표현이고, "사적인 영역에 속하는 사안에 관한 표현"은 개인의 이기적 목적, 사익을 위한 표현이라고 할 수 있다. 즉 사적인 기본권행사는 개인적, 이기적인 목적의 추구와 동일시된다.

결국, 공적인 관심사에 관한 표현에 의하여 인격권이 침해되는 경우, 법익형량에 있어서 상충하는 2개의 개인적 법익인 '인격권'과 '표현의 자유'가 문제될 뿐만 아니라, 민주질서에 불가결한 자유로운 의견교환과정이라는 일반적 이익이 추가되기 때문에, 단지 개인 대 개인의 사적 관계에서 기본권이 충돌하는 경우인 '사적인 표현에 의한 명예훼손'과는 달리, 공적 표현의 경우 표현의 자유가 명예 보호에 대하여 일반적인 우위를 차지해야 한다는 논거이다. 이러한 법익형량과정을 繪畵的으로 표현한다면, 저울의 한 쪽에 '개인의 표현의 자유'와 '공적 토론의 참여'라는 2개의 법익이 놓이는 반면, 저울의 다른 쪽에는 단지 '개인의 인격권'이라는 1개의 법익이 놓이기 때문에, 2개의 법익이 놓이는 쪽이 우위를 차지해야 한다는 논리이다.

(나) 그러나 헌법재판소의 위 판시내용에 대해서는 다음과 같은 근본적인 헌법적 의문이 제기된다. 우선, '公的 표현과 私的 표현'을 구분하여 그 보호의 정도를 달리한다는 것은 헌법에서 전혀 그 근거를 찾을 수 없다는 점이다. 물론 표현의 자유를 공적으로 행사함으로써 형성되는 '자유로운 의견교환과정'이 민주주의에 대하여 가지는 근본적인 의미는 결코 부인할 수 없지만, 표현의 자유의 이러한 헌법적 기능을 기준으로 삼아 표현의 내용에 따라 발언을 달리 평가함으로써 공적 표현을 우대하는 것은 헌법적으로 정당화되지 않는다.

1) 자유권의 본질상, 자유행사의 목적은 자유행사를 법적으로 달리 평가하는 것의 근거가 될 수 없으며, 政治的 기본권행사는 非政治的 기본권행사에 대하여 우위를 차지할 수도 없고 더욱 보호될 수도 없다. 자유권의 본질에 속하는 것은 자유행사의 여부와 방법에 관하여 스스로 결정할 수 있다는 것이다. 자유행사의 여부와 방법은 기본권의 주체에게 맡겨져 있다. 자유가 무엇인가 하는 것은 궁극적으로 '자유롭고자 하는 자'만이 결정할 수 있다. 기본권의 주체가 자유의 내용과 가치를 스스로 결정한다는 것에 자유의 본질이 있다. 자유는 그 본질상 '무엇으로부터의 자유'이지 '무엇을 위한 자유'로서 존재할 수 없다. 자유권은 그 본질상 '任意의 自由'이며, '임의의 자유'란, 법질서의 제한과 구속을 받지 않고 마음대로 할 수 있는 '유토피아적 자연 상태의 자유'를 뜻하는 것이 아니라, 각자가 자신의 고유한 주관적 가치관에 따라 행위의 목적과 수단을 스스로 결정할 수 있다는 것, 개인이 각자 스스로 자유의 내용과 행사방법을 결정할 수 있다는 것을 의미한다.[89] 즉, '임의의 자유'는 국가권력에 의하여 정의되지 않은 자유이며, 자유의 내용과 행사방법이 처음부터 국가권력의 결정권한 밖에 있다는 것을 의미하는 것이

다.

표현의 자유는 일차적으로 개인적 자유권으로서, 바로 개인이 사적인 영역의 자율적 형성을 위하여 사적으로 이용할 수 있기 때문에 보장되는 것이다. 사적인 것은 모든 자유권의 본질적 요소이며, 마찬가지로 표현의 자유의 본질적 요소이기도 하다.[90] 따라서 표현의 자유의 이와 같은 일차적인 개인적·사적 의미를 간과하고 표현의 자유를 일방적으로 '민주주의의 실현을 위한 기능'의 관점에서 이해하는 것은, 국가권력에 의하여 기본권행사의 목적이 내용적으로 결정되는 결과를 가져온다. 그러나 자유권이란 임의적 자유이지, 무엇을 위한 자유, 예컨대 공익실현을 위한 자유가 아니다. 기본권적 자유가 공익실현의 목적에 종속됨으로써 개인이 국가공동체에 바람직한 방향으로 자신의 자유를 행사해야 한다면, 그것은 이미 자유가 아니다. 우리 헌법은 공익에 기여하는 자유행사에 대해서만 기본권적 보호를 제공하는 것이 아니라, 기본권의 제한을 통하여 공익을 실현하는 구조를 취하고 있다(헌법 제37조 제2항). 공익은 단지 기본권적 자유의 한계이지 자유행사의 지침이 아닌 것이다.[91]

2) 뿐만 아니라, 사적 의견표명을 개인적·이기적 목적의 추구로, 공적 관심사에 관한 의견표명을 민주주의의 실현에 기여하는 것으로 간주하는 것은, 이기적 목적과 공익적 목적의 구분이 불분명하다는 점에서도 문제를 안고 있다.[92] 사적 의견표명도 공적 관심사에 관한 의견표명과 마찬가지로 자유민주적 질서의 실현에 있어서 본질적인 것이다. 표현의 자유의 사적 행사는 민주주의에 불가결한 '다원주의적 견해의 다양성과 개방성'의 기초가 되며, 이러한 의미에서 사적 의견표명도 민주주의의 실현에 기여하는 것이다. 즉, 공동체 내에서의 사적인 것은 또한 동시에 공적인 의미와 비중을 가지는 것이다.

더욱 본질적인 것은, '私的·非政治的 의견표명'은 인간의 존엄성 실현과 특별한 연관성을 지니고 있으며, 이러한 의미에서 '公的·政治的 의견표명'과 헌법적으로 동등한 비중을 차지한다는 점이다. 우리 헌법질서 내에서 '더 보호받는 자유영역'과 '덜 보호받는 자유영역'의 구분이 있을 수 있다면, 그 구분은 구체적인 자유행사가 인간의 존엄성 실현과 자기결정에 대하여 가지는 의미에 따른 구분이어야 한다. 공적인 표현을 통하여 공적인 토론과정에 참여하는 것만이 중요한 것이 아니라, 사적 영역에서의 의견표명과

---

89) Vgl. Böckenförde, Grundrechtstheorie und Grundrechtsinterpretation, NJW 1974, S.1530f., 1535; Kriele, Recht und Politik in der Verfassungsrechtsprechung, NJW 1976, S.780f.

90) Vgl. Schmitt Glaeser, Meinungsfreiheit in der Rechtsprechung des BVerfG, AöR 113(1988), S.55.

91) Vgl. Starck, Die Verfassungsauslegung, in: Isensee/Kirchhof, HbStR, Bd.Ⅶ, 1992, §164, Rn.46.

92) 적지 않은 경우, 정치인이나 사회단체의 정치적인 발언은 정치적 이익이나 집단이익의 추구 등 이기적인 목적을 추구하고 있다, vgl. Scholz/Konrad, Meinungsfreiheit und allgemeines Persönlichkeitsrecht, AöR 123(1998), S.104; Schmitt Glaeser, Meinungsfreiheit, Ehrenschutz und Toleranzgebot, AöR 113(1988), S.54.

의견교환과정, 즉 가족의 범위와 친지와의 관계에서의 사적인 표현, 종교·학문·예술·경제 등의 비정치적 영역에서의 사적인 의견교환과정은 인격의 발현과 자기결정에 대하여 보다 본질적이며, 인간의 존엄성 실현의 관점에서 불가결한 것이다. 비정치적 영역에서 종교적, 학문적, 상업적, 예술적 사안에 관한 의견교환과 논쟁을 하는 경우, 표현의 자유란 기본권 외에도 종교와 양심의 자유, 학문의 자유, 직업의 자유, 재산권보장, 예술의 자유 등에 의하여 부가적으로 보호되고 강화된다.

그렇다면, 표현의 내용이 공적·정치적 관심사에 관한 것인지 아니면 사적·비정치적 관심사에 관한 것인지와 관계없이, 민주주의의 실현에 직접 기여하는 자유행사뿐만 아니라 인간의 존엄성 실현과 보다 밀접한 연관성을 보이는 사적인 자유행사도 마찬가지로 중요한 헌법적 지위를 인정받아야 한다.[93]

3) 결국, 여기서 근본적으로 제기되는 헌법적 문제는, '국가공동체에 대하여 중요한 자유행사가 우선한다'는 원칙이 헌법적으로 타당한지의 문제이다. 물론, 표현의 자유가 개인적 인격발현의 기본적 요소이자 동시에 자유민주적 국가질서를 구성하는 요소라는 점에서, 표현의 자유가 보장하고자 하는 핵심적 영역에 속하는지의 여부에 따라 표현의 자유와 상충하는 법익과의 교량과정에서 표현의 자유에 대한 보호의 정도를 달리할 수 있다. 헌법이 표현의 자유를 보장하는 의미와 목적에 비추어, 표현의 자유가 개인의 인격발현에 있어서 가지는 의미가 중대할수록 또는 공적인 여론형성에 기여하는 의미가 중대할수록, 다른 법익과의 충돌상황에서 보다 보호될 것을 요청하고 있다. 반면에, 의견표명이 개인의 인격발현에 기여한다는 개인연관성도 적으면서 공적 토론이나 여론형성에 기여하는 공적 연관성도 없는 경우에는, 가령 단지 대중의 호기심을 충족시키는 선정성의 보도나 사생활을 폭로하는 기사의 경우, 표현의 자유의 보호영역 중에서 단지 주변영역이 제한되는 것이므로, 다른 법익과의 충돌상황에서 표현의 자유는 보다 적게 보호된다.

그러나 국가공권력이 '개인이 기본권적 자유를 공익에 부합하는 방향으로 행사하는지 여부'를 기준으로 삼아 개인의 발언이 '국가공동체에 대하여 가지는 의미와 중요성'에 따라 평가하여 '사적·비정치적 표현'에 대하여 '공적·정치적 표현'을 우대한다는 것은 표현의 자유에 내재하는 자유행사의 자기결정권 및 표현의 내용에 대한 국가의 중립의무와 부합할 수 없다.[94] 헌법재판소가 공적·사적 표현을 구분하여 표현의 자유의 정치

93) Vgl. Herzog, in: Maunz/Dürig, GG, Art.5I, II Rn.267; Scholz/Konrad, Meinungsfreiheit und allgemeines Persönlichkeitsrecht, AöR 123(1998), S.114f.

94) Vgl. Brugger, Freiheit der Meinung und Organisation der Meinungsfreiheit, EuGRZ 1987, S.192; v. Münch, in: GG, Art.5 Rn.5; Badura, Staatsrecht, 1986, S.113; Starck, in: Mangoldt/Klein, das Bonner GG, Art.5 I, II Rn.16; 미연방대법원은 한편으로는 국가가 표현의 자유를 제한하는 경우 발언의 내용에 따라 차별하는 '견해차별적 규제'를 원칙적으로 위헌으로 간주하면서, 다른 한편으로는 공적 토론의 경우 명예보호에 대하여 표현의 자유에 일방적인 우위를 인정하고 있다. 그러나 표현의 자유와 인격권이 서로 충돌하

적 행사를 사적 행사에 대하여 우대하는 것은, 헌법적으로 그 근거를 결여하고 있을 뿐만 아니라, 자유권으로서의 표현의 자유의 본질과 부합할 수 없는 것이다.

(다) 마찬가지로 '公的 人物과 私人'을 구분하여 공적 인물의 명예 보호를 약화시키는 것도 헌법적으로 그 근거를 찾아 볼 수 없다. 일반국민보다도 시사적 인물, 특히 정치인의 경우 그의 명예는 더욱 위협받는다. 공적 생활을 통하여 일반 대중에 노출되는 정도가 클수록, 유명인은 政敵이나 직업상의 경쟁자, 선정성 언론 등에 의하여 그의 명예가 훼손될 위험을 안고 있다. 유명인의 인격권을 위협하는 두 가지 방법은, 허위사실을 유포하거나 또는 사실의 진위여부를 떠나서 누구나 밝히기를 꺼리는 내밀한 사적 영역을 일반에 공개함으로써 수치스러운 일이 일반에 드러나도록 하는 것이다. 개인의 자유에 대한 침해의 위험성이 클수록 국가가 이에 대한 효율적인 보호를 제공해야 하는 것은 법치국가적 권리구제의 관점에서 보더라도 당연한 것이다.

국민이 공직에 있거나 또는 공적 활동을 통하여 공적으로 드러난다고 하여, 민주주의가 개인적 명예를 포기할 것을 요구하는 것은 아니다. 모든 인간은 공적 인물이든 사인이든 간에 개인적 명예의 보호를 요구할 수 있는 동등한 권리를 가진다. 민주주의가 제대로 기능하기 위해서는 공동체를 위하여 활동하는 것이 명예로운 것으로 여겨져야 하며, 대의민주주의는 국민의 신뢰와 지지를 받을 수 있는 명예로운 대표자를 필요로 한다. 공적 생활에 적극적으로 참여하는 것이 죄악이 아닌 이상, 단지 공동체의 형성에 적극적으로 참여한다는 이유로 사실상 명예 보호를 박탈당해야 한다면, 그러한 상황에서 형성되는 민주주의의 質은 다분히 의심받아 마땅하다.

(라) 헌법재판소의 이러한 견해는 '어느 누구도 자유로운 발언에 대한 국가적 제재로 인하여 공적인 의견형성과정에 참여하려는 자세에 있어서 위협을 받아서는 안 되기 때문에, 표현의 자유가 제한되어서는 안 된다'는 사고에 기초하고 있는 것으로 보인다. 그러나 다른 한편으로는, 표현의 자유를 일방적으로 보호하는 국가가 자신의 명예를 제대로 보호해 주리라는 믿음이 없기 때문에, 즉 공적 생활에 잘못 참여했다가는 개인의 명예가 크게 손상될 수 있다는 위험 때문에, 명예를 중시하는 다수의 국민이 공적 토론에 참여하려는 자세에 있어서 위협받는 것은 아닌지, 이로써 결국 민주주의의 자유로운 토론과정이 위축되는 것은 아닌지를 헌법재판소는 생각해 보아야 한다.

(3) 신속보도의 요청과 언론의 주의의무

독일의 경우, 피해자가 언론보도의 허위성을 입증해야 하고 진위여부가 밝혀지지 않는 경우 언론의 소명의무가 있는 반면, 한국의 경우 언론이 보도의 진실성을 입증해야

는 경우 국가가 누구의 손을 들어줄 것인지에 관하여 판단함에 있어서 사적 또는 공적 표현인가 하는 표현의 내용에 따라 자유행사를 우대하거나 차별하는 것은 결국 견해차별적 국가행위로서, 위 판례는 그 자체로서 모순을 안고 있다.

하고 보도가 허위이거나 진위여부가 밝혀지지 않는 경우 언론의 소명의무가 있다. 한국의 소명의무(상당성의 입증)는 언론의 공적 기능을 고려하여 진실성의 입증에 대한 대체의무로서 부과되는 것이기 때문에 독일의 경우보다 소명의무에 대하여 보다 엄격한 요구를 하여야 한다. 이에 따라 언론의 명예훼손적 보도에 있어서 주의의무의 진지한 이행을 요구해야 한다.

헌법재판소는 이로 인하여 자유언론에 대한 위축효과를 우려하고 있다.[95] 그러나 언론에게 공적 책임을 인식시키고 그의 특권뿐만 아니라 그에 상응하는 의무, 특히 주의의무를 상기시키는 것은 자유토론을 위축시키는 것이 아니라, 진실한 사실관계의 바탕위에서 자유토론이 이루어져야 한다는 의미에서 의견형성의 기본조건을 확보하는 것이다. 진실의무의 부과로 인하여 의견형성과정이 위축되는 것이 우려된다면, 이는 결국 '의견형성이 이루어지지 않는 것보다는 차라리 허위사실을 근거로 잘못된 의견이 형성되는 것이 낫다'는 것과 마찬가지이다. 허위사실을 토대로 한 자유토론은 무의미하고, 허위보도에 기초한 의견형성과정은 誤導될 수밖에 없다.

언론의 특수한 작업조건, 특히 신속보도의 요청도 허위보도에 의한 명예훼손을 정당화할 수 없다. 진실한 사실보도의 의무를 부과하고 이를 강제한다고 하여 언론의 자유의 기능이 저해되는 것은 아니다. 언론보도의 진실성에 대한 확신이 없는 경우, 언론기관에 대하여 진실성이 밝혀질 때까지 보도를 자제하거나 아니면 사실주장이 아니라 의견표명이나 추측의 형태로 표현할 것을 요구할 수 있다. 그렇다면 사실주장에 대하여 진실의무를 부과하는 것은 엄밀한 의미에서 표현의 자유에 대한 위험이 아니라 단지 발언자의 위험부담일 뿐이고, 발언자는 자신의 발언내용의 진실성이 확실하지 않는 경우 사실주장이라는 표현을 하지 않음으로써 위험을 피할 수 있다.

언론에게 민주주의의 기본조건인 '개방적이고 자유로운 의견형성과정'을 보장하는 공적 과제가 부과되고, 이러한 과제의 수행을 위하여 언론에게 특권이 부여된다면, 또한 이에 대응하여 언론의 공적 과제로부터 언론의 보다 엄격한 의무가 도출되어야 한다.[96] 언론은 특히 구체적 상황에 따라 요구되는 주의의무를 기울임으로써 사실보도를 그의 진실성, 내용, 출처에 있어서 조사해야 할 의무가 있다. 언론의 주의의무는 언론보도에 의하여 손상되는 법익의 침해정도에 따라 그 정도를 달리해야 한다.[97] 즉 개인의 인격권에 대한 언론보도의 침해효과가 클수록, 언론은 보다 고도의 주의의무를 기울여야 하고, 언론보도의 진실성과 상당성에 대하여 보다 엄격한 요구를 해야 한다.

95) 헌재 1999. 6. 24. 97헌마265, 판례집 11-1, 768, 778.
96) Isensee, Grundrecht auf Ehre, in: Festschrift für Kriele, 1997, S.41.
97) Vgl. Ossenbühl, Medien zwischen Macht und Recht, JZ 1995, S.636.

Ⅴ. 맺는말

1. 한국과 독일의 헌법이 '人間尊嚴性의 헌법'이라면, 미국의 헌법은 '自由의 헌법'이라고 특징적으로 표현할 수 있다.[98] 인간의 존엄성을 헌법의 최고의 가치이자 국가의 존재이유로 삼는 한국 헌법의 가치체계에서 표현의 자유를 일방적으로 강조하는 미연방대법원의 판례('표현의 자유의 우위 원칙')는 수용되기 어렵다. 인간존엄성의 헌법에서 '명예의 보호'는 '표현의 자유'와 동등한 지위와 중요성을 가진다. 인간의 존엄성이 실현되기 위해서는 자신의 의견을 자유롭게 표명할 권리뿐만 아니라 자신의 社會的 人格像에 관하여 스스로 결정할 권리, 즉 명예도 보호되어야 한다. 나아가, 헌법은 제21조 제4항에서 표현의 자유의 헌법적 한계를 명시적으로 규정함으로써 명예의 보호에 대한 표현의 자유의 일방적인 우위를 부정하고 있다.

따라서 미국 헌법과 한국 헌법의 근본적인 차이 및 헌법재판에서 나타나는 헌법에 대한 이해의 차이에 비추어, 미연방대법원에 의하여 형성된 여러 가지 원칙, 예컨대 자유권 사이의 위계질서를 인정하는 '二重基準의 원칙'[99], '공적 인물과 사인'의 구분, 표현의 자유를 제한하는 공권력행위에 대한 심사기준으로서 '명백하고 현존하는 위험의 원리'[100] 등은 한국 헌법학에 수용되기 어렵다.

2. 헌법상 자유의 보장이란, '국가 對 개인의 자유'의 관점에서만 파악해서는 아니 되고, 기본권주체간의 '자유의 충돌'의 관점에서도 조명되어야 한다. 개인의 자유가 서로 충돌하는 경우, 한 개인의 자유의 확장은 다른 개인의 자유의 축소를 의미하므로, 이러한 점에서 자유의 보장은 적정한 배분의 문제이다.

'공적 토론의 경우, 자유로운 발언이 허용된다'고 하는 독일연방헌법재판소의 추정원칙은, 개인 대 국가의 관계에서 국가공권력에 의하여 표현의 자유가 제한되는 경우에 그 정당성을 가질 수 있다. 그러나 개인이 표현의 자유를 행사함으로써 타인의 명예를 훼손하는 경우에는 사인과 사인간의 기본권충돌의 문제로서, 국가는 표현의 자유와 관련하여 가능하면 자유를 적게 제한할 것을 요구하는 과잉금지원칙의 구속을 받고, 다른 한편으로는 명예 보호와 관련하여 개인의 명예를 너무 적게 보호해서는 안 된다는 과

98) Vgl. Kommers, Kann das Deutsche Verfassungsrechtsdenken Vorbild für die Vereinigten Staaten sein?, Der Staat 1998, S.338.

99) 이중기준에 대한 비판으로는 한수웅, 헌법재판의 한계 및 심사기준, 헌법논총 제8집(1997), 227면 이하 참조.

100) "명백하고 현존하는 위험의 원리"도 기본권의 구조 내에서 표현의 자유의 우월적 지위를 전제로 하여 자유권제한의 일반원칙인 비례의 원칙이 표현의 자유와 관련하여 구체화된 원칙으로서, 위 원칙의 논리적 기반인 '표현의 자유의 우월적 지위'가 부인되는 이상, 한국 헌법에서는 그 존립근거를 상실한 원칙이다.

소보호금지원칙의 구속을 받는다. 따라서 사인과 사인의 기본권이 충돌하는 경우, 국가가 일방적으로 표현의 자유를 보호한다는 것은 다른 사인의 기본권의 희생 하에서만 가능한 것이며, 이는 국가가 개인의 명예도 적절하게 보호해야 한다는 의무의 위반을 의미한다.

공적 토론의 경우 표현의 자유가 명예의 보호에 우선한다면, 명예 보호는 단지 사적·비정치적 의견형성의 영역에서만 이루어진다. 그러나 인격권도 헌법상 최고가치인 인간의 존엄성에 헌법적 근거를 두고 있는 중요한 헌법적 법익으로서, '여론의 형성'이란 민주주의의 제단에 일방적으로 희생될 수 없는 법익이다.

3. 나아가, 민주주의 실현의 관점에서 보더라도, 명예의 보호는 표현의 자유에 버금가는 의미와 중요성을 가진다. 명예가 제대로 보호받지 못하는 사회에서는, 예컨대 단지 공적 토론에 참여하였다는 이유만으로 자신의 명예 보호를 포기해야 하는 사회에서는, 개인이 공적 토론에 참여하는 것은 용기를 필요로 할 뿐만 아니라 큰 위험부담을 안고 있기 때문에 많은 사람들이 민주적 의사형성과정에 참여하는 것을 주저하게 되며, 결국 민주적 의견형성과정이 크게 저해된다. 따라서 개인의 명예에 대하여 표현의 자유를 과도하게 보호하는 것은 역설적으로 표현의 자유가 위축되는 역효과를 가져오는 것이다. 이러한 의미에서 민주주의가 제대로 기능하기 위해서는 한편으로는 자유로운 의사형성과정과 이를 가능하게 하는 표현의 자유의 보장을, 다른 한편으로는 개인의 명예가 침해당한 경우 국가에 의한 효과적인 명예 보호를 필요로 한다.

4. 미연방대법원의 '표현의 자유의 우위 원칙'과 독일 연방헌법재판소의 '공적 토론의 경우 표현의 자유의 우위 추정의 원칙'은 민주주의 질서와 관련하여 언론의 자유의 중요성을 강조하지만, 명예 보호에 대하여 언론의 자유를 우대하는 것이 민주주의의 필수적 요건이 아니라는 것은 비교법적으로 영국의 법제('인격권 우위의 원칙')가 보여주고 있다.

이와 같이 영국과 미국이라는 대표적인 두 민주국가의 상반된 해결책을 감안한다면, 민주주의 질서 그 자체는 표현의 자유와 명예 보호의 관계를 결정함에 있어서 결정적인 기준이 아니다.[101] 미연방대법원은 정치적 영역에서 표현의 자유가 명예 보호에 대하여 일반적 우위를 부여받지 못한다면 마치 민주주의가 손상을 입는 것처럼 생각하지만, 영국의 상반된 법제는 명예를 보호하면서도 민주주의가 잘 기능한다는 것을 보여주고 있다. 마찬가지로 독일의 경우에도, 인격권을 현재 독일 연방헌법재판소의 판례에 의하여 보호되는 수준보다 보다 강하게 보호한다 하더라도 민주주의는 이를 잘 견디어

101) Vgl. Stürner, Die verlorene Ehre des Bundesbürgers, JZ 1994, S.870.

낼 수 있을 뿐만 아니라, 오히려 인격권에 대한 강화된 보호를 통하여 보다 높은 수준의 민주적 문화가 정착하기 위하여 필요한 양질의 토양을 공급받을 수 있다. 이러한 의미에서 우리 대법원의 종래의 판례는 헌법적인 요청에 부합하는 것으로 앞으로도 계속 유지되어야 한다.

참고문헌

권영성, 헌법학원론, 2003

김민중, 원고의 신분과 명예훼손법리의 적용, 언론중재 2000년 여름호

박선영, 헌법소원사건 결정을 통해서 본 언론에 의한 명예훼손의 법리, 헌법실무연구 제2권(2001)

손원선, 독일법상의 언론·출판의 자유와 명예 내지 인격권의 보호, 민사법학 17호, 1999

염규호, 공직자와 명예훼손 -미국 언론법의 '현실적 악의'를 중심으로-, 언론중재 1999년 겨울호, 언론중재 2000년 봄호

이인호, 뉴미디어의 발전과 언론자유법의 새로운 전개, 헌법논총 제8집(1997)

한수웅, 입법부작위에 대한 헌법소원, 현대헌법학이론(이명구교수 화갑기념논문집), 1996

______, 헌법재판의 한계 및 심사기준, 헌법논총 제8집(1997)

______, 헌법상의 인격권, 헌법논총 제13집(2002)

한위수, 공인에 대한 명예훼손의 비교법적 일고찰, 저스티스 2002/10

홍임석, 영국에서의 언론에 의한 명예훼손의 법적 문제, 재판자료 제93집 외국사법연수논집[21](법원도서관, 2001)

Badura, Staatsrecht, 1986

Böckenförde, Grundrechtstheorie und Grundrechtsinterpretation, NJW 1974

Brugger, Freiheit der Meinung und Organisation der Meinungsfreiheit, EuGRZ 1987

Frowein, Reform durch Meinungsfreiheit, AöR 105(1980)

Herzog, in: Maunz/Dürig(Hg), Grundgesetz (GG), 2000, Art.5 I, II

Grimm, Die Meinungsfreiheit in der Rechtsprechung des Bundesverfassungsgerichts, NJW 1995

Isensee, Grundrecht auf Ehre, in: Festschrift für Kriele, 1997

Kommers, Kann das Deutsche Verfassungsrechtsdenken Vorbild für die Vereinigten Staaten sein?, Der Staat 1998

Kriele, Ehrenschutz und Meinungsfreiheit, NJW 1994

______, Recht und Politik in der Verfassungsrechtsprechung, NJW 1976

Kübler, Öffentlichkeit als Tribunal? -Zum Konflikt zwischen Medienfreiheit und Ehrenschutz -, JZ 1984

Mager, Meinungsfreiheit und Ehrenschutz von Soldaten, Jura 1996

v. Münch, in: v. Münch/Kunig(Hg), Grundgesetz Kommentar (GGK), 2000, Art.5

Nolte, Falwell vs. Strauß: Die rechtlichen Grenzen politischer Satire in den USA und der Bundesrepublik, EuGRZ 1988

Ossenbühl, Medien zwischen Macht und Recht, JZ 1995

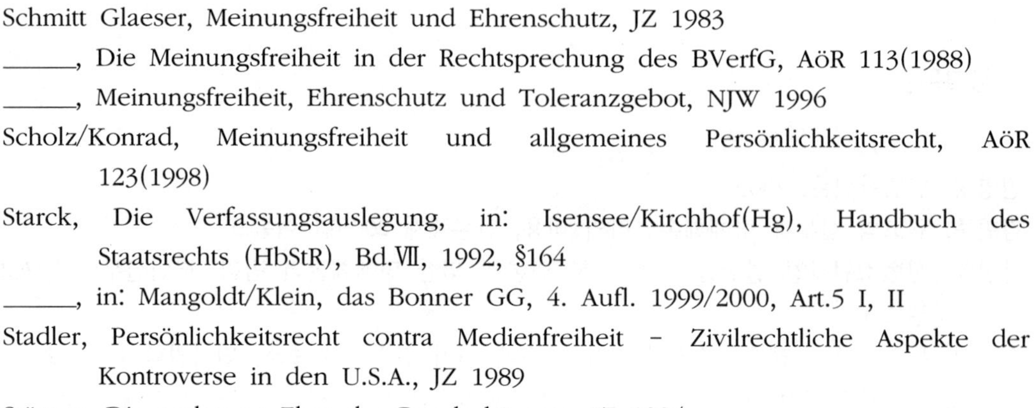

Schmitt Glaeser, Meinungsfreiheit und Ehrenschutz, JZ 1983

______, Die Meinungsfreiheit in der Rechtsprechung des BVerfG, AöR 113(1988)

______, Meinungsfreiheit, Ehrenschutz und Toleranzgebot, NJW 1996

Scholz/Konrad, Meinungsfreiheit und allgemeines Persönlichkeitsrecht, AöR 123(1998)

Starck, Die Verfassungsauslegung, in: Isensee/Kirchhof(Hg), Handbuch des Staatsrechts (HbStR), Bd.Ⅶ, 1992, §164

______, in: Mangoldt/Klein, das Bonner GG, 4. Aufl. 1999/2000, Art.5 I, II

Stadler, Persönlichkeitsrecht contra Medienfreiheit - Zivilrechtliche Aspekte der Kontroverse in den U.S.A., JZ 1989

Stürner, Die verlorene Ehre des Bundesbürgers, JZ 1994

제2주제

헌법상의 '알 권리'*

-헌법재판소 주요결정에 대한 판례평석을 겸하여-

Ⅰ. 머리말

알 권리란 세계적으로 제2차 세계대전 전까지는 그 전례를 찾아 볼 수 없는 새로운 기본권에 속한다.[1] 우리 헌법은 알 권리를 명시적으로 보장하고 있지 않으나, 헌법재판소는 이미 초기의 결정에서 알 권리를 헌법상의 기본권으로 인정하였고 현재까지 그 견해를 그대로 유지하고 있다. 헌법재판소는 무엇보다도 헌법 제21조의 표현의 자유를

* 위 논문은 2002년 8월, 법조(법조협회), 제551호, 35-73면에 게재된 것을 일부 수정한 것이다.

1) 알 권리를 명시적으로 규정하고 있는 대표적인 헌법으로는 독일 기본법을 들 수 있다. 독일 기본법은 제5조 제1항 제1문 후단에서 "일반적으로 접근 가능한 정보원으로부터 정보를 수집할 수 있는 권리"라고 규정하여 알 권리(Informationsfreiheit)를 명문으로 보장하고 있다. 물론 여기서 헌법상 보장되는 '알 권리'란 단지 정보의 자유, 즉 정보수집방해배제청구권만을 의미하는 것으로 전적으로 자유권적 성격을 가진다. 위 기본법규정은 나치정권 하에서 국가에 의한 정보의 제한, 여론형성의 조작, 외국 방송의 청취 금지 등 부정적인 역사적 경험에 대한 반성의 표현으로서 도입된 것이다, vgl. Schmitt Glaeser, Das Grundrecht auf Informationsfreiheit, Jura 1987, S.567; BVerfGE 27, 71, 80.

헌법적 근거로 삼아 헌법해석을 통하여 '국가의 방해를 받지 않고 자유롭게 정보를 얻을 자유권으로서의 알 권리'(소위 '情報의 自由' 또는 '정보수집방해배제청구권')를 도출하였고, 한 보 더 나아가 '국가로부터 정보의 공개를 청구할 수 있는 적극적 권리'도 알 권리에 포함되는 것으로 판단하였다. 이로써 자유권인 '표현의 자유'로부터 자유권적 성격의 알 권리인 '情報의 自由'뿐만 아니라 청구권적 성격을 가진 '一般的 情報公開請求權'이 도출되었는데, 헌법재판소가 자유권을 근거로 하여 이와 같이 포괄적인 청구권적 성격을 인정한 것은 지극히 예외적인 현상에 속하므로, 기본권의 이러한 이해가 타당한 것인지에 관하여 살펴볼 필요가 있다. 이 글에서는 '알 권리'를 자유권적 성격의 '정보의 자유'와 청구권적 성격의 '정보공개청구권'을 포함하는 포괄적인 의미로 사용하기로 한다.

헌법재판소가 정보공개청구권을 포함하는 '알 권리'를 국민의 기본권으로 인정한 이후, 1997. 12. 31. '공공기관의 정보공개에 관한 법률'이 시행되었는데, 위 법의 시행으로 인하여 '알 권리, 특히 정보공개청구권이 헌법상의 권리인지'에 관한 논의가 그 의미를 상실한 것은 아니다. 헌법이 정보공개청구권을 기본권으로서 보장하고 있지 않다면 입법자는 정보공개에 관한 법률을 제정하거나 유지해야 하는 헌법적 구속을 받지 않는다는 점, 나아가 '기본권의 해석을 통하여 어느 정도로 헌법상 열거되지 아니한 청구권을 도출할 수 있는지'에 관한 근본적인 고찰이 필요하다는 점에서도, '알 권리'의 보장내용, 법적 성격과 헌법적 근거를 밝히는 것은 중요하다.

따라서 이 글에서는 우선 알 권리의 헌법적 근거를 밝히고(아래 Ⅳ.), 이어서 '자유권으로서의 알 권리'의 내용을 확인한 후(아래 Ⅴ.), 헌법 제21조의 표현의 자유 등 헌법규범으로부터 헌법해석을 통하여 '일반적 정보공개청구권'과 같은 청구권적 요소를 도출할 수 있는지를 살펴본 다음(아래 Ⅵ.), 개인이 헌법을 근거로 하여 어느 정도로 국가로부터 정보의 공개를 청구할 수 있는지의 문제, 나아가 이와 관련하여 개인이 자기관련 개인정보의 공개를 국가로부터 요구할 수 있는 권리와 법적 분쟁 당사자가 소송기록의 열람을 청구할 수 있는 권리의 헌법적 근거에 관하여 검토하기로 한다(아래 Ⅶ.). 마지막으로, 일반적 정보공개청구권을 인정한 헌법재판소 판례를 비판적으로 검토하는 것으로 결론을 대신하고자 한다(아래 Ⅷ.).

Ⅱ. 헌법재판소의 '알 권리'에 관한 주요결정의 요지

헌법재판소는 초기의 두 가지 주요결정에서 '알 권리'에 관한 이론을 확립하였고, 그 이후의 결정에서는 위 결정의 판시내용을 그대로 인용하고 있으므로, 아래에서는 초기의 두 가지 주요결정만을 살펴보기로 한다.

1. 헌재 1989. 9. 4. 88헌마22 결정(토지조사부의 열람 · 복사 불허 사건)[2)]

우리나라는 헌법 제21조에 언론출판의 자유, 즉 표현의 자유를 규정하고 있는데, 이 자유는 전통적으로는 사상 또는 의견의 자유로운 표명(발표의 자유)과 그것을 전파할 자유(전달의 자유)를 의미하는 것으로서, … 오늘날 민주국가에서 국민이 갖는 가장 중요한 기본권의 하나로 인식되고 있는 것이다. 그런데 사상 또는 의견의 자유로운 표명은 자유로운 의사의 형성을 전제로 하는데, 자유로운 의사의 형성은 충분한 정보에의 접근이 보장됨으로써 비로소 가능한 것이며, 다른 한편으로 자유로운 표명은 자유로운 수용 또는 접수와 불가분의 관계에 있다고 할 것이다. 그러한 의미에서 정보에의 접근 · 수집 · 처리의 자유 즉 '알 권리'는 표현의 자유에 당연히 포함되는 것으로 보아야 하는 것이다. 이와 관련하여 인권에 관한 세계선언 제19조는 … '알 권리'를 명시하고 있는 것이다.

'알 권리'는 민주국가에 있어서 국정의 공개와도 밀접한 관련이 있는데 우리 헌법에 보면 입법의 공개(제50조 제1항), 재판의 공개(제109조)에는 명문규정을 두고 행정의 공개에 관하여서는 명문규정을 두고 있지 않으나, '알 권리'의 생성기반을 살펴볼 때 이 권리의 핵심은 정부가 보유하고 있는 정보에 대한 국민의 알권리 즉, 국민의 정부에 대한 일반적 정보공개를 구할 권리(청구권적 기본권)라고 할 것이며, 또한 자유민주적 기본질서를 천명하고 있는 헌법 전문과 제1조 및 제4조의 해석상 당연한 것이라고 봐야 할 것이다. '알 권리'의 법적 성질을 위와 같이 해석한다고 하더라도 헌법 규정만으로 이를 실현할 수 있는가 구체적인 법률의 제정이 없이는 불가능한 것인가에 대하여서는 다시 견해가 갈릴 수 있지만, 본건 서류에 대한 열람 · 복사 민원의 처리는 법률의 제정이 없더라도 불가능한 것이 아니라 할 것이고, 또 … '정부공문서 규정' 제36조 제2항이 미흡하나마 공문서의 공개를 규정하고 있는 터이므로 이 규정을 근거로 해서 국민의 알 권리를 곧바로 실현시키는 것이 가능하다고 보아야 할 것이다.

이러한 관점에서 청구인의 자기에게 정당한 이해관계가 있는 정부 보유 정보의 開示 요구에 대하여 행정청이 아무런 검토 없이 불응하였다면 이는 청구인이 갖는 헌법 제21조에 규정된 언론 출판의 자유 또는 표현의 자유의 한 내용인 '알 권리'를 침해한 것이라 할 수 있으며, 그 이외에도 자유민주주의 국가에서 국민주권을 실현하는 핵심이 되는 기본권이라는 점에서 국민주권주의(제1조), 각 개인의 지식의 연마, 인격의 도야에는 가급적 많은 정보에 접할 수 있어야 한다는 의미에서 인간으로서의 존엄과 가치(제10조) 및 인간다운 생활을 할 권리(제34조 제1항)와 관련이 있다 할 것이다.

2) 결정이유에서 그대로 인용(헌재 1989. 9. 4. 88헌마22, 판례집 1, 176, 188-190).

2. 헌재 1991. 5. 13. 90헌마133 결정(소송기록의 열람 청구 사건)[3)]

헌법 제21조는 언론·출판의 자유, 즉 표현의 자유를 규정하고 있는데 이 자유는 전통적으로 사상 또는 의견의 자유로운 표명(발표의 자유)과 그것을 전파할 자유(전달의 자유)를 의미하는 것으로서 사상 또는 의견의 자유로운 표명은 자유로운 의사의 형성을 전제로 한다. 자유로운 의사의 형성은 정보에의 접근이 충분히 보장됨으로써 비로소 가능한 것이며, 그러한 의미에서 정보에의 접근·수집·처리의 자유, 즉 '알 권리'는 표현의 자유와 표리일체의 관계에 있으며 자유권적 성질과 청구권적 성질을 공유하는 것이다. 자유권적 성질은 일반적으로 정보에 접근하고 수집·처리함에 있어서 국가권력의 방해를 받지 아니한다는 것을 말하며, 청구권적 성질은 의사형성이나 여론 형성에 필요한 정보를 적극적으로 수집하고 수집을 방해하는 방해제거를 청구할 수 있다는 것을 의미하는 바 이는 정보수집권 또는 정보공개청구권으로 나타난다. 나아가 … 이러한 '알 권리'는 표현의 자유에 당연히 포함되는 것으로 보아야 하며 인권에 관한 세계선언 제19조도 '알 권리'를 명시적으로 보장하고 있다.

헌법상 입법의 공개(제50조 제1항), 재판의 공개(제109조)와는 달리 행정의 공개에 대하여서는 명문규정을 두고 있지 않지만 '알 권리'의 생성기반을 살펴볼 때 이 권리의 핵심은 정부가 보유하고 있는 정보에 대한 국민의 '알 권리', 즉 국민의 정부에 대한 일반적 정보공개를 구할 권리(청구권적 기본권)라고 할 것이며, 이러한 '알 권리'의 실현은 법률의 제정이 뒤따라 이를 구체화시키는 것이 충실하고도 바람직하지만, 그러한 법률이 제정되어 있지 않다고 하더라도 불가능한 것은 아니고 헌법 제21조에 의해 직접 보장될 수 있다고 하는 것이 헌법재판소의 확립된 판례인 것이다(위 결정 참조). … 위와 같이 해석하는 것이 헌법 제21조에 규정된 표현의 자유의 한 내용인 국민의 '알 권리'를 충실히 보호하는 것이라고 할 것이며 이는 국민주권주의 (헌법 제1조), 인간의 존엄과 가치(제10조), 인간다운 생활을 할 권리(제34조 제1항)도 아울러 신장시키는 결과가 된다고 할 것이다.

Ⅲ. 알 권리의 법적 성격 및 헌법적 근거에 관한 헌법재판소와 학계의 견해

1. 헌법재판소의 견해

헌법재판소는 알 권리에 관한 최초의 결정인 헌재 1989. 9. 4. 88헌마22 결정부터

---

3) 결정이유에서 그대로 인용(헌재 1991. 5. 13. 90헌마133, 판례집 3, 234, 245-247).

현재까지 始終一貫 알 권리를 자유권적 요소와 청구권적 요소를 포함하는 이중적인 내용의 기본권으로 파악하고 있다.

헌법재판소는 알 권리의 헌법적 근거와 관련하여, '알 권리'가 '표현의 자유'와 表裏一體의 관계에 있다고 함으로써, 알 권리가 표현의 자유를 보장하는 헌법 제21조에 근거하는 것으로 판단하고 있다. 헌법재판소는 알 권리의 헌법적 근거로서 표현의 자유 외에도 헌법 제1조, 제10조, 제34조 등도 함께 언급하고 있으나, 위 헌법규정들은 알 권리의 직접적인 근거규정으로서가 아니라 단지 알 권리와 특별한 연관관계에 있는 헌법규범으로서 언급된 것이다.

2. 학계의 견해

학계의 일부 견해는 원칙적으로 알 권리의 헌법적 근거를 인격권을 보호하는 헌법 제10조에 있다고 보면서, 알 권리의 자유권적 측면인 情報受領妨害排除請求權은 언론·출판에 관한 자유권규정인 헌법 제21조에 근거한다고 보고 있다.[4] 그에 대하여 자유권과 청구권으로서의 알 권리의 헌법적 근거를 모두 표현의 자유를 보장하는 헌법 제21조에서 찾는 견해도 있다.[5] 한편, 알 권리의 기본권적 성격을 부인하는 견해도 있으며,[6] 알 권리의 자유권적 측면과 청구권적 측면을 분리하여 '자유권으로서의 알 권리'는 헌법 제21조에서 도출되는 기본권으로서 인정하면서, '청구권으로서의 알 권리'의 기본권적 성격을 부인하는 견해도 있다.[7]

즉, 학계에서는 알 권리의 헌법적 근거에 관하여 견해의 차이를 보이고 있기는 하나, 헌법으로부터 직접 정보공개청구권을 도출할 수 있다는 것을 인정함으로써, 헌법상 알 권리는 자유권적 측면과 청구권적 측면을 모두 포괄한다는 것이 다수 견해라 할 수 있

---

4) 알 권리의 헌법적 근거를 자유권적 측면과 청구권적 측면을 나누어 각 헌법 제21조와 제10조에서 찾는 견해로는 김철수, 헌법학개론, 1998, 598-599면, '국민의 알 권리가 인격의 형성, 그 자유로운 전개와 행복추구권의 중요한 내용으로 인정되고 있다는 점을 고려할 때, 우리 헌법 제10조에서 정보에의 권리를 보장하고 있다'고 하면서, '정보의 자유의 근거를 헌법 제10조에서 구하더라도, 헌법 제21조가 정보의 자유와 전혀 무관한 것은 아니고, 정보의 자유의 한 내용인 정보매체로부터의 정보수령 방해배제 청구권은 헌법 제21조에서 인정해야 할 것이다. 왜냐하면 정보수령 방해배제 청구권은 방어권의 성격을 띠므로, 언론·출판에 관한 자유규정인 헌법 제21조에서 인정된다고 보아야 하기 때문이'라고 밝히고 있다; 유사한 견해로서 정재황, 군사기밀보호법 제6조 등에 대한 위헌심판결정, 법률신문 1992. 6. 22. 15면; 홍준형, 행정법총론, 1997, 495-496면; 성낙인, 알 권리, 헌법논총 제9집(1998), 167면; 박종보, 공공정보공개제도와 알 권리, 공법연구 제28집 제1호(1999. 10.), 13면.

5) 권영성, 헌법학원론, 1998, 445면 이하; 허영, 한국헌법론, 1999, 516면 이하; 구병삭, 신헌법원론, 1996, 481면; 안용교, 한국헌법, 1992, 413면.

6) 최대권, 헌법학강의, 1998, 284-285면, '국민의 알 권리 및 이에 응해야 할 정부의 공개의무를 구체화하는 입법을 마련하지 않는 한, 국민의 알 권리는 도덕적·정치적 권리에 머물러 있게 되며, 결국 국민의 알 권리는 입법을 통하여 구체화되는 권리'라는 입장을 취하고 있다.

7) 최광율 재판관은 헌재 1991. 5. 13. 90헌마133 결정의 반대의견에서(판례집 2, 234 이하), '다수의견은 정보공개청구권으로서의 알 권리가 헌법 제21조에 근거하여 직접 보장될 수 있다고 하나, 자유권이 아닌 청구권으로서의 정보공개청구권에 관하여는 헌법규정을 근거로 한 구체적인 권리를 인정하기는 어렵고 추상적 권리 또는 헌법상의 객관적인 원리로 보는 것이 타당하다'는 견해를 취하고 있다.

다.[8)]

Ⅳ. 알 권리의 헌법적 근거

알 권리와 같이 헌법해석을 통하여 헌법규정으로부터 도출되는 기본권이 그 근거조항의 보장내용 이상을 보장할 수 없으며, 헌법상 근거조항의 법적 성격에 따라 그로부터 파생되는 기본권인 알 권리의 법적 성격이 결정된다는 점에서, 알 권리의 헌법적 근거와 그의 법적 성격은 불가분의 연관관계에 있다.

알 권리의 '헌법적 근거'를 판단하는 기준은 일차적으로 '기본권체계 내에서의 알 권리의 고유한 기능'이므로, 우선 알 권리의 헌법적 기능을 확인해야 하는데, 알 권리는 표현의 자유의 전제조건이라는 측면과 개인의 인격발현의 요소라는 2 가지 본질적인 헌법적 기능을 가지고 있다.[9)]

1. '표현의 자유'의 전제조건으로서의 '알 권리'

개인이 알아야만 자유로운 의견형성과 의견표명이 가능하므로, 알 권리는 그 헌법적 근거를 일차적으로 헌법 제21조의 표현의 자유에 두고 있다. 의견표명의 과정은 '정보의 수령 – 의견의 형성 – 의견의 표명 및 전파'의 단계로 구성되며, 다양한 情報源이 제공하는 충분한 정보만이 개인과 사회의 자유로운 의견형성과 의견표명을 가능하게 한다는 점에서, 정보의 수령을 그 보장내용으로 하는 알 권리는 의견표명에 선행하는 의견형성의 조건인 것이다.[10)]

충분한 정보를 제공받는 개인과 사회에 의한 자유로운 여론의 형성 없이는 민주주의가 기능할 수 없으므로, '알 권리'는 '자유로운 의견표명의 권리(표현의 자유)'와 함께 민주주의의 본질적 요소에 속한다. 개인은 다양한 정보를 충분히 제공받는 경우에만 공동체의 정치적 현상을 파악하여 각자의 정치적 결정을 내리고 국가행위를 비판하기 위한 필수적인 조건을 갖추게 되며, 이로써 성숙한 민주시민으로서 행동할 수 있게 된다.

한편, 알 권리가 민주주의와의 연관관계에서 가지는 公的 또는 政治的 의미만이 중요한 것이 아니라, 私的 또는 非政治的 사안에서의 의견형성과 의견표명에 기여한다는 의미도 마찬가지로 중요하다.[11)] 기본권의 행사가 국가와 사회에 대하여 어떠한 이익을 가

---

8) 알 권리에 관한 학계의견을 상세히 소개한 것으로는 성낙인, 알 권리, 헌법논총 제9집(1998), 156면 이하.

9) 이러한 의미에서 독일 기본법 제5조 제1항 제2문의 '자유권적 알 권리'의 二重的 機能에 관하여, Schmidt-Jortzig, Meinungs- und Informationsfreiheit, in: Isensee/Kirchhof, HbStR, Bd.Ⅵ, 1989, §141, Rn.29; Schmitt Glaeser, Das Grundrecht auf Informationsfreiheit, Jura 1987, S.568; BVerfGE 27, 71, 81.

10) Vgl. BVerfGE 57, 295, 319.

11) Vgl. Schmitt Glaeser, Das Grundrecht auf Informationsfreiheit, Jura 1987, S.568.

져오는지, 즉 알 권리의 행사가 민주주의와 공적인 여론형성에 기여하는지 여부나 그 정도에 따라, 알 권리가 보호되는 정도가 달라져서는 안 된다. 모든 자유권과 마찬가지로 알 권리의 경우에도, 자유행사의 방법은 국가에 의하여 결정되는 것이 아니라 개인의 자유로운 결정에 달려 있는 것이다.[12)]

2. 자기결정 및 인격발현의 전제조건으로서의 '알 권리'

개인이 가능하면 다양한 情報源으로부터 충분한 정보를 얻음으로써 지식과 이해의 폭을 넓히고, 이를 통하여 자신의 인격을 발현하고자 하는 것은 인간의 근본적인 욕구에 속한다.[13)] 특히 현대 정보사회에서 정보를 소유한다는 것은 개인의 인격발현과 사회적 지위에 있어서 중요한 의미를 가진다.

개인은 알아야만 기본권에 의하여 보장된 자유를 일반적으로 의미 있게 행사할 수 있고, 이로써 궁극적으로 인격을 자유롭게 발현할 수 있다. 예컨대, 알아야만 재산권을 제대로 행사할 수 있고, 집회에 참가할 수 있으며, 단체의 구성원이 되어 활동할 수 있고, 학문과 예술의 자유 또는 직업의 자유를 제대로 행사할 수 있는 등, 국민의 알 권리는 '표현의 자유'와의 연관관계에서 뿐만 아니라 생활의 모든 영역에서 자기결정과 자기실현의 중요한 전제조건이다. 따라서 '알고자 하는 이익'이 표현의 자유에 의하여 보호되는 '의견표명'이라는 표현행위와 직접적인 연관관계가 있는지 여부와 관계없이, 알 권리는 개인의 자기결정과 인격발현에 대하여 전반적으로 중대한 의미를 가진다.

개인은 인격을 발현하려는 영역을 스스로 결정하고 그에 따라 인격발현에 필요한 정보를 수집하고 얻은 정보를 처리할 권리가 있다. 개인이 인격발현을 위하여 필요한 정보에 법적·사실적으로 접근할 수 없다는 것은 일차적으로 표현의 자유에 대한 불리한 효과를 초래하고, 나아가 알아야만 개인의 자유로운 결정이 가능하다는 점에서도 자기결정권의 행사를 다양한 방법으로 제약할 수 있다.[14)] 즉, 알지 못한다는 것 그 자체가 개인의 자기결정과 그에 따른 자유로운 행동, 즉 자유로운 인격발현을 크게 저해하는 효과를 가져 올 수 있는 것이다. 따라서 개인의 자기결정권과 인격의 자유로운 발현은 필요한 정보를 얻지 못하는 상황에 의해서도 제한될 수 있기 때문에, 국민의 '알 권리'는 헌법 제10조의 행복추구권에서 파생하는 인격권에 의하여 보충적으로 보장되어야

12) 한수웅, 헌법재판의 한계 및 심사기준, 헌법논총 제8집(1997), 230면 이하; vgl. Böckenförde, Grundrechtstheorie und Grundrechtsinterpretation, NJW 1974, S.1530f.; H. H. Klein, Die Grundrechte im demokratischen Staat, 1974, S.70, Fn.99; Schmitt Glaeser, Das Grundrecht auf Informationsfreiheit, Jura 1987, S.568.

13) BVerfGE 27, 71, 81.

14) Vgl. BVerfGE 65, 1, 43; Hoffmann-Riem, Informationelle Selbstbestimmung in der Informationsgesellschaft, AöR 1998, S.522f., 527; Schlink, Das Recht der informationellen Selbstbestimmung, Der Staat 1986, S.243, 245; Gallwas, Der allgemeine Konflikt zwischen dem Recht auf informationelle Selbstbestimmung und der Informationsfreiheit, NJW 1992, S.2790.

한다.

'알고자 하는 이익'의 구체적인 성격에 따라 자유행사의 일반적 조건으로서의 알 권리를 각 개별기본권의 보호범위에 포함시키는 것도 생각해 볼 수 있으나, 알고자 하는 대상정보와 개별기본권의 보호범위와의 귀속관계가 불분명하고, 알 권리가 궁극적으로 보장하고자 하는 바가 개별기본권에 의하여 보호되는 특정 행위나 법익이 아니라 일반적이고 포괄적인 의미에서의 개인의 자기결정권과 자유로운 인격발현이라는 점에 비추어, 헌법 제21조에 의하여 보장되지 않는 '그 외의 알고자 하는 이익'은 인격권에 의하여 보충적으로 보장되는 것으로 보는 것이 타당하다.

V. 자유권으로서의 알 권리(情報의 自由)

헌법 제21조의 표현의 자유와 헌법 제10조의 인격권으로부터 '알 권리'를 도출한다면, 헌법해석을 통하여 도출되는 기본권이 그 근거조항의 보장내용 이상을 보장할 수 없으므로, 알 권리는 일차적으로 그의 母體인 '표현의 자유 및 인격권'과 법적 성격을 같이 한다. 표현의 자유와 인격권이 국가권력에 대한 개인의 방어권으로서의 기능을 하는 '자유권'인 것과 마찬가지로, 알 권리도 일차적으로 '정보를 얻는 개인의 자유'를 보호하는 對國家的 防禦權, 즉 국가에 대하여 부작위를 요구하는 기본권이다.

1. 자유권적 '알 권리'의 일반적 성격

자유권으로서의 알 권리는 '국가의 방해를 받지 않고 자유롭게 정보를 얻을 권리'로서, 국민이 정보를 얻는 것을 법적 또는 사실적으로 방해하거나 곤란하게 하는 모든 국가행위를 금지하는 방어권이다. 자유권적 방어권으로서의 알 권리의 필연적 결과는, 모든 정보가 알 권리의 보호를 받는 것이 아니라, '일반적으로 접근할 수 있는 정보', 즉 국가나 제3자의 조력 없이도 自力으로 얻을 수 있는 정보만이 기본권적 보호를 받는다는 것이다.[15)]

알 권리에 의한 보호가 '일반적으로 접근할 수 있는 정보'에 제한된다는 것은 알 권리의 방어권적 성격에 내재된 기본권적 보호의 한계이다. 마치 마을의 공동우물로부터 누구나 자유롭게 물을 떠갈 수 있듯이, 알 권리란, 국민 누구나 일반적으로 접근할 수 있는 정보의 우물(情報源)로부터 정보를 떠갈 수 있는 상황을 전제로 하여, 국가가 정보를 얻는 국민의 행위를 방해해서는 안 된다는 것을 의미한다. 자유권으로서의 알 권리란 국가의 방해를 받지 않고 자유롭게 알 권리, 즉 일반적으로 접근할 수 있는 情報源을 국가의 방해를 받지 않고 이용할 권리인 것이다.[16)]

---

15) Vgl. Geiger, Die Grundrechte der Informationsfreiheit, in: Festschrift für Adolf Arndt, 1969, S.125f.

그러나 자유권으로서의 알 권리는 국가나 제3자에 대하여 정보제공을 요구할 권리를 부여하지 않으며, 법적으로 보호된 타인의 자유, 예컨대 개인의 사생활비밀이나 언론기관의 편집비밀을 침해하는 권리를 부여하지 않는다. 자유권적 알 권리의 내용이 개인 누구나가 접근할 수 있는 情報源으로부터 자유롭게 정보를 얻을 권리에 있다면, 정보공개청구권은 '일반적으로 접근할 수 없는' 정보에의 접근을 가능하게 하는 권리를 의미한다. 정보의 공개란, 개인이 정보에 자유롭게 접근할 수 없다는 것을 전제로 하여, 그가 자유롭게 접근할 수 없기 때문에 정보에의 접근, 즉 공개를 요구하는 것이다.

'개인이 情報源에 일반적으로 접근할 수 있는지' 여부에 따라, 일반적으로 접근할 수 있는 정보에의 접근을 방해하는 국가행위를 금지하는 '자유권으로서의 알 권리'와 일반적으로 접근할 수 없는 정보에의 접근을 가능하게 하는 '청구권으로서의 알 권리'는 엄격하게 구분되어야 한다. 헌법상 알 권리의 내용을 정보를 消極的으로 수령하는지 아니면 積極的으로 수집하는지에 따라 소위 '정보수령권'과 '정보수집권'을 구분하려는 학계의 일부 견해가 있으나,[17] '자유권으로서의 알 권리'는 일반적으로 접근할 수 있는 정보를 수령하고 수집할 수 있는 자유를 모두 포함한다는 점에서 '정보를 얻는 행위의 積極性 여부'에 따라 구분하는 것은 그 기준이 모호할 뿐만 아니라 아무런 구분의 실익이 없다.[18]

2. 자유권적 '알 권리'의 구체적 내용

가. 일반적으로 접근할 수 있는 情報源

(1) 情報源이란, 모든 사안과 관련하여 의견이나 사실을 표현하기에 적합한 대상뿐만 아니라 정보를 받아들이는 자에게 정신적으로 영향력을 행사하고 그 결과 그의 의견형성에 기여할 수 있는 모든 인식의 대상이다. 여기서 정보를 받아들이는 자의 인식행위는 인식기관인 五官 중에서 무엇을 사용하는지, 즉 듣든지 보든지 읽든지 느끼든지 냄새를 맡든지 간에 관계없다. 또한 신문이나 방송 등 대중매체와 같은 '정보원으로부터

16) 이를 '妨害排除請求權'이라고 표현할 수 있으나, 방해배제청구권이란 '청구권'의 일종이 아니라, 국민이 국가로부터 부당한 침해행위의 不作爲를 요구할 수 있다는 의미로서 '자유권적 방어권'의 성격을 가지는 것이다.

17) 예컨대 안용교, 한국헌법, 1992, 413면. 안용교교수는 소극적으로 정보에 접하는 자유(정보수령권)와 적극적으로 정보를 수집할 자유(정보수집권 또는 정보공개청구권)로 구분하고 있다, 한편, 성낙인교수는 알 권리의 내용을 '일반적으로 접근할 수 있는 정보를 받아들이고 이를 취사·선택할 수 있는 소극적 권리'로서 정보수령권, '일반적으로 접근할 수 있는 정보원으로부터 정보를 수집함에 있어서 공권력에 의한 방해를 받지 않을 권리'로서 정보수집권, '국민이 공권력이 보유하는 정보에 대하여 공개를 요구할 권리'인 정보공개청구권으로 구분하고 있다, 성낙인, 알 권리, 헌법논총 제9집(1998), 177면 이하.

18) 예컨대, 주문하지 않은 신문이 배달된 경우 이를 단순히 수령하여 인식하는 행위는 '소극적인 수령'이고, 별도로 주문한 신문을 구독하는 행위는 정보를 구하려는 노력을 하였다는 점에서 '적극적인 정보수집행위'에 해당하는지, 아니면 대중매체를 통하여 정보를 얻는 행위는 정보를 간접적으로 전달받는다는 점에서 정보의 '소극적인 수령'이고, 이에 대하여 현장을 방문하여 직접 정보를 얻는 행위가 '적극적인 정보수집'인지 등 구분이 불명확할 뿐 아니라 구분의 실익이 없다.

間接的으로' 정보를 얻는 행위뿐 아니라, 재해, 교통사고, 범죄 등 사건을 스스로 인식하거나 공적 행사, 전시회, 사건 현장 등을 방문함으로써 '정보원에서 直接的으로' 정보를 얻는 행위도 보호된다.[19] 따라서 정보원은 신문, 잡지, 서적, 영화, 라디오, TV 방송, 강연회, 음반, 기호, 그림, 사건 등을 모두 포함한다.

그러나 모든 情報源이 자유권으로서의 알 권리의 보호를 받는 것이 아니라, '일반적으로 접근할 수 있는 정보원'만이 자유권적 알 권리에 의한 보호를 받는다. 여기서 기본권적 보호의 결정적인 기준은, 정보원이 개인적으로 확정될 수 없는 인적 범위인 불특정 다수의 일반국민에게 정보를 제공하기에 기술적으로 적합하고 또한 이를 목적으로 하고 있는지, 즉 정보원의 '一般的 接近可能性'이다.[20] 모든 국민이 전부 현실적으로 정보원의 이용자일 필요는 없고, 누구나 기술적으로 정보를 제공받을 수 있는 가능성이 있다면, 이는 '일반적으로 접근할 수 있는 정보원'에 속한다. 예컨대, 누구나 특정한 기술적 조건을 충족시키는 경우(위성방송을 청취하기 위한 안테나 등 기술적 장치의 설비) 정보를 제공받을 수 있다면, 단지 국민의 일부만이 정보원을 이용하는 것이 현실이라 하더라도 이는 '일반적으로 접근할 수 있는 정보원'인 것이다. 일반적으로 접근할 수 있는 정보원의 예로서, 특히 신문, 방송, 영화 등 대중매체, 전시회, 박물관, 공적 강연, 공적 행사 등을 들 수 있다.[21] 또한 정보원이 어디에 위치하는지는 중요하지 않다. 국경을 넘는 정보나 외국 신문·방송도 당연히 일반적으로 접근할 수 있는 정보원에 속한다.

그러므로 특정 情報源이 '일반적으로 접근할 수 있는 정보원'에 해당하는지의 판단은, 국민이 정보에 접근하는 것이 사실적으로 또는 법적으로 가능한지 여부에 달려있지 않다.[22] 만일 '사실적' 접근가능성이 일반적 정보원인지 여부를 판단하는 주된 기준이라면, 국가는 외국 서적의 수입금지, 외국 방송의 청취금지 등과 같은 알 권리를 제한하는 조치를 통하여 사실상의 정보수령의 가능성과 이로써 국민이 얻을 수 있는 정보의 범위를 결정할 수 있고, 이로써 기본권으로서의 '알 권리'의 보호범위를 스스로 확정하게 된다. 마찬가지로, 국가가 정보원에의 접근을 법적으로 금지한다 하더라도, 외국 방송은 일반적 정보원으로서의 성격을 그대로 유지한다. 외국 방송은 그의 청취를 법적으로 허용 또는 금지하는 국가행위의 존부와 관계없이 그 개념상 이미 알 권리에 의하여 보호되는 '일반적으로 접근할 수 있는 정보원'에 해당하는 것이다.

---

19) 알 권리의 헌법적 기능에 비추어, 신문이나 방송을 통하여 자연재해나 사고 등에 대하여 정보를 얻는 것은 '알 권리'에 의하여 보장하면서, 직접 사건 현장에서 눈이나 몸으로 정보를 얻는 것을 보장하지 않을 이유가 없다, vgl. Schmitt Glaeser, Das Grundrecht auf Informationsfreiheit, Jura, 1987, S.570.

20) Vgl. BVerfGE 27, 71, 83f.; Lerche, Aktuelle Grundlagen der Informationsfreiheit, Jura 1995, S.565.

21) 헌법재판소는 "개인은 일반적으로 접근가능한 정보원, 특히 신문, 방송 등 매스미디어로부터 방해를 받음이 없이 알 권리를 보장받아야 한다."고 판시하여, '일반적으로 접근가능한 정보원'의 내용을 단편적이나마 밝히고 있다(헌재 1998. 10. 29. 98헌마4, 판례집 10-2, 637, 645, 648).

22) Vgl. Lerche, Aktuelle Grundlagen der Informationsfreiheit, Jura 1995, S.565.

(2) 이에 대하여 '일반적으로 접근할 수 없는 情報源'은, 특정인 또는 개인적으로 특정될 수 있는 인적 집단을 수신인으로 하는 정보, 예컨대 특정인을 수신인으로 하는 사적 편지, 사적 대화, 전화 통화, 사적인 메모 등이다.[23] 또한 국가기관의 범위도 불특정 국민 다수에게 정보를 제공하기에 기술적으로 적합하고 이를 목적으로 하는 영역에 속하지 않으므로, 국가기관이 보유하는 정보도 일반적으로 접근할 수 있는 정보에 속하지 않는다.[24] 따라서 국가가 이해관계인등 특정인의 개별적인 열람을 허용하는 개별법률이나 또는 공공기관의 정보공개법과 같이 일반국민의 보편적인 열람권을 규정하는 법률에 의하여 스스로 열람을 허용하거나 정보를 제공할 수는 있으나, 헌법상 자유권으로서의 알 권리는 국가로부터 정보를 요구할 권리를 포함하지 않는다.

비록 국가가 '공공기관의 정보공개에 관한 법률'을 제정함으로써 일반 국민이 공공기관으로부터 정보의 공개를 요청할 수 있게 되었다 하더라도, 공공기관이 보유하는 정보는 '일반적으로 접근할 수 있는 정보원'에 해당하지 않는다. 개인이 국가기관의 정보 공개를 요청할 수 있게 된 것은, '공공기관 정보공개법'의 제정이라는 입법자의 입법 활동에 의한 것이지, 헌법상 '알 권리'라는 자유권의 요청이 아닌 것이다.

나. 자유롭게 정보를 얻을 권리

알 권리에 의하여 보호되는 행위는 '자유롭게 정보를 얻을 권리'이며, 정보란 항상 그 본질상 다양한 정보 중에서의 선별과 여과를 전제로 한다는 점에서, 이 권리의 핵심은 결국 개인의 자유로운 情報選別權이다. 개인은 정보의 선별에 있어서 국가의 영향이나 방해를 받아서는 안 된다. 알 권리는 정보를 수집하는 적극적인 행위(예컨대, 적극적으로 사건 현장을 방문하여 사건을 인식하는 행위나 박물관, 공적 행사 등을 방문하는 행위 등)뿐만 아니라, 정보를 구하려는 노력이 없이 이를 소극적으로 단순히 받아들이는 행위도 보호한다.[25] 예컨대 정보가 우편물을 통해서 오는 경우, 주문하지 않은 우편물이나 광고전단지를 단순히 수령하고 그 내용을 인식하는 행위 또는 우연히 사건현장에서 사건을 체험하는 행위 등도 알 권리에 의하여 보호된다.

물론, 국민이 대중언론매체를 통하여 정보를 얻는 경우에 일반적으로 접근할 수 있는 기존의 情報源 數가 제한되어 있으며, 대중매체가 그들 나름대로 선별하여 제공하는 형태로 정보를 얻을 수밖에 없다는 사실에 의하여 국민의 자유권적 알 권리는 '현실적인 제약'을 받는다. 그러나 자유권적 알 권리는 청구권적 요소를 포함하고 있지 않기

23) Vgl. Schmitt Glaeser, Das Grundrecht auf Informationsfreiheit, Jura 1987, S.571.

24) Vgl. BVerwGE 47, 247, 252; 61, 15, 22,

25) 같은 취지로 허영, 한국헌법론, 1999, 516면; vgl. BVerfGE 27, 71, 82; 27, 88, 98; Lerche, Aktuelle Grundlagen der Informationsfreiheit, Jura 1995, S.562; Gehrhardt, Zum Begriff der Informationsfreiheit, AfP 1974, S.690.

때문에, 현존하는 情報源의 數가 국민에게 충분하고 다양한 정보를 제공하기에 부족하다 하더라도, 개인은 국가로부터 일반적으로 접근할 수 있는 '새로운 정보원'의 설치 또는 새로운 정보원이 형성될 수 있는 법적 환경의 조성을 요구할 수 없다. 言論集中化나 언론기관에 의한 정보의 일방적인 여과와 여론 조작 등에 대처하는 문제는, 일차적으로 언론의 다양성을 유지하기 위한 입법적 형성을 통하여 신문·방송의 자유를 실현하고 보장하는 문제이지 알 권리의 문제가 아니다.[26] 나아가, 알 권리는 검열에 의하여 제한되는 기본권이 아니다. 검열금지는 그 본질상 표현의 자유를 보호하고자 하는 것으로, 비록 검열에 의하여 독자의 알 권리가 간접적으로 제한되는 효과가 발생하지만, 이러한 효과는 단지 사전검열의 사실적·반사적 효과에 불과하다.

알 권리는 국가적 통제에 의하여 정보에의 접근이 단지 시간적으로 지연됨으로써도 제한될 수 있다.[27] 개인의 인격발현과 민주주의의 실현에 대하여 가지는 알 권리의 의미와 그 보장목적에 비추어, 알 권리란 '언젠가' 알 권리가 아니라, '개인의 인격발현과 민주주의의 실현을 위하여 적정한 때'에 알 권리이다. 특히 일간신문의 경우, 사건의 발생시점, 이를 보도하는 기사의 작성시점, 동시에 출판되는 다른 일간신문들의 보도내용과의 비교가능성이 본질적인 의미를 가진다. 일간신문이 발행된 후 몇 주가 경과한 뒤에 독자에게 배달된다면, 보도되는 기사는 이미 현실성을 잃었거나 다른 신문의 보도내용과의 비교가 어렵기 때문에, 일간신문이 담고 있는 정보의 의미 있는 수용이 불가능하다.

Ⅵ. 청구권으로서의 '알 권리'(情報公開請求權)

청구권으로서의 알 권리, 즉 정보공개청구권은 국가공권력이 보유하는 모든 정보에 대하여 일반국민이 공개를 요구할 수 있는 '一般的 정보공개청구권'과 특정의 정보에 대하여 이해관계가 있는 특정 개인이 공개를 요구할 권리인 소위 '個別的 정보공개청구권'으로 나누어 볼 수 있다.[28] 헌법재판소는 헌재 1989. 9. 4. 88헌마22 결정에서 '알 권리의 핵심은 정부가 보유하고 있는 정보에 대한 국민의 알 권리, 즉 정부에 대하여 일반적 정보공개를 구할 국민의 권리'라고 하여 공권력이 보유하는 모든 정보에 대하여 일반국민이 그 공개를 요구할 권리인 '일반적 정보공개청구권'을 헌법상 보장된 국민의 기본권으로서 인정하였다. 아래에서는 헌법재판소가 '정보공개청구권'의 헌법적 근거로

---

26) Vgl. Schmitt Glaeser, Das Grundrecht auf Informationsfreiheit, Jura 1987, S.572; 기본권을 실질적으로 보장하기 위한 절차와 조직의 형성에 관하여 Bethge, Grundrechtsverwirklichung und Grundrechtssicherung durch Organisation und Verfahren, NJW 1982, S.3f.

27) Vgl. BVerfGE 27, 88, 98f.

28) 최광율 재판관도 소수의견에서 이와 같은 구분을 시도하고 있다, 헌재 1991. 5. 13. 90헌마133, 판례집3, 234, 258.

서 언급한 자유권(표현의 자유, 인격권) 또는 민주주의원리로부터 헌법해석을 통하여 그와 같이 포괄적인 내용의 청구권을 도출할 수 있는지에 관하여 살펴보기로 한다.

1. 기본권으로서의 청구권의 일반적 문제[29)]

가. 청구권의 보장내용의 불확실성

자유권의 경우에도 그 보장내용은 해석을 필요로 하나, 자유권의 보장내용은 '국가의 간섭을 받지 않고 … 할 자유'로서 일반적으로 입법자의 구체적인 형성행위와 관계없이 이미 존재하는 것이며, 입법자의 입법에 의하여 그 보장내용이 제한될 뿐이다. 그러나 국가로부터 일정한 행위나 급부를 요구하는 청구권은 단지 내용적으로 확정된 범위 내에서만 보장될 수 있으므로, 청구권이 법적으로 관철될 수 있는 개인의 주관적 권리로서 보장되기 위해서는 무엇을 청구할 수 있는지 그 내용과 범위가 확정되어야 하는데,[30)] 헌법이 청구권의 보장 내용을 스스로 정할 수 없다는 어려움이 내재되어 있다. 청구권에서 청구의 대상은 일반적으로 헌법 차원에서 스스로 정의될 수 있는 것이 아니라, 입법자에 의한 구체적 형성을 필요로 한다.

헌법적 차원에서 청구권의 보장내용을 정하는 것의 어려움은 '정보공개청구권'의 경우에도 그대로 드러난다.[31)] 청구권으로서의 '정보공개청구권'의 경우, 소위 기본권으로서의 '정보공개청구권'이 보장하고자 하는 것은 무엇인지, 개인이 국가로부터 무엇을 청구할 수 있는지 불확실하다. 모든 개인이 모든 국가기관으로부터 무엇에 관해서든 무제한적으로 정보를 청구할 수 있는 권리인가? 아니면 이해관계가 있는 당사자가 자신에 관한 사안에 관하여 정보를 요구할 수 있는 권리인가? 아니면 보다 제한적인 내용의 권리인가? 국가의 기밀보호, 개인의 사생활보호 등을 비롯하여 정보공개에 있어서 고려해야 하는 다양한 공익과 사익이 존재한다는 점에 비추어, 헌법이 어떠한 형태로 '정보공개청구권'을 규정할 수 있는지의 의문이 제기된다.

헌법이 직접 청구권을 규정하는 것이 아니라 헌법해석을 통하여 청구권을 도출하는 경우에도 마찬가지로, 청구대상의 불확실성은 헌법해석을 통하여 해결될 수 있는 성격

29) 여기서 '청구권'이란 '개인이 사실적 급부, 특정 법률의 제정 등 국가로부터 적극적인 행위를 요구할 수 있는 권리'로서, 재판청구권과 같은 '협의의 청구권'뿐만 아니라 제3자에 의한 기본권침해로부터 국가에 대하여 '보호를 요구할 권리'(기본권보호청구권), '사회적 기본권' 등을 모두 포함하는 광의의 개념으로 사용하기로 한다, vgl. Alexy, Theorie der Grundrechte, 1994, S.402ff.; v. Heinegg, Grundrechte als Leistungsansprüche des Bürgers gegenüber dem Staat, JA 1995, S.335ff.

30) Vgl. Murswiek, Grundrechte als Teilhaberechte, soziale Grundrechte, in: Isensee/Kirchhof, HbStR, Bd.V, 1992, §112 Rn.4.

31) '언론의 자유로부터 언론사의 정보공개청구권이 헌법적으로 도출될 수 있는지' 여부를 헌법이론적으로 검토하고 이를 부인하는 견해로는 Starck, Informationsfreiheit und Nachrichtensperre, AfP 1978, S.172ff.; Bullinger, Freiheit von Presse, Rundfunk, Film, in: Isensee/Kirchhof, HbStR, Bd.Ⅵ, 1989, §142 Rn.69ff.

의 것이 아니라 입법자의 입법행위에 의해서만 비로소 해소될 수 있다. 청구권은 그 본질상 헌법적 차원에서 보장내용을 정하는 것의 어려움을 안고 있기 때문에, 일반적으로 헌법은 재판청구권과 같은 절차적 기본권, 즉 실체적 권리를 관철하기 위한 권리구제절차를 요구할 권리를 명시적으로 보장하는데 그치고 있다.

나. 최소한의 보장으로서 청구권적 권리

헌법이 재판청구권과 같이 절차적 기본권으로서의 청구권을 규정하는 경우에도, 그 보장내용은 원칙적으로 국가에 대하여 요구할 수 있는 '최소한의 핵심'에 제한되고, 헌법상 보장된 내용의 구체적 형성을 입법자에게 위임하고 있다.[32] 국민이 국가의 도움을 필요로 하지 않고서도 누릴 수 있는 자유의 경우, 헌법은 자유권의 형태로써 자유를 원칙적으로 무제한으로 보장하면서 공익상의 이유로 자유권에 대한 제한을 허용하는 반면, 국가의 행위나 조력을 필요로 하는 청구권의 경우, 청구권이 헌법에 의하여 명시적으로 보장되든지 아니면 기본권조항으로부터 해석을 통하여 도출되든지 간에, 국가가 실질적으로 보장할 수 있고 이행할 수 있는 '최소한의 것'만을 그 보장내용으로 할 수 있다.[33] 기본권으로서의 청구권이 그 본질상 헌법적 차원에서는 '반드시 보장되어야 하는 최소한의 것'을 그 보장내용으로 한다는 관점에서도, 누구나 모든 정보를 국가로부터 청구할 수 있다는 포괄적인 내용의 '일반적 정보공개청구권'은 청구권의 본질과 부합하지 않는 것이다.

2. 기본권의 해석과 '헌법재판소와 입법자간의 권한배분'의 문제

'기본권으로서의 정보공개청구권'과 관련하여 제기되는 또 다른 문제는, 자유의 실현과 보장을 위하여 필요한 모든 조건이 가능하면 청구권의 형태로써 보장되어야 하는지의 문제이다. 이는, 개인이 국가로부터 일정 행위를 요구하는 것이 '기본권적 보장을 필요로 하는지' 아니면 '입법자가 변화하는 사회상황과 법문화를 고려하여 구체적인 상황에 따라 민주적 토론의 과정을 거쳐 이러한 국민의 요구에 관하여 결정해야 하는지'에 관한 문제와 그 맥락을 같이 한다. 다시 말하자면, 국민의 욕구를 '정치적으로', 즉 입법을 통하여 해결할 것인지 아니면 '헌법적으로', 즉 헌법재판소의 헌법해석과 결정을 통

32) 예컨대, 헌법 제27조의 재판청구권의 경우, 헌법은 단지 '권리보호를 구하는 사안에 관하여 심사하고 결정해 줄 것을 국가로부터 요구할 권리', 즉 '최소한 한 번의 재판을 받을 권리'를 청구권으로 보장하면서, 입법자로 하여금 그의 보장내용을 구체적으로 형성하도록 하고 상황에 따라서는 헌법이 보장하는 바를 넘어서 입법적으로 보장할 수 있도록 위임하고 있는 것이다.

33) 사회적 기본권을 포함한 청구권의 보장내용이 '기본권적 자유의 유지를 위하여 반드시 필요한 최소한 것의 보장'에 제한된다는 견해로는 대표적으로 헌재 1997. 5. 29. 94헌마33, 판례집 9-1, 543, 554; Jarass, Grundrechte als Wertentscheidungen bzw. objektrechtliche Prinzipien in der Rspr. des BVerfG, AöR 110(1985), S.394ff.; Murswiek, Grundrechte als Teilhaberechte, soziale Grundrechte, in: Isensee/Kirchhof, HbStR, Bd.V, 1992, §112 Rn.98ff.

하여 해결할 것인지에 관한 문제이다. 모든 정치적 사안을 헌법적으로 해결하려는 시도는 필연적으로 헌법재판소에 의한 헌법해석, 때로는 무리한 헌법해석에 의존하게 되고, 이로써 입법자와의 관계에서 입법형성권을 축소하고 헌법재판소의 권한을 확대하는 결과를 초래한다.

헌법재판제도를 도입한 국가에서 헌법해석, 특히 기본권해석의 문제는 헌법재판소와 입법자간의 권한배분과 직결된 문제이다. 헌법재판소가 기본권을 어떻게 해석하고 이해하는지에 따라 입법자와 헌법재판소의 관계에서 그 권한의 경계가 설정되기 때문에, 기본권의 해석은 항상 위 헌법기관간의 권한배분의 관점을 고려해야 한다.[34] 개인의 '기본권행사에 있어서 사실적 전제조건'으로 간주되는 모든 것을 기본권의 보장내용으로 인정하는 것은 바로 기본권보호와 민주주의원리의 충돌, 국가기관간의 권력분립관계에서 본다면 기본권해석을 통하여 입법자를 구속하는 '헌법재판소'와 국가공동체의 모든 중요한 사안에 관하여 결정할 권한을 부여받은 '입법자'의 충돌을 의미한다.

국가공동체에서 '가장 이상적인 법적 상황'을 '기본권의 보장내용'으로 주장하면서 개인이 가능하면 많은 것을 직접 헌법상 기본권에 근거하여 국가에 대하여 요구할 수 있어야 先進的이고 바람직한 것으로 이해하는 견해도 있다. 그러나 이러한 견해는 입법자가 결정해야 할 정치적 형성의 영역에 관하여 헌법재판소가 대신 결정할 수 있다는 것을 간과하는 것이며, 헌법상의 권력분립질서에서 헌법재판소와 입법자간의 관계를 고려하지 않는 것이다. 헌법재판소가 자유권을 지나치게 확대하여 해석함으로써 '자유권을 실현하기 위하여 보다 이상적인 법적 상태'를 기본권으로서 인정하고, 이로써 입법자에게 이상적인 법적 상태를 실현하기 위한 입법의무를 부과하는 것은, 입법자와의 관계에서 헌법적으로 부여된 권한의 범위를 넘는 것이다.

3. 자유권으로부터 청구권을 도출할 수 있는 헌법해석의 한계

가. 자유권을 청구권으로 해석하는 것의 문제점

'알아야만 표현할 수 있기 때문에, 표현의 자유에 정보공개청구권이 포함된다.'는 헌법재판소의 견해에는 '자유권인 표현의 자유는 단순한 소극적 자유의 보장만으로는 무의미하므로, 표현의 자유를 행사하기 위한 실질적 조건인 정보의 공개를 청구할 권리를 그 보장내용으로서 함께 포함해야 한다'는 사고가 그 바탕을 이루고 있다.

인간은 '법적으로' 자유롭고 평등할 뿐만 아니라, 자유 실현의 '실질적' 조건을 갖춘

34) Vgl. Böckenförde, Grundrechte als Grundsatznorm, zur gegenwärtigen Lage der Grundrechtsdogmatik, Der Staat 1990, S.31; ders. Verfassungsinterpretation, NJW 1976, S.2069f.; Starck, Die Verfassungsauslegung, in: Isensee/Kirchhof, HbStR, Bd.VII, 1992, §164, Rn.13; Wahl, Der Vorrang der Verfassung, Der Staat 1981, S.505.

경우에만 사실상 자유롭다. 이러한 관점에서 오늘날의 사회적 법치국가는 모든 국민에게 자유행사 및 인격발현의 '실질적 조건'을 마련해 주는 것을 국가의 중요한 과제로 삼고 있다.[35] 그러나 여기서 제기되는 문제는, '社會國家原理로부터 파생하는 국가의 이러한 일반적 과제에 대하여 국가로부터 특정 행위나 급부를 요구할 수 있는 개인의 주관적 권리가 대응하는지' 여부이다. 사회국가원리는 국가의 목표로서 '정의로운 사회질서의 형성'만을 요구할 뿐, 정의로운 사회질서가 어떠한 방법으로 실현되어야 할 것인지에 관하여는 사회형성의 주체인 입법자에게 위임하고 있으므로, 사회국가원리로부터 국가의 특정한 의무나 이에 대응하는 개인의 주관적 권리를 원칙적으로 도출할 수 없다.

그러나 만일 자유권의 보장내용에 '자유권을 행사하기 위한 실질적 조건'의 보장도 함께 포함되는 것으로 본다면, 모든 自由權은 동시에, 국가로부터 자유권행사의 전제조건을 형성하는 적극적인 행위를 요구할 수 있는 개인의 주관적 권리인 請求權을 의미하게 된다. 예컨대, 재산권의 보장은 구체적 재산권을 취득하고 취득한 재산권을 자유롭게 이용·처분할 수 있는 법적 자유의 보장을 넘어서, 재산권을 실질적으로 행사할 수 있는 조건의 형성, 즉 재산이 없는 자의 '재산권 형성을 요구할 권리'를 포함하게 되고, 예술의 자유는 국가의 간섭 없이 자유롭게 예술행위를 할 수 있는 소극적 자유를 넘어서 예술의 자유를 실제로 행사할 수 있는 조건의 형성, 즉 화가의 경우라면 그림을 그리는데 필요한 붓, 물감 등과 같은 물질적 요건의 보장이나 예술작품을 통하여 일반대중에 접근할 수 있는 사실적 가능성(발표·전시 등)의 보장을 함께 포함할 것이며, 학문의 자유는 학문의 자유를 실제로 가능하게 하는 실험기구나 연구비와 같이 '연구 가능한 현실의 보장'을 포함할 것이다. 따라서 헌법재판소의 이러한 견해는 모든 자유권이 '자유행사의 실질적 조건을 형성하는 구체적인 입법이나 급부를 요구할 수 있는 청구권'으로 해석될 수 있다는 위험성을 내포하고 있다.

나. 언제 자유권으로부터 청구권을 도출하는 것이 헌법적으로 정당화되는지의 문제

(1) 그러므로 헌법재판소가 헌법해석을 통하여 자유권으로부터 청구권적 요소를 도출할 수 있는 한계는 어디에 있으며, 어떠한 경우에 자유권적 기본권에 청구권적 요소가 포함되어 있다고 인정하는 것이 헌법적으로 정당화되는지의 문제가 궁극적으로 규명되어야 한다.

---

35) 예를 든다면, 재산권보장이란 개인이 이미 재산을 가지고 있다는 것을 전제로 하여 이를 보호하는 것이지, 없는 재산권을 형성해 주는 기본권이 아니다. 그러므로 재산이 없는 자에게 자유권으로서의 재산권보장은 무의미하다. 직업의 자유도 선택하고 행사할 수 있는 직업이 있다는 것을 전제로 하여 직업이란 생활영역을 보호하는 것이므로, 직장을 구할 수 없는 상황에서 직업의 자유는 무의미하다. 따라서 사회국가는 소득의 재분배나 빈민에 대한 사회급부, 고용정책 등을 통하여 국민이 재산권보장과 직업의 자유와 같은 기본권을 실제로 행사할 수 있는 그 실질적 조건을 형성해야 한다.

헌법에 규정된 자유권에서 청구권적 요소를 도출할 수 있는지 여부 및 그 한계의 문제를 파악하기 위해서는, 우선 그에 선행하여 '개인의 어떠한 이익이 기본권으로서의 보장을 필요로 하는지'의 근본적인 문제가 밝혀져야 한다. 일반적으로 기본권이란, 기본권규정과 국가원리를 비롯한 헌법규범의 이념적 출발점이자 궁극적인 목적인 '인간의 존엄성'을 실현하기 위하여 개인의 법적 지위에 대한 헌법적인 보장이 대단히 중요하기 때문에, 그 보장여부가 입법자의 형성권에 달려 있어서는 아니 되고 입법자를 구속하는 헌법적인 보장을 필요로 하는 개인의 권리이다.[36)]

자유권의 보장내용으로서 청구권적 요소를 인정할 수 있는지의 문제도 마찬가지로, '개인의 청구권적 지위를 기본권으로서 인정하는 것이 인간의 존엄성 실현 및 인격발현의 관점에서 대단히 중요하기 때문에 그 보장여부를 입법자에 위임해서는 아니 되고 기본권적 보장을 필요로 하는지'의 관점에 의하여 판단되어야 한다. 결국 자유권으로부터 청구권적 요소를 도출한다면, 청구권이 의도하는 '사실적 자유의 헌법적 보장'이 자유권에 의하여 보장되는 법적 자유를 실현하기 위한 전제조건으로서 불가결할 뿐만 아니라, 다른 한편으로는 자유권에 청구권적 요소를 인정한다 하더라도 입법자와 헌법재판소간의 권력분립구조 및 기본권에 의하여 보호되는 타인의 자유를 크게 저해하지 않는 경우에 한하여 이러한 시도는 정당화된다고 보아야 한다.[37)]

나아가, 청구권의 보장내용이 불확실하다는 점에 비추어, 헌법해석을 통하여 자유권으로부터 청구권적 요소를 도출할 수 있는 경우란, 헌법 스스로가 그와 같은 해석의 여지를 직·간접적으로 언급 또는 암시하거나[38)] 아니면 헌법해석을 통하여 청구권을 도출하는 경우에도 입법자가 입법을 한 경우와 유사하게 그 청구권의 보장내용이 상당히 제한적이고 명확한 경우에 한정되어야 한다.

이러한 관점에서 볼 때, 헌법이 스스로 제시하고 있지 않는 청구권적 요소를 자유권으로부터 도출할 수 있는 기준은, '청구권적 요소를 자유권의 보호범위에 포함시키는 것이 자유권적 기본권의 실질적 보장을 위한 필수적 조건인지 여부'이다.[39)] 이러한 관

---

36) Vgl. Alexy, Theorie der Grundrechte, 1994, S.406ff.

37) 이러한 견해와 유사하게 법익형량을 통하여 국가에 대한 개인의 급부청구권을 인정하려는 시도로는 vgl. Alexy, Theorie der Grundrechte, S.465f.

38) 예컨대, 헌법은 청원권에 관하여 제26조 제1항에서 "모든 국민은 법률이 정하는 바에 의하여 국가기관에 문서로 청원할 권리를 가진다."고 하여 국가기관에 자유롭게 청원을 할 수 있는 권리인 자유권으로서의 청원권을 보장하면서, 제2항에서 "국가는 청원에 대하여 심사할 의무를 진다"고 규정함으로써, 헌법 스스로 청원권이 자유권적 측면뿐만 아니라 국가기관의 청원심사를 청구할 수 있는 청구권적 요소를 가지고 있음을 밝히고 있다.

39) 이와 유사한 견해로는 Starck, Staatliche Organisation und staatliche Finanzierung als Hilfen zu Grundrechtsverwirklichung?, in: Bundesverfassungsgericht und Grundgesetz, Bd.II, 1976, S.521f, 525f.; 또한 독일 연방헌법재판소도 자유권으로부터 청구권적 요소를 도출한 '대학결정'(BVerfGE 35, 79, 112ff.)에서 "대학의 교수는 자신의 기본권적 자유를 보호받기 위하여 필수적으로 요청되는 국가의 조치를 청구할 권리가 있으며 학문의 자유는 이러한 청구권을 포함하는데, 이러한 조치가 대학교수에게 자유로운 학문활동을 비로소 가능하게 하기 때문이다."라고 판시하였다.

점을 기준으로 삼는 경우, 자유권으로부터 도출되는 청구권의 보장내용은 '자유권을 실현하기 위한 필수적 조건'이라는 의미로 구체화되고 축소된다. 즉 청구권적 요소의 보장내용은 그의 헌법적 근거인 자유권의 내용으로부터 스스로 나오고 이에 의하여 제한되기 때문에, 일반적으로 헌법적 차원에서 청구권이 인정되는 경우에 발생하는 보장내용의 불확실함이 상당 부분 해소될 수 있다. 헌법재판소는 입법자와의 권한배분의 관점에서 해석을 통하여 자유권으로부터 청구권적 요소를 도출함에 있어서 매우 신중해야 하지만, 부득이 청구권적 요소를 도출해야 한다면, 이는 자유권을 현실적으로 행사하기 위한 필수적 조건이거나 또는 자유권을 실질적으로 보장하기 위한 절차적 형성에 관한 경우에 국한되어야 한다.

(2) 위와 같은 사고를 바탕으로 자유권으로부터 청구권적 요소를 도출할 수 있는 예를 들자면, 개인정보의 공개와 사용에 관하여 스스로 결정할 권리인 個人情報自己決定權은 이를 절차적으로 통제할 수 있는 권리, 즉 국가가 자신에 관하여 어떠한 정보를 보유하고 있는지를 확인하기 위하여 자기관련 개인정보를 열람할 수 있는 권리가 보장되지 않고서는 개인정보자기결정권의 헌법적 보장은 공허하기 때문에, 인격권에서 파생하는 개인정보자기결정권으로부터 청구권적 요소인 自己情報公開請求權이 도출될 수 있다.[40)]

마찬가지로, 反論報道請求權의 경우 물론 국가기관에 대한 것이 아니라 사인(언론기관)에 대한 청구권이기는 하지만, 헌법재판소가 인격권으로부터 사인에 대한 반론보도청구권을 도출한 것은, 언론에 의하여 명예를 침해당한 피해자의 인격권을 실현하기 위하여 필수적으로 요청되는 절차적 수단으로서 인정한 것이다.[41)]

또한 헌법 제26조의 請願權의 경우에도 청원권이 헌법 질서 내에서 실질적 의미를 가지기 위해서는, 국민이 국가기관에 자유롭게 청원을 할 수 있는 권리(자유권)가 보장되어야 할 뿐만 아니라, 그를 넘어서 청원이 수리된 후 국가에 의한 청원심사를 확보할 수 있는 절차도 함께 보장되어야 한다. 따라서 국가에 자유롭게 청원을 할 권리인 '자유권으로서의 청원권'은 그를 실현하기 위한 필수적 조건으로서 국가로부터 청원에 대한 심사 및 통지를 요구하는 청구권적 요소를 포함한다.[42)] 자유권으로서의 청원권의 실효성이 청구권적 요소의 보장여부에 달려있기 때문에, 우리 헌법은 헌법 제26조 제2항에서 국가의 심사의무와 그에 대응하는 개인의 권리를 명시적으로 규정하고 있다.

(3) 결국, 표현의 자유나 인격권으로부터 청구권적 요소를 도출하는 것이 헌법적으로

40) 아래 Ⅶ. 2. 의 자세한 내용 참조.

41) 헌법재판소는 '반론권'을 헌법상 보장된 인격권, 사생활의 비밀과 자유에 그 바탕을 둔 것이라고 판시하였다(헌재 1991. 9. 16. 89헌마165, 판례집 3, 518, 534-535).

42) 청원권의 법적 성격과 보장내용에 관하여 한수웅, 의회청원 소개절차의 위헌여부, 저스티스 2002. 6., 5면 이하 참조.

허용되는지의 문제는, '일반적 정보공개청구권이 표현의 자유나 인격권을 현실적으로 행사하기 위한 전제조건으로서 불가결한지'의 판단에 달려 있다. 그러나 자유권적 알 권리의 보장으로 인하여 국민이 일반적으로 접근할 수 있는 다양한 情報源으로부터 자유롭게 정보를 얻을 수 있는 상황에서 '일반적 정보공개청구권'은 민주주의 실현을 위하여 보다 이상적일 수는 있으나, 이러한 권리가 기본권으로 보장되지 않는다고 하여 표현의 자유와 인격권의 헌법적 보장이 사실상 무의미해진다고 볼 수는 없다. 이러한 점에서 정보공개청구권은 표현의 자유와 인격권의 실질적 보장을 위하여 반드시 함께 보장되어야 하는 불가결한 요소라고 할 수 없다. 즉, 정보공개청구권은 자유권의 실질적인 보장을 위하여 반드시 필요한 것이 아니라, 존재한다면 보다 이상적인 하나의 剩餘分이다.

결국, '일반적으로 접근할 수 없는 정보'에의 접근은 기본권에 의한 보호를 필요로 하지 않으며, 국가가 어느 정도로 자신의 영역을 일반국민에게 공개할 것인지의 결정은 국민주권 및 민주주의의 원리, 타인의 법익 보호 등을 고려하여 입법자가 입법을 통하여 구체적으로 판단해야 할 문제이다.[43] 따라서 헌법재판소가 자유권인 표현의 자유로부터 일반적 정보공개청구권을 도출한 것은 허용되는 헌법해석의 한계를 넘은 것이다.[44]

4. 정보공개청구권과 헌법상의 公開主義 조항 · 민주주의원리의 관계

헌법재판소는 헌재 1989. 9. 4. 88헌마22 결정에서 "헌법상 입법의 공개(제50조 제1항), 재판의 공개(제109조)와는 달리 행정의 공개에 대하여서는 명문규정을 두고 있지 않지만 '알 권리'의 생성기반을 살펴볼 때 이 권리의 핵심은 정부가 보유하고 있는 정보에 대한 국민의 알 권리 즉, 국민의 정부에 대한 일반적 정보공개를 구할 권리(청구권적 기본권)라고 할 것이며, 또한 자유민주적 기본질서를 천명하고 있는 헌법 전문과 제1조 및 제4조의 해석상 당연한 것이라고 봐야 할 것이다."라고 판시한 바 있다.[45]

국민으로서의 권리, 특히 선거권과 같은 참정권을 제대로 행사하고 국가행위를 통제하고 비판하기 위해서는 국민이 국가행위에 대하여 알아야 한다는 것, 정부에 대한 정

---

43) 비교법적으로 보더라도, '일반적인 정보공개청구권'을 헌법적으로 규정하거나 헌법해석을 통하여 인정하는 국가는 세계 어디에도 없는 것으로 보인다. 예컨대, 스웨덴뿐만 아니라 미국의 경우에도, 1963년 "Freedom of Information Act"를 제정하여, 모든 국민에게 그가 이해관계인인지 여부와 관계없이 원칙적으로 모든 행정과정에 대하여 정보를 제공하고 문서의 열람을 허용하도록 연방관청에게 의무를 부과하고 있으나. 이는 헌법적 권리로서 인정된 것이 아니라 입법자의 결정에 근거하는 것이다.

44) 마찬가지로 '일반적 정보공개청구권'은 헌법 제10조의 인간의 존엄성이나 행복추구권으로부터도 도출될 수 없다. 인간존엄성조항은 문화국가에서 일반적으로 禁忌視하는 비인간적인 국가행위의 한계를 정하는 기능을 하며, 국가권력으로부터 개인의 자기결정과 인격발현을 위하여 불가결한 최소한의 요건 또는 인간 생존의 절대적 요건을 보호하고자 하는 것이다. 행복추구권은 헌법에 구체적으로 규정된 자유권에 의하여 보호될 수 없는 인간의 행위나 법익에 대하여 보충적으로 기본권적 보호를 제공하는 일반적 자유권으로서, 헌법에 열거되지 아니한 자유권을 도출하는 실정법적 근거이다.

45) 헌재 1989. 9. 4. 88헌마22, 판례집 1, 176, 189.

보공개청구권은 국민주권을 실현하기 위한 것이라는 전제는 그 자체로서 타당하고, 이에 대하여는 아무도 이의를 제기하지 않는다. 그러나 모든 국가행위가 원칙적으로 공개되어야 한다는 공개주의의 요청을 헌법상의 객관적 원칙으로서 민주주의원리로부터 이끌어 낼 수 있을지는 모르나, 표현의 자유를 보장하는 헌법 제21조로부터 정보공개청구권이 국민의 기본권으로서 도출될 수는 없다.

가. 정보공개청구권과 헌법상의 공개주의 조항

헌법재판소는 위 결정에서, 헌법이 이미 입법의 공개와 사법의 공개에 관하여 규정하고 있기 때문에, 행정의 공개 또한 헌법이 요청하는 당연한 것이라고 하나, 헌법이 입법과 사법의 공개주의를 천명하고 있다고 하여, 이것이 곧 행정의 공개마저 헌법상 요청되는 것으로 해석될 여지는 없다.[46] 헌법은 제27조 제3항, 제109조에서 '재판의 심리와 판결'의 공개주의, 제50조에서 '국회의 회의'의 공개주의를 규정하고 있다. 국가의 모든 행위가 원칙적으로 공개되어야 하고 국민이 이를 기본권의 형태로써 다툴 수 있다는 것이 헌법의 정신이라면, 국가의 특정 절차(법원의 재판과 국회의 의사결정)에 관하여 공개주의를 규정하는 위 헌법규정들은 확인적 의미 또는 강조의 의미 외에는 아무런 의미가 없는 불필요한 조항에 불과할 것이고, 결국 그 고유한 헌법적 의미를 상실할 것이다. 그러나 모든 헌법규범이 헌법에 규정된 그 고유한 의미를 발견할 수 있도록 해석되어야 한다는 관점이 헌법해석의 출발점이다.

국민이 헌법을 근거로 국정의 모든 것의 공개를 요구할 수 없고, 헌법이 공개주의를 명시적으로 표명하지 않은 다른 영역에서의 국정공개에 관하여는 헌법이 스스로 결정하지 않고 입법자에게 그 결정을 위임하고 있다고 해석해야만, 비로소 공개주의를 규정하는 헌법규범이 그 고유한 의미를 가진다. 헌법상 공개주의 조항은 일반적 정보공개청구권을 국민의 기본권으로서 인정하지 않는다는 것의 간접적 표현이며, 이러한 점에서 '표현의 자유'로부터 '일반적 정보공개청구권'을 도출하는 헌법해석은 헌법상 특별히 규정된 '공개주의 조항'과도 합치하지 않는다. 국가기관의 특정 절차나 결정과정이 공개되어야 한다면, 이는 헌법과 법률을 근거로 이루어져야 한다는 것이 헌법의 객관적인 의사인 것이다.

나. 정보공개청구권과 민주주의

표현의 자유로부터 '정보공개청구권'을 도출한 헌법재판소의 판례는, 자유권을 민주주의원리와 연관시켜 청구권을 도출한 대표적인 경우라고 할 수 있다. 그러나 자유권으

46) 헌법재판소의 이와 같은 헌법해석에 대하여 의문을 제기한 문헌으로는 홍준형, 정보공개청구권과 정보의 자유, 김철수교수 화갑기념논문집, 1993, 557면 이하.

로부터 민주주의원리를 통하여 청구권을 도출할 수 있는지에 대한 근본적인 의문이 제기된다.

민주국가의 국민이 유권자로서 선거를 통하여 국민주권을 제대로 행사하기 위하여 국민이 국정에 대하여 알아야 할 필요성이 있고, 국가행위에 대한 정보를 통해서 비로소 정치적 의사형성의 견고한 기반이 형성된다는 점은 타당하다. 그러나 이러한 관점은 입법자에 대한 요청으로서 국가행위의 공개와 민주주의(국민주권)의 연관관계를 인식하고 이러한 인식을 규범화할 것을 요청하는 것이지, 기본권으로서의 '국정공개 청구권'이 보장된다는 것을 의미하지는 않는다. 즉 국정공개에 대한 요청은 국민주권과 민주주의에 근거를 둔 요청으로서, 입법자의 입법을 통하여 비로소 구체적인 형태를 갖추게 되고 개인의 주관적 권리로서 보호되는 것이다.

비록 표현의 자유 및 그로부터 파생되는 알 권리가 민주주의의 구성요소로서 그와 밀접한 연관성을 가지고 있다 하더라도, 표현의 자유는 개인의 자유권으로서 위협받는 자유영역의 보호를 위한 것이지, 민주주의나 국민주권의 실현, 국가행위의 통제를 위하여 헌법에 기본권으로서 규정된 것이 아니다. 다시 말하자면, 표현의 자유는 민주주의와의 밀접한 연관관계 또는 민주주의에 기여하는 그의 역할 때문에 기본권적 지위를 부여받은 것이 아니다. 자유권이 민주주의를 실현하기 위하여 헌법에 규정된 것이 아니라, 역으로 민주주의의 궁극적 의미는 자유의 보장에 있다.

따라서 국민주권의 실현수단, 국가행정의 투명성을 확보하기 위한 수단, 국가행정의 통제수단으로서의 기능은 표현의 자유에 부여된 헌법상의 기능이 아니다. 자유권의 기능이 정치나 국가행정의 통제에 있지 않다는 것은 당연하다. '알아야만 제대로 개인의 자유를 행사할 수 있다'는 의미에서 표현의 자유의 전제조건으로서의 알 권리가, '알아야만 제대로 국민으로서의 권리를 행사할 수 있다'는 의미에서 참정권 및 국민주권의 전제조건으로서의 알 권리로 변질되어서는 안 된다.

Ⅶ. 헌법상의 個別的 情報公開請求權

헌법으로부터 일반적 정보공개청구권을 도출할 수 없다고 하여, 특정 정보에 대하여 이해관계가 있는 특정 개인이 공개를 요구할 권리인 소위 '개별적 정보공개청구권'이 헌법상 인정될 수 없다는 것을 의미하지는 않는다. 헌법규정으로부터 개별적 정보공개청구권을 인정할 수 있는 경우로는, 헌법상 보장된 절차적 기본권인 재판청구권(헌법 제27조)의 본질적 보장내용인 '효과적인 권리보호'를 실현하기 위한 필수적 조건에 관한 경우 및 인격권의 보장을 위하여 필수적으로 절차적 형성이 필요한 경우를 들 수 있다. 이에 따라 헌법상 인정되는 정보공개청구권으로는, 재판청구권에서 파생하는 '소송기록

열람청구권'과 인격권의 한 내용인 개인정보자기결정권에서 파생하는 '自己情報公開請求權'이 있다.

1. 소송기록열람청구권

가. 헌법재판소의 결정례

헌법재판소는 초기의 결정에서 소송기록의 열람·복사 신청을 '알 권리'에 의하여 보호되는 것으로 판단하였으나, 그 이후의 결정에서는 '알 권리와 재판청구권'을 함께 심사의 기준으로 삼기도 하고 때로는 '재판청구권'만을 심사기준으로 언급하는 등 일관된 모습을 보이고 있지 않다. 이러한 현상이 앞으로 판례의 변화를 암시하는 것인지에 관하여는 앞으로의 결정을 조금 더 지켜보아야 할 것 같다. 소송기록의 열람·등사 신청에 관한 주요 결정의 요지는 다음과 같다.

(1) 형사확정소송기록의 열람신청거부 사건(헌재 1991. 5. 13. 90헌마133)

현행 실정법상 청구인에게 형사확정소송기록을 열람·복사할 수 있는 권리를 인정한 명문규정이 없다는 것을 이유로 하여 무조건 청구인의 복사신청을 접수조차 거부하면서 복사를 해줄 수 없다고 한 행위는 헌법 제21조에 의하여 보장되고 있는 청구인의 '알 권리'를 침해한 것이다.[47)]

(2) 공판조서 열람신청거부 사건(헌재 1994. 12. 29. 92헌바31)

변호인 있는 피고인에게 변호인과 별도로 공판조서의 열람을 허용하지 않는 형사소송법 제55조 제1항은 피고인의 '알 권리'를 침해하지 않으며, 피고인의 '공정한 재판을 받을 권리'를 침해하지 않는다.[48)]

(3) 수사기록의 열람신청거부 사건(헌재 1997. 11. 27. 94헌마60)

검사가 보관하고 있는 수사기록에 대한 변호인의 열람·등사는 실질적 당사자대등을 확보하고 신속·공정한 재판을 실현하기 위하여 필요불가결한 것이며, 그에 대한 지나친 제한은 피고인의 '신속·공정한 재판을 받을 권리'를 침해하는 것이다.[49)]

나. 소송기록열람청구권의 헌법적 근거로서 공정한 재판을 받을 권리

(1) 재판절차에서의 聽聞請求權(의견진술권)은 법원에서의 법적 청문을 보장하는 권리로서, 법적 분쟁의 당사자가 법원의 결정 이전에 판단근거가 된 사실관계와 법률관계에 관하여 진술할 기회를 가질 권리를 말한다.[50)] 청문청구권은 공정한 재판절차가 가능하

47) 판례집 3, 234, 249.
48) 판례집 6-2, 367, 374.
49) 판례집 9-2, 675, 676.
50) 청문청구권은 소송당사자에게 자신의 권리와 관계되는 결정에 앞서서 자신의 견해를 진술함으로써 소송절차

기 위한 불가결한 요소이다. 청문청구권이 보장되어야만, 객관적이고 공정한 재판절차와 소송당사자간의 무기대등 및 절차적 지위의 대등성이 실현될 수 있다. 청문청구권은 그 자체가 목적이 아니라, 객관적이고 공정한 재판절차를 통하여 타당하고도 공정한 결과에 이르게 하려는 목적을 위한 중요한 수단이다.

공정한 재판절차가 가능하기 위해서는 소송당사자가 자신의 권리와 관계되는 법원의 결정에 앞서서 자신의 견해를 진술할 수 있는 기회를 가져야 하며, 나아가 당사자가 소송절차에서 의미 있는 진술을 하기 위해서는 소송과 관련된 모든 중요한 사실에 관한 정보를 얻을 수 있어야 한다. 그러므로 당사자의 소송기록열람청구권은 '공정한 재판을 받을 권리'를 실현하기 위한 필수적 전제조건으로서 재판청구권으로부터 도출된다

(2) 개인이 표현의 자유를 제대로 행사하기 위해서는 알권리(정보의 자유)가 전제가 되어야 하는 것과 마찬가지로, 청문청구권을 제대로 행사하기 위해서는 소송기록열람권이 전제가 되어야 하는 것이다. 따라서 소송기록열람권은 표현의 자유에 포함되는 알권리에서 파생하는 것이 아니라 청문청구권 및 공정한 재판을 받을 권리, 즉 헌법 제27조의 재판청구권에서 파생하는 것이다.

그렇다면, 당사자가 자기관련 소송기록의 열람 및 등사를 신청한다면, 여기서 문제되는 기본권은 '알 권리'가 아니라 '공정한 재판을 받을 권리'이다.[51] 헌법재판소의 결정이유에서 드러나는 바와 같이, 이해당사자로서 소송기록을 열람하고자 하는 '형사피고인의 개인적 이익'이 국민의 정치적 의사형성과 유권자로서의 권리행사의 전제조건으로서의 '국민의 알 권리'로 비약하는 것은 납득하기 어렵다. 알권리는 표현의 자유와 인격권에 그 헌법적 근거를 두고 있으므로, 알 권리의 보호범위는 민주국가에서의 자유로운 의사형성과 개인의 인격발현에 기여하는 범위로 제한되어야 한다. 이러한 이유에서 재판·수사기록열람권을 헌법상의 알 권리에 포함시키는 것은 법리적으로 문제가 있다.[52]

2. 自己情報公開請求權

가. 국가가 무제한적으로 개인정보를 수집하고 그 정보를 활용하여 개인에 대한 社會的 人格像을 형성하는 경우, 자기결정에 따라 계획하고 행동하는 자유, 즉 인격의 자유로운 발현이 현저하게 저해될 수 있다. 따라서 자유로운 인격발현을 위해서는 국가나

와 그 결과에 영향을 미칠 수 있는 기회를 제공하고자 하는 것이다. 재판청구권의 구체적 보장내용으로서 사법절차상의 기본권에 관하여 한수웅, 헌법 제27조의 재판청구권, 헌법논총 제10집(1999), 365면 이하 참조.

51) 헌재 1991. 5. 13. 90헌마133 결정의 경우, 비록 형사확정소송기록의 열람이 문제된다 하더라도, 재심청구의 가능성을 배제할 수 없기 때문에 소송기록을 열람할 이익이 인정되고, 이러한 이익은 재판청구권의 보호범위에 포함되는 것이다. 이 경우, 열람을 신청하는 자가 '왜 이를 신청하는지'의 주관적 의도는 중요하지 않다.

52) 소송기록의 열람청구권을 재판청구권의 일환으로 보는 견해로는 헌재 1991. 5. 13. 90헌마133, 판례집 3, 234, 254(재판관 한병채의 반대의견); 최대권, 헌법학강의, 1998, 286면; 박용상, 정보법제의 체계와 내용, 법조 1998. 6. 22면.

제3자의 눈에 비칠 자신의 사회적 인격상을 형성할 수 있는 개인정보의 수집과 이용에 관하여 스스로 결정할 수 있어야 하며, 이를 통하여 결국 '누가 자신에 관하여 어떠한 인격상을 형성해도 되는지'에 관하여 결정할 수 있어야 한다.[53] 국가에 의한 개인정보의 수집과 이용에 대한 보호는 자주적 인격의 자유로운 생존과 인격발현의 근본조건에 관한 문제이다.

일반적 인격권은 자신의 인생과 운명을 독자적인 책임 하에서 스스로 형성할 권리, 즉 자기결정의 사고에 그 바탕을 둔 권리로서, '언제, 어느 범위에서 개인적인 생활관계가 공개되는지'에 관하여 원칙적으로 스스로 결정할 권리를 포함하는 것이며, 이로써 자기에 관한 정보를 통제할 수 있는 권리로서 '자신의 개인정보의 공개와 이용에 관하여 스스로 결정할 권리'인 개인정보자기결정권을 함께 보장한다.[54]

나. 한편, 당사자가 자신에 관하여 어떠한 국가기관이 무엇을 언제 어떠한 기회에 알고 있는지를 파악할 수 있어야만, 개인은 개인정보자기결정권을 현실적으로 행사할 수 있다.[55] 방어권으로서의 개인정보자기결정권은 그의 실질적인 보장을 위하여 '자기관련 개인정보에 접근할 수 있는 권리', 즉 자기정보공개청구권에 의한 보완을 필요로 하며, 이로써 청구권적 요소를 포함한다.[56] 자기정보공개청구권이 보장되지 않고서는 개인정보자기결정권의 헌법적 보장은 공허하기 때문에, 인격권에서 파생하는 개인정보자기결정권으로부터 예외적으로 청구권적 요소인 자기정보공개청구권이 도출될 수 있다.

Ⅷ. 一般的 情報公開請求權을 인정한 헌법재판소 판례의 문제점

1. 자유권으로부터 청구권을 도출한 헌법이론적 흠결

헌법재판소 판례의 일차적인 헌법이론적 흠결은 표현의 자유란 자유권으로부터 일반적 정보공개청구권이라는 청구권을 도출한 것이다. 알아야만 표현할 수 있기 때문에 표현의 자유에서 알 권리가 도출되어야 한다면, 자유권인 표현의 자유로부터 도출될 수

53) Vgl. Jarass, Das allgemeine Persönlichkeitsrecht im Grundgesetz, NJW 1989, S.859; Degenhart, Das allgemeine Persönlichkeitsrecht, JuS 1992, S.365; Schmitt Glaeser, Schutz der Privatsphäre, in: Isensee/Kirchhof, HbStR, Bd.Ⅵ, 1989, §129 Rn.42ff.; Schlink, Das Recht der informellen Selbstbestimmung, Der Staat 1986, S.245; Kunig, Der Grundsatz informationeller Selbstbestimmung, Jura 1993, S.599.

54) Vgl. BVerfGE 65, 1, 41 ff.; 한국문헌으로는 박용상, 정보법제의 체계와 내용, 법조 1998. 6., 12면; 홍준형, 정보공개청구권과 정보의 자유, 김철수교수 화갑기념논문집, 581면 이하; 김일환, 정보자기결정권의 헌법상 근거와 보호에 관한 연구, 공법연구 제29집 제3호, 93면 이하.

55) Vgl. Kunig, Der Grundsatz informationeller Selbstbestimmung, Jura 1993, S.601; Gallwas, Der Allgemeine Konflikt zwischen dem Recht auf informationelle Selbstbestimmung und der Informationsfreiheit, NJW 1992, S.2789.

56) 개인정보자기결정권의 청구권적 성격을 언급한 한국문헌으로는 홍준형, 정보공개청구권과 정보의 자유, 김철수교수 화갑기념논문집, 557면 이하; 박용상, 정보법제의 체계와 내용, 법조 1988. 6., 21, 23면; 권영성, 헌법학원론, 1995, 405면.

있는 것은 자유권적 측면인 정보의 자유, 즉 국가의 간섭이나 방해를 받지 않고 자유롭게 알 권리에 제한되어야 한다.

그러나 헌법재판소가 이를 넘어 자유권으로부터 포괄적인 정보공개청구권을 도출한 것은, 모든 자유권이 '자유행사의 실질적 조건'을 그 보장내용으로 함께 포함하게 되어 청구권으로 변질될 위험이 있다. 헌법재판소의 견해는 '자유권의 보장내용'을 '자유권을 행사하기 위한 실질적 조건의 보장'과 동일시함으로써, 모든 자유권이 청구권으로 해석될 수 있다는 위험을 안고 있다. 헌법재판소는 청구권의 보장내용의 불확실성, 입법자와의 권한배분의 관점 등을 고려하여 기본권의 해석을 통하여 자유권에서 청구권적 요소를 인정함에 있어서 매우 신중해야 한다.

2. 청구권적 기본권에 관한 근본적 이해의 부족

헌법재판소가 범한 또 다른 오류는, 설사 표현의 자유로부터 '일반적 정보공개청구권'이란 청구권을 도출한다 하더라도, 입법자의 구체적인 입법이 없이는 청구권을 직접 적용할 수 없다는 점을 인식하지 못한 것이다. 헌법상 청구권은 그 자체로서 적용될 수 있는 것이 아니며, 국민이 청구권을 행사하기 위해서는 사전에 청구권의 구체적 내용과 범위를 확정하는 입법자의 법률을 필요로 한다.

그러므로 헌법재판소의 판례에 따라 '일반적 정보공개청구권'이 헌법상 기본권이라면, 입법자는 입법을 통하여 '누가 어떠한 경우 어떠한 정보를 어떠한 제약을 받으며 청구할 수 있는지'에 관하여 권리의 구체적 내용과 범위를 확정함으로써 기본권을 구체화하고 실현해야 한다. 따라서 헌법재판소가 기본권으로서 정보공개청구권을 인정하였다면, 행정청의 정보공개거부가 헌법상 정보공개청구권에 위반되는지를 판단할 것이 아니라, 입법자가 청구권을 구체화하는 아무런 입법조치를 취하지 않은 立法의 不在를 문제 삼아 입법부작위의 위헌성을 확인하는 것에 그쳤어야 한다. 물론, 입법부작위의 확인이 헌법소원심판에서 개인의 권리구제에 직접적인 기여는 할 수 없으나, 청구권의 속성상 헌법재판소가 할 수 있는 최대한의 것이다.

그러나 헌법재판소는 정보공개청구권이 입법자의 입법이 없이도 국가기관을 구속하는 직접적인 효력을 가지는 구체적 권리로 이해함으로써 행정청이 국민의 정보공개청구에 대하여 개별적으로 헌법적 법익간의 형량을 통하여 정보공개여부를 판단해야 한다는 결론에 이르렀다. 그러나 입법의 不在로 말미암아 행정청이 헌법적 법익을 스스로 교량하여 개별적인 경우마다 정보의 공개여부를 판단해야 한다는 것은, 법적용기관인 행정청이 감당하기 어려운 과제일 뿐만 아니라, 자의적인 판단의 위험을 초래함으로써 법치국가에서 용인할 수 없는 법적 상황을 야기한다. 입법자가 일차적으로 법익형량을 통하여 법률로써 법적용기관에게 행위지침을 제시해야 하고 행정청은 입법자의 법익형량의 결과인 법률을 적용해야 한다는 것이 법치국가의 요청이다.

3. 개별적 정보공개청구권의 간과

헌재 1989. 9. 4. 88헌마22 결정(토지조사부의 열람·복사 불허 사건) 및 헌재 1991. 5. 13. 90헌마133 결정(소송기록의 열람 청구 사건)에서 청구인은 자신과 이해관계가 있는 특정 정보의 공개를 구하고 있으나, 헌법재판소는 국가가 보유하는 모든 정보에 대하여 모든 국민이 공개를 요구할 수 있는 '일반적 정보공개청구권'을 인정하였다.[57] 그런데 청구인이 자신과 이해관계가 있는 특정정보의 공개를 요청한 상황과 그 이유에 관하여 보건대, 청구인은 소유권의 회복을 위하여 자신의 권리행사나 권리구제를 위한 사전단계로서 또는 형사확정판결에 대하여 재심을 청구하기 위하여 기록의 열람을 요구한 것이다. 이러한 상황이나 동기는 표현의 자유의 전제조건으로서 알권리 또는 민주주의나 국민주권의 실현수단으로서 알 권리와는 하등의 관계가 없는 것이다.

이러한 점에서 볼 때, 자신의 권리행사의 사전단계로서 이해관계가 있는 기록의 열람을 구하는 청구인들에게 표현의 자유나 민주주의를 근거로 '일반적 정보공개청구권'을 인정한 것은 東問西答이라는 인상을 지울 수 없다. 청구인이 자신의 권리행사와 권리구제를 위하여 국가가 보유하는 기록의 열람을 구하고 있다는 점에서, 헌법재판소는 재판청구권을 행사하기 위한 전제조건으로서 특정의 정보에 대하여 이해관계가 있는 개인이 공개를 요구할 권리인 '개별적 정보공개청구권'을 인정할 수 있는지를 판단했어야 한다.

4. 정보의 자유와 정보공개청구권의 본질과 차이에 대한 오해

가. 헌법재판소는 헌재 1991. 5. 13. 90헌마133 결정(형사확정기록 등사신청 사건)에서 "알 권리는 표현의 자유와 표리일체의 관계에 있으며 자유권적 성질과 청구권적 성질을 공유하는 것이다. 자유권적 성질은 일반적으로 정보에 접근하고 수집·처리함에 있어서 국가권력의 방해를 받지 아니한다는 것을 말하며, 청구권적 성질은 의사형성이나 여론형성에 필요한 정보를 적극적으로 수집하고 수집을 방해하는 방해제거를 청구할 수 있다는 것을 의미하는 바 이는 정보수집권 또는 정보공개청구권으로 나타난다."고 판시하고 있다. 그러나 헌법재판소는 위 판시내용에서 자유권으로서 '정보의 자유'와 청구권으로서 '정보공개청구권'의 본질을 제대로 이해하지 못하고 있다는 것을 드러내고 있다.

---

57) '정보공개의 청구'와 관련하여 헌법재판소가 판단해야 했던 사안들은, 일반국민들이 공공기관이 보유하는 모든 정보에 대하여 공개를 요구하는 '일반적 정보공개청구'에 관한 것이 아니라, 국가기관이 보유하고 있는 개인관련정보에 대한 '개별적 정보공개청구'에 관한 것이었다. 따라서 헌법재판소는 헌법규범으로부터 '일반적 정보공개청구권'을 도출하려고 시도하기 이전에, 청구인의 정보공개청구의 이익을 충족시킬 수 있는 '개별적 정보공개청구권'을 헌법적으로 구성할 수 있는지를 판단하는 것이 보다 적절했으리라고 생각된다. 이러한 지적으로는 이미 헌재 1991. 5. 13. 90헌마133 결정에서 피력한 한병채 재판관의 소수의견(판례집 3, 234, 250) 참조.

나. 헌법재판소가 알 권리의 자유권적 내용을 "일반적으로 정보에 접근하고 수집·처리함에 있어서 국가권력의 방해를 받지 아니한다는 것을 말한다."고 판시하고 있는데, 여기서 '일반적으로 정보에 접근'하는 것이 아니라 '일반적으로 접근할 수 있는 情報源으로부터 정보를 수집'하는 것으로 보장내용이 수정되어야 한다.

나아가, 헌법재판소는 "의사형성이나 여론 형성에 필요한 정보를 積極的으로 蒐集하고 수집을 방해하는 妨害除去를 請求할 수 있다는 것을 의미한다."고 하여 '정보의 적극적인 수집'과 '방해제거의 청구'라는 요소를 통하여 알 권리의 '청구권적 성질'을 설명하고 있는데, 이러한 판시내용은 다음과 같은 이유로 매우 중대한 오류를 안고 있다.

첫째, 알 권리의 자유권적 또는 청구권적 성질을 결정짓는 중요한 기준은, 정보가 어떠한 정보인지, 즉 국가나 사인의 조력이 없이 누구나 일반적으로 접근할 수 있는 정보인지의 '정보의 성격'이다. 반면에, 정보를 적극적으로 수집하는지 또는 소극적으로 수령하는지의 '정보수집의 積極性 여부'는 알 권리의 법적 성격을 결정짓는 요소가 아니다. 알 권리의 자유권적 성격은 정보수집방해배제청구권으로서 국민 누구나 일반적으로 접근할 수 있는 정보에의 접근을 방해하는 국가의 행위를 금지하는 것에 있다. 이에 대하여, 알 권리의 청구권적 성격은 일반적으로 접근할 수 없는 정보에의 접근을 가능하게 하는 것에 있다. 헌법재판소는 이를 인식하지 못하고 '정보수집의 적극성'을 청구권적 알 권리의 요소로 서술함으로써 알 권리의 청구권적 성격을 완전히 왜곡하고 있다.

둘째, '정보의 수집을 방해하는 방해제거를 청구할 수 있다'는 것은 청구권적 알 권리의 본질이 아니라 바로 정보수집방해배제청구권으로서 알 권리의 자유권적 성격의 본질을 표현하는 것이다.

국가가 정보의 수집을 방해할 수 있기 때문에 그 방해를 배제한다는 것은, 국민 누구나가 자유롭게 정보에 접근할 수 있다는 것, 국가나 제3자의 조력 없이도 정보를 스스로 자력으로 얻을 수 있다는 것을 전제로 하는 것이다. 즉, 방해제거청구권은 '일반적으로 접근할 수 있는 정보'를 그 필연적인 전제로 하는 것이다. 결국 국가로부터 방해제거를 청구한다는 것은 국민이 일반적으로 접근할 수 있는 정보에의 접근을 방해하는 국가행위를 하지 말 것을 요구한다는 것이다. 그런데 이러한 내용은 알 권리의 청구권적 성격이 아니라 방어권적 성격에 속한다. 自由權의 또 다른 표현이 바로 '(자유행사)방해제거청구권'이고, 자유란 국가의 도움을 받지 않고서도 행사할 수 있다는 것이 자유권의 전제가 되는 것이며, 국민의 자유행사를 방해하는 국가행위를 하지 말 것을 청구하는 것, 즉 국가에 대한 '부작위청구권'이 바로 자유권의 본질적 내용인 것이다. 이에 대하여 請求權으로서의 '알 권리'란, 방해제거를 청구하는 것이 아니라 국가의 조력, 즉 국가가 보유하는 정보의 공개란 국가의 적극적인 행위를 청구하는 것이다.

결국, 헌법재판소는 알 권리의 자유권적 성격과 청구권적 성격이 어떠한 기준을 근거로 하여 구분되는지에 관하여 제대로 이해하지 못하였고, 그 결과 '알 권리의 청구권적 성질'을 '알 권리의 자유권적 성질'을 통하여 서술하는 오류를 범하였다.

참고문헌

권영성, 헌법학원론, 1998

구병삭, 신헌법원론, 1996

김철수, 헌법학개론, 1998

박종보, 공공정보공개제도와 알 권리, 공법연구 제28집 제1호(1999. 10.)

박용상, 정보법제의 체계와 내용, 법조 1998. 6.

성낙인, 알 권리, 헌법논총 제9집(1998)

안용교, 한국헌법, 1992

정재황, 군사기밀보호법 제6조 등에 대한 위헌심판결정, 법률신문 1992. 6. 22.

최대권, 헌법학강의, 1998

한수웅, 헌법재판의 한계 및 심사기준, 헌법논총 제8집(1997)

______, 헌법 제27조의 재판청구권, 헌법논총 제10집(1999)

허 영, 한국헌법론, 1999

홍준형, 행정법총론, 1997

______, 정보공개청구권과 정보의 자유, 김철수교수 화갑기념논문집, 1993

Alexy, Theorie der Grundrechte, 1994

Bethge, Grundrechtsverwirklichung und Grundrechtssicherung durch Organisation und Verfahren, NJW 1982

Böckenförde, Grundrechtstheorie und Grundrechtsinterpretation, NJW 1974

______, Grundrechte als Grundsatznorm, zur gegenwärtigen Lage der Grundrechtsdogmatik, Der Staat 1990

______, Verfassungsinterpretation, NJW 1976

Bullinger, Freiheit von Presse, Rundfunk, Film, in: Isensee/Kirchhof(Hg), Handbuch des Staatsrechts (HbStR), Bd.Ⅵ, 1989, §142

Degenhart, Das allgemeine Persönlichkeitsrecht, JuS 1992

Gallwas, Der allgemeine Konflikt zwischen dem Recht auf informationelle Selbstbestimmung und der Informationsfreiheit, NJW 1992

Gehrhardt, Zum Begriff der Informationsfreiheit, AfP 1974

Geiger, Die Grundrechte der Informationsfreiheit, in: Festschrift für Adolf Arndt, 1969

v. Heinegg, Grundrechte als Leistungsansprüche des Bürgers gegenüber dem Staat, JA 1995

Hoffmann-Riem, Informationelle Selbstbestimmung in der Informationsgesellschaft, AöR 1998

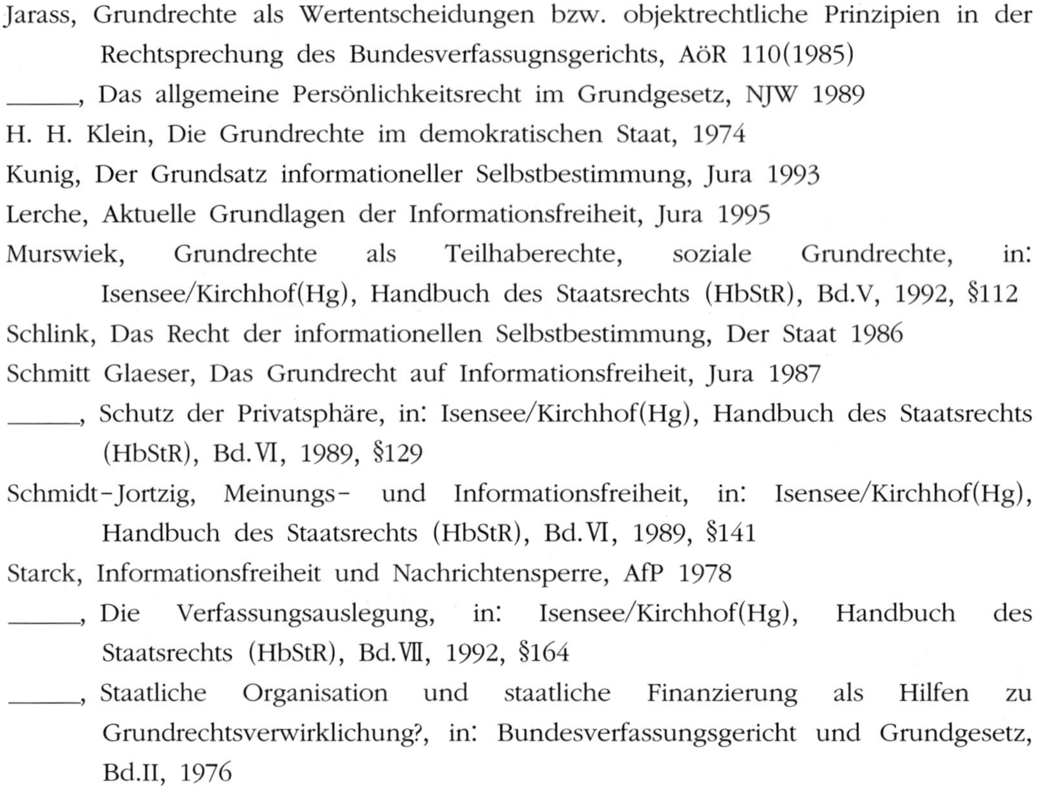

Jarass, Grundrechte als Wertentscheidungen bzw. objektrechtliche Prinzipien in der Rechtsprechung des Bundesverfassugnsgerichts, AöR 110(1985)

______, Das allgemeine Persönlichkeitsrecht im Grundgesetz, NJW 1989

H. H. Klein, Die Grundrechte im demokratischen Staat, 1974

Kunig, Der Grundsatz informationeller Selbstbestimmung, Jura 1993

Lerche, Aktuelle Grundlagen der Informationsfreiheit, Jura 1995

Murswiek, Grundrechte als Teilhaberechte, soziale Grundrechte, in: Isensee/Kirchhof(Hg), Handbuch des Staatsrechts (HbStR), Bd.V, 1992, §112

Schlink, Das Recht der informationellen Selbstbestimmung, Der Staat 1986

Schmitt Glaeser, Das Grundrecht auf Informationsfreiheit, Jura 1987

______, Schutz der Privatsphäre, in: Isensee/Kirchhof(Hg), Handbuch des Staatsrechts (HbStR), Bd.Ⅵ, 1989, §129

Schmidt-Jortzig, Meinungs- und Informationsfreiheit, in: Isensee/Kirchhof(Hg), Handbuch des Staatsrechts (HbStR), Bd.Ⅵ, 1989, §141

Starck, Informationsfreiheit und Nachrichtensperre, AfP 1978

______, Die Verfassungsauslegung, in: Isensee/Kirchhof(Hg), Handbuch des Staatsrechts (HbStR), Bd.Ⅶ, 1992, §164

______, Staatliche Organisation und staatliche Finanzierung als Hilfen zu Grundrechtsverwirklichung?, in: Bundesverfassungsgericht und Grundgesetz, Bd.II, 1976

Wahl, Der Vorrang der Verfassung, Der Staat 1981

제4절 집회의 자유

제1주제

집회의 자유와 '집회 및 시위에 관한 법률'*

-집회금지장소규정에 대한 위헌성 판단을 겸하여-

Ⅰ. 머리말

헌법 제21조 제1항은 "모든 국민은 언론·출판의 자유와 집회·결사의 자유를 가진다."고 규정하여, 타인과의 의견교환을 위한 기본권인 표현의 자유, 집회의 자유, 결사의 자유를 같은 조항에서 함께 개인의 기본권으로 보장하고 있다. 헌법은 집회의 자유를 기본권으로 보장함으로써, '평화적 집회 그 자체는 공공의 안녕질서에 대한 위험으로 간주되어서는 아니 되고, 개인이 집회의 자유를 행사함으로써 필연적으로 발생하는 일반대중에 대한 불편함이나 법익에 대한 위험은 보호법익과 조화를 이루는 범위 내에서 국가와 제3자에 의하여 수인되어야 한다'는 것을 헌법 스스로 규정하고 있는 것이다.

집회와 시위는 민주국가의 일상에 속하는 것이며, 살아 숨 쉬는 민주사회의 뚜렷한 징표라고 할 수 있다. 민주사회는 국민과 국가권력 간의 의견교환과 사회 내부에서의 공적인 토론을 필요로 하고, 집회는 공적인 토론의 계기를 제공한다. 따라서 집회의 자유

---

* 위 논문은 2004년 2월, 저스티스(한국법학원), 제77호, 5-33면에 게재된 것을 일부 수정한 것이다.

를 공공의 안녕질서에 대한 잠재적 위험으로 간주하여 이를 단지 용인하는 사고에서 벗어나, 자유민주주의 사회에서 공적 토론을 활성화하는 바람직한 것으로 파악해야 한다. 그러나 다른 한편으로는, 집회의 자유의 행사는 타인의 법익이나 공익과 충돌할 위험이 있기 때문에, 다른 법익의 보호의 관점에서 집회의 자유에 대한 제한이 불가피하다.

우리 사회의 민주화와 함께 국민이 시위를 통하여 사회적·정치적 불만이나 비판을 공개적으로 표현하는 경우가 점점 빈번해 짐에 따라, 집회의 자유의 의미와 비중이 증가하고 있는데, 집회의 자유와 이를 규율하는 '집회 및 시위에 관한 법률'(이하 '집시법'이라 한다)은 다음과 같은 일련의 의문을 제기한다. 헌법상 보호되는 '집회'의 개념은 무엇인가? 헌법 제21조에서 금지하는 '집회에 대한 허가'는 무엇을 의미하는가? 신고를 하지 않은 집회의 경우, 관할관청은 신고를 하지 않았다는 이유만으로 집회를 해산할 수 있는가? 신고는 하였으나 신고서 보완요구에 응하지 않았다는 이유만으로 집회를 금지할 수 있는가? 일정 장소에서의 집회를 장기간 先占하는 것을 방지하기 위하여 집회의 기간을 제한하는 것이 허용되는가? 확성기를 비롯하여 소음을 발생하는 보조도구의 사용이 집회의 자유에 의하여 어느 정도로 보장되는가? 국회의사당이나 법원 인근에서의 집회를 예외 없이 금지하는 것이 정당화될 수 있는가?

이 글에서는 우선 집회의 자유와 관련하여, 집회의 자유의 헌법적 의미와 기능, 헌법상 '집회'의 개념, '허가제 금지'의 의미를 알아보고(아래 Ⅱ.), 이어서 집시법상의 주요개념인 '옥외집회', '시위', '행진'의 의미 및 집시법이 신고제를 취한 기본 정신은 무엇인지, 신고의무와 관련된 개별규정이 어떻게 해석·적용되어야 하는지, 집회의 금지·해산·조건부 허용이 어떠한 경우에 허용되는지에 관하여 살펴보기로 한다(아래 Ⅲ.). 마지막으로 집회장소의 제한과 관련하여, '국회의사당, 법원, 헌법재판소, 국내주재 외국의 외교기관' 청사로부터 반경 1백 미터 이내의 장소에서의 집회를 전면적으로 금지하고 있는 집시법 제11조 제1호 규정이 집회의 자유와 부합하는지 여부를 검토해 보기로 한다(아래 Ⅳ.).[1]

Ⅱ. 집회의 자유

1. 집회의 자유의 헌법적 의미와 기능

집회의 자유는 개인의 인격발현의 요소이자 민주주의를 구성하는 요소라는 이중적인 헌법적 기능을 가지고 있다.

1) 헌법재판소는 2003. 10. 30. 선고한 2000헌바67등 결정에서 집시법 제11조 제1호 중 외교기관 인근에서의 집회를 전면적으로 금지하는 규정부분을 위헌으로 판단하였다.

가. 개인의 인격발현의 요소

역사적으로 볼 때, 집회의 자유는 정치·사회현상에 대하여 불만을 가진 자의 전통적 기본권으로서 형성되었고, 오늘날도 집단행동에 의한 표현수단으로서 강한 정치적 색채를 띠고 있다. 그러나 인간의 존엄성과 자유로운 인격발현을 최고의 가치로 삼는 우리 헌법질서 내에서, 집회의 자유도 다른 모든 기본권과 마찬가지로 일차적으로는 개인의 자기결정과 인격발현에 기여하는 기본권이다.[2] 인간이 타인과의 접촉을 구하고 서로의 생각을 교환하며 공동으로 인격을 발현하고자 하는 것은 사회적 동물인 인간의 가장 기본적인 욕구에 속하는 것이다. 집회의 자유는 타인과의 의견교환을 통하여 타인과 공동으로 인격을 발현하는 자유를 보장하는 기본권이자, 동시에 국가에 의하여 개인이 타인과 사회공동체로부터 고립되는 것으로부터 보호하는 기본권이다.[3] 즉, 공동의 인격발현을 위하여 타인과 함께 모인다는 것은 이미 그 자체로서 기본권에 의하여 보호될 만한 가치가 있는 개인의 자유영역인 것이다. 집회의 자유는 결사의 자유와 더불어 타인과 함께 모이는 자유를 보장한다.[4]

집회의 자유와 표현의 자유의 연관성은 특히 정치적 성격을 가진 집회의 경우 크게 두드러진다. 그러나 집회의 자유를 표현의 자유와의 연관관계에서만 이해하여 표현의 자유를 행사하기 위한 하나의 수단, 즉 '집단적 의사표명의 자유'로 축소시키는 것은 타당하지 않다.[5] 집회의 자유는 표현의 자유에 종속된 기본권이 아니라, 개인의 '자유로운 인격발현권'이 '집회'란 생활영역에서 구체화된 독자적인 기본권이다.[6] 타인과의 접촉을 통하여 의견을 교환하고자 하는 개인의 이익은 정치적 영역뿐만 아니라 종교적·예술적·학문적·직업적 영역, 친목이나 오락 등의 영역에서도 인정할 수 있고, 이러한 이익이 반드시 '공동의 의견형성과 의견표명'의 결과, 즉 집단적 의견표명에 이르는 것은 아니다.

---

2) Vgl. Kloepfer, Versammlungsfreiheit, in: Isensee/Kirchhof(Hg), HbStR, Bd.Ⅵ, 1989, §143, Rn.5; Gallwas, Das Grundrecht der Versammlungsfreiheit, Art.8 GG, JA 1986, S.484.

3) Vgl. Herzog, Maunz/Dürig(Hg), GG, Art.8, Rn.13, 15; 유사하게 권영성, 헌법학원론, 2000, 490면.

4) 다만, 집회의 자유는 다수인의 일시적인 모임을 보장하는 반면, 결사의 자유는 다수인의 지속적인 결합을 보장한다는 차이가 있다.

5) 예컨대, 박용상, 집회의 자유, 헌법논총 제10집(1999), 9면, '집회의 자유는 넓은 의미에서의 표현의 자유이며, 집단적 표현의 자유를 보호하는 것이다'라고 서술하고 있다. 또한 양건, 집회·시위에 대한 사전제한, 한양대법학논총 제8집(1991), 151면, '집회·시위는 다중에 의한 표현행위이며 집단행동에 의한 표현의 자유'라고 서술하고 있다. 그러나 집회의 자유와 표현의 자유를 독자적인 기본권으로 명시적으로 보장하는 우리 헌법구조에 집회의 자유를 표현의 자유에 포함되는 권리로서 이해하는 '미국 헌법이론'을 그대로 적용하는 것은 문제가 있다.

6) Vgl. Gallwas, Das Grundrecht der Versammlungsfreiheit, Art.8 GG, JA 1986, S.484; BVerfGE 69, 315, 343; 82, 236, 258; Mutius, Die Versammlungsfreiheit des Art.8 Abs.1 GG, Jura 1988, S.34; Kunig, in: Münch/Kunig(Hg), GGK, Art.8, Rn.37.

나. 민주주의실현의 기본조건

집회를 통하여 개인이 자신의 의견과 주장을 집단적으로 표명함으로써 여론의 형성에 영향을 미친다는 점에서, 집회의 자유는 표현의 자유와 함께 민주적 공동체가 기능하기 위하여 불가결한 근본요소에 속한다.[7] 집회의 자유는 '집단적 의견표명의 자유'로서 민주국가에서 국민이 정치의사형성에 참여할 수 있는 기회를 제공한다.[8] 직접민주주의를 배제하고 대의민주제를 선택한 우리 헌법에서, 국민은 선거권의 행사, 정당이나 사회단체에 참여하여 활동하는 가능성, 청원권의 집단적 행사 외에는 단지 집회의 자유를 행사하여 시위의 형태로써 정치적 의사형성과정에 대하여 영향력을 행사하는 가능성만을 가지고 있을 뿐이다.

집회의 자유는 사회·정치현상에 대한 불만과 비판을 공개적으로 표출케 함으로써 정치적 불만이 있는 자를 사회에 통합하고 정치적 안정에 기여하는 기능을 한다. 특히 집회의 자유는 집권정치세력에 대한 정치적 반대의사를 공동으로 표명하는 효과적인 수단으로서, 현대사회에서 언론매체에 접근할 수 없는 소수집단에게 그들의 권익과 주장을 옹호하기 위한 적절한 수단을 제공한다. 이러한 점에서 집회의 자유는 소수의견을 국정에 반영하는 창구로서 그 중요성을 더해 가고 있다.[9] 즉, 집회의 자유는 소수의 보호를 위한 중요한 기본권인 것이다. 소수가 공동체의 의사형성과정에 충분히 영향을 미칠 수 있는 가능성이 보장될 때, 다수결에 의한 공동체의 의사결정은 보다 정당성을 가지며 다수에 의하여 압도당한 소수에 의하여 보다 잘 수용될 수 있다. 헌법이 집회의 자유를 보장한 것은 '다수에 의한 독재'에 대한 否定의 표현이며, 관용과 다양한 견해가 공존하는 다원적인 '열린 사회'에 대한 헌법적 결단인 것이다.

2. 집회의 자유의 법적 성격

가. 개인의 主觀的 公權

집회의 자유는 일차적으로 국가공권력의 부당한 침해에 대한 방어를 가능하게 하는 對國家的 防禦權으로서, 집회의 참가여부에 관하여 자유롭게 결정할 권리를 보장한다.[10] '집회에 참가하는 적극적 자유'뿐만 아니라, 누구도 집회에 참가할 것을 강요받아서는 안 된다는 의미에서 '소극적인 집회의 자유'도 보장된다. 이로써 집회의 자유는 개인이 집회에 참가하는 것을 방해하거나 또는 집회에 참가할 것을 강요하는 국가행위를

7) Vgl. BVerfGE 69, 315, 344.
8) Vgl. BVerfGE 69, 315, 345ff.
9) 헌재 1992. 1. 28. 89헌가8 판례집 4, 25, 30, 재판관 변정수와 김진우의 반대의견 참조.
10) BVerfGE 69, 315, 343.

금지한다. 국가공권력이 정권에 비우호적인 집회를 방해 · 금지하거나 또는 대중 집회의 개최를 명령하고 국민을 강제로 동원하는 것은 집회의 자유에 대한 대표적인 침해행위이다.

나아가, 집회의 자유는 집회의 목적, 시간, 장소, 방법에 관하여 스스로 결정할 권리를 보장하는 기본권이다. 집회의 자유에 의하여 보호되는 구체적인 행위는, 집회에 참가하는 행위뿐만 아니라, 집회장소로의 이동을 비롯하여 집회를 준비하는 일련의 행위(집회의 계획, 조직, 지휘 등), 집회의 해산 후 집회장소로부터 귀가하는 행위 등 자유로운 집회가 가능하기 위하여 필요한 모든 과정을 포괄한다.[11)]

따라서 집회참가자에 대한 지연적 검색을 통하여 집회 장소에 접근하는 것을 방해하는 국가행위도 집회의 자유에 대한 제한에 해당한다. 또한, 국가가 개인의 집회참가행위를 감시하고 그에 관한 정보를 수집하는 행위도 집회의 자유에 대한 제한을 의미한다. 집회의 자유는 집회에 참가하는 자유뿐만 아니라 '집회에 참가할 것인지에 관하여 자유롭게 결정할 권리'를 포함한다. 국가에 의한 감시와 정보 수집은 집회에 참가하고자 하는 자로 하여금 불이익을 두려워하여 집회참가를 포기하게 하거나 아니면 적어도 집회에서 자유롭게 의견을 표명하는 것을 억제하는 소위 '위협적 효과'가 있기 때문에, 집회의 자유의 행사를 제한하는 효과가 있다.[12)]

나. 헌법의 客觀的 價値

한편, 집회의 자유는 민주주의가 기능하기 위하여 불가결한 근본요소에 속한다. 헌법의 객관적 가치로서의 집회의 자유는 '집회의 자유행사를 가능하게 해야 할 국가의 의무'를 내포하고 있고, 이러한 의무로부터 '집회를 제3자의 방해로부터 보호해야 할 국가의 의무'가 나온다.[13)] 입법자는 이와 같은 내용의 '국가의 기본권 보호의무'를 집시법 제1조의 입법목적에 관한 조항("적법한 집회 및 시위를 최대한으로 보장하고") 및 제3조("집회 및 시위의 방해금지"), 제8조 제2항(뒤에 신고된 반대시위의 금지가능성)의 규정을 통하여 구체화하고 있다. 제3자에 의한 집회방해로 인하여 공공의 안녕질서에 대한 위험이 우려되는 경우, 관할관청은 '집회의 자유행사가 방해를 받지 않고 가능해야 한다'는 헌법적 결단에서 출발하여 우선적으로 집회방해자에 대하여 필요한 조치를 취해야

11) Vgl. BVerfGE 69, 315, 349; 84, 203, 209; Bäumler, Versammlungsfreiheit und Verfassungsschutz, JZ 1986, S.469f.; Kloepfer, Versammlungsfreiheit, in: Isensee/Kirchhof(Hg), HbStR, Bd.Ⅵ, 1989, §143, Rn.5; Sachs, Verfassungsrecht II, 2000, S.367; Gallwas, Das Grundrecht der Versammlungsfreiheit, Art.8 GG, JA 1986, S.485; Mutius, Die Versammlungsfreiheit des Art.8 Abs.1 GG, Jura 1988, S.31.

12) Vgl. BVerfGE 65, 1, 43; 69, 315, 349; Herzog, in: Maunz/Herzog(Hg), GG, Art.8, Rn.98; Benda, in: BK, Bd.I, 1999, Art.8, Rn.96.

13) Vgl. Mutius, Die Versammlungsfreiheit des Art.8 Abs.1 GG, Jura, 1988, S.32; Kunig, in: Münch/Kunig(Hg), GGK, Art.8, Rn.27; Schulze-Fielitz, in: Dreier(Hg), GG, Bd.I, 2004, Art.8, Rn.62.

하며, 지극히 예외적인 경우에 한하여 기본권에 의하여 보호되는 집회행위에 대하여 조치를 취할 수 있다.[14)]

또한, 법적용기관은 법률을 해석하고 재량을 행사함에 있어서 집회의 자유의 기본정신을 고려해야 한다. 특히 집회의 자유를 규율하는 특별행정법인 '집시법'의 해석과 관련하여, 헌법상 객관적 가치질서로서의 집회의 자유는 중요한 의미를 가진다.[15)] 나아가, 법원과 행정청은 형벌규정과 손해배상책임에 관한 규정을 확대하여 해석하는 경우에는 집회의 자유가 과도하게 제한될 우려가 있으므로, 제한적으로 엄격하게 해석·적용함으로써 집회의 자유에 표현된 헌법적 결정을 고려해야 한다.[16)]

특히 *私法*의 영역에서 집회의 자유가 법률에 미치는 영향은 손해배상규정의 해석과 관련하여 중요성을 가진다. 집회의 과정에서 행해지는 불법행위(예컨대, 재물손괴 등)가 집회의 자유에 의하여 정당화되지 않는다는 것은 당연하지만, 손해배상규정의 불확정개념을 해석함에 있어서 집회의 자유에 대한 과도한 제한을 초래하지 않도록 유의해야 한다. 시위로 인하여 발생한 손해배상책임에 관한 판단에서 다른 시위참가자의 폭력행위에 대하여 손해배상책임을 인정할 수 있는 共犯이나 從犯의 범위를 너무 넓게 정함으로써, 집회의 자유가 과도하게 제한되어서는 안 된다.[17)]

3. 헌법상 '집회'의 개념

가. 우리 헌법과 집시법은 집회의 개념에 관한 정의규정을 두고 있지 않다. 집회의 자유에 의하여 보호되는 행위인 '헌법상 집회'의 개념과 집회의 자유를 규율함으로써 집회의 자유와 다른 법익을 병존시키고자 제정된 '집시법상의 집회'의 개념이 반드시 일치해야 하는 것은 아니다.[18)] 한편, 집시법은 제2조 제2호에서 '시위'의 개념을 "다수인이 공동목적을 가지고 … 위력 또는 기세를 보여 불특정다수인의 의견에 영향을 주거나 제압을 가하는 행위"로 정의하고 있는데, 이와 같은 시위의 개념에는 헌법상 보호되는

---

14) 예컨대, 평화적인 시위에 대한 반대시위로 인하여 폭력적 충돌이 우려되는 경우, 공공의 안녕질서에 대한 위험이 시위자가 아닌 반대시위자로부터 발생하므로, 국가의 조치는 원칙적으로 반대시위에 대하여 행해져야 하며, 다만 공공의 안녕질서에 대한 급박한 위해가 다른 방법으로 방지될 수 없는 경우, 즉 '경찰상 긴급상태'(polizeilicher Notstand)의 경우 경찰책임이 없는 제3자인 시위자에 대하여 조치를 취할 수 있다, BVerfGE 69, 315, 360f.

15) 이에 관하여 아래 Ⅳ. 참조.

16) BVerfGE 69, 315, 361f.

17) 대규모 시위에서 발생하는 손해에 대한 민사상 책임을 '수동적인 참가자'에게도 확대한다면 시위참가자는 예측할 수 없고 감당할 수 없는 위험부담을 안게 되고, 이로써 집회의 자유행사 뿐만 아니라 그 사전단계로서 집회에 참가할 것인지의 결정에 있어서 큰 제약을 받게 된다. 따라서 폭력행위에 적극적으로 가담함이 없이 단지 그 현장에 머물면서 방관한 시위자들을 단지 그러한 이유로 공범이나 종범으로 취급하는 것은 집회의 자유의 헌법적 의미를 고려하지 않는 법률 해석으로서 집회의 자유를 침해하는 것이라 할 수 있다, vgl. BGHZ 89, 383, 395, 399[시위로 인하여 발생한 손해배상책임(§830 BGB)에 관한 기본판결].

18) 집시법은 규율되어야 할 필요가 있는 집회만을 대상으로 할 수 있으며, 그 결과 독일의 경우와 같이, 집회법상의 '집회' 개념이 헌법상의 '집회' 개념보다 좁을 수 있다. 우리의 경우에 관해서는 아래 주 29) 참조.

'집회'의 개념적 요소가 전부 언급되어 있다. 즉, 집회란 '공동의 목적을 가진 多數人의 일시적 모임'을 말한다.[19]

나. 집회의 개념은 '多數人의 모임'이란 객관적 요소와 '共同의 목적'이란 주관적 요소의 2가지 요소로 이루어진다.[20]

첫째, 집회는 '다수인이 모이는 것'을 전제로 하는데, '다수인'이란 2인 이상을 의미한다.[21] 국가에 의하여 개인이 고립되는 것으로부터 보호하고 타인과의 접촉을 통하여 서로의 의견을 교환하고 이로써 자유로운 인격발현에 기여하는 자유로서 집회의 자유를 이해한다면, 보다 많은 인간의 참가(가령, 3인 또는 4인 이상)를 기본권보호의 요건으로 하는 것은 정당화되지 않는다. 그러나 소위 '1인의 시위'는 집회의 개념적 요건을 충족시키지 못하므로, 집회의 자유가 아니라 표현의 자유에 의하여 보호된다.

둘째, '다수인의 모임'이란 객관적 요소 외에, 집회의 개념을 충족시키기 위한 '주관적 요소로서 다수인이 집회참가를 통하여 '공동의 목적'을 추구해야 한다. 따라서 다수인이 단지 우연히 모인 것, 즉 群集만으로는 집회의 개념을 충족시키지 않는다.[22] 집회의 개념을 충족시키기 위해서는 다수인이 공동의 목적을 추구한다는 '內的인 紐帶關係'가 있어야 한다. 바로 이러한 내적인 유대관계가 일정 장소에 모인 다수인을 집회의 '참가자'로 만드는 것이다. 한편, 다수인이 우연히 모인 경우라도, 모임의 진행 과정에서 처음에 결여된 내적인 유대관계가 사후적으로 발생한다면, 언제라도 집회의 성격을 가질 수 있다.[23]

다. 그런데 '공동의 목적'이 무엇이어야 하는지에 관하여 크게 3가지 견해로 나뉘어 있다.[24] 첫째, 공동의 목적을 위하여 타인과 함께 하려는 의사, 즉 '내적인 유대관계'가 존재하는 한, 공동으로 추구하는 목적의 내용이 무엇인지는 중요하지 않다고 하여, '집

19) Vgl. Kloepfer, Versammlungsfreiheit, in: Isensee/Kirchhof(Hg), HbStR, Bd.Ⅵ, 1989, §143, Rn.16.

20) Vgl. Kloepfer, Versammlungsfreiheit, in: Isensee/Kirchhof(Hg), HbStR, Bd.Ⅵ, 1989, §143, Rn.16ff.; Gallwas, Das Grundrecht der Versammlungsfreiheit, Art.8 GG, JA 1986, S.485; Mutius, Die Versammlungsfreiheit des Art.8 Abs.1 GG, Jura 1988, S.35f..; Pieroth/Schlink, Grundrechte, Staatsrecht II, Rn.754ff.; Sachs, Verfassungsrecht II, 2000, S.366.

21) Vgl. Herzog, in: Maunz/Dürig(Hg), Grundgesetz, Art.8 Rn.48; Pieroth/Schlink, Grundrechte, Staatsrecht II, Rn.695; Kloepfer, Versammlungsfreiheit, in: Isensee/Kirchhof(Hg), HbStR, Bd.Ⅵ, 1989, §143, Rn.14; Gusy, in: Mangoldt/Klein/Starck(Hg), GG, Art.8, Rn.15; 이에 대하여 집회의 인적 요건으로 '3인설'을 주장하는 학자도 다수 있다. 예컨대 권영성, 헌법학원론, 2000, 490면; 허영, 한국헌법론, 1999, 534면도 이러한 입장을 취하고 있는 것으로 보인다.

22) 예컨대, 교통사고의 현장이나 쇼우 윈도우 앞에 다수인이 군집한 경우, 각자의 목적만이 있을 뿐 공동의 목적이 존재하지 않는다. 연극이나 축구경기 등을 관람하는 관중은 일정 장소에 함께 있으나 참가자 간의 정신적 유대관계가 없기 때문에, 집회라 볼 수 없다. 그러나 축구팀의 열성응원단의 경우에는 집회의 의사를 인정할 수 있을 것이다.

23) 교통사고 현장에 우연히 함께 한 다수인의 모임이 운전자의 경각심을 촉구하는 집회로 발전하는 경우가 하나의 예가 될 수 있다.

24) 허영, 한국헌법론, 1999, 534면; vgl. Mutius, Die Versammlungsfreiheit des Art.8 Abs.1 GG, Jura 1988, S.35f.; Dietel/Gintzel/Kniesel, Demonstations- und Versammlungsfreiheit, 2000, §1 Rn.9ff.

회'의 개념을 취미활동, 예술활동, 사교모임까지 포함하는 것으로 가장 넓게 이해하려는 견해, 둘째, 집회의 개념에는 공동의 목적을 추구한다는 내적인 유대관계 외에도 '공동의 의견형성과 의견표명'이라는 목적이 존재해야 한다고 주장하는 견해, 셋째, 집회의 요건으로서 '공동의 의사형성과 의견표명'을 요구할 뿐만 아니라 공동의 의사형성과 의견표명은 '공적·정치적 사안'에 관한 것이어야 한다고 주장함으로써, 집회의 자유에 의하여 보호되는 집회에서 사교적·종교적·학문적·상업적 목적의 집회를 배제하고 집회의 개념을 사실상 '정치적 집회'에 한정하고자 하는 견해[25)]가 있다.

두 번째 견해에 관하여 보건대, 위 견해는 집회의 자유가 표현의 자유에 대하여 보충적 기능을 한다는 점을 논거로 삼고 있으나, 집회의 자유는 그 헌법적 기능에 있어서 표현의 자유와의 연관관계에서만 그 효력을 가지거나 표현의 자유에 종속된 기본권이 아니라, 인격의 자유로운 발현을 위하여 헌법적으로 보장되는 다양한 개별기본권의 하나로서 이해되어야 한다. 즉, 집회의 자유는 개인이 국가권력에 의하여 개체로서 고립되는 위험을 방지하고자 하는 기본권이며, 결사의 자유와 함께 집단의 형태로 인격을 발현하는 것을 보장하고자 하는 그 자체로서 독립적인 기본권이다.[26)] 집회를 수단으로 하는 공동의 의견표명은 '집회의 자유와 더불어 표현의 자유'에 의하여 보호될 수 있으므로, 공동의 의견표명이란 특별한 목적을 굳이 집회의 요건으로 삼을 필요가 없다.[27)]

세 번째 견해에 관하여 보건대, 물론 공적·정치적 사안에 관하여 논의되는 집회가 경험적으로 국가에 의하여 가장 위협을 받고 있고, 이로써 특히 기본권에 의한 보호를 필요로 한다는 점은 타당하나, 그렇다고 하여 국가에 의하여 보다 적게 위협을 받고 있는 집회가 기본권의 보호범위에서 배제되어야 한다는 결론이 도출되는 것은 아니다. 집회의 개념을 공적 사안을 다루는 집회에 한정하고자 하는 견해는, 기본권의 행사가 민주주의에 기여하는 경우에 한하여 기본권의 보호를 제공하려는 견해이며, 기본권의 행사가 민주주의에 미치는 영향에 따라 기본권보호 여부와 정도를 달리하고자 하는 견해이다.[28)] 그러나 헌법상의 기본권은 민주주의의 실현을 위해서가 아니라 일차적으로 개인의 존엄성실현 및 인격의 자유로운 발현을 위하여 보장된 것이다. 뿐만 아니라, 자유의 본질에 속하는 것은, 기본권의 주체인 개인이 기본권행사의 방법과 목적에 관하여 스스로 결정한다는 것이므로, 다른 자유권과 마찬가지로 집회의 자유도 그 보호범위에 있어서 국가에 의한 목적상 또는 수단상의 제한을 받지 않고 보장되어야 한다.

---

25) 예컨대 김철수, 헌법학신론, 2003, 466면.

26) Vgl. Herzog, in: Maunz/Dürig(Hg), Grundgesetz, Art.8 Rn.13, Geck, Zum Versammlungsbegriff des Art.8 GG, DVBl 1980, S.800.

27) Vgl. Herzog, in: Maunz/Dürig(Hg), Grundgesetz, Art.8 Rn.50f.; Kloepfer, Versammlungsfreiheit, in: Isensee/Kirchhof(Hg), HbStR, Bd.Ⅵ, 1989, §143, Rn.17.

28) Vgl. Sachs, Verfassungsrecht II, 2000, S.366; Kloepfer, Versammlungsfreiheit, in: Isensee/Kirchhof(Hg), HbStR, Bd.Ⅵ, 1989, §143, Rn.16ff.

따라서 '공동의 인격발현'이라는 목적 이외에 다른 특별한 목적을 요구함으로써 목적의 관점에서 집회의 자유의 보호범위를 좁히고자 하는 견해는 개인의 인격발현에 대한 집회의 자유의 의미를 간과하는 것이다. 반면에, '내적인 유대관계'마저도 요구하지 않는 보다 광의의 집회 개념은 '集會'와 다수인의 단순한 모임인 '群集'의 경계설정을 불가능하게 한다. 이러한 점에서 집회의 자유의 보호범위를 넓게 파악하는 첫 번 째 견해가 타당하다.[29)]

라. 비록 헌법이 명시적으로 밝히고 있지는 않으나, 집회의 자유에 의하여 보호되는 집회는 단지 '평화적' 또는 '비폭력적' 집회이다. 폭력의 사용은 기본권적 자유를 행사하는 방법이 될 수 없다. 표현의 자유는 의견의 표명을 단지 '의견간의 정신적인 투쟁'의 수단으로서 보호하며, 이로써 평화적인 방법에 의한 의견표명만을 보호한다. 논리의 설득력과 정신적 논쟁을 통하여 자신의 견해를 관철하고자 하는 것에 그치지 아니하고, 타인이 자유로운 상태에서 자신의 의견을 형성할 수 있는 가능성을 제한하거나 배제하는 압력수단을 사용하는 것은 표현의 자유에 의하여 보호되지 않는다. 마찬가지로 집회의 자유도 민주국가에서 정신적 대립과 논쟁의 수단으로서, 평화적 방법에 의한 공동의 의견표명은 헌법적으로 보호되지만, 폭력을 사용한 의견의 강요는 헌법적으로 보호되지 않는다.

이와 관련하여 連坐示威가 평화적 집회에 해당하는지의 논란이 있을 수 있다. 연좌시위를 통하여 일정 장소에의 출입을 봉쇄하는 것은 형법상의 '폭력' 개념을 충족시킬 수는 있으나, 헌법상 보호되는 집회인지 여부를 판단하기 위한 '폭력'의 개념과 형법상의 '폭력' 개념이 일치하는 것은 아니며, 폭력의 개념을 넓게 이해함으로써 처음부터 기본권의 보호범위를 제한해야 할 필요성도 없다.[30)] 따라서 집회의 자유에 의하여 배제되는 폭력이란, 공격적·적극적 폭력행위(소위 물리적 폭력)를 의미하는 것으로 제한적으로 해석하여야 하고, 이로써 수동적 저항에 그치는 소극적 폭력(소위 심리적 폭력)인 연좌시위는 평화적 시위에 해당한다.[31)]

---

29) Vgl. Geck, Zum Versammlungsbegriff des Art.8, DVBl 1980, S.797ff.; Herzog, in: Maunz/Dürig(Hg), GG. Art.8, Rn.13, 49ff.; Pieroth/Schlink, Grundrechte, Staatsrecht II, Rn.689ff.; Gusy, in: Mangolt/Klein/Starck(Hg), GG, Art.8, Rn.18; Sachs, Verfassungsrecht II Grundrechte, 2000, S.366; Kloepfer, Versammlungsfreiheit, in: Isensee/Kirchhof(Hg), HbStR, Bd.VI, 1989, §143, Rn.16ff.; Mutius, Die Versammlungsfreiheit des Art.8 Abs.1 GG, Jura 1988, S.35ff. 한편, 집시법도 제13조에서 "학문·예술·체육·종교·의식·친목·오락·관혼상제 및 국경행사에 관한 집회에는 제6조 내지 제12조의 규정을 적용하지 아니한다."고 규정함으로써, 最廣義의 집회 개념에서 출발하고 있다. 왜냐하면 집시법 제13조는 위와 같은 목적의 집회에 대해서는 그 외의 집시법규정이 적용된다는 것을 간접적으로 표현하고 있고, 입법자가 친목, 오락 등을 목적으로 하는 집회가 집시법상의 집회에 그 개념상 이미 포함되지 않는다고 판단하였다면, 집시법 일부 규정의 적용을 배제하는 조항을 두는 것은 불필요하기 때문이다. 결국, 우리의 경우 헌법상의 '집회'의 개념과 집시법상의 '집회'의 개념이 일치하는 것으로 볼 수 있다.

30) 법률에 대한 위반이 바로 기본권의 보호범위로부터의 배제를 가져옴으로써 기본권의 보호범위가 법률에 위반되지 않는 범위로 제한적으로 설정된다면, 법률에 의하여 기본권을 제한할 수 있다는 법률유보는 사실상 무의미하게 된다.

일부 소수 참가자의 폭력행위가 예상되더라도, 집회가 그 전체로서 폭력적으로 진행되리라고 우려되지 않는 한, 평화적으로 시위를 하고자 하는 다수의 기본권행사는 보호되어야 한다.[32] 소수의 폭력행위가 집회의 성격을 임의로 변질시키고 다수의 의사에 반하여 집회를 불법적인 것으로 만들 수 있다면, 폭력적인 소수가 자신들뿐만 아니라 평화적 시위자들의 기본권행사 여부를 결정하게 된다. 그러나 집회의 자유는 비록 타인과 공동으로 행사하는 기본권이지만, 단체에 귀속되는 자유가 아니라 개인적 자유인 것이다. 따라서 원칙적으로 평화적 시위자는 타인의 폭력행위로 말미암아 자신의 기본권을 상실해서는 안 된다.

4. 헌법 제21조 제2항의 허가제 금지의 의미

가. 헌법 제21조 제2항은 "언론·출판에 대한 허가나 검열과 집회·결사의 자유에 대한 허가는 인정되지 아니한다."고 규정하여 다른 기본권조항과는 달리, 기본권을 제한하는 특정한 유형의 국가행위를 명시적으로 배제하고 있다. 그런데 여기서 말하는 '집회의 자유에 대한 허가'가 무엇을 의미하는지의 문제가 제기된다.[33]

집회의 자유의 행사는 다수인의 집단적인 행동을 수반하기 때문에, 특히 옥외집회의 경우 공익이나 타인의 법익과 충돌할 가능성이 크다. 따라서 어떠한 방식으로든 행정청으로 하여금 사전에 집회의 자유와 다른 법익을 조화시킬 수 있는지 여부에 관하여 판단할 수 있도록 하는 사전적 통제조치가 필요하다. 집회로 인하여 법질서의 위반이 우려되는 경우 행정청으로 하여금 적시에 사전적·예방적 심사를 가능하게 하는 조치로서, 허가제와 신고제가 고려된다.[34]

나. 입법자는 옥외집회를 일반적으로 금지하면서 국민의 신청에 의하여 허가요건이 충족되거나 금지요건에 해당하지 않는 경우에 집회를 허가하는 '허가제'를 취할 수도 있고,[35] 옥외집회에 대해서는 사전신고를 의무화하고 신고내용으로 보아 법적으로 금지되

---

31) Vgl. BVerfGE 73, 206, 248; 유사한 견해로 권영성, 헌법학원론, 2000, 492면; 허영, 한국헌법론, 1999, 536면.

32) 소수의 폭력행위를 우려하여 평화적 시위자의 기본권행사의 기회를 처음부터 박탈하는 집회금지는, 위험성의 예측판단에 대한 엄격한 기준을 적용한 결과 사후적 해산으로는 적절하게 대처할 수 없는 경우에 제한되어야 하며, 가능하면 사후적 해산을 우선적으로 고려해야 한다. 폭력시위자의 구분과 분리가 불가능하거나 다른 법익에 대한 중대한 손상을 가져올 경우, 집회의 해산은 허용된다, vgl. Mutius, Die Versammlungsfreiheit des Art.8 Abs.1 GG, Jura 1988, S.85.

33) 독일의 경우, 기본법 제8조 제1항은 "모든 독일인은 신고나 허가 없이 평온하게 그리고 무기를 휴대하지 아니하고 집회할 권리를 가진다."고 규정하여 허가제와 신고제를 금지하고 있으나, 1953년 제정되어 1978년 전면개정된 '집회 및 행진에 관한 법률'(Gesetz über Versammlungen und Aufzüge)은 신고의무를 규정하고 있다(제14조). 독일 헌법이 신고제와 허가제를 모두 금지하고 있음에도 불구하고, 학계의 다수의견과 판례는 신고제를 합헌적인 것으로 간주하고 있다. 연방헌법재판소도 BVerfGE 69, 315 결정 및 85, 69 결정에서 신고의무 및 '집회공고 전 48시간'의 신고기간의 합헌성을 확인하였다.

34) 한편, 옥내집회의 경우 법익충돌의 위험성이 적기 때문에, 옥내집회에 대하여 전반적으로 허가제나 신고제를 도입하는 것은 과잉제한으로서 위헌으로 판단된다.

는 요건에 해당하는 경우에는 사전에 이를 금지하는 '신고제'를 채택할 수도 있다. 그런데 허가제의 경우 허가요건이 법률로써 명확하게 규정되어 행정청의 자유재량을 배제하면서, 허가제의 집회금지요건과 신고제의 집회금지요건이 내용적으로 상응한다면, 허가제와 신고제는 모두 법적으로 금지되는 집회를 사전에 금지한다는 점에서 근본적으로 큰 차이가 없다.

허가제와 신고제 사이에 차이가 있다면, 신고제의 경우 옥외집회를 하기 위하여 신고서를 제출하는 것만으로 충분하지만, 허가제에 있어서 행정청이 허가여부에 관한 결정을 하지 않거나 지연시키는 경우, 행정청의 해태가 신고제와 비교할 때 집회허가를 신청한 국민에게 불리하게 작용한다는 점인데, 이러한 불리함도 허가여부에 관한 결정기간을 단기로 확정하고 결정기간의 도과와 더불어 허가를 한 것으로 간주하는 규정을 둠으로써 상당 부분 해소될 수 있다.

다. 그렇다면 헌법 제21조 제2항에서 집회의 자유와 관련하여 금지한 "허가"란 무엇을 의미하고, 허가제를 금지한 이유는 무엇인가? 이에 관하여는 다음과 같은 2가지의 해석이 가능하다고 본다.

(1) 첫째, 헌법 제21조 제2항은 타인과의 의견교환을 위한 기본권인 표현의 자유, 집회 · 결사의 자유에 대하여 공통적으로 허가제를 금지하고 있는데, 이와 같은 허가제의 금지는 기본권행사의 목적과 내용에 따른 행정청의 자의적인 금지가능성을 배제하려는 것을 그 목적으로 한다고 이해될 수 있다. 따라서 집회의 자유의 경우, 헌법 제21조 제2항의 허가제의 금지는 국가에게 달갑지 않은 집회를 그 내용과 목적에 따라 자의적으로 금지하거나 허용하는 것을 방지하고자 하는 것이다.

이러한 견해에 의하면, 허가의 요건이 명확하게 규정되지 않은 채 허가제가 시행되는 경우, 허가관청의 자의적 판단에 의하여 집회의 개최여부가 결정될 우려가 있고, 특히 국가기관이 집회의 목적에 따라 자의적인 결정을 할 우려가 있기 때문에, 헌법이 허가제의 금지를 규정한 것이다.[36] 이러한 관점에서 본다면, 허가관청의 자의적인 재량행사를 배제할 정도로 허가여부의 판단에 관한 명백한 기준을 법률로써 정하는 허가제는 허용된다고 보아야 할 것이다. 특히 미국, 일본 등 선진외국에서도 위와 같은 형태의 허가제를 통하여 집회의 자유를 규율하고 있으며, 이를 합헌적인 것으로 판단하고 있

35) 허가의 법적인 의미는, 의도하는 행위의 적법성이 확인된 경우 사전적으로 권리행사를 제한하는 잠정적인 금지가 다시 해제되는데 있다. 허가는 특별히 권리를 설정하여 주는 것이 아니라 공익목적을 위하여 제한된 기본권적 자유를 다시 회복시켜주는 행정행위이다. 따라서 허가의 본질은 국민의 기본권행사를 규율하고 제한하는데 있으며, 달리 정당한 공익이 대치하지 않는 한 국민이 허가를 요구할 권리가 있다는데 있다. 허가의 본질과 법리에 관하여 김남진, 행정법 I, 1995, 236면 이하; Maurer, Allgemeines Verwaltungsrecht, 1994, S.197ff.; BVerfGE 20, 150, 155f.; Richter/Schuppert, Casebook Verwaltungsrecht, 1991, S.287ff.

36) 이러한 견해로는 양건, 집회 · 시위에 대한 사전제한, 한양대 법학논총 8집(91. 8.), 167면 이하; 이재홍, 인권과 정의, 1990/6, 82면 주) 38.; 또한 vgl. Herzog, in: Maunz/Dürig(Hg), GG, Art.8, Rn.82.

다.[37)]

따라서 헌법 제21조 제2항에서 금지하고 있는 '허가'란 기본권행사 여부에 관한 행정청의 자의적인 결정을 가능하게 하는 허가제, 특히 자유행사의 내용과 목적에 따른 허가제를 의미하는 것이고, 이에 대하여 집회의 내용과 관계없이 단지 집회의 자유의 행사방법을 법치국가적으로 규율하는 허가제는 이에 포함되지 않는 것으로 이해해야 한다.

(2) 둘째, 집회에 대한 허가제 금지는 집회의 내용과 목적에 따른 허가제를 금지하는 것일 뿐만 아니라, 한 보 더 나아가 집회의 자유의 행사방법을 사전에 규율하는 수단으로서 허가제와 신고제가 고려된다면, 국가는 공익을 실현하기 위하여 고려되는 여러 수단 중에서 가장 국민의 기본권을 존중하는 수단을 선택해야 한다는 의미에서, 즉 과잉금지원칙의 관점에서 헌법이 허가제를 금지한 것이라 볼 수 있다.

허가제와 신고제는 기본권적 자유에 대한 서로 상이한 이해에서 출발하고 있다. '신고제'는 계획한 집회에 관한 정보를 관할관청에 제공하는 절차로서, 기본권의 행사가 원칙이고 그에 대한 금지가 예외라는 사고에 바탕을 둔 반면, '허가제'는 관할관청에게 집회에 대한 사전적 동의를 구하는 절차로서, 설사 금지가 사전적·예방적 허가절차의 준수를 확보하기 위한 형식적인 금지라 하더라도, 자유의 행사에 대한 금지가 원칙이고 그에 대한 허가가 예외라는 형식을 취하고 있는 것이다. 나아가, '신고제'의 경우 집회의 자유를 행사하기 위하여 단지 집회의 신고만이 필요한데 반하여 '허가제'의 경우 개인의 허가신청과 행정청의 허가결정이 필요하다는 점에서, 허가제가 그 성격에 있어서 신고제에 접근하도록 아무리 허가요건을 법률로써 명확히 규정하여 행정청의 재량을 제한한다 하더라도, 국민에게는 절차적으로도 집회의 자유를 보다 제한하는 불리한 제도라 할 수 있다.

따라서 기본권에 대한 제한이 보다 경미한 신고제에 의해서도 달성하려는 공익을 실현할 수 있음에도 허가제를 취하는 것은 과잉금지원칙(헌법 제37조 제2항)에 위반된다.[38)] 이 견해에 의하면, 집회의 내용이나 목적과 관계없이 단지 집회의 자유의 행사방

37) 미국은 人道, 도로, 공원등과 같은 공론장(public fora, '공공의 광장' 또는 '공적 포럼'이라고 하기도 한다)에서의 집회에 관하여 일반적으로 허가제를 취하고 있는데, 연방대법원은 집회에 대한 허가제를 다음과 같은 요건 하에서 합헌으로 판단하였다. 즉, 허가제를 채택할 중대한 이유가 있고, 허가관청의 재량행사를 거의 허용하지 않을 정도로 허가여부의 판단에 관한 명백한 기준이 존재하며, 허가신청에 대한 허가관청의 즉각적 결정과 허가거부에 대한 사법적 심사 등과 같은 절차적 보장이 있는 경우에는 공론장에서의 집회에 대한 허가제를 취할 수 있다(Chemerinsky, Constitutional Law, 1997, 921, 926). 미국의 경우, 신고제의 의미를 일반적으로 행정청이 단지 수동적으로 신고서를 접수하는 제도(완전한 의미의 신고제)로 이해하기 때문에, 신고제는 법익충돌의 가능성을 사전에 방지하는 제도로서 불충분·부적합한 것으로 간주되고 있고, 그 결과 허가제에 대한 대안으로서 고려되지 않는다. 이러한 이유에서 허가제와 신고제의 관계에 관한 논의가 없는 것으로 보인다(vgl. Ehrentraut, Die Versammlungsfreiheit im amerikanischen und deutschen Verfassungsrecht, 1990, S.190); 미국, 일본 등의 허가제에 관하여 박용상, 집회의 자유, 헌법논총 제10집, 57면 이하, 64면 참조; 양건, 집회·시위에 대한 사전제한, 한양대 법학논총 8집(91. 8.), 152면 이하 참조.

38) Vgl. Gusy, in: Mangoldt/Klein/Starck(Hg), GG, Art.8, Rn.36; Ehrentraut, Die Versammlungsfreiheit im amerikanischen und deutschen Verfassungsrecht, 1990, S.189ff.; Kunig, in: Münch/Kunig(Hg), GGK,

법을 법치국가적으로 규율하는 허가제를 전반적으로 도입하는 것도 위헌이다. 다만, 입법자가 집회의 자유의 행사와 관련하여 전반적으로 허가제를 취하는 것은 과잉금지원칙에 위반된다고 할 수 있으나, 특수한 상황에서의 옥외집회가 공공의 안녕질서에 미칠 영향을 고려하여 이와 같은 특수한 상황에 대하여 부분적·예외적으로 허가제를 도입하는 것은 헌법적으로 허용될 수 있다. 집회의 자유의 행사방법에 대한 허가제는 절대적으로 금지되는 것이 아니라 단지 신고제와의 관계에서 상대적으로 금지되기 때문에, 집회의 자유의 행사방법에 대한 허가제를 정당화하는 특수한 상황이 존재하는 경우에는 부분적으로 허가제를 도입하는 것이 예외적으로 허용된다. 예컨대, 집시법 제10조의 경우와 같이, 야간옥외집회에 대하여 원칙적으로 금지하면서 예외적으로 일정 요건 하에서 집회를 허가하도록 규정하는 경우이다.

(3) 결론적으로, 헌법 제21조 제2항의 허가제금지에 관하여는 위 2 가지 해석이 가능하나, 후자의 해석이 헌법의 법문에 보다 부합할 뿐만 아니라, 집회의 자유의 실체적 내용을 더욱 고려하는 해석이라 판단된다.

5. 집회의 자유와 표현의 자유의 관계

집회를 통하여 의견이 형성되고 표명되는 경우, 기본권의 주체는 집회의 자유와 함께 표현의 자유를 행사하는 것이며, 이러한 경우 집회의 측면과 의견표명의 측면을 구분하여, 집회의 자유에 의해서는 공동의 의견표명을 위하여 다수인이 모이는 집회행위가 보호되고, 의견표명의 내용과 그 표현수단(글, 그림, 언어 등)을 비롯한 표현행위는 표현의 자유에 의하여 보호된다.[39] 따라서 특정한 표현내용 때문에 의견표명이 금지되어야 한다면, 표현의 자유를 헌법적 기준으로 삼아 국가행위의 위헌성을 판단해야 하고, 다수인이 모인 것의 위험성 때문에 국가가 간섭해야 한다면, 집회의 자유가 위헌심사의 기준이 된다.

집회의 자유는 표현의 자유에 포함되거나 또는 그에 대하여 종속적인 기본권이 아니라, 두 기본권 모두 독자적인 기본권이다.[40] 집회의 자유는 '공동의 의견표명'을 집회의 목적으로 요구하지는 않지만, 공동의 의견표명은 집회의 전형적인 현상인 示威의 요소

Art.8, Rn.27; Mutius, Die Versammlungsfreiheit des Art.8 Abs.1 GG, Jura 1988, S.82.

39) 헌법재판소도 "집회·시위의 규제에는 집회에 있어서의 의사표현 자체의 제한의 경우와 그러한 의사표현에 수반하는 행동 자체의 제한 두 가지가 있을 수 있다. 전자의 경우에는 제한되는 기본권의 핵심은 집회에 있어서의 표현의 자유라고 볼 것이다."라고 하여 이러한 기준에 따라 판단하고 있다(헌재 1992. 1. 28. 89헌가8, 판례집 4, 4, 17-18); vgl. Mutius, Die Versammlungsfreiheit des Art.8 Abs.1 GG, Jura 1988, S.34; Kloepfer, Versammlungsfreiheit, in: Isensee/Kirchhof(Hg), HbStR, Bd.Ⅵ, 1989, §143, Rn.72; 독일 연방헌법재판소도 특정 표현내용 때문에 의사표명이 방해되는 경우에는 표현의 자유를 심사기준으로 삼고 있다, vgl. BVerfGE 69, 315, 343.

40) Vgl. BVerfGE 82, 236, 258; Kunig, in: Münch/Kunig(Hg), GGK, Art.8, Rn.37; Dietel/Gintzel/Kniesel, Demonstations- und Versammlungsfreiheit, 2000, §1, Rn.28.

이다. 즉 시위는 공동의 의견표명을 그 목적으로 하는 집회라는 점에서, 공동의 의견표명을 위한 수단, 즉 표현의 자유를 공동으로 행사하기 위한 수단인 것이다. 따라서 시위의 자유는 집회의 수단을 통한 집단적인 의견표명의 자유로서 그 헌법적 근거를 집회의 자유 및 표현의 자유에 두고 있다.

Ⅲ. 집시법의 주요개념

1. 屋外集會의 개념

집시법은 屋外集會와 屋內集會를 구분하여, 제6조 내지 제12조의2의 규정을 옥외집회 및 시위의 경우에만 적용하도록 하고 있다. 따라서 옥내집회의 경우 신고를 하지 않고도 집회가 가능하나, 옥외집회의 경우에는 집시법 제6조에 의하여 신고를 해야 한다. 집시법은 제2조에서 "옥외집회라 함은 천장이 없거나 사방이 폐쇄되지 않은 장소에서의 집회를 말한다."(제1호)고 규정하고 있다.

집시법이 옥외집회와 옥내집회를 구분하는 이유는, 옥외집회의 경우 외부세계, 즉 다른 기본권의 주체와 직접적으로 접촉할 수 있기 때문에 옥내집회와 비교할 때 법익충돌의 위험성이 크기 때문이다.[41] 옥외집회는 집회장소로서 도로 등 공공장소의 사용을 필요로 한다는 점에서 교통소통의 장애 등 일반인에게 불편을 주게 되고, 다수인에 의한 집단적 행동을 수반한다는 점에서 질서유지에 위험을 가져올 수 있다.[42] 즉, 옥외집회의 경우 외부와의 직접적인 접촉가능성으로 인하여 집회의 자유의 행사방법과 절차에 관하여 보다 자세하게 규율할 필요가 있는 것이다. 이는 한편으로는 집회의 자유의 행사를 실질적으로 가능하게 하기 위한 것이고, 다른 한편으로는 집회의 자유와 충돌하는 제3자의 법익을 보호하기 위한 것이다.[43]

따라서 옥내집회와 옥외집회를 구분하는 기준은 '구분의 목적과 의미'에 의하여 결정된다. '옥외집회'란, 불특정 다수인과의 우연한 접촉가능성으로부터 차단되지 않은 집회를 의미하는 것이며, '옥외인지 아닌지'의 구분은 집회참가자와 그 외의 자를 차단하는 4면의 벽이 있는지 여부에 달려있다. 이에 대하여 '천장이 있는지' 여부는 결정적인 구분 기준이 아니다.[44] 그러므로 집시법 제2조 제2호에서 옥외집회를 판단하는 기준으로

---

41) Vgl. Mutius, Die Versammlungsfreiheit des Art.8 Abs.1 GG, Jura 1988, S.80; Sachs, Verfasungsrecht II, 2000, S.368; Gusy, Aktuelle Fragen des Versammlungsrechts, JuS 1993, S.556.

42) 헌재 1994. 4. 28. 91헌바14, 판례집 6-1, 281, 300, "집회 및 시위의 자유는 표현의 자유의 집단적인 형태로서 집단적인 의사표현을 통하여 공동의 이익을 추구하고 자유민주국가에 있어서 국민의 정치적·사회적 의사형성과정에 효과적인 역할을 하는 것이므로 민주정치의 실현에 매우 중요한 기본권인 것은 사실이지만, 다른 한편 언론의 자유와는 달리 다수인의 집단행동에 관한 것이기 때문에 집단행동의 속성상 의사표현의 수단으로서 개인적인 행동의 경우보다 공공의 안녕질서나 법적 평화와 마찰을 빚을 가능성이 큰 것 또한 사실이다."

43) Vgl. BVerfGE 69, 315, 348.

서 '사방이 폐쇄되지 않은' 외에 '천장이 없거나'를 독자적인 기준으로 함께 언급한 것은 옥내집회와 옥외집회의 구분의 목적과 의미에 완전히 부합되는 것이라 볼 수 없다. 입법목적을 고려함이 없이 단지 천장이 없다는 이유로 자동적으로 옥외집회로 간주하여 다양한 규율을 가하는 것은 헌법에 합치하지 않으므로, 집시법 제2조 제2호의 정의규정은 입법목적에 부합하게 합헌적으로 해석하여야 한다.

2. 示威 및 行進의 개념

집시법 제2조 제2호는 "시위라 함은 다수인이 공동목적을 가지고 도로·광장·공원 등 공중이 자유로이 통행할 수 있는 장소를 진행하거나 위력 또는 기세를 보여 불특정 다수인의 의견에 영향을 주거나 제압을 가하는 행위를 말한다."(제2호)고 규정하고 있다. 위 규정의 정의에 의하면, 시위란 그 목적에 있어서 "다수인이 공동목적을 가지고 불특정 다수인의 의견에 영향을 주"고자 하는 행위인데, 시위의 구체적인 방법으로서 "도로 등 공중이 자유로이 통행할 수 있는 장소를 진행"하는 행위(소위 '행진') 또는 위력이나 기세를 보이는 행위를 언급하고 있다. 여기서 시위의 방법인 '행진'과 '위력과 기세를 보이는 행위'의 관계가 어떠한지의 문제가 제기되는데, '위력이나 기세를 보이는 행위'는 다양한 시위 방법을 포괄하는 상위개념으로 보아야 하고, 도로 등 공중이 자유로이 통행할 수 있는 장소를 진행하는 '행진'은 '위력이나 기세를 보이는 행위'의 전형적인 예로서 이해해야 한다.

즉, 시위(Demonstration)란, 다수인이 공공의 장소에서 일반 대중의 이목을 끄는 방법으로 공동으로 의견을 표명하고 이러한 방법으로 타인의 의견형성에 영향을 미치고자 하는 '옥외집회의 한 형태'로서, 한 마디로 '공동의 의견표명을 목적으로 하는 옥외집회'를 의미한다.[45] 시위에서 공동으로 표명되는 의견은 대부분의 경우 정치적인 주제에 관한 것이지만, 공동의 의견표명은 반드시 정치적인 것에 국한될 필요는 없다. 오늘날 대부분의 옥외집회가 집단적인 의견표명을 그 목적으로 한다는 점에서 시위의 요건을 충족시키지만, '옥외집회'와 '시위'가 일치하는 것은 아니다. 모든 시위는 옥외집회에 해당하지만, 모든 옥외집회가 시위인 것은 아니다.

한편, '시위'를 '움직이는 집회'로 파악하는 견해도 있으나,[46] 이는 시위와 행진을 혼

44) 4면의 벽을 통하여 외부로부터 완전히 차단되어 출입구로만 정상적인 출입이 가능한 가옥 내부에 위치한 정원에서의 집회는 비록 천장이 없지만 '옥내집회'이고, 대형 파라솔만을 설치한 장소에서 개최되는 집회는 천장이 있음에도 불구하고 사방이 개방된 천막에서의 집회이므로 '옥외집회'이다.

45) Vgl. Herzog, in: Maunz/Dürig(Hg), Grundgesetz, Art.8 Rn.18; Dietel/Gintzel/Kniesel, Demonstrations- und Versammlungsfreiheit, 2000, §1 Rn.18f., 25ff.; Kunig, in: Münch/Kunig(Hg), GGK, 5. Aufl. Art.8 Rn.12; Kloepfer, Versammlungsfreiheit, in: Isensee/Kirchhof(Hg), HbStR, Bd.Ⅵ, 1989, §143, Rn.27.

46) 예컨대 허영, 한국헌법론, 1999, 535면, 시위를 '장소이동적 집회'라고 서술하고 있다; 또한 권영성, 헌법학원론, 2000, 490면; 김철수, 헌법학신론, 2003, 466면; 헌법재판소의 일부 결정(헌재 1992. 1. 28. 89헌가8, 판례집 4, 4, 16)에서도 "이동하는 집회를 뜻하는 시위"라고 하여 '시위'를 '행진'과 동일시하고 있다. 독일이

동하는 것으로, 시위의 일반적인 語義에 부합하지 않을 뿐만 아니라 집시법의 규정내용에도 반하는 것이다. 행진(Aufzug)이란 단지 집회참가자들이 표명하고자 하는 의견을 제3자에게 보다 효과적으로 전달하고자 하는 시위 방법의 하나로서, '움직이는 옥외집회' 또는 '장소이동적 시위'를 의미한다.[47] 즉 행진의 본질적 요소는, 집회에서 표명하고자 하는 의견을 보다 광범위한 일반대중에게 전달할 목적으로 장소이동의 방법을 택하는 것이다. 따라서 장소이동적 시위뿐만 아니라 장소고정적 시위도 함께 포함하는 '시위'의 개념과 '행진'의 개념은 일치하지 않는다.

Ⅳ. 집시법의 합헌적 해석과 적용

1. 집시법의 신고제

집시법은 옥외집회에 대하여 신고제를 채택하였는데, 신고제를 채택한 집시법의 기본 정신에 비추어 집시법의 개별규정을 해석·적용하여야 한다. 따라서 신고제의 기본취지를 이해하는 것은 매우 중요하다.

가. 신고제의 목적

집시법은 제6조 제1항에서 옥외집회를 하고자 하는 경우 신고서를 집회의 48시간 전에 관할 경찰관서장에게 제출해야 할 신고의무를 부과하고 있다.[48] 신고의무는, 관할행정청이 원활한 집회의 진행과 제3자의 법익·공익의 보호를 위하여 어떠한 조치를 취해야 하며, 서로 상충하는 법익을 어떻게 조화시킬 수 있는지에 관하여 사전에 준비할 수 있도록, 그에 필요한 정보를 얻게 하는데 그 목적이 있다.[49] 즉, 신고의무는 집회로

집회를 규율하는 법률을 '집회 및 행진에 관한 법률'로 명명한 것과는 달리, 우리의 경우 '집회 및 시위에 관한 법률'로 법률의 명칭을 정하였는데, 이로 인하여 '행진'과 '시위'의 개념에 있어서 혼동이 있지 않은가 생각된다.

47) Vgl. Dietel/Gintzel/Kniesel, Demonstrations- und Versammlungsfreiheit, 2000, §1 Rn.210; 또한 조규광 재판관은 반대의견에서 '행진 그 자체는 시위자가 시위집단 이외의 불특정 다수인에 대하여 위력 또는 위세를 보이는 가장 전형적인 방법의 하나로 예시하고 있는 것에 불과하다.'고 행진과 시위의 관계를 적절하게 정의하고 있다(헌재 1994. 4. 28. 91헌바14, 판례집 6-1, 281, 306).

48) 1989년 전면 개정된 우리의 집시법은 독일의 1978년 전면 개정된 '집회 및 행진에 관한 법률'을 모델로 삼아 옥외집회에 대해서 사전신고를 의무화하고 신고내용으로 보아 법적으로 금지되는 요건에 해당하는 집회의 경우에는 사전에 이를 금지하거나 사후적으로 해산을 명하는 체제를 취하고 있다. 그런데 독일의 경우 위법 제14조는 '집회의 48시간 전'이 아니라 '집회의 공고(Bekanntgabe der Versammlung) 48시간 전'에, 즉 주최자가 계획된 집회를 그 시간, 장소, 주제 등에 관하여 일반에 알리기 48시간 전에 관할관청에 신고하도록 규정하고 있다. 집회의 공고 당시에 이미 집회의 시간과 장소가 함께 공고될 수 있고, 경우에 따라서는 관할관청이 공공의 안녕질서를 이유로 집회를 금지하거나 다른 집회장소나 시간을 조건으로 하여 집회를 허용할 수 있기 때문에, 이와 같은 결과가 일반에 대한 집회 공고 전에 주최자에 의하여 고려될 수 있도록, 신고기간을 공고 48시간 전으로 규정한 것이다, vgl. BVerfGE 85, 69, 74; Dietel/Gintzel/Kniesel, Demonstrations- und Versammlungsfreiheit, §14 Rn.12f.

49) Vgl. BVerfGE 69, 315, 350ff.; Dietel/Gintzel/Kniesel, Demonstrations- und Versammlungsfreiheit, 2000, §14 Rn.5ff.; 유사하게 전광석, 집회의 자유에 대한 사전제한, 고시연구 1995. 7. 145면.

인하여 발생할 수 있는 법익충돌의 위험에 대하여 사전에 적절하게 대처할 수 있는 기회를 해당관청에 부여함으로써, 한편으로는 계획된 집회의 원활한 진행을 가능하게 하면서, 다른 한편으로는 공공의 안녕질서에 대한 위험을 최소화하는 조치를 사전에 준비할 수 있도록 하는 것이다. 이로써 집회의 신고는 제3자의 법익이나 공익뿐만 아니라 동시에 집회 주최자의 이익에도 기여하는 것이다.

신고단계에서 행정관청과 집회 주최자 간의 접촉을 통하여 집회에 관한 정보를 교환하고 대화와 협력이 가능해지며, 예상할 수 있는 분쟁상황과 어느 정도까지 상호 양보할 수 있는지가 밝혀진다. 집회 주최자와 행정청이 함께 집회를 준비하고 서로 협력한다면, 시위가 폭력적으로 진행될 위험이 감소한다. 이러한 의미에서 신고의무를 통하여 형성되는 '신뢰에 기초한 협력관계'는 헌법과 집시법이 예정하는 '평화적 시위'의 구현에 크게 기여하는 것이다. 집회 주최자가 신고를 통하여 스스로 신뢰를 형성하는 조치를 취하거나 평화적 시위를 하기 위하여 행정청과 협력할 용의를 보이는 경우, 행정청이 공공의 안녕질서를 이유로 집회의 금지나 해산 등 제한조치를 취하는 요건이 보다 엄격해진다.

그러나 신고를 하지 않거나 신고의무를 제대로 이행하지 않고 집회를 하는 경우,[50] 관할관청은 집회에 관한 정보를 얻지 못하게 되어 집회로부터 발생하는 위험성에 관하여 판단할 근거가 부족하기 때문에, 집회를 해산하는 조치를 취함에 있어서 집회의 위험성을 판단하는 기준이 완화된다. 이 경우, 외관상의 위험성과 실질적 위험상황과의 괴리는 집회 주최자의 부담으로 돌아가 집회가 해산될 가능성이 높아진다. 결국, 집회 주최자는 신고의무를 위반함으로써 관할관청으로 하여금 다른 보호법익과의 충돌상황을 조정하고 이에 따른 준비를 할 기회와 시간을 박탈하기 때문에, 공공의 안녕질서를 직접적으로 침해할 위험이 있는 집회를 주최할 가능성이 커지는 것이다.

신고의무의 주된 취지가 집회를 사전에 제한하거나 금지하고자 하는 것이 아니라, 집회의 자유와 다른 보호법익이 양립할 수 있는 가능성을 모색함으로써 집회를 가능하게 하고자 하는 것이므로, 신고의무규정이 신고제를 도입한 목적에 부합하게 적용되는 한, 신고의무를 규정한 것 자체는 헌법적으로 하자가 없다고 할 것이다.[51] 집시법은 신고의무를 위반한 경우에 대하여 집회 해산의 가능성과 처벌을 규정함으로써 집회의 자유에 있어서 '신고'가 가지는 의미를 강조하고 있다.

50) 신고를 일부러 하지 않은 경우뿐만 아니라 신고의무를 이행할 수 없는 경우(후술하는 '우발적 집회' 및 '긴급집회')에도 마찬가지이다.

51) 마찬가지로 vgl. BVerfGE 69, 315, 350.

나. 신고제의 합헌적 해석

신고의무규정과 집회의 금지·해산·처벌 등을 통하여 신고의무를 관철하고자 하는 규정은 신고제를 도입한 목적에 부합하게 해석·적용되어야 한다. 즉, 신고의무의 취지에 비추어, 첫째, 신고의무가 모든 집회에 대하여 예외 없이 적용되어서는 아니 되고, 둘째, 신고의무의 위반이 바로 자동적으로 집회의 금지나 해산을 결과로 가져와서는 안 된다.

(1) 신고의무규정의 합헌적 해석

집시법은 사전에 계획되고 단일 주최자에 의하여 조직되고 지휘되는 집회를 가장 일반적이고 전형적인 집회의 유형으로 삼아, 주최자에게 사전신고의무(제6조)를 부과하고, 주최자 및 질서유지인의 준수사항(제14조, 제15조)을 규정하고 있다. 즉, 신고의무는 주최자에 의하여 '사전에 계획된 집회'를 전제로 하고 있는 것이다.[52)]

따라서 미리 계획되지 않고 즉석에서의 동기부여(예컨대 정치적 지도자의 암살, 전쟁의 勃發 등)로 인하여 우발적으로 이루어지는 '自然發生的(偶發的) 集會'의 경우, 신고의무의 이행이 불가능하므로, 집시법의 사전신고의무는 이러한 집회에 대하여는 그대로 적용될 수가 없다.[53)] 만일 신고의무의 규정을 자연발생적 집회에 대해서도 적용하여 신고의무를 위반했다는 이유만으로 집회를 금지·해산할 수 있다면, 집시법은 신고제를 취함으로써 자연발생적 집회를 처음부터 금지하는 것이 된다. 헌법상 집회의 자유는 집회의 유형과 관계없이 모든 집회를 보장하는데 반하여, 입법자가 법률로써 특정 유형의 집회를 집회의 定型으로 설정하고 신고의무를 도입함으로써 '집회의 성질상 신고의무를 이행할 수 없는 집회'를 기본권의 보호범위에서 배제하는 결과가 발생하는 것이다. 그러나 집회는 집시법이 아니라 기본권인 집회의 자유에 의하여 보장되는 것이다. 집회의 자유는 법률로써 제한될 수 있으나, 법률에 의한 제한이 특정 유형의 집회를 완전히 집회의 자유의 보호범위에서 제외할 수는 없으며, 오히려 집회의 자유는 이러한 집회에 대하여 집시법의 적용을 배제한다.

따라서 신고의무의 이행을 요구하는 경우 집회를 통하여 추구하는 목적이 달성될 수 없다면, 신고의무규정은 이러한 유형의 집회에 대하여 적용되지 않는다. 또한, 사전에 계획되었지만 사안의 긴급성 때문에 규정된 48시간 전에 신고가 불가능한 '緊急集會'의

---

52) Vgl. Frowein, Versammlungsfreiheit und Versammlungsrecht, NJW 1969, S.1085f.; Ossenbühl, Versammlungsfreiheit und Spontandemonstration, Der Staat 1971, S.58.; Gusy, Aktuelle Fragen des Versammlungsrechts, JuS 1993, S.557.

53) 자연발생적 집회의 경우, 신고의무의 예외를 인정해야 할 필요성은 독일법과 미국법에서 일반적으로 인정하고 있다, vgl. Ossenbühl, Versammlungsfreiheit und Spontandemonstration, Der Staat 1971, S.65f.; Ehrentraut, Die Versammlungsfreiheit im amerikanischen und deutschen Verfassungsrecht, 1990, S.198, Fn.541, 542.

경우에도[54] 신고의무가 제한적으로 적용된다고 해석해야 한다. 이 경우, 법률에 규정된 신고의무는 '가능한 한 조속하게 신고해야 할 의무'로 변형된다.

따라서 집회의 성질상 신고의무의 이행이나 신고기간의 준수가 불가능하다면, 집시법 제6조 제1항을 합헌적으로, 즉 '사전에 계획된 집회'를 규율대상으로 삼는 규정으로 해석하여 신고의무가 배제되거나 단기의 신고기간으로도 충분한 것으로 보아야 한다.[55] 신고의무에 대한 예외가 인정된다면, 신고의무를 관철하는 규정도 적용될 수 없다. 그 결과, 신고의무를 위반했다는 이유만으로 집회의 금지나 해산이 정당화되지 않는다. 나아가, 신고의무의 이행이나 신고기간의 준수가 불가능한 자연발생적 집회나 긴급집회에 대해서는 신고의무의 위반을 징계하는 벌칙규정도[56] 적용되어서는 안 된다.[57]

또한, '대규모 집회'의 경우에도 신고의무가 적용되는지의 문제가 제기된다. 집시법의 체계는 '단일한' 집회 주최자의 존재를 전제로 하여 개최자와 참가자 간의 위계질서적 구조에서 출발하고 있다. 그런데 다수의 개별적 단체가 조직적인 결속력이 없이 동일한 계기에서(환경보호나 反戰 등) 공동의 시위를 개최하는 대규모 집회의 경우, 모든 참가단체가 집회의 준비와 진행에 있어서 원칙적으로 동등하기 때문에, 집시법상 주최자와 질서유지인 등의 규정을 그대로 적용하는데 어려움이 있다. 그러나 다수의 단체가 참가하는 대규모 집회의 경우에도 조건을 붙여 집회를 허용하는 경우 그 수령자를 필요로 하고, 신고를 통하여 이루어지는 행정청과 시위자간의 대화와 협력관계가 폭력시위의 위험을 최소화하므로, 우발적 집회와는 달리 신고의무가 면제되지 않는다.[58]

결론적으로, 입법자는 사회현상의 변화에 따라 집시법을 계속 발전시키고 보완해야 한다. 그러나 자연발생적 집회나 긴급집회를 규율하는 입법이 아직 이루어지지 않았기 때문에 입법의 공백이 존재한다면, 집시법을 집회의 자유에 부합하게 합헌적으로 해석함으로써 입법의 공백을 메워야 하고, 이러한 방법으로 입법자가 집시법의 제정 당시에 기본모델로 삼은 집회의 형태를 넘어서 집회의 자유는 보장되어야 한다.

---

54) 예컨대, 불법체류 외국인노동자의 강제추방이 내일로 임박했음이 오늘에서야 알려진 경우, 이를 반대하는 시민단체의 시위가 관할관청의 결정에 영향력을 행사하고 의미를 가지기 위해서는 신고기간의 준수가 불가능하다.

55) Vgl. Ossenbühl, Versammlungsfreiheit und Spontandemonstration, Der Staat 1971, S.66; BVerfGE 69, 315, 350ff(우발적 집회); 85, 69, 75f.(긴급집회).

56) 집시법은 신고의무를 위반한 경우 벌칙규정(제19조 제2항)을 두고 있는데, 이는 신고의무의 이행을 강제하기 위한 것으로서, 그 형벌의 부과가 신고의무규정의 목적을 달성하기 위하여 적합하고 필요한 이상, 헌법적으로 허용된다.

57) Vgl. BVerfGE 85, 69, 76, 따라서 벌칙규정은 '자연발생적 집회'에 대해서는 적용될 여지가 없고, '긴급집회'의 경우에는 늦게나마 신고가 사실상 가능함에도 불구하고 신고의무를 해태한 경우에는 벌칙규정에 의한 처벌이 정당화된다. 독일 연방헌법재판소는 위 결정에서 처벌규정인 집시법 제26조 제2호가 신고의무를 해태한 긴급집회에 대하여 적용된다 하더라도 형벌규정의 명확성원칙에 위반되지 않는다고 결정하였다.; 또한 Dietel/Gintzel/Kniesel, Demonstrations- und Versammlungsfreiheit, §26 Rn.11ff.

58) Vgl. BVerfGE 69, 315, 357ff.

(2) 신고의무의 이행을 강제하는 규정의 합헌적 해석

집시법에 의하면, 신고의무를 이행하지 않는 경우, 그 집회는 해산될 수 있고(제18조 제1항 제3호), 집회를 개최한 자는 처벌되며(제19조 제2항), 신고는 하였으나 신고서 보완요구에 응하지 않은 경우에는(제7조 제1항) 그 집회는 금지될 수 있고(제8조 제1항), 금지된 집회를 하는 경우에는 해산될 수 있으며(제18조 제1항 제3호), 금지된 집회를 주최한 자는 처벌된다(제19조 제2항). 또한, 집회가 신고내용과 다른 경우에는(제14조 제4항 제3호) 집회의 해산을 명할 수 있으며(제18조 제1항 제5호), 위반한 자는 처벌받는다(제19조 제3항).

신고의무규정은 집시법상의 질서유지적 규정이다. 이와 같은 질서유지적 규정은 집회의 자유를 기본권으로 보장한 헌법의 정신에 비추어 해석·적용되어야 한다. 즉 신고의무는 그 자체를 실현하기 위하여 규정된 것이 아니라, 집회의 자유와 다른 법익과의 충돌상황을 사전에 방지함으로써 궁극적으로 집회를 가능하게 하기 위하여 도입된 것이다. 따라서 질서유지적 규정에 대한 위반이 자동적으로 집회의 금지나 해산이라는 실체적 결과를 가져와서는 안 된다.[59]

신고의무의 취지에 비추어 볼 때, 단지 신고를 하지 않았거나, 신고서 보완요구에 응하지 않았거나,[60] 집회가 신고내용과 다르다는 이유만으로는 집회의 금지나 해산이 정당화되지 않는다. 이와 같이 단지 질서유지적 규정에 위반된 경우에는, 이러한 위반으로 인하여 집회가 공공의 안녕질서에 대한 직접적인 위험에 해당하는지, 집회의 금지와 해산이 중대한 법익의 보호를 위하여 반드시 필요한 것인지를 항상 별도로 판단해야 한다. 따라서 집회의 금지나 해산은 신고의무의 이행을 강제하는 수단이 될 수 없으며, 금지와 해산에 관한 규정들은 신고의무의 위반과 더불어 '공공의 안녕질서에 대한 직접적 위협'이 존재한다는 조건 하에서만 정당화되는 것이고, 이러한 헌법합치적 해석 하에서만 그 합헌성을 유지할 수 있다.[61]

---

59) Vgl. BVerfGE 69, 315, 351; Frowein, Versammlungsfreiheit und Versammlungsrecht, NJW 1969, S.1068; Ossenbühl, Versammlungsfreiheit und Spontandemonstration, Der Staat 1971, S.65f.; Mutius, Die Versammlungsfreiheit des Art.8 Abs.1 GG, Jura 1988, S.86; Dietel/Gintzel/Kniesel, Demonstrations- und Versammlungsfreiheit, 2000, §15 Rn.54ff.

60) 관할관청은 계획된 집회의 진행에 관하여 가능하면 정확한 정보를 얻고 이를 근거로 하여 집회가 공공의 안녕질서와 충돌할 가능성을 예측하기 위하여, 불완전·불충분한 신고의 경우 신고서의 보완을 요구할 수 있다.

61) 집회가 신고내용과 다른 경우(제18조 제1항 제5호), 집시법은 질서유지적 규정의 위반 외에도 공공의 안녕질서에 대한 위반을 부가적 사유로 명시적으로 규정하고 있으므로, 합헌적 해석의 필요성이 없다. 그러나 신고서 보완요구에 응하지 않은 경우 집회를 금지할 수 있도록 한 규정은, '기재사항의 미비로 인하여 집회로부터 발생하는 위험성을 예측할 수 없고, 이로 인하여 공공의 안녕질서에 대한 직접적인 위협이 우려되는 경우에 한하여 집회의 금지가 가능하다'고 합헌적으로 해석해야만, 합헌성을 유지할 수 있다. 또한 전광석, 자율적 집회시위문화 정착 어떻게 할 것인가, 선진 집회시위문화정착을 위한 시민과 경찰의 역할, 51면 이하에서도 신고서 미보완에 대한 금지통고의 위헌성을 언급하고 있다.

비록 신고의무를 위반하였으나 집회가 다른 보호법익에 대한 침해 없이 평화적으로 진행되는 경우, 이와 같이 법익충돌이 없는 상태 또는 상충하는 법익간의 조화가 이루어진 상태가 바로 집시법이 신고의무를 통하여 실현하고자 하는 상황이므로, 이러한 집회를 해산해야 할 아무런 정당한 사유가 없다. 관할관청이 집회의 금지나 해산여부를 판단함에 있어서 사전에 신고하지 않은 집회나 규정대로 신고하지 않은 집회를 관용할 수 있는 가능성을 고려하지 않는다면, 이는 행정청의 재량남용에 해당한다.

한편, 집시법은 조건을 붙여 허용된 집회의 경우 그 조건이 이행되지 않는다면, 해산을 명할 수 있도록 규정하고 있는데(제18조 제1항 제4호), 관할행정청이 집회에 조건을 붙인 것(제한통고)은 원래 허용될 수 없는 집회를 가능하게 하기 위한 것이고, 조건이 준수되는 경우에야 비로소 공공의 안녕질서에 대한 직접적인 위험이 배제될 수 있다는 판단에 기초한 것이다. 따라서 조건이 이행되지 않은 집회는 일반적으로 공공의 안녕질서에 대한 직접적 위험을 초래할 가능성이 크므로, 집회의 해산은 일반적으로 정당화된다고 볼 수 있다.[62] 그러나 이 경우에도 단지 조건이 이행되지 않았다는 형식적인 이유만으로 집회의 해산이 자동적으로 정당화되는 것은 아니고, 조건을 이행하지 않음으로써 구체적으로 공공의 안녕질서에 대한 위험이 발생한 경우에 비로소 집회의 해산이 정당화될 수 있는 것으로 해석해야 한다.

2. 집회의 금지 · 해산에 관한 규정의 합헌적 해석

가. 집회의 자유에 대한 제한은 다른 중요한 법익의 보호를 위하여 반드시 필요한 경우에 한하여 정당화되는 것이며, 특히 집회의 금지와 해산은 원칙적으로 공공의 안녕질서에 대한 직접적인 위협이 명백하게 존재하는 경우에 한하여 허용될 수 있다.[63] 집회의 금지와 해산은 집회의 자유를 보다 적게 제한하는 다른 수단, 즉 조건을 붙여 집회를 허용하는 가능성(조건부 허용)을 모두 소진한 후에 비로소 고려될 수 있는 최종적 수단이다. 이러한 의미에서 일반적인 금지사유를 규정하는 집시법 제5조 제1항 제2호도 “공공의 안녕질서에 직접적인 위협을 가할 것이 명백한 집회 또는 시위”라고 하여 집회 금지요건을 매우 엄격하게 규정하고 있다.

집회의 금지와 해산은 개별적인 경우마다 구체적인 위험성에 대한 예측을 전제로 하는데, 이러한 판단은 단순한 의심이나 추측이 아니라 구체적인 사실에 근거해야 한다. 특히 행정청이 事前的으로 집회를 금지하는 경우에는 집회의 위험성에 대한 예측판단을 함에 있어서 보다 신중해야 한다. 왜냐하면 행정청이 예측판단을 잘못한 경우라도, 집회를 事後的으로 해산할 수 있는 가능성이 남아있기 때문이다. 따라서 事前的 禁止는

62) Vgl. Dietel/Gintzel/Kniesel, Demonstrations- und Versammlungsfreiheit, §15 Rn.58.
63) Vgl. BVerfGE 69, 315, 363.

집회의 위험성에 대한 엄격한 예측판단의 결과 사후적 해산으로는 적절하게 대처할 수 없는 경우에 비로소 허용된다.

나. 집시법 제8조는 제3항의 경우 '집회금지' 외에도 '집회제한통고'의 가능성을 두고 있으나, 제1항 및 제2항의 경우에는 오로지 금지의 가능성만을 규정하고 있다.[64] 그러나 조건을 붙여 집회를 허용할 수 있음에도 불구하고 집회를 금지하는 것은 비례의 원칙에 위반되므로, 제8조 제1항 및 제2항의 경우에도 금지통고뿐만 아니라 제한통고(조건부 허용)도 할 수 있는 것으로 합헌적으로 해석해야 한다.[65]

즉, 집회의 전면적인 금지는 부분적인 금지, 즉 제한을 포함하는 것이므로, 입법자가 행정청에게 집회를 금지할 수 있는 권한을 부여하였다면, 행정청은 당연히 집회를 부분적으로 금지할 수 있는 권한도 부여받은 것으로 보아야 하며, 이러한 해석 하에서만 집시법 제8조는 비례의 원칙에 부합하여 합헌성을 유지할 수 있다.

특히 집시법 제8조 제1항에서 언급하고 있는 집회의 금지사유 중 가장 중요한 금지사유이자 가장 빈번하게 집회의 자유의 제한을 정당화하는 공익적 사유는 바로 불확정 법개념인 '공공의 안녕질서'이다.[66] 그런데 집회로 인하여 공공의 안녕질서에 대한 위험이 우려된다면, 집회참가자 수의 제한, 집회의 시기나 기간의 제한, 집회장소나 행진경로의 변경, 시위대상건물로부터의 거리제한, 확성기사용의 제한 등 집회의 시간, 장소, 방법을 제한하는 조건을 부과하여 집회를 허용함으로써, 집회의 사전적 금지와 사후적 해산의 방법 외에도 집회의 자유와 보호법익을 양립시킬 수 있는 다양한 방법이 있다. 따라서 조건부 허용을 통하여 공공의 안녕질서에 대한 위험성을 제거할 수 있음에도, 이러한 가능성을 고려하지 아니하고 집회를 금지하는 것은 비례의 원칙에 위반된다.

조건부 허용(제한통고)의 경우, 조건은 집회와 직접적인 연관관계에 있어야 하고, 주최자에 의하여 계획된 집회가 원래 의도대로 행해지는 경우에는 법적인 이유로 허용될 수 없음에도 이를 가능하게 하고자 하는 목적을 가져야 한다.[67] 즉 제한통고는 원래 허용될 수 없는 집회에 조건을 붙임으로써 집회를 가능하게 하고, 동시에 공공의 안녕질서와 조화를 이루도록 하는 기능을 하는 것이다.

다. 한편, 집회의 해산과 관련하여, 집시법은 집회금지와는 달리 '조건부 허용'에 관한 명문의 규정을 두고 있지 않다. 그러나 집회해산의 경우에도, 조건부 허용은 집회의 해산과 비교할 때 집회의 자유를 보다 존중하는 조치이므로, 행정청에게 집회의 해산을

---

64) 그 외에도, 집시법은 야간집회의 경우(제10조 단서) 및 교통소통을 위하여 제한하는 경우(제12조 제1항)에 대하여 제한통고의 가능성을 규정하고 있다.

65) Vgl. BVerfGE 69, 315, 353; Kunig, in: Münch/Kunig(Hg), GGK, Art.8, Rn.34.

66) '공공의 안녕질서'란 일차적으로 헌법적 법익을 비롯하여 생명, 신체, 재산, 명예, 자유 등과 같은 법익의 보호, 국가공동체와 국가기관의 존속과 기능 및 법질서의 보호를 의미한다, 김남진, 행정법 II, 2002, 265면; 박윤흔, 행정법강의(하), 2002, 305면; 홍정선, 행정법원론(하), 2002, 253면 이하.

67) Vgl. Dietel/Gintzel/Kniesel, Demonstrations- und Versammlungsfreiheit, 2000, §15, Rn.35.

명할 권한을 부여한 집시법 제18조의 규정은 보다 기본권을 적게 제한하는 조치인 조건부 허용을 포함하는 것으로 보아야 한다. 따라서 조건부 허용은 사전적 금지의 경우뿐만 아니라, 이미 집회가 진행 중인 경우에도 최종적 수단인 사후적 해산의 조치를 취하기에 앞서 우선적으로 고려해야 할 조치로서 허용되어야 한다.[68)]

결론적으로, 비례의 원칙을 준수하면서 중대한 법익의 보호를 위하여 이러한 법익에 대한 위협이 직접적이고 인식할 수 있는 경우에 한하여 집회의 금지와 해산이 가능하다고 해석한다면, 금지와 해산을 규정하는 집시법 제8조 및 제18조는 집회의 자유에 부합한다.[69)]

3. 집회의 금지 · 해산 · 제한통고의 경우, 법익형량의 문제

가. 현행 집시법상 집회의 자유를 제한하는 가장 중요한 사유는 집시법 제5조 제1항 제2호가 규정하고 있는 '공공의 안녕질서에 대한 직접적인 위협'이다. 물론 집회금지를 규정하는 제8조나 집회해산을 규정하는 제18조는 그 외에도 다양한 사유를 언급하고 있으나, 이미 위에서 서술한 바와 같이, 집회의 금지나 해산은 신고의무와 같이 질서유지적 규정에 위반하는 경우에 이미 허용되는 것이 아니라, 공공의 안녕질서에 대한 직접적 위협이 존재한다는 조건 하에서 비로소 정당화되는 것이므로, 그 외에 대부분의 다른 금지 · 해산사유의 경우에도 궁극적으로 공공의 안녕질서에 대한 위반 여부를 판단해야 하는 결과에 이르는 것이다.

집회의 자유를 제한하는 경우, 집회의 금지 · 해산의 권한을 부여하는 집시법상의 수권규범은 자유민주국가에서 집회의 자유의 의미와 중요성에 비추어 해석되어야 하고, 관할관청의 조치는 제3자의 법익이나 공익의 보호를 위하여 반드시 필요한 것에 제한되어야 한다. 어떠한 경우에 집회에 의한 법익침해가 제3자에 의하여 수인되어야 하고, 어떠한 경우에 다른 법익의 보호의 관점에서 집회의 자유가 제한되어야 하는지의 문제는 개별적인 경우마다 모든 구체적 상황을 고려하여 판단되어야 한다. 집회의 자유행사에 의하여 제3자의 법익이 침해되는 법익충돌의 경우, 양 법익이 가능하면 최대한으로 효력을 유지할 수 있도록 서로 균형과 조화의 상태가 이루어져야 한다. 즉, 집회의 자유를 제한하는 경우에 제기되는 법익형량의 문제는 '집회의 자유를 지나치게 제한함이

---

68) 예컨대, 현재 진행 중인 집회가 과다한 소음이나 교통장애를 유발하여 타인의 법익을 지나치게 침해하기 때문에 해산되어야 한다면, 관할관청은 해산의 조치를 취하기에 앞서 확성기사용의 제한이나 중지 또는 교통방해의 중지를 명령함으로써 집회가 계속 허용될 수 있는지 여부를 판단해야 한다, vgl. Dietel/Gintzel/Kniesel, Demonstrations- und Versammlungsfreiheit, 2000, §15, Rn.66f.

69) 그러나 법적용기관인 행정청과 법원이 금지규정에 대한 이와 같은 합헌적 해석의 가능성을 인식하지 못하고 있고, 특히 행정청이 명문의 수권규정이 없이 조건부허용의 형태로 집회의 자유를 제한하는 것을 큰 부담으로 느낄 수 있으므로, 입법자가 금지의 가능성 외에도 조건을 붙여 집회를 허용할 수 있는 가능성을 명시적으로 규정하는 것이 필요하다.

없이, 즉 집회의 자유를 최대한으로 보장하면서, 다른 법익에 대한 침해를 최소화할 수 있는지'에 관한 문제인 것이다.

공공의 장소에서 집회의 자유를 집단적으로 행사함으로써 필연적으로 발생하는 일반에 대한 불편함(예컨대 교통장애, 소음발생, 영업이나 업무의 방해 등)은 집회의 목적을 달성하기 위하여 불가피한 것이라면, 이러한 범위 내에서 일반적으로 제3자에 의하여 수인되어야 한다.[70] 물론, 이 경우에도 관할관청은 집회의 시간, 장소, 방법에 대하여 변경을 권유하거나 제한을 가함으로써 충돌하는 법익간의 조화를 이룰 수 있는 가능성이 있는지를 판단해야 한다. 그러나 집회목적 달성을 위하여 불가피하지 않거나 일반국민의 주의를 끌기 위하여 집회참가자에 의하여 의도적으로 유발되는 불편함이나 법익침해에 대해서는 관할관청은 법익침해를 방지하거나 적어도 최소화하는 조치를 취해야 한다.[71]

나. 이러한 관점에서 볼 때, 법익충돌이 우려되는 공공장소에서의 長期的 集會가 어느 정도까지 허용될 수 있는지의 문제가 제기된다.

특정 집회장소가 동일한 집회주최자에 의하여 사전신고의 형태로써 몇 달씩 또는 1년 이상 선점된다는 것은 집회의 본질에 비추어 보거나 타인의 법익보호의 측면에서 허용될 수 없는 것이다. 집회의 자유는 집회의 시기와 기간에 관하여 스스로 결정할 권리를 포함하는 것이지만, 다수인의 '지속적' 모임인 결사와는 달리, 집회는 '일시적' 성격, 즉 시간적 제약성에 그 본질이 있는 것이다.[72] 물론, 집회의 경우에도 촛불시위와 같이 상당한 기간 지속되는 것도 있으나, 몇 달 또는 몇 년의 장기적 모임은 집회의 본질에 반하는 것이다.

일시적 모임으로서 집회의 성격에 비추어 '어느 정도의 기간까지 집회가 허용될 수 있는가' 하는 것은 일반적으로 판단할 수 없으나, 집회의 기간을 제한하는 경우, 한편으로는 '장기적 집회로 인하여 제3자의 법익이 장기간 과도하게 침해되거나 같은 장소에서의 다른 집회를 장기간 봉쇄하는 효과가 발생해서는 안 된다는 관점'과 다른 한편으로는 '집회가 효과적으로 그 목적을 달성하기 위해서는 어느 정도의 기간을 필요로 하는지의 관점'을 함께 고려하여 판단하여야 한다. 일반적으로, 집회장소로서 매력적인 공공장소에서의 집회는 소음발생, 교통소통장애의 유발, 업무 방해 등 제3자의 법익과의 충돌이 불가피하므로, 집회의 기간은 효과적인 집회를 위하여 필요한 정도로 제한되어야 한다. 더욱이 타인의 집회를 방해하기 위하여 집회장소를 선점하는 것은 집회의 자유에 의하여 보호되지 않는다. 따라서 효과적인 집회의 개최를 위하여 필요한 정도를

70) Vgl. BVerfGE 69, 315, 353.
71) Vgl. BVerfGE 73, 206, 250; 82, 236, 264.
72) Vgl. Lisken, Demonstrations- und Versammlungsfreiheit, NJW 1995, S.2475; Gusy, in: Mangoldt/Klein/Starck(Hg), GG, Art.8, Rn.21.

넘어서 공공장소의 사용을 무제한적으로 요구하고, 이로써 제3자의 법익을 장기적으로 침해하는 것은 허용되지 않는다.

장기집회와 관련하여, 입법자가 집회기간을 제한하는 입법을 하는 것을 생각해 볼 수 있으나, 법익충돌이 우려되지 않는 장소에서의 집회기간을 제한해야 할 공익을 발견할 수 없고, 일반적으로 법익충돌이 우려되는 장소에서의 장기적인 집회라 하더라도 집회의 규모와 형태에 따라(예컨대 소규모의 평화적 침묵시위) 실제로 법익충돌이 발생하지 아니하여 이를 제한해야 할 정당한 공익이 존재하지 않는 경우가 있으므로, 모든 집회에 대하여 일률적으로 집회기간을 제한하는 것은 집회의 자유를 과도하게 제한하는 것이다. 따라서 관할 행정청이 일반적 수권규정을 근거로 한 제한통고의 형식으로 개별적인 경우마다 제3자의 법익을 불필요하게 장기적으로 침해하는 집회에 대처하는 것이 바람직하다.

다. 마찬가지로 확성기를 비롯하여 소음을 유발하는 도구의 사용이 어느 정도까지 허용되어야 하는지의 문제도 위와 동일한 기준에 의하여 판단되어야 한다.

확성기의 사용 없이는 그 개최가 불가능한 집회, 예컨대 대형집회의 경우, 집회의 자유는 공동의 의견표명을 물리적으로 가능하게 하는 보조도구의 사용을 함께 보장하므로, 확성기의 사용도 집회의 자유에 의하여 보장된다. 그러나 확성기의 사용은 과다한 소음발생으로 인하여 제3자의 법익을 침해한다는 점에서, 무제한적으로 허용될 수 있는 것이 아니라, 집회목적의 효과적인 달성을 위하여 필요한 정도에 제한되어야 한다. 따라서 관할관청은 집회의 효과적인 개최와 목적달성을 가능하게 하면서도, 동시에 제3자의 법익에 대한 침해를 최소화하기 위하여 확성기사용의 정도와 시간을 제한할 수 있다.

V. 국회의사당, 법원·헌법재판소 청사 인근에서의 집회금지규정의 위헌여부

집회 장소는 집회의 목적과 효과에 대하여 중요한 의미를 가지기 때문에, 누구나 '어떤 장소에서' 자신이 계획한 집회를 할 것인지를 원칙적으로 자유롭게 결정할 수 있어야만 집회의 자유가 비로소 효과적으로 보장될 수 있다. 집회의 자유는 집회의 장소에 관하여 결정할 권리를 포함하는 기본권으로서, 다른 법익의 보호를 위하여 정당화되지 않는 한, 집회를 장소적으로 항의의 대상으로부터 분리시키는 것을 금지하고 있다.

집시법 제11조 제1호는 국회의사당, 법원 및 헌법재판소, 국내주재 외국의 외교기관의 청사로부터 반경 1백 미터 이내의 장소에서의 집회를 예외 없이 금지하고 있다. 이로써 위 규정은 개별적인 경우의 구체적인 위험상황과 관계없이, 단지 특정한 장소에서 집회가 행해진다는 것만으로 추상적인 위험성이 존재한다는 예측판단에서 출발하여, 위

장소에서의 집회를 일괄적으로 금지하고 있다.[73] 즉, 입법자는 주요 헌법기관 인근에서의 집회를 일반적으로 헌법기관의 기능수행에 반하는 것으로 간주하여, 이 지역에서의 집회를 전면적으로 금지해야만 헌법기관에 대한 효과적인 보호가 이루어질 수 있다고 판단한 것이다.

헌법재판소는 2003. 10. 30. 선고한 2000헌바67등 결정에서 집시법 제11조 제1호 중 외교기관 인근에서의 집회를 금지하는 규정부분을 위헌으로 판단하였는데, 위 결정의 심판대상이 법 제11조 제1호 중 '국내주재 외국의 외교기관'에 한정되어 있으므로, 아래에서는 유사한 법적 상황에 있는 입법기관과 사법기관 인근에서의 시위금지가 헌법적으로 정당화되는지 여부를 살펴보기로 한다.

1. 국회의사당 인근에서의 집회금지의 위헌여부

가. 집회금지규정의 입법목적

(1) 국회의사당 인근에서의 집회를 전면적으로 금지한 것은 국회에의 자유로운 출입을 비롯하여 국회 및 그 하부기관(예컨대 위원회, 원내 교섭단체)의 원활한 기능과 의원의 신체적 안전을 보장하고자 하는 것이다.[74] 국회의 기능보장이란, 입법권을 의회에 귀속시킨 헌법규정(헌법 제40조), 의회의 기능을 보장하기 위한 일련의 헌법규정(헌법 제42조, 제44조, 제45조 등)에 비추어 헌법적으로 보호되는 법익이다.

(2) 한편, 의사당 앞에서의 집회의 경우, 의회가 시위의 직접적인 압력 하에서 공익과 배치되는 약속이나 결정을 할 위험이 있기 때문에, '의회의 의사결정 또는 의사형성의 자유', '소수에 의한 직접적 압력으로부터 의회의 보호'가 집회금지장소규정의 보호법익으로서 인정될 수 있는지의 문제가 제기된다.

헌법이 예정하고 있는 평화적 시위는 그것이 비록 의사당 앞에서 이루어지더라도, 헌법 제46조 제2항의 자유위임에 반하는 '위임과 지시'에 비교할만한 강력한 강제효과를 가진다고 할 수 없다.[75] 물론, 집회는 어느 정도 정치적 압력을 행사함으로써 국가기관의 정치적 의사형성에 영향력을 행사하기에 적합한 것이고, 바로 이러한 이유로 집회의 자유는 민주국가에서 정치적 투쟁수단으로서 매우 중요한 의미를 가진다. 집회를

73) Vgl. Schwarze, Demonstrationen vor den Parlamenten, DÖV 1985, S.219; Breitbach, in: Ridder/Breitbach/Rühe/Steinmeier(Hg), Versammlungsrecht Kommentar, 1992, §16 Rn.9; 독일의 '집회금지장소에 관한 법률'(Bannmeilengesetz)의 개정과 최근의 법적 상태에 관하여 자세하게 Werner, Das neue Bannmeilengesetz der Berliner Republik, NVwZ 2000, S.372ff.

74) Vgl. Tsatsos/Wietschel, Bannmeilenregelungen zum Schutz der Parlamente wieder in der Diskussion, ZRP 1994, S.212; Breitbach, Das Versammlungsverbot innerhalb von Bannmeilen um Parlamente und seine Ausnahmeregelung, NVwZ 1988, S.588; Ehrentraut, Die Versammlungsfreiheit im amerikanischen und deutschen Verfassungsrecht, 1990, S.164.

75) Vgl. Tsatsos/Wietschel, Bannmeilenregelungen zum Schutz der Parlamente wieder in der Diskussion, ZRP 1994, S.212.

통한 정치적 압력의 행사는 오늘날의 다원적 민주주의에서 그 자체로서 허용되는 것이며, 헌법적으로 보장되는 기본권의 행사인 것이다.

집회의 자유는 선거권, 표현의 자유 및 청원권의 행사, 정당과 이익단체에의 참여와 함께 대의민주제의 국가에서 국민이 정치의사형성과정에 영향력을 행사할 수 있는 몇 가지 가능성 중의 하나이다. 더욱이 정치적 의사형성과정에서 사회의 모든 중요한 이익이 빠짐없이 조직되어 거대한 이익단체의 형태로써 집단의 부분이익을 관철하려는 오늘날의 다원적 민주사회에서, 사회단체로 조직되지 않은 개인에게는 단지 집회의 자유를 통하여 자신의 의견을 사회에 알리고 강조함으로써 정치적 의사형성과정에 참여하고 영향을 미치는 방법 밖에 없다.

오늘날 의회에서의 정치적 의사결정과정이 이익단체의 로비를 비롯하여 수많은 사회단체의 간접적인 영향력의 행사에 노출되어 있다는 것을 감안한다면, 오히려 의원에 대한 위임이나 지시의 성격을 가지는 강력하고 거부할 수 없는 영향력은 집회를 통하여 발생하는 것이 아니라 정당이나 이익단체로부터 나올 수 있는 것이다. 그렇다면 의원이 의사당 앞에서의 시위에 의하여 우려할 정도로 자신의 의사형성과 의사결정에 있어서 영향을 받으리라는 견해는 상당히 비현실적인 것이며, 오히려 '의회를 길거리의 정치적 압력으로부터 보호하려는 것'은 헌법적으로 그 근거를 찾을 수 없는 법익인 것으로 판단된다.[76]

나. 집회금지규정의 위헌성

(1) 의회는 국민의 대의기관으로서 국민의 다양한 의견과 이익을 수렴하여 정치적으로 결정하는 국가기관, 즉 정치적 결정기관이며, 의회에서의 의사결정과정은 국민의 다양한 견해와 이익을 인식하고 교량하여 국민 대표로 구성된 다원적 인적 구성의 합의체에서 공개적 토론을 통하여 결정하는 과정이다. 즉, 입법부는 정치적 결정기관으로서 외부로부터의 정치적 영향을 피할 수 없고, 오히려 모든 중요한 사회적 세력과 이익의 영향을 고루 받아야 한다는 문제가 제기된다. 다시 말하자면 입법부는 헌법으로부터 부여받은 기능상, 외부로터의 영향을 배제하는 것이 아니라 오히려 수용하는 것이다.[77] 그렇다면 의사당 앞에서의 시위는 입법이라는 의회기능의 본질에 반하는 것이 아니라, 오히려 입법자에 의하여 입법대상과 관련된 모든 중요한 이익과 관점이 고려되고 상충

76) Vgl. Dietel/Gintzel/Kniesel, Demonstrations- und Versammlungsfreiheit, 2000, §16 Rn.13; Tsatsos/Wietschel, Bannmeilenregelungen zum Schutz der Parlamente wieder in der Diskussion, ZRP 1994, S.212; Breitbach, Das Versammlungsverbot innerhalb von Bannmeilen um Parlamente und seine Ausnahmeregelung, NVwZ 1988, S.588; Ehrentraut, Die Versammlungsfreiheit im amerikanischen und deutschen Verfassungsrecht, 1990, S.164.

77) Vgl. Dietel/Gintzel/Kniesel, Demonstrations- und Versammlungsfreiheit, 2000, §16 Rn.13; Breitbach, in: Ridder/Breitbach/Rühe/Steinmeier(Hg), Versammlungsrecht Kommentar, 1992, §16 Rn.34.

하는 이익간의 정당한 조정이 이루어지도록 함으로써 내용적으로 모든 국민을 위한 올바른 결정, 즉 공익의 발견에 기여하는 것이다.

반면에, 의사당 인근에서의 집회금지로 인하여 민주국가에서의 집회의 자유의 고유한 기능이 크게 저해된다. 정치적 의사형성과정에 참여하는 기본권으로서의 집회의 자유는 정치적 결정권을 가진 국가기관인 의회에 대하여 항의나 동조의 의사를 표명함으로써 특별한 의미를 부여받는다. 의사당 앞에서의 시위의 경우, 국민이 기본권의 행사를 통하여 정치적 의사형성에 참여하는 효과가 극대화되는 것이다.

(2) 따라서 집회의 자유는 의회의 기능을 확보하고자 하는 공익에 의하여 정당화되는 범위 내에서만 제한될 수 있을 뿐이다. 예정된 집회가 국회의 회기가 아닌 시기에 행해지는 경우, 시위참가자가 소수인 경우, 집회의 목적이 우연히 집회금지장소에 위치한 다른 시위대상에 대한 것인 경우에는 일반적으로 국회와 그 구성원인 의원의 업무에 대한 방해가 우려되지 않는다.[78] 나아가, 집회의 성격이 의회의 결정에 영향을 미치려는 목적을 가지고 있다 하더라도, 평화적인 시위가 예상된다면, 집회를 통하여 의회의 결정에 영향을 행사하려는 시도는 의회의 회기 중에도 허용되어야 한다.[79] 이 경우, 시위의 규모·참가자의 수·그에 따른 거리의 차등화·시위방법(예컨대 확성기 등 소음유발 장치의 사용)에 대한 규제 등을 통하여 의회의 입법기능은 충분히 보장될 수 있다.

이러한 점에서 볼 때, 외부의 영향에 대하여 개방되어야 하는 정치적 결정기관인 국회의사당 앞에서의 집회는 국회의 기능이 저해되지 않는 범위 내에서 원칙적으로 허용되어야 한다. 따라서 의사당 앞에서의 집회를 전면적으로 금지하는 것은 공익실현을 위하여 필요한 정도를 넘는 과도한 제한에 해당한다.

2. 법원·헌법재판소 청사 인근에서의 집회금지의 위헌여부

가. 집회금지규정의 입법목적

사법기관 앞에서의 집회의 경우, 집회를 통하여 사법기관의 결정에 영향력을 행사하고자 시도하는 것은 사법기관의 독립성과 공정성을 저해할 우려가 있기 때문에, 사법기능의 독립성과 공정성을 보장하기 위하여 집회를 전면적으로 금지한 것이다. 뿐만 아니라 법원청사에의 자유로운 출입 등 원활한 사법기능의 수행 및 법관의 신체적 안전을 보장하고자 하는 것도 입법목적이다.

---

78) Vgl. Benda, in: BK, Bd.I, 1999, Art.8, Rn.72; Dietel/Gintzel/Kniesel, Demonstrations- und Versammlungsfreiheit, 12. Aufl. 2000, §16 Rn.33; Breitbach, in: Ridder/Breitbach/Rühe/Steinmeier(Hg), Versammlungsrecht Kommentar, 1992, §16 Rn.39ff.

79) Vgl. Ehrentraut, Die Versammlungsfreiheit im amerikanischen und deutschen Verfassungsrecht, 1990, S.166.

나. 집회금지규정의 위헌성

정치적 결정기관인 의회와는 달리, 사법기관은 의견수렴이나 이익조정을 통하여 정치적으로 결정하는 기관이 아니라 헌법과 법률에 근거하여 규범적으로 판단하는 기관이다. 사법기관의 과제는 헌법과 법률의 해석과 적용에 의한 사법적 판단이며, 그의 본질은 사법의 독립성·공정성·객관성이다. 이러한 점에서 사법기관은 헌법이 부여한 그 기능상 외부로부터의 모든 영향을 배제한다. 즉, 법원 앞에서의 시위를 통하여 법원의 결정에 영향력을 행사하려는 시도는 사법의 본질에 반하는 것이다. 따라서 의회와 같은 정치적 기관 앞에서의 시위와는 달리, 법원 앞에서의 시위를 통하여 법원의 규범적 판단에 영향을 미치려고 시도하는 한, 민주국가에서 정치적 의사형성에 참여하는 국민의 기본권으로서의 집회의 자유의 기능은 크게 인정될 여지가 없다. 따라서 법익교량의 과정에서 집회의 자유의 비중이 작아진다.

물론, 법관이 그의 독립성과 그에 따른 책임을 인식하고 있다는 점에서, 법원 앞에서의 시위에 의하여 실제로 영향을 받을 수 있는가 하는 것은 회의적이며, 오늘날 법관은 법원 앞에서의 시위에 의해서보다는 오히려 여론의 압력이나 언론보도에 의하여 영향을 받을 수 있다. 그러나 중요한 것은, 법원 앞에서의 시위를 통하여 일반 국민이 사법의 독립성에 대하여 가지는 신뢰가 흔들릴 수 있다는 것이다. 법원 앞에서 특정 내용의 판결을 요구하는 집회가 장기간 계속된 후 시위참가자의 요구내용과 우연히 일치하는 법원판결이 내려진 경우, 일반국민들은 사법의 독립성을 의심할 수 있다. 따라서 독립성이 생명인 사법적 판단의 장소에서는 사법의 독립성에 대하여 의문을 제기할 수 있는 모든 가능성을 처음부터 차단할 필요가 있다. 사법기관에 대한 시위의 경우에는 집회의 자유의 헌법적 의미가 현저하게 감소하는 반면, 헌법에서 사법작용이 차지하는 기능(법적 평화의 실현)의 확보가 중요하다는 것을 감안할 때, 사법의 독립성을 저해할 우려가 있는 집회, 즉 사법기관의 재판에 영향력을 행사하고자 하는 집회를 원칙적으로 금지해야 할 필요가 있다고 판단된다.[80)]

그럼에도 집회금지장소에 우연히 위치한 다른 시위대상에 대한 집회의 경우와 같이 사법기관의 결정에 영향을 미치고자 하는 것이 아닌 집회의 경우에도 이를 금지하는 것은 과도하게 집회의 자유를 제한하는 것이다. 사법기관 인근에서의 집회를 금지하는 규정은 위와 같이 보호법익과의 충돌이 우려되지 않는 상황에서는 예외를 허용할 수 있는 규정을 두어야만, 비례의 원칙에 부합한다.

---

80) Vgl. Ehrentraut, Die Versammlungsfreiheit im amerikanischen und deutschen Verfassungsrecht, 1990, S.168f,

Ⅵ. 맺는말

현행 집시법상의 신고제가 단순히 행정청이 신고서를 접수하는데 그치는 '완전한 의미의 신고제'가 아니라 그 내용상 실질적으로 '사전적 허가제'에 해당한다는 이유로 신고제의 위헌성을 주장하는 견해가 있다. 그러나 집회의 자유는 다른 기본권과 마찬가지로 공익상의 이유로 제한이 가능함은 물론이고, 다른 기본권과 비교할 때 기본권의 행사의 결과로서 비로소 다른 법익과의 충돌상황이 발생하는 것이 아니라 이미 기본권의 행사과정에서 법익충돌의 상황이 발생한다. 따라서 법익충돌의 가능성을 사전에 방지하기 위하여 집회의 자유의 행사방법을 규율해야 하는 것은 불가피하다. 신고제의 주된 목적은 집회를 사전에 제한하거나 금지하고자 하는 것이 아니라, 집회의 자유와 다른 보호법익이 양립할 수 있는 가능성을 모색함으로써 집회를 가능하게 하고자 하는 것이다.

헌법이 집회의 자유를 기본권으로 보장한 것은, 집회로 인하여 불가피하게 발생하는 불편함이나 법익에 대한 위험은 어느 정도 일반대중에 의하여 수인되어야 한다는 것을 의미하지만, 일반국민이 감수해야 하는 불편함은 평화적 시위의 목적을 달성하기 위하여 필요한 정도에 제한되어야 한다. 즉, 집회의 자유를 행사하는 국민은 다른 국민의 기본권이나 보호법익과 조화를 이룰 수 있는 범위 내에서 자신의 자유를 주장할 수 있는 것이다. 집회의 자유의 행사로 인하여 제3자의 법익과 충돌하는 경우, 법익교량을 통하여 양 법익간의 조화와 균형의 상태를 이루는 문제는 '집회의 자유를 최대한으로 보장하면서 또한 다른 보호법익에 대한 침해를 최소화할 수 있는지'에 관한 문제인 것이다. 따라서 관할관청은 평화적 집회의 효과적 개최를 위하여 불가피하지 않음에도 집회로부터 발생하는 일반에 대한 불편함이나 법익침해에 대하여 이를 최소화하기 위한 조치로서 집회의 기간 제한이나 확성기사용의 제한 등 다양한 제한을 가할 수 있다.

현행 집시법은 집회의 자유를 규율하는 수단으로서 원칙적으로 '사전적 금지'와 '사후적 해산'의 방법만을 제공하고 있기 때문에, 집회의 자유와 보호법익을 양립시킬 수 있는 가능성인 '조건부허용(제한통고)'의 수단이 크게 결여되어 있다. 그러나 조건을 붙여 집회를 허용할 수 있음에도 집회를 완전히 금지하는 것은 집회의 자유에 대한 과잉제한이라는 점에서 제한통고의 가능성은 헌법적으로 요청될 뿐만 아니라, 집회의 자유행사와 다른 보호법익이 서로 조화를 이루어 집회를 가능하게 하면서도 일반국민의 불편함을 집회의 목적달성을 위하여 필요한 정도로 최소화하기 위해서도 필요하다. 물론, 위에서 서술한 바와 같이, 제한통고의 가능성은 명문의 규정이 없더라도 금지통고에 관한 규정을 합헌적으로 해석함으로써도 인정될 수 있으나, 이에 관하여 입법자가 명시적으로 규정하는 것이 바람직하다.

이에 대하여, 행정청에 제한통고를 할 수 있는 권한을 부여한다면 집회의 자유에 대한 자의적인 제한이 우려된다는 목소리가 있으나, 법치국가에서 행정청의 재량행사는 법원에 의하여 통제될 수 있을 뿐만 아니라, 행정청에 의한 자의적인 재량행사의 위험이 우려된다면, 입법자는 추상적인 불확정 법개념인 '공공의 안녕질서'란 개념 대신에 보다 구체적인 법개념을 통하여 제한통고의 요건을 구체화함으로써 행정청의 재량행사에 대한 구체적인 지침을 제공할 수 있다.

참고문헌

권영성, 헌법학원론, 2000
김남진, 행정법 I, 1995
김철수, 헌법학신론, 2003
박용상, 집회의 자유, 헌법논총 제10집(1999)
박윤흔, 행정법강의(하), 2002
양 건, 집회 · 시위에 대한 사전제한, 한양대법학논총 제8집(1991)
이재홍, 인권과 정의, 1990/6
전광석, 집회의 자유에 대한 사전제한, 고시연구 1995. 7.
허 영, 한국헌법론, 1999
홍정선, 행정법원론(하), 2002

Bäumler, Versammlungsfreiheit und Verfassungsschutz, JZ 1986
Benda, in: Mangoldt/Klein/Starck(Hg), Bonner Kommentar (BK), Bd.I, 1999, Art.8
Breitbach, in: Ridder/Breitbach/Rühe/Steinmeier(Hg), Versammlungsrecht Kommentar, 1992
______, Das Versammlungsverbot innerhalb von Bannmeilen um Parlamente und seine Ausnahmeregelung, NVwZ 1988
Chemerinsky, Constitutional Law, 1997
Dietel/Gintzel/Kniesel, Demonstrations- und Versammlungsfreiheit, 2000, §1
Ehrentraut, Die Versammlungsfreiheit im amerikanischen und deutschen Verfassungsrecht, 1990
Frowein, Versammlungsfreiheit und Versammlungsrecht, NJW 1969
Gallwas, Das Grundrecht der Versammlungsfreiheit, Art.8 GG, JA 1986
Geck, Zum Versammlungsbegriff des Art.8 GG, DVBl 1980
Gusy, in: Mangoldt/Klein/Starck(Hg), Grundgesetz Kommentar (GG), Bd.I, Art.8
______, Aktuelle Fragen des Versammlungsrechts, JuS 1993
Herzog, in: Maunz/Dürig(Hg), Grundgesetz (GG), 1999, Art.8
Kloepfer, Versammlungsfreiheit, in: Isensee/Kirchhof(Hg), Handbuch des Staatsrechts (HbStR), Bd.Ⅵ, 1989, §143
Kunig, in: Münch/Kunig(Hg), Grundgesetz Kommentar (GGK), Bd.I, 2000, Art.8
Lisken, Demonstrations- und Versammlungsfreiheit, NJW 1995
Maurer, Allgemeines Verwaltungsrecht, 1994
Mutius, Die Versammlungsfreiheit des Art.8 Abs.1 GG, Jura 1988
Ossenbühl, Versammlungsfreiheit und Spontandemonstration, Der Staat 1971

Pieroth/Schlink, Grundrechte, Staatsrecht II, 2000
Richter/Schuppert, Casebook Verwaltungsrecht, 1991
Sachs, Verfassungsrecht II, 2000
Schulze-Fielitz, in: Dreier(Hg), Grundgesetz (GG), Bd.I, 2004, Art.8
Schwarze, Demonstrationen vor den Parlamenten, DÖV 1985
Tsatsos/Wietschel, Bannmeilenregelungen zum Schutz der Parlamente wieder in der Diskussion, ZRP 1994
Werner, Das neue Bannmeilengesetz der Berliner Republik, NVwZ 2000

제2주제

헌법 제21조 제2항의 집회에 대한 허가금지의 의미*

-'제2차 야간옥외집회금지 결정'에 대한 판례 평석을 겸하여-

Ⅰ. 문제의 제기

헌법 제21조 제2항은 "언론·출판에 대한 허가나 검열과 집회·결사에 대한 허가는 인정되지 아니한다."고 하여 언론·출판에 대한 허가나 검열의 금지와 더불어 집회에 대한 허가금지를 규정하고 있다. 헌법재판소는 헌재 2009. 9. 24. 2008헌가25 결정(제2차 夜間屋外集會禁止 사건)에서 "누구든지 해가 뜨기 전이나 해가 진후에는 옥외집회 또는 시위를 하여서는 아니 된다. 다만, 집회의 성격상 부득이하여 주최자가 질서유지인을 두고 미리 신고한 경우에는 관할경찰관서장은 질서 유지를 위한 조건을 붙여 해가 뜨기 전이나 해가 진후에도 옥외집회를 허용할 수 있다."고 규정하고 있는 '집회 및 시위에 관한 법률'(이하 '집시법'이라 한다) 제10조(이하 '심판대상조항'이라 한다)에 대하여 헌법불합치결정을 하였는데,[1] 위 결정에서 헌법 제21조 제2항에서 금지하는 '집회에 대한 허가'의 의미가 무엇인지에 관하여 처음으로 입장을 밝힐 기회를 가졌다.

위 결정에서 재판관 5인의 違憲意見은, 헌법 제21조 제2항에서 금지하는 허가제를 행정청이 집회의 내용·시간·장소 등을 사전에 심사하여 집회의 허용여부를 판단하는

* 위 논문은 2011년 8월, 인권과 정의(대한변호사협회), 제419호, 6-29면에 게재된 것을 일부 수정한 것이다.

1) 헌법재판소는 헌재 1994. 4. 28. 91헌바14 결정(제1차 야간옥외집회금지 사건)에서는 집시법 제10조가 헌법에 위반되지 않는다고 판단하였으나, 위 결정에서 종래의 결정을 변경하였다.

허가제로 이해하여, 야간의 옥외집회를 원칙적으로 금지하면서 행정청으로 하여금 예외적으로 허용하도록 하고 있는 심판대상조항은 헌법상 절대적으로 금지되는 허가제에 해당하기 때문에, 위 조항이 집회의 자유를 과잉으로 제한하는지에 관하여 실체적으로 판단할 필요도 없이, 이미 이러한 形式的인 이유로 위헌이라고 판단하였다.

반면에, 2인의 憲法不合致意見은, 심판대상조항은 헌법 제21조 제2항에서 금지하는 허가제에 해당하지 않는다는 입장에서 출발하여, 야간에 이루어지는 옥외집회의 특성에 비추어 입법목적의 정당성과 수단의 적합성은 인정되지만, 심판대상조항에서 옥외집회가 원칙적으로 금지되는 야간 시간대를 너무 광범위하게 정하고 있으므로 입법목적의 달성을 위하여 필요한 정도를 넘는 과도한 제한이라는 實體的인 이유로 위헌이라고 판단하였다. '단순위헌의견'이 재판관 5인, '위헌법률의 暫定適用을 명하는 헌법불합치결정'이 재판관 2인이므로, 헌법재판소는 단순위헌의견에 헌법불합치의견을 합산하여 심판대상조항에 대하여 '잠정적용을 명하는 헌법불합치결정'을 선고하였다.

이 글에서는 우선, '집회에 대한 모든 허가제는 집회에 대한 검열제와 마찬가지로 절대적으로 금지된다'고 하는 違憲意見과 관련하여, 언제 집회에 대한 허가가 절대적으로 금지되는지(아래 Ⅲ. 1.), 집회의 자유의 행사방법에 대한 허가도 절대적으로 금지되는지(Ⅲ. 2.), 야간집회나 특정 장소에서의 집회와 같이 특수한 상황에 대처하기 위하여 예외적으로 허가제가 허용될 수 있는지(Ⅲ. 3.), '행정권에 의한 사전허가의 방식'과 '법률에 의한 제한의 방식'을 구분하여 법적으로 달리 평가하는 것이 타당한지(Ⅲ. 4.) 등의 관점에서 그 문제점을 살펴본 후, 憲法不合致意見과 관련해서는 이 사건에서 위헌법률의 잠정적용을 명하는 것이 헌법적으로 정당화되는지 여부를 검토한 다음(Ⅳ.), 마지막으로 헌법재판소가 이 사건과 같이 결정주문이 갈리는 경우 결정주문으로서 '잠정적용을 명하는 헌법불합치결정'을 채택한 것이 타당한 것인지를 살펴보기로 한다(Ⅴ.).

Ⅱ. 대상결정(헌재 2009. 9. 24. 2008헌가25)의 사건개요 및 결정이유의 요지

1. 사건의 개요

집시법은 제10조에서 원칙적으로 야간의 옥외집회를 금지하면서, 제23조 제1호에서 이를 위반한 경우에는 처벌하도록 규정하고 있다. 甲은 야간에 옥외집회를 주최하였다는 이유로 집시법위반 등 혐의로 기소되었다. 甲은 1심 계속 중 자신에게 적용된 집시법 제10조, 제23조 제1호가 헌법상 금지되는 집회의 사전허가제를 규정한 것으로서 헌법에 위반된다고 주장하며 위헌법률심판 제청신청을 하였고, 법원은 이를 받아들여 위헌법률심판제청을 하였다.

2. 결정이유의 요지

가. 재판관 5인의 위헌의견[2)]

헌법 제21조 제2항은, 집회에 대한 허가제는 집회에 대한 검열제와 마찬가지이므로 이를 절대적으로 금지하겠다는 헌법개정권력자인 국민들의 헌법가치적 합의이며 헌법적 결단이다. 또한 위 조항은 헌법 자체에서 직접 집회의 자유에 대한 제한의 한계를 명시한 것이므로 기본권 제한에 관한 일반적 법률유보조항인 헌법 제37조 제2항에 앞서서, 우선적이고 제1차적인 위헌심사기준이 되어야 한다. 헌법 제21조 제2항에서 금지하고 있는 '허가'는 행정권이 주체가 되어 집회 이전에 예방적 조치로서 집회의 내용 · 시간 · 장소 등을 사전심사하여 일반적인 집회금지를 특정한 경우에 해제함으로써 집회를 할 수 있게 하는 제도, 즉 허가를 받지 아니한 집회를 금지하는 제도를 의미한다.

집시법 제10조 본문은 야간옥외집회를 일반적으로 금지하고, 그 단서는 행정권인 관할경찰서장이 집회의 성격 등을 포함하여 야간옥외집회의 허용 여부를 사전에 심사하여 결정한다는 것이므로, 결국 야간옥외집회에 관한 일반적 금지를 규정한 집시법 제10조 본문과 관할 경찰서장에 의한 예외적 허용을 규정한 단서는 그 전체로서 야간옥외집회에 대한 허가를 규정한 것이라고 보지 않을 수 없고, 이는 헌법 제21조 제2항에 정면으로 위반된다. 따라서 집시법 제10조 중 "옥외집회" 부분은 헌법 제21조 제2항에 의하여 금지되는 허가제를 규정한 것으로서 헌법에 위반되고, 이에 위반한 경우에 적용되는 처벌조항인 집시법 제23조 제1호 중 "제10조 본문의 옥외집회" 부분도 헌법에 위반된다.

나. 재판관 2인의 헌법불합치의견[3)]

(1) '행정청이 주체가 되어 집회의 허용 여부를 사전에 결정하는 것'으로서 행정청에 의한 사전허가는 헌법상 금지되지만, 입법자가 법률로써 일반적으로 집회를 제한하는 것은 헌법상 '사전허가금지'에 해당하지 않는다. 집시법 제10조 본문은 "해가 뜨기 전이나 해가 진 후에는" 옥외집회를 못하도록 시간적 제한을 규정한 것이고, 단서는 오히려 본문에 의한 제한을 완화시키려는 규정이다. 따라서 본문에 의한 시간적 제한이 집회의 자유를 과도하게 제한하는지 여부는 별론으로 하고, 단서의 "관할경찰관서장의 허용"이 '옥외집회에 대한 일반적인 사전허가'라고는 볼 수 없는 것이다. 집시법 제10조는 법률에 의하여 옥외집회의 시간적 제한을 규정한 것으로서 그 단서 조항의 존재에 관계없이 헌법 제21조 제2항의 '사전허가금지'에 위반되지 않는다.

(2) 옥외집회는 그 속성상 공공의 안녕질서, 법적 평화 및 타인의 평온과 마찰을 빚

---

2) 판례집 21-2상, 427, 427-428 【결정요지】를 그대로 인용함.
3) 판례집 21-2상, 427, 428-429 【결정요지】를 그대로 인용함.

을 가능성이 크다. 야간이라는 특수한 시간적 상황은 시민들의 평온이 더욱더 요청되는 시간대이고, 집회참가자 입장에서도 주간보다 감성적으로 민감해져 자제력이 낮아질 가능성이 높다. 또한 행정관서 입장에서도 야간옥외집회는 질서를 유지시키기가 어렵다. 집시법 제10조는 야간옥외집회의 위와 같은 특징과 차별성을 고려하여, 원칙적으로 야간옥외집회를 제한하는 것이므로, 그 입법목적의 정당성과 수단의 적합성이 인정된다.

한편 집시법 제10조에 의하면 낮 시간이 짧은 동절기의 평일의 경우에는 직장인이나 학생은 사실상 집회를 주최하거나 참가할 수 없게 되어, 집회의 자유를 실질적으로 박탈하거나 명목상의 것으로 만드는 결과를 초래하게 된다. 또한 도시화·산업화가 진행된 현대 사회에서, '야간'이라는 시간으로 인한 특징이나 차별성은 보다 구체적으로 표현하면 '심야'의 특수성으로 인한 위험성이라고도 할 수 있다. 집시법 제10조는 목적달성을 위해 필요한 정도를 넘는 지나친 제한이다. 나아가 우리 집시법은 제8조, 제12조, 제14조 등에서 국민의 평온과 사회의 공공질서가 보호될 수 있는 보완장치를 마련하고 있으므로, 옥외집회가 금지되는 야간시간대를 집시법 제10조와 같이 광범위하게 정하지 않더라도 입법목적을 달성하는데 큰 어려움이 없다. 집시법 제10조 단서는, 관할경찰관서장이 일정한 조건하에 집회를 허용할 수 있도록 규정하고 있으나, 그 허용 여부를 행정청의 판단에 맡기고 있는 이상, 과도한 제한을 완화하는 적절한 방법이라고 할 수 없다. 따라서 집시법 제10조는 침해최소성의 원칙에 반하고, 법익균형성도 갖추지 못하였다.

따라서 집시법 제10조 중 '옥외집회'에 관한 부분은 과잉금지원칙에 위배하여 집회의 자유를 침해하는 것으로 헌법에 위반되고, 이를 구성요건으로 하는 집시법 제23조 제1호의 해당 부분 역시 헌법에 위반된다.

다. 재판관 2인(재판관 김희옥, 재판관 이동흡)의 합헌의견[4)]

(1) 집회의 자유에 대한 내용중립적인 시간, 장소 및 방법에 관한 규제는 구체적이고 명확한 기준에 의하여 이루어지는 한, 헌법 제21조 제2항의 금지된 허가에 해당하지 않는다. 이러한 입장은, 언론·출판에 대한 허가 및 검열금지에 관한 우리 재판소의 기존 해석과도 상통하는 것이고, 입법자도 같은 전제에 서서 집회의 자유를 제한하는 각종 규제조항을 마련해 놓고 있다.

따라서 집시법 제10조가 헌법 제21조 제2항에서 금지하는 집회에 대한 허가에 해당하는지 여부는, 결국 그 사전적 제한의 기준이 내용중립적인 것으로서 구체적이고 명확한 것인지에 따라 결정되어질 문제라고 할 것인데, 집시법 제10조는 옥외집회의 자유를 제한함에 있어서 야간이라는 내용중립적이고 구체적이며 명확한 시간적 기준을 정하고

---

4) 판례집 21-2상, 427, 429-430 【결정요지】를 그대로 인용함.

있으므로, 집시법 제10조가 헌법 제21조 제2항에서 금지하고 있는 허가에 해당한다고 볼 수는 없다.

(2) 집시법 제10조는 집회 및 시위의 보장과 공공의 안녕질서 유지의 조화라는 정당한 입법목적 하에 규정된 것으로서, 야간의 옥외집회는 '야간'이라는 특수성과 '옥외집회'라는 속성상 공공의 안녕질서를 침해할 수 있는 높은 개연성을 지니고 있다는 점에서, 야간옥외집회의 원칙적 금지를 규정한 집시법 제10조는 입법목적 달성에 기여할 수 있는 적합한 수단이라고 할 것이다.

또한 야간옥외집회를 시간적으로 또는 공간적·장소적으로 더 세분화하여 규제하는 것이 사실상 어렵고, 특히 필요한 야간옥외집회의 경우에는 일정한 조건하에서 허용되며, 대안적 의사형성 및 소통수단도 마련되어 있는 점 등을 종합해보면, 집시법 제10조가 침해의 최소성 및 법익 균형성 원칙에 위배된다고 볼 수도 없다.

한편 입법목적 달성을 위하여 옥외집회에 대하여 어느 정도의 시간적 규제가 필요한 것인가 하는 문제는 당시의 집회 및 시위 문화의 성숙도, 법과 질서에 대한 존중의 정도 등을 종합적으로 고려하여 궁극적으로 의회가 입법재량으로 결정할 문제라 할 것인데, 집시법 제10조가 입법재량의 범위를 현저히 벗어난 것으로 보기는 어려우며, 타인의 기본권 보호와 존중이라는 관점에서도 야간옥외집회를 규제할 정당한 국가적 이익이 인정된다.

라. 단순위헌의견이 5인, 헌법불합치의견이 2인인 경우, 주문의 표시[5)]

이 사건 법률조항들이 헌법에 위반된다는 의견이 5인이고, 헌법에 합치되지 아니한다는 의견이 2인이므로, 단순위헌 의견에 헌법불합치 의견을 합산하면 헌법재판소법 제23조 제2항 제1호에 규정된 법률의 위헌결정을 함에 필요한 심판정족수에 이르게 된다. 따라서 이 사건 법률조항들에 대하여 헌법에 합치되지 아니한다고 선언하되, 이 사건 법률조항들에는 위헌적인 부분과 합헌적인 부분이 공존하고 있으므로 입법자가 2010. 6. 30. 이전에 개선입법을 할 때까지 계속 적용되어 그 효력을 유지하도록 하고, 만일 위 일자까지 개선입법이 이루어지지 않는 경우 이 사건 법률조항들은 2010. 7. 1.부터 그 효력을 상실하도록 한다.

5) 판례집 21-2상, 427, 430-431 【결정요지】를 그대로 인용함.

Ⅲ. 위헌의견의 문제점

1. 언제 집회에 대한 허가가 절대적으로 금지되는지의 문제

위헌의견은 '헌법 제21조 제2항은 집회의 자유에 대해서는 허가의 방식에 의한 제한을 허용하지 않겠다는 것을 명시적으로 밝힘으로써, 집회의 허용여부를 행정권의 사전적 판단에 맡기는 집회 허가제는 집회에 대한 검열제와 마찬가지로 절대적으로 금지하겠다는 헌법적 결단을 내리고 있다'고 하여, '집회의 내용'에 관한 규제와 '집회의 행사방법'(시간, 장소, 방법 등)에 관한 규제를 구분하지 아니하고 일률적으로 허가제는 절대적으로 금지되는 것으로 간주하고 있다. 이러한 위헌의견의 판시내용은 헌법재판소가 헌재 1996. 10. 4. 93헌가13등 결정(영화검열 사건)에서 밝힌 판시내용을 그대로 집회의 자유에 대하여 적용한 것이다. 위헌의견의 출발점은, 표현의 자유와 집회의 자유는 각 보호범위가 다르기 때문에 헌법이 금지하는 허가의 의미도 이에 상응하여 달라질 수밖에 없다고 하는 것이다. 즉, 표현의 자유가 보호하고자 하는 바는 일차적으로 표현의 내용(표현물)이므로, 헌법이 금지하는 허가란 바로 표현내용에 대한 사전규제이지만, 집회의 자유가 보호하고자 하는 바는 다수인이 회합하는 행위이므로, 헌법이 금지하는 허가란 다수인이 모이는 것에 대한 사전규제를 말한다는 것이다.

위헌의견의 이러한 견해가 타당한지를 판단하기 위하여 아래에서는 첫째, 집회의 자유가 보호하고자 하는 바를 살펴보고, 둘째 표현물에 대한 검열 금지의 헌법적 의미가 무엇인지를 확인한 다음, 셋째 표현물에 대한 검열 금지의 법리가 집회의 자유의 모든 보호범위에 대하여 자동적으로 적용될 수 있는지 여부를 검토하기로 한다.

가. 독자적 기본권으로서 집회의 자유의 보호범위

(1) 헌법 제21조 제1항은 언론·출판의 자유, 집회의 자유 및 결사의 자유 등 3가지 기본권을 동일한 조항에서 규정하고 있다. 위 3 가지 기본권은 모두 사회 내에서 개인 간의 '의사소통을 위한 기본권 또는 의견교환을 위한 기본권'으로서의 성격을 지니고 있다. 언론·출판의 자유는 자신의 사상과 의견을 표현하는 자유를 의미한다는 점에서 '표현의 자유'라고 부르기도 한다.[6]

집회의 자유는 표현의 자유에 종속된 기본권이 아니라, 고유한 보호범위를 가진 독자적인 기본권이다.[7] 인간의 존엄성과 자유로운 인격발현을 최고의 가치로 삼는 우리

---

6) 헌재 1992. 2. 25. 89헌가104(군사기밀보호법상의 군사기밀), 판례집 4, 64, 93, "헌법 제21조에 언론·출판의 자유 즉, 표현의 자유를 규정하고 있는데 이 자유는 전통적으로는 사상 또는 의견의 자유로운 표명(발표의 자유)과 그것을 전파할 자유(전달의 자유)를 의미하는 것으로서 … "

7) Vgl. BVerfGE 82, 236, 258; Kunig, in: Münch/Kunig(Hg), GGK, 2000, Art.8, Rn.37; Dietel/Gintzel/

헌법질서 내에서, 집회의 자유도 다른 모든 기본권과 마찬가지로 일차적으로는 개인의 자기결정과 인격발현에 기여하는 기본권이다.[8] 인간이 타인과의 접촉을 구하고 서로의 생각을 교환하며 공동으로 인격을 발현하고자 하는 것은 사회적 동물인 인간의 가장 기본적인 욕구에 속하는 것이다. 집회의 자유는 타인과의 의견교환을 통하여 타인과 공동으로 인격을 발현하는 자유를 보장하는 기본권이자, 동시에 국가에 의하여 개인이 타인과 사회공동체로부터 고립되는 것으로부터 보호하는 기본권이다.[9] 즉 공동의 인격발현을 위하여 타인과 함께 모인다는 것은 이미 그 자체로서 기본권에 의하여 보호될 만한 가치가 있는 개인의 자유영역인 것이다. 집회의 자유는 집회의 목적·시간·장소·방법에 관하여 스스로 결정할 권리를 보장하는 기본권이다.[10]

집회의 자유와 표현의 자유의 밀접한 연관성은 정치적 성격을 가진 집회의 경우 크게 두드러지지만, 집회의 자유를 단지 표현의 자유와의 연관관계에서 이해하여 '집단적 의사표명의 자유'로 그 의미를 축소하는 것은 집회의 자유의 헌법적 의미와 기능에 부합하지 않는다.[11] 집회의 자유가 보장하고자 하는 바는 '집단적 의견표명' 자체가 아니라 단지 '타인과 함께 모이는 것'이라는 점에서, 집회의 자유는 표현의 자유와는 별개의 보호범위를 가지는 독자적 기본권이다.[12] 타인과의 접촉을 통하여 의견을 교환하고자 하는 개인의 이익은 정치적 영역뿐만 아니라 종교적·예술적·학문적·직업적 영역, 친목이나 오락의 영역에서도 인정될 수 있고, 집회의 자유의 행사가 반드시 공동의 의견표명 또는 집단적 표현행위에 이르는 것은 아니다.

(2) 한편, 오늘날 민주주의에서 집회의 자유는 표현의 자유를 행사하기 위한 수단으로서 빈번하게 사용되고 있다. 집회의 자유는 집단적인 의견표명을 집회의 목적으로 요구하지는 않지만, 집단적인 의견표명은 집회의 전형적인 현상인 '시위'의 개념적 요소이다.[13] '시위'란, 多數人이 공공의 장소에서 일반 대중의 이목을 끄는 방법으로 공동으로 의견을 표명하고 이로써 타인의 의견형성에 영향을 미치려는 屋外集會의 한 형태로서,

---

Kniesel, Demonstrations- und Versammlungsfreiheit, 2000, §1, Rn.28.

8) Vgl. Kloepfer, Versammlungsfreiheit, in: Isensee/Kirchhof(Hg), HbStR, Bd.Ⅵ, 1989, §143, Rn.5; Gallwas, Das Grundrecht der Versammlungsfreiheit, Art.8 GG, JA 1986, S.484.

9) Vgl. Herzog, in: Maunz/Dürig(Hg), Grundgesetz, 1999, Art.8, Rn.13, 15.

10) 헌재 2003. 10. 30. 2000헌바67(외교기관 앞 옥외집회금지 사건), 판례집 15-2하, 41, 42.

11) 학계의 일부 견해는 언론·출판의 자유와 집회·결사의 자유를 총괄하여 '표현의 자유'라는 개념을 사용하면서, 언론·출판의 자유를 '개인적 의사표현'의 자유로, 집회·결사의 자유를 '집단적 의사표현'의 자유로 구분하기도 한다. 가령, 권영성, 헌법학원론, 2010, 535면; 박용상, 집회의 자유, 헌법논총 제10집(1999), 9면; 양건, 집회·시위에 대한 사전제한, 한양대법학논총 제8집(1991), 151면.

12) Vgl. Gallwas, Das Grundrecht der Versammlungsfreiheit, Art.8 GG, JA 1986, S.484; BVerfGE 69, 315, 343; 82, 236, 258; Mutius, Die Versammlungsfreiheit des Art.8 Abs.1 GG, Jura 1988, S.34; Kunig, in: Münch/Kunig(Hg), GGK, 2000, Art.8, Rn.37.

13) 집시법 제2조 제2호는 "시위란 여러 사람이 공동의 목적을 가지고 도로·광장·공원 등 일반인이 자유로이 통행할 수 있는 장소를 행진하거나 위력 또는 기세를 보여, 불특정한 여러 사람의 의견에 영향을 주거나 제압을 가하는 행위를 말한다."고 규정하고 있다.

한 마디로 '공동의 의견표명을 목적으로 하는 옥외집회'를 의미한다.[14] '시위'는 집단적인 의견표명을 그 목적으로 하는 집회라는 점에서, 공동의 의견표명을 위한 수단, 즉 표현의 자유를 공동으로 행사하기 위한 수단인 것이다.

따라서 시위의 자유는 집회의 수단을 통한 집단적인 의견표명의 자유로서, 그 헌법적 근거를 집회의 자유 및 표현의 자유에 두고 있다. 시위의 경우, 집회의 자유에 의해서는 다수인이 공동으로 의견을 표명하기 위하여 '다수인이 모이는 것'이 보호되고, 의견표명의 내용과 그 표현수단(글, 그림, 언어 등)은 표현의 자유에 의하여 보호된다.[15] 따라서 특정한 '표현내용' 때문에 의견표명이 금지되어야 한다면, 표현의 자유를 헌법적 심사기준으로 삼아 국가행위의 위헌성을 판단해야 하고, '다수인이 모인 것의 위험성' 때문에, 즉 다수인의 집단적 행위로 인한 법익충돌의 가능성을 이유로 국가가 간섭해야 한다면, 집회의 자유가 심사기준이 된다.

나. 검열 금지의 헌법적 의미[16]

헌법 제21조 제2항에서 규정하는 언론·출판에 대한 검열 금지란, 표현의 자유는 어떠한 경우에도 검열의 방법으로는 제한될 수 없다는 의미에서 검열의 절대적인 금지를 말하는 것이다.[17] 헌법 제21조 제2항의 의미에서의 '검열'은 단지 사전검열, 즉 사상이나 견해의 발표 이전에 행해지는 행정청의 조치, 즉 행정청이 표현물의 내용을 사전에

---

14) Vgl. Herzog, in: Maunz/Dürig(Hg), Grundgesetz, 1999, Art.8 Rn.18; Dietel/Gintzel/Kniesel, Demonstrations- und Versammlungsfreiheit, 2000, §1 Rn.18f., 25ff.; Kunig, in: Münch/Kunig(Hg), GGK, 5. Aufl. 2000, Art.8 Rn.12; Kloepfer, Versammlungsfreiheit, in: Isensee/Kirchhof(Hg), HbStR, Bd.Ⅵ, 1989, §143, Rn.27; 헌법재판소는 초기의 결정(헌재 1992. 1. 28. 89헌가8, 판례집 4, 4, 16)에서 "이동하는 집회를 뜻하는 시위"라고 하여 '시위'를 '행진'과 동일시하는 오류를 범하였으나, 최근의 결정에서는 "집회의 자유는 집회를 통하여 형성된 의사를 집단적으로 표현하고 이를 통하여 불특정 다수인의 의사에 영향을 줄 자유를 포함하므로 이를 내용으로 하는 시위의 자유 또한 집회의 자유를 규정한 헌법 제21조 제1항에 의하여 보호되는 기본권이다."라고 하여, 시위를 위와 같은 의미로 이해하고 있다(헌재 2005. 11. 24. 2004헌가17, 판례집 17-2, 360, 366); 시위의 개념에 관한 또 다른 판시내용으로는 헌재 1994. 4. 28. 91헌바14, 판례집 6-1, 281 참조.

15) 헌법재판소도 "집회·시위의 규제에는 집회에 있어서의 의사표현 자체의 제한의 경우와 그러한 의사표현에 수반하는 행동 자체의 제한 두 가지가 있을 수 있다. 전자의 경우에는 제한되는 기본권의 핵심은 집회에 있어서의 표현의 자유라고 볼 것이다."라고 하여 이러한 기준에 따라 판단하고 있다(헌재 1992. 1. 28. 89헌가8, 판례집 4, 4, 17-18); 독일 연방헌법재판소도 특정 표현내용 때문에 집회에 의한 의사표명이 방해되는 경우에는 표현의 자유를 심사기준으로 삼고 있다, vgl. BVerfGE 69, 315, 343; vgl. Mutius, Die Versammlungsfreiheit des Art.8 Abs.1 GG, Jura 1988, S.34; Kloepfer, Versammlungsfreiheit, in: Isensee/Kirchhof(Hg), HbStR, Bd.Ⅵ, 1989, §143, Rn.72.

16) 헌법 제21조 제2항의 "언론·출판에 대한 허가나 검열"에서 허가와 검열의 관계에 관하여, 한수웅, 헌법학, 2011, 724면 참조.

17) 헌재 1996. 10. 4. 93헌가13(영화검열), 판례집 8-2, 212, 222, "이러한 검열제가 허용될 경우에는 국민의 예술활동의 독창성과 창의성을 침해하여 정신생활에 미치는 위험이 클 뿐만 아니라 행정기관이 집권자에게 불리한 내용의 표현을 사전에 억제함으로써 이른바 관제의견이나 지배자에게 무해한 여론만이 허용되는 결과를 초래할 염려가 있기 때문에 헌법이 직접 그 금지를 규정하고 있는 것이다. 그러므로 헌법 제21조 제2항이 언론·출판에 대한 검열금지를 규정한 것은 … 언론·출판의 자유에 대하여는 검열을 수단으로 한 제한만은 법률로써도 허용되지 아니 한다는 것을 밝힌 것이다."

심사하여 허가하는지에 따라 발표여부가 결정되는 것을 말한다.[18] 이로써 검열 금지란 '표현물의 내용'에 대한 허가제의 금지를 의미하는 것이다.

역사적으로 검열이란, 국가나 교회가 자신에게 불리한 사상·견해의 발생이나 전파를 사전에 방지하기 위하여 국민의 정신생활을 계획적으로 감시·감독하는 행위, 특히 서적의 내용에 대한 사전적 통제를 의미하였다. 사전검열이 국민의 정신생활과 민주주의의 실현에 대하여 미치는 해악이 심대하기 때문에, 헌법은 사전검열을 절대적으로 금지하고 있는 것이다. 국가가 사전검열을 통하여 국민이 접촉할 수 있는 견해와 사상의 내용을 결정함으로써, 국민의 정신생활과 문화생활을 국가가 의도하는 일정한 방향으로 유도할 수 있고, 나아가 정치적 영역에서 국민의 여론형성을 주도하고 정치적 의사형성 과정을 지배할 수 있기 때문이다. 헌법재판소도 표현물에 대한 사전적 내용심사가 표현의 자유를 사실상 형해화하고 질식시킬 수 있다고 하는 점에서 표현의 자유에 미치는 불리한 효과의 중대성을 감안하여 헌법 제21조 제2항의 검열금지를 '절대적인 의미의 금지'로 이해한 것이다.

검열의 개념은 표현물의 내용적 심사를 전제로 하기 때문에, 표현물의 내용과 관계없이 단지 의견표명의 특정한 형태나 방식에 의하여 발생하는 위험에 대하여 대처하고자 하는 허가절차는 검열이 아니다. 가령, 교통안전에 대한 위험을 이유로 항공기 등을 이용하여 전단을 뿌리는 행위를 금지하거나 비영업용 차량 등 교통수단을 이용한 광고를 제한하는 '광고물에 대한 규제'의 경우, 규제의 목적이 표현물 내용의 규제가 아닌 한, 검열에 해당하지 않는다.[19]

다. 집회의 자유에 대한 內容的 규제와 方法的 규제의 근본적인 차이

표현의 자유에 대한 사전규제의 경우에도 내용중립적 규제와 내용차별적 규제가 구분되어야 하고 단지 내용차별적 규제만이 검열로서 절대적으로 금지되는 것과 마찬가지로, 집회의 자유의 영역에서도 내용중립적 사전규제와 내용차별적 사전규제는 근본적으로 법적 성격을 달리하는 것으로 구분되어야 한다. '집회의 내용과 목적에 대한 국가의 규제'와 '집회의 자유의 행사방법에 대한 국가의 규제'는 기본권제한의 효과와 공동체에 대하여 미치는 영향에 있어서 근본적으로 다른 것이다.

집회의 자유의 행사는 다수인의 집단적인 행동을 수반하기 때문에, 특히 옥외집회의 경우 공익이나 타인의 법익과 충돌할 가능성이 크다. 따라서 어떠한 방식으로든 행정청

18) 헌재 1996. 10. 4. 93헌가13(영화검열), 판례집 8-2, 212, 검열이란 "행정권이 주체가 되어 사상이나 의견등이 발표되기 이전에 예방적 조치로서 그 내용을 심사, 선별하여 발표를 사전에 억제하는, 즉 허가를 받지 아니한 것의 발표를 금지하는 제도를 뜻한다. 그러므로 검열은 일반적으로 허가를 받기 위한 표현물의 제출의무, 행정권이 주체가 된 사전심사절차, 허가를 받지 아니한 의사표현의 금지 및 심사절차를 관철할 수 있는 강제수단 등의 요건을 갖춘 경우에만 이에 해당하는 것이다."

19) 헌재 2002. 12. 18. 2000헌마764(교통수단이용 광고제한 사건), 판례집 14-2, 856, 869.

으로 하여금 사전에 집회의 자유와 다른 법익을 조화시킬 수 있는지 여부에 관하여 판단할 수 있도록 하는 '사전적 통제조치'가 필요하다. 집회의 과정에서 발생하는 법익충돌을 사전에 방지하고 최소화하기 위하여, 국가가 어떠한 형태로든 집회의 자유의 행사방법을 사전에 규율하는 것은 불가피하다. 집회의 자유의 행사방법에 대한 국가의 규제는 '집회의 자유'와 '이와 상충하는 다른 보호법익'을 조화시키고 양립시키기 위하여 필요불가결한 법치국가적 수단으로서 궁극적으로 집회의 자유의 행사를 가능하게 하기 위한 것이다. 따라서 집회의 자유의 행사방법에 대한 규제는 기본권주체에 대하여 집회를 통한 공동의 인격발현에 미치는 효과가 경미할 뿐만 아니라, 공동체의 법익을 보호하고 다른 기본권주체의 기본권행사를 가능하게 하기 위하여 요청되는 것이다.

이에 대하여, 집회의 내용과 목적에 따른 규제는 집회의 자유와 다른 기본권주체의 자유를 병존시키기 위한 수단이 아니라 집회의 목적 또는 집회에서 표명되는 의견의 내용에 따라 집회의 허용여부를 결정하는 자의적인 국가공권력의 행사에 해당하는 것으로, 어떠한 헌법적 관점에서도 정당화되지 않는 것이다. 국가가 자유행사의 목적이나 방향을 규정하고 이에 부합하지 않는 자유행사를 금지하는 것은 자유권의 본질에 반하는 것으로 헌법적으로 허용되지 않는다. 이러한 규제가 집회의 자유를 행사하고자 하는 기본권주체에 대하여 개인의 인격발현에 있어서 중대한 제한효과를 초래함은 물론이고, 집회를 통한 집단적인 의견표명을 그 내용에 따라 선별적으로 억제할 수 있다는 점에서도 민주주의를 구성하는 요소로서 집회의 자유의 기능을 제거하는 효과를 가진다.

라. 헌법 제21조 제2항에 의하여 絕對的으로 금지되는 허가의 의미

(1) 헌법 제21조 제2항은 타인과의 의견교환을 위한 기본권인 표현의 자유, 집회·결사의 자유에 대하여 공통적으로 허가제를 금지하고 있는데, 이와 같은 허가제의 금지는 일차적으로 표현물의 내용이나 집회·결사의 목적과 내용에 따른 자의적인 금지가능성을 절대적으로 배제하고자 하는 것으로 이해되어야 한다. 집회의 자유의 경우에도, 헌법 제21조 제2항의 허가제 금지는 일차적으로 집회를 그 내용과 목적에 따라 자의적으로 금지하거나 허용하는 것을 방지하고자 하는 것이다.

여기서 집회의 내용과 목적이란, 집회라는 수단을 통하여 공동으로 의견을 표명하고자 하는 경우 달성하고자 하는 목적, 즉 집회를 통하여 집단적으로 표현되는 견해의 내용이라고 할 수 있고, 결국 '집회의 내용과 목적에 대한 규제'란 '표현물에 대한 내용적 규제'와 동등한 비중과 중요성을 가진다. 이러한 의미에서, 집회의 내용과 목적에 따른 허가는 '표현물의 내용에 대한 허가'와 헌법적으로 동일한 의미를 가지며, 이로써 '표현물에 대한 검열'이 절대적으로 금지되는 바와 같이, 집회의 내용과 목적에 대한 검열도 절대적으로 금지된다. 따라서 헌법 제21조 제2항에서 絕對的으로 금지하는 '허가'란 집회의 내용과 목적에 따라 행정청의 자의적인 결정을 가능하게 하는 허가제를 의미하는 것이고, 바로 이러한 경우에 한하여 집회허가에 대한 절대적 금지가 헌법적으로 정당화되는 것이다.

(2) 그러나 대상결정에서 위헌의견은 '집회에 대한 허가제'도 '표현물에 대한 검열제'와 마찬가지로 절대적으로 금지된다고 하여 표현물에 대한 검열의 법리를 집회의 자유의 '모든 보호범위'에 대하여 그대로 적용하고 있다. 그러나 표현물에 대한 사전검열의 법리를 집회의 자유에 대해서도 적용한다면, 그 적용가능성의 여부를 판단하는 기준은 행정청에 의한 '事前的 규제' 여부가 아니라 '內容的 규제' 여부이어야 한다.[20]

헌법이 표현의 자유와 관련하여 검열을 절대적으로 금지하고 있는 것은, 표현물의 내용에 대한 사전적 허가제는 표현의 자유에 대한 핵심적 침해로서 헌법이 표현의 자유에 부여하고 있는 고유한 기능(개인의 인격발현의 요소이자 자유민주주의를 구성하는 요소)을 제거할 위험이 있기 때문이다. 따라서 사전검열의 법리에 따라 절대적으로 금지되는 '집회에 대한 허가'는 내용적 통제를 의미하는 허가, 집회의 내용과 목적에 따른 허가에 국한되어야 한다. 결국, 집회를 통하여 집단적으로 표명되는 '의견의 내용' 때문에 집회가 금지되는 경우에 한하여, 집회에 대한 허가제는 그 실질에 있어서 표현물에 대한 사전적 내용통제이고, 이로써 절대적으로 금지되는 검열에 해당하는 것이므로, 사전검열의 법리가 적용될 여지가 있는 것이다.

2. 집회의 자유의 행사방법에 대한 허가가 絶對的으로 금지되는지의 문제

가. 사전적 규제조치로서 허가제와 신고제의 相對的 차이

집회의 내용과 목적에 따른 허가가 절대적으로 금지되는 것이라면, '집회의 자유의 행사방법을 허가절차를 통하여 규율하는 것도 절대적으로 금지되는지'의 문제가 제기된다. 집회의 자유는 다른 기본권과 마찬가지로 공익상의 이유로 제한이 가능함은 물론이고, 기본권의 행사과정에서 법익충돌의 위험이 크기 때문에, 법익충돌의 가능성을 사전에 방지하기 위하여 집회의 자유의 '행사방법'을 규율하는 것은 불가피하다. 집회로 인하여 법익충돌이 우려되는 경우 행정청으로 하여금 적시에 사전적·예방적 심사를 가능하게 하는 조치로서, 허가제와 신고제가 고려된다.[21]

(1) 입법자는 옥외집회를 일반적으로 금지하면서 국민의 신청에 의하여 허가요건이 충족되거나 금지요건에 해당하지 않는 경우 집회를 허가하는 '허가제'를 취할 수도 있고, 옥외집회에 대해서는 사전신고를 의무화하고 신고내용으로 보아 법적으로 금지되는

20) 재판관 2인의 합헌의견도 이를 적절하게 지적하고 있다(위 Ⅱ. 2. 다. 합헌의견 요지 참조).

21) 한편, 옥내집회의 경우에는 법익충돌의 위험성이 적기 때문에, 옥내집회에 대하여 전반적으로 허가제나 신고제를 도입하는 것은 과잉제한으로서 위헌으로 판단된다.

요건에 해당하는 경우에는 사전에 이를 금지하는 '신고제'를 채택할 수도 있다. 그런데 허가제의 경우 허가요건이 법률로써 명확하게 규정되어 행정청의 자유재량을 배제하면서, 허가제의 집회금지요건과 신고제의 집회금지요건이 내용적으로 상응한다면, 허가제와 신고제 모두 법적으로 금지되는 집회를 사전에 금지한다는 점에서 근본적으로 큰 차이가 없다.[22] 허가제와 신고제 사이에 차이가 있다면, 신고제의 경우 옥외집회를 하기 위하여 신고서를 제출하는 것만으로 충분하지만, 허가제에 있어서 행정청이 허가여부에 관한 결정을 하지 않거나 지연시키는 경우, 행정청의 해태가 신고제와 비교할 때 집회허가를 신청한 국민에게 불리하게 작용한다는 점인데, 이러한 불리함도 허가여부에 관한 결정기간을 단기로 확정하고 결정기간의 도과와 더불어 허가를 한 것으로 간주하는 규정을 둠으로써 상당 부분 해소될 수 있다.

그렇다면 집회의 자유의 행사방법을 사전적으로 규율하는 방식으로서 허가제와 신고제의 차이는 단지 상대적인 성질의 것이며 본질적인 차이가 아니다. 신고제가 단순히 행정청이 신고서를 접수하는데 그치는 '완전한 의미의 신고제'가 아니라 행정청이 신고내용을 근거로 하여 법적으로 금지되어야 하는 집회를 금지통고의 형태로 사전에 금지할 수 있다는 점에서, 그 내용상 실질적으로 '사전적 허가제'와 크게 다르지 않다.

(2) 신고제의 목적은 집회를 사전에 제한하거나 금지하고자 하는 것이 아니라, 집회의 자유와 다른 보호법익이 양립할 수 있는 가능성을 모색함으로써 집회를 가능하게 하고자 하는 것이다. 신고의무는, 관할행정청이 원활한 집회의 진행과 제3자의 법익·공익의 보호를 위하여 어떠한 조치를 취해야 하며, 서로 상충하는 법익을 어떻게 조화시킬 수 있는지에 관하여 사전에 준비할 수 있도록, 그에 필요한 정보를 얻게 하는 데 그 목적이 있다.[23] 즉 신고의무는 집회로 인하여 발생할 수 있는 법익충돌의 위험에 대하여 사전에 적절하게 대처할 수 있는 기회를 관할관청에 부여함으로써, 한편으로는 계획된 집회의 원활한 진행을 가능하게 하면서, 다른 한편으로는 공공의 안녕질서에 대한 위험을 최소화하는 조치를 사전에 준비할 수 있도록 하는 것이다. 이로써 집회신고는 제3자의 법익이나 공익뿐만 아니라 집회주최자의 이익에도 기여하는 것이다.[24] 따라서 신고의무의 주된 취지가 집회의 자유와 다른 보호법익이 양립할 수 있는 가능성을 모

22) 이미 이에 관하여 서술하고 있는 것으로, 한수웅, 集會의 自由 및 集會및示威에관한법률, 저스티스, 2004. 2.(제77호), 14면 이하.

23) Vgl. BVerfGE 69, 315, 350ff.; Dietel/Gintzel/Kniesel, Demonstrations- und Versammlungsfreiheit, 2000, §14 Rn.5ff.; 유사하게 전광석, 집회의 자유에 대한 사전제한, 고시연구 1995. 7. 145면.

24) 헌재 2009. 5. 28. 2007헌바22(옥외집회 사전신고의무), 판례집 21-1하, 578, 590, [사전신고제도의 목적에 관하여] "위 법률조항은, 당해 집회가 방해받지 않고 개최될 수 있도록 개최 전 단계에서 집회 개최자와 제3자, 일반 공중 사이의 이익을 조정하여 상호간의 이익충돌을 사전에 예방하고, 집회에 대한 사전신고를 통하여 행정관청과 주최자가 상호 정보를 교환하고 협력함으로써 집회가 평화롭게 구현되도록 하는 한편, 옥외집회로 인하여 침해될 수 있는 공공의 안녕질서를 보호하고 그 위험을 최소화하고자 하는 것으로, 입법목적의 정당성이 인정된다."

색하고자 하는 것이므로, 신고의무규정이 신고제를 도입한 목적에 부합하게 해석 · 적용되는 한, 신고의무를 규정한 것 자체는 헌법적으로 하자가 없다.[25]

나. 집회의 자유를 보다 적게 제한하는 수단으로서 신고제

허가제와 신고제는 기본권적 자유에 대한 서로 상이한 이해에서 출발하고 있다.[26] 신고제는 계획한 집회에 관한 정보를 관할관청에 제공하는 절차로서, 기본권의 행사가 원칙이고 그에 대한 금지가 예외라는 사고에 바탕을 둔 반면, 허가제는 관할관청에 집회에 대한 사전적 동의를 구하는 절차로서, 설사 금지가 사전적 · 예방적 허가절차의 준수를 확보하기 위한 형식적인 금지라 하더라도, 자유의 행사에 대한 금지가 원칙이고 그에 대한 허가가 예외라는 형식을 취하고 있는 것이다.

또한 신고제의 경우 집회의 자유를 행사하기 위하여 단지 집회의 신고만이 필요한데 반하여 허가제의 경우 개인의 허가신청과 행정청의 허가결정이 필요하다는 점에서, 허가제가 그 성격에 있어서 신고제에 접근하도록 아무리 허가요건을 법률로써 명확히 규정하여 행정청의 재량을 제한한다 하더라도, 국민에게는 절차적으로도 집회의 자유를 보다 제한하는 불리한 제도라 할 수 있다. 따라서 집회의 자유에 대하여 보다 경미한 제한을 가져오는 신고제에 의해서도 달성하려는 공익을 실현할 수 있음에도 허가제를 취하는 것은 과잉금지원칙에 위반되어 집회의 자유를 과잉으로 제한하는 것이다.[27] 이러한 관점에서는, 입법자가 집회의 내용이나 목적과 관계없이 단지 자유행사의 방법을 법치국가적으로 규율하는 허가제를 선택하는 경우에도 위헌인 것이다.

다. 過剩禁止原則의 관점에서 허가제의 相對的 禁止

(1) 대상결정에서 위헌의견의 중대한 오류는, 행정청의 사전판단에 따라 집회의 허용여부가 결정되는 허가는 그 기능과 법적 성격을 불문하고 표현의 자유에 있어서 검열과 같은 것으로 헌법에 의하여 絕對的으로 금지된다고 이해하는 것에 있다. 그러나 헌법이 집회에 대한 허가를 금지하고 있는 이유는, 행정청의 사전판단에 따라 집회의 허

25) 헌재 2009. 5. 28. 2007헌바22(옥외집회 사전신고의무), 판례집 21-1하, 578, 590 [사전신고제도가 헌법 제21조 제2항이 금지하는 허가제에 해당하는지 여부에 관하여] "이러한 사전신고는 경찰관청 등 행정관청으로 하여금 집회의 순조로운 개최와 공공의 안전보호를 위하여 필요한 준비를 할 수 있는 시간적 여유를 주기 위한 것으로서, 협력의무로서의 신고라고 할 것이다. 결국, 구 집시법 전체의 규정 체제에서 보면 법은 일정한 신고절차만 밟으면 일반적 · 원칙적으로 옥외집회 및 시위를 할 수 있도록 보장하고 있으므로, 집회에 대한 사전신고제도는 헌법 제21조 제2항의 사전허가금지에 반하지 않는다고 할 것이다."; 마찬가지로 vgl. BVerfGE 69, 315, 350.

26) 이미 이에 관하여 서술하고 있는 것으로, 한수웅, 集會의 自由 및 集會및示威에관한법률, 저스티스, 2004. 2.(제77호), 16면.

27) Vgl. Gusy, in: Mangoldt/Klein/Starck(Hg), GG, Art.8, Rn.36; Ehrentraut, Die Versammlungsfreiheit im amerikanischen und deutschen Verfassungsrecht, 1990, S.189ff.; Kunig, in: Münch/Kunig(Hg), GGK, 2000, Art.8, Rn.27; Mutius, Die Versammlungsfreiheit des Art.8 Abs.1 GG, Jura 1988, S.82.

용여부가 결정되는 사전적 규제는 절대적으로 금지되어야 하기 때문이 아니다.

만일 이러한 이유에서 헌법이 집회에 대한 허가를 금지한다면, 집회에 대한 '신고제'도 마찬가지로 금지되어야 하고, 헌법재판소는 집시법상 신고제에 관한 규정에 대해서도 위헌으로 판단해야 할 것이다. 신고제의 경우에도 행정청이 사전심사를 통하여 집시법상 금지되어야 하는 집회를 사전에 금지할 수 있다는 점에서, 신고제도 행정청의 사전판단에 따라 집회의 허용여부를 결정하는 사전규제로서 그 실질에 있어서 '위헌의견이 말하는 집회에 대한 검열제'에 해당하기 때문이다. 신고제가 비록 그 규율형식이나 규율절차에 있어서 집회의 자유를 보다 존중하는 제도이기는 하나, 집회의 자유의 행사방법 때문에 집시법상 금지되어야 하는 집회를 행정청의 판단에 따라 사전에 금지한다는 점에서는 그 실질에 있어서 허가제와 동일하다.[28] 그렇다면, 헌법이 금지하는 집회허가의 의미는 달리 해석되어야 한다.

(2) 헌법 제21조 제2항의 허가금지를 집회의 자유의 행사방법에 대해서도 확대함으로써 '집회의 자유의 행사방법을 사전에 규율하는 허가'도 금지되어야 한다면, 이러한 허가금지는 '집회에 대한 내용적 심사에 의하여 정당화되는 絶對的 허가금지'에 그 헌법적 근거를 둘 수 없다. 집회의 자유의 행사방법을 규율하는 사전적 절차로서 허가제와 신고제 사이에 본질적인 차이가 없다는 점에 비추어, 집회의 자유의 행사방법을 규율하는 허가제는 신고제와의 관계에서 단지 相對的 성격의 것이다. 비교법적으로 살펴보더라도, 미국, 일본 등 다수의 선진외국에서는 위와 같은 형태의 허가제를 합헌적인 것으로 판단하고 있다.[29]

따라서 집회의 내용과 목적에 따른 허가제가 아니라 집회의 자유의 행사방법을 규율하는 허가제의 위헌성은 집회의 자유의 행사방법을 규율하는 또 다른 규율형식인 '신고제와의 관계에서 相對的으로' 논증되어야 한다. 집회의 자유의 행사방법을 사전에 효과적으로 규율하는 수단으로서 허가제와 신고제가 고려된다면, 국가는 공익을 실현하기 위하여 고려되는 여러 수단 중에서 국민의 기본권을 가장 존중하는 수단을 선택해야 한다는 의미에서, 즉 過剩禁止原則의 관점에서 헌법이 허가제를 금지한 것이라 볼 수 있다. 따라서 집회의 행사방법에 대한 허가제는 어떠한 경우에도 허용되지 않는다는 의미에서 절대적으로 금지되는 것이 아니라, 과잉금지원칙에 비추어 신고제와의 관계에서 상대적으로 금지되는 것이다.

---

28) 제2차 야간옥외집회금지 사건에서 법원이 위헌법률심판제청을 한 것은 바로 집시법상 신고제가 그 실질에 있어서는 허가제와 근본적으로 동일하다는 것을 인식하였기 때문이다.

29) 美國, 日本 등의 허가제에 관하여 박용상, 집회의 자유, 헌법논총 제10집(1999), 57면 이하, 64면 참조; 양건, 집회·시위에 대한 사전제한, 한양대법학논총 제8집(1991), 152면 이하 참조; vgl. Ehrentraut, Die Versammlungsfreiheit im amerikanischen und deutschen Verfassungsrecht, 1990, S.190; Chemerinsky, Constitutional Law, 1997, 921, 926.

요컨대, 헌법이 집회의 행사방법을 규율하는 허가제를 금지하는 이유는, 허가제가 행정청의 판단에 따라 집회의 허용여부를 결정하는 사전적 규제이기 때문이 아니라, 집회의 허용여부를 사전적으로 판단하는 2가지 규제방법 중에서 허가제가 신고제와 비교할 때 집회의 자유를 상대적으로 보다 제한하는 수단이기 때문이다.

3. 신고제를 채택한 집시법 내에서 특별규정으로서 허가제가 허용되는지의 문제

가. 특수한 상황에서 허가제의 예외적 허용여부

(1) 헌법 제21조 제2항이 규정하는 '허가제의 상대적 금지'는 집회의 자유의 영역에서 과잉금지원칙이 적용된 결과로서 궁극적으로 과잉금지원칙에 그 헌법적 근거를 두고 있기 때문에, 다음과 같은 이중적인 관점에서 입법자의 형성권을 구속한다.

첫째, 허가제의 상대적 금지는, 입법자가 신고제와 허가제 중에서 어떠한 것을 집회의 자유의 행사방법을 규율하는 방식으로 삼을 것인지를 판단함에 있어서 입법자를 구속한다. 입법자가 집회의 자유의 행사와 관련하여 전반적으로 허가제를 취하는 것은 과잉금지원칙의 관점에서 허가제를 상대적으로 금지하는 헌법 제21조 제2항에 위반된다.

둘째, 허가제의 상대적 금지는, 입법자가 집회의 자유의 행사방법을 규율하는 방식으로 신고제를 채택한 경우 특수한 상황에 대처하기 위하여 신고제 내에서 '예외적으로' 허가제를 도입할 것인지를 판단함에 있어서 입법자를 구속한다. 입법자가 신고제의 체계 내에서 예외적으로 부분적인 허가제를 도입한다면, 이러한 허가제는 공익상의 이유에 의하여 별도로 정당화되어야 한다. 허가제가 절대적으로 금지되는 것이 아니라 신고제와의 관계에서 단지 상대적으로 과잉금지원칙의 관점에서 금지되기 때문에, 허가제를 정당화하는 특수한 상황이 존재한다면, 즉 신고제의 체계 내에서 부분적인 허가제가 과잉금지원칙에 부합한다면, 부분적인 허가제의 도입은 예외적으로 허용된다.

(2) 요컨대, '허가제의 상대적 금지'는 한편으로는 집회의 행사방법에 대한 원칙적인 규율방식으로서 허가제를 도입하는 것을 금지하면서, 다른 한편으로는 허가제의 도입을 요청하는 특별한 공익적 사유가 존재하는 경우에는 허가제를 예외적으로 허용한다.

예컨대, '야간옥외집회'나 '특정 장소에서의 옥외집회'를 원칙적으로 금지하면서 예외적으로 일정 요건 하에서 옥외집회를 허가하도록 규정하는 경우이다. 이러한 법률조항은 개별적인 경우의 구체적인 위험상황과 관계없이 단지 특정한 장소에서 또는 야간시간대에 집회가 행해진다는 것만으로 고도의 법익충돌의 가능성(추상적인 위험성)이 존재한다는 예측판단에서 출발하여, 이러한 특수 상황에서의 집회를 전면적으로 금지해야만 의도하는 법익보호가 효과적으로 이루어질 수 있다는 판단에 기초하고 있다. 헌법 제21조 제2항이 허가제를 상대적으로 금지한다고 하여, 입법자가 특수한 상황에 대처하기 위하여 '예외적으로' 허가제를 도입하는 것까지 자동적으로 배제하는 것은 아니다.[30] 집회의 행사방법에 대한 허가제는 어떠한 경우에도 허용되지 않는다는 의미에서 절대적으로 금지되는 것이 아니라, 신고제와의 관계에서 단지 상대적으로 과잉금지원칙의 관점에서 금지되는 것이기 때문이다.

(3) 따라서 야간옥외집회를 원칙적으로 금지하는 규정의 위헌성이 문제된다면, 특정 장소에서의 옥외집회를 금지하는 규정의 위헌성판단과 마찬가지로, 야간옥외집회금지규정의 위헌여부는 첫째, 야간옥외집회로 인하여 구체적인 위험이 발생할 우려가 있거나 발생하는 경우 집시법상의 일반조항으로도 이에 대처하는 것이 가능하기 때문에 별도의 야간옥외집회에 관한 규정이 불필요한지, 둘째, 야간옥외집회가 보호법익에 대한 직접적인 위협을 초래한다는 일반적 추정이 구체적인 상황에 의하여 부인될 수 있다면, 개별적인 경우 보호법익이 구체적으로 위협받는지 여부와 관계없이 모든 야간옥외집회를 전면적으로 금지하는 것이 과잉제한인지의 관점에서 별도로 판단되어야 한다.[31]

이를 구체적으로 살펴보면, 첫째, 집시법이 신고제를 원칙으로 하면서 집회로부터 발생하는 법익충돌의 위험에 대처하기 위하여 다양한 법적 수단(집회의 금지 · 해산 · 제한 통고 등)을 갖추고 있다는 점에서, 야간옥외집회에 대해서도 이와 같은 일반규정으로 해결하지 아니하고 허가제라는 특별규정을 둔 것이 과잉금지원칙의 관점에서 과도한 제한인지, 둘째, 옥외집회가 금지되는 야간 시간대를 정한 것이 너무 광범위하기 때문에 과잉금지원칙에 반하는지의 여부에 관한 것이다.[32]

대상결정에서 위헌의견이 주장하는 바와 같이, 야간옥외집회만을 특별히 규율하는 규정을 두고 있는 국가가 많지 않다는 외국의 입법례가 고려되어야 한다면,[33] 이러한 비교법적 관점이 고려될 수 있는 연관관계는 바로 '야간집회와 같은 특수한 상황에 대처하기 위하여 신고제 내에서 허가제가 반드시 필요한지 여부'를 판단하는 부분이다.

---

30) 독일에서 신고제를 원칙으로 채택한 집시법의 체계에서 특정 장소(국회의사당 등)에서의 옥외집회를 원칙적으로 금지하는 허가제가 예외적으로 허용될 수 있는지의 논의에 관하여 vgl. Schwarze, Demonstrationen vor den Parlamenten, DÖV 1985, S.213ff.; Dietel/Gintzel/Kniesel, Demonstrations- und Versammlungsfreiheit, 2000, §16 Rn.16ff.; Breitbach, in: Ridder/Breitbach/Rühe/Steinmeier(Hg), Versammlungsrecht Kommentar, 1992, §16 Rn.9ff.; Ehrentraut, Die Versammlungsfreiheit im amerikanischen und deutschen Verfassungsrecht, 1990, S.162ff.; Tsatsos/Wietschel, Bannmeilenregelungen zum Schutz der Parlamente wieder in der Diskussion, ZRP 1994, S.212ff.; Breitbach, Das Versammlungsverbot innerhalb von Bannmeilen um Parlamente und seine Ausnahmeregelung, NVwZ 1988, S.588ff.

31) 이러한 관점에서 의사당 인근에서의 옥외집회를 전면적으로 금지하는 특별규정이 불필요하다고 보는 견해로는 Ehrentraut, Die Versammlungsfreiheit im amerikanischen und deutschen Verfassungsrecht, 1990, S.166; Tsatsos/Wietschel, Bannmeilenregelungen zum Schutz der Parlamente wieder in der Diskussion, ZRP 1994, S.213f.; Werner, Das neue Bannmeilengesetz der "Berliner Republik", NVwZ 2000, S.375.

32) 이와 같은 취지로 재판관 2인의 헌법불합치의견, 판례집 제21-2상, 427, 429.

33) 판례집 21-2상, 427, 443.

다수의 민주국가에서 야간집회금지에 관한 특별규정을 두지 않은 것은 신고제에 의한 일반조항의 엄격한 적용과 법집행을 통하여 야간집회에 대처할 수 있다고 판단하기 때문이다.[34)]

나. 헌법재판소의 관련 판례의 내용

종래 헌법재판소의 판시내용을 살펴보면, 외교기관 인근에서의 집회금지 사건(헌재 2003. 10. 30. 2000헌바67등)에서 헌법재판소는 집회금지장소규정의 위헌성을 심사함에 있어서 첫째, 집시법상의 일반규정에도 불구하고 집회금지장소에 관한 특별규정을 두어 일정 장소에서의 집회를 전반적으로 금지하는 것이 과도한 규제인지 여부, 둘째, 입법자가 집회금지장소에 관한 특별규정을 둘 수 있다면, 예외를 허용하지 않는 전면적인 집회금지가 과도한 규제인지 여부를 판단하였다.[35)] 헌법재판소는 그 외 법원이나 국회의사당 인근에서의 집회를 전면적으로 금지하고 있는 집시법조항에 대해서도 과잉금지원칙의 관점에서 위와 같은 논리구조에 입각하여 판단하였다.[36)]

다. 위헌의견의 문제점

위헌의견에 의하면, 모든 형태의 허가제가 헌법상 절대적으로 금지됨으로써 신고제

---

34) 夜間屋外集會의 경우, 법익충돌의 가능성이 크고 관할행정청이 집회로부터 발생하는 위험성에 대하여 정확하게 예측하고 판단하는 것이 곤란하기 때문에, 집회를 사전에 금지·제한하거나 사후적으로 해산하는 조치를 취함에 있어서 폭력시위의 위험성을 판단하는 기준이 晝間屋外集會와 비교할 때 완화될 수 있다.

35) 헌법재판소는 위 결정에서 ① 첫 번째 단계의 판단에서 "집회의 자유를 국민의 기본권으로 보장한 헌법의 정신에 비추어 보거나 이러한 헌법의 정신에 부합하여 일정한 신고절차만 밟으면 원칙적으로 집회를 할 수 있도록 보장하는 집시법의 규정체계를 볼 때, 법익충돌이 특별히 우려되는 장소에서의 집회의 경우에도 원칙적으로 집회가 허용되는 것으로 규정하는 방식을 택하는 것이 보다 바람직하다고 할 수 있다. 그러나 다른 한편으로 보건대, 특정 장소가 그 기능수행의 중요성 때문에 특별히 보호되어야 하고 중요한 기관에 대한 효과적인 보호가 그 장소에서의 집회를 원칙적으로 금지함으로써 이루어질 수 있다고 입법자가 판단하였다면, 이러한 입법자의 판단이 현저하게 잘못되었다고 할 수 없다. 입법자는 야간의 옥외집회나 특정 장소에서의 옥외집회의 경우와 같이 법익침해의 고도의 개연성이 있는 특수한 상황에 대해서는 집회가 공공의 안녕질서에 미칠 영향이나 법익충돌의 위험성의 정도에 따라 그에 상응하는 규제를 할 수 있다. 따라서 주요 헌법기관이나 외교기관의 보호와 관련하여, 특정 장소를 보호하는 특별규정을 두기로 한 입법자의 결정 자체가 국민의 기본권을 과도하게 침해하는 것이라고 할 수는 없다."고 판시하여 특별규정이 헌법적으로 허용되는 것임을 확인하였다(판례집 15-2하, 41, 57-58). ② 이어서, 헌법재판소는 두 번째 단계에서 "그러나 특정장소에서의 집회가 이 사건 법률조항에 의하여 보호되는 법익에 대한 직접적인 위협을 초래한다는 일반적 추정이 구체적인 상황에 의하여 부인될 수 있다면, 입법자는 '최소침해의 원칙'의 관점에서 금지에 대한 예외적인 허가를 할 수 있도록 규정해야 한다. … 따라서 입법자가 '외교기관 인근에서의 집회의 경우에는 일반적으로 고도의 법익충돌위험이 있다'는 예측판단을 전제로 하여 이 장소에서의 집회를 원칙적으로 금지할 수는 있으나, 일반·추상적인 법규정으로부터 발생하는 과도한 기본권제한의 가능성이 완화될 수 있도록 일반적 금지에 대한 예외조항을 두어야 할 것이다. … 이 사건 법률조항은 전제된 위험상황이 구체적으로 존재하지 않는 경우에도 이를 함께 예외 없이 금지하고 있는데, 이는 입법목적을 달성하기에 필요한 조치의 범위를 넘는 과도한 제한인 것이다."라고 하여 예외를 허용하지 않는 전면적인 집회금지를 위헌으로 판단하였다(판례집 15-2하, 41, 58-59).

36) 근본적으로 동일한 판시내용으로 헌재 2005. 11. 24. 2004헌가17(각급법원 인근에서의 집회금지 사건), 판례집 17-2, 360, 361; 헌재 2009. 12. 29. 2006헌바20(국회의사당 앞 옥외집회금지 사건), 판례집 21-2하, 745.

내에서 특수한 상황에 대처하기 위한 허가제도 이미 헌법 제21조 제2항에 의하여 절대적으로 금지된다. 이러한 위헌의견의 태도는, 신고제를 채택한 집시법 내에서 예외적으로 허가제를 취하고 있는 특별규정의 위헌여부를 과잉금지원칙의 관점에서 심사하여 이를 허용되는 것으로 판단해 온 헌법재판소의 종래 일관된 판례에 명백하게 반하는 것이다.

물론, 신고제 내에서 허가제의 허용여부를 부인할 수는 있으나, 그 헌법적 근거는 위헌의견이 주장하는 바와 같이 헌법 제21조 제2항이 모든 형태의 허가를 절대적으로 금지한다는 形式的 이유에 있는 것은 아니라, 허가제가 과잉금지원칙에 위반된다는 實體的 이유에서 찾아야 한다.[37] 헌법재판소가 '특수한 상황에 대처하기 위하여 신고제 내에서 예외적으로 채택한 허가제'를 위헌으로 판단한다면, '신고제가 제공하는 다양한 대처방법(금지통고, 제한통고 등)으로도 야간옥외집회와 같은 특수한 상황에서 발생하는 위험에 충분히 대처할 수 있으므로, 특수한 상황에 대하여 별도의 허가제를 인정하는 것은 집회의 자유를 과도하게 제한하는 불필요한 과잉의 수단이다'라고 하는 관점에서 그 위헌성을 實體的으로 논증해야 할 것이다.

4. '행정권에 의한 사전허가의 방식'과 '법률에 의한 제한의 방식'의 구분의 문제

가. 대상결정에서 위헌의견은 "집시법 제11조 내지 제14조에서도 집회의 장소, 방법 등에 관하여 집회의 자유를 제한하는 규정을 두고 있긴 하지만, 위 규정들은 집시법 제10조와 같이 행정권에 의한 사전허가의 방식으로 집회의 자유를 규제하지 아니하고, 법률에 의한 제한의 방식을 취하고 있으므로 이 사건 헌법규정에 대한 위반의 문제는 발생하지 않는다. 나아가 집시법 제11조 제4호는, 원래 국내 주재 외국의 외교기관이나 외교사절의 숙소부근에서는 옥외집회 및 시위를 절대적으로 금지하는 규정을 두었다가 헌법재판소의 위헌결정(헌재 2003. 10. 30. 2000헌바67등 결정)에 따라 단서조항이 신설되는 개선입법이 이루어졌지만, 이때에도 행정권에 의한 사전허가의 방식이 아니라 법률에 의한 규제방식을 택하였을 뿐이므로, 행정권에 의한 사전허가의 방식으로 집회의 자유를 제한하고 있는 집시법 제10조와는 다르다는 점을 주목할 필요가 있다."고 주장하고 있다.[38]

이로써 위헌의견은 집회의 방법에 대한 규제를 '행정청에 의한 사전허가의 방식'과 '법률에 의한 제한의 방식'으로 구분하여 전자는 헌법상 금지되는 허가에 해당하는 것이

37) 야간옥외집회를 금지하는 법률조항의 위헌성을 헌법 제21조 제2항의 허가금지에 의하여 파악할 수 없다고 하는 것은 재판관 2인의 위헌보충의견에서도 스스로 밝히고 있다. 그러한 이유로 위헌보충의견은 집시법 제10조 본문의 위헌성을 헌법 제37조 제2항에 위반된다는 것에서 찾고 있다. 판례집 21-2상, 427, 445.

38) 판례집 21-2상, 427, 443.

고 후자는 헌법적으로 허용된다고 한다.

나. 그러나 '행정권에 의한 사전허가의 방식'과 '법률에 의한 제한의 방식'을 구분하여, 이러한 관점에 따라 헌법 제21조 제2항이 금지하는 허가에 해당하는지 여부를 판단하는 것이 타당한지의 문제가 제기된다.

(1) 행정청이 주체가 되어 집회의 허용여부를 사전에 판단하는 '행정청에 의한 사전허가'는 법치국가에서 법률유보의 원칙에 따라 행정청에게 국민의 기본권을 제한할 수 있는 권한을 부여하는 법률적 근거를 당연히 필요로 하는 것이며, 이로써 입법자가 법률의 형태로 행정청에게 수권규범을 제공해야만 가능한 것이다. 따라서 '행정청에 의한 사전허가'는 필연적으로 그 사전적 단계로서 입법자에 의한 기본권제한, 즉 '법률에 의한 규제'를 전제로 하는 것이다.

그러나 위헌의견은 야간집회금지규정인 집시법 제10조를 '행정권에 의한 사전허가'로, 외교기관 인근에서의 집회금지규정인 집시법 제11조 제4호를 '법률에 의한 규제'로 이해하여 그 법적 성격에 있어서 다른 것으로 판단하고 있다. 法文上으로는 집시법 제10조 단서조항의 경우 관할행정청이 야간집회의 허용여부를 사전에 판단할 수 있도록 명시적으로 규정하고 있는 반면, 집시법 제11조 제4호 단서조항의 경우에는 이러한 가능성을 명시적으로 표현하고 있지 않다. 아마도 위헌의견은 이러한 법문상의 차이에 주목하여 집시법 제11조 제4호를 '법률에 의한 규제'로 판단한 것으로 보인다.

여기서 위헌의견이 말하는 '법률에 의한 규제'가 무엇을 의미하는지 명확하지 않지만, 법률에 의한 직접적인 기본권제한, 즉 법률이 행정청에 의한 집행행위를 필요로 함이 없이 법현실에 직접 적용된다는 것을 말하는 것으로 이해된다. 그러나 집시법 제11조 제4호 단서조항은 행정청의 집행행위 없이 직접 적용되는 것이 아니라, 법현실에 적용되기 위해서는 행정청의 집행행위를 필요로 한다. 집시법 제11조 제4호 단서조항은 "다만, 다음 각 목의 어느 하나에 해당하는 경우로서 외교기관 또는 외교사절 숙소의 기능이나 안녕을 침해할 우려가 없다고 인정되는 때에는 해당하지 아니한다."고 규정함으로써, 신고한 집회가 법률이 정하는 예외사유에 해당하는지 여부(가령, 대규모시위로 확산될 우려가 없는지 여부 등), 나아가 부가적으로 외교기관의 기능이나 안녕을 침해할 우려가 없는지 여부에 관하여 관할행정청이 사전에 판단한다는 것을 전제로 하고 있는 것이다. 위 단서조항은 비록 관할행정청이 집회의 허용여부를 판단한다는 것을 명시적으로 표현하고 있지 않지만, 법률이 정한 요건을 충족시킨 경우에 한하여 집회를 허용하는 사전허가절차를 규정하고 있는 것이다.

결국, 집시법 제10조 및 제11조 제4호의 규정은 모두 '행정권에 의한 사전허가의 근거조항'으로서 법적 성격에 있어서 동일하다. 집시법 제11조 제4호의 규정이 외교기관 인근에서의 집회를 전면적으로 금지하면서 단지 단서조항이 정한 경우에 한하여 예외적으로 허용하고 있고, 의도하는 집회가 단서조항이 정한 경우에 해당하는지 여부를 관할 행정청이 판단해야 하므로, 외교기관 인근에서의 집회와 관련하여 집시법 제6조에 의한 신고는 그 실질에 있어서 '허가신청'에 해당하고, 관할행정청이 금지통고나 제한통고 등 아무런 조치를 취하지 않는 것은 집회의 '허가'에 해당한다. 이러한 점에서, 집시법 제11조 제4호의 규정은 신고제 내에서 실질적으로는 '허가제'로 기능한다.

(2) 결국, 위헌의견이 '법률에 의한 제한의 방식'의 예로 들고 있는 집시법 제11조 제4호의 경우를 보더라도, 입법자가 집시법규정을 통하여 외교기관 인근에서의 집회를 전면적으로 금지하면서 예외적으로 법률이 정하는 요건을 충족시킨 경우에 한하여 집회를 허용하는 방식(허가제)으로 집회의 자유를 규율하였고, 관할행정청은 이러한 허가제규정에 근거하여 개별적인 경우마다 구체적으로 법률이 정하는 허가요건에 해당하는지 여부를 사전에 판단하게 되는 것이다. 즉, '법률에 의한 제한'에 근거하여 '행정청에 의한 사전허가'가 이루어지는 것이다. 집시법 제11조 제4호가 예외적 허가를 해야 하는 요건을 법률에서 구체적으로 규정함으로써 행정청의 재량을 최소화하였다고 하더라도, 특정 장소에서의 집회를 원칙적으로 금지하면서 법률상 허가요건을 충족시킨 경우에 한하여 예외적으로 허용하는 허가제의 성격에 있어서 달라지는 것은 없다. 따라서 집시법 제11조 제4호는 '행정권에 의한 사전허가의 방식'이 아니라 '법률에 의한 규제방식'을 택하였을 뿐이라고 하는 위헌의견의 판시내용은 납득할 수 없다.

이러한 점에서 볼 때, 위헌의견이 '행정청에 의한 사전허가의 방식'과 '법률에 의한 제한의 방식'을 구분하는 것은, 법치국가에서 전자가 후자를 필연적인 전제로 하기 때문에 구분될 수 없는 것, 법적으로 동일한 것을 구분하여 법적으로 달리 평가하고자 시도한다는 점에서 중대한 문제를 안고 있다.

나아가, '집회금지장소규정'과 '야간옥외집회금지규정'은 특정 장소에서의 집회나 야간 시간대의 집회를 전면적으로 금지하면서 법이 정하는 허가요건에 해당하는 경우 예외적으로 허용한다는 점에서 근본적으로 동일한 법적 성격을 가진 것인데, 전자는 '법률에 의한 규제 방식'을 택한 것이고 후자는 '행정청에 의한 사건허가의 방식'을 택한 것이라고 하는 판시내용은 상식적으로 이해하기 힘든 부분이다. 집시법 제10조 및 제11조의 규정은 모두 신고제를 택하고 있는 현행 집시법 내에서 신고제에 기초한 일반조항으로 해결하기 어려운 특수한 상황에 대처하기 위하여 부분적으로 특별규정의 형태로 허가제를 도입하고 있는 규정인 것이다. 즉, 양 규정 모두 법률에 근거하여 집회의 자유의 행사방법을 법치국가적으로 규율하는 사전허가절차인 것이다.

다. 요컨대, 위헌의견은 헌법상 절대적으로 금지되는 집회허가에 해당하는지 여부를 판단함에 있어서 '국가에 의한 규제가 내용적 규제인지 여부'가 아니라 '행정청에 의한 사전규제인지 여부'를 기준으로 삼는 결정적 오류를 범하였다. 위헌의견을 따른다면, 입법자가 특수한 상황에 대하여 옥외집회를 원칙적으로 금지하면서 예외적으로 집회를 허용하는 단서조항을 두는 경우에는 헌법이 절대적으로 금지하는 허가에 해당하지만, 입법자가 특수한 상황에서 행해지는 옥외집회를 전면적으로 금지하면서 예외조항을 두지 않는 경우에는 '법률에 의한 제한 방식'이기 때문에 헌법이 절대적으로 금지하는 허가에 해당하지 않는다는 결론에 이른다.[39] 개인의 자유를 보다 보호하는 규정(원칙적으로 금지하면서 예외적으로 허용)은 헌법에 의하여 절대적으로 금지되는 것이고, 개인의 자유를 보다 강하게 제한하는 규정(예외 없는 전면적 금지)은 헌법적으로 허용되든지 아니면 헌법 제37조 제2항의 과잉금지원칙의 관점에서 상대적으로 금지된다고 하는 것은 그 자체로서 二律背反이다.

결국, 위헌의견이 채택한 기준인 형식적인 관점(행정청에 의한 사전허가에 해당하는지 여부)은 헌법 제21조 제2항의 허가의 의미를 이해함에 있어서 지극히 비본질적인 관점이기 때문에, 집회의 자유를 제한하는 법률조항의 위헌성을 밝히는 데 한계가 있을 수 밖에 없다. 재판관 2인의 위헌보충의견은 형식적인 관점에 의하여 법률조항의 위헌성을 파악할 수 없다는 점을 인식하였기 때문에 부가적으로 실체적 관점에서 과잉금지원칙의 위반여부를 판단해야 한다는 의견을 피력하였으나, 위헌보충의견도 '국민의 기본권에 대하여 보다 우호적인 법률조항은 헌법에 의하여 절대적으로 금지되는 반면, 국민의 기본권을 보다 제한하는 규정은 헌법에 의하여 상대적으로 금지된다'는 근본적인 모순을 제거할 수는 없다.

5. 沿革的 관점이 허가의 절대적 금지를 뒷받침하는지 여부

위헌의견은 '헌법은 집회의 자유에 있어서 허가의 방식에 의한 제한을 허용하지 않겠다는 헌법적 결단을 내리고 있다'고 하면서 이러한 헌법적 결단은 연혁적 관점에 의하여 지지된다고 주장한다. 위헌의견에 의하면, 연혁적인 관점에서 볼 때 1962년 개정헌법에서는 집회에 대한 허가 금지를 규정하는 한편, "옥외집회에 대하여는 그 시간과 장소에 관한 규제를 법률로 정할 수 있다."는 개별적 법률유보규정을 두었으나, 1980년 개정헌법 및 1987년 현행 헌법에서는 이와 같은 개별적 법률유보규정을 두고 있지 아니한 바, 이는 현행 헌법에서는 옥외집회에 대하여 그 시간과 장소에 관하여 특별히 개별적 법률유보에 의한 제한을 하지 않겠다는 헌법개정권자의 헌법적 결단의 결과라고

---

39) 재판관 2인의 위헌보충의견은 이러한 모순을 스스로 인정하고 있다, 판례집 21-2상, 427, 428, "이 사건 법률조항들이 헌법 제21조 제2항에 위반된다고만 선언할 경우에, 국회가 집시법 제10조 단서를 삭제하면 행정청이 집회의 허부를 결정하는 허가제에 해당되지 않게 되어 헌법 제21조 제2항에 위반되는 점은 해소되지만, 집시법 제10조 본문이 야간옥외집회를 일반적·전면적으로 금지하고 있는 점의 위헌성은 해소되지 않게 된다. 집시법 제10조 본문은 야간옥외집회를 일반적·전면적으로 금지하여 합리적 사유도 없이 집회의 자유를 상당 부분 박탈하는 것이므로 헌법 제37조 제2항에 위반된다고 선언할 필요가 있다."

보아야 한다는 것이다.[40)]

그러나 집회의 자유의 행사방법에 대한 허가의 절대적 금지가 연혁적인 관점에 의하여 지지되는지 여부를 살펴보면, 헌법이 집회의 시간과 장소에 대한 제한의 가능성을 별도로 규정하였던 개별적 법률유보조항을 삭제한 것으로부터 집회의 시간과 장소를 기준으로 하는 허가의 절대적 금지를 도출할 수는 없다. 일반적 법률유보조항이 존재하는 우리 헌법의 기본권체계 내에서 위 개별적 법률유보조항의 의미는 옥외집회의 경우 옥내집회와는 달리 법익충돌의 위험성이 크기 때문에 특히 시간과 장소에 관하여 법률로써 규율할 수 있음을 강조한 것으로 이해해야 한다.[41)] 1980년 개정헌법 및 1987년 현행 헌법은 일반적 법률유보조항에 의하여 집회의 시간과 장소에 대한 규제를 포함하여 집회의 행사방법에 대한 전반적인 규율이 가능하다는 점을 감안하여 옥외집회에 대한 개별적 법률유보조항을 불필요한 것으로 보아 삭제한 것이다.

따라서 과거에 헌법상 존재하였던 개별적 법률유보조항을 삭제하였다고 하여, 이로부터 집회의 시간과 장소에 관하여 허가의 형태로는 어떠한 경우에도 그 제한을 허용하지 않겠다는 헌법의 결단을 이끌어내는 것은 논리의 비약이 아닐 수 없다. 집회의 시간과 장소에 관한 개별적 법률유보조항의 존부와 이에 대한 허가의 절대적 금지 여부는 전혀 별개의 문제인 것이다. 헌법이 위와 같은 개별적 법률유보조항을 제거하였다고 하여, 집회에 대한 허가의 절대적 금지가 집회의 시간·장소에까지 자동적으로 확대되는 것은 아니다. 뿐만 아니라, 헌법 제21조 제2항의 집회허가금지의 의미가 옥외집회의 시간·장소에 관한 개별적 법률유보조항을 두고 있는지에 따라 근본적으로 달라진다고 하는 것도 수긍하기 어렵다.[42)] 결국, 위헌의견이 주장하는 헌법적 결단은 '헌법의 결단'이 아니라 '재판관 5인의 결단'이라 할 수 있다.

6. 집회의 자유의 모든 보장내용을 동일하게 보호해야 한다는 주장의 타당성 여부

위헌의견은 "집회의 자유는 그 보호범위에 있어서 집회의 시간·장소·방법과 목적을 스스로 결정할 권리를 보장하는 것"이므로, "집회의 내용을 기준으로 하는 허가뿐만 아니라 집회의 시간·장소·방법을 기준으로 하는 허가도 절대적으로 금지되는 허가에 해당하는 것으로 볼 수밖에 없는 것"이라고 주장한다.[43)] 위헌의견에 의하면, 집회의 내용에 대한 사전규제가 절대적으로 금지되는 것이라면 동일한 기본권의 보호범위에 속하는 집회의 시간·장소·방법에 대한 사전규제도 마찬가지로 절대적으로 금지된다고 하

40) 판례집 21-2상, 427, 440.
41) 한국헌법의 기본권규율체계 내에서 개별적 법률유보조항의 의미에 관하여 한수웅, 헌법학, 2011, 446면 이하 참조.
42) 재판관 2인의 합헌의견도 이를 지적하고 있다, 판례집 21-2상, 427, 454.
43) 판례집 21-2상, 427, 441.

는 것인데, 기본권의 모든 보장내용에 대하여 동일한 정도의 헌법적 보장을 해야 한다는 이러한 주장은 타당하지 않다. 기본권이 어느 정도로 보장되어야 하는지는 구체적으로 제한되는 자유영역의 성격에 달려있으며, 구체적으로 제한되는 자유영역이 '기본권주체의 인격발현'과 '공동체'에 대하여 가지는 의미와 중요성에 따라 보장의 정도도 달라진다. 따라서 동일한 기본권 내에서도 구체적으로 제한되는 자유영역의 의미와 중요성에 따라 보장의 정도가 달라지는 것이다.

위에서 이미 서술한 바와 같이, '집회의 내용과 목적에 대한 국가의 규제'와 '집회의 행사방법에 대한 국가의 규제'는 기본권제한의 효과와 공동체에 대하여 미치는 영향에 있어서 근본적으로 다르다.[44] 집회의 목적에 대한 규제와 집회의 행사방법에 대한 규제 사이에 존재하는 이와 같은 본질적인 차이를 간과하고 동일한 기본권이 보호하는 보호영역은 헌법적으로 '동일하고 일원적으로' 보장되어야 한다는 사고는 헌법이론적으로 중대한 하자를 안고 있다. 동일한 기본권 내에서도 구체적으로 제한되는 자유영역에 따라 차등적으로 보호될 수 있다고 하는 것이 헌법재판소의 일관된 입장이라는 점에서도,[45] '집회의 자유의 보호범위에 속하는 집회의 시간·장소·방법을 기준으로 하는 허가도 자동적으로 절대적으로 금지된다'고 하는 위헌의견은 헌법재판소의 종래 확립된 판례에도 정면으로 반하는 것이다.

Ⅳ. 헌법불합치의견의 문제점

1. 판시내용의 문제점

헌법불합치의견은 입법자가 야간옥외집회라는 특수한 상황에 대하여 집시법상의 신고제에 기초한 일반규정이 아니라 허가제라는 특별규정으로 대처하는 가능성을 합헌적인 것으로 인정하였고, 이어서 이러한 특별조항이 그 내용에 있어서 집회의 자유를 과잉으로 제한하는지를 판단하였는데, 이러한 판시내용은 전반적으로 종래 집회금지장소 규정에 관한 헌법재판소결정의 판시내용에 부합한다.

다만, 헌법불합치의견도 위헌의견과 마찬가지로, 헌법적으로 허용되지 않는 '행정청에 의한 사전허가'와 헌법적으로 허용되는 '법률에 의한 제한'을 구분하여, 심판대상조

44) 위 Ⅲ. 1. 다. 부분의 서술내용 참조할 것.

45) 가령, 헌법재판소는 직업의 자유와 관련하여 구체적으로 제한되는 자유영역이 '직업행사의 자유' 또는 '직업선택의 자유'의 영역에 귀속시킬 수 있는지에 따라 보호의 정도를 달리하고 있으며[헌재 2003. 9. 25. 2002헌마519(학원강사의 자격제한 사건), 판례집 15-2상, 454, 472-473; 헌재 2002. 12. 18. 2000헌마764(교통수단이용 광고제한 사건), 판례집 14-2, 856, 870], 표현의 자유와 관련해서도 '표현의 내용'에 관한 제한인지 아니면 '표현의 방법'에 관한 제한인지에 따라 또는 개인의 인격발현이나 공동체의 의사형성에 중요한 의미를 가지는 표현인지 아니면 단순히 영리목적을 추구하는 상업적 성격(광고 등)의 것인지에 따라 보호의 정도를 달리하고 있음은 주지의 사실이다[헌재 2005. 10. 27. 2003헌가3(의료광고규제 사건), 판례집 17-2, 189, 198; 헌재 2008. 5. 29. 2007헌마248(세무사명칭의 사용제한 사건), 판례집 20-1 하, 287, 296].

항은 "법률에 의하여 옥외집회의 시간적 제한을 규정한 것"으로서 헌법 제21조 제2항의 사전허가금지에 위반되지 않는다는 입장을 취하고 있는 것은 위헌의견에 대한 비판에서 밝힌 바와 동일한 비판을 피할 수 없다.[46] '행정청에 의한 사전허가'인지 아니면 '법률에 의한 제한'인지의 관점은 헌법상 금지되는 사전허가인지 여부를 판단하는 기준이 될 수 없다. 결국, 헌법불합치의견도 이러한 점에 한해서는 위헌의견에 동조하여 잘못된 기준으로 헌법 제21조 제2항에 의하여 금지되는 사전허가제의 범위를 판단하는 오류를 범하고 있다.

2. 결정주문으로서 '暫定適用을 명하는 헌법불합치결정'의 문제점

가. 헌법불합치결정이 정당화되는지의 문제

(1) 헌법불합치의견은 이 사건의 경우 입법자의 형성권을 존중하여 헌법불합치결정을 해야 한다고 주장하나, 이 사건에서 헌법불합치결정을 정당화하는 사유가 존재하는지 의문이 제기된다. 헌법불합치의견은 '이 사건 법률조항이 가지는 위헌성은 야간옥외집회를 제한하는 것 자체에 있는 것이 아니라, 집회의 자유와 충돌하는 법익을 보호하기 위하여 필요한 범위를 넘어서 광범위한 시간대에 일률적으로 옥외집회를 금지하는 데 있으므로, 이 사건 법률조항에는 위헌적인 부분과 합헌적인 부분이 공존하고 있다'고 하면서, '입법자로 하여금 옥외집회가 금지되는 시간대를 법률로 정하도록 하는 것이 입법자의 재량을 존중하는 것이다'라고 하여 입법형성권에 대한 존중을 이유로 헌법불합치결정의 필요성을 역설하고 있다.

심판대상인 법률조항의 합헌부분과 위헌부분의 경계가 불분명하여 헌법재판소의 단순위헌결정으로는 이에 적절하게 구분하여 대처하기가 어렵고, 다른 한편으로는 권력분립의 원칙과 민주주의원칙의 관점에서 입법자에게 위헌적인 상태를 제거할 수 있는 여러 가지의 가능성을 인정할 수 있다고 판단하는 경우, 헌법재판소는 자유권이 침해되었음에도 불구하고 예외적으로 입법자의 형성권을 존중하여 헌법불합치결정을 하고 있다. 헌법재판소는 세법규정과 같이 법률이 국민에게 일정한 부담을 부과하는 것 그 자체는 합헌이나 그 부담의 정도가 과중하여 위헌적 요소를 지니고 있는 경우에, 단순위헌결정의 형태로는 위헌부분과 합헌부분의 경계를 설정하는 것이 불가능하다고 판단하고 다른 한편으로는 위헌결정의 경우에 발생하는 문제, 즉 旣納稅者와 未納稅者 간의 형평의 문제와 세수의 손실이 국가재정에 미칠 영향 등을 고려하여 헌법불합치결정을 한 바 있다.[47]

46) 위 Ⅲ. 4. 부분의 서술내용 참조할 것.
47) 예컨대 헌재 1989. 9. 8. 88헌가6, 판례집 1, 199; 헌재 1991. 3. 11. 91헌마21, 판례집 3, 91; 헌재 1993. 3. 11. 88헌마5, 판례집 5-1, 59; 헌재 1994. 7. 29. 92헌바49등, 판례집 6-2, 64.

(2) 그러나 자유권을 제한하는 법률의 위헌성이 문제되는 경우 항상 '기본권의 제한이 가능한지 여부'가 아니라 '그 제한의 정도가 과도한지 여부'가 문제되기 때문에, 만일 기본권의 제한 그 자체는 합헌이나 그 제한의 정도가 지나치기 때문에 위헌인 경우에도 헌법불합치결정을 해야 한다면, 사실상 헌법재판소는 자유권을 제한하는 모든 법률에 대하여 불합치결정을 해야 한다는 결론에 이른다. 이러한 경우에도 헌법재판소의 불합치결정이 정당화된다면, 법률이 위헌인 경우에는 무효로 선언되어야 한다는 원칙과 그에 기초한 결정형식으로서의 위헌결정은 존재이유가 없어진다.[48] 그러므로 헌법재판소는 위헌인 법률에 대하여는 위헌결정을 해야 한다는 것을 원칙으로 삼아 불합치결정을 정당화하는 진정한 사유가 있을 때에만 불합치결정을 하는 것이 바람직하다.

자유권을 침해하는 위헌적 법률의 경우 헌법재판소가 위헌결정을 통하여 자유권에 대한 침해를 제거함으로써 합헌성이 회복될 수 있으므로, 이 경우에는 헌법재판소가 결정을 내리는 과정에서 고려해야 할 입법자의 형성권이 원칙적으로 존재하지 않는다. 따라서 자유권을 침해하는 위헌적 법률에 대하여 불합치결정을 하는 것은 원칙적으로 정당화되지 않는다. 헌법재판소는 불합치결정을 정당화하는 헌법적 사유가 있는 경우에 한하여 예외적으로 변형결정인 헌법불합치결정을 선택할 수 있으며, 이러한 예외적인 경우란 시혜적 법률이 평등원칙에 위반되기 때문에 헌법재판소가 위헌결정을 통해서는 합헌적 상태를 다시 회복할 수 없고 입법자의 활동을 통해서 비로소 합헌적 상태가 회복될 수 있는 경우 및 위헌결정을 한다면 법적 공백과 혼란이 우려되는 경우인 것이다.[49]

나. 위헌법률의 잠정적용을 명하는 것이 정당화되는지의 문제

헌법불합치의견의 또 다른 문제점은 헌법불합치결정을 하면서 위헌적인 법률의 잠정적용을 명한 것에 있다. 법률이 위헌임에도 이를 법질서에서 제거하지 아니하고 법률의 위헌성만을 확인하는 결정인 헌법불합치결정은 '법률이 헌법에 위반되는 경우, 헌법의 최고규범성을 보장하기 위하여 그 법률은 원칙적으로 위헌으로 선언되어야 한다'는 사고에 기초한 '위헌결정'에 대한 예외인 것이며, 나아가 잠정적용을 명하는 불합치결정은 위헌적 법률의 적용을 원칙적으로 금지하는 '단순불합치결정'에 대한 예외인 것이다.

따라서 예외에 대하여 또 다른 예외를 허용하는 이러한 형태의 결정주문은 이를 정당화하는 필연적인 헌법적 사유가 존재하는 경우에만 허용되는데, 이 사건의 경우 이러

48) 이러한 것을 이미 지적하고 있는 것으로, 한수웅, 위헌법률의 暫定適用을 명한 憲法不合致決定의 효력, 1998, 재판의 한 길(김용준 헌법재판소장 화갑기념논문집), Ⅳ. 2.; 또한 한수웅, 헌법학, 2011, 1343면 이하 참조.

49) 이에 관하여 한수웅, 憲法不合致決定의 憲法的 根據와 效力, 한수웅, 헌법논총 제6집(1995), Ⅱ. 부분 서술 참조; vgl. Schlaich/Korioth, Das Bundesverfassungsgericht, 5. Aufl. 2001, Rn.382ff.; Benda/Klein, Verfassungsprozeßrecht, 2. Aufl. 2001, Rn.1267ff.

한 사유를 찾아볼 수 없다. 위헌적 법률의 잠정적용을 명하기 위해서는 위헌결정을 통하여 법률조항을 법질서에서 제거하는 것이 법적 공백이나 혼란을 초래할 우려가 있는 경우여야 한다.[50] 그런데 이 사건의 경우 위헌결정을 한다 하더라도 야간옥외집회에 대하여 신고의무조항을 비롯하여 집회의 금지, 제한통고, 해산 등 집시법상의 다양한 일반규정이 적용되므로,[51] 법치국가적 법적 안정성의 관점에서 우려되는 법적 공백이나 혼란이 초래될 위험이 없다. 우리의 경우와 같이 장소적 또는 시간적 제한에 관한 특별규정을 두고 있지 않은 외국에서는 일반조항으로 특정 장소나 시간대의 옥외집회로부터 발생하는 위험에 대하여 대처한다는 것은 주지의 사실이다.

V. 결정주문이 갈리는 경우 결정주문 채택의 문제점

1. 위 사건은 평의결과 관여재판관의 의견이 다양한 결정주문의 형태로 나뉘는 경우 결정주문을 채택하는 문제점을 드러내고 있다. 이 사건의 경우, 단순위헌의견이 5인이고 잠정적용을 명하는 헌법불합치의견이 2인, 합헌의견이 2인이다. 헌법재판소는 이 사건에서 잠정적용을 명하는 헌법불합치결정을 채택하고 있는데, 이러한 결정주문이 타당한지에 대하여 의문이 제기된다. 이러한 의문은 재판관 1인의 적용중지의견에서도 제기되고 있다.[52]

헌법재판소법은 이와 같이 결정주문에 관한 견해가 갈리는 경우에 대하여 해결책을 제시하고 있지 않으므로, 민사소송에 관한 법령의 준용을 규정하고 있는 제40조 제1항에 따라 법원조직법 제66조의 '합의에 관한 규정'이 준용된다.[53] 법원조직법 제66조 제2항에 의하면, '數額'이나 '刑量'에 관하여 3설 이상이 나누어지고, 어느 견해도 그 자체로서는 과반수에 이르지 못한 경우에는 신청인(민사의 경우에는 원고, 형사의 경우에는 검사)에게 가장 유리한 견해를 가진 수에 순차로, 그 다음으로 유리한 견해를 가진 수를 더하여 과반수에 이르게 된 때의 견해를 그 합의체의 견해로 하도록 하고 있다. 결국, 법원조직법 제66조 제2항은 산술적으로 계량화할 수 있는 '수액'이나 '형량'과 관련하여 합의체 구성원 견해의 공통분모를 찾는 방법을 제시하고 있는 것이다. 따라서 위 법률조항을 헌법재판에 적용하는 경우에는 이를 기계적으로 적용할 것이 아니라 위 법률조항의 기본취지를 파악하여 관여 재판관 견해의 공통분모를 찾는 작업이 이루어져야 한다. 헌법재판소도 종래 이러한 취지에 따라 결정주문을 택한 것으로 판단된다.[54]

---

50) 한수웅, 憲法不合致決定의 憲法的 根據와 效力, 한수웅, 헌법논총 제6집(1995), Ⅲ. 4. 참조.

51) 이에 관하여 야간옥외집회에 관한 특별규정의 필요성을 부인하는 재판관 2인의 위헌보충의견(판례집 21-2상, 427, 445-446) 참조.

52) 판례집 21-2상, 427, 468.

53) 헌법재판소, 헌법재판실무제요 제1개정증보판, 2008, 63면 참조.

54) 가령, 헌재 1992. 2. 25. 89헌가104(군사기밀누설 사건), 판례집 4, 64, 99, 헌법재판소는 관여재판관의 평의

2. 이와 같은 기본취지에 비추어 보건대, 이 사건의 경우 헌법불합치결정은 위헌결정의 한 유형으로서 법률조항의 위헌성에도 불구하고 위헌결정을 피하고 단지 위헌성을 확인만 하는 결정인 반면, 단순위헌결정은 법률조항의 위헌성을 확인하고 이를 위헌으로 선언하는 결정유형이므로, 단순위헌결정에는 헌법불합치결정의 요소가 포함되어 있다는 점에서 양 결정유형의 공통분모는 헌법불합치결정이라 할 수 있다. 그런데 여기서 문제가 되는 것은, 2인의 견해가 '단순불합치의견'이 아니라 '잠정적용을 명하는 헌법불합치의견'인 경우, 헌법재판소가 어떠한 결정주문을 채택해야 하는지에 관한 것이다. 즉, 단순위헌의견이 5인이고 잠정적용을 명하는 헌법불합치의견이 2인인 경우, 합의체의 공통적 견해에 '잠정적용의 부분'까지도 포함되는지의 문제가 제기되는 것이다.

위헌결정을 주문으로 택한 5인의 단순위헌의견은 '심판대상조항은 위헌적 법률조항으로서 헌법재판소가 위헌으로 확인한 이상 더 이상 적용되어서는 안 되고 법질서에서 제거되어야 한다'는 견해이다. 잠정적용을 명한 2인의 헌법불합치의견은 '심판대상조항은 위헌적 법률조항이나 당장 법질서에서 제거되는 것이 아니라 입법자의 입법개선 시까지 형식적인 존속을 가능하게 해야 하며, 나아가 예외적으로 시한을 정하여 일정 기간 계속 적용토록 해야 한다'는 견해이다. 그렇다면, 이 사건의 경우 '단순위헌의견'과 '잠정적용을 명하는 헌법불합치의견'이 공유하는 공통분모는 단지 심판대상조항의 위헌성 확인에 국한되는 것이다.

위에서 살펴본 바와 같이, 평의결과 결정주문에 관하여 견해가 갈리는 경우 합의체 재판부의 결정주문을 찾는 작업은 관여 재판관이 '공유'하는 공통의 견해에 부합하는 결정주문, 즉 관여 재판관이 모두 '동의'할 수 있는 해결책을 발견하는 작업이다. 이 사건에서 위헌적 법률조항의 잠정적용은 헌법재판소법 제47조 제2항에 따라 결정일로부터 효력을 상실케 하고자 하는 5인의 위헌의견에 부합하지 않는다는 것은 명백하다.[55] 따라서 위헌의견에 '위헌법률의 적용금지'의 요청이 내재되어 있다는 점을 전혀 고려하지 아니하고, 단지 '헌법불합치의견이 위헌의견에 포함된다'고 하는 관점을 기계적으로 적용함으로써, '위헌법률의 잠정적용을 명하는 헌법불합치의견'을 공통의 견해로 이해하는

결과가 단순합헌의견 3인, 한정합헌의견 5인, 전부위헌의견 1인으로 나타난 위헌법률심판 사건에서, "한정합헌의견(5)은 질적인 일부위헌의견이기 때문에 전부위헌의견(1)도 일부위헌의견의 범위 내에서는 한정합헌의 의견과 견해를 같이 한 것이라 할 것이므로 이를 합산하면 법 제23조 제2항 제1호 소정의 위헌결정정족수에 도달하였다고 할 것이며, 그것이 주문의 의견이 되는 것"이라고 하여 한정합헌으로 결정하였다. 또한, 헌재 1997. 7. 16. 95헌가6등(동성동본금혼 사건), 판례집 9-2, 1, 21, 단순위헌의견 5인, 헌법불합치의견 2인, 합헌의견 2인인 경우에, "단순위헌의견(5)이 다수의견이기는 하나 법 제23조 제2항 제1호에 규정된 '법률의 위헌결정'을 함에 필요한 심판정족수에 이르지 못하였으므로 헌법불합치의 결정을 선고하기로" 한다고 판시하였다.

55) 판례집 21-2상, 427, 468(재판관 조대현의 적용중지의견), "단순위헌 의견이 위헌결정의 정족수에 미달되어 헌법불합치 의견과 합쳐서 헌법불합치의 결론에 이르렀다고 하여, 단순위헌 의견이 위헌이지만 계속 적용하여도 좋다는 의견으로 바뀌는 것이 아니다."

것은 문제가 있다. 7인의 재판관이 공유하는 공통의 견해, 모두 동의하는 견해는 단지 심판대상조항이 위헌적이라는 것일 뿐, 위헌법률의 잠정적용이 아니기 때문이다. 따라서 이 사건에서 헌법재판소는 위헌적 법률조항의 적용중지를 전제로 하는 단순헌법불합치결정을 주문으로 채택하는 것이 보다 타당했으리라고 판단된다.

Ⅵ. 맺는말

1. 표현의 자유에 대한 사전검열은 어떠한 헌법적 관점에서도 정당화될 수 없는 것이지만, 집회의 자유의 행사방법에 대한 사전적 규제는 집회의 자유와 다른 법익을 양립시키기 위하여 필수적이고 불가결한 것이다. 대상결정에서 위헌의견은 표현의 자유에 대한 사전규제와 집회의 자유의 행사방법에 대한 사전규제 사이에 존재하는 근본적인 차이를 인식하지 못하고 양자를 동일시함으로써, 집회의 방법에 대한 사전적 규제도 표현물에 대한 검열과 마찬가지로 절대적으로 금지되는 것으로 판단하는 오류를 범하였다.

그러나 집회의 내용에 대한 사전 규제와 집회의 방법에 대한 사전 규제는 그 법적 성격과 기본권침해의 중요성에 있어서 근본적으로 다른 것으로 구분되어야 하며, 헌법이 금지하는 '집회에 대한 허가'도 이러한 구분에 따라 이중적으로 이해되어야 한다. 헌법은 제21조 제2항에서 '집회에 대한 허가'를 금지함으로써 첫째, 집회의 내용과 목적에 따라 국가기관으로 하여금 집회의 허용여부를 사전에 판단하게 하는 허가제를 絕對的으로 금지하는 것이며, 둘째, 집회의 내용이나 목적이 아니라 단지 집회의 방법을 규율하는 허가제는 헌법 제21조에 의하여 절대적으로 금지되는 것이 아니라, 허가제가 신고제와 비교할 때 집회의 자유를 보다 제한한다는 점에서 과잉제한의 수단으로서 '신고제와의 관계에서 相對的으로' 금지되는 것이다.

헌법 제21조 제2항이 허가제를 금지한다고 하여, 입법자가 특수한 상황에 대처하기 위하여 '예외적으로' 허가제를 도입하는 것까지 자동적으로 배제하는 것은 아니다. 집회의 행사방법에 대한 허가제는 어떠한 경우에도 허용되지 않는다는 의미에서 절대적으로 금지되는 것이 아니라, 신고제와의 관계에서 단지 상대적으로 과잉금지원칙의 관점에서 금지되는 것이기 때문이다. 따라서 야간옥외집회를 원칙적으로 금지하는 규정의 위헌여부는 첫째, 집시법이 신고제를 원칙으로 하면서 집회로부터 발생하는 법익충돌의 위험에 대처하기 위하여 다양한 법적 수단(집회의 금지·해산·제한통고 등)을 갖추고 있다는 점에서, 야간집회에 대해서도 이와 같은 일반규정으로 해결하지 아니하고 허가제라는 특별규정을 둔 것이 과잉금지원칙의 관점에서 과도한 제한인지, 둘째, 옥외집회가 금지되는 야간시간대를 정한 것이 너무 광범위하기 때문에 최소침해성의 원칙에 반하는지의 관점에서 별도로 판단되어야 한다.

위헌의견은 집회의 자유의 행사방법을 규율하는 법률조항이 헌법상 금지되는 허가에 해당하는지를 판단함에 있어서 위와 같은 관점을 기준으로 삼지 아니하고, 대신 '행정권에 의한 사전허가의 방식'과 '법률에 의한 제한의 방식'을 구분하여 전자는 헌법적으로 금지되는 허가에 해당하고 후자는 헌법적으로 허용된다고 판시하였다. 그러나 '행정권에 의한 사전허가의 방식'과 '법률에 의한 제한의 방식'을 구분하는 것은, 법치국가에서 전자가 후자를 필연적인 전제로 하기 때문에 법적으로 구분될 수 없는 것, 동일한 것을 구분하여 법적으로 달리 평가하는 것으로 법리적으로 근본적인 문제를 안고 있다. '행정청에 의한 사전허가'는 법치국가에서 법률유보의 원칙에 따라 행정청에게 국민의 기본권을 제한할 수 있는 권한을 부여하는 법률적 근거를 당연히 필요로 하는 것이며, 이로써 입법자가 법률의 형태로 행정청에게 수권규범을 제공해야만 가능한 것이다. 따라서 '행정청에 의한 사전허가'는 필연적으로 그 사전적 단계로서 입법자에 의한 기본권 제한, 즉 '법률에 의한 규제'를 전제로 하는 것이며, '법률에 의한 제한'에 근거하여 '행정청에 의한 사전허가'가 이루어지는 것이다. 헌법불합치결정도 이러한 점에서는 위헌의견에 동조함으로써 동일한 오류를 범하고 있다.

2. 헌법불합치의견은 집회의 자유를 제한하는 심판대상조항에 위헌적인 부분과 합헌적인 부분이 공존하고 있으므로 입법형성권에 대한 존중을 이유로 헌법불합치결정을 채택하였다. 그러나 '자유권을 제한하는 심판대상조항에 위헌적인 부분과 합헌적인 부분이 공존하고 있는 상황'이란 '자유권의 제한 자체는 합헌이나 그 제한의 정도가 지나치게 과도한 상황'과 동일한 것인데, 만일 자유권의 제한 그 자체는 합헌이나 그 제한의 정도가 지나치기 때문에 위헌인 경우에도 헌법불합치결정을 해야 한다면, 사실상 헌법재판소는 자유권을 제한하는 모든 법률에 대하여 불합치결정을 해야 한다는 결론에 이르게 되며, 그 결과 법률이 위헌인 경우에는 원칙적으로 선고되어야 하는 위헌결정은 존재이유가 없어진다. 따라서 헌법재판소는 '자유권을 제한하는 심판대상조항에 위헌적인 부분과 합헌적인 부분이 공존하고 있는 경우'가 과연 불합치결정을 정당화하는지에 관하여 다시 한 번 숙고해 보아야 한다.

뿐만 아니라, 헌법불합치의견은 '위헌법률의 잠정적용'을 명하였는데, 이 사건의 경우 위헌결정을 한다 하더라도 야간옥외집회에 대하여 집시법상의 일반조항이 적용될 수 있으므로, 우려하는 법적 공백이나 혼란은 발생하지 않는다. 이러한 점에서 법적 공백과 혼란이 발생할 우려가 있는 경우에 정당화되는 '위헌법률의 잠정적용'이 채택될 수 있는지 의문이 제기된다.

3. 심판대상결정은 2인의 단순위헌의견에 5인의 헌법불합치의견을 기계적으로 합산하여 '위헌법률의 暫定適用을 명하는 헌법불합치결정'을 주문으로 채택하였는데, 평의결과 결정주문에 관하여 견해가 갈리는 경우 합의체 재판부의 결정주문을 찾는 작업은 관여 재판관이 '공유'하는 공통의 견해에 부합하는 결정주문, 즉 관여 재판관이 모두 '동의'할 수 있는 해결책을 발견하는 작업이다. 이 사건의 경우 '단순위헌의견'과 '잠정적용을 명하는 헌법불합치의견'이 공유하는 공통분모는 단지 심판대상조항의 위헌성 확인에 국한되는 것이므로, 단순헌법불합치결정을 주문으로 채택하는 것이 보다 타당하다.

참고문헌

권영성, 헌법학원론, 2010

박용상, 집회의 자유, 헌법논총 제10집(1999)

양 건, 집회・시위에 대한 사전제한, 한양대법학논총 제8집(1991)

전광석, 집회의 자유에 대한 사전제한, 고시연구 1995. 7.

한수웅, 헌법학, 2011

_____, 憲法不合致決定의 憲法的 根據와 效力, 한수웅, 憲法論叢 제6집(1995)

_____, 위헌법률의 暫定適用을 명한 憲法不合致決定의 효력, 재판의 한 길(김용준 헌법재판소장 화갑기념논문집), 1998

헌법재판소, 헌법재판실무제요 제1개정증보판, 2008

Benda/Klein, Verfassungsprozeßrecht, 2. Aufl. 2001

Breitbach, Das Versammlungsverbot innerhalb von Bannmeilen um Parlamente und seine Ausnahmeregelung, NVwZ 1988

_____, in: Ridder/Breitbach/Rühe/Steinmeier(Hg), Versammlungsrecht Kommentar, 1992

Chemerinsky, Constitutional Law, 1997

Dietel/Gintzel/Kniesel, Demonstrations- und Versammlungsfreiheit, 2000

Ehrentraut, Die Versammlungsfreiheit im amerikanischen und deutschen Verfassungsrecht, 1990

Gallwas, Das Grundrecht der Versammlungsfreiheit, Art.8 GG, JA 1986

Herzog, in: Maunz/Dürig(Hg), Grundgesetz, 1999, Art.8

Gusy, in: Mangoldt/Klein/Starck(Hg), Grundgesetz Kommentar, Bd.I, 2010, Art.8

Kloepfer, Versammlungsfreiheit, in: Isensee/Kirchhof(Hg), Handbuch des Staatsrechts (HbStR), Bd.Ⅵ, 1989, §143

Kunig, in: Münch/Kunig(Hg), GGK, 2000, Art.8

Mutius, Die Versammlungsfreiheit des Art.8 Abs.1 GG, Jura 1988

Schwarze, Demonstrationen vor den Parlamenten, DÖV 1985

Schlaich/Korioth, Das Bundesverfassungsgericht, 5. Aufl. 2001

Tsatsos/Wietschel, Bannmeilenregelungen zum Schutz der Parlamente wieder in der Diskussion, ZRP 1994

Werner, Das neue Bannmeilengesetz der "Berliner Republik", NVwZ 2000

제5절 재산권의 보장

재산권의 내용을 새로이 형성하는 법규정의 헌법적 문제*

–소위 '그린벨트 결정'에 관한 판례평석을 겸하여–

Ⅰ. 머리말

헌법재판소는 소위 '그린벨트 제도'의 위헌여부를 판단한 도시계획법 사건(헌재 1998. 12. 24. 89헌마214등 결정)에서 '토지소유자가 개발제한구역의 지정에도 불구하고 자신의 토지를 원칙적으로 종래의 용도대로 사용할 수 있는 한, 도시계획법이 개발제한구역 내의 토지소유자에게 부과하는 現 상태의 유지의무나 변경금지의무는 재산권에 내재하는 사회적 제약을 비례의 원칙에 합치하게 합헌적으로 구체화한 것이라고 할 것이나, 예외적으로 종래의 용도로도 토지를 사용할 수 없거나 아니면 私的으로 사용할 수 있는 가능성이 완전히 배제되는 경우에도 도시계획법이 아무런 보상 없이 이를 감수하도록 규정하고 있는 한, 이러한 부담은 도시계획법이 실현하려는 중대한 공익으로도 정당화될 수 없는 과도한 부담으로서 비례의 원칙에 위반되어 토지소유자의 재산권을 과도하게 침해하는 위헌적인 것이다'라는 이유로 도시계획법 제21조에 대하여 헌법불합치결정을 선고하였다.

헌법재판소는 위 결정에서 재산권을 제한하는 법률의 위헌여부를 심사함에 있어서 2가지 새로운 방향을 제시하고 있다. 첫째, 종래 우리에게 친숙한 '收用理論'에 의하면, 법률이 재산권의 사회적 제약의 범위를 넘는 과도한 침해를 가져오는 경우 이를 보상

* 위 논문은 1999년 6월, 저스티스(한국법학원), 제52호, 29-48면에 게재된 것을 일부 수정한 것이다.

을 요하는 公用侵害로 보아 헌법 제23조 제3항에 근거하여 법률의 위헌성을 심사하였고 이에 따라 재산권제한의 법적 성격이 공용침해에 해당함에도 보상규정을 두지 않았다면 이를 위헌적인 규정으로 판단하였다. 그러나 헌법재판소는 위 결정에서 사회적 제약의 범위를 넘는 재산권의 제한을 헌법 제23조 제3항의 의미에서의 '공용침해'로 보지 아니하고 비례의 원칙에 위반되는 '재산권의 내용 및 한계규정'으로 이해하여 헌법 제23조 제1항 및 제2항에 근거하여 그 위헌성을 판단하였다는 점이다. 둘째, 헌법재판소가 보상의 필요성 문제, 즉 보상을 필요로 하지 않는 '사회적 제약'과 보상을 요하는 '공용침해'의 경계설정을 特別犧牲說이나 侵害重大說 등을 직접적인 기준으로 삼아 판단하지 아니하고 '신뢰보호'의 관점에서 접근하고 있다는 점이다.

따라서 이 글에서는 헌법재판소가 위 결정에서 '재산권의 내용과 한계를 정하는 규정'(헌법 제23조 제1항 및 제2항)과 '공용침해'(헌법 제23조 제3항)를 구분함에 있어서 어떠한 이해를 판단의 기초로 하고 있는지(아래 Ⅱ.)를 검토하고, 보상의 필요성 여부를 신뢰보호의 관점에서 판단하였다는 점에서 재산권을 형성하는 법률의 위헌심사에 있어서 신뢰보호의 관점은 어떠한 의미를 가지고 있는지(아래 Ⅲ.)에 관하여 살펴보기로 한다.

Ⅱ. 재산권의 내용과 한계를 정하는 규정과 公用侵害의 구분

헌법 제23조는[1)] 재산권제한의 형태로서, 재산권의 내용과 한계를 정함에 있어서 재산권의 사회적 구속을 고려하여 재산권을 형성하는 내용규정(제1항 후문 및 제2항)에 의한 기득재산권의 제한과 공용침해(제3항)의 2 종류를 규정하고 있다. 재산권의 내용과 한계를 정하는 법률이 재산권을 새로이 형성함으로써 과거에 舊法에 의하여 형성된 재산권의 행사가능성을 축소하거나 폐지하는 경우, 재산권을 새로이 형성하는 법률은 동시에 구법에 의하여 형성된 기득재산권을 제한하는 효과를 가진다.[2)] 이러한 의미에서 재산권제한의 2가지 형태는 '재산권 내용규정'과 '공용침해'이다. 재산권의 내용과 한계를 정하는 '내용규정'은 동시에 재산권에 내재하는 사회적 구속성을 구체화하는 규정이므로, 아래에서는 '내용규정'을 '사회적 제약'과 같은 의미로 사용하기로 한다.

국가가 재산권을 완전히 박탈하여 다른 소유권자에게 이전하는 경우에는 명백히 공용수용에 해당하기 때문에, 이러한 경우에는 재산권의 내용규정과 공용침해를 구분하는 어려움이 없다. 그러나 재산권의 사용을 제한하는 경우에는 이러한 제한이 헌법 제23조

1) 헌법 제23조 ① 모든 국민의 재산권은 보장된다. 그 내용과 한계는 법률로 정한다. ② 재산권의 행사는 공공복리에 적합하도록 하여야 한다. ③ 공공필요에 의한 재산권의 수용·사용 또는 제한 및 그에 대한 보상은 법률로써 하되, 정당한 보상을 지급하여야 한다.

2) 가령, 저작권법이 저작권을 사용할 수 있는 기간을 기득재산권에 대해서도 50년에서 25년으로 축소하는 경우, 이와 같은 저작권법의 개정은 저작권의 내용을 장래에 있어서 새롭게 형성하는 것일 뿐만 아니라, 동시에 또한 저작권자에게 귀속된 구체적 권리(50년 동안 저작권을 행사할 수 있는 권리)에 대한 제한을 의미한다.

제1항 및 제2항에 근거하여 재산권의 사회적 제약을 구체화하는 '내용규정'(사회적 제약) 인지 아니면 헌법 제23조 제3항에 의한 '공용침해'인지 불분명하기 때문에, 보상을 필요로 하지 않는 '내용규정'과 보상을 요하는 '공용침해'의 구분의 문제가 발생한다. 도시계획, 자연보호, 문화재보호 등의 공익상의 사유로 現 상태의 유지의무 및 개발금지의무를 부과함으로써 토지재산권의 사용을 제한하는 법률은 원칙적으로 토지재산권의 사회적 구속성을 구체화하는 내용규정이지만, 경우에 따라 토지소유자에게 수인할 수 없는 과도한 부담을 부과하는 경우가 발생할 수 있다. 그런데 재산권의 내용과 한계를 정하는 규정(내용규정)이 이와 같이 사회적 제약의 범위를 넘어서 수용적 효과를 발생시키는 경우, 이를 어떻게 해결할 것인지의 문제가 제기되는 것이다.

여기서는 우선 헌법 제23조 규정의 모델이라고 할 수 있는 독일 기본법 제14조 규정과 관련하여 독일에서 논의된 내용을 요약하여 서술하고, 이어서 독일에서의 논의가 한국 헌법상의 재산권보장에 대해서도 마찬가지로 타당하고 적용될 수 있는지를 살펴보기로 한다.

1. 사회적 제약과 공용침해의 구분에 관한 독일의 이론

독일에서는 재산권의 제한이 사회적 제약인지 아니면 공용침해인지를 구분하기 위하여 소위 境界理論(Schwellentheorie)과 分離理論(Trennungstheorie)이 형성되었다. 경계이론은 재산권제한의 두 가지 유형인 사회적 제약(내용규정)과 공용침해를 재산권의 제한에 있어서 정도의 차이로 보는 반면, 분리이론은 두 가지 유형을 완전히 별개인 서로 독립된 제도로 이해한다는 것에 근본적인 차이가 있다.[3)]

가. 境界理論(收用理論)

(1) 경계이론에 의하면, 사회적 제약(내용규정)과 공용침해는 별개의 제도가 아니라 재산권제한의 정도의 차이로서 '재산권제한의 정도'에 의하여 사회적 제약과 공용침해가 구분된다. 즉, 사회적 제약이나 공용침해 모두 재산권에 대한 제한을 의미하나, 사회적 제약은 공용침해보다 재산권에 대한 제한이 적은 경우로서 보상 없이 감수해야 하는 반면, 공용침해는 재산권의 사회적 제약의 범주를 넘어서는 것으로서 보상을 필요로 하는 재산권에 대한 제한을 의미한다. 따라서 보상을 요하지 않는 사회적 제약은 '재산권제한의 효과'가 일정한 강도를 넘음으로써 자동적으로 보상을 요하는 공용침해로 전환된다. 결국, 경계이론의 핵심은 '보상을 요하는 수용'과 '보상을 요하지 않는 사회적 제

3) 이에 관한 한국 문헌으로는 예컨대 최갑선, 헌법 제23조 1항 2문에 의거한 재산권의 내용 및 한계규정, 공법학의 현대적 지평(계희열박사 화갑기념논문집), 1995, 279면 이하; 이덕연, 보상 없는 재산권제한의 한계에 관한 연구, 헌법재판연구 제9집, 1997, 36면 이하.

약' 간의 경계설정의 문제, 즉 보상의무가 시작되는 경계선을 찾는 문제이다.

이러한 경계를 확정하는 기준으로는 크게 형식적 기준설(특별희생설)과 실질적 기준설로 다시 나누어 볼 수 있다.[4] 독일 제국법원(Reichsgericht)과 연방최고법원(BGH)에 의하여 확립된 '特別犧牲說'은 자유권인 재산권의 문제를 평등권의 문제로 전환시켜서, 재산권의 제한이 특정 개인이나 특정 집단에게 다른 사람이나 집단과 비교하여 불평등하게 특별한 희생을 강제한다면, 공용침해가 발생한다고 본다.[5] 보상을 요하는 공용침해인지 아니면 단순히 사회적 제약인지의 구분은 궁극적으로 자유권인 재산권의 보호를 목적으로 하는 것인데, 특별희생설은 재산권의 제한이 평등원칙에 합치하면 보상이 필요 없는 사회적 제약, 그렇지 않은 경우에는 보상을 요하는 공용침해로 보기 때문에, 재산권 제한의 정도와 관계없이 형식적 기준인 평등원칙을 주된 기준으로 삼는다고 하여 소위 '형식적 기준설'이라고도 한다. 특별희생설은 재산권에 대한 제한의 정도와 그 위헌성에 관해서는 아무 것도 표현하지 아니하고 단지 평등원칙의 관점에서 누구에게나 법적으로 동등한 제한을 요구하기 때문에, 극단적인 예를 들자면 법률규정이 모든 국민으로부터 균등하게 재산권을 박탈하는 경우에는 재산권에 대한 제한이 평등원칙에 부합하기 때문에 특별희생을 부인하는 결과에 이르게 된다. 이로써 특별희생설은 '일반화될 수 있는 불법은 합법적인 것이다'라는 논리의 위험성을 지니고 있다.[6] 따라서 독일 연방최고법원(BGH)도 이러한 이론적 약점을 보완하기 위하여 사회적 제약과 공용침해를 구분함에 있어서 특별희생설뿐만 아니라 실질적 기준설을 함께 사용하고 있다.[7]

반면에, '실질적 기준설'은 평등원칙이라는 형식적이고 상대적인 관점을 기준으로 삼는 '특별희생설'과는 달리, 재산권제한의 정도에 따라 실체적으로 사회적 제약과 공용침해를 구분함으로써 재산권의 본질을 보다 고려하려는 이론이다. 이러한 실질적 기준설에 속하는 것으로는, 침해의 중대성으로 인하여 재산권의 침해를 더 이상 수인할 수 없는 경우 공용침해로 간주하는 '侵害重大性說(受忍性說)',[8] 재산권의 제한으로 인하여 재산권의 본질적 내용인 사적 효용이 제거되는 경우 공용침해로 보는 '私的 效用性說' 등을 예로 들 수 있다. 그러나 실질적 기준설도 기준의 추상성과 모호함으로 인하여 사회적 제약과 공용침해를 구분하는데 어려움이 많다.

(2) 1981년 연방헌법재판소의 '자갈채취결정'[9]이 있기까지, 연방최고법원(BGH)은 경

4) Vgl. Leisner, Eigentum, in: Isensee/Kirchhof, HbStR, Bd.VI, §149, Rn.150ff.; Maurer, Allgemeines Verwaltungsrecht, 9. Aufl. 1994, §26, Rn.16ff.; Badura, Eigentum, in: Benda/Maihofer, HbVerfR, Bd.I, 1995, §10, Rn.59; Nüßgens/Boujong, Eigentum, Sozialbindung, Enteignung, 1987, Rn.343ff.; Richter/Schuppert, Casebook, 1991, S.311ff.

5) BGHZ 6, 270, 280.

6) Vgl. Leisner, Eigentum, in: Isensee/Kirchhof, Handbuch des Staatsrechts, Bd.VI, §149, Rn.150.

7) Vgl. Maurer, Enteignungsbegriff und Eigentumsgarantie, in: FS für Dürig, 1993, S.299f.; Leisner, Eigentum, in: Isensee/Kirchhof, Handbuch des Staatsrechts, Bd.VI, §149, S.1081f.

8) BVerwGE 5, 143, 145.

계이론을 근거로 하여 사회적 제약과 공용수용을 구분하였고, 이에 따라 보상의 필요성을 판단하였다. 그 결과, 연방최고법원은 '재산권의 사회적 제약을 넘어서 특별희생에 해당하는 모든 재산권적 침해'를 공용수용으로 파악함으로써 헌법상의 '수용' 개념을 점점 확대하였다. 따라서 연방최고법원의 '수용' 개념은, 도로・철도・항만・공항공사 등 구체적인 공익목적을 위하여 국가가 의도적으로 개인의 재산권적 지위를 전면적 또는 부분적으로 박탈하는 것을 내용으로 하는 협의의 또는 고전적 의미의 수용뿐만 아니라, 收用類似侵害,[10] 收用的 侵害[11] 등의 다양한 형태를 포함하였다.

(3) 경계이론의 핵심적 내용은 입법자가 보상에 관한 규정을 두지 않은 경우에도 재산권의 제한이 수용적 효과를 초래한다면, 법원이 독자적으로 직접 보상에 관한 결정을 할 수 있다는 것이며, 역으로 국민의 입장에서는 위헌적 법률을 근거로 한 행정청의 처분이나 법률 그 자체에 대하여 대항해야만 하는 것은 아니고, 위헌적인 법률과 행정처분을 수인하고 대신 사후적으로 보상을 요구할 수 있다는 것이다. 즉, 경계이론은 '발생한 재산권의 침해'와 '보상의 필요성'의 관점에서 출발하기 때문에, 국민은 재산권의 침해행위에 대하여 그 제거를 요구할 것인지 아니면 재산권의 침해를 수인하고 법원에 보상을 구할 것인지에 관하여 결정할 수 있는 선택권을 가진다.

이에 따르면, 재산권의 '내용규정'과 '수용'은 서로 독립된 별개의 법제도가 아니라 재산권제한의 정도와 효과에 따라 '내용규정'과 '수용'은 항상 전환이 가능한 관계에 있다고 보기 때문에, 입법자가 내용규정 또는 수용 중 어떠한 법제도를 택하여 재산권을 제한하려고 하였는지의 '입법자의 의사'는 중요한 것이 아니며, 법원은 입법자의 의사와 관계없이 소위 '특별희생'에 해당한다고 판단하는 경우 보상판결을 할 수 있게 된다.

나. 分離理論

(1) 분리이론의 내용

독일 연방헌법재판소는 1981년 자갈채취결정(BVerfGE 58, 300)에서 헌법상 '수용' 개념의 확대를 가져온 종래의 경계이론을 반박하고, 무엇이 '내용규정'이고 '수용규정'인지는 행위형식에 관한 입법자의 결정에 따라 형식적으로 결정되는 것이지 침해행위의 효과에 따라 결정되지 않는다는 소위 '분리이론(형식설)'을 제시하였다.[12] 분리이론은 재산

9) BVerfGE 58, 300.

10) '수용유사침해'란 재산권에 대한 위법적 침해로서 침해가 합법적으로 이루어 졌다면 그의 내용과 효과에 있어서 수용에 해당하고 당사자에게 특별한 희생을 가져오는 경우를 말하는데, 예컨대 보상규정을 두지 않은 재산적 침해로서 그 실질적 내용에 있어서는 수용적 효과를 가져 오는 경우가 이에 해당한다.

11) '수용적 침해'란 그 자체로서 합법적인 행정행위가 초래하는 예외적이고 예기치 못한 부수적 효과로 인한 재산권의 침해를 말하는데, 예컨대, 합법적인 도로공사로 인하여 고객이 상점에 접근할 수 있는 가능성이 봉쇄되는 경우에 상점 주인이 입는 재산적 손해가 이에 해당한다.

12) Vgl. Badura, Eigentum, in: Benda/Maihofer, HbVerfR, Bd.I, 1995, §10, Rn.56; Maurer, Allgemeines Verwaltungsrecht, 9. Aufl. 1994, §26, Rn.26ff.; Bryde, in: Münch/Kunig, GGK, Bd.I, 1992, Art.14,

권의 내용규정과 공용침해를 헌법적으로 서로 다른 독립된 제도로 보고, 재산권제한의 효과가 아니라 '立法의 形式과 目的'에 따라서 구분하려고 한다.

연방헌법재판소는 내용규정과 공용침해를 구분함에 있어서 법규범과 개별행위의 경계설정에 사용되는 일반적인 기준인 '一般·抽象性'과 '個別·具體性'이란 형식적 기준을 사용하고 있다. 이에 따라 연방헌법재판소는 재산권의 내용규정을 "입법자가 장래에 있어서 추상적이고 일반적인 형식으로 재산권의 내용, 즉 재산권자의 권리와 의무를 형성하고 확정하는 것"으로 정의하고, 이에 대하여 수용은 "국가가 구체적인 공적 과제를 이행하기 위하여 이미 형성된 구체적인 재산권적 지위를 의도적으로 전면적 또는 부분적으로 박탈하려고 하는 것"으로 정의하였다.[13] 즉, 내용규정은 재산권의 내용을 확정하는 일반적·추상적인 규정이고, 수용은 개별적·구체적으로 재산권적 지위를 박탈하는 것이다.[14] 연방헌법재판소는 수용의 개념을 위와 같이 정의함으로써 과거 연방최고법원(BGH)에 의하여 확대된 수용 개념을 다시 '원래의 고전적인 수용' 개념인 '협의의 수용' 개념으로 축소하였다.

따라서 형식설(분리이론)에 있어서의 '수용'이란, '수용법률로써 직접' 특정한 또는 특정할 수 있는 인적 범위의 구체적인 재산권을 박탈하거나 아니면 '수용법률에 근거하여' 행정처분으로써 개인의 재산권을 박탈하는 것에 국한된다. '수용규정'이란 위에서 정의한 협의의 수용을 직접 법률로써 야기하거나 아니면 행정청에게 위임하는 법규정, 즉 직접 재산권을 박탈하거나 아니면 행정청으로 하여금 재산권을 박탈할 수 있게끔 그에 관한 수권을 부여하는 규정이다.[15]

형식설은 우선 '내용규정'과 '수용'을 일반적·추상적 규율과 개별적·구체적 침해로 구분하여 그 형식과 목적에 있어서 서로 다른 독립된 법제도로 파악함과 동시에 헌법상의 '수용' 개념을 '협의의 수용'으로 정의하고, 이러한 구분을 통하여 협의의 수용을 가능하게 하는 법률만을 수용법률로 이해하는 것이다. 형식설에 따라 단지 일반적·추상적 및 개별적·구체적의 기준만으로 구분하는 것에 어려움이 있다면, 법률규정이 일반적·추상적으로 재산권의 내용을 확정하려고 하는 것인지 아니면 수용을 가능하게 하기 위하여 그에 관한 수권을 부여하는 규정인지의 관점에서 법률규정의 객관적인 意味 및 目的에 대한 해석을 통하여 형식적 기준은 보완될 수 있다.[16]

Rn.53ff.

13) BVerfGE 58, 300, 330f.; 72, 66, 76; 독일 연방헌법재판소의 수용 개념에 관하여 vgl. Maurer, Enteignungsbegriff und Eigentumsgarantie, in: FS für Dürig, 1993, S.303ff.

14) 수용의 본질적 요소로서의 개별·구체성은 법률에 의하여 직접 수용이 이루어지는 경우('법률에 의한 수용')에도 인정된다. 수용이 수용법률에 근거한 행정청의 구체적인 처분에 의하지 아니하고 법률에 의하여 직접 수용이 이루어지는 경우, 이는 '법률에 의한 행정'으로서 처분적 법률에 해당하므로 그 법적 성격에 있어서 개별적·구체적 침해로서 수용에 해당한다.

15) BVerfGE 58, 300, 332.

16) Vgl. Bryde, in: Münch/Kunig, GGK, Bd.1, 1992, Art.14, Rn.58.

재산권의 내용규정과 공용침해가 서로 독립된 별개의 법제도이기 때문에 그 위헌성을 심사하는 기준도 각 달라서, 내용규정의 경우에는 기본권을 제한하는 다른 법률과 마찬가지로 비례의 원칙, 평등권 등을 기준으로 하여 위헌여부를 판단하지만, 공용침해는 '공공필요', '보상' 등 헌법 제23조 제3항이 스스로 정하고 있는 조건하에서만 허용된다.

(2) 보상의무 있는 재산권 내용규정

연방헌법재판소는 재산권의 내용규정이 예외적으로 수용적 효과를 초래하는 경우에는 이를 '수용'으로 보지 아니하고, '보상의무 있는 재산권 내용규정'으로 파악하였고,[17] 이에 따라 재산권제한의 유형을 '보상이 필요 없는 내용규정', '보상의무 있는 내용규정', '보상을 요하는 공용침해'의 3 가지로 구분하였다.

종래의 경계이론에서는 보상을 요하지 않는 사회적 제약은 '재산권제한의 효과'가 일정한 강도를 넘음으로써 자동적으로 보상을 요하는 공용침해로 전환된다는 전제에서 출발하였기 때문에, 보상을 요하지 않는 '사회적 제약'과 보상을 요하는 '수용'을 구분하는 문제가 그 핵심을 이룬다. 그러나 분리이론에서는 재산권의 내용규정이 경우에 따라 과도한 침해(수용적 효과)를 초래하더라도 이로 인하여 '내용규정'이 '수용'으로 전환될 수 없고, 내용규정은 단지 내용규정일 뿐이며, 내용규정이 수용적 효과를 초래하는 경우에 보상규정을 두지 않았다면 '단지 위헌적인 내용규정'일 뿐이라는 관점에서 출발한다.[18]

즉, 비례의 원칙, 평등원칙, 신뢰보호의 원칙 등에 위반되는 내용규정은 수용으로 전환되는 것은 아니지만, 그 위헌성은 보상규정을 통하여 제거될 수 있는데, 이러한 경우 내용규정은 '보상을 요하는 내용규정'이 된다. 이로써 '위헌적인 내용규정'의 가능성으로부터 '보상의무 있는 내용규정'이란 재산권제한의 새로운 유형이 탄생하였다. 헌법 제23조 제3항의 수용의 경우 보상은 국가에 의한 재산권박탈의 '결과'이지만, 헌법 제23조 제1항 및 제2항의 내용규정에 있어서의 보상은 재산권의 내용을 합헌적으로 규율하기 위한 '조건'이자 '구성요소'이다.

독일 연방헌법재판소의 '자갈채취결정' 이후 연방최고법원과 연방행정법원은 과거의 수용이론에 따른 구분을 포기하고 분리이론을 채택하였고, 이로써 동시에 '보상의무 있는 내용규정'이란 새로운 법제도를 인정하였다.[19] 보상의무 있는 내용규정의 예로는, 도

17) 독일 연방헌법재판소는 모든 출판물에 대하여 일정 部數를 국립도서관에 무료로 納本해야 할 의무를 부과하는 법률조항의 위헌여부를 심사한 납본의무결정(BVerfGE 58, 137)에서 '납본의무자에게 큰 재산적 부담을 과하지 않는 원칙적인 경우, 이 규정 자체는 재산권의 사회적 제약을 구체화한 합헌적인 조항이지만, 그러나 큰 비용부담을 안고 적은 부수를 출판하는 경우에는 당사자에게 가혹한 부담을 안겨 줄 수 있는데 이 경우에도 보상 없는 납본의무를 규정한 것은 출판물의 사회적 의미와 국민일반의 출판물에의 접근을 가능하게 하려는 공익을 고려하더라도 정당화될 수 없는 것으로서, 이러한 경우에 한하여 비례의 원칙에 위반되어 위헌이'라고 확인함으로써, 이 결정에서 처음으로 '보상의무 있는 내용규정'을 인정하였다.

18) BVerfGE 52, 1, 27f.

시계획법, 자연보호법, 문화재보호법, 風致保護法 등에서의 사용제한,[20] 소위 개혁법률(법률개정으로 인하여 구법 하에서 형성된 구체적인 권리가 폐지되는 경우),[21] 공법상의 相隣關係[22] 등을 들 수 있다.

그러나 분리이론에서도 '언제 수인의 정도를 넘는 과도한 침해가 존재하는지'의 문제는 마찬가지로 제기되므로, 종래의 수용이론에 있어서 재산권내용규정과 수용을 구분하는데 사용된 기준(형식적 기준설, 실질적 기준설)은 연방헌법재판소의 분리이론에서는 '보상이 필요 없는 재산권내용규정'과 '보상의무 있는 재산권내용규정'을 구분하는 기준으로서 여전히 그 의미와 효용성을 가지고 있다.[23]

2. 한국헌법상의 재산권보장과 分離理論

헌법재판소는 '그린벨트 제도'의 위헌여부를 판단한 도시계획법 사건(헌재 1998. 12. 24. 89헌마214등 결정)에서 '입법자가 이 사건 법률조항을 통하여 국민의 재산권을 비례의 원칙에 부합하게 합헌적으로 제한하기 위해서는, 수인의 한계를 넘어 가혹한 부담이 발생하는 예외적인 경우에는 이를 완화하는 보상규정을 두어야 하는데, 이러한 보상규정은 입법자가 헌법 제23조 제1항 및 제2항에 의하여 재산권의 내용을 구체적으로 형성하고 공공의 이익을 위하여 재산권을 제한하는 과정에서 이를 합헌적으로 규율하기 위하여 두어야 하는 규정이다.'라고 판시함으로써, 재산권의 내용규정과 공용침해를 구분하는 관점으로 '수용이론'이 아니라 '분리이론'을 취하고 있음을 분명히 밝히고 있다.[24]

---

19) 판례의 변화에 관하여 vgl. Lege, Wohin mit den Schwellentheorien?, JZ 1994, S.431ff.; Osterloh, Eigentumsschutz, Sozialbindung und Enteignung bei der Nutzung von Boden und Umwelt, DVBl 1991, S.970f.; Maurer, Allgemeines Verwaltungsrecht, 9. Aufl. 1994, §26, Rn.33ff.

20) 독일 연방최고법원(BGH)과 연방행정법원(BVerwG)은 연방헌법재판소의 분리이론을 수용하여 자연보호법이나 문화재보호법상의 사용제한을 최근 1990년대부터 전적으로 재산권 내용규정으로 판단하였고, 재산권의 사용제한이 과거의 수용이론에 따라 '수용'으로 판단될 정도의 강도를 가진다면 그러한 '수용적 효과'는 헌법 제14조의 '수용'이 아니라 보상을 통하여 합헌성이 다시 회복될 수 있는 '내용규정'이라고 판시하였다(BGHZ 121, 73, 78; 123, 328, 331; 123, 242, 244; 126, 378, 381; BVerwGE 84, 361, 368ff.; 94, 1.)

21) 독일 연방헌법재판소는 1991년의 결정(BVerfGE 83, 201, 211ff., 광산법상 존재하던 선매권의 폐지)에서, '재산권의 내용을 새로이 규율하는 개정법률은 예외 없이 내용규정일 뿐이며, 입법자가 일정 영역을 전면적으로 새로이 규율하는 과정에서 종래 존재하던 권리를 폐지하는 경우에도 헌법 제14조의 수용규정은 적용될 여지가 없다. 그러나 입법자는 물론 재산권을 새로이 형성함에 있어서 이미 존재하던 구법상의 권리를 존중해야 하므로, 구법상의 권리에 대한 침해는 비례의 원칙을 고려하였을 때 공익상의 이유로 정당화되어야 한다.'고 판시하였다. 즉, 구법상의 권리 박탈의 문제는 '수용'의 문제가 아니라 권리존속에 대한 '신뢰보호'의 문제로 해결되어야 한다는 것이다.

22) 공공시설, 철도, 도로 등으로부터 발생하는 해로운 영향(매연, 소음 등 공해)으로 인하여 일정한 한계를 넘는 과도한 침해를 받는 건물주의 보상청구권을 '보상의무 있는 내용규정'의 한 적용례로 보고 있다, vgl. BVerfGE 79, 191f.

23) Vgl. Ossenbühl, Ausgleichspflichtige Inhaltsbestimmung des Eigentums, in: Staat Wirtschaft Steuern, FS für Friauf, 1996, S.394; Leisner, Eigentum, in: Isensee/Kirchhof, Handbuch des Staatsrechts, Bd.Ⅵ, §149, S.1081.

24) 독일 기본법 제14조 제3항은 단지 "수용"만을 규정한 반면에 우리 헌법은 제23조 제3항에서 "수용・사용 또

헌법재판소가 분리이론을 채택한 이유를 살펴본다면, 아래에서 서술하는 바와 같이, 무엇보다도 헌법상의 재산권보장의 기능과 권력분립적 관점이 결정적인 요인으로 작용했으리라고 판단된다.

가. 헌법상 재산권보장의 기능

분리이론과 수용이론(경계이론)의 근본적인 차이는 '헌법상 재산권보장을 어떻게 이해하는지'에 있다. 분리이론에는 存續保障의 사고가 바탕에 깔려 있고, 수용이론에는 價値保障의 사고가 그 기저를 이루고 있다. 재산권의 내용을 우선적으로 '존속보장'으로 이해하는 분리이론은 헌법 내에서의 재산권의 기능(재산권의 자유보장적 기능)에 보다 합치하는 견해이다.

헌법상의 재산권보장은 기본권의 주체가 각자의 생활을 자기 책임 하에서 자주적으로 형성하도록 이에 필요한 경제적 조건을 보장해 주는 기능을 한다. 이로써 재산권의 보장은 자유실현의 물질적 바탕을 의미하고, 자유와 재산권은 상호보완관계이자 불가분의 관계에 있다.[25] 재산권의 이러한 自由保障的 機能, 즉 재산권의 보장과 기본권적 자유보장의 밀접한 내적 관계를 고려한다면, 재산권보장의 일차적 기능은 보상 없는 재산권의 박탈을 방지하려는 것이 아니라 기본권주체의 수중에 있는 구체적인 재산권의 존속을 보장하려는데 있다. 즉, 재산권의 헌법적 기능은 단순히 재산적 가치를 보장해주는데 그치는 것이 아니라, 기본권의 주체가 재산권을 자유의 물질적 바탕으로 행사하게끔 재산권객체와 기본권주체간의 귀속관계의 존속보장에 있는 것이다.[26] 재산권보장은 일차적으로 국가권력의 부당한 침해에 대한 방어권으로서, 단순히 재산권적 가치의 손실에 대한 보상을 보장하는 것에 그쳐서는 아니 되고 우선적으로 그 존속 자체를 보장해야 한다.

그러나 재산권에 대한 종래의 이해는, 재산권이 수인의 한계를 넘는 정도로 제한되

는 제한"이라고 규정하고 있기 때문에, 헌법재판소가 독일의 분리이론을 채택한 것에 대하여 '분리이론에 의한 구분이 우리의 법제에도 타당한지'의 의문이 제기될 수 있다. 그러나 우리 헌법은 "수용·사용 또는 제한"이란 표현을 통하여 '수용'의 여러 형태를 구체적으로 열거하였을 뿐이다. 독일 연방헌법재판소가 기본법 제14조 제3항의 "수용"을 정의한 바와 같이, 헌법 제23조 제3항의 "수용·사용 또는 제한"을 협의의 형식적 수용 개념으로 이해하면서, '수용'을 '토지재산권을 전면적으로 박탈하여 다른 소유권자에게 이전하는 경우', '사용'을 '토지재산권 중 사용권의 부분적 박탈', '제한'을 '토지재산권 중 분리될 수 있는 다른 부분적 권리의 박탈이나 그 외의 제한'이라고 해석한다면, 독일 기본법과 한국 헌법상의 법문의 차이는 분리이론의 수용을 가로막는 요인이 될 수 없다고 본다. 한국 헌법이 '제한'을 규정한 것은, 예컨대 국가가 사유지에 대하여 출입권을 확보하고자 하는 경우 수인의무 또는 부작위의무를 부과하는지 아니면 지역권의 형태로 제한하는지 하는 것은 단지 법기술적인 문제라는 점에 비추어, '제한'을 통하여 사실상 부분적 권리의 박탈이 이루어지는 경우를 포함하려고 한 것이다, vgl. Osterloh, Eigentumsschutz, Sozialbindung und Enteignung bei der Nutzung von Boden und Umwelt, DVBl 1991, S.912.

25) 헌재 1998. 12. 24. 89헌마214등; BVerfGE 50, 290, 339ff.

26) Vgl. Böhmer, Grundfragen der verfassungsrechtlichen Gewährleistung des Eigentums in der Rspr. des BVerfG, NJW 1988, S.2563.

는 경우 재산권보장의 내용이 존속보장에서 가치보장으로 전환되는 것으로 파악하였다. 재산권의 제한으로 인하여 발생한 재산적 손실을 보상을 통하여 보완해 주기만 하면 그것이 위헌적인 재산권제한인 경우에도 그 위헌성이 치유된다는 견해인데, 재산권에 대한 이러한 이해는 재산권제한에 대하여 보상을 약속하는 것에 중점을 둔 소위 '가치보장'의 사고가 그 바탕을 이루었다.[27] 따라서 국민의 입장에서는, 법률의 위헌여부와는 관계없이 재산권의 제한을 수인한 후 보상을 받을 수 있다면, 재산권은 그 기능을 다하는 것으로 판단하였다. 경계이론에는 재산권에 대한 위헌적인 침해를 배척하고 기본권의 주체에게 구체적인 재산권의 존속을 보장하는 '존속보장'이 아니라, 재산권의 위헌적인 침해를 수인하고 사후에 보상을 요구하는 '가치보장'의 사고가 바탕에 깔려 있다.

이에 대하여 독일 연방헌법재판소는 '자갈채취결정'에서 재산권이 헌법체계에서 갖는 자유보장적 의미를 강조하여, '개인이 위헌적인 법률에 의한 재산권의 침해를 우선 수인하고 대신 사후적으로 그에 대한 보상으로 만족한다는 것은, 구체적인 재산권적 지위의 존속을 일차적으로 보장하고 합법적인 수용의 경우에만 비로소 재산권의 존속보장이 가치보장으로 전환하는 것을 허용하는 헌법상의 재산권보장의 내용과 합치하지 않기 때문에, 재산권을 침해당한 국민은 우선 행정소송과 헌법재판을 통하여 침해행위의 위헌성을 제거하도록 시도해야 하며, 법률의 위헌적 요소는 법적으로 규정되지 아니한 법원의 보상판결을 통하여 다시 합헌성을 회복할 수는 없다'고 판시하였다.[28]

독일 연방헌법재판소의 재산권에 대한 이해가 재산권침해에 대한 '방어'에 중점을 두고 있다면, 독일 연방최고법원의 종래 입장은 '효과적인 보상'에 그 초점을 맞추고 있다 할 것인데, 한국헌법상 재산권보장의 경우에도 독일 기본법의 재산권보장과 마찬가지로 헌법의 체계 내에서 가지는 기능은 자유보장적 기능이라 할 것이므로, 구체적 재산권적 지위의 존속을 우선적으로 보호함으로써 재산권의 보호를 강화하고자 하는 분리이론은 한국헌법상의 재산권보장의 정신에 보다 합치하는 이론이라고 할 수 있다.

나. 헌법상의 권력분립질서

나아가, '분리이론'은 헌법재판소·입법자·법원간의 관계에 있어서 헌법상의 권력분립질서에 보다 부합한다.

(1) 우선 '헌법재판소와 법원의 관계'에서 본다면, '경계이론'을 따를 경우 법원이 보상판결을 통하여 위헌적인 법률에 합헌성을 부여함으로써 법률의 위헌여부를 궁극적으로 결정할 가능성이 있기 때문에, 법률의 위헌성판단에 관한 최종적인 결정권을 가진

27) Vgl. Böhmer, Grundfragen der verfassungsrechtlichen Gewährleistung des Eigentums in der Rspr. des BVerfG, NJW 1988, S.2562.
28) BVerfGE 58, 300.

헌법재판소의 관할을 침해할 위험이 있다. 헌법상 권력분립질서에서 재산권내용규정에 대한 위헌성판단은 헌법재판소에 유보된 것으로서, 법원이 보상판결을 통하여 보상규정의 흠결을 보완하다고 하여 위헌적인 법률이 합헌적인 것으로 전환되는 것은 아니다.

독일의 경우 과거 법원이 보상판결을 통하여 위헌적 법률에 합헌성을 부여하는 결과를 가져왔기 때문에, 이러한 법원의 행위는 법률의 위헌여부에 관하여 최종적인 결정권을 가진 헌법재판소의 권한을 침해하는 것이라고 볼 수 있다.[29] 우리의 경우에도 법원이 구체적인 소송사건에서 재산권제한규정을 위헌으로 간주한다면 헌법 제23조 제3항의 수용규정을 확대해석하여 보상을 제공해서는 아니 되고, 헌법 제107조 제1항에 따라 법률에 대하여 위헌여부심판을 헌법재판소에 제청해야 한다.

(2) '입법자와 법원의 관계'에서 본다면, 침해행위의 효과와 정도에 따라 사회적 제약과 수용을 구분하는 경계이론은 '무엇이 사회적 제약이고 수용인지'의 문제가 입법자가 아니라 침해행위의 효과를 판단하는 주체인 법원에 의하여 결정된다는 것을 의미한다. 이로써 내용규정 또는 수용규정으로 재산권을 제한할 것인지의 '행위형식에 대한 결정권'이 입법자에서 법원으로 轉移되는 결과를 가져온다. 그러나 헌법상 권력분립질서에 비추어, 재산권을 내용규정 또는 수용규정의 형식으로 제한할 것인지의 '행위형식에 관한 결정'은 헌법상 입법권을 부여받은 입법자에 의하여 내려져야 할 사안으로, 법률의 구속을 받고 이를 적용해야 할 법원에 의하여 임의로 변경될 수 있는 것이 아니다.

나아가, 경계이론에 따라 과도한 부담을 가져오는 재산권의 제한을 헌법 제23조 제3항의 수용으로 파악한다면, 합헌성을 회복하기 위한 방법으로서 단지 '금전보상'만이 고려될 수 있다. 그러나 분리이론에 따라 이를 재산권내용규정으로 파악한다면, 합헌성을 회복하기 위한 조치로서 금전보상뿐만 아니라 '가혹한 부담을 완화할 수 있는 다양한 가능성'(예컨대, 그린벨트 구역지정의 부분적 해제, 경과규정, 예외적인 가혹함을 완화하는 다른 조치 등)이 고려될 수 있다. 입법자가 재산권을 형성하는 과정에서 법률의 수용적 효과를 간과하고 보상규정을 두지 않았다면, 법률의 제정으로 인하여 발생하는 재정적 부담을 인식하지 못하였다는 것을 의미하는 것이므로, 입법자에게 반드시 금전보상을 강요할 것이 아니라 법률의 합헌성을 회복할 수 있는 다양한 가능성을 허용하는 것이 입법자의 형성권을 보다 존중하는 것이다.

따라서 입법자와 법원과의 관계에서 보더라도, 입법형성권과 예산권을 가진 입법자는 내용규정 또는 수용규정으로 재산권을 제한할 것인지의 '행위형식에 관한 결정권'을 가져야 하며, 이러한 입법자의 결정은 법원에 의하여 존중되어야 한다. 입법자에 의한

---

29) Vgl. Maurer, Enteignungsbegriff und Eigentumsgarantie, in: FS für Dürig, 1993, S.317; Osterloh, Eigentumsschutz, Sozialbindung und Enteignung bei der Nutzung von Boden und Umwelt, DVBl 1991, S.908.

행위형식의 선택은 사후적으로 법원의 판단에 의하여 변경되어서는 아니 되며, 법원은 행위형식에 관한 입법자의 결정을 무시하고 '내용규정'을 '공용침해규정'으로 전환해서는 아니 된다. 내용규정이 과도한 부담을 초래하는 경우에 대하여 보상규정(가혹한 부담을 완화하는 조치)을 두고 있지 않기 때문에 비례의 원칙에 위반되어 재산권을 침해하는 경우, 입법자가 헌법재판소의 결정에 따라 입법개선을 통하여 법률의 위헌적 요소를 스스로 제거하게 된다.

(3) 마지막으로 헌법재판소와 입법자의 관계에서 본다면, 헌법재판소도 자신의 판단에 따라 사회적 제약과 수용을 구분해서는 아니 되고 행위형식에 관한 입법자의 결정을 원칙적으로 존중해야 하며, 행위형식에 관한 입법자의 선택에 있어서 예외적으로 잘못이 있는지 여부 및 재산권을 제한하는 법률규정이 합헌인지 여부만을 최종적으로 판단하게 된다.

(4) 결론적으로, 독일 연방헌법재판소의 분리이론은 헌법 내에서의 재산권의 기능과 존속보장의 의미를 상기시키면서, 헌법재판소에게는 법률에 대한 최종적인 위헌심사권을, 입법권과 예산권을 가지는 입법자에게는 재산권을 제한함에 있어서 '재산권의 내용규정'과 '수용'이라는 두 가지 법제도 중에서 형식에 관한 선택권을, 그리고 법원에게는 입법자가 수용의 형식을 선택하여 보상규정을 둔 경우 구체적으로 정당한 보상인지를 판단하는 권한을 각 부여함으로써, 헌법재판소·입법자·법원의 관계를 새로이 설정하였다고 볼 수 있다.

우리의 경우, 대법원의 판례가 '손실보상청구권은 헌법이 아니라 손실보상의 기준과 방법을 정한 개별법률에 근거하여 행사되는 것이며, 만약 보상법률이 흠결된 수용법률에 의하여 수용이 행해진다면 그 법률은 전체로서 위헌무효의 법률로 된다'는 '위헌무효설'을 취하고 있다고 보이므로, 현재로서는 우리 법원의 실무가 독일의 그것과 다른 것으로 판단된다. 그러나 이에 관하여는 여전히 학설이 나뉘어 논란이 지속되고 있고, 또한 법원이 독일의 수용유사적 침해이론 등의 도입을 통하여 자신의 견해를 변경할 가능성도 배제할 수 없다. 이러한 상황에서 분리이론의 입장을 취한다면, 보상에 관한 법원의 판단에 의하여 법률의 위헌성이 결정되는 가능성이 원천적으로 봉쇄된다.

Ⅲ. 재산권의 내용을 새로이 형성하는 법률의 위헌성을 심사하는 기준

오늘날 재산권은 이미 대부분 법적으로 규율되고 있다는 점에 비추어, 그 내용을 형성하는 규정은 거의 예외 없이 과거에 이미 규율된 재산권의 내용을 새로이 형성하는 규정이다. 그러므로 재산권 내용규정의 헌법적 문제는 무엇보다도 과거의 법적 상태에 대한 토지소유자의 신뢰가 어느 정도로 보호되어야 하는지의 문제를 의미한다.

예를 들자면, 도시계획법상의 개발제한구역의 지정으로 인하여 과거 地目이 '垈'인 토지에 더 이상 건축이 허용되지 않는다면, 地目이 '전·답'인 토지에 대하여 건축가능성이 배제된다면, 또는 자연공원법상 국립공원의 지정으로 인하여 私有林의 소유자가 자신의 산림을 경제적으로 활용할 수 있는 일체의 행위가 금지된다면, 이러한 현상유지의무의 부과는 보상을 요하는 제한인가? 또 다른 예를 들자면, '宅地所有上限에 관한 법률'이 법시행 이전에 취득한 택지에 대해서도 소유상한을 적용하고 이를 초과하여 소유하는 경우에 그 초과분을 처분하도록 강제한다면, 이러한 제한이 보상을 요하는 수용적 성격을 가지고 있는가? 보상여부와 관계없이 기존의 택지소유자의 신뢰이익을 어떠한 방법으로 고려해야 하는가?

헌법재판소는 소위 '그린벨트 결정'에서 도시계획법 제21조의 위헌여부를 '개발제한구역의 지정 후 토지를 종래의 목적으로 사용할 수 있는 원칙적인 경우'와 '지정 후 토지를 종래의 목적으로도 사용할 수 없거나 토지를 私的으로 전혀 이용할 수 없는 예외적인 경우'로 나누어 심사함으로써, 토지소유자의 그린벨트 '지정 前의 법적 상태'와 '지정 後의 법적 상태'를 서로 비교하여 신뢰보호의 관점에서 판단하였다. 따라서 아래에서는 헌법상의 재산권보장과 신뢰보호가 어떠한 관계에 있는지 및 재산권의 내용을 새로이 규율하는 법률의 위헌심사에 있어서 신뢰보호의 관점은 어떠한 역할을 하고 있는지에 관하여 전반적으로 살펴보기로 한다.

1. 재산권의 내용을 새로이 형성하는 법률의 二重的 違憲審査

헌법 제23조 제1항은 전문에서 "모든 국민의 재산권은 보장된다."고 하면서 이어서 후문에서 "그 내용과 한계는 법률로 정한다."고 하여 一見 서로 모순되는 내용을 규정하고 있다. 입법자가 스스로 재산권의 내용을 정한다면, 법률에 의하여 그 내용이 결정되는 기본권이 어떻게 입법자를 구속할 수 있는지 하는 의문이 제기된다. 이러한 의문은, 입법자가 재산권보장의 구속을 받는다면, 입법자는 헌법적으로 어떠한 내용의 구속을 받는지, 입법자가 재산권의 내용을 정한다면, 어떠한 기준으로 입법자가 형성한 법률의 위헌여부를 판단할 수 있는지 하는 또 다른 의문으로 이어진다.

헌법은 입법자에게 재산권의 내용과 한계를 설정할 권한을 부여함으로써, 또한 구법에 의하여 부여된 구체적인 법적 지위를 새로이 형성할 수 있는 권한도 부여하고 있다.[30] 따라서 헌법상의 재산권보장은 입법자에 의하여 일단 형성된 구체적 권리가 그러한 형태로 영원히 지속할 것을 보장하지 않는다. 재산권의 내용과 한계를 정하는 입법자의 권한은 장래에 발생할 사실관계에 대하여 재산권의 내용을 형성할 권한뿐만 아니

30) BVerfGE 45, 297, 332f.; 52, 1, 28; 58, 300, 331f., 338, 348f.

라, 그를 넘어서 과거에 이미 형성된 권리에 대해서도 새로운 내용을 부여할 권한을 포함한다. 따라서 법률의 개정이 공익상의 이유로 필요하다면, 법률에 의하여 구체적으로 형성된 개인의 재산권적 지위는 입법자가 극복할 수 없는 장해물이 아니며, 신법의 시행과 함께 원칙적으로 구법 하에서 형성된 법률관계에 대해서도 신법을 적용할 수 있다.

그러나 물론 종래의 법적 상태에 의하여 획득한 소위 '기득권'을 새로이 형성하는 입법자의 권한은 무제한적인 것은 아니다. 이 경우 입법자는 재산권을 새로이 형성하는 경우 구법에 의하여 부여된 구체적인 법적 지위를 침해할 수 있다는 것을 항상 고려해야 한다. 따라서 재산권의 내용을 새로이 형성하는 법률은 '장래'에 대하여 이루어지는 규율뿐만 아니라 '과거'에 대하여 이루어지는 규율이 공익에 의하여 정당화되는 경우에만 합헌적이다.[31] 즉, 재산권의 내용을 형성하는 법률이 합헌적이기 위해서는 '장래에 있어서' 적용될 법률이 기존의 법적 지위의 침해여부와 관계없이 그 자체로서 헌법에 합치해야 할 뿐 아니라, 또한 '종래의' 법적 상태에 의하여 부여된 구체적 권리에 대한 제한도 재산권보장의 관점에서 정당화되어야 한다.

따라서 재산권의 내용을 새로이 형성하는 법률의 위헌여부는 '법률이 장래에 있어서 재산권을 규율하는 것이 헌법에 합치하는지'의 관점과 '법률이 구법상태에서 취득한 재산권을 제한하는 것이 헌법에 합치하는지'의 관점에서 이중적으로 심사해야 한다. 아래에서는 이에 따라 '법 시행 이후, 즉 장래에 대한 재산권의 제한이 합헌인지' 및 '법 시행 이전, 즉 과거에 대한 재산권의 제한이 합헌인지'의 문제로 나누어 살펴보기로 한다.

2. 장래에 대한 재산권제한의 위헌심사[32]

가. 헌법상 재산권의 개념

재산권의 내용과 한계는 입법자가 정하지만, 헌법상 재산권의 개념은 입법자에 의해서가 아니라 헌법 스스로에 의하여 독자적으로 결정된다. 헌법상 재산권의 개념은 헌법 그 자체로부터 헌법해석을 통하여 얻어져야 한다.[33] 다만, 헌법상 재산권의 개념이 구체화되어 재산권의 보호범위가 확정되는 것은 재산권의 내용을 정하는 입법자의 형성에 의한 것이다.

---

31) Vgl. Schwerdtfeger, Die dogmatische Struktur der Eigentumsgarantie, 1983, S.17, 24; Nüßgens/Boujong, Eigentum, Sozialbindung, Enteignung, 1987, Rn.136ff.; Badura, Eigentum, in: Benda/Maihofer, HbVerfR, Bd.I, 1995, §10, Rn.55, 57.

32) 납본의무결정(각주 17)과 같이, 과거에 취득한 재산권을 새로이 형성하는 것이 아니라 단지 장래에 있어서만 적용되는 법률의 경우에는 신뢰보호원칙에 의한 위헌심사가 불필요함은 당연하다, vgl. Maurer, Enteignungsbegriff und Eigentumsgarantie, in: FS für Dürig, 1993, S.312f.

33) BVerfGE 58, 300, 335.

헌법상 재산권의 개념적 요소가 무엇인지는 헌법 내에서 재산권보장의 기능과 과제의 관점에서 파악되어야 한다. 헌법 내에서 재산권보장의 목적이란, 개인에게 재산적 영역에서 자유공간을 확보하여 그로 하여금 자신의 생활을 자기책임 하에서 독자적으로 형성하도록 하는 것이다. 따라서 재산권이 자유실현의 물질적 기초로서 기능하기 위해서는, 재산적 가치가 개인에게 전적으로 귀속되어 사적 이익을 위하여 사용·수익할 수 있어야 하고 이에 대한 원칙적인 처분권이 인정되어야 한다.

이러한 관점에서 본다면, 헌법상 재산권은 그의 법적 내용에 있어서 '私的 有用性'과 '原則的 處分權'에 의하여 규정된다. 사적 유용성과 원칙적 처분권은 기본권의 주체에게 재산영역에서의 자유공간을 자유실현의 물질적 기초로서 보장해 주기 위하여 불가결한 요건이다. 그러므로 헌법상 재산권은 개인에게 귀속되어 사적 이익을 위하여 사용·수익할 수 있고 원칙적인 처분권한이 인정되는 모든 재산적 가치를 말한다.[34)]

나. 法秩序의 産物로서 재산권

(1) 입법자에 의한 법적 형성의 필요성

인간은 누구나 법질서에 의한 매개를 필요로 함이 없이 생명과 신체, 양심과 믿음을 가지고 있으며 자신의 의견을 자유롭게 표명하고 예술활동을 할 수 있다. 생명, 신체의 자유, 신앙, 양심, 학문, 예술, 표현 등 대부분의 자유권이 보호하고자 하는 대상이란, 법질서에 의한 구체화를 필요로 함이 없이 원래부터 존재하는 '자연적인' 자유공간이다. 그러나 기본권에 따라서는 그의 보호대상이 법질서에 의하여 비로소 형성되는 것이 있는데, 바로 재산권이 그 대표적인 예이다.

권리의 주체와 객체 간의 귀속관계를 규율하는 입법자의 활동 없이는, 재산권은 생각할 수 없다. 공동체 내에서 '내 것과 네 것'의 규범적 확정, 즉 사인 간에 재산영역의 경계설정이 필요할 뿐 아니라, 공동체에 대한 재산권자의 관계도 법적으로 규율되어야 한다. 누가, 어떠한 객체를, 어떠한 형태로, 어떠한 조건 하에서, 어떠한 범위 내에서 자기의 것으로 할 수 있는지 하는 '구체적 권리의 내용'과 제3자 및 사회공동체와의 관계에서 '권리행사의 가능성'은 언제나 전적으로 법질서에 의하여 확정된다. 재산권은 오로지 법질서에 의하여 취득·사용·양도될 수 있을 뿐이다.

재산권은 법질서의 산물로서 법질서 내에서 인정되고 보호받기 위하여 법적인 형성을 필요로 하며, 법질서의 매개 없이는 재산에 대한 사실적인 지배만이 있을 뿐이다.[35)]

---

34) 헌법 제23조의 의미에서의 '헌법상 재산권'의 본질적 특징은 재산적 가치 있는 권리가 사적인 이용과 임의적 처분을 할 수 있도록 물적 재산권과 같이 전적으로 권리의 주체에게 귀속되는 것이므로, 가령 주거에 대한 임차인의 점유권의 경우 이러한 요건을 충족시키기 때문에 헌법상 재산권에 해당한다(BVerfGE 89, 1, 6ff.; 83, 201, 208ff.).

35) 같은 취지로 헌재 1998. 12. 24. 89헌마214(그린벨트), 판례집 10-2, 927, 944, "재산권이 법질서 내에서 인정되고 보호받기 위하여는 입법자에 의한 형성을 필요로 한다. 즉, 재산권은 이를 구체적으로 형성하는 법

재산권을 自然權 또는 先國家的 권리로 이해한다면, 이는 인간 누구나에게 사유재산을 소유할 권리가 천부적으로 인정된다는 관점에서 타당한 것일 뿐, 재산권이 자연적으로 존재하는 것은 아니다. 예컨대, 입법자가 저작권법이나 특허법의 제정을 통하여 창작물이나 발명에 관한 재산적 가치를 구체적인 권리로 형성하고 권리의 내용과 범위를 정하여 개인에게 귀속시킨 후에야 비로소, 개인은 자신의 저작권이나 특허권을 재산권으로 주장할 수 있다. 그러나 입법자가 지적 재산권을 규율하는 법률을 제정하기 전에는, 그 누구도 직접 헌법상의 재산권을 근거로 하여 자신의 저작권이나 특허권에 대한 침해를 주장할 수 없는 것이다.

(2) 입법에 의한 보호대상의 확정

헌법은 '재산권의 내용과 한계는 법률로 정한다'고 규정함으로써, 입법자로 하여금 변화하는 사회·경제상황과 공동체의 법문화를 고려하여 '무엇이 그 시대에 구체적으로 재산권보장의 보호를 받을 것인가'에 관하여 결정하도록, 법률에 위임하고 있다. 즉 헌법은 헌법상 재산권의 개념을 스스로 정하면서, 변화하는 사회현상을 반영하여 법률로써 헌법상 재산권 개념을 구체화하도록 입법자에게 위임하고 있는 것이다. 입법자는 법률로써 무엇이 헌법상 재산권보장의 의미에서의 재산권에 해당하는지를 정함으로써 재산권보장의 보호대상이 비로소 입법자에 의하여 형성된다.

따라서 '헌법상의 재산권'과 '재산권보장의 보호를 받는 대상'은 구분되어야 하며, 서로 일치하는 것이 아니다. 법질서에 의하여 보호되는 재산권은 헌법으로부터 직접 나오는 권리가 아니라 입법자에 의하여 비로소 매개되는 권리이므로, 헌법상 재산권의 개념을 구체화하는 입법자의 매개행위 없이는 개인에게 귀속될 수 있는 어떠한 구체적인 권리도 발생하지 않는다. 입법자가 특정 재산적 가치를 법률로써 구체적인 권리로 형성한 경우에만, 개인은 비로소 재산권보장의 보호를 받을 수 있다. 즉 재산권의 내용과 한계를 정하는 합헌적 법률로 형성되어 개인에게 구체적으로 귀속된 법적 지위만이 주관적 권리로서 보호받는 것이다. 따라서 재산권의 구체적인 내용이 무엇인지는 전적으로 법률로부터 나온다.[36] 이러한 의미에서 헌법상 재산권은 '헌법과 합치하는 법률에 따라 보장되는 기본권'이라고 할 수 있다. 헌법상 재산권보장의 보호대상은 특정 시점에 법률이 재산권으로 정의한 모든 것을 포함한다.[37]

이 없을 경우에는 재산에 대한 사실상의 지배만 있을 뿐이므로 다른 기본권과는 달리 그 내용이 입법자에 의하여 법률로 구체화됨으로써 비로소 권리다운 모습을 갖추게 된다."

36) Vgl. BVerfGE 58, 300, 336; Badura, Eigentum, in: Benda/Maihofer, HbVerfR, Bd.I, 1995, §10, Rn.53f.; Böhmer, Grundfragen der verfassungsrechtlichen Gewährleistung des Eigentums in der Rspr. des BVerfG, NJW 1988, S.2568f.; Schwerdtfeger, Die dogmatische Struktur der Eigentumsgarantie, 1983, S.15f.

37) Vgl. BVerfGE 58, 300, 336.

다. 재산권을 구체적으로 형성하는 입법자에 대한 헌법적 구속

(1) 입법자에 대한 재산권의 客觀的 保障

입법자가 재산권의 내용을 장래에 있어서 새롭게 규율하는 경우, 예컨대 입법자가 법률로써 택지소유의 上限을 정하면서 장래에 택지를 취득하는 경우에 한하여 위 법률을 적용하는 경우, 과거에 택지를 취득한 자에 대해서는 위 법률이 적용되지 않기 때문에, 개인의 구체적인 재산권의 보호 문제인 '주관적 보장'의 문제는 제기되지 않는다. 다만, 위 법률의 객관적인 위헌여부만이 문제될 뿐이다. 이러한 경우, 개인이 소유하고 있는 구체적인 재산적 권리의 존속을 보호하고자 하는 '재산권의 主觀的 保障'은 재산권의 내용을 형성하는 입법자에 대하여 아무런 보호를 제공하지 못한다. 따라서 재산권보장은 장래에 발생하는 사실관계를 규율하는 입법자에 대해서도 보호를 제공해야 하는데, 이러한 기능을 이행하는 것이 바로 재산권의 客觀的 保障이다.

재산권의 객관적 보장은 종래 주로 '법제도로서 私有財産制度의 보장'으로 이해되었으나, 제도보장의 사고는 입법자가 헌법의 구속을 받지 않는다는 것을 전제로 하는 바이마르 공화국 당시 헌법학의 산물로서 헌법상 재산권보장의 구속을 받지 않는 입법자를 최소한이나마 재산권보장의 핵심적 내용에 구속시키고자 하는 것이었다. 그러나 입법자를 비롯하여 모든 국가권력이 헌법의 구속을 받는 오늘날의 헌법질서에서, 제도보장의 사고는 재산권을 형성하는 입법자에 대한 헌법적 구속의 단지 하나의 측면만을 서술하고 있을 뿐이다. 오늘날의 헌법국가에서 입법자를 구속하는 것은, 무엇보다도 헌법이 사유재산권을 보장한 것의 정신, 즉 사유재산권에 관한 객관적 가치결정이다. 그러므로 재산권의 객관적 보장이란, 입법자가 재산권을 구체적으로 형성함에 있어서 '사유재산제도의 보장'을 넘어서 무엇보다도 '사유재산권에 관한 헌법적 가치결정'에 의하여 구속을 받는다는 것을 의미한다. 이러한 점에서, 재산권의 객관적 보장과 제도보장을 동일시하거나 재산권보장의 객관적 측면을 제도보장으로 축소시키는 종래의 사고는 극복되어야 한다.[38]

(2) 사유재산권에 관한 헌법적 가치결정

헌법 제23조 제1항 전문은 "모든 국민의 재산권은 보장된다."고 함으로써, 사유재산권에 관한 헌법의 근본적인 가치결정을 담고 있다. 이에 따라 입법자는 단순히 사유재산제도의 보장을 넘어서, 재산권의 내용을 정하는 입법을 통하여 사유재산권을 적극적으로 실현해야 할 의무를 진다. 입법자는 헌법상 재산권의 개념인 사적 유용성과 원칙

---

38) 재산권보장을 주관적 보장과 객관적 보장의 이중적 의미로 이해하면서, 객관적 보장의 의미를 단지 '사유재산제도의 보장'으로 축소시키는 견해로는 가령, 헌재 1993. 7. 29. 92헌바20, 판례집 5-2, 36, 44, "재산권보장은 개인이 현재 누리고 있는 재산권을 개인의 기본권으로 보장한다는 의미와 개인이 재산권을 향유할 수 있는 법제도로서의 사유재산제도를 보장한다는 이중적 의미를 가지고 있다."

적인 처분권이 인정되는 재산적 가치를 법률로써 구체적인 재산권으로 형성해야 한다.

따라서 입법자는 당해 재산적 가치가 개인적 자유에 대하여 가지는 의미를 고려하여 자유실현의 물질적 기초로서 기능할 수 있도록, 재산적 가치를 권리의 주체인 개인에게 그가 사용·수익·처분할 수 있도록 원칙적으로 귀속시켜야 한다. 재산권은 권리의 주체에게 귀속되어 사용, 수익을 통하여 사적으로 유용하도록 형성되어야 하며(사적 유용성), 재산권의 객체에 대한 원칙적인 처분권한이 권리의 주체에게 보장되어야 한다(임의적 처분권).

(3) 입법자에 대한 헌법적 지침으로서 사회적 구속성

헌법 제23조 제2항은 "재산권의 행사는 공공복리에 적합하도록 하여야 한다."고 규정하여 재산권의 사회적 구속성을 규정하고 있다. 이로써 헌법은 입법자가 재산권질서를 형성함에 있어서 추구하고 실현해야 하는 또 다른 방향과 지침을 제시하고 있다. 헌법 제23조 제2항은 사회적으로 정당한 재산권질서의 실현, 즉 사회국가적 사회·경제정책의 요청에 대하여 개방되어 있는 재산권질서의 실현을 목표로 하고 있는 것이다.

헌법 제23조 제2항은 마치 재산권의 구체적인 행사에 있어서 재산권자가 준수해야 하는 의무인 것처럼 표현하고 있지만, 개인에게 공공복리에 부합하는 방향으로 재산권을 행사해야 하는 의무를 부과하는 규정이 아니다. 헌법 제23조 제2항의 규정은 일차적으로 입법자에 대한 헌법적 위임으로서 법률로써 재산권의 내용을 형성함에 있어서 헌법상의 '재산권보장'뿐 아니라 또한 '공공복리'도 고려해야 할 입법자의 의무를 규정하고 있다. 이로써 헌법 제23조 제2항은 제23조 제1항의 재산권보장과 함께 재산권의 내용과 한계를 정하는 입법자를 구속하는 기본지침으로서 사회국가원리가 재산권의 영역에서 구체화된 표현이라고 할 수 있다.

(4) 입법형성의 헌법적 지침과 법익교량

재산권의 내용과 한계는 입법자가 정하지만, 입법자의 형성권은 무제한적인 것은 아니다. 헌법 제23조는 제1항 및 제2항에서 각 '사유재산권의 보장'과 '사회적 구속성'을 규정함으로써, 입법자가 재산권을 형성함에 있어서 고려해야 하는 두 가지 기본적 지침을 제시하고 있다. 재산권보장의 구속을 받는 입법자가 스스로 재산권의 내용을 확정한다는 외견상의 모순은 입법자가 사유재산권을 보장하는 헌법 제23조의 기본정신에 구속을 받음으로써 해소된다.

입법자는 재산권의 형성에 있어서 일차적으로 헌법 제23조 제1항에 표현된 '사유재산에 관한 헌법적 결정'의 구속을 받는다. 사유재산에 관한 헌법적 결정의 핵심적 내용은 바로 사적 유용성과 임의적 처분권이다. 그러므로 입법자는 재산권을 형성함에 있어서 개인이 자신에게 귀속되는 재산적 가치를 적정하게 사용하고 처분할 수 있도록 형성해야 할 의무가 있다. 뿐만 아니라, 입법자는 재산권의 또 다른 형성원칙으로서 제23조 제2항이 요청하는 재산권의 사회적 구속성을 동시에 고려해야 한다.

이에 따라, 입법자는 사적 유용성과 원칙적인 처분권을 그 본질로 하는 '헌법상의 재산권보장'(제23조 제1항 제1문)과 재산권의 제한을 요청하는 '재산권의 사회적 구속성'(제23조 제2항)을 함께 고려하여 양 법익이 조화와 균형을 이루도록 하여야 한다.[39] 이는 사유재산권의 보장에 의하여 원칙적으로 인정된 재산권자의 추상적 이익(당해 재산권이 재산권자의 개인적 자유에 대하여 가지는 의미)과 공익적 사유(당해 재산권에 관한 국민 일반의 이익)를 비교형량하는 결과를 가져온다. 장래를 향하여 재산권을 형성하는 법률조항이 재산권보장과 사회적 구속성이라는 상충하는 법익간의 조화와 균형을 꾀하는 경우, 재산권의 사회적 의무성(공익)과 교량되어야 하는 법익은 '개인의 구체적인 권리'로서의 재산권(기득재산권)이 아니라 헌법상 재산권을 구성하는 '추상적 내용'으로서의 재산권, 즉 재산권보장의 정신(가치결정)이다.

예컨대, 입법자는 창작활동이나 발명의 결과에 대한 '재산적 가치'를 법률을 통하여 구체적인 재산권으로 형성함에 있어서, 창작물이나 발명의 재산적 가치가 저작자나 발명자에게 원칙적으로 귀속되도록 형성할 것을 요청하는 헌법상 재산권보장의 구속을 받을 뿐 아니라, 한편으로는 창작물이나 발명이 국민일반에 대하여 가지는 사회적 의미를 동시에 고려하여 양 법익을 조화와 균형의 상태에 이르도록 형성해야 하다. 따라서 입법자가 지적 재산권의 보호범위, 내용, 보호기간 등을 정함에 있어서 헌법상의 재산권보장 또는 재산권의 사회적 의무성을 일방적으로 고려한다면, 이러한 법률조항은 위헌일 수 있다.

입법자가 비례의 원칙과 평등원칙에 부합하게 재산권을 제한하는 경우, 개인은 이러한 법률을 재산권의 사회적 제약을 합헌적으로 구체화하는 규정으로서 보상 없이 수인해야 한다. 그러나 법률에 의한 재산권제한이 입법자가 규율하고자 의도하는 대부분의 전형적인 경우에는 재산권에 내재하는 사회적 제약을 구체화하는 것이지만, 특별한 경우에 예외적으로 과도한 부담을 초래한다면, 입법자는 비례의 원칙 및 평등원칙에 합치하게 규율하기 위하여 규율대상에서 가혹한 경우를 제외하거나 보상을 부여하는 방법을 통하여 '가혹한 부담을 완화하는 규정'을 두어야 한다.[40] 만일 입법자가 가혹한 부담을 완화하는 규정을 두지 않는다면 법률은 위헌이기 때문에, 바로 이러한 경우가 소위 '보

39) 헌재 1998. 12. 24. 89헌마214(그린벨트), 판례집 10-2, 927, 944, "입법자는 재산권의 내용을 구체적으로 형성함에 있어서 헌법상의 재산권보장(헌법 제23조 제1항 제1문)과 재산권의 제한을 요청하는 공익 등 재산권의 사회적 기속성(헌법 제23조 제2항)을 함께 고려하고 조정하여 양 법익이 조화와 균형을 이루도록 하여야 한다."; BVerfGE 52, 1, 29; 58, 300, 338.

40) 각주) 17의 납본의무결정(BVerfGE 58, 137)의 예 참조. vgl. Maurer, Enteignungsbegriff und Eigentumsgarantie, in: FS für Dürig, 1993, S.311f.

상의무 있는 내용규정'에 해당한다.

3. 과거에 발생한 기득재산권 제한의 위헌심사

가. 재산권보장과 신뢰보호원칙

(1) 기득재산권의 내용을 불리하게 변경하는 법률의 경우 신뢰보호의 문제

일정 법률의 효력 하에서 발생한 법률관계는 또한 그 법률에 의하여 파악되고 판단되어야 하며, 개인은 과거의 사실관계가 사후적으로 새로운 기준에 의하여 평가되지 않는다는 것을 신뢰할 수 있어야 한다. 법치국가적 요청으로서의 신뢰보호원칙과 법적안정성은 무엇보다도 소급효를 갖는 법률(소급입법)에 의하여 민감하게 저촉된다. 헌법재판소는 법률이 이미 종료된 사실관계에 작용하는지 아니면 현재 진행 중인 사실관계에 작용하는지에 따라 소급효를 眞正遡及效와 不眞正遡及效로 구분하고, 진정소급효는 헌법적으로 허용되지 않는 것이 원칙이지만 특단의 사정이 있는 경우에는 예외적으로 허용될 수 있는 반면, 부진정소급효는 원칙적으로 허용되는 것으로 공익상의 사유와 신뢰보호의 요청 사이의 교량과정에서 단지 신뢰보호의 관점이 입법자의 형성권에 제한을 가할 뿐이라고 판시하였다.[41)]

따라서 소급입법에 의한 재산권의 침해는 법률의 효력발생시점을 공포시점 이전으로 확정하는 방법을 통하여 법률을 소급적으로 시행하는 경우와 법률이 이미 종료된 사실관계에 사후적으로 작용하는 경우에 한하여 인정될 수 있다.[42)] 헌법 제13조 제2항에서 "모든 국민은 소급입법에 의하여 … 재산권을 박탈당하지 아니한다."라고 하여 소급입법에 의한 재산권의 박탈을 금지하고 있는데, 여기서의 소급입법이란 법률이 과거에 존재하지 않았음에도 불구하고 과거의 법률관계를 소급하여 규율하려는 '진정소급효'를 가지는 법률을 의미한다.

그러나 구법에 의하여 이미 구체적으로 형성된 재산권적 지위에 대해서도 개정법률이 적용된다는 것은, 법률이 시행일로부터 장래에 있어서 효력을 발생함으로써 구법의 효력 하에서 이미 발생한 사실관계에 대하여도 적용된다는 것을 의미하는 것으로, 법률이 과거에 대하여 효력을 가짐으로써 과거를 법적으로 새로이 평가하는 소급효와는 근본적으로 다른 것이다. 일정한 법적 상태를 새로이 규율하는 규정이 장래에 발생하는 사실관계뿐만 아니라 이미 존재하는 사실관계에 대해서도 적용된다는 것은 법률개정의 경우 일반적으로 찾아 볼 수 있는 현상이다. 여기서 발생하는 문제는 소급입법의 문제가 아니라 종래의 법적 상태에서 새로운 법적 상태로 移行하는 과정에서 불가피하게 발

41) 헌재 1996. 2. 16. 96헌마2등, 판례집 8-1, 84-88 참조.

42) 진정·부진정소급효의 구분 및 법적 성격에 관하여는 한수웅, 법률개정과 신뢰보호, 인권과 정의 1997/6, 77면 이하 참조.

생하는 법치국가적 문제, 구체적으로 입법자에 대한 신뢰보호의 문제, 즉 부진정소급효의 문제이다.[43] 따라서 기득재산권의 내용을 불리하게 변경하는 법률은 소위 '부진정소급효'를 가지는 법률이라는 점에서 신뢰보호의 문제가 제기된다. 재산권의 내용을 새로이 형성하는 규정이 헌법적으로 허용되는지 여부는 법치국가적 신뢰보호원칙을 기준으로 판단해야 한다.

(2) 신뢰보호원칙에 대한 특별규정으로서 재산권보장

한편, 헌법상 재산권보장의 중요한 기능은 재산권에 의하여 보호되는 법적 지위에 관하여 국민에게 법적 안정성을 보장하고 합헌적인 법률에 의하여 형성된 구체적 재산권의 존속에 대한 신뢰를 보호하고자 하는데 있다.[44] 즉 소유자가 자신의 권리의 존속을 원칙적으로 신뢰할 수 있어야만 비로소 헌법상의 재산권보장은 그 기능을 할 수 있는 것이다. 일반적으로 국민은 한 번 제정된 법률이 그 형태로 존속하리라는 것을 신뢰할 수 없는 반면에, 합법적으로 취득한 자신의 재산권적 지위가 원칙적으로 존속하리라는 것은 헌법상의 재산권보장을 근거로 신뢰할 수 있는 것이다.[45]

이러한 의미에서 법치국가적 신뢰보호원칙은 재산권적 법적 지위에 관한 한, 헌법상의 재산권보장을 통하여 고유하게 형성되고 헌법적으로 구체적으로 표현되었다고 할 수 있다. 즉 재산적 가치 있는 법적 지위가 침해당하는 경우, 재산권보장은 일반적인 신뢰보호원칙에 대한 특별조항으로서 신뢰보호의 기능을 이행하고 있는 것이다. 헌법 제13조 제2항도 재산권의 보장이 내포하는 신뢰보호의 기능을 소급입법의 금지조항을 통하여 간접적으로 표현하고 있다.

나. 과거에 발생한 법률관계를 함께 규율해야 할 공익 및 경과규정의 필요성

(1) 개정법률이 기존의 법률관계를 함께 규율해야 한다는 것은 대부분의 경우 입법자가 의도하는 입법목적을 실현하기 위한 전제조건이다.[46] 구법 하에서 형성된 사실관계를 개정법률의 적용에서 배제하고 새로 발생하는 사실관계에 대해서만 이를 적용한다면, 개정법률이 의도하는 입법목적은 단지 부분적으로만 달성될 수 있거나 아니면 의도

43) Vgl. Kisker, Vertrauensschutz im Verwaltungsrecht, VVDStRL 32, S.179; Stern, Zur Problematik rückwirkender Gesetze, in: FS für Theodor Maunz, 1981, S.389f.; Götz, Bundesverfassungsgericht und Vertrauensschutz, in: Stark(Hg), Bundesverfassungsgericht und Grundgesetz, Bd.II, 1976, S.442 ff.; Maurer, Kontinuitätsgewähr und Vertrauensschutz, in: Isensee/Kirchhof, Handbuch des Staatsrechts, Bd.Ⅲ, 1988, Rn.54; Dürig, in: Maunz/Dürig, GG, Art.3, Rn.222.

44) BVerfGE 53, 257, 309.

45) Vgl. Bryde, in: Münch/Kunig, GGK, Bd.1, 1992, Art.14, Rn.64.

46) Vgl. BVerfGE 21, 173, 183; 43, 242, 289; Götz, Bundesverfassungsgericht und Vertrauensschutz, in: Stark(Hg), Bundesverfassungsgericht und Grundgesetz, Bd.II, 1976, S.438ff.; Maurer, Kontinuitätsgewähr und Vertrauensschutz, in: Isensee/Kirchhof, Handbuch des Staatsrechts, Bd.Ⅲ, 1988, Rn.53.

한 효과를 거의 가져올 수 없다. 나아가, 기존의 법률관계를 신법의 적용범위에서 제외하는 것은 일반적으로 국민이 납득할 수 없는 법적 불평등을 초래하게 되며, 두 개의 상이한 법률규정이 일정 기간 병존하는 것을 방지하려는 법적 안정성과 법적 통일성의 관점에서도 구법 하에서 발생한 사실관계도 신법의 적용범위에 포함시킬 것이 요청된다. 변화한 현실상황에 대처하여 새로이 정치적 목표를 설정하는 대부분의 법률은 일정한 법적 대상을 전체로서 파악하고 규율해야만 그 의도한 효과(공익의 실현)가 발생하므로, 대부분의 경우 기존의 법률관계를 신법의 적용범위에 포함시키는 것이 불가피하다.

(2) 입법자는 재산권의 내용을 새로이 규율할 수는 있으나, 법률개정으로 말미암아 장래에 있어서 허용되지 않는 재산권적 지위를 과거에 이미 적법하게 획득한 사람들의 신뢰이익을 경과규정을 통하여 적절히 고려하여야 한다.[47] '신뢰이익'과 '법률개정을 요구하는 공익'을 교량하고 양 법익을 조화시키는 과정에서, 개인이 비록 구법 상태의 존속을 요구할 수는 없으나 구법에서 신법으로의 적절한 轉移, 즉 법률개정에 있어서 적절한 경과규정을 통하여 자신의 신뢰이익을 고려해 줄 것을 요구할 수 있다. 여기서 경과규정은 법률개정이 추구하는 공익과 개인의 신뢰이익이란 상충하는 법익을 이상적으로 조화시키는 기능을 한다.

따라서 가령, 토지재산권의 강한 사회적 구속성 및 법률이 실현하려는 공익의 중요성을 고려한다 하더라도, 개인의 신뢰이익에 대한 손상이 개정법률이 달성하려는 공익실현의 관점에서도 더 이상 정당화될 수 없을 정도로 과도하다면, 이는 토지소유자의 신뢰이익과 법률개정을 요구하는 공익을 함께 고려하여 어느 일방에게 과도한 부담을 부과하는 것을 피하고 양 법익을 균형과 조화의 상태로 형성해야 한다는 헌법적 요청에 반하는 것이다.

입법자는 재산권의 내용을 새로이 형성하는 규정에 적절한 경과규정을 삽입함으로써 법치국가적 신뢰보호의 요청을 개별적 법률의 고유한 상황에 부합하게 다양한 방법으로 보장할 수 있고, 이로써 신뢰보호의 요청에 부합하는 새로운 법적 상태로의 법치국가적 移行을 가능케 함으로써 법률의 위헌성을 피할 수 있다. 경과규정의 형태로는, 적정한 유예기간을 부여하는 방법, 구법을 한시적으로 또는 일정 집단에게만 예외적으로 적용케 함으로써 신법으로의 단계적인 전환을 허용하는 방법, 재산권의 사회적 제약의 범위를 넘는 가혹한 부담을 완화하기 위하여 보상을 제공하는 방법 등 다양한 방법이 있다.[48]

---

47) Vgl. Stern, Zur Problematik rückwirkender Gesetze, in: FS für Theodor Maunz, 1981, S.389ff.; Lerche, Übermaß und Verfassungsrecht, 1961, S.270; Muckel, Kriterien des verfassungsrechtlichen Vertrauensschutzes bei Gesetzesänderung, 1989, S.119f.; BVerfGE 43, 242, 286ff.; 51, 356, 368f.

48) Vgl. Maurer, Enteignungsbegriff und Eigentumsgarantie, in: FS für Dürig, 1993, S.310ff.; Stern, Zur Problematik rückwirkender Gesetze, in: FS für Theodor Maunz, 1981, S.393; Lerche, Übermaß und

다. 보상규정의 필요성(보상의무 있는 재산권 내용규정)

위에서 언급한 바와 같이, 과거에 발생한 사실관계에 대해서도 새로운 법률을 적용하는 경우, 구법에 의하여 형성된 구체적인 재산권적 지위, 즉 기득재산권에 대한 침해가 사회적 제약의 범위를 넘는다면, 입법자는 재산권의 내용을 비례의 원칙에 부합하게 합헌적으로 규율하기 위하여 '가혹한 부담을 완화하는 보상규정' 등 경과규정을 두어야 한다. 따라서 재산권의 내용규정이 수용적 효과를 가지는 경우 위헌성을 면하려면 보상규정과 같은 경과규정을 필요로 하기 때문에, '보상을 요하는 수용적 침해'와 '보상을 요하지 않는 사회적 제약' 간의 경계를 밝히는 작업은 '언제 개인의 신뢰이익을 보호하는 경과규정을 두어야 하는지'의 문제를 판단함에 있어서 여전히 그 의미와 중요성을 가진다.

(1) 신뢰보호의 관점에 의한 토지재산권의 '사회적 제약'과 '수용적 침해'의 구분

평등원칙을 기준으로 하는 '特別犧牲說'은 그 형식성으로 말미암아 사회적 제약과 수용적 침해의 경계를 밝히는데 한계가 있으므로, 일반적으로 '재산권침해의 정도'를 기준으로 하는 실질적 기준설이 양자의 경계를 확정하는 기준으로 사용되고 있다. 실질적 기준설은 '재산권에 대한 침해가 얼마나 중대한지' 또는 '재산권의 침해 후에 재산권자에게 무엇이 남는지'를 주된 판단의 기준으로 삼고 있는데, 이러한 기준도 또한 매우 추상적인 것이어서 그 자체로서는 사회적 제약에 의하여 허용되는 재산권제한의 한계를 확정하는 구체적인 기준을 전혀 제공하지 못하고 있다. 형식적 기준설과 실질적 기준설 모두 양자의 경계를 확정할 수 있는 구체적인 기준을 제시하지 못하는 상황에서, 토지재산권에 있어서는 신뢰보호의 관점에서 확립된 '존속보호'의 사고가 구체적인 사건을 해결하는 유용한 기준을 제시한다.[49]

재산권침해의 정도를 기준으로 삼는 '실질적 기준설'의 경우, 이를 적용하는 관점이 '재산권의 침해가 발생한 시점인 현재'라는 일정 시점에 고착되기 때문에, 아무런 비교의 대상 없이 단지 재산권침해의 중대성을 기준으로 삼아 입법자에 의하여 형성된 결과물이 사회적 제약인지 아니면 수용적 침해인지를 절대적으로 판단해야 하는 어려움이 발생한다. 물론 '판단의 대상이 되는 재산권의 제한형태'와 '그보다 강한 또는 약한 재산권제한의 형태'를 서로 비교할 수는 있지만, 비교대상 자체의 법적 성격이 규명될 수

Verfassungsrecht, 1961, S.270ff.; Dürig, in: Maunz/Dürig, GG, Art.3 I, Rn.224; Muckel, Kriterien des verfassungsrechtlichen Vertrauensschutzes bei Gesetzesänderung, 1989, S.120ff.; BVerfGE 43, 242, 288f.; 75, 246, 279.

49) Vgl. Leisner, Eigentum, in: Isensee/Kirchhof, Handbuch des Staatsrechts, Bd.VI, §149, Rn.96, 105ff., 151ff.; Böhmer, Grundfragen der verfassungsrechtlichen Gewährleistung des Eigentums in der Rspr. des BVerfG, NJW 1988, S.2572; BVerfGE 25, 112, 121f.

없기 때문에, 양자의 비교 자체가 무의미하다. 결국, 재산권의 제한이 사회적 제약인지 또는 수용적 침해인지의 경계를 확정함에 있어서 '재산권의 침해가 중대한지'라는 절대적인 판단에 의존해야 한다는 문제를 안고 있다.

그러나 관점을 달리 하여 토지소유자의 신뢰보호의 관점에서 본다면, 재산권의 내용과 한계를 장래에 있어서 새로이 정하는 법률에 의하여 기득재산권이 불리하게 변경된 경우, '사회적 제약과 수용적 침해의 경계설정의 문제'는 법률개정을 통하여 공익을 실현하려는 입법자에 대하여 언제 이미 취득한 재산권적 지위의 존속을 요구할 수 있는지의 '신뢰보호의 문제'로 전환된다. 즉, 법률이 수용적 성격을 가지고 있는지의 판단은 더 이상 '재산권침해의 중대성'이라는 기준에 의하여 絕對的으로 이루어지는 것이 아니라, '과거의 법적 상태'와 '현재의 법적 상태'의 비교, 즉 '재산권제한 이전의 상태'와 '그 이후의 상태'의 비교를 통하여 相對的으로 이루어진다. 이로써 헌법상 재산권보장에 내재하는 신뢰보호의 기능으로부터 재산권보장이 보호하려는 최소한의 신뢰이익의 범위를 설정하고, 이러한 신뢰이익을 부인하는 법률을 수용적 성격을 가지는 재산권의 제한으로 파악하려는 것이다.

(2) 신뢰보호의 관점에서 보상을 필요로 하는 경우

도시계획법이나 자연공원법 등과 같이, 자연 및 환경의 보호를 목적으로 토지재산권의 사용을 제한하는 경우, 다음과 같은 경우에 토지소유자는 특별히 보호를 받아야 하는 것으로 판단된다.[50)]

(가) 存續保護(Bestandsschutz)

토지소유자가 종래의 재산권적 법질서가 존속하리라는 신뢰 하에서 그의 토지에 가치를 창설한 경우, 헌법상의 재산권은 법질서의 변경에 의하여 토지에 형성된 가치가 갑자기 박탈되거나 切下되는 것으로부터 보호한다(소위 '존속보호').[51)] 즉, 헌법상의 재산권은 토지재산권에 있어서 합법적인 재산권행사의 결과로 형성된 상태를 보호하는 것이다.[52)]

헌법적으로 보호받을 수 있는 신뢰는 원칙적으로 '신뢰행위'를 전제로 한다. 다시 말하자면 재산권의 실질적 사용이나 처분과 같이 실제로 행사된 신뢰, 현실화된 신뢰, 신뢰의 구체적인 투자만이 헌법적으로 보호를 요청할 수 있는 것이다.[53)] 따라서 재산권보

---

50) 아래의 경우는 자연보호법 및 환경보호법에 관한 독일의 연방행정법원과 연방최고법원의 판례에 의하여 확립된 것이다, vgl. BGHZ 90, 17, 24f.; 99, 24, 31f.; 105, 15, 18; BVerwGE 67, 84, 87, 91f.; 67, 93, 95f.; 84, 361, 371; Badura, Eigentum, in: Benda/Maihofer, HbVerfR, Bd.I, 1995, §10, Rn.78, 85; Schwerdtfeger, Die dogmatische Struktur der Eigentumsgarantie, 1983, S.20f.

51) BVerfGE 58, 300, 349f.

52) Vgl. Nüßgens/Boujong, Eigentum, Sozialbindung, Enteignung, 1987, Rn.47f.; Badura, Eigentum, in: Benda/Maihofer, HbVerfR, Bd.I, 1995, §10, Rn.78, 85.

53) Vgl. Ossenbühl, Vertrauensschutz im sozialen Rechtsstaat, DÖV 1972, S.35; Kisker, Vertrauensschutz

장에 의한 존속보호를 받기 위한 전제조건은 토지소유자가 무엇인가를 실행에 옮겼다는 것, 즉 자신의 토지를 재산이나 노동 등을 투입하여 변화시켰는가 하는 것이다.[54] 여기서 보호받는 것은 토지사용의 추상적 가능성이 아니라 재산과 노동의 투입을 통한 '신뢰의 구체적 투자'이다.

예컨대, 자연공원구역으로 지정되기 이전에 토지소유자가 營林을 목적으로 그 당시의 법질서에 따른 합법적인 造林·育林을 통하여 자신의 산림을 적극적으로 형성한 경우 또는 자신의 대지에 건축물을 설치한 경우 등과 같이, 토지소유자가 당시의 법질서를 신뢰하여 그에 부합하게 무엇인가를 실행에 옮겼고 이로써 재산이나 노동을 투입하여 그의 토지를 변화시켰다면, 토지소유자는 토지재산권의 내용을 새로이 규율하는 법률로부터 보호를 받아야 하며, 법률개정으로 인하여 종래의 용도로 토지를 더 이상 사용할 수 없다면, 이미 기존에 형성된 가치와 상태는 보상 없이는 박탈할 수 없는 재산권적 지위를 가진다.

따라서 일단 합법적으로 설치된 건축물이 법률개정이나 계획변경으로 인하여 사후에 불법적으로 된 경우 이미 한번 합법성을 부여받은 건축물은 행정청의 철거명령 등으로부터 보호되어 그 상태의 존속을 주장할 수 있다. 존속보호는 건축물에만 국한되는 것이 아니라 건축 외의 합법적인 토지사용에도 적용된다. 종래 합법적으로 행사된 토지사용권과 그로 인하여 형성된 상태는 이를 변경하려는 입법자에 대하여 '그의 종래의 기능에 있어서' 계속 그의 존속을 주장하고 관철할 수 있다. 물론, 헌법상의 재산권은 합법적인 토지이용을 보호하기 때문에, 처음부터 불법적인 건축물이나 불법적 사용으로 인한 토지 현상은 존속보호를 요구할 수 없다.

따라서 존속보호의 관점에서 본다면, 법률이 이미 실현된 토지사용을 배제하는 경우, 즉 재산권의 제한 후에는 토지를 종래 합법적으로 행사된 토지이용의 목적으로도 사용할 수 없는 경우에는 토지재산권의 제한을 단순히 보상 없이 수인해야 하는 '사회적 제약'으로 판단할 수 없고, 보상을 요하는 '수용적 효과'를 인정해야 한다.

(나) 아직 실현되지 않은 토지사용권한

'존속보호'가 토지재산권을 합법적으로 일정 용도로 행사함으로써 이미 형성된 상태를 토지소유자에게 불리한 법률개정으로부터 보호하려는 것, 즉 이미 존재하는 상태를 그의 종래의 기능에 있어서 보호하려는 것이라면, 토지소유자가 법적으로 허용된 토지사용의 가능성을 아직 행사하지 않은 상태에서 법률개정으로 인하여 더 이상 과거에 허용되었던 용도로 토지를 이용할 수 없게 된 경우에도 재산권의 보호를 받는지의 문제가 제기된다.[55] 대표적인 예를 들자면, 이미 건축된 토지의 경우 기존의 건축물이 법

---

im Verwaltungsrecht, VVDStRL 32, S.163; BVerfGE 72, 200, 242; 75, 241, 280f.; 62, 117, 163.

54) BVerwGE 94, 1, 13.

률개정에도 불구하고 계속 존속할 수 있는지의 문제는 '존속보호'의 문제이지만, 地目이 '垈'인 토지에 아직 건축이 이루어지지 않고 있는 상태에서 법률개정으로 인하여 더 이상 건축이 허용되지 않는 경우,[56] 아직 건축하지 않은 토지소유자가 법률개정에도 불구하고 건축허가를 청구할 수 있는지 아니면 적어도 그에 대한 보상을 요구할 수 있는지의 문제가 이에 해당한다.

아직 실현되지 않은 토지사용의 경우, 토지소유자가 자신의 신뢰를 아직 이렇다 할 방법으로 행사하지 않았기 때문에, 재산권의 보호를 받기 위해서는 일정 용도로의 토지사용이 과거에 법적으로 허용되었을 뿐만 아니라 그를 넘어서 토지소유자의 신뢰가 재산권적 권리로 강화될 수 있는 다른 '추가적인 상황'이 존재해야 한다. 가령, 개정법률이 '토지의 위치와 성질상 합리적인 관점에서 보아 객관적으로 적합하거나 뚜렷하게 드러나는 사용가능성'을 배제한다면, 예컨대 당해 토지의 건축만이 경제적으로 유일하게 의미 있는 사용방법임에도 이를 배제한다면, 이러한 경우 토지소유자의 신뢰이익은 재산권적 권리로 강화되었다고 볼 수 있으므로, 수용적 효과를 인정해야 한다.[57] 따라서 대지의 경우 종래 地目이 '垈'로서 건축용도의 토지이용이 허용되었을 뿐만 아니라 그를 넘어서 구역지정 당시 이미 裸垈地로 형성되어 있어 토지의 성질상 객관적인 관점에서 건축에 적합한 사용가능성이 두드러지는 경우에는 아직 실현되지 않은 토지사용에도 불구하고 보상 없이는 박탈할 수 없는 재산권적 지위를 인정할 수 있다.[58]

(다) 私的 效用性의 폐지

토지의 사용제한으로 인하여 토지소유자에게 사적 효용을 가져오는 사용방법이 법적으로 허용되지 않기 때문에 토지재산권의 사적 효용성이 폐지된 경우에도, 사회적 제약의 한계를 넘는 '수용적 효과'를 인정해야 한다. 토지소유자가 자신의 토지를 경제적으로 의미 있게 사용할 방법이 더 이상 없게끔 토지재산권이 제한된다면, 즉 자신의 토지가 단지 명목상으로만 자신에게 귀속되어있을 뿐, 실제에 있어서는 사익을 위해서는 전혀 사용할 수 없고 자연·환경보호 등 오로지 공익만을 위해서만 존재해야 한다면, 이러한 경우에는 사실상 토지와 자신과의 귀속관계가 단절되어 토지의 사적 효용성이 폐지되었고, 이로써 국민 누구나가 수인해야 하는 '사회적 제약'의 범위를 넘었다고 할 것

55) 개괄적으로 vgl. Nüßgens/Boujong, Eigentum, Sozialbindung, Enteignung, 1987, Rn.54ff.

56) 지적법상의 '地目'은 토지의 주된 사용목적이나 용도에 따라 당해 토지의 이용현황을 나타내는데 지나지 않을 뿐, 건축 등 토지의 특정한 이용방법이 법적으로 보장된다는 것을 의미하지 않는다. 그러나 도시계획법상의 '지역'의 지정이나 '상세계획구역'의 지정 등으로 인하여 이미 '주거지역'이나 '주택개발예정지구'로 지정되어 있는 토지의 사용을 입법자가 제한하려는 경우, 즉 토지소유자에게 신뢰의 근거를 제공하는 도시계획이 존재하는 경우에는 계획보장청구권의 관점에서 판단해야 할 것이다, vgl. Badura, Eigentum, in: Benda/Maihofer, HbVerfR, Bd.I, 1995, §10, Rn.68ff.

57) BVerwGE 94, 1, 14; BHGZ 90, 17, 24f.

58) 또한, 토지소유자가 재산과 노동을 투입하여 토지를 나대지로 형성하였다는 점에서도 신뢰를 현실화한 신뢰행위가 존재하기 때문에, 신뢰보호의 관점에서도 보호의 필요성이 있다고 보인다.

이다.

Ⅳ. 맺는말

1. 분리이론과 수용이론(경계이론)의 근본적인 차이는 '헌법상 재산권보장을 어떻게 이해하는지'에 있다. 분리이론에는 존속보장의 사고가 바탕에 깔려 있고, 수용이론에는 가치보장의 사고가 그 기저를 이루고 있다. 존속보장이란 일차적으로 부당한 재산권침해에 대한 방어를 그 목적으로 하는 반면, 가치보장은 재산권에 대한 과도한 침해는 금전보상으로 해결될 수 있다는 것이다.

수용이론이 기득재산권에 대한 과도한 제한의 경우 사후적으로 금전적 보상을 받는 것으로 충분하다는 견해인 반면, 분리이론은 재산권의 내용과 한계를 정하는 규정이 사회적 제약의 범위를 넘어 기득재산권에 대한 과도한 제한을 초래하는 경우에는 일차적으로 이와 같은 재산권제한규정에 대하여 그 위헌성을 다툼으로써 재산권에 대한 위헌적 침해 자체를 제거할 수 있어야 하고, 합헌성을 회복하는 방법으로는 금전보상 외에도 재산권제한규정의 성격에 따라 다양한 방법이 있다고 하는 견해이다.

우리 헌법에서 재산권보장의 내용은 구체적 재산권의 존속을 우선적으로 보호하고자 하는 것이고 이러한 정신에 비추어 헌법 제23조는 해석되어야 한다는 점에서, 재산권내용규정과 수용규정은 별개의 제도로서 이해되어야 한다. 따라서 수용이론이 아니라 분리이론이 우리 헌법상 재산권보장의 규정형식이나 그 정신에 보다 부합한다.

2. 기득재산권을 제한하는 경우 발생하는 수용적 효과는 '수용이론'에 의하면 헌법 제23조 제3항의 수용에 해당하여 보상법률을 요구하게 되고, '분리이론'에 의하면 재산권을 과도하게 제한하는 위헌적 내용규정으로서 합헌성을 회복하기 위한 입법자의 조치를 요구하게 된다. 즉, 수용이론에 따라 수용적 효과를 헌법 제23조 제3항의 수용으로 보는 경우에는 합헌성을 회복하기 위한 방법으로서 단지 금전보상만이 고려될 수 있으나, 분리이론에 따라 재산권내용규정으로 파악한다면, 기득재산권의 존속보장과 공익 사이의 조화와 균형을 다시 회복하는 방법으로서 금전보상뿐만 아니라 일차적으로 위헌적 침해의 배제를 비롯하여 다양한 가능성이 고려될 수 있다. 재산권을 제한하는 법률조항의 위헌성을 다투는 국민이 일차적으로 얻고자 하는 바는, 그린벨트지정의 해제나 택지소유상한규정의 적용배제와 같이 국가에 의한 재산권침해의 제거이지 금전적 보상이 아닌 것이다.

3. 재산권의 내용규정이 경우에 따라 기득재산권에 대한 과도한 침해(수용적 효과)를

가져온다면, 이로 인하여 '내용규정'이 '공용침해'로 전환되는 것이 아니라, 내용규정은 단지 내용규정일 뿐이며, 수용적 효과를 초래하는 경우에 대하여 보상규정(과도한 침해를 조정하는 규정)을 두지 않았다면 단지 위헌적인 내용규정일 뿐이다. 재산권보장에 위반되는 내용규정은 공용침해로 전환되는 것은 아니지만, 그 위헌성은 보상규정을 통하여 제거될 수 있는데, 이러한 경우 내용규정은 '보상을 요하는 내용규정'이 된다. 여기서 '보상'이란 금전보장에 국한되는 것이 아니라, 기득재산권의 존속보장과 공익 사이의 조화와 균형을 다시 회복하기 위하여 기득재산권에 대한 과도한 침해를 조정하는 모든 조치(법률의 적용 배제, 유리한 경과규정의 제공 등)를 말한다.

4. 헌법재판소는 '그린벨트 사건'에서 수용적 효과를 초래하는 내용규정을 헌법 제23조 제3항의 의미에서의 '공용침해'로 보지 아니하고, 헌법 제23조 제1항 및 제2항에 근거하여 그 위헌성을 확인함으로써 '위헌적인 내용규정'으로 이해하였다. 이로써, 헌법재판소는 헌법 제23조 제1항 및 제2항의 재산권의 내용규정과 제3항의 수용을 별개의 독자적인 제도로 이해하는 독일연방헌법재판소의 '분리이론'을 채택하였고, 이에 따라 내용규정이 재산권을 과도하게 제한하여 수용적 효과가 발생하는 경우, 내용규정이 수용으로 전환되는 것이 아니라 단지 '위헌적인 내용규정'으로서 입법자에 대하여 합헌성의 회복을 위한 조치(과도한 재산권침해를 조정하는 조치)를 요구하는 '보상의무 있는 내용규정'이라고 판단하였다.

분리이론의 경우에도 '언제 수인의 정도를 넘는 과도한 침해가 존재하는지'의 문제는 마찬가지로 제기된다. 이 경우 사회적 제약과 수용적 침해의 경계설정의 문제는, 법률개정을 통하여 공익을 실현하려는 입법자에 대하여 어떠한 경우에 이미 취득한 재산권적 지위의 존속을 요구할 수 있는지의 신뢰보호의 문제를 의미하므로, '내용규정이 기득재산권에 대한 과도한 침해를 초래하는지'를 판단함에 있어서 신뢰보호의 관점이 중요한 기준을 제시한다. 헌법재판소는 '그린벨트 사건'에서 보상의 필요성 문제를 특별희생설이나 침해중대설 등을 직접적인 기준으로 삼아 판단하지 아니하고 '신뢰보호'의 관점에서 접근하였고, 신뢰보호의 사고에 기초하여 '종래의 용도로도 토지를 사용할 수 없거나 아니면 사적으로 사용할 수 있는 가능성이 완전히 배제된 경우'에는 기득재산권에 대한 과도한 침해로서 수용적 성격을 인정하였다.

참고문헌

최갑선, 헌법 제23조 1항 2문에 의거한 재산권의 내용 및 한계규정, 공법학의 현대적 지평(계희열박사 화갑기념논문집), 1995

이덕연, 보상없는 재산권제한의 한계에 관한 연구, 헌법재판연구 제9집, 1997

Badura, Eigentum, in: Benda/Maihofer(Hg), Handbuch des Verfassungsrechts der Bundesrepublik Deutschland (HbVerfR), Bd.I, 1995, §10

Böhmer, Grundfragen der verfassungsrechtlichen Gewährleistung des Eigentums in der Rechtsprechung des Bundesverfassungsgerichts, NJW 1988

Bryde, in: Münch/Kunig(Hg), Grundgesetz Kommentar (GGK), Bd.1, 1992, Art.14

Dürig, in: Maunz/Dürig(Hg), Grundgesetz (GG), Art.3

Götz, Bundesverfassungsgericht und Vertrauensschutz, in: Stark(Hg), Bundesverfassungsgericht und Grundgesetz, Bd.II, 1976

Kisker, Vertrauensschutz im Verwaltungsrecht, VVDStRL 32(1974)

Lege, Wohin mit den Schwellentheorien?, JZ 1994

Leisner, Eigentum, in: Isensee/Kirchhof(Hg), Handbuch des Staatsrechts (HbStR), Bd. VI, §149

Lerche, Übermaß und Verfassungsrecht, 1961

Maurer, Allgemeines Verwaltungsrecht, 9. Aufl. 1994, §26

______, Enteignungsbegriff und Eigentumsgarantie, in: FS für Dürig, 1993

______, Kontinuitätsgewähr und Vertrauensschutz, in: Isensee/Kirchhof(Hg), Handbuch des Staatsrechts (HbStR), Bd.Ⅲ, 1988

Muckel, Kriterien des verfassungsrechtlichen Vertrauensschutzes bei Gesetzesänderung, 1989

Nüßgens/Boujong, Eigentum, Sozialbindung, Enteignung, 1987

Ossenbühl, Ausgleichspflichtige Inhaltsbestimmung des Eigentums, in: Staat Wirtschaft Steuern, FS für Friauf, 1996

______, Vertrauensschutz im sozialen Rechtsstaat, DÖV 1972

Osterloh, Eigentumsschutz, Sozialbindung und Enteignung bei der Nutzung von Boden und Umwelt, DVBl 1991

Richter/Schuppert, Casebook, 1991

Schwerdtfeger, Die dogmatische Struktur der Eigentumsgarantie, 1983

Stern, Zur Problematik rückwirkender Gesetze, in: FS für Theodor Maunz, 1981

제6절 경제적 기본권

경제적 기본권에 관한 몇 가지 새로운 문제점과 전망*

Ⅰ. 머리말

헌법이 개인과 국가의 관계에 관하여 근본적인 결정을 담고 있듯이, 經濟憲法도[1] 경제와 국가의 관계, 즉 개인·사회의 자치영역과 국가 관할권의 관계를 규율하고 있다. 사회적 법치국가에서 국가와 경제의 관계는 더 이상 '자유주의적 사고', 즉 국가가 사회의 사적 자치를 신뢰하고 경제영역에서 질서유지를 위한 최소한의 간섭에 그쳐야 한다는 신념에 더 이상 기초하지 아니한다. 사회적 법치국가에서 경제에 대한 국가의 과제는 소극적으로 현재의 상태를 보호하고 유지하며, 필요에 의하여 때때로 경제에 간섭하는 것에 그치지 아니 한다. 사회국가는 경제·사회·문화의 모든 영역에서 정의로운 사회질서의 형성을 위하여 적극적으로 개입하고 관여하는 국가로서, 경제영역에서도 적극적으로 계획·유도하고 급부를 제공하며 재분배함으로써 국민경제의 전반에 대하여 책임을 져야 한다.[2]

국가가 경제의 전반적인 현상에 대하여 포괄적인 책임을 지는 오늘날의 사회국가에

* 위 논문은 1999년 10월, 헌법학연구(한국헌법학회), 제5권 제2호, 54-88면에 게재된 것을 일부 수정한 것이다.

1) 경제헌법이란 일반적으로 경제에 관련된 헌법규범 또는 경제질서와 경제정책에 있어서 중요한 헌법규정을 말한다. 한태연, 헌법학, 1983, 999면 이하.

2) 이에 관하여 자세하게 한수웅, 한국헌법상의 경제질서, 계희열박사 화갑기념논문집, 1995, 193면 이하.

서는 국가가 경제의 영역에서도 중심적인 역할을 하므로, 경제질서의 형성은 국가와 사회의 공동과제가 되었다. 이에 따라 경제헌법은 국가행위에 대하여 한계를 설정함으로써 경제질서의 형성에 개인의 자율적인 참여를 보장하는 '개인의 경제적 기본권'과 경제영역에서의 국가활동에 대하여 기본방향과 과제를 제시하고 국가에게 적극적인 경제정책을 추진할 수 있는 권한을 부여하는 '경제에 대한 간섭과 조정에 관한 규정'으로 구성되어 있다.

헌법이 사회국가원리를 도입함에 따라,[3] 모든 국민이 기본권적 자유를 실제로 행사하기 위하여 필요한 기본적인 조건을 마련하고 유지해야 할 의무가 국가에게 부과되었고, 이는 구체적으로 기본권의 보장과 관련해서는 '기본권적 자유'와 '그의 실현가능성'이 양립할 수 있도록 그에 필요한 규율과 간섭을 할 수 있는 국가의 권한을 의미한다.[4] 오늘날 국가가 사실상 경제·사회의 모든 과정에 대한 책임을 지고 간섭하고 규율·조정하고자 시도한다는 점에서, 사회국가는 한편으로는 자유행사의 실질적 조건을 마련해 주는 '자유실현적인 성격'과 다른 한편으로는 사회국가가 그에게 부여된 과제의 이행을 위하여 경제에 대한 포괄적인 간섭을 가져올 수밖에 없다는 의미에서 '자유에 대한 위협'이라는 이중적 성격을 가지고 있다.[5] 사회국가에서는 국가가 사경제에 과도하게 간섭할 위험성이 상존하기 때문에, 對國家的 防禦權으로서의 경제적 기본권의 성격은 사회국가에서도 마찬가지로 중요하다.

오늘날의 다양한 기본권이론에도 불구하고, 경제적 기본권은 일차적으로 국가권력에 의해 위협을 받고 있는 개인의 자유영역을 보호하려는 대국가적 방어권이다. 경제적 기본권은 경제와 관련된 특정한 생활영역이나 인간의 행위, 법익의 보장을 통하여 경제적 영역에서의 국가행위의 한계를 제시하고 입법자가 사회·경제입법에 있어서 존중해야 하는 헌법적 구속을 의미한다. 또한 경제적 기본권은 개인에게 경제적 자유를 보장함으로써 분권적·자유주의적 경제질서의 형성을 가능하게 하고 법치국가적 보장에 근거한 안정성·지속성·예측성의 요소를 경제질서에 부여하고 있다. 특히 개인의 자유로운 직업활동을 보장하는 직업의 자유, 사유재산권을 보장하는 재산권의 보장, 임금과 근로조건에 관하여 노사단체의 사적 자치를 보장하는 근로3권은 경제질서의 형성에 있어서 매우 중요한 의미를 가지는 기본권들이다.

이 글에서는 경제적으로 중요한 기본권인 직업의 자유, 재산권의 보장, 근로3권을 중

---

3) 우리 헌법은 사회국가원리를 명문으로 규정하고 있지는 않지만, 사회적 기본권의 보장, 경제에 관한 장에 위치하는 포괄적인 국가경제정책의 수권조항과 기본권의 사회적 기속 등, 사회국가원리의 구체화된 여러 표현을 통하여 사회국가원리를 수용하고 있다. 이에 관하여 자세한 것은 한수웅, 헌법소송을 통한 사회적 기본권 실현의 한계, 인권과 정의 1997/1, 70면, 85면 이하.

4) Vgl. Böckenförde, Grundrechtstheorie und Grundrechtsinterpretation, NJW 1974, S.1538.

5) Vgl. Hesse, Bemerkungen zur heutigen Problematik und Tragweite der Unterscheidung von Staat und Gesellschaft, DÖV 1975, S.441; Arnim, Staatslehre der BRD, 1984, S.165.

심으로 필자의 관점에서 아직 학계의 진지한 논의가 없었다고 판단되는 몇 가지 새로운 문제를 제기하고, 특히 국가의 경제유도적 조치인 보조금 지급, 조세감면혜택, 勞使政委員會와 관련하여 발생하는 헌법적 문제들을 가능하면 규범적으로 논증할 수 있는 사안에 제한하여 살펴본 다음, 경제적 기본권에 관한 헌법재판소의 최근 판례나 학계의 경향에 비추어 경제적 기본권과 관련하여 앞으로 어떠한 방향의 문제가 제기될 것인지에 관하여 조심스러운 전망을 하는 것으로 맺는말을 대신하기로 한다.

Ⅱ. 직업의 자유

1. 직업의 자유와 근로의 권리의 관계

가. 직업의 자유에 의한 고용직의 보호

직업은 생활의 기본적인 수요를 충족시키고 개인의 생계를 가능케 하는 경제적 소득활동의 기반이자 자아실현의 장소이므로, 직업의 자유는 직업을 개인의 생계기반, 자아실현의 근거와 인생의 과제로 삼을 권리를 보장한다. 직업의 자유는 인간의 존엄성실현과 자유로운 인격발현과 밀접한 연관관계에 있으므로, 개인의 인격발현을 보장하기 위한 중요한 기본권이다.

헌법 제15조는 일차적으로 독립적 형태의 직업활동(상업, 수공업, 농업, 자유업 등)을 직업으로서 보호함으로써 무엇보다도 영업의 자유를 보장한다.[6] 한편, 현대 산업사회에서 피용자의 수는 점점 증가하고 있고, 고용직도 당연히 직업으로서 행사될 수 있다. 따라서 직업의 자유는 독립적 형태의 직업활동(영업의 자유)뿐만 아니라 고용된 형태의 종속적인 직업활동도 보장한다. 이로써 직업의 자유는 근로자를 포함한 모든 사회계층과 모든 직업형태에 대하여 헌법적 의미를 가지고 있다.[7] 그럼에도 왜 헌법재판의 실무에서 직업의 자유의 침해를 주장하여 제기된 사건들이 모두 영업이나 기업의 자유에 관한 것이었는가 하는 의문이 제기된다.

나. 직업의 자유의 주된 기능으로서 방어권적 기능

헌법 제15조가 자영업뿐만 아니라 고용직도 보호하지만, 그럼에도 불구하고 국가의 간섭이나 방해 없이 자유롭게 직업을 선택하고 행사할 권리로서의 '방어권적 성격'은 근로자에게는 사실상 큰 의미가 없다. 특히 헌법재판의 실무에 있어서 직업의 자유의 해석과 적용은 지금까지 거의 일방적으로 영업과 기업의 자유에 관한 것이었다.[8] 이러한

6) BVerfGE 41, 205, 228; 50, 290, 362.
7) BVerfGE 7, 377, 397; 50, 290, 362.
8) 지난 10년간의 직업의 자유에 관한 헌법재판소의 결정을 조감할 수 있는 것으로는 방승주, 직업선택의 자유, 헌법논총 제9집(1998), 238면 이하.

현상은 직업의 자유가 고용직을 보호하지 않기 때문이 아니라, 입법자가 직업과 관련하여 법률로써 규율하는 대상이 주로 상업, 수공업, 중소기업 및 대기업, 자유업 등의 직업활동에 관한 것이었다는 사실에 기인한다.

반면에, 고용직의 직업활동은 입법자에 의하여 제한되기 보다는 오히려 근로기준법 등의 형태로 사회국가적 관점에서 사회적 약자인 근로자를 사용자와의 관계에서 보호하기 위하여 규율되는 경우(가령, 야간작업의 금지, 과도한 근무시간의 제한, 근로자의 안전을 위한 행위제한 등)가 대부분이다. 따라서 근로자가 이러한 보호입법에 대하여 직업의 자유를 침해한다는 주장으로 이의를 제기해야 할 계기가 없었으므로, 법률이 근로자의 직업의 자유를 침해하는지의 관점에서 헌법재판소가 법률의 위헌여부를 판단하는 경우는 지금까지 거의 발생하지 않았다.

물론, 근로자도 직업의 자유를 근거로 하여 국가의 간섭과 방해를 받지 아니하고 자신의 노동력을 제공하여 직장을 선택하고 선택한 근로활동을 사용자와 합의된 조건하에서 수행할 권리가 있으므로, 직업의 자유의 '방어권적 기능'은 근로자와의 관계에서도 헌법적으로 의미가 전혀 없는 것은 아니다. 그러나 입법자가 근로자의 직장이탈을 곤란하게 하는 입법을 통하여 근로자를 강제로 사용자에게 묶어 두려고 하는 경우나 또는 노동관청이 실업보험급여를 지급받는 실업자에게 국가가 제공하는 특정 직장에 취업할 것을 강제하는 경우에 비로소 근로자의 직업의 자유에 대한 침해의 문제가 제기되는데, 이러한 상황은 현실적으로 상정하기 어려울 뿐만 아니라 지금까지 법현실에서 큰 의미를 가지지도 못하였다. 따라서 직업의 자유는 그의 방어권적 성격으로 말미암아 법적 의미에 있어서나 실제의 적용에 있어서 영업・기업・경쟁의 자유와 같은 경제적 자유로 축소되었다고 볼 수 있다.[9)]

다. 고용직의 경우, 근로의 권리의 중요성

고용직의 경우, 직장을 자유롭게 선택하고 행사하는 자유보다 더욱 중요한 것은 선택할 수 있는 직장의 제공이다. 자영업의 경우 대국가적 방어권으로서의 직업의 자유가 영업의 자유를 보장하는 기능을 충분히 이행하고 있는 반면에, 고용직의 경우 직업의 자유가 실제로 보장되기 위해서는 '직장을 자유롭게 선택하는 자유'를 국가로부터 보호하는 방어권적 성격만으로는 부족하고, 직장의 선택을 비로소 가능하게 하는 '完全雇用'이 함께 보장되어야 하는데, 이러한 보장의 측면, 즉 '직장을 요구할 권리'로서 급부적 측면은 직업의 자유의 보호범위에 포함되지 아니한다.[10)]

---

9) Vgl. Friauf, Die Freiheit des Berufs nach Art.12 Abs. 1 GG, JA 1984, S.539f.; Bryde, Art.12 GG-Freiheit des Berufs und Grundrecht der Arbeit, NJW 1984, S.2183; Papier, Art.12 GG- Freiheit des Berufs und Grundrecht der Arbeit, DVBl 1984, S.802; Wendt, Berufsfreiheit als Grundrecht der Arbeit, DÖV 1984, S.606f.

근로자가 고용될 직장이 없다면 직장선택의 자유의 헌법적 보장은 기본권의 주체에게 아무런 소용이 없으므로, 국가는 소극적으로 직장선택의 자유를 보장해야 할 뿐만 아니라[11] 적극적으로 근로자가 고용될 수 있는 실질적 조건을 형성해야 한다. 이러한 관계에서 '상대적 완전고용'은 직장선택의 자유를 행사하기 위한 실질적 조건으로서 중요한 의미를 가진다. 오늘날의 현대적 산업사회에서 근로자의 비율이 점점 증가하는 것에 비추어 볼 때, 헌법상의 직업의 자유가 근로자에 대하여 실질적으로 공허하게 되고 그 의미를 상실하는 것을 막을 수 있는 방법은 오로지 높은 고용상태를 유지하는 길밖에 없다.

이러한 이유에서 헌법은 제32조 제1항에서 '근로의 권리'를 규정하면서, '국가는 사회적·경제적 방법으로 근로자의 고용의 증진과 적정임금의 보장에 노력하여야 하며'라고 하여 '근로의 권리'의 내용을 스스로 구체화하고 있다. '근로의 권리'란 이를 근거로 하여 직접 국가로부터 일자리를 요구할 수 있는 개인의 주관적 권리가 아니라, 근로자가 직업의 자유를 실제로 행사할 수 있도록 그에 필요한 경제적·사회적 조건을 형성해야 할 국가의 의무를 뜻하고, 이로써 국가경제정책의 중요한 목표인 '상대적 완전고용'을 규정하고 국가에게 목표의 실현을 위하여 사경제에 영향을 미치는 것을 허용하는 국가목표조항이다.

이러한 의미에서 오늘날 직업의 자유, 특히 직장선택의 자유는 '자유권'만의 문제가 아니기 때문에, 대국가적 방어권으로서의 직업의 자유가 가지는 보장의 한계를 보완하기 위하여, 헌법은 근로의 권리(제32조)를 함께 보장하고 있는 것이다. 한편, 헌법이 근로의 권리를 명시적으로 규정하고 있다는 점에서, 헌법해석을 통하여 직업의 자유로부터 자유행사의 실질적 조건으로서의 상대적 완전고용을 실현해야 할 국가의 의무를 도출하려는 시도인 '자유권의 生活權化'[12]는 불필요하다.

2. 경쟁의 자유와 국가의 경제활동

가. 경쟁의 자유

(1) 경쟁의 자유란 다른 사인간의 경쟁에서 국가의 간섭이나 방해를 받지 않고 국가

10) Vgl. Scheuner, Einleitung, in: Scheuner(Hg.), Die staatliche Einwirkung auf die Wirtschaft, 1971, S.39; Tettinger, Das Grundrecht der Berufsfreiheit in der Rechtsprechung des Bundesverfassungsgerichts, AöR 108(1983), S.96f.; Reich, Markt und Recht, 1977, S.95.

11) 이 문제에 관하여 자세하게 vgl. Bryde, Art.12 GG- Freiheit des Berufs und Grundrecht der Arbeit, NJW 1984, S.2177ff.; Papier, Art.12 GG- Freiheit des Berufs und Grundrecht der Arbeit, DVBl 1984, S.801ff.; Wendt, Berufsfreiheit als Grundrecht der Arbeit, DÖV 1984, S.601ff.; Badura, Arbeit als Beruf, in: FS f. Henschel, 1982, S.27.

12) 허영, 한국헌법론, 1995, 437면, '자유권의 생활권화'란 표현이 어떠한 의미로 사용되었는지 불분명하나, 이러한 내용을 뜻하는 것으로 보인다.

에 의하여 자유경쟁이 왜곡됨이 없이 경제활동을 할 수 있는 자유를 말한다. 직업의 자유는 개인의 자유로운 영업활동과 '기업을 설립하여 경영할 자유'를 보장하고, 이러한 영업의 자유와 기업의 자유를 근거로 누구나 자유롭게 경쟁에 참여할 수 있기 때문에, 경쟁의 자유는 기본권의 주체가 직업의 자유를 실제로 행사하는 데에서 나오는 필연적 결과로서 직업의 자유에 의하여 보장된다.[13] 그러므로 개인은 그 누구도 직업의 자유를 주장하여 경쟁으로부터 자유롭거나 보호해 줄 것을 국가에 대하여 요구할 수 없다. 직업의 자유는 '경쟁'을 보호하는 것이지, '경쟁으로부터의 보호'를 보장하지 않는다. 헌법상의 재산권보장이 '경쟁이 없는 상태에서 기업활동을 통하여 이윤을 추구할 기회'를 보호하지 않는다는 점에서 개인이 사인이나 국가의 경쟁에 대하여 재산권보장의 침해를 주장할 수 없는 것과 마찬가지로, 직업의 자유도 경쟁으로 인한 이윤획득 가능성의 감소나 영업활동의 축소로부터 개인을 보호하지 않는다.

(2) 따라서 국가는 입법적·행정적 조치 등 공권력의 행사를 통하여 새로운 경쟁자가 시장에 진입하는 것을 막아야 할 의무가 없을 뿐만 아니라, 기존의 영업자를 경쟁으로부터 보호할 목적으로 適正需要의 심사 등과 같은 객관적 허가요건을 설정함으로써 직업선택의 자유를 제한하는 것은, 직업의 자유의 보장내용에 반하는 목적을 추구하는 것으로 헌법에 위반된다. 직업의 자유가 그의 보장내용에 경쟁의 자유를 포함하기 때문에, 객관적 허가요건을 의미하는 국가에 의한 '적정수요의 심사'나 '同一業種의 數 제한'은 단지 '競合者 보호'의 목적만을 위해서는 헌법적으로 결코 정당화될 수 없다.[14]

(3) 한편, 국가나 지방자치단체가 공기업의 설립과 운영을 통하여 사인과 경쟁하는 경우, 경제적 기본권이 국가의 기업활동에 대하여 어느 정도로 보호를 제공할 수 있는지의 문제가 제기된다. 물론, 국가의 경제활동에 의하여 사기업에게 그의 경제활동에 있어서 법적인 제한이나 금지가 부과되는 것은 아니지만, 국가라는 또 다른 경쟁자가 등장함으로써 사기업은 시장점유율의 감소 등 영업활동이 축소되고 이윤획득의 가능성이 감소한다는 사실적인 불리함을 입는다. 더욱이 국가의 공기업이 국가재정의 투입이나 보조금을 통하여 경쟁에서의 우위를 차지할 수 있다는 점에서 더욱 그러하다.

그러나 직업의 자유에 대한 제한은 법적인 명령이나 금지에 의하여 기본권적으로 보호되는 활동의 자유가 축소되는 경우에 인정될 수 있는데, 국가의 경제활동으로 인하여 사인의 경제활동이 금지되거나 제한되는 것이 아니므로, 직업의 자유나 재산권을 제한하는 공권력의 행위가 존재하지 않는다. 국가의 경제활동으로 인하여 영업활동과 이윤획득의 가능성이 축소된다는 점에서, 사기업은 단지 사실상의 경제적 불이익을 입을 뿐이다. 직업의 자유와 재산권보장은 '공기업과의 경쟁이 없는 상태에서 기업·영업활동

13) 헌재 1996. 12. 26. 96헌가18, 판례집 8-2, 680, 691.

14) Vgl. Papier, Art.12 GG- Freiheit des Berufs und Grundrecht der Arbeit, DVBl 1984, S.808.

을 할 기회'와 같은 '단순한 이윤추구의 기회'나 '유리한 경제적 상황의 존속'을 보호하지 아니한다.

따라서 직업의 자유나 재산권보장은 '私人'뿐만 아니라 '公權力'에 의한 경쟁으로부터도 개인의 직업활동을 보호하지 아니한다.[15] 요컨대, 직업의 자유는 단지 공권력의 간섭과 침해적 행위에 대해서만 사인의 직업활동을 보호할 뿐, 공권력에 의한 경쟁에 대해서도 보호를 제공하는 것은 아니다.[16] 다만, 국가의 경제활동이 사인의 경쟁을 불가능하게 만들기 때문에 일정 영역에서의 사인의 경제활동이 경제적으로 더 이상 의미가 없는 경우, 즉 국가의 기업활동이 일정 영역에서 사경제를 배제함으로써 사실상 독점을 형성하는 경우, 국가의 이러한 형태의 경제활동은 직업의 자유의 관점에서 헌법적으로 정당화되어야 한다. 이러한 경우 국가의 경쟁이 개인의 자유로운 직업활동에 대하여 가져오는 사실적인 불리한 효과는, 국가가 법규범으로써 독점기업을 도입하는 경우와 법적으로 동일하게 취급되어야 한다.

나. 국가에 의한 독점

국가가 독점기업이나 전매사업을 통하여 일정 영역의 경제활동을 독점하는 것이 직업의 자유와 합치될 수 있는지의 문제가 제기된다. 국가에 의한 경제활동의 독점은 일정한 직업활동 영역에서 사인의 경제활동을 배제함으로써 개인으로부터 자유로운 직업선택의 가능성을 박탈한다. 따라서 국가의 경제활동에 의한 독점의 효과가 일정한 직업활동의 일부분이 아니라 전부에 관련되는 한, 국가의 독점적인 경제활동은 직업선택의 자유에 대한 제한으로서 직업의 자유를 심사기준으로 하여 판단되어야 하며, 특히 소위 '단계이론'에 따라 '객관적인 사유에 의한 직업선택의 자유의 제한'이 정당화될 수 있는 요건을 충족시켜야 한다.[17]

국가나 지방자치단체의 독점적인 경제활동은 국가재정을 충당할 목적으로 독점을 형성하여 사인을 일정 영역의 경제활동으로부터 배제하는 財政獨占(가령, 專賣行爲나 카지

---

15) Vgl. BVerfGE 24, 251; 39, 336; Jarass, Wirtschaftsverwaltungsrecht und Wirtschaftsverfassungsrecht, 1984, S.221f.; Papier, Grundgesetz und Wirtschaftsordnung, in: HbVerfR, 1983, S.625f.; Rinck/Schwark, Wirtschaftsrecht, 1985, S.57f.

16) 공기업의 경쟁에 대한 적절한 보호는 私法, 특히 공정거래에 관한 법률 등 경쟁법상의 개별규정이나 일반조항의 해석·적용을 통하여 달성될 수 있다. 공기업은 경영실패의 결과를 항상 국가재정에 의하여 다시 충당할 수 있는 등 기업경영의 위험부담을 지지 않으며 공공재정을 이용하여 경쟁에서의 잠재적 우위를 현실화하고 악용할 수 있는 가능성을 가지고 있다. 만일 공기업이 공공재정(예컨대, 국가의 보조금)을 투입하여 자신이 제공하는 재화나 용역의 가격을 낮춤으로써 사기업이 더 이상 경쟁을 할 수 없게끔 만든다면, 이는 불공정행위로서 허용되지 않는다, vgl. Battis/Gusy, Öffentliches Wirtschaftsrecht, 1983, S.192f.; Rittner, Wirtschaftsrecht, 1987, S.44f.; Jarass, Wirtschaftsverwaltungsrecht und Wirtschaftsverfassungsrecht, 1984, S.224; Papier, Art.12 GG- Freiheit des Berufs und Grundrecht der Arbeit, DVBl 1984, S.809; Rinck/Schwark, Wirtschaftsrecht, 1987, S.58.

17) BVerfGE 21, 261, 267.

노 영업의 독점 등)과 국가가 공적인 과제를 효율적으로 이행하기 위하여 특정한 경제활동을 독점하는 行政獨占으로 크게 나누어 볼 수 있다. 헌법이 명시적으로 국가의 전매사업 등 재정독점을 언급함으로써 직업선택의 자유에 대한 제한을 허용하는 경우나 또는 지극히 예외적으로 중대한 공익에 의하여 정당화되는 경우를 제외한다면, 재정적인 이유에 근거한 국가의 독점적인 경제활동은 직업선택의 자유를 제한하기 위하여 갖추어야 하는 엄격한 요건을 일반적으로 충족시키지 못하기 때문에 원칙적으로 직업의 자유에 위반된다.[18)]

이에 대하여, 공적 과제의 이행을 위한 국가의 독점적 경제활동인 행정독점은 '객관적인 사유에 의한 직업선택의 자유에 대한 제한'에 해당하므로, 특별히 중요한 공익에 의하여 정당화되어야 한다. 행정독점의 경우 설립 당시뿐만 아니라 그 이후에도 행정독점을 정당화하는 사유가 계속 존재해야 하므로, 행정독점의 지속적인 유지가 중대한 공익의 보호를 위하여 불가결하다는 것이 정기적인 심사를 통하여 입증되어야 한다.[19)]

한편, 국가나 지방자치단체는 공적인 과제를 이행하기 위하여 특정한 경제활동을 독점함에 있어서, 국가가 독점하려는 경제활동을 사기업에게 법적으로 금지하는 방법뿐만 아니라 소비자인 지역주민이나 국민에게 공기업이 제공하는 재화나 용역(예컨대 전기, 수도, 가스의 공급이나 쓰레기 수거 등)을 사용해야 할 이용의무(Anschluß- und Benutzungszwang)를 부과하는 방법을 택할 수도 있다. 이러한 경우 사기업은 고객을 확보할 수 있는 길이 없기 때문에 기업활동이 불가능하고, 결국 사인이 당해 경제활동을 직업으로 선택하고 행사할 기회를 박탈당하게 된다.[20)] 따라서 법규범을 통하여 소비자의 이용의무를 도입하는 경우에도 국가의 행정독점과 동일한 효과가 발생하므로, 마찬가지로 직업선택의 자유를 제한한다는 관점에서 헌법적으로 정당화되어야 한다.

3. 국가에 의한 보조금 지급

사인의 경제활동에 대한 국가의 간섭이 침익적 행정의 형태로만 이루어지는 것이 아니라 급부행정의 형태로 이루어진다는 것은 오늘날의 사회국가 또는 급부국가에서 점점 더 빈번하게 나타나는 현상이다.[21)] 국가는 개인과 기업의 행위를 일정한 방향으로 유도하기 위하여 명령과 강제의 수단보다는 조세의 감면혜택이나 보조금의 지급과 같은 간접적인 수단을 사용한다. 국가가 보조금을 지급함으로써 발생하는 헌법적 문제는, 보조

18) Vgl. Papier, Art.12 GG-Freiheit des Berufs und Grundrecht der Arbeit, DVBl 1984, S.803.

19) Vgl. Tettinger, Das Grundrecht der Berufsfreiheit in der Rechtsprechung des Bundesverfassungsgerichts, AöR 108(1983), S.122.

20) Vgl Battis/Gusy, Öffentliches Wirtschaftsrecht, 1983, S.191f.; Jarass, Wirtschaftsverwaltungsrecht und Wirtschaftsverfassungsrecht, 1984, S.224; Papier, Grundgesetz und Wirtschaftsordnung, in: HbVerfR, 1983, S.624.

21) BVerfGE 46, 137.

금지급의 인적 대상에서 제외됨으로써 경쟁에 있어서 상대적으로 불리함을 입는 '경쟁자의 관점'과 보조금의 지급을 통하여 혜택을 입는 '수혜기업의 관점'에서 살펴 볼 수 있다.

우선 국가의 보조금지급이 附款 등을 통하여 기업의 자주적인 결정을 지속적이고도 현저하게 제한할 수 있다는 점에서 '보조금을 받는 수혜기업'의 직업행사의 자유를 규율하는 측면이 있다.[22] 국가가 급부의 제공여부를 '급부의 수령자가 급부를 제공받기 위하여 충족시켜야 할 일정 요건'에 결부시키는 경우, 혜택의 부여를 통하여 개인의 행위를 조종하고자 시도하기는 하나, 국가가 제공하는 혜택을 받을 것인지 여부를 개인이 스스로 자유롭게 결정할 수 있는 이상, 국가의 행위는 자유권의 관점에서 정당화되어야 하는 '자유권제한'의 성격을 가지지 않는다.[23] 즉, 국가행위의 행위조정적 효과 그 자체만으로는 기본권제한의 개념을 충족시키지 않는다. 보조금을 받는 사인의 동의하에서 이루어지는 간접적인 경제조종의 효과에 대하여 기본권을 제한하는 성격을 인정하기 어려우므로, 국가의 보조금이 지급대상인 사인에 미치는 효과는 직업의 자유의 관점에서 기본권적 문제를 야기하지 않는다.

그러나 보조금을 받지 못하는 경쟁자의 시각에서는, 국가가 보조금의 지급을 통하여 다른 경쟁자나 경쟁기업을 지원함으로써 자신의 경쟁의 자유를 침해하는지의 문제가 제기될 수 있다. 직업의 자유는 다른 사인과의 경쟁에서 국가의 간섭이나 방해를 받지 않고 자유경쟁이 왜곡됨이 없이 경제활동을 할 수 있는 경쟁의 자유를 함께 보장하므로, 국가의 보조금 지급에 의하여 경쟁에서 불리하게 된 사인은 행정소송(경합자소송)이나 헌법소원을 통하여 경쟁의 자유에 대한 침해를 주장할 수 있다.[24]

그러나 대부분의 경우 보조금 지급과 그에 따른 차별은 공익상의 이유(가령, 투자의 유도, 중소기업의 육성 등)에 의하여 정당화될 수 있으므로, 국가의 보조금지급에 대한 소송은 일반적으로 본안판단에서 이유 없으므로 기각될 가능성이 많다.[25] 단지, 경쟁과정에 대한 국가의 개입이 명백히 자의적인 경우나 개인에게 수인할 수 없을 정도의 중

---

22) 이에 관하여 vgl. Henseler, Staatliche Verhaltenslenkung durch Subventionen im Spannungsfeld zur Unternehmensfreiheit des Begüstigten, VerwArch 77(1986), S.252ff.; Zacher, Verwaltung durch Subvention, VVDStRL 25(1967), S.343ff.

23) 고전적 제한의 수단을 통한 행위조종과는 달리, 급부의 제공을 통한 행위조종의 경우, 개인은 급부를 수령할 것인지에 관하여 법적인 구속을 받지 않고 원칙적으로 자유롭게 결정할 수 있다. 예컨대, 특정 방향으로 기업의 투자를 유인하기 위하여 또는 개인의 저축을 유인하기 위하여 특정 유형의 투자나 저축과 결부시켜 세제혜택을 부여하는 것은 어느 누구에게도 투자나 저축을 강제하지 않으며, 투자나 저축에 관한 개인의 결정의 자유를 제한하지 않는다. 따라서 국가가 급부의 제공을 통하여 개인의 행위를 조종하고자 의도하는지 또는 행위조종적 효과가 있는지의 관점은 자유권제한의 여부를 판단하는 결정적 기준이 아니다.

24) Vgl. Püttner, Wirtschaftsverwaltungsrecht, 1989, S.120; Jarass, Wirtschaftsverwaltungsrecht und Wirtschaftsverfassungsrecht, 1984, S.203; Breuer, Die staatliche Berufsregelung und Wirtschaftslenkung, in: Isensee/Kirchhof(Hg.), Handbuch des Staatsrechts, Bd.Ⅵ, S.1016ff.

25) Vgl. BVerwGE 30, 191, 198.

대한 침해를 야기하는 경우에 대하여만 경쟁의 자유가 실질적인 보호를 제공한다.

4. 세법규정과 직업의 자유

가. 세법규정이 직업활동을 직접 그 규율대상으로 삼는 경우, 당연히 직업의 자유를 심사기준으로 하여 그의 위헌성을 판단하게 된다. 소위 허가요건의 형태로 직업활동의 개시(직업의 선택)를 규율하거나 아니면 직업활동을 개시한 자가 구체적으로 그의 직업을 행사해야 하는 방법을 규율하는 세법규정의 경우, 직업활동과의 직접적인 연관성이 존재한다.[26)]

직업허가나 그의 존속이 납세여부에 달려 있다면, 그러한 세법규정은 직업선택의 자유를 직접 제한하는 직업허가요건으로 판단할 수 있으나, 그렇지 않은 경우에는 직업행사(직업수행)의 자유를 제한하는 규정으로 간주해야 한다. 한편, 조세가 직업의 선택을 완전히 막는 경우에만 직업선택의 자유에 영향을 미치는 효과가 존재하는 것은 아니다. 직업행사에 관한 규정도 그의 경제적 효과에 있어서 직업의 선택을 사실상 막는 경우(직업선택의 자유에 미치는 絞殺的 效果)에는 직업허가제한의 성격을 가질 수 있으며, 그러한 경우에는 직업선택의 자유에 대한 제한으로 간주되어야 한다.

나. 그런데 개인의 인격발현을 보장하기 위한 기본권으로서 직업의 자유의 중요성에 비추어, 직업활동을 직접 규율대상으로 하는 법규범에 대해서만 직업의 자유가 위헌심사의 기준으로 작용한다면, 직업의 자유의 제한에 대한 보호는 불충분할 수 있다. 따라서 직업을 규율하고자 하는 것이 아니라 직업에 대하여 中立的인 입법목적을 가진 규정이 단지 특정한 경우에 직업의 자유와 연관성을 가지는 경우, 이러한 규정을 직업의 자유를 제한하는 규정으로 간주해야 하는지의 문제가 제기된다. 특히, 납세의무를 부과하는 세법규정이 직업활동에 대해서는 명령이나 금지의 형태로 직접 작용하지는 않지만 납세의무자의 內的 動機에 간접적으로 작용하는 경우, 이러한 세법규정이 직업의 자유를 제한하는지의 문제가 발생한다. 예컨대, 조세의 부과를 통하여 특정 직업을 선택하고자 하는 자로 하여금 다른 직업을 선택하도록 유도하거나 또는 기존의 직업종사자로

26) ① 독일 연방헌법재판소는 酒店의 증가 및 그에 따른 알코올 소비의 증가를 방지할 목적으로 주점면허 후 사후적으로 부과하는 주점면허세에 대한 결정(BVerfGE 13, 181ff.)에서 '주점면허세는 허가를 받은 후 사후적으로 부과되는 조세로서 주점면허세의 납부는 주점영업허가를 받기 위한 조건이 아니므로, 위 법규정은 직업선택의 자유를 규율하는 규정이 아니다'라고 확인한 다음, 위 규정이 직업선택의 자유에 미치는 絞殺的 效果는 찾아 볼 수 없기 때문에 전적으로 '직업행사의 자유'만을 규율하는 규정으로 간주하여 직업행사의 자유를 과잉으로 침해하는지 여부를 판단한 결과 이를 부인함으로써 합헌결정을 하였다. ② 적자에 허덕이는 국영철도의 경영합리화와 도로교통의 원활한 흐름을 목적으로 화물의 장거리운송에 대하여 과세를 하는 도로화물교통 과세법에 대한 결정(BVerfGE 38, 61ff.)에서, 연방헌법재판소는 위 법이 직업선택의 자유를 제한하는 규정이 아니라 '직업행사의 자유'를 제한하는 규정임을 확인하고, 이어서 직업행사에 관한 규정도 그 경제적 효과에 있어서 직업허가제한의 성격을 가질 수 있다는 관점에서 위 법이 직업선택의 자유에 미치는 효과가 있는지 여부를 판단하여 이를 부정한 다음, 위 법은 단지 '직업행사의 자유'를 제한하는 규정으로서 공익에 의하여 정당화된다고 결정하였다.

하여금 특정한 방향으로 직업을 행사하도록 유도하는 세법규정은 직업의 자유에 있어서 動機決定的으로 작용할 수 있다.[27)]

직업을 직접적으로 규율하는 성격을 지니고 있지는 않더라도 그의 사실적인 효과 때문에 직업의 자유를 간접적으로 제한하는 규정에 의하여도 직업의 자유는 제한될 수 있다. 세법규정이 직업활동과 밀접한 연관관계에 있고 '객관적으로' 확인할 수 있는 직업규율적 성격을 가지고 있다면, 그 규정은 직업의 자유를 위헌심사의 기준으로 하여 판단해야 한다.

세법규정이 그 형식에 있어서는 단지 직업행사를 규율하는 것이지만 그 실질에 있어서는 제한을 받는 당사자들이 선택한 직업을 자신의 생계의 근거나 기업의 이윤획득의 근거로 삼는 것이 경제적으로 불가능할 정도로 조세부담이 과도하여 그 직업을 선택하는 것을 사실상 배제하는 경우에는 '직업선택의 자유'에 미치는 과세의 효과가 인정되고, 이로써 '직업선택의 자유'를 제한하는 세법규정으로 판단될 수 있다. 그러나 직업선택의 자유에 미치는 위와 같은 과세의 효과가 확인될 수 없다면, 세법규정은 전적으로 '직업행사의 자유'를 제한하는 규정으로 파악되어야 한다. 따라서 과세가 그의 경제적인 효과에 있어서 어느 정도로 직업허가요건에 접근하는지의 관점이 실질적인 판단기준이 된다.

Ⅲ. 재산권보장과 국가의 경제유도적 조치에 의한 영업의 침해[28)]

1. 營業權의 헌법적 의미 및 인정 필요성

가. 오늘날의 사회적 법치국가에서는 사회형성적 또는 經濟誘導的 법률이 증가함에 따라 경제입법이 기업의 영업(경영)이나 이윤추구에 불리하게 작용할 가능성이 증가하였고, 이로써 국가의 경제입법으로 인한 영업 손실이 재산권의 보호를 받을 수 있는지의 문제가 제기되었다.

예를 들자면, 기업이 일정 기간 동안 한시적으로 면세혜택을 부여하는 세법규정을

27) ① 헌법재판소는 인구의 대도시집중을 억제할 목적으로 법인이 대도시 내에서 부동산등기를 하는 경우 통상 세율의 5배에 해당하는 등록세를 부과하는 지방세법 규정에 대한 헌법소원사건(헌재 1996. 3. 28. 94헌바42, 판례집 8-1, 199)에서, 위 규정이 법인의 '직업수행의 자유'를 제한하는 것으로 판단하여 위 규정의 위헌성을 '직업수행의 자유'를 기준으로 심사하여 합헌으로 결정하였고, ② 법인을 제외하고 개인만을 대상으로 1가구당 1대 초과 승용차량의 취득 및 등록에 대하여 취득세와 등록세를 2배로 중과하는 지방세법 규정에 대한 헌법소원사건(헌재 1998. 5. 28. 95헌바18, 판례집 10-1, 583)에서, 위 규정이 개인사업자의 직업의 자유를 제한하는 것으로 판단하여, '법인이 아닌 개인사업자로서 자동차부품 제조업에 종사하고 있는 청구인이 위 제조업을 수행할 수 없을 정도로 비용부담이 커서 청구인이 개인기업의 형태로 위 직업에 종사하는 것이 제한받고 있다고 보기 어렵다'고 결정하였다.

28) 한국문헌으로는 이덕연, 보상 없는 재산권제한의 한계에 관한 연구, 헌법재판연구 제9권(1997), 24면 이하; 김형성, 재산권, 기본권의 개념과 범위에 관한 연구, 헌법재판연구 제6권(1995), 404면 이하 참조.

신뢰하여 투자를 결정하였는데 위 규정이 早期에 폐지되는 경우,[29] 또는 국내기업이 특정 제품에 대한 높은 수입관세율을 근거로 시설투자를 확대하였으나 잠시 후 수입관세가 인하됨으로써 당해 제품의 수입이 증가함에 따라 국내기업의 생산과 판매가 크게 감소하는 경우,[30] 아니면 사기업이 종래 지방자치단체의 쓰레기 수거를 맡아 하고 있었는데 지방자치단체가 조례의 제정을 통하여 지역주민으로 하여금 새로이 설립되는 공기업을 이용해야 할 의무를 도입하는 등 지방자치단체나 국가가 기존의 사기업의 영업을 불가능하게 하는 독점기업을 도입하는 경우에는, 이로 인하여 발생하는 기업의 경영손실이 재산권보장의 보호를 받을 수 있는지의 헌법적 문제가 발생한다.[31]

나. 개인이나 기업이 소유하는 구체적인 물건이나 권리(예컨대, 영업에 사용하는 토지나 건축물, 재고품, 채권 등)가 국가에 의하여 침해당하는 경우에는 이러한 재산권객체는 당연히 재산권보장의 보호를 받기 때문에 '영업권'에 의한 부가적인 보호가 불필요하다. 그러나 국가가 경제유도적 조치를 통하여 기업의 결정, 즉 영업에 영향을 미치고 그 결과 기업에 재산적 손실이 발생한 경우에는 '영업(경영) 그 자체'가 재산권의 보호를 받을 수 있고 그에 대한 보상을 청구할 수 있는지 여부가 문제된다.

여기서 재산권에 의하여 보호하고자 하는 것은 인적·물적 시설의 조직체인 기업을 국가의 방해를 받지 아니하고 경제적·합목적적으로 사용하는 권리이다.[32] 기업이 그의 경영목적에 따라 기업에 속하는 물건과 권리를 합목적적·경제적으로 투입하는 행위의 경제적 가치는 투입한 물건과 권리의 재산적 가치의 총합에 그치는 것이 아니라 부가적 이윤추구를 위한 창조적 행위로서 독자적인 가치를 가진다. 그런데 영업 그 자체가 재산권의 보호를 받지 못한다면, 국가의 간섭이나 영향력의 행사에 의하여 침해될 수 있는 기업의 경영과 관련된 분야에서는 기본권에 의한 보호를 받을 수 없게 된다.[33]

따라서 營業權이란 영업 그 자체를 부가적으로 보호해야 할 필요가 인정되는 경우에만 독자적인 헌법적 의미를 가진다.[34] 비록 개별적 재산권에 의하여 보호되지는 않지만 재산권의 보호를 받을 필요성이 있다고 판단되는 개인의 경제활동과 관련하여, 영업권은 국가의 침해나 영향력의 행사에 대하여 부가적·보충적인 보호를 제공한다.

---

29) 헌재 1995. 10. 26. 94헌바12, 판례집 7-2, 447, 459-462; BVerfGE 30, 393(베를린 보조금법 결정, 이에 관하여 자세하게 아래 각주 39) 참조.

30) BGHZ 45, 83(스웨덴 건빵 결정), 이에 관하여 자세하게 아래 각주 37) 참조.

31) Vgl. Jarass, Wirtschaftsverwaltungsrecht und Wirtschaftsverfassungsrecht, S.226; Battis/Gusy, Öffentliches Wirtschaftsrecht, S.191.

32) Vgl. Badura, Eigentum, in: HbVerfR, Bd.I, 1995, Rn.95.

33) Vgl. Leisner, Eigentum, in: Handbuch des Staatsrechts, Bd.VI, 1989, S.1065f.

34) Vgl. Stober, Wirtschaftsverwaltungsrecht, 1995, S.208.

2. 재산권보장의 보호대상으로서 영업권

가. 신뢰보호의 문제로서 영업권

국가가 각종 경제유도적 조치를 통하여 사경제의 과정에 광범위하고도 계획적으로 영향력을 행사하고자 하는 '경제유도적 입법'은 개인의 경제적 활동의 결정근거로서 작용한다. 자유는 곧 자기결정과 자기책임을 의미하고, 자기책임은 스스로의 위험부담으로 이어진다. 반면에, 국가의 강제 및 침해는 그에 대한 보상을 가져오지만, 오늘날의 경제유도적 법률에서는 개인의 자유와 국가의 강제 사이의 경계가 분명하지 않게 되었다. 오늘날의 경제유도적 법률은 직접적인 강제나 침해의 형태를 취하지 않고, 국가와 사인간의 협력, 설득, 호소, 권유, 자극, 유도 등의 간접적인 방법을 사용한다.

이로써 개인의 자유와 공권력의 강제 사이의 명백한 경계선이 사라져 자유와 강제는 혼합되고, 동시에 사인과 국가 간의 책임범위의 귀속이 불확실하게 되었다. 기업활동의 결정근거로서 작용한 경제유도적 법률을 폐지하거나 개정하는 경우, 국가의 이러한 진로변경은 그 법률을 신뢰하여 경제활동을 한 기업에게 경제적 손실을 가져올 수 있기 때문에, 진로변경의 위험부담이 행위의 주체인 기업에게 부과되어야 하는지 아니면 법률로써 계획하고 개인의 행위를 유발한 국가에게 부과되어야 하는지의 문제, 즉 국가의 진로변경에 있어서 사인과 국가 간의 '위험부담 배분의 문제'가 발생한다.[35] 결국, 국가의 경제유도적 입법에 의한 영업권 침해의 문제는 헌법적으로 '신뢰보호의 문제'를 의미한다.

나. 법적 안정성과 신뢰보호원칙

법치국가원리의 중요한 구성부분인 *法的 安定性*은 법규범의 존속 또는 지속성을 요청한다. '자유'는 자신의 인생을 독자적으로 형성하고 실현하는 '자기결정권'을 의미하며, 개인이 법질서를 자기결정의 기준으로 삼는다는 점에서, 개인의 자기결정권은 신뢰할 수 있는 결정의 근거를 가져야 한다는 것을 전제로 한다. 법적 안정성의 요청은, 개인이 자유와 자기결정권을 행사하기 위한 중요한 전제조건이다. 개인이 자유와 자기결정권을 행사하기 위해서는 법질서가 충분히 명확하여 무엇이 허용되고 금지되는 행위인지를 사전에 인식할 수 있어야 하고, 나아가 개인은 자신의 결정과 행위의 근거가 되는 법질서의 존속을 신뢰할 수 있어야 한다. 한번 제정된 법규범은 원칙적으로 존속력을 갖고 자신의 행위기준으로 계속 작용하리라는 개인의 신뢰보호는 국민의 관점에서 본 '법적 안정성'의 주관적 측면이다. 법적 안정성의 요청은 국민의 입장에서 보면, 결국

---

35) Vgl. Ossenbühl, Staatshaftungsrecht, 1991, S.331.

信賴保護의 요청을 의미하는 것이다.

헌법상 신뢰보호의 목적은, 국가가 입법행위를 통하여 개인에게 신뢰의 근거를 제공한 이상 입법자를 자신의 事前的 입법행위에 법치국가적으로 구속하려는 데 있다. 따라서 신뢰의 근거로서 '법률이 구체적으로 어떻게 형성되어 있는지'에 따라 입법자의 자기구속의 정도 및 개인의 신뢰이익의 보호 정도가 결정된다. 입법자가 신뢰의 근거로서 어떠한 내용의 법률을 제공하였는지에 따라, 즉 법률의 구체적인 형성을 통하여 어느 정도로 법률의 존속에 대한 개인의 신뢰를 야기하였는지에 따라 개인의 신뢰이익의 보호정도는 달라진다.

이러한 점에서 입법자가 자신의 事前的 입법행위에 의하여 어느 정도로 구속을 받는지, 즉 법률의 존속에 대한 개인의 신뢰가 어느 정도로 보호되는지의 판단은, 무엇보다도 언제 법률개정에 따른 위험부담을 행위의 주체인 개인이 아니라 법률로써 개인의 결정과 행위를 유발시킨 국가에게 귀속시킬 수 있는지의 관점에 달려 있다. 입법자가 법률의 규범적 표현을 통하여 개인의 신뢰를 유발하고 법률의 의도에 따라 행위하도록 유도하면 할수록, 개인의 신뢰이익은 더욱 보호되어야 하고, 이로써 법률개정에 따른 국가와 개인 간의 위험부담은 개인에게 유리하게 배분되어야 한다.

다. 재산권의 보호대상으로서의 영업권을 판단하는 기준

이러한 관점에서 보건대, 개인과 기업의 경제적 행위가 국가에 의하여 일정 방향으로 유인된 신뢰의 행사인지 아니면 단지 법률이 부여한 기회를 활용한 것으로 원칙적으로 사적 위험부담의 범위에 속하는지의 관점이 신뢰이익의 보호정도, 이로써 헌법상 재산권보장의 보호를 받을 수 있는지 여부를 판단함에 있어서 중요한 기준으로 작용한다.[36)]

이에 따라, 단순한 이윤추구의 기회나 자신에게 유리한 경제적·법적 상황이 지속되리라는 것에 대한 기대나 희망은 재산권의 보호범위에 속하지 아니한다. 어음할인율의 변경, 관세의 인하 등과 같은 경제유도적 조치는 원칙적으로 단지 영업의 기회나 영업여건 등 사실적 또는 법적 상황에 따른 이윤획득의 기회에만 영향을 미치는 것이므로, 이는 보상을 요하는 기업 재산권에 대한 침해가 아니다.[37)] 이 경우, 국가는 개인이 경

36) Vgl. Badura, Wirtschaftsverfassung und Wirtschaftsverwaltung, 1971, S.109f.; Kisker, Vertrauensschutz im Verwaltungsrecht, VVDStRL 32, S.161ff., 179; Ossenbühl, Staatshaftungsrecht, 1991, S.328ff.; Götz, Bundesverfassungsgericht und Vertrauensschutz, in: Stark(Hg), Bundesverfassungsgericht und Grundgesetz, Bd.II, 1976, S.446; Stern, Zur Problematik rückwirkender Gesetze, in: FS für Theodor Maunz, 1981, S.392; Maurer, Kontinuitätsgewähr und Vertrauensschutz, in: Isensee/Kirchhof, Handbuch des Staatsrechts, Bd.Ⅲ, 1988, §16 Rn.30; Bryde, in: Münch, GGK, Art.14, Rn.20ff.

37) Vgl. BGHZ 45, 83(스웨덴 건빵 결정), ① 스웨덴에서 수입하던 건빵의 수입관세가 25%에서 10%로 인하됨으로써, 관세인하 이후 스웨덴으로부터의 건빵수입이 크게 증가하였고, 그 결과 독일 건빵제조업체의 생산과 판매가 크게 감소하였으며 시설투자 또한 기대한 만큼 활용할 수 없게 되었다. 독일의 건빵제조업체들은 연

제유도적 입법을 자신의 행위와 결정의 기준으로 삼는 가능성을 충분히 예견하지만 이를 유도하지는 않는다. 개인은 원칙적으로 자신의 계획에 따라 활동하면서 단지 법질서가 개방하는 자유공간이나 기회를 활용할 뿐이다.[38)]

이와는 달리, 국가는 그가 의도하는 일정한 방향으로 개인의 경제행위를 유도하려는 목적으로 경제정책적 조치를 취하고, 이러한 조치를 국민이 특별히 신뢰할 수 있는 근거로서 제공할 수 있다. 특히 경제유도적 입법에 있어서 일정한 경제적 목표를 달성하기 위하여 필요하다고 간주되는 사경제의 행위를 유도하기 위하여, 법률로써 조세감면의 혜택, 금융지원, 세금공제의 가능성 등을 통한 경제적 유인책을 제공하는 경우이다. 입법자가 명시적으로 법률의 존속을 일정 기간 확약하거나 아니면 그러한 확약은 아닐지라도 개인이 자신의 결정을 규범의 의도에 맞춘다면 국가가 자신의 신뢰를 저버리지 않으리라는 기대를 규범의 표현을 통하여 불러일으키는 경우, 국가에 의하여 유도된 신뢰의 행사를 인정할 수 있다. 예컨대, 기업의 투자를 촉진하고 투자의 이윤성을 확보해주기 위하여 법률로써 일정 기간 그의 존속이 보장된 '관세나 부가가치세 등의 감면'과 같은 조세감면조치가 법적으로 확정된 기간의 경과 이전에 다시 제거되거나 축소되는 경우이다.[39)]

따라서 개인의 경제활동이 법질서가 단지 반사적으로 부여하는 기회의 활용을 넘어서 국가에 의하여 유발된 신뢰의 행사라면, 특별히 보호가치가 있는 신뢰이익이 인정되어야 하고 원칙적으로 개인의 신뢰보호가 국가의 법률개정이나 계획변경에 관한 이익에 우선해야 한다. 국민이 공권력조치의 존속을 정당하게 신뢰하여 이를 바탕으로 경제활

방정부로부터 지원조치를 얻으려는 시도가 실패하자 정부의 보상을 요구하는 소송을 제기하였다. ② 연방최고법원(BGH)은 재산권보장을 심사기준으로 하여 법률의 존속에 대한 개인의 신뢰가 '재산권의 보호범위'에 포함되는지를 심사하였는데, 기업의 결정이 단순히 주어진 법적 상태의 활용을 넘어서 법률이 구현하려는 의도를 수용해야만 반사적 이익을 넘어서 헌법적으로 보장된 재산권의 성격을 갖을 수 있다고 다음과 같이 판단하였다. ③ "국내기업은 수입관세에 의하여 단지 외국의 경쟁기업보다 유리한 경쟁상황을 활용할 기회만을 잠정적으로 제공받을 뿐이다. 그러나 만일 연방정부가 국내기업에게 관세유지를 확약하고 지출이나 투자를 하도록 유도하였다면, 기업이 관세의 존속을 신뢰하여도 되는 신뢰의 구성요건이 성립한다. 이러한 경우에 기업의 기대에 어긋나게 조기에 관세가 폐지되거나 인하된다면, 그에 대한 보상이 고려될 수 있다."

38) 이에 관하여 자세하게 한수웅, 법률개정과 신뢰보호, 인권과 정의 1997/6, 85면 이하.

39) 대표적인 예로는 ① 구 법인세법 규정과 구 조세감면규제법 규정에 의하여 자본증가를 하면 36개월간 20%의 증자소득이 공제되는 것으로 믿고 증자하였으나, 증자에 대하여 조세감면을 약속한 36개월의 기간이 종료하기 전에 공제율을 12%로 인하하는 개정 조세감면법 규정에 대하여 '개정법률조항이 재산권을 침해한다'는 주장으로 제기된 헌법소원심판사건에서, 헌법재판소는 "청구인은 당초 구법규정에 따라 증자소득공제를 기대하고 증자하였는데 그러한 구법은 기업의 증자를 통하여 재무구조개선을 하도록 유도하기 위한 목적으로 제정된 것이며, 청구인이 법률개정을 예견할 사정도 없고, 구법을 신뢰한 국민의 신뢰이익을 압도할 만큼의 공익의 필요성이 간절한 것도 아니다."라는 이유로 국민의 신뢰이익에 우위를 부여하고, 이 사건 규정의 발효일 이전에 도과된 사업년도분에 대하여는 구법을 계속 적용하는 경과규정을 두어야 하는데 그러한 경과규정이 결여되었으므로 위헌이라고 판단하였다(헌재 1995. 10. 26. 94헌바12, 판례집 7-2, 447, 459-462). ② 또한, 독일 연방헌법재판소는 BVerfGE 30, 393(베를린 보조금법 결정) 결정에서, 첫째 법률에 의하여 기업의 투자가 유발되었고, 둘째 투자의 경제성을 보장하기 위하여 법률시행기간을 정하였고, 셋째 법률이 조기에 변경됨으로써 신뢰이익의 손해가 발생하였는데 신뢰이익의 손해가 법률개정이익으로도 정당화될 수 없을 정도로 과도한 경우에 개인의 보호가치 있는 신뢰가 인정될 수 있다고 판단하였다.

동을 하였다면, 국민의 이러한 경제행위는 헌법적으로 보장된 '재산권의 보호범위'에 포함되는 것이다. 따라서 국가의 진로변경에 의하여 손상된 개인의 신뢰는 보상 등의 경과규정을 통하여 적절하게 고려되어야 한다.

Ⅳ. 근로3권

1. 勞使政委員會

가. 노사정위원회의 법적 성격과 목적

(1) 설치배경과 외국의 先例

IMF 체제를 맞이하여 정부와 재계, 노동계는 구조조정 등의 문제를 해결하고 경제위기를 조기에 극복하기 위하여 공동의 협의기구가 필요하다는 인식하에서 1998. 1. 15. 노사정위원회를 발족시켰고, 그 동안 勞·使·政 3 주체가 勞使 관계의 안정이 경제회생책의 중요한 부분이라는 공감대 위에서 정리해고의 허용 등 합의를 도출하였다.[40] 1999. 5. 24. '노사정위원회의 설치 및 운영 등에 관한 법률'(이하 '노사정위원회법'이라 한다)이 제정·시행됨으로써 노사정위원회는 법적 기반을 부여받았고 법적인 제도로서 확립되었다.

외국의 경우를 보면, 오스트리아는 1957년 이래 연방수상을 위원장으로 하여 정부의 대표·사용자·근로자·경제계의 대표로 구성된 '물가와 임금에 관한 공동위원회'를 운영하고 있고, 네덜란드는 이미 1955년부터 사용자·노동단체·국왕이 임명하는 전문위원으로 구성된 '사회·경제 협의회'를 두고 있으며,[41] 독일에서도 '경제의 안정과 성장의 추진에 관한 법률' 제3조에 근거하여 국가와 사경제 간의 협력체계가 처음으로 법적으로 제도화되어 연방정부·사용자·근로자 단체·전문위원 등으로 구성된 '경제협력협의회(Konzertierte Aktion)'[42]가 1967년에 설립되어 활동하였으나, 1977년 노동단체가 일방적으로 탈퇴함으로써 그 활동이 종결되었다.[43] 한국의 노사정위원회는 위 국가들의 경험과 제도를 모델로 하여 설치된 것으로 보인다.

---

40) 한국의 경우, IMF 체제라는 국가의 비상사태를 맞이하여 노사정위원회의 일차적인 목적이 산업구조조정의 일환으로서 정리해고의 문제를 해결하는 것이었으나, 평상시의 정상적인 상황에서의 주된 목표는 임금의 조정과 그를 통한 산업평화의 확보이다.

41) Vgl. Stern/Münch/Hansmeyer, Kommentar zum Stabilitätsgesetz, 2. Aufl. 1972, S.176, Fn.67.

42) 'Konzertierte Aktion'은 법의 정의에 의하면 노사정 참여자의 '경제협력적 행위'를 말하지만, 일반적으로는 일년에 몇 차례씩 모이는 '회의'를 일컫는다, vgl. Stern/Münch/Hansmeyer, Kommentar zum Stabilitätsgesetz, 2. Aufl. 1972, S.166.

43) 사용자단체가 1976년 제정된 勞使共同決定法(Mitbestimmungsgesetz)에 대하여 헌법소원을 제기한 것을 계기로 독일의 노동조합은 위원회에 더 이상 참가하는 것를 거부하였고, 이로써 독일에서의 '경제협력 협의회'는 약 10년 만에 그 활동을 종결하였다, 독일의 Konzertierte Aktion이 발족되기까지의 과정과 출범이후 초기의 활동에 관하여 자세하게 vgl. O. Schlecht, Konzertierte Aktion, 1968, S.10ff., 27ff.

(2) 노사정위원회 설치의 필요성

임금과 근로조건에 관한 결정은 헌법 제33조 제1항의 근로3권에 의하여 근로자단체와 사용자단체의 사적 자치에 맡겨져 있다. 그러므로 국가가 노사의 사적 자치에 근거한 임금결정에 대하여 영향력을 행사하는 것은 헌법상 보장된 기본권인 근로3권의 한계에 부딪힌다. 그러나 노사에 의한 임금과 근로시간 등 근로조건의 결정은 국민경제적으로 대단히 중요한 의미를 가진다.[44)]

과도한 임금인상은 가계의 소비수요의 증가와 소비재 생산가의 인상을 가져오고 이는 국민경제에 유해한 과도한 물가인상으로 이어지는 효과가 있다. 특히 경쟁의 압력이 강하지 않은 성장산업 분야의 경우, 사용자는 임금인상을 판매가격에 반영하고 이로써 실질적 부담을 소비자에게 전가할 수 있기 때문에, 사용자가 단체협약의 체결 시 노동단체의 과도한 임금인상의 요구에 대하여 강하게 저항하리라는 것을 크게 기대할 수 없다. 또한, 임금의 과도한 인상으로 인한 제품생산가의 인상은 많은 산업분야에서는 기업의 가격경쟁력을 약화시키고, 이로써 수출경쟁여건의 악화, 대외무역의 불균형, 결국 균형 있는 경제의 발전을 저해한다. 뿐만 아니라 과도한 임금인상은 물가안정과 높은 고용상태를 목표로 하는 국가의 통화·재정정책을 저해할 우려가 있다. 물론, 국가는 통화·재정정책[45)]의 수단을 가지고 국민경제의 전체 수요[46)]에 작용함으로써 노사단체간의 임금협상에 대하여 영향을 미칠 수 있다 하더라도, 임금인상과 물가인상을 막기 위하여 긴축 통화·재정정책을 사용한다면, 이는 경기의 침체와 고용불안으로 이어질 위험이 있다.

따라서 국가는 노사단체의 협력을 통하여 국민경제의 경기조건과 성장조건에 부합하는 임금정책을 추구해야 할 절박한 필요성이 있는데, 이러한 배경 하에서 국가가 대화와 협의를 통하여 노사단체의 의사형성에 영향력을 행사하기 위하여 마련한 것이 바로 노사정위원회이다.

(3) 노사정위원회의 목적

노사정위원회의 주된 목적은, 국가와 노사단체가 분배정책적인 관점에서 가능한 것과 경제의 안정과 성장의 관점에서 필요한 조치에 관하여 정보를 교환하고 대화와 협의를 함으로써 국민경제적 연관관계에 대한 인식을 높이고, 이로써 노사단체 일방이 무

---

44) Vgl. Arnim, Volkswirtschaftspolitik, 1984, S.238f.; Stern/Münch/Hansmeyer, Kommentar zum Stabilitätsgesetz, 2. Aufl. 1972, S.163; W. Weber, Koalitionsfreiheit und Tarifautonomie als Verfassungsproblem, 1965, S.26.

45) '통화정책'은 금리 등의 조정을 통하여 신용대출의 가능성과 조건, 이로써 기업의 투자와 국민의 저축성향, 구매력 등에 영향을 미친다. '재정정책'은 세율의 조정과 공공재정의 투입을 통하여 기업과 가계가 투자와 소비를 위하여 사용할 수 있는 화폐량에 영향을 미친다, vgl. Badura, Wirtschaftsverfassung und Wirtschaftsverwaltung, 1971, S.45ff.

46) 국민경제의 전체 수요는 국가의 재정지출, 기업의 투자, 가계의 소비를 통하여 이루어진다.

리한 요구를 하는 것을 사전에 막고, 국민경제에 유해한 불필요한 노사분규의 가능성을 사전에 방지하여 산업평화를 도모하고자 하는 것이다. 국민경제가 어떠한 방향으로 발전하는 것이 바람직한지, 국가와 노사단체가 이러한 공동의 인식을 바탕으로 국가의 관할영역과 노사단체의 자치영역에서 어떠한 행위가 이루어져야 하는지에 관한 협의가 이루어진다면, 노사정 각자가 국민경제의 발전에 있어서 기여해야 할 몫이 분명해진다. 특히 노사단체는 근로3권에 의하여 보장된 협약자율권을 행사함에 있어서 노사정위원회의 협의내용을 고려하게 된다. 협의의 대상은 근로자의 소득에 국한된 임금정책뿐만 아니라 전반적인 고용상태, 기업의 투자정책, 대외무역의 균형, 소득과 재산의 재분배정책 등 국민경제적으로 중요한 모든 문제가 될 수 있다.[47)]

물론 이러한 협의의 전제조건은 국민경제의 전반적 상황을 파악할 수 있는 판단자료의 제공인데, 이러한 자료는 일방적으로 정부에 의하여 준비되고 제시되는 것이 아니라 노사정의 협의 하에서 논의되고 채택된다.[48)] 따라서 노사정위원회는 무엇보다도 참여자의 경제행위의 판단근거가 되는 정보제공에 기여한다. 국가는 노사단체와 공동으로 협의한 경제전망을 통하여 노・사・정의 경제적 활동공간과 각자의 관할영역에서 넘어서는 안 되는 행동의 한계를 제시할 수 있다. 이러한 정보의 교환과 판단자료의 제시는 노사단체로 하여금 집단이익을 추구하는 것을 포기하도록 하거나 또는 노사 간의 이익대립을 제거하는 것에 그 목적이 있는 것이 아니라, 국민경제 전체의 연관관계 및 시장경제의 기능에 관한 이해를 촉진시키고 현재의 경제상황에 대한 판단의 투명성을 개선함으로써, 노사 간의 분배투쟁을 객관화하고 합리화하여 노사단체의 행동 변화를 이끌어 내는데 그 목적이 있다.[49)]

따라서 국민 모두의 이해관계가 달려있는 '산업의 평화'와 '국민경제의 안정과 성장'의 목표를 달성하기 위하여 국가가 대화와 협의의 방법으로 노사단체의 지지를 호소한다는 점에서, 노사정위원회는 전체 국민의 이익, 즉 '공익'과 '노사단체의 집단이익'을 조정하려고 시도하는 이익조정기구이며, 참여자에 대한 정보제공을 통하여 합리적인 이익추구의 방법을 배우는 '노사정 공동의 학습과정'[50)]이라고 할 수 있다. 국가가 노사단체와의 긴밀한 협조를 통하여 임금과 근로조건에 관한 노사의 자율적인 결정에 대하여 영향력을 행사하려고 한다는 점에서, 노사정위원회는 본질적으로 국가의 '巨視的 임금정책'의 한 형태이다.[51)]

---

47) 노사정위원회법 제3조 제2항 제1호는 "근로자의 고용안정과 근로조건 등에 관한 노동정책 및 이에 중대한 영향을 미치는 산업・경제 및 사회정책에 관한 사항"이 협의의 대상임을 밝히고 있다.

48) 노사정위원회법은 판단자료의 확보를 위하여 관계기관의 출석 및 자료제출요구권(제13조), 여론의 수렴(제14조) 및 조사・연구의 의뢰(제15조) 등을 규정하고 있다.

49) Vgl. Schlecht, Konzertierte Aktion, 1968, S.17f.

50) Vgl. Tietmeyer, Konzertierte Aktion – Konzept, Praxis, Erfahrungen, in: Kredit und Kapital, 1969, S.192f.

(4) 노사정위원회의 구속력

노사정위원회는 단지 정보와 자료제공을 바탕으로 한 대화와 협의를 통하여 국민경제에 유리한 방향으로 노사단체의 행동을 유도하려는 것이므로, 노사정위원회가 사용하는 수단은 명령이나 의무의 부과와 같은 강제적 수단이 아니라, 노사단체가 그의 경제활동에서 고려할 수 있는 지표적 자료의 제시 및 그를 통한 영향력의 행사이다. 따라서 위원회에 참여한 노사단체들은 법적으로 구속을 받지 아니하고, 어떠한 법적 의무나 권리도 협의내용으로부터 도출할 수 없다.[52]

노사단체는 노사정위원회에 참석하고 협의의 결과를 이행할 법적 의무가 없으며,[53] 노사정의 일방이 나중에 협의내용과 달리 행동한다 하더라도 '신뢰보호의 원칙'이나 '모순행위 금지의 원칙' 등에 근거하여 법적 책임을 물을 수도 없다. 또한, 정부가 노사정위원회의 협의를 거쳐 경제정책을 결정하더라도, 국가의 경제정책이 노사정위원회의 협의내용에 의하여 최종적으로 결정되는 것은 아니므로, 노사정위원회의 협의내용은 정부에 대해서도 법적 구속력이 없다. 따라서 노사정위원회의 활동에 의하여 헌법상 보장된 '노사단체의 협약자치권'나 '경제정책에 관한 국가의 결정권'이 침해되지 아니하므로, 헌법적으로 근본적인 문제를 제기하지 않는다.[54]

(5) 노사정위원회 제도의 위험성

노사정위원회는, 국가가 입법과정에서 사회의 이익단체를 비롯하여 이해관계인들에게 청문의 기회를 제공하거나 그들의 의견을 수렴하는 것보다도 더욱 강한 형태로 사회의 이익단체인 노사단체를 국가의 결정과정에 참여시키고 있다. 이 제도는 사회에서 형성된 이익집단의 존재를 인정할 뿐만 아니라 이익집단으로 하여금 국가경제정책의 事前的 형성에 적극적으로 참여할 것을 촉구하고 있다.

정부는 한편으로는 성공적인 경제정책의 달성을 위하여 노사단체의 협력, 특히 노동조합의 협력에 의존하고 있지만, 다른 한편으로는 정부가 국가 경제정책의 '전체 영역'

---

51) Vgl. Stern/Münch/Hansmeyer, Kommentar zum Stabilitätsgesetz, 2. Aufl. 1972, S.159; Schlecht, Konzertierte Aktion, 1968, S.5, 9, 국가의 경제정책은 크게 微視經濟的 관점에서 시장의 경쟁기능을 유지하려는 정책과 巨視經濟的 관점에서 경제계획과 통화·재정정책 등 거시적 조정의 방법으로 사경제주체의 자주적인 결정에 간접적으로 영향을 미치거나 또는 대화를 통하여 노사단체 등 사회단체에 직접 영향을 행사하려는 임금정책과 같은 거시정책으로 구성되어 있다, vgl. Gotthold, Wirtschaftsentwicklung und Verfassungsrecht, 1975, S.119f.; Badura, Wirtschaftsverfassung und Wirtschaftsverwaltung, 1971, S.45ff.

52) 독일의 '경제협력 협의회'(Konzertierte Aktion)의 경우도 마찬가지다, vgl. Stern/Münch/Hansmeyer, Kommentar zum Stabilitätsgesetz, 2. Aufl. 1972, S.177f.; Schlecht, Konzertierte Aktion, 1968, S.18f.

53) 노사정위원회법 제2조의 성실하게 협의할 의무나 제18조의 의결사항을 성실히 이행할 의무는 법적으로 강제·관철할 수 없는 의무로서 그 실질적인 의미에서는 노사정에 대한 '호소'라 할 것이다.

54) Vgl. R. Schmidt, Wirtschaftspolitik und Verfassung, 1971, S.198f.; Papier, Grundgesetz und Wirtschaftsordnung, in: Benda/Maihofer/Vogel(Hg.), HbVerfR, 1983, S.637; Tettinger, Neuer Streit um die Wirtschaftsverfassung?, BB 1977, S.1620; Stern/Münch/Hansmeyer, Kommentar zum Stabilitätsgesetz, 2. Aufl. 1972, S.162ff., 175ff.

을 노사정위원회의 협의대상으로 하여 노사단체의 지지를 구하는 것은 국가의 경제정책에 대한 노사단체의 영향력이 증가한다는 점에 노사정위원회 제도의 위험성이 있다.[55) 노사정위원회는 경제정책의 모든 중요한 문제에 관하여 정부와 노사단체가 사전에 의결하는 기관이 될 수 있으며, 이로써 국가가 공익실현을 위하여 사회의 이익집단에게 영향력을 행사하려는 노사정위원회의 원래의 기능은 역으로 특정 사회단체가 보다 강하게 국가의 정책결정에 영향을 미치는 방향으로 변질될 우려가 있다. 뿐만 아니라, 노사정위원회가 당장 시급한 산업평화나 단기적 경제정책의 달성을 위하여 경제의 안정과 성장의 관점에서 장기적으로 필요한 일관된 경제정책의 수행을 방해하거나, 위원회에 참여하지 못한 사회단체에게 일방적으로 불리한 방향으로 협의하거나 또는 국가가 경제정책 실패의 주원인을 노사정위원회의 탓으로 돌림으로써 자신의 책임을 회피하려고 할 우려가 있다.

나. 다원적 민주주의와 사회단체의 기능

(1) 노사정위원회를 도입해야할 필요성을 헌법적 관점에서 논의하기 전에, 위원회에 참여하는 노동단체와 사용자단체와 같은 사회단체의 기능을 잠시 살펴볼 필요가 있다. 오늘날의 민주국가에서 국민의 정치적 의사형성과정에 참여하는 것은 정당만의 專有物이 아니라 모든 개인과 사회단체 및 언론기관에게 보장된 기본권적 자유이다. 헌법은 표현의 자유, 집회의 자유, 결사의 자유, 정당의 자유 등 정치적 자유를 국민의 기본권으로서 규정함으로써 국민의 정치적 의사형성의 자유를 보장하고 있고, 이로써 원칙적으로 국민 누구나 개인으로서 또는 집단적으로 국가 공동체의 정치생활에 참여하여 공동체의 형성과정에 자신의 견해와 가치관을 반영시킬 수 있는 가능성을 보장하고 있다.[56) 정치적 의사형성에의 참여를 보장하는 기본권적 자유는 국민 누구나 공동체의 중요한 결정과정에 참여하여 자신의 의견을 표명함으로써 정치적 의사의 사전적 형성과정인 여론형성에 영향을 미치고, 이러한 방법으로 궁극적으로 국가의사형성과정에 영향력을 행사할 수 있는 가능성을 부여하고 있다.

그러나 국민 누구나 정치적 의사형성과정에 참여한다는 '민주적 자유'의 근본적 사고는 오늘의 정치현실에서는 점점 더 비현실적인 것으로 나타나고 있다. 오늘날 사회의 모든 중요한 이익이 조직화되어 단체(예컨대 노동단체, 사용자단체, 환경보호단체, 여성단체, 소비자단체, 농어민단체 등 각종 직종단체)로서 정치적 영향력을 행사하고 그들의 이익을

55) 이익단체가 국가의 의사형성에 과도한 영향을 미칠 수 있다는 관점에서 노사정위원회로 인한 '국가권력의 社會化'의 위험성을 강조한 것으로는 vgl. Biedenkopf, Rechtsfragen der Konzertierten Aktion, BB 1968, S.1005ff.; Rupp, Konzertierte Aktion und freiheitlich - rechtsstaatliche Demokratie, in: Hoppmann(Hg.), Konzertierte Aktion, 1971, S.1ff.

56) Vgl. Schmitt Glaeser, Die grundrechtliche Freiheit des Bürgers zur Mitwirkung an der Willensbildung, in: Handbuch des Staatsrechts, Bd.II, 1987, S.51ff.

관철하려고 한다는 점 및 사회현상이 다변화·복잡화·전문화·기술화됨에 따라 개인이 사안을 제대로 이해하기 위하여 점점 더 전문가 집단에 의존하게 되었다는 점에 비추어, 개체로서의 국민은 당면한 문제의 사안을 이해하고 정치적 의사형성과정에 의미 있게 참여하기 위하여 필요한 모든 것이 결여되어 있다.57) 개인은 단체를 통해서만 사실상 헌법상 보장된 정치적 자유를 효율적으로 행사할 수 있고, 단체에의 소속을 통하여 비로소 개인으로서의 사회적·정치적 의미와 비중을 높이는 활동기반을 갖추게 된다.58) 즉, 상이한 이익과 욕구가 서로 충돌하고 경쟁하는 공동체 내에서 개체로서의 국민은 사회세력의 존재를 인식시키고 그의 이익을 관철하려는 사회단체를 통하여 자신을 정치적으로 실현할 수밖에 없다.

(2) 오늘날의 이러한 정치현상을 구체적으로 살펴보면, 국민의 의사형성과정을 본질적으로 지배하고 있는 정당, 언론매체, 강력한 이익단체에 사실상 정치적 자유는 집중되어 있고, 오늘날 국민의 정치적 의사형성과정은 정당과 이익단체 등 사회단체에 의하여 주도되고 좌우되고 있다고 말할 수 있다. 다시 말하자면, 오늘날의 다원적 민주주의의 특징은, 다수의 정당과 이익단체가 국민과 국가 사이에서 정치적 의사형성과정을 주도하는 세력으로서 개입하고 있다는 것이다.59) 이로써 과거의 정치제도의 구조는 근본적으로 바뀌었고, 그 결과 오늘날의 정치적 의사형성과정은 '정당과 이익단체의 영향과 작용'이란 배경 하에서만 제대로 파악될 수 있다.

헌법은 사회단체를 국가로부터 분리된 비정치적인 사회의 조직으로 취급함으로써 정당과는 달리 정치의사형성에 참여하는 과제를 명시적으로 부여하지 아니하고, 사회단체를 단지 결사의 자유에 의하여 기본권적으로 보호하고 있을 뿐이다. 그러나 헌법 제21조 제1항의 결사의 자유는 단체의 설립목적에 따라 활동할 단체의 권리를 보호함으로써, 사회단체가 정당과 국가에 대하여 정치적 영향력을 행사할 권리를 함께 보장하고 있다. 단체구성원의 이익을 대변하기 위하여 정당과 국가기관에 대하여 영향력을 행사하는 것이 사회단체의 조직 목적이며, 사회단체는 이러한 정치적 성격으로 말미암아 현대의 정치체제의 중요한 구성부분으로서 정당과 함께 국민의사와 국가의사를 연결하는 중요한 매체이다.60)

57) Vgl. Schmitt Glaeser, Die grundrechtliche Freiheit des Bürgers zur Mitwirkung an der Willensbildung, in: Handbuch des Staatsrechts, Bd.II, 1987, S.68f.
58) Vgl. Arnim, Staatslehre der BRD, 1984, S.105.
59) Vgl. Hesse, Grundzüge des Verfassungsrechts, 19. Aufl. 1993, Rn.151.
60) Vgl. Grimm, Verbände, in: Benda/Maihofer/Vogel(Hg), HbVerfR, Bd.I, 1995, Rn.2.

다. 헌법적 관점에서 노사정위원회 도입의 규범적 필요성

(1) 사회국가에서 사회단체 기능의 변화

오늘날의 사회적 법치국가에서 국가와 경제의 관계는 모든 경제·사회과정이 국가에 의하여 규율되고 조정된다는 의미에서 근본적인 변화를 가져왔다. 국가가 경제에 관여해야 할 필요성은 사회국가적 목표의 설정에 따른 필연적인 결과이다. 한편, 국가는 받은 것 없이는 아무 것도 줄 수 없기 때문에, 경제성장과 국민생산의 증가는 국가가 사회국가적 과제를 이행하기 위한 실질적 전제조건으로서 사회국가원칙으로부터 파생하는 중요한 국가의 의무이자 과제이다.[61] 우리 헌법은 제119조 제2항("균형 있는 국민경제의 성장")에서 명문으로 국가의 목표이자 의무로서 '경제성장'을 규정하고 있다. 사회국가는 사회국가적 급부를 위한 재정을 확보하기 위하여 국가와 납세자의 재정능력에 의존하고 있다. 경제성장이 멈추면 사회국가의 활동은 국민 모두의 자유실현을 위한 실질적인 조건의 전반적인 개선이 아니라, 경제적 빈곤의 퇴치나 이미 존재하는 것을 분배하는 투쟁으로 후퇴한다.[62] 따라서 사회국가는 경제과정을 계획·조정하는 적극적인 행위를 통하여 경기의 안정과 적정한 경제성장을 꾀할 국가의 의무를 부과하고 있다.

사회국가에서 '국가와 경제의 관계'의 변화는 또한 사회단체의 기능과 의미의 변화를 가져왔다.[63] 사회단체의 고유한 과제는 단체구성원의 경제적·사회적 이익을 조직화하여 이를 뭉쳐진 힘으로 대변하고 관철하는 것인데, 국가와 경제의 관계가 변화함에 따라 사회단체는 사회 내에서의 경제적 경쟁이나 사인간의 분배의 투쟁에서 단체구성원의 이익을 관철하려는 것뿐만 아니라, 국가의 간섭이나 규제, 특혜와 보조금의 지급 등 지원적 조치와 관련해서도 그들의 이익을 대변하게 되었다. 즉 국가가 국민경제에 대한 포괄적인 책임을 바탕으로 경제·사회의 부정적인 현상을 방지하고 대처하고자 사경제에 간섭하고 규율·조정하려고 함에 따라, 사회단체도 그들에게 유리한 방향으로 국가의 결정에 대하여 영향력을 행사하고자 시도하게 되었다.

이에 따라, 사회국가에서는 국가가 사회현상에 간섭하고자 할 뿐만 아니라 또한 사회도 사회단체를 통하여 국가에 영향력을 행사하려고 시도하게 되었다. 이로써 국가가 각종 사회세력의 이익이 투쟁하는 무대가 되었다는 사실은 오늘날의 다원주의 사회와 이에 상응하는 '다원적 민주주의'의 정치현실을 제대로 이해하기 위한 하나의 출발점이

---

61) Vgl. Ipsen, VVDStRL 24(1966), S.222; ders., Rechtsfragen der Wirtschaftsplanung, in: Kaiser(Hrsg.), Planung, Bd.2, S.87; Badura, Wachstumsvorsorge und Wirtschaftsfreiheit, in: FS f. H. P. Ipsen, 1977, S.367ff.; Starck, Gesetzgeber und Richter im Sozialstaat, DVBl 1978, S.939f.; Stern, Staatsrecht, Bd.2, §46 I 5.

62) Vgl. Zacher, Das soziale Staatsziel, in: Handbuch des Staatsrechts, Bd.I, 1987, S.1079.

63) Vgl. Forsthoff, Der Staat der Industriegesellschaft, 1971, S.119; ders., Zur heutigen Situation einer Verfassungslehre, in: Epirrhosis, FS f. C. Schmitt, 1968, S.198f.

다. 사회단체는 더 이상 비정치적 영역이나 순수한 사회적 영역에 위치하는 것이 아니라, 다양한 방법으로 그들의 경제·사회적 이익을 국가에 대하여 대변하고 영향력을 행사하려고 함으로써 정치적 의사형성과정에 참여한다.

(2) 국민경제에 대한 사회국가적 책임을 이행하기 위한 수단

대부분의 이익단체는 이러한 방법으로 국가의 정책결정과정에 영향을 미치는 하나의 요소이지만, 그들 스스로가 정책결정권을 가진 주체로서 국가의 결정과정에 직접 참여하지는 않는다. 이익단체가 일반적으로 국가기관에 대하여 행사하는 기능은 한 마디로 '압력행사 또는 영향력행사'에 지나지 않는다. 따라서 이익단체의 영향력이 아무리 크다고 하더라도 그들이 직접 결정을 내리는 것은 아니므로, 국가기관은 이익단체가 바라는 방향과 다른 방향으로 정책결정을 내릴 수 있다.

그러나 단체협약의 당사자인 노사단체의 경우에는 사정이 다르다. 노사단체는 다른 이익단체와 마찬가지로 압력 및 영향력의 행사를 통하여 정치적 의사형성과정에 참여할 뿐만 아니라 그를 넘어서 헌법상 보장된 협약자율권을 근거로 임금과 관련하여 직접 공동체의 중요한 결정을 내리는 권한, 즉 '정치적 결정권한'을 가지고 있다.[64] 다시 말하자면 노사단체는 헌법상 보장된 기본권인 근로3권을 행사함으로써 '국민경제의 안정과 성장'이란 국가과제의 이행을 위하여 불가결한 구성부분인 '임금에 관하여 결정할 수 있는 권한'을 가지고 있는 것이다. 근로3권에 의하여 보장된 노사단체의 협약자율권은 경제에 관한 중요한 결정을 사회단체의 자유로운 처분에 맡김으로써, 노사단체가 임금에 관한 자율적인 결정을 통하여 국가경제를 스스로 조정하고 국가와 함께 경제정책을 적극적으로 형성한다는 것을 뜻한다.

그러나 헌법이 사회국가원리를 통하여 국가에게 사회와 경제의 모든 현상에 대하여 포괄적인 책임을 부과하고 있다면, 국가에게는 이에 상응하게 과제의 이행을 위하여 필요한 권한과 수단도 부여되어야 한다. 즉, 국가가 헌법에 의하여 국민경제의 안정과 성장, 소득의 분배를 통한 사회적 균형의 회복, 사회복지, 완전고용 등을 달성하고 유지해야 할 의무를 지고 있고, 또한 헌법이 국가로부터 이러한 의무의 이행을 기대한다면, 국가는 경제·사회전반에 대하여 결정하고 이를 조정할 권한과 그에 필요한 수단을 가져야 한다. 그런데 이러한 결정권한의 일부가 헌법상 국가에 속하지 아니하고 노사단체에게 기본권의 형태로서 귀속된다면, 국가는 사회국가적 의무와 과제를 이행하기 위하여 필요한 모든 권한과 수단을 가지고 있지 않다는 것을 의미한다.[65]

---

64) Vgl. Böckenförde, Die politische Funktion wirtschaftlich-sozialer Verbände und Interessenträger in der sozialstaatlichen Demokratie, in: Staat, Verfassung, Demokatie, 1991, S.423ff.; Badura/Rittner/Rüthers, Mitbestimmungsgesetz 1976 und Grundgesetz, 1977, S.236; Arnim, Staatslehre der BRD, 1984, S.286.

65) Vgl. Scheuner, Einleitung, in: Scheuner(Hg.), Die staatliche Einwirkung auf die Wirtschaft, 1971,

노사단체가 기본권에 의하여 보장된 방법으로 정치적 결정권한을 스스로 행사한다는 점에서, 노사의 협조와 지원 없이는 국가의 경제정책이 효율적으로 추진될 수 없고, 국가의 경제정책의 성공여부는 노사단체의 지지에 달려있다고 볼 수 있다. 헌법이 국가에게 '국민경제의 안정과 성장'이라는 사회국가적 책임과 과제를 부과하면서 이에 상응하는 관할과 수단을 부여하고 있지 않으므로, 여기서 국가의 헌법적 과제와 그를 이행하기 위한 수단 간의 불일치가 존재한다. 바로 이러한 헌법적 상황에 노사정위원회를 도입해야 하는 헌법적 이유가 있는 것이다.

2. 노사단체의 사회적 책임과 强制仲裁의 문제

가. 입법자에 의한 단체행동권의 제한

근로자들이 사용자와의 단체교섭이 원만하게 이루어지지 않은 경우 사실적인 힘을 사용하여 그들의 경제적 지위의 향상을 관철시키려는 단체행동권의 행사는 근로자뿐만 아니라 사용자, 나아가서는 국민전체의 경제생활에까지도 큰 영향을 미치게 된다. 특히 광범위한 파업은 국민경제를 마비시킬 수 있으며, 이로써 '국민경제의 안정과 성장'(헌법 제119조 제2항)이란 국가목표의 실현을 크게 저해할 수 있다. 그러므로 근로자의 쟁의행위가 국민경제에 미치는 부정적인 영향을 미친다는 점 및 국가가 경제와 사회의 전반에 대하여 책임을 진다는 사회국가적 관점에서, 국가는 단체행동권을 가능하면 최후의 수단으로서 사용하게끔 입법을 통하여 調整에 관한 법적 절차와 같은 쟁의행위에 대한 사전적 예방조치를 취할 수 있다.

물론, 노사 간의 분쟁도 헌법 제33조 제1항이 보장하는 노사자치의 원칙에 따라 자주적으로 해결되어야 한다. 그러나 입법자는 노사 간에 합의한 조정절차(임의적 조정)에 우선권을 부여하는 한, 노사관계 당사자에 의하여 주도되는 자주적 조정절차뿐만 아니라 국가에 의한 법정조정절차를 규정할 수 있다.[66] 조정은 노사당사자에게 조정안의 수락을 권고하는 절차로서, 권고가 강제적이 아니라는 점에서 노사의 자주적 해결의 원칙에 합치한다. 1997. 3. 13. 개정된 '노동조합 및 노동관계조정법'(이하 '개정 노동조합법'이라 한다) 제47조도 법정조정절차의 규정이 노사에 의한 노동쟁의의 자율적인 조정을 방해하지 않는다고 밝힘으로써 분쟁의 해결에 있어서 노사 간의 사적·자주적 조정이 우선임을 규정하고 있다. 또한 국가는 쟁의행위 이전에 일정한 조정절차를 밟을 노사단체의 의무를 규정할 수도 있다. 개정 노동조합법은 제53조 이하에서 노동관계 당사자가

S.57; Böckenförde, Die politische Funktion wirtschaftlich-sozialer Verbände und Interessenträger in der sozialstaatlichen Demokratie, in: Staat, Verfassung, Demokatie, 1991, S.417ff.; Forsthoff, Der Staat der Industriegesellschaft, 1971, S.123.

66) Vgl. W. Weber, Koalitionsfreiheit und Tarifautonomie als Verfassungsproblem, 1965, S.42f.

충분한 교섭 후에 조정신청을 하고 조정절차를 거친 후가 아니면 쟁의행위를 할 수 없다고 함으로써 '조정절차 前置主義'를 규정하고 있다.

그러나 국가에 의한 강제중재는 노사당사자에 의하여 원칙적으로 체결되어야 할 단체협약을 구속력 있는 중재위원회의 仲裁裁定으로 대체하므로[67], 조정절차로서는 가장 강력하게 노사의 협약자치권을 침해하게 된다. 그러므로 '노사자치에 의한 근로조건의 형성'이라는 근로3권의 핵심영역을 침해하는 강제중재는 예외적인 상황을 제외하고는 원칙적으로 허용되지 아니한다.[68] 개정 노동조합법은 두 가지 유형의 강제중재를 규정하고 있다. 하나는 필수공익사업에 있어서 행해지는 강제중재(제62조 제3호)이고, 다른 하나는 "쟁의행위가 공익사업에 관한 것 또는 그 규모가 크거나 그 성질이 특별한 것으로서 현저히 국민경제를 해하거나 국민의 일상생활을 위태롭게 할 위험이 현존하는 때"에는 긴급조정의 결정(제76조)을 할 수 있도록 규정한 것이다.[69]

나. 강제중재를 정당화하는 헌법적 사유

(1) 단체협약제도가 기능하기 위한 조건으로서 국가의 중립의무

헌법은 근로3권을 보장함으로써 근로조건의 형성을 원칙적으로 근로자단체와 사용자의 사적 자치에 위임하고 있다. 그러나 근로3권에 의하여 보장된 사적 자치는 교섭단체간의 세력균형과 대등한 협상의 기회를 그 전제조건으로 한다.[70] 즉 교섭단체간의 對等性은 헌법적으로 보장된 노사의 집단적 자치의 조건이자[71] 단체교섭의 결과로서 체결된 단체협약 내용의 실질적 타당성을 보장하는 이유이다.[72] 협약당사자간의 세력균형이 이루어진 경우에만 근로자와 사용자의 상충하는 이익이 조화와 타협을 거쳐 정당한 결과에 이를 것을 기대할 수 있다.

노사 간의 대등성은 또한 단체협약이나 노동쟁의에 있어서 국가의 중립의무의 조건이자 근거이기도 하다. 노사가 대등한 협상능력과 투쟁능력을 가지고 단체교섭을 통하

67) 중재재정이 위법이거나 월권에 의한 것이라고 인정되는 경우에 한해서만 중재재정에 대하여 재심신청이나 행정소송을 제기할 수 있기 때문에(개정 노동조합법 제69조), 중재결정의 실질적 타당성, 즉 이해관계 조정의 내용적 타당성에 관하여는 다시 문제 삼을 수 없다, 김형배, 노동법, 1992, 610면; 김유성, 노동법 II, 1996, 401면; 대법원 1992. 7. 14. 선고 91누8944 판결(서울지하철공사사건)

68) 김형배, 노동법, 1992, 608면 이하 참조.

69) 개정노동법 제71조제1항은 "공익사업"을 "공중의 일상생활과 밀접한 관련이 있거나 국민경제에 미치는 영향이 큰 사업"으로 정의하고, 같은 조 제2항은 "필수공익사업"을 "제1항의 공익사업으로서 그 업무의 정지 또는 폐지가 공중의 일상생활을 현저히 위태롭게 하거나 국민경제를 현저히 저해하고 그 업무의 대체가 용이하지 아니한 다음 각호의 사업을 말한다."고 규정하면서, 철도 및 시내버스 운송사업, 수도·전기·가스 등 공급사업, 병원사업 등을 열거하고 있다.

70) Vgl. Badura, Das Recht der Koalitionen, in: Das Arbeitsrecht der Gegenwart, Bd.15, 1978, S.22; Scheuner, Die Rolle der Sozialpartner in Staat und Gesellschaft, S.34; Rüthers, Arbeitgeber und Gewerkschaften, DB 1973, S.1651, 1656; Kaiser, Die Parität der Sozialpartner, 1973, S.38ff.

71) Vgl. Kaiser, Die Parität der Sozialpartner, 1973, S.38ff.

72) Vgl. BAG NJW 1980, S.1642f.

여 대립하는 이익의 조정이 가능하다는 조건하에서만, 국가는 근로조건에 관한 자율적 형성을 노사단체의 사적 자치에 위임할 수 있다. 만일 노사 간의 세력균형이 존재하지 아니한다면, 노사가 단체협약을 통하여 근로영역을 스스로 규율하는 사적 자치는 그 기능을 상실할 것이고, 그러한 경우 국가는 노사의 협약자치에 대신하여 강제중재 등 자신의 규율권한을 행사하지 않을 수 없다. 따라서 단체교섭권은 노사 간의 세력균형을 그 전제로 하며, 단체교섭 당사자 간의 세력균형, 즉 노사의 대등성은 단체협약제도가 기능하기 위한 근본조건이므로, 입법자는 노사 일방에 유리하게 편파적인 간섭을 해서는 안 될 뿐만 아니라 단체협약제도를 규율함에 있어서 노동관계 당사자의 대등성을 보장하는 입법을 하여야 한다.[73] 결과적으로 헌법 제33조 제1항은 노사에 의한 집단적 자치, 즉 단체협약제도가 기능하기 위한 기본조건으로서, 노동관계 당사자의 대등성과 국가의 중립성을 헌법적으로 요청하고 있다.[74]

(2) 국가의 사회국가적 책임 및 공익을 고려해야 할 勞使의 사회적 책임

국가의 중립의무는 국가에 의한 강제중재를 원칙적으로 금지한다. 그러나 노사 간의 협약자치가 국민일반의 경제 · 사회생활에 중대한 영향을 미칠 수 있다는 점에서, 노사가 협약자율권과 단체행동권을 공익을 저해하는 방향으로 명백히 남용하는 경우에는 강제중재는 예외적으로 허용될 수 있다. 단체협약의 효과가 단지 노사단체에게만 국한되어 발생하고 노사 간의 쟁의행위가 노사에만 관련되는 단순히 그들 내부의 문제라면, 국가의 사회국가적 책임이 문제될 이유가 없다. 그러나 노사 간의 단체협약의 결과는 이미 위에서 상술한 바와 같이, 물가 · 소비자의 구매력 · 화폐가치 · 국민경제의 경쟁력 등에 작용함으로써 그 효과에 있어서 단체협약 당사자의 범위를 넘어서 국민 전체의 경제생활에 영향을 미친다. 특히 노동쟁의는 국민생활에 매우 중요한 기능을 하는 기업이나 시설을 마비시키는 등 국민경제를 파탄으로 몰고 갈 수 있다는 것은 과거의 경험을 통하여 이미 확인된 바 있다. 국가가 공익을 현저히 저해하는 노사 간의 합의가 이루어지는 것을 그냥 감수해야 한다면, 또는 노동쟁의가 국가공동체의 번영을 저해하고 국민경제를 파탄시키는 방향으로 발전하는 것을 그냥 방관해야 한다면, 이는 사회의 모든 부정적 현상에 대하여 적절히 대처해야 할 책임, 즉 사회국가를 실현해야 할 국가의 의무와 부합할 수 없다.

노사단체가 협약자율권을 행사함에 있어서 근로3권의 한계로서 공익을 고려해야 할

73) 국가의 중립의무는 노사 간의 세력균형이 이루어진 경우에는 단지 국가가 노사 일방의 편을 드는 간섭을 해서는 아니 된다는 소극적 중립의무에 그치지만, 노사 간의 협상에 있어서 전제되는 균형이 명백히 깨어졌기 때문에 단체협약제도가 그 기능을 상실할 우려가 있다면 입법자는 노사 간의 대등성을 다시 회복하도록 규율할 적극적인 의무를 진다, vgl. Löwer, in: Münch/Kunig, GGK, 4. Aufl. 1992, Art.9, Rn.58; Scholz, in: Maunz/Dürig, GG, Art.9, Rn.283f.

74) Vgl. BAG NJW 1980, S.1646, 근로3권의 제도보장적 성격에 관하여 자세하게 한수웅, 근로3권의 법적 성격과 그 한계, 법과 인간의 존엄(정경식박사 화갑기념논문집), 1997, 222면 이하 참조.

의무는 특히 국민일반이나 제3자의 법익이 크게 손상될 우려가 있는 노동쟁의의 영역에서 발생한다. 노사단체가 단체교섭이나 단체행동에 있어서 공익을 고려해야 한다는 요청은, 한편으로는 그들이 행사하는 공적 기능에 상응하는 '공적 책임'에 대한 요청이며, 다른 한편으로는 국민의 공동생활에 있어서 필요불가결한 조건을 형성하고 유지해야 하는 '사회국가의 책임'을 강조하는 것이다.[75] 즉 노사의 사회적 책임은 그들에게 헌법적으로 부여된 협약자율권의 행사가 단체교섭 당사자들의 범위를 넘어서 국민 일반에게 지대한 영향을 미치는 것에 대한 필연적인 결과이다. 노사단체에게 국민경제의 중요한 영역을 자율적으로 규율할 권한을 그에 상응하는 책임이 없이 부여한다면, 국가는 경제의 중요한 부분영역에 있어서 노사의 자율권에 내맡겨 지게 된다.[76] 따라서 단체교섭 당사자의 권한과 책임 사이의 불균형은 노사가 단체교섭 및 노동쟁의에 있어서 국민일반과 공익에 미치는 효과를 고려해야 할 의무에 의하여 수정되어야 한다.[77]

공익을 고려해야 할 노사의 의무는 무엇보다도 공익사업에 있어서 명백하게 드러난다. 그러므로 노사단체의 사회적 책임은 중요한 공익사업부문에서는 강제중재를 정당화한다. 국가에 의한 강제중재는 내우·외환과 같은 헌법적 비상사태뿐 아니라 노동쟁의가 국민의 경제·사회생활을 파멸로 몰고 가거나 아니면 국민의 일상생활에 중대한 재화와 용역의 공급, 의료행위 등과 같이 일반국민의 생활에 있어서 잠시도 중단되어서는 아니 되는 중요한 기능이 마비되는 경우에도 근로3권에 위반되지 아니한다.[78] 그러나 물론 이 경우에도 입법자는 헌법상 보장된 협약자율권과 단체행동권을 원칙적으로 존중해야 하며, 그 제한에 있어서 비례의 원칙을 준수해야 한다. 입법자는 공익상의 필요에 의하여 국가의 개입과 간섭이 불가피한 경우에 한하여 단체행동권을 제한해야 하며, 이러한 경우에도 단체행동권의 제한은 각 개별적인 경우마다 단체행동권의 행사가 사회·경제질서에 대하여 가져오는 부정적 효과 및 달성하려는 공익이나 대처해야 할 위험의 중요성과 긴급성에 상응하도록 규율해야 한다.

---

75) Vgl. Badura, Das Recht der Koalitionen, in: Das Arbeitsrecht der Gegenwart, Bd.15, 1978, S.22.
76) Vgl. Benda, Der Soziale Rechtsstaat, in: Benda/Maihofer/Vogel(Hg.), HbVerfR, S.532f.; Biedenkopf, Grenzen der Tarifautonomie, 1964, S.64.
77) Vgl. Biedenkopf, Grenzen der Tarifautonomie, S.63ff.; Becker, Gewaltenteilung in Gruppenstaaten, 1986, S.152ff.; Knebel, Koalitionsfreiheit und Gemeinwohl, 1978, S.124ff.
78) Vgl. Scholz, in: Maunz/Dürig, GG, Art.9 Rn.285; W. Weber, Koalitionsfreiheit und Tarifautonomie als Verfassungsproblem, 1965, S.44f.; Löwer, in: Münch/Kunig, GGK, 4. Aufl. 1992, Art.9, Rn.58.

V. 헌법재판의 실무에서 경제적 기본권의 해석과 적용의 발전방향과 전망

1. 재산권보장의 영역

재산권보장의 영역에서는 특히 토지재산권의 제한과 관련하여 보상의 문제가 제기되었는데, 최근 헌법재판소는 소위 '그린벨트 결정'에서 '토지소유자가 그린벨트의 지정으로 인하여 자신의 토지를 종래의 용도로도 사용할 수 없거나 또는 사적으로 이용할 수 있는 가능성이 배제된 예외적인 경우에는 이에 대한 보상을 해야 한다'고 결정함으로써 처음으로 토지재산권의 제한에 대하여 보상의 필요성을 인정하였다.[79] 이로써 토지재산권의 이용을 제한하는 다른 법률에 대해서도 '그린벨트 결정'에서 밝힌 판시내용의 핵심은 그대로 적용될 수 있으므로, 자연공원법, 문화재보호법 등의 법률에 대해서도 토지재산권의 이용제한에 대한 보상의 필요성을 묻는 헌법소송이 제기될 것으로 기대된다. 실제로 사인의 토지를 국립공원으로 지정할 수 있도록 규정한 자연공원법이 아무런 보상규정을 두고 있지 않은 것에 대하여 헌법소원이 이미 제기되었으나, 헌법재판소는 재판의 전제성이 없다는 이유로 심판청구를 부적법한 것으로 각하함으로써 본안판단의 기회가 후일로 미루어지게 되었고,[80] 도시계획결정을 통하여 개인의 토지를 학교나 도로 등 도시계획시설부지로 지정해 놓고는 10년 또는 20년이 지나도록 수용을 하지 않더라도 지정의 해제나 보상을 청구할 수 없도록 규정한 도시계획법 규정도 헌법재판소의 판단을 기다리고 있는 상태이다.[81]

국가의 과세권과 관련하여, 헌법재판소는 이미 초기의 판례부터 묵시적으로 '재산 그 자체'도 재산권보장의 보호대상으로 판단하여 모든 세법규정을 재산권보장의 보호범위에 대한 제한으로 파악함으로써, 다수의 세법규정에 대하여 재산권을 심사기준으로 삼아 헌법적 판단을 하였다. 종래 대부분의 세법규정이 위임입법의 한계나 조세법률주의 등 주로 형식적인 흠결을 이유로 헌법재판의 대상이 되었는데, 앞으로는 평등권이나 재산권의 침해 등 실체적인 이유로 헌법소원심판을 청구하는 경우가 더욱 빈번하리라 생각된다. 예를 들자면, 이자소득과 배당소득과 같은 금융소득에 대하여 분리과세를 하면서 누진세율이 아니라 단일세율을 적용하도록 규정하는 '금융실명거래 및 비밀보장에 관한 법률'규정이 평등권, 재산권보장, 사회국가원리 등에 합치하는지, 즉 조세평등주의에서 파생하는 '담세능력에 따른 과세원칙'이나 사회국가원리가 헌법적으로 누진적인 과

79) 헌재 1998. 12. 24. 89헌마214등, 판례집 10-2, 929, 949-956.
80) 헌재 1999. 9. 16. 92헌바9.
81) 헌재 97헌바26.

세를 요청하는지의 문제가 이미 헌법재판소에 계류 중이다.[82)]

또한 자영업자의 소득이 제대로 파악되지 않은 상태에서 국민연금과 의료보험을 통합하려는 시도와 관련하여, 평등원칙은 공법상의 금전납부의무의 부과에 있어서 모든 사회보험가입자가 '법적으로' 그리고 '사실적으로' 평등하게 부담을 받을 것을 요구하기 때문에, 징수절차규정에 의하여 부담결과에 있어서의 평등이 달성될 수 없다면 이는 피보험자의 평등권과 재산권을 침해할 수 있다는 문제점이 있는데, 별개의 의료보험조합을 구성하고 있는 직장가입자와 지역가입자를 조직적으로 통합하는 경우, '소득이 파악되는 직장가입자'와 '소득이 파악되지 않는 지역가입자' 사이에 보험료부담의 불평등의 문제가 제기될 것으로 보인다.[83)]

또한 재산권의 보장과 관련하여, 부실금융기관에 대하여 주주가 소유한 주식을 일정 비율로 병합하여 자본금을 감소하도록 명령(소위 '減資命令')할 수 있는 권한을 금융감독기관에게 부여하는 '금융산업의 구조개선에 관한 법률'규정이 보상규정을 두고 있지 않기 때문에 부실금융기관의 주주인 청구인의 재산권을 침해하는지 여부가 최근 헌법재판소의 심판대상이 되었으나, 헌법재판소는 위 결정에서 '기본권침해의 직접성'이 없다는 이유로 이 사건 심판청구를 부적법한 것으로 각하하였기 때문에, 본안에 관한 실체적 판단을 할 기회가 없었다.[84)]

2. 근로3권의 영역

헌법 제33조 제1항의 근로3권은 자유권적 · 사회권적 · 제도보장적 성격을 지닌 복합적인 기본권이다. 근로3권은 일차적으로 노사라는 사회단체에 의한 사적 자치를 가능하게 하려는 기본권이므로, 노사의 자치영역에 대한 국가의 규율은 항상 근로3권의 자유권적 측면, 즉 대국가적 방어권으로서의 측면을 제한하게 된다. 종래 근로3권과 관련하여 헌법재판소에 제기된 대부분의 헌법소송이 노사의 협약자율권에 대한 침해를 이유로 제기된 것으로서 일차적으로 자유권의 문제에 관한 것이었다.

그러나 앞으로는 노조전임자에 대한 사용자의 임금지급 금지조항(개정 노동조합법 제24조 제2항)이나 사용자가 노조전임자에게 급여를 지급하거나 노조의 운영비를 원조하는 행위를 불법노동행위로 규정한 것(개정 노동조합법 제81조 제4호)과 같이, 자유권적 측면보다는 오히려 '문제되는 법률조항이 노사 간의 협약자율이 실제로 이루어지기 위하여 필요한 최소한의 법적 제도나 법규범에 관한 것인지 또는 단체협약제도가 기능하

82) 헌재 98헌마55.
83) 봉급자의 경우 보험료가 봉급에서 자동으로 공제되는 반면 자영업자의 경우 단지 신고소득을 기초로 하여 보험료가 정해진다면, 실질적 부담의 평등을 보장할 수 있도록 신고소득의 타당성을 파악하는 절차적 규정에 의하여 보완되지 않는 한, 피보험자의 평등권을 침해할 가능성이 있다.
84) 헌재 1999. 7. 22. 98헌마73.

게 위한 전제조건인 노동조합의 자주성과 독립성, 국가의 중립의무, 협약당사자의 대등성 등을 실현하기 위하여 필수적인 규범인지' 하는 '단체협약제도의 헌법적 보장'의 관점[85]에서 그 합헌성을 판단해야 할 헌법소송도 제기될 것으로 보인다.

3. 경제입법의 위헌여부를 판단하는 심사기준

헌법재판소는 경제적 기본권을 제한하는 법률에 대한 위헌심사기준으로서 미국의 二重基準理論이 아니라, 동일한 기본권이라도 침해된 자유의 의미에 따라 심사기준을 달리한다는 태도를 취하고 있다. 미국의 이중기준이론은 경제적 자유와 정신적 자유를 구분하여 이를 제한하는 법률의 심사에 있어서 서로 다른 기준을 적용함으로써, 정신적 기본권의 제한에 대하여는 엄격한 심사를, 경제적 기본권의 제한에 대하여는 완화된 심사를 하고 있다. 그 결과, 경제입법이 자의적이거나 또는 입법목적을 달성하기에 명백히 부적합한 경우에 한하여 위헌으로 판단되기 때문에, 이중기준원칙의 적용은 경제입법에 대하여는 법원의 위헌심사를 실질적으로 포기하는 결과를 가져온다.[86]

그러나 헌법재판소는 '택지소유상한에 관한 법률에 대한 결정'[87]이나 '그린벨트 결정'[88] 등에서, 재산권보장과 같은 경제적 기본권의 경우에도 자유권의 의미가 개인의 핵심적 자유영역에 대하여 크면 클수록 자유권에 대한 보호는 더욱 강화되고, 한편 개인이 직업활동 또는 사회적·경제적 활동 등을 통하여 타인과 사회적 연관관계에 위치함으로써 타인의 자유영역과 접촉하고 충돌할수록 입법자가 타인과 공동체의 이익을 위하여 개인의 자유를 제한하는 것을 보다 수인해야 한다고 밝힘으로써, 개별적 자유권을 하나의 특정한 심사기준에 귀속시키기 보다는 동일한 자유권이 침해되는 때에도 구체적인 경우에 따라 다른 심사기준이 적용될 수 있음을 밝히고 있다. 즉, 대표적인 경제적 자유인 직업의 자유와 재산권보장에 있어서, 경제입법에 의하여 '구체적으로 제한되는 자유영역'의 성격에 따라 상이한 심사기준이 적용될 수 있다는 것이다.

예를 들자면, 직업의 자유의 경우, 공권력의 조치가 소위 객관적인 사유에 의하여 직업선택의 자유를 제한하는지 아니면 단순히 직업행사(직업수행)의 자유를 제한하는지에 따라 직업의 자유에 대한 제한이 개인의 개성신장과 자유로운 인격발현에 미치는 영향이 다르기 때문에, 상이한 심사기준이 적용될 수 있다. 또한 재산권의 보장과 관련해서도, 재산권의 이용과 처분이 소유자의 개인적 영역에 머무르지 않고 생산재에 관한 재

85) 이에 관하여 자세하게 한수웅, 근로3권의 법적 성격과 그 한계, 법과 인간의 존엄(정경식박사 화갑기념논문집), 1997, 222면 이하.

86) 미국의 이중기준원칙과 그에 대한 비판으로는 자세하게, 한수웅, 헌법재판의 한계 및 심사기준, 헌법논총 제8집, 217면 이하.

87) 헌재 1999. 4. 29. 94헌바37등, 판례집 11-1, 289.

88) 헌재 1998. 12. 24. 89헌마214등.

산권, 기업, 투기용 부동산, 임대용 건물 등과 같이 타인의 자유행사에 영향을 미치거나 타인이 자신의 자유를 행사하기 위하여 문제되는 재산권에 의존하고 있는지, 아니면 재산권이 개인의 인격실현을 위하여 필요불가결한 것으로서 개인적 자유를 보장하기 위한 물질적 바탕으로서 기능하는지에 따라 입법자의 형성권, 즉 재산권에 대한 제한의 허용정도가 달라진다. 헌법재판소는 토지재산권의 사회적 기능과 사회적 연관성을 근거로 하여 동산과 비교하여 보다 강화된 부동산의 사회적 구속성을 이끌어 내었고,[89] 같은 토지재산권 중에서도 토지재산권이 기본권의 주체가 스스로 주거하는 장소로서 자신의 인격과 존엄성의 실현에 있어서 불가결하고 중대한 의미를 가지는지 아니면 상거래, 부동산투기, 임대, 그 외의 영업적 용도로 이용되는지에 따라 사회적 구속의 정도가 달라진다고 판시하였다.[90]

경제적 자유권도 자유영역에 따라서는 자유실현의 물질적 기초로서 또는 개성신장의 불가결한 요소로서 정신적 자유권에 못지않게 중요하고, 적지 않은 경우 경제적 자유에 대한 침해의 효과가 정신적 자유의 제한과 유사하게 중대할 수 있다는 점, 경제적·비경제적 기본권의 구분과 그에 따른 심사기준의 차별화는 구분의 기준을 형성하는 관점의 경직성 때문에 적지 않은 경우 심사기준이란 형식에 의하여 위헌심사의 결과가 이미 결정되는 위험이 있다는 점, 이중기준의 적용은 경제입법에 대한 위헌심사의 실질적인 포기를 의미한다는 점 등에 비추어, 자유권의 성격에 따른 구분에 의하여 심사기준이 선택되고 이에 의하여 위헌성심사의 결과가 결정되는 '이중기준원칙'보다는, 구체적으로 침해되는 자유의 영역이 인간의 존엄성실현에 대하여 가지는 의미에 따라 보호의 정도를 달리하는 '헌법재판소의 입장'이 보다 타당하다고 생각되며, 이러한 심사기준은 앞으로도 계속 유지되리라고 본다.

---

89) 헌재 1989. 12. 22. 88헌가13, 판례집 1, 357, 372; 헌재 1998. 12. 24. 89헌마214등, 판례집 10-2, 927, 945-946.

90) 헌재 1999. 4. 29. 94헌바37등, 판례집 11-1, 289, 319-322.

참고문헌

김유성, 노동법 II, 1996
김형배, 노동법, 1992
김형성, 재산권, 기본권의 개념과 범위에 관한 연구, 헌법재판연구 제6권(1995)
방승주, 직업선택의 자유, 헌법논총 제9집(1998)
신인령, 노동법판례연구, 1995
이덕연, 보상 없는 재산권제한의 한계에 관한 연구, 헌법재판연구 제9권(1997)
한수웅, 헌법소송을 통한 사회적 기본권 실현의 한계, 인권과 정의 1997/1
______, 한국헌법상의 경제질서, 공법학의 현대적 지평(계희열박사 화갑기념논문집), 1995. 11.
______, 법률개정과 신뢰보호, 인권과 정의 1997/6
______, 근로3권의 법적 성격과 그 한계, 법과 인간의 존엄(정경식박사 화갑기념논문집), 1997
______, 헌법재판의 한계 및 심사기준, 헌법논총 제8집(1997)
한태연, 헌법학, 1983
허 영, 한국헌법론, 1995

Arnim, Staatslehre der BRD, 1984
______, Volkswirtschaftspolitik, 1984
Badura, Arbeit als Beruf, in: Festschrift für Henschel, 1982
______, Eigentum, in: Benda/Maihofer/Vogel(Hg), Handbuch des Verfassungsrechts der Bundesrepublik Deutschland (HbVerfR), Bd.I, 1995
______, Wachstumsvorsorge und Wirtschaftsfreiheit, in: Festschrift für H. P. Ipsen, 1977
______, Das Recht der Koalitionen, in: Das Arbeitsrecht der Gegenwart, Bd.15, 1978
Badura/Rittner/Rüthers, Mitbestimmungsgesetz 1976 und Grundgesetz, 1977
Battis/Gusy, Öffentliches Wirtschaftsrecht, 1983
Becker, Gewaltenteilung in Gruppenstaaten, 1986
Benda, Der Soziale Rechtsstaat, in: Benda/Maihofer/Vogel(Hg), Handbuch des Verfassungsrechts der Bundesrepublik Deutschland (HbVerfR), 1983
Biedenkopf, Grenzen der Tarifautonomie, 1964
______, Rechtsfragen der Konzertierten Aktion, BB 1968
Böckenförde, Grundrechtstheorie und Grundrechtsinterpretation, NJW 1974
______, Die politische Funktion wirtschaftlich-sozialer Verbände und Interessenträger in der sozialstaatlichen Demokratie, in: Staat, Verfassung, Demokatie, 1991

Breuer, Die staatliche Berufsregelung und Wirtschaftslenkung, in: Isensee/Kirchhof (Hg), Handbuch des Staatsrechts (HbStR), Bd.Ⅵ, 1989 §148

Bryde, Art.12 GG- Freiheit des Berufs und Grundrecht der Arbeit, NJW 1984

______, in: Münch/Kunig, Grundgesetz Kommentar (GGK), 4. Aufl. 1992, Art.14

Forsthoff, Der Staat der Industriegesellschaft, 1971

______, Zur heutigen Situation einer Verfassungslehre, in: Epirrhosis, Festschrift für C. Schmitt, 1968

Friauf, Die Freiheit des Berufs nach Art.12 Abs. 1 GG, JA 1984

Götz, Bundesverfassungsgericht und Vertrauensschutz, in: Stark(Hg), Bundesverfassungsgericht und Grundgesetz II, 1976

Gotthold, Wirtschaftsentwicklung und Verfassungsrecht, 1975

Grimm, Verbände, in: Benda/Maihofer/Vogel(Hg), Handbuch des Verfassungsrechts der Bundesrepublik Deutschland (HbVerfR), Bd.I, 1995

Henseler, Staatliche Verhaltenslenkung durch Subventionen im Spannungsfeld zur Unternehmensfreiheit des Begüstigten, VerwArch 77(1986)

Hesse, Bemerkungen zur heutigen Problematik und Tragweite der Unterscheidung von Staat und Gesellschaft, DÖV 1975

______, Grundzüge des Verfassungsrechts der Bundesrepublik Deutschland, 19. Aufl. 1993

Ipsen, VVDStRL 24(1966), S.222 (Diskussionsbeitrag)

______, Rechtsfragen der Wirtschaftsplanung, in: Kaiser(Hg), Planung, Bd.2, 1966

Jarass, Wirtschaftsverwaltungsrecht und Wirtschaftsverfassungsrecht, 1984

Kaiser, Die Parität der Sozialpartner, 1973

Kisker, Vertrauensschutz im Verwaltungsrecht, VVDStRL 32(1974)

Knebel, Koalitionsfreiheit und Gemeinwohl, 1978

Leisner, Eigentum, in: Isensee/Kirchhof(Hg), Handbuch des Staatsrechts (HbStR), Bd. Ⅵ, 1989, §149

Löwer, in: Münch/Kunig, Grundgesetz Kommentar (GGK), 4. Aufl. 1992, Art.9

Maurer, Kontinuitätsgewähr und Vertrauensschutz, in: Isensee/Kirchhof(Hg), Handbuch des Staatsrechts (HbStR), Bd.Ⅲ, 1988, §16

Ossenbühl, Staatshaftungsrecht, 1991

Papier, Grundgesetz und Wirtschaftsordnung, in: Benda/Maihofer/Vogel(Hg), Handbuch des Verfassungsrechts der Bundesrepublik Deutschland (HbVerfR), 1983

______, Art.12 GG- Freiheit des Berufs und Grundrecht der Arbeit, DVBl 1984

Püttner, Wirtschaftsverwaltungsrecht, 1989

Reich, Markt und Recht, 1977

Rinck/Schwark, Wirtschaftsrecht, 1985

Rittner, Wirtschaftsrecht, 1987

Rüthers, Arbeitgeber und Gewerkschaften, DB 1973

Rupp, Konzertierte Aktion und freiheitlich - rechtsstaatliche Demokratie, in: Hoppmann(Hg), Konzertierte Aktion, 1971

Scheuner, Einleitung, in: Scheuner(Hg), Die staatliche Einwirtkung auf die Wirtschaft, 1971

______, Die Rolle der Sozialpartner in Staat und Gesellschaft, 1973

O. Schlecht, Konzertierte Aktion, 1968

R. Schmidt, Wirtschaftspolitik und Verfassung, 1971

Schmitt Glaeser, Die grundrechtliche Freiheit des Bürgers zur Mitwirkung an der Willensbildung, in: Isensee/Kirchhof(Hg), Handbuch des Staatsrechts (HbStR), Bd.II, 1987

Scholz, in: Maunz/Dürig, Grundgesetz (GG), Art.12

______, in: Maunz/Dürig, Grundgesetz (GG), Art.9

Starck, Gesetzgeber und Richter im Sozialstaat, DVBl 1978

Stern, Das Staatsrecht der Bundesrepublik Deutschland, Bd.II, 1984, §46 I

______, Zur Problematik rückwirkender Gesetze, in: Festschrift für Theodor Maunz, 1981

Stern/Münch/Hansmeyer, Kommentar zum Stabilitätsgesetz, 2. Aufl. 1972

Stober, Wirtschaftsverwaltungsrecht, 1995

Tettinger, Neuer Streit um die Wirtschaftsverfassung?, BB 1977

______, Das Grundrecht der Berufsfreiheit in der Rechtsprechung des Bundesverfassungsgerichts, AöR 108(1983)

Tietmeyer, Konzertierte Aktion - Konzept, Praxis, Erfahrungen, in: Kredit und Kapital, 1969

W. Weber, Koalitionsfreiheit und Tarifautonomie als Verfassungsproblem, 1965

Wendt, Berufsfreiheit als Grundrecht der Arbeit, DÖV 1984

Zacher, Verwaltung durch Subvention, VVDStRL 25(1967)

______, Das soziale Staatsziel, in: Isensee/Kirchhof(Hg), Handbuch des Staatsrechts (HbStR), Bd.I, 1987

제5장

5 참 정 권

제1절 선거권과 선거원칙

헌재 2011. 5. 26. 2010헌마451 결정 (선거방송토론회 사건)에 대한 판례평석*

-평등권과 평등선거원칙의 관계를 중심으로-

Ⅰ. 문제의 제기

민주주의의 역사적 발전은 무엇보다도 선거원칙에서 표현되고 있다. 선거원칙은 역사적으로 보통·직접·비밀선거원칙을 의미하였다.[1] 서구의 민주주의 역사에서 점진적으로 쟁취된 선거권은 보통·직접·비밀선거원칙에 그 기반을 두고 보장되는 것이었다. 보통선거원칙은 헌법에 나중에 수용된 평등선거원칙의 前身에 해당하는 것으로, 선거에서 평등을 실현하는 선구자의 역할을 담당하였다. 선거권이 사실상 모든 국민에게 확대됨으로써 보통선거원칙이 오늘날 거의 완벽하게 실현되었고 직접·비밀선거의 목표도 본질적으로 달성된 반면, 정당간의 경쟁에 의하여 지배되는 오늘날의 대의제 민주주의

* 위 논문은 2012년 9월, 중앙법학(중앙법학회), 제14집 제3호, 95-141면에 게재된 것을 일부 수정한 것이다.

1) Vgl. Meyer, Wahlgrundsätze und Wahlverfahren, in: HbStR, Bd.II, 1987, §38 Rn.1.

에서 선거의 평등에 관한 논의는 정당간의 동등한 경쟁조건의 문제로 전환되었다. 이로써 평등선거원칙은 정당민주주의에서 가장 중요한 선거원칙으로 부상하였다.[2] 이는 무엇보다도 평등선거의 여부가 다른 선거원칙보다도 정권을 쟁취하고자 하는 정당간의 경쟁에 더욱 직접적인 영향을 미친다는 것에 기인한다. 이러한 점에서 평등선거에 대한 요청은 오늘날 정치적으로 가장 민감한 사안에 속한다. 헌법재판소가 선거와 관련하여 판단한 다수의 사건 중에서 가장 빈번하게 제기된 문제가 바로 평등선거원칙의 위반여부에 관한 것이라는 점도 평등선거의 정치적 민감성을 말해 주고 있다.

지역구국회의원선거에서 공영방송매체를 이용한 선거방송 대담·토론회에 참여할 수 있는 후보자의 자격을 주요정당의 추천여부, 후보자에 대한 국민의 지지도 등을 기준으로 하여 제한하는 공직선거법규정이 선거운동의 기회균등원칙에 위반되는지 여부가 문제된 사건에서, 헌법재판소는 '이 사건의 경우 헌법이 특별히 차별을 금지하는 영역에서의 차별대우에 관한 것이거나 또는 차별대우로 인하여 중대한 자유제한의 효과가 초래되는 경우에 해당하지 않기 때문에 비례원칙에 의한 엄격한 심사가 아니라 자의금지원칙에 의한 완화된 심사가 요청된다'고 하여 자의금지원칙에 따라 평등권위반여부를 판단하였고, '심판대상조항은 입법자의 합리적인 판단에 기인하는 것으로서 자의적인 차별로 볼 수 없다'고 판시하여 재판관 7(합헌): 2(위헌)의 의견으로 헌법에 위반되지 않는다고 결정하였다(헌재 2011. 5. 26. 2010헌마451 결정).

헌법재판소의 위 결정은 크게 다음과 같은 2가지 관점에서 중대한 헌법적 문제를 제기한다. 첫째, 선거운동의 기회균등원칙의 위반여부가 헌법 제11조 제1항의 일반적 평등원칙에 의하여 판단되어야 하는지 아니면 선거에서 기회균등의 문제는 평등선거원칙이 적용되는 영역이기 때문에 특별평등조항인 헌법 제41조 제1항, 제67조 제1항의 평등선거원칙을 기준으로 하여 판단해야 하는지의 '심사기준에 관한 문제'이다. 이와 관련하여 일차적으로 평등선거원칙의 적용범위를 확인해야 하고, 나아가 일반적 평등원칙과 평등선거원칙간의 관계가 규명되어야 하며, 양자가 헌법적으로 국가에 대하여 서로 요구하는 바가 다르다면 이러한 차이가 심사기준에 있어서 어떠한 차이로 나타나는지가 밝혀져야 한다. 둘째, 국가가 정당과 후보자에 대하여 선거방송시간 등 급부를 제공하는 경우 유권자의 지지도 등을 기준으로 하여 차별을 해도 되는지, 차별이 불가피하다면 어떠한 관점에서 이러한 차별이 정당화되는지의 문제가 규명되어야 한다.

이 글에서는 대상결정의 사건개요 및 결정이유의 요지를 간략하게 서술한 다음(아래 II.), 선거원칙에 대한 기본적 이해를 돕기 위하여 '선거원칙의 헌법적 의미와 기능' 및 '선거원칙과 선거권의 관계'에 관하여 살펴보고(아래 III.), 선거에서의 기회균등원칙의

2) Vgl. Meyer, Wahlgrundsätze und Wahlverfahren, in: HbStR, Bd.II, 1987, §38 Rn.20.

위반여부를 판단하는 기준에 관하여 검토한 후(아래 Ⅳ.), 공영방송사가 선거방송기회를 차등적으로 제공하는 경우 제기되는 헌법적 문제를 규명하기로 한다(아래 Ⅴ.).

Ⅱ. 대상결정의 사건개요 및 결정이유의 요지

1. 선거방송토론회에 관한 공직선거법의 연혁 및 관련 판례의 내용

가. 관련 공직선거법규정의 연혁

공직선거법 제82조의2는 '공직선거 및 선거부정방지법'이 1997. 1. 13. 개정되면서 신설된 조항으로, 당시에는 대통령선거에 한하여 공영방송사로 하여금 텔레비전방송을 이용한 선거방송토론을 개최하도록 하였고, 이를 위하여 공영방송사들에게 공동으로 대통령선거방송토론위원회를 설치하도록 하면서, 초청후보자의 선정에 관하여 위 법에서 스스로 정하지 아니하고 토론위원회로 하여금 결정하도록 규정하였다.[3] 이후 2004. 3. 12. 개정된 '공직선거 및 선거부정방지법' 제82조의2는 선거방송토론의 개최를 국회의원선거에까지 확대하였고, 이를 위하여 공영방송사들에게 공동으로 설치하게 하였던 선거방송토론위원회를 폐지하는 대신, 각급선거관리위원회가 직접 텔레비전 방송을 통한 선거방송토론을 개최·관리하기 위하여 그 산하기관으로 각급 선거방송토론위원회를 설치하도록 하였다.[4]

나. 관련 헌법재판소결정의 내용

(1) 대통령선거방송토론위원회 사건(헌재 1998. 8. 27. 97헌마372 결정)

원내교섭단체 보유 정당의 대통령후보자 및 5개 이상의 중앙종합일간지와 3개 텔레비전 방송사가 조사한 후보등록 이전 10일간 여론조사결과 평균지지율 10% 이상인 대통령후보자를 초청하여 3회에 걸쳐 다자간 합동방송토론회를 개최하기로 한 토론위원회의 1997. 11. 24.자 결정 및 그 공표행위가 헌법에 위반되는지 여부가 문제된 대통령선거방송토론위원회 사건에서, 헌법재판소는 "합리적인 근거가 있는 차별은 평등의 원칙에 반하는 것이 아니며, 선거운동의 기회균등원칙도 합리적 근거 없는 자의적 차별

3) 제82조의2(공영방송 텔레비전 대담·토론회) ⑤ 토론위원회는 초청 후보자와 사회자·질문자의 선정, 대담·토론의 형식, 주제와 시간의 설정 기타 제1항의 규정에 의한 대담·토론회의 진행에 관하여 필요한 사항을 결정하여 이를 공표하여야 한다.

4) 대통령선거 및 비례대표국회의원선거의 대담·토론회에 관한 사무를 위하여 중앙선거관리위원회에 중앙선거방송토론위원회를, 시·도지사선거의 대담·토론회에 관한 사무를 위하여 시·도선거관리위원회에 시·도선거방송토론위원회를, 지역구국회의원선거의 대담·토론회에 관한 사무를 위해 구·시·군선거관리위원회에 구·시·군선거방송토론위원회를 두도록 하였다(공직선거법 제8조의7 제1항, 선거방송토론위원회의 구성 및 운영에 관한 규칙 제4조 제2항). 각급 선거방송토론위원회는 텔레비전 방송을 통한 선거방송토론을 개최·관리하기 위하여 각급 선거관리위원회가 그 산하에 설치하는 위원회로서, 선거방송토론과 관련하여 선거관리업무를 담당하는 합의제 행정관청으로서의 법적 지위를 가진다.

내지 차등만을 금지하는 것이다. 토론위원회가 방송토론회의 장점을 극대화하고 대담·토론의 본래 취지를 살리기 위하여, 공직선거법이 부여한 재량범위 내에서, 후보자 선정기준으로서 최소한의 당선가능성과 주요 정당의 추천에 입각한 소수의 후보자를 선정한 것은 비합리적이고 자의적이라 할 수 없다. 관련된 공직선거법 규정이 적절치 않다고 할 수 없다. 한편 위 기준에 못 미치는 4인의 후보자도 별도 초청되어 방송토론회를 거친 점이 고려된다."고 하여 재판관 전원의 일치된 의견으로 대통령선거방송토론위원회의 조치가 헌법상 평등원칙에 위반되지 않는다고 확인하였다.[5)]

(2) 제1차 선거방송토론회 사건(헌재 2009. 3. 26. 2007헌마1327 등 결정)

선거방송토론위원회가 주관하는 선거방송토론회의 참가기준으로 여론조사 평균지지율 100분의 5를 요구하고 있는 공직선거법 제82조의2 제4항의 위헌여부가 문제된 사건에서, 헌법재판소는 "방송토론회의 초청자격을 제한하지 않아 토론자가 너무 많을 경우 시간상 제약 등으로 실질적인 토론과 공방이 이루어지지 않고 후보자에 대한 정책검증이 어려운 점, 대다수의 국민이나 선거구민들이 여론조사에서 높은 지지율을 얻은 후보자에 대하여 관심을 가지고 있다고 보아야 하는 점, 선거방송토론위원회는 위 토론회에 초청받지 못한 후보자들을 대상으로 다른 대담·토론회를 개최할 수 있는 점 등에 비추어 보면, 이 사건 법률조항에 의한 위와 같은 차별에는 이를 정당화할 수 있는 합리적인 이유가 있다고 할 것이다. 따라서 이 사건 법률조항이 청구인들의 평등권이나 선거운동의 기회균등을 침해하는 것으로 보기 어렵다."고 판시하여 심판대상조항을 합헌으로 판단하였다.[6)]

2. 대상결정(헌재 2011. 5. 26. 2010헌마451)의 내용

가. 사건의 개요 및 심판의 대상

(1) 공직선거법은 구·시·군 선거방송토론위원회로 하여금 선거운동기간 중 지역구국회의원선거의 후보자를 초청하여 1회 이상의 대담·토론회 또는 합동방송연설회를 개최하도록 규정하면서(제82조의2 제3항), 지역구국회의원선거에서 공영방송매체를 이용한 선거방송 대담·토론회에 초청받을 수 있는 후보자를 주요정당이 추천한 후보자, 지난 선거에 입후보하여 일정 비율 이상을 득표한 후보자, 여론조사결과 일정 지지율 이상의 후보자로 제한하고 있다(제82조의2 제4항 제3호). 공직선거법은 비초청대상후보자에 대해서는 대신 합동방송연설회를 개최하거나(같은 조 제3항) 또는 이들을 대상으로 별도로 대담·토론회를 개최할 수 있도록 규정하고 있다(같은 조 제5항).

---

5) 판례집 10-2, 461, 462.
6) 판례집 21-1상, 708, 709【결정요지】3.

청구인은 2010. 7. 28. 시행된 은평(을) 선거구 국회의원 재선거에서 사회당 추천후보로 등록하고 낙선한 자인바, 청구인은 공직선거법 제82조의2 제4항 제3호에서 정한 조건을 충족하지 못하여, 은평(을) 선거방송토론위원회가 2010. 7. 22. 개최할 선거방송토론회 초청대상에서 제외되자, 위 법률조항이 청구인의 평등권, 공무담임권 등 헌법상 보장된 기본권을 침해하여 헌법에 위반된다고 주장하면서, 2010. 7. 21. 이 사건 헌법소원심판을 청구하였다. 한편, 위 선거방송토론회에 참여하지 못한 청구인은 2010. 7. 22. 개최된 합동방송연설회에 참여하여 방송 연설을 진행하였다.

(2) 대상결정의 심판대상은 지역구국회의원선거에서 구·시·군선거방송토론위원회가 개최하는 대담·토론회의 초청자격을 제한하고 있는 공직선거법 제82조의2 제4항 제3호 중 '지역구국회의원선거'에 관한 부분(이하 '심판대상조항'이라 한다)의 위헌여부인데, 심판대상조항의 내용은 다음과 같다.

> 공직선거법 제82조의2(선거방송토론위원회 주관 대담·토론회) ④ 각급선거방송토론위원회는 제1항 내지 제3항의 대담·토론회를 개최하는 때에는 다음 각 호의 어느 하나에 해당하는 후보자를 대상으로 개최한다. 이 경우 각급선거방송토론위원회로부터 초청받은 후보자는 정당한 사유가 없는 한 그 대담·토론회에 참석하여야 한다.
>
> 3. 지역구국회의원선거 및 지방자치단체의 장 선거
>
> 가. 제1호 가목 또는 나목에 해당하는 정당이 추천한 후보자
>
> 나. 최근 4년 이내에 해당 선거구(선거구의 구역이 변경되어 변경된 구역이 직전 선거의 구역과 겹치는 경우를 포함한다)에서 실시된 대통령선거, 지역구국회의원선거 또는 지방자치단체의 장 선거(그 보궐선거 등을 포함한다)에 입후보하여 유효투표총수의 100분의 10 이상을 득표한 후보자
>
> 다. 제1호 다목에 의한 여론조사결과를 평균한 지지율이 100분의 5 이상인 후보자

나. 결정이유의 요지

(1) 심판대상조항이 공무담임권을 제한하는 것인지 여부[7)]

공무담임권이란 국가, 공공단체의 구성원으로서 그 직무를 담당할 수 있는 권리이므로 주된 선거방송 대담·토론회의 참가가 제한되어 사실상 선거운동의 자유가 일부 제한되는 측면이 있다고 하여 그로써 바로 국가기관의 공직에 취임할 수 있는 권리가 직접 제한된다고 보기는 어렵다고 할 것이므로, 이 사건 법률조항은 공무담임권을 제한하는 것이라고 볼 수 없다.

---

7) 판례집 23-1하, 237【결정요지】1.

(2) 평등원칙의 위반여부를 판단하는 심사기준[8)]

선거운동에서의 기회균등 보장은 일반적 평등원칙과 마찬가지로 합리적인 근거가 없는 자의적인 차별 내지 차등만을 금지하는 것으로 이해하여야 한다. 또한, 헌법 제116조 제1항에서 선거운동에 관하여 균등한 기회가 보장되어야 한다고 규정하고 있으나, 이를 두고 헌법이 특별히 차별을 금지하고 있는 영역으로 볼 수 없고, 헌법 제116조 제1항의 경우 입법자에게 선거운동에 관한 형성적 권한을 부여하고 있다고 볼 수 있다. 나아가 이 사건 법률조항에 의하여 중대한 기본권 제한을 초래하는 것도 아니므로, 이 사건 법률조항에 대한 평등권 침해 여부를 심사함에 있어서는 특별히 엄격한 심사척도가 적용되어야 하는 것이 아니며 완화된 합리성 심사에 의하는 것으로 족하다고 할 것이다. 선거방송 대담·토론회에 대한 구체적인 형성 및 그에 관한 참가의 요건 등은 원칙적으로 입법정책의 문제로서 입법자의 입법형성의 자유에 속하는 사항이라고 할 것이다.

(3) 선거운동의 기회균등원칙과 관련한 평등권 위반 여부[9)]

방송매체를 이용한 대담·토론회에 참여할 수 있는 후보자를 아무런 제한 없이 할 경우 실질적인 대담이나 토론이 이루어질 수 없어 정견발표회 수준으로 전락할 수 있고, 후보자들 간의 자질과 정치적인 능력의 비교가 불가능해질 개연성이 있고, 전파자원 역시 한정되어 있는바, 이 사건 법률조항이 주된 대담·토론회에 참여할 수 있는 후보자를 일정한 범위로 제한하는 것은 위와 같은 입법자의 합리적 판단에 기인한 것이라고 할 수 있다.

또한, 그 제한기준은 주요 정당의 추천 여부나 후보자의 당선가능성 및 후보자에 대한 국민적 관심도 등을 살펴 일정 수준 이상의 자로 한정하고, 이에 따라 후보자들의 정책에 대한 대담·토론이 효과적이고 실증적인 기능을 발휘하도록 하여야 할 것인바, 이 사건 법률조항이 국회에 5인 이상의 소속의원을 가진 정당 또는 직전 선거에서 3% 이상을 득표한 정당이 추천한 후보자, 최근 4년 이내 선거에서 10% 이상을 득표하였거나 여론조사결과 5% 이상의 지지율을 보여주는 후보자로 그 초청대상을 한정하고 있는 것을 두고 특별히 자의적인 기준이라거나 지나치게 엄격한 기준이라고 보기 어렵다 할 것이다. 아울러 비초청대상후보자의 경우 이들을 대상으로 한 대담·토론회가 개최될 수 있도록 규정하여 방송토론회를 통해 선거운동을 할 수 있는 기회를 제공하고 있는 점 등을 고려한다면, 이 사건 법률조항은 대담·토론회의 기능의 활성화를 위하여 적당한 수의 후보자만을 초청하여야 한다는 요청과 선거운동에서의 기회의 균등보장이라는

---

8) 판례집 23-1하, 237, 246-247.
9) 판례집 23-1하, 237 【결정요지】 2.

서로 대립하는 이익을 적절히 비교 형량한 합리적인 것으로서 이와 같은 취급을 두고 자의적인 차별로서 평등권을 침해하였다고 하기는 어렵다.

(4) 재판관 2인의 반대의견[10)]

방송에 의한 선거운동은 후보자의 입장에서는 가장 효율적인 선거운동 수단이고, 선거권자의 입장에서는 한꺼번에 후보자들의 정책 등을 파악하고 비교하는 중요한 기능을 하며, 다른 연설회는 공직선거법에 의하여 금지되므로 선거방송토론위원회가 주관하는 방송 대담·토론회는 선거운동방법 중 절대적인 비중을 차지하고 있다. 그럼에도 불구하고 이 사건 법률조항은 초청대상후보자를 한정하고 있는바, 이는 선거운동의 기회균등을 강조한 헌법 제116조 제1항의 취지와 정면으로 배치되는 것이다. 비초청대상후보자를 대상으로 따로 대담·토론회를 개최할 수 있다고 규정하지만, 이것 역시 이 사건 법률조항에 의한 차별행위를 유지하는 또 다른 차별행위에 불과하므로 이 규정으로 이 사건 법률조항의 위헌성이 해소된다고 보기 어렵다. 나아가 선거방송토론위원회가 방송에 의한 선거운동에 일부 후보자를 참여시키지 아니하는 것은 선거권자에게 대담·토론회에 초청된 후보자와 초청받지 못한 후보자를 차별하여 인식시키는 기능을 하여 선거결과에 치명적인 차이를 가져올 수 있게 하고, 비초청후보자가 위와 같은 차별효과를 극복할 방법도 찾기 어렵다. 따라서 이 사건 법률조항은 초청대상에 해당되지 아니하는 후보자에게 선거운동의 기회를 균등하게 주지 아니한 것으로서 헌법 제116조 제1항에 위반된다고 할 것이다.

Ⅲ. 선거원칙과 선거권

1. 선거원칙의 헌법적 의미와 기능

가. 선거의 기능을 이행하기 위한 필수적 조건

선출된 대의기관에 민주적 정당성을 부여하여 국민주권에 입각한 대의제 민주주의를 실현하기 위해서는, 국민의 의사가 대의기관의 구성에 제대로 반영되는 선거가 이루어져야 하는데, 이를 확보하기 위한 수단이 바로 '선거의 기본원칙'이다. 단지 국민의 일부만이 선거의 형태로 공동체의 형성에 참여할 수 있다면, 또는 모든 국민이 동수의 투표권이 아니라 차등적으로 투표권을 가진다면, 아니면 투표내용의 비밀이 보장되지 않음으로써 투표행위로 인하여 불이익을 우려해야 한다면, 그러한 선거는 국민의 정치적 의사를 대의기관의 구성에 제대로 반영할 수 없을 것이며, 대의기관에 민주적 정당성을 부여하는 기능을 이행할 수 없을 것이다. 이러한 점에서, 헌법상 선거원칙은 선거의 기

10) 판례집 23-1하, 237, 238.

능을 이행하기 위한 필수적 조건을 규정하고 있다.

선거원칙은 국가권력을 정당화하는 선거의 기능을 보장하고자 하는 것이고, 이로써 궁극적으로 대의제에서 국민주권원리를 실현하고자 하는 것이다.[11] 국민주권의 이념은, 국가권력의 행사가 국가권력의 지배를 받는 모든 사람에 의하여 결정되고 이로써 정당화될 것을 요청한다. 그렇다면, 국민은 정치적 결정권을 전체로서(보통선거) 스스로(직접선거) 동등하게(평등선거) 타인에 의하여 방해받지 않고 자유롭게(자유선거 및 비밀선거) 행사할 수 있어야 한다. 선거원칙은 국민이 어떠한 방법으로 국가권력의 행사에 대하여 효과적으로 영향력을 행사할 수 있는지, 대의제 민주주의에서 국민주권을 실현하기 위한 구체적인 방법을 서술하고 있다. 이로써 선거원칙은 헌법 제24조에 보장된 '선거권의 실체적 내용'을 규정하고 있는 것이다.[12] 국민의 정치적 결정권인 선거권은 선거원칙에 의하여 그 내용에 있어서 구체화되고 헌법적으로 보호되는 것이다.

나. 공정한 정치적 경쟁의 원칙

선거원칙은, 국가권력의 지배를 받는 모든 사람은 가능하면 국가의사형성과정에 참여하는 것을 보장함으로써 대표자의 선출에 있어서 동등한 영향력을 확보하고자 하는 측면 외에도, 유권자의 지지를 얻고자 하는 '정치적 경쟁의 규칙을 확정하는 측면'을 가지고 있다.[13] 정당설립의 자유와 복수정당제가 보장되는 헌법 하에서 이러한 정치적 경쟁은 무엇보다도 정당간의 경쟁으로 나타난다. 한편, 유권자는 정당에 의하여 제시되는 후보자와 정치적 방향에 대하여 영향력을 행사할 수 있는 가능성을 거의 가지고 있지 못하기 때문에, 정치적 경쟁에 누구나 참여할 수 있는 개방성이 유지되고, 이로써 정당과 후보자의 자유경쟁원칙이 유지되는 것은 더욱 중요한 의미를 가진다.

대의제 민주주의는 선거제도와 복수정당제를 그 제도적 근간으로 하고 있다. 대의제 민주주의는 한시적으로 정권을 획득하고자 하는 다수의 정치적 세력간의 경쟁을 사실적 전제로 하는 競爭民主主義이다. 경쟁민주주의에서 선거법은 '정치적 경쟁법'이며, 선거원칙은 정당과 후보자에 대해서는 정권획득을 위한 경쟁에서 '공정한 경쟁의 규칙'으로서의 의미를 가진다.[14] 보통선거원칙에 의하여 누구나 선거에 입후보하여 경쟁에 참여하는 것이 보장되며, 평등선거원칙에 의하여 경쟁에서의 기회균등(선거에서 정당과 후보자의 기회균등)이 보장된다. 자유선거와 비밀선거는 선거에 대한 국가의 부당한 영향력행

11) Vgl. M. Morlok, in: Dreier(Hg), Grundgesetz Kommentar, Bd.II, 2006, Art.38, Rn.56.
12) Vgl. M. Morlok, in: Dreier(Hg), Grundgesetz Kommentar, Bd.II, 2006, Art.38, Rn.56.
13) 선거원칙의 2가지 측면에 관하여 vgl. H. H. Trute, in: v. Münch/Kunig, Grundgesetz Kommentar, Bd.II, 2001, Art.38 Rn.3.
14) Vgl. Grimm, Politische Parteien, in: HbVerfR, §14 Rn.6f.; H. Meyer, Demokratische Wahl und Wahlsystem, in: HbStR, Bd.Ⅲ, 2005, §45 Rn.13; M. Morlok, in: Dreier(Hg), Grundgesetz Kommentar, Bd.II, Art.38, Rn.54.

사를 금지함으로써 정당간의 기회균등에 기여한다.

다. 선거권과 피선거권 및 선거에서의 경쟁을 포괄하는 헌법적 요청

종래 선거원칙이 일방적으로 유권자의 권리인 '선거권'의 관점에서 파악되었으나, 오늘날 정당국가의 현실에서 선거와 선거원칙은 '경쟁민주주의'의 배경 하에서 이해되어야 한다. 선거에서 정당과 후보자는 유권자의 지지를 얻기 위하여 치열한 경쟁을 한다. 경쟁으로서의 선거는 '유권자의 선거행위'를 넘어서 선거운동을 비롯한 선거의 준비행위, 무엇보다도 '정당과 후보자의 경쟁'을 포괄해야 한다.[15] 따라서 선거는, 정당과 후보자가 선거에서 경쟁하고 유권자에게 다양한 정치적 제안을 하는 '적극적 측면'과 유권자가 이러한 형태로 제공되는 정치적 제안 중에서 결정하는 '소극적 측면'으로 이루어진다. 선거가 적극적 측면과 소극적 측면으로 구성되어 있다는 것을 확인하는 것은, 선거라는 현상을 헌법적으로 의미 있게 파악하기 위한 필수적 전제조건이다.

선거에서 유권자의 역할은 정당에 의하여 제공되는 몇 가지 정치적 방향 중에서 선택하는 것에 제한되고 그 외의 모든 결정은 정당이 하게 된다. 이러한 점에서, 선거는 국민투표와 마찬가지로 외부로부터 제시되는 정치적 제안에 대한 답변의 성격을 가진다.[16] 선거는 답변의 성격을 가지는 반응적 행위이다. 반면에, 선거에서 적극적인 역할은 정당과 후보자가 담당한다. 선거가 이와 같이 유권자의 반응적 요소와 정당·후보자의 적극적인 제안의 요소로 이루어져 있다면, 선거원칙도 선거의 이중적 측면을 모두 포괄해야만 그 기능을 제대로 이행할 수 있다. 이러한 점에서, 선거원칙은 선거권과 피선거권을 포괄하는 것은 물론이고, 선거에서의 경쟁에도 적용되는 것이다.[17]

라. 선거의 平等에 대한 요청과 선거의 自由에 대한 요청

헌법상 선거원칙은 크게 선거에서 '평등'에 대한 요청과 '자유'에 대한 요청으로 나누어 볼 수 있다. 보통·평등선거원칙이 선거에서 평등에 대한 요청이라면, 비밀·자유선거원칙은 자유로운 선거에 대한 요청이다. 민주국가에서 선거는 곧 자유선거를 의미하고, 자유롭지 않은 선거는 선거가 아니다. 자유로운 선거만이 선출된 대의기관에게 민주적 정당성을 부여할 수 있고, 이로써 선거의 본질적 기능을 이행할 수 있다. 즉, 누구나 자유롭게 선거에 입후보할 수 있고 누구나 자유롭게 선거운동을 할 수 있으며 유권자가 자유롭게 자신의 의사를 형성하고 선거권을 행사하는 경우에만 유권자의 왜곡되지 않은 정치적 의사가 선거에 반영될 수 있는 것이다.

---

15) Vgl. H. Meyer, Demokratische Wahl und Wahlsystem, in: HbStR, Bd.Ⅲ, 2005, §45 Rn.12f.

16) 답변형식으로서 국민투표의 문제에 관하여 한수웅, 헌법학, 2012, 128면 이하 참조.

17) Vgl. BVerfGE 11, 266, 272; 60, 162, 167; Seifert, Bundeswahlrecht, 1976, Art.38 GG Rn.2; Kunig, Fragen zu den Wahlrechtsgrundsätzen, Jura 1994, S.555f.; 허영, 한국헌법론, 2010, 769면.

2. 선거권

가. 국민의 국가권력행사의 방법으로서 선거권

(1) 헌법기관으로서 국민

국민은 국가와 사회 두 영역의 구성원이다. 한편으로는, 국민은 기본권의 주체로서 사회를 구성하고 국가권력과 대립한다. 다른 한편으로는, 대의기관의 선출을 통하여 국가권력(국가기관)을 형성하거나 예외적으로 국민투표의 형태로 국가의사결정에 참여하는 경우에는 국민은 국가권력을 행사하는 '헌법기관'으로 기능한다. 국민은 선거와 국민투표의 형태로 국가권력을 직접 행사한다. 대의제에서 선거와 국민투표의 가능성을 제외한다면, 국가권력은 대의기관에 의하여 행사된다.

민주국가에서 국민은 헌법제정권력으로서 국가공동체의 정치질서를 헌법의 제정을 통하여 확정한다. 그러나 헌법이 일단 제정되면, 국민은 의회나 정부 등 다른 국가기관과 마찬가지로 '헌법에 의하여 형성된 권력'(헌법기관)으로서 헌법의 구속을 받는다.[18] 헌법국가에서 국민의 권한은 무제한적인 것이 아니다. 헌법국가에서 국민은 단지 헌법에 의하여 부여받은 권한만을 가지고 있으며, 이러한 범위 내에서 헌법기관으로서 국가의사결정에 참여할 권한을 가진다.

(2) 선거권과 憲法留保의 원칙

대의제를 원칙으로 하면서 예외적으로 직접민주주의적 요소를 가미하고 있는 현행 헌법체계에서, 선거는 국민이 국가의사형성에 참여하는 가장 중요한 수단이다. 헌법은 제24조에서 "모든 국민은 법률이 정하는 바에 의하여 선거권을 가진다."고 하여 참정권의 하나로서 선거권을 규정하고 있다. 참정권은 국가의 존재를 전제로 하여 국가생활에 정치적으로 참여하는 기본권으로서 모든 인간이 아니라 국가의 구성원인 국민에게만 귀속되는 기본권이다. 현행 헌법은 국민이 선거를 할 수 있는 가능성으로 대통령선거권(제67조 제1항) 및 국회의원선거권(제41조 제1항)을 명시적으로 규정하고 있다.[19] 따라서 입법자는 위 헌법규정에 따라 국민이 선거권을 행사할 수 있도록 선거법을 구체적으로 형성해야 하는 구속을 받는다.

헌법기관으로서의 국민을 비롯한 모든 헌법기관의 권한은 이를 부여하는 헌법상의 수권규범이 있어야만 인정될 수 있다. 즉, 헌법기관의 권한에 관한 한, 헌법유보가 적용

---

18) Vgl. C. Schmitt, Verfassungslehre, 1928, unveränderter Neudruck, 1954, S.98f., 239ff.

19) 헌법은 제118조 제2항에서 지방자치를 위한 '지방의회의원선거권'을 규정하고 있으나, 이는 '국가권력의 행사'에 관한 것이 아니라 '지역주민의 자치행정'에 관한 것이다. 지방자치의 영역에서는 헌법이 명시적으로 도입을 명령하는 지방의회의원의 선거 외에도, 입법자가 지방자치단체장의 선임방법으로서 선거를 도입할 것인지에 관하여 결정할 수 있다.

되는 것이며, 국민이 헌법기관으로 활동하는 한, 국민의 권한도 예외가 아니다.[20] 따라서 국민은 헌법이 명시적으로 규정하고 있는 선거가능성을 넘어서 국민주권원리나 민주주의원리 등에 입각하여 '다른 국가기관을 선출할 수 있는 선거권'을 주장할 수 없다. 국민은 선거를 통하여 국가권력을 행사하게 되며, 선거는 국민에 의한 국가권력 행사방법의 하나로서 명시적인 헌법적 근거를 필요로 한다.[21] 국회의원이나 대통령을 선출하는 선거권은 헌법 제24조에 보장된 기본권인 선거권으로부터 직접 나오는 것이 아니라, 별도의 수권규범을 필요로 한다. 이러한 수권규범이 바로 국회의원과 대통령의 선거권을 규정하는 헌법 제41조와 헌법 제67조인 것이다.

나. 입법에 의한 선거권의 구체적 형성

헌법은 제24조에서 "모든 국민은 법률이 정하는 바에 의하여 선거권을 가진다."고 하여 선거권의 구체적 내용을 입법을 통하여 형성하도록 입법자에게 위임하고 있다.[22] 헌법 제24조는 "법률이 정하는 바에 의하여"란 표현을 통하여 밝히고 있는 바와 같이, 선거권을 제한하는 권한을 입법자에게 부여하는 규정이 아니라 입법자에 의한 구체적 형성을 요구하고 있는 것이다.[23] 선거권은 입법자에 의한 구체적인 형성을 필요로 하고, 선거권의 구체적인 내용은 법률에 의하여 비로소 확정된다.

국민은 선거권을 실제로 행사하기 위하여 입법자의 입법에 의존하고 있다. 선거연령, 국적, 주거지 등 선거권을 행사할 수 있는 인적 범위를 확정하고 비례대표제 또는 다수대표제 등 구체적인 선거의 절차와 방법을 정하는 선거법의 규율 없이는 국민은 선거권을 행사할 수 없다. 이러한 점에서 자유권을 제한하는 경우와 비교할 때, 선거권을 형성함에 있어서는 입법자에게 보다 광범위한 형성의 자유가 인정된다.

---

20) Vgl. Kriele, Das demokratische Prinzip im Grundgesetz, VVDStRL 29(1971), S.60; Hesse, Grundzüge des Verfassungsrechts der BRD, 1984, Rn.27ff.; Degenhart, Staatsrecht I, 1995, Rn.13.

21) Vgl. Krause, Verfassungsrechtliche Möglichkeiten unmittelbarer Demokratie, in: HbStR, Bd.II, 1987, §39, Rn.5; Stern, Das Staatsrecht der Bundesrepublik Deutschland, Bd.1, 1984, §18 II.5.; Maurer, Staatsrecht, 1999, §7 Rn.33ff.

22) 헌법 제25조에서는 "모든 국민은 법률이 정하는 바에 의하여 공무담임권을 가진다."고 하여 피선거권의 구체적 형성을 입법자에 위임하고 있다.

23) 헌재 2007. 6. 28. 2004헌마644 등(제2차 재외국민의 선거권), 판례집 19-1, 859, 874, "헌법 제24조는 모든 국민은 '법률이 정하는 바에 의하여' 선거권을 가진다고 규정함으로써 법률유보의 형식을 취하고 있지만, …이러한 법률유보는 선거권을 실현하고 보장하기 위한 것이지 제한하기 위한 것이 아니므로, 선거권의 내용과 절차를 법률로 규정하는 경우에도 국민주권을 선언하고 있는 헌법 제1조, 평등권에 관한 헌법 제11조, 국회의원선거와 대통령선거에 있어서 보통·평등·직접·비밀선거를 보장하는 헌법 제41조 및 제67조의 취지에 부합하도록 하여야 한다."; 同旨 헌재 2009. 10. 29. 2007헌마1462(제2차 수형자의 선거권제한), 판례집 21-2하, 327, 340.

3. 헌법상 선거원칙과 제24조의 선거권의 관계

가. 입법형성권의 한계로서 헌법상 선거원칙

그러나 입법자의 형성권은 무제한적인 것이 아니라, 민주주의원리를 비롯한 헌법규범에 의하여 제한된다. 헌법은 무엇보다도 제41조 제1항 및 제67조 제1항에서 보통·평등·직접·비밀선거의 일반적 선거원칙을 규정함으로써 입법자가 준수해야 할 지침을 제시하고 있다. 선거의 기본원칙은 모든 국가권력을 구속하며, 입법자에 대하여 입법형성의 방향을 제시하고 입법형성권을 제한하는 헌법규범이다. 즉, 입법자는 선거관련입법을 통하여 국민의 선거권을 구체적으로 형성함에 있어서 헌법상의 선거원칙을 준수하고 실현해야 한다. 이러한 의미에서 헌법 제24조의 선거권은 헌법상 선거원칙에 의하여 그 내용에 있어서 이미 본질적으로 결정된다. 즉, 헌법 제24조의 선거권이란 '헌법상 선거원칙에 부합하는 선거권'이며, 이로써 모든 국민은 보통·평등·직접·비밀선거원칙에 부합하는 선거권을 가진다.

따라서 입법자가 헌법상 선거원칙에 위반되게 선거권을 구체적으로 형성하는 경우, 입법자는 헌법 제24조의 선거권을 침해하게 된다. 선거법규정 등 공권력의 행사에 의하여 헌법 제41조와 제67조에 규정된 선거원칙이 위반된 경우, 헌법소원을 통하여 주장할 수 있는 선거권의 침해가 비로소 고려될 수 있는 것이다. 자유권의 경우에는 개인의 자유가 공권력행위에 의하여 과잉금지원칙에 위반되어 과도하게 침해되었다는 주장을 하나, 선거권이 문제되는 경우에는 선거권의 과도한 제한이 아니라 선거원칙의 위반을 주장하게 된다. 선거권과 피선거권의 주체인 국민에게 헌법소원을 통하여 관철할 수 있는 주관적 권리를 중개해 주는 것은 바로 선거원칙이다. 선거권은 선거원칙과 결합하여 비로소 침해가능한 주관적 권리가 된다는 점에서, 선거권의 침해여부는 선거원칙의 위반여부를 기준으로 하여 판단하게 된다.

나. 선거권을 형성하는 법률의 위헌여부를 판단하는 기준

(1) 선거원칙

(가) 자유권을 제한하는 법률의 위헌성을 판단하는 기준은 헌법 제37조 제2항에 규정된 과잉금지원칙이다. 이에 대하여 선거권을 형성하는 법률의 위헌성을 심사하는 기준은 과잉금지원칙이 아니라 헌법 제41조 제1항 및 제67조 제1항에 규정된 선거원칙이다.

선거권 위반여부를 심사함에 있어서 과잉금지원칙에 따라 입법목적과 입법수단의 상관관계를 단계별로 판단하는 것은 헌법상 선거원칙의 실체적 요청을 전혀 고려할 수 없기 때문에 아무런 의미가 없다. 입법자가 특정 입법목적을 달성하기 위하여 선거법이란 입법수단을 선택한 것이 아니라, 헌법의 지침에 따라 국민의 선거권을 구체적으로 형성한 결과가 선거법이기 때문이다. 선거법의 위헌여부는 '수단과 목적의 관계를 통하여 제한이 과잉인지'의 관점이 아니라, '선거법이 헌법상 선거원칙에 위반되는지'의 관점에 의하여 판단되어야 한다. 선거법의 경우 입법목적과 수단의 관계를 과잉금지원칙에 따라 기계적으로 판단한다면, 자칫하면 위헌심사에서 헌법상의 지침인 선거원칙을 시야에서 잃어버릴 위험이 있다.

더욱이, 보통선거원칙과 평등선거원칙은 선거의 영역에서 평등원칙이 구체화된 헌법적 표현이라는 점에서 근본적으로 자유권의 문제가 아니라 평등의 문제이므로, 그 본질상 자유권을 전제로 하는 과잉금지원칙을 선거권에 적용하는 것은 처음부터 해결될 수 없는 문제를 안고 있다.

(나) 예컨대, 선거연령을 20세로 제한한 선거법규정의 위헌여부를 판단함에 있어서, 가령 입법목적(정치적 판단능력의 고려)의 정당성, 수단(선거연령규정)의 적합성, 수단의 최소침해성, 법익균형성('선거권제한의 효과'와 제한을 정당화하는 법익인 '정치적 판단능력'의 법익형량)을 심사한다면, '국가권력의 지배를 받는 모든 국민은 원칙적으로 선거권을 가져야 한다'는 헌법상 요청인 보통선거원칙에 부합하게 입법자가 선거법을 형성하였는지 여부를 판단할 여지가 없게 된다. 선거권의 박탈에 대하여 과잉금지원칙을 적용하는 경우, 법익형량의 과정(법익균형성의 심사)에서 선거권의 박탈을 통하여 달성하고자 하는 공익과 선거권을 박탈하는 심판대상조항에 의하여 초래된 개인의 기본권제한의 효과(선거권의 박탈)를 형량해야 할 것인데, 개인의 기본권제한효과란 오로지 '선거권의 박탈'이라는 점에서, '공익'과 '개인의 기본권제한효과'를 살펴보는 이러한 법익교량이 의미가 있을 수 없다. 여기서 법익교량과정에서 문제가 되는 것은 '개인에 대한 주관적인 제한효과'가 아니라, 특정인의 선거권을 박탈하는 것이 '민주주의와 국민주권주의에 미치는 객관적 효과'인 것이다. 이러한 점에서, 법익교량의 대상이 되어야 하는 것은, 선거권의 박탈을 통하여 달성하고자 하는 법익과 이에 대립하는 법익으로서 보통선거원칙인 것이다.

선거권과 관련하여 과잉금지원칙을 적용하는 것의 문제점은 수형자의 선거권박탈의 위헌여부를 판단한 헌법재판소의 결정에서도 그대로 드러나고 있다. 헌법재판소는 선거일 현재 금고 이상의 형의 선고를 받고 그 집행이 종료되지 아니한 자는 선거권이 없다고 규정하고 있는 공직선거및선거부정방지법 제18조 제1항 제2호 전단이 헌법에 위반되는지를 판단함에 있어서 보통선거원칙을 한 번도 언급조차 하지 아니한 채, 과잉금지원칙을 적용하여 판단하는 오류를 범하였다.[24]

24) 헌재 2004. 3. 25. 2002헌마411, 판례집 16-1, 468, 469.

(2) 헌법재판소 판례의 경향

선거권과 관련된 헌법재판소의 판례에서 문제되는 것은 입법자가 선거권을 과잉으로 제한하였는지의 문제가 아니라 '헌법상 선거원칙의 요청'과 '선거원칙에 대한 예외를 요청하는 다른 법익' 간의 형량을 통하여 선거원칙에 대한 예외가 불가피한 사유에 의하여 정당화되는지의 문제이다.

헌법재판소의 판례를 살펴보더라도, 적어도 2000년대 초반까지의 결정에서는 과잉금지원칙을 적용하여 '입법목적의 정당성', '수단의 적합성', '수단의 최소침해성' 및 '법익균형성'의 단계에 따라 판단한 경우는 찾아보기 어렵다. 헌법재판소는 선거관련입법의 선거권 위반여부를 판단한 대부분의 판례에서 헌법 제37조 제2항이나 과잉금지원칙을 심사기준으로서 언급조차 하지 아니하고, 단지 '입법자가 헌법상 선거원칙을 존중하여 입법형성권을 제대로 행사했는지'의 심사를 하고 있다.

예컨대, 선거연령과 관련하여, 헌법재판소는 과잉금지원칙의 3단계에 따른 심사를 한 것이 아니라 미성년자에 대한 선거권의 배제는 헌법상 보통선거원칙에 대한 예외임을 확인한 후 보통선거원칙에 대한 예외를 허용하는 합리적 사유가 있는지 여부를 판단하였다.[25] 또한, 선거구획정과 관련해서도 헌법재판소는 투표가치의 평등을 요청하는 헌법상 평등선거원칙에 비추어 선거구인구의 편차가 합리적 사유에 의하여 정당화되는지 여부를 판단하였다.[26] 헌법재판소는 최근의 결정에서 보통·평등선거원칙에 대한 예외를 정당화하는 사유로서 단순히 '합리적인 사유'가 아니라 '불가피하고 중대한 사유'를 요구함으로써 보다 엄격한 심사를 시도하고 있다.[27] 마찬가지로 1인1표 국회의원선거제와 관련해서도, 헌법재판소는 지역구선거에서 표출된 유권자의 의사를 그대로 정당에 대한 지지의사로 의제하여 비례대표의석을 배분하는 것이 직접선거원칙 및 평등선거원칙에 위반되는지, 이로써 유권자의 선거권을 침해하는지 여부를 판단하였다.[28]

그러나 헌법재판소는 2000년대에 들어와서는 점차 과잉금지원칙을 기계적으로 적용하여 선거권의 침해여부를 판단함으로써, 헌법상 선거원칙이 사실상 死文化되는 기이한 현상이 발생하고 있다. 헌법이 입법자에게 선거권을 구체적으로 형성함에 있어서 구속력 있는 헌법적 지침으로서 보통·평등선거원칙을 명시적으로 제시하고 있음에도, 헌법재판소가 선거관련입법의 위헌여부를 판단하는 기준으로 보통·평등선거원칙을 적용하지 않는다는 것은 헌법이론적으로 납득할 수 없는 것이다.

헌법재판소는 선거권의 침해여부를 판단함에 있어서 일차적으로 보통·평등선거원칙

---

25) 헌재 1997. 6. 26. 96헌마89 참조.
26) 헌재 1995. 12. 27. 95헌마224; 헌재 2001. 10. 25. 2000헌마92 참조.
27) 헌재 2007. 6. 28. 2004헌마644 등(제2차 재외국민의 선거권) 참조.
28) 헌재 2001. 7. 19. 2000헌마91 참조.

을 심사기준으로 언급해야 하며, 이 과정에서 과잉금지원칙을 적용한다면, 이는 보통·평등선거원칙이 '헌법에서 특별히 평등을 요구하는 경우'에 해당하므로 엄격한 평등심사가 요청된다는 것에 의하여 정당화될 수 있는 것이다. 따라서 헌법재판소가 본질적으로 선거에서의 평등이 문제되는 곳에서 과잉금지원칙을 적용한다면, 적어도 이러한 논증의 과정이 수반되어야 하는 것인데, 아무런 논증 없이 기계적으로 과잉금지원칙을 적용하고 있다.

Ⅳ. 선거에서의 기회균등원칙의 위반여부를 판단하는 기준

1. 엄격하고 형식적인 평등으로서 보통·평등선거원칙

가. 일반적 평등원칙과 보통·평등선거원칙의 근본적인 차이점

(1) 일반적 평등원칙이 '사회의 영역'을 규율하는 국가에 대한 평등의 요청이라면, 보통·평등선거원칙은 '정치적 영역'을 규율하는 국가에 대한 평등의 요청이다. 사회의 영역은 개체의 고유성, 상이함, 다양성, 사적 자치의 사고에 의하여 지배되고 있으므로, 사회의 영역은 국가에 대하여 모든 대상을 원칙적으로 동등하게 대우할 것을 요청하지 않는다. 이에 대하여, 정치적 영역은 민주주의를 구성하는 영역으로서 모든 국민의 원칙적인 정치적 평등에서 출발하고 있다.

'정치적 권리의 평등'은 평등민주주의의 핵심적 요청으로서, '민주적 의사형성에 동등하게 참여하는 국민의 권리'는 가능하면 엄격하게 보장될 것을 요청한다.[29] 민주주의는 국민의 정치적 참여에 있어서 차별을 정당화하는 어떠한 사유도 원칙적으로 있을 수 없다는 이념에 기초하고 있다. 모든 국민은 그의 개인적 특징과 관계없이 정치적 참여권에 있어서 엄격한 형식성을 가지고 평등하게 취급되어야 한다. 평등민주주의는 '모든 개인이 정치적 존재가치와 견해의 비중에 있어서 평등하다'는 것에서 출발한다.[30] 이러한 경우에만 국가의 정치적 지배는 그의 정당성을 획득할 수 있다. 자신이 내린 결정에 구속을 받는다는 '자기결정의 원리'를 출발점으로 삼는 민주주의에서, 자기결정권을 가진 자는 누구나 평등하게 공동체질서의 형성에 참여해야 하고, 정치적으로 영향력을 행사할 수 있는 동등한 기회를 가져야 한다. 정치적 지배의 정당성은 민주적 의사형성에 참여하는 국민의 평등, 즉 형식적으로 평등한 정치적 권리의 보장 여부에 달려있는 것이다.

(2) 헌법 제11조 제1항 前文의 '일반적 평등원칙'은 모든 대상을 원칙적으로 동등하

29) Vgl. Meyer, Wahlgrundsätze und Wahlverfahren, in: HbStR, Bd.II, 1987, §38 Rn.21.
30) Vgl. Böckenförde, Demokratie als Verfassungsprinzip, in: HbStR, Bd.II, 2004, §24 Rn.42.

게 취급할 것을 요청하는 것이 아니라, 같은 것은 같게 다른 것은 다르게 취급할 것을 요청한다. 일반적 평등원칙의 경우, 모든 사실관계와 모든 기본권주체를 원칙적으로 평등하게 취급해야 한다는 전제가 성립하지 않으며, 이에 따라 '평등이 원칙이고 차별은 예외'라고 하는 관계가 성립하지 않는다. 일반적 평등원칙이란 정의에 부합하게 같은 것은 같게 다른 것은 다르게 취급할 것을 요청하는 그 본질상 '상대적 평등'이다. 그러므로 일반적 평등원칙의 관점에서는 차별대우를 정당화하는 합리적인 사유를 인정할 수 있다면, 평등원칙에 위반되지 않는다.

반면에, 보통·평등선거원칙은 그 이념적 기반을 평등민주주의에 두고 있기 때문에,[31] 모든 국민의 평등한 정치적 참여를 요구함으로써 선거권과 피선거권의 영역에서 모든 국민의 원칙적인 평등을 요청한다. 그러므로 모든 국민은 동수의 투표권을 가지며 모든 투표는 가능하면 동등한 비중을 가져야 한다. 이러한 요청은 피선거권에 대해서도 마찬가지로 적용되어, 모든 국민은 선거에 입후보하여 공직에 취임할 수 있는 동등한 권리를 가져야 한다는 요청으로 구체화된다.[32] 엄격한 정치적 평등의 요청은 선거권과 피선거권의 영역에 제한되는 것이 아니라, 유권자의 지지를 얻고자 하는 후보자·정당 간의 경쟁, 즉 '선거에서 정당과 후보자의 기회균등'의 영역에도 적용된다.[33] 이는 정치적 참여의 가능성에 있어서 모든 국민의 원칙적인 동등성으로부터 나오는 필연적인 결과이다.

나. 평등원칙의 위반여부를 판단하는 심사기준의 차이

보통·평등선거원칙과 평등민주주의의 밀접한 연관성은 평등원칙의 위반여부를 판단하는 심사기준에 있어서도 근본적인 차이로 나타난다.[34] 보통·평등선거원칙은 엄격하고도 형식적인 평등을 요청한다. 보통·평등선거원칙의 엄격한 형식성('국민이면 원칙적으로 누구나')으로 인하여, 이에 대한 제한은 특별한 정당성을 필요로 한다. 보통·평등선거원칙의 경우에는 평등대우가 원칙이고 차별대우가 예외이므로, 보통·평등선거원칙에 대한 예외에 대해서는 자의심사를 넘는 '엄격한 심사'가 요청된다. 이러한 점에서 독일 연방헌법재판소는 "평등선거의 이러한 형식성으로부터 입법자에게는 선거법을 규율함에 있어서 차별을 할 수 있는 단지 매우 제한된 형성공간이 부여되며, 차별은 이를 정당화하는 특별한 불가피한 사유(besondere rechtfertigende, zwingende Gründe)를 필요로 한다."고 판시하고 있다.[35] 연방헌법재판소는 '특별한 불가피한 사유'의 의미가 무엇

31) Vgl. BVerfGE 11, 266, 272; 34, 81, 98; 40, 296, 317.

32) Vgl. Seifert, Bundeswahlrecht, 1976, Art.38 GG Rn.2.

33) Vgl. BVerfGE 11, 266, 272; 60, 162, 167; Seifert, Bundeswahlrecht, 1976, Art.38 GG Rn.2; Frowein, Die Rechtsprechung des Bundesverfassungsgerichts zum Wahlrecht, AöR 99(1974), S.82f., 97.

34) Vgl. Pauly, Das Wahlrecht in der Rechtsprechung des Bundesverfassungsgerichts, AöR 123(1998), S.250ff.

인지에 관하여 명확하게 밝히고 있지 않지만, 여기서 말하는 '특별한 불가피한 사유'란, 평등원칙의 위반여부를 판단하는 2가지 심사기준 중에서 헌법에서 명시적으로 차별을 금지함으로써 평등이 원칙이고 차별이 예외임을 표현하고 있는 경우에 적용되는 '엄격심사의 요청'과 근본적으로 다르지 않다고 보아야 한다.[36] 연방헌법재판소도 근래의 결정에서 '특별한 불가피한 사유'의 의미를 보다 구체화하여 '엄격한 비례심사'의 기준에 접근시키고 있음을 확인할 수 있다.[37]

선거원칙에 대한 예외는 헌법의 통일성에 비추어 단지 상충하는 兩 법익(선거원칙의 요청 및 선거원칙에 대한 예외를 요청하는 법익)의 효력을 최대한으로 발휘하도록 하기 위하여 반드시 필요한 경우에 한하여 정당화될 수 있다.[38] 엄격한 형식적 평등의 요청은 이러한 의미에서 헌법상의 最適化의 요청(Optimierungsgebot) 또는 실제적 조화의 요청으로 이해된다.[39] 연방헌법재판소는 바로 이러한 상황을 염두에 두고 "필연적 사유"라는 표현을 사용하고 있는 것으로 판단된다. 보통·평등선거원칙에 대한 예외가 헌법적으로 정당화되는지를 심사함에 있어서 실제적 조화의 원칙에 따라 판단한다는 것은 비례의 원칙에 의한 심사와 마찬가지로 엄격한 평등심사를 의미하는 것이다. 그렇다면, 보통·평등선거원칙에 대한 제한은 단순히 합리적 사유가 아니라 '특별한 필연적인 사유'에 의하여 정당화되어야 하는 것이다.

2. 보통·평등선거원칙의 구체적 요청

가. 보통선거원칙의 헌법적 요청

(1) 의미와 기능

보통선거원칙은 원칙적으로 모든 국민은 누구나 선거권과 피선거권을 가져야 한다는 원칙, 즉 국민이라면 누구나 선거에 참여할 수 있어야 하고 선거를 통하여 선출될 수 있어야 한다는 원칙을 말한다. 보통선거원칙은 선거권 및 피선거권의 행사의 경우에 모두 적용되는 선거원칙이다.[40] 국민의 일부만이 선거에 참여하는 경우 또는 국민의 일부

---

35) Vgl. BVerfGE 34, 81, 98f.; 69, 92, 106.

36) Vgl. H. H. Trute, in: v. Münch/Kunig, Grundgesetz Kommentar, Bd.2, 2001, Art.38 Rn.54.

37) Vgl. BVerfGE 95, 408, 418, 연방헌법재판소는 위 결정에서 '차별사유는 헌법적으로 정당한 목적이어야 하고, 차별은 차별목적을 달성하기에 적합하고 필요한 것이어야 하며, 차별목적은 평등선거원칙과 균형을 이룰 정도로 대등한 비중을 가지는 것이어야 한다'고 판시하였다.

38) Vgl. Erichsen, Die Wahlrechtsgrundsätze des Grundgesetzes, Jura 1983, S.642; Seifert, Bundeswahlrecht, 1976, Art.38 GG Rn.24; H. H. Trute, in: v. Münch/Kunig, Grundgesetz Kommentar, Bd.2, 2001, Art.38 Rn.18.

39) Vgl. M. Morlok, in: Dreier(Hg), Grundgesetz Kommentar, Bd.II, 2006, Art.38, Rn.61, 98.

40) Vgl. M. Morlok, in: Dreier(Hg), Grundgesetz Kommentar, Bd.II, 2006, Art.38, Rn.65; Meyer, Wahlgrundsätze und Wahlverfahren, in: HbStR, Bd.II, 1987, §38 Rn.9; 허영, 한국헌법론, 2010, 770면.

만이 선출되는 경우에는, 그러한 선거는 국민의 정치적 의사를 제대로 반영할 수 없고 선출된 대의기관에 민주적 정당성을 부여할 수 없다.[41] 보통선거는 모든 국민에게 선거의 형태로 정치적 영향력을 행사하는 기회를 보장하고자 하는 것이다. 그러므로 모든 국민에게 원칙적으로 선거권과 피선거권이 인정되어야 하며, 이로써 국가가 사회적·정치적·경제적인 이유 등으로 특정 인적 집단으로부터 선거권과 피선거권을 박탈하는 것이 금지된다. 보통선거는 제한선거에 대응하는 개념이다.

개인이 국가권력의 지배를 받는 이유가 바로 개인이 선거를 통하여 대의기관의 구성에 참여하여 국가권력을 위임하였다는 데 있고, 이로써 대의기관의 결정을 자신의 결정으로 간주한다는 것에 있으므로, 보통선거원칙은 국민이라면 누구나 선거에 참여할 수 있을 것을 요청한다. 민주주의원리는 '참정권의 주체'와 '국가권력의 지배를 받는 국민'이 가능하면 일치할 것을 요청하며, 이러한 민주주의적 요청의 필연적인 결과가 바로 보통선거의 원칙이다. 그러므로 보통선거원칙은 '국민의 자기지배'를 의미하는 민주국가를 실현하기 위한 필수적 요건이다. 보통선거의 목적은 다른 선거원칙과 마찬가지로 국민주권의 실현에 있다. 원칙적으로 모든 국민이 선거권과 피선거권을 가진다는 것은 바로 국민의 자기지배를 의미하는 민주국가에의 최대한의 접근을 의미하기 때문이다.[42]

(2) 위반여부가 문제되는 경우

헌법 제11조의 일반적인 평등원칙이 단지 자의적인 차별을 금하는 상대적 평등이라면, 보통선거원칙은 가능하면 모든 국민에게 선거권과 피선거권을 부여할 것을 요구하는 '엄격하고도 형식적인 평등'이라는 점에서,[43] 일반적인 평등원칙과 차이가 있다.[44] 선거참여에 있어서의 형식적 평등은 이에 대한 모든 예외를 금지하는 것은 아니다. 그러나 보통선거원칙에 대한 예외는 부득이한 경우에 한하여, 즉 '이를 정당화할 수 있는 특별한 필연적인 사유가 있는 경우'에 한하여 헌법적으로 허용될 수 있다. 보통선거원칙의 위반여부가 문제되는 경우로는, 가령 在外國民에게 선거권을 인정하지 않는 경우,[45] 수형자의 선거권을 박탈하는 경우,[46] 일정 연령에 도달해야만 선거를 할 수 있도

41) 피선거권의 제한이 민주주의 실현에 미치는 부정적인 효과에 관하여, 헌재 1999. 5. 27. 98헌마214(지자체장 입후보제한), 판례집 11-1, 675, 676.

42) 헌재 1999. 5. 27. 98헌마214(지자체장 입후보제한), 판례집 11-1, 675.

43) Vgl. BVerfGE 28, 220, 225; 36, 139, 141.

44) 헌재 1997. 6. 26. 96헌마89(선거연령), 판례집 9-1, 674, 685; 헌재 2009. 10. 29. 2007헌마1462(제2차 수형자의 선거권제한), 판례집 21-2하, 327, 340, "민주주의 국가에서 국민주권과 대의제 민주주의의 실현수단으로서 선거권이 갖는 이 같은 중요성으로 인해 한편으로 입법자는 선거권을 최대한 보장하는 방향으로 입법을 하여야 하며, 또 다른 한편에서 선거권을 제한하는 법률의 합헌성을 심사하는 경우에는 그 심사의 강도도 엄격하여야 하는 것이다."

45) 헌재 1999. 1. 28. 97헌마253등 결정(제1차 재외국민의 선거권), 판례집 11-1, 54, 55; 헌재 2007. 6. 28. 2004헌마644등(제2차 재외국민의 선거권), 판례집 19-1, 859, 860.

46) 헌재 2004. 3. 25. 2002헌마411(수형자의 선거권박탈), 판례집 16-1, 468, 469; 헌재 2009. 10. 29. 2007헌마1462(제2차 수형자의 선거권박탈), 판례집 21-2하, 327, 328.

록 선거연령을 제한하는 경우,[47] 지방자치단체장이 임기 중 공직선거에 입후보하는 것을 법적으로 금지하는 경우[48] 등을 예로 들 수 있다.

나. 평등선거원칙의 헌법적 요청

(1) 의미와 기능

평등선거는 모든 국민을 동등하게 정치적 결정과정에 참여시키고자 하는 원칙이다. 국민 누구나 자신의 선거권과 피선거권을 가능하면 동등한 방법으로 행사할 수 있어야 한다.[49] 보통선거원칙이 선거권과 피선거권을 포괄하는 것과 마찬가지로, 평등선거원칙도 '유권자로서의 평등'과 '후보자로서의 평등'을 요청한다. 후보자도 선거에서의 기회균등을 주장할 수 있다는 것은 선거권과 피선거권을 모두 포괄하는 선거의 이중적 성격으로부터 직접 나오는 것이다.[50] 따라서 평등선거원칙이란, 일차적으로 모든 국민은 선거를 통한 대표자선출과정에서 동등한 영향력을 행사할 수 있어야 한다는 원칙(투표가치의 평등)이고,[51] 나아가 선거에 참여하는 후보자와 정당은 선거에서 균등한 기회를 가져야 한다는 원칙(선거에서의 기회균등)이다.[52] 따라서 평등선거원칙의 위반을 주장할 수 있는 권리의 주체는 유권자, 후보자 및 정당이다.[53] 평등선거는 차등선거 또는 불평등선거에 대응하는 개념이다.

(가) 투표가치의 평등

투표가치의 평등은 다음과 같은 이중적인 의미의 평등을 요청한다. 모든 유권자는 같은 수의 투표권을 가지고(표면가치 또는 산술적 계산가치의 평등), 그 투표권은 대표자 선출의 기여도에 있어서 동일한 비중(성과가치의 평등)을 가져야 한다.[54] 가령, 다수대표제의 선거제도에서 1선거구에서 1인의 의원을 선출하는 경우 한 선거구의 인구가 만 명이고 다른 선거구의 인구가 오천 명이라면 모든 유권자가 동수의 투표권을 가진다는

---

47) 헌재 1997. 6. 26. 96헌마89(선거연령), 판례집 9-1, 674; 헌재 2001. 6. 28. 2000헌마111; 헌재 2003. 11. 27. 2002헌마787.

48) 헌재 1999. 5. 27. 98헌마214(지자체장 입후보금지), 판례집 11-1, 675, 707.

49) Vgl. BVerfGE 34, 81, 98f.

50) Vgl. BVerfGE 11, 266, 272; 34, 81, 94, 98.

51) Vgl. H. H. Trute, in: v. Münch/Kunig, Grundgesetz Kommentar, Bd.II, 2001, Art.38 Rn.52.

52) Vgl. Pauly, Das Wahlrecht in der Rechtsprechung des Bundesverfassungsgerichts, AöR 123(1998), S.246ff.; Meyer, Wahlgrundsätze und Wahlverfahren, in: HbStR, Bd.II, 1987, §38 Rn.25; H. H. Trute, in: v. Münch/Kunig, Grundgesetz Kommentar, Bd.II, 2001, Art.38 Rn.56; Kunig, Fragen zu den Wahlrechtsgrundsätzen, Jura 1994, S.557; 허영, 한국헌법론, 2010, 771면; 권영성, 헌법학, 2010, 204면; 계희열, 헌법학(상), 2004, 309면.

53) Vgl. Frowein, Die Rechtsprechung des Bundesverfassungsgerichts zum Wahlrecht, AöR 99(1974), S.82f.; M. Morlok, in: Dreier(Hg), Grundgesetz Kommentar, Bd.II, 2006, Art.38, Rn.59.

54) 헌재 2001. 7. 19. 2000헌마91(1인1표제), 판례집 13-2, 77, 97, "평등선거의 원칙은 평등의 원칙이 선거제도에 적용된 것으로서 투표의 수적인 평등을 의미할 뿐만 아니라 투표의 성과가치의 평등, 즉 1표의 투표가치가 대표자선정이라는 선거의 결과에 대하여 기여한 정도에 있어서도 평등하여야 함을 의미한다."

점에서는 표면가치는 평등하나, 투표권이 대표자의 선출에 기여하는 비중에 있어서는 평등하지 않다.

(나) 정당 및 후보자의 기회균등

평등선거원칙은 선거 그 자체에 대해서뿐만 아니라 선거준비단계, 입후보의 가능성, 선거운동(예컨대 선거운동을 위한 방송시간의 할당), 선거의 절차, 정당에 대한 국고의 재정지원, 선거운동비용의 보상 등 선거와 연관된 모든 과정에 대해서도 평등원칙이 준수될 것을 요청한다.[55] 따라서 평등선거에서 중요시되어야 하는 또 다른 내용은 선거에 참여하는 정당과 후보자에게 선거에서 균등한 기회가 보장되어야 한다는 점이다.[56] 정당과 후보자가 균등한 기회를 가지고 선거에 참여하는 것은 정당 및 후보자간의 자유경쟁이 이루어지기 위하여 불가결한 것이며, 선거에서 이러한 자유경쟁이 보장되는 경우에만 국민의 자유로운 의사형성이 가능하고, 이로써 국민의 정치적 의사를 제대로 반영하는 선거가 이루어질 수 있다. 따라서 선거에서 모든 정당과 후보자에게 균등한 기회를 보장하는 것은 국민의 자유로운 의사형성의 실현을 위한 조건이자 선거가 그 기능을 이행하기 위한 조건인 것이다.

평등선거를 실현하기 위한 기회균등의 요청은 선거절차에서 국가의 공권력이 엄격한 중립을 유지할 때에만 실현될 수 있기 때문에 국가의 중립의무를 당연한 전제로 한다.[57] 따라서 선거에서의 기회균등의 원칙은 국가기관에 대하여 정당과 후보자간의 경쟁에서 중립적으로 행동할 것을 요청한다.[58] 선거에서 정당·후보자간의 기회균등을 왜곡할 수 있는 모든 차별취급은 원칙적으로 국가기관에게 허용되지 않는다. 헌법은 제116조 제1항에서 '선거에서의 기회균등'을 명시적으로 언급하고 있다.

(2) 위반여부가 문제되는 경우

평등선거원칙은 보통선거원칙과 마찬가지로 일반적 평등원칙이 선거의 영역에서 구체화된 표현이나, 단순히 자의금지원칙에 그치지 아니하고 선거권의 형식적 평등과 선거에 참여하는 정당과 후보자의 엄격한 기회균등을 요청한다. 평등원칙의 엄격성으로 말미암아,[59] 이에 대한 예외는 특별한 정당성을 필요로 한다. 따라서 평등선거원칙에 대한 예외는 단지 특별한 불가피한 사유가 있는 경우에 한하여 허용된다.

평등선거원칙의 위반여부가 문제되는 경우로는, 가령 선거인수에 있어서 선거구간의 편차가 너무 벌어지도록 선거구를 분할하는 경우,[60] 공무원이 공직선거에 입후보하는

55) 평등선거원칙의 적용범위에 관하여 vgl. Meyer, Wahlgrundsätze und Wahlverfahren, in: HbStR, Bd.II, 1987, §38 Rn.25.
56) Vgl. BVerfGE 14, 121, 132; 47, 198, 225.
57) Vgl. Grimm, Politische Parteien, in: HbVerfR. 2. Aufl. 1994, §14 Rn.42.
58) Vgl. BVerfGE 14, 121, 134.
59) Vgl. BVerfGE 4, 375, 382; 13, 243, 246; 28, 220, 225.

경우 선거일 전 일정 기간까지 그 직을 그만두도록 규정하는 사퇴의무조항 등을 통하여 공직선거에 입후보하는 것을 제한하는 경우,[61] 유권자가 정당이 제시하는 후보자명부에 대하여 투표하고 정당의 득표수에 따라 각 정당에게 의석을 배분하는 비례대표제에서, 일정한 비율 이상을 득표한 정당에 대해서만 의석을 배분하는 저지조항(봉쇄조항)을 도입하는 경우,[62] 재력이 없는 사람이 입후보하는 것을 곤란하게 함으로써 입후보의 가능성에 있어서 불평등의 문제를 야기하는 기탁금제도 및 일정한 수준의 득표를 하지 못한 후보자의 기탁금을 국고에 귀속시키는 제도를 도입하는 경우,[63] 국가가 정당이나 후보자에게 공공시설이나 선거방송시간 등 급부를 차등적으로 제공하는 경우,[64] 국가기관이 국정홍보활동을 통하여 특정 정당이나 후보자에게 유리하게 또는 불리하게 선거운동에 영향을 미치는 경우[65] 등을 예로 들 수 있다.

다. 보통선거원칙과 평등선거원칙의 차이

오늘날 대부분의 헌법이 선거의 평등을 포괄적으로 요청하는 평등선거원칙을 명시적으로 수용함에 따라 보통선거원칙은 사실상 그 보장내용에 있어서 존재의미를 크게 상실하였다. 따라서 보통선거원칙이 포괄적인 평등선거원칙과의 관계에서 독자적인 보장내용을 가지기 위해서는, 보통선거원칙의 적용범위는 선거권과 피선거권이 박탈되는 경우에 국한되어야 한다. 헌법이 평등선거를 명시적으로 수용한 경우, 보통선거는 다시 원래의 기능, 즉 선거 및 선출의 자격에 있어서의 차별을 금지하는 기능으로 축소된다.[66] 보통선거원칙이 이러한 영역을 넘어서 선거에서의 평등을 전반적으로 실현하고자 하는 원칙으로 이해된다면, 평등선거원칙의 요청과 뒤섞여 포괄적인 평등선거원칙에 흡수됨으로써 독자적인 기능을 상실할 것이다.

이러한 관점에서, 보통선거원칙과 평등선거원칙은 모두 정치적 영향력행사에 있어서의 평등을 요청하나, 그 차이점은 다음과 같다. 보통선거원칙은 원칙적으로 누구나 선거권과 피선거권을 가져야 한다는 관점에서 '선거권이나 피선거권을 가지고 있는지'의 문제이기 때문에 선거권이나 피선거권이 박탈당한 경우에 문제되는 반면, 평등선거원칙은 국민에게 선거권이나 피선거권은 인정되지만 투표가치가 타인에 비하여 적게 평가되

60) 헌재 1995. 12. 27. 95헌마224등; 헌재 2001. 10. 25. 2000헌마92등(선거구 인구편차).
61) 헌재 1995. 3. 23. 95헌마53; 헌재 2008. 10. 30. 2006헌마547; 헌재 2003. 9. 25. 2003헌마106.
62) 헌재 2001. 7. 19. 2000헌마91(1인1표제), 판례집 13-2, 77, 98, "일반적으로 저지조항에 관하여는 비례대표의석배분에서 정당을 차별하고, 저지선을 넘지 못한 정당에 대한 투표의 성과가치를 차별하게 되므로 평등선거의 원칙에 대한 위반여부가 문제된다."
63) 헌재 1989. 9. 8. 88헌가6; 헌재 2001. 7. 19. 2000헌마91; 헌재 2004. 3. 25. 2002헌마383.
64) 헌재 2011. 5. 26. 2010헌마451(선거방송토론회), 판례집 23-1하, 237.
65) 선거에서의 국가의 중립의무와 홍보물발행에 관하여, 헌재 1999. 5. 27. 98헌마214(선거일 前 지방자치단체의 홍보물발행금지), 판례집 11-1, 675, 677.
66) Vgl. H. H. Trute, in: v. Münch/Kunig, Grundgesetz Kommentar, Bd.II, 2001, Art.38 Rn.19; Kunig, Fragen zu den Wahlrechtsgrundsätzen, Jura 1994, S.557.

는 경우나 선거에서의 기회균등이 저해되는 경우에 문제된다.

예컨대, '기탁금제도'는 재력이 없는 사람이 국회에 진출할 수 있는 길을 봉쇄하는 효과를 가짐으로써 '누구나 원칙적으로 제한 없이 선거에 입후보할 수 있어야 한다'는 요청인 보통선거원칙과 충돌한다고 볼 수도 있다. 그러나 '기탁금제도' 및 이의 실효성 확보를 위하여 부수적으로 연계된 제도인 '기탁금의 국고귀속제도'는 엄밀한 의미에서 보통선거원칙이 아니라 평등선거원칙(입후보에 있어서 후보자의 기회균등)의 관점에서 판단되어야 할 문제이다.[67] 기탁금제도에 있어서 문제되는 것은 피선거권 박탈의 문제가 아니라, 피선거권은 인정되나 입후보의 가능성에 있어서 발생하는 사실상의 불평등의 문제이기 때문이다. 기탁금제도는 재력이 없는 사람이 입후보하는 것을 곤란하게 함으로써 입후보의 가능성에 있어서 불평등의 문제를 야기한다. 따라서 지나치게 과도한 기탁금이나 기탁금반환의 기준은 평등선거원칙에 위반된다.

3. 대상결정의 문제점

가. 심판대상조항의 내용

심판대상조항(공직선거법 제82조의2 제4항)은 지역구국회의원선거에서 선거방송토론위원회가 주관하는 선거방송 중에서 유권자의 관심을 가장 크게 받고 있고, 이러한 이유에서 유권자의 정치적 의사형성에 가장 큰 영향을 미칠 수 있는 '주된' 대담·토론회에 참가할 수 있는 자격을 규율하고 있다. 모든 후보자를 참가범위의 제한 없이 한꺼번에 토론회에 초청하는 경우에는 실질적인 토론이 불가능하고 후보자간의 자질과 능력의 비교가 불가능할 수 있기 때문에, 심판대상조항은 '국회에 5인 이상의 소속의원을 가진 정당 또는 직전 선거에서 3% 이상을 득표한 정당이 추천한 후보자(제3호 가목), 최근 4년 이내 선거에서 10% 이상을 득표하였거나(제3호 나목) 여론조사결과 5% 이상의 지지율을 보여주는 후보자(제3호 다목)'로 그 초청대상을 한정하고 있다.

이로써 심판대상조항은 선거방송 대담·토론회에 참가할 수 있는 자격을 일정한 요건을 충족시킨 후보자로 한정하여 선거방송을 통한 선거운동의 기회를 차별적으로 제공함으로써 비초청대상후보자를 초청대상후보자에 비하여 불리하게 차별하고 있다. 심판대상조항은 주요정당의 후보자와 그 외의 군소정당의 후보자를 차별함으로써 '정당간의 차별'을 초래하고, 뿐만 아니라 정당추천과 관계없이 국민의 지지도(지난 선거에서의 결과나 여론조사의 결과)에 따라 차별함으로써 '후보자간의 차별'을 초래한다. 물론, 공직선거법은 비초청대상후보자에 대해서는 대신 합동방송연설회를 개최하거나 또는 이들만을

---

67) 한편, 헌법재판소는 국회의원선거법에서 과다한 기탁금을 규정하여 입후보의 기회를 제한함으로서 재력 없는 사람이 국회에 진출할 수 있는 길을 봉쇄하는 것은 보통·평등선거원칙에 위배된다고 판시하였다(헌재 1989. 9. 8. 88헌가6).

대상으로 별도로 토론회를 개최할 수 있도록 규정하고 있으나, 비초청대상후보자에게 별도로 제공되는 이러한 유형의 선거방송으로부터 기대되는 선거운동효과는 국민적 관심이 집중된 주된 토론회와 비교할 때 상대적으로 작다고 할 것이다. 따라서 심판대상조항은, 공영방송사에 의한 선거운동 기회의 차별적 제공이 선거운동의 기회균등원칙에 위반하는지의 평등위반의 문제를 제기한다.

나. 평등선거원칙이 아니라 일반적 평등원칙을 적용한 것

공영방송사가 선거방송의 기회를 후보자에게 차별적으로 제공하는 경우 이를 헌법적으로 판단하기 위한 출발점은, 선거운동은 선거준비의 일환으로서 선거운동에서의 기회균등의 문제는 평등선거원칙의 적용범위에 속한다고 하는 것이다. 위에서 상술한 바와 같이, 평등선거원칙은 보통선거원칙과 마찬가지로 선거와 피선거의 양면을 모두 포괄하는 원칙으로서 유권자의 입장에서 '투표가치의 평등'뿐만 아니라, 정당과 후보자의 입장에서 '선거에서의 기회균등'을 요청한다. 헌법은 제116조 제1항에서 '선거운동에서의 균등한 기회의 보장'을 언급함으로써 평등선거원칙의 이러한 측면을 다시 한 번 강조하고 있다. 헌법 제41조 제1항 및 제67조 제1항에 규정된 보통·평등선거원칙은 선거의 영역에서 일반적 평등원칙이 구체화된 형태로서 헌법 제11조 제1항의 일반적 평등원칙에 대한 특별규정이다. 따라서 선거에서의 기회균등이 문제되는 경우에는 일반적 평등원칙의 적용을 배제하는 '특별평등조항'인 평등선거원칙이 적용되어야 한다.

그러나 헌법재판소는 선거에서의 기회균등 위반여부를 다투는 사건을 평등선거원칙이 아니라 일반적 평등원칙에 위반되는지의 관점에서 판단하는 오류를 범하였다. 헌법재판소가 위와 같은 잘못을 범한 것은, 첫째, 선거운동에서의 기회균등이 평등선거원칙의 한 측면으로서, 선거에서의 기회균등의 문제가 곧 평등선거원칙의 문제라는 것을 인식하지 못하고 있는 것에 기인하는 것이며, 둘째, 일반적 평등원칙과 평등선거원칙은 서로 일반·특별관계에 있다고 하는 '평등원칙과 평등선거원칙간의 관계'를 제대로 인식하지 못한 것에 기인하는 것이다.

다. 평등원칙의 위반여부를 판단하면서 엄격심사가 아니라 완화된 심사를 한 것

(1) 헌법재판소가 위 결정에서 범한 또 다른 잘못은, 평등원칙의 위반여부를 판단하면서 엄격한 비례심사가 아니라 완화된 자의심사를 하였다는 점이다. 일반적 평등원칙과 선거에서의 평등(평등선거원칙)은 그 발생사에 있어서 서로 완전히 다른 기원을 가지고 있기 때문에, 평등선거원칙은 일반적 평등원칙으로부터 분리되어 독자적으로 이해되어야 하고, 이에 따라 평등선거의 제한을 정당화하는 사유도 별도로 평등선거의 관점에서 도출해야 한다.

평등선거원칙은 모든 국민을 정치적 권리에 있어서 기계적이고 형식적으로 평등하게 대우할 것을 요청하는 민주주의의 이념에 그 정신적 기반을 두고 있는 반면, 일반적 평등원칙은 사회의 영역에서 모든 개체와 사실관계의 상이함과 고유성에 그 출발점을 두고 있다. 정치적 영역에서 모든 국민은 그의 구체적 상황이나 개인적 특성과 관계없이 형식적으로 평등하게 취급되어야 하는 반면, 사회적 영역에서 국가는 단지 같은 것은 같게 취급할 것을 요청하는 일반적 평등원칙의 구속을 받으며, 무엇이 같은 것이기 때문에 같게 취급해야 하는지의 판단에 관해서는 원칙적으로 입법자에게 광범위한 형성권이 인정된다. 다만, 헌법에서 스스로 차별을 금지함으로써 평등을 명시적으로 요청하는 경우에만 입법자의 형성권이 축소되어 엄격심사가 정당화될 수 있을 뿐이다. 평등선거원칙은 '정치적 영역에서' 국가에 대한 평등원칙의 준수에 대한 요청인 반면, 일반적 평등원칙은 '사회적 영역에서' 국가에 대한 평등원칙의 준수에 대한 요청이다.

이와 같이, '일반적 평등원칙'과 '평등선거원칙'이 서로 상이한 영역에 그 정신적 기반을 두고 있고 서로 헌법적으로 국가에 대하여 요청하는 바가 다르다면, 이에 상응하여 그 위반여부를 판단하는 기준도 달라야 한다. 평등선거원칙은 그 이념적 기반을 평등민주주의에 두고 있기 때문에 엄격하고 형식적인 평등을 요청한다. 평등선거원칙의 엄격한 형식성으로 인하여 입법자에게는 선거법을 규율함에 있어서 차별을 할 수 있는 매우 제한적인 형성공간만이 인정되며, 차별은 이를 정당화하는 특별한 불가피한 사유를 필요로 한다. 평등선거원칙에 대한 예외를 정당화하는 특별한 불가피한 사유가 존재하는지의 심사는 단순히 차별의 합리성을 판단하는 자의심사가 아니라, '평등선거의 요청'과 '이에 대한 제한을 요청하는 법익'을 최적으로 실현하고자 하는 '실제적 조화의 원칙'이 준수되었는지에 관한 엄격한 심사를 의미한다. 이에 따라, 평등선거원칙에 대한 예외를 요청하는 법익은 형식적 평등을 요청하는 평등선거원칙과 대등한 비중을 가질 정도로 중대해야 하는 것이다.

그러나 헌법재판소는 "선거운동에서의 기회균등 보장은 일반적 평등원칙과 마찬가지로 절대적이고도 획일적인 평등 내지 기회균등을 요구하는 것이 아니라 합리적인 근거가 없는 자의적인 차별 내지 차등만을 금지하는 것으로 이해하여야 한다."고 하여[68] 선거운동에서의 기회균등을 내포하는 평등선거원칙의 요청과 일반적 평등원칙의 요청이 근본적으로 다르다는 것을 간과하고 있다. 헌법재판소가 선거에서의 기회균등의 문제가 특별평등권인 평등선거원칙의 문제라는 것을 전혀 인식하지 못하고, 선거에서의 기회균등의 위반여부를 판단함에 있어서 평등선거원칙의 위반여부를 판단하는 엄격한 기준이 아니라 일반적 평등원칙의 위반여부를 판단하는 기준인 자의금지원칙을 심사기준으로

68) 판례집 23-1하, 237, 246.

적용한 것은 법리적으로 중대한 문제를 안고 있다. 특히 "선거방송의 대담·토론회의 구체적인 운영내용은 각 나라 및 시대의 역사·정치풍토 내지는 정치문화에 따라 달리 형성할 수 있는 것이므로, 선거방송 대담·토론회에 대한 구체적인 형성 및 그에 관한 참가의 요건 등은 원칙적으로 입법정책의 문제로서 입법자의 입법형성의 자유에 속하는 사항이라고 할 것이다. 따라서 선거방송의 대담·토론회의 참가자격에 관한 구체적인 규율은 그것이 명백히 재량권의 한계를 벗어난 입법이 아닌 한 입법형성의 자유를 존중하여야 할 것이다."라는 판시내용은,[69] 선거운동에서의 평등을 요청하는 평등선거원칙은 엄격하고 형식적인 평등을 요청하며 이에 대한 제한은 특별한 정당성을 필요로 한다는 헌법적 인식으로부터 크게 벗어나 있음을 확인할 수 있다.

(2) 설사, 헌법재판소가 선거에서의 기회균등이 평등선거원칙의 문제라는 것을 인식하지 못하였다 하더라도, 차별대우가 헌법적으로 정당화되는지를 판단하는 기준으로서 자의금지원칙에 의한 완화된 심사와 엄격한 심사 중에서 무엇을 선택해야 하는지를 고민한 결과, 완화된 심사를 해야 한다는 결론에 이른 것은 수긍하기 어렵다.

헌법재판소는 "헌법 제116조 제1항에서 선거운동에 관하여 균등한 기회가 보장되어야 한다고 규정하고 있으나, 이를 두고 … 헌법이 특별히 차별을 금지하고 있는 영역으로 볼 수 없고, 헌법 제116조 제1항의 경우 '선거운동은 각급 선거관리위원회의 관리하에 법률이 정하는 범위 안에서 하되, 균등한 기회가 보장되어야 한다'고 규정하여 입법자에게 선거운동에 관한 형성적 권한을 부여하고 있다고 볼 수 있다."고 판시하고 있는데, 적어도 헌법 제116조 제1항의 규정을 근거로 평등위반여부의 판단에 있어서 엄격한 비례심사를 해야 한다는 결론에 이르지 않은 것은 납득하기 어렵다. 헌법 제116조 제1항은 '선거운동에서 균등한 기회의 보장'을 특별히 요청함으로써 입법자에게 명시적으로 선거운동과 관련하여 차별을 금지하고 평등취급을 명령하고 있으므로, 위 헌법조항은 일반적 평등원칙에 대한 특별조항으로서 입법자의 형성권을 제한하고 있는 규정으로 이해해야 하기 때문이다.

V. 공영방송사에 의한 선거방송기회의 차등적 제공의 헌법적 문제

1. 국가에 의한 급부제공의 경우 선거에서의 기회균등원칙과 국가의 중립의무

위에서 확인한 바와 같이, 평등선거원칙은 선거의 준비단계에도 적용된다. 평등선거의 요청은 선거의 준비단계, 특히 선거운동의 단계에서는 무엇보다도 '정당과 후보자의 기회균등원칙'으로 구체화된다. 이로써 평등선거는 정당간의 경쟁관계에서 매우 중요한

---

69) 판례집 23-1하, 237, 247.

역할을 한다. 국가가 정당에게 공공시설의 이용이나 선거방송시간 등 급부를 제공하는 경우, 모든 정당을 평등하게 취급해야 한다는 구속을 받는다. 평등선거원칙은 유권자의 지지를 얻고자 하는 선거운동에서 모든 정당에게 동등한 기회가 보장될 것을 요청한다. 국가는 정당에게 급부를 제공함에 있어서 정당간의 기회균등원칙을 준수해야 한다. 선거운동에서의 기회균등원칙은 단지 특별한 불가피한 사유에 의해서만 예외가 허용되는 '엄격하고도 형식적인 평등원칙'을 의미한다.[70] 선거에서 정당간의 기회균등원칙은 국가에 대하여 정당간의 경쟁에 간섭하거나 개입해서는 안 된다는 중립성을 요청한다. 국가가 정당간의 경쟁에 대하여 중립의무를 진다면, 경쟁을 왜곡하는 효과를 가진 모든 급부의 제공은 금지된다.

정당간의 기회균등원칙과 관련되어 현실적으로 제기되는 중요한 문제는, 정당이 헌법상 부여받은 기능을 이행하기 위하여 국가의 급부에 의존하고 있고 국가가 급부를 제공함에 있어서 정당에게 제한된 자원을 배분하는 경우, 정당의 의미와 중요성을 감안하여 차등적으로 대우할 수 있는지의 문제이다. 이러한 점에서 공영방송이 선거운동을 위한 방송시간을 정당이나 입후보자에게 차등적으로 할당하는 경우, 평등선거원칙에 대한 위반여부가 문제된다. 또한, 국가가 정당에게 차등적으로 국고보조금을 지급하거나 또는 선거운동을 위한 현수막이나 벽보를 정당에게 차등적으로 허용하는 경우에도 동일한 문제가 제기된다.[71] 여기서, 국가는 '자신의 중립의무를 어떻게 이해해야 할 것인지'에 관한 어려운 문제에 부딪히게 된다. 정당 사이에 존재하는 사실상의 차이에 비추어, 모든 정당에 대한 엄격한 형식적인 평등대우가 어느 정도로 경쟁에서의 국가의 중립성을 보장할 수 있는지의 문제가 제기되는 것이다. 모든 정당을 형식적으로 평등하게 취급하는 것이 국가의 중립성을 보장하는 것인지 아니면 국민의 정당선호에 의하여 형성된 정당간의 사실상의 차이를 감안할 때, 이러한 도식적 평등이 오히려 정당간의 경쟁을 왜곡시키는 것인지의 의문이 제기된다.[72]

국가가 어떠한 방법으로도 경쟁에 대하여 완전히 중립적으로 문제를 해결할 수 없다는 점에서, 아예 처음부터 공영방송사에 의한 선거방송시간을 제공하지 않는 것만이 국가에 대한 중립의 요청을 완벽하게 충족시킬 수 있을 것이다. 선거가 정당에 의한 선거운동 없이 실시될 수 없다고 하더라도, 이러한 헌법적 상황으로부터 선거방송시간을 제공해야 할 공영방송사의 헌법적 의무나 이에 대응하는 정당의 주관적 권리는 도출될 수 없다.[73] 그러나 선거방송시간은 유권자에게 정당과 후보자에 관한 정보를 제공함으

---

70) Vgl. Frotscher, Die parteienstaatliche Demokratie-Kennzeichen und Zukunftsperspektiven, DVBl 1985, S.924; Maurer, Die Rechtsstellung der politischen Parteien, JuS 1991, S.886f.

71) Vgl. Grimm, Politische Parteien, in: HbVerfR. 2. Aufl. 1994, §14 Rn.45f.; Frowein, Die Rechtsprechung des Bundesverfassungsgerichts zum Wahlrecht, AöR 99(1974), S.100.

72) Vgl. Grimm, Politische Parteien, in: HbVerfR. 2. Aufl. 1994, §14 Rn.45.

로써 정치적 과정의 개방성과 정당간의 경쟁을 촉진하는 데 크게 기여할 것이며, 특히 재정적으로 취약한 군소정당이나 신생정당에게는 자신을 유권자에게 알릴 수 있는 거의 유일한 가능성에 해당한다.

2. 독일 연방헌법재판소의 관련 판례

선거에서의 기회균등원칙이 문제되는 대표적인 경우가 바로 공영방송사에 의한 선거방송시간의 할당 문제이다. 여기서 선거에 참여하는 정당에게 선거방송시간을 배분함에 있어서 정당을 그의 의미와 중요성에 따라 차별해도 되는지, 차별할 수 있다면 어떠한 방법으로 어느 정도로 차별할 수 있는지의 문제가 제기된다. 독일 연방헌법재판소는 이와 관련하여 이미 여러 차례에 걸쳐 판단한 바 있는데, 관련결정에서 드러난 판시내용은 우리에게도 많은 것을 시사하고 있으므로, 아래에서는 그 요지를 간략하게 소개하기로 한다.[74)]

가. 공영방송사가 의회에 진출한 정당에게만 선거방송시간을 제공하는 것의 위헌여부가 문제된 사건을 다룬 최초의 결정에서, 제2재판부는 '선거방송시간이 제공되어야 하는지 여부'와 관련하여 정당을 차별하는 것은 허용되지 않지만, 모든 정당을 동일한 정도로 고려해야 할 것이 요청되는 것은 아니라고 하면서, 정당의 의미에 따라 차별을 할 수는 있지만 신생정당에게도 적정한 방송시간이 할당되어야 하며, 정당의 의미를 판단함에 있어서 무엇보다도 정당이 의회에 진출한 정도를 고려할 수 있다고 비교적 간결하게 판시하였다.[75)]

나. 1962년 노르트라인 베스트팔렌(Nordrhein-Westfalen) 州의회선거를 앞두고 제3당인 자민당(FDP)이 양대 정당인 기민당(CDU), 사민당(SPD)과 동일한 방송시간의 배분을 요구하면서[76)] '공영방송사가 지난 의회선거에서의 성과에 연계하여 선거방송시간을 배분하는 것은 국가의 적극적인 조치를 통하여 거대정당의 경쟁기회를 유리하게 하는 것으로 민주주의원칙에 대한 중대한 위반이다'라는 주장으로 제기한 헌법소원사건에서, 제2재판부는 선거방송시간의 배분에 관하여 보다 근본적인 입장을 밝혔는데, 그 요지는 다음과 같다.[77)]

---

73) Vgl. BVerfGE 47, 198, 237(Wahlwerbung), 연방헌법재판소는 위 결정에서 정당은 선거운동을 목적으로 선거방송의 제공을 요구할 헌법적 권리를 가지지 않는다고 판시하였다.

74) 독일 연방헌법재판소의 관련 판례에 대한 소개로는 vgl. Frowein, Die Rechtsprechung des Bundesverfassungsgerichts zum Wahlrecht, AöR 99(1974), S.98ff.; Meyer, Wahlgrundsätze und Wahlverfahren, in: HbStR, Bd.II, 1987, §38 Rn.40ff.

75) BVerfGE 7, 99, 107f.

76) 라디오방송시간은 위 3 정당 사이에서 기민당(CDU) 41%, 사민당(SPD) 36%, 자민당(FDP) 23%의 비율로 배분되었고, TV방송시간은 위 3 정당 사이에서 기민당(CDU) 45%, 사민당(SPD) 38%, 자민당(FDP) 17%의 비율로 배분되었으며, 모든 정당에게 제공된 전체 방송시간 중에서 15%는 그 외의 군소정당에게 배분되었다.

"공영방송사는 정당간의 경쟁에 대하여 중립적으로 행동해야 할 의무를 진다. 그러나 선거방송시간을 절대적으로 동일하게 배분하는 것만이 국가의 중립의무에 부합하는 것은 아니다. 기회균등의 원칙은 정당의 상이한 규모, 능력 및 정치적 방향으로부터 나오는 차이를 공권력의 간섭을 통하여 상쇄할 것을 요청하지 않는다. 다수의 신생정당의 형성과 이로 인한 군소정당의 난립은 의회와 정부의 기능을 저해한다. 선거의 목적은 행위능력이 있는 국가기관의 창출에 있으며, 이러한 선거의 목적은, 후보자추천을 위한 유권자 정족수나 저지조항의 경우와 마찬가지로, 형식적인 평등으로부터 벗어나는 것을 허용하는 중대한 사유로 간주된다. 선거방송시간의 차별적 제공을 통해서도 정당의 상이한 중요성을 유권자에게 인식시킴으로써 이러한 선거의 목적이 고려될 수 있다. 물론, 선거방송시간의 배분에 있어서 '지난 선거의 결과'에 도식적으로 연계시키는 것은 현재 상태의 고착화를 조장할 것이고, 경쟁에서의 우위를 부여함으로써 기회균등의 원칙과 부합할 수 없는 결과에 이를 것이다. 그러므로 정당의 의미를 밝히기 위하여 다른 요소도 함께 고려해야 할 것이다. 이에 속하는 것으로 예컨대 정당 존속의 기간 및 지속성, 정당의 당원수, 조직의 규모, 의회 진출여부 등이다. 차별의 정도는 선거에 참여하는 모든 정당의 자유경쟁을 진지하게 위협하는 수준이어서는 안 된다." 연방헌법재판소는 이러한 판시내용에 기초하여 선거방송시간의 배분이 명백하게 헌법에 부합하는 것으로 판단하였다.

다. 연방헌법재판소는 후속결정인 BVerfGE 47, 198, 225 (Wahlwerbung) 결정에서도 "차별대우가 특별한 필연적 사유에 의하여 정당화되지 않는 이상, 선거에서의 기회균등원칙은 공권력에게 정당에 대한 모든 차별대우를 금지한다."고 전제한 다음, "군소정당이나 신생정당에게 적정한 선거방송시간이 부여되는 한, 정당의 의미에 따라 각 정당에게 상이하게 선거방송시간을 제공하는 것은 헌법적으로 허용된다."고 하여 위 기본결정의 판시내용과 근본적으로 동일한 판시를 하고 있다.

3. 기회균등원칙에 대치하는 반대법익으로서 '대담 · 토론회 기능의 활성화'?

헌법재판소는 "이 사건 법률조항은 대담 · 토론회의 기능의 활성화를 위하여 적당한 수의 후보자만을 초청하여야 한다는 요청과 선거운동에서의 기회의 균등보장이라는 서로 대립하는 이익을 적절히 비교 형량한 합리적인 것"이라고 하여, '선거에서의 기회균등의 요청'에 대치하는 법익, 즉 기회균등원칙에 대한 예외를 정당화하는 법익으로서 '대담 · 토론회의 기능의 활성화'를 언급하고 있다. 그러나 '토론회 기능의 확보'라는 법익은 단지 토론회 참가범위의 제한만을 요청하는 법익이다. 토론회 참가자가 적정한 수

---

77) BVerfGE 14, 121, 133ff.

로 제한되어야만 참가자 사이의 실질적 토론과 후보자간의 비교가 가능하기 때문에, '토론회 기능의 확보'란 정당한 법익은 토론회 참가범위를 제한할 것을 요청하고, 참가자의 제한은 곧 초청대상 후보자와 비초청대상 후보자간의 차별을 의미한다. 따라서 '토론회 기능의 확보'란 법익은 단지 참가범위의 제한을 통한 차별만을 요청할 뿐이지, 심판대상조상에서 정하는 기준에 따른 차별을 요청하는 것은 아니다.

이 사건에서 문제되는 것은, 국가가 정당과 후보자에게 선거방송시간이라는 급부를 제공하는 경우 '심판대상조항에서 정하고 있는 기준'인 주요 정당의 추천여부 등의 기준에 따라 차별하는 것이 헌법적으로 정당화되는지 여부이다. 유권자에게 입후보자에 관한 정보를 제공하는 선거방송토론회의 기능을 확보하기 위하여 적정한 수의 후보자만을 토론회에 초청하는 것이 불가피하게 요청된다면, 입법자가 헌법적으로 정당화되는 합리적인 기준에 의하여 초청대상후보자와 비초청대상후보자를 차별하고 있는지에 관한 것이다. 이러한 문제는 국가가 한정된 자원을 배분하는 경우에 항상 발생하는 문제로서, 여기서 제기되는 문제는 국가가 한정된 자원을 배분함에 있어서 '차별해도 되는지 여부'가 아니라 차별이 불가피하다면 '어떠한 기준에 따라 차별해도 되는지의 문제'에 관한 것이다. 따라서 심판대상조항에서 정하는 기준에 따른 후보자간의 차별을 정당화하는 사유가 바로 선거에서의 기회균등원칙에 대한 예외를 요청하는 법익인 것이다.

4. 기회균등원칙에 대치하는 반대법익으로서 '군소정당의 난립방지'?

한편, 독일 연방헌법재판소는 위에서 언급한 결정들에서 '다수의 신생정당의 형성은 의회와 정부의 원활한 기능을 저해한다'는 이유로 '군소정당의 난립으로 인한 국정의 불안정'이라는 법익을 가지고 급부제공에 있어서 차등을 정당화하고 있는데, 이러한 논증은 헌법적으로 문제가 있다.[78] '군소정당의 난립으로 인한 국정의 불안정'이라는 법익은, 공직선거의 입후보에 있어서 또는 선거결과에 대하여 형식적 평등에 대한 예외를 허용하고, 군소정당의 의회진출을 방지하기 위하여 후보자추천을 위한 정족수나 봉쇄(저지)조항 등의 도입을 정당화하는 중요한 사유일 수 있다. 그러나 '국정의 안정'은 그 이전의 단계인 선거운동의 단계에서 정당설립이나 정당활동의 자유를 제한하는 논거로서는 정당화되지 않는다. '군소정당의 난립방지'란 법익을 가지고 정당설립·활동의 자유를 제한하는 것은, 헌법이 정당설립의 자유와 복수정당제의 보장을 통하여 정당간의 경쟁과 정치적 다양성 및 정치적 과정의 개방성을 의도하고 있다는 것과 부합할 수 없다, 국정의 안정과 국가기관의 기능보장은 이미 봉쇄조항과 후보자추천을 위한 유권자의 수 등의 다른 제도에 의하여 충분히 실현되고 있다. 선거결과나 공직선거에서 입후

78) 이러한 논거로 가령, BVerfGE 14, 121, 135f.

보가능성과 관련하여 형식적 평등원칙은 '군소정당의 방지를 통한 국가기관의 기능보장'이라는 헌법적 요청에 의하여 수정될 수 있으나, 정당설립·활동의 자유 및 선거에서의 기회균등원칙은 위 공익을 이유로 제한될 수 없다.[79]

5. 기회균등원칙에 대치하는 반대법익으로서 '국가의 중립의무'

가. 국가의 중립의무의 내용

정당간의 기회균등원칙은 정당간의 자유로운 경쟁에 대한 영향력행사를 포기하고 정당을 균등하게 취급해야 할 국가의 중립의무를 수반한다.[80] 정당은 유권자의 지지를 얻으려는 경쟁에 있어서 국가에 의하여 차별을 받아서는 안 된다. 이러한 점에서 정당간의 경쟁에 있어서 국가의 중립의무는 형식적 기회균등원칙에 대한 예외를 정당화하는 법익으로 고려된다.

오늘날의 정당제 민주주의는 서로 상이한 견해와 이익을 추구하고자 하는 정당간의 경쟁과 정당에 대한 국민의 자유로운 선택에 의하여 실현된다. 정당간의 경쟁은 추구하고자 하는 기본정책 등의 차이로 인하여 당원의 수, 유권자의 지지, 재정능력에 있어서 정당간의 사실상의 차이로 나타난다. 정당간의 이러한 불평등은 자유롭고 개방적인 정치적 과정의 당연한 산물이다. 사회의 정치적 과정은 국민의 지지에 따른 상이한 세력관계를 형성하고, 국가는 이러한 정당간의 경쟁의 결과에 대하여 중립의무를 진다. 국가는 국민의 지지를 얻고자 하는 정당간의 경쟁을 통하여 형성된 경쟁상황에 특정한 방향으로 영향력을 행사해서는 안 되며, 국민에 의하여 형성된 정당간의 차이를 제거하거나 확대하고자 해서는 안 된다.[81]

'기회균등의 원칙'은 정당간의 상이한 규모와 능력, 정치적 목표설정에 의하여 발생하는 차이를 국가적 간섭을 통하여 조정할 것을 요청하는 것이 아니라, 유권자의 표를 얻고자 하는 자유경쟁에서 모든 정당에게 동등한 기회를 보장할 것을 법질서에 대하여 요청할 뿐이다.[82] 정당간의 기회균등이 헌법적으로 의도하는 바는, '경쟁의 결과'인 정당간의 사실상의 차이를 평준화하고자 하는 것이 아니라, '경쟁조건'에서의 평등을 실현하고자 하는 것이다. 그러므로 가령, 국가는 경쟁의 결과인 사실상의 불평등을 완화하기 위하여 군소정당에 일방적으로 유리한 경쟁상황을 형성해서는 안 된다. 또한, 선거에서 정당간의 기회균등을 왜곡할 수 있는 모든 차별취급은 원칙적으로 국가기관에게

---

79) 같은 취지로 vgl. Frotscher, Die parteienstaatliche Demokratie-Kennzeichen und Zukunftsperspektiven, DVBl 1985, S.924f.; Kunig, Parteien, in: HbStR, Bd.II, 1987, §33 Rn.66; Grimm, Politische Parteien, in: HbVerfR. 2. Aufl. 1994, §14 Rn.46.

80) Vgl. Grimm, Politische Parteien, in: HbVerfR. 2. Aufl. 1994, §14 Rn.42.

81) Vgl. BVerfGE 14, 121, 133f.

82) Vgl. BVerfGE 14, 121, 133f.

허용되지 않는다. 국가기관이 특정 정당이나 후보자에게 유리하게 또는 불리하게 선거운동에 영향을 미치는 경우, 정당의 기회균등의 원칙에 위반된다.[83]

나. 정당간의 기회균등원칙의 이중적 요청

정당간의 기회균등원칙은 원칙적으로 정당의 규모, 정치적 중요성, 정책적 방향과 관계없이 단지 '정당'이라는 요건만을 기준으로 삼아 모든 정당을 평등하게 대우할 것을 요청한다. 한편, 정당간의 기회균등원칙의 내용이 '정당의 평등'과 '정당을 지지하는 국민의 평등'이라는 이중적 평등이라는 관점은, '정당은 다 같은 정당'이라고 하여 모든 정당을 도식적으로 평등하게 취급하는 것에 대하여 이의를 제기한다. 정당의 자유가 '개인'과 '조직된 결사'의 자유로서 이중적 의미의 기본권인 것과 마찬가지로, 정당간의 기회균등의 주체도 '자연인인 국민'과 '정당'이다. 정당간의 기회균등원칙은 '정당'의 기회균등과 '정당을 지지하는 국민'의 기회균등(정치적으로 동등한 영향력행사)이라는 이중적인 기회균등원칙을 의미한다.[84] 일차적으로, '조직'으로서 정당은 다른 정당과의 경쟁에서 기회균등의 권리를 가진다. 뿐만 아니라, 모든 국민은 정치적 의사형성에 영향력을 행사하는 가능성에 있어서, 특히 유권자 또는 당원으로서 '정당에 대한 지지를 통하여' 정치적으로 다른 국민과 경쟁함에 있어서 동등한 기회를 가져야 한다(개인의 정치적 활동의 기회균등).

'정치적 의사형성에 동등하게 참여할 국민의 민주적 권리'는 정당간의 기회균등의 내용을 함께 형성하는 중요한 관점이다. 정당은 사회에 그 존립기반을 둔 국민의 자발적 결사로서, 정치적으로 그리고 재정적으로 국민의 지지와 동의에 의존하고 있다. 정당의 존속여부 및 존재의미, 정치적 성공의 여부는 전적으로 국민의 지지에 달려있다. 정당이 국민의 이익과 견해로부터 유리되어 활동하지 않도록, 즉 정당이 국민과 국가를 잇는 연결매체로서 기능하도록, 국민에 대한 정당의 의존성이 유지되어야 한다. 정당이란 국민의 지지로부터 유리되어 추상적으로 존재하는 권리의 주체가 아니라, 사회 내에서 정치적 경쟁을 통하여 획득한 '국민의 지지'에 그 기반을 두고 있는 권리의 주체이다. 즉, 정당의 기회균등은 그 헌법적 근거를 '정치적 의사형성에 동등하게 참여할 국민의 민주적 권리'에 두고 있고, 이로부터 도출되는 것이다.[85] 따라서 국민의 지지로부터 유

83) 헌법재판소는 선거에서의 국가의 중립의무와 홍보물발행과 관련하여, '선거와 관련하여 국가 및 지방자치단체의 모든 기관은 그의 공적 기능을 이용하여 특정정당이나 특정인을 지지하거나 반대해서는 아니 되며, 특히 선거운동을 통하여 유권자의 결정에 영향을 미쳐서는 아니 된다. 지방자치단체의 기관이 편파적으로 특정정당이나 특정후보에게 유리하게 또는 불리하게 선거운동에 영향력을 행사한다면, 이는 선거에서의 국가의 중립의무와 기회균등의 원칙에 위반되기 때문이다. 따라서 국가기관이 공직선거에 있어서 편파적으로 영향력을 행사하는 것은 홍보활동의 형태로도 허용되지 않는다'고 판시하였다(헌재 1999. 5. 27. 98헌마214).

84) Vgl. Morlok, in: Dreier, Grundgesetz Kommentar, Bd.II, 2006, Art.21 Rn.77f.

85) Vgl. Böckenförde, Demokratie als Verfassungsprinzip, in: HbStR, Bd.II, 2004, §24 Rn.44.

리되고 독립된 '정당의 형식적 평등'이란 존재하지 않으며, 이러한 무조건적인 절대적 평등은 국민의 정치적 평등 및 국가의 중립의무와 부합하지 않는다.

정당간의 기회균등원칙이 '조직'으로서 정당의 평등뿐만 아니라 국민의 정치적 평등, 즉 국민의 정치적 영향력행사의 형식적 평등도 요청하기 때문에, 각 정당에 대한 국민의 지지도에 따라 정당을 차별하는 것을 허용할 뿐만 아니라 나아가 이를 요청하고 있다.[86] 따라서 정당에 대한 국민의 상이한 지지도가 정당의 의미와 중요성에 있어서 차이를 가져온다면, 이러한 차이에 근거한 정당간의 차별은 한편으로는 '정당'의 정치적 평등에 대한 예외에 해당하나, 다른 한편으로는 '국민'의 정치적 평등을 제한하는 것이 아니라 오히려 실현하는 측면이 있다.

다. 국가의 중립의무 실현에 있어서 고려해야 할 관점

모든 정당에 대한 형식적인 평등대우는 군소정당에게 당원과 유권자에 의하여 결정되는 영향력의 정도를 넘는 경쟁의 기회를 부여한다. 국가가 모든 정당을 형식적으로 평등하게 취급하는 것은 군소정당을 지지하는 국민 또는 이에 속한 국민의 정치적 영향력행사를 증가시키는 것이며, 이로써 군소정당의 의미를 국민으로부터 획득한 지지의 정도를 넘어서 확대시키는 것이다. 결국, 도식적 평등은 국가가 정당간의 경쟁상황에 간섭하는 결과를 가져온다. 반면에, 정당간의 사실적인 차이를 고려하는 실질적 평등은 당원과 유권자의 지지에 따른 비례적 배분을 요청한다. 국가가 정당의 중요성이나 의미를 고려하는 실체적인 평등을 기준으로 삼아 이에 비례하여 급부를 배분하는 경우에는 기존 세력관계의 고착화를 초래함으로써 정당간의 경쟁을 약화시키고 궁극적으로 소수가 다수가 될 수 있는 기회를 감소시킨다.

그렇다면, 국가는 이러한 문제를 해결하고 자신의 중립의무를 실현함에 있어서 다음과 같은 2가지 관점을 동시에 고려해야 한다.[87] 첫째, 국가는 정당과 후보자간의 자유경쟁으로 인하여 형성된 사실상의 차이를 도식적·기계적 평등을 통하여 다시 평준화해서는 안 된다. 이러한 요청은, 곧 정당과 후보자에 대한 국민의 상이한 지지도를 고려해야 한다는 것을 의미한다. 이는 정당과 후보자를 지지하는 국민의 정치적 평등(정치적 영향력행사에 있어서의 기회균등)으로부터 나오는 요청이다. 국민의 지지도를 반영하는 기준으로는, 정당의 당원수, 여론조사의 결과, 의회의 진출여부, 재정자급도 등 다양한 관점을 고려해 볼 수 있으나, 무엇보다도 '지난 선거에서의 결과'가 명백히 확인될

86) Vgl. Pauly, Das Wahlrecht in der Rechtsprechung des Bundesverfassungsgerichts, AöR 123(1998), S.273; Morlok, in: Dreier, Grundgesetz Kommentar, Bd.II, 2006, Art.21 Rn.77f.

87) Vgl. Böckenförde, Demokratie als Verfassungsprinzip, in: HbStR, Bd.II, 2004, §24 Rn.44; Frowein, Die Rechtsprechung des Bundesverfassungsgerichts zum Wahlrecht, AöR 99(1974), S.99f.; Morlok, in: Dreier, Grundgesetz Kommentar, Bd.II, 2006, Art.21 Rn.86ff.

수 있고 조작될 수 없다는 점에서 그나마 가장 신뢰할 수 있는 주된 기준으로 고려된다. 둘째 국가는 현재 상태(기존 세력관계)의 고착화를 방지하기 위하여 군소정당이나 인지도가 낮은 후보자(신진정치인)에게도 자신을 유권자에게 알릴 수 있는 적정한 기회를 보장해야 한다. 정당과 후보자를 지지하는 국민의 정치적 평등과 정당간의 사실상의 차이를 너무 강조하는 것은 정당간 경쟁의 개방성을 저해할 위험을 안고 있다. 지난 선거의 결과를 일방적으로 고려한다는 것은, 정치적 세력판도의 변화를 저해하고 기존 의회구도를 고착하는 데 기여하며, 지난 경쟁에서의 승자에게 다음 경쟁에 있어서 유리함을 제공한다는 점에서 공정경쟁을 저해하는 효과가 있다.

결국, 국가는 정당간의 기회균등원칙을 실현함에 있어서 '국민의 정치적 평등' 및 '정당의 기회균등'이라는 양 법익을 함께 고려해야 한다. 국민의 정당선호에 따른 비례적 차등은 지난 선거에서 성공한 정당에 대한 우대효과를 초래하므로, 정당의 평등(기회균등)의 관점에 의하여 다시 제한되어야 한다. 복수정당제에서 정당간의 자유경쟁을 가능하게 하기 위하여 요청되는 '정치적 과정의 개방성'은 정당에 대한 국가의 급부제공에 있어서 정당의 의미와 중요성에 따른 차등화를 약화시킬 것을 요구한다. 입법자는 이와 같은 '적정한 차등'의 요청을 구체화함에 있어서 '국민의 정치적 평등'과 '정당의 평등 또는 정치적 과정의 개방성'이라는 2 가지 법익의 구속을 받으나, 이를 구체적으로 형성함에 있어서 상당한 형성의 자유를 가진다.[88] 입법자가 정당의 기회균등의 요소를 강조할수록, 급부의 배분이 형식적 평등에 접근할 것이고, 개인의 정치적 평등과 정당에 대한 국민의 지지도를 고려할수록, 국민의 지지도에 따른 비례적 평등에 접근할 것이다.[89] 그럼에도, 입법자가 '적정한 차등의 요청'을 구체화함에 있어서 항상 염두에 두어야 하는 것은, 국가가 신생정당・군소정당에게 배분되는 적정한 몫을 상대적으로 유리하게 산정하는 방법을 통해서만 신생정당도 자신을 알릴 수 있는 기회를 가지며, 이로써 현재 상태를 고착화하는 위험은 어느 정도 방지될 수 있다는 점이다.[90] 요컨대, 국가가 정당에게 급부를 제공하는 경우에는 군소정당의 경우에도 기성정당과의 경쟁이 가능하도록 이에 필요한 최소한의 적정한 몫을 배분해야 하고, 이러한 최소한의 수준에

88) 가령, 독일 정당법 제5조는 '차등화된 평등대우'(abgestufte Gleichbehandllung)를 규정하고 있다. 즉, 국가가 급부를 제공하는 경우에는 모든 정당은 동등하게 취급되어야 한다는 원칙을 천명하면서(제1항 제1문), 이러한 원칙을 다음과 같이 수정하고 있다. 즉, 급부의 규모는 정당의 의미에 따라 차등화될 수 있으며(제1항 제2문), 정당의 의미를 판단함에 있어서 특히 지난 선거의 결과를 주된 기준으로 삼아야 하고(제1항 제3문), 원내교섭단체를 구성한 정당에게 제공되는 급부의 규모는 다른 원내교섭단체에 제공되는 급부의 적어도 절반 이상이어야 한다고 하여 다시금 차별의 정도를 제한하고 있다(제1항 제4문).

89) 민주주의에서 정치적 과정의 개방성을 중시하여 차등적 평등보다는 형식적 평등을 강조하는 견해로는 Grimm, Politische Parteien, in: HbVerfR. 2. Aufl. 1994, §14 Rn.46; Kunig, Parteien, in: HbStR, Bd.II, 1987, §33 Rn.69.

90) Vgl. Frowein, Die Rechtsprechung des Bundesverfassungsgerichts zum Wahlrecht, AöR 99(1974), S.100.

미달해서는 안 된다. 이러한 방법만이 현재 상태의 고착화를 방지하기 위한 유일한 반대추의 역할을 하기 때문이다.

6. 대상결정에서 기회균등원칙의 위반여부

헌법재판소는 대상결정에서, 정당추천의 여부 등을 기준으로 선거방송토론회에 초청되는 후보자의 범위를 제한함으로써 초청대상 후보자와 비초청대상 후보자를 차별하는 것이 선거에서의 기회균등원칙에 대한 예외로서 특별한 불가피한 사유에 의하여 정당화되는지 여부를 판단해야 한다.

'선거운동에서의 기회균등원칙'은 공영방송을 통한 선거운동의 가능성으로부터 특정정당을 배제하거나 또는 역으로 특정정당에게만 방송시간을 부여하는 것을 금지한다.[91] 그러나 정당의 비중이나 의미를 고려하여 선거방송의 기회를 어느 정도 차등적으로 할당하는 것은 기회균등의 원칙에 위반되지 않는다.[92] 국가가 공적 급부의 제공에 있어서 정당의 의미와 비중, 특히 각 정당에 대한 유권자의 상이한 지지도를 고려하여 이에 따라 차별하는 것은, 정당간의 자유경쟁에 있어서 준수되어야 하는 '국가의 중립의무'에 비추어 합리적이고 불가피한 것으로 판단된다. 국민의 지지를 얻고자 하는 정당간의 경쟁에서 각 정당이 유권자의 지지도에 있어서 차이를 보인다면, 이러한 차이는 국가에 의하여 존중되어야 하며, 국가는 도식적으로 평등한 급부를 제공함으로써 정당간의 경쟁을 통하여 형성된 사실상의 차이를 다시 평준화하고자 시도해서는 안 된다. 국민의 정치적 결정(정당선호)에 의하여 형성된 정당간의 사실상의 차이를 감안할 때, 모든 정당을 도식적으로 평등하게 취급하는 것은 국가의 중립성을 유지하는 것이 아니라, 정당간의 자유로운 경쟁의 결과인 사실상의 불평등을 인위적으로 평준화하기 위하여 군소정당에 일방적으로 유리한 경쟁상황을 형성하는 것이고, 이로써 오히려 정당간의 경쟁을 왜곡시키는 것이다. 결국, 급부의 배분에 있어서 도식적인 평등취급은 당원과 유권자에 의하여 결정되는 영향력의 정도를 훨씬 넘어서는 경쟁의 기회를 군소정당에게 부여한다. 따라서 유권자의 지지도(선거의 결과) 등 정당의 비중을 고려하여 국가급부의 제공을 어느 정도 적정하게 차등화 하는 것은 헌법적으로 허용될 뿐만 아니라, 국가의 중립의무의 관점에서도 헌법적으로 요청되는 것이다.

이러한 관점에서 보건대, 공영방송사가 선거방송의 기회를 후보자에게 제공함에 있어서 특정 후보자를 선거방송으로부터 완전히 배제하는 것은 평등선거원칙에 부합하지 않지만, 소속정당의 의회진출여부(주요정당의 추천 여부)나 유권자의 지지도(지난 선거에서의 득표율, 여론조사의 결과) 등을 기준으로 하여 선거방송의 유형(가령, 선거방송토론회

91) Vgl. BVerfGE 7, 99, 107; 47, 198, 225.

92) Vgfl. BVerfGE 14, 121, 134; 47, 198, 225; 48, 271, 277.

또는 합동방송연설회)이나 방송시간을 적정하게 차등화 하는 것은 선거에서의 기회균등원칙에 부합하는 것으로 헌법적으로 허용된다. 공직선거법은 '주된' 선거방송토론회에 참가할 수 있는 자격을 국민의 지지도 등을 기준으로 제한하면서, '주된' 토론회의 참가로부터 배제된 후보자에게는 별도의 토론회나 합동방송연설회를 통하여 유권자에게 자신을 알릴 수 있는 기회를 제공하고 있으므로, 급부제공에 있어서 이러한 차등화는 '정당과 후보자의 평등' 및 '정당과 후보자를 지지하는 국민의 평등'을 적정하게 조화시킨 것으로 선거에서 기회균등원칙에 부합하는 것이다.

Ⅵ. 맺는말

1. 헌법재판소는 보통·평등선거원칙이 선거권뿐만 아니라 피선거권을 포괄하는 선거원칙, 나아가 유권자의 권리뿐만 아니라 후보자의 권리까지 포괄하는 '선거에 관한 헌법상의 원칙'임을 인식하지 못하고 있다. 선거원칙은 선거의 헌법적 기능을 확보하고자 하는 것이고, 피선거권과 후보자 권리의 평등을 보장하지 못하는 선거원칙은 선거의 헌법적 기능을 확보할 수 없기 때문이다. 따라서 선거원칙이 유권자의 평등 및 후보자의 평등을 요청한다는 것은 평등민주주의에서 필연적이다. 평등선거원칙은 보통선거원칙과 마찬가지로 선거와 피선거의 양면을 모두 포괄하는 원칙으로서 유권자의 입장에서 '투표가치의 평등'뿐만 아니라, 정당과 후보자의 입장에서 '선거에서의 기회균등'을 요청한다.

평등선거원칙은 일반적 평등원칙이 선거의 영역에서 구체화된 형태로서 일반적 평등원칙에 대한 특별조항이다. 평등원칙이 입법자에게 어느 정도로 차별대우를 허용하는지의 문제는 차별대우가 이루어지는 영역의 성격에 따라 달리 판단되어야 한다. 선거의 영역은 그 역사적 발전에 있어서 '국민 누구나 자신의 정치적 참여권을 가능하면 형식적으로 동등한 방법으로 행사해야 한다'는 평등민주주의에 이념적 기반을 두고 있고, 평등민주주의는 선거의 영역에서 오늘날의 선거원칙인 보통·평등선거원칙으로 구체화되었다. 이로써 평등선거원칙은 일반적 평등원칙과 비교할 때 매우 강력한 형식성('국민이면 누구나')과 엄격성('원칙적으로')에 의하여 특징된다. 그러므로 입법자에게는 단지 제한적인 형성공간만이 부여되며, 선거의 영역에서 차별대우는 항상 이를 정당화하는 '특별한 불가피한 사유'를 필요로 한다. 헌법재판소가 선거에서의 기회균등의 문제가 특별평등조항인 평등선거원칙의 문제라는 것을 전혀 인식하지 못하고, 선거에서의 기회균등의 위반여부를 판단함에 있어서 평등선거원칙의 위반여부를 판단하는 '엄격한 기준'이 아니라 일반적 평등원칙의 위반여부를 판단하는 기준인 '자의금지원칙'을 심사기준으로 적용한 것은 법리적으로 중대한 문제를 안고 있다.

2. 공영방송사에 의한 선거방송기회의 차등적 제공의 헌법적 문제와 관련하여, 헌법재판소는 선거에서의 기회균등원칙에 대한 예외를 정당화하는 법익으로 '토론회 기능의 확보'라는 법익을 언급하고 있으나, 이러한 법익은 단지 참가범위의 제한을 통한 '차별'만을 요청할 뿐이지, '심판대상조항에서 정하는 기준에 따른 차별'을 요청하는 것은 아니다. 심판대상조상에서 정하는 기준에 따른 차별을 정당화하는 사유는 '국가의 중립의무'에서 찾아야 한다.

선거에서의 기회균등원칙은 국가에 대하여 정당과 후보자간의 경쟁에 간섭하거나 개입해서는 안 된다는 중립성을 요청한다. 국가가 정당과 후보자간의 경쟁에 대하여 중립의무를 진다면, 경쟁을 왜곡하는 효과를 가진 모든 급부의 제공은 금지된다. 모든 정당과 후보자를 도식적으로 평등하게 취급하는 것은 국가의 중립성을 유지하는 것이 아니라, 정당과 후보자간의 자유로운 경쟁의 결과인 사실상의 불평등을 인위적으로 평준화하기 위하여 군소정당에 일방적으로 유리한 경쟁상황을 형성하는 것이고, 이로써 오히려 정당과 후보자간의 경쟁을 왜곡시키는 것이다. 따라서 국가가 공적 급부를 제공함에 있어서 정당과 후보자의 의미와 비중을 고려하여 이에 따라 어느 정도 차별하는 것은, '국가의 중립의무'라는 특별한 불가피한 사유에 의하여 정당화되는 것이다.

한편, 국가는 정당과 후보자의 기회균등의 관점에서 기존 세력관계의 고착화를 방지하기 위하여 군소정당이나 인지도가 낮은 후보자(신진정치인)에게도 자신을 유권자에게 알릴 수 있는 적정한 기회를 보장해야 한다. 공직선거법은 '주된' 토론회의 참가로부터 배제된 후보자에게는 별도의 토론회나 합동방송연설회의 기회를 제공하고 있으므로, 급부제공에 있어서 이러한 적정한 차등화는 '정당과 후보자의 평등' 및 '정당과 후보자를 지지하는 국민의 평등'을 적정하게 조화시킨 것으로 선거에서의 기회균등원칙에 부합하는 것이다.

참고문헌

계희열, 헌법학(中), 박영사, 2004

권영성, 헌법학, 법문사, 2010

한수웅, "平等權의 구조와 심사기준", 헌법논총 제9집, 1998

______, 헌법학, 법문사, 2012

허 영, 한국헌법학, 박영사, 2010

Böckenförde, Demokratie als Verfassungsprinzip, in: Isensee/kirchhof(Hg), Handbuch des Staatsrechts (HbStR), Bd.II, 2004, §24

Degenhart, Staatsrecht I, 1995

Erichsen, Die Wahlrechtsgrundsätze des Grundgesetzes, Jura 1983

Frotscher, Die parteienstaatliche Demokratie-Kennzeichen und Zukunftsperspektiven, DVBl 1985

Frowein, Die Rechtsprechung des Bundesverfassungsgerichts zum Wahlrecht, AöR 99(1974)

Grimm, Politische Parteien, in: Benda/Maihofer/Vogel(Hg), Handbuch des Verfassungsrechts der Bundesrepublik Deutschland (HbVerfR), 2. Aufl. 1994, §14

Hesse, Grundzüge des Verfassungsrechts der Bundesrepublik Deutschland, 1984

Ipsen, Staatsrecht I, 2005

Krause, Verfassungsrechtliche Möglichkeiten unmittelbarer Demokratie, in: Isensee/Kirchhof(Hg), Handbuch des Staatsrechts (HbStR), Bd.II, 1987, §39

Kriele, Das demokratische Prinzip im Grundgesetz, VVDStRL 29(1971)

Kunig, Parteien, in: Isensee/kirchhof(Hg), Handbuch des Staatsrechts (HbStR), Bd.II, 1987, §33

______, Fragen zu den Wahlrechtsgrundsätzen, Jura 1994

Maurer, Staatsrecht, 1999

______, Die Rechtsstellung der politischen Parteien, JuS 1991

Meyer, Wahlgrundsätze und Wahlverfahren, in: Isensee/kirchhof(Hg), Handbuch des Staatsrechts (HbStR), Bd.II, 1987, §38

______, Demokratische Wahl und Wahlsystem, Isensee/kirchhof(Hg), Handbuch des Staatsrechts (HbStR), Bd.Ⅲ, 2005, §45

M. Morlok, in: Dreier(Hg), Grundgesetz Kommentar, Bd.2, 2006, Art.38

______, in: Dreier(Hg), Grundgesetz Kommentar, Bd.2, 2006, Art.21

W. Pauly, Das Wahlrecht in der Rechtsprechung des Bundesverfassungsgerichts, AöR 123(1998)

C. Schmitt, Verfassungslehre, 1928, unveränderter Neudruck, 1954
Seifert, Bundeswahlrecht, 1976, Art.38 GG
Stern, Das Staatsrecht der Bundesrepublik Deutschland, Bd.1, 1984, §18
H. H. Trute, in: v. Münch/Kunig(Hg), Grundgesetz Kommentar (GGK), Bd.2, 2001, Art.38
Zippelius/Würtenberger, Deutsches Staatsrecht, 31. Aufl. 2005

제2절 공무담임권

공무담임권의 보장내용*

-공무담임권에 관한 헌법재판소결정의 판례평석을 겸하여-

Ⅰ. 문제의 제기

헌법 제25조는 "모든 국민은 법률이 정하는 바에 의하여 공무담임권을 가진다."고 규정하고 있다. 헌법 제25조의 公務擔任權은 선거직 이외의 공직에 임명될 수 있는 公職就任權뿐만 아니라 각종 공직선거에 입후보하여 당선될 수 있는 被選擧權을 포괄하는 것으로 이해되고 있다.[1] 이로써 '공직취임권'과 '피선거권'이라는 상이한 보장내용을 망라하는 공무담임권은 헌법재판의 실무에서 빈번하게 적용되는 중요한 기본권으로 부상하였다. 그럼에도 공무담임권의 보장내용이 무엇인지에 관해서는 헌법재판소의 판례에서나 학계의 문헌에서나 아직까지 진지하게 논의된 적이 없는 것으로 보인다.

공무담임권은 공직취임권과 관련하여 일반적으로 '공직취임의 기회균등'을 보장하는 기본권으로 이해되어 왔으나, 헌법재판소가 2000년대에 들어와 공무담임권의 보장내용을 공무원신분의 부당한 박탈과 공무원직무의 부당한 정지로부터 공무원을 보호하는 기본권으로 파악함으로써, 공무담임권의 법적 성격과 보장내용이 무엇인지, 공무담임권의 보장내용을 이와 같이 확대하는 것의 헌법적 근거는 무엇인지에 대한 근본적인 의문이 제기되었다. 이 글에서는 무엇보다도 공무담임권과 관련하여 제기되는 다음과 같은 근

* 위 논문은 2014년 9월, 중앙법학(중앙법학회), 제16집 제3호, 7-43면에 게재된 것을 일부 수정한 것이다.

1) 헌법은 제24조에서 단지 '선거권'을 보장하고 있을 뿐이고, 그 외에 다른 조항에서 피선거권을 명시적으로 언급하고 있지 않으므로, 헌법재판소의 판례와 학계의 다수견해는 공무담임권의 보장내용에 '피선거권'도 포함시키고 있다. 헌재 1996. 6. 26. 96헌마200, 판례집 8-1, 550, 557.

본적인 의문을 규명해 보고자 한다.

첫째, '공직취임권'이 직업의 자유 및 평등권과 어떠한 관계에 있는지의 문제이다(아래 Ⅱ. 1.). 직업의 자유에 의하여 보장되는 '직업'과 공직취임권에서 문제되는 '공직'의 차이점에 비추어, 공직에서도 직업의 자유가 적용되는지, 적용될 수 있다면 어느 정도로 직업의 자유가 그 의미를 가지는지의 문제이다. 이러한 문제는 결국 공직취임권이 직업의 자유와 같은 '자유권적 성격'을 가지는지 여부를 확인하는 작업이다. 나아가, 공직취임권과 평등권의 관계가 규명됨으로써, 공직취임에서의 기회균등을 다투는 경우 어떠한 기본권을 심사기준으로 삼아야 하는지의 문제가 밝혀져야 한다.

둘째, 공무담임권이 그 보장내용으로서 '피선거권'을 포함한다면, 입법자가 법률로써 피선거권을 제한하거나 박탈하는 경우 이러한 법률조항의 위헌여부를 어떠한 관점에서 판단해야 하는지의 문제이다(아래 Ⅱ. 2.). 피선거권을 제한하는 법률에 대한 심사기준을 파악하기 위해서는, 피선거권 제한의 문제가 특정한 보호범위에 대한 과잉제한의 문제인지 아니면 비교를 통하여 확인해야 하는 차별의 문제인지, 나아가 피선거권 제한의 문제가 자유가 아니라 평등의 문제라면 여기에 '일반적인 평등원칙'이 적용되는지 아니면 선거에 관한 헌법적 원칙인 '보통·평등선거원칙'이 적용되는지의 문제가 규명되어야 한다.

셋째, 공무담임권의 보장내용을 '공무원이 되고자 하는 국민에게 평등을 보장하는 차원'을 넘어서 '공무원의 신분이나 직무를 보호하는 권리'로 파악함으로써, '국민의 기본권'을 이와 같이 '공무원의 기본권'으로 확대하는 것이 헌법적으로 정당화될 수 있는지, 공무원은 직무수행에 있어서 기본권의 주체가 될 수 없다는 점에서 어느 정도로 공무원에게 직무수행과 관련하여 헌법소원을 통하여 다툴 수 있는 주관적 권리를 인정할 수 있는지, 이를 인정한다면 그 헌법적 근거는 무엇이며, 공무원에게 인정되는 헌법상 권리의 범위는 무엇인지의 문제이다(아래 Ⅲ).

Ⅱ. 기본권으로서 공무담임권의 보장내용

1. 공직취임권의 보장내용

가. 공직취임권과 직업의 자유의 관계

(1) 公職의 영역에서 직업의 자유의 의미

공직취임권과 관련하여 일차적으로 제기되는 헌법적 문제는 공직취임권과 직업의 자유의 관계이다. 헌법은 제15조에서 '직업선택의 자유'만을 언급하고 있지만, 제15조는 국가의 간섭이나 방해를 받지 아니하고 원하는 직업을 자유롭게 선택할 권리인 '직업선택의 자유'뿐만 아니라 선택한 직업을 자유롭게 행사할 권리인 '직업행사(직업수행)의 자유'도 보장하는 포괄적인 기본권이다. 헌법 제15조의 '직업'의 개념을 '어느 정도의 지속성을 가지고 개인의 생계에 기여하는 모든 경제적 소득활동'으로 이해한다면,[2] 公職도 직업의 자유에 의하여 보호를 받는다. 공직도 하나의 직업으로서 개인에 의하여 자유롭게 선택될 수 있고, 국가가 개인에게 공직의 선택을 금지하거나 강요해서는 안 된다.[3] 그러나 공직이 직업의 일종이라고 하여 직업의 자유가 공직에 자동적으로 적용되는 것은 아니다. 공직은 다른 직업과는 달리 직업의 자유의 관점에서 다음과 같은 특수성을 가진다.

(가) 첫째, 공직에서는 '직업행사(수행)의 자유'가 인정되지 않는다. 공직은 기능적으로 국가권력의 행사이며 국가과제의 이행이다.[4] 공직자는 직무수행에 있어서 개인의 직업의 자유가 아니라 위임된 국가권력을 행사하는 것이다. 공직자는 직무수행에 있어서 국민의 기본권을 존중해야 하고 준수해야 하는 것이지, 스스로 기본권을 주장할 수 없다. 위임된 국가권력으로서의 공직의 특징적 요소는 그에 귀속된 객관적 과제와 이에 수반되는 공직자의 의무이다. 공직은 국민에 대한 봉사이지 개인의 자기실현의 수단이 아니다. 공직자가 직무수행에 있어서 기본권적 자유를 주장할 수 있다면, 공직은 주관적 독단과 자기실현의 수단으로 변질될 것이며, 자의적인 공권력행사를 가능케 할 것이다. 그러므로 국가과제의 수행을 의미하는 '공직'과 '개인의 기본권적 자유'는 원칙적으로 양립할 수 없다.[5]

따라서 선택한 직업을 어떠한 방법으로 행사할 것인지에 관하여 자유롭게 결정할 수 있는 권리인 '직업행사의 자유'는 직무수행에 있어서 공익의 구속을 받고 공익을 실현해야 할 의무가 있는 공직에서는 사실상 아무런 의미가 없다. 공직에서 직업행사의 자유가 인정된다면, 공직은 개인의 자의와 이기를 실현하는 수단으로 변질될 것이다. 공직의 자유로운 행사는 공직의 본질에 반하는 것이므로, 이를 보장하는 직업행사(수행)의 자유는 공직에 적용될 여지가 없다.

(나) 둘째, 공직의 경우 '직업선택의 자유'는 다음과 같은 특수한 상황에 의하여 그 의미에 있어서 근본적으로 수정된다. 국가는 조직권한을 근거로 과제의 이행을 위하여 필요한 만큼만 공직을 제공하고, 여러 지원자가 한정된 공직을 가지고 경쟁하는 경우에는 평등원칙에 기초한 능력주의(성적주의)에 따라 한정된 공직을 배분한다.

---

2) 직업의 개념에 관하여 한수웅, 헌법학, 2019, 674면 이하 참조.

3) Vgl. BVerfGE 7, 377, 397f.

4) Vgl. O. Depenheuer, Das Öffentiche Amt, in: HbStR, Bd.Ⅲ, 2005, §36 Rn.1; Isensee, Öffentlicher Dienst, in: HbVerfR, 2. Aufl. 1994, §32 Rn.16; Vitzthum, Der funktionelle Anwendungsbereich der Grundrechte, in: HbGR, Bd.II, §48 Rn.41.

5) Vgl. Isensee, Gemeinwohl und Staatsaufgaben im Verfassungsstaat, in: HbStR, Bd.Ⅲ, 1988, §57 Rn.61.

공직의 경우, 직업의 자유로운 선택은 처음부터 국가의 조직권한에 의하여 배제되기 때문에, 직업에의 '자유로운' 접근이 보장되지 않는다.[6] 직업으로 제공되는 공직의 수는 오로지 국가에 의하여 결정되며, 그러한 범위 내에서 공직은 직업으로서 선택될 수 있다. 공직의 경우, 직업을 국가의 간섭이나 방해를 받지 아니하고 자유롭게 선택할 수 있는 자유권적 측면은 존재하지 않는다. 공직과 관련하여 직업선택의 자유는 '누구나 자유롭게 공직을 선택할 권리'가 아니라, '국가에 의하여 제공되는 한정된 공직을 누구나 균등하게 담당할 수 있는 권리'로 축소된다. 이로써 공직의 영역에서 '직업선택의 자유'는 단지 공직을 '균등하게' 선택할 권리, '공직에 균등하게 접근할 권리'를 의미하게 된다.

(2) 직업의 자유에 대한 특별규정으로서 공직취임권

(가) 결국, 공직과 관련하여 '직업선택의 자유'라는 자유권은 직업으로서의 공직의 특수성으로 인하여 '균등한 공직취임권'이라는 평등권으로 전환된다. 이러한 점에서 공직과 관련하여 직업선택의 자유는 공직취임의 평등을 요청하는 공직취임권에 대하여 독자적인 의미를 가지지 못한다. 공직취임권은 직업의 자유에 대한 특별규정으로서 직업의 자유의 적용을 원칙적으로 배제한다.[7] 헌법재판소도 2000년대에 들어서부터는 이러한 입장을 취하고 있다.[8]

(나) 직업의 자유와 공무담임권은 그 역사적 출발점에 있어서나 기본권의 체계상으로나 완전히 상이하다는 점에서도 원칙적으로 '상호배제의 관계'에 있다. 직업의 자유는 역사적으로 '영업의 자유'에서 유래하는 기본권이다.[9] 원래 직업의 자유는 상업·수공업·자유업 등 독립적 형태의 직업활동을 보호하는 기본권으로 출발하였으나, 현대 산업사회에서 피용자의 수가 점점 증가하고 고용직도 직업으로서 행사될 수 있게 됨에 따라 고용된 형태의 종속적인 활동(직장선택의 자유)도 보장하는 기본권으로서 그 보호범위가 확대되었다. 반면에, 평등원칙에 기초한 공무담임권은 행정인력의 선발에 있어서 귀족과 퇴역군인을 우대한 절대군주시대의 실무에 대한 반작용으로 보장된 것이었다.[10] 이러한 이유에서 이미 프랑스 인권선언은 제6조에서 "모든 국민은 단지 그의 능력에 따라, 덕망과 재능 외의 다른 차이를 두지 아니하고 공직에 임명되어야 한다."고

6) Vgl. BVerfGE 16, 6, 21f.; Gubelt, in: v. Münch/Kunig, GGK, Bd.1, 2000, Art.12 Rn.20.

7) Vgl. Breuer, Freiheit des Berufs, in: HbStR, Bd.Ⅵ, 1989, §147 Rn.98; Merten, Berufsfreiheit des Beamten und Berufsbeamtentum, in: HbGR, Bd.V, 2013, §114, Rn.11; H.-P. Schneider, Berufsfreiheit, in: HbGR, Bd.V, 2013, §113, Rn.182; Mann, in: Sachs(Hg), GG, Art.12 Rn.56.

8) 헌재 2000. 12. 14. 99헌마112(교육공무원 정년단축), 판례집 12-2, 399, 409, "공직의 경우 공무담임권은 직업선택의 자유에 대하여 특별기본권이어서 후자의 적용을 배제하므로, 사립학교 교원의 청구를 부적법한 것으로 보는 한 직업선택의 자유는 문제되지 아니한다."

9) Vgl. H.-P. Schneider, Berufsfreiheit, in: HbGR, Bd.V, 2013, §113, Rn.4.

10) Vgl. v. Arnim,, Staatslehre der Bundesrepublik Deutschland, 1984, S.354,

규정하고 있었다.

또한, 기본권의 체계상으로 보더라도, 직업의 자유는 직업의 영역에서 '개인'의 자유로운 인격발현과 자기결정권을 보장하고자 하는 '자유권'인 반면, 공무담임권은 '국민'이 국가의사형성에 동등하게 참여하는 권리를 보장하는 '참정권'이다.

(다) 그렇다면, 공직에 있어서 직업의 자유는 특별규정인 공무담임권에 의하여 원칙적으로 배제되며, 예외적으로 오로지 다음과 같은 연관관계에서만 의미를 가질 뿐이다.[11]

첫째, 공직을 선택하는 事前段階에서 국가는 개인에게 공직의 선택을 강요하거나 금지해서는 안 된다. 따라서 국가가 특정인이나 특정집단에게 공직의 선택을 강요하거나 금지하는 경우에 직업선택의 자유가 적용될 여지가 있다.[12] 둘째, 국가는 공익에 의하여 정당화됨이 없이 공직자의 부업활동을 금지해서는 안 된다. 따라서 국가가 공직자에게 근무시간 외에 부업으로서의 영리활동을 금지하는 경우 직업선택의 자유가 적용된다.

나. 공직취임권과 평등권의 관계

(1) 공직취임권의 보장내용 및 법적 성격

(가) 공직취임의 기회균등

공직취임권은 누구나 공직에 취임할 수 있는 권리를 부여하는 것이 아니라, 단지 공직의 배분에 있어서 모든 국민을 평등원칙에 부합하게 균등하게 고려할 것을 요구할 수 있는 권리이다.[13] 국민은 공직취임권을 근거로 하여 국가로부터 공직의 제공을 요구할 수 없다. 공직의 제공여부는 국가의 결정에 달려있으나, 국가가 일단 공직을 제공하는 경우에는 국가는 급부를 제공하는 경우와 마찬가지로 평등원칙의 구속을 받기 때문에, 공직의 배분에 있어서 평등원칙을 준수해야 한다. 따라서 공직취임권은 국가에 대한 평등의 요청으로 '공직취임에 있어서 기회의 균등'을 요구한다. 공직취임권은 '누구나 균등하게 공직에 취임할 권리'이다.

(나) 능력주의의 보장[14]

능력주의란, 공무원의 임용과 승진에 있어서 단지 공무원의 '능력과 적성'만이 유일한 기준으로서 고려될 수 있다는 원칙이다.[15] 능력주의는 평등원칙에 그 헌법적 근거를

---

11) Vgl. Merten, Berufsfreiheit des Beamten und Berufsbeamtentum, in: HbGR, Bd.V, 2013, §114, Rn.12f.

12) 그러나 오늘날의 법치국가에서 이러한 측면의 현실적 의미는 거의 없다.

13) 헌재 2002. 8. 29. 2001헌마788등(선고유예 받은 공무원의 당연퇴직), 판례집 14-2, 219, 224, "공무담임권이란 입법부, 집행부, 사법부는 물론 지방자치단체 등 국가, 공공단체의 구성원으로서 그 직무를 담당할 수 있는 권리를 말한다. 여기서 직무를 담당한다는 것은 모든 국민이 현실적으로 그 직무를 담당할 수 있다고 하는 의미가 아니라, 국민이 공무담임에 관한 자의적이지 않고 평등한 기회를 보장받음을 의미하는바, … "

14) 능력주의에 관하여 상세하게 한수웅, "헌법 제7조의 의미 및 직업공무원제도의 보장", 법조 2012. 11, 46면 이하 참조.

두고 있다. 다수의 국민이 제한된 공직을 가지고 경쟁하는 경우, 평등민주주의의 관점에서 볼 때 직업공무원의 선발에서 고려될 수 있는 유일한 합헌적 기준은 '공직에의 適格性', 즉 지원자의 '능력과 적성'일 수밖에 없다. 공무원의 임용과 승진에 있어서 특권이나 특정인과의 관계가 아니라 공직에의 적격성이 결정적인 기준이 되어야 한다.

헌법 제25조의 공무담임권은 공무원선발의 구체적 기준을 제시하고 있지 않지만, 평등원칙의 관점에서 능력주의를 기준으로 삼을 것을 필연적으로 요청한다.[16] 따라서 헌법 제25조의 공무담임권은 적어도 직업공무원의 임용에 관한 한, "모든 국민은 능력에 따라 균등하게 공무를 담임할 권리를 가진다."의 의미로 이해되어야 한다.[17] 이로써 공무원선발에 있어서 능력 외의 다른 요소를 고려하는 것은 원칙적으로 금지된다. 능력주의에 기초한 공무담임권은 민주적 평등의 산물이며, 직업공무원제도가 기능하기 위한 불가결한 전제조건이다. 헌법은 비록 능력주의를 명시적으로 언급하고 있지는 않지만, 공무담임권의 보장을 통하여 동시에 '능력주의'를 직업공무원제도의 본질적인 구성요소로서 보장하고 있는 것이다. 공무담임권의 헌법적 보장은 곧 능력주의의 헌법적 보장을 의미한다.

(2) 특별평등권으로서 공직취임권

(가) 공무담임권은 공직취임에 있어서 '능력' 외의 기준에 의한 차별을 금지함으로써 특별히 평등을 요구하고 있는 특별평등권이다. 법률조항의 위헌여부를 심사함에 있어서 심사기준으로서 공직취임권과 평등권이 고려되는 경우, 공직취임의 기회균등에 관한 한, 공직취임권은 평등권에 대한 특별규정으로서 헌법 제11조의 일반적 평등권의 적용을 배제한다.[18]

공직취임에 있어서 기회균등이 문제되는 경우는 대표적으로, 공무원시험에서 제대군인이나 국가유공자 등 특정 집단에게 가산점을 부여하거나 또는 공무원시험의 응시연령 등 응시자격을 제한함으로써 일정 응시자집단을 차별대우하는 경우이다. 따라서 이러한 경우에는 특별평등권으로서 공무담임권이 적용된다.

공무원의 선발에 있어서 지원자의 능력 외에 다른 요소(가령, 제대군인인지 또는 국가유공자인지 여부 등)를 함께 고려하는 경우, 이러한 제도는 원칙적으로 능력에 의한 차별

---

15) 헌재 1999. 12. 23. 98헌마363(제대군인 가산점제도), 판례집 11-2, 770, 797, "헌법 제25조의 공무담임권 조항은 모든 국민이 누구나 그 능력과 적성에 따라 공직에 취임할 수 있는 균등한 기회를 보장함을 내용으로 하므로, 공직자선발에 관하여 능력주의에 바탕한 선발기준을 마련하지 아니하고 해당 공직이 요구하는 직무수행능력과 무관한 요소를 기준으로 삼는 것은 국민의 공직취임권을 침해하는 것이 되는바, …"

16) 이에 대하여 독일 기본법 제33조 제2항은 "모든 독일인은 적성, 능력과 전문성에 따라 균등하게 공직에 취임할 권리를 가진다."고 하여 공직선발에 있어서 구체적인 기준을 스스로 제시하고 있다.

17) 이는 헌법 제31조 제1항에서 "모든 국민은 능력에 따라 균등하게 교육을 받을 권리를 가진다."고 하여 교육을 받을 권리를 '개인적 능력의 유보' 하에 둔 것과 그 맥락을 같이 한다.

18) Vgl. Kunig, in: v. Münch/Kunig(Hg), GGK, Bd.2, 2001, Art.33 Rn.14; Merten, Berufsfreiheit des Beamten und Berufsbeamtentum, in: HbGR, Bd.V, 2013, §114, Rn.14.

만을 허용하는 헌법 제25조의 요청에 반하는 것이고 위헌의 의심을 강하게 불러일으키는 차별에 해당하므로, 이러한 차별이 헌법적으로 정당화되는지 여부는 비례원칙에 따른 엄격한 평등심사를 통하여 판단해야 한다. 이에 대하여, 입법자가 헌법상 능력주의의 요청에 입각하여, 응시연령 등 응시자격요건을 통하여 능력주의의 요청을 구체화하는 과정에서 공직취임권을 제한하는 경우에는, 입법자가 입법형성권을 제대로 행사하였는지, 응시자격요건이 지원자의 능력과 적성을 판단하기에 적합한 합리적인 기준인지 여부를 심사해야 한다.[19]

(나) 그러나 공직취임의 기회균등이 문제되지 않는 경우, 가령 공무원 집단과 다른 인적 집단을 비교한다든지 아니면 공무원임용시험에 있어서 7급 공무원과 9급 공무원의 응시연령을 다르게 규정하는 경우에는 특정 응시자집단에 대한 차별대우의 문제가 아니어서 공직자의 선발과 승진에 있어서 기회균등을 요청하는 공무담임권이 적용될 여지가 없다. 이러한 경우에는 헌법 제11조의 일반적 평등원칙이 적용된다.

다. 공직취임권에 관한 헌법재판소 판례의 문제점

(1) 공직취임권에 의한 一元的 심사

헌법재판소는 공직취임의 기회균등이 문제되는 일부 결정에서는 '공직의 영역에서는 자유권인 직업선택의 자유가 적용되지 않으며 특별평등권인 공무담임권이 일반적 평등권의 적용을 배제한다'는 것을 인식하여, 오로지 공무담임권만을 심사기준으로 하여 판단하고 있다.

가령, 헌법재판소는 9급 공무원 임용시험의 응시연령 제한이 문제된 사건에서 응시연령의 제한을 평등의 문제로 파악함으로써, 응시연령을 이유로 하는 응시자 사이의 차별을 '공무담임권'을 기준으로 하여 그리고 7급 공무원시험 응시연령과의 관계에서 발생하는 차별은 '헌법 제11조의 평등권'을 기준으로 하여 위헌여부를 판단하였다.[20]

(2) 일반적 평등권과 공직취임권에 의한 二元的 심사

(가) 한편, 헌법재판소는 공직취임의 기회균등이 문제되는 일련의 결정에서 '평등권을 기준으로 하는 평등심사' 및 '과잉금지원칙에 따른 공무담임권의 과잉제한 여부의 심사'로 나누어, 위헌심사를 이중적으로 하고 있다.

가령, 헌법재판소는 '제대군인 가산점 사건'에서 '가산점제도가 여성, 신체장애자 등의 평등권을 침해하는지 여부'를 판단한 다음, 이어서 공무담임권이 '자유권'임을 전제로 과잉금지원칙에 따라 '가산점제도가 여성, 신체장애자 등의 공무담임권을 침해하는지

---

19) 헌법재판소도 이러한 기준에 따라 판단하고 있다. 헌재 2006. 5. 25. 2005헌마11(9급공무원임용시험의 응시연령제한) 참조.

20) 헌재 2006. 5. 25. 2005헌마11(9급공무원임용시험의 응시연령제한), 판례집 18-1하, 134.

여부'를 판단하였다.[21] 또한, 헌법재판소는 5급 공무원 임용시험의 응시연령 제한이 문제된 사건에서, "이 사건 시행령조항은 32세가 넘은 사람의 공직취임권을 직접적으로 제한하는 것이므로, 그러한 제한을 정당화하려면 헌법 제37조 제2항이 요구하는 과잉금지의 원칙에 부합하여야 한다."고 판시함으로써, 공무담임권을 과잉으로 제한하는지의 관점에서 판단하였다.[22]

(나) 여기서 헌법재판소가 과잉금지원칙을 적용하여 그 위반여부를 심사하고 있는 '공무담임권'의 실체가 무엇인지에 대하여 의문이 제기된다. 헌법재판소는 과잉금지원칙의 적용대상인 '공무담임권'의 보장내용이 무엇인지에 관하여 한 번도 스스로 의문을 제기한 적도 없고 이를 밝히고자 시도한 바도 없으나, '누구나 자유롭게 공직에 임명될 권리'를 보장내용으로 상정하지 않은 이상, 과잉금지원칙을 적용하여 공무담임권의 침해여부를 심사하는 헌법재판소의 판시내용을 이해하는 것은 불가능하다. 그러나 이미 위에서 확인한 바와 같이, '누구나 자유롭게 공직에 임명될 권리를 보장하는 기본권'이란 헌법상 존재하지 않는다. 공무담임권은 오로지 '공직에의 접근과 배분에 있어서의 평등'을 보장할 뿐이다.

결국, 헌법재판소는 종래 다수의 결정에서 헌법상 존재하지 않는 '가상의 자유권'을 기준으로 하여 과잉금지원칙에 따른 위헌심사를 한 것이라 할 수 있다. 위 결정들에서 헌법재판소는 공무담임권을 직업의 자유와 같은 자유권으로 이해함으로써, 공무담임권의 법적 성격이 일반적인 평등원칙에 대한 특별규정으로서 특별평등권이라는 것을 완전히 간과하고 있다. 헌법재판에서 공무담임권이 문제된다면, 공무담임권에 대한 과잉제한의 문제가 아니라 평등의 문제이다.

공무담임권은 '자유로운 공직취임의 권리'가 아니라 '동등한 공직취임의 권리'로서 직업선택의 자유와 일반적 평등권의 적용을 배제하는 특별조항이므로, 공직취임의 기회균등이 문제되는 경우에는 오로지 특별조항인 공무담임권만이 심사기준으로서 적용되어야 한다. 그러므로 공무원시험에서 제대군인이나 국가유공자에게 가산점을 부여하는 경우, 헌법재판소는 특별평등권인 공무담임권을 심사기준으로 하여 위헌여부를 판단해야 하며, 공무담임권이 공직취임에 있어서 특별히 평등을 요청하기 때문에 가산점제도의 위헌여부를 판단함에 있어서 비례의 원칙에 의한 엄격한 평등심사를 해야 한다.

---

21) 헌재 1999. 12. 23. 98헌마363, 판례집 11-2, 770, 785면 이하, 798면 이하 참조.
22) 헌재 2008. 5. 29. 2007헌마1105, 판례집 20-1하, 329.

2. 피선거권의 보장내용

가. 피선거권과 선거원칙의 관계

피선거권의 보장내용을 밝히기 위해서는, '피선거권'과 '선거에서의 평등을 요청하는 보통·평등선거원칙'이 어떠한 관계에 있는지의 문제가 우선적으로 규명되어야 한다.

(1) 피선거권에 대한 헌법상 선거원칙의 의미

헌법은 제41조 제1항 및 제67조 제1항에서 선거의 기본원칙을 명시적으로 규정하고 있다. 선출된 대의기관에 민주적 정당성을 부여하여 국민주권에 입각한 대의제 민주주의를 실현하기 위해서는 국민의 의사가 대의기관의 구성에 제대로 반영되는 선거가 이루어져야 하는데, 이를 확보하기 위한 수단이 바로 선거의 기본원칙이다. 단지 국민의 일부만이 선거의 형태로 공동체의 형성에 참여할 수 있다면, 또는 모든 국민이 동수의 투표권이 아니라 차등적으로 투표권을 가진다면, 아니면 투표내용의 비밀이 보장되지 않음으로써 투표행위로 인하여 불이익을 우려해야 한다면, 그러한 선거는 국민의 정치적 의사를 대의기관의 구성에 제대로 반영할 수 없을 것이며, 대의기관에 민주적 정당성을 부여하는 기능을 이행할 수 없을 것이다. 헌법상 선거원칙은 선거의 이러한 기능을 이행하기 위한 필수적 조건을 규정하고 있다.

한편, 선거원칙이 그 기능을 이행하기 위해서는 선거원칙은 선거권뿐만 아니라 피선거권 및 선거에서의 경쟁에 대해서도 적용되어야 한다.[23] 종래 선거원칙이 일방적으로 유권자의 권리인 '선거권'의 관점에서 파악되었으나, 오늘날 정당국가의 현실에서 선거와 선거원칙은 경쟁민주주의의 배경 하에서 이해되어야 한다. 대의제 민주주의는 한시적으로 정권을 획득하고자 하는 다수의 정치적 세력 간의 경쟁을 사실적 전제로 하는 '경쟁민주주의'이다. 경쟁민주주의에서 선거원칙은 정당과 후보자에 대해서는 정권획득을 위한 경쟁에서 '공정한 경쟁의 규칙'으로서 의미를 가진다.[24] 보통선거원칙에 의하여 누구나 선거에 입후보하여 경쟁에 참여하는 것이 보장되며, 평등선거원칙에 의하여 경쟁에서의 기회균등(선거에서 정당과 후보자의 기회균등)이 보장된다. 자유선거와 비밀선거는 선거에 대한 국가의 부당한 영향력행사를 금지함으로써 경쟁에서 정당과 후보자 간의 기회균등에 기여한다.

---

23) 선거원칙은, 국가권력의 지배를 받는 모든 사람은 가능하면 국가의사형성과정에 참여하는 것을 보장함으로써 대표자의 선출에 있어서 동등한 영향력을 확보하고자 하는 측면 외에도, 유권자의 지지를 얻고자 하는 '정치적 경쟁의 규칙을 확정하는 측면'을 가지고 있다. 선거원칙의 2가지 측면에 관하여 vgl. H. H. Trute, in: v. Münch/Kunig, GGK, Bd.2, 2001, Art.38 Rn.3.

24) Vgl. Grimm, Politische Parteien, in: HbVerfR, §14 Rn.6f.; H. Meyer, Demokratische Wahl und Wahlsystem, in: HbStR, Bd.Ⅲ, 2005, §45 Rn.13; M. Morlok, in: Dreier(Hg), Grundgesetz Kommentar, Bd.II, Art.38, Rn.54.

선거는, 정당과 후보자가 선거에서 경쟁하고 유권자에게 다양한 정치적 제안을 하는 '적극적 측면'과 유권자가 이러한 형태로 제공되는 정치적 제안 중에서 결정하는 '소극적 측면'으로 이루어진다.[25] 선거가 이와 같이 정당·후보자의 적극적인 제안의 요소와 유권자의 반응적 요소로 이루어져 있다면, 선거원칙도 선거의 이중적 측면을 모두 포괄해야만 그 기능을 제대로 이행할 수 있다. 이러한 점에서, 선거원칙은 '선거권'과 '피선거권'을 포괄하는 것은 물론이고, '선거에서의 경쟁'에도 적용되는 것이다.[26]

(2) 피선거권에 대한 보통·평등선거원칙의 요청[27]

보통선거원칙은 모든 국민은 누구나 선거권과 피선거권을 가져야 한다는 원칙, 즉 국민이라면 누구나 선거에 참여할 수 있어야 하고 선거를 통하여 선출될 수 있어야 한다는 원칙을 말한다. 국민의 일부만이 선거에 참여하는 경우 또는 국민의 일부만이 선출되는 경우에는, 그러한 선거는 국민의 정치적 의사를 제대로 반영할 수 없고 선출된 대의기관에게 민주적 정당성을 부여할 수 없다. 보통선거는 모든 국민에게 선거의 형태로 정치적 영향력을 행사하는 기회를 보장하고자 하는 것이므로, 모든 국민에게 원칙적으로 선거권과 피선거권이 인정되어야 한다. 보통선거원칙은 선거권 및 피선거권을 행사하는 경우에 모두 적용되는 선거원칙이다.[28]

보통선거원칙이 '선거권'과 '피선거권'을 포괄하는 것과 마찬가지로, 평등선거원칙도 '유권자로서의 평등'과 '후보자로서의 평등'을 요청한다. 따라서 평등선거원칙이란, 일차적으로 모든 국민은 선거를 통한 대표자선출과정에서 동등한 영향력을 행사할 수 있어야 한다는 원칙(투표가치의 평등)이고,[29] 나아가 선거에 참여하는 후보자와 정당은 선거에서 균등한 기회를 가져야 한다는 원칙(선거에서의 기회균등)이다.[30] 평등선거원칙은 선거 그 자체에 대해서뿐만 아니라 선거준비단계, 입후보의 가능성, 선거운동(예컨대, 선거

---

25) Vgl. H. Meyer, Demokratische Wahl und Wahlsystem, in: HbStR, Bd.Ⅲ, 2005, §45 Rn.12f.

26) 헌법상 선거원칙이 선거권과 피선거권 및 선거에서의 경쟁을 포괄하는 헌법적 요청이라는 것에 관하여 상세하게 한수웅, "헌재 2011. 5. 26. 2010헌마451 결정(선거방송토론회 사건)에 대한 판례평석 - 평등권과 평등선거원칙의 관계를 중심으로 - ", 중앙법학 제14집 제3호, 2012. 9. 'Ⅲ. 3.' 서술 부분 참조; 허영, 『한국헌법론』, 2010, 769면; vgl. BVerfGE 11, 266, 272; 60, 162, 167; Seifert, Bundeswahlrecht, 1976, Art.38 GG Rn.2; Kunig, Fragen zu den Wahlrechtsgrundsätzen, Jura 1994, S.555f.

27) 보통선거원칙과 평등선거원칙의 헌법적 요청에 관하여 전반적으로 한수웅, "헌재 2011. 5. 26. 2010헌마451 결정(선거방송토론회 사건)에 대한 판례평석 - 평등권과 평등선거원칙의 관계를 중심으로 - ", 중앙법학 제14집 제3호, 2012. 9. 'Ⅲ. 3.' 서술 부분 참조.

28) Vgl. M. Morlok, in: Dreier(Hg), Grundgesetz Kommentar, Bd.II, 2006, Art.38, Rn.65; Meyer, Wahlgrundsätze und Wahlverfahren, in: HbStR, Bd.II, 1987, §38 Rn.9; 허영, 한국헌법론, 2010, 770면.

29) Vgl. H. H. Trute, in: v. Münch/Kunig, GGK, Bd.2, 2001, Art.38 Rn.52.

30) Vgl. Pauly, Das Wahlrecht in der Rechtsprechung des Bundesverfassungsgerichts, AöR 123(1998), S.246ff.; Meyer, Wahlgrundsätze und Wahlverfahren, in: HbStR, Bd.II, 1987, §38 Rn.25; H. H. Trute, in: v. Münch/Kunig, GGK, Bd.2, 2001, Art.38 Rn.56; Kunig, Fragen zu den Wahlrechtsgrundsätzen, Jura 1994, S.557; 허영, 한국헌법론, 2010, 771면; 권영성, 헌법학, 2010, 204면; 계희열, 헌법학(상), 2004, 309면.

운동을 위한 방송시간의 할당), 선거의 절차, 정당에 대한 국고의 재정지원, 선거운동비용의 보상 등 선거와 연관된 모든 과정에 대해서도 평등원칙이 준수될 것을 요청한다.[31)]

나. '공직선거에서 선출의 기회균등'을 보장하는 기본권으로서 피선거권

(1) 헌법은 제25조에서 공무담임권을 포괄적으로 보장함으로써, 모든 국민은 '법률이 정하는 바에 의하여' 피선거권을 가진다는 것을 함께 규정하고 있다. 이로써 헌법은 피선거권의 구체적 내용을 입법을 통하여 형성하도록 입법자에게 위임하고 있다. 입법자는 입법을 통하여 피선거권을 구체적으로 형성함에 있어서 헌법상의 선거원칙을 준수하고 실현해야 한다. 이러한 점에서, 헌법 제25조의 피선거권은 그 내용에 있어서 헌법상의 선거원칙에 의하여 본질적으로 결정된다.[32)] 헌법 제25조에서 보장하는 피선거권이란 '헌법상 선거원칙에 부합하는 피선거권'이며, 이로써 모든 국민은 무엇보다도 보통·평등선거원칙에 부합하는 피선거권을 가진다.

보통·평등선거원칙은 모든 국민을 국정에 평등하게 참여시키기 위한 선거원칙으로서, 일반적 평등원칙이 참정권의 영역에서 구체화된 헌법적 표현이자 일반적 평등원칙에 대한 특별규정이다. '정치적 권리의 평등'은 민주주의의 핵심적 요소로서, '민주적 의사형성에 동등하게 참여하는 국민의 권리'는 가능하면 엄격하게 보장될 것을 요청한다. 이러한 의미에서 보통·평등선거원칙은 엄격하고도 형식적인 평등을 요청한다. 보통·평등선거원칙의 경우에는 평등대우가 원칙이고 차별대우가 예외이므로, 보통·평등선거원칙에 대한 예외는 불가피하고 필연적인 사유에 의하여 특별히 정당화되어야 한다.

(2) 공직취임권이 '누구나 자유롭게 공직을 선택할 권리'가 아니라 단지 '공직취임의 기회균등'을 보장하는 것과 마찬가지로, 피선거권도 '누구나 자유롭게 선출직 공직을 선택할 권리'가 아니라, 헌법상 보통·평등선거원칙과 결합하여 '공직선거에서 선출의 기회균등'을 보장하는 기본권이다. '누구나 자유롭게 공직에 선출될 권리'는 존재하지 않는다. 피선거권과 관련하여 제기되는 문제는 '공직선거에서 선출될 자유'를 과도하게 제

---

31) 평등선거원칙의 적용범위에 관하여 vgl. Meyer, Wahlgrundsätze und Wahlverfahren, in: HbStR, Bd.II, 1987, §38 Rn.25.

32) 헌법재판소는 "헌법은 국민의 참정권의 가장 중요한 형태인 선거권(헌법 제24조)과 공무담임권(헌법 제25조)을 보장하면서, 한편으로는 제41조 제1항과 제67조 제1항에서 국회의원 및 대통령의 선출에 있어서 보통·평등·직접·비밀선거제를 선거의 기본원칙으로 규정하고 있다. 이로써 국민의 선거권과 피선거권의 실체적 내용은 무엇보다도 선거의 기본원칙에 의하여 구체화되고 있다."고 판시하여 선거권과 피선거권의 침해여부를 판단하는 심사기준이 선거원칙임을 확인하고 있다(헌재 1999. 5. 27. 98헌마214, 판례집 11-1, 675, 697). 또한, '제2차 재외국민 선거권 사건'에서 "헌법 제24조는 … 기본권을 법률에 의하여 구체화하라는 뜻이며 선거권을 법률을 통해 구체적으로 실현하라는 의미이다. 이러한 법률유보는 선거권을 실현하고 보장하기 위한 것이지 제한하기 위한 것이 아니므로, 선거권의 내용과 절차를 법률로 규정하는 경우에도 국민주권을 선언하고 있는 헌법 제1조, 평등권에 관한 헌법 제11조, 국회의원선거와 대통령선거에 있어서 보통·평등·직접·비밀선거를 보장하는 헌법 제41조 및 제67조의 취지에 부합하도록 하여야 한다."고 판시하고 있다(헌재 2007. 6. 28. 2004헌마644등, 판례집 19-1, 859, 874; 헌재 2009. 10. 29. 2007헌마1462, 판례집 21-2하, 327, 340).

한하는지 여부가 아니라, 공직선거에서 '선출의 기회균등'에 위반되는지의 문제이다. 요컨대, 여기서 제기되는 문제는 '자유의 문제'가 아니라 '평등의 문제'인 것이며, 구체적으로 입후보의 가능성이나 선출의 기회에 있어서 발생하는 불평등의 문제이다.

지자체장 입후보금지, 선거일 전 사퇴의무조항, 후보자의 기탁금제도, 당선된 경우 사직규정, 형의 선고로 인한 당선무효조항 등에서 문제되는 것은, 누구나 선거에 입후보하여 선출될 수 있어야 하고 선거에서 입후보의 기회균등이 보장되어야 하는데 입후보금지규정, 사퇴의무조항이나 기탁금제도 등에 의하여 선출이나 입후보의 가능성에 있어서 불평등이 발생한다는 것이다. 이러한 경우, 공직선거에서 선출의 기회균등을 보장하는 피선거권의 제한이 문제된다.

다. 피선거권 제한의 경우 헌법적 판단기준

(1) 입법자는 피선거권을 구체적으로 형성함에 있어서 헌법상 선거원칙의 구속을 받으므로, 입법자가 헌법상 선거원칙에 위반되게 피선거권을 구체적으로 형성한 경우, 입법자는 헌법 제25조의 피선거권을 침해하게 된다.[33] 선거권과 마찬가지로, 피선거권도 헌법상 선거원칙과 결합하여 비로소 그 침해가 가능한 기본권이 된다. 그렇다면, 피선거권 침해의 문제는 헌법상 보통·평등선거원칙의 위반여부의 관점에서 판단해야 한다. 보통·평등선거원칙은 참정권의 영역에서 정치적 평등에 대한 요청으로서 국민이면 누구나 국정에 참여해야 한다는 의미에서 엄격하고도 형식적인 평등을 의미하므로, 보통·평등선거원칙에 대한 예외, 즉 피선거권의 제한은 불가피하고 필연적인 사유에 의하여 정당화되어야 한다.

(2) 따라서 피선거권을 박탈하는 경우에는 보통선거원칙에 부합하는지 여부를 판단해야 한다.[34] 예컨대, 국회의원 피선거권의 연령을 25세 이상으로 정한 경우나 지방자치단체장이 임기 중 공직선거에 입후보하는 것을 법적으로 금지하는 경우가 이에 해당한다.

한편, '선거일 前 사퇴의무조항'이나 '당선된 경우 사직규정' 등을 통하여 공직선거에 입후보하는 것을 제한하는 규정은 평등선거원칙, 즉 '선거에서 선출이나 입후보의 기회균등'의 관점에서 판단되어야 한다. 공무원이 공직선거에 입후보하는 경우 선거일 전

33) 선거권의 경우에도 마찬가지이다. 헌법은 제24조에서 "모든 국민은 법률이 정하는 바에 의하여 선거권을 가진다."고 하여 선거권의 구체적 내용을 입법을 통하여 형성하도록 입법자에게 위임하고 있다. 입법자는 선거관련입법을 통하여 국민의 선거권을 구체적으로 형성함에 있어서 헌법상의 선거원칙을 준수하고 실현해야 한다. 이로써 선거권의 내용은 헌법상 선거원칙에 의하여 본질적으로 결정된다. 헌법 제24조의 선거권이란 '헌법상 선거원칙에 부합하는 선거권'이다. 따라서 입법자가 헌법상 선거원칙에 위반되게 선거권을 구체적으로 형성하는 경우, 입법자는 헌법 제24조의 선거권을 침해하게 된다.

34) 보통선거원칙과 평등선거원칙은 모두 '정치적 영향력행사에 있어서의 국민의 정치적 평등'을 요청하나, 보통선거원칙은 원칙적으로 누구나 선거권과 피선거권을 가져야 한다는 관점에서 '선거권이나 피선거권을 가지고 있는지'의 문제이기 때문에 선거권이나 피선거권이 박탈당한 경우에 문제되는 반면, 평등선거원칙은 국민에게 선거권이나 피선거권은 인정되지만 투표가치가 타인에 비하여 적게 평가되는 경우나 선거에서의 기회균등이 저해되는 경우에 문제된다.

일정 기간까지 그 직을 그만두도록 규정하는 공직선거법조항은 피선거권을 박탈하는 것은 아니지만, 입후보의 가능성을 제한함으로써 입후보의 가능성에 있어서 불평등의 문제를 야기한다.

'기탁금제도' 및 그 실효성을 확보하기 위하여 부수적으로 연계된 제도인 '기탁금의 국고귀속제도'도 '선거에서 입후보의 기회균등'의 관점에서 판단되어야 한다. 기탁금제도는 재력이 없는 사람이 입후보하는 것을 곤란하게 함으로써 입후보의 가능성에 있어서 불평등의 문제를 야기한다. 기탁금제도에 있어서 문제되는 것은 피선거권 박탈의 문제가 아니라, 피선거권은 인정되나 입후보의 가능성에 있어서 발생하는 불평등의 문제이기 때문에, 보통선거원칙이 아니라 평등선거원칙의 관점에서 판단되어야 할 문제이다.

라. 피선거권에 관한 헌법재판소 판례의 문제점

(1) 헌법재판소는 일부 결정에서는 피선거권 제한의 문제를 평등의 문제로 이해하여 보통·평등선거원칙의 위반여부를 판단하였다. 가령, 헌법재판소는 국회의원선거법에서 과다한 기탁금을 규정하여 입후보의 기회를 제한함으로써 재력이 없는 사람이 국회에 진출할 수 있는 길을 봉쇄하는 것은 보통·평등선거원칙에 위배된다고 결정하였고,[35)] '지자체장 입후보금지 사건'에서 지자체장의 입후보금지조항이 보통선거원칙에 위반되어 청구인들의 피선거권을 침해하는 위헌적인 규정이라고 판단한 바 있다.[36)]

(2) 그러나 헌법재판소는 대부분의 결정에서 공직취임의 기회균등이 문제되는 경우와 마찬가지로, 피선거권의 제한이 '공무담임권을 과잉으로 제한하는지 여부' 및 '평등권에 위반되는지 여부'의 이중적인 관점에서 판단하고 있다.

예컨대, 공무원으로서 공직선거의 후보자가 되고자 하는 자는 선거일 전 90일까지 그 직을 그만 두도록 한 법률조항의 위헌여부가 문제된 '선거일 전 사퇴의무조항 사건'(헌재 1995. 3. 23. 95헌마53)에서, 과잉금지원칙에 위배된다고 볼 수 없다고 하여 공무담임권의 침해를 부정한 다음, 이어서 평등원칙에도 위배되지 아니한다고 판단하였다.[37)] 또한, 사립학교교원이 국회의원으로 당선된 경우 그 직을 사직하도록 규정하는

---

35) 이미 초기의 결정에서 헌법상 선거원칙이 유권자뿐만 아니라 후보자와 정당에 대해서도 적용된다는 것을 명시적으로 확인하고 있다. 헌재 1989. 9. 8. 88헌가6, 판례집 1, 199, 211, "현대 선거제도를 지배하는 보통, 평등, 직접, 비밀, 자유선거의 다섯 가지 원칙은 국민 각자의 인격의 존엄성을 인정하고 그 개인을 정치적 단위로 모든 사람에게 자유로운 선거와 참여의 기회를 균등하게 헌법이 보장하는 데에 기초를 두고 있다. 이러한 선거제도의 근본원칙은 선거인, 입후보자와 정당은 물론 선거절차와 선거관리에도 적용되며, 선거법을 제정하고 개정하는 입법자의 입법형성권 행사에도 당연히 준수하여야 한다는 원리이다."

36) 헌재 1999. 5. 27. 98헌마214(지자체장 입후보금지), 판례집 11-1, 675, 707.

37) 헌법재판소는 "공무원으로서 공직선거의 후보자가 되고자 하는 자는 선거일 전 90일까지 그 직을 그만 두도록 한 것은 선거의 공정성과 공직의 직무전념성을 보장함과 아울러 이른바 포말후보(泡沫候補)의 난립을 방지하기 위한 것으로서 그 필요성과 합리성이 인정되며, 그것이 공무담임권의 본질적 내용을 침해하였다거나 과잉금지의 원칙에 위배된다고 볼 수 없다."고 하여 공무담임권의 침해를 부정한 다음, "이 사건 법률조항은 입법자가 동질적인 대상을 자의적으로 다르게 취급한 것이 아니라 여러 가지 사정을 고려하여 합리적으로

국회법조항의 위헌여부가 문제된 '당선된 경우 사립학교교원의 사직규정 사건'(헌재 2015. 4. 30. 2014헌마621) 및 지역구 국회의원선거의 기탁금액수 및 그 반환기준을 정한 기탁금조항과 반환조항의 위헌여부가 문제된 사건(헌재 2017. 10. 26. 2016헌마623)에서, 헌법재판소는 심판대상조항이 '공무담임권을 과잉으로 침해하는지 여부' 및 '평등권을 침해하는지 여부'로 나누어 판단하였다.[38] 나아가, 국회의원 피선거권의 연령을 25세 이상으로 정한 공직선거법조항의 위헌여부가 문제된 사건(헌재 2017. 10. 26. 2016헌마623)에서도 '보통선거원칙에 위배되어 피선거권을 침해하는지'의 관점이 아니라 보통선거원칙을 언급조차 하지 않고 '공무담임권과 평등권'의 관점에서 판단하였다.

요컨대, 헌법재판소는 피선거권의 법적 성격이 헌법상 보통·평등선거원칙에 비추어 '공직에의 접근에 있어서의 평등'에 대한 요청이라는 것을 간과한 채, 피선거권을 '누구나 자유롭게 공직에 선출될 권리'라는 자유권으로 오해함으로써 헌법상 존재하지 않는 '가상의 자유권'을 기준으로 하여 과잉금지원칙에 의한 심사를 하고 있다. 뿐만 아니라, 평등권의 위반여부를 판단함에 있어서도 보통·평등선거원칙이 특별히 평등을 요청하는 특별평등권이라는 것을 간과하고, 일반적 평등권을 심사기준으로 하여 자의금지원칙에 따른 완화된 심사를 하고 있다.

Ⅲ. 공무원의 基本權 類似的 權利

1. 헌법재판소의 판례

헌법재판소는 신분의 박탈이나 직무의 정지를 통하여 현재 공무를 담임하고 있는 자를 그 공무로부터 배제하는 경우에도 공무원은 공무담임권의 보호를 받는다고 판시함으로써, 공무담임권의 보장내용을 '공직에의 접근에 있어서의 기회균등'을 넘어서 '공무원 신분과 직위의 유지'에까지 확대하였다.[39]

가. 공무원의 신분보장에 관한 주관적 권리

헌법재판소는 금고 이상의 형의 선고유예를 받은 경우에는 공무원직에서 당연히 퇴직하는 것으로 규정한 지방공무원법조항의 위헌여부가 문제된 사건에서(헌재 2002. 8.

차등을 둔 것으로서 헌법상의 평등원칙에 위배되지 아니한다."고 판단하였다(판례집 7-1, 463).

38) 기탁금규정의 위헌여부가 문제된 또 다른 결정으로, 헌재 1989. 9. 8. 88헌가6, 판례집 1, 199, 공무담임권을 침해하고 불합리한 차별로서 보통·평등선거원칙에도 위반된다고 판단하였다; 헌재 2001. 7. 19. 2000헌마91, 판례집 13-2, 77, 피선거권을 과잉으로 제한하고 평등권에도 위반된다고 판단하였다; 헌재 2010. 12. 28. 2010헌마79, 판례집 22-2하, 820, 과잉금지원칙을 적용하여 공무담임권의 침해여부를 판단하였고, 이어서 평등권의 위반여부를 별도로 판단하였다.

39) 헌법재판소의 판례 경향에 대하여 자세하게 분석한 것으로 이인호, "공무담임권의 보호영역에 관한 헌법재판소의 판례비판-결정 상호간의 모순과 부정합성 비판-", 법과 사회 제30호(2006), 319면 이하.

29. 2001헌마788등), "공무담임권의 보호영역에는 공직취임의 기회의 자의적인 배제 뿐 아니라, 공무원 신분의 부당한 박탈까지 포함되는 것이라고 할 것이다. 왜냐하면, 후자는 전자보다 당해 국민의 법적 지위에 미치는 영향이 더욱 크다고 할 것이므로, 이를 보호영역에서 배제한다면, 기본권 보호체계에 발생하는 공백을 막기 어려울 것이며, 공무담임권을 규정하고 있는 위 헌법 제25조의 문언으로 보아도 현재 공무를 담임하고 있는 자를 그 공무로부터 배제하는 경우에는 적용되지 않는다고 해석할 수 없기 때문이다."라고 판시함으로써, 구체적인 논증의 제시 없이 공무담임권의 보장내용을 '공직취임의 기회균등' 뿐만 아니라 '공무원신분의 부당한 박탈의 금지'도 포함하는 것으로 확대하였고,[40] 나아가 헌법에 위반되지 아니한다고 판시한 종래의 판례(헌재 1990. 6. 25. 89헌마220 결정)를 변경하여 과잉금지원칙에 위반되어 공무담임권을 침해한다고 판단하였다.[41]

또한, 헌법재판소는 공무원의 정년규정이나 정년을 단축하는 규정에 의하여 공무담임권이 제한된다는 입장을 취하고 있다. 헌법재판소는 종래의 일부 결정에서 공무원의 정년제도와 관련하여, 제한되는 기본권으로서 '공무담임권'과 '직업의 자유'를 함께 언급하였으나,[42] 근래에는 '공무담임권과 직업의 자유'의 관계를 '공무담임권을 직업선택의 자유에 대한 특별기본권'으로 확정하면서,[43] 제한되는 기본권으로서 직업의 자유를 더 이상 언급하지 아니하고 오로지 공무담임권의 침해여부를 판단하고 있다.[44]

나. 공무원의 직위유지에 관한 주관적 권리

지방자치단체의 장이 금고 이상의 형을 선고받고 그 형이 확정되지 아니한 경우 부단체장이 그 권한을 대행하도록 규정한 지방자치법조항의 위헌여부가 문제된 사건(헌재 2005. 5. 26. 2002헌마699등)에서, 헌법재판소는 "국민이 공무담임에 관한 자의적이지 않고 평등한 기회를 보장받음을 의미하는 바, 공무담임권의 보호영역에는 공직취임 기회

40) 헌재 2002. 8. 29. 2001헌마788등(선고유예 받은 공무원의 당연퇴직), 판례집 14-2, 219, 224.

41) 헌재 2002. 8. 29. 2001헌마788등(선고유예 받은 공무원의 당연퇴직), 판례집 14-2, 219, "공무원이 금고 이상의 형의 선고유예를 받은 경우에는 공무원직에서 당연히 퇴직하는 것으로 규정하고 있는 이 사건 법률조항은 금고 이상의 선고유예의 판결을 받은 모든 범죄를 포괄하여 규정하고 있을 뿐 아니라, 심지어 오늘날 누구에게나 위험이 상존하는 교통사고 관련 범죄 등 과실범의 경우마저 당연퇴직의 사유에서 제외하지 않고 있으므로 최소침해성의 원칙에 반한다." 또한, 이와 동일한 내용을 규정하고 있는 국가공무원법조항(헌재 2003. 10. 30. 2002헌마684등)에 대하여 위헌으로 판단하였고, 금고 이상의 형의 선고유예를 받은 예비군지휘관의 당연퇴직(헌재 2005. 12. 22. 2004헌마947), 자격정지 이상의 형의 선고유예를 받은 군무원의 당연퇴직(헌재 2007. 6. 28. 2007헌가3), 자격정지 이상의 형의 선고유예를 받은 경찰공무원의 당연퇴직(헌재 2004. 9. 23. 2004헌가12)이 문제된 사건에서 마찬가지로 동일한 이유로 각 위헌결정을 하였다.

42) 가령, 헌재 1997. 3. 27. 96헌바86, 판례집 9-1, 325, 332-333.

43) 헌재 2000. 12. 14. 99헌마112(교육공무원 정년단축), 판례집 12-2, 399, 409.

44) 헌재 2000. 12. 14. 99헌마112등(교육공무원 정년단축), 판례집 12-2, 399, 414, "초·중등교원의 정년을 62세로 하향조정한 것이 입법형성권의 한계를 벗어난 것이라 할 수 없을 뿐만 아니라, 기존 교원들의 신뢰이익을 지나치게 침해한 것이라고도 보기 어렵다. 그렇다면 이 사건 법률조항은 헌법 제37조 제2항 또는 신뢰보호원칙에 위반하거나, 공무원의 신분보장 정신에 위반하여 공무담임권을 침해하는 것이라 할 수 없다."

의 자의적인 배제 뿐 아니라, 공무원 신분의 부당한 박탈이나 권한(직무)의 부당한 정지도 포함된다고 할 것이다."라고 하여, 아무런 부가적인 설명 없이 '직무의 부당한 정지의 금지'도 공무담임권의 보장내용에 포함된다고 일방적으로 확인하였다.[45] 나아가, 헌법재판소는 위 결정에서 직업공무원이 아닌 '선출직 공무원'의 직무가 정지된 경우에 대해서도 공무담임권의 적용범위를 확대함으로써, 공무담임권은 직업공무원의 신분을 보장하는 기능을 넘어서, 선출직 공무원의 직위도 보장하는 기능을 담당하게 되었다.

또한, 형사사건으로 기소된 국가공무원을 직위해제할 수 있도록 규정한 구 국가공무원법조항이 공무담임권을 침해하는지 여부가 문제된 사건에서(헌재 2006. 5. 25. 2004헌바12), 헌법재판소는 '직위의 해제'가 공무담임권을 제한한다는 것을 전제로 하여 심판대상조항이 비례의 원칙에 위반되는지 여부를 판단하였는데, 결론적으로 공무담임권을 침해하지 않는다고 결정하였다.[46]

2. 직무수행에 있어서 공무원의 기본권주체성

모든 공직자는 공익실현의 의무가 있는 국민의 공복이자, 동시에 기본권에 의하여 보장된 자유의 행사를 통하여 자신의 인격을 발현하는 기본권의 주체이다.[47] 공직자는 직무 외의 영역(사적 영역)에서는 기본권의 주체이다. 이에 대하여, 공직자는 직무수행에 있어서 국민의 기본권을 존중해야 하고 기본권의 구속을 받는 '기본권의 수범자'이다.[48]

공무원은 국가조직의 일부로서 국가권력을 행사하고 국가기능을 이행하는 것이므로, 국가과제를 수행함에 있어서 국가에 대하여 기본권을 주장할 수 없다. 개인이 국가와의 관계에서 기본권에 의하여 보호되는 자유를 행사하는 반면, 국가는 개인과의 관계에서 기본권이 아니라 권한과 관할에 근거하여 활동한다. 공직자가 직무수행을 통하여 국가의 기능과 과제를 이행하는 경우, 공직자는 국가조직의 일부로서 기본권이 아니라 권한과 관할을 행사하는 것이다. 공직자는 공적 과제를 수행하는 영역에서 사인으로서 국가와 대치하고 있지 않으므로, 기본권이 보호하고자 하는 전형적인 위험상황에 처할 수 없고, 이로써 기본권에 의한 보호를 필요로 하지 않는다. 즉, 공직자가 국가조직 내에서 국가의 기관으로서 활동하는 경우에는 국가로부터 개인의 영역을 보호하고자 하는 기본권은 기능하지 않는다.[49]

---

45) 판례집 17-1, 734, 743. 한편, 헌법재판소는 위 결정에서 합헌으로 판단하였으나(4인의 합헌의견과 4인의 위헌의견), 헌재 2010. 9. 2. 2010헌마418 결정에서 판례를 변경하여 심판대상조항의 위헌성을 확인하는 헌법불합치결정을 하였다.

46) 판례집 18-1하, 58.

47) 헌재 2004. 5. 14. 2004헌나1(대통령 노무현 탄핵), 판례집 16-1, 609, 638, "모든 공직자는 선거에서의 정치적 중립의무를 부과 받고 있으며, 다른 한편으로는 동시에 국가에 대하여 자신의 기본권을 주장할 수 있는 국민이자 기본권의 주체이다."

48) 공무원의 기본권주체성에 관하여 상세하게 한수웅, "공무원의 기본권 제한 - 정치적 표현의 자유에 대한 제한의 헌법적 문제점을 중심으로 -", 인권과 정의 제434호, 2013. 6. 'Ⅲ.' 서술 부분 참조.

3. 공무원의 주관적 권리의 인정 필요성 및 헌법적 근거

공무원은 국가과제를 수행함에 있어서 국가에 대하여 기본권을 주장할 수 없으나, 그럼에도 공무원에게 제한된 범위에서나마 국가에 대하여 주장할 수 있는 '기본권과 유사한 주관적 권리'를 부여해야 할 필요성이 인정되는지, 공무원에게 이러한 주관적 권리가 인정된다면 그 헌법적 근거는 무엇인지의 문제가 제기된다.

가. 공무원의 주관적 권리의 인정 필요성

직업공무원제도의 본질적인 특징은 국가에 대한 공법상의 근무·충성관계이다. 공무원관계는 사용자와 근로자 사이에 노무 제공과 임금 지급을 약속하는 근로계약 관계가 아니다. 공무원관계는 사용자와 근로자 간의 사법상의 관계와는 근본적으로 법적 성격을 달리하기 때문에, 대립하는 이해당사자 사이의 이익투쟁의 관점에 의해서가 아니라, '국가의 이익'과 '공무원의 이익'이라는 兩 법익의 조화로운 조정을 목표로 하는 입법에 의하여 형성된다.[50)]

공무원관계는 공무원에게 독자적인 권리와 의무를 부여하며, 이러한 권리와 의무는 국가와 공무원 사이의 계약에 의하여 발생하는 것이 아니라 법률에 의하여 일방적으로 정해진다.[51)] 공무원은 권리와 의무의 형성에 있어서 자신의 고용주인 국가와 대치하는 관계에 있지만, 고용주체인 국가는 동시에 입법자로서 공무원의 근무관계를 일방적으로 규율하는 권한을 가지고 있다. 입법자는 법률로써 일방적으로 공무원의 급여와 후생에 관하여 결정한다. 개별공무원은 급여수준을 포함하여 근무관계의 구체적인 형성에 대하여 영향을 미칠 수 있는 아무런 법적 가능성을 가지고 있지 않다. 마찬가지로 공무원은 직업상의 공동이익을 추구하기 위하여 집단적으로 투쟁할 수 있는 권리(단체행동권)도 가지고 있지 않다. 공무원에 대한 국가의 인사권은 공무원노조 등의 공동결정을 배제한다. 결국, 공무원은 그의 고용주체인 국가가 입법을 통하여 내린 결정에 일방적으로 의존하고 있는 것이다.

이러한 관점에서, 헌법이 제7조 제2항에서 공무원의 신분보장을 비롯하여 입법자에게 직업공무원제도가 기능할 수 있도록 그에 필요한 요건을 규율해야 할 의무를 부과하고 있다면, 공무원이 헌법적으로 보장된 지위(신분보장)를 지킬 수 있도록 직접적인

49) 헌재 2008. 1. 17. 2007헌마700(대통령의 선거중립의무 준수요청 조치), 판례집 20-1상, 139, 159, "심판대상 조항이나 공권력 작용이 넓은 의미의 국가 조직영역 내에서 공적 과제를 수행하는 주체의 권한 내지 직무영역을 제약하는 성격이 강한 경우에는 그 기본권 주체성이 부정될 것이지만, …"

50) Vgl. BVerfGE 8, 1, 17; 헌재 1992. 4. 28. 90헌바27(국가공무원의 노동운동금지), 판례집 4, 255, 271-272.

51) BVerfGE 99, 300, 317.

당사자인 공무원에게 이에 상응하는 주관적 권리를 부여하는 것이 요청된다.[52] 공무원이 그의 고용주인 국가가 자신의 권리·의무관계를 구체적으로 형성하는 것에 대하여 아무런 영향력을 행사할 수 없다면, 적어도 국가에 의하여 일방적으로 형성된 공직근무관계의 법적 타당성에 대하여 헌법상 명시적으로 규정된 '신분보장'의 관점에서 의문을 제기하고 그의 수정을 요구할 수 있는 가능성을 가져야 한다. 국가와 공무원 사이에 존재하는 법적 관계의 이러한 특수성에 비추어, 제한된 범위 내에서 개별공무원에게 헌법적으로 보장된 지위의 침해에 대하여 헌법소원을 제기할 수 있는 '기본권과 유사한 주관적 권리'를 부여해야 할 필요성이 인정된다. 이로써 공무원은 직업공무원제도의 기능유지의 관점에서 입법자에게 제시된 헌법적 요청인 '신분보장'을 준수하는지 여부를 헌법소원의 형태로 다툴 수 있는 가능성을 가지는 것이다.

나. 헌법적 근거

(1) 헌법 제7조 제2항의 직업공무원제도의 보장

여기서 공무원에게 인정되는 주관적 권리의 헌법적 근거가 무엇인지의 문제가 제기된다. 헌법 제7조 제2항은 직업공무원제도를 '헌법적 제도'로서 보장한다는 의미에서 일차적으로 객관적 규범이다. 위 헌법규정은 공무원의 주관적 권리를 보호하는 것이 아니라, 일반국민의 이익(안정적이고 효율적인 국가행정의 확보)을 위하여 직업공무원제도를 보장하고 유지하고자 하는 것이다.[53] 직업공무원제도를 헌법에 부합하게 형성함에 있어서 입법자에게 광범위한 형성의 자유가 인정된다. 이러한 점에서, 직업공무원제도의 헌법적 보장으로부터 입법자의 구체적 입법의무를 도출할 수 없고, 그 결과 국가의 구체적 입법의무에 대응하는 공무원의 주관적 권리를 도출하는 것은 원칙적으로 불가능하다.[54]

한편, 직업공무원제도를 보장하는 헌법 제7조 제2항으로부터 구체적인 입법의무 및 이에 대응하는 공무원의 구체적 권리를 도출하는 것은 어렵다 하더라도, 입법자에 대하여 공무원의 법적 지위를 헌법 제7조 제2항의 요청에 부합하게 형성할 것을 요구할 수 있는 주관적 권리를 인정하는 것은 가능하다. 헌법 제7조 제2항은 '공무원의 신분보장'

---

52) 공무원이 국가로부터 충분한 급여를 지급받지 못하고 있다는 주장으로 제기한 헌법소원사건에서, 독일 연방헌법재판소는 심판청구의 적법요건을 판단하면서, 위와 유사한 논거를 바탕으로 직업공무원제도를 보장하는 객관적 헌법규범인 기본법 제33조 제5항에 근거하여 헌법소원을 통하여 관철할 수 있는 '기본권과 유사한 주관적 권리'를 인정할 수 있다고 판시하였다(BVerfGE 8, 1, 17, "기본법 제33조 제5항은 직접 적정한 생계를 보장함으로써, 동시에 또한 개별공무원에게도 국가에 대한 基本權 類似的 主觀的 權利를 부여하고 있다."). 나아가, 연방헌법재판소는 후속결정에서(BVerfGE 12, 81, 87) 공무원의 주관적 권리는 적정한 급여를 요구할 권리에 그치는 것이 아니라, 직업공무원제도의 헌법적 보장이 국가에 대하여 공무원의 법적 지위와 관련되는 핵심적인 구조원칙의 준수를 요청하는 것이므로, 공무원에게는 국가에 대하여 이러한 구조원칙을 준수할 것을 요구할 수 있는 전반적인 권리를 가진다고 판시하였다.

53) Vgl. H. Lecheler, Der öffentliche Dienst, in: HbStR, Bd.Ⅲ, 1988, §72 Rn.68; BVerfGE 9, 268, 286.

54) Vgl. Merten, Berufsfreiheit des Beamten und Berufsbeamtentum, in: HbGR, Bd.V, 2013, §114 Rn.2.

을 입법을 통하여 구체화하고 실현해야 할 의무를 부과하고 있으므로, 이에 대응하여 직업공무원제도가 기능할 수 있도록 신분보장에 관하여 규율할 것을 입법자에게 요구할 수 있는 주관적 권리, 입법자가 이러한 형성의무를 제대로 이행하고 있지 않는 경우에는 이를 헌법소원을 통하여 다툴 수 있는 공무원의 주관적 권리를 인정할 수 있다.

공무원에게 이러한 내용의 주관적 권리를 인정하는 것은, 헌법 제7조 제2항의 객관적인 규율내용을 입법자에 대하여 보장하고 관철하기 위하여 필요하다. 공무원의 법적 지위와 직접적으로 연관되는 헌법적 보장(신분보장)과 관련하여 공무원에게 헌법소원을 통하여 다툴 수 있는 주관적 권리를 인정한다면, 이는 헌법 제7조 제2항이 의도하는 목적(안정적이고 효율적인 국가행정의 확보)을 달성하고, 특히 '공무원의 신분보장에 대한 헌법적 요청'을 관철하는 데 보다 기여할 수 있다.[55] 헌법상의 제도보장은 자신이 위협받는 경우에 적절하게 방어할 수 있는 가능성을 함께 보유한 경우에만 그 헌법적 의미와 가치를 가진다. 공무원에 대한 주관적 보호는 직업공무원제도의 특성에 그 바탕을 두고 있기 때문에, 공무원이 헌법소원을 통하여 관철할 수 있는 주관적 권리를 도출할 수 있는 헌법적 근거는 직업공무원제도를 규정하는 헌법 제7조 제2항이다.[56]

(2) 헌법 제25조의 공무담임권?

여기서, '신분보장에 관한 공무원의 주관적 권리'를 공무담임권의 보장내용에 포함시킬 수 있는지의 문제가 제기된다. 공무담임권은 '제2장 국민의 권리와 의무'에 관한 부분에 위치하고 있는 '국민의 기본권'으로서의 성격을 가지고 있는 반면, '신분보장에 관한 헌법적 권리'는 국가와 특수한 관계에 있는 특정한 집단인 직업공무원에게만 인정되는 '일종의 특권'에 해당하는 것으로 국민의 기본권이 아니다. 공무원은 공익실현의 주체이고 공무원에게 인정되는 주관적 권리는 공무원 개인의 인격발현이 아니라 직업공무원제도의 기능보장을 위해서 부여되는 것이므로, 공무원의 주관적 권리는 모든 개인에게 자기결정과 인격발현을 위하여 인정되는 '기본권'의 성격을 가지지 않는다. 공직에 취임하기 이전의 단계에서는 국가와의 관계에서 개인에게 보장된 기본권을 주장하고 관철하는 문제, 즉 '기본권의 문제'이지만, 일단 공직에 취임함으로써 국가영역에 들어온 다음에는 공무원의 신분보장의 문제는 더 이상 국가와 대립하는 개인의 문제가 아니라

---

55) Vgl. Jachmann, in: v. Mangoldt/Klein/Starck, GG Kommentar, Art.33 Rn.40; Merten, Berufsfreiheit des Beamten und Berufsbeamtentum, in: HbGR, Bd.V, 2013, §114 Rn.5f.

56) 독일 연방헌법재판소 판례와 학계의 다수 견해는 직업공무원제도를 보장하는 기본법 제33조 제4항 및 제5항의 객관적 규정을 근거로 하여 공무원에게 헌법소원을 통하여 다툴 수 있는 '기본권과 유사한 주관적 권리'를 인정할 수 있다고 한다, vgl. BVerfGE 8, 1, 17; 43, 154, 167; 130, 263, 292; Badura, in: Maunz/Dürig, GG, Art.33 Rn.53; Merten, Berufsfreiheit des Beamten und Berufsbeamtentum, in: HbGR, Bd.V, 2013, §114 Rn.3ff.; Jachmann, in: v. Mangoldt/Klein/Starck(Hg), GG Kommentar, Bd.2, 6.Aufl. Art.33 Rn.40; Battis, in: Sachs, GGK, Art.35 Rn.65; 반면에 이에 대하여 비판적인 견해로는 Masing, in: Dreier(Hg), GGK, Bd.II, 2. Aufl. Art.33 Rn.71; Kunig, in: v. Münch/Kunig, GGK, Art.33 Rn.55; H. Lecheler, Der öffentliche Dienst, in: HbStR, Bd.Ⅲ, 1988, §72 Rn.56.

'직업공무원제도가 기능하기 위한 조건의 문제'인 것이다.

공무원의 주관적 권리는 헌법소원을 통하여 그 침해여부를 다툴 수 있다는 점에서만 기본권과 유사하다.[57] 공무원의 주관적 권리는 국가에 대한 공무원의 특수한 관계에서 나오는 특권인 '신분보장'을 관철하기 위한 헌법적 권리로서, 기본권과는 전혀 다른 성격의 권리이다. 공무원의 주관적 권리는 개별공무원의 이익을 위하여 그 자체로서 보장되는 것이 아니라 직업공무원제도의 기능을 보장하기 위한 수단으로 인정되는 것이며, 제도의 헌법적 보장에 대하여 종속적인 것이므로, 직업공무원제도와의 연관관계에서만 도출될 수 있는 것이다.[58] 이러한 관점에서 볼 때, '신분보장에 관한 공무원의 주관적 권리'를 공무담임권의 보장내용에 포함시킨 헌법재판소의 판례는 재고해야 할 필요가 있다.

4. 공무원의 주관적 권리의 범위

가. 직업공무원제도의 본질 및 구조적 원칙

공무원의 주관적 권리는 직업공무원제도의 특성에 바탕을 두고 있는 고유한 성격의 것이므로, 공무원의 주관적 권리가 인정될 수 있는 범위를 파악하기 위해서는 일차적으로 직업공무원제도의 본질과 구조적 원칙이 규명되어야 한다. 직업공무원제도의 구조적 원칙(핵심적 요소)이 무엇인지는 직업공무원제도의 헌법적 의미와 기능 및 직업공무원제도를 규정하는 헌법 제7조, 공직취임에 있어서 기회균등을 보장하는 헌법 제25조(공무담임권)와의 연관관계에서 헌법해석을 통하여 밝혀져야 한다.[59]

(1) 직업공무원제도란, 국가공권력의 행사를 전문적 지식과 능력, 충성적인 의무이행에 기초하는 공법상의 근무관계에 있는 공무원에게 위임함으로써 안정적이고 효율적인 행정을 확보하고 나아가 국가생활을 형성하는 정치적 세력에 대한 균형적 요소로 기능하게 하고자 하는 제도이다.[60] 따라서 직업공무원제도는 이러한 헌법적 과제와 기능을 이행할 수 있도록 법적으로 구체적으로 형성되어야 한다.[61]

---

57) 이러한 점에서, 공무원의 주관적 권리를 '基本權 類似的 權利'로 표현하는 것은 오해의 소지가 있다, vgl. Mager, Einrichtungsgarantien, 2003, S.358.

58) 同旨 이인호, "공무담임권의 보호영역에 관한 헌법재판소의 판례비판-결정 상호간의 모순과 부정합성 비판-", 법과 사회 제30호(2006), 340면, 공무원의 신분보장은 헌법 제7조 제2항의 직업공무원제도에 근거하여 '기본권 유사적 권리'로서 인정할 여지는 있으나, 공무담임권의 보장내용에는 포함시킬 수 없다고 한다.

59) 직업공무원제도의 구조적 원칙에 관하여 상세하게 한수웅, "헌법 제7조의 의미 및 직업공무원제도의 보장", 법조 2012. 11, 27면 이하 참조.

60) Vgl. BVerfGE 7, 155, 162; 64, 367, 379, 또한, 직업공무원제도의 헌법적 의미에 관하여 헌재 1997. 4. 24. 95헌바48, 판례집 9-1, 435, 442-443.

61) 헌법적으로 부과된 직업공무원제도의 '기능'으로부터 제도보장의 내용을 도출해야 한다는 견해로 Vgl. BVerfGE 8, 1, 16f.; Jachmann, in: v. Mangoldt/Klein/Starck, GG Kommentar, Art.33 Rn.33; Mager, Einrichtungsgarantien, S.362; H. Lecheler, Das Berufsbeamtentum, in: Festschrift 50 Jahre Bundesverfassungsgericht, Bd.Ⅱ. 2001, S.359.

나아가, 헌법은 제7조 제1항에서 모든 공직자의 헌법적 지위를 "국민전체에 대한 봉사자"로 규정함으로써 공익실현의 의무를 제시하면서, 제2항에서 직업공무원제도의 헌법적 像을 결정적으로 형성하는 2가지 본질적 요소인 '공무원의 신분보장'과 '정치적 중립성'을 명시적으로 언급함으로써 입법자가 공무원제도를 구체적으로 형성함에 있어서 준수해야 하는 지침을 제시하고 있다. 뿐만 아니라, 헌법은 제25조에서 국가에 의하여 제공된 공직을 누구나 균등하게 담당할 수 있는 권리(공무담임권)를 국민의 기본권으로 보장함으로써, 여러 지원자가 한정된 공직을 가지고 경쟁하는 경우에는 평등원칙에 그 바탕을 둔 '능력주의'에 따라 최적격자가 선발된다는 것을 함께 규정하고 있다.

(2) '공무원의 신분보장'은 '공무원의 충성의무'(Treuepflicht)에 대응하는 국가의 보호·배려의무(Fürsorgepflicht)의 헌법적 표현이다. 공무원은 국가에 대하여 충성과 복종의 의무, 사익을 배제한 채 공익실현을 위하여 직무에 전념해야 할 의무를 지는 대신, 국가는 이에 대한 반대급부로서 공무원에 대한 보호·배려의무를 진다. 국가의 보호·배려의무의 주된 내용이 바로 공무원에 대한 신분보장과 경제적 보장(부양의무)이다. 이로써 직업공무원제도는 헌법적으로 상호 간의 충성(Treue), 즉 '국가에 대한 공무원의 충성의무'와 이에 대응하는 '공무원에 대한 국가의 보호·배려의무'에 기초하고 있다.[62] 공무원의 신분보장은 이에 대응하는 공무원의 충성의무를 전제로 한다는 점에서, 헌법은 비록 공무원의 충성의무를 명시적으로 언급하고 있지 않지만, '공무원의 신분보장'이란 표현을 통하여 '공무원의 충성의무'를 간접적으로 규정하고 있다.

(3) 따라서 직업공무원제도를 구성하는 본질적 요소에는 공무원의 충성의무, 공무원의 신분보장, 공무원의 정치적 중립성, 능력주의가 속한다. 이러한 요소들은 직업공무원제도가 헌법상 부여받은 기능과 과제를 이행하기 위하여 갖추어야 하는 필수적인 조건에 해당한다.

나. 직업공무원의 신분보장에 관한 주관적 권리

(1) 공무원의 지위가 법적으로 그리고 경제적으로 보장되는 경우에만 직업공무원제도는 헌법상 부여된 기능을 이행할 수 있으므로, 공무원의 신분보장과 국가의 부양의무는 직업공무원제도의 구체적 형성에 있어서 입법자를 구속하는 핵심적 구조원칙에 속한다. 공무원은 헌법적으로 보장된 자신의 법적 지위(신분보장)와 관련하여 입법자에 대하여 핵심적인 구조원칙의 준수를 요구할 수 있는 주관적 권리를 가지므로, 공무원의 주관적 권리는 '신분보장에 관한 주관적 권리'로 한정된다. 공무원은 신분박탈이나 정년의 단

62) Vgl. Badura, Staatsrecht, 2003, D Rn.105; H. Lecheler, Der öffentliche Dienst, in: HbStR, Bd.Ⅲ, 1988, §72 Rn.50, 93; Battis, in: Achterberg/Püttner/Würtenberger(Hg), Besonderes Verwaltungsrecht, Bd.II, 2000, S.1022, 1066.

축, 적정한 급여지급의무의 위반 등을 이유로 자신의 주관적 권리의 침해를 주장할 수 있다.

(2) 직업공무원의 신분보장은 일차적으로, 공무원의 충성의무 및 이로 인하여 필연적으로 수반되는 기본권제한에 대한 보상으로서 제공되는 국가의 보호·배려의무의 이행에 해당한다. 따라서 입법자가 자의적으로 또는 공익에 의하여 정당화되지 않는 불합리한 이유로 공무원의 신분을 박탈하도록 규정하는 경우, 공무원은 헌법 제7조 제2항로부터 도출되는 '공무원의 신분보장에 관한 주관적 권리'를 주장하여 헌법소원을 제기할 수 있다.

뿐만 아니라 헌법 제7조 제2항에 의하여 보장하는 직업공무원제도의 본질적 요소인 '공무원의 신분보장'은 원칙적으로 終身制 임용을 의미하는 것이므로, 정년에 관한 규율은 공무원의 신분보장과 직결되는 사안이다. 정년의 확정이나 단축은 직업공무원제도의 특성에 기초한 고유한 내용이므로,[63] 입법자가 정년규정을 통하여 공무원의 신분을 불리하게 변경하는 경우에는 공무원은 '공무원의 신분보장에 관한 주관적 권리'를 주장하여 헌법소원을 제기할 수 있다.

직업공무원의 신분보장은 경제적 보장 없이는 실현될 수 없기 때문에, 공무원에 대한 경제적 보장을 통하여 보완되어야 한다. 이로써 공무원은 그 지위에 있어서 법적으로 그리고 경제적으로 보장된다. 이러한 의미에서 직업공무원제도를 구성하는 중요한 요소 중 하나가 '국가의 부양원칙'이다.[64] 공무원이 종신으로 직무에 전념하는 대신, 국가는 이에 대한 반대급부로서 적정한 급여와 연금의 형태로 부양의무를 이행하는 것이다.[65] 국가는 공무원이 생계와 노후를 걱정할 필요 없이 직무에 전념할 수 있도록, 공무원에게 위임된 직무에 상응하는 적정한 급여와 연금을 제공해야 하는 의무를 진다.[66] 따라서 입법자가 적정한 급여를 지급하지 않는 경우, 공무원은 신분보장에 관한 주관적 권리를 주장하여 헌법소원을 제기할 수 있다.

5. 헌법재판소 판례의 문제점

첫째, 헌법재판소의 판례는 '공직'과 '기본권'을 구분하지 못한다는 문제점을 드러내고 있다.[67] 헌법재판소는 헌재 2002. 8. 29. 2001헌마788등 결정에서 헌법 제25조의

63) 헌재 1997. 3. 27. 96헌바86, 판례집 9-1, 325, "국가공무원법상의 공무원정년제도는 공무원에게 정년까지 계속 근무를 보장함으로써 그 신분을 보장하는 한편 공무원에 대한 계획적인 교체를 통하여 조직의 능률을 유지·향상시킴으로써 직업공무원제를 보완하는 기능을 수행하고 있는 것이므로 이 사건 심판대상조항은 공무원의 신분보장과 직업공무원제도를 규정한 헌법 제7조에 위반되지 아니한다."

64) Vgl. BVerfGE 99, 300, 314f.

65) Vgl. BVerfGE 21, 329.

66) 공무원의 급여나 연금의 삭감은 일차적으로 헌법 제23조의 재산권보장이 아니라, '국가의 부양의무' 및 그에 대응하여 '국가로부터 적정한 급여와 연금을 요구할 수 있는 공무원의 권리'가 자리 잡고 있는 헌법 제7조 제2항을 기준으로 하여 판단해야 한다, 유사한 취지로 또한, BVerfGE 76, 256, 294.

해석상 공무원의 권리를 도출하는 것이 가능하다고 하나("헌법 제25조의 문언으로 보아도 현재 공무를 담임하고 있는 자를 그 공무로부터 배제하는 경우에는 적용되지 않는다고 해석할 수 없기 때문이다."), '국민의 기본권'으로부터 기본권을 준수해야 하는 '공직자의 권리'를 도출할 수 없다는 것은, 문리해석 이전에 이미 기본권의 본질과 기능으로부터 나오는 헌법해석의 한계이다.

공직자는 위임받은 국가권력을 행사하는 국가의 조직이자 기관으로, 직무수행에 있어서 기본권이 아니라 권한과 관할의 주제가 될 수 있을 뿐이다.[68] 국가의 도구로서 국가과제를 이행하는 공직자를 국가로부터 보호하는 기본권이란 있을 수 없다.[69] 공무담임권의 보장내용을 헌법재판소의 판례와 같이 '공무원 신분과 직위에 관한 주관적 권리'에까지 확대한다면, 공무담임권은 '공직자가 되고자 하는 국민의 기본권'을 넘어서, 헌법상 존재하지 않는 기본권인 '공무를 담임하고 있는 공직자의 기본권'으로 변질된다. 공무원의 주관적 권리는 직업공무원관계의 특수성으로부터 나오는 것이므로, 이를 도출할 수 있는 헌법적 근거는 국민의 기본권인 '공무담임권'이 아니라 직업공무원제도를 보장하는 '헌법 제7조 제2항'이다.

둘째, 헌법재판소가 2005년 결정(헌재 2005. 5. 26. 2002헌마699등)에서 '공무원의 주관적 권리'의 보장내용을 '신분보장'을 넘어서 '직무와 권한의 유지'에까지 확대한 것은 헌법적으로 별도의 논증을 요하는데, 헌법재판소는 이에 관하여 아무런 설명을 하고 있지 않다. 직업공무원의 신분보장과 관련하여 이를 다툴 수 있는 주관적 권리를 인정하는 것 외에, '현재 보유하고 있는 공직을 유지할 권리', '일단 담당한 공직에 대한 공직자의 권리'는 헌법적으로 도출할 수 없으므로, 헌법적 권리로서 존재하지 않는다.

여기서 헌법재판소는 행정소송을 통하여 다툴 수 있는 '공무원의 법률상의 지위'와 헌법소원을 통하여 다툴 수 있는 '기본권 또는 헌법상 권리'를 혼동하고 있다. 그 결과, 공무원의 법률상 지위에 변동을 가져오는 모든 행정행위(가령, 전직이나 전보, 직위해제

---

67) 헌법재판소의 판례에 대한 비판적인 견해로는 헌재 2005. 5. 26. 2002헌마699등, 판례집 17-1, 734, 753(재판관 권성의 별개의견); 이인호, "공무담임권의 보호영역에 관한 헌법재판소의 판례비판-결정 상호간의 모순과 부정합성 비판-", 법과 사회 제30호(2006), 339면 이하; 윤영미, "공무담임권에 관한 소고-보호영역을 중심으로-", 법학논총 제23집 제2호, 한양대학교, 2006, 129면 이하; 반면에 헌법재판소 판례에 동조하는 견해로 이승우, "공무담임권의 보호범위에 관한 평석", 공법연구 제36집 제1호(2007. 10), 542면 이하.

68) 같은 취지로, 헌재 2005. 5. 26. 2002헌마699 등, 판례집 17-1, 734, 753(재판관 권성의 별개의견), "공무담임권은 공직취임에 있어서의 균등한 기회만을 보장하고 일단 당선 또는 임명된 공직에서의 활동이나 수행의 자유는 공무담임권에 의하여 보장되는 것이 아니다. … 공무원의 직무수행권은 바로 위와 같은 국가의 객관적 권한배분 내지 조직구성권의 행사의 결과로 주어진 '권한'(Kompetenz)이며 공무원 개인이 국가에 대하여 요구할 수 있는 주관적 공권이라고 볼 수 없다. … 비록 이 사건 권한대행규정으로 말미암아 단체장의 권한이 정지된다고 하더라도 이는 공무원 개인의 자유를 제한한 것이 아니라 객관적 권한배분 내지 객관적 권한질서의 문제이므로 당해 단체장이 자신의 주관적 공권인 공무담임권이 침해되었음을 이유로 위헌임을 주장할 수는 없는 것이다."

69) 同旨 이인호, "공무담임권의 보호영역에 관한 헌법재판소의 판례비판-결정 상호간의 모순과 부정합성 비판-", 법과 사회 제30호(2006), 340면 이하.

등)의 경우에도 공무원의 기본권침해를 인정하게 될 위험이 있다. 공무원의 직무수행권이나 직위보유권은 기껏해야 법률상의 지위(주관적 공권)일 뿐, 기본권이 아님은 물론이고 공무원에게 귀속되는 헌법상 지위도 아니다.

셋째, '공무원의 주관적 권리'를 직업공무원의 범위를 넘어서 '선출직 공무원'에까지 확대하여 인정할 수 있는지에 대하여 의문이 제기된다. 직업공무원의 경우에는 공무원의 신분보장을 명시적으로 언급하고 있는 '직업공무원제도의 헌법적 보장'과의 연관관계에서 '신분보장에 관한 주관적 권리'를 인정할 여지가 있으나, 선출직 공무원의 경우에는 이러한 방법으로 주관적 권리를 이끌어내는 것이 불가능하다. 그렇다면, 선출직 공무원의 직위보장과 관련해서는 다른 헌법적 근거가 필요한데, 헌법재판소는 이에 관하여 아무런 논증을 제시하고 있지 않다.

한편, 선출직 공무원의 직위 보장에 관한 주관적 권리를 헌법상 도출할 수 있는지의 문제와 관계없이, 다시 한 번 확인하고 넘어가야 하는 것은, 선출직 공무원의 직위박탈이나 직무정지로 인하여 제기되는 문제는 기본권행사가 아니라 권한행사의 문제라는 점이다.

예컨대, 특정한 요건 하에서(가령, 비례대표 국회의원이 당직을 변경하는 경우 등) 국회의원이 의원직을 상실한다는 법률조항에 의하여 의원직을 상실하는 경우에 제기되는 문제는 기본권침해가 아니라 권한침해의 문제이므로,[70] 국회의원은 위 법률조항에 대하여 헌법소원을 제기할 수는 없고,[71] 위 법률조항에 의한 국회의원의 권한 침해를 주장하여 권한쟁의심판을 청구해야 한다. 또한, 지방자치단체의 장 권한이 대행되어야 하는지의 문제도 지방자치단체 장의 기본권의 문제가 아니라 권한행사의 문제이다. 이러한 문제는 권한대행을 규정하는 법률조항에 의하여 지방자치단체 장의 권한이 침해되는지의 문제로서 헌법소원으로 다툴 수 있는 기본권침해의 문제가 아니다.[72]

Ⅳ. 맺는말

1. 헌법 제25조의 공무담임권은 선출직 이외의 공직에 임명될 수 있는 '공직취임권'과 공직선거에 입후보하여 당선될 수 있는 '피선거권'을 포괄하고 있다. 공직취임권에

70) 이 경우, 국회의원은 헌법 제46조 제2항 및 제42조에 근거하여 '임기 동안 전체국민의 대표자로서 자유위임에 근거하여 활동할 권리'의 침해를 주장할 수 있다. 헌법 제46조 제2항의 자유위임은 의원직의 존속과 행사에 있어서 국민의 대표자로서의 의원의 독립성을 위협하는 모든 시도로부터 의원을 보호하고자 하는 것이다.

71) Vgl. BVerfGE 6, 445, 447ff.

72) 현행법상 지방자치단체의 장이 입법자를 상대로 권한쟁의심판을 청구하는 것이 허용되지 않는다면, 지방자치단체의 장은 행정소송을 제기하고 소송계속 중에 재판의 전제가 되는 법률조항에 대하여 법관의 위헌제청을 기대하거나 또는 제청신청이 기각된 후 지방자치제도의 헌법적 보장에 위반된다는 이유로 직접 헌법재판소법 제68조 제2항에 의한 헌법소원을 제기할 수 있을 뿐이다.

관하여 보건대, 직업으로서의 공직의 특수성으로 인하여 공직의 영역에서 '직업선택의 자유'의 보장내용은 '공직을 자유롭게 선택할 권리'가 아니라 단지 '공직을 균등하게 선택할 권리', '공직에 균등하게 접근할 권리'로 축소되고 수정됨으로써, '공직취임의 기회균등'을 보장하는 평등권으로 전환된다. 공직취임권은 공직취임의 기회균등을 보장하는 기본권으로서 공직취임에 있어서 '능력' 외의 기준에 의한 차별을 금지함으로써 특별히 평등을 요구하고 있는 특별평등권이다. 따라서 공직취임권은 직업선택의 자유와 일반적 평등권의 적용을 배제하는 특별기본권이므로, 공직취임의 기회균등이 문제되는 경우에는 오로지 특별기본권인 공직취임권만을 심사기준으로 삼아 판단해야 한다.

피선거권에 관하여 보건대, 헌법상 선거원칙은 선거의 기능을 이행하기 위한 필수적인 조건으로서 선거권뿐만 아니라 피선거권에 대해서도 적용된다. 입법자는 피선거권의 구체적 내용을 입법을 통하여 형성할 수 있으나 헌법상의 선거원칙을 준수해야 한다는 구속을 받음으로써, 피선거권은 그 내용에 있어서 헌법상의 선거원칙에 의하여 본질적으로 결정된다. 헌법 제25조에서 보장하는 피선거권이란 '헌법상 선거원칙에 부합하는 피선거권'이며, 이로써 모든 국민은 무엇보다도 보통·평등선거원칙에 부합하는 피선거권을 가진다. 즉 피선거권은 '누구나 자유롭게 선출직 공직을 선택할 권리'가 아니라 '공직선거에서 선출의 기회균등'을 보장하는 기본권이다. 피선거권은 헌법상 선거원칙과 결합하여 비로소 그 침해가 가능한 기본권이 된다. 그렇다면, 피선거권의 침해여부는 일반적 평등원칙에 대한 특별규정인 헌법상 보통·평등선거원칙의 위반여부의 관점에서 판단해야 한다.

2. 공무담임권에 관한 헌법재판소의 결정을 살펴보면, 헌법재판소는 심판대상조항이 '공무담임권을 과잉으로 제한하는지 여부' 및 '평등권에 위반되는지 여부'의 이중적인 관점에서 판단하고 있음을 확인할 수 있다. 그러나 공무담임권은 그것이 공직취임권이든 피선거권이든 간에, 오로지 '공직에의 접근과 배분에 있어서의 평등'을 보장할 뿐이다. 헌법재판에서 공무담임권이 문제된다면, 공무담임권에 대한 과잉제한의 문제가 아니라 평등의 문제이다. 헌법재판소는 종래 다수의 결정에서 공무담임권의 법적 성격이 평등에 대한 요청이라는 것을 간과한 채 공무담임권을 직업의 자유와 같이 자유권으로 이해함으로써, 헌법상 존재하지 않는 보호범위를 가진 '가상의 자유권'을 기준으로 하여 과잉금지원칙에 따른 위헌심사를 하여 왔다.

3. 헌법 제7조 제2항은 '공무원의 신분보장'을 입법적으로 형성해야 할 의무를 부과하고 있으므로, 이에 대응하여 직업공무원제도가 기능할 수 있도록 신분보장에 관하여 규율할 것을 입법자에 대하여 요구하고, 입법자가 이러한 형성의무를 제대로 이행하고

있지 않는 경우에는 이를 헌법소원을 통하여 다툴 수 있는 '공무원의 주관적 권리'를 인정할 수 있다. 그러나 공무원의 주관적 권리는 헌법소원을 통하여 그 침해여부를 다툴 수 있다는 점에서만 기본권과 유사할 뿐, 국가에 대한 공무원의 특수한 관계에서 나오는 특권인 '신분보장'을 관철하기 위한 헌법적 권리로서, 기본권과는 전혀 다른 성격의 권리이다. 공무원의 주관적 권리는 직업공무원제도의 특성에 그 바탕을 두고 있기 때문에, 이를 도출할 수 있는 헌법적 근거는 국민의 기본권인 공무담임권이 아니라 직업공무원제도를 규정하는 헌법 제7조 제2항이다. 공무원은 헌법적으로 보장된 자신의 법적 지위(신분보장)와 관련하여 입법자에 대하여 그의 준수를 요구할 수 있는 주관적 권리를 가지므로, 공무원의 주관적 권리는 '신분보장에 관한 주관적 권리'로 한정된다. 공무원은 신분박탈이나 정년의 단축, 적정한 급여지급의무의 위반 등을 이유로 자신의 주관적 권리의 침해를 주장할 수 있다.

헌법재판소는, 공무원이 직무수행에 있어서 기본권의 주체가 될 수 없다는 사실을 인식하지 못하고, 공무담임권의 보장내용을 '공무원 신분과 직위의 유지에 관한 권리'로 확장하였다. 이로써 공무담임권은 공무원이 되고자 하는 '국민의 기본권'에서 공무를 담임하고 있는 '공무원의 기본권'으로 변질되었고, 직무수행에 있어서 공무원을 국가로부터 보호하는 기본권으로 둔갑하였다.

참고문헌

윤영미, "공무담임권에 관한 소고 - 보호영역을 중심으로 -", 법학논총 제23집 제2호, 한양대학교, 2006

이승우, "공무담임권의 보호범위에 관한 평석", 공법연구 제36집 제1호(2007. 10.)

이인호, "공무담임권의 보호영역에 관한 헌법재판소의 판례비판 - 결정 상호간의 모순과 부정합성 비판 -", 법과 사회 제30권(2006)

한수웅, "헌법 제7조의 의미 및 직업공무원제도의 보장", 법조 2012. 11.

______, "공무원의 기본권 제한 - 정치적 표현의 자유에 대한 제한의 헌법적 문제점을 중심으로 -", 인권과 정의 제434호, 2013. 6.

______, "헌재 2011. 5. 26. 2010헌마451 결정(선거방송토론회 사건)에 대한 판례평석 - 평등권과 평등선거원칙의 관계를 중심으로 -", 중앙법학 제14집 제3호, 2012. 9.

______, 헌법학, 법문사, 2014

v. Arnim,, Staatslehre der Bundesrepublik Deutschland, 1984

Badura, Staatsrecht, 2003

Battis, in: Achterberg/Püttner/Würtenberger(Hg), Besonderes Verwaltungsrecht, Bd.II, 2000

Breuer, Freiheit des Berufs, in: Isensee/kirchhof(Hg), Handbuch des Staatsrechts (HbStR), Bd.Ⅵ, 1989, §147

O. Depenheuer, Das Öffentiche Amt, in: Isensee/kirchhof(Hg), Handbuch des Staatsrechts (HbStR), Bd.Ⅲ, 2005, §36

Grimm, Politische Parteien, in: Benda/Maihofer/Vogel(Hg), Handbuch des Verfassungsrechts der Bundesrepublik Deutschland (HbVerfR), 2. Aufl. 1994, §14

Gubelt, in: v. Münch/Kunig(Hg), Grundgesetz Kommentar (GGK), Bd.1, 2000, Art.12

Isensee, Gemeinwohl und Staatsaufgaben im Verfassungsstaat, in: Isensee/kirchhof (Hg), Handbuch des Staatsrechts (HbStR), Bd.Ⅲ, 1988, §57

______, Öffentlicher Dienst, in: Benda/Maihofer/Vogel(Hg), Handbuch des Verfassungsrechts der Bundesrepublik Deutschland (HbVerfR), 2. Aufl. 1994, §32

Jachmann, in: v. Mangoldt/Klein/Starck(Hg), Grundgesetz Kommentar, Bd.2, 6.Aufl. Art.33

Kloepfer, Einrichtungsgarantien, in: Merten/Papier(Hg), Handbuch der Grundrechte in Deutschland und Europa (HbGR), Bd.II, 2006, §43

Kunig, in: v. Münch/Kunig(Hg), Grundgesetz Kommentar (GGK), Bd.2, 2001, Art.33
______, Fragen zu den Wahlrechtsgrundsätzen, Jura 1994
H. Lecheler, Das Berufsbeamtentum, in: Badura/Dreier(Hg), Festschrift 50 Jahre Bundesverfassungsgericht, 2. Bd. 2001
______, Der öffentliche Dienst, in: Isensee/kirchhof(Hg), Handbuch des Staatsrechts (HbStR), Bd.Ⅲ, 1988, §72
Loschelder, Grundrechte im Sonderstatus, in: Isensee/kirchhof(Hg), Handbuch des Staatsrechts (HbStR), Bd.V, 1992, §123
Mager, Einrichtungsgarantien, 2003
Mann, in: Sachs(Hg), Grundgesetz Kommentar, 2009, Art.12
Masing, in: Dreier(Hg), Grundgesetz Kommentar, Bd.II, 2. Aufl. 2007, Art.33
Maurer, Staatsrecht, 1999
H. Meyer, Demokratische Wahl und Wahlsystem, in: Isensee/kirchhof(Hg), Handbuch des Staatsrechts (HbStR), Bd.Ⅲ, 2005, §45
______, Wahlgrundsätze und Wahlverfahren, in: Isensee/kirchhof(Hg), Handbuch des Staatsrechts (HbStR), Bd.II, 1987, §38
Merten, Berufsfreiheit des Beamten und Berufsbeamtentum, in: Merten/Papier(Hg), Handbuch der Grundrechte in Deutschland und Europa (HbGR), Bd.V, 2013, §114
M. Morlok, in: Dreier(Hg), Grundgesetz Kommentar, Bd.2, 2007, Art.38
Pauly, Das Wahlrecht in der Rechtsprechung des Bundesverfassungsgerichts, AöR 123(1998)
H.-P. Schneider, Berufsfreiheit, in: Merten/Papier(Hg), Handbuch der Grundrechte in Deutschland und Europa (HbGR), Bd.V, 2013, §113
Schnellenbach, Beamtenrecht in der Praxis, 2005
Stern, Das Staatsrecht der Bundesrepublik Deutschland, Bd.Ⅲ/1, 1988, §74Ⅲ
H. H. Trute, in: v. Münch/Kunig(Hg), Grundgesetz Kommentar (GGK), Bd.2, 2001, Art.38
Vitzthum, Der funktionelle Anwendungsbereich der Grundrechte, in: Merten/Papier (Hg), Handbuch der Grundrechte in Deutschland und Europa (HbGR), Bd.II, 2006, §48
Zippelius/Würtenberger, Deutsches Staatsrecht, 2005

제6장

6

청구권적 기본권

제1절 청원권

議會請願 紹介節次의 위헌여부*

–헌재 1999. 11. 25. 97헌마54 결정에 대한 판례평석을 겸하여–

Ⅰ. 머리말

헌법은 제26조 제1항에서 "모든 국민은 법률이 정하는 바에 의하여 국가기관에 문서로써 청원할 권리를 가진다."고 하여 請願權을 국민의 기본권으로 보장하면서, 제2항에서 "국가는 청원에 대하여 심사할 의무를 진다"고 규정함으로써 청원권의 보장내용을 스스로 구체적으로 밝히고 있다. 청원권은 원칙적으로 내용과 형식의 구속을 받지 않고 직접 국가에 대하여 국민의 불만과 고충을 진술하고 이의 시정을 요구할 수 있는 기본권으로서, 그 보장의 정도에 따라 국민과 국가 간의 관계에 긍정적으로 또는 부정적으로 영향을 미칠 수 있다. 따라서 헌법상 보장된 청원권의 행사가 가능하도록 청원절차를 구체적으로 형성하고 있는 청원관련 법률이 어느 정도로 청원권을 실제로 효과적으로 보장하고 있는지를 살펴보는 것은 중요한 의미를 가진다.[1] 현행법에 따른 청원권의

---

* 위 논문은 2002년 6월, 저스티스(한국법학원), 제67호, 5-31면에 게재된 것을 일부 수정한 것이다.

1) 청원관련 법률로는 일반법으로서 청원법이 있고, 국회와 지방의회에 대한 청원에 관하여는 국회법(제123조

행사가능성이 단지 청원권의 형식적인 보장에 지나지 않는다면, 이는 현행 청원제도가 개선되어야 한다는 것을 의미하는 것이다.[2)]

재판청구권의 보장을 통하여 司法的 권리구제절차가 거의 완벽한 상태에 접근하고 있는 오늘날의 민주적 법치국가에서, 청원권이 기본권의 체계 내에서 지니는 고유한 의미는 무엇인가? 헌법이 "법률이 정하는 바에 의하여" 청원권을 보장하고 있다면, "법률이 정하는 바"의 의미는 무엇이며, 입법자는 어느 정도로 법률로써 헌법상의 청원권을 제한할 수 있는가? 예컨대, 국가는 수형자의 청원서를 검열해도 되는가? 또는 국회에 청원을 하고자 하는 자는 의원의 소개를 얻어야만 청원을 할 수 있도록 紹介節次를 규정할 수 있는가? 한편 헌법 제26조 제1항의 "국가기관"의 의미는 무엇인가? 이러한 질문들은 청원권과 관련하여 제기되는 가장 기본적인 헌법적 문제이다.

아래에서는 청원권의 헌법적 의미와 기능(Ⅱ.), 법적 성격(Ⅲ.), 구체적인 보장내용 및 법적 구제절차(Ⅳ.), 청원의 수리기관, 국회의 청원처리기능의 강화 필요성(Ⅴ.) 등에 관하여 살펴보고, 마지막으로 '지방의회에 청원을 하기 위해서는 의원의 소개를 얻어야 한다'고 규정하는 지방자치법규정을 합헌으로 판단한 헌법재판소결정의 타당성을 검토함으로써(Ⅵ.) 이 글을 마치고자 한다.

Ⅱ. 청원권의 헌법적 의미 및 기능

1. 비형식적, 보완적 권리구제절차

청원권은 다른 권리구제절차의 존재 여부와 관계없이 행사될 수 있는, 즉 행정적·사법적 권리구제절차에 대하여 부가적·보완적으로 부여되는 非正規的 구제절차이다. 현대적 법치국가에서 법제도 및 행정의 관할과 절차가 점점 더 복잡해지고 조감할 수 없게 됨에 따라, 국민은 자신의 권리나 이익을 주장하고 보호하는데 큰 어려움을 느낀다. 뿐만 아니라 법규정이 일반적으로 평균적인 경우를 감안하여 제정된 것이기 때문에 비정상적인 상황이나 예외적으로 발생하는 가혹한 경우를 종종 고려하지 못하는 경우가 있다. 따라서 행정적·사법적 권리구제절차와 관계없이 또는 그러한 형식적인 구제절차가 종료된 후에도 자신의 개인적인 관심사나 이해관계 또는 공익에 관계되는 사안을

이하)과 지방자치법(제65조 이하)이 각 규정하고 있다.

2) 청원권의 실질적인 보장을 위하여 청원처리의 기능을 국가기관이 아니라 독립된 기관인 옴부즈만에 맡겨야 한다는 견해도 이러한 배경에서 이해될 수 있다. 옴부즈만 제도의 도입필요성을 주장하는 견해로, 예컨대 허영, 한국헌법론, 2000, 508면; 허경, 청원권의 일종으로서의 Ombudsmann 제도, 고시연구, 1996. 8., 57면, 그 외 청원권에 관한 비교적 최근의 문헌으로는 예컨대 문광삼, 청원권, 고시연구 96. 8., 35면 이하; 강경근, 청원권의 본질과 심사의무, 고시연구 91. 1., 79면 이하; 이헌환, 의회청원제도에 관한 고찰, 충북대 법학연구 2권1호(90. 11.), 181면 이하; 허경, 서독의회의 청원심사제도에 관한 고찰, 연세대 연세행정논총 6집(80. 1.), 233면 이하.

국가기관에 진술하고 심사를 요구할 수 있는 절차를 부여해야 할 필요가 있다.[3] 청원권이 형식이나 청원대상에 있어서 원칙적으로 아무런 제한을 받지 않고 그냥 하소연을 할 수 있는 가능성을 국민에게 부여한다는 의미에서, 청원권은 국민의 최종적인 '歎願의 壁' 또는 '非常的 救助要請權'이라고 할 수 있다.

청원권의 이와 같은 헌법적 기능에 비추어 볼 때, 청원권의 특성은 그의 '비형식적 성격'에 있다. 청원권은 관할과 절차에 관한 현대 행정·사법체제의 복잡함과 불투명성으로 인한 국민의 고충을 덜어주고, 절차적 하자나 관할의 착오로 인한 권리의 상실가능성을 완화해 주고자 하는 것이다. 그러므로 청원권의 행사는 형식이나 기간 등 절차적 요건이나 관할에 관한 규정의 제한을 받지 않으며, 청원절차의 비용을 부담할 필요도 없다.[4] 또한, 청원권은 자신의 권리나 이익이 현재, 직접 침해당하는 것과 관계없이 행사할 수 있으며, 개인적 이익의 보호뿐만 아니라 사적 또는 공적 이익과 관계되는 모든 사안에 대하여 청원을 할 수 있는 가능성을 부여하므로, 환경보호나 자연보호와 같은 '일반적인 이익'을 추구하는 것도 가능하다. 특히 共同請願을 통하여 공익이나 단체의 이익을 추구하려는 시민단체의 활동이 점차 증가한다는 점에서, 청원권은 '시민단체 활동의 중심적 기본권'이라고도 할 수 있다.[5]

나아가, 청원권은 법질서가 권리보호절차를 제공하지 않는 곳에서 사법적 구제절차의 빈틈을 메우는 기능을 하며,[6] 권리구제수단이 있는 경우라도 사법적 심사의 대상이 되지 않는 사안에 대한 심사를 가능하게 한다. 예컨대, 사법적 권리구제절차와는 달리, 청원을 접수한 국가기관은 청원사항에 대한 합법성을 심사할 뿐만 아니라 합목적성의 관점도 고려할 수 있다.[7] 권리구제절차가 일반적으로 권리의 침해를 전제로 하고 있는 반면, 청원권은 권리의 침해가 없는 경우에도 국가의 행위에 대한 비판을 가능하게 한다. 또한 군인, 수형자, 정신병원에 수용된 자의 경우와 같이, 권리구제수단이 완비되지 않은 특별권력관계에서 청원권은 중요한 의미를 가진다.

2. 국민과 국가 간의 대화 및 유대관계의 유지

청원권은 국가 공권력과 국민 간의 접촉을 강화하기 위한 수단으로서, 국민과 국가

---

3) Vgl. Dürig, in: Maunz/Dürig, Art.17, Rn.1; Vitzthum/März, Das Grundrecht der Petitionsfreiheit, JZ 1985, S.809; Hempfer, Das Petitionsrecht in der parlamentarischen Praxis, in: FS f. W. von Simon, 1983, S.98; Friesenhahn, Zur neueren Entwicklung des Petitionsrechts in der BRD, in: FS f. H. Huber, 1981, S.355.

4) W. Hempfer, Das Petitionsrecht in der parlamentarischer Praxis, in: FS f. W. von Simon, 1983, S.71.

5) Vgl. Isensee, Staatshoheit und Bürgerinitiative, in: Biedenkopf/Voss, Staatsführung, Verbandsmacht und Souveränität, 1977, S.146.

6) Vgl. Korinek, Das Petitionsrecht im demokratischen Rechtsstaat, 1977, S.76ff.; Muheim, Das Petitionsrecht ist gewährleistet, 1981, S.108ff.

7) Vgl. Vitzthum/März, Das Grundrecht der Petitionsfreiheit, JZ 1985, S.809.

사이의 대화를 보장하는 기능을 한다.[8] 국가권력이 일방적으로 공권력을 행사하는 것이 아니라, 청원에 의하여 국민의 목소리와 반응에 귀를 기울이고 국민의 관심사와 이해관계, 의견을 고려할 여지가 있는지를 살핀다는 것은, 국민과 국가 사이의 갈등을 줄이고 이해와 화합을 통한 국민통합에 기여할 수 있다. 오늘날 국가가 행정의 민주화, 행정에의 참여가능성, 住民近距離行政 등의 다양한 형태로 국민에 대하여 자신을 개방하고자 노력하고 있음에도 불구하고, 아직도 많은 국민이 국가 공권력을 '접근할 수 없는 거대한 조직'으로 인식하고 있다. 이러한 점을 고려할 때, 청원권은 국가의 문을 모든 국민에게 개방함으로써 국가적 통합과 융화를 저해하는 요소를 제거하는데 기여하는 수단이다.

특히, 청원권은 국민과 의회 간의 긴밀한 유대관계를 유지하게 하는 수단으로서의 의미를 가진다. 국민이 의회에 청원을 함으로써, 의회는 국민과 행정부 사이에 개입하여 청원인과 행정관청 사이의 중재자로서의 역할을 하게 된다. 국민이 의회로 하여금 자신의 청원내용을 객관적으로 검토하게 할 수 있다는 점에서, 의회에의 청원은 거대한 국가권력에 대한 개인의 무력감과 왜소함을 감소시킬 수 있고, 이로써 국민을 통합하고 융화하는 기능, 즉 민주주의의 기초인 신뢰와 합의를 굳히는 기능을 할 수 있다. 청원제도를 통하여 의회는 모든 사회적·정치적 관심사와 개인적 이해관계에 관하여 '국민의 변호사'로서의 역할을 하는 것이다.[9] 의회에 청원이 제출되어 의회의 심사를 거쳐 소관기관으로 이송된 경우, 청원이 소관 국가기관에 의하여 인용된 경우뿐만 아니라 기각된 때에도 청원과 직무상 직접 관계가 없는 중립적인 기관인 의회가 다시 한 번 심사했다는 사실이 국가행위의 타당성에 대한 신뢰를 높일 수 있고, 결과적으로 법적 평화를 실현하는 효과가 있다.

3. 행정부에 대한 통제

청원권은 행정부에 대한 통제기능 및 행정부 내부의 통제기능을 가지고 있다. '의회에의 청원'은 의회에게 정보를 제공하는 기능을 하고 행정부에 대한 의회의 통제기능을 효과적으로 이행하게 하며, '소관기관에의 청원'은 상급관청으로 하여금 하급관청의 행위를 심사하는 계기를 부여한다.[10]

의회는 청원을 통하여 법집행의 과정에서 어디에 문제와 어려움이 있는지, 행정청이

---

8) Vgl. Muheim, Das Petitionsrecht ist gewährleistet, 1981, S.180f.

9) Vgl. Hesse, Grundzüge des Verfassungsrechts der BRD, 19. Aufl. Rn.463; Hempfer, Das Petitionsrecht in der parlamentarischen Praxis, in: FS f. W. von Simon, 1983, S.99f.

10) 청원법은 상급관서가 청원서를 접수한 때에는 이를 직접 처분관서에 이송해야 하며(법 제9조 제2항), 처분관서가 청원서를 수리하거나 이송받은 때에는 상급관서에 그 처리결과를 보고해야 한다고(법 제9조 제3항) 규정하고 있다.

그에게 부여된 재량을 제대로 행사하는지, 법률이 법현실에 맞는 것인지, 법률이 국민에 의하여 정당한 것으로 받아들여지는지 등에 관하여 정보를 얻을 수 있고, 이러한 법 집행의 상황과 법률의 효과에 관한 입법정보를 토대로 입법상의 하자를 제거하고 행정부에 대한 통제기능을 행사할 수 있다.[11)]

물론, 청원권이 그 효과에 있어서 행정부에 대한 통제의 계기를 부여하지만, 청원권은 그 본질상 국민의 기본권으로서 '고유한 의미에서의 의회의 통제수단'은 아니며, 의회의 대행정부 통제기능은 단지 의회청원의 부수적인 효과이다. '의회의 통제기능'과 '의회청원의 부수적 통제효과' 사이에는 그 유사점에도 불구하고 다음과 같은 근본적인 차이가 있다.[12)]

청원의 경우, 의회는 그 활동에 있어서 구체적인 청원의 구속을 받는다. 의회는 국민의 청원이 없이는 청원사항을 스스로 다룰 권한이 없고 청원대상을 넘어서 심사할 권한이 없다. 청원의 제출에 의하여 비로소 청원절차가 진행되며, 또한 그 심사의 범위도 확정되고 제한된다. 청원의 처리는 개인의 권리구제를 위한 것이며, 헌법상 청원권에서 파생하는 국가의 의무를 이행하는 범주 내에서 이루어진다. 이에 대하여 의회 통제의 경우, 그 통제기능은 국민이나 국가기관의 청구와 관계없이 이루어지고 그 대상범위에 있어서도 제한이 없다. 의회의 통제는 개인적 권리보호의 문제가 아니라 권력분립원칙의 실현에 관한 것이며, 궁극적으로 법치국가를 실현하기 위한 수단이다.

4. 정치적 의사형성과정에의 참여

국민은 청원권을 집단으로 행사하는 방법을 통하여 여론을 형성하고 민의를 국가기관에 전달함으로써, 구체적인 정치적 사안과 관련하여 국가기관의 의사결정과정에 영향력을 행사할 수 있다. 국민이 청원을 통하여 구체적인 정치적 요구를 국가기관, 특히 국민의 대표자인 의회에 대하여 하는 것은 '국가의사형성과정에의 참여'의 형태라고 볼 수 있다.

그러나 청원권의 집단적 행사가능성에도 불구하고, 청원권의 본질은 개인적 권리나 이익 또는 일반적 이익의 보호에 있는 것이지, 민주주의의 실현에 있는 것은 아니다. 헌법이 스스로 의도적으로 배제한 직접민주주의적 요소는 국민의 共同請願에 의하여 대

11) 독일 '연방의회 청원위원회의 활동보고'에 의하면, 위원들이 정당소속과 관계없이 합심하여 청원사항의 사실관계를 조사하고 심의하기 때문에, 의회와 정부간의 대립관계가 정부·여당과 야당의 대립관계로 대체된 오늘의 정치적 현실에서 진정한 의미에서의 대행정부통제가 이루어진다고 한다, vgl. Wittrock, Gedanken zum Petitionswesen und seiner Bedeutung, DÖV 1987, S.1104f.; Vitzthum/März, Das Grundrecht der Petitionsfreiheit, JZ 1985, S.812f.; Hempfer, Das Petitionsrecht in der parlamentarischen Praxis, in: FS f. W. von Simon, 1983, S.100; Friesenhahn, Zur neueren Entwicklung des Petitionsrechts in der BRD, in: FS f. H. Huber, 1981, S.356; Stein, Staatsrecht, 14. Aufl. 1993, S.425; Hesse, Grundzüge des Verfassungsrechts der BRD, Rn.463.

12) Vgl. Vitzthum/März, Das Grundrecht der Petitionsfreiheit, JZ 1985, S.812.

체되거나 다시 도입될 수 없다.[13)]

Ⅲ. 청원권의 법적 성격

1. 자유권적 성격

청원권은 일차적으로 공권력의 침해에 대한 방어권적 성격을 가지고 있다. 자유권으로서의 청원권은 국가의 간섭이나 방해를 받지 않고 자유롭게 개인 또는 공동으로 국가기관에 청원을 할 권리, 즉 국가가 청원권의 행사에 대하여 事前的 또는 事後的 침해행위를 하지 말 것을 요구하는 권리이다.[14)] 자유권으로서의 청원권은, 청원의 제출 시까지 청원권의 행사를 방해하거나 곤란하게 하는 '사전적 조치의 금지' 및 청원을 했다는 이유로 법적 또는 사실적으로 불이익을 주는 '사후적 조치의 금지'를 그 구체적인 내용으로 한다. 예컨대, 청원에 대한 사전심사, 검열, 허가의무, 청원절차비용의 도입 등은 청원권의 행사를 방해하는 사전적 조치로서 원칙적으로 헌법상 허용되지 않는다.[15)]

역사적으로 원래 청원권의 핵심적 보장내용은, 개인이 청원의 형태로 국가행위를 비판하였다는 이유로 불이익이나 처벌, 징계를 받지 아니할 자유의 보장에 있었다.[16)] 그러나 법치국가의 성립과 함께 국가권력의 행사가 법적으로 엄격한 제한을 받게 됨에 따라 위와 같은 방어권적 내용은 점차 그 의미를 잃게 되었다. 그러나 오늘날의 법치국가에서도 청원권의 방어권적 측면은 항상 침해받을 가능성이 있으며, 특히 청원인이 청원을 하였다는 이유로 불이익을 받을 위험이 상존하는 군대 및 교도소와 같은 특별권력관계에서 방어권으로서의 청원권은 여전히 중요한 의미를 지닌다.

또한, 방어권적 기능의 현대적 의미는 '청원권 행사를 위한 事前段階에서의 활동'을 국가의 침해로부터 보호하는 것에도 있다.[17)] 청원권에 의하여 개인적인 청원뿐만 아니라 공동청원도 헌법적으로 보장되므로, 청원권을 공동으로 행사하기 위하여 반드시 필요한 사전적인 준비활동도 청원권에 의하여 보장되어야 한다. 집단청원을 통하여 청원내용에 대한 일반국민의 폭넓은 지지를 확보하고 이로써 청원이 관철될 가능성을 높이

---

13) Vgl. Dürig, in: Maunz/Dürig, Art.17, Rn.11.

14) Vgl. Dürig, in: Maunz/Dürig, Art.17, Rn.3; Friesenhahn, Zur neueren Entwicklung des Petitionsrechts in der BRD, in: FS f. H. Huber, 1981, S.360; Burmeister, Das Petitionsrecht, in: HbStR, Bd.II, §32, Rn.27; Sachs, Verfassungsrecht II, 2000, S.490; Ipsen, Staatsrecht II, 2001, Rn.519; 이에 대하여 비판적으로 Dagtoglou, in: BK, Art.17, Rn.25.

15) Vgl. Muheim, Das Petitionsrecht ist gewährleistet, 1981, S.49.

16) Vgl. Friesenhahn, Zur neueren Entwicklung des Petitionsrechts in der BRD, in: FS f. H. Huber, 1981, S.360; Korinek, Das Petitionsrecht im demokratischen Rechtsstaat, 1977, S.35; Burmeister, Das Petitionsrecht, in: HbStR, Bd.II, §32, Rn.27; 청원권의 보장내용에 위와 같은 자유가 포함된다는 것은 우리 청원법 제11조(차별대우 등의 금지)에서도 명시적으로 표현되고 있다.

17) Vgl. M. Brenner, in: Bonner GG Kommentar Bd.1, 4.Aufl. Art.17, Rn.45.; Muheim, Das Petitionsrecht ist gewährleistet, 1981, S.19f.; Burmeister, Das Petitionsrecht, in: HbStR, Bd.II, §32, Rn.28.

기 위해서는, 청원의 내용을 홍보하는 행사의 개최, 홍보전단의 배포, 서명운동의 전개 등과 같은 일련의 다양한 행위를 필요로 하는데, 이와 같이 청원권을 행사하기 위한 사전단계에서의 활동을 국가의 방해로부터 보호하는 것에도 자유권으로서의 청원권의 의미가 있다.

2. 청구권적 성격

청원권의 성격은 자유권적 성격에 그치는 것이 아니라 국가로부터 적극적인 행위, 즉 청원의 처리를 요구하는 청구권적 성격을 가진다. 헌법 제26조 제2항은 청원에 대한 국가의 심사의무를 규정함으로써 청원권의 보장내용에 '청구권적 성격'이 포함된다는 것을 스스로 밝히고 있다. 개인이 청구권적 기본권으로서의 청원권을 행사하기 위해서는 입법자에 의한 구체적인 형성을 필요로 한다. 따라서 입법자는 개인으로 하여금 헌법상 보장된 청원권의 행사가 가능하도록 청원절차를 법률로써 구체적으로 형성해야 할 의무를 진다.

만일 청원권의 내용이 '국가의 방해를 받지 않고 또는 불이익을 두려워함이 없이 자유롭게 국가에 청원을 할 권리'에 지나지 않는다면, 단지 "자유롭게 … 청원해도 된다."는 자유권적 내용은 결과적으로 '청원의 형태로 자유롭게 국가기관에 의견을 표명할 수 있다'는 의미에서 표현의 자유의 한 내용에 불과하다. 따라서 청원권이 기본권 체계 내에서 헌법상 고유한 기능과 의미를 부여받기 위해서는, 국가기관의 청원처리의무, 즉 그 구체적인 내용으로서 청원의 수리, 심사 및 결과의 통지의무가 발생해야 하고, 이에 대응하여 이러한 의무의 이행을 적극적으로 요구할 수 있는 청원인의 권리가 보장되어야 한다.[18] 청원인이 궁극적으로 바라는 바는 국가기관이 청원을 수리하고 내용을 심사하여 그 결과를 통지하는 것이기 때문에, 국가의 청원처리의무와 이에 대응하는 청원인의 적극적인 권리는 청원권의 본질을 구성하는 요소로서, 오늘날 청원권의 청구권적 성격은 방어권적 성격보다도 더욱 큰 비중을 차지한다.[19]

3. 참정권적 성격

적극적인 시민의식의 성장, 청원의 형태로써 국가의사형성에 영향을 미치려는 시민운동의 출현이라는 정치적 현실의 변화와 함께, 청원권의 의미도 변화하였다. 청원권을 집단적으로 행사하는 현상이 빈번해 짐에 따라, 청원권은 개인의 비정규적인 권리구제절차라는 차원을 넘어서 적극적인 민주시민의 '집단적인 정치적 건의권'이라는 성격을 띠게 되었다.[20] 선거권, 정당을 통한 활동, 정치적 시위와 시민운동에의 참여 외에도,

18) Vgl. Dürig, in: Maunz/ Dürig, Art.17, Rn.5ff.; BVerfGE 2, 225, 230; 13, 54, 90.
19) Vgl. Burmeister, Das Petitionsrecht, in: HbStR, Bd.II, §32 Rn.30; Ipsen, Staatsrecht II, 1997, S.160f.

청원권의 행사는 의회와 정부에 대하여 국민이 정치적 영향력을 행사하는 중요한 수단이 되었다.

특히 직접민주주의적 요소가 결여된 우리 헌법구조에서 청원권을 공동으로 행사한다는 것은 일상적인 정치적 상황에 대한 '여론의 반영'이라는 의미를 가지게 되었다. 그러한 점에서 시민단체에 의한 청원권의 행사는 국가와 사회의 관계에 있어서 '早期警報體制'로서의 의미를 가지고 있다고 볼 수 있다. 국민은 청원권을 공동으로 행사함으로써 대중언론매체나 거대한 정당 또는 이익단체에 의하여 여과·조정·수정되지 않은 국민의 의견을 직접 건의할 수 있는 가능성이 있으며, 이로써 청원권은 민주국가에서 '시민운동의 중요한 표현수단'이라는 의미를 가지게 되었다.

그러나 청원권은 국민에게 단지 정치적 의사형성과정에 참여할 수 있는 사실적 기회만을 부여할 뿐, 개인적 청원이든 집단적 청원이든 간에 의회나 정부는 청원의 내용을 정치에 고려하고 반영해야 할 의무가 없다는 점에서, 청구권의 정치참여적 효과는 국가의사형성에 직접 참여하는 것을 보장하는 참정권과는 다르다.[21]

Ⅳ. 청원권의 보장내용 및 법적 구제절차

1. 효과적 권리보호를 위한 절차의 보장

헌법 제27조의 재판청구권과 마찬가지로, 청원권은 공권력의 침해에 대한 구제절차를 보장하는 기본권, 즉 실체적 권리나 이익의 보장과 관철에 기여하는 절차적 기본권이다.[22] 청원권이나 재판청구권은 실체적 권리나 이익을 보장하는 것이 아니라, 단지 실체적 권리나 이익의 보호를 받기 위하여 설치된 절차를 밟을 가능성을 부여한다. 청원인이 주장하는 실체적 권리나 이익은 재판청구권의 경우와 마찬가지로 청원권에 의하여 보호되지 않으므로, 청원권은 단지 '청원을 처리할 것을 요구할 수 있는 권리'만을 보장할 뿐, 청원의 처리에 있어서 실체적 이익이나 권리에 부합하는 타당한 판단을 받을 권리를 보장하지는 않는다.

청원권은 권리구제를 구하는 국민으로 하여금 헌법상 보장된 청원권의 행사가 가능하도록 청원절차를 법적으로 형성해야 할 의무를 입법자에게 부과한다. 재판청구권의

20) Vgl. Vitzthum/März, Das Grundrecht der Petitionsfreiheit, JZ 1985, S.809, 816; Burmeister, Das Petitionsrecht, in: HbStR, Bd.II, §32, Rn.1ff., 17ff.

21) Vgl. Würtenberger, BK, 1995, Art.45c, Rn.17ff.; Dürig, in: Maunz/Dürig, 6. Aufl. Art.17, Rn.10ff.; Friesenhahn, Zur neueren Entwicklung des Petitionsrechts in der BRD, in: FS f. H. Huber, 1981, S.360; Burmeister, Das Petitionsrecht, in: HbStR, Bd.II, §32, Rn.17ff.; Vitzthum,/März, Das Grundrecht der Petitionsfreiheit, JZ 1985, S.809; 이에 대하여 청원권을 참정권으로 파악하는 견해로는 Korinek, Das Petitionsrecht im demokratischen Rechtsstaat, 1977, S.37ff.

22) Vgl. Terbille, Das Petitionsrecht in der BRD, 1980, S.97f.; Vitzthum, Petitionsrecht und Volksvertretung, 1985, S.29f.; Vitzthum/März, Das Grundrecht der Petitionsfreiheit, JZ 1985, S.810.

경우와 마찬가지로, 청원권에 대하여도 그 절차의 형성에 있어서 '효과적인 권리보호의 요청'이 그대로 적용된다.[23] 입법자가 청원절차를 구체적으로 형성함에 있어서 단지 청원을 할 수 있는 형식적인 가능성만을 제공할 뿐 청원절차가 권리보호를 구하는 자에게 실질적인 보호를 제공할 수 없다면, 청원절차의 개설은 사실상 무의미할 수 있다. 그러므로 청원권은 단순히 청원절차의 개설을 넘어서, 실효성 있는 권리보호를 제공하기 위하여 그에 필요한 최소한의 절차적 요건을 갖출 것을 요청한다. 따라서 청원권은 효과적인 권리보호의 관점에서, 우선 국민이 청원의 형태로 '국가기관에 자유롭게 접근할 수 있는 절차'를 보장해야 할 뿐 아니라, 그를 넘어서 청원서가 수리된 후 곧장 국가기관의 휴지통에 들어가지 않도록 '국가에 의한 청원심사를 확보할 수 있는 절차'를 보장해야 한다.

이로써 청원권은 자신을 실현하기 위한 필수적 요건으로서, 청원을 통하여 국가기관에 자유롭게 접근할 권리(자유롭게 청원서를 제출할 권리)와 국가로부터 청원의 심사 및 통지를 요구할 권리를 포함한다.[24]

2. 국가기관에 자유롭게 청원서를 제출할 권리

일차적으로, 청원권이란 청원의 형식으로 국가기관의 결정과정에 영향력을 행사함으로써 청원인이 원하는 방향으로 국가행위를 유도하기 위하여 국가기관에 자유롭게 접근할 권리, 즉 자유롭게 청원서를 제출할 권리를 말한다.

가. 청원권의 주체

청원권은 인권으로서 국적과 관계없이 모든 자연인에게 보장된다. 따라서 외국인과 무국적자도 청원권의 주체가 될 수 있다.[25] 미성년자도 청원의 내용을 문서로써 전달할 능력이 있다면 청원권을 스스로 행사할 수 있다. *私法上*의 법인도 청원권의 주체가 될 수 있다.

오늘날 특별권력관계에서도 국민이 기본권의 보호를 받는다는 것은 당연하며, 단지 특별권력관계의 기능 확보라는 관점에서 보다 광범위한 기본권의 제한이 정당화될 수 있을 뿐이다. 물론 이 경우에도 특별권력관계의 기능 확보를 위하여 꼭 필요한 정도를

---

23) Vgl. Siegfried, Begründungspflicht bei Petitionsbescheiden, DÖV 1990, S.281; Vitzthum/März, Das Grundrecht der Petitionsfreiheit, JZ 1985, S.810; 재판청구권에 있어서 '효과적 권리보호의 원칙'에 관하여 자세하게 한수웅, 헌법 제27조의 재판청구권, 헌법논총 제10집(1999), 356면 이하.

24) 헌법재판소는 청원권을 "공권력과의 관계에서 일어나는 여러 가지 이해관계, 의견, 희망 등에 관하여 적법한 청원을 한 모든 국민에게, 국가기관이 청원을 수리할 뿐이 아니라, 이를 심사하여 청원자에게 적어도 그 처리결과를 통지할 것을 요구할 수 있는 권리"로 정의하고 있다, 1994. 2. 24. 93헌마213, 판례집 6-1, 183, 190.

25) Vgl. Dürig, in: Maunz/Dürig, Art.17, Rn.24.

넘어서 기본권이 제한되어서는 안 된다는 의미에서 과잉금지원칙의 구속을 받는다. 군인이나 수형자와 같이 타의에 의하여 성립되는 특별권력관계의 경우에는 특히 인권침해의 가능성이 높으므로, 국가기관에 청원을 할 수 있는 권리가 원칙적으로 보장되어야 한다. '군인이나 수형자 등에게 청원권을 보장해야 할 필요성'과 '청원권에 대한 제한을 요청하는 법익'을 비교형량하여 볼 때, 인권침해의 발생가능성이 높은 상황에서 생활하는 이들의 경우 비상구조요청권으로서의 청원권의 의미와 비중은 매우 크다. 반면에, 청원권이 인정된다고 하여 행형이나 국방의 목적이 달성될 수 없거나 현저하게 저해되는 것은 아니며, 오히려 교도행정에 관한 청원과 같이 청원권의 행사가 공익목적의 달성에 기여하는 바가 있다. 그러므로 군인이나 수형자의 경우에도 '개인적으로' 행사할 수 있는 청원권은 원칙적으로 제한되어서는 안 된다.[26)]

나아가, 군인이나 수형자의 청원권행사와 관련하여 이들의 청원권이 실질적으로 보장되기 위해서는 청원서가 검열을 받아서는 안 되므로, 청원권은 청원서의 검열금지를 규정하는 법규범에 의하여 실질적으로 보장되어야 한다.[27)] 그러나 共同請願의 경우에는 청원권의 제한이 가능하고,[28)] 특히 수형자간의 접촉이 수형목적에 반하는 한, 헌법 제26조의 청원권은 공동청원을 목적으로 수형자간에 접촉의 기회를 제공할 것을 요구할 수 있는 권리를 보장하지 않는다.[29)]

26) Vgl. BVerfGE 49, 24, 64f.; Terbille, Das Petitionsrecht in der BRD, S.126f.; Dürig, in: Maunz/Dürig, Art.17, Rn.31ff.; Burmeister, Das Petitionsrecht, in: HbStR, Bd.II, §32, Rn.39.

27) ① 한편, 입법자는 수형자의 청원권을 보장하면서도 한편으로는 행형의 목적을 달성하기 위하여 특정 국가기관을 수신인으로 하는 청원의 경우에만 청원에 대한 검열금지를 규정함으로써 수형자의 청원권을 제한할 수 있다. 현행 행형법은 제18조의2에서 '수형자의 서신은 교도소장의 허가를 받아야 하나 교도소장은 원칙적으로 이를 허가해야 한다'고 규정하면서, 제6조에서 교도행정에 관하여 법무부장관에게 청원하는 경우 청원서의 검열금지를 규정하고 있다. 헌법재판소는 헌재 2001. 11. 29. 99헌마713 결정에서 '수형자가 발송하는 서신이 법무부장관이 아닌 다른 국가기관을 수신인으로 하는 교도행정에 관한 청원서인 경우, 교도소장이 이를 검열하도록 규정한 것은 청원권을 침해하지 않는다'고 판시하였다. ② 독일의 경우, 수형자의 청원은 매우 빈번한데, 수형자의 청원서가 연방이나 주의 의회를 수신인으로 하고 있다면, 독일 행형법 제29조 제2항에 의하여 수형자의 서신은 검열에서 제외된다. 위 법규정의 규율내용을 넘어서, 수형자를 수신인으로 하는 의회의 서신도 검열의 대상이 아니다. 수형자로 하여금 교도소의 방해를 받지 않고 청원권을 행사하도록 한 위 규정은 지금까지 실무에서 청원권의 남용을 우려하게 할 만한 현상은 발생하지 않았다고 한다, Hempfer, Das Petitionsrecht in der parlamentarischen Praxis, in: FS f. W. von Simon, 1983, S.75 참조, 정신병원에 강제로 수용된 자에게도 강제수용법 제20조 제1항에 의하여 위와 같은 방법으로 청원권의 행사가 보호된다.

28) 독일의 경우, 군인의 공동청원을 허용할 경우 공동청원이 집단적 항명과 군반란의 성격을 가질 수가 있고 따라서 군기강 확립에 문제가 있을 것을 우려하여 헌법에서 직접 군인의 공동청원권을 제한하고 있다(기본법 제17a조 제1항). 그에 대하여 군인의 개인적 청원권은 인정될 뿐만 아니라, 오히려 군인의 청원권을 강화할 목적으로 기본법 제45b조에서 연방의회의 國防全權委員(Wehrbeauftragter)제도를 신설함으로써 통상의 국가기관 외에도 또 다른 청원기관을 도입하였다.

29) Vgl. Burmeister, Das Petitionsrecht, in: HbStR, Bd.II, §32, Rn.39; Dürig, in: Maunz/Dürig, Art.17, Rn.32.

나. 청원의 형식(적법성 요건)

(1) 국민이 청원의 형태로써 국가기관에 가능하면 자유롭게 접근할 수 있도록, 청원권은 최소한의 형식적 요건의 구속을 받는다. 헌법 제26조 제1항은 “문서로 청원할 권리”라고 규정함으로써, 헌법 스스로 형식적 요건을 정하고 있다. 물론 헌법상의 “문서” 요건이 구두로 하는 청원을 금지하는 것은 아니지만, 구두청원은 헌법 제26조에 의한 기본권적인 보호를 받지 못한다. 즉 구두로 청원을 한 자는 국가로부터 청원에 대한 심사 및 통지의무를 이행할 것을 요구할 수 없다.[30] 청원의 ‘문서 요건’의 목적은 청원의 원활하고도 순조로운 처리를 통하여 청원절차의 효율성을 높이고자 함에 있으므로, 헌법은 궁극적으로 청원인의 이익을 위하여 문서 요건을 직접 정하고 있는 것이다.[31]

청원의 ‘문서 요건’에는 청원인이 청원서에 서명하는 것을 포함한다.[32] 청원인이 밝혀지는 경우에만 청원처리 결과의 통지의무의 이행이 가능하기 때문에, ‘서명’ 요건은 청원권의 보장내용인 심사 및 통지의무를 실현하기 위한 필수적 요건이다.[33] 따라서 익명의 청원은 청원의 개념적 요소를 충족시키지 못하기 때문에, 부적법한 청원이다. 그러나 소관기관에 청원을 해야 한다는 것은 청원의 적법요건이 아니다. 국민은 관할의 구애를 받지 않고 ‘모든’ 국가기관에 청원을 할 수 있다.

(2) 청원은 국가기관에 대한 ‘구체적인 요구 사항’을 담고 있어야 한다.[34] 이러한 요구는 간청, 항의, 건의, 신청 등의 다양한 형태로 표현될 수 있으므로, 청원인이 자신의 청원을 어떻게 명명하는지와 관계없이 국가로 하여금 실체적 문제를 다루고 심사할 것을 요구한다면, 이는 청원으로 판단되어야 한다. 그러나 단순한 정보제공의 요구, 사실관계의 전달·확인이나 국가기관에 대한 충고 등은 구체적 요구사항의 결여로 말미암아 청원이 아니다.[35]

청원이 사실적 또는 법적으로 이행이 불가능한 것 또는 법적으로 금지된 것을 요구하거나[36] 명예훼손적 내용을 지니고 있다면, 청원은 부적법하다.[37] 대부분의 청원이 청

30) Vgl. Terbille, Das Petitionsrecht in der BRD, 1980, S.95; Muheim, Das Petitionsrecht ist gewährleistet, S.6f.; Dürig, in: Maunz/Dürig, Art.17, Rn.37.

31) Vgl. Burmeister, Das Petitionsrecht, in; HbStR, Bd.II, §32, Rn.23.

32) 청원법 제6조 제1항은 ‘청원은 서명날인한 문서로 하여야 한다’고 규정하고 있다.

33) Vgl. Burmeister, Das Petitionsrecht, in: HbStR, Bd.II, §32, Rn.24.

34) Vgl. Friesenhahn, Zur neueren Entwicklung des Petitionsrechts in der BRD, in: FS f. H. Huber, 1981, S.359; Hempfer, Das Petitionsrecht in der parlamentarischen Praxis, in: FS f. W. von Simon, 1983, S.73f.; Muheim, Das Petitionsrecht ist gewährleistet, S.10f.; Dürig, in: Maunz/Dürig, Rn.14f.; 우리 청원법 제2조 제3호는 “동일내용의 청원이라 함은 청원이유가 다르더라도 그 요구의 주된 내용이 동일한 것을 말한다.”고 하여 청원이 ‘요구’를 담고 있어야 한다는 것을 간접적으로 표현하고 있다.

35) 그런데 헌법재판소는 “공권력과의 관계에서 일어나는 여러 가지 이해관계, 의견, 희망 등에 관하여 적법한 청원”이라고 표현함으로써(헌재 1994. 2. 24. 93헌마213등, 판례집 6-1, 183, 190), 단순히 의견이나 희망을 진술하는 것도 적법한 청원으로 오해할 소지가 있다.

36) 예컨대 법원 판결에 대한 청원, 공권력이 조치를 취할 법적 근거가 없음에도 사인간의 다툼에 개입할 것을

원인의 관점에서 국가행위의 부당성을 주장하고 이를 극적으로 비난하는 형태로 작성되며, 이에 따라 어느 정도 명예훼손적 성격을 띨 수 있다는 점을 감안한다면, 청원이 명백히 법적으로 금지된 행위를 요구하거나 또는 구체적인 요구사항을 결여하고 있는 것이 아닌 한, 국가기관이 청원의 적법성을 판단함에 있어서 관대한 처리가 요청된다.[38)]

다. 국가기관에 자유롭게 접근하는 권리

청원권의 본질적 요소는, 원칙적으로 모든 사안과 관련하여 국민이 방해를 받지 않고 직접 국가기관에 청원의 형태로써 접근할 수 있다는 데 있다. 모든 국민이 청원을 통하여 자신이 원하는 방향으로 국가기관의 의사형성과정에 영향력을 행사할 수 있는 기회를 가질 수 있도록, 국가기관에 청원의 형태로 접근하는 권리는 원칙적으로 '자유롭고, 직접적으로, 조건 없이' 보장되어야 한다.[39)] 국민이 청원을 통하여 국가기관에 자유롭게 접근할 수 있는 가능성의 보장은, 헌법 내에서 청원권에 부여된 기능, 즉 비형식적 권리구제수단이자 국민과 국가 간의 대화수단으로서의 청원권의 헌법적 기능을 이행하기 위한 필수적 전제조건이다. 따라서 청원을 할 수 있는 국민의 권리는 재판청구권과는 달리, 절차적·소송법적 규정의 구속을 받지 아니하며, 국민이 가능하면 자유롭게 국가기관에 접근할 수 있도록 국가는 최소한의 형식적 요건을 설정해야 한다. 이러한 관점에서 청원권은, 국민이 어떠한 조건 하에서 권리보호를 요청할 수 있는지를 규정하는 국가의 권한을 헌법적으로 제한하고 있다.[40)]

따라서 청원권의 보장내용과 그 본질에 비추어, 청원권의 행사가능성 그 자체는 원칙적으로 제한되어서는 안 된다. 청원권의 행사에 의하여 보호법익에 대한 현저한 위험이 발생하거나 중대한 공익이 저해된다고 볼 수 없으므로 이에 대한 제한은 원칙적으로 공익상의 이유로 정당화되지 않는다. 나아가, 청원권이란 헌법적으로 보장된 '비상적 구조요청권'이자 마지막 구제가능성으로서 그 본질상 국가기관과의 직접적인 소통을 가능하게 하고자 하는 것이므로, 국가기관에의 자유로운 접근을 막음으로써 국가기관과

요구하는 것, 범죄구성요건을 충족시키는 국가행위 등이 이에 속한다, vgl. Woike, Die Behandlung von Petitionen durch Behörden, DÖV 1984, S.423.

37) Vgl. BVerfGE 2, 225, 229; 현행 청원관련법률은 '재판에 간섭하는 청원'(청원법 제5조 제1호, 국회법 제123조 제3항, 지방자치법 제66조), '국가의 원수'나 '국가기관'을 모독하는 내용의 청원(청원법 제5조 제2호, 국회법 제123조 제3항), '타인을 모해할 목적으로 허위사실을 적시한 청원'(청원법 제10조), 법령에 위배되는 내용의 청원(지방자치법 제66조)의 불수리를 규정하고 있다.

38) 청원권은 청원사안을 청원인의 시각에서 판단하고 주관적으로 서술할 수 있는 권리를 당연히 포함해야 한다. 약간의 명예훼손적 표현이나 신중하지 못한 표현을 이유로 청원을 부적법한 것으로 판단한다면, 국민의 최종적 권리구제수단이자 국민과 국가 간의 대화를 통한 국민통합적 수단으로서의 청원권의 기능은 약화될 수밖에 없다, vgl. Terbille, Das Petitionsrecht in der BRD, 1980, S.82ff.; Burmeister, Das Petitionsrecht, in: HbStR, Bd.II, §32, Rn.25; Woike, Die Behandlung von Petitionen durch Behörden, DÖV 1984, S.422.

39) Vgl. Muheim, Das Petitionsrecht ist gewährleistet, 1981, S.55f.; Burmeister, Das Petitionsrecht, in: HbStR, Bd.II, §32, Rn.4; Dürig, in: Maunz/Dürig, Art.17, Rn.1.

40) Vgl. Dürig, in: Maunz/Dürig, Art.17, Rn.1.

직접 소통할 수 있는 통로를 봉쇄하는 것은 청원권의 본질에 반하는 것이다.

3. 청원에 대하여 심사 및 통지받을 권리

청원권의 보장내용이 단지 '자유롭게 청원서를 제출할 권리'의 보장에 지나지 않는다면, 국민의 청원은 일반적으로 제출되자마자 곧장 국가기관의 휴지통으로 들어가는 휴지조각에 불과할 것이고, 그렇다면 헌법상 청원권의 보장은 공허할 수밖에 없다. 청원권의 보장은 단지 청원서를 제출하고 청원의 수리를 확인받는 권리를 넘어서 청원의 내용에 관하여 실질적인 심사를 받고 그 결과를 통지받을 권리를 포함한다. 우리 헌법은 제26조 제2항에서 청원에 대한 국가의 심사의무를 규정함으로써, 청원권의 보장내용에 '심사받을 권리'가 포함된다는 것을 명시적으로 밝히고 있다. 따라서 청원권이란, 청원을 수리할 뿐만 아니라 청원의 처리를 요구할 수 있는 권리, 즉 청원을 심사하여 청원인에게 그 처리결과를 통지할 것을 요구할 수 있는 권리를 말한다.[41)]

한편, 청원권이 청원의 처리결과에 대하여 '이유를 명시할 의무'까지 포함하는지의 문제가 제기된다. 헌법재판소는 이유명시의 의무를 부정하고 있으나,[42)] 국민의 입장에서는 어떠한 형태이든 이유명시를 통해서만 국가기관이 청원에 관하여 과연 내용적으로 심사하였는지 여부를 파악할 수 있고, 국가기관이 판단의 기초가 된 사고의 과정을 이유명시의 형태로 공개해야만 비로소 청원인은 청원의 처리결과를 납득하고 수용할 수 있다. 또한 청원인은 국가기관의 이유명시를 근거로 해서만 국가기관이 그의 내용적 심사의무를 이행했는지, 경우에 따라 국가의 의무이행을 소구할 것인지에 관하여 법적인 확신을 얻게 된다. 결국 국가기관의 이유명시의무를 통해서만 헌법 제26조 제2항에 규정된 국가의 심사의무가 실질적으로 보장된다는 점에서, '이유명시를 요구할 권리'는 '청원의 심사를 요구할 권리'로부터 파생하는 필수적인 부속적 권리라고 할 수 있다. 뿐만 아니라 청원권의 국민통합적 또는 국민융화적 기능의 관점에서도, 국가기관이 가능하면 처리결과에 대하여 간단하면서도 납득할만한 이유를 명시하는 것이 바람직하다.[43)]

---

41) 헌재 1994. 2. 24. 93헌마213등, 판례집 6-1, 183, 190; BVerfGE 2, 225, 230; Vitzthum, Petitionsrecht und Volksvertretung, 1985, S.32f.

42) 헌법재판소는 '국민이면 누구든지 널리 제기할 수 있는 민중적 청원제도는 재판청구권 기타 준사법적 구제청구와는 그 성질을 달리하므로, 청원사항의 처리결과에 심판서나 재결서에 준하여 이유명시를 요구할 수 없다. 청원소관관서는 청원법이 정하는 절차와 범위 내에서 청원사항을 성실·공정·신속히 심사하고 청원인에게 그 청원을 어떻게 처리하였거나 처리하려 하는지를 알 수 있을 정도로 결과통지를 함으로써 헌법 및 청원법상의 의무이행을 다하게 되는 것이다'라고 판시하였다(헌재 1994. 2. 24. 93헌마213등, 판례집 6-1, 183, 189), 동일한 내용으로 BVerfGE 2, 225, 230; BVerfG DVBl 1993, S.32.

43) Vgl. Siegfried, Begründungspflicht bei Petitionsbescheiden, DÖV 1990, S.279ff.; Würtenberger, Bonner Kommentar zum GG, Art.45c(Zweitbearbeitung 1979), Rn.110ff.; Dagtoglou, Bonner Kommertar zum GG, Art.17(Zweitbearbeitung 1967), Rn.99ff; Rauball, in: Münch/Kunig, GGK, Art.17, Rn.14; Vitzthum/März, Das Grundrecht der Petitionsfreiheit, JZ 1985, S.811; Wittrock, Gedanken zum Petitionswesen und seiner Bedeutung, DÖV 1987, S.1106; Burmeister, Das Petitionsrecht, in: HbStR, Bd.II, §32, Rn.14; 이유명시의무를 부정하는 견해로는 Ulli Rühl, Der Umfang der Begründungspflicht

4. 청원의 처리결과에 대한 법적 구제절차

청원권이 기본권으로서 개인의 주관적인 공권을 보장하므로, 이에 대한 침해의 경우 행정법원에 의한 권리구제의 가능성이 있다. 그러나 청원사항의 처리는 국가기관의 자유재량행위로서 그에 대한 소구권은 인정할 수 없다는 것이 우리 대법원의 입장이다.[44] 따라서 국가기관의 청원처리에 의하여 청원권의 침해가 발생하는 경우, 개인은 헌법소원을 제기하는 수밖에 없다.

국가기관의 청원처리는 단지 '청원권의 보장내용의 범위 내'에서만 司法的으로 심사될 수 있다.[45] 청원권이 국가기관에 의한 청원의 수리, 심사 및 처리결과에 대하여 통지 받을 권리를 보장하므로, 청원인이 청원권의 침해를 이유로 헌법소원을 제기하는 경우에도, 司法的 심사의 대상은 청원의 수리, 내용적 심사 및 그 결과에 대한 통지의 의무를 이행했는지의 심사에 국한된다. 국가기관은 위와 같은 헌법적 의무를 제대로 이행하지 않음으로써, 청원인의 헌법상 보장된 청원권을 침해하게 된다. 그러나 청원권은 단지 '청원을 처리할 것을 요구할 권리'만을 보장할 뿐, 청원의 처리에 있어서 실체적 권리에 부합하는 타당한 판단을 받은 권리를 보장하지 않으므로, 국가기관에 의한 청원처리가 내용적으로 타당한지에 대한 판단은 사법적 심사의 대상이 아니다.[46] 따라서 청원인은 청원권에 의하여 보장되는 절차적 권리의 준수를 사법적으로 관철할 수 있을 뿐, 본안에 있어서 실체적 결정의 당부에 대하여는 다툴 수 없다.

또한, 청원권은 국가기관에게 청원처리와 관련하여 특정한 절차를 밟을 의무를 부과하지 않는다. 따라서 국가기관이 청원을 절차적으로 특정한 방법으로 처리할 것을 요구할 권리는 청원권에 의하여 보장되지 않는다. 국가기관이 청원을 어떠한 절차적 방법을 통하여 처리하고 청원의 내용적 심사를 위하여 어떠한 조치가 필요하다고 판단하는지에 관한 것은 국가기관의 자유재량이기 때문에, 이는 헌법소원의 심사대상이 아니다. 예컨대, 국회가 청원의 사실관계를 확인하기 위하여 청원인이 제출한 청원서나 관련자료와는 별도로 정부나 행정관청에 대하여 판단자료를 요청할 것인지 여부, 당해관청에서 직접 문서를 열람할 것인지 여부, 관계인에게 청문(의견진술)의 기회를 부여할 것인지 여부 등은 국회가 자유롭게 결정할 수 있으므로, 이러한 사항은 사법적 심사의 대상이 아니다.

---

von Petitionsbescheiden, DVBl 1993, S.14ff.

44) 대법원 1990. 5. 25. 선고 90누1458 판결.

45) Vgl. Hempfer, Das Petitionsrecht in der parlamentarischen Praxis, in: FS f. W. von Simon, 1983, S.96; Burmeister, Das Petitionsrecht, in: HbStR, Bd.II, §32, Rn.59f.; Friesenhahn, Zur neueren Entwicklung des Petitionsrechts in der BRD, in: FS f. H. Huber, 1981, S.374f.

46) 헌재 1994. 2. 24. 93헌마213등, 판례집6-1, 183, 190, '적법한 청원에 대하여 국가기관이 수리・심사하고 그 처리결과를 청원인에게 통지하였다면, 이로써 국가기관은 헌법상의 의무를 다한 것이라 할 것이므로, 비록 그 처리내용이 청원인이 기대한 바에 미치지 않는다고 하더라도 청원처리결과에 대한 (내용적) 심사는 더 이상 헌법소원의 대상이 되지 않는다'고 판시하였다.

Ⅴ. 청원의 수리기관

헌법 제26조은 제1항에서 국민은 "국가기관에" 청원을 할 수 있다고 하면서 제2항에서 "국가의" 청원심사의무를 규정하고 있다. 헌법 제26조는 청원을 수리하고 심사해야 하는 기관을 '소관기관'이 아니라 '국가기관'으로 표현함으로써 소관기관 외에도 다른 국가기관이 청원을 처리할 수 있는 가능성을 개방하고 있다.

국가기관이란, 국가공권력의 범위에 귀속시킬 수 있는 모든 기관, 즉 공적 과제를 수행하는 모든 기관을 의미하는 것으로서, 그 기관이 입법·행정·사법기관인지, 공법상의 조직인지 또는 사법상의 조직인지, 직접적 또는 간접적 국가행정의 기관인지는 중요하지 않다.[47] 헌법 제26조에 의하여 청원을 수리하고 심사해야 할 의무가 부과되는 국가기관은 크게 '관할 국가기관(소관기관)'과 '국회'로 나뉜다.

1. 所管 국가기관(主管官署)

소관 국가기관이란, 법적 권한·관할에 근거하여 청원사항과 관련된 과제를 수행해야 하는 기관, 다시 말하자면 청원인이 요구하는 바를 들어줄 수 있는 권한이 있는 기관을 말한다.[48] 원칙적으로 청원을 수리한 국가기관이 청원에 관하여 결정할 권한이 있는 경우에 비로소 청원을 처리할 수 있다. 청원권이 그 본질상 형식의 구애를 받지 않는다는 점에서, 청원이 관할기관이 아닌 다른 국가기관에 제출된 경우, 그 청원은 부적법한 것이 아니라 청원을 관할기관에 이송하고 이를 청원인에게 통지해야 할 국가의 의무가 발생한다.[49]

현행 청원법 제9조 제2항은 '상급관서가 청원을 접수한 때에는 이를 직접 처분관서에 이송해야 한다'고 규정하면서, 한편으로는 제3항에서 '처분관서가 청원서를 수리하거나 이송을 받은 때에는 처분을 시정하지 아니 할 경우, 그로부터 10일 이내에 제1차 상급관서에 필요한 보고서 기타 참고문서를 첨부하여 처리결과를 보고해야 한다'고 규정함으로써, 처분관서에 의한 청원처리를 원칙으로 하면서도 상급관서에 의한 간접적인 통제가능성을 확보하고 있다. 그러나 청원 사안을 직접 처리한 해당 관청(예컨대 처분관서)이 청원을 처리하는 경우, 그로부터 자신의 결정을 객관적으로 재고하거나 변경하는

47) Vgl. Muheim, Das Petitionsrecht ist gewährleistet, 1981, S.39ff., 대부분의 청원은 행정부의 행위에 대한 것이다. 사법기관에 대한 청원은 예외적이며, 그 효과 또한 의심스럽다. 기판력이 있는 판결에 대한 청원은 아무런 소용이 없고, 이미 소송을 제기한 경우의 청원은 사실상 무의미하다.

48) Vgl. Vitzthum/März, Das Grundrecht der Petitionsfreiheit, JZ 1985, S.811; Burmeister, Das Petitionsrecht, in: HbStR, Bd.II, §32, Rn.45f.

49) 청원법 제9조 제1항은 "청원서를 접수한 관서가 그 주관에 속하지 아니한다고 인정할 때에는 주관관서에 이송하여야 한다"고 규정하고 있다.

것을 거의 기대할 수 없다. 오히려 상급관서가 청원을 심사하는 것이 청원인의 이익에 부합하기 때문에, '효과적인 권리보호'의 관점에서 본다면 청원이 주관관서에 제출된 경우, 상급관서와 처분관서 중 누가 청원을 처리해야 하는지의 문제는 청원서에 표현된 청원인의 의사에 따라 결정되는 것이 바람직하다.[50] 자신의 사안이 상급관서에 의하여 심사되기를 원하기 때문에 청원인이 자신의 청원을 상급관서에 제출하였다면, 이러한 청원은 상급관서에 의하여 처리되어야만 일반적으로 그 효과가 있다.

한편, 청원법 제7조 제3항은 공무원의 비위의 시정 또는 공무원에 대한 징계나 처벌을 요구하는 청원(청원법 제4조 제2호)의 경우 주관관서나 처분관서가 아니라 직접 그를 처리할 권한이 있는 관서에 제출할 수 있다고 규정하여, 청원은 처분관서에 제출해야 한다는 원칙에 대한 예외를 두고 있다. 청원인이 자신의 사안이 처리된 행정절차상의 하자나 결정의 내용상 하자가 아니라 자신의 사안을 처리한 공무원의 복무 자세나 비리에 대하여 청원을 하는 경우, 해당공무원이 자신에 대한 청원을 직접 처리한다면 그 청원은 무의미하다는 점에서 위 청원법규정은 당연하다고 하겠다.

2. 국민의 대표기관으로서 국회

가. 국회의 청원심사권한

청원이 헌법상 국회에 부여된 권한과 관할에 관한 것인 한, 국회는 청원의 소관기관으로서 청원에 관하여 스스로 내용적으로 결정할 수 있는 실체적 권한을 가진다. 법률의 제정·개정·폐지와 같은 입법, 국무위원·법관 등에 대한 탄핵의 소추, 예산의 심의 등이 헌법에 의하여 부여받은 국회의 권한에 속하므로, 이러한 사항에 관한 청원은 국회가 소관기관으로서 처리한다.

한편, 국회는 입법이나 예산편성 등에 관한 청원을 제외한다면 스스로 청원인의 요구를 들어줄 수 있는 권한이 없기 때문에, 대부분 청원의 경우 소관기관이 아니다. 그러나 국회는 선거에 의하여 구성되고 국민으로부터 직접 민주적 정당성을 부여받은 국가기관으로서 국민의 대의기관이자 국민 이익의 진정한 수호자로서의 역할을 담당한다. 처분관청과 같은 주관 국가기관은 청원사항에 대하여 적정한 거리를 두고 객관적으로 판단하기 어렵기 때문에, 관할 국가기관 외에도, 청원사항과 아무런 관련이 없고 행정관료가 아닌 국민의 대표자로 구성된 기관으로 하여금 청원을 심사할 수 있게 해야만, 청원권은 비로소 그 실효성을 가질 수 있고 헌법상 부여받은 권리구제기능을 이행할 수 있다.[51] 물론 국회청원처리의 일차적 의미는 부당하거나 불합리한 국가행위에 대한

50) Vgl. Burmeister, Das Petitionsrecht, in: HbStR, Bd.II, §32, Rn.46; Woike, Die Behandlung von Petitionen durch Behörden, DÖV 1984, S.422f.

51) Vgl. Vitzthum/März, Das Grundrecht der Petitionsfreiheit, JZ 1985, S.811f.

직접적인 시정에 있다고 하기 보다는, 국민과 그의 대의기관, 나아가 사회와 국가 간의 긴밀한 관계의 유지와 발전, 국민이 대표자에 접근할 수 있는 문호의 개방, 법현실과 법집행상황에 관한 입법정보의 취득에 있다고 할 것이다.

따라서 '국회는 헌법 제26조에 근거하여 그에게 제출되는 모든 청원을 처리(수리 · 심사 · 통지)할 권한과 의무가 있다'고 해석하는 것이 청원권의 헌법상 기능을 보장할 수 있고 청원권의 실효성을 확보할 수 있다. 물론 국회가 청원의 소관기관이 아닌 한, 국회는 청원을 내용적으로 심사하고 그 결과를 통지할 권한만 있는 것이지, 청원사항에 대하여 실체적으로 결정함으로써 청원인의 요구를 들어 주거나 직접 시정할 권한이 있는 것은 아니다.[52] 따라서 국회의 '청원심사(처리)권한'과 '청원시정권한'은 구분되어야 한다. 국회의 청원심사(처리)권한은 헌법 제26조의 청원권에 그 근거를 두고 있지만, 국회의 청원시정권한은 헌법상 국회에 부여된 권한과 관할에 그 근거를 두고 있다. 국회는 소관기관이 아닌 한 청원을 스스로 시정할 수는 없고, 단지 정부나 행정청에 대하여 정치적 영향력을 행사하여 시정을 요구할 수 있을 뿐이다. 국회의 판단과 건의가 법적 구속력이 없기 때문에, 국회의 이러한 광범위한 청원처리권한은 권력분립원칙에 반하지 않는다.[53]

나. 국회의 청원심사권한에서 파생하는 부속권한

대부분 청원의 경우 국회가 그 소관기관이 아님에도 불구하고 헌법 제26조에 의하여 청원심사의 권한과 의무를 부여받았다면, 이 과제를 효과적으로 이행하기 위하여 필요한 권한도 또한 헌법적으로 보장되어야 한다.[54] 따라서 국회의 청원처리기관으로서의 과제를 이행하기 위한 필수적 요건으로서, 소관기관에 '정보를 요청할 권한'과 의견서를 첨부하여 '청원을 이송할 권한'이 국회의 청원처리권한으로부터 파생된다.[55]

(1) 정보를 요청할 권한

청원이 행정부의 행위를 그 대상으로 하는 경우, 국회는 소관 국가기관과는 달리 일반적으로 청원사항의 구체적인 내용이나 배경에 대하여 알지 못한다. 따라서 청원사항의 사실관계를 조사할 수 있고, 이로써 청원의 심사에 필요한 정보를 구할 수 있는 권한이 국회에 부여되어야 한다. 소관 국가기관에 정보를 요청하는 권한은 국회가 청원처

52) Vgl. Vitzthum, Petitionsrecht und Volksvertretung, 1985, S.40f.

53) Vgl. Friesenhahn, Zur neueren Entwicklung des Petitionsrechts in der BRD, in: FS f. H. Huber, 1981, S.360.

54) Vgl. Seidel, Das Petitionsrecht, 1972, S.64ff.; Burmeister, Das Petitionsrecht, in: HbStR, Bd.II, §32, Rn.49; Vitzthum/März, Das Grundrecht der Petitionsfreiheit, JZ 1985, S.814.

55) 국회법은 '청원이 국회에 접수된 때에는 의장이 소관위원회로 하여금 심사하게 하고'(제124조), '소관위원회는 위원을 현장이나 관계기관에 파견하여 필요한 사항은 파악하게 할 수 있으며'(제125조 제4항), '국회가 채택한 청원으로서 정부에서 처리함이 타당하다고 인정되는 청원은 의견서를 첨부하여 정부에 이송하고, 정부는 그 처리결과를 지체 없이 국회에 보고해야 한다'(제126조)고 규정하고 있다.

리의 과제를 이행하기 위하여 필요한 필수적인 보조권한이다. 국회의 정보요청권은 정보제공을 요구할 권한과 문서열람권, 청원인과 기타 관계인에게 의견진술의 기회를 부여할 권한, 국가기관에 대한 방문조사권, 직무공조요청권 등을 포함한다.[56)]

별도의 법규정이 주무 행정청에 대하여 직접 정보를 요청할 수 있는 국회의 권한을 부여하지 않는 한, 국회는 원칙적으로 직접 주무 행정관청이 아니라 정부에 대하여 정보를 요청할 수 있다. 정부의 하부기관이자 그의 직무감독을 받는 행정관청의 행위가 문제되는 경우, 국회는 행정부 위계질서의 최고기관인 정부에 대하여 정보를 요청해야 한다.[57)] 청원에 관련하여 정부에 대한 국회의 정보요청이 있는 경우, 정부는 해당관청에 대하여 정보를 요청하고 다시 그 정보를 국회에 전달하게 된다.[58)]

(2) 청원이송권한 및 특정 조치의 권고 권한

청원사항이 국회의 관할에 속하는 것이 아닌 한, 청원사항이 관할기관에 의하여 해결·시정될 수 있도록, 국회는 청원을 소관 국가기관에 이송해야 한다. 청원이송권한이란, 국회가 청원을 심사한 후 청원에 의견서를 첨부하여 소관 국가기관에 이송하는 권한, 특히 소관기관에게 청원사항과 관련하여 '특정 조치를 권고하는 권한'을 말한다.[59)] 청원이송권한도 청원기관으로서의 국회의 과제를 이행하기 위하여 헌법적으로 보장되는 부속적 권한이다. 국회는 청원을 내용적으로 심사하여 소관기관에 이송함으로써 자신의 영향력과 권위를 청원인을 위하여 사용한다. 정부와 행정청에 대하여 특정 조치를 권고하는 경우, 청원의 이송권한은 대행정부 통제기능도 수행한다. 그러나 청원에 관한 의회의 판단과 견해는 아무런 법적 구속력이 없기 때문에, 관할기관은 법적으로 전혀 구속을 받지 않는다.

---

56) '독일 연방의회 청문위원회의 권한에 관한 법률'은 제1조, 제4조, 제7조에서 위와 같은 청원위원회의 권한을 규정하고 있다.

57) 그러나 정부는 직무감독권을 가지고 있는 관청에 대해서만 정보를 요청할 수 있기 때문에, 정부의 감독권이 미치지 않는 경우, 정부에 대한 국가기관의 정보제공의무가 존재하지 않는다. 정부에 대하여 책임을 지지 않는 국가기관의 조치가 문제되는 경우, 국회에 제출된 청원의 심사가 원활하게 이루어지지 않을 우려가 있다. 따라서 권력구조상 정부와 동렬에 있거나 또는 업무의 특성상 정부의 감독을 받지 않는 국가기관, 예컨대 헌법재판소나 감사원 등의 행정조치에 대해서는 국회가 직접 정보를 요청할 수 있는 권한이 헌법 제26조에 근거하여 부여되어야 한다.

58) 독일은 1975년 헌법개정을 통하여 기본법 제45c조를 신설하고 그 시행법으로 '독일 연방의회 청문위원회의 권한에 관한 법률'을 제정함으로써, 의회가 정부의 감독을 받는 하급관청에 대하여 정보를 직접 요청하고 기록을 열람할 수 있도록, 연방의회 청원위원회의 권한을 확대하였다(제1조), 이에 대하여 자세히 Vitzthum/März, Das Grundrecht der Petitionsfreiheit, JZ 1985, S.815; Burmeister, Das Petitionsrecht, in: HbStR, Bd.II, §32, Rn.56ff.

59) Vgl. Burmeister, Das Petitionsrecht, in: HbStR, Bd.II, §32, Rn.54; Vitzthum/März, Das Grundrecht der Petitionsfreiheit, JZ 1985, S.816.

3. 국회 청원의 의미 및 중요성

가. 청원권의 효과적 보장기관으로서 옴부즈만 또는 국회?

청원권을 효과적으로 보장하고 국민과 국가의 관계를 개선하기 위하여 누가 국민의 최종적인 '탄원의 벽'이 되어야 하는가? 새로운 청원담당기관으로서 별도로 설립되는 '옴부즈만(Ombudsmann)'인가 아니면 국민의 대표자인 국회인가? 청원권을 실질적으로 보장하고 청원제도의 효과를 높이기 위한 방법으로서, 국회 내에 청원위원회를 설치하고 효과적인 청원처리를 위하여 필요한 권한을 청원위원회에 부여하는 등 '의회의 청원처리기능'을 강화하는 방법 및 의회에 의하여 임명되고 의회에 의하여 청원의 처리를 위임받은 독립된 기관으로서 '스칸디나비아 식의 옴부즈만 제도'를 도입하는 방법이 고려될 수 있다.[60)]

옴부즈만 제도란 청원권 실현의 한 방법으로서 '청원권을 보다 잘 실현하기 위하여 누가 청원처리의 주체가 되어야 하는지'에 관한 것이다.[61)] 청원처리의 기능을 국가기관이 아니라 국가로부터 독립된 제3의 기관(옴부즈만)에게 맡기는 경우, 이를 옴부즈만 제도라 한다. 스웨덴, 핀란드, 덴마크, 노르웨이, 뉴질랜드 등 옴부즈만 제도를 활용하는 국가에서는 누구나 직접 옴부즈만에게 청원을 할 수 있다. 다만, 영국의 경우에는 국민이 직접 옴부즈만에게 청원을 할 수 있는 것이 아니라, 우선 1인의 하원의원에게 청원을 해야 하고 그가 청원을 사전 심사하여 옴부즈만이 처리하는 것이 적합하다고 판단하는 경우에 옴부즈만에게 이송한다. '옴부즈만'을 채택하는 모든 국가의 경우, 예외 없이 의회가 옴부즈만을 임명하고 있고, 국가에 따라서는 옴부즈만이 의회에 대하여 책임을 지며, '독일의 연방의회 청원위원회'와 유사한 권한을 부여받아 의회를 대신하여 대행정부 통제기능을 이행하고 있다. 이러한 점에서, 일반적으로 '옴부즈만'이란 의회에 의하여 임명되고 청원처리의 권한을 위임받는 기관을 말한다.[62)]

독일의 경우,[63)] 청원제도의 실효성을 높이기 위하여 1975년 청원제도를 개혁하였다.[64)] 개혁의 취지는 '연방의회 청원위원회'의 권한 확장을 통하여 의회청원처리의 효율

---

60) Vgl. Seidel, Das Petitionsrecht, 1972, S.46ff.; Korinek, Das Petitionsrecht im demokratischen Rechtsstaat, 1977, S.76ff.; Muheim, Das Petitionsrecht ist gewährleistet, 1981, S.116ff.; Vitzthum/März, Das Grundrecht der Petitionsfreiheit, JZ 1985, S.816.

61) 옴부즈만 제도에 관하여 자세하게, Seidel, Das Petitionsrecht, 1972, S.46ff.; 허경, 청원권의 일종으로서의 Ombudsmann 제도, 고시연구, 1996. 8., 43면 이하.

62) Vgl. Seidel, Das Petitionsrecht, 1972, S.46ff.

63) 독일 기본법 제17조는 "누구든지 단독으로 또는 다른 사람과 공동으로 문서로써 관할기관과 의회에 청원(Bitte) 또는 소원(Beschwerde)을 할 권리를 가진다."고 하면서, 제45c조는 "연방의회는 제17조에 따라 연방의회에 제출된 청원과 소원을 다룰 청원위원회를 둔다. 청원을 심사할 위원회의 권한은 연방법률로 정한다."고 규정하고 있다. 기본법 제45c조 제2항에 의하여 1975년 '연방의회 청원위원회의 권한에 관한 법률'이 제정되었다.

성을 높이고 의회의 對政府 통제기능을 강화하고자 하는 것이었다. 기본법 제45c조가 신설됨으로써 연방의회 청원위원회가 헌법적 차원으로 승격되었고, 연방의회의 청원처리 과제는 청원위원회에 위임되었으며, 시행법률의 제정으로 청원위원회에 청원처리를 위하여 필요한 광범위한 독자적인 권한이 부여되었다.[65] 독일에서도 국가기관이 직접 청원을 처리할 것이 아니라 청원을 처리하는 독립된 기관인 옴부즈만을 도입해야 한다는 견해도 있었으나, 1975년 연방의회 청원위원회의 권한 확장으로 인하여 옴부즈만 제도의 도입을 주장하는 목소리는 사라지게 되었다.[66]

우리의 경우, 대통령이 임명하는 위원으로 구성되는 '국민고충처리위원회'가 청원을 담당하는 기관으로서 국무총리 산하에 설치되었다.[67] '옴부즈만'을 '의회에 의하여 임명되고 의회로부터 청원업무를 담당하도록 위임받은 자'라고 정의한다면, '국민고충처리위원회'는 엄밀한 의미의 옴부즈만이라고 할 수 없다. 위 위원회가 대통령에 의하여 구성되고 행정부 산하에 위치함으로써, 그 기능이 대행정부 통제기능이 아니라 행정부 내의 감독기능 또는 시정기능에 제한된다.

나. 국회 청원처리기능의 강화 필요성

우리의 경우에도 새로운 청원담당기관으로서의 옴부즈만 제도를 도입할 것이 아니라 국회의 청원심사기능을 강화하는 것이 보다 바람직하다. 옴부즈만 제도를 취하고 있는 스칸디나비아의 국가나 영국 등의 헌법적 상황은 우리와 전혀 다르다. 이들 국가의 경우 헌법적으로 보장된 기본권으로서의 청원권이 존재하지 않으므로, 의회를 비롯한 국가기관의 청원수리 및 심사·통지의 의무도 없을 뿐만 아니라 청원권의 침해를 이유로 헌법소원을 제기할 수 있는 가능성도 없다.[68] 반면에, 우리와 같이 "국가기관에" 청원

---

64) 독일연방 의회청원제도에 관하여 자세히 vgl. Würtenberger, in: BK, 1995, Art.45c, Rn.15ff.; Vitzthum/März, Das Grundrecht der Petitionsfreiheit, JZ 1985, S.815; Burmeister, Das Petitionsrecht, in: HbStR, Bd.II, §32, Rn.56ff.; 한국문헌으로는 이헌환, 의회청원제도에 관한 고찰, 충북대 법학연구 2권1호(90.11), 181면 이하; 허경, 서독의회의 청원심사제도에 관한 고찰, 연세대 연세행정논총 6집(80.01), 233면 이하.

65) 연방의회법 제108조 이하의 규정 및 기본법 제45c조 시행법에 의하면, 의회청원의 처리를 위하여 청원을 행정적으로 사전 심사하는 기관으로서 의회에 중앙청원접수처를 설치하여 명백히 청원이 아닌 것에 한하여 청원의 수리를 거부할 수 있게 하였고, 그 외의 청원의 경우 청원위원회에서 심사하게 되는데, 이를 위하여 서로 다른 정당에 소속된 2인의 위원을 주심위원으로 지정하여 청원을 심사하여 위원회에 건의하게 하고, 그 건의를 근거로 위원회에서 권고사항을 결의하여 본회의에 회부하게 된다. 본회의에서 위원회의 권고에 대하여 최종적으로 결정한다.

66) 독일의 경우 1956년 기본법 제45b조를 신설하여 유일하게 국방의 영역에서 옴부즈만 제도를 도입하였다. 기본법 제45b조에 규정된 국방전권위원(Wehrbeauftragter)은 군인의 기본권보호와 연방군에 대한 의회통제를 위하여 의회의 국방위원회에 소속되어 있지만 독자적인 책임 하에서 활동하는 연방의회의 보조기관이다.

67) '민원사무처리에 관한 법률'에 의하여 국무총리 소속하에 설치된 '국민고충처리위원회'는 대통령이 임명하는 10인 이내의 위원으로 구성되어 국민들로부터 고충민원을 접수하여 조사하고 이를 위하여 관계인 등의 출석이나 의견진술, 관계자료·서류의 제출을 요청할 수 있으며, 잘못이 발견되면 관계기관에 시정조치를 권고할 수 있다. 한편, 국민고충처리위원회의 국민 권리구제업무와 국가청렴위원회의 국가청렴도 향상을 위한 활동, 행정심판위원회의 행정과 관련한 쟁송업무 등 국민의 권익보호 관련 업무들을 한 기관에서 처리하기 위하여, 2008년 '부패방지 및 국민권익위원회의 설치와 운영에 관한 법률'에 근거하여 '국민권익위원회'가 설치되었다.

을 할 수 있는 권리가 헌법상 기본권으로 보장된 법적 상황에서 옴부즈만 제도를 도입하는 것은, 청원의 처리 및 대행정부 통제에 있어서 '의회'와 '옴부즈만'이라는 두 기관의 기능의 중복을 가져온다. 청원을 담당하는 기관이 양적으로 증가한다고 하여 청원처리 및 통제의 효율성이 제고되는 것은 아니다.

국민과 그의 대의기관인 국회간의 긴밀한 유대관계 및 국회의 대행정부 통제기능을 강화하기 위해서라도, 헌법상 "국가기관"인 국회에 부여된 청원처리권한을 약화시킬 것이 아니라, 국회가 중립적이고 객관적인 국가기관으로서 청원심사기능을 효과적으로 행사할 수 있는 가능성이 강화되어야 한다. 의회의 청원처리기능을 옴부즈만에 맡기는 것은 의회의 대행정부 통제기능을 약화시키고, 의회가 청원을 통하여 입법과 행정의 하자를 개선하는데 유용한 정보를 얻는 기회를 박탈한다. 그러므로 국회에 청원만을 담당하는 청원위원회나 또는 소관 상임위원회 내에 請願小委員會를 두고 효과적인 청원처리를 위하여 필요한 권한(예컨대 행정기관에 대한 의견제출요청권, 정보 및 자료의 요청권, 문서열람권, 청원이송권한 등)을 부여하는 방법으로 국회의 청원기능을 강화하고 국회청원의 가능성을 일반국민에게 널리 홍보함으로써 국회청원제도를 활성화하는 것이 바람직하다.[69] 국회청원제도 외에 그와 병렬적으로 활동하는 청원담당 전권위원(옴부즈만)을 두는 것은 불필요하다. 설사 독립된 기관으로서 청원처리기관을 두더라도, 그 기관은 적어도 국회에 의하여 임명되고 구성되는 기관이어야 하며, 국회에 대한 정기적인 활동보고를 통하여 국회가 청원처리의 결과를 의정활동에 있어서 활용할 수 있도록 해야 한다.

Ⅵ. 議會請願 紹介節次의 위헌여부

국회법 제123조 제1항은 "국회에 청원을 하고자 하는 자는 의원의 紹介를 얻어 청원서를 제출하여야 한다."고 규정하고 있고, 마찬가지로 지방자치법 제65조 제1항도 "지방의회에 청원을 하고자 하는 자는 지방의회의원의 소개를 얻어 청원서를 제출해야 한다."고 하여 국회나 지방의회에 청원을 하고자 하는 자는 소개절차를 밟아야 한다는 것을 규정하고 있다.[70]

---

68) Vgl. Seidel, Das Petitionsrecht, 1972, S.57.

69) 독일의 경우, 국민이 의회에 매우 빈번하게 청원을 하기 때문에(1997년 독일 연방의회가 수리한 청원의 수는 약 2만개에 달한다, vgl. Rauball, in: Münch/Kunig, GGK, 5.Aufl. S.1014) 연방의회의 청원위원회가 엄청난 청원에 시달린다고 생각하기 쉬우나, 오히려 청원위원회는 청원의 증가를 의회에 대한 국민의 신뢰의 표시로 이해하고, 심지어 국민들이 보다 적극적으로 청원이란 구제수단을 활용하게끔 의회청원에 관하여 홍보해 줄 것을 언론기관에 요청하고 있으며, 스스로 홍보책자를 발행하여 청원위원회의 활동을 알림으로써 국민들에게 청원권의 사용을 권장하는 실정이다, vgl. Friesenhahn, Zur neueren Entwicklung des Petitionsrechts in der BRD, in: FS f. H. Huber, 1981, S.354.

70) 영국의 경우 우선 1인의 하원의원이 국민의 청원을 사전 심사하여 옴부즈만이 처리하는 것이 적합하다고 판

1. 헌재 1999. 11. 25. 97헌마54 결정

가. 사건의 개요

청구인은 의왕시 내손지역의 노상·노외 주차장 무료화에 관한 청원을 하기 위하여 1996. 11. 20. 주민 500여명의 서명을 받은 청원서를 의왕시의회에 제출하였더니 소개의원이 없다는 이유로 반려되어, 의원 전원(9인)을 찾아다니며 소개를 받으려고 하였으나 뜻을 이루지 못하였다. 또 행정구역 개편에 관하여 의왕시 주민 10,000여명의 서명을 받아 의왕시의회에 청원하려고 하였으나 의원의 소개를 얻는데 실패하였다.

이에 청구인은 지방의회에 청원할 때 의원의 소개를 얻도록 규정한 지방자치법 제65조 제1항은 청원권을 보장하고 있는 헌법 제26조에 위반된다는 이유로 1997. 2. 5. 헌법소원심판을 청구하였다. 헌법재판소는 재판관 6인의 의견으로 지방자치법 제65조 제1항을 합헌으로 판단하였다.

나. 결정의 요지

(1) 재판관 6인의 합헌의견

청원권의 구체적인 내용은 입법활동에 의하여 형성되며 입법형성에는 폭넓은 재량권이 있으므로 입법자는 지방의회에 제출되는 청원서에 대하여 청원의 내용과 절차는 물론 청원의 심사·처리를 공정하고 효율적으로 행할 수 있게 하는 합리적인 수단을 선택할 수 있다.

이 사건 법률조항이 지방의회에 청원을 할 때에 의원의 소개를 필요적 요건으로 한 것은 단순한 진정과는 달리 청원을 할 수 있는 사안에 관하여는 지방의회가 공정하고 신속하게 이를 심사·처리하고 그 결과를 청원인에게 통지할 의무를 지는 점 등을 감안하여 청원의 남발을 규제하는 방법으로 의원 중 1인이 미리 청원의 내용을 확인하고 이를 소개함으로써 심사의 효율성을 제고하려는 데에 그 목적이 있다. 지방의회 의원 모두가 소개의원이 되기를 거절하였다면 그 청원내용에 찬성하는 의원이 없는 것이므로, 지방의회에서 심사하더라도 인용가능성이 전혀 없어 심사의 실익이 없으며, 단지 의결사항만 번잡하게 할 뿐이다.

따라서 이 사건 법률조항은 불필요한 청원을 억제하여 청원의 효율적인 심사·처리를 제고하는 데 있고, 또 청원의 소개의원은 1인으로 족한 점 등을 감안할 때, 그 제한

단하는 경우에 옴부즈만에게 이송한다는 점에서 우리의 소개절차와 유사하지만, 영국의 경우 헌법재판이나 헌법상의 청원권이 존재하지 않는다는 점을 유의해야 한다. 청원권을 헌법에서 기본권으로 보장하고 있는 국가 중에서는, 일본이 국회법과 지방자치법에 우리와 동일한 내용의 조항을 두어 의원의 소개를 청원의 요건으로 규정하고 있다.

은 헌법 제37조 제2항이 규정한 공공복리를 위한 필요 · 최소한의 것으로서 기본권제한의 한계를 벗어나는 것이 아니다.

(2) 재판관 3인의 반대의견

청원의 소개여부는 오로지 의원 개인의 임의적인 판단에 맡겨져 있으므로, 주민이 의원을 일일이 찾아다니면서 소개를 얻도록 한 것은 지방의회에 청원서의 제출을 어렵게 하는 수단에 다름 아닌 것이며, 이는 청원권의 본질에 어긋나는 기본권제한의 한계를 벗어난 과도한 제한이다. 청원은 역사적으로 민의를 위정자에게 전달하는 중요한 수단으로 이용되어 왔으며, 오늘날에도 청원권의 의미는 국가나 지방자치단체의 의사형성에 국민의 의견이나 희망을 직접 전달할 수 있는 유일한 수단이라는 데 있다. 더욱이 직접민주주의적 요소가 결여된 우리의 지방자치제도 하에서 언론에 의한 비판이라는 간접적인 방법보다 청원권의 행사를 통하여 주민의 의사를 직접 반영하는 보완기능으로서의 역할 또한 중요하다. 그럼에도 불구하고 위와 같은 제한을 둔 것은 지방의회의 편의를 도모하기 위한 것으로서 청원권 자체를 유명무실하게 하는 것이므로, 위헌선언을 하여야 한다.

2. 위 헌법재판소결정의 문제점

가. 소개절차의 법적 성격 및 청원권의 본질적 내용의 위반여부

(1) 이 사건 법률조항은 지방의회에 청원을 할 때에는 필요적 요건으로서 의원의 소개를 얻도록 규정하고 있어, 의원 모두가 소개를 거부하면 청원권을 행사할 수 없게 되어 있다.

다수의견은 '청원권의 구체적인 내용은 입법활동에 의하여 형성되며, 입법형성에는 폭넓은 재량권이 있다'고 하여 입법자의 폭넓은 형성권을 강조하고 있다.[71] 그러나 다수의견은, 청원권은 '전적으로 청구권적 기본권인 재판청구권'과는 달리, 자유권적 요소와 청구권적 요소를 함께 포함하고 있으며, 의회청원 소개절차의 경우 청원권의 '청구권적 측면'이 아니라 '국가의 간섭이나 방해를 받지 않고 자유롭게 국가기관에 청원을 할 권리'로서의 '자유권적 측면'에 관한 문제라는 것을 간과하고 있다. 청원권의 청구권적 요소와 관련해서는 입법자에게 광범위한 형성권이 인정되지만, 자유권으로서의 청원권이 제한되는 경우에는 입법자의 형성권은 과잉금지원칙에 의한 구속을 받는다.

뿐만 아니라, 헌법 제26조가 "법률에 정하는 바에 의하여"라고 하여 청원권의 구체적인 형성을 입법자에 위임한 것은, 청원권의 보장내용을 실현하기 위한 구체적인 절차의 형성의무를 입법자에게 부과하는 것이지, 입법자가 임의로 청원권의 헌법적 보장내

71) 판례집 11-2, 583, 588.

용과 의미를 정할 수 있다는 것은 아니다. 따라서 헌법상의 청원권을 구체화하는 법률은 '효과적 권리보호를 위한 절차의 보장'이란 관점에서, 헌법이 청원권에 부여한 기능을 실현할 수 있도록 형성되어야 한다.

(2) 위 법률조항이 의회청원의 필요적 요건으로서 의원의 소개를 얻도록 규정함으로써, 청원의 소개를 의뢰 받은 의원이 청원의 내용을 검토하여 그 결과 청원의 내용에 개인적으로 동의하지 않든지 아니면 청원의 성공가능성이 없다고 판단하는 경우, 소개의원을 얻지 못한 국민은 청원권을 행사할 수 없게 됨으로써 청원권을 사실상 박탈당하게 된다. 위 법률조항에서 비록 법문상으로는 의원의 "소개"로써 표현되고 있으나, 청원제출의 적법요건으로서 의원의 소개를 얻도록 한 것은 그 실체적 내용에 있어서 청원권을 행사하기 위하여 청원의 내용에 관한 국가의 허가를 얻어야 한다는 것을 의미하며, 결국 청원의 내용에 관한 국가의 검열이나 내용적 사전심사절차에 해당한다. 의원은 청원의 소개에 있어서 그 직무의 성격상 사인이 아니라 국가기관 또는 국가기관의 일부로서 기능하는 것이다. 그러나 국민이 중개인을 거치지 않고 또는 국가나 제3자의 허가를 받을 필요가 없이 직접 국가기관과 접촉하고 자신의 의견을 진술할 수 있다는 데에 바로 청원권의 핵심적 보장내용이 있으므로, 이와 같은 보장내용에 비추어 청원권은 제3자의 동의나 국가의 허가절차 또는 검열절차를 허용하지 않는다. 따라서 국민이 청원권을 행사하기 위하여 의원의 동의를 받도록 한 위 법률조항은 그 자체로서 이미 청원권의 본질에 반하는 것이다.

다수의견은 결정이유에서 위 법률조항의 입법목적으로 "불필요한 청원을 억제하여 청원의 효율적인 심사·처리를 제고하는 데 있다."고 주장하지만, '무엇이 필요한 또는 불필요한 청원인지'에 관하여는 청원의 본질상 국가가 결정할 수 있는 것이 아니라 청원을 제기하는 개인이 결정해야 한다. 모든 자유권과 마찬가지로, 자유권으로서의 청원권의 경우에도 '청원할 자유를 어떻게 행사하는가' 하는 자유의 내용은 처음부터 국가의 결정권한 밖에 있으며, 개인 각자가 자신의 고유한 가치관에 따라 자신의 행위의 목적과 수단을 스스로 결정할 수 있다는 데 바로 자유권의 본질이 있다. 그러한 의미에서 청원인에게 "불필요한 청원"이란 있을 수 없다.

다수의견은 '지방의회의원 모두가 소개의원이 되기를 거절하는 청원은 그 청원내용을 찬성하는 의원이 없다는 것을 의미하므로, 이와 같은 청원은 의회에서 심사를 해본들 인용의 가능성이 없고 이러한 청원은 불필요하다'는 견해이나,[72] 청원이란 그 본질상 비정규적이고 최종적인 비상적 구조요청권으로서 청원의 내용이나 성공가능성과 관계없이 국가기관에 호소할 수 있는 가능성이 부여되어야 한다는 점에서도 성공가능성의 여

72) 판례집 11-2, 583, 589.

부에 따라 청원을 제한하는 것은 청원의 본질에 반하는 것이다.

(3) 설사 의원에 의한 허가절차 그 자체를 합헌으로 판단하더라도, 국민이 어떠한 조건 하에서 청원권을 행사할 수 있는 허가를 받을 수 있는지에 관하여 위 법률조항은 아무런 언급이 없다는 점에서, 기본권제한의 요건이 법률에 전혀 규정되어 있지 않다.[73] 즉 위 법률조항은 어떠한 조건 하에서 의원의 소개를 구할 수 있는지에 관하여 아무런 규정을 두지 아니하고 소개여부를 완전히 의원 개인의 임의에 맡기고 있기 때문에, 청원권의 행사여부가 법률에 의하여 아무런 구속을 받지 않는 의원 개인의 동의, 즉 恣意에 달려 있는 것이다. 의원이 청원의 소개를 거부하는 경우 이를 사법적으로 심사하게 할 수 있는 가능성도 없다. 그러나 기본권의 행사여부는 국가기관이나 제3자의 자의나 임의적 판단에 달려 있을 수 없으며, 기본권행사에 대한 제한이 헌법적으로 정당화되기 위해서는, 적어도 어떠한 요건 하에서 제한이 허용되는지에 관하여 법률에 최소한의 객관적 요건이 규정되거나 또는 법률해석을 통하여 그의 확정이 가능해야 한다. 따라서 위 법률조항이 기본권제한의 조건을 스스로 정함이 없이 청원권의 행사여부를 완전히 의원 개인의 자의, 즉 국가기관의 재량에 맡기고 있다는 관점에서도 청원권을 침해하는 위헌적인 규정이다.

나. 비례의 원칙의 위반여부

설사, 위 법률조항이 청원권의 본질에 위배되는 규정이 아니라 하더라도, 비례의 원칙에 위반되는 위헌적인 규정이다. 청원권의 행사를 위하여 의원의 소개를 받도록 한 위 법률조항의 입법목적은 '청원의 남발을 규제함으로써 청원심사의 효율성을 제고하는 데'에 있다.

청원권의 헌법상 보장내용이 국민으로 하여금 어떠한 내용의 청원이든 관계없이 국가기관에 자신의 의견을 진술할 수 있는 통로를 개방하고자 하는 것이기 때문에, '청원남발의 규제'가 청원권의 보장내용에 부합하는 입법목적인가 하는 의문이 제기된다. 그러나 '청원남발의 규제'란 입법목적이 국민의 청원권 행사를 제한하고자 하는 것이 아니라, '청원이 아닌 것'이나 '불법적인 내용의 청원'과 같은 부적법한 청원을 규제하고자 하는 것이라고 제한적으로 이해하는 한, 위 입법목적은 청원권의 보장내용과 합치하는 입법목적이라고 할 수 있다.

그러나 위 법률조항이 '청원남발의 규제'란 입법목적을 달성하기 위하여 '의원의 소

73) 국가는 허가절차를 도입할 수 있으나, 그 허가절차는 기본권에 의하여 보장된 자유를 행사할 권리 그 자체를 제거해서는 안되고, 국민이 허가절차에 규정된 법률요건을 충족시키는 경우 그에게 기본권을 행사할 수 있는 권리를 부여해야 한다. 허가의 대표적 예인 건축허가와 영업허가의 경우, 건축은 헌법이 보장하고 있는 기본권으로서의 토지재산권의 행사에 해당하고 개인의 영업은 기본권인 직업의 자유의 행사를 의미하므로, 국민이 허가요건을 충족시키는 한, 행정청은 허가를 거부할 수 없는 구속을 받는다. 헌재 1998. 5. 28. 96헌가5, 판례집 10-1, 541, 552 참조.

개'란 수단을 사용한 것은 청원권을 과도하게 침해하는 것이다. 위 법률조항이 의원의 소개를 받도록 한 것은 대부분의 경우 국민으로 하여금 청원권의 행사를 포기하도록 하는 효과를 초래한다. 다수의견은 '청원의 소개의원은 1인으로 족하기 때문에 공공복리를 위하여 청원권을 필요·최소한으로 제한하는 것'이라고 주장하나, 청원인의 거주지 선출의원이 청원의 소개의원이 되기를 거부하는 경우 다른 의원으로부터 소개를 받는다는 것은 사실상 매우 어렵다는 현실을 고려하지 않는 것이다.[74] 국민이 청원권을 행사하기 위하여 자신의 청원내용에 찬성하는 의원을 우연히 만날 때까지 소개의원을 구하는 노력을 중단하지 말라는 요청은 매우 냉소적이거나 아니면 국민에게 청원권의 행사를 가능하면 자제해 달라는 요청과 다름 아니다. 권리를 행사하기 위하여 자력으로 법적 요건을 충족시켜야 하는 것이 아니라 국가의 동의를 구걸해야 한다면, 이러한 권리는 이미 국민의 기본권이 아니라 제3자의 호의와 조력에 의존하는 시혜적인 것이다. 기본권을 행사하기 위하여 국가의 동의를 얻어야 한다면, 그것은 이미 기본권이 아니다.

또한, 청원권이 그 헌법상 기능에 있어서 단순히 개인의 권리구제수단에 그치는 것이 아니라, 청원을 통하여 얻은 정보를 토대로 의회의 입법을 개선하고 행정부를 통제하는 기능을 하고, 뿐만 아니라 국가기관에 대하여 민의를 전달하고 국가의사형성에 참여하는 기능을 하며, 특히 국민과 국가 사이의 직접적인 대화통로로서 국민통합 또는 국민융화의 기능을 한다는 사실을 상기한다면, '소개의원을 구하지 못한 청원은 인용가능성이 전혀 없어 결국 심사의 실익이 없다'는 다수의견의 견해는 청원권의 위와 같은 포괄적인 헌법적 기능을 간과하는 것이며, 청원권의 다양한 기능을 부당하게 오로지 개인의 권리구제절차로서의 기능으로 축소시키는 것이다. 따라서 청원의 성공가능성에 따라 청원권의 행사를 제한하는 것은 청원권의 헌법적 기능에도 반하는 것이다.

결국, 위 법률조항에 의하여 발생한 '청원권 제한의 효과'와 위 법률조항에 의하여 실현되는 '공익의 비중'을 서로 비교하여 보더라도, '청원남발의 규제'라는 행정편의적 목적을 위하여 국민의 청원권을 사실상 유명무실하게 하는 조치를 취한 것은 입법목적과 입법수단 사이의 적정한 균형관계를 완전히 상실하고 있는 것이다. 청원권이 국민의 기본권으로서 헌법에 보장된 이상, 청원권의 보장내용과 기능에 비추어 국민의 청원을 규제할 수 있는 방법은 단지 부적법한 청원을 걸러내는 '형식적 심사절차'를 도입하는 것이며, 국가기관의 동의나 청원의 성공가능성 등 '청원의 내용에 따른 심사'를 하는 것은 허용되지 않는다.[75] 의회청원의 소개절차를 제거하는 경우 의회청원의 엄청난 증가

74) 마찬가지 견해로서 소수의견, 판례집 11-2, 583, 590.

75) 청원의 적법성심사 외에 내용심사를 통하여 청원을 제한하기 위해서는, 헌법을 개정하여 헌법에 스스로 그 제한가능성을 명시적으로 규정해야 한다. 그러나 이러한 경우 청원권은 그의 고유한 헌법적 기능을 상실하여 더 이상 청원권이 아닌 것이 된다.

로 인하여 청원처리의 어려움이 예상된다면, 이는 의회 내 청원위원회 또는 의회에 의하여 임명된 옴부즈만의 설치 등을 통하여 의회의 청원처리기능이 강화되어야 한다는 것을 의미하는 것이지, 소개절차와 같이 청원권을 空洞化하는 절차의 도입을 정당화하는 것은 아니다.

Ⅶ. 맺는말

청원권은 정규적 권리구제절차의 存否와 관계없이, 형식이나 기간, 관할 등 절차적 요건의 구속을 받지 않고 국가기관에 권리구제나 시정을 요청할 수 있는 기본권이다. 우리 헌법은 청원권을 국민의 기본권으로서 보장함으로써, 국민이 주장하는 권리침해가 구제의 필요성이 있는지 또는 어떠한 조건 하에서 국민이 권리구제를 요청할 수 있는지에 관하여 결정하는 국가의 권한을 제한하고 있다.

청원권이 헌법상 보장된 비정규적 권리구제수단이자 모든 국민에게 부여된 非常的 救助要請權이라면, 이러한 구제수단이 효과적이기 위해서는 직무상 청원사항과 직접 관계되는 소관관청보다는 청원에 관하여 중립적이고 객관적으로 판단할 수 있는 다른 국가기관이나 또는 국가로부터 독립된 제3의 기관이 국민의 청원을 심사해야 할 필요가 있다. 청원권이 단지 소관기관의 형식적인 再審査義務만을 의미한다면, 행정적·사법적 권리구제절차가 완비된 법치국가에서 청원권은 헌법적으로 고유한 기능을 상실하고 결국 死文化되는 기본권으로 전락하고 말 것이다.

그러나 청원권을 구체화하는 법률인 '청원법', '국회법', '지방자치법'의 규정에 의하면, 청원의 심사는 원칙적으로 소관관청의 관할이며, 국회나 지방의회는 단지 예외적으로 청원을 심사하도록 규정하고 있다. 소관관청에의 청원의 경우에도, 상급기관이 아니라 처분기관이 직접 청원을 처리하도록 규정하여 권리구제절차로서의 실효성을 의심케 하고 있으며, 의회청원의 경우, 의원의 소개를 얻어야만 의회에 청원할 수 있기 때문에, 국민이 의회에 자유롭게 접근할 수 있는 길은 사실상 막혀있다. 따라서 청원에 관한 현행 법규정은 헌법상의 청원권을 단지 형식적으로 보장하기 위한 절차적 규정에 불과할 뿐, 기본권으로서의 청원권의 실현을 크게 저해하고 있다.

결과적으로 청원에 관한 법률이 효과적인 권리보호를 제공하지 못하기 때문에, 헌법상 청원권은 그 본연의 기능을 상실하였으며, 국민고충처리위원회나 국민권익위원회와 같은 제도가 헌법상 부여된 청원권의 기능을 사실상 대행하는 기이한 현상이 발생하였다. 우리 헌법이 '국가기관에 청원을 할 권리'를 기본권으로 보장하고 있는 한, 국가기관은 청원을 처리해야 할 의무를 부과 받고 있는데, 이러한 상태에서 새로이 옴부즈만을 도입하거나 행정부 산하에 청원처리를 위한 전문기관을 두는 것은 청원권의 실효성을 높이기보다는 단지 기능의 중복만을 가져올 수 있다. 의회와 국민 사이의 긴밀한 유대관계의 유지, 의회의 대행정부통제의 강화, 그를 위한 전제조건으로서 청원을 통한 입법과 행정에 관한 정보취득의 필요성 등을 고려할 때, 의회의 청원처리기능이 강화되는 것이 바람직하다. 의회에의 청원은 국민을 통합하고 융화하는 기능, 즉 민주주의의 기초인 신뢰와 합의를 굳히는 기능을 할 수 있으며, 의회청원제도를 통하여 의회는 '국민의 변호사'로서의 역할을 하는 것이다.

참고문헌

강경근, 청원권의 본질과 심사의무, 고시연구 91. 1.
문광삼, 청원권, 고시연구 96. 8.
이헌환, 의회청원제도에 관한 고찰, 충북대 법학연구 2권1호(90. 11.)
한수웅, 헌법 제27조의 재판청구권, 헌법논총 제10집(1999)
허 경, 청원권의 일종으로서의 Ombudsmann 제도, 고시연구, 1996. 8.
_____, 서독의회의 청원심사제도에 관한 고찰, 연세대 연세행정논총 6집(80. 1.)
허 영, 한국헌법론, 2000

M. Brenner, in: Bonner GG Kommentar, Bd.1, 4.Aufl. Art.17
Burmeister, Das Petitionsrecht, in: Isensee/Kirchhof(Hg), Handbuch des Staatsrechts (HbStR), Bd.II, 1987, §32
Dagtoglou, in: Bonner Kommertar zum GG, Art.17(Zweitbearbeitung 1967)
Dürig, in: Maunz/Dürig, Grundgesetz, Art.17
Friesenhahn, Zur neueren Entwicklung des Petitionsrechts in der BRD, in: Festschrift für H. Huber, 1981
Hempfer, Das Petitionsrecht in der parlamentarischen Praxis, in: Festschrift für W. von Simon, 1983
Hesse, Grundzüge des Verfassungsrechts der Bundesrepubik Deutschland, 20. Aufl. 1995
Ipsen, Staatsrecht II, 1997
Isensee, Staatshoheit und Bürgerinitiative, in: Biedenkopf/Voss(Hg), Staatsführung, Verbandsmacht und Souveränität, 1977
Korinek, Das Petitionsrecht im demokratischen Rechtsstaat, 1977
Muheim, Das Petitionsrecht ist gewährleistet, 1981
Rauball, in: Münch/Kunig(Hg), Grundgesetz Kommentar (GGK), 5.Aufl. 2000, Art.17
Ulli Rühl, Der Umfang der Begründungspflicht von Petitionsbescheiden, DVBl 1993
Seidel, Das Petitionsrecht, 1972
Siegfried, Begründungspflicht bei Petitionsbescheiden, DÖV 1990
Stein, Staatsrecht, 14. Aufl. 1993
Terbille, Das Petitionsrecht in der BRD, 1980
Vitzthum, Petitionsrecht und Volksvertretung, 1985
Vitzthum/März, Das Grundrecht der Petitionsfreiheit, JZ 1985
Wittrock, Gedanken zum Petitionswesen und seiner Bedeutung, DÖV 1987
Woike, Die Behandlung von Petitionen durch Behörden, DÖV 1984
Würtenberger, in: Bonner Kommentar zum GG (BK), Art.45c(Zweitbearbeitung 1979)

제2절 재판청구권

헌법 제27조의 재판청구권*

Ⅰ. 머리말

재판을 통한 국민의 권리보장 및 법원의 조직은 국가의 기본질서에 있어서 근본적인 문제이므로, 헌법은 적어도 司法의 본질적인 것에 관하여 직접 규정하고 있다. 헌법은 한편으로는 제27조 제1항에서 재판청구권을 보장하면서, 다른 한편으로는 '법원'에 관한 章에 사법기능을 보장하기 위한 조직 · 기능 · 절차에 관하여 본질적인 규정을 두고 있다. 이로써 '법원에 의한 권리보호'에 관한 헌법상의 규정은 사법권을 제도적으로 형성하는 '법원의 조직과 관할에 관한 규정' 및 소송당사자인 국민과의 관계에서 법치국가적 절차를 보장하는 '재판청구권'이라는 주관적 공권의 두 부분으로 구성되어 있다.[1)]

헌법 제27조 제1항은 "모든 국민은 헌법과 법률이 정한 법관에 의하여 법률에 의한 재판을 받을 권리를 가진다."고 규정함으로써 재판청구권을 보장하고 있다. 법치국가는

* 위 논문은 1999년 12월, 헌법논총(헌법재판소), 제10집, 339-381면에 게재된 것을 일부 수정한 것이다.
1) Vgl. Schwab/Gottwald, Verfassung und Zivilprozeß, 1984, S.5.

기본권의 보장, 권력분립, 司法을 통한 권리구제절차 등을 통하여 구체화되고 실현된다. 재판청구권은 법치국가의 실현을 위한 중요한 요소로서 국민의 모든 권리, 즉 법률상 권리와 헌법상 기본권의 효력이 법원의 재판절차에서 실제로 관철되는 것을 보장한다.[2)]

헌법 제27조에 규정된 재판청구권은 국민의 기본권으로서 국가권력과 국민의 관계에 관한 규정이므로, 일차적으로 '공권력에 의한 권리침해'의 경우 재판을 받을 국민의 권리를 보장한다. 인간의 존엄성과 기본권은 헌법에 단지 규정되는 데 그쳐서는 아니 되고 사법절차를 통하여 실제로 보장되고 관철되어야 비로소 그 의미가 있으므로, 재판청구권은 국민이 공권력에 의한 기본권의 침해를 주장하고 그에 대한 보호를 요청할 수 있는 사법적 절차를 보장한다. 그러므로 재판청구권은 기본권의 실질적인 보호에 있어서 중요한 의미를 갖는 기본권으로 기본권의 보장과 관철에 기여하는 절차적 기본권이다.

나아가, 법치국가는 국가에 의한 권리침해뿐만 아니라 사인 간의 관계에서 발생하는 권리침해에 대해서도 권리구제절차를 보장해야 한다. 민·형사재판과 관련하여 국가의 司法保障義務는 국가의 권력독점, 개인에 의한 自力救濟의 금지, 법적 평화를 보장할 국가의 의무에 대응하는 것으로서 법치국가원칙에 내재하는 것이다.[3)] 국민이 '사인 간의 관계'에서 자력으로 권리를 관철하거나 범죄인을 징계하는 것을 막고 법원절차를 통하여 법적 분쟁을 해결하도록 하는 것은 법치국가의 핵심적 요소에 속한다. 따라서 국가는 私法上의 분쟁에 있어서 국민의 자력구제를 배제하는 효과적인 권리구제절차를 보장해야 하며, 나아가 국가가 형벌권을 독점하고 사인의 복수를 금지한다면 이에 대응하는 국가의 의무로서 국민을 범죄로부터 보호하고 범죄인에 대한 정당한 처벌을 통하여 법적 평화를 다시 회복할 수 있도록 공정한 형사재판절차를 제공해야 한다.

이 글에서는 헌법 제27조에 규정된 내용 중에서, 우선 "헌법과 법률이 정한 법관"의 의미를 살펴보고(아래 Ⅱ.), 이어서 "법률에 의한 재판을 받을 권리"와 관련하여 "재판을 받을 권리"와 "법률에 의한 재판"의 내용을 구체적으로 확인한 다음(아래 Ⅲ. 및 Ⅳ.), 마지막으로 효과적인 권리보호를 보장하기 위한 사법절차상의 기본권에 관하여 검토하기로 한다(아래 Ⅴ.).

---

2) Vgl. Papier, Justizgewähranspruch, in: Isensee/Kirchhof, HbStR, Bd.Ⅵ, 1989, §153, Rn.1.

3) Vgl. Krebs, in: Münch(Hg), GGK, 1992, Art.19 Ⅳ, Rn.50; Papier, Justizgewähranspruch, in: Isensee/Kirchhof, HbStR, Bd.Ⅵ, 1989, §153, Rn.1, 6ff.; Benda/Weber, Der Einfluß der Verfassung im Prozeßrecht, in: Gilles(Hg), Effektivität des Rechtsschutzes und verfassungsmäßige Ordnung, 1983, S.9; Heyde, Rechtsprechung, in: Benda/Maihofer/Vogel, HbVerfR, Bd.II, 1995, Rn.5.

Ⅱ. 헌법과 법률이 정한 법관

1. 독립된 국가기능으로서 司法權

가. 법치국가의 본질적 요소로서 司法의 보장

헌법 제101조 제1항은 "사법권은 법관으로 구성된 법원에 속한다."고 규정하여 사법권을 법원에 귀속시키고 있다. 이로써 독립적인 국가기능으로서의 사법권의 존속과 그의 과제영역이 헌법적으로 보장되었다. 헌법이 사법권을 독립적인 국가기능으로 보장한다는 것은, 법원이라는 '조직상의 독립'과 '법원에 의한 사법권의 행사'를 보장한다는 것을 의미한다.[4] 여기서의 '법원'이란 국가에 의하여 설립된 법원, 즉 국가법원을 뜻한다. 다른 모든 국가기능과 마찬가지로, 사법권도 오로지 국민으로부터 직접 민주적 정당성을 부여받거나 아니면 다른 국가기관으로부터 이를 간접적으로 도출할 수 있는 국가기관에 의하여 행사되어야 한다는 것은 민주주의원리로부터 나오는 당연한 요청이다. 국가법원은 직접 국가에 의하여 설립된 국가기관의 형태를 갖출 필요는 없으나, 법원이 국가법원으로서의 성격을 가지려면 법원의 설립이 법률에 근거해야 하고 인적 구성의 측면에서도 법원에 대하여 국가의 충분한 영향력행사가 보장되어야 한다.[5]

사법권이 법원에 귀속된다는 것은 현대 법치국가의 중요한 보장에 속한다. 중립적이고 독립된 법원만이 공정한 재판을 보장할 수 있고, 이로써 법이 준수되고 정의가 지배하는 것을 보장할 수 있으므로, 사법기능의 유지와 보장은 법치국가원칙의 중요한 구성부분이다.[6] 현대 법치국가의 특징은 사법기능을 조직상으로 다른 국가권력으로부터 분리하여 전문적이고 독립적인 법관으로 구성된 국가법원에 귀속시키고, 국가행위의 합법성·합헌성 여부에 관한 심사를 법원의 관할로 만든 것이다. 사법의 헌법적 과제와 기능은 법적 분쟁의 해결을 통한 '객관적 법의 유지와 관철' 및 '개인의 자유와 권리의 보호'에 있다.

나. 권력분립원리의 표현

헌법상의 권력분립원리는 사법권을 다른 국가권력으로부터 분리된 '독자적인 국가권력'으로 형성하였다. 헌법 제101조 제1항은 사법권을 법원에 귀속시킴으로써, 사법권에

4) Vgl. Benda/Weber, Der Einfluß der Verfassung im Prozeßrecht, in: Gilles(Hg), Effektivität des Rechtsschutzes und verfassungsmäßige Ordnung, 1983, S.1.

5) 따라서 이러한 요건이 충족된다면, 헌법 제101조 제1항은 변호사단체 등 직업단체에 의하여 설립되는 법원을 금지하지 않는다, Heyde, Rechtsprechung, in: Benda/Maihofer/Vogel, HbVerfR, Bd.II, 1995, Rn.8; Benda/Weber, Der Einfluß der Verfassung im Prozeßrecht, in: Gilles(Hg), Effektivität des Rechtsschutzes und verfassungsmäßige Ordnung, 1983, S.2.

6) Vgl. Heyde, Rechtsprechung, in: Benda/Maihofer/Vogel, HbVerfR, Bd.II, 1995, Rn.1.

해당하는 국가권력은 오로지 법원에 의해서만 행사되어야 하며 입법자는 그 본질에 있어서 사법권에 해당하는 과제영역을 법원으로부터 박탈하여 다른 국가기관에게 위임해서는 안 된다는 적극적인 의미를 담고 있다.[7] 즉, 입법자는 입법을 통하여 헌법상 법원에 귀속된 사법권을 자유로이 처분할 수 없고, 그 핵심에 있어서는 헌법개정자도 박탈할 수 없으며, 이러한 고유한 사법기능은 오로지 법원에 속한다는 것이 헌법 제101조 제1항의 의미인 것이다.[8]

따라서 司法權은 전적으로 법원의 권한영역에 속한다. 입법부와 집행부 간에는 상호 영향을 미칠 수 있는 다양한 가능성과 기능의 중복이 존재하는 반면, 사법부는 권력분립의 구조에서 특별히 고립되어 있다. 사법부가 입법부와 집행부의 영향으로부터 엄격하게 분리되고 고립되는 경우에만, 사법부는 '정치적으로 중립적인 권력'으로 형성될 수 있으며, 기능상·조직상으로 독립된 권력만이 다른 권력에 대한 통제기능을 이행할 수 있다. 사법기능을 입법부나 집행부의 기관에게 위임하거나 입법부나 집행부가 사법부에 영향력을 행사하려고 하는 것은 헌법적으로 허용되지 않는다. 물론, 사법의 조직과 관할 및 절차는 입법자에 의하여 형성된다. 또한, 국가권력의 행사를 위하여 불가피한 민주적 정당성을 중개하기 위하여 대법관의 구성도 입법부와 집행부에 의하여 행해진다.

다. 司法의 개념

(1) 헌법은 법원에 사법권을 귀속시키는 규정을 두고 있을 뿐 어떠한 국가기능이 사법권에 해당하는지에 관하여 아무런 언급이 없으므로, 사법권의 개념이 문제된다. 司法權의 개념은, 국가기능을 담당하는 국가기관을 기준으로 하여 형식적으로 파악하고자 하는 관점에서(형식설) 또는 국가기능의 내용에 따라 실질적으로 파악하고자 하는 관점에서(실질설) 정의될 수 있다.

형식설에 의하면, 司法이란 사법기관인 법원에 의하여 행해지는 모든 국가작용, 사법기관인 법원에 속하는 권한을 의미한다. 이로써 형식설에서 말하는 사법이란, 법원이

---

7) Vgl. Heyde, Rechtsprechung, in: Benda/Maihofer/Vogel, HbVerfR, Bd.II, 1995, Rn.12; 헌법재판소는 국가배상에 관한 분쟁을 신속히 종결시키기 위하여 일종의 행정기관인 심의위원회의 배상결정에 재판상의 화해의 효력과 같은 최종적인 효력을 부여함으로써 재심의 소에 의하지 않는 한 그 효력을 다툴 수 없도록 하고 있는 국가배상법 규정에 대하여, 심의위원회의 제3자성·독립성이 희박한 점, 심의절차의 공정성과 객관성도 결여되어 있는 점 등을 고려한다면 배상결정절차가 사법절차에 준한다고 볼 수 없으므로 국민의 재판청구권을 침해하는 것이며, 한편으로는 실질적 의미의 사법작용인 분쟁해결에 관한 종국적인 권한을 원칙적으로 헌법과 법률이 정한 법관으로 구성되는 사법부에 귀속시킨 헌법규정에도 위배된다고 위헌으로 선언하였다(헌재 1995. 5. 25. 91헌가7, 판례집 7-1, 598, 610).

8) Vgl. Benda/Weber, Der Einfluß der Verfassung im Prozeßrecht, in: Gilles(Hg), Effektivität des Rechtsschutzes und verfassungsmäßige Ordnung, 1983, S.2: BVerfGE 22, 49, 78, 독일 연방헌법재판소는 형벌을 선고하는 권한은 사법의 영역에 속하는 것으로서 오로지 법관만이 행사할 수 있는 것이지만, 입법자는 형법의 영역을 축소하거나 아니면 행위의 불법에 대하여 입법정책적으로 달리 평가하여 종래의 형벌구성요건을 질서위반에 해당하는 행위로 대체함으로써 司法의 영역을 변경할 수 없는 것은 아니라고 판시하였다.

관장하는 모든 사항, 즉 법률이 법원의 관할로 귀속시킨 모든 사항을 말한다. 그러나 법원이 관장하는 모든 사항을 사법으로 이해하는 형식적 의미의 사법 개념은 '법원이 관장하는 사항은 법원에 속한다'고 하는 순환논법에 지나지 않으므로, 사법의 개념 정의로서 부적합하다.

따라서 司法의 개념은 실질설에 따라 실체적 기준에 의하여 판단되어야 한다. '사법권은 법원에 속한다'고 규정하는 헌법 제101조 제1항은 권력분립원리의 구체적 표현으로서 입법자를 구속하는 '사법에 관한 실질적 개념'을 전제로 한다. 입법자는 법원에 속하는 사법의 과제를 임의로 정의할 수 없으며, 본질상 사법에 속하는 사안을 법원으로부터 박탈해서는 안 되기 때문이다.

司法을 국가기능의 내용에 따라 실체적으로 정의한다면, 사법이란 구체적인 법적 분쟁이 발생한 경우 독립적 지위를 가진 중립적 기관이 무엇이 법인가를 인식하고 선언함으로써 법질서의 유지와 법적 평화에 기여하는 국가작용(비정치적 법인식기능)이다(실질적 의미의 사법).[9] '헌법상 사법권'의 본질은 구체적인 법적 쟁송을 계기로 하여 특별히 규정된 절차에서 중립적인 제3자인 법원이 최종적이고 구속력 있는 결정을 내리는 법적 판단작용이라고 할 수 있다.[10]

(2) 헌법 제101조 제1항은 '실질적 의미의 사법'으로 간주되는 사안에 대해서는 법원만이 결정할 수 있다는 '法院留保'를 규정하고 있다. 법원에 유보되어야 하고 법원으로부터 박탈되어서는 안 되는 '실질적 의미의 사법'에는 전통적인 사법적 과제의 핵심영역으로서 민사재판권과 형사재판권 및 공권력행위에 대한 사법적 심사가 속한다.[11]

또한, 헌법은 제101조 1항의 '일반적 법원유보' 외에 法官留保에 관한 특별규정을 두고 있다. 신체의 자유의 제한에 관한 결정은 법관에게 유보된 핵심적 영역에 속한다.[12] 체포·구속 등 신체의 자유를 제한하는 경우(헌법 제12조 제3항)와 주거에 대한 압수·수색의 경우(헌법 제16조)에는 법관의 결정을 필요로 한다. 이러한 사법의 영역에서는 행정부에게 잠정적으로든 또는 법원에 의한 사후적 심사의 유보 하에서든[13] 사법기능

9) Vgl. BVerfGE 103, 111, 137.

10) 헌법재판소는 '사법의 본질은 법 또는 권리에 관한 다툼이 있거나 법이 침해된 경우에 독립적인 법원이 원칙적으로 직접 조사한 증거를 통한 객관적 사실인정을 바탕으로 법을 해석 적용하여 유권적인 판단을 내리는 작용이다'고 판시하였다(헌재 1996. 3. 28. 95헌마170), vgl. Stern, Das Staatsrecht der BRD, Bd.2, 1980, S.893ff.; Benda/Weber, Der Einfluß der Verfassung im Prozeßrecht, in: Gilles(Hg), Effektivität des Rechtsschutzes und verfassungsmäßige Ordnung, 1983, S.3.

11) Vgl. Benda/Weber, Der Einfluß der Verfassung im Prozeßrecht, in: Gilles(Hg), Effektivität des Rechtsschutzes und verfassungsmäßige Ordnung, 1983, S.2; Heyde, Rechtsprechung, in: Benda/Maihofer/Vogel, HbVerfR, Bd.II, 1995, Rn.14; Papier, Justizgewähranspruch, in: Isensee/Kirchhof, HbStR, Bd.VI, 1989, §153, Rn.6f.

12) 신체의 자유에 대한 제한의 허용여부와 기간에 관해서는 오로지 법관만이 결정할 수 있고, 법관의 결정에 근거하지 않은 모든 자유제한의 경우에는 지체 없이 법관의 결정을 사후적으로 구해야 한다.

13) 행정청의 행위에 대한 법원의 사후적 심사는 헌법 제27조의 재판청구권에 의하여 당연히 보장되는 것이다.

을 위임하는 것은 허용되지 않는다. 그러나 非訟事件과 같이 실질적 의미의 사법에 속하지 않는 과제는 헌법상의 사법권에 속하지 않으므로, 법관이 아닌 다른 국가기관이 이를 이행할 수 있다.[14)]

2. 헌법과 법률이 정한 법관

사법의 본질은 독립성과 중립성에 있으며, “헌법과 법률이 정한 법관”의 보장은 사법의 독립성과 중립성의 보장에 기여하는 중요한 규정이다.

가. 憲法이 정한 법관

(1) ‘헌법이 정한 법관’이란, 법관의 자격을 갖추고(헌법 제101조 제3항), 헌법 제103조 및 제106조에 의하여 職務上의 독립성과 身分上의 독립성을 보장받은 법관을 뜻한다. ‘직무상의 독립’은 사법의 본질적 요소로서 누구의 간섭이나 지시도 받지 않고 사법기능을 수행하는 것을 그 내용으로 하는데, 사법의 중립성과 객관성을 확보하기 위한 헌법상의 핵심적 표현이다. 즉, 법관은 그의 재판작용에 있어서 단지 헌법과 법률의 구속을 받을 뿐이다.

또한 법관이 재판의 내용으로 인하여 인사상의 개인적 불이익을 받을 위험이 있다면 직무상의 독립은 사실상 공허하게 될 수 있으므로, 사법권의 독립은 자의적인 파면이나 불리한 처분 등으로부터 법관을 보호하려는 ‘신분상의 독립’을 통하여 더욱 강화된다.

(2) 헌법 제103조는 “법관은 헌법과 법률에 의하여 그 양심에 따라 독립하여 심판한다.”고 규정하여 법관의 직무상 독립성을 표현하면서, 나아가 사법적 판단의 기준을 제시하고 있다. 헌법은 사법적 판단의 기준으로서 ‘헌법[15)]과 법률’이란 실정법 외에도 ‘양심’을 언급함으로써 초실정법적·불문법적 요소를 인정하고 있다. 여기서의 ‘양심’이란, 경우에 따라서는 실정법과 충돌할 수 있는 ‘正義’를 뜻한다. 이로써 헌법은 법과 정의가 필연적으로 항상 일치하지는 않는다는 것을 표현하고 있다. 그러나 헌법국가에서 ‘정의가 무엇인가’ 하는 것은 헌법이 스스로 인간의 존엄성, 기본권, 법치국가원리·사회국가원리와 같은 개별 헌법규범을 통하여 구체화하고 있다. 이러한 의미에서 헌법은 법공동체가 지향하는 일반적 정의를 실정법화한 것이고, 정의는 실체적 헌법규범을 통하여 구체적으로 표현된다고 볼 수 있다.[16)]

---

14) Vgl. Schwab/Gottwald, Verfassung und Zivilprozeß, 1984, S.9; Heyde, Rechtsprechung, in: Benda/Maihofer/Vogel, HbVerfR, Bd.II, 1995, Rn.17.

15) ‘헌법에 의한 재판’이란 무엇보다도, 법원이 모든 법률을 가능하면 헌법에 합치되게 해석해야 할 의무(합헌적 법률해석)와 법률의 해석과 적용에 있어서 헌법, 특히 기본권의 의미를 존중해야 할 의무가 있다는 것을 뜻한다.

16) Vgl. Meyer, in: Münch(Hg), GGK, 1996, Art.97, Rn.23; Heyde, Rechtsprechung, in: Benda/Maihofer/Vogel, HbVerfR, Bd.II, 1995, Rn.94f.

그러므로 정의의 기준은 법관에게 이미 정해져 있다. 법관은 자신의 주관적인 정의관을 주장하여 통상적인 법률해석을 통한 법률조항의 객관적인 의미로부터 자의적으로 벗어나서는 안 된다. 물론 법관이 법률의 구속을 받음으로써 경우에 따라 법과 정의 사이의 긴장관계에 부딪히게 되고, 자신의 정의관 때문에 갈등을 일으킬 수 있다. 이 경우, 자신의 정의관이 헌법적 가치결정과 일치한다면, 법관은 위헌의 의심이 있는 법률에 대하여 헌법재판소에 위헌제청을 함으로써, 법관에게는 자신의 갈등을 해소할 수 있는 길이 열려져 있다. 그러나 자신의 정의관이 헌법에 의하여 구체화된 정의와 일치하지 않는다면, 법관은 자신의 정의관을 무시하고 헌법과 법률에 따라 재판을 해야 한다.

나. 法律이 정한 법관

'법률이 정한 법관'이란, 개별 사건을 담당할 법관이 법규범에 의하여 가능하면 명확하게 사전에 규정되어야 한다는 것을 의미한다. 외부나 법원 내부의 압력·영향 등에 의하여 사건마다 임의로 법원을 구성하거나 또는 사건을 특정 법원이나 법관에게 맡긴다면, 사법의 독립성과 중립성은 보장될 수 없다. 이러한 이유로, 헌법은 '법률이 정한 법관'이 사건을 담당하게 함으로써, 법원의 관할과 업무분담을 조작하는 방법으로 사법의 공정성을 저해할 위험을 사전에 방지하고자 하는 것이다. 따라서 누가 개별사건을 '법률이 정한 법관'으로서 담당하게 되는가 하는 것이 법원조직법, 소송법상의 재판관할 규정과 그에 보완하여 법원의 직무분담계획표에 근거하여 사전에 일반·추상적으로 확정되고 예측될 수 있어야 한다.[17] 이러한 방법으로 담당법관이 일반적으로 사전에 정해지는 것이 보장됨으로써, 사건에 따라 또는 소송당사자에 따라 법관이 사후에 임의적으로 정해지는 것이 방지된다.

즉 '법률이 정한 법관'이란, 입법자가 스스로 형식적 법률로써 근본적인 재판관할질서를 정해야 한다는 요청으로, 법관의 직무상·신분상의 독립과 함께 사법의 공정성을 확보하려는 또 하나의 중요한 안전장치이다.[18] 한편, '법률이 정한 법관'의 헌법적 목적이 재판관할질서를 무시하고 자의적인 재판을 하는 것을 방지하고자 하는 것이므로, 법률이 정한 법관 이외의 자가 재판을 하였다고 하여 곧 모든 경우에(예컨대, 절차상의 착오) 재판청구권을 침해하는 것은 아니고, 법관의 지정이 명백히 불합리한 사고에 기인하는 등 자의가 존재하는 경우에 한하여 재판청구권의 위반이 인정된다.[19]

---

17) Vgl. Hill, Verfassungsrechtliche Gewährleistungen gegenüber der staatlichen Strafgewalt, in: Isensee/Kirchhof, HbStR, Bd.VI, 1989, §156, Rn.50f.; Heyde, Rechtsprechung, in: Benda/Maihofer/ Vogel, HbVerfR, Bd.II, 1995, Rn.55; BVerfGE 19, 52, 59; 장석조, 우리 헌법상의 절차적 기본권, 헌법논총 제9집(1998), 577, 583면.

18) Vgl. BVerfGE 19, 52, 60; Hill, Verfassungsrechtliche Gewährleistungen gegenüber der staatlichen Strafgewalt, in: Isensee/Kirchhof, HbStR, Bd.VI, 1989, §156, Rn.50; Papier, Justizgewähranspruch, in: Isensee/Kirchhof, HbStR, Bd.VI, 1989, §153, Rn.2.

다. 憲法과 法律이 정한 법관

따라서 '헌법과 법률이 정한 법관'이란, 헌법상 규정된 직무상·신분상의 독립이 보장되고, 재판관할을 규정하는 법률에 의하여 재판을 담당하도록 사전에 정해진 법관을 말한다.[20] 이로써 "헌법과 법률이 정한 법관"은 법질서에 의하여 사건을 담당하는 법관이 사전에 정해질 것을 요청할 뿐만 아니라, 사법의 기능을 이행하기 위한 최소한의 요건을 갖출 것을 요청한다. 즉, "헌법과 법률이 정한 법관"은 사전에 정해진 법관일 뿐만 아니라, 직무상·신분상의 독립을 통하여 사법기능의 이행을 위하여 필수적인 독립성과 중립성을 갖춘 법관을 말한다.

그러므로 소송을 담당하는 법관이 독립성과 중립성을 갖추고 있지 않다면, 헌법과 법률이 정한 법관의 요청에 위반되는 것이다. '헌법과 법률이 정한 법관'은 궁극적으로 사법의 공정성과 객관성을 보장하기 위한 제도이므로, 관할규범에 따라 정해진 법관이라 하더라도 그러한 법관이 구체적 사건과의 이해관계나 편파의 우려 등으로 말미암아 재판의 공정성을 보장할 수 없다면, 그러한 경우에는 구체적 사건에서 공정성과 중립성을 잃은 법관을 제척, 기피, 회피할 수 있는 가능성이 국민에게 부여되어야만, '헌법과 법률이 정한 법관'이 보장될 수 있다.[21] 따라서 법관의 제척·기피·회피에 관한 법적 규정은 재판청구권의 관점에서 헌법적으로 요청되는 것이다.

Ⅲ. "재판을 받을 권리"

1. 재판절차의 제공

개인이 권리구제절차를 밟고 권리보호를 구할 수 있기 위해서는, 그 전에 법원이 설립되어 재판관할이 확정되고 법원절차가 형성되어야 한다. 재판청구권은 실제로 보장되기 위하여 법원조직법이나 소송법과 같은 입법을 통한 입법자의 구체적인 형성을 전제

---

19) Vgl. BVerfGE 3, 359, 364; Benda/Weber, Der Einfluß der Verfassung im Prozeßrecht, in: Gilles(Hg), Effektivität des Rechtsschutzes und verfassungsmäßige Ordnung, 1983, S.6; Arens, Der Einfluß der Rspr. des BVerfG auf das Zivilprozeßrecht, in: 40 Jahre Grundgesetz, 1990, S.89.

20) 헌법재판소는 "헌법과 법률이 정한 법관"에 관하여 '헌법과 법률이 정한 자격과 절차에 의하여 임명되고 물적 독립과 인적 독립이 보장된 법관을 의미한다'고 판시하였다(헌재 1993. 11. 25. 91헌바8), 같은 취지로 권영성, 헌법학원론, 1995, 521면, 그러나 '헌법이 정한 자격과 절차에 의한 임명'이란 있을 수 없고, 한편으로는 '법률이 정한 자격을 갖추고 합법적으로 임명된 법관'에 의하여 사법기능이 수행되어야 하는 것은 법관뿐만 아니라 모든 국가기능을 수행하는 공무원에 대한 요청으로서 헌법적 차원에서 별도로 언급될 성질의 것이 아니라는 점에서, 헌법이 이러한 당연한 요청을 표현하기 위하여 '법률이 정한 법관'이라는 별도의 규정을 두고 있다고 보기 어렵다.

21) Vgl. Heyde, Rechtsprechung, in: Benda/Maihofer/Vogel, HbVerfR, Bd.II, 1995, Rn.56; Benda/Weber, Der Einfluß der Verfassung im Prozeßrecht, in: Gilles(Hg), Effektivität des Rechtsschutzes und verfassungsmäßige Ordnung, 1983, S.7.

로 한다. 재판청구권은 보장되기 위하여 입법자의 구체적인 입법활동에 의존하고 있고, 재판절차의 개설과 관련하여 입법자에게 특히 광범위한 형성권이 인정된다. 따라서 재판청구권은 裁判節次의 開設과 관련하여 국민의 권리보호를 위한 최소한의 정도는 보장되어야 한다는 의미에서 '사법절차의 제도적 보장'이라고도 일컬어진다.[22] 헌법이 특별히 달리 규정하고 있지 않는 한, 헌법상의 재판청구권은 '법적 분쟁 시 독립된 법원에 의하여 사실관계와 법률관계에 관하여 포괄적으로 적어도 한 차례의 심리검토의 기회를 제공받을 권리'를 그 보장내용으로 하고 있다.[23] 즉 재판청구권은 '적어도 한 번의 재판을 받을 권리', '적어도 하나의 심급을 요구할 권리'이다.[24]

따라서 법관에 의한 심사는 적어도 한 번 사실관계에 대한 심사를 포함해야 하기 때문에, 국민에게 제공된 구제절차가 상고심과 같은 법률심에 제한되는 경우에는 이러한 절차법규정은 재판청구권에 위반된다. 입법자가 법원을 배제하고 事實審 재판을 행정청으로 하여금 하도록 규정하는 것은, 법관에 의하여 사실확정과 법률적용을 받을 기회를 박탈한 것으로 개인의 재판청구권을 침해하는 것이다.[25]

2. 심급제도 및 上訴의 제한

가. 심급제도에 관한 입법자의 광범위한 형성권

권리구제절차를 한 단계 또는 여러 단계의 심급으로 구성할 것인지에 관하여 입법자는 광범위한 형성의 자유를 가지고 있다. 헌법은 제101조 제2항에서 "법원은 최고법원인 대법원과 각급법원으로 조직된다."고 하면서, 제102조, 제104조, 제105조, 제107조

22) Vgl. Schmidt-Aßmann, in: Maunz/Dürig, Art.19 Ⅳ, Rn.14; Krebs, in: Münch(Hg) GGK, 1992, Art.19 Ⅳ, Rn.49.

23) 헌법재판소는 소액사건에서는 통상의 민사사건과 달리 상고나 재항고를 엄격히 제한하는 소액사건심판법 제3조에 대한 위헌소원에서, '재판이란 사실확정과 법률의 해석적용을 본질로 함에 비추어 법관에 의하여 사실적인 측면과 법률적 측면의 한 차례의 심리검토의 기회는 적어도 보장되어야 할 것을 의미할 뿐, 모든 사건에 대하여 똑 같이 세 차례의 법률적 측면에서의 심사기회의 제공이 곧 헌법상의 재판을 받을 권리의 보장이라고는 할 수 없으며, 헌법상 달리 규정이 없는 한 상고문제는 입법자의 형성에 맡겨진 입법정책의 문제이므로 모든 사건에 대해 상고심절차에 의한 재판을 받을 권리까지도 재판을 받을 권리에 포함된다고 볼 수 없다'고 하여 처음으로 재판청구권의 헌법상의 의미와 본질적 내용을 분명히 밝히는 중요한 결정을 하였다(헌재 1992. 6. 26. 90헌바25, 판례집 4, 343). 헌법재판소는 위 결정에서 재판청구권의 핵심을 '사실적 측면과 법률적 측면에서 적어도 한차례의 심리검토의 기회를 보장할 권리'로 확정하였다.

24) 헌재 1992. 6. 26. 90헌바25 참조, vgl. BVerfGE 4, 94f.; 11, 233; 54, 143; 83, 31; Krebs, in: Münch(Hg), GGK, 1992, Art.19 Ⅳ, Rn.63; Schwab/Gottwald, Verfassung und Zivilprozeß, 1984, S.29f.; Heyde, Rechtsprechung, in: Benda/Maihofer/Vogel, HbVerfR, Bd.II, 1995, Rn.19; Papier, Justizgewähranspruch, in: Isensee/Kirchhof, HbStR, Bd.Ⅵ, 1989, §153, Rn.14; Pieroth/Schlink, Staatsrecht II, 1995, S.284; Battis/Gusy, Einführung in das Staatsrecht, 1991, Rn.357.

25) Vgl. Papier, Justizgewähranspruch, in: Isensee/Kirchhof, HbStR, Bd.Ⅵ, 1989, §153, Rn.16; 헌법재판소는 특허청의 항고심판의 심결 또는 각하결정에 대하여는 곧바로 대법원에 상고하도록 규정하고 있는 특허법 제186조 제1항에 대한 위헌제청사건에서, '특허청의 심판절차는 특허청의 행정공무원에 의한 것으로서 국민들이 특허사건의 불복과정에서 법원에 의한 사실심 재판을 박탈당하고 있으므로 재판청구권의 본질적 내용을 침해한다'고 판시하여 위 법률조항의 위헌성을 확인하였다(헌재 1995. 9. 28. 92헌가11 등).

제2항, 제108조 등에서 대법원의 조직, 구성, 관할 등을 규정함으로써, 법적 통일성을 유지하고 법의 발전에 기여하는 상고법원의 기능을 하는 '대법원의 존속과 기능' 및 대법원과 하급법원으로 구성되는 '審級制度'를 제도적으로 보장하고 있다. 심급제도의 보장이란, 입법자가 상소가능성을 전반적으로 폐지하든지 또는 국민의 법생활의 중요한 영역에서 전반적으로 배제하는 것은 헌법에 위반된다는 것을 뜻한다. 따라서 입법자의 형성권은 단지 심급제도의 제도적 보장에 의하여 제한을 받을 뿐이다. 그러나 헌법 제101조 이하의 규정들이 3심제와 같은 특정한 심급을 보장하는 것은 아니며, 그에 대응하는 개인의 권리도 인정될 수 없다.

따라서 심급제도는 모든 구제절차나 법적 분쟁에서 보장되는 것이 아니라 단지 그 핵심적 내용에 있어서 제도적으로 보장되는 것이며, 뿐만 아니라 그 심급제도가 몇 개의 심급으로 구성되어야 하는지에 관하여 헌법이 전혀 규정하는 바가 없으므로, 심급제도의 구체적 형성도 입법자의 광범위한 형성권에 맡겨져 있다.[26] 입법자가 심급제도를 구체적으로 형성하는 경우, 한정된 사법 자원의 효율적 활용과 합리적인 분배의 관점에서 '신중하고 타당한 결정에 관한 이익'과 '신속하고 최종적인 결정에 관한 이익'이란 서로 대치하는 법익을 고려하여 각 영역마다 사건 유형의 성질과 경중에 따라 상이하게 규율할 수 있다.

나. 上訴의 제한

결국, 재판청구권은 특정한 형태의 권리구제절차(가령, 배심제나 참심제 또는 헌법소원제도)나 심급제도(가령, 3심제)를 보장하지 않으며,[27] 이에 따라 그에 대응하는 개인의 권리로서 '상소를 제기할 수 있는 권리'나 '대법원의 재판을 받을 권리'도 헌법적으로 보장되지 않는다. 재판청구권은 법문("법관에 의하여 재판을 받을 권리") 그대로 '법원에 의한' 보호를 구하는 것이지 '법원에 대한' 보호를 보장하는 것이 아니므로, 재판청구권을 근거로 해서는 제2심과 제3심에서의 구제절차를 요구할 수 없다.[28] 따라서 입법자는 종래 존재하던 심급을 축소하거나 또는 특별한 허가, 소송물가액, 법률사건의 의미, 특별한 상소이유 등을 조건으로 상소를 허용할 수 있다.[29]

---

26) Vgl. Bettermann, Die Rechtsweggarantie des Art.19 Ⅳ in der Rechtsprechung des BVerfG, AöR 96(1971), S.553.

27) Vgl. Benda/Weber, Der Einfluß der Verfassung im Prozeßrecht, in: Gilles(Hg), Effektivität des Rechtsschutzes und verfassungsmäßige Ordnung, 1983, S.8f.; Schwab/Gottwald, Verfassung und Zivilprozeß, 1984, S.30; Heyde, Rechtsprechung, in: Benda/Maihofer/Vogel, HbVerfR, Bd.II, 1995, Rn.49.

28) BVerfGE 4, 74, 94f.; 83, 24, 31; Hill, Verfassungsrechtliche Gewährleistungen gegenüber der staatlichen Strafgewalt, in: Isensee/Kirchhof, HbStR, Bd.Ⅵ, 1989, §156, Rn.28.

29) 헌법재판소는 상고심재판을 받을 권리에 관하여, '심급제도는 사법에 의한 권리보호에 관한 한정된 법 발견 자원의 합리적인 분배의 문제인 동시에 재판의 적정과 신속이라는 서로 상반되는 두 가지의 요청을 어떻게 조화시키느냐의 문제로서 원칙적으로 입법자의 형성의 자유에 속하는 사항이므로, 헌법상 재판을 받을 권리가 사건의 경중을 가리지 않고 모든 사건에 대하여 상고심 재판을 받을 권리를 의미하는 것은 아니다'라는

한편, 재판을 청구할 수 있는 권리의 주체는 다른 기본권과 마찬가지로 원칙적으로 국민이며, 국가기관은 재판청구권의 주체가 될 수 없다. 다만, 국민이 제기한 소송에 의하여 국가기관이 재판의 당사자가 된 이상, 공정한 절차에 대한 법치국가적 요청에 비추어 재판절차에서의 절차법적 지위에 있어서 국민과 국가기관을 달리 취급할 합리적인 이유가 없으므로, '청문청구권'이나 '공정한 재판'과 같은 사법절차상의 기본권은 국가기관에게도 인정된다.[30)]

3. 재판청구권의 보장내용으로서 헌법소원심판청구권?[31)]

가. 재판청구권은 공권력에 의한 기본권의 침해에 대해서도 권리보호절차를 제공할 것을 요청한다. 헌법 제27조의 재판청구권이 '최소한 한 번의 재판을 받을 기회'를 보장하기 때문에, 기본권의 보호에 있어서도 마찬가지로, 적어도 한 번 국민이 기본권의 침해를 주장하고 보호를 요청할 수 있는 구제절차를 요구할 뿐, 그 구제절차가 반드시 헌법소원의 형태로 독립된 헌법재판기관인 헌법재판소에 의하여 이루어 질 것을 보장하지는 않는다. 재판청구권은 헌법소원과 같은 특정한 형태의 구제절차를 보장하는 것이 아니라, 단지 '효과적인 권리보호'를 요청할 뿐이다. 그런데 법원에서의 재판절차가 법률상 권리의 구제절차이자 동시에 기본권의 구제절차를 의미하므로, 법원에 의한 기본권의 보호가 이미 기본권의 영역에서 재판청구권의 요청을 충족시키고 있다.[32)]

이러한 이유로, 국민이 '헌법소원심판을 청구할 권리'는 재판청구권에서 자동적으로 도출되지 않는다.[33)] 헌법소원심판청구권이란 재판청구권에서 당연히 도출되는 것이 아

이유로, 상고심리불속행제도를 규정한 '상고심절차에 관한 특례법' 규정을 헌법에 위반되지 아니한다고 판단하였다(헌재 1997. 10. 30. 97헌바37). 마찬가지로, 헌법재판소는 상고이유를 제한하는 구 '소송촉진 등에 관한 특례법' 제11조와 상고허가제를 규정하는 동법 제12조(헌재 1995. 1. 20. 90헌바1) 및 '상고심절차에 관한 특례법' 제4조(헌재 1998. 2. 27. 96헌마92)에 대해서도 위 결정과 동일한 논리로 합헌으로 판단하였다. 헌법재판소는 상소의 제한과 관련하여, 강제집행정지신청에 대한 재판에 대해서는 불복을 신청하지 못한다는 내용의 민사소송법규정에 대하여 상급심에서의 재판을 받을 권리를 박탈하는 것으로서 재판청구권에 위반된다는 주장으로 제기된 위헌소원사건에서 '어느 정도까지 상급심의 판단을 받을 기회를 부여할 것인가의 문제는 각 사건 유형의 성질과 경중에 따라 입법자가 법률로써 형성할 문제인데, 이 사건에서는 상급심을 제한하는 합리성이 인정된다 할 것이므로 헌법 제27조에 위반되지 않는다'고 판시하였다(헌재 1993. 11. 25. 91헌바8, 판례집 5-2, 396). 상소의 제한과 관련하여 광범위한 입법형성권을 인정한 그 밖의 결정으로는 헌재 1993. 11. 25. 91헌바8; 1996. 2. 29. 92헌바8 참조.

30) Vgl. Krebs, in: Münch(Hg), GGK, 1992, Art.19 Ⅳ, Rn.30, 51; BVerfGE 61, 82, 104; Papier, Rechtsschutzgarantie gegen die öffentliche Gewalt, in: Isensee/Kirchhof, HbStR, Bd.Ⅵ, 1989, §154, Rn.21.

31) 학계에서는 헌법소원심판청구권의 헌법적 근거에 관한 아무런 논의 없이, 헌법소원심판청구권을 재판청구권의 보장내용에 당연히 포함되는 것으로 파악함으로써 기본권으로서의 헌법소원심판청구권을 인정하고 있다, 예컨대 권영성, 헌법학원론, 1995, 520면.

32) 따라서 재판소원을 배제하는 헌법재판소법 제68조 제1항은 헌법상의 재판청구권을 침해하지 않는다, 헌재 1997. 12. 24. 96헌마172등, 판례집 9-2, 842, 857-858 참조.

33) Vgl. Hesse, Grundzüge des Verfassungsrechts, 19. Aufl. Rn.340; Löwer, Zuständigkeit und Verfahren des Bundesverfassungsgerichts, in: Isensee/Kirchhof(Hg), HbStR, Bd.II, 1987, Rn.140f.; E. Klein, Die Zukunft der Verfassungsbeschwerde, in: Piazolo(Hg), Das Bundesverfassungsgericht, 1995, S.237.

니라 헌법소원제도를 규정하는 별도의 헌법적 결정에 의하여만 인정될 수 있다. 우리 헌법에 헌법소원제도가 도입되기 이전의 법적 상태에서는 그 누구도 재판청구권을 근거로 하여 헌법소원심판을 청구할 수 없었던 것도 바로 이 때문이다. 만일 재판청구권이 '헌법소원심판을 청구할 권리'를 당연히 포함하는 것이라면, 헌법이 헌법소원심판을 도입하는지 여부와 관계없이, 국민은 이미 재판청구권을 근거로 국가로부터 헌법소원심판을 도입할 것을 요청할 수 있고, 이에 따라 헌법소원을 제기할 수 있어야만 한다. 그러나 헌법이 스스로 헌법소원제도를 규정해야만 국민이 비로소 헌법소원을 제기할 수 있다는 사실은 아무도 부정할 수 없는 것이다.

나. 따라서 국민이 헌법소원심판을 청구할 권리는 재판청구권에서 직접 파생하는 것이 아니라, 헌법소원심판을 규정하는 별도의 헌법규정에 의하여 비로소 부여되는 것이다. 헌법은 제111조 제1항 제5호에서 "법률이 정하는 헌법소원에 관한 심판"이라고 규정함으로써 헌법소원심판을 헌법재판소의 관할로 규정하였고, 이로써 동시에 헌법소원제도가 헌법적으로 보장되었다. '헌법소원심판'이 헌법재판소의 관할규범인 헌법 제111조 제1항에 그 헌법적 근거를 두고 있듯이, '헌법소원심판을 청구할 권리'도 또한 헌법재판소의 관할을 규정한 헌법규범에 근거할 뿐이다.

물론 헌법이 헌법재판소의 관할로서 헌법소원심판을 도입함으로써 이러한 '객관적 관할규범'에 대응하여 헌법소원심판을 청구할 수 있는 '국민의 주관적 권리'가 어떠한 형태로든 존재한다는 것은 자명한 일이나, 이러한 주관적 권리가 곧 기본권을 의미하는 것은 아니다. 국가기관의 관할규정으로부터 국민의 기본권이 나올 수는 없는 것이다. 따라서 헌법소원심판청구권은 헌법상 재판청구권의 요청이 아니라, 단지 헌법적으로 보장된 헌법소원제도 내에서의 권리로서 입법자의 구체적인 형성의 결과인 헌법재판소법을 통하여 비로소 현실화되는 '법률상의 주관적 권리'라고 보는 것이 타당하다.

다. 재판청구권이 이미 법원에 의한 재판절차를 통하여 기본권의 보호를 제공하고 있으므로, 헌법소원제도는 기본권의 보호에 있어서 꼭 필요한 것이 아니라 존재한다면 보다 이상적인 하나의 剩餘分이다. 헌법재판소의 설립이나 헌법소원제도의 도입은 비록 법치국가실현의 頂點이라고 말할 수는 있으나, 법치국가를 구성하는 본질적 요소는 아니다.[34] 국가는 헌법재판제도를 선택함에 있어서 소위 일반법원형과 독립기관형 중에서 법원으로 하여금 헌법재판을 담당하게 하는 전자의 유형을 선택할 수 있으며, 이러한 형태로도 기본권보호의 영역에서 재판청구권을 보장할 수 있다. 그러므로 잉여적인 것, 꼭 필요하지 않은 것의 보장은 기본권적인 보장이 아니라 국가의 결정에 의하여 부여할 수도 또는 부여하지 않을 수도 있는 권리, 즉 법률상의 권리에 속하는 것이다. 기본

34) Vgl. Clemens, Das Bundesverfassungsgericht im Rechts- und Verfassungsstaat, in: Piazolo(Hg), Das Bundesverfassungsgericht, 1995, S.13f.

권의 본질은 인간의 존엄성을 실현하기 위하여 꼭 필요한 것의 보장에 있으며, 기본권을 절차적으로 관철하기 위하여 꼭 필요한 것은 이미 재판청구권에 의하여 보장되고 있다.

나아가, 헌법소원제도는 헌법개정권자의 결정에 따라 언제든지 다시 폐지될 수 있다는 관점에서도,[35] '헌법소원심판을 청구할 권리'는 기본권이 아니다. 만일 헌법개정권자의 결정에 따라 임의로 폐지될 수 있는 국민의 주관적 권리가 기본권이라면, 헌법개정권자의 의사에 따라 기본권의 보장여부와 보장내용이 임의로 결정될 수 있다는 것을 의미한다. 헌법개정권자가 언제든지 헌법개정을 통하여 헌법소원제도를 폐지하든지 축소할 수 있다면, 헌법소원심판청구권의 보장내용도 개정된 헌법의 내용에 따라 변경되거나 소멸할 수밖에 없다. 그러나 기본권의 본질은 헌법개정의 내용과 관계없이 일정한 보장내용과 보호범위를 보유하고 있다는 것이므로, 매번 헌법개정권자의 의사에 따라 그 내용이 수시로 변화하는 주관적 공권은 기본권이라고 할 수 없다.[36] 결국, 국민이 헌법상의 재판청구권을 근거로 주장할 수 있는 헌법소원심판청구권이란 존재하지 않으며, 단지 헌법재판소법 제68조 이하의 규정을 근거로 헌법소원심판을 청구할 수 있을 뿐이다.

Ⅳ. "법률에 의한" 재판을 받을 권리

1. 입법자에 의한 절차법의 형성

헌법 제27조 제1항은 "모든 국민은 … 법률에 의한 재판을 받을 권리를 가진다."고 규정하여 법원이 법률에 기속된다는 당연한 법치국가적 원칙을 확인하고, '법대로의 재판, 즉 절차법이 정한 절차에 따라 실체법이 정한 내용대로 재판을 받을 권리'[37]를 보장하고 있다. 이로써 "법률에 의한" 재판청구권은 원칙적으로 입법자에 의하여 형성된 현행 소송법의 범주 내에서 권리구제절차를 보장한다는 것을 밝히고 있다.

재판청구권의 실현이 법원의 조직과 절차에 관한 입법에 의존하고 있기 때문에 입법자에 의한 재판청구권의 구체적 형성은 불가피하다. 따라서 당사자능력, 소송능력, 변호사강제, 제소기간, 인지첩부 등의 소송법적 규정에 의하여 침해될 수 있는 자연법적 권

35) 헌법에 일단 도입된 헌법소원제도가 헌법개정을 통하여 다시 폐지될 수 있다는 견해는 독일 학계의 지배적 견해이다, vgl. Maunz/Schmidt-Bleibtreu/Kein/Ulsamer, BVerfGG, §90, Rn.7; Stern, in: BK, Art.93 Rn.409; Gusy, Die Verfassungsbeschwerde, 1988, Rn.6; Zuck, Das Recht der Verfassungsbeschwerde, 1988, Rn.6f.; E. Klein, Die Zukunft der Verfassungsbeschwerde, in: Piazolo(Hg), Das Bundesverfassungsgericht, 1995, S.236f.

36) 따라서 재판소원을 배제하는 헌법재판소법 제68조 제1항의 위헌여부에 관한 논의에서, 위 규정에 의하여 기본권으로서의 헌법소원심판청구권이 침해되었다는 주장은 그 출발점부터가 잘못된 것이다.

37) 헌재 1993. 11. 25. 91헌바8; 헌재 1993. 7. 29. 90헌바35; 헌재 1992. 6. 26. 90헌바25, 판례집 4, 343.

리는 존재하지 않는다. 그러므로 입법자는 청구기간이나 제소기간과 같은 일정한 기간의 준수, 소송대리, 변호사 강제제도, 소송수수료규정 등을 통하여 원칙적으로 소송법에 규정된 형식적 요건을 충족시켜야 비로소 법원에 제소할 수 있도록, 소송의 주체, 방식, 절차, 시기, 비용 등에 관하여 규율할 수 있다.[38]

2. 입법형성권의 한계로서 '효과적인 권리보호'의 요청

가. 재판청구권은 본질적으로 실체적 기본권의 실현에 기여한다는 절차적 수단으로서의 성격에도 불구하고, 자신이 궁극적으로 관철하려는 실체적 기본권과의 관계로부터 독립된 헌법적 지위를 얻게 되었다. 재판청구권이 헌법적으로 규범적 독립성을 얻고 이로써 독자적인 기본권으로서 보장됨에 따라, 재판청구권은 '그 자체로서' 실현되고 관철될 것을 요청한다. 즉 '단지 이론적 · 형식적으로만 보장되고 실질적으로는 실효성 없는 권리보호는 사실상 권리보호가 아니다'라는 명제 하에서, 재판청구권의 보장과 관철은 그 자체로서 목적이 된다. 이로써 재판청구권으로부터 그에 내재된 가치결정으로서 '효과적인 권리보호'의 요청이 나온다.

헌법이 재판청구권을 독자적인 규범으로 보장함으로써, 재판청구권은 자신이 궁극적으로 관철 · 실현하려는 실체적 기본권과 분리되어 그에 대한 내적 연관성이 단절되는 결과를 초래하였다.[39] 재판청구권에 내재한 '효과적인 권리보호'의 요청은 '절차법적 규정은 재판청구권이 효과적으로 실현되도록 형성되어야 한다'는 요청을 의미할 뿐, '무엇이 효과적인 권리보호인지', 그 '효과성'의 내용과 의미에 관하여는 아무런 내용적 · 실체적 지침을 제공할 수 없다. 재판청구권은 실체적 기본권을 관철하려는 절차적 기본권으로서 내용적 기준을 결여하고 있기 때문에, 재판청구권에 내재한 '효과적인 권리보호'의 요청으로부터 소송비용, 기간규정 등 절차법의 형성에 관한 '구체적인' 지침이나 기준을 얻는 것은 불가능하다.

나. 따라서 절차법의 형성을 통하여 재판청구권을 구체적으로 실현함에 있어서 입법자에게는 광범위한 형성권이 인정되지만, 헌법 제27조 제1항은 권리구제절차에 관한 구체적 형성을 완전히 입법자의 형성권에 맡기지는 않는다. 입법자가 단지 법원에 제소할 수 있는 형식적인 권리나 이론적인 가능성만을 제공할 뿐 권리구제의 실효성이 보장되지 않는다면, 권리구제절차의 개설은 사실상 무의미할 수 있다. 그러므로 재판청구권은 법적 분쟁의 해결을 가능하게 하는 적어도 한 번의 권리구제절차가 개설될 것을 요청할 뿐만 아니라, 그를 넘어서 입법자에게 소송절차의 구체적 형성에 있어서 실효성 있는 권리보호를 제공하기 위하여 그에 필요한 절차적 요건을 갖출 것을 요청한다.

---

38) Vgl. Heyde, Rechtsprechung, in: Benda/Maihofer/Vogel, HbVerfR, Bd.II, 1995, Rn.49.

39) Vgl. Lorenz, Der grundrechtliche Anspruch auf effektiven Rechtsschutz, AöR 105(1980), S.630f.

권리구제절차의 개설은 권리보호를 구하는 자에게 실제로 보호를 제공할 수 있어야 비로소 그 의미가 있으므로, '효과적인 권리보호'의 요청은 입법자가 권리구제절차를 구체적으로 형성함에 있어서 '중요한 지침'이자 동시에 '입법형성권의 한계'를 의미하며, 또한 재판청구권에 내재된 '헌법의 가치결정'으로서 그의 '존재의미이자 헌법적 목적'이다.[40] 비록 재판절차가 국민에게 개설되어 있다 하더라도, 절차적 규정들에 의하여 법원에의 접근이 합리적인 이유 없이 어렵게 된다면, 재판청구권은 사실상 형해화될 수 있으므로, 바로 여기에 입법형성권의 한계가 있다.

국가는 소송법의 제정과 적용에 있어서 합리적인 이유로 정당화되지 않는 한, 국민이 법원절차에 접근하는 것을 방해하는 절차법적 장애요소를 형성해서는 안 된다. 그러므로 사법기능의 보장이나 법적 안정성 등 합리적인 공익에 의하여 정당화됨이 없이 국민의 제소권을 부당하게 제한하는 소송법상의 규정은 재판청구권에 대한 침해를 의미한다. 마찬가지로, 법원이나 행정청이 재판청구권의 헌법적 의미를 전혀 고려하지 않거나 또는 제대로 파악하지 못하여 절차법의 해석과 적용을 통하여 정당한 이유 없이 권리구제절차에의 접근을 어렵게 한다면, 이 또한 재판청구권에 대한 침해에 해당한다.[41]

3. 절차법의 형성에 대한 '효과적인 권리보호'의 요청

효과적인 권리보호의 요청을 헌법재판소의 판례를 통하여 구체적으로 살펴보면 다음과 같다.

가. 행정청의 前審節次

재판청구권에 내재된 '효과적인 권리보호'의 요청은 행정심판절차의 구체적인 형성에도 영향을 미친다. 재판의 필요적 전심절차로서 행정심판절차가 법원의 권리구제절차에의 접근을 불가능하게 하거나 또는 국민에게 요구할 수 없을 정도로 제소가능성을 막고 있다면, 이는 재판청구권을 침해하는 것이다.[42] 가령, 행정심판법상의 청구기간에 관한 규정이 단기이거나 불명확한 경우, 이러한 규정은 행정심판절차를 밟는 것을 곤란하게 함으로써 결과적으로 재판절차에의 접근을 어렵게 하는 효과가 있으므로, 재판청구권을 심사기준으로 하여 판단해야 한다.[43]

---

40) Vgl. Lorenz, Der grundrechtliche Anspruch auf effektiven Rechtsschutz, AöR 105(1980), S.633ff.; Krebs, in: Münch(Hg), GGK, 1992, Art.19 Ⅳ, Rn.62; Papier, Justizgewähranspruch, in: Isensee/Kirchhof, HbStR, Bd.Ⅵ, 1989, §153, Rn.15; Hill, Verfassungsrechtliche Gewährleistungen gegenüber der staatlichen Strafgewalt, in: Isensee/Kirchhof, HbStR, Bd.Ⅵ, 1989, §156, Rn.29.

41) Vgl. Heyde, Rechtsprechung, in: Benda/Maihofer/Vogel, HbVerfR, Bd.II, 1995, Rn.49.

42) Vgl. BVerfGE 60, 82, 110; Krebs, in: Münch(Hg), GGK, 1992, Art.19 Ⅳ, Rn.66; Pieroth/Schlink, Staatsrecht II, 1995, Rn.1095.

43) 헌법재판소는 행정심판청구기간과 관련하여 행정심판법상의 일반규정과는 달리 표준지공시지가에 대한 이의신청기간을 '공시일로부터 60일 이내'라고 규정하여 행정심판청구기간을 제한하는 지가공시법 제8조 제1항에

한편, 행정청의 결정에 불복하여 법원에 권리구제를 구할 수 있는 길이 열려져 있는 한, 재판청구권은 법원절차에 우선하여 행정청이 결정하는 사전절차를 두는 것을 금지하지도 않으며, 이를 요청하지도 않는다. 그러나 '필요적 전치주의'는 행정청의 전심절차를 거치게 함으로써 재판절차에의 접근을 어렵게 하는 측면이 있으므로, 재판절차에의 용이한 접근을 요청하는 재판청구권에 부합하는지의 문제가 제기되나, 합리적인 공익에 의하여 정당화되는 한 재판청구권에 위반되지 않는다.

나. 소송수수료와 訴訟救助制度

(1) 소송수수료규정은 권리보호를 구하는 국민에게 소송비용의 부담을 부과함으로써 법원절차에의 접근을 어렵게 하는 측면이 있으므로, 재판청구권의 위반여부가 문제된다. 소송수수료규정이 재판청구권에 위반되는지 여부는, 누구나 소송비용의 큰 부담 없이 법원절차에 접근해야 한다는 요청(효과적인 권리보호의 요청)과 소송수수료제도의 도입을 정당화하는 법익(濫訴의 방지 및 수익자부담의 원칙)을 교량하여, 제소를 곤란하게 하는 소송수수료규정이 합리적인 이유로 정당화될 수 있는지를 판단하는 문제이다.

입법자가 소송수수료를 규정하는 경우, 권리보호가 경제적 능력의 여부에 달려있을 정도로 無資力者의 권리구제를 막는 효과를 가져와서는 안 된다. 따라서 국민이 법원에 제소하는 것을 불가능하게 할 정도로 소송비용이 너무 높게 책정되어 있다면, 이는 효과적인 권리보호를 요청하는 재판청구권에 위반된다. 소송수수료 규정이 재판청구권을 침해하는지의 문제는 특히 인지제도와 관련하여 문제되는데, 일반적으로 인지제도는 법원의 재판에 대한 수익자부담을 의미하고 濫訴를 억제함으로써 한정된 사법자원의 효율적인 이용을 가능하게 하고자 하는 것이고, 더욱이 소송구조제도가 마련되어 있다는 점에 비추어 법원에 접근할 수 있는 권리를 지나치게 제약하는 것으로 볼 수 없다.[44]

대하여, '표준지공시지가가 가지는 특성상 이를 조속히 그리고 이해관계인 모두에 대해서 일률적으로 확정할 합리적인 필요에 기인하는 것으로서, 이는 재판청구권을 침해하는 조항이라 할 수 없다'고 판시하였다(헌재 1996. 10. 4. 95헌바11).

44) 소송수수료 규정이 재판청구권을 침해하는지 여부는 특히 '인지제도'와 관련하여 문제되는데, ① 헌법재판소는 항소장에는 1심 소장 인지액의 배액의 인지를, 상고장에는 1심 소장 인지액의 3배액의 인지를 붙여야 한다고 규정하고 있는 '민사소송 등 인지법' 제3조가 재력이 부족한 당사자의 재판청구권을 침해한다는 주장으로 제기된 사건에서, '소송구조제도가 마련되어 있는 현행 민사소송제도 하에서, 이를 자력이 부족한 당사자에 대하여 소송의 기회를 제대로 이용할 수 없을 정도로 어렵게 하거나 차단하는 규정이라고 볼 수 없으므로, 그들의 재판청구권이 침해되거나 불합리한 차별을 받고 있다고 할 수 없다'고 판시하여 이 사건 조항을 합헌으로 선언하였다(헌재 1994. 2. 24. 93헌바10). ② 헌법재판소는 위와 같은 이유로, 소장에 미리 일정액의 인지를 붙이도록 규정하는 '민사소송 등 인지법' 제1조(헌재 1996. 8. 29. 93헌바57, 또한 같은 취지의 결정으로는 헌재 1996. 10. 4. 95헌가1등) 및 경매절차에서 항고권을 남용함으로써 강제집행절차를 고의적으로 지연시키는 폐단을 시정하기 위하여 경락대금의 10분의 1에 해당하는 금액을 항고보증금으로 공탁하도록 규정한 민사소송법 제642조 제4항(헌재 1996. 4. 25. 92헌바30)에 대하여 합헌결정을 하였다. ③ 한편, 금융기관의 연체대출금에 관한 경매절차의 경락허가절차에 대하여 항고를 하고자 하는 자는 담보로서 경락대금의 10분의 5에 해당하는 금액을 공탁해야 한다고 규정한 '금융기관의 연체대출금에 관한 특별조치법' 제5조의2는 '담보공탁금의 비율이 과중하여 자력이 없는 항고권자에게 과다한 경제적 부담을 지게 함으로써 부당하게

(2) 국가가 개인에게 自力救濟를 금지하고 자신이 제공하는 권리구제절차를 통해서만 침해된 권리의 보호를 구하도록 강제하고 있다면, 개인이 국가적 권리구제절차의 이용을 통하여 발생하는 소송비용을 감당할 수 없기 때문에 권리구제를 포기하도록 해서는 안 된다. 이러한 경우, 국가는 권리보호를 구하는 자의 재력 여부에 따라 권리보호의 불평등이 발생하지 않도록 무자력자도 재판절차에 접근할 수 있는 가능성을 제공해야 한다. 무자력자에게 재판절차에의 접근을 비로소 가능하게 하는 것이 바로 '소송구조제도'이기 때문에, 소송구조제도를 입법적으로 마련하는 것은 효과적인 권리보호를 요청하는 재판청구권의 관점에서 이미 헌법적으로 요청되는 것이다.

다. 변호사 강제주의

변호사 강제주의는 변호사보수라는 소송의 위험부담을 증가시킴으로써 법원절차에의 접근을 어렵게 하는 측면이 있으므로, 재판청구권에 부합하는지의 문제가 제기된다. 변호사 강제주의가 헌법적으로 허용되는지의 문제는 재판청구권에 내재하는 효과적인 권리보호의 요청과 변호사에 의한 당사자 권리보호의 필요성, 원활한 사법기능 등의 대치하는 법익을 서로 비교형량하여 판단하여야 한다.[45] 재판청구권이 자력이 없는 당사자의 경우에 국선변호인을 선임해야 할 국가의 의무를 포함하고 있는지에 관해서는 논란의 여지가 있으나, 적어도 변호사 강제주의가 도입된 절차에서는 국선변호인의 선임이 헌법적으로 요청된다.[46]

라. 제소기간

제소기간의 확정은 제소기간 내에서만 제소를 허용함으로써 제소를 어렵게 하는 측면이 있으므로, 제소기간도 재판청구권에 부합하는지의 문제를 제기하지만, 법원절차에의 용이한 접근을 요구하는 재판청구권의 요청과 법률관계의 조속한 확정을 요구하는 법적 안정성의 관점을 조화시킴에 있어서 입법자에게는 광범위한 형성권이 인정된다.

입법자는 원칙적으로 기한규정을 통하여 재판청구권을 제한할 수 있지만, 합리적인 이유에 의하여 정당화됨이 없이 제소기간을 너무 짧게 확정한다든지 또는 제소기간에 관한 규정을 불명확하게 규정한다든지 하여 국민이 구제절차를 밟는 것을 과도하게 곤란하게 하는 경우에는 재판청구권이 침해된다.[47] 나아가, 법원도 소송법규정의 해석과

재판청구권을 제한하는 내용이므로 제27조 제1항 및 제37조 제2항에 위반된다'고 판시하였다(헌재 1989. 5. 24. 89헌가37등, 판례집 1, 48).

45) 일반 국민이 스스로 헌법소원심판청구를 못하고 반드시 변호사를 통해서만 헌법소원을 제기할 수 있게 함으로써 국민의 재판청구권을 부당하게 제한한다는 주장으로 변호사강제주의를 취하고 있는 헌법재판소법규정에 대하여 제기된 헌법소원심판사건에서, 헌법재판소는 변호사강제주의가 실현하려는 공익상의 법익(소송의 질적 향상, 사법의 원활한 운영, 재판심리의 부담경감 등)과 국민의 재판청구권을 비교형량하여 공익에 우위를 부여함으로써 합헌결정을 하였다(헌재 1990. 9. 3. 89헌마120 등).

46) Vgl. Schwab/Gottwald, Verfassung und Zivilprozeß, 1984, S.40.

적용에 있어서 헌법상의 재판청구권을 존중해야 하므로, 예컨대 우체국에 의한 배달지연 등 당사자가 책임을 질 수 없는 이유로 제소기간을 준수할 수 없다면, 법원은 소송행위의 追完을 인정해야 한다.[48)]

마. 가처분제도

본안절차를 밟는다면 본안절차의 진행 중 다시 돌이킬 수 없는 상태의 발생으로 말미암아 본안절차에서의 권리보호가 사실상 무의미하게 될 수 있다. 이러한 점에서 법원의 최종적인 결정 이전에 발생하는 회복할 수 없는 손해를 방지하고자 하는 가처분제도에 중요한 의미가 부여된다. 따라서 재판청구권은 '효과적인 권리보호'의 관점에서 가처분제도를 요청한다.[49)]

사후적 구제절차의 일종으로서 가처분결정에 의한 권리보호와 구분해야 하는 것은 '예방적 권리보호'이다. 법원에 의한 권리보호는 일반적으로 권리침해가 발생한 뒤에 이루어지는 사후적인 권리구제이다. 그러나 당사자에게 사후적 권리구제절차를 밟도록 한다면 다시 회복할 수 없는 손해의 발생으로 인하여 권리보호가 너무 늦어지는 경우, 국가는 이에 대하여 예방적 · 사전적 권리보호를 제공해야 한다.[50)]

4. 실체법에 의한 재판청구권의 침해?

위에서 살펴본 바와 같이, 재판청구권은 '권리보호절차의 개설'과 '개설된 절차에의 접근의 효율성'에 관한 절차법적 요청이므로 재판청구권은 절차법에 의하여 구체적으로

---

47) 헌법재판소는 '출소기간의 제한은 재판청구권에 대하여 직접적인 제한을 가하는 것이지만, 그 제한이 출소를 사실상 불가능하게 하거나 매우 어렵게 하여 사실상 재판의 거부에 해당할 정도로 재판청구권의 본질적인 내용을 침해하지 않는 한, 구체적인 법률관계의 성질에 비추어 그 법률관계를 조속히 확정할 합리적인 필요가 인정되는 경우에는 헌법 제37조 제2항에 따라 상당한 범위 내에서 입법재량으로 허용되는 것이다'고 하면서(헌재 1996. 8. 29. 95헌가15), '상소기간의 기산점과 관련하여 형사소송법 제343조 제2항이 상소기간을 재판서 송달일이 아닌 재판선고일로부터 계산하는 것이 과잉으로 국민의 재판청구권을 제한한다고 할 수 없다'고 판시하였다(헌재 1995. 3. 23. 92헌바1). 위법한 과세처분에 대하여 행정소송을 제기할 수 있는 불변기간을 규정한 국세기본법 제56조 제2항에 대한 헌법소원심판사건에서, 헌법재판소는 '제소기간과 같은 불변기간은 국민의 기본권인 재판을 받을 권리행사와 직접 관련되기 때문에 국민이 그 기간계산에 있어서 나무랄 수 없는 법의 오해로 재판을 받을 권리를 상실하는 일이 없도록 쉽고 명확하게 규정되어야 함에도 불구하고 이 사건조항이 불명확하고 모호하게 규정되어 기산점의 계산에 혼선을 일으키고 있으므로 헌법 제27조의 재판을 받을 권리에 위반된다'고 판시하여 위헌결정을 하였다(헌재 1992. 7. 23. 90헌바2등; 같은 취지의 판례로는 헌재 1993. 12. 23. 92헌가12, 판례집 5-2, 567; 헌재 1993. 12. 23. 92헌바11).

48) Vgl. BVerfGE 44, 302, Benda/Weber, Der Einfluß der Verfassung im Prozeßrecht, in: Gilles(Hg), Effektivität des Rechtsschutzes und verfassungsmäßige Ordnung, 1983, S.12; Heyde, Rechtsprechung, in: Benda/Maihofer/Vogel, HbVerfR, Bd.II, 1995, Rn.49; Krebs, in: Münch(Hg), GGK, 1992, Art.19 IV, Rn.64; 헌재 1993. 7. 29. 89헌마31, 판례집 5-2, 87, 111, 정당한 사유가 있는 경우에는 청구기간의 경과에도 불구하고 헌법소원심판청구는 적법하다고 판시하였다.

49) BVerfGE 35, 263, 274; 35, 382, 401f.; Schenke, in: BK, Art.19 IV, Rn.412ff.

50) Vgl. Schmidt-Aßmann, in: Maunz/Dürig, Art.19 IV, Rn.278; Papier, Rechtsschutzgarantie gegen die öffentliche Gewalt, in: Isensee/Kirchhof, HbStR, Bd.VI, 1989, §154, Rn.76; Schenke, in: BK, Art.19 IV, Rn.390f.

형성되고 실현된다. 따라서 입법자가 절차법의 형성에 있어서 입법형성권을 잘못 행사함으로써 재판청구권을 위반할 수 있다. 그러나 재판청구권이 보장하려는 헌법적 내용이 절차법적 성격을 가지기 때문에, 재판청구권은 그 본질상 실체법적 규정에 의하여 침해될 수 없으며, 나아가 실체적 기본권은 재판청구권과 충돌하는 헌법적 법익으로서 고려되지 않는다. 실체법과 절차법은 동일한 기준으로 계량할 수 없는 서로 다른 차원에 존재하는 것이다. 실체적 권리를 관철하고자 하는 재판청구권이 타인의 실체적 권리와 충돌하는 것은 사실상 상정할 수 없다.

그러나 헌법재판소는 신체의 자유를 제한하는 형벌규정과 같이 실체법적 규정이라 하더라도, 입법자가 법관의 量刑決定權을 박탈하거나 제한하는 경우에는 재판청구권이 침해될 수 있다고 판시하고 있다. 가령, 헌법재판소는 '일정한 요건이 갖추어지면 재범의 개연성과는 관계없이 반드시 보호감호를 선고해야 할 의무를 법관에게 부과하는 구 사회보호법 제5조 제1항의 필요적 보호감호규정은 법관의 판단재량을 박탈하여 법관에 의한 공정한 재판을 받을 권리를 침해하였다'고 판시함으로써,[51] 입법자가 정당한 이유 없이 법관의 양형판단재량권을 박탈하거나 제한하는 경우에는 재판청구권이 침해될 수 있다는 입장을 취하고 있다. 그러나 이러한 견해에 의한다면, 재판청구권은 '국가에 대한 국민의 기본권'이라기보다는 오히려 법원의 사법기능을 입법자로부터 보호하려는 '국가기관 사이의 권력분립적 기능'을 가지는데, 재판청구권에 대한 이러한 이해는 타당하지 않다.

사회보호법규정은 개인의 신체의 자유를 제한하는 실체법적 규정으로서, 법원절차의 개설이나 개설된 절차를 구체적으로 형성하는 것이 아니므로, 개인에게 효과적인 법원절차를 보장하려는 재판청구권을 침해할 수 없다. 입법자는 재범을 형사법적으로 규율함에 있어서 입법형성권을 근거로 하여, 일정 요건을 갖춘 재범의 경우에는 반드시 장기간 사회로부터 격리시켜야 한다는 입법정책적 결정을 사회보호법규정을 통하여 내렸고, 재범규정을 법적용기관의 재량을 배제하는 필요적 규정으로 형성함으로써 법원에 의한 재량의 행사를 배제하고자 하였다. 이러한 필요적 규정은 개인의 기본권인 신체의 자유를 과도하게 침해할 수 있다는 관점에서 그 위헌성이 문제될 수는 있지만, 입법자가 형법의 모든 영역에서 법관의 양형결정권을 전반적으로 배제하지 않는 한, 헌법상의 권력분립질서에 따라 헌법이 부여한 입법권을 정당하게 행사한 결과로서 법원과의 관계에서는, 특히 법관의 양형결정권의 관점에서는 아무런 헌법적 하자가 없다.[52] 헌법 제103조("헌법과 법률에 의하여")가 규정하는 바와 같이, 법원의 양형판단재량권은 원칙적으로 입법자의 입법정책적 결정의 결과인 법률이 정한 범위 내에서 존재하는 것이기

51) 헌재 1989. 7. 14. 88헌가5 등, 판례집 1, 69, 85.
52) 같은 취지로 헌재 1997. 8. 21. 93헌바60, 판례집 9-2, 200, 210.

때문이다.

그런데 헌법재판소의 위 견해에 의한다면, 법관이 법률에 따라 재판하는 것이 아니라 입법자가 소위 '법관에게 절대적으로 인정되는 양형결정권'을 존중하여 입법을 해야 한다는 결과를 초래한다. 그러나 '법관에게 절대적으로 인정되는 양형결정권'은 헌법상 존재하지 않는다. 법관이 법률의 기속을 받아 법률에 따라 재판한다는 것은 법치국가의 본질적인 요소인데, 거꾸로 '법관의 양형판단 가능성 여부'가 입법자의 입법에 대한 헌법적 지침이나 법률의 위헌여부를 판단하는 기준이 될 수는 없다.[53)]

요컨대, 입법자가 형사정책상의 고려에서 법관의 양형가능성을 제한한다면, 범죄인의 책임에 상응하는 형벌을 요청하는 '형법상의 책임원칙'의 관점에서 위헌성이 제기될 수는 있다고 하더라도, 이러한 입법자의 결정은 헌법상의 권력분립질서에 따라 헌법이 부여한 입법권을 정당하게 행사한 결과로서 법원과의 관계에서 사법기능을 침해하는 것은 아니다. 법원의 양형결정권을 제한하는 실체법적 형벌규정에 의하여 침해될 수 있는 기본권이 있다면, 이는 절차적 기본권인 '재판청구권'이 아니라 형법상의 책임원칙에 위반되어 과도하게 제한되는 '신체의 자유'이다.

V. 효과적인 권리보호와 司法節次上의 기본권

1. 재판청구권의 보장내용으로서 사법절차상의 기본권

헌법이 재판청구권을 규정한 궁극적 목적은 '효과적인 권리보호'를 보장하고자 하는 것이므로, 재판청구권은 재판절차의 개설 및 개설된 재판절차에 용이하게 접근하는 것을 보장할 뿐만 아니라, 그를 넘어 '법원절차에서의 효과적인 권리보호'를 보장하기 위한 일련의 개별적 요청을 포함한다.[54)] 헌법도 제27조 제3항에서 "모든 국민은 신속한 재판을 받을 권리를 가진다."고 하여 재판절차의 형성에 관한 구체적인 요청을 제시함으로써, 재판청구권이 '법원절차에의 접근'이라는 좁은 의미의 재판청구권을 넘어서 '일단 구제절차가 제공된 이상, 그 절차는 효과적인 권리보호를 제공하는 공정하고 신속한 절차여야 한다'는 포괄적인 의미로 이해되어야 한다는 것을 스스로 밝히고 있다. 여기서 '재판'이란 당연히 '공정한 재판'을 의미한다. 공정하지 아니한 재판은 재판으로서의

53) 마찬가지의 이유로, 형법조항이 작량감경을 하더라도 별도의 법률상 감경사유가 없는 한 법관이 집행유예를 선고할 수 없을 정도로 법정형의 하한을 높게 정했다 하여, 그것이 법관의 양형결정권이나 법관독립의 원칙에 위배된다고 할 수 없고, 나아가 법관에 의한 재판을 받을 권리를 침해하는 것이라고 할 수 없다는 헌법재판소의 판시내용은 당연한 것이다(헌재 1995. 4. 20. 93헌바40 참조).

54) 헌법재판소도 '헌법 제27조가 보장하는 공정한 재판을 받을 권리에는 형사피고인의 공격·방어권이 충분히 보장되는 재판을 받을 권리가 포함된다'고 판시함으로써(헌재 1996. 12. 26. 94헌바1; 헌재 1996. 1. 25. 95헌가5), 헌법 제27조 제1항의 재판청구권이 사법절차에의 접근뿐만 아니라 공정한 재판을 받을 권리, 즉 사법절차상의 기본권을 포함하는 포괄적인 권리임을 밝히고 있다.

기능을 이행할 수 없다. 사법의 본질은 객관성과 공정성에 있는 것이며, 공정한 재판만이 법적 분쟁의 궁극적인 종식과 법적 평화의 회복에 기여할 수 있고 분쟁당사자에 대하여 승복을 기대할 수 있다.

이에 따라, 재판청구권은 재판절차에의 접근을 통한 권리보호(국민에게 법원절차가 열려있는지의 문제) 및 계속 중인 법원절차에서의 권리보호(사법절차가 효과적인 권리보호를 제공하기 위하여 어떻게 형성되어야 하는지의 사법절차의 형성에 관한 문제)를 포함한다.[55)] 즉, 재판청구권은 효과적인 권리보호의 관점에서, 법원에의 접근을 법적이나 사실적으로 불가능하게 하거나 아니면 현저하게 곤란하게 하는 것을 금지하는 것 외에도 신속한 재판을 받을 권리, 청문청구권, 공정한 재판을 받을 권리와 같은 재판절차상의 기본권을 포함한다.

2. 신속한 재판을 받을 권리

가. 효과적인 권리보호와 적정한 기간 내의 권리구제

(1) 효과적인 권리보호를 위해서는 적정한 기간 내에 권리구제절차가 제공되어야 한다.[56)] 따라서 헌법은 제27조 제3항에서 "모든 국민은 신속한 재판을 받을 권리를 가진다."고 규정하고 있다. 지나치게 긴 소송기간은 당사자가 승소하더라도 그 판결을 쓸모없는 것으로 만들든지 아니면 그 가치를 크게 감소시키므로, 효과적인 권리보호에 큰 장애가 되는 요소는 바로 장기간의 소송절차이다. 올바른 결정, 즉 판결의 실체적 타당성이 중요함에도 불구하고, 신속한 절차만이 진정한 의미의 권리보호를 제공한다.[57)] 또한 장기간의 소송은 일반적으로 사회적 · 경제적 약자에게 부담을 줌으로써 소송을 통하여 권리구제를 받을 균등한 기회를 저해한다. 장기간의 소송으로 말미암아 당사자와 증인의 기억이 흐려지고 결국 중요한 사실관계의 해명이 불가능해 진다면, 장기간의 소송은 경우에 따라서는 '판결의 실체적 타당성'마저도 실현할 수 없게 된다. 이러한 이유

55) Vgl. Mauder, Der Anspruch auf rechtliches Gehör, seine Stellung im System der Grundrechte und seine Auswirkung auf die Abgrenzungsproblematik zwischen Verfassungs- und Fachgerichte, 1986, S.16; Papier, Justizgewähranspruch, in: Isensee/Kirchhof, HbStR, Bd.Ⅵ, 1989, §153, Rn.4; Pieroth/Schlink, Staatsrecht II, 1995, Rn.1161.

56) 헌법재판소는 사건의 성격상 증거수사 등에 많은 시간이 소요되지 않는 사건들에까지 구속기간을 최장 50일까지 연장할 수 있도록 규정한 국가보안법 제19조(과도한 구속기간연장)에 대하여 '신속한 재판을 받을 권리'를 침해하므로 위헌이라고 결정하였고(헌재 1992. 4. 14. 90헌마82), 검사를 거쳐서 원심소송기록을 항소법원에 송부하도록 규정한 형사소송법 제361조(소송기록의 검사경유송부)에 대하여는 송부지연으로 '신속한 재판을 받을 권리'를 침해하는 위헌적 규정이라고 판단하였다(헌재 1995. 11. 30. 92헌마44).

57) Vgl. Hill, Verfassungsrechtliche Gewährleistungen gegenüber der staatlichen Strafgewalt, in: Isensee/Kirchhof, HbStR, Bd.Ⅵ, 1989, §156, Rn.30; Schmidt-Aßmann, in: Maunz/Dürig, Art.19 Ⅳ, Rn.5; Schwab/Gottwald, Verfassung und Zivilprozeß, 1984, S.57; Benda/Weber, Der Einfluß der Verfassung im Prozeßrecht, in: Gilles(Hg), Effektivität des Rechtsschutzes und verfassungsmäßige Ordnung, 1983, S.15.

로 효과적인 권리구제는 적정한 기간 내에 법원의 결정을 구할 수 있는 가능성을 그 전제로 하므로, 과도하게 장기간의 법원절차는 재판청구권에 대한 위반을 의미한다.

(2) '신속한 재판을 받을 권리'의 경우에도 청구권적 기본권의 성질상, 개인이 헌법 제27조 제3항을 직접적인 근거로 하여 법원으로부터 신속한 재판을 요구할 수 없다. 개인이 '신속한 재판을 받을 권리'를 행사하기 위해서는 입법자가 이러한 기본권을 사전에 법률로써 구체적으로 형성해야 한다. 입법자가 '신속한 재판을 받을 권리'를 구체화한 결과인 소송법규정을 근거로 하여 개인은 신속한 재판을 요구할 수 있다. 입법자는 신속한 재판을 요청하는 헌법적 결정을 존중하여 신속한 재판이 이루어질 수 있도록 재판절차를 형성해야 할 의무를 진다. 한편, 입법자는 '신속한 재판을 받을 권리'를 구체적으로 형성함에 있어서, 헌법에 명시적으로 표현된 '신속한 재판에 대한 요청'과 실질적 정의에 부합하는 타당한 결정에 이르기 위하여 요구되는 '신중한 재판에 대한 요청'을 대치하는 법익으로서 함께 고려해야 한다. 또한, 소송기간의 적정성은 개별 법원의 구체적 상황(가령, 사건의 접수량), 개별 사건의 특수한 상황(가령, 사건의 난이도나 경중) 등을 고려하여 결정해야 할 문제이므로, 신속한 재판을 받을 권리를 법률로써 구체화함에 있어서 입법자에게는 광범위한 형성권이 인정된다.[58)]

입법자는 신속한 재판을 받을 권리를 실현하기 위하여 법원에게 가능하면 일정한 기간 내에 판결을 선고하도록 노력해야 할 의무를 부과할 수 있고, 당사자나 법원에 의한 절차지연에 대하여 失機한 공격·방어방법의 각하규정이나 변론의 집중심리절차 등 소송촉진에 기여하는 장치를 도입하거나 또는 적시의 권리보호를 보장하기 위하여 구제절차의 심급을 축소할 수 있다.[59)] 물론, 소송촉진에 기여하는 수단은 당사자의 청문청구권을 과도하게 제한함으로써 당사자의 권리보호를 다시 축소하는 효과를 초래해서는 안 된다.

그러나 소송촉진에 관한 규정들이 단지 권고규정으로서 법원에 의하여 제대로 준수되지 않을 뿐만 아니라, '소송지연'과 '바람직한 소송 진행'의 구분이 명확하지 않으므로, 법원에 의한 '신속한 재판을 받을 권리'에 대한 침해는 예외적인 경우에 한하여 인정될 수 있다. 이러한 점에서 헌법 제27조 제3항의 요청은, 신속한 재판이 효과적인 권리보호에 있어서 가지는 의미, 신속한 재판절차에 대한 법원의 책임을 항상 의식하라는 '법원에 대한 호소'라고 할 수 있다.[60)]

58) BVerfGE 55, 349, 369.
59) Vgl. Papier, Justizgewähranspruch, in: Isensee/Kirchhof, HbStR, Bd.Ⅵ, 1989, §153, Rn.20.
60) Vgl. Schwab/Gottwald, Verfassung und Zivilprozeß, 1984, S.60.

나. 신속한 재판과 旣判力

법원의 권리구제절차는 적정한 기간 내에 법적 분쟁의 원인이 된 권리침해를 효율적으로 제거할 수 있는 기속력 있는 결정으로 종결되어야 한다. 즉, 신속한 재판의 관점에서 적정한 기간 내에 기판력과 집행력을 갖춘 법관의 결정을 얻을 수 있는 가능성이 권리보호를 구하는 국민에게 보장되어야 한다. 법원의 결정이 기판력을 얻을 때에만 실제로 효과적인 권리구제가 가능하므로,[61] 입법자는 법원의 권리구제절차가 적정한 기간 내에 종결되고 그 기판력이 원칙적으로 유지될 수 있도록 규율해야 한다. 이는 법치국가원리의 본질적 요소인 법적 안정성의 헌법적 요청이다.

물론, 헌법적 차원에서 기판력의 한계에 관하여 구체적인 것이 이미 정해진 것은 아니므로, 기판력의 한계에 관한 결정도 입법자의 형성의 자유에 속한다.[62] 그러므로 입법자는 재심규정을 통하여 예외적으로 '법적 안정성'의 관점보다 '실질적 정의'의 관점에 우위를 부여할 수도 있다. 물론 이러한 경우에도 기판력 있는 판결을 사후적으로 제거하는 가능성은 절대적인 예외로 머물러야 한다. 개별적인 경우 법원의 결정이 위법하거나 부당하더라도, 이러한 법원의 판결은 효과적인 권리구제 및 법적 안정성의 관점에서 수인되어야 하고 원칙적으로 기판력이 유지되어야 한다.[63]

3. 공정한 재판을 받을 권리

가. 법치국가적 절차의 본질적 요소

헌법에 '공정한 재판'에 관한 명문의 규정이 없지만, 재판청구권이 국민에게 효과적인 권리보호를 제공하기 위해서는 법원에 의한 재판이 공정해야 한다는 것은 당연하므로, '공정한 재판을 받을 권리'는 헌법 제27조의 재판청구권에 의하여 함께 보장된다. 헌법재판소도 헌법 제27조 제1항의 내용을 '공정한 재판을 받을 권리'로 해석하고 있다.[64]

공정한 재판은 법치국가적 절차의 본질적 원칙에 속한다. 공정한 재판을 받을 권리는 공정한 절차를 요청하는 '법치국가원리'에 근거하고 있고, 개인을 국가절차의 단순한 객체로 간주하는 것을 금지하는 '인간의 존엄성'에도 그 정신적 뿌리를 두고 있다.[65] 인

---

61) Vgl. Papier, Justizgewähranspruch, in: Isensee/Kirchhof, HbStR, Bd.VI, 1989, §153, Rn.18.

62) 헌법재판소는 '재심을 청구할 권리가 헌법 제27조에서 규정한 재판을 받을 권리에 당연히 포함된다고 할 수 없고, 어떤 사유를 재심사유로 정하여 재심이나 준재심을 허용할 것인가는 입법자가 확정된 판결이나 화해조서에 대한 법적 안정성, 재판의 신속·적정성, 법원의 업무부담 등을 고려하여 결정하여야 할 입법정책의 문제이다'라고 판시하였다(헌재 1996. 3. 28. 93헌바27).

63) Vgl. Papier, Justizgewähranspruch, in: Isensee/Kirchhof, HbStR, Bd.VI, 1989, §153, Rn.18.

64) 헌재 1996. 12. 26. 94헌바1, 판례집 8-2, 808, 820.

65) Vgl. Hill, Verfassungsrechtliche Gewährleistungen gegenüber der staatlichen Strafgewalt, in: Isensee/

간의 존엄성은 피고인을 형사절차의 단순한 객체로 격하시키는 것을 금지할 뿐 아니라, 형사피고인이 자신의 권리를 방어하기 위하여 형사절차의 진행과정과 결과에 적극적으로 영향을 미칠 수 있도록 그에 필요한 절차적 권리의 최소한이 보장될 것을 요청한다. 이로써 적극적 권리를 갖춘 소송주체로서의 피고인의 지위는 법원과 소추기관의 행위방식뿐 아니라 재판절차의 성격에도 큰 영향을 미친다.

공정한 재판을 받을 권리는 청문청구권, 변호인의 조력을 얻을 권리 등과 같은 재판절차에서의 기본권을 포함하면서, 한편으로는 이들에 의하여 구체화되는 포괄적이고 일반적·보충적인 절차적 기본권이다.[66] 공정한 재판에 대한 요청은 입법자에게는 입법지침으로서, 형사소추기관이나 법원에게는 모든 당사자에게 공정한 절차가 보장될 수 있도록 절차법을 해석·적용하라는 해석지침으로 기능한다.[67]

나. 형사절차에서 공정한 재판을 받을 권리의 구체적 내용

물론, 공정한 재판을 받을 권리는 모든 재판절차에 적용되는 기본원칙으로서 형사재판에 국한되는 것은 아니지만, 일반적으로 국가 형벌권의 행사는 단순히 청문의 기회를 보장하는 것만으로는 충분히 방어될 수 없기 때문에, 공정한 재판을 받을 권리는 특히 형사소송에서 특별한 의미를 가진다. 헌법은 형사절차에 관한 일련의 규정들을 통하여 공정한 재판을 받을 권리를 스스로 구체화하고 있다. 재판절차에서의 법관의 예단이나 편견으로부터 피의자·피고인을 보호하는 무죄추정의 원칙(제27조 제4항), 누구나 자기에게 불리한 진술이나 증언을 거부할 수 있는 권리(제12조 제2항), 고문 등에 의한 자백의 증거능력을 제한하는 규정(제12조 제7항), 변호인의 조력을 받을 권리(제12조 제4항) 등이 그에 해당한다.

형사절차의 경우 국가의 형벌권행사에 대하여 개인의 방어가능성이 상당히 제한되어 있다는 점에서 '공정한 재판'을 받을 권리는, 국가기관이 형사절차에서 피고인이나 피의자의 기본권적 권리를 부당하게 침해하는 일이 없도록 공권력을 행사함에 있어서 공정하고 정당하게 행동할 것을 요구할 뿐만 아니라, 형사피고인으로 하여금 절차적 권리를 적극적으로 행사하게 함으로써 국가권력의 행사에 대하여 적절하게 방어할 수 기회를 보장한다. 따라서 실체적 진실을 밝히는 것을 피고인에게 불리하게 방해하는 형사소송법상의 규정은 공정한 재판을 받을 권리를 침해하는 것이다.

예컨대, 피고인 등을 증인신문절차에서 배제함으로써 피고인의 참여권과 반대신문권

Kirchhof, HbStR, Bd.Ⅵ, 1989, §156, Rn.35, BVerfGE 26, 66, 71; Heyde, Rechtsprechung, in: Benda/Maihofer/Vogel, HbVerfR, Bd.II, 1995, Rn.61.

66) Vgl. Schwab/Gottwald, Verfassung und Zivilprozeß, 1984, S.62; Hill, Verfassungsrechtliche Gewährleistungen gegenüber der staatlichen Strafgewalt, in: Isensee/Kirchhof, HbStR, Bd.Ⅵ, 1989, §156, Rn.35; Heyde, Rechtsprechung, in: Benda/Maihofer/Vogel, HbVerfR, Bd.II, 1995, Rn.62.

67) BVerfGE 63, 45, 61.

을 제한하는 것은 실체적 진실발견에 중대한 지장을 초래할 수 있으므로, 공정한 재판을 받을 권리를 침해하는 것이다.[68] 헌법재판소는 재판청구권에 '정당한 법치국가적 형사절차'를 구할 권리가 포함되는 것으로 이해하고, '공판에 출석하여 스스로 방어할 형사피고인의 권리' 및 피고인의 방어권행사의 중요한 자료가 되는 '기록의 열람권'을 공정한 재판을 받을 권리로부터 도출하였다.[69] 따라서 피고인이 출석하지 않은 상태에서 궐석재판을 할 수 있도록 규정하는 법률조항은 공정한 재판을 받을 권리를 침해하는 것이다.[70]

다. 공정한 재판을 받을 권리의 구성부분으로서 '변호인의 조력을 받을 권리'

헌법은 제12조 제4항에서 "누구든지 체포 또는 구속을 당한 때에는 즉시 변호인의 조력을 받을 권리를 가진다. 다만, 형사피고인이 스스로 변호인을 구할 수 없을 때에는 법률이 정하는 바에 의하여 국가가 변호인을 붙인다."고 하여 '변호인의 조력을 받을 권리'를 헌법상 기본권으로서 명시적으로 언급하고 있다.

공정한 재판이 실현되기 위해서는 무엇보다도 수사·공소기관과 피의자간의 절차법상의 '무기 대등 및 절차적 지위의 대등'이 이루어져야 한다. 현행 형사법 체계를 보면, '무기 대등의 원칙'을 실현하기 위하여 법적으로 대등한 관계를 형성하여 형사피의자·피고인으로 하여금 절차의 주체로서 자신의 권리를 적극적으로 행사하게 함으로써 국가권력의 형벌권행사에 대하여 적절하게 방어할 수 있는 기회를 보장하고 있다. 그러나 피의자·피고인은 일반적으로 법률적 소양이 부족하고 더구나 구금상태에 있는 경우 심리적 압박감이나 공포감으로 인하여 자신을 스스로 방어하는데 한계가 있는 등 거대한 국가권력에 단독으로 맞선 상황에서는 현저히 열등한 위치에 놓이게 된다. 그러므로 피의자·피고인이 법률전문가의 조력을 받게 함으로써 '무기 대등의 원칙'을 실질적으로 실현하고, 이로써 공정한 재판을 받을 권리를 구현하고자 하는 것이 바로 '변호인의 조력을 받을 권리'이다. 변호인의 조력을 받을 권리를 통하여 어느 정도 피의자·피고

---

68) 헌재 1996. 12. 26. 94헌바1(공판기일 전 증인신문제도), 판례집 8-2, 808, '공판기일 전 증인신문제도'란, 검찰이 수사 단계에서 혐의사실을 입증할 수 있는 중요 증인을 법관 앞에 세워 진술하도록 한 뒤 그 증인신문조서를 피고인의 유죄증거로 법원에 제출하는 것을 말한다. 증인신문에서 피고인의 참여권과 반대진술권을 보장하지 않음에도 불구하고 그 증인신문조서에 대하여 증거능력을 부여하고 있는 형사소송법규정의 위헌여부가 문제된 사건에서, 헌법재판소는 '위 형사소송법규정은 피고인들의 공격·방어권을 과도하게 제한하므로, 청구인의 공정한 재판을 받을 권리를 침해하고 있다'고 판단하였다.

69) 피고인의 방어권 행사에 중요한 자료가 되는 검사의 수사기록 열람·등사거부행위와 관련하여 '검사가 보관하는 수사기록에 대한 변호인의 열람·등사는 실질적 당사자대등을 확보하고 신속·공정한 재판을 실현하기 위하여 필요불가결한 것이며, 그에 대한 지나친 제한은 피고인의 신속·공정한 재판을 받을 권리를 침해하는 것이다'고 결정하였다(헌재 1997. 11. 27. 94헌마60, 판례집 9-2, 675, 693-696).

70) 검사의 청구에 의하여 법원으로 하여금 처음부터 의무적으로 궐석재판을 행하도록 규정한 특조법 제7조 제5항에 대하여, '중형에 해당하는 사건에 대하여 피고인의 방어권이 일절 행사될 수 없는 상태에서 재판이 진행되도록 규정한 것이므로 피고인의 공정한 재판을 받을 권리를 과도하게 침해한 것이다'고 결정하였다(헌재 1996. 1. 25. 95헌가5).

인과 국가권력 사이의 실질적 대등이 이루어지고, 이로써 공정한 재판과 절차가 실현될 수 있는 것이다.

헌법이 피의자·피고인의 권리로서 변호인의 조력을 받을 권리를 보장하는 것은, 단지 형식적으로 변호인을 선임할 권리의 보장을 넘어서 '변호인의 조력을 받을 권리'가 효과적으로 행사되기 위하여 필요한 권리도 함께 보장한다는 것을 의미한다.[71] 즉, 변호인의 조력을 받을 권리는 '효과적인 변호'를 받을 권리를 보장한다.[72] 따라서 효과적인 변호의 필수적 전제조건으로서 피고인이 변호인과 자유롭게 접촉할 수 있는 가능성이 보장되어야 한다. 이러한 의미에서 '변호인과의 接見交通權'은 변호인의 조력을 받을 권리를 실질적으로 보장하는 가장 핵심적인 내용으로서 변호 및 방어준비를 위하여 불가결한 권리이다.[73] 변호인의 조력을 받을 권리는 변호인과의 접견교통권에 그치지 아니하고, 나아가 피고인이 그의 변호인을 통하여 수사기록을 포함한 소송관계서류를 열람·등사하고 이를 토대로 공격과 방어의 준비를 할 수 있는 권리(소송서류 閱覽謄寫權)도 포함된다.[74]

요컨대, 공정한 재판을 받을 권리는 법치국가적 절차의 불가결한 요소로서 법치국가원리의 구체화된 요청에 해당하는 것이며, 변호인의 조력을 받을 권리는 다시금 공정한 재판을 실현하기 위한 구체적 요청인 것이다.[75]

4. 聽聞請求權

가. 의미와 헌법적 근거

(1) '聽聞'이란, 국가기관이 당사자와 관련되는 결정을 내리기에 앞서 당사자에게 의견진술의 기회를 제공하는 것을 말한다.[76] 聽聞請求權은 국가적 절차에서 개인에게 청문의 기회, 즉 의견진술의 기회를 보장하는 권리이다.

청문청구권은 객관적으로는 사실관계의 포괄적인 규명을 통하여 국가결정의 내용적 타당성을 확보하고 자의를 방지하는 데 기여하며, 주관적으로는 당사자에게 의견 제출

---

71) Vgl. Spaniol, Das Recht auf Verteidigungsbeistand im GG und in der Europäischen Menschenrechtskonvention, 1990, S.24f.; Dörr, Faires Verfahren, 1984, S.63ff.

72) 헌법재판소도 같은 취지로 '변호인의 조력'이란 '변호인의 충분한 조력'을 의미한다고 판시하였다(헌재 1992. 1. 28. 91헌마111 참조).

73) 헌재 1992. 1. 28. 91헌마111, 판례집 4, 51, 59.

74) 헌재 1997. 11. 27. 94헌마60, 판례집 9-2, 675, 696-697, 기록열람권은 '변호인의 조력을 받을 권리'뿐만 아니라 '청문청구권'이나 그를 포함하는 포괄적인 보장인 '공정한 재판을 받을 권리'로부터도 도출된다. 청문청구권은 피고인에게 그에 대해 진술할 수 있는 가능성이 부여된 사실과 증거에 근거해서만 법원의 판결이 내려질 수 있다는 것을 보장한다는 점에서 변호인에 의하여 행사되는 기록열람권은 '청문청구권'에서 파생될 수 있고, 기록열람권이 피고인의 방어준비를 위하여 필요불가결하다는 점에서는 '공정한 재판을 받을 권리'가 기록열람권의 헌법적 근거가 될 수 있다.

75) Vgl. BVerfGE 38, 105, 111; 65, 171, 174f.

76) 가령, 행정절차법은 처분 전에 당사자에게 청문의 기회를 제공해야 할 행정청의 의무를 부과하고 있다.

의 기회를 제공함으로써 자신의 권리를 스스로 지키는 것에 기여한다. 당사자는 자신의 권리에 대한 침해 이전에 그의 관점에서 사실관계와 법률관계에 관하여 진술함으로써, 국가기관의 견해를 수정하고 국가기관의 결정절차에 영향력을 행사할 수 있는 가능성을 가진다.

청문청구권은 입법자에 대해서는 입법지침으로서 청문청구권의 효과적인 행사를 가능하게 하는 입법적 형성을 요청하며, 법원에 대해서는 소송법규정의 해석지침으로서, 소송법규정이 결여된 경우에는 예외적으로 청문의무의 직접적 근거규정으로서 작용한다.[77)]

(2) 헌법은 청문청구권을 명시적으로 규정하고 있지 않으나, 청문청구권은 '법치국가원리'와 '인간의 존엄성'에 그 헌법적 근거를 두고 있다.[78)]

청문청구권은 공정한 법치국가적 절차를 실현하기 위한 핵심적 원칙에 속한다. 청문청구권은 '공정한 절차'를 요청하는 법치국가적 사고의 필연적인 산물로서 공정한 절차가 가능하기 위한 불가결한 요소이다.[79)] 청문의 기회가 보장되어야만, 객관적이고 공정한 절차와 당사자 간의 절차적 지위의 대등성이 실현될 수 있다. 청문청구권은 그 자체가 목적이 아니라, 객관적이고 공정한 절차를 통하여 타당하고도 공정한 결과에 이르게 하려는 목적을 위한 중요한 수단이다. 국가기관의 청문의무는 공정한 절차를 통하여 법적으로 타당한 결정에 이르는 것을 목표로 하기 때문에, 청문청구권은 일차적으로 법치국가원리에 그 헌법적 근거를 두고 있다.

뿐만 아니라, 당사자에게 청문의 기회를 제공함이 없이 국가의 결정이 내려지는 경우, 당사자는 권리의 주체로서 존중받지 못하고 국가행위의 단순한 객체로 전락하므로, 청문청구권은 '인간의 존엄성' 보장에도 그 뿌리를 두고 있다. 당사자가 국가공권력의 단순한 대상이 아니라 절차의 주체로서 자신의 권리와 관계되는 결정에 앞서서 자신의

---

77) Kunig, in: Münch(Hg), GGK, Art.103, Rn.8; Knemeyer, Rechtliches Gehör im Gerichtsverfahren, in: Isensee/Kirchhof(Hg), HbStR, Bd.Ⅵ, 1989, §155, Rn.4, 재판절차상의 기본권으로서의 청문청구권은 법원절차에서 가장 침해당할 가능성이 많기 때문에, 재판에 대한 헌법소원이 배제된 한국의 헌법소원제도에서의 청문청구권의 의미는 반감될 수밖에 없다. 재판소원을 인정하는 독일의 경우, 청문청구권은 청구인이 법원의 재판에 대하여 헌법소원을 제기하면서 가장 빈번하게 그 침해를 주장하는 기본권이며, 또한 그 인용율도 헌법소원 중에서 가장 높다(Arens, Der Einfluß der Rspr. des BVerfG auf das Zivilprozeßrecht, in: 40 Jahre Grundgesetz, 1990, S.87f.).

78) Vgl. Knemeyer, Rechtliches Gehör im Gerichtsverfahren, in: Isensee/Kirchhof(Hg), HbStR, Bd.Ⅵ, 1989, §155, Rn.16, 독일 기본법은 제103조 제1항에서 명시적으로 법적 청문권을 규정하고 있다. 독일에서도 청문청구권은 기본법에서 처음으로 헌법적 보장의 형태를 갖추었는데, 이를 굳이 헌법에 명문으로 수용한 것은 나치정권 당시 소송법상의 청문원칙이 완전히 변질되고 사실상 폐지되었던 부정적인 경험에 기인한다고 볼 수 있다. 연방헌법재판소도 그의 결정(BVerfGE 9, 89, 95)에서 '소송법상의 청문규정이 입법자에 의하여 임의로 변경, 폐지되는 것을 불가능하게 하고 공정한 사법에 대한 신뢰를 다시 회복하기 위하여 절차적 기본권으로서의 청문청구권을 헌법에 수용하였다'고 그 배경을 설명하고 있다.

79) Vgl. Kunig, in: Münch(Hg), GGK, Art.103, Rn.3; Richter/Schuppert, Casebook Verfassungsrecht, 1991, S.560; BVerfGE 52, 131; Heyde, Rechtsprechung, in: Benda/Maihofer/Vogel, HbVerfR, Bd.II, 1995, S.1607.

견해를 진술함으로써 절차와 그 결과에 대하여 영향을 미칠 수 있어야, 비로소 인간의 존엄성이 보장된다. 따라서 청문청구권은 인간의 존엄성의 실현에 있어서 중요한 의미를 갖는다.[80)]

나. 재판청구권의 보장내용으로서 청문청구권

한편, '재판절차에서의 청문청구권'은 헌법 제27조의 재판청구권에 의하여 일차적으로 보장된다. 재판청구권은 공정한 재판을 요청하며, 공정한 재판은 재판절차에서 청문기회의 보장을 전제로 하기 때문이다. 이러한 의미에서 재판청구권은 재판절차에서의 청문에 관한 한, 일반적 청문청구권에 대한 '특별조항'이다.

청문청구권은 공정한 재판절차가 가능하기 위한 불가결한 요소이므로, '재판절차에서의 청문청구권'은 제27조 제1항의 '재판을 받을 권리'에 의하여 보장되는 것으로 해석해야 한다. 재판청구권이 '신속한 재판'과 같이 재판절차의 형성에 관한 구체적인 요청을 담고 있다는 점에서, 인간의 존엄성이나 법치국가원리로부터 헌법해석을 통하여 '재판절차에서의 청문청구권'을 도출할 것[81)]이 아니라, 헌법 제27조 제1항의 재판청구권을 효과적인 권리보호의 관점에서 포괄적으로 이해하여 '효과적인 권리보호를 위하여 불가결한 사법절차상의 권리'인 청문청구권도 재판청구권에 의하여 보장되는 것으로 해석하는 것이 보다 타당하다.[82)]

헌법이 재판청구권 외에 별도로 청문청구권을 규정한다면, 두 절차적 기본권 사이에 보호범위가 상당 부분 중복된다. 따라서 헌법에 청문청구권을 별도로 규정하는 것은 불필요하고, 청문청구권의 중요성을 강조하는 의미 이외에는 별다른 의미가 없다.[83)] 한편, 재판청구권은 법원절차에만 적용되기 때문에, 행정절차나 수사단계에서의 청문청구권은 여전히 공정한 절차를 요청하는 법치국가원리와 인간의 존엄성보장에 그 헌법적 근거를 두고 있다.[84)]

---

80) BVerfGE 9, 95.

81) 이러한 견해로는 장석조, 우리 헌법상의 절차적 기본권, 헌법논총 제9집(1998), 512면.

82) 헌법재판소도 '헌법 제27조가 보장하는 공정한 재판을 받을 권리에는 형사피고인의 공격·방어권이 충분히 보장되는 재판을 받을 권리가 포함된다'고 판시함으로써(헌재 1996. 12. 26. 94헌바1; 헌재 1996. 1. 25. 95헌가5), 헌법 제27조 제1항의 재판청구권이 사법절차에의 접근뿐만 아니라 공정한 재판을 받을 권리, 즉 사법절차상의 기본권을 포함하는 포괄적인 권리임을 밝히고 있고, 헌재 1997. 8. 21. 94헌바2 결정의 소수의견에서는 '재판청구권은 그 보호영역에 따라 사법절차에의 접근을 위한 기본권과 법적 청문권과 같은 사법절차상의 기본권으로 나눌 수 있다'고 하여 재판청구권의 내용을 요약하여 서술하고 있다.

83) 독일의 기본법과 같이, 재판청구권(Art.19 Ⅳ GG)과 청문청구권(Art.103 Ⅰ GG)을 구분하여 따로 규정하는 경우, 재판청구권에 내재하는 '효과적인 권리보호'의 요청으로 말미암아 두 기본권의 보장내용이 중복되는 것은 피할 수 없다.

84) Vgl. Pieroth/Schlink, Staatsrecht II, 1995, Rn.1161; Knemeyer, Rechtliches Gehör im Gerichtsverfahren, in: Isensee/Kirchhof(Hg), HbStR, Bd.Ⅵ, 1989, §155, Rn.38, 59; Kunig, in: Münch(Hg), GGK, Art.103, Rn.5.

다. 재판절차에서의 청문청구권의 구체적 내용

재판절차에서의 청문청구권은, 법적 분쟁의 당사자가 법원의 결정 이전에 판단의 근거가 된 사실관계와 법률관계에 관하여 진술할 기회를 가질 권리를 그 내용으로 한다. 당사자가 소송절차에서 의미 있는 진술을 하기 위해서는, 그에 필요한 정보를 얻을 수 있어야 한다. 소송수행에 필요한 충분한 정보를 얻지 못한 상태에서는 의미 있는 진술이 불가능하다. 다른 한편으로는, 법원이 당사자가 진술한 내용을 그의 판단에 있어서 고려해야 할 의무가 없다면, 당사자에게 진술의 기회를 부여하는 것은 무의미하다. 따라서 법원은 당사자가 진술한 내용을 그의 결정에 있어서 고려해야 한다.

청문청구권은 진술권이 효과적으로 행사되기 위한 사실적인 전제조건을 포함하기 때문에, 정보를 구할 권리, 진술할 권리, 진술한 내용의 고려를 요구할 권리의 3가지 실현단계로 구성되어 있다.[85] 이로써 청문청구권은, 소송당사자가 소송수행에 필요한 충분한 정보를 얻은 상태에서 법원의 결정에 기초된 사실관계에 관하여 진술할 기회를 얻고, 법원으로 하여금 그 진술을 인식하고 법원의 결정에 있어서 고려할 것을 요구하는 권리이다.[86]

(1) 진술할 권리

청문청구권은 법원판단의 근거가 되는 사실관계와 법률관계에 관하여 진술할 권리이므로, 소송당사자가 입장을 밝히지 않은 사실과 증거에 기초하여 법원의 결정이 내려져서는 안 될 것을 요청한다. 진술할 권리에는 사실관계와 법률관계에 관하여 적어도 서면으로 진술할 권리,[87] 공격·방어할 수 있는 기회의 보장, 방어를 준비하기 위하여 변론기일의 변경을 신청할 권리 등이 속한다. 청문청구권은 당사자가 단지 진술할 기회를 가질 권리를 의미할 뿐 당사자가 실제로 진술하는 것을 보장하지는 않는다. 따라서 당사자가 진술할 기회를 활용하지 아니하고 그냥 지나쳐 버린 경우 의견진술권을 실효시키는 '실기한 공격방어방법의 각하'에 관한 규정은 소송촉진의 관점에서 청문청구권에 위반되지 아니한다.[88] 마찬가지로, 당사자에게 진술할 기회가 부여된다면, 입법자가 민사소송에서 당사자일방이 불출석한 경우 불이익을 주는 절차를 도입하더라도 청문청구

85) Vgl. Kunig, in: Münch(Hg), GGK, Art.103, Rn.9ff.; Heyde, Rechtsprechung, in: Benda/Maihofer/Vogel, HbVerfR, Bd.II, 1995, Rn.59; Knemeyer, Rechtliches Gehör im Gerichtsverfahren, in: Isensee/Kirchhof(Hg), HbStR, Bd.VI, 1989, §155, Rn.25ff.; Benda/Weber, Der Einfluß der Verfassung im Prozeßrecht, in: Gilles(Hg), Effektivität des Rechtsschutzes und verfassungsmäßige Ordnung, 1983, S.16ff.; 변종필, 형사소송과 법적 청문, 인권과 정의, 1997/1, 99면 이하; 장석조, 우리 헌법상의 절차적 기본권, 헌법논총 제9집(1998), 535면 이하.

86) Vgl. Kopp, Das rechtliche Gehör in der Rspr. des BVerfG, AöR 1981, S.619.

87) 청문청구권은 꼭 구두변론을 통하여 진술할 권리를 보장하지 않는다.

88) Vgl. Schwab/Gottwald, Verfassung und Zivilprozeß, 1984, S.55; Kunig, in: Münch(Hg), GGK, Art.103, Rn.9.

권의 관점에서 아무런 헌법적 하자가 없다.[89)]

(2) 정보를 구할 권리

당사자가 진술하기 위해서는 소송자료에 관한 정확한 정보가 필요하다. 따라서 법원에게는 소송과 관련된 모든 중요한 사실, 특히 상대방의 진술에 관하여 당사자에게 알릴 의무가 있다. 정보를 구할 권리와 관련하여 특히 문제되는 것은, 이 권리의 구체화된 형태로서 당사자의 '재판기록 · 수사기록 열람청구권'이다.[90)]

표현의 자유가 제대로 행사되기 위해서는 알권리가 전제가 되어야 하는 것과 마찬가지로, 청문청구권을 제대로 행사하기 위해서는 기록열람권이 전제가 되어야 한다. 따라서 기록열람권은 표현의 자유에 포함되는 알권리에서 파생하는 것이 아니라 청문청구권, 공정한 재판을 받을 권리, 결국 재판청구권에서 파생한다.[91)] 알권리는 헌법적으로 표현의 자유에 그 근거를 두고 있으며 표현의 자유에 기여하는 기본권이므로, 알 권리의 보호범위는 민주국가에서의 자유로운 의사형성에 기여하는 범위로 제한되어야 한다. 이러한 이유에서 재판 · 수사기록열람권을 헌법상의 알 권리에 포함시키는 것은 법리적으로 문제가 있다.[92)]

(3) 진술한 내용의 고려를 요구할 권리

당사자의 주장을 고려해야 할 법원의 의무는, 법원이 당사자의 주장을 인식하고 고려했다는 것이 충분히 드러나도록 '판결에 이유를 제시할 의무'에서 구체적으로 표현되고 있다. 오로지 이유제시의무를 통해서만 법원이 당사자의 주장 내용을 그의 판단에 있어서 실제로 고려하는 것을 보장할 수 있기 때문에, 법원의 이유제시의무는 청문청구권을 관철하기 위한 필수적 요건이다.[93)] 물론 법원은 판결이유에서 당사자의 모든 주장에 대하여 자신의 견해를 밝힐 필요는 없지만, 법원이 당사자의 주장을 전혀 인식하지

---

89) Vgl. Schwab/Gottwald, Verfassung und Zivilprozeß, 1984, S.56.

90) BVerfGE 18, 399, 404f.

91) 헌재 1997. 11. 27. 94헌마60(수사기록에 대한 변호사의 열람 · 등사 제한), 판례집 9-2, 675, 693-696, 검사의 수사기록 열람 · 등사거부행위와 관련하여 '검사가 보관하는 수사기록에 대한 변호인의 열람 · 등사는 실질적 당사자대등을 확보하고 신속 · 공정한 재판을 실현하기 위하여 필요불가결한 것이며, 그에 대한 지나친 제한은 피고인의 신속 · 공정한 재판을 받을 권리를 침해하는 것이다'고 판단하였다. 한편, 피고인의 방어권 행사에 중요한 자료가 되는 공판조서열람권과 관련하여, '형사소송법 제55조 제1항이 변호인이 있는 피고인에게 변호인과는 별도로 공판조서열람권을 부여하지 않는다고 하여 피고인의 공정한 재판을 받을 권리가 침해된다고 할 수 없다'고 판시하였다(헌재 1994. 12. 29. 92헌바31).

92) 헌법재판소는 일부 결정에서(헌재 1989. 9. 4. 88헌마22; 헌재 1991. 5. 13. 90헌마133) 표현의 자유에 헌법적 근거를 둔 '알권리'의 보호범위를 확대하여 형사피고인의 형사소송기록 등 행정 · 사법문서에 대한 열람 · 등사신청도 알권리에 의하여 보호되는 것으로 파악하였다. 그러나 헌재 1997. 11. 27. 94헌마60; 헌재 1994. 12. 29. 92헌바31 결정에서는 소송기록이나 수사기록에 대한 피고인의 열람신청에 있어서는 알권리보다는 '재판청구권'이 보다 사안에 밀접한 기본권임을 밝히고 있다.

93) Vgl. Kopp, Das rechtliche Gehör in der Rspr. des BVerfG, AöR 1981, S.626; Knemeyer, Rechtliches Gehör im Gerichtsverfahren, in: Isensee/Kirchhof(Hg), HbStR, Bd.Ⅵ, 1989, §155, Rn.32; Kunig, in: Münch(Hg), GGK, Art.103, Rn.10.

못했거나 그의 판결에서 전혀 고려하지 않았다는 것이 명백하게 드러나는 경우에 한하여, 청문청구권의 침해가 인정된다.[94)]

Ⅵ. 재판청구권의 위반여부를 판단하는 심사기준

1. 과잉제한의 문제가 아니라 입법형성권 일탈의 문제

학계의 다수견해 및 헌법재판소의 일부 판례는 재판청구권도 헌법 제37조 제2항에 의하여 제한될 수 있다고 한다. 그러나 법률에 의한 구체적인 형성을 필요로 하는 재판청구권이 제한될 수 있는지에 대하여 의문이 제기된다. 재판청구권은 방어적 성격을 가진 先國家的 保護範圍를 가지고 있지 않다. 절차적 기본권으로서 재판청구권은 그 본질상 국가에 대한 개인의 급부(작위)청구권으로 권리구제절차의 보장을 요구할 권리이다. 재판청구권에서 굳이 방어적 성격을 찾아야 한다면, 재판청구권은 자유권으로부터 나오는 방어적 권리를 관철하도록 한다는 점에서만 방어적 기능을 가지고 있을 뿐이다.

재판청구권은 자유권과 같이 일정한 보호범위를 국가의 침해로부터 방어하고자 하는 부작위청구권이 아니라, 실체적 권리의 구제를 위하여 국가로부터 '적극적 행위'를 요구하는 기본권이다. 재판청구권은 입법자에 의한 구체적 형성을 필요로 하는 기본권으로서, 국가로부터 효과적인 권리구제절차의 제공을 요구할 권리, 즉 효과적인 권리보호를 위한 구제절차의 형성을 요구할 권리이다. 재판청구권에서 문제되는 것은, 국민이 재판청구권을 근거로 하여 '국가로부터 특정한 내용의 권리구제절차를 요구할 수 있는지'에 관한 것이다. 국민이 국가로부터 어느 정도로 권리구제절차를 요구할 수 있는지의 문제는 '효과적인 권리보호를 요청하는 재판청구권의 정신'과 '이에 대립하는 다른 법익'과의 형량과정을 통하여 결정된다.

가령, 국민이 3심급의 권리구제절차, 소송비용을 지불하지 않는 권리구제절차 또는 변호사의 대리를 필요로 하지 않는 권리구제절차, 어느 정도로 신속하고 공정한 권리구제절차를 요구할 수 있는지 등에 관한 것이다. 여기서 문제되는 것은, 국가에 의한 과잉제한의 여부가 아니라 '국민이 적극적으로 요구할 수 있는 국가행위의 범위'에 관한 것이다. 예컨대, 국가가 인지제도를 규정한다면, 여기서 문제되는 것은, 인지제도가 '소송비용 없이 자유롭게 재판받을 권리'를 과잉으로 제한하는지 여부가 아니라, 개설된 권리구제절차에 용이하게 접근할 수 있어야 한다는 '효과적인 권리보호의 요청'과 소송비용의 도입을 요청하는 반대법익(가령, 제한된 사법자원의 남용 방지)을 함께 고려할 때 '국민이 어느 정도로 소송비용의 부담 없는 권리구제절차를 요구할 수 있는지'의 문제인

94) BVerfGE 54, 91.

것이다.[95)]

따라서 국민이 마음대로(예컨대, 제소기간이나 소송수수료의 제한을 받음이 없이) 모든 심급(예컨대 3심제 또는 4심제) 또는 모든 형태의 재판(예컨대, 배심제나 참심제, 대법원이나 헌법재판소의 재판 등)을 받을 권리로서 재판청구권은 존재하지도 않고 상정할 수도 없다. 재판청구권의 위반여부는 보호범위에 대한 제한이 과잉인지의 문제가 아니라, 입법자가 헌법상 부여된 형성권의 범위를 일탈하였는지의 문제이다. 즉, 절차법규정이 재판청구권에 위반되는지 여부는, 제소를 곤란하게 하는 절차법규정이 합리적인 이유에 의하여 정당화될 수 있는지의 문제인 것이다.

구체적으로, 입법자가 소송법 등 입법을 통하여 재판청구권을 구체적으로 형성함에 있어서, 한편으로는 재판청구권의 헌법적 요청인 '효과적인 권리보호의 요청'이란 법익과 다른 한편으로는 이에 대립하는 법익(가령, '원활한 사법기능'이나 '법적 안정성', 재판의 신속성, 재판의 공정성 등)의 비교형량을 통하여 조화와 균형을 이루는 문제, 즉 입법자가 재판청구권의 가치결정에 부합하게 입법형성권을 행사하였는지의 문제인 것이다.[96)] 결국, 재판청구권과 관련하여 기본권보장의 문제가 제기된다면, 이는 '과잉제한의 문제'가 아니라, 오히려 입법자가 구체적으로 형성한 절차법이 재판청구권의 정신(가치결정)을 제대로 보장하지 못하고 있는지 여부의 판단을 구하는 '과소보장의 문제'인 것이다.

2. 과잉금지원칙을 적용하는 경우의 특수성

설사 '효과적인 권리보호'의 요청을 재판청구권의 '보호범위'로 의제하고, 심급의 제한이나 법원절차에의 접근을 어렵게 하는 소송수수료나 제소기간 등 소송법규정 등을 이에 대한 '제한'으로 본다 하더라도, 제한의 정당성 여부를 심사하는 기준으로 과잉금지원칙을 적용하기에는 근본적인 어려움이 있다.

재판청구권은 특정한 생활영역이나 법익을 '실체적' 보호범위로 하는 자유권과는 본질적으로 다른 '형식적' 보장내용('효과적인 권리보호')을 가지고 있기 때문에, 법익형량을 하기 위하여 필요한 실체적 근거를 제공하지 아니한다. 과잉금지원칙을 적용하여 절차법규정의 위헌성을 판단하더라도, 재판청구권이 절차적 기본권으로서 실체적인 보장내

95) 마찬가지로, 신속한 재판이 문제된다면, '당장 재판받을 권리'에 대한 과잉제한인지 여부가 아니라 신속한 재판과 공정한 재판의 법익을 교량하여 조화를 이루는 문제이며, 심급의 문제가 제기된다면, '3심급이나 무제한 심급의 재판을 받을 권리'에 대한 과잉제한의 문제가 아니라 재판청구권을 근거로 어느 정도로 심급을 요구할 수 있는지의 문제이며, 청구기간이 문제가 되는 경우, '제소기간의 제한 없이 언제나 재판받을 권리'에 대한 과잉제한의 문제가 아니라 법률관계의 조속한 확정을 요구하는 법적 안정성의 관점과 법원절차에의 용이한 접근을 요구하는 재판청구권의 요청을 조화시키는 문제이다.

96) 예컨대, 헌법재판소는 헌법소원 심판청구와 심판수행에 있어서 변호사강제주의를 취하고 있는 헌법재판소법 제25조 제3항에 대하여 제기된 헌법소원심판사건에서, 변호사강제주의가 실현하려는 공익상의 법익(소송의 질적 향상, 사법의 원활한 운영, 재판심리의 부담경감 등)과 국민의 재판청구권을 비교형량하여 공익에 우위를 부여함으로써 합헌결정을 하였다(헌재 1990. 9. 3. 89헌마120 등).

용을 지니고 있지 않기 때문에, '재판청구권의 제한이 기본권주체에게 어느 정도로 중대한 효과를 초래하는지'를 판단할 수 있는 아무런 실체적 근거를 제시하지 아니한다. 이러한 이유에서, 기본권제한 효과에 대한 판단을 전제로 하여 '기본권제한의 효과'와 '공익의 비중'을 교량하는 '법익균형성'의 심사는 사실상 불가능하다. 마찬가지로, 기본권을 보다 적게 제한하는 대안을 찾는 '수단의 최소침해성'의 심사도 형식적인 심사에 그칠 수밖에 없다.

이로써 과잉금지원칙에 의한 심사는 사실상 '목적의 정당성' 및 '수단의 적합성'에 관한 심사에 국한되는 '최소한의 합리성심사'를 의미하게 된다. 결국, 이러한 심사는 재판청구권의 제한을 정당화하는 반대법익을 확인하고, '제소를 곤란하게 하는 절차법규정이 합리적인 이유로 정당화될 수 있는지 여부'를 판단하는 작업에 해당한다. 결과적으로 자유권과 비교할 때 위헌심사에 있어서 보다 광범위한 입법형성권이 인정될 수밖에 없다. 이러한 판단기준은 과잉금지원칙과 유사한 것이 아니라, 오히려 자의금지원칙의 의미에서 국가행위에 대한 일반적 합리성의 요청에 접근한다고 볼 수 있다.[97)]

바로 이러한 이유에서, 헌법재판의 실무에서는 절차법규정이 재판청구권에 위반되는지 여부를 심사함에 있어서 합리적인 또는 비합리적인 제한인지의 관점에 따라 판단하여 현저하게 불합리한 절차법규정이 아닌 한, 재판청구권에 대한 위반을 부정하게 된다. 헌법재판소도 이를 인식하여 재판청구권을 형성하는 절차법의 위헌여부를 판단하는 기준으로서 합리성원칙이나 자의금지원칙 또는 완화된 비례의 원칙을 언급하고 있다.[98)]

Ⅶ. 맺는말

1. 재판청구권은 실체적 권리의 구제를 위하여 국가로부터 적극적인 행위, 즉 권리구제절차의 제공을 요구하는 '청구권적 기본권'이다. 청구권적 기본권으로서 재판청구권의 속성상, 개인은 재판청구권을 행사하기 위하여 사전에 입법자에 의한 구체적인 형성을 필요로 한다. 입법자가 법원조직법이나 소송법 등을 통하여 재판청구권을 구체적으로 형성함으로써 재판의 관할과 절차를 확정해야만, 개인은 비로소 권리구제절차를 밟고 권리보호를 구할 수 있다. 헌법 제27조 제1항은 "법률에 의한 재판을 받을 권리"란 표현을 통하여 이를 밝히고 있다.

재판청구권은 실체법이 아니라 실체법의 실현에 기여하는 '절차적 기본권'이다. 재판청구권은 자유권이나 평등권과 같이 실체적 법적 지위를 보장하는 것이 아니라, 실체적

97) 수단의 적합성이란 국가행위에 대한 일반적 합리성의 요청으로서 실질적 효과에 있어서는 자의금지원칙과 유사하다고 할 수 있다.

98) 헌재 1998. 9. 30. 97헌바51, 판례집 10-2, 541, 550; 헌재 1998. 12. 24. 94헌바46, 판례집 10-2, 842, 851.

법적 지위의 보호와 관철에 기여하는 '절차적 기본권'으로서 실체적 기본권을 비롯하여 개인의 권리가 법원의 재판절차에서 실제로 관철되고 실현되는 것을 보장한다. 개인의 권리는 헌법과 법률에 단지 규정되는 데 그쳐서는 아니 되고 사법절차를 통하여 실제로 보장되고 관철되어야만 비로소 그 의미가 있다.

2. 헌법이 제27조에서 재판청구권을 규정한 목적은, 국민에게 단지 법원에 제소할 수 있는 형식적인 권리를 보장하고자 하는 것이 아니라, 사법절차를 통하여 궁극적으로 '효과적인 권리보호'를 보장하고자 하는 것이다. 재판청구권이 보장하는 '재판'이란 '아무런 재판'이 아니라 '효과적인 권리보호를 제공하는 재판'이다. 효과적인 권리보호의 요청은 비록 헌법에 명시적으로 언급되고 있지 않지만, 재판청구권의 본질이자 궁극적인 목적으로서, '실제로 권리보호가 제공되는지 여부'를 판단하는 기준이다. '실효성 없는 권리보호'란 그 자체로서 모순이다.

헌법 제27조는 재판청구권의 구체적인 형성을 입법자에 맡기고 있으나, 효과적인 권리보호'를 요청함으로써 소송법의 구체적인 형성과 그 해석에 있어서 중요한 지침을 제공하고 있다. '효과적인 권리보호의 요청'은 재판청구권의 객관적 가치결정이자 헌법적 정신으로서, 입법자가 입법을 통하여 재판청구권을 구체적으로 형성함에 있어서 입법자를 구속하는 헌법적 지침이자 입법형성권의 한계를 의미하며, 또한 재판청구권의 존재의미이자 헌법적 목적이다.

따라서 헌법 제27조의 재판청구권의 보장내용은 '효과적인 권리보호'의 관점에서 파악되어야 한다. 재판청구권이 효과적인 권리보호를 제공하기 위해서는, 첫째 권리구제절차가 개설되어야 하고, 둘째 개설된 권리구제절차에의 접근이 용이해야 하며, 셋째 재판절차가 공정하고도 신속한 권리구제를 보장하도록 형성되어야 한다. 바로 이러한 다양한 요청이 재판청구권의 보장내용이다.

3. 일차적으로, 재판을 담당하는 법관의 독립성과 중립성이 보장되어야만, 재판의 공정성과 객관성이 확보될 수 있고, 이로써 비로소 국가는 효과적인 권리보호를 제공할 수 있다. 이러한 관점에서 헌법 제27조의 "헌법과 법률이 정한 법관"이란 법관의 독립성과 중립성을 보장하기 위한 규정으로서, 헌법상 규정된 직무상·신분상의 독립이 보장되고, 재판관할을 규정하는 법률에 의하여 재판을 담당하도록 사전에 정해진 법관을 말한다.

또한, 재판청구권은 법적 분쟁의 해결을 가능하게 하는 적어도 한 번의 권리구제절차가 개설될 것을 요청할 뿐만 아니라, 그를 넘어서 입법자가 소송절차를 구체적으로 형성함에 있어서 실효성 있는 권리보호를 제공하기 위하여 필요한 절차적 요건을 갖출 것을 요청한다. 단지 형식적인 권리구제의 가능성이 존재한다는 것만으로는 충분하지 않고, 국민이 가능하면 빠른 시일 내에 큰 어려움 없이 자신의 권리를 찾을 수 있도록, 입법자는 소송법을 형성해야 한다. 비록 재판절차가 국민에게 개설되어 있다 하더라도, 절차적 규정이 합리적인 공익에 의하여 정당화됨이 없이 법원절차에의 접근을 어렵게 한다면 재판청구권은 사실상 형해화될 수 있으므로, 바로 여기에 입법형성권의 한계가 있다.

나아가, 효과적인 권리보호의 요청은 재판절차에의 원활하고 용이한 접근뿐만 아니라 실제로 '효과적인 권리구제를 보장하는 재판절차'의 진행을 요구한다. 따라서 입법자는 공정하고 객관적인 법원에 의하여 '신속하고도 공정한 재판'이 이루어질 수 있도록 재판절차를 구체적으로 형성해야 할 의무를 진다. 이러한 관점에서, 효과적인 권리보호를 요청하는 재판청구권으로부터 헌법과 법률이 정한 법관, 청문청구권과 절차법적 무기대등의 요청을 비롯하여 공정한 재판을 받을 권리, 신속한 재판을 받을 권리 등이 그 보장내용으로서 파생된다.

참고문헌

권영성, 헌법학원론, 1995

변종필, 형사소송과 법적 청문, 인권과 정의, 1997. 1.

장석조, 우리 헌법상의 절차적 기본권, 헌법논총 제9집(1998)

Arens, Der Einfluß der Rechtsprechung des Bundesverfassungsgerichts auf das Zivilprozeßrecht, in: 40 Jahre Grundgesetz, 1990

v. Arnim, Staatslehre der Bundesrepublik Deutschland, 1984

Battis/Gusy, Einführung in das Staatsrecht, 1991

Benda/Weber, Der Einfluß der Verfassung im Prozeßrecht, in: Gilles(Hg), Effektivität des Rechtsschutzes und verfassungsmäßige Ordnung, 1983

Bettermann, Die Rechtsweggarantie des Art.19 Ⅳ in der Rechtsprechung des Bundesverfassungsgerichts, AöR 96(1971)

Clemens, Das Bundesverfassungsgericht im Rechts- und Verfassungsstaat, in: Piazolo(Hg), Das Bundesverfassungsgericht, 1995

Dörr, Faires Verfahren, 1984

Gusy, Die Verfassungsbeschwerde, 1988

Heyde, Rechtsprechung, in: Benda/Maihofer/Vogel(Hg), Handbuch des Verfassungsrechts der Bundesrepublik Deutschland (HbVerfR), Bd.II, 1995

Hill, Verfassungsrechtliche Gewährleistungen gegenüber der staatlichen Strafgewalt, in: Isensee/Kirchhof(Hg), Handbuch des Staatsrechts (HbStR), Bd.Ⅵ, 1989, §156

E. Klein, Die Zukunft der Verfassungsbeschwerde, in: Piazolo(Hg), Das Bundesverfassungsgericht, 1995

Knemeyer, Rechtliches Gehör im Gerichtsverfahren, in: Isensee/Kirchhof(Hg), Handbuch des Staatsrechts (HbStR), Bd.Ⅵ, 1989, §155

Kopp, Das rechtliche Gehör in der Rechtsprechung des Bundesverfassungsgerichts, AöR 1981

Krebs, in: Münch(Hg), Grundgesetz Kommentar (GGK), 1992, Art.19 Ⅳ

Kunig, in: Münch(Hg), Grundgesetz Kommentar (GGK), 1996, Art.103

Lorenz, Der grundrechtliche Anspruch auf effektiven Rechtsschutz, AöR 105(1980)

Löwer, Zuständigkeit und Verfahren des Bundesverfassungsgerichts, in: Isensee/Kirchhof(Hg), Handbuch des Staatsrechts (HbStR), Bd.II, 1987

Mauder, Der Anspruch auf rechtliches Gehör, seine Stellung im System der Grundrechte und seine Auswirkung auf die Abgrenzungsproblematik zwischen Verfassungs- und Fachgerichte, 1986

Meyer, in: Münch(Hg), Grundgesetz Kommentar (GGK), 1996, Art.97

Papier, Justizgewähranspruch, in: Isensee/Kirchhof(Hg), Handbuch des Staatsrechts (HbStR), Bd.Ⅵ, 1989, §153

______, Rechtsschutzgarantie gegen die öffentliche Gewalt, in: Isensee/Kirchhof(Hg), Handbuch des Staatsrechts (HbStR), Bd.Ⅵ, 1989, §154

Pieroth/Schlink, Staatsrecht II, 1995

Richter/Schuppert, Casebook Verfassungsrecht, 1991

Schenke, in: Mangoldt/Klein/Starck(Hg), Das Bonner Grundgesetz (BK), 1999, Art.19 Ⅳ

Schwab/Gottwald, Verfassung und Zivilprozeß, 1984

Schmidt-Aßmann, in: Maunz/Dürig(Hg), Art.19 Ⅳ

Spaniol, Das Recht auf Verteidigungsbeistand im Grundgesetz und in der Europäischen Menschenrechtskonvention, 1990

Stern, Das Staatsrecht der Bundesrepublik Deutschland, Bd.II, 1980

Zuck, Das Recht der Verfassungsbeschwerde, 1988

제7장

7 사회적 기본권

제1절 일반이론

제1주제

헌법소송을 통한 사회적 기본권 실현의 한계*

-법적 권리설로부터의 결별-

Ⅰ. 머리말

1. 사회국가가 오늘날 현대산업사회의 운명이라고 한다면,[1] 산업사회를 지향하는 한국도 이 운명에서 벗어날 수 없다. 설사 사회국가원칙이 헌법에 명문으로 규정되어 있지 않다고 하더라도, 오늘날의 대중민주주의는 그 민주주의에 내재하는 사회국가적 경향 때문에 필연적으로 국가성격의 사회국가적 전환을 가져 올 수밖에 없다.[2] 사회국가원칙은 사회 및 개인에 대한 '국가의 책임'과 사회 및 국가공동체에 대한 '개인의 책임'이라는 크게 두 가지의 측면으로 나누어 볼 수 있다.[3]

---

* 위 논문은 1997년 1월, 人權과 正義(대한변호사협회), 70-90면에 게재된 것을 일부 수정한 것이다.

1) Vgl. Huber, Rechtsstaat und Sozialstaat in der modernen Industriegesellschaft, in: Forstfoff, Rechtsstaatlichkeit und Sozialstaatlichkeit, 1968, S.596ff.

2) 이에 관하여는 한수웅, 한국헌법상의 경제질서, 공법학의 현대적 지평(계희열교수 화갑기념논문집), 1995, 176면 이하 참조.

3) 이러한 사회국가원칙의 서로 다른 차원에 관하여 예컨대 한태연, 고시연구 1990/3, 184면; Stein, Staatsrecht, 1986, S.234ff.; Doehring, Das Staatsrecht der BRD, 1984, S.257f.; Huber, Rechtsstaat und Sozialstaat in der modernen Industriegesellschaft, in: Forstfoff, Rechtsstaatlichkeit und Sozialstaatlichkeit, 1968, S.605ff.; Ridder, Zur verfassungsrechtlichen Stellung der Gewerkschaften im Sozialstaat nach dem

國家의 對社會的 責任性은, 국가가 경제・사회・문화의 모든 영역에서 정의로운 사회질서의 형성을 위하여 적극적으로 관여할 것을 요구하며, 이는 궁극적으로 가능하면 광범위한 국민의 기본권실현을 위하여 그 실질적 조건을 마련함으로써 모든 국민이 자신의 자유를 각자 자력으로 행사할 수 있는 상태를 형성할 국가의 의무를 의미한다. 국가의 이러한 대사회적 의무는 무엇보다도 우리 헌법에서 前文, 사회적 기본권과 경제에 관한 조항을 통하여 표현되고 있다.

다른 한편으로는, 국가가 정의로운 사회질서의 실현을 위하여 사회형성적으로 기능하기 위해서는, 즉 자유의 실질적 조건을 마련하고 유지하기 위해서는 개인과 개인의 자유를 병립시키려는 국가의 적극적 활동과 이로 인한 사인의 자유영역에 대한 제한이 불가피하게 된다. 따라서 個人의 對社會的 責任性은 국가의 대사회적 책임의 핵심적 내용인 실질적인 자유와 평등의 실현을 위하여 국가가 개인의 자유와 권리를 제한할 수 있는 권한을 가지고 있다는 것은 의미하며, 이 경우 사회국가원칙은 공공복리의 실현을 위하여 개인의 사적영역을 제한할 수 있는 법적 수단, 즉 수권규범으로 나타난다. 개인의 대사회적 책임성은 국가의 대사회적 책임성에 대응하는 그 裏面을 의미하며, 우리 헌법에서 무엇보다도 '기본권의 사회적 구속성'[4)]을 통하여 표현되고 있다.

2. 사회적 기본권의 역사적 배경이나 이념적 기초에 관하여는 이미 국내의 여러 학자에 의하여 비교적 상세하게 소개되었기 때문에, 이 글에서는 '사회적 기본권의 법적 성격'과 '헌법소송을 통한 사회적 기본권 실현의 가능성'을 연구의 주된 대상으로 삼았다. 우선, 사회적 기본권의 법적 성격과 관련하여, 사회적 기본권을 개인의 주관적 권리로서 파악하는 학계의 '법적 권리설'에 대하여 이러한 견해가 타당한지, 사회적 기본권의 본질을 제대로 표현하고 있는지의 의문을 제기하고 필자 나름의 의견을 제시하였다(아래 Ⅱ.).

이어서, 헌법재판소가 입법자에 의한 사회적 기본권의 실현에 대하여 어느 정도로 사법적으로 심사할 수 있는지 '司法的 審査의 한계'에 관하여 살펴보았다(아래 Ⅲ.). 종래 학계의 많은 문헌에서 입법자가 사회적 기본권 실현의무를 이행하지 않은 경우에 입법자의 부작위가 헌법소원의 대상이 될 수 있다는 '헌법소송의 가능성'을 언급하고 있으나, 헌법재판소가 어느 정도로 입법자의 의무이행을 사법적 심사를 통하여 강제할 수 있는지에 대해서는 깊게 검토하고 있지 않다. 더욱이 일부 논문에서는 헌법재판소가 가능하면 광범위하게 입법자에 의한 사회적 기본권의 실현 여부에 관하여 통제하는 것이

Grundgesetz für die BRD, 1960, S.3ff.

4) 헌법은 제23조 제2항에 명시된 재산권의 사회적 구속성('공공복리에 적합한 재산권의 행사')을 넘어서, 일반적 법률유보조항인 헌법 제37조 제2항에서 "공공복리"를 위한 기본권의 제한 가능성을 규정함으로써, 공공복리에서 나오는 사회적 구속성이 자유권의 한계임을 밝히고 있다.

바람직하다는 견해를 피력하고 있기 때문에,[5] 이 글에서는 '규범적 효력에 있어서 사회적 기본권과 자유권적 기본권의 차이', '입법자와 헌법재판소의 권한배분의 관계' 및 '사회적 기본권과 국가의 다른 의무・과제의 관계'에서 나오는 사법적 심사의 한계는 무엇인지, 그 결과 사회적 기본권의 실현여부를 판단하는 헌법재판소의 사법적 심사기준은 무엇인지를 살펴보았다.

마지막으로, 헌법이 사회적 기본권을 수용함으로써 사회적 기본권이 헌법에 어떠한 영향을 미치고 있으며 사회적 기본권이 우리 헌법에서 가지는 의미는 무엇인지, 구체적으로 사회적 기본권을 자유권과 같이 '주관적 권리'의 보장형식으로 자유권과 함께 나란히 규정한 의미는 무엇인지, 사회적 기본권의 존재가 자유권의 해석에 어떠한 영향을 미치며, 다원적 민주주의의 의사결정과정에서 가지는 사회적 기본권의 의미가 무엇인지에 관하여 조금 새로운 시각에서 살펴보려고 시도하였다(아래 Ⅳ.).

Ⅱ. 사회적 기본권의 법적 성격

1. 사회적 기본권과 자유권의 근본적인 구조적 차이

자유권적 기본권과 사회적 기본권의 근본적인 구조적인 차이는 기본권 이해의 전제로서 확인되어야 하며, 무엇보다도 구체적인 헌법적 문제의 해결을 위하여도, 즉 헌법소송을 통한 권리구제의 측면에서도 양자의 구분은 불가결하다.

자유권은 국가가 개인의 사적 영역을 단지 존중하고 침해하지 않음으로써 보장되는 소극적인 성격을 갖고 있다. 즉, 자유권은 입법자에 의한 실현이라는 매개활동을 필요로 하지 않고, 단순히 기본권이 존재함으로써 그 자체로써 헌법상 광범위한 방어적 기능을 하게 된다. 그러므로 자유권은 그 존재 자체만으로 직접적 효력을 가지고 그 침해에 대하여 다툴 수 있으며, 국가의 부당한 침해행위의 부작위를 요구하는 주관적 공권을 의미한다. 여기서 입법자의 입법은 자유권의 보호범위를 축소하는 권리제한적 성격을 띠게 된다.

이에 대하여, 사회적 기본권은 그 내용의 실현을 위하여 국가의 적극적인 행위, 즉 입법과 행정의 조치를 요구하기 때문에, 입법자에의 의존성에 그 특징이 있다. 즉, 사회적 기본권은 그 본질상 구체적 권리가 되기 위하여 사전에 입법에 의한 구체적 형성을 필요로 한다. 그러므로 사회적 기본권에서 원칙적으로 사법적으로 다툴 수 있는 개인의 주관적인 권리가 나오지 않는다. 사회적 기본권의 본질적인 의미는 국가로 하여금 그 내용을 실현하도록 헌법적으로 구속하는 데 있다. 따라서 사회적 기본권은 입법자의 입

5) 예컨대, 권영성, 사회적 기본권의 헌법규범성고, 헌법논총 제2집(1991), 201면 이하.

법에 의하여 제한되는 것이 아니라 비로소 구체적 권리로 형성된다. 사회적 기본권의 실현이 입법자의 형성행위에 의존하고 있으므로, 사회적 기본권의 객관적 내용은 입법자의 활동에 의하여 비로소 구체화되고 실현된다.

2. 용어사용의 문제

자유권과 사회적 기본권의 구조적인 차이와 관련하여 우선 용어의 사용에 있어서 몇 가지 확인해야 할 문제가 있다.

가. 첫째, 학계에서는 흔히 '사회적 기본권의 침해'라는 표현을 적지 않게 사용하고 있으나, '사회적 기본권이 침해될 수 있는지'의 문제이다. '침해'란 공권력에 의하여 침해될 수 있는 개인의 현존하는 구체적인 법적 지위, 즉 구체적 권리의 보호범위의 존재를 전제로 하는데, 헌법적 차원에서 사회적 기본권은 개인의 이러한 구체적인 보호범위를 구성하지 못한다. 따라서 '헌법상의' 사회적 기본권은 '침해'되는 것이 아니라, 사회적 기본권을 실현해야 하는 헌법적 의무의 불이행으로 인하여 '실현'되지 못할 뿐이다.

나. 둘째, 소위 '사회적 기본권의 자유권적 또는 방어권적 측면'이란 표현의 문제인데,[6] 과연 사회적 기본권의 '방어권적 측면'이 존재하는지, 국가가 적극적인 행위를 통하여 사회적 기본권의 '자유권적 측면'을 침해할 수 있는지의 의문이 제기된다. 일부 학자는 사회적 기본권이 침해될 수 있는 경우로서 국가의 행위가 사회적 기본권의 '자유권적 효과'를 침해하는 경우를 언급하고 있는데, 이러한 효과는 국가에 대하여 어떠한 적극적인 급부를 요구하는 것이 아니라 국가에 의한 침해의 배제를 청구하는 자유권적 측면이라고 주장하면서, 이러한 예로 교육을 받을 권리의 침해, 근로3권의 침해, 환경파괴에 의한 생명 및 건강의 침해 등을 들고 있다.

예컨대, 환경권은 국가로부터 환경의 보호조치를 요구할 수 있다는 의미에서 '사회권적 성격'을 가지고 있고, 다른 한편으로는 국가에 의하여 오염된 환경은 건강을 침해한다는 의미에서 건강에 관한 권리인 '자유권적 성격'을 갖고 있으므로, 환경권을 '종합적 기본권'으로 파악해야 한다고 주장한다.[7] 또한, 교육을 받을 권리에 있어서도 '교육의 자유'라는 차원에서 자유권으로서의 속성을 도외시할 수 없으므로 종합적 기본권으로 이해를 하여야 한다고 한다.[8] 이처럼 학계에서는 하나의 개별적 기본권에 사회권적 요소와 자유권적 요소를 모두 부여하여 종합적으로 파악하는 것이 마치 하나의 유행처럼 되어 있다. 그러나 자유권과 사회적 기본권을 서로 구분하여 별개로 보장하고 있는 우리 헌법의 규율체계에서는, 기본권의 자유적 내용과 사회적 내용은 원칙적으로 분리되

6) 대표적으로 안용교, 한국헌법, 1992, 519면 이하.
7) 권영성, 헌법학 원론, 1995, 604면 이하.
8) 성낙인, 기본권체계상 생존권적 기본권의 헌법적 가치, 고시연구, 1995/10, 20면.

어 각 자유권과 사회적 기본권에 귀속되어야 한다.

근로3권과 같이 예외적으로 자유권과 사회적 기본권의 양면성을 지니는 기본권을 제외한다면, 사회적 기본권에 내재되어 있다고 주장하는 소위 '자유권적 요소'는 이미 자유권에 의하여 충분히 보호되고 있는 것이다. 사회적 기본권이 자유권에 의하여 이미 보호되는 자유권적 내용을 중복적으로 보호해야 할 아무런 필요성이 없다. 그러므로 일부 학자가 주장하는 '사회적 기본권의 소위 자유적 내용'은 당연히 개별 자유권의 보호범위에 귀속시켜야 한다. 사회적 기본권의 보장내용에 굳이 자유권적 요소를 포함시킴으로써 사회적 기본권의 보장내용에 대한 이해에 있어서 혼란을 초래하고, 이로 인하여 구체적 문제의 해결을 어렵게 하는 장애요소를 첨가해야 할 아무런 합리적 이유를 인식할 수 없다. '교육을 받을 권리'에 내재되어 있다고 주장하는 소위 '자유권적 요소'[9]인 '교육을 통한 자유로운 인격발현권'은 사회적 기본권인 '교육을 받을 권리'의 보장내용이 아니라, 직업의 자유나 행복추구권 등과 같은 자유권적 기본권에 의하여 이미 보호되는 내용인 것이다. 또한, 환경권이 함께 보장한다는 소위 '자유권적 요소'인 '국가의 환경파괴로 인한 건강 침해에 대한 방어'도 생명권이나 건강권(신체불가침권)과 같은 자유권에 의하여 보호되는 것이다.[10]

자유권과 사회적 기본권 사이에 존재하는 근본적인 구조적 차이와 그에 따른 헌법적 심사의 기준이 서로 다르기 때문에, 하나의 기본권에 가능하면 다양한 의미나 보장내용을 담으려고 하는 시도나 심지어 자유권과 사회적 기본권의 구분을 부정하려는 경향은 명확한 헌법적 논리를 통한 구체적인 헌법문제의 해결의 관점에서도 배척되어야 한다.

다. 그러므로 사회적 기본권에 내재되어 있다고 주장하는 자유권적 내용을 자유권의 영역에 귀속시킴으로써 사회적 기본권에서 배제한다면, 국가가 적극적인 작위를 통하여 헌법적 차원에서 보장된 사회적 기본권을 침해한다는 것은[11] 존재할 수도 없고, 논의의 대상이 될 수도 없다. 입법에 의하여 아직 구체적 권리로 형성되지 않은 헌법상의 사회적 기본권은 결코 국가의 작위에 의하여 침해될 수 없는 성질의 것이며, 단지 국가가 실현의무를 이행하지 않음으로써 사회적 기본권을 실현하지 않을 뿐이고, 이로써 부작

9) 예컨대 성낙인, 기본권체계상 생존권적 기본권의 헌법적 가치, 고시연구, 1995/10, 20면; 정만희, 생존권적 기본권의 법적 성격, 고시연구 1995/10, 26면.

10) 국가가 아니라 私人에 의한 환경침해로부터 개인의 생명권과 건강권의 보호는 독일 연방헌법재판소의 판례에 따르면 헌법해석을 통하여 자유권의 객관적인 측면인 객관적 가치질서에서 도출될 수 있거나 아니면 우리 헌법의 경우 직접 헌법 제10조 제2문에서 나온다고 볼 수 있는 '국가의 기본권 보호의무'에 관한 것이다. 즉 생명권이나 신체불가침권은 국가의 침해를 배제하는 소극적인 방어권일 뿐만 아니라 나아가, 환경오염으로 인하여 개인의 건강을 위해하는 효과를 방지하고 억제할 국가의 의무를 부과하고 있다. 국가가 이러한 의무를 이행하지 않음으로써 보호의무를 위반하는 경우, 그것은 곧 국가의 부작위로 인한 생명이나 건강과 같은 자유권의 침해를 의미하므로 개인은 경우에 따라서는 헌법소원의 형태로 자유권의 침해를 주장할 수 있다. 기본권 보호의무에 관하여 자세한 것은 한수웅, 입법부작위에 대한 헌법소원, 이명구교수 화갑기념논문집 Ⅰ(현대헌법학이론), 1996, 710면 이하, 또한 아래 각주) 38, 39 참조.

11) 가령, 안용교, 한국헌법, 1992, 519면 이하.

위로 인한 미실현의 가능성만이 존재할 뿐이다.

물론, 일단 입법을 통하여 헌법상의 사회적 기본권이 '법률상의 주관적 권리'로 구체화된 경우, 입법자가 재정상황이나 다른 공공복리를 실현할 목적으로 사회입법을 개정함으로써 개인의 구체적 권리를 다시 축소하려고 시도할 수 있고, 이러한 경우에는 개인이 누리는 사회보장적 현상태(status quo)에 대한 침해를 상정할 수 있다. 그러나 '헌법상의 사회적 기본권'은 입법이나 행정조치와 같은 국가의 적극적인 행위를 통하여 제한될 수 있는 성질의 것이 아니다. 그러므로 '사회적 기본권의 침해'란 '헌법상의 사회적 기본권'과 사회적 기본권을 입법자가 구체화한 결과인 '법률상의 사회권'을 혼동함으로써만이 가능하다.

3. 헌법상의 객관적 원칙으로서 사회적 기본권

가. 사회적 기본권의 법적 성격에 관한 학계의 견해

사회적 기본권의 법적 성격에 관한 학계의 견해는 크게 프로그램설과 법적 권리설로 나누어 볼 수 있다.[12] 우선 '프로그램설'에 의하면 사회적 기본권은 재판상 청구할 수 있는 구체적인 권리가 아니라 단지 입법자의 입법방향을 제시하는 프로그램적 국가목표설정조항에 불과하므로, 입법에 의하여 구체화되는 정치적·도덕적 의무만을 부과하고 있다고 한다.

이에 대하여 '추상적 권리설'은 사회적 기본권이 입법자의 입법작용 없이는 구체적 권리가 될 수 없다는 점에 있어서는 프로그램설과 실질적인 차이가 없으나, 헌법에서 권리가 있음을 명시한 이상 사회적 기본권의 법적 권리로서의 성격은 인정하여야 하므로 국가의 사회적 기본권 보장의 의무는 법적의무라고 주장하면서, 다만 입법자의 활동에 의하여 비로소 구체화되는 권리라는 의미에서 사회적 기본권을 '추상적 권리'로 이해하고 있다.

'구체적 권리설'은 입법 없이는 개인의 구체적인 급부청구권이 존재하지 않는다는 의미에서 사회적 기본권의 법적 성격을 근본적으로 추상적 권리로 파악하나, '추상적 권리설'과는 달리 사회적 기본권의 내용을 구체화하는 입법이 존재하지 않거나 불충분한 경우에는 국가에 의한 사회적 기본권의 실현여부를 재판상 다툴 수 있다고 주장한다.

나. 사회적 기본권의 규정형식과 법적 성격의 관계

우선 사회적 기본권이 헌법에 '권리'의 형식으로 규정되어 있다는 이유로 사회적 기

12) 이에 관하여는 이미 다른 문헌에서 자세하게 서술하고 있기 때문에 여기서는 단지 요지만 소개하기로 한다. 이에 관하여 대표적으로 권영성, 헌법학 원론, 1995, 553면 이하; 권영성, 사회적 기본권의 헌법규범성고, 헌법논총 제2집(1991), 189면 이하; 김철수, 헌법학 개론, 1994, 494면 이하; 안용교, 한국헌법, 1992, 515면 이하.

본권을 '추상적 권리' 또는 '구체적 권리'라 하여 개인의 주관적 권리의 관점에서 파악해야 하는지의 문제가 제기된다.[13] 사회적 기본권이 비록 헌법에 "모든 국민은 … 권리를 가진다."고 하여 개인의 주권적 권리의 형식으로 규정되어 있지만, 자유권과 사회적 기본권의 근본적인 차이 때문에 사회적 기본권이 직접 국가로부터 일정 급부를 요구할 수 있는 현실적·구체적인 권리라고는 아무도 주장하지 않는다.

그렇다면 '법적 권리설'은 우리 헌법이 사회적 기본권을 규정하고 있는 형식에 집착하여 '권리'로서 파악하려고 하나, 실질적으로 '추상적 권리'의 내용은 사회적 기본권을 실현해야 하는 국가의 의무가 법적 의무, 즉 정치적·도덕적 의무가 아닌 헌법적 의무라는 것을 표현하고 있을 뿐이다. '추상적'과 '권리'란 두 용어의 결합 자체가 내포하는 모순은 차치하고라도, 개인이 사회적 기본권을 법적 근거로 하여 국가로부터 직접 아무것도 적극적으로 요구할 수 없음에도 불구하고, 단지 국가의 객관적 의무, 즉 객관적 측면을 표현하기 위하여 주관적인 '권리'란 용어를 사용하는 것은 충분히 오해의 여지가 있다.

입법자의 구체적인 형성행위를 통하여 비로소 권리로서 탄생하는 것은 결코 권리가 아니라 바로 헌법상 객관적 원칙, 즉 국가의 의무와 목표를 담고 있는 객관적 헌법규범이다. 국가의 객관적 일반원칙인 '사회국가원리'가 일정 생활영역에서 구체화된 헌법적 표현으로서 '사회적 기본권'은 그 본질상 당연히 객관적인 성격을 갖고 있으며, 이러한 객관적 내용은 다양한 형식으로 헌법에 수용될 수 있다. 일정 생활영역에서 실현되어야 할 국가의 의무와 과제는 한국의 사회적 기본권과 같이 '주관적 권리'의 형식으로, 또는 '국가목표조항이나 헌법적 위임'의 형태로 규정될 수도 있고, 아니면 '제도적 보장'의 형태로도 헌법상에 나타날 수 있다.[14]

만일 헌법에서 사회적 기본권이 위치하는 곳이 "국민의 권리와 의무"에 관한 章이기 때문에 사회적 기본권을 권리로 파악해야 한다고 주장한다면, 사회적 기본권을 헌법의 어디에 수용하는지와 관련해서도 다양한 가능성이 있다는 것을 언급하지 않을 수 없다. 우리 헌법처럼 사회적 기본권을 '기본권' 부분에 둘 수도 있고, 또는 '경제에 관한 章'에 삽입할 수도 있으며, 아니면 '사회질서에 관한 章'을 따로 구성하여 이곳에 규정할 수도 있다.[15] 헌법 내에서 사회적 기본권의 규정 장소는 단지 헌법적 미학이나 헌법적 정책의 문제이지, 규정 형식과 규정 장소에 따라 사회적 기본권의 법적 성격이 달라지는 것은 아니다.

---

13) 이러한 의문의 제기에 관하여는 또한 허영, 한국헌법론, 1994, 150면 이하.

14) 이에 관하여 자세한 것은 vgl. Lücke, Soziale Grundrechte als Staatszielbestimmung und Gesetzgebungsaufträge, AöR 107(1982), S.26ff.; J. P. Müller, Soziale Grundrechte in der Verfassung?, 1981, S.239ff.

15) Vgl. Böckenförde, Die sozialen Grundrechte im Verfassungsgefüge, in: Böckenförde/Jekewitz/Ramm, Soziale Grundrechte, 1981, S.16.

다. 헌법위임으로서 사회적 기본권

따라서 사회적 기본권은 주관적 권리의 측면보다는 국가의 헌법적 과제와 의무라는 객관적인 측면에서 이해되어야 한다. 사회적 기본권에게 직접적 효력을 갖는 제소가능한 주관적 공권으로서의 성격을 부인한다는 것은, 결코 사회적 기본권이 단순히 규범적으로 구속력 없는 정치적인 프로그램에 불과하다는 것을 의미하는 것은 아니다. 사회적 기본권은 사회국가원리의 구체화된 헌법적 표현으로서 '헌법위임'의 성격을 갖고 있다.[16] 헌법위임이란, 헌법규범에 표현된 국가목표를 적합한 조치를 통하여 실현하여야 할 국가기관, 무엇보다도 입법자의 객관적 의무(헌법적 입법위임)이다. 헌법위임의 효력은, 첫째 입법목적의 선택의 측면에서 원칙적으로 자유로운 입법자에게 헌법적으로 입법과정에서 고려하여야 할 구속력 있는 국가목표를 부과하는 것이고, 둘째 이에 따라 입법자에 의한 부작위나 명백한 의무의 해태는 헌법적으로 허용되지 않는다는 것에 있다.

사회적 기본권의 내용을 구체화하는 입법이 존재하지 않거나 불충분한 경우에 '구체적 권리설'이 입법부작위에 대하여 헌법소원을 제기할 수 있는 가능성을 강조하는 것도, 구체적 권리설이 비록 사회적 기본권을 '권리'로 파악한다고 주장하나 실제에 있어서는 '헌법위임'으로 파악하고 있음을 말해준다. 왜냐하면 입법부작위에 대한 헌법소원은 입법자에 대한 헌법위임, 즉 헌법적 입법의무를 전제로 하기 때문이다. 이러한 관점에서 '구체적 권리설'은 사회적 기본권의 법적 성격을 표현하는 용어로 더욱 부적합하다.

라. 사회적 기본권의 실현여부를 다툴 수 있는 주관적 권리의 법적 성격

헌법에서 '사회국가원리'를 하나의 추상적인 일반조항으로 규정한 것과 비교하면, '사회적 기본권'은 그의 구체화된 표현으로 인하여 일정 생활영역이나 사회문제에 관하여 국가의 의무를 비교적 구체적으로 규정하고 있기 때문에, 사회국가원리보다는 입법자를 보다 강하게 구속하는 구체적 의무를 부과하고 있다. 물론 이 경우에도 국가로부터 의무의 이행을 요구할 수 있는 개인의 주관적 권리가 당연히 나오는 것은 아니다. 공법상의 주관적 권리는 항상 객관적 규범에 근거한 국가의 법적 의무를 전제로 하여, 국가의 법적 의무를 규정하는 규범이 공적 이익뿐만 아니라 개인의 이익을 위하여 존재하는 경우에만 인정될 수 있다.

사회적 기본권의 경우 헌법규범이 입법자에게 사회적 기본권의 실현의무를 부과하고

16) Vgl. Badura, Das Prinzip der sozialen Grundrechte und seine Verwirklichung im Recht der Bundesrepublik Deutschland, Der Staat 1975, S.34; Lücke, Soziale Grundrechte als Staatszielbestimmung und Gesetzgebungsaufträge, AöR 107(1982), S.21ff.; Böckenförde, Die sozialen Grundrechte im Verfassungsgefüge, in: Böckenförde/Jekewitz/Ramm, Soziale Grundrechte, 1981, S.14.

있고, 사회적 기본권을 실현해야 할 객관적 의무의 목적은 국가의 급부로 개인의 실질적인 자유행사를 가능하게 함으로써 인간의 존엄성을 실현하는데 있으므로, 이러한 객관적 의무는 또한 개인의 이익을 위해서도 존재한다. 그러므로 이러한 객관적 의무에 대응하여, 국민이 국가로부터 사회적 기본권에 의하여 구체화된 의무의 이행을 요구하고 헌법재판을 통하여 의무이행을 다툴 수 있는 주관적 권리가 나올 수 있다.[17)]

그러나 이러한 주관적 권리는 국가로부터 특정 내용의 입법이나 특정 급부를 요구할 수 있는 적극적인 권리가 아니라, 사회적 기본권의 실현에 있어서 입법자에게 주어진 입법형성권을 사회적 기본권의 객관적 내용에 부합하게 사용할 것을 요구하고, 입법부작위로 인하여 사회적 기본권의 실현의무를 현저하게 위반한 경우에 입법을 요구할 수 있는 소극적인 권리이다. 마치 재량행위의 경우 행정청이 재량권을 수권규범의 목적에 합치되게 그리고 재량권의 법적 한계 내에서 사용하여야 할 의무에 대응하여 개인의 '하자 없는 재량행사청구권'이 존재하는 것과 마찬가지로, '구체적 권리설'의 '구체적 권리'란 '적극적인 급부청구권'이 아니라 단지 '하자 없는 입법재량행사청구권'에 불과하다.

마. '법적 권리설'로부터의 訣別

따라서 사회적 기본권의 법적 성격을 '구체적 권리'로 특징짓는 것은, 사회적 기본권이 경우에 따라 사회적 기본권의 실현여부를 다툴 수 있는 '재판규범'으로 작용할 수 있다는 예외적인 가능성만을 부각시킴으로써, 근본적으로 객관적 원칙인 사회적 기본권의 본질을 제대로 표현하지 못하고 있다. 결국 추상적 권리설과 구체적 권리설 모두, 원칙적으로 객관적인 측면을 국민의 관점인 주관적 공권으로 설명하려고 시도함으로써, 사회적 기본권의 본질을 포착할 수 없는 한계를 지니고 있는 것이다.

사회적 기본권을 '권리'로 파악하는 입장에서는 그 당연한 귀결로서 헌법 제37조 제2항의 '일반적 법률유보조항'이 또한 사회적 기본권에도 적용된다고 주장한다.[18)] 즉, 사회적 기본권이 국가안전보장・질서유지 또는 공공복리를 위하여 필요한 경우에 법률로써 제한될 수 있다는 것이다. 그런데 권리설은 여기서 다시금 사회적 기본권과 자유권의 근본적인 구조적 차이를 간과하고 있다. 사회적 기본권은 법률에 의하여 제한되는 것이 아니라 비로소 권리로서 형성되는 것이다. 쉽게 이해될 수 없는 위 주장은 바로 사회적 기본권을 국민의 주관적 관점에서 보는 논리의 필연적 결과이다. 아직 입법에

---

17) 이 경우, 국민은 헌법상 보장된 기본권이 침해되었음을 이유로 헌법재판소에 헌법소원을 제기할 수 있다. 그러나 이 경우 침해된 기본권은 엄밀한 의미에서 근로의 권리나 인간다운 생활을 할 권리와 같은 '사회적 기본권'이 아니라, 사회권보장의 이유이자 목적인 '인간의 존엄성'이다. 그러나 헌법재판소법 제68조 제1항의 "헌법상 보장된 기본권"을 형식적인 의미로 파악하여 사회적 기본권을 이에 포함시킨다면, 직접 사회적 기본권의 침해를 이유로 헌법소원을 제기할 수도 있다.

18) 예컨대 권영성, 헌법학 원론, 1995, 562면.

의하여 구체적 권리로 형성되지 않은 헌법상의 사회적 기본권이 어떻게 '국가안전보장이나 질서유지'를 이유로 법률로써 제한될 수 있는지 납득할 수 없다. 더욱이 '공공복리'란 사회국가원리의 구체적 표현인 사회적 기본권에 의하여 실현되는 것이기 때문에, 어떠한 형태로 사회적 기본권이 공공복리를 위하여 제한될 수 있는지 이해가 가지 않는다. 물론 이와 구분되어야 하는 것은, 일단 사회적 기본권이 사회입법을 통하여 '법률상의 주관적 권리'로 구체화된 경우 법률에 근거하여 국가로부터 특정 급부를 요구하는 구체적 권리가 국가의 재정상황 등의 변화로 인하여 다시 법률개정을 통하여 축소·폐지될 수 있다는 것이다. 그러나 '헌법상의 사회적 기본권'은 그 본질상 헌법 제37조 제2항의 일반적 법률유보조항에 의하여 제한될 수 없는 성질의 것이다.

사회적 기본권에 일반적 법률유보조항을 적용할 수 없는 또 다른 이유는, 일반적 법률유보조항은 헌법 제37조 제2항에서 함께 규정하고 있는 '본질적 내용의 침해금지조항'과 불가분의 관계에 있으며, 만일 사회적 기본권에 일반적 법률유보조항을 적용한다면 그로 인하여 '본질적 내용의 침해금지조항'도 더불어 함께 적용되기 때문이다. '본질적 내용'이란 先國家的, 자연권적 기본권 사상에 기초하여 필연적으로 이미 존재하는 것을 전제로 국가의 침해로부터 그 핵심적 내용을 보호하고자 하는 것이므로, 사회적 기본권과 같이 국가에 의하여 부여되고 입법에 의하여 비로소 구체적으로 형성되는 것에는 '본질적 내용의 침해 금지'가 적용될 여지가 없다.

위에서 서술한 모든 관점에서 보건대, 잘못된 접근방법이자 사회적 기본권의 본질을 왜곡하는 '법적 권리설'에 대하여 이제는 과감히 작별을 고해야 한다. 이미 '추상적 권리설'이 스스로 자인하듯이 법적 권리설은 권리가 아닌 것을 권리라고 명칭하고 있었으므로, '법적 권리설'로부터의 訣別은 큰 어려움을 요구하는 것은 아니라고 본다.

Ⅲ. 헌법소송을 통한 사회적 기본권 실현의 한계

입법부작위를 비롯하여 모든 공권력의 행사와 불행사에 대하여 헌법소원을 제기할 수 있는 길이 열려있는 현행 헌법재판제도에서, 사회적 기본권을 실현하는 입법이 존재하지 않거나 불충분한 경우에는 헌법소송을 통한 사회적 기본권 실현의 가능성이 존재한다. 따라서 입법자의 부작위로 인하여 사회적 기본권 실현의무의 불이행이 헌법소송의 대상이 된 경우, 헌법재판소가 사법적 심사를 통하여 어느 정도로 입법자의 의무 이행을 강제할 수 있는지의 문제가 제기된다. 사회적 기본권의 실현이 국민경제의 전반적 상황이나 국가의 급부능력·재정능력에 의존하고 있다는 의미에서 사회적 기본권 실현의 '현실적 한계'에 관하여는 이미 다른 학자에 의하여 여러 차례 언급된 바 있으므로, 여기서는 주로 사회적 기본권 실현의 '규범적 한계'에 관하여 살펴보기로 한다.

1. 사회적 기본권의 규범적 효력

가. 헌법규정의 규범적 효력에 따른 헌법재판소의 위헌심사 가능성

헌법재판소에 의한 위헌심사의 기준은 헌법규범이며, 헌법규범의 규범력, 즉 규범적 명확성이 약한 경우에는 그만큼 헌법재판소에 의한 헌법적 심사의 가능성이 제한되어 있다는 것은 지극히 당연한 사실이다. 다시 말하자면, 헌법재판소의 심사범위는 심사의 기준이 되는 헌법규범의 규범력의 정도, 즉 '규율의 밀도'에 달려 있다.

전술한 바와 같이, 지극히 추상적인 사회국가원리에 비하여 사회적 기본권은 비교적 구체적인 국가의 의무와 과제를 그 내용으로 하고 있다. 그러나 사회적 기본권에 의하여 구체화된 헌법적 내용에도 불구하고, 사회적 기본권에서 특정한 상태를 실현해야 할 국가의 구체적 의무를 도출하거나, 또는 이에 대응하여 의무의 이행을 요구할 수 있는 개인의 주관적 권리를 구성하기에는 사회적 기본권의 규율내용은 너무 추상적이다. 물론 자유권의 경우에도 자유권규정의 추상성 때문에 헌법재판소에 의한 해석을 필요로 한다. 나아가, 불확정한 법적 개념을 해석을 통하여 그의 의미내용을 밝히는 작업은 사법기관에게는 일상적인 것이다. 이러한 의미에서 사회적 기본권규정의 '추상성' 그 자체만으로는 헌법소송에서 심사기준으로서의 효용성을 부인하는 이유가 될 수 없다.

나. 헌법해석을 통한 자유권의 구체화 가능성

그러나 추상적이고 불확정한 법적 개념이라도, 해석의 대상이 되는 헌법규범이 국가권력의 한계를 설정하는 '자유권'인지 아니면 국가과제의 실현을 요구하는 '사회적 기본권'인지에 따라 헌법재판소에 의한 헌법규범의 구체화 및 위헌심사의 정도에 있어서 근본적인 차이가 있다. 자유권은 일차적으로 공권력의 행사에 대한 방어권으로서 자유권에 대하여 이미 발생한 구체적인 침해의 제거를 목적으로 하는 '過去聯關的'인 것이지만, 사회적 기본권은 장래에 있어서 적극적으로 사회를 형성하는 '未來指向的'인 것이다.

자유권의 경우, 각 그의 고유한 보호범위, 즉 일정 생활영역에서의 개인의 자유가 그 자체로서 존재하고 보호법익에 대한 국가의 부당한 침해를 배제하고 금지한다. 자유권에 있어서는 개인의 각 생활영역에서 국가권력의 '소극적 배제'에 관한 것이지 국가의무의 '적극적 실현'에 관한 것이 아니기 때문에, 국가권력에 의한 침해 가능성의 한계는 근본적으로 기본권적 자유보장의 대상에 의하여 밝혀질 수 있다. 물론 이 경우 헌법재판소가 법률의 위헌여부를 심사하는 과정에서 자유권의 해석을 필요로 하나, 자유권의 해석은 본질적으로 기본권적 자유보장의 내용과 한계에 관한 문제에 국한되므로, 자신의 정치적 형성과 헌법의 독자적인 구체화를 위하여 규범적 해석의 범위를 벗어날 위험이 없다.[19] 즉, 헌법재판소가 여기서 자유권의 해석과 구체화의 어려움에 부딪힌다 하더라도, 자유권을 통한 국가권력의 통제는 '국가행위의 限界에 관한 消極的 결정'인 것이다. 자유권의 경우, 헌법이 실현하고자 하는 상태와 실현방법이 비록 추상적인 표현이기는 하나 이미 헌법에 의하여 '보호법익에 대한 구체적인 침해의 제거를 통한 법익의 원상복구'라는 구체적인 형태로 규정되어 있다.

또한 보장대상의 추상성 아니면 역으로 규율의 밀도에 있어서도 자유권과 사회적 기본권을 동일선상에 놓을 수 없다. 고전적인 자유권은 그의 생성과정이나 역사적 전통에 있어서나 또는 오늘날 비교법적 측면으로 보나, 개별자유권마다 역사적으로 견고하게 형성되고 오늘날 범세계적으로 일반적으로 인정되는 핵심적 내용과 고유한 기능을 갖추고 있고, 이로써 헌법재판소가 위헌심사의 기준으로 적용하기 위하여 필요한 사법적 논증의 도구를 제공한다. 물론 자유권의 경우에도 그의 보호범위가 시대의 흐름에 따라 변화하나, 이러한 변화는 항시 이미 견고하게 형성된 보호범위의 범주와 연관되어, 이로부터 새로운 보호범위를 도출하는 방식으로 이루어진다.

다. 헌법해석을 통한 사회적 기본권의 구체화의 한계

이에 반하여, 사회적 기본권의 경우에는 역사적 생성과정이나 비교법적 관점에서 보더라도 헌법재판소가 재판규범으로 적용할 만큼 법학적 논증을 위한 충분한 기준이 형성되어 있지 않다. 또한, 사회적 기본권의 실현에 관한 일반적인 정치적 합의, 예컨대 어떠한 국민경제의 수준에서 어느 정도의 사회보장이나 사회급부가 요구되는지 등에 관한 일반적인 합의도 구체적으로 이루어진 바 없다.

사회적 기본권과 같이 헌법의 객관적 내용을 실현하는 경우에는 헌법이 단지 일정한 국가과제만을 부과하고 있을 뿐, 헌법이 실현하려고 하는 상태 및 그 실현방법과 실현시기에 관하여 구체적인 것을 제시하고 있지 않다. 합헌적 상태를 회복하는 유일한 수단으로서 '개인의 자유에 대한 부당한 침해의 조속한 제거'를 요구하는 자유권의 絶對的 성격과 비교할 때, 사회적 기본권이 요구하는 합헌적인 상태가 다양한 방법으로 실현될 수 있다는 점에서 사회적 기본권은 지극히 相對的 성격의 것이다. 사회적 기본권의 경우, 구체적인 보호범위에 대한 국가적 침해의 '消極的 排除'가 아니라 헌법의 객관적 내용의 '積極的 實現'에 관한 문제이기 때문에, 이러한 경우 헌법재판소의 무리한 해석에 의한 사회적 기본권의 구체화는 규범적 해석의 허용된 범위를 벗어나는 '주관적인 헌법해석'과 '독자적인 정치적 형성'의 위험을 안고 있다. 헌법 차원에서의 사회적 기본권은

19) Vgl. Böckenförde, Die sozialen Grundrechte im Verfassungsgefüge, in: Böckenförde/Jekewitz/Ramm, Soziale Grundrechte, 1981, S.11; J. P. Müller, Soziale Grundrechte in der Verfassung?, 1981, S.184f.; Murswiek, Grundrechte als Teilhaberechte, soziale Grundrechte, in: Isensee/Kirchhof, Handbuch des Staatsrechts, Bd.V, 1992, §112 Rn.51.

입법자의 활동에 의하여 비로소 구체적 내용을 가지게 되므로, 헌법재판소의 무리한 해석에 의한 사회적 기본권의 구체화는 필연적으로, 헌법재판소가 사회형성의 일차적 주체인 입법자를 대신하여 사회적 기본권을 독자적으로 실현한다는 것을 의미하게 된다.

그러므로 사회적 기본권이 헌법재판소에게 위헌심사를 위한 규범적 심사기준을 제공하기 위해서는, 헌법이 스스로 개별규정을 통하여 헌법적 입법의무의 내용과 범위를 구체적으로 규정하고 있어야 한다.[20] 그러나 헌법규정이 스스로 그의 규율내용을 법적으로 파악하고 확정할 수 있는 충분한 기준을 제시하지 못한다면, 규율내용에 대한 결정은 입법자에게 맡겨진 과제이고, 이는 결국 정치적 결정을 의미한다. 일반적으로 사회적 기본권 규정이 헌법적으로 어떠한 상태가 언제 어떻게 실현되어야 하는지에 관하여 구체적으로 표현하고 있지 않으므로, 사회적 기본권은 위헌심사의 규범적 기준으로서 단지 제한적으로 작용할 수밖에 없다.

라. 司法的 결정과정으로서 법익교량의 한계

헌법의 구체화는 규율대상의 본질과 구조에 관한 파악을 전제로 한다. 일반적으로 헌법재판소의 결정이 법원의 전형적인 법적용의 방법인 '포섭(Subsumtion)과 법익교량(Güterabwägung)'[21]으로 쉽게 파악할 수 없는 사실관계와 평가에 달려 있을수록, 헌법재판소에 의한 구체화의 범위는 더욱 축소될 수밖에 없다.

헌법재판소의 결정과정을 의미하는 '법익교량과정'은 자유권의 경우에는 '국가의 간섭을 배제하는 자유권의 요청'과 '개인의 자유를 제한하는 공익상의 이유'를 인식하여, 양자를 조화시키고 우위를 부여하는 비교적 단순하고 투명한 *一次元的*인 과정이며, 이러한 법익교량의 과정은 모든 법관에게 친숙한 사법적 결정과정이다. 그러나 이에 대하여 사회적 기본권은 국가의 형성, 계획 및 조정행위의 범주 내에서 실현되는 것이기 때문에, 이에 필요한 법익교량과정은 서로 경쟁하는 사익과 공익의 일차원적 비교를 넘어서, 다른 국가 과제와 의무를 함께 고려하여야 하는 *多層的·多次元的*인 것이며, 이는 곧 사회적 기본권에 대한 사법적 접근이 한계에 부딪힌다는 것을 의미한다.[22]

---

20) 일반적으로 입법부작위는, 입법의무의 위반을 확인할 수 있을 정도로 헌법 스스로가 입법의무의 내용과 범위를 구체화하고 있는 경우에 인정될 수 있다. 이러한 입법의무가 인정되는 것은, 헌법이 개별규정에 의하여 입법의무의 내용과 범위를 본질적으로 규정하는 소위 입법위임이 존재하거나, 명백한 헌법위임이 없는 경우라도 객관적 헌법질서의 기본결정으로부터 헌법해석을 통하여 입법자의 구체화된 행위의무나 보호의무를 도출할 수 있는 경우이다, 헌재 1989. 3. 17 88헌마1, 판례집 1, 17, 또한 vgl. Stern, Staatsrecht, Bd.II, S.1283ff.; Zuck, Das Recht der Verfassungsbeschwerde, 1988, Rn.491ff.; BVerfGE 56, 70f.

21) Vgl. Alexy, Ermessensfehler, JZ 1986, S.710; v. Arnim, Staatslehre der BRD, 1984, S.211ff.

22) 법익교량과정에서의 자유권과 사회권의 차이에 관하여 vgl. Gusy, Parlamentsrischer Gesetzgeber und Bundesverfassungsgericht, 1985, S.146, 156.

2. 입법자와 헌법재판소의 권한배분 및 기능의 관계

가. 권한배분의 문제로서 사회적 기본권의 해석과 구체화

자유권이든 사회적 기본권이든 기본권 해석의 문제는 곧 입법자와 헌법재판소 사이의 권한배분의 문제로 귀결된다.[23] 헌법의 실현은 헌법재판소만의 과제가 아니고, 입법·사법·행정의 모든 국가기관이 헌법에 의하여 부여된 고유기능을 행사함으로써 동시에 헌법을 구체화하고 실현하고 있다.

사회적 기본권은 헌법적 보장내용을 실현해야 할 헌법위임의 성격을 가짐으로써, 입법자로부터 입법활동을 통한 사회적 기본권의 실현을 요구한다. 헌법재판소도 국가기관으로서 사회적 기본권의 구속을 받음으로써 헌법재판을 통하여 사회적 기본권의 규범력을 확보하고 실현해야 할 의무를 진다. 이로써 입법자와 헌법재판소는 각 입법과 헌법재판을 통한 사회적 기본권의 실현에 있어서 서로 경쟁관계에 있게 되고, 입법자는 여기서 '우선적 형성권'을 가지는 반면, 헌법재판소는 '최종적 결정권'을 가지게 된다.[24]

헌법재판소가 그의 결정을 통하여 최종적으로 헌법의 내용을 확정하기 때문에, 헌법재판소에 의한 포괄적이고 빈틈없는 헌법의 구체화는 필연적으로 민주주의원리 및 권력분립원리와의 충돌을 의미한다. 다른 국가기관도 각자에게 귀속된 헌법상의 기능을 행사함으로써 동시에 헌법을 실현하기 때문에, 헌법재판소가 다른 국가기관에 의한 헌법의 구체화를 일정 범위 내에서 존중하여야만 각 기능의 독자성이 유지될 수 있다. 그러므로 민주주의원리와 권력분립원리는 헌법재판소에 의한 헌법실현의 한계를 요구한다.

헌법규범의 개방성과 추상성은 헌법재판소에게는 헌법재판을 통한 헌법 구체화의 위임이자, 다른 한편으로는 동시에 민주적, 권력분립적 기능질서에서 입법자의 기능을 고려할 것을 요청함으로써 무제한적으로 헌법을 구체화하는 것에 대한 금지를 의미한다.[25] 이러한 의미에서 헌법재판소에 의한 심사의 한계 문제는 헌법규범의 규범력에서 나오는 '헌법 자체의 한계'에 관한 문제일 뿐만 아니라, 나아가 '헌법을 구체화하는 권한의 분배'에 관한 문제이다.[26] 헌법재판소와 입법자 사이에서 헌법을 구체화하는 권한의 경계는, 아래에서 살펴보는 바와 같이, 무엇보다도 권력분립원리와 민주주의원리의

---

23) Vgl. Böckenförde, Grundrechte als Grundsatznorm, zur gegenwärtigen Lage der Grundrechtsdogmatik, Der Staat 1990, S.31; ders. Verfassungsinterpretation, NJW 1976, S.2069f.; Wahl, Der Vorrang der Verfassung, Der Staat 1981, S.505.

24) Vgl. v. Arnim, Staatslehre der BRD, 1984, S.382; Böckenförde, Grundrechte als Grundsatznorm, zur gegenwärtigen Lage der Grundrechtsdogmatik, Der Staat 1990, S.25; Bryde, Verfassungsentwicklung, 1982, S.302.

25) Vgl. Gusy, parlamentarischer Gesetzgeber und Bundesverfassungsgericht, S.139ff.; Wahl, Der Vorrang der Verfassung, Der Staat 1981, S.504f.

26) Vgl. Bryde, Verfassungsentwicklung, 1982, S.308.

관점에 의하여 설정된다.

나. 사회적 기본권의 실현에 있어서 권력분립원리의 요청

헌법상 권력분립원리는 국가권력 간의 견제와 균형이라는 '자유보장적 측면' 외에 국가의 기능을 상이한 기능주체에게 귀속시킴으로써 각 국가기관에게 독자적인 활동 및 결정영역을 분배한다는 '기능적 측면'을 아울러 가지고 있다. 이에 따라 헌법재판소와 입법자는 헌법적으로 부여된 기능에 있어서 서로 상이하다.

입법자는 헌법의 한계 내에서 정치적 결정을 통하여 공동체를 형성함에 있어서 중심적 역할을 한다. 이에 대하여 헌법재판소는 헌법에서 입법형성권의 한계를 도출해 냄으로써, 입법자의 정치적 형성의 헌법적 한계를 제시한다. 헌법재판소는 그 구조와 기능에 있어서 본질적으로 사법기능을 행사하고, 헌법재판의 司法的 機能으로부터 헌법재판의 성격과 한계가 규정된다.[27] 입법자는 입법활동을 통하여 헌법을 구체화하고 실현함에 있어서 포괄적·주도적·형성적으로 기능하나, 헌법재판소는 그의 사법적 성격에 내재된 활동 여지의 한계 때문에, 헌법재판의 형태로 단지 매 경우 특정된 심판대상과 관련하여 국부적·사후적·반동적·통제적 역할을 하게 된다.[28]

헌법재판소는 사회적 기본권을 실현하기 위하여 사회의 형성에 있어서 적극적·주도적 역할을 하기에는 기능적으로 부적합하다.[29] 예컨대 고용문제, 주거문제, 교육문제, 사회보장문제 등을 합리적으로 계획하고 조정하기 위하여 필요한 판단자료와 기구가 헌법재판소에게는 절대적으로 결여되어 있다. 사회국가에서의 급부는 오로지 계획된 급부로서만 가능하며, 여러 다양한 급부에 대한 요구가 서로 충돌하는 경우. 이러한 충돌은 국가의 계획절차를 통하여 조정되고 중재되어야 한다. 이는 다원적 민주주의사회에서 여러 상이한 사회적 요청과 이익을 인식하여 이익을 조정을 하고, 그들 중에서 우선순위를 결정하기에는 헌법재판소가 기능적으로 부적합하다는 것을 의미한다.[30]

다. 권력분립원리의 관점에서 행위규범과 통제규범의 구분

나아가, 헌법소송에 의한 사회적 기본권실현의 한계는 '누가 사회적 기본권 실현의 주체가 되는지'에 따른 사회적 기본권의 상이한 기능에 기인한다. 헌법재판소와 입법자 모두 헌법에 기속되나, 헌법에의 기속의 성질은 서로 다르다. 헌법규범은 입법자나 집

27) Vgl. Schlaich, Das Bundesverfassungsgericht, 1994, Rn.474ff.
28) Vgl. Bryde, Verfassungsentwicklung, 1982, S.337.
29) 입법자와 헌법재판소의 상이한 기능의 비교에 관하여 자세하게 vgl. Gusy, Parlamentarischer Gesetzgeber und Bundesverfassungsgericht, 1985, S.88ff.(3. Teil); Bryde, Verfassungsentwicklung, 1982, S.325ff.
30) Vgl. Müller, Soziale Grundrechte in der schweizerischen Rechtsordnung in der europäischen Sozialcharta und den UNO-Menschenrechtspakten, in: Böckenförde/Jekewitz/Ramm, Soziale Grundrechte, S.62f.

행부와 같이 적극적으로 형성적 활동을 하는 국가기관에게는 행위의 지침이자 한계로서 '行爲規範'을 의미하나, 사법기관인 헌법재판소에게는 다른 국가기관 행위의 위헌여부를 심사하는 기준으로서 '統制規範'을 의미한다.[31)]

예컨대, '인간다운 생활을 할 권리'를 보장하기 위하여 사회보장제도의 도입과 확대가 요구되는데, 한국의 경제력이 크게 신장한 오늘날 국가가 제공하는 급부의 내용이 사회적 기본권을 실질적으로 보장할 수 있는 정도에 미치는지의 문제의 판단에 있어서,[32)] '행위규범'으로서 사회적 기본권은 입법자에게 국민소득이나 전반적인 국가의 급부능력, 사회적 기본권과 경쟁하는 다른 국가적 과제와의 관계 등을 종합적으로 고려하여 실질적으로 보장할 수 있는 것을 보장해야 할 의무를 부과하고 있다. 그러나 헌법재판소의 심사기준이 되는 '통제규범'으로서 사회적 기본권은, 국가가 사회적 기본권의 객관적인 내용을 실현하기 위하여 필요한 적어도 최소한의 조치를 취할 의무만을 뜻하게 된다.

그러므로 행위규범과 통제규범으로서의 헌법규범의 상이한 기능은 구분되어야 하며, 헌법재판소가 그의 심사를 단지 입법자의 정치적 형성권이 헌법적 한계 내에 머물고 있는지 여부의 판단에 국한시켜야만, 입법자의 형성의 자유, 궁극적으로 헌법의 민주국가적·권력분립적 기능질서가 보장될 수 있다.[33)] 만일 헌법규범에 있어서 행위규범과 통제규범의 구분이 폐지되어 '입법자의 헌법에의 구속'과 '헌법재판소의 심사기준'이 일치한다면, 입법자의 헌법에의 구속은 결과적으로 '헌법재판소의 판단 및 관점에의 구속'으로 변형된다. 이는 공동체의 모든 것이 헌법재판소의 결정에 따라 형성되는 국가, 즉 헌법재판소가 정치적 형성의 최종적 주체가 되는 司法國家 또는 재판국가의 도입을 의미하는 것이며, 이와 더불어 우리 헌법이 설정한 권력분립적 질서의 폐지를 의미한다.

라. 사회적 기본권의 실현에 있어서 민주주의원리의 요청

위에서 살펴본 바와 같이, 권력분립원리는 적극적인 사회형성을 통한 사회적 기본권

---

31) Vgl. Hesse, Funktionelle Grenzen der Verfassungsgerichtsbarkeit, in: Festschrift für Huber, 1981, S.269; Bryde, Verfassungsentwicklung, 1982, S.307; Schlaich, Das Bundesverfassungsgericht, 1994, Rn.480, 헌법의 기속에 있어서의 행위규범과 통제규범의 구분과 헌법재판소의 기능적 한계와의 연관관계를 대표적으로 보여주는 것이 바로 평등원칙이다. 평등원칙은 입법자에게는 '행위규범'으로서 객관적으로 같은 것은 같게 다른 것은 다르게 규범의 대상을 실질적으로 평등하게 규율할 것을 요구하고 있다. 그러나 헌법재판의 심사기준이 되는 '통제규범'으로서의 평등원칙은 헌법재판소에게는 단지 자의의 금지만을 의미하게 된다. 헌법재판소는 자의금지원칙의 관점에서, 입법자의 결정에서 차별을 정당화할 수 있는 아무런 합리적인 이유를 찾아 볼 수 없는 경우에만 평등원칙의 위반을 확인하게 된다. 입법자에 대한 실질적 평등의 실현의무는 헌법재판소에 대하여는 단지 자의금지원칙으로 축소된다.

32) 이러한 문제의 제기에 관하여 성낙인, 기본권체계상 생존권적 기본권의 헌법적 가치, 고시연구 95/10, 24면 이하.

33) Vgl. Bryde, Verfassungsentwicklung, 1982, S.306f.; Hesse, Grundzüge des Verfassungsrechts der BRD, 1993, Rn.569.

의 구체화에 있어서 입법자에 대한 헌법재판소의 구조적·기능적 열세를 인식시킴으로써 헌법재판소에 의한 헌법의 구체화에 한계를 제시하고 있다. 반면에, 민주주의원리는 의회에서의 정치적 논의과정이 민주국가의 근본적인 의사결정방법이며, 무엇이 공익이고 사회가 어떠한 방향으로 형성되어야 하는지의 문제는 원칙적으로 '의회에서의 논의과정'을 통하여 결정되어야 하는 것이지, 지나치게 헌법재판소에 의한 '헌법해석'으로 대체되어서는 안 된다는 관점에서, 헌법재판소에 의한 포괄적인 헌법의 실현에 대하여 한계를 제시하고 있다.

어떠한 범위의 급부가 헌법의 이념이나 국가의 재정능력에 비추어 요청되는지에 관하여 견해의 차이가 있다면, 이에 대한 결정의 적합한 형태는 민주적 의사형성과정에서의 정치적 논의를 통한 다수의 결정이다. 민주국가에서의 정치적 의사는 다원적·논쟁적 과정을 통하여 형성되고, 정치적 논쟁을 거쳐서 다수의 결정으로 매 사안마다 공익을 발견하고 정의하게 된다. 따라서 이러한 사회현실에 대한 정치적 판단은 국민으로부터 직접적인 민주적 정당성을 부여 받고 자신의 결정에 대하여 정치적 책임을 지는 '국민의 대표자로 구성된 합의체'인 '의회'에서 공개토론과 이익조정을 통하여 내려져야 할 사안이지, 헌법재판소의 사법적 심사과정에 맡겨질 사안이 아닌 것이다.

입법자가 개방적인 정치적 논의를 바탕으로 의사를 결정하는 반면, 헌법재판소는 司法의 본질인 독립성과 객관성을 확보하기 위해서라도 오히려 정치적 과정으로부터 분리되어 있다. 헌법재판소의 결정은 민주적인 합의체 내에서의 이익조정과 공개적 논의를 통한 것이 아니라, 헌법의 해석과 적용을 통하여 헌법적으로 타당한 결정을 추출하는 사법적 심사과정의 결과이다. 자유영역을 침범한 입법자에게 그의 헌법적 한계를 제시하는 자유권적 방어권의 경우와는 달리, 사회적 기본권과 같은 개방적인 국가목표 또는 과제조항의 실현에 있어서 헌법재판소가 헌법규범의 내용을 최종적으로 확정하는 권한을 적극적으로 행사한다면, 의회에서의 정치적 형성과정이 헌법재판소의 헌법해석으로 대체될 위험성은 매우 크다.

또한, 헌법재판소가 헌법해석을 통하여 헌법소송으로 관철될 수 있는 사회적 기본권의 내용을 광범위하게 인정한다는 것은, 사회적 기본권의 실현과 직결되는 '재정 확보'의 문제로 인하여 곧 입법자의 예산정책이 그 본질적인 부분에 있어서 헌법적으로 선결된다는 것을 의미한다.[34)] 헌법재판소가 헌법해석을 통하여 사회적 기본권으로부터 광범위하게 입법자의 헌법적 입법의무를 도출하고, 헌법재판의 형태로 이러한 헌법위임의 실현 여부를 포괄적으로 통제한다면, 입법자의 예산결정권은 실질적으로 폐지되어 헌법재판소의 수중에 들어가는 결과를 초래하게 된다. 이로써 입법자는 적극적인 사회형성

34) Vgl. Alexy, Theorie der Grundrechte, 1986, S.462.

을 통하여 '헌법을 실현하는 주체'가 아니라 단지 헌법재판소의 결정에 따라 헌법을 집행하는 '헌법의 집행자'로 전락하게 된다.

마. 헌법재판소에 의한 사회적 기본권의 적극적인 구체화의 위험성

나아가, 헌법재판소가 그의 결정을 통하여 사회적 기본권을 '구체적인 주관적 권리'로 강화하는 것의 위험성을 지적하여야 한다. 어떠한 범위의 급부가 현실적으로 가능한지의 판단에 있어서 헌법재판소는 현재의 국민경제의 상태와 국가재정능력을 기준으로 삼게 되며, 다른 중요한 국가과제의 출현가능성과 예측할 수 없는 경기변동의 가능성에 비추어 결국 지극히 '한시적인 것'을 헌법의 내용으로 확정하게 된다.[35)]

그러나 헌법재판소에 의한 자유권의 보장이 현상유지적·정적인 것이라면, 사회국가의 실현은 헌법재판소가 그의 결정으로 포착할 수 없는 미래지향적·동적인 것이며, 시간의 흐름과 사회현상의 발전에 따라 수정과 변화에 개방되어 있는 과정인 것이다. 헌법재판소가 그의 결정을 통하여 만일 현재의 시점에서 현실적으로 실현가능한 법적 상태를 헌법의 내용으로 확정한다면, 사회현상의 변화에 따라 매번 헌법 내용의 수정이 불가피하기 때문에, 헌법재판, 나아가 궁극적으로 헌법 자체가 사회현상의 변화라는 동적인 흐름에 휩쓸리게 되어, 헌법재판소결정과 헌법의 내용에 대하여 요구되는 기본적인 안정성과 항구성을 상실하게 된다.

물론, 입법자가 이제껏 제 기능을 다하지 못하였다는 인상이 짙고, 그 대신 상대적으로 국민의 기대가 헌법재판소로 향하는 시기에는, 입법활동에 대하여 헌법재판소의 심사를 강화해야 한다는 요청이 현실적으로 당장 정당성을 가질 수는 있다. 그러나 사회정치적 현실 판단의 주체를 입법자에서 헌법재판소로 대체하는 것은 立法國家에서 司法國家(재판국가)로의 길을 닦는 것이며, 긴 안목으로 보면 이제껏 상처 입은 민주주의에 또 다른 치명타를 가하는 것이다. 헌법재판소도 국민의 현실적 요청에 부응하여 입법자에게 응징적·경고적·정치적 결정을 할 수도 있으나, 이러한 정치적 결정의 누적은 얼마 지나지 않아, 정치적 책임을 전혀 지지 않는 헌법기관의 공수표 남발이고 헌법재판소결정이 자의적이라는 비난을 면하기 어려울 것이며, 결과적으로 헌법재판소 존립의 유일하고도 궁극적인 보루인 국민의 신뢰와 헌법재판소의 권위를 상실하게 될 것이다.

따라서 우리가 민주주의를 포기하지 않는 한, 사회현실에 대한 판단의 주체는 국민의 대표자로 구성된 의회이지, 9인의 법조인으로 구성된 헌법재판소가 아니라는 것을 다시 한 번 확인하여야 한다. 입법자의 활동이 결함을 보인다면, 그 해결책은 정치적 의사형성과정의 보완이나 의회개혁에서 찾아야지, 헌법적으로 입법자에게 귀속된 임무를 헌법재판소에게 위임하는 것에서 찾을 수는 없는 것이다. 사회국가 실현의 주체이자

---

35) Vgl. Müller, Soziale Grundrechte in der Verfassung?, 1981, S.195.

원동력은 입법자이며, 사회국가를 실현하고자 하는 입법자의 의지와 국민의 사회적 관심이 결여된 곳에서는, 헌법재판소의 간헐적인 결정으로도 사회국가의 실현은 강제될 수 없다는 것을 명심하여야 한다. 사회적 기본권의 궁극적 실현은 무엇보다도 사회정책을 담당하는 입법자의 의지에 달려 있는 것이지, 헌법재판소에 의한 사회적 기본권의 무리한 확대 해석이나 司法的 法創造를 통하여 이루어지는 것이 아니다.

3. 사회적 기본권실현 여부에 대한 헌법재판소의 판단기준으로서 '최소한 보장의 원칙'

사회적 기본권의 실현주체가 누구인지에 따른 '행위규범'과 '통제규범'으로서의 사회적 기본권의 상이한 기능은 구분되어야 하고, 이러한 구분으로부터 국가의 사회적 기본권실현 여부에 대한 헌법재판소의 판단기준이 나온다. 사회적 기본권이든 자유권이든 국가가 기본권의 객관적 내용을 실현하는 영역에 있어서는,[36] 즉 국가가 기본권의 잠재적 침해자로 등장하는 것이 아니라 기본권의 객관적 내용을 실현하기 위하여 기본권에 우호적으로 활동하는 경우에는 국가행위에 대한 헌법재판소의 심사척도로서 '최소한 보장의 원칙'이 적용된다. '최소한 보장의 원칙'에 의하면, 입법자는 국가재정과 다른 국가과제가 허용하는 범위 내에서 가능하면 최대한으로 사회적 기본권을 실현하려고 노력해야 하지만(행위규범으로서 사회적 기본권), 헌법재판소는 사법적 심사에 있어서 단지 국가가 적어도 사회적 기본권의 실현을 위하여 적절하고 효율적인 최소한의 조치를 취하여야 할 기본의무를 이행하였는지 여부만을 판단하게 된다(통제규범으로서 사회적 기본권). 원칙적으로 광범위한 입법자의 형성의 자유에 비추어 헌법재판소는 '최소한 보장의 원칙'을 기준으로 단지 제한적으로만 심사할 수 있다.

입법자는 사회적 기본권을 실현함에 있어서 서로 상충하고 경쟁하는 여러 다른 법익

36) ① 자유권을 국가권력에 대한 소극적인 방어권뿐만 아니라 객관적 규범이나 가치질서로 파악한다면, 객관적 질서로서의 자유권은 헌법상의 기본원칙인 민주국가, 법치국가, 사회국가원칙등과 마찬가지로 그 내용의 실현을 요구하게 된다. 가치질서로서의 자유권은 입법·행정·사법의 모든 국가행위의 방향을 제시하는 지침규정으로 작용함으로써, 자유권의 내용을 실현하여야 할 국가의 의무 또는 과제조항을 의미하게 된다. ② 생명권이나 신체불가침권의 영역에서는 국가의 자유권 실현의무의 일종으로, 기본권을 사인의 침해로 부터 보호하여야 할 국가의 '기본권 보호의무'가 나오게 된다. 생명권이나 신체불가침권은 일차적으로 그의 고전적 내용인 개인의 소극적인 방어권으로서 국가공권력의 부당한 침해를 금지하는 금지규범이고, 다른 한편으로는 객관적 질서로서 국가에게 제3자(사인)의 위법적인 침해로부터 개인의 생명과 신체를 보호하고 유지하여야 할 의무를 부과하고, 이에 상응하는 조치를 취할 것을 국가에게 명령하는 명령규범이다. 이러한 보호의무는 입법자에게는, 사인으로부터의 자유권침해의 위험을 방지할 수 있는 전반적인 법적 상태를 마련하고 유지할 의무를 의미한다. ③ 국가의 기본권 보호의무는 신체의 안전이나 생명권과 같은 인신에 관한 기본권에만 국한되는 것은 아니고, 물론 이러한 영역이 가장 주된 영역임을 부인할 수는 없으나, 원칙적으로 모든 자유권에 내재하는 일반원칙이다. ④ 자유권의 객관적 내용, 즉 여기서 보호의무는 입법자의 입법활동을 통하여 비로소 구체화되고 실현된다. 보호의무의 이행에 있어서 입법자에게는 권력분립원칙과 민주국가원칙의 관점에서 광범위한 평가재량과 형성의 자유가 인정되므로, 객관적 내용의 최소한을 실현해야 한다는 입법자의 헌법적 의무, 곧 '최소한보장의 원칙' 또는 '과소보호금지의 원칙'이 파생된다. 보호의무에 관하여 대표적으로 vgl. E. Klein, Grundrechtliche Schutzpflicht des Staates, NJW 1989, S.1633ff.; Isensee, Das Grundrecht als Abwehrrecht und als staatliche Schutzpflicht, in: Isensee/Kirchhof, HbStR, Bd.V, 1992, S.143ff.

을 고려하여 결정할 수 있는 광범위한 평가재량과 형성의 자유를 가진다. 국가가 사회적 기본권을 어떻게 실현할 것인지의 문제(사회적 기본권실현의 정도와 수단 및 시기의 문제)는 권력분립원리와 민주주의원칙에 근거하여 원칙적으로 입법자의 관할범위에 속한다. 사회적 기본권의 객관적 내용에서 특정조치를 취하여야 할 의무나 특정법률을 제정하여야 할 구체적인 입법자의 의무를 원칙적으로 이끌어 낼 수 없다. 지극히 예외적인 경우, 즉 국가가 특정 조치를 취하여야만 사회적 기본권이 최소한도로 실현될 수 있는 경우에만, 입법자의 광범위한 형성권은 구체적인 입법의무로 축소된다.

결국, 국가가 입법부작위나 입법의 불완전·불충분으로 인하여 사회적 기본권을 실현해야 할 의무를 '명백히 위반'한 경우에만, 이러한 구체적인 입법의무로의 축소는 인정될 수 있다. 즉, 국가가 사회적 기본권을 실현하기 위한 아무런 조치를 취하지 않았던지, 아니면 취한 조치가 사회적 기본권의 객관적 내용을 실현하기에 명백하게 부적합하거나 불충분할 때에만 헌법재판소는 국가의 의무이행의 위반을 확인할 수 있을 뿐이다.[37] 만일 헌법재판소가 입법자의 형성권을 심사함에 있어서 '헌법적 한계의 명백한 일탈'에 관한 심사에만 국한하지 않는다면, 사회현실에 대한 '헌법재판소의 판단'과 일치하지 않는 '입법자의 판단'을 실질적으로 부정하는 결과를 가져오며, 이는 헌법적 심사기준의 결여로 말미암아 자의적일 수밖에 없다. 사회적 기본권 실현의무의 위반이 그 명백성의 결여로 인하여 대부분의 경우 부정되기 때문에, 사회적 기본권에서 나오는 '주관적 권리'는 단지 사회적 기본권의 실현여부를 다툴 수 있는 헌법소원의 가능성만을 열어놓을 뿐, 헌법재판을 통하여 국가의 의무이행을 강제하는 효과는 거의 없다고 보아야 한다.[38]

---

37) ① 이러한 척도는 국가의 보호의무 위반에 대한 독일 연방헌법재판소의 심사기준으로 제시되고 있다, vgl. BVerfGE 56, 81; 77, 215; 78, 202, 자유권에서 파생하는 '보호의무'의 경우와 마찬가지로 '사회적 기본권'의 경우에도 헌법의 객관적 내용의 실현에 관한 것이기 때문에, 헌법재판소의 심사는 입법자가 그의 실현의무를 이행하였는지, 결국 입법부작위로 인한 국가의무의 불이행 여부에 관한 심사로 귀결된다. 위의 척도는 국가가 헌법의 내용을 실현하는 영역에서 일반적으로 적용될 수 있는 것이며, 따라서 사회적 기본권의 실현여부를 판단하는 심사기준으로도 연방헌법재판소가 '보호의무'의 범주에서 확립한 '명백성 이론'이 적용된다. ② 물론 사회적 기본권을 실현할 국가의무 위반에 있어서는 자유권의 객관적 측면에서 파생하는 국가의 기본권 보호의무의 경우보다도 한층 엄격한 명백성을 요구한다. 게다가 연방헌법재판소가 지금까지 단 한번 추상적 규범통제인 '낙태결정'에서 국가의 보호의무 위반을 확인했을 뿐, 입법부작위에 대한 헌법소원에서는 모두 보호의무의 위반주장이 명백하게 이유 없음을 이유로 사전심사절차에서 헌법소원의 수리를 거부하거나 아니면 본안심사에서 위반의 명백성을 부인한 것을 감안한다면, 사회적 기본권의 소위 '구체적 권리'가 헌법소원을 제기할 수 있는 가능성만을 열어둘 뿐, 의무이행을 강제할 수 있는 효과는 거의 없다고 판단된다.

38) 사회적 기본권을 입법자가 전혀 실현하지 않은 경우에는 실현의무의 위반을 확인하는데 아무런 문제가 없으나, 청구인이 입법자의 불충분한 의무이행을 주장하는 경우에는 '명백한 위반'이란 헌법재판소의 심사기준에도 불구하고 구체적인 기준의 결여로 말미암아 사회적 기본권을 실현하기 위한 입법조치가 명백히 불충분한지 여부를 판단하는데 있어서 어려움이 있다. 생활보호법상으로 지급되는 사회적 급부가 최저생계나 인간다운 생활을 보장하기에 명백하게 불충분한지를 판단함에 있어서, 입법자가 다른 법률조항에서(예컨대, 소득세법상의 공제액) 입법을 통하여 최저생계에 관한 표현을 함으로써 스스로 기준을 세우고 이로써 자신을 구속한다면, 납세자의 최저생계를 소득세법상으로 고려하는 공제액과 생활능력 없는 국민의 최저생계를 보장하려는 생활보호법상의 급부가 현저하게 달라서는 아니 된다는 요구를 할 수 있다고 생각된다. 따라서 최저생계란 동일한 규율대상에 대한 입법자의 결정이 합리적인 차별을 넘는 현저한 차이를 보인다면, 여기에 '명백한

4. 사회적 기본권과 사회국가실현을 위한 다른 국가목표 · 과제의 관계

가. 국가과제이행에 있어서 최우선적 배려의 요청으로서 사회적 기본권?

국가의 사회적 기본권 실현의무의 이행에 대한 헌법재판소의 사법적 심사의 또 다른 한계는, 사회적 기본권과 사회국가의 실현을 위한 다른 국가목표 · 과제의 관계로부터 나온다. 적어도 사회적 기본권이 국가에게 어느 정도 이행을 강제할 수 있는 헌법적 과제를 부과하기 위해서는, 국가의 다른 과제보다도 사회적 기본권에 표현된 과제를 우선적으로 실현하여야 한다는 '국가과제 간의 우열관계'가 전제가 되어야 한다.

그러나 사회적 기본권에 의하여 지지되고 강조된 국가의 과제와 사회적 기본권에 의하여 특별히 배려되지 못한 국가의 과제 또는 헌법의 다른 장소에 규정된 국가의 과제(예컨대, 경제조항 등) 사이에 그 실현에 있어서 입법자가 준수해야 하는 일정한 순위관계가 없다.[39] 즉 사회적 기본권에 표현된 국가의 과제가 그렇지 못한 국가의 과제에 대하여 입법과정이나 정책결정과정 · 예산책정과정에서 우선적 이행을 요구할 수 없다.

국가과제 사이에 헌법이 정한 우열관계가 없다는 법적 확인은 사회적 기본권들 사이에서도 마찬가지로 유효하다. 모든 사회적 기본권을 균등하게 실현해야 하는지 아니면 어떤 사회적 기본권을 우선적으로 실현하여야 하는지에 관하여 헌법은 아무것도 제시하지 않는다. 또한 '근로의 권리와 환경권의 관계'에서 볼 수 있듯이, 사회적 기본권은 상호경쟁관계에 있으며, 적지 않은 경우 하나의 사회적 기본권은 또 다른 사회적 기본권의 희생 하에서, 아니면 적어도 실현의 유보 하에서 실현될 수 있다.[40] 이는 사회국가원리에서 파생되는 중요한 국가의무인 '경제성장의 과제[41]와 환경권의 대립적 실현경쟁관계'에서도 마찬가지이다.

나. 헌법에 의한 국가과제 우선순위 확정의 문제점

만일 사회적 기본권의 헌법적 수용이 국가의 모든 과제 중에서 최우선적으로 사회적 기본권의 실현 의무를 부과하는 것이라면, 그것은 결과적으로 입법자의 민주적 형성의

위반'을 司法的으로 논증할 수 있는 근거가 있다.

39) Vgl. Lücke, Soziale Grundrechte als Staatszielbestimmungen und Gesetzgebungsaufträge, AöR 107(1982), S.50ff.

40) Vgl. Hesse, Grundrechte, in: Benda/Maihofer/Vogel(Hg.), HbVerfR, 1983, S.99.

41) 경제성장은 사회국가의 경제적 전제조건으로서 중요한 의미를 갖는다. 사회국가는 사회국가적 급부를 위한 재정을 확보하기 위하여 국가와 납세자의 재정능력에 의존하고 있다. 경제성장이 멈추면 사회국가의 활동은 자유실현을 위한 실질적인 조건의 전반적인 개선이 아니라, 경제적 빈곤의 퇴치와 존재하는 것의 투쟁적 분배로 후퇴한다. 따라서 사회국가는 경제에 대한 포괄적인 국가의 책임과 관련하여, 경제과정을 계획 · 조정하는 적극적인 행위를 통하여 경기의 안정과 적절한 경제성장을 꾀할 국가의 의무를 부과하고 있다. 경제성장은 사회국가실현을 위한 실질적인 전제조건으로서 우리 헌법은 제119조 제2항("균형 있는 국민경제의 성장")에서 명문으로 국가의 목표와 의무로서의 '경제성장'을 규정하고 있다.

자유를 부정하는 것이고, 이로써 입법자의 기능은 '헌법의 실현자'가 아닌 단순히 '헌법의 집행자'로 전락하게 된다. 헌법이 스스로 사회국가가 실현하여야 할 여러 과제 중에서 일정한 순위관계를 정함으로써 이미 헌법적 차원에서 입법자를 특정한 방향의 사회·경제정책에 구속한다면, 그러한 헌법은 끊임없이 변화하는 사회상황에 직면하여 사회국가의 효율적인 실현을 위하여 불가결한 유연성과 개방성을 스스로 포기하게 된다.

사회정의의 실현을 위하여 구체적으로 '지금 무엇이 어떻게 행해져야 하는지'의 문제는 매 상황마다 개별적으로 사회질서형성에 참여한 모든 사회구성원의 논의에 의하여 결정되어야 할 사안이고, 이는 결국 의회민주주의에서 일차적으로 사회질서형성의 과제를 담당한 입법자의 관할이다. 사회국가원리가 헌법에 어떻게(일반조항 또는 개별조항) 규정되어 있는지의 헌법적 규정형식과 관계없이, 사회국가에서 국가목표의 우선순위에 관한 결정은 끊임없이 변화하는 사회상황에 따라 그에 맞추어 내려져야 하며, 이러한 의미에서 우리 헌법이 사회국가원리를 사회적 기본권을 통하여 수용하고 구체화하였다고 하여 사회국가 실현방법의 근본적인 개방성이 달라질 수 없다.

다. 국가정책결정에서 사회적 기본권의 의미

사회적 기본권과 경쟁적 상태에 있는 다른 중요한 헌법적 국가과제와의 관계에서나 아니면 개별적인 사회적 기본권 규정들 사이에서의 경쟁적 관계에서 보나, 입법자는 사회·경제정책을 결정함에 있어서 서로 경쟁하고 충돌하는 여러 국가목표를 균형 있게 고려하여 서로 조화시키려고 시도하고, 매 사안마다 그에 적합한 실현의 우선순위를 부여하게 된다. 국가는 사회적 기본권에 의하여 제시된 국가과제를 언제나 국가의 현실적인 재정·경제능력의 범위 안에서 다른 국가과제와의 조화와 우선순위결정을 통하여 이행할 수밖에 없다.

그러므로 사회적 기본권은 입법과정이나 정책결정과정에서 사회적 기본권의 객관적 내용인 국가목표의 무조건적이고 최우선적인 배려가 아니라, 단지 모든 정치적 결정과정에서 적절하게 고려될 것을 요구하고 있다.[42] 이러한 의미에서 사회적 기본권은 모든 정책결정과정에서 사회적 기본권이 제시하는 국가목표를 적절하게 고려하여야 할 국가의 의무를 의미한다. 따라서 특정한 개별 사회적 기본권과 관련하여, 오늘의 현실에 비추어 충분히 더 이상의 급부가 가능하다는 의견을 제시하면서 나아가 이러한 급부가 사법적으로 강제되어야 한다는 주장은 헌법 내에서의 사회적 기본권의 의미 및 사회적 기본권 실현에 있어서 헌법재판소와 입법자의 기능의 관계를 충분히 고려하지 않은 단편적인 사고라 할 수 있다.

---

42) Vgl. v. Arnim, Gemeinwohl und Gruppeninteressen, 1977, S.290f.

Ⅳ. 한국헌법상의 사회적 기본권의 의미

1. 사회국가원리의 구체화된 헌법적 표현

가. 사회국가원리의 헌법적 수용 방법

사회적 기본권의 첫 번째 의미는, 사회적 기본권은 우리 헌법에서 사회국가원리의 가장 중요하고도 뚜렷한 표현으로서 헌법이 무엇보다도 사회적 기본권을 통하여 사회국가원리를 헌법에 수용하고 있으며, 이로써 동시에 사회국가원리가 사회적 기본권을 통하여 구체화되었다는 것이다.[43)]

사회국가원리를 헌법에 수용하는 방법에는 일반적으로 두 가지 유형이 있다. 대표적으로 독일의 기본법(Grundgesetz) 제20조 제1항이 규정하는 바와 같이 "독일 연방공화국은 민주적·사회적 연방국가이다."라는 형식으로 사회국가원리를 하나의 일반조항으로만 규정하고 헌법적 차원에서는 더 이상의 구체화를 포기하는 방법이 그 하나이고, 또 다른 방법은 한국헌법처럼 헌법규정에서 한 번도 사회국가원리를 명문으로 언급하고 있지는 않지만, 사회국가원리의 구체화된 여러 표현을 통하여, 즉 광범위한 사회적 기본권의 보장, 경제에 관한 장(제9장)에 위치하는 포괄적인 국가경제정책의 수권조항과[44)] 기본권의 사회적 구속 등을 통하여 사회국가원리를 수용하는 것이다. 사회국가원리는 그의 일반·추상성으로 인하여 수시로 변화하는 사회적 요구에 적응할 수 있고, 또한 이를 위하여 필요한 모든 조치를 취할 수 있는 개방성과 유연성의 장점이 있다.[45)] 반면에, 사회국가원리의 구체화된 헌법적 표현으로서의 사회적 기본권은 입법자에게 보다 구체적인 내용의 의무와 과제를 부과하고 있으나, 바로 이러한 구체성 때문에 헌법 개정을 통하여 지속적으로 사회현상의 변화에 적응해야 한다는 단점이 있다. 우리 헌법에서 사회적 기본권의 목록이 점진적으로 확충되어 온 것은 바로 이러한 이유에 기인한다.

---

43) Vgl. Böckenförde, Die sozialen Grundrechte im Verfassungsgefüge, in: Böckenförde/Jekewitz/Ramm, Soziale Grundrechte, 1981, S.15; Badura, Das Prinzip der sozialen Grundrechte und seine Verwirklichung im Recht der BRD, Der Staat 1975, S.27; Lücke, Soziale Grundrechte als Staatszielbestimmungen und Gesetzgebungsaufträge, AÖR 107(1982), S.43ff.

44) 헌법 제9장의 규정들은 경제에 대한 국가의 임무가 소극적으로 있는 상태를 보호하고 유지하고, 간간이 필요에 따라 경제에 간섭하는 것에 그치는 것이 아니라, 적극적으로 계획하고, 유도하고, 급부를 제공하고 재분배해야 할 '전체국민경제에 대한 국가의 사회국가적 책임'을 규정하고 있다.

45) Vgl. Hesse, Grundrechte, in: Benda/Maihofer/Vogel(Hg.), HbVerfR, 1983, S.99; Lücke, Soziale Grundrechte als Staatszielbestimmung und Gesetzgebungsaufträge, AöR 107(1982), S.42ff.

나. 법적 구속력에 있어서 사회국가원리와 사회적 기본권의 차이

사회국가원리는 사회의 모든 영역에서 사회정의를 실현해야 할 국가의 의무만을 국가정책의 근본적인 방향이나 목표로 규정할 뿐, 정의로운 사회질서가 어떠한 방법과 수단을 통하여 구체적으로 실현되어야 하는지에 관하여는 원칙적으로 개방적인 입장을 취하고 있다. 헌법은 정의로운 사회질서를 형성하기 위하여 매 경우 공익의 관점에서 어떠한 조치가 필요한지의 문제를 의회민주주의에서 일차적으로 사회형성의 관할권을 갖는 입법자의 정치적 결정에 위임하고 있다. 따라서 사회국가원리는 실현되기 위하여 입법자에 의한 매개행위와 국가에 의한 사회형성의 도구로서의 법률을 필요로 한다. 이러한 이유에서, 사회국가원리는 개인의 주관적 권리를 구성하는 근거로서 부적합하며, 사회국가원리의 지극히 일반·추상적인 성격 때문에 특정한 사회적 형성이나 결정을 헌법적으로 요청되는 것으로 도출하는 것이 원칙적으로 불가능하다.

이에 대하여 사회적 기본권은 보다 구체적인 국가의무·과제를 제시하는 헌법규정으로서 헌법적 입법위임의 성격을 띠고 있다. 즉, 사회적 기본권은 '일반적인 사회국가원리'와 비교할 때, 일정한 사회영역과 관련하여 구체적으로 표현된 헌법적 행위위임 또는 형성위임으로서, 헌법이 사회적 기본권을 어느 정도로 구체적으로 규정하는지에 따라 경우에 따라서는 예외적으로 개인의 주관적 공권의 발생도 배제하지 않는 강한 의무적 성격을 가지고 있다. 사회적 기본권은 헌법적 형성위임의 이행에 대한 헌법재판소의 사법적 심사를 가능케 함으로써, 어느 정도 입법자를 사회적 기본권의 헌법적 위임에 구속시키는 효력을 가진다. 이러한 의미에서 사회적 기본권은 '일반적인 사회국가원리'의 해석을 통하여서는 얻을 수 없는 어느 정도의 실효성과 구속력을 가지게 된다.

그러나 이러한 구속력을 통하여 얻은 사회적 기본권의 주관적 요소는 원칙적으로 국가로부터 '적극적으로 특정 급부를 요구할 수 있는 권리'가 아니라, 단지 헌법위임에 의하여 설정된 정치적 형성권의 명백한 일탈(사회적 기본권에 의하여 부과된 의무의 불이행과 중대한 의무해태)에 대한 '소극적인 방어를 위한 권리'이다. 입법자에게 헌법상 부과된 의무의 이행은 단지 지극히 제한적으로 사법적 심사를 통하여 관철될 수 있으므로, 사회적 기본권이 부여하는 주관적 요소를 지나치게 강조함으로써 원칙적으로 객관적 규범으로서의 사회적 기본권의 본질을 가려서는 안 된다.

2. 오늘날의 자유보장의 불가결한 2가지 요소로서 자유권과 사회적 기본권

우리 헌법이 사회적 기본권을 자유권의 보장형식을 따라 '권리'로 표현한 것은 그의 법적 성격을 규정한 것은 아니라 하더라도, 사회적 기본권을 기본권 부분(헌법 제2장)에 고전적 자유권과 동일한 형식("권리")으로 수용한 것은 중요한 헌법적 의미를 가진다.

첫째, 우리 헌법은 기본권 부분에 자유권과 나란히 사회적 기본권을 병렬적으로 규정함으로써 오늘날 자유보장 및 인간의 존엄성 실현을 위하여 불가결한 2가지 요소를 표현하고 있다. 오늘날 자유의 보장은 국가권력으로부터 개인의 사적 영역을 보호하는 자유권, 즉 '국가로부터의 자유'뿐만 아니라, 개인의 자유행사의 실질적인 조건을 형성하고 유지하여야 할 국가의 적극적인 활동, 즉 '국가에 의한 자유'도 필요로 한다. 자유보장의 궁극적인 목적이 인간의 존엄성을 실현하는데 있으므로, 이는 또한 인간의 존엄성 실현을 위한 불가결한 조건이기도 하다.

고전적인 자유권이 대국가적 방어권으로서 국가와 사회의 대립관계를 전제로 하여 '개인이 국가로부터 자유로운지'의 문제였다면, 사회적 기본권은 이러한 자유권의 맹점을 보완하여 '개인이 국가 내에서도 자유로운지'의 문제를 주안점으로 삼고 있다. 오늘날 다수 국민의 자유가 국가의 생존적 배려와 급부에 의존하고 있고, 현대국가에서의 자유조건의 변화에 따라 소극적인 방어권으로서의 자유권이 개인의 자유를 충분히 보장하지 못하게 되었다. 소극적 방어권으로서의 자유권에서는 '사회가 국가로부터 자유로운지'만이 문제이지, '개인이 사회와 국가 내에서도 자유로운지'의 문제는 대국가적 방어권으로서의 기능상 처음부터 보장의 대상이 아니었다. 방어권으로서의 자유권이 이러한 변화한 사회현실을 고려하지 못하기 때문에, 헌법은 사회적 기본권과 경제에 관한 조항 등을 통하여 사회국가원리를 수용하였다. 따라서 기본권 부분에 규정된 '자유권'과 '사회적 기본권'은 오늘날 '자유의 두 가지 의미'를 헌법 차원에서 규범적으로 표현한 것이다.

둘째, 사회적 기본권을 헌법에 규정함에 있어서 여러 가지 다른 형식과 장소가 고려됨에도 불구하고, 우리 헌법이 사회적 기본권을 자유권과 동일한 형식("권리")으로 '기본권 부분'에 위치하게 한 것은 헌법정책적 의미가 있다. 헌법은 이러한 방법으로 우리 헌법의 최고의 가치이자 궁극적 목적인 인간의 존엄성 실현에 있어서 사회적 기본권이 자유권과 동등한 의미와 중요성을 갖고 있다는 것을 표현하고자 한 것이다.[46]

3. 자유권의 해석에 미치는 사회적 기본권의 영향

가. 사회적 기본권의 또 다른 헌법적 의미는, 우리 헌법이 사회적 기본권을 수용함으로써, 즉 사회적 기본권이 단지 헌법에 존재함으로써 자유권의 해석에 미치는 영향이다. 사회적 기본권이 헌법에 규정됨으로써 '자유권'을 '사회적 기본권'으로 해석할 필요가 없다. 즉 자유권에서 해석을 통하여 자유를 행사할 수 있는 실질적 조건으로서의 일

46) Vgl. Murswiek, Grundrechte als Teilhaberechte, soziale Grundrechte, in: Isensee/Kirchhof, HbStR, Bd.V, 1992, §112 S.266 Rn.53; Badura, Das Prinzip der sozialen Grundrechte und seine Verwirklichung im Recht der Bundesrepublik Deutschland, Der Staat 1975, S.23f., 45.

정 국가의무나 목표 또는 급부적 요소를 도출하려고 하는 시도가 불필요해 진다.

독일의 기본법과 같이 기본권 부분에서 자유권만 보장할 뿐 사회적 기본권이 결여된 경우에는, 자유권적 기본권의 '객관적 가치질서'로서의 측면을 '사회국가원리'와 연관시켜 자유권으로부터 국가목표, 헌법적 입법위임 등의 구체적인 내용의 사회권적 요소를 이끌어내려는 시도가 있었다.[47] 물론 독일 기본법에는 이러한 모든 개별적 국가목표를 포괄하는 '사회국가원리'란 대원칙이 명문으로 규정되어 있다. 그러나 사회국가원리가 제시하는 국가목표의 내용이 너무 추상적이기 때문에, 헌법에서 유일하게 각 생활영역(문화, 경제, 노동 등)과 연관되어 구체적으로 규정된 자유권에 사회국가원리를 결부시킴으로써 '自由權의 社會國家的 解釋'을 통하여 각 생활영역에 상응하는 구체적인 국가의 과제와 의무를 도출하려는 학문적 유혹이나 그 필요성은 쉽게 이해될 수 있다.

이와 같이 자유권을 사회국가적으로 해석하고자 시도한 결과는, 자유권은 국가에 대한 개인의 소극적 방어권일 뿐만 아니라, 나아가 기본권적 자유를 현실화하기 위하여 필요한 사회적 조건을 마련해야 할 '객관적 국가목표'라는 '자유권의 이중적 성격'으로 나타난다. 이로써 자유권은 한편으로는 국가에게 개인의 사적영역에 대한 부당한 침해를 금지하는 국가권력에 대한 '금지규범'이고, 다른 한편으로는 동시에 국가에게 자유행사의 실질적 조건을 형성할 의무를 부과하고 그 이행을 명령하는 '명령규범'이자 그 의무의 이행을 위하여 다른 기본권주체의 사적 영역에 대한 침해를 정당화하는 '자유권제한에 관한 수권규범'이기도 하다.

예컨대 직업선택의 자유의 경우, 선택할 직장이 없다면 직업의 자유라는 자유권적 내용은 공허하기 때문에 직업선택의 자유의 실질적인 행사를 비로소 가능케 하는 전제조건으로서 '근로의 권리'(국가의 상대적 완전고용 실현의무)를 도출하거나, 재산권보장에서 재산권보장의 현실적 전제조건으로서 모든 국민의 재산권형성을 위하여 노력할 국가의 의무를 도출하였다.[48] 마찬가지로, 직업의 자유에 의하여 보장되는 직업교육장선택의 자유에서 '교육을 받을 권리', 즉 교육시설을 최대한으로 활용하고 확충할 국가의 의무를 도출하거나, 또는 생명권과 신체불가침권에서 국가의 최저생계보장의무나 환경권(국가의 환경보전의무) 등을 도출하려고 시도하였다.

나. 그러나 우리 헌법은 사회적 기본권을 수용함으로써 '자유권의 사회국가적 해석'을 통하여 자유권으로부터 사회적 기본권의 내용을 도출하는 것이 불필요할 뿐 아니라,

---

47) 이에 관한 전반적인 소개로는 vgl. Badura, Das Prinzip der sozialen Grundrechte und seine Verwirklichung im Recht der Bundesrepublik Deutschland, Der Staat 1975, S.32ff.; Lücke, Soziale Grundrechte als Staatszielbestimmung und Gesetzgebungsaufträge, AöR 107(1982), S.30ff.

48) 대표적으로 vgl. Häberle, Grundrechte im Leistungsstaat, VVDStRL 30(1972), S.100ff.; Scheuner, Die staatliche Einwirkung auf die Wirtschaft, 1971, S.31f.; ders., Staatszielbestimmungen, in: FS für Forsthoff, S.330ff.

원칙적으로 자유권을 동시에 사회권적·급부적 측면으로 파악하려는 기본권의 해석에 대하여 부정적인 태도를 취하고 있다고 보아야 한다. 따라서 헌법상 사회적 기본권의 존재는, 기본권의 자유적 내용과 사회적 내용이 분리되어 각 자유권과 사회적 기본권에 귀속된다는 것을 의미한다.

이러한 이유에서 한국 헌법체계에서는 '자유권의 생활권화'[49]는 불필요하며, '자유권의 생활권화'에 부응할 수 있는 새로운 기본권의 유형화도 또한 불필요하다. 물론 '자유권의 생활권화'라는 표현을 통하여 자유행사의 전제조건으로서의 국가의 적극적 활동의 중요성을 강조하고자 하는 것이라면 이에 대하여 이의가 있을 수 없겠으나, 만일 자유권과 사회적 기본권의 구조적 경계를 폐지하려는 시도의 표현이라면 이에 동의할 수 없다. 독일 기본법처럼 사회국가조항이란 일반원칙만 있고, 그 내용에 관한 구체적인 헌법규범적 표현이 없는 경우에는, 자유권이 그의 구체적 보호범위를 통하여 제공하는 각 생활영역에서 그에 대응하는 국가의 기본권실현 의무를 도출하려는 소위 '자유권의 사회권화'의 시도가 이해되고 정당화될 수 있다. 그러나 한국 헌법처럼 모든 사회영역을 거의 빠짐없이 망라하는 광범위하고도 상세한 사회적 기본권조항이 헌법에 명문으로 보장되어 있는 한, 자유권에서 사회국가적 해석을 통하여 사회적 기본권을 도출하여야 할 하등의 이유가 없다. '자유권의 생활권화'는 이미 헌법이 사회적 기본권을 통하여 명문으로 보장하고 있는 것을 불필요한 해석을 통하여 단지 다시 반복하는 결과에 이르게 된다.

실질적 자유의 보장, 가능한 한 모든 개인이 자유를 실제로 행사할 수 있는 조건을 마련하는 것은 자유권의 해석을 통하여 해결되어야 할 문제가 아니라, 일차적으로 사회국가원리에 귀속된 과제이다. 오늘날 자유보장 또는 자유실현의 문제는 자유권 해석의 문제가 아니라 일차적으로 사회정책의 문제이며 사회국가원리와 같은 헌법상의 객관적 원칙이 담당해야 할 문제이다. 따라서 설사 한국헌법에서 사회적 기본권이 그의 광범위한 목록에도 불구하고 실질적인 자유보장을 위한 모든 관점을 다 포함하고 있지 않는다 하더라도, 사회적 기본권에 규정되지 않은 국가의 의무와 과제는 자유권의 해석을 통하여 보완될 것이 아니라, 사회적 기본권의 모체인 사회국가원리로부터 직접 도출되어야 한다.

4. 다원적 민주주의의 정치적 의사형성과정에 대한 보완

마지막으로, 사회적 기본권에는 오늘날 다원적 민주국가에서의 정치적 의사형성과정에 대한 우리 헌법의 불신이 표현되어 있다. 즉 "오늘의 민주국가에서는 모든 중요한

---

49) 허영, 한국헌법론, 1994, 439면.

사회구성원의 이익이 빠짐없이 조직화되어 정치적 영향력을 행사함으로써 스스로 알아서 부분이익·특수이익을 관철하려는 노력을 한다."는 낙관론에 대한 헌법의 불신이 표현되고 있다. 오늘날의 다원적 대중민주주의는 그 민주주의에 내재하는 사회국가적 경향 때문에, 설사 사회국가원리가 헌법적으로 규정되어 있지 않다고 하더라도 필연적으로 '사회국가'로의 국가성격의 변화를 가져오게 되어 있다.[50] 다원적 민주주의에서는 어느 특정 계층의 관심사나 정치적 이익뿐만 아니라, 원칙적으로 사회의 모든 중요한 욕구와 이익이 여러 경로를 통하여 표출되어 정치문제화 되고, 국가정책결정에서 고려의 대상이 된다. 따라서 모든 사회구성원을 국가의사형성과 경제적 과정에 참여시키고 그 결과인 사회적 산물에 대한 정당한 분배에 참여시키려는 경향이 평등민주주의에는 내재되어 있다.

그러나 사회적·경제적 약자의 경우, 특히 이익단체로 조직되기 어렵기 때문에 자신의 이익을 관철할 힘이 약한 여자(헌법 제34조 제3항), 노인과 청소년(헌법 제34조 제4항), 신체장애자(헌법 제34조 제5항) 등의 경우에는 사정이 다르다.[51] 이들은 국민경제에 중요한 기여를 하지 못하므로, 그들의 사회적 寄與分을 거부함으로써 정치적 압력을 행사할 수 있는 잠재적 투쟁능력이 결여되어 있다. 또한, 사회 내에서 실질적인 보호세력을 가지기 어려운 '장기적이고도 일반적인 이익'인 환경보전이나 소비자보호에 있어서도 마찬가지이다.[52] 이러한 이익은 국민 누구에게나 관계되기 때문에 특수이익으로서의 매력이 적고 단체의 소속여부에 관계없이 누구나 단체가 획득한 성과에 참여할 수 있기 때문에, 이익을 유효적절하게 대변할 수 있는 단체로 조직되기 어렵다.

그러므로 부분이익간의 자유경쟁에서 정치적 영향력을 행사하기 힘든 '사회적 약자의 이익' 또는 전체 국민과 관련되는 '일반적 이익'이 공익을 발견하는 국가의 정책결정과정에서 함께 고려될 수 있도록, 우리 헌법은 사회적 기본권의 형태로 정치적 세력다툼에서 불리한 입장에 있는 이러한 이익들을 강조하고 헌법적으로 지지하고 있는 것이다.[53] 이러한 관점에서 사회적 기본권은 모든 공익발견과정에서 사회적 기본권에 담겨진 국가목표를 함께 고려해야 할 국가의 의무를 의미한다. 따라서 사회적 기본권의 또 다른 헌법적 의미는 다원주의적 민주주의의 정치적 의사형성과정에서 발생하는 전형적인 결함을 보완해야 할 국가의 의무에서 찾을 수 있다.

---

50) Vgl. Isensee, Verfassung ohne soziale Grundrechte, Der Staat 1980, S.383; Böckenförde, Demokratie als Verfassungsprinzip, in: HbStR, Bd.I, 1987, S.949; Zacher, Das soziale Staatsziel, in: HbStR, Bd.I, 1987, S.1096; Badura, Auftrag und Grenzen der Verwaltung im sozialen Rechtsstaat, DÖV 1968, S.447f.; Scheuner, Die Funktion der Grundrechte im Sozialstaat, DÖV 1971, S.512, 또한 이에 관하여 자세한 것은 한수웅, 한국헌법상의 경제질서, 공법학의 현대적 지평(계희열교수 화갑기념논문집), 176면 이하.

51) Vgl. v. Arnim, Staatslehre der Bundesrepublik Deutschland, 1984, S.293ff., 506f.

52) Vgl. Kaiser, Die Repräsentation organisierter Interessen, 1978, S.179f.

53) Vgl. v. Arnim, Gemeinwohl und Gruppeninteressen, 1977, S.290f.

V. 맺는말

1. 사회적 기본권이 법적 구속력이 없이 단지 프로그램적 성격만 가지고 있다면, 이는 오늘날 헌법국가에서 모든 국가권력이 헌법의 구속을 받는다는 원칙과 합치할 수 없다. 한편, 사회적 기본권에 법적 구속력을 인정한다면, 입법자가 어느 정도로 사회적 기본권에 의한 구속을 받으며, 헌법재판소가 입법자의 이러한 헌법적 구속의 준수 여부를 어느 정도로 심사할 수 있는지의 문제가 필연적으로 제기된다.

입법자는 사회적 기본권에 의하여 그 헌법적 보장내용을 실현해야 한다는 헌법적 구속을 받지만, 행위규범과 통제규범으로서의 사회적 기본권의 상이한 기능은 구분되어야 한다. 만일 '입법자의 헌법에의 구속'과 '헌법재판소의 심사기준'이 일치한다면, '입법자의 헌법에의 구속'은 결과적으로 '헌법재판소의 판단 및 관점에의 구속'으로 변형됨으로써, 국가공동체의 모든 것이 헌법재판소의 결정에 따라 형성되는 司法國家의 도입을 의미하는 것이며, 나아가 헌법상 권력분립질서의 폐지를 의미한다. 따라서 사회적 기본권의 실현 주체가 누구인지에 따라 사회적 기본권의 상이한 기능이 구분되어야 하고, 이러한 구분으로부터 국가의 사회적 기본권실현 여부에 대한 헌법재판소의 판단기준이 나온다.

2. 사회적 기본권을 통하여 구체화된 사회국가는 본질적으로 '급부국가'이며, 급부는 국가의 제한된 재정능력과 다양한 여러 국가과제를 고려하여 오로지 '계획된 급부'로만 가능하다. 급부를 요구하는 여러 다양한 국가과제들 사이의 충돌은 국가의 계획절차를 통하여 조정되고 중재되어야 한다. 사회국가는 급부국가이고, 급부국가는 '계획국가'이다. 사회국가의 핵심적 문제는 서로 우선적인 실현을 요구하는 다양한 국가목표·과제를 인식하고 조화시키고 우선순위를 결정하는데 있다.

사회국가원리가 미래지향적·동적인 원칙으로서 역동적 계획의 지배하에 있는 것처럼, 그로부터 파생하는 사회적 기본권도 본질상 역동적이며 국가계획의 범주 내에서의 실현을 전제로 한다. 따라서 사회적 기본권의 법적 성격이나 실효성은 오늘날의 계획국가에서 제기되는 헌법적 문제의 고려 없이는 적절하게 파악될 수 없다.[54] 왜냐하면 사회적 기본권은 본질적으로 국가과제의 실현에 관한 것이며, 국가과제는 바로 국가의 정치적 계획의 대상이기 때문이다.[55]

---

54) Vgl. Häberle, Grundrechte im Leistungsstaat, VVDStRL 30(1972), S.52.

55) Vgl. Badura, Das Prinzip der sozialen Grundrechte und seine Verwirklichung im Recht der Bundesrepublik Deutschland, Der Staat 1975, S.45ff.

3. 계획국가에서 사회적 기본권 실현의 핵심적 문제는, 다원적 민주주의의 정치적 의사형성과정에서 사회적 기본권의 보장내용이 고려되고 관철될 수 있도록 그 조직과 절차를 형성하는 것에 있다. 그러므로 사회적 기본권이 제시하는 가장 중요한 헌법적 문제는, 경제적 합리성과 효율성을 요구하는 경제적 관점과 부분이익을 관철하려는 이익집단이 우세한 영향력을 행사하는 국가의사결정절차(계획절차)에서, 사회적 기본권이 담고 있는 국가과제가 어느 정도로 반대무게를 실을 수 있는 平衡錘로서 작용할 수 있는지, 즉 국가의사결정 및 계획의 방향이 어느 정도로 사회적 기본권에 내재된 헌법적 가치결정에 의하여 수정될 수 있는지의 문제이다.

사회의 다양한 욕구와 국가의 상이한 과제간의 경합을 통하여 국민 모두의 이익을 위한 결정을 추출하는 공익발견 및 국가급부에의 참여의 문제는 곧 절차의 문제이며, 절차의 문제는 사회국가의 궁극적 문제를 의미한다.[56] 따라서 사회적 기본권에 관한 논의는 지나치게 개인의 주관적인 권리의 관점에서 출발해서는 아니 되고, 무엇보다도 사회적 기본권에 담겨있는 국가과제가 국가의사결정과정과 국가급부의 배분과정에서 함께 고려될 것을 요청한다는 의미에서 '절차적 참여에 대한 요청'으로 이해되어야 한다.

사회적 기본권의 실현이 자유권의 보호를 통한 법치국가의 실현과 근본적으로 다른 길을 걷고 있기 때문에, 사회적 기본권 실현에 대한 헌법재판소의 '법치국가적 심사'는 그 자체로서 제한적일 수밖에 없다. 이러한 법치국가적 통제의 不足分은 민주국가의 정치적 형성권을 입법자에게서 헌법재판소로 전이시킴으로써 상쇄될 수 있는 것이 아니라, 사회적 기본권에 내재하는 헌법상 가치가 국가의사결정과정과 계획수립과정에서 적절하게 참여하고 관철될 수 있도록 절차에 대한 요건을 개선하고 강화함으로써 보완되어야 한다.[57] 헌법재판이 활성화됨에 따라 헌법재판소에 의한 법치국가적 심사를 사회적 기본권에까지도 광범위하게 확장해야 한다는 주장이 있으나, 사회적 기본권은 원칙적으로 司法的 절차가 아닌 司法外的 절차를 통하여, 즉 조직적 · 참여적 · 절차적 형태로써 실현된다는 것을 인식해야 한다.

56) Vgl. Isensee, Gemeinwohl und Staatsaufgaben im Verfassungsstaat, in: Isensee/Kirchhof, HbStR, Bd. III, 1988, S.39f.; v. Arnim, Staatslehre der BRD, S.192ff.

57) Vgl. Häberle, Grundrechte im Leistungsstaat, VVDStRL 30(1972), S.125ff.

참고문헌

권영성, 사회적 기본권의 헌법규범성고, 헌법논총 제2집(1991)
______, 헌법학 원론, 1995
김철수, 헌법학 개론, 1994
성낙인, 기본권체계상 생존권적 기본권의 헌법적 가치, 고시연구, 1995/10
안용교, 한국헌법, 1992
정만희, 생존권적 기본권의 법적 성격, 고시연구 1995/10
한수웅, 한국헌법상의 경제질서, 공법학의 현대적 지평(계희열교수 화갑기념논문집), 1995
______, 입법부작위에 대한 헌법소원, 현대헌법학이론(이명구교수 화갑기념논문집Ⅰ), 1996
허 영, 한국헌법론, 1994

Alexy, Ermessensfehler, JZ 1986
______, Theorie der Grundrechte, 1986
v. Arnim, Staatslehre der Bundesrepublik Deutschland, 1984
______, Gemeinwohl und Gruppeninteressen, 1977
Badura, Das Prinzip der sozialen Grundrechte und seine Verwirklichung im Recht der Bundesrepublik Deutschland, Der Staat 1975
______, Auftrag und Grenzen der Verwaltung im sozialen Rechtsstaat, DÖV 1968
Böckenförde, Die sozialen Grundrechte im Verfassungsgefüge, in: Böckenförde/Jekewitz/Ramm(Hg), Soziale Grundrechte, 1981
______, Grundrechte als Grundsatznorm, zur gegenwärtigen Lage der Grundrechtsdogmatik, Der Staat 1990
______, Verfassungsinterpretation, NJW 1976
______, Demokratie als Verfassungsprinzip, in: Isensee/Kirchhof(Hg), Handbuch des Staatsrechts (HbStR), Bd.I, 1987
Bryde, Verfassungsentwicklung, 1982
Doehring, Das Staatsrecht der Bundesrepublik Deutschland, 1984
Gusy, parlamentarischer Gesetzgeber und Bundesverfassungsgericht, 1985
Häberle, Grundrechte im Leistungsstaat, VVDStRL 30(1972)
Hesse, Funktionelle Grenzen der Verfassungsgerichtsbarkeit, in: Festschrift für Huber, 1981
______, Grundrechte, in: Benda/Maihofer/Vogel(Hg), Handbuch des Verfassungsrechts der Bundesrepublik Deutschland (HbVerfR), 1983
Huber, Rechtsstaat und Sozialstaat in der modernen Industriegesellschaft, in:

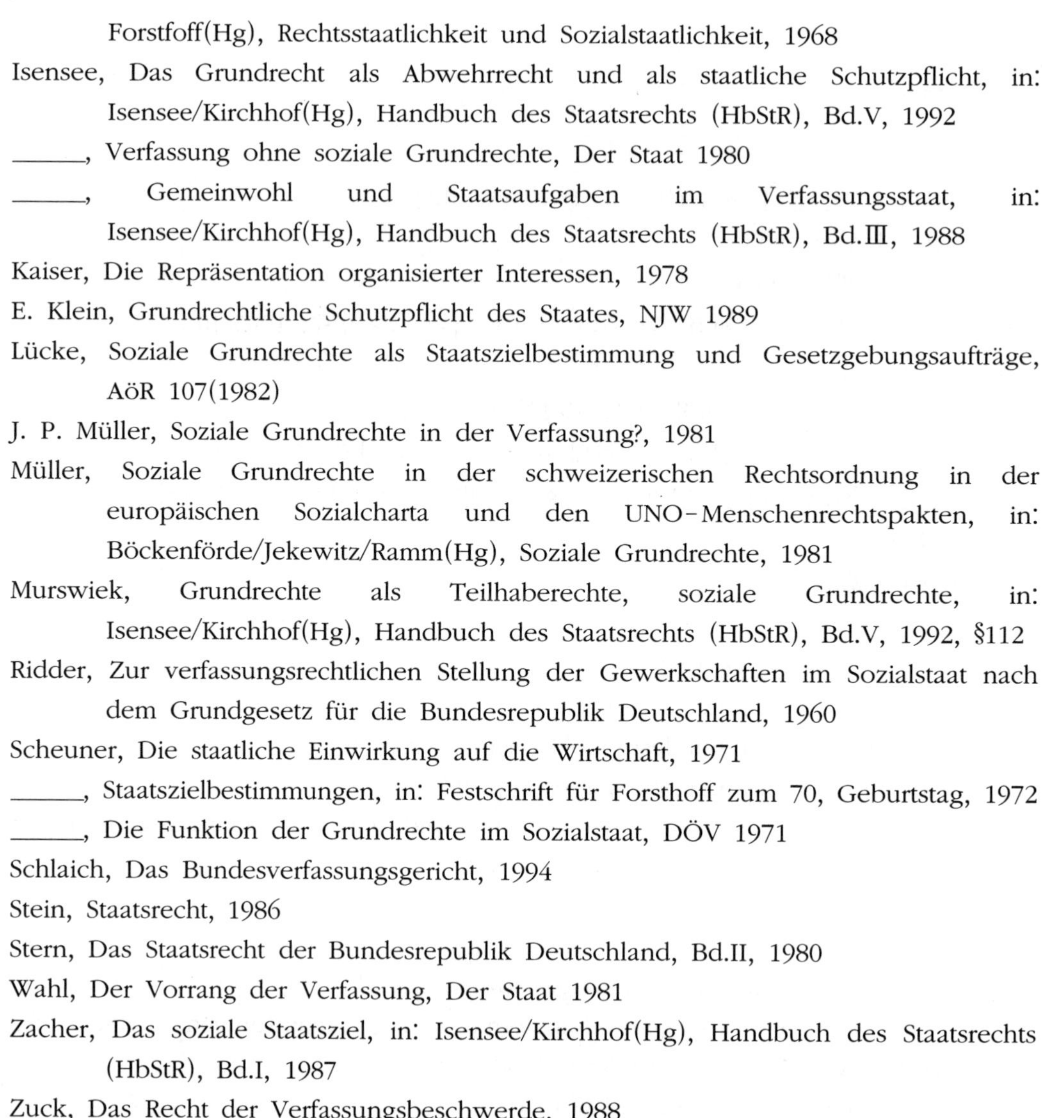

Forstfoff(Hg), Rechtsstaatlichkeit und Sozialstaatlichkeit, 1968

Isensee, Das Grundrecht als Abwehrrecht und als staatliche Schutzpflicht, in: Isensee/Kirchhof(Hg), Handbuch des Staatsrechts (HbStR), Bd.V, 1992

______, Verfassung ohne soziale Grundrechte, Der Staat 1980

______, Gemeinwohl und Staatsaufgaben im Verfassungsstaat, in: Isensee/Kirchhof(Hg), Handbuch des Staatsrechts (HbStR), Bd.Ⅲ, 1988

Kaiser, Die Repräsentation organisierter Interessen, 1978

E. Klein, Grundrechtliche Schutzpflicht des Staates, NJW 1989

Lücke, Soziale Grundrechte als Staatszielbestimmung und Gesetzgebungsaufträge, AöR 107(1982)

J. P. Müller, Soziale Grundrechte in der Verfassung?, 1981

Müller, Soziale Grundrechte in der schweizerischen Rechtsordnung in der europäischen Sozialcharta und den UNO-Menschenrechtspakten, in: Böckenförde/Jekewitz/Ramm(Hg), Soziale Grundrechte, 1981

Murswiek, Grundrechte als Teilhaberechte, soziale Grundrechte, in: Isensee/Kirchhof(Hg), Handbuch des Staatsrechts (HbStR), Bd.V, 1992, §112

Ridder, Zur verfassungsrechtlichen Stellung der Gewerkschaften im Sozialstaat nach dem Grundgesetz für die Bundesrepublik Deutschland, 1960

Scheuner, Die staatliche Einwirkung auf die Wirtschaft, 1971

______, Staatszielbestimmungen, in: Festschrift für Forsthoff zum 70, Geburtstag, 1972

______, Die Funktion der Grundrechte im Sozialstaat, DÖV 1971

Schlaich, Das Bundesverfassungsgericht, 1994

Stein, Staatsrecht, 1986

Stern, Das Staatsrecht der Bundesrepublik Deutschland, Bd.II, 1980

Wahl, Der Vorrang der Verfassung, Der Staat 1981

Zacher, Das soziale Staatsziel, in: Isensee/Kirchhof(Hg), Handbuch des Staatsrechts (HbStR), Bd.I, 1987

Zuck, Das Recht der Verfassungsbeschwerde, 1988

제2주제

사회복지의 헌법적 기초로서 사회적 기본권*

-사회적 기본권의 개념과 법적 성격을 중심으로-

Ⅰ. 문제의 제기

우리 헌법은 일련의 규정을 통하여 사회국가원리를 헌법의 기본원리로서 수용하면서, 동시에 이를 구체화하고 있다. 사회국가원리는 헌법적 차원에서 다양한 방법으로 실현될 수 있다. 가령, 사회국가원리는 구체적인 사회국가적 목표와 과제를 제시하는 규정(국가목표규정)을 통하여 또는 이러한 구체적인 목표를 실현해야 할 의무를 국가에게 부과하는 규정(헌법위임)을 통하여 아니면 개인의 주관적 권리의 형식(사회적 기본권)을 통하여 구체화될 수 있다. 사회국가원리가 사회적 기본권이라는 주관적 권리의 형식으로 구체화되는 경우, 여기서 일차적으로 제기되는 헌법적 문제는 사회적 기본권의 법적 성격이 무엇인지에 관한 것이다.

사회적 기본권의 법적 성격에 관한 학계의 견해는, 국가에 대하여 사법적으로 관철할 수 있는 개인의 주관적 측면을 강조하는지 아니면 사회적 기본권에 의하여 부과된 국가의 의무적 성격을 강조하는지에 따라, 크게 주관설과 객관설로 나누어 볼 수 있다. 주관설은 사회적 기본권의 권리적 성격을 강조함으로써, 사법적 심사에 의하여 관철될 수 있는 가능성을 강조하고 사회적 기본권의 실현에 관한 입법자의 형성권을 제한하고

* 위 논문은 2012년 12월, 헌법학연구(한국헌법학회), 제18권 제4호, 51-104면에 게재된 것을 일부 수정한 것이다.

자 하는 견해이다. 이에 대하여, 객관설은 사회적 기본권의 객관적 성격을 강조함으로써 사회적 기본권의 실현에 관한 입법자의 형성권을 강조하고, 이로써 사법적 심사의 가능성이 매우 제약적이라는 것을 표현하고자 하는 견해이다. 사회적 기본권의 법적 성격에 관한 논의의 본질은, 헌법상의 사회적 기본권을 근거로 국가로부터 직접 구체적·현실적인 급부를 청구할 수 있는지에 관한 견해의 대립이 아니라, 사회적 기본권을 근거로 하여 입법자를 어느 정도로 구속할 수 있는지의 문제에 관한 것이다.

이 글에서는 사회국가적 목표와 과제가 사회적 기본권이란 '주관적 권리'의 형태로 헌법에 규정된 경우, 사회적 기본권이 주관적 권리의 성격을 가지고 있는지, 주관적 권리로서의 성격이 인정된다면 어느 정도로 인정될 수 있는지의 문제를 중점적으로 규명하고자 한다. 특히, 주관적 權利性의 여부를 판단하는 결정적인 기준으로서 고려되는 관점은 무엇보다도 '권리의 司法的 관철가능성'이라는 것을 출발점으로 삼아, 사회적 기본권이 사법적으로 어느 정도로 관철될 수 있는지를 다양한 헌법적 관점에서 살펴보기로 한다. 또한, 사회적 기본권의 개념을 파악하기 위해서는 사회적 기본권을 헌법에 수용한 이유와 의미, 즉 사회적 기본권의 헌법적 이념을 이해하는 것이 불가피하므로, 그 선행 작업으로서 사회적 기본권의 이념적 기반인 사회국가원리의 헌법적 의미 및 헌법원리로서의 기능도 함께 살펴보기로 한다.

Ⅱ. 사회복지의 헌법적 기초로서 사회국가원리

1. 사회국가원리의 헌법적 의미

가. 사회정의를 실현해야 할 국가의 헌법적 의무

사회국가의 개념은 역사적으로 형성된 경험적 개념으로서, 역사적 발전과 특정한 정치적 상황에 그 근거를 두고 있다. 따라서 사회국가원리의 개념과 헌법적 의미를 파악하기 위하여 사회국가가 생성된 역사적 배경을 이해하는 것은 불가결하다. 사회국가원리는 산업혁명 이후 유럽국가에서 발생한 사회문제에 대한 '헌법적 대답'이며, 국가의 임무를 소극적으로 치안과 국방의 보장에만 국한시키고 豫定調和的 믿음에 기초하여 사회를 그 스스로에게 맡겼던 夜警國家, 시민적 법치국가에 대한 역사적 반응이다.[1] 사회

1) 유럽에서 산업혁명 이후 자본주의경제와 자유방임주의가 고도로 발달하자, 부의 편재와 빈부의 격차가 심화되고, 근로자계급인 제4계급이 형성되고, 독과점 등으로 인하여 자유경쟁 및 수요와 공급을 통한 시장의 자동조절 기능이 마비되는 등, 더 이상 사회가 스스로 해결할 수 없는 부정적인 사회현상이 나타났다. 19세기 말, 이와 시기를 같이하여 사회주의사상이 유럽에 퍼져나가자, 유럽의 국가들은 확산되는 사회주의사상으로부터 자신들의 사회체제와 자유경제체제를 방어해야 할 필요성을 절감하게 되었다. 혁명에 의한 헌법의 파괴를 방지하기 위하여 그 당시 귀족과 시민계급에게만 제한되었던 선거권을 근로자계급에게도 확대하고 나아가 사회적 정의의 이념을 헌법의 규범 안으로 수용하는 것은 그 당시의 피할 수 없는 시대적 요청이었다.

정의의 이념을 헌법에 수용함으로써, 사회현상에 대하여 방관적인 국가에 대하여 작별을 고하게 되고, 경제 · 사회 · 문화의 모든 영역에서 사회정의를 실현해야 할 국가가 등장하게 되었는데, 이러한 국가가 바로 사회국가이다.[2)]

사회국가원리란, 국가가 국민의 자유와 권리를 소극적으로 존중하고 보장하는 것으로 만족해서는 안 되고, 정의로운 사회질서의 형성을 위하여 모든 사회현상에 적극적으로 개입하고 관여할 것을 요청하는 헌법원리이다.[3)] 사회국가는 '사회 내의 다양한 이익간의 자유경쟁으로부터 자동적으로 최상의 결과가 나온다'는 낙관론에 동의하지 않는다. '사회의 사적 자치에 의하여 규율되는 상태가 실질적 타당성과 정의를 보장하지 않는다'는 것에 대한 헌법적 표현이 바로 사회국가원리이다. 현대의 산업사회에서 사회현상이 더 이상 순수한 사적 자치나 힘의 지배원칙에 맡겨져서는 안 되고, 국가가 개인과 함께 사회에 대하여 공동책임을 져야 한다는 사고가 바로 사회국가원리인 것이다. 이로써 사회국가원리는 경제 · 사회 · 문화 · 교육정책 등을 통하여 '정의로운 사회질서'를 형성해야 할 의무를 국가에게 부과하고 있다.

사회국가원리를 실현하기 위한 국가의 과제는 미리 정해져 있는 것이 아니라 사회현상의 발전에 따라 변화하며, 사회국가원리의 구체적 내용도 국가공동체의 구체적 사회적 상황에 의하여 결정된다. 사회국가원리는 사회현상의 변화에 적응하고 대처하는 동적 · 미래지향적 국가원리이다.[4)] 따라서 사회국가의 과제는 고전적인 의미에서 국민에 대한 생존적 배려나 사회적 약자에 대한 사회적 안전의 보장에 국한되는 것이 아니라, 사회계층간의 대립과 불평등을 조정하고 사회 · 경제정책을 통하여 정의로운 사회질서를 형성해야 하는 포괄적인 과제를 포함하고 있다.[5)]

사회정의가 무엇인지, 사회정의를 실현해야 할 국가의 과제가 무엇을 의미하는지의 문제는 우리 헌법의 최고의 가치이자 동시에 사회국가원리의 궁극적 목적인 '인간의 존엄성 및 자유로운 인격발현의 가능성'과의 연관관계에서 파악되어야 한다.[6)] 사회국가원리는 궁극적으로 인간의 존엄성과 기본권적 자유를 실현하고자 하는 국가원리이다.[7)] 개인의 자기결정의 실질적 조건으로서 '실질적 자유'의 실현이 바로 사회국가원리를 이해

---

2) 사회국가는 독일에서 형성된 개념으로서, 독일이 현대 서구국가의 발전에 기여한 '가장 독창적인 것'으로 간주되고 있다, vgl. Isensee, Verfassung ohne soziale Grundrechte, Der Staat 1980, S.368.

3) Vgl. Hesse, Grundzüge des Verfassungsrechts der BRD, 1984, Rn.212.

4) Vgl. Benda, Der soziale Rechtsstaat, in: HbVerR, 1994, §17 S.522f.; ders. Industrielle Herrschaft und sozialer Staat, 1966, S.104; v. Arnim, Gemeinwohl und Gruppeninteressen, 1977, S.40.

5) 사회국가적 과제의 구체적 내용에 관하여 상세하게 vgl. Zacher, Das soziale Staatsziel, in: HbStR, Bd.II, 2004, §28 Rn.39f., 43ff.; Stern, Staatsrecht I, 1984, S.911f.; 한수웅, 헌법학, 2012, 305면 이하 참조.

6) Vgl. BVerfGE 35, 355f.; Starck, Gesetzgeber und Richter im Sozialstaat,, DVBl 1978, S.937, 939.

7) Vgl. Isensee, Wirtschaftsdemokratie-Wirtschaftsgrundrechte-soziale Gewaltenteilung, Der Staat 1978, S.169; ders., Grundrechte und Demokratie, Der Staat 1981, S.170, 따라서 사회국가의 한계도 사회국가에 내재적인 자유적 내용, 즉 인간의 존엄성과 자유에 기여하는 사회국가의 목적으로부터 스스로 나온다. 사회국가적 국가목표의 실현은 개인의 존엄성과 자유를 마비시키는 결과를 초래해서는 안 된다.

하는 출발점이다. 개인의 인간존엄성이 실현되고 유지되기 위해서는 또는 개인이 인격을 자유롭게 발현하기 위해서는 법적인 자유뿐만 아니라 개인적 자유의 행사를 비로소 가능하게 하는 사회적 상황 또는 인간다운 생존을 필요로 한다.[8] 이러한 의미에서 '사회정의의 실현'이란, 모든 국민이 자신의 자유를 실제로 행사할 수 있는 사회적 상황의 실현, 개인이 인격을 자유롭게 발현할 수 있는 사회적 조건의 형성을 의미한다. 따라서 사회국가란 모든 국민이 자신의 법적 자유를 각자 자력으로 실제로 행사할 수 있는 상태를 조성하는 국가, 개인의 인격발현 가능성에 있어서 사회 내에서의 실질적 기회균등을 위하여 노력해야 하는 국가이다.[9] 이로써 국민 누구나가 정의로운 것으로 받아들이는 사회질서의 형성을 통하여 사회적 평화와 사회적 통합을 촉진하고 확보하며, 나아가 개인이 사회와 국가에 대한 소속감을 가지고 스스로 적극적으로 사회와 국가의 형성에 참여하도록 하는 것도 사회국가원리의 목적이다.

나. 실질적인 자유와 평등의 실현

사회국가원리는 '법적 자유와 평등'의 보장을 넘어서 '실질적 자유와 평등'의 실현을 그 핵심적 내용으로 하는 국가원리이다. 사회국가에서 자유와 평등은 단지 형식적으로만 보장되어서는 아니 되고, 나아가 실질적으로 실현되어야 한다.[10] 인간은 '법적으로' 자유로울 뿐만 아니라 '법적인 자유를 행사할 수 있는 실질적 조건'을 갖춘 경우에만, 사실상 자유롭다.

형식적인 자유와 평등의 보장이란 법적인 자유와 평등의 보장을 의미하고, 이는 곧 누구나 법적인 자유를 행사할 수 있고 자유를 행사하는 법적 기회에 있어서 평등하다는 것을 의미한다. 그러나 개인의 능력과 적성이 서로 다르기 때문에 자유를 행사한 결과는 언제나 사회적 불평등과 상이한 경제적 결과로 나타난다. 법적으로 보장된 자유를 실제로 사용할 수 있는 가능성은 개인마다 일련의 사실적 상황에 의하여 다양한 정도로 제한되고 있으며, 자유의 행사를 가로막는 이러한 사실상의 상황은 개인의 법적 자

---

8) Vgl. Isensee, Wirtschaftsdemokratie-Wirtschaftsgrundrechte-soziale Gewaltenteilung, Der Staat 1978, S.169f.; Böckenförde, Grundrechtstheorie und Grundrechtsinterpretation, NJW 1974, S.1538; Stern, Staatsrecht, Bd.I, 1984, S.925, 930f.; Zippelius, Allgemeine Staatslehre, 1980, §27 I 1.; Benda, Der soziale Rechtsstaat, in; HbVerfR, 1994, §17 Rn.158.

9) 헌재 2002. 12. 18. 2002헌마52(저상버스 도입의무 불이행 위헌확인), 판례집 14-2, 904, 909, "사회국가란 한마디로, 사회정의의 이념을 헌법에 수용한 국가, 사회현상에 대하여 방관적인 국가가 아니라 경제·사회·문화의 모든 영역에서 정의로운 사회질서의 형성을 위하여 사회현상에 관여하고 간섭하고 분배하고 조정하는 국가이며, 궁극적으로는 국민 각자가 실제로 자유를 행사할 수 있는 그 실질적 조건을 마련해 줄 의무가 있는 국가이다."

10) 형식적 자유와 실질적 자유의 구분에 관하여 vgl. Murswiek, Grundrechte als Teilhaberechte, soziale Grundrechte, in: HbStR, Bd.V, 1992, §112 Rn.26ff.; Alexy, Theorie der Grundrechte, 1986, S.202ff.; Böckenförde, Die sozialen Grundrechte im Verfassungsgefüge, in: Böckenförde/Jekewitz/Ramm, Soziale Grundrechte, 1981, S.8f.

유의 보장을 공허한 것으로 만들 수 있다.

예를 들자면, 재산권보장이란 이미 개인이 재산을 가지고 있다는 것을 전제로 하여 이를 보호하는 것이지, 없는 재산권을 형성해 주는 기본권이 아니다. 그러므로 재산권이 없는 사람에게 재산권보장은 무의미하다. 직업의 자유도 선택하고 행사할 수 있는 직업이 있다는 것을 전제로 하여 직업이란 생활영역을 보호하는 것이므로, 직장을 구할 수 없는 상황에서 직업의 자유는 무의미하다.[11] 헌법상 '주거의 자유'도 주거를 가지고 있다는 것을 전제로 주거의 불가침성을 보장하고자 하는 것이므로, 주거가 없는 사람에게는 무의미하다. 따라서 오늘날의 사회국가는 소득의 재분배나 빈민에 대한 사회급부, 고용정책, 주택개발정책 등을 통하여 모든 국민이 재산권보장과 직업의 자유와 같은 법적 자유를 실제로 행사할 수 있는 '실질적 조건'을 마련해 주는 것을 국가의 중요한 과제로 삼고 있다.

평등의 경우에도 마찬가지이다. 인간은 자유를 행사할 수 있는 기회를 법적으로 평등하게 보장받을 뿐만 아니라 자유를 행사할 수 있는 실질적 기회에 있어서도 평등해야만, 사실상 평등하다고 할 수 있다. 사회 내에서 인격발현의 기회와 재산이 불평등하게 분배되어 있다면 법적인 평등의 보장은 큰 의미가 없기 때문에, 자유를 행사할 수 있는 사실상의 기회(가령, 교육, 직업과 재산에 접근할 수 있는 사실상의 기회)도 어느 정도 균등하게 배분되어야 한다(실질적 기회균등에 대한 요청). 형식적 평등이 '법 앞에서의 평등'이라면, 실질적 평등은 '법에 의한 평등'이다. 사회국가는 자유행사의 결과를 평준화하고자 하는 국가가 아니라, 자유행사의 실질적 기회균등을 꾀함으로써 누구나 자신의 인격을 자유롭게 발현할 수 있는 사실상의 조건을 형성해 주고자 하는 국가이다.

2. 헌법적 원칙으로서 사회국가원리

가. 국가기관을 구속하는 국가목표

사회국가원리는 단순히 정치적인 선언이나 헌법정책적인 방침이 아니라 모든 국가기관을 구속하는 헌법상의 기본원리이자 국가목표규정이다.[12] 사회국가원리는 사회정의의 실현을 위하여 사회의 모든 영역에 적극적으로 관여해야 할 국가기관의 의무를 부과하고 있다. 사회국가원리는 국가목표규정으로서, 국가행위에 지속적인 방향과 지침을 제시하고 국가기관에 대하여 그 내용의 실현을 요구한다. 그러므로 사회국가원리는 입법자에 의하여 지속적으로 실현되어야 하는 과제이자, 법규범의 해석과 적용에 있어서 법적용기관에 의하여 고려되어야 하는 지속적인 기준(해석지침)으로 작용한다.[13]

---

11) 마찬가지로 '직업교육장을 선택할 권리'를 보장하는 '직업선택의 자유'는 대학교육을 받을 경제적 능력이 없는 사람에게는 단지 공허한 기본권이다.

12) Vgl. Badura, Der Sozialstaat, DÖV 1989, S.493; Stern, Staatsrecht I, 1984, S.914f.

사회국가원리는 일차적으로 입법자를 구속한다.[14] 입법자는 입법을 통하여 사회국가원리를 실현해야 할 의무를 진다. 입법을 통하여 사회국가원리를 일차적으로 구체화하는 것은 입법자의 의무이다. 입법자는 사회법의 영역에서뿐만 아니라 법의 모든 영역에서 사회국가원리를 실현해야 한다. 가령, 사회법의 영역에서 사회보장제도, 근로자의 보호를 위한 입법(최저임금제나 일정 근로조건을 규정하는 근로기준법 등), 母性의 보호, 청소년근로의 보호 등을 예로 들 수 있다. 또한, 민법에서 임차인의 보호를 위한 주택임대차보호법, 신용대출이나 대기업과의 거래에서 소비자의 보호(약관의 규제에 관한 법률 등), 소송법에서 소송당사자의 기회균등, 소송구조제도, 국선변호인제도 등, 세법에서 누진세율제도, 경제적 약자에 대한 조세상의 혜택 등도 사회국가원리의 적용영역에 해당한다.

사회국가원리는 구속력 있는 헌법상의 국가원리로서 또한 행정과 사법도 구속한다. 행정과 사법은 법규범의 해석과 적용을 통하여 사회국가원리를 실현해야 한다.[15] 그러므로 행정청과 법원은 법규범을 해석·적용하고 재량권을 행사함에 있어서 사회국가원리를 해석의 기준이자 행위의 지침으로서 존중하고 고려해야 한다. 사회국가원리는 헌법의 해석 및 법률의 해석에 있어서 중요한 의미를 가진다. 특히 법률상의 불명확한 개념(불확정 법개념)은 사회국가의 정신에 비추어 해석되어야 한다.[16] 또한, 법률이 행정청에 재량을 부여하는 경우 행정청은 재량을 행사함에 있어서, 즉 국가행위를 해야 할 것인지 나아가 허용된 여러 조치 중에서 어떠한 조치를 선택할 것인지를 판단함에 있어서 사회국가원리를 고려해야 한다.

나. 자유권의 제한 및 차별대우를 정당화하는 헌법적 근거

(1) 법치국가와 사회국가의 충돌과 조화

법치국가가 '소극적인 현상유지'의 국가라면, 사회국가는 '적극적인 사회형성'의 국가이다. 법치국가는 '靜的인 국가원리'로서 획득한 재산이나 법적 지위의 유지, 즉 현재 상태의 유지를 요청한다면, 사회국가는 '動的인 국가원리'로서 변화하는 사회현상에 적응하고 사회정의의 실현을 위하여 적극적으로 사회를 형성할 것을 요청한다. 법치국가원리가 국가에 대하여 가능하면 공권력의 행사에 있어서 국민의 자유와 권리를 존중할

---

13) Vgl. Badura, Der Sozialstaat, DÖV 1989, S.493.

14) Vgl. BVerfGE 22, 180, 204; 59, 231, 263.

15) Vgl. Stern, Staatsrecht I, 1984, S.916f.

16) 가령, 민법 제103조의 공서양속조항(반사회질서의 법률행위)은 "선량한 풍속 기타 사회질서에 위반한 사항을 내용으로 하는 법률행위는 무효로 한다."고 규정하고 있다. 무엇이 공서양속이고 기타 사회질서인지를 판단함에 있어서 사회국가원리는 해석의 기준으로서 의미를 가질 수 있다. '현저하게 사회정의에 반하는 법률행위'는 헌법적 가치결정에 비추어 공서양속에 반하는 것으로 무효이다. 뿐만 아니라, 사회법상의 불확정 법개념의 의미를 규명함에 있어서도 사회국가원리는 해석의 기준으로서 중요한 의미를 가진다.

것을 요청하는 것이라면, 사회국가원리는 국가에 대하여 정의로운 사회질서의 형성을 위하여 적극적으로 개입할 것을 요청하고, 경우에 따라서는 개인의 자유를 제한할 것을 요청한다. 이러한 점에서 사회국가원리는 개인의 자유에 대한 제한을 정당화하는 헌법적 근거로서 또는 개인 간의 차별대우를 정당화하는 헌법적 근거로서 기능한다.

한편, 모든 국가행위는 사회국가적 목표를 실현함에 있어서 법치국가원리를 준수해야 한다. 즉, 사회국가를 실현하고자 하는 국가의 활동은 법치국가적 원칙과 형식에 따라 이루어져야 한다. 따라서 국가는 입법과 행정을 통하여 사회국가적 의무를 이행함에 있어서 개인의 자유권을 과잉으로 제한하거나 평등원칙에 위반해서는 안 되며, 법치행정의 원리(법률의 우위 및 유보의 원칙), 법치국가적 절차에 대한 요청 및 권리구제절차의 보장을 준수해야 한다.

(2) 자유권의 제한을 정당화하는 헌법적 근거

헌법이 사회국가원리를 도입함에 따라, 국민의 다수가 기본권적 자유를 실제로 행사하기 위하여 필요한 기본적인 조건을 마련하고 유지할 의무가 국가에게 부과되었고, 이는 개인과 개인의 기본권적 자유와 그의 실현가능성이 양립할 수 있도록 그에 필요한 규율과 간섭을 할 수 있는 국가의 권한을 의미한다.[17] 입법자가 개인의 자유권을 제한하는 경우 공익상의 사유로 정당화되어야 하는데, 특히 사회국가원리는 이러한 자유의 제한을 정당화하는 헌법적 근거로서 고려된다.[18] 즉, 입법자가 개인의 자유를 제한하기 위해서는 정당한 입법목적을 가져야 하는데, 사회국가원리는 이러한 정당한 입법목적을 제공하는 헌법적 근거로 작용하는 것이다. 헌법 제37조 제2항의 '공공복리'의 핵심적인 부분이 바로 사회국가적 동기에 기인하는 공익적 사유이다.[19]

(3) 차별대우를 정당화하는 헌법적 근거

한편, 평등원칙의 위반여부를 심사하는 과정에서 사회국가원리는 차별대우를 정당화하는 헌법적 근거로 고려될 수 있다.[20] 입법자가 본질적으로 같은 것을 달리 취급하여

---

17) Vgl. Böckenförde, Grundrechtstheorie und Grundrechtsinterpretation, NJW 1974, S.1538.

18) 예컨대, 임대인과의 관계에서 사회적 약자인 임차인의 보호를 위하여 입법자는 '주택임대차보호법'에서 최소한의 임대차기간을 정함으로써 주택임대차계약을 체결하는 자유를 제한할 수 있다. 또는 대기업과의 관계에서 경제적 약자인 소비자의 결정권을 보호하기 위하여 '약관의 규제에 관한 법률'을 제정하는 방법으로 불공정한 내용의 약관을 규제함으로써 대기업의 계약의 자유를 제한할 수 있다.

19) 한편, 사회국가원리와 이를 구체화하는 헌법규범 사이에는 일반・특별의 관계가 존재하므로, 사회국가원리를 구체화하는 다른 개별적 헌법규범이 존재한다면, 일반적인 사회국가원리가 아니라 보다 구체화된 내용을 가진 헌법규범이 일차적으로 기본권의 제한을 정당화하는 근거로서 고려되어야 한다.

20) 헌법 제32조 제4항은 "여자의 근로는 특별한 보호를 받으며"라고 규정함으로써 근로영역에서의 여성에 대한 차별금지를 넘어서 여성에게 유리한 차별을 허용하고 있으며, 헌법 제32조 제5항에서도 "연소자의 근로는 특별한 보호를 받는다."라고 규정하여 마찬가지로 연소자에게 유리한 차별을 허용하고 있다. 헌법 제34조도 사회보장의 범주 내에서 사회적 약자를 위한 차별을 허용하고(제2항), 사회적・경제적 약자인 여자, 노인, 청소년, 신체장애자, 생활능력이 없는 국민 등에 대하여 유리한 차별을 허용하는 조항이다(제3항, 제4항 및 제5항).

차별적으로 규율하는 경우, 사회국가원리는 차별대우를 정당화하는 합리적인 이유로서 고려된다.[21] 가령, 사회보험에서 보험위험이 동일함에도 소득에 따라 보험료를 달리 산정한다면, 이러한 경우 차별대우를 정당화하는 합리적인 이유로서 사회국가원리가 고려될 수 있다.

Ⅲ. 사회국가원리와 사회적 기본권

1. 사회국가원리의 헌법적 수용방식으로서 사회적 기본권

사회국가원리를 헌법에 수용하는 방법에는 일반적으로 두 가지 유형이 있다. 하나의 유형은 대표적으로 독일의 기본법 제20조 제1항이 규정하는 바와 같이, "독일 연방공화국은 민주적, 사회적 연방국가이다."라는 형식으로 사회국가원리를 하나의 일반조항으로만 규정하고 헌법차원에서 더 이상 구체화하지 않는 방법이고, 또 다른 하나의 유형은 한국헌법처럼 헌법규정에서 사회국가원리를 명시적으로 언급하고 있지는 않지만, 사회국가원리의 구체화된 여러 표현을 통하여 사회국가원리를 수용하는 방법이다.

헌법은 무엇보다도 사회적 기본권을 통하여 사회국가원리를 수용하고, 동시에 사회국가원리의 내용을 구체화하고 있다.[22] 사회적 기본권은 우리 헌법에서 사회국가원리의 가장 중요하고도 뚜렷한 표현으로서, 헌법은 사회적 기본권을 통하여 '사회 전반에 대한 국가의 책임'을 표현하고 있다. 우리 헌법은 사회적 기본권 외에도 헌법의 前文[23] 및 정의로운 경제질서의 형성을 위하여 국가에게 적극적인 개입을 요청하는 일련의 경제조항(헌법 제119조 제2항 이하), 기본권의 사회적 구속성[24] 등을 통하여 사회국가원리를 수용하고 있다.

---

21) 헌재 2000. 6. 29. 99헌마289(의료보험통합), 판례집 12-1, 913, 955, "조세나 보험료와 같은 공과금의 부과에 있어서 사회국가원리는 입법자의 결정이 자의적인가를 판단하는 하나의 중요한 기준을 제공하며, 일반적으로 입법자의 결정을 정당화하는 헌법적 근거로서 작용한다. 특히 경제적 약자나 중소기업에 대한 조세감면혜택 등과 같이 사회정책적 고려에 기초한 차별대우가 자의적인가를 판단하는 경우에 사회국가원리는 입법자의 형성권을 정당화하는 하나의 헌법적 가치결정을 의미한다."

22) Vgl. Böckenförde, Die sozialen Grundrechte im Verfassungsgefüge, in: Soziale Grundrechte, 1981, S.15; Badura, Das Prinzip der sozialen Grundrechte und seine Verwirklichung im Recht der BRD, Der Staat 1975, S.27; Lücke, Soziale Grundrechte als Staatszielbestimmungen und Gesetzgebungsaufträge, AöR 107(1982), S.43ff.

23) 헌법전문에서 "정치·경제·사회·문화의 모든 영역에서 각인의 기회를 균등히 하고", "국민생활의 균등한 향상을 기하고"라고 언급함으로써, 국민들 간의 전반적인 사회적 조정을 통하여 실질적인 자유와 평등을 실현해야 할 국가의 의무를 강조하고 있다.

24) 국가가 사회정의를 실현하기 위하여 불가피하게 개인의 자유를 제한하는 경우에 이를 수인해야 한다는 '기본권의 사회적 구속성'은 공공복리의 실현을 위하여 재산권과 자유가 제한될 수 있다는 것을 규정하는 헌법 제23조 제2항 및 제37조 제2항에서 표현되고 있다.

2. 수용방식에 따른 차이점

사회국가원리의 본질적인 특성은 사회국가의 개방성에 있다.[25] 사회국가원리는 국가의 목표로서 '사회정의의 실현'만을 요청할 뿐, 정의로운 사회질서가 어떠한 방법과 수단을 통하여 구체적으로 실현되어야 하는지에 관하여는 원칙적으로 개방적인 입장을 취하고 있다. 사회국가원리는 정의로운 사회질서를 형성하기 위하여 어떠한 조치가 필요한지의 문제를 의회민주주의에서 일차적으로 사회형성의 관할권을 갖는 입법자의 정치적 결정에 위임하고 있다. 국가가 실현해야 하는 다양한 과제와 목표 중에서 우선순위를 결정하고 국가과제 간의 상호관계를 결정하는 것은 입법자의 과제이다.[26] 사회국가의 구체적 형성은 민주적 의사형성의 개방적 절차에 맡겨져야 한다. 따라서 사회국가원리는 실현되기 위하여 입법자에 의한 구체적 형성행위이자 사회형성의 도구로서 '법률'을 필요로 한다. 사회국가원리의 개방성과 추상성 때문에 그로부터 특정한 사회정책이나 경제정책을 헌법적 요청으로 도출하는 것이 원칙적으로 불가능하다.[27] 이러한 점에서, 사회국가원리로부터 국가의 특정한 의무나 이에 대응하는 개인의 주관적 권리를 원칙적으로 도출할 수 없다.[28] 사회국가원리를 일반조항으로만 규정하는 경우, 그 구체적 내용에 관하여 불확실성이 존재하고 이로써 전적으로 헌법해석을 통하여 그 의미를 밝혀야 한다는 측면이 있지만, 다른 한편으로는 그의 일반·추상성으로 인하여 수시로 변화하는 사회적 요청에 부응할 수 있고 이를 위하여 필요한 모든 조치를 취할 수 있는 개방성과 유연성의 장점이 있다.[29]

이에 대하여 사회국가원리의 구체화된 헌법적 표현으로서 사회적 기본권 및 경제조항은 입법자에게 보다 구체적인 내용의 의무를 부과하고 있으나, 바로 이러한 구체성 때문에 헌법 개정을 통하여 사회현상의 끊임없는 변화에 적응되어야 하고, 그 결과 사회국가원리가 제공하는 개방성을 어느 정도 상실한다는 단점이 있다.[30] 우리 헌법에서 사회적 기본권과 경제조항의 목록이 점진적으로 확충되어 온 것은 바로 이러한 이유에 근거한다. 반면에, 사회적 기본권은 일정 사회영역과 관련하여 구체적인 헌법적 의무와

---

25) Vgl. BVerfGE 22, 204.
26) 헌재 1999. 11. 25. 98헌마55(금융소득분리과세), 판례집 11-2, 593, 610-611 참조.
27) Vgl. W. Weber, Die verfassungsrechtlichen Grenzen sozialstaatlichen Forderungen, Der Staat 1965, S.433
28) 사회국가원리는 객관적 국가목표로서 그 자체로서 개인의 급부청구권의 근거가 될 수 없으나, 다만, 인간존엄성조항이 보장하고자 하는 바가 무엇인지를 해석함에 있어서 해석의 기준으로 고려됨으로써 인간의 존엄성 및 생명권과의 연관관계에서 예외적으로 '최저생계를 보장해야 할 의무'가 구체적인 의무로서 도출될 수 있고, 이에 대응하여 '최저생계의 보장을 요구할 수 있는 권리'가 예외적으로 인정될 수 있다.
29) Vgl. W. Rüfner, Leistungsrechte, in: HbGR, Bd.II, 2006, §40 Rn.19ff.
30) Vgl. Lücke, Soziale Grundrechte als Staatszielbestimmungen und Gesetzgebungsaufträge, AöR 107(1982), S.42ff.

과제를 부과함으로써 사회국가원리와 비교할 때 국가기관, 특히 입법자를 보다 강하게 구속하는 성격을 가지고 있다. 입법위임으로서의 사회적 기본권의 성격은 개인에게 입법자의 사회적 기본권 실현의무에 대응하는 주관적 권리를 발생시킴으로써 경우에 따라 헌법소원의 형태로 그 실현여부를 다툴 수 있는 가능성을 제공하고, 입법위임의 이행여부에 대한 헌법재판소의 심사를 가능하게 한다.[31)]

Ⅳ. 사회적 기본권의 구조적 특징 및 개념

1. 사회적 기본권의 구조적 특징

가. 자유권적 기본권의 특징[32)]

자유권은 그 기능에 있어서 일차적으로 대국가적 방어권으로서 개인의 자유영역에 대한 국가의 부당한 침해를 배제한다. 자유권은 국가가 개인의 자기결정의 영역을 단지 존중하고 침해하지 않음으로써 보장되는 소극적 성격을 가지고 있다. 자유권은 본질적으로 국가의 강제와 간섭으로부터의 자유, 국가로부터의 자유를 의미한다. 그러므로 자유권은 국가로부터 부당한 침해행위를 하지 말 것을 요구하는 不作爲請求權이다. 원칙적으로 개인은 자유권을 행사하기 위하여 입법자에 의한 매개를 필요로 하지 않는다. 자유권적 기본권은 그 자체로서 직접 효력을 가지는 제소가능한 주관적 공권으로서, 단순히 존재함으로써 그 자체로서 국가행위에 대한 방어적 기능을 하게 된다.

자유권적 기본권의 기본사고는 개인의 자유영역을 국가 이전에 존재하는 것으로 이해하여 원칙적으로 무제한적인 것으로 간주하는 반면, 이에 대하여 개인의 자유영역을 제한하는 국가의 권한은 원칙적으로 제한적이라고 하는 것이다. 이로써, 자유권적 기본권은 개인의 자유영역을 제한하는 국가의 행위에 대하여 특별한 정당성을 요청한다. 이러한 자유권의 성격과 구조에 부합하는 헌법적 심사기준이 바로 과잉금지원칙이다. 과잉금지원칙은 자유권이 그의 자유보장기능을 이행하기 위하여 필수적인 헌법적 요청으로서, 이미 자유권의 본질에 내재하는 것이다.

나. 국가로부터 作爲를 요구하는 그 외의 기본권의 공통적 특징

국가로부터 부작위를 요구하는 기본권인 자유권과는 달리, 국가로부터 작위를 요청하는 그 외의 기본권은 근본적으로 다른 구조와 특징을 가지고 있다. 참정권·청구권적 기본권·사회적 기본권은 특정한 생활영역을 보호하기 위하여 기본권을 제한하는 입법

31) Vgl. Böckenförde, Die sozialen Grundrechte im Verfassungsgefüge, in: Soziale Grundrechte, 1981, S.14f.

32) 이에 관하여 상세하게 한수웅, 헌법학, 2012, 484면, 592면 이하 참조.

을 금지하는 것이 아니라, 국민에 의하여 구체적 권리로서 행사되기 위하여 오히려 입법자에 의한 입법을 필요로 한다.[33] 이러한 기본권의 경우 입법자의 입법은 본질적으로 기본권의 실현을 위한 국가행위로서 기본권에 우호적인 입법이다.[34] 가령, 재판의 관할을 정하고 재판의 절차를 규정하는 법원조직법이나 개별소송법 없이는 국민이 헌법 제27조의 '재판청구권'을 행사할 수 없고, 누가 선거를 할 수 있는지에 관하여 선거연령 등 선거권의 행사범위를 정하고 비례대표제 또는 다수대표제 등 구체적인 선거의 절차와 방법을 정하는 선거법의 규율 없이는 국민은 헌법 제24조의 '선거권'을 행사할 수 없으며, 생계보조비의 지급을 규정하는 입법자의 법률 없이는 국민은 헌법 제34조의 '인간다운 생활을 할 권리'를 행사할 수 없다. 국민이 기본권을 실제로 행사하기 위하여 입법자의 입법에 의존하고 있다는 점에 바로 이러한 성격의 기본권의 특성과 본질이 있는 것이며, 자유권을 제한하는 경우와 비교할 때 이러한 기본권을 형성함에 있어서는 입법자에게 보다 광범위한 형성의 자유가 주어지는 것이다.

입법을 통하여 비로소 국민이 헌법상 보장된 기본권을 실제로 행사할 수 있고 추상적인 헌법의 보장내용이 구체적 권리로 형성되는 경우에는 기본권과 국가행위 사이에 자유권에서 전제되는 '원칙과 예외의 관계'가 존재하지 아니한다. 가령, 헌법 제27조의 재판청구권의 경우, 국민이 모든 법적 분쟁의 경우에 무한한 심급을 통하여 아무런 제소기간의 제한 없이 모든 형태의 재판을 청구할 수 있는 권리가 원칙적으로 보장되는 것이 아니며, 소송법에 의한 입법자의 규율이 재판청구권에 대한 예외적 제한이 아닌 것이다. 마찬가지로 사회적 기본권의 경우에도 사회적 기본권의 실현을 위한 모든 국가적 행위와 급부를 요구할 수 있는 것이 원칙이고 사회입법에 의한 규율이 이에 대한 제한이 아니라, 사회적 기본권은 입법자의 구체적 형성에 의하여 비로소 실현되고 보장되는 것이다.

그러므로 자유권의 본질과 구조인 '원칙과 예외의 관계'는 위와 같은 성격의 기본권에서는 존재하지 않는다. 따라서 여기서 제기되는 헌법적 문제는 입법자에 의한 제한이 과잉제한인지의 문제가 아니라 입법자에 의한 구체적인 형성이 헌법상 부여된 형성권의 범위를 일탈하였는지의 여부이다. 법률의 위헌심사는 '입법자가 기본권보장의 정신에 부합하게 구체적으로 형성하였는지'를 판단하는 심사를 의미하며, 여기서 기본권위반의 심

33) 우리 헌법도 기본권을 규정함에 있어서 규정형식에 차이를 둠으로써 자유권과 그 외의 기본권 사이에 존재하는 이와 같은 근본적인 차이를 명시적으로 표현하고 있다. 자유권의 경우 입법자의 입법을 필요로 함이 없이 그 존재 자체로서 국가의 부당한 행위를 배제하는 주관적 공권으로서 완전한 기능을 하기 때문에, 헌법은 자유권의 규정형식으로서 단지 "모든 국민은 … 자유를 가진다." 또는 "모든 국민은 … 자유를 침해받지 아니한다."는 표현을 사용하고 있다. 이에 대하여 헌법은 참정권, 청구권, 사회적 기본권의 경우에는 규정형식으로 "법률이 정하는 바에 의하여", "법률이 정하는" 또는 "법률에 의한" 등의 표현을 사용함으로써 자유권과는 달리 입법자에 의한 구체적 형성을 필요로 한다는 것을 분명히 밝히고 있다.

34) 이에 대하여, 입법자가 자유권의 영역에서 입법을 한다면, 이는 원칙적으로 자유권에 우호적인 입법이 아니라 자유권을 제한하는 입법이다.

사는 기본권보장의 기본정신과 이와 상충하는 다른 법익(공익 및 제3자의 법익)과의 법익형량의 문제로 귀결된다.

다. 사회적 기본권의 특징

사회적 기본권은 그 본질상 입법자에 의한 구체적인 형성, 즉 입법자에 의한 실현에 의존하고 있다.[35] 사회적 기본권은 그 자체로서 개인에게 국가로부터 구체적인 급부를 요구할 수 있는 권리를 부여하지 않는다.[36] 교육을 받을 권리, 근로의 권리, 인간다운 생활을 할 권리 등은 그 자체로서 집행될 수 없다. 사회적 기본권은 급부제공의 조건과 범위를 규율하고 그에 필요한 재정을 확보하는 법률에 의한 구체화와 형성을 필요로 한다. 개인은 사회적 기본권을 근거로 해서는 국가로부터 원칙적으로 아무 것도 요구할 수 없으며, 입법자가 법률로써 '누가 어떠한 조건 하에서 무엇을 요구할 수 있는지'에 관하여 구체적으로 형성한 경우에 비로소 국가로부터 특정한 급부를 요구할 수 있다. 이러한 점에서 사회적 기본권은 헌법에 보장된 것만으로는 불완전하고, 입법자가 사회적 기본권을 실현하는 입법을 함으로써 비로소 구체적인 권리로 형성된다. 즉, 사회적 기본권은 그 본질상 구체적 권리가 되기 위하여 사전에 입법에 의한 구체적 형성을 필요로 하는 것이다.[37] 사회적 기본권은 입법자의 활동에 의하여 비로소 구체화되고 실현되기 때문에, 사회적 기본권으로부터 원칙적으로 사법적으로 관철할 수 있는 개인의 주관적인 권리가 나오지 않는다.

라. 사회적 기본권과 다른 기본권의 차이점

사회적 기본권을 다른 기본권과 구분하는 근본적인 특징은, 사회적 기본권의 보장이 국가의 경제적 급부능력에 의존하고 있다는 점이다.[38] 국가의 급부능력은 사회적 기본권의 실현을 위한 사실적 전제조건이다. 사회국가는 '급부국가'이고, 국가는 받은 것 없이는 아무 것도 제공할 수 없다는 점에서 급부국가는 국민의 擔稅能力에 의존하는 '조

---

35) Vgl. Murswiek, Grundrechte als Teilhaberechte, soziale Grundrechte, in: HbStR, Bd.V, 1992, §112 Rn.50; Böckenförde, Die sozialen Grundrechte im Verfassungsgefüge, in: Soziale Grundrechte, 1981, S.10; Isensee, Verfassung ohne soziale Grundrechte, Der Staat 1980, S.373.

36) 가령, 헌법 제32조 제1항에 규정된 '근로의 권리'는, 개인이 국가로부터 '직장을 제공해 줄 것을 요구할 수 있는 개인의 주관적 권리'가 아니다. 헌법 제32조 제1항의 '근로의 권리'는 같은 조 제1항 제2문에서 스스로 구체화하고 있듯이, 사회적·경제적 방법으로 고용증진을 해야 할 국가의 의무, 즉 '상대적 완전고용'을 실현하기 위하여 그에 필요한 경제적·사회적 조건을 형성해야 할 국가의 의무를 뜻한다.

37) 헌재 1995. 7. 21. 93헌가14, 판례집 7-2, 1, 30-31; 헌재 2004. 10. 28. 2002헌마328(2002년 최저생계비 고시), 공보 제98호, 1187, 1191, "헌법 제34조 제1항이 보장하는 인간다운 생활을 할 권리는 사회권적 기본권의 일종으로서 인간의 존엄에 상응하는 최소한의 물질적인 생활의 유지에 필요한 급부를 요구할 수 있는 권리를 의미하는데, 이러한 권리는 국가가 재정형편 등 여러 가지 상황들을 종합적으로 감안하여 법률을 통하여 구체화할 때에 비로소 인정되는 법률적 권리라고 할 것이다."

38) Vgl. Murswiek, Grundrechte als Teilhaberechte, soziale Grundrechte, in: HbStR, Bd.V, 1992, §112 Rn.57f.

세국가'이다. 사회적 기본권은 국가가 제공하는 급부의 배분 및 급부에의 참여에 관한 것으로, 국가재정상 현실적으로 가능한 것의 유보(財政留保) 및 다른 국가과제와의 조정 및 우선순위결정의 유보(計劃留保) 하에서만 헌법적으로 보장될 수 있다.[39] 그러나 사회국가를 실현하는 기본권과는 달리, 법치국가나 민주주의를 실현하는 기본권의 경우에는 국가과제의 실현에 관한 문제가 아니기 때문에, 국가의 재정능력의 한계나 다른 국가과제와의 조정의 문제가 발생하지 않는다. 자유권의 보장은 그 자체로서 국가에 대하여 비용을 유발하지 않는다. 또한, 재판청구권 등 청구권적 기본권은 법치국가를 실현하기 위한 기본권으로서, 선거권 등 참정권은 민주주의를 실현하기 위한 기본권으로서 근본적으로 별도의 비용을 유발하지 않는다.

사회적 기본권과 다른 기본권의 또 다른 근본적인 차이는 기본권을 司法的으로 관철할 수 있는 가능성의 차이에 있다. 청구권적 기본권과 선거권도 사회적 기본권과 마찬가지로, 개인이 기본권을 행사하기 위해서는 입법자에 의한 사전적 형성을 필요로 한다. 그러나 사회적 기본권의 경우 사법적 심사를 위한 규범적 기준이 존재하지 않기 때문에 사회적 기본권을 사법적으로 관철할 수 있는 가능성이 매우 제한적인 반면,[40] 청구권적 기본권이나 선거권의 경우에는 헌법적으로 비교적 명확한 사법적 심사기준이 존재하고, 입법자가 기본권을 구체적으로 형성함에 있어서 헌법에 의하여 제시되는 지침을 준수하였는지 여부의 판단에 의하여 사법적 심사가 이루어지기 때문에, 청구권적 기본권이나 선거권은 사법적으로 광범위하게 관철될 수 있다.[41]

2. 개념

사회적 기본권의 개념은 사회적 기본권의 헌법적 의미와 목적, 기능의 관점에서 밝혀져야 한다. 따라서 사회적 기본권의 개념을 파악하기 위한 선행 작업으로서, 사회적 기본권의 헌법적 이념, 즉 사회적 기본권을 헌법에 수용한 이유와 의미를 이해하는 것은 불가피하다. 사회국가가 그 국가적 성격에 있어서 사회정의의 이념을 헌법에 수용한

39) 급부는 국가의 제한된 재정능력 및 실현을 요청하는 다양한 국가과제의 관점에서 오로지 계획된 급부로만 가능하다. 사회국가의 핵심적 문제는 다양한 국가과제를 인식하고 조화시키고 우선순위를 결정하는 데 있다.

40) 이에 관하여 상세한 것은 아래 V. 3. 부분의 서술내용을 참조할 것.

41) 헌법은 제24조에서 선거권의 구체적 내용을 입법을 통하여 형성하도록 입법자에게 위임하고 있다. 그러나 입법자의 형성권은 무제한적인 것이 아니라, 민주주의원리를 비롯한 헌법규범에 의하여 제한된다. 헌법은 무엇보다도 제41조 제1항 및 제67조 제1항에서 보통·평등·직접·비밀선거의 일반적 선거원칙을 규정함으로써 입법자가 준수해야 할 지침을 제시하고 있다. 입법자는 선거관련입법을 통하여 국민의 선거권을 구체적으로 형성함에 있어서 헌법상의 선거원칙을 준수하고 실현해야 한다. 마찬가지로, 청구권적 기본권도 입법자에 의한 구체화와 실현에 의존하고 있지만, 입법자의 형성권은 무제한적인 것이 아니라 청구권적 기본권을 보장한 헌법적 결정(헌법적 정신)에 의하여 제한되고 구속을 받는다. 입법자는 청구권적 기본권을 구체적으로 형성함에 있어서 이러한 기본권을 보장한 헌법의 정신과 가치결정을 존중하고 준수해야 하는 의무를 진다. 가령, 헌법이 재판청구권을 규정한 목적은 효과적인 권리보호를 보장하고자 하는 것이다. '효과적인 권리보호의 요청'은 재판청구권의 객관적 가치결정이자 헌법적 정신으로서, 입법자가 재판청구권을 입법을 통하여 구체적으로 형성함에 있어서 입법자를 구속하는 헌법적 지침이다.

국가이며 사회정의의 실현을 목표로 하는 국가라면, 사회국가원리의 구체화된 헌법적 표현인 사회적 기본권도 우리 헌법 내에서 사회정의의 실현을 위한 수단이자 구체적인 구조적 계획이다. 사회국가가 추구하는 '사회정의의 실현'이란 무엇보다도 국민 누구나 법적인 자유를 실제로 행사할 수 있는 사회적 상황의 실현을 의미하는 것이다.

자유권은 헌법적으로 보장된 자유를 행사할 수 있는 사실상의 가능성을 가지지 못한 자에게는 내용적으로 공허하고 무의미하다. 바로 이러한 관점에서 사회적 기본권은 자유를 행사할 수 있는 사실상의 조건을 형성하고 자유행사에 있어서 실질적인 기회균등을 꾀함으로써 자유를 실현하고자 하는 것이다. 사회적 기본권이 없이는, 진정한 자유는 존재하지 않는다. 오늘날 진정한 자유의 보장은 국가권력으로부터 개인의 자유를 보호하는 자유권, 즉 '국가로부터의 자유'뿐만 아니라, 개인의 자유행사의 실질적인 조건을 형성하고 유지하여야 할 국가의 적극적인 활동, 즉 '국가에 의한 자유'도 필요로 한다. 헌법이 기본권 부분에 자유권적 기본권과 사회적 기본권을 함께 규정한 것은, '법적 자유'와 '실질적 자유'라는 자유의 두 가지 의미 또는 자유보장을 위한 2가지 불가결한 요소를 표현하고자 한 것이다.[42]

사회적 기본권은 오늘날 개인이 국가의 도움 없이는 더 이상 자신의 자유를 실현할 수 없다는 인식에 기초하고 있다. 현대 산업사회의 조건 하에서 개인은 자유를 행사하기 위한 사회적·경제적 조건을 스스로 형성할 수 없기 때문에, 국민 다수의 실질적 자유는 그 생존에 있어서 국가의 급부와 활동에 의존하고 있다.[43] 형식적·법적 자유는 스스로 존재하고 단순히 존재하는 것만으로 기능하는 반면, 자유행사의 실질적 가능성을 의미하는 실질적 자유는 스스로 존재하지 않으며 국가에 의하여 비로소 형성되어야 한다. 오늘날 국민 다수의 중요한 경제적·사회적 생활근거는 '고용된 직장'과 '교육'이라는 점에서, 개인의 이러한 생활근거는 국가에 의하여 형성되고 제공되어야 한다. 따라서 국가는 자유실현의 사실적·사회적 조건을 형성해야 할 책임과 의무를 지며, 바로 사회적 기본권은 그 핵심에 있어서 자유를 행사하기 위한 사회적 조건을 보장하고자 하는 것이다.

가령, 직업선택의 자유와 자유로운 인격발현의 자유는 이를 실제로 행사할 수 있는 사회적·경제적 조건으로서 대량실업의 방지와 상대적 완전고용의 실현을 요청한다. 대량실업을 방지하여 국민에게 일자리를 제공해야 하는 사회국가적 목표('근로의 권리')는 자유로운 인격발현과 직업의 자유를 행사하기 위한 실질적 조건이다. 또한, 직업선택의 자유와 자유로운 인격발현의 자유는 이를 실제로 행사할 수 있는 조건으로서 누구나

42) Vgl. Badura, Das Prinzip der sozialen Grundrechte und seine Verwirklichung im Recht der Bundesrepublik Deutschland, Der Staat 1975, S.23f., 45.

43) Vgl. Murswiek, Grundrechte als Teilhaberechte, soziale Grundrechte, in: HbStR, Bd.V, 1992, §112 Rn.29.

능력에 따라 균등하게 교육을 받을 수 있는 사회적 상황의 형성('교육을 받을 권리')을 요청한다. 교육이란 헌법상 보장된 개인의 자유를 행사하기 위한 필수적 요건에 속한다. 직업의 자유를 행사하기 위하여 그 전제조건으로서 직업교육을 비롯한 교육을 받아야 하며, 나아가 직업행사와 관계없이 전반적으로 인격을 자유롭게 발현하고 자기결정권을 의미 있게 행사하기 위해서도 최소한의 지식과 교양을 갖추어야 한다. 뿐만 아니라, 인간다운 생존이 비로소 개인적 자유의 행사를 가능하게 하기 때문에, '인간다운 생활을 할 권리'는 사회보장을 비롯하여 사회적·경제적 약자를 보호하고 지원해야 할 국가의 적극적 활동을 요청한다. '혼인과 가족생활의 자유'는 이를 실제로 행사할 수 있는 조건으로서 국가가 혼인과 가족생활로 인하여 발생하는 특별한 부담을 조정하고 지원할 것을 요청한다.

이러한 관점에서 헌법상 보장된 사회적 기본권은 자유권을 실제로 행사하기 위한 사실적 조건을 형성해야 할 국가의 의무를 기본권의 형태로 수용한 것이다. 사회적 기본권을 개인의 관점에서 주관적으로 정의하자면, 사회적 기본권이란, 국민 누구나 법적으로 보장된 자유를 행사할 수 있도록 국가에 대하여 그 실질적 조건을 형성하는 적극적인 행위(사실적 급부나 국가의 규범제정행위와 같은 규범적 급부)를 요구할 수 있는 권리이다.

V. 사회적 기본권의 법적 성격

1. 학계의 견해

사회적 기본권의 법적 성격에 관한 학계의 견해는, 국가에 대하여 司法的으로 관철할 수 있는 개인의 주관적 측면을 강조하는지 아니면 사회적 기본권에 의하여 부과된 국가의 의무적 성격을 강조하는지에 따라, 크게 주관설과 객관설로 나누어 볼 수 있다.

가. 客觀說

(1) 프로그램설

프로그램설에 의하면, 사회적 기본권은 실현되기 위하여 그 내용을 구체화하는 입법자의 법률을 예정하고 있으므로, 사회적 기본권은 재판상 청구할 수 있는 구체적인 권리가 아니라 단지 입법자의 입법방향을 제시하는 선언적 규정, 즉 사회적 기본권의 실현에 관한 구속력 없는 국가의도의 선언에 불과하다. 이로써 사회적 기본권은 국가기관을 구속하는 헌법적 의무가 아니라 단지 정치적·도덕적 의무에 지나지 않는다. 그러나 모든 헌법규범이 국가기관을 구속하는 규범력을 가진다는 점에서 볼 때, 프로그램설은 오늘날 이미 극복된 이론에 속한다.[44]

(2) 객관적 규범설

객관적 규범설은 사회적 기본권을 개인의 주관적 권리가 아니라 사회적 기본권을 실현해야 할 국가의 목표나 의무를 부과하는 객관적 규범(국가목표조항, 헌법위임이나 입법위임 등)으로 이해하는 견해이다.[45] 객관적 규범설은, 개인이 사회적 기본권을 구체화하는 입법을 통하여 비로소 사회적 기본권을 행사할 수 있다는 점에서는 프로그램설과 견해를 같이 하나, 프로그램설과는 달리 국가기관을 구속하는 법적 구속력을 가지는 헌법규범으로 이해한다는 점에서, 프로그램설과 근본적인 차이가 있다.

나. 主觀說(權利說)

권리설이란, 사회적 기본권이 헌법에 '권리'의 형식으로 규정되어 있기 때문에 개인의 주관적 권리로서 이해해야 한다는 입장이다. 과거에는 추상적 권리설이 다수설이었으나, 현재는 구체적 권리설이 지배적 견해로 자리 잡은 것으로 보인다.

(1) 추상적 권리설

추상적 권리설은 개인이 헌법상의 규정인 사회적 기본권을 직접 행사할 수는 없고 사회적 기본권을 행사하기 위해서는 사회적 기본권을 구체화하는 법률이 제정되어야 한다고 한다. 추상적 권리설은 입법자의 법률 없이는 사회적 기본권이 구체적 권리가 될 수 없다는 점에 있어서는 객관설과 실질적인 차이가 없으나, 헌법에서 사회적 기본권을 권리로 규정하고 있기 때문에 사회적 기본권은 법적 권리로서의 성격을 가지며, 입법자의 활동에 의하여 비로소 구체화되는 권리라는 의미에서 사회적 기본권을 '추상적 권리'로 이해하고 있다.

(2) 구체적 권리설

구체적 권리설은 입법 없이는 개인의 구체적인 급부청구권이 존재하지 않는다는 의미에서 사회적 기본권의 법적 성격을 근본적으로 추상적 권리로 파악하나,[46] '추상적 권리설'과는 달리 사회적 기본권의 내용을 구체화하는 입법이 존재하지 않거나 불충분한 경우에는 사회적 기본권의 실현여부를 소송을 통하여 다툴 수 있다는 것이고, 바로 이러한 점에서 사회적 기본권을 '구체적 권리'로 이해한다.[47] 추상적 권리설과 비교할

---

44) Vgl. Lücke, Soziale Grundrechte als Staatszielbestimmungen und Gesetzgebungsaufträge, AöR 107(1982), S.27.

45) 가령, 한수웅, "헌법소송을 통한 사회적 기본권실현의 한계 - 법적 권리설로부터의 결별 -", 『인권과 정의』, 1997/1, 75면; 홍성방, 헌법학(중), 2010, 242면 이하. 또한, 허영, 한국헌법론, 2010, 159면도 사회적 기본권을 "주관적 권리만으로 이해하는 경우에는 거의 실효성이 없다고 보아야 한다."고 함으로써 근본적으로 객관설의 입장을 취하고 있는 것으로 보인다.

46) 물론, 구체적 권리설은 인간생존에 관한 조치 등 경우에 따라서는 제한적이나마 직접 효력을 가지는 주관적 권리로서의 법적 성격을 가진다고 한다.

47) 가령, 권영성, 헌법학, 2010, 648면; 김철수, 헌법학개론, 2004, 779면 이하.

때, 구체적 권리설은 사회적 기본권에 재판규범성을 인정한다는 점에서 차이가 있다.

(3) '원칙 모델'에 따른 권리설

독일 Alexy 교수의 '원칙 모델'에 따른 권리설은, 사회적 기본권은 일단 잠정적으로 개인에게 주관적 권리를 부여하지만 이러한 권리는 법익형량을 거친 후에야 비로소 확정적 권리가 될 수 있다고 한다. 즉, 사회적 기본권은 권리성을 가지지만 곧바로 확정적인 권리가 되는 것이 아니라 여러 가지 요소들을 형량하여 다양한 정도로 실현될 수 있다고 하면서, 이러한 방법으로 종래의 학설들이 가지고 있는 문제점을 어렵지 않게 해결할 수 있다고 한다.[48)]

2. '권리'라는 규정형식에 의하여 법적 성격이 결정되는지의 문제

우선, 사회적 기본권이 헌법에 '권리'의 형식으로 규정되어 있다는 이유로 사회적 기본권을 '추상적 권리' 또는 '구체적 권리'라 하여 개인의 주관적 권리의 관점에서 파악해야 하는지의 문제가 제기된다. 물론, 헌법규범의 해석에 있어서 그 출발점은 법문을 근거로 하는 문리적 해석이라 할 수 있으나, 문리적 해석방법은 규범해석에 있어서 극복될 수 없는 절대적 한계가 아니며, 그 외에도 고려해야 하는 다양한 관점과 해석방법이 있다는 것을 감안할 때, "권리로 규정되어 있기 때문에 권리"라고 하는 주장이 얼마나 설득력을 가지는지 의문이다. 체계적 해석의 관점에서 볼 때, 헌법이 규정하는 사회적 기본권의 규정형식이 제1항에서 예컨대 "근로의 권리", "인간다운 생활을 할 권리"라고 규정하면서, 이어서 권리의 내용을 국가의 의무를 통하여 상세하게 구체화하고 있는 점을 감안할 때, 사회적 기본권을 규정하는 각 조항의 서두에서 '국민의 권리'로 표현한 것은 입법기술상의 문제로 보아야 할 것이지, 이를 통하여 사회적 기본권의 법적 성격을 규정하고자 하는 헌법제정자의 객관적 의사로 볼 수 없다. 사회적 기본권을 헌법에 수용함에 있어서 여러 가지 규정형식과 규정장소가 고려됨에도 불구하고, 헌법이 사회적 기본권을 자유권과 동일하게 '권리'의 형식으로 규정한 것은 그 법적 성격을 표현하고자 한 것이 아니라, 사회적 기본권이 자유권과 동등한 의미와 중요성을 갖고 있다는 것을 헌법정책적으로 표현하고자 한 것으로 이해해야 한다.[49)]

역사적 해석의 관점에서 볼 때, 우리 헌법이 독일 바이마르 헌법을 모델로 삼아 사

48) 독일 Alexy 교수의 견해에 동조하여 사회적 기본권을 주관적 권리로 구성하고자 하는 시도로는 가령, 계희열, 헌법학(중), 2004, 693면 이하; 정태호, "원리(Prinzip)로서의 사회적 기본권, R. Alexy의 원리모델(Prinzipienmodel)을 중심으로", 『청암 정경식박사 화갑기념논문집』, 법과 인간의 존엄, 1997, 256면 이하; 정태호, "원리모델에 의한 사회적 기본권 침해여부의 판단기준 및 심사구조", 『헌법학연구』 13권 3호(제2책)(2007. 9.) 539면 이하; 이준일, "사회적 기본권", 『헌법학연구』 10권 1호(2004. 3.) 449면 이하.

49) Vgl. Murswiek, Grundrechte als Teilhaberechte, soziale Grundrechte, in: HbStR, Bd.V, 1992, §112 Rn.53; Badura, Das Prinzip der sozialen Grundrechte und seine Verwirklichung im Recht der Bundesrepublik Deutschland, Der Staat 1975, S.23f., 45.

회적 기본권을 수용하였고 독일 바이마르 헌법상의 사회적 기본권이 단지 선언적 성격을 가졌다는 점을 감안할 때, 헌법제정자가 사회적 기본권을 권리의 형태로 수용하면서 청구권의 특징적인 요소인 기본권 형성적 법률유보("법률이 정하는 바에 의하여")조차 언급하지 않은 것은 사회적 기본권의 권리적 성격이 처음부터 고려의 대상이 될 수 없음을 표현한 것이라고 볼 수 있다. 뿐만 아니라 비교법적으로 볼 때, 사회적 기본권은 헌법적 차원에서 주관적 권리, 제도보장, 국가목표규정, 헌법위임 등 다양한 법적 형식으로 규정될 수 있으므로, 사회적 기본권의 규정형식은 그 법적 성격과는 무관하다는 점을 고려하지 않을 수가 없다.[50)]

단순히 사회적 기본권의 규정형식에 의하여 법적 성격이 자동적으로 규정되지 않는다는 점에서, 사회적 기본권이 단지 헌법에 권리의 형식으로 규정되어 있기 때문에 권리라는 주장은 그 자체로서 타당할 수 없고, 별도의 논증을 필요로 한다. 따라서 헌법이 사회적 기본권을 주관적 권리의 형식으로 규정하였다는 것은 사회적 기본권의 법적 성격을 결정하는 요소가 될 수 없다.

3. 사회적 기본권을 司法的으로 어느 정도로 관철할 수 있는지의 문제

가. 주관적 권리성을 판단하는 결정적 기준으로서 사법적 관철의 가능성

헌법상의 기본권이란 국가에 대하여 작위나 부작위를 요구할 수 있는 개인의 주관적 공권으로서, 모든 국가기관을 구속하면서 기본권의 주체인 개인에 의하여 사법적으로 관철할 수 있는 권리를 말한다.[51)] 기본권을 비롯하여 모든 주관적 권리의 특징은, 주관적 권리가 국가에 의하여 침해당하는 경우 권리구제절차를 통하여 사법적으로 관철되고 보장된다는 데 있다.

따라서 헌법상 사회적 기본권의 법적 성격을 서술하는 이론으로 주관설과 객관설 중에서 무엇이 보다 타당한지에 관한 판단은, 개인이 입법자에 의한 매개 없이 국가에 대하여 어느 정도로 특정한 급부(사실적 급부 또는 입법행위 등 규범적 급부)를 요구할 수 있는지, 개인이 어느 정도로 헌법재판을 통하여 사회적 기본권을 사법적으로 관철할 수 있고 국가에 의한 사회적 기본권의 실현을 강제할 수 있는지의 판단에 달려있다. 이러한 관점에서, 아래에서는 사회적 기본권의 실현을 어느 정도로 사법적으로 관철할 수 있는지에 관하여 살펴보기로 한다.

한편, 사회적 기본권뿐만 아니라 선거권, 청구권 등 國家內的인 기본권의 경우 모두 공통적으로 개인이 기본권을 실제로 행사하기 위해서는 입법자에 의한 사전적 형성행위

50) Vgl. Lücke, Soziale Grundrechte als Staatszielbestimmungen und Gesetzgebungsaufträge, AöR 107(1982), S.19.

51) 한수웅, 헌법학, 2012, 364면 이하 참조.

를 필요로 하기 때문에, 사회적 기본권이 실현되기 위하여 입법자에 의한 구체적인 형성을 필요로 한다는 관점은 사회적 기본권의 법적 성격을 판단함에 있어서 결정적인 관점을 제시하지 않는다.

나. 헌법재판소에 의한 사법적 심사가능성의 한계

현행 헌법재판제도에서 사회적 기본권을 구체화하는 입법이 존재하지 않거나 불충분한 경우에는 헌법소송을 통하여 사회적 기본권의 실현여부를 다툴 수 있는 가능성이 존재한다.[52] 국가가 사회적 기본권의 실현의무를 이행하였는지 여부가 헌법소송의 대상이 된 경우, 헌법재판소가 사법적 심사를 통하여 어느 정도로 국가의무의 이행을 강제할 수 있는지가 문제된다. 개인이 국가에 대하여 사회적 기본권을 사법적으로 관철하기 위해서는 사회적 기본권이 사법적 심사를 위한 규범적 기준을 제시해야 한다. 그러나 사회적 기본권은 다음과 같은 이유로 사법적 심사를 위한 규범적 기준을 제시하지 못한다.

(1) 사회적 기본권이 사회국가원리와 비교할 때 구체적으로 국가의 과제와 의무를 규정하고 있음에도, 사회적 기본권으로부터 해석을 통하여 구체적인 국가과제의 이행의무를 도출하기에는 사회적 기본권의 규범적 표현은 매우 추상적이고 불명확하다. 사회적 기본권이 끊임없이 변화하는 사회현실에 적응하고 대처하기 위해서는 상대적으로 불명확한 표현을 선택하는 것은 불가피하다. 물론, 자유권의 경우에도 기본권규정의 추상성 때문에 해석을 필요로 하지만, 해석의 대상규범이 '국가권력의 한계'를 결정하는 자유권인지 또는 '국가과제의 실현'을 요구하는 사회적 기본권인지에 따라, 헌법재판소가 헌법해석을 통하여 기본권의 보장내용을 구체화하는 정도에 있어서 근본적인 차이가 있다. 자유권의 경우 헌법해석은 과거에 발생한 기본권침해에 대한 過去聯關的 統制와 연관된 것으로 국가행위에 대하여 헌법적 한계를 제시하는 것이지만, 사회적 기본권의 경우 헌법해석은 未來指向的 形成과 연관된 것으로 입법자의 정치적 형성권을 침해할 위험이 있다.[53]

자유권은 일차적으로 대국가적 방어권으로서 자유권에 대한 구체적인 침해의 제거를 목적으로 하는 '과거연관적'인 것이나, 사회적 기본권은 '미래지향적'으로 국가의 적극적인 형성을 목적으로 하고 있다. 자유권의 경우 국가행위의 소극적인 배제에 관한 것이지 적극적인 국가의무의 실현에 관한 것이 아니기 때문에, 자유권을 심사기준으로 하는

52) 입법자가 사회적 기본권을 실현하는 입법을 전혀 하지 않은 경우에는 예외적으로 입법부작위에 대한 헌법소원이 가능할 것이며, 입법은 하였으나 입법의 내용이 불충분한 경우에는 그러한 법규범이 헌법소원이나 위헌법률심판의 대상이 될 수 있다.

53) Vgl. Böckenförde, Die sozialen Grundrechte im Verfassungsgefüge, in: Soziale Grundrechte, 1981, S.11; J. P. Müller, Soziale Grundrechte in der Verfassung?, 1981, S.184f.; Murswiek, Grundrechte als Teilhaberechte, soziale Grundrechte, in: HbStR, Bd.V, 1992, §112 Rn.51.

국가행위의 통제는 국가행위의 한계에 관한 소극적인 결정인 것이다. 자유권의 경우, 헌법이 실현하려고 하는 상태와 실현방법이 이미 헌법에 의하여 '보호법익에 대한 구체적인 침해의 조속한 제거를 통한 자유영역의 원상복구'라는 구체적인 형태로 예정되어 있다.

이에 대하여, 사회적 기본권과 같이 헌법의 객관적 내용이 실현되어야 하는 경우에는 헌법이 단지 일정 국가과제만을 부과하고 있을 뿐, 헌법이 실현하려고 하는 상태 및 그 실현방법과 실현시기에 관한 구체적인 표현이 없다.[54] 사회적 기본권에서는 구체적인 보호영역에 대한 침해의 소극적인 배제가 아니라 국가과제의 적극적인 실현에 관한 문제이기 때문에, 이 경우 헌법재판소가 해석을 통하여 사회적 기본권의 헌법적 내용을 구체화하는 것은 주관적인 헌법해석과 정치적 형성의 위험을 안고 있다. 그러므로 사회적 기본권이 헌법재판소에게 규범적 심사기준을 제공하기 위해서는, 헌법이 스스로 개별규정에 의하여 입법의무의 내용과 범위를 구체적으로 규정하고 있어야 한다. 그러나 헌법이 구체적으로 규정하고 있는 제31조 제2항(적어도 초등교육을 요구할 수 있는 권리)과 같은 예외적인 경우를 제외한다면, '어떠한 상태가 언제 어떻게 실현되어야 하는지'에 관하여 사회적 기본권이 구체적으로 규정하고 있지 않으므로, 사회적 기본권은 규범적 심사기준으로서 매우 제한적으로 작용할 수밖에 없다.

결국, 사회적 기본권의 보장내용을 헌법해석을 통하여 밝히는 것이 불가능하므로, 국가에 의한 사회적 기본권의 실현 여부를 규범적으로 판단할 수 있는 사법적 심사기준이 존재하지 않으며, 그 결과 헌법재판소에 의한 사법적 심사의 가능성은 매우 제한적이다. 헌법규정 스스로 그 내용을 파악하고 확정할 수 있는 충분한 기준을 제시하지 못한다면, 그 내용에 대한 결정은 결국 정치적 결정을 의미한다. 이러한 점에서, 사회적 기본권의 보장내용에 관한 결정은 사법기관의 과제가 아니라 일차적으로 정치적 형성의 과제이고 입법자의 과제인 것이다. 이러한 과제를 사법기관에게 맡긴다는 것은 민주적·법치국가적 기능질서의 붕괴를 의미한다.[55]

(2) 뿐만 아니라, 헌법재판소의 결정과정을 의미하는 법익교량과정은, 자유권의 경우에는 국가의 간섭을 배제하는 '자유권적 요청'과 개인의 자유를 제한하는 '공익상의 이유'를 인식하고 조화시키고 우위를 부여하는 작업을 의미하고 이는 사익과 공익간의 一次元的 법익교량과정에 해당하지만, 이에 대하여 사회적 기본권은 국가의 형성·계획·조정의 범주 내에서 실현되는 것이기 때문에, 여기서 법익교량과정은 국가의 다른 모든

54) 가령, '근로의 권리'의 경우 그 보장내용을 '상대적 완전고용을 실현해야 할 국가의 의무'로 구체화할 수 있으나, '상대적 완전고용을 실현하기 위하여 무엇을 해야 하는지'에 관하여는 헌법해석을 통하여 규명될 수 없다.

55) Vgl. Böckenförde, Die sozialen Grundrechte im Verfassungsgefüge, in: Soziale Grundrechte, 1981, S.11ff.; J. P. Müller, Soziale Grundrechte in der Verfassung?, 1981, S.193.

과제와 의무 및 사회적 기본권의 실현을 위하여 제한되는 자유권 등 다양한 헌법적 법익을 복합적으로 고려하여야 하는 *多層的·多次元的*인 것이다. 이는 곧 사회적 기본권의 실현여부에 대한 사법적인 심사가능성이 근본적인 한계에 부딪친다는 것을 의미한다.[56)]

다. 사회적 기본권의 실현에 있어서 헌법재판소의 기능적 한계

헌법재판소에 의한 사회적 기본권의 실현가능성은 한편으로는 국가의 재정능력 및 급부능력이라는 사실적 요인에 좌우된다는 '현실적 한계'의 구속을 받으며, 다른 한편으로는 민주주의원리와 권력분립원리로부터 나오는 '규범적 한계'에 의한 제약을 받는다.

헌법상의 권력분립질서 내에서 헌법재판소와 입법자는 헌법적으로 부여된 기능에 있어서 서로 상이하다. 입법자는 헌법의 한계 내에서 정치적 결정을 통하여 공동체를 형성하는데 중심적 역할을 하는 반면, 헌법재판소는 헌법에서 입법형성권의 한계를 도출해 냄으로써 입법자의 정치적 형성에 대하여 헌법적 한계를 제시한다.[57)] 헌법재판소는 헌법소송을 통하여 사회적 기본권을 적극적으로 실현함으로써 사회형성에 있어서 주도적 역할을 하기에는 기능적으로 부적합하다.[58)] 어떠한 급부를 어떠한 수준으로 제공할 것인지에 관한 결정은 사회형성의 주체인 입법자의 관할이며, 입법자는 다른 국가과제와의 조정과 우선순위결정을 통하여 사회적 기본권의 실현의무를 이행할 수밖에 없다. 사회국가에서의 급부는 오로지 계획된 급부로서만 가능하며, 급부를 요구하는 다양한 헌법적 요청간의 충돌은 국가의 계획절차를 통하여 조정되고 중재되어야 한다. 이는, 다원적 민주주의사회에서 여러 상이한 사회적 요청과 이익을 인식하여 이익조정을 하고 우선순위를 정하기에는 헌법재판소가 기능적으로 부적합하다는 것을 의미한다.[59)] '어떠한 범위의 급부가 헌법이념이나 국가의 재정능력에 비추어 요청되는지'에 관하여 논란이 있다면, 이를 결정하는 적합한 형태는 민주적 의사형성과정에서 정치적 논의를 통한 다수의 결정이다. 따라서 사회적 기본권의 실현가능성에 관한 판단은 자신의 결정에 대하여 정치적 책임을 지는 국민의 대표자로 구성된 합의체에서 공개적 토론과 이익조정을 통하여 결정되어야 할 사안이지, 헌법재판소의 사법적 심사과정에 맡겨질 결정이 아닌 것이다.

---

56) Vgl. Gusy, Parlamentsrischer Gesetzgeber und Bundesverfassungsgericht, 1985, S.146, 156.

57) Vgl. Bryde, Verfassungsentwicklung, 1982, S.306f.; Hesse, Grundzüge des Verfassungsrechts der BRD, 1993, Rn.569.

58) 입법자와 헌법재판소의 상이한 기능의 비교에 관하여 자세하게 vgl. Gusy, Parlamentarischer Gesetzgeber und Bundesverfassungsgericht, 1985, S.88ff.(3. Teil); Bryde, Verfassungsentwicklung, 1982, S.325ff.

59) Vgl. Müller, Soziale Grundrechte in der schweizerischen Rechtsordnung, in der europäischen Sozialcharta und den UNO-Menschenrechtspakten, in: Soziale Grundrechte, 1981, S.62f.; Gusy, Parlamentsrischer Gesetzgeber und Bundesverfassungsgericht, 1985, S.146, 156.

라. 헌법재판소가 사회적 기본권을 적극적으로 실현하는 것의 위험성

사회적 기본권과 같은 개방적인 국가목표 또는 국가과제의 실현에 있어서 헌법재판소가 해석을 통하여 헌법규범의 내용을 확정하는 권한을 적극적으로 사용한다면, 정치적 형성과정이 크게 저해될 위험이 있다. 헌법재판소가 헌법해석을 통하여 사회적 기본권으로부터 입법자의 구체적 의무를 광범위하게 인정한다는 것은 결국 자신을 정치적 형성의 주체인 입법자로 만드는 것이고, 개인이 국가의 급부제공을 요구하면서 입법자에 의한 사회적 기본권의 실현여부를 다투는 헌법소원은 사실상 '입법청원'의 성격으로 변질될 것이다.

사회적 기본권의 실현이 국가재정의 확보를 전제로 한다는 점에서, 헌법소송을 통하여 사회적 기본권을 관철하고 실현할 수 있는 여지를 광범위하게 인정한다는 것은, 입법자의 예산정책이 본질적인 부분에 있어서 헌법적으로 선결된다는 것을 의미한다. 따라서 입법자가 사회적 기본권에 의하여 부과된 국가과제를 제대로 이행하였는지 여부에 대한 헌법재판소의 포괄적인 통제는, 헌법재판소가 입법자의 예산결정권을 박탈하여 실질적으로 자신의 관할로 만드는 결과를 초래한다.

또한, 헌법재판소가 해석을 통하여 사회적 기본권으로부터 구체적인 국가과제를 도출하고 입법자에게 구체적인 입법의무를 부과함으로써 사회적 기본권을 주관적·구체적인 권리로 강화하는 것의 위험성을 인식해야 한다. 어떤 범위의 급부가 현실적으로 가능한지의 판단에 있어서 헌법재판소는 현재의 경제상황과 국가재정능력을 기준으로 삼게 되므로, 장래에 다른 중요한 국가과제가 출현할 가능성이 있으며 국민경제의 발전과 경기변동을 예측할 수 없다는 관점에서 보면, 결국 '한시적인 것', '현재 가능한 것'을 헌법의 내용으로 확정하게 된다.[60] 그러나 사회국가의 실현은 헌법재판소의 결정에 의하여 고착화될 수 없는 미래지향적이고 동적인 것이며, 시간의 흐름과 사회현상의 발전에 따라 지속적인 수정과 변화에 개방되어 있는 과정인 것이다. 헌법재판소가 그의 결정을 통하여 '현재의 시점에서 현실적으로 실현가능한 법적 상태'를 헌법의 내용으로 확정한다면, 헌법에 요구되는 기본적인 안정성과 항구성을 상실하게 된다.

입법자가 사회적 기본권을 제대로 실현하는지 여부에 관하여 헌법재판소가 보다 엄격하게 심사해야 한다는 견해가 있으나, 이러한 견해는 민주주의에서 사회정치적 현실판단과 사회형성의 주체를 입법자에서 헌법재판소로 대체할 위험이 있다.[61] 사회국가 실현의 주체이자 원동력은 입법자이며, 사회국가를 실현할 입법자의 의지와 사회적 약자에 대한 국민의 사회적 관심과 배려가 결여된 곳에서, 사회국가의 실현은 헌법재판소

60) Vgl. Müller, Soziale Grundrechte in der Verfassung?, 1981, S.195.
61) Vgl. Isensee, Verfassung ohne soziale Grundrechte, Der Staat 1980, S.379.

의 결정에 의하여 강제될 수 없다. 사회적 기본권의 궁극적 실현은 무엇보다도 사회정책을 담당하는 입법자의 의지에 달려 있는 것이지, 사회적 기본권으로부터 구체적인 국가과제를 도출해내는 헌법재판소의 헌법해석을 통하여 이루어지는 것이 아니다.

마. 헌법재판소가 사회적 기본권의 이행여부를 어느 정도로 심사할 수 있는지의 문제

결국, 위에서 서술한 다양한 관점을 고려할 때, 헌법재판소는 사회적 기본권의 이행여부를 매우 제약적으로만 심사할 수 있다는 결론에 이른다. 입법자는 사회적 기본권을 실현함에 있어서 상충하고 경쟁하는 다양한 법익을 고려하여 결정할 수 있는 광범위한 형성의 자유를 가진다. 국가가 사회적 기본권을 어떻게 실현할 것인가의 문제(사회적 기본권 실현의 정도와 수단 및 시기의 문제)는 권력분립원칙과 민주주의원리에 근거하여 원칙적으로 입법자의 관할범위에 속한다. 그러므로 사회적 기본권으로부터 특정조치를 취하여야 할 국가의 의무나 특정법률을 제정하여야 할 구체적인 입법의무를 원칙적으로 이끌어 낼 수 없다.

이러한 입법형성의 자유에 비추어, 헌법재판소는 '입법자가 사회적 기본권을 실현해야 할 의무를 제대로 이행하였는지 여부'를 '과소보장금지의 원칙' 또는 '최소한 보장의 원칙'을 기준으로 단지 제한적으로만 심사할 수 있다. 즉, 헌법재판소는 사법적 심사에 있어서 단지 국가가 사회적 기본권의 실현을 위한 최소한의 조치를 취하였는지, 사회적 기본권을 실현해야 하는 최소한의 기본의무를 이행하였는지 여부만을 판단하게 된다. 사회적 기본권의 실현여부에 대한 헌법재판소의 '보다 엄격한 판단'은 상충하는 법익간의 교량을 통해서만 가능한데, '최소한 보장의 원칙'은 사회적 기본권의 경우 교량대상 법익의 다양성과 다원성으로 말미암아 헌법재판의 결정과정으로서의 법익교량이 사실상 거의 불가능하다는 인식에 기초하고 있다. 헌법재판소의 이러한 심사기준은, 개인이 국가의 기본권보호의무의 이행여부를 다투는 경우와 같이, 국가과제의 실현여부가 문제되는 경우 일반적으로 적용되는 기준이다.[62)]

만일 헌법재판소가 입법형성권의 일탈여부를 심사함에 있어서 헌법적 한계의 명백한 일탈에 관한 심사에만 국한하지 않는다면, '사회현실에 대한 헌법재판소의 판단'과 일치하지 않는 '입법자의 재량판단'을 실질적으로 부정하는 결과를 가져오며, 이는 헌법적 심사기준의 결여로 말미암아 자의적일 수밖에 없다. 이러한 이유에서 헌법재판소는 "국가가 사회적 기본권을 실현하기 위한 아무런 조치를 취하지 않았던지, 아니면 취한 조치가 사회적 기본권의 객관적 내용을 실현하기에 명백하게 부적합하거나 불충분할 때에

62) 국가의 기본권보호의무의 이행여부를 판단하는 심사기준에 관하여 한수웅, 헌법학, 2012, 422면 이하 참조.

만 헌법재판소는 국가의 의무이행의 위반을 확인할 수 있을 뿐이"라고 하여 의무위반의 명백성을 요구하고 있다.[63)]

대부분의 경우, 사회적 기본권 실현의무의 위반이 그 명백성의 결여로 인하여 거의 예외 없이 부정되기 때문에, 사회적 기본권의 실현여부를 다툴 수 있는 '주관적 권리'는 단지 헌법소원의 가능성만을 열어놓을 뿐, 헌법재판을 통하여 국가의 의무이행을 강제할 수 있는 효과는 거의 없다고 보아야 한다. 이러한 점에서, 사회적 기본권의 권리성은 '헌법재판을 통하여 사회적 기본권의 실현여부를 다툴 수 있는 권리', 즉 소송법상의 가능성으로 축소된다. 사회적 기본권의 주관적 권리로서의 성격은 국가재정의 측면에서 '현실적으로 가능한 것의 유보' 및 '입법자에 의한 국가과제간의 우위관계에 관한 광범위한 형성권'에 의하여 결과적으로 사실상 큰 의미가 없는 것으로 축소된다.

4. 주관설의 문제점

가. 주관설의 일반적 문제점

'기본권'을 '국가기관을 직접 구속하면서 기본권의 주체에 의하여 사법적으로 관철할 수 있는 개인의 주관적 권리'로 이해한다면, 사회적 기본권에는 위에서 서술한 다양한 이유로 인하여 주관적 권리의 성격이 전반적으로 결여되어 있다.[64)] 주관설의 일반적 문제점은, 개인이 사회적 기본권을 근거로 하여 국가로부터 원칙적으로 특정한 급부를 요구할 수 없고 이를 사법적으로 거의 관철할 수 없음에도 이를 주관적 권리로 이해함으로써, '주관적 권리의 성격이 희박한 것'에 대하여 '권리'라는 법적 성격을 부여하고 있다는 점이다. 주관설은, 사회적 기본권의 실현에 있어서 헌법재판소의 역할이 매우 제한적임에도 사회적 기본권이 마치 사법적으로 광범위하게 실현되고 관철될 수 있다는 오해를 불러일으킨다. 개인이 국가에 대하여 실질적으로 아무런 구체적인 급부를 요구할 수 없음에도 사회적 기본권의 법적 성격을 주관적 권리로 서술하는 것은, 국민에게 불필요한 기대를 불러일으키고 헌법에 대한 실망을 안겨줄 위험이 있다.

나. 추상적·구체적 권리설의 문제점

'추상적 권리설'과 '구체적 권리설' 모두 비록 사회적 기본권의 법적 성격을 '권리'로 표현하고 있기는 하나, 사회적 기본권이 직접 국가로부터 일정 급부를 요구할 수 있는 현실적·구체적 권리가 아니라 입법자의 입법행위를 통하여 비로소 구체적 권리로서 탄생한다는 것에 대해서는 이론이 없다. '추상적 권리설'은, 사회적 기본권이 법률의 제

63) 헌재 1997. 5. 29. 94헌마33(생계보호기준), 판례집 9-1, 543.

64) Vgl. Murswiek, Grundrechte als Teilhaberechte, soziale Grundrechte, in: HbStR, Bd.V, 1992, §112 Rn.53.

정에 의하여 비로소 구체적 권리가 된다고 한다는 점에서, 그 실질에 있어서 객관설과 다를 바 없다. '구체적 권리설'은 사회적 기본권의 재판규범성을 강조하기는 하지만, 그 권리의 내용은 입법자가 입법형성권을 잘못 행사한 경우에 대하여 이를 다툴 수 있는 소극적인 권리에 지나지 않으며, 입법에 의하여 비로소 현실적·구체적 권리가 된다는 점에서 객관설과 근본적으로 다르지 않다.[65)]

사회적 기본권의 내용을 구체화하는 입법이 존재하지 않는 경우 '구체적 권리설'이 입법부작위에 대하여 헌법소원을 제기할 수 있는 가능성을 강조하는 것도, 구체적 권리설이 비록 사회적 기본권을 권리로 파악한다고 주장하지만 실제에 있어서는 국가의 과제와 목표를 실현해야 할 입법자의 의무로 파악하고 있다는 것을 말해주고 있다. 왜냐하면, 입법부작위나 부실한 입법에 대한 헌법소원의 가능성은 입법자에 대한 헌법위임, 즉 헌법적 입법의무를 전제로 하기 때문이다. 그렇다면 '법적 권리설'은 우리 헌법이 사회적 기본권을 규정하고 있는 형식에 집착하여 '권리'로서 파악하려고 하나, 실질적으로 '권리'의 내용은 사회적 기본권을 실현해야 하는 국가의 의무가 단순히 정치적 의무가 아닌 헌법적 의무라는 것을 표현하고 있을 뿐이다. 결국, 우리 학계의 '구체적 권리설'은 사회적 기본권의 본질을 국가의 헌법적 목표나 의무로 보고 있다는 점에서 그 실체는 '객관설'이라고 할 수 있다.

그렇다면, '구체적 권리설'에서 말하는 '권리'란, 사회적 기본권을 실현해야 할 입법자의 의무가 헌법적 입법의무라는 것으로부터 파생하는 권리, 입법자의 객관적 의무에 대응하는 개인의 주관적 권리, 즉 '입법자에 대하여 사회적 기본권의 실현을 요구하고 사회적 기본권의 실현여부를 헌법재판을 통하여 다툴 수 있는 권리'에 지나지 않는다. 그러나 이러한 주관적 권리는 국가로부터 특정 내용의 입법이나 특정 급부를 요구할 수 있는 '적극적인' 권리가 아니라, 사회적 기본권의 실현에 있어서 입법자에게 주어진 형성권을 사회적 기본권의 객관적 내용에 합치하게 사용할 것을 요구하고, 입법부작위나 부실한 입법으로 인하여 헌법상 부여된 입법형성권의 범위를 현저하게 일탈한 경우 이를 헌법재판을 통하여 다툴 수 있는 '소극적인' 권리이다.[66)] 개인이 사회적 기본권을 근거로 국가에 대하여 거의 아무것도 요구할 수 없고 관철할 수 없음에도 불구하고, 단지 사회적 기본권의 실현여부를 헌법재판을 통하여 다툴 수 있는 가능성을 강조하기 위하여 그 법적 성격을 '권리'로 표현하는 것은 사회적 기본권의 본질을 왜곡하는 것이다.

따라서 사회적 기본권의 법적 성격을 '구체적 권리'로 규정하는 것은, 사회적 기본권

---

65) 同旨, 계희열, 헌법학(중), 2004, 697면.

66) Vgl. Böckenförde, Die sozialen Grundrechte im Verfassungsgefüge, in: Soziale Grundrechte, 1981, S.14, 마치 재량행위에서 행정청이 재량권을 수권규범의 목적에 합치되게 그리고 재량권의 법적 한계 내에서 사용하여야 할 의무에 대응하는 개인의 '하자 없는 재량행사청구권'이 존재하는 것처럼, '구체적 권리설'에서 말하는 '구체적 권리'란 단지 '하자 없는 입법재량행사청구권'에 불과하다.

이 경우에 따라 재판규범으로서 작용할 수 있다는 가능성만을 지나치게 부각시킴으로써, 본질적으로 객관적·의무적 성격을 가지는 사회적 기본권을 그 법적 성격에 있어서 제대로 표현하지 못하고 있다. 결국 '권리설'은 원칙적으로 객관적인 측면을 국민의 관점에서 주관적 권리로 설명하려고 시도함으로써, 사회적 기본권의 본질을 포착할 수 없는 한계를 지니고 있다.

다. 'Alexy의 원칙 모델에 따른 권리설'의 문제점

(1) Alexy 교수의 견해에 의하면,[67] 사회적 기본권에 의하여 일단 잠재적으로(prima facie) 개인이 국가에 대하여 사회적 기본권의 실현을 위한 행위를 요구할 수 있는 포괄적인 권리를 가진다는 것으로 간주하고, 개인이 최종적으로 어떠한 확정적인 권리를 가지는지에 관하여는 상충하는 법익간의 교량을 통하여 판단한다고 한다. 이에 따라, 개인이 어떠한 사회적 기본권을 최종적으로 가지는지의 문제는 상충하는 법익간의 교량의 문제, 즉 最適化의 과제로 이해된다.

법익교량의 과정에서, 한편으로는 사회적 기본권이 실현하고자 하는 실질적 자유의 요청과 다른 한편으로는 '형식적·절차적' 요청으로서 민주주의에서 입법자의 형성권에 대한 요청 및 권력분립원리의 요청, 나아가 '실체적' 요청으로서 사회적 기본권의 실현에 의하여 제한되는 타인의 자유권, 사회적 기본권과 그 실현에 있어서 서로 경쟁하는 다른 사회적 기본권 및 그 외의 객관적인 법익(국가과제 또는 공익 등)이 서로 대치한다. 법익교량의 결과, 실질적 자유의 요청이 급부권적 지위를 매우 긴요한 것으로 요구하고, 반면에 민주주의원리 및 권력분립원리, 그 외에 상충하는 반대법익이 급부권적 지위의 기본권적 보장에 의하여 상대적으로 적은 정도로 저해되는 경우에는, 급부권적 지위는 사회적 기본권에 의하여 최종적으로 보장되는 것으로 간주될 수 있다고 한다.[68] 그에 의하면, 이러한 조건은 일반적으로 최저생계를 요구할 권리, 소박한 주거를 요구할 권리, 최소한의 의료혜택을 받을 권리 등 '최소한의 사회적 기본권'(minimale soziale Grundrechte)의 경우 충족된다고 한다.[69]

(2) 그러나 이러한 견해는 다음과 같은 관점에서 법리적인 문제를 안고 있다.

첫째, 위 견해의 중대한 결함은 이러한 법익형량의 모델에 의해서는 법익형량 자체가 사실상 불가능하다는 것에 있다. 저울의 한 편에는 '실질적 자유의 요청'을 올려놓고, 저울의 다른 한편에는 '형식적 요청'으로서 사법기관의 기능적 한계를 제시하는 민

67) Vgl. R. Alexy, Theorie der Grundrechte, 1986, S.465ff.

68) 이러한 모델에 의하면, '실질적 자유의 요청'이 상충하는 그 외의 모든 법익을 합친 것보다 큰 비중을 차지하는 경우, 개인은 급부를 요구할 수 있는 확정적인 권리를 가진다, vgl. R. Alexy, Theorie der Grundrechte, 1986, S.470.

69) Vgl. R. Alexy, Theorie der Grundrechte, 1986, S.466.

주주의원리와 권력분립원리의 요청, 나아가 '실체적 요청'으로서 사회적 기본권에 의하여 제한되는 자유권, 그 외의 사회적 기본권 및 국가의 과제와 공익 등 상충하는 법익을 올려놓는다는 것은, 상충하는 법익이 매우 다양하고 서로 다른 차원에 위치하고 있다는 점에서, 이와 같이 다양한 법익을 함께 고려하여 다층적·다차원적으로 형량하는 작업이 사실상 기능할 수 없다는 것을 말해준다. 이러한 법익형량의 모델은 현실적으로 그 실행이 불가능하므로, 사법적 심사의 규범적 기준을 제공하지 못한다.[70] 이러한 법익형량의 모델은 사법적 심사기준이라고 하기보다는, 헌법재판소에 의한 사법적 심사가능성의 규범적·사실적 한계 또는 사회적 기본권의 실현에 있어서 헌법재판소의 기능적 한계에 관한 '또 다른 서술'에 지나지 않는다. 결국, 위 모델은 법익교량의 형식을 빌려서 헌법재판소에 의한 사회적 기본권실현의 한계를 서술하고 이를 스스로 인정하는 것에 불과하다.

둘째, 설사 이러한 법익형량의 모델이 기능한다 하더라도, 개인이 국가에 대하여 궁극적으로 무엇을 요구할 수 있는지의 문제가 사법기관의 결정에 의하여 밝혀지기 때문에, 사법기관의 권한을 확대하고 입법자의 민주적 형성권을 침해할 위험이 매우 크다. 이러한 모델은 사법적 심사기준의 모호함으로 인하여 사법기관에게 자의적 법익형량과 주관적 가치판단의 가능성을 완전히 개방하고 있다. 이러한 법익형량의 모델은, 사법기관으로 하여금 법익형량과정에서 사회현실에 대한 자신의 판단을 기초로 국가과제의 우선순위 및 이에 따른 국가재정의 배분에 관하여 스스로 결정하는 것을 가능하게 하고 정치형성적으로 활동하도록 함으로써, 정치가 사법기관의 결정에 의하여 대체될 위험을 내재하고 있다. Alexy 교수가 법익형량의 결과는 '최소한의 사회적 기본권'을 인정하는 것에 그쳐야 한다고 강조하는 것도 이러한 위험성을 스스로 인식하고 있기 때문이다.

뿐만 아니라, 이러한 위험성은 원칙모델이 '최적화의 요청'에 따른 법익형량을 요구하기 때문에 더욱 심화된다.[71] 최적화의 요청에 따른 법익형량의 과정에서는 이론적으로 '단지 유일하게 타당한 헌법적 해결책'만이 존재한다. 최적화의 과제는 입법자의 결정에 있어서 가장 이상적인 법익형량의 결과를 요구하기 때문이다. 그런데 최적화의 요청은 헌법재판소의 사법적 심사에 의하여 궁극적으로 실현되고 관철되므로, 최적화의 요청에 따른 포괄적인 헌법재판소의 심사와 입법자의 형성의 자유는 서로 양립하기 어렵다. 따라서 헌법재판소는 입법자와의 권력분립의 관점에서 상충하는 법익이 최적의 조화와 균형의 상태에 있는지를 적극적으로 심사해서는 안 되고, 상충하는 법익간의 경계설정이 적정한 비례관계를 현저하게 일탈하였는지에 관한 소극적인 확인에 그쳐야 한

70) Alexy 교수는 자신의 모델이 사법적 심사기준을 제공하지 못한다는 이의제기에 대하여 '자유권의 경우에도 복잡한 법익교량의 상황이 존재한다'고 반박하나, 그의 이러한 반론은 자신의 모델이 기능할 수 없다는 것을 스스로 자인하는 것처럼 보인다, vgl. R. Alexy, Theorie der Grundrechte, 1986, S.467.

71) 이에 관하여 한수웅, 헌법학, 2012, 481면 참조.

다.[72] 이러한 관점에서도 최적화의 모델에 의하여 입법형성권을 사법적으로 통제하는 것은 입법형성권을 침해할 위험을 내포하고 있다.

셋째, Alexy 교수의 견해에 따르더라도 사회적 기본권의 실현여부를 사법적으로 심사할 수 있는 가능성은 매우 제약적이며, 그럼에도 사회적 기본권의 미약한 주관적인 측면을 강조하기 위하여 본질적인 측면인 객관적인 측면을 시야에서 배제하는 것은 사회적 기본권의 본질을 왜곡한다는 비판을 면하기 어렵다. 위 견해에 따라 법익형량의 결과로 '최소한의 사회적 기본권'이 나올 수 있다는 것을 인정한다 하더라도, 여기서 말하는 '최소한의 사회적 기본권'이란 위에서 서술한 '최소한 보장의 원칙'의 내용과 크게 다르지 않다고 할 것이다.

위 견해는 사회적 기본권에 일응 권리성을 부여하는 것에서 원대하게 출발하지만, 법익형량의 결과 진정한 의미의 권리로 확정되는 것은 '최소한의 것'이라는 초라한 결론에 이름으로써, '주관적 권리의 성격이 희박한 것'을 '주관적 권리'로 파악하는 것이 그 출발점부터 잘못되었다는 것을 보여주고 있다.[73] 결국, 위 견해는 우리 학계의 권리설과 마찬가지로, 본질적으로 객관적인 성격의 사회적 기본권을 무리하게 주관적으로 파악하고자 한다는 점에서 문제점을 드러내고 있으며, 사회적 기본권이 헌법에 기본권으로 규정되어 있기 때문에 권리라는 것에서 출발해야 한다는 동일한 오류를 범하고 있다.[74]

넷째, 사회적 기본권이 일단(잠재적으로) 국가에 대한 급부청구권을 보장하는 것이고 궁극적으로 무엇을 요구할 수 있는지는 법익교량을 통하여 판단한다는 사고는, 개인의 행위는 일단 자유권에 의하여 보호되고 무엇이 실제로 보호되는지는 상충하는 법익간의 교량을 통하여 판단된다는 '자유권보장의 사고'와 동일한 구조를 취하고 있다. 그러나 이러한 구조는, 개별자유권이 고유한 보호범위를 가지고 있다는 것을 전제로 개인의 행위는 일단 헌법적으로 보호되는 것으로 추정함으로써 자유를 제한하는 국가행위에 대하여 정당화의 의무를 지우는 사고에 기초하고 있는 것인데, 사회적 기본권의 경우에는

---

72) 원칙모델은 사회적 기본권의 실현여부에 관한 판단은 법익교량을 통하여 이루어진다는 점에서 객관설과 견해를 같이 하지만, 객관설은 사회적 기본권의 경우 법익교량대상의 다양성과 다원성으로 인하여 법익교량이 사실상 불가능하기 때문에 헌법재판소의 사법적 통제는 최소한의 것으로 축소되어야 한다는 견해인 반면, 원칙모델은 자신이 제시하는 기준에 따라 최적화를 요청하는 법익교량이 가능한 것으로 간주하고 법익교량을 통하여 입법자를 보다 구속할 수 있다고 판단하는 것에 그 차이점이 있다.

73) 사회적 기본권을 객관적 성격의 것으로 이해하더라도, 법익형량을 통하여 사회적 기본권을 상충하는 법익과의 관계에서 최적으로 실현하는 것은 마찬가지로 가능하다. 굳이 Alexy의 원칙모델을 채택할 필요도 없이, 법익형량과정은 헌법의 통일성 및 그로부터 필연적으로 파생하는 실제적 조화의 원칙으로 인하여 (적어도 입법자에 대해서는) 상충하는 법익을 가능하면 최적으로 실현하고자 하는 최적화의 요청을 의미한다.

74) Alexy의 법익형량 모델은, 헌법상의 기본권이란 헌법의 관점에서 매우 중요하기 때문에 기본권적 지위의 부여 여부가 의회 다수의 결정에 위임될 수 없는 법적 지위이며, 사회적 기본권과 관련해서도 마찬가지로 개인에게 기본권으로서 이와 같이 중요한 급부권적 지위가 부여된다는 것에서 출발한다, vgl. R. Alexy, Theorie der Grundrechte, 1986, S.465.

'가능한 한 최대한의 급부청구권'을 보호범위로 상정하고 국가의 사회국가적 입법을 '이에 대한 제한'으로 이해하는 것은 사회적 기본권의 본질과 특성을 무시하는 것으로 이러한 관계를 상정한다는 것 자체가 매우 무리한 발상이다.

뿐만 아니라, 사회적 기본권을 주관화하여 가상의 보호범위를 설정한다는 것은 필연적으로 과잉금지원칙의 적용을 초래한다.[75] 최적화를 요청하는 원칙모델이 자유권의 구조와 결합하는 경우에는 필연적으로 과잉금지원칙이 '법익교량의 결과를 판단하는 심사기준'으로 고려되어야 함에도, 왜 위 견해가 '최소한 보장의 원칙'을 기준으로 언급하는지에 대하여 의문이 제기된다.

라. 과잉금지원칙을 적용하는 것의 문제점

권리설이 수반하는 또 다른 문제점은, 사회적 기본권에도 기계적으로 헌법 제37조 제2항의 과잉금지원칙을 적용하는 결과에 이른다는 점이다.[76] 즉, 사회적 기본권이 국가안전보장, 질서유지 또는 공공복리를 위하여 필요한 경우에 법률로써 제한될 수 있다는 것이다. 그러나 이러한 견해는 사회적 기본권의 본질과 부합하기 어렵다.

첫째, 사회적 기본권은 법률에 의하여 제한되는 것이 아니라, 비로소 구체적 권리로서 형성되는 것이다.[77] 사회적 기본권의 영역에서 법률은 '권리제한적' 기능을 하는 것이 아니라 '권리형성적' 기능을 하는 것이다. 아직 입법에 의하여 구체적 권리로 형성되지 않은 헌법상의 사회적 기본권이 어떻게 국가안전보장이나 질서유지, 공공복리의 이유로 법률로써 제한될 수 있는지 납득할 수 없다.[78] 사회적 기본권과 관련하여 입법자의 입법에 의하여 제기되는 문제는, 법률이 사회적 기본권을 과잉으로 제한하는지의 문제가 아니라, 입법자가 사회적 기본권의 실현의무를 제대로 이행하였는지 여부이며, 이를 판단하는 기준은 과잉금지원칙이 아니라 과소보장금지원칙이다.

둘째, 사회적 기본권의 본질적 내용이 정의로운 사회질서를 형성하기 위한 국가의 과제라는 점에서, 사회적 기본권은 '공공복리'에 의하여 제한되는 것이 아니라 역으로

---

75) 국가가 개인의 자유와 공익이라는 양 법익을 동시에 완전히 실현할 수 없기 때문에, 상충하는 법익간의 조화와 균형을 이루어야 하는 경우, 자유와 공익 사이의 실제적 조화를 구현하는 방법이 바로 과잉금지원칙이기 때문이다. '과잉금지원칙'은 자유권의 영역에서 최적화의 요청, 즉 실제적 조화의 원칙이 구체화된 특수한 형태라고 할 수 있다.

76) 가령, 계희열, 헌법학(중), 2004, 700면.

77) 학계에서는 흔히 "사회적 기본권의 침해"라는 표현을 적지 않게 사용하고 있으나, '사회적 기본권이 침해될 수 있는지'의 문제가 제기된다. '침해'란 공권력에 의하여 침해될 수 있는 현존하는 개인의 구체적인 법적 지위, 즉 구체적 권리의 보호범위의 존재를 전제로 하는데, 헌법적 차원에서의 사회적 기본권은 개인의 이러한 구체적인 보호범위를 구성하지 못한다. 따라서 헌법상의 사회적 기본권은 '침해'되는 것이 아니라, 헌법적 의무의 불이행으로 인하여 '실현'되지 못할 뿐이다.

78) 물론, 사회적 기본권이 일단 입법에 의하여 주관적 권리로 형성된 경우 국가로부터 일정 급부를 요구하는 구체적 권리가 국가의 재정능력이나 다른 공공복리의 목적으로 다시 법률로써 축소·제한될 수 있다. 그러나 헌법상의 사회적 기본권은 그 본질상 헌법 제37조 제2항의 법률유보조항으로는 제한될 수 없는 성질의 것이다.

'공공복리'를 실현하고자 하는 것이며, 그 실현수단은 일반적으로 자유권에 대한 제한으로 나타난다. 입법자가 개인의 자유권을 제한하는 경우 공익상의 사유로 정당화되어야 하는데, 사회적 기본권에 담겨진 국가의 헌법상 의무와 과제는 '자유권의 제한을 정당화하는 헌법적 근거'로 기능함으로써 스스로 헌법 제37조 제2항의 의미에서의 '공공복리'의 일부를 구성하는 것이다.

셋째, 사회적 기본권에 헌법 제37조 제2항의 규정을 적용할 수 없다는 것을 지지하는 또 다른 헌법적 근거는, 만일 사회적 기본권에 일반적 법률유보조항을 적용한다면 이와 불가분의 관계에 있는 '본질적 내용의 침해금지조항'이 함께 적용된다는 점이다. 그러나 '기본권의 본질적 내용의 침해금지'의 사고란 이미 존재하는 것을 전제로 하여 그 핵심에 대한 침해를 금지하는 것으로 先國家的·자연권적 기본권 사상에 기초하고 있다는 점에서, 사회적 기본권과 같이 국가의 입법에 의하여 '비로소 구체적으로 형성되는 것'에는 관련될 수 없다.

5. 사회적 기본권의 법적 성격으로서 국가목표규정 및 헌법위임

가. 헌법위임과 국가목표규정의 의미

憲法委任(Verfassungsauftrag)은 특정 국가기관에게 헌법에서 구체적으로 명시된 행위를 해야 할 의무를 부과한다.[79] 헌법위임은 입법자뿐만 아니라 행정과 사법도 구속한다는 점에서 입법위임과 구별된다. 그러나 헌법위임은 일반적으로 입법위임의 형태로 나타나며, 立法委任(Gesetzgebungsauftrag)은 입법자에게 특정한 사안이나 영역을 규율해야 할 의무를 부과한다.[80] 헌법소송의 관점에서, 헌법위임은 '입법부작위에 대한 헌법소원'과 관련하여 특별한 의미를 가진다.[81]

국가목표규정(Staatszielbestimmung)은 법적 구속력을 가지고 국가에게 특정 과제를 지속적으로 이행해야 할 의무를 부과하는 헌법규범이다.[82] 국가목표규정은 헌법위임과

79) Vgl. Badura, Arten der Verfassungssätze, in: HbStR, Bd.Ⅶ, 1992, §159 Rn.18.

80) Vgl. Lücke, Soziale Grundrechte als Staatszielbestimmungen und Gesetzgebungsaufträge, AöR 107(1982), S.22f. 입법위임으로는, 국가조직의 영역에서는 국민이 되는 요건을 정해야 할 입법자의 의무(헌법 제2조 제1항), 선거에 관하여 규율해야 할 의무(헌법 제41조 제3항, 제67조 제5항), 공무원제도에 관하여 규율해야 할 의무(헌법 제7조 제2항), 정당제도에 관하여 규율해야 할 의무(헌법 제8조 제2항) 등을 예로 들 수 있고, 기본권의 영역에서는 방송과 신문의 시설기준과 기능을 규율해야 할 의무(헌법 제21조 제2항), 의무교육 및 교육제도에 관하여 규율해야 할 의무(헌법 제31조 제2항 및 제5항), 최저임금제와 근로조건의 기준에 관하여 규율해야 할 의무(헌법 제32조 제1항 및 제3항) 등을 들 수 있다.

81) 헌법위임에 의하여 국가의 행위의무가 그 내용과 범위에 있어서 충분히 명확하게 규정되어 있고, 이러한 행위의무의 이행에 의하여 개인의 법적 지위의 향상을 기대할 수 있는 경우에는, 개인은 헌법소송을 통하여 예외적으로 국가의무의 이행을 관철하고자 할 수 있다. 따라서 입법자가 헌법에 의하여 부과된 구체적인 입법위임을 적정한 기간 내에 이행하지 않는 경우, 국민은 입법부작위에 대하여 헌법소원을 제기할 수 있는 가능성을 가진다.

82) Vgl. Badura, Arten der Verfassungssätze, in: HbStR, Bd.Ⅶ, 1992, §159 Rn.15; Isensee, Gemeinwohl und Staatsaufgaben im Verfassungsstaat, in: HbStR, Bd.Ⅲ, 1996, §57 Rn.119f.

는 달리 특정한 국가행위를 해야 할 의무를 담고 있는 것이 아니라, 국가공동체의 일반적인 목표설정으로서 국가행위에 지속적인 방향과 지침을 제시한다.[83] 이로써 국가목표규정은 국가행위의 지침이자 법규범의 적용에 있어서 해석의 지침으로 기능한다. 국가목표규정의 헌법적 구속력은 일반적으로 단지 일반적 목표의 제시에 국한되는 것이고, 목표의 구체화, 수단과 방법의 선택, 이행시점의 결정 등은 국가기관에게 위임된다. 국가목표규정은 일차적으로 입법자를 향하고 있는 것으로, 입법자가 어떠한 방법으로 그에게 부과된 국가과제를 이행할 것인지에 관하여 광범위한 형성의 자유를 부여하고 있다. 개인은 원칙적으로 이러한 국가의무에 대응하는 주관적 권리를 가지지 않는다.[84]

헌법위임은 국가기관에게 구체적인 내용의 헌법적 의무를 부과하기 때문에, 국가목표규정과 비교할 때 보다 강한 구속력을 가진다.[85] 헌법위임의 경우, 국가기관에 의한 헌법적 의무의 이행과 더불어 헌법위임이 적어도 잠정적으로 완수되는 반면, 국가목표규정은 입법자에 의하여 지속적으로 실현되어야 하는 과제이자 법규범의 해석에 있어서 고려되어야 하는 지속적인 기준으로 작용한다. 그러나 이러한 차이에도 불구하고 헌법위임과 국가목표규정 사이의 경계설정이 언제나 명확한 것은 아니다. 사회국가원리가 일반적으로 국가목표규정이자 동시에 헌법위임으로 간주되는 것도 이를 말해주고 있다.

나. 사회적 기본권의 법적 성격

사회적 기본권은 국가의 객관적 헌법원칙인 사회국가원리가 일정 생활영역과 관련하여 구체화된 헌법적 표현으로서, 그 母體와 마찬가지로 근본적으로 객관적인 성격을 갖고 있다. 사회적 기본권이란, 사회국가의 실현을 위하여 헌법에 기본권의 형식으로 규정된 국가목표규정이자, 동시에 사회적 기본권에 의하여 구체화된 국가과제를 실현해야 하는 헌법적 의무를 국가기관에게 부과하는 헌법위임, 특히 입법자에 대한 입법위임이다.[86]

사회적 기본권은 국가에게 특정 목표를 지속적으로 이행해야 할 의무를 부과하는 헌법규범으로서, 국가행위에 대하여 지속적인 방향과 지침을 제시한다. 입법자는 입법을

83) 헌법상 국가목표규정은 부여된 기능에 따라 '정치적 목표를 헌법적 구속력을 가지고 확정하는 목표규정'과 '사회국가적 요청을 수용하여 구체화하고 확정하는 목표규정'으로 大別할 수 있다. 국가목표규정의 예로는, 통일의 지향(헌법 제4조), 국제평화의 유지(제5조), 인간의 존엄성(제10조), 국민의 교육(제31조), 근로자의 고용증진(제32조 제1항), 국민의 인간다운 생활의 보장(제34조), 환경의 보전(제35조 제1항), 양성의 평등 및 모성의 보호(제36조), 국민경제의 성장과 안정·소득의 분배·경제력의 남용방지(제119조 제2항) 등을 비롯하여 헌법 제9장에 규정된 일련의 경제정책적 국가목표조항을 들 수 있다.

84) 국민이 국가목표규정의 실현여부를 원칙적으로 소송을 통하여 다툴 수 없다고 하더라도, 사법부에 의한 심사는 법관의 위헌제청에 의한 위헌법률심판이나 추상적 규범통제를 통하여 이루어질 수 있다.

85) Vgl. Lücke, Soziale Grundrechte als Staatszielbestimmungen und Gesetzgebungsaufträge, AöR 107(1982), S.23f.

86) Vgl. Lücke, Soziale Grundrechte als Staatszielbestimmung und Gesetzgebungsaufträge, AöR 107(1982), S.15ff.

통하여, 법적용기관은 법규범의 해석과 적용을 통하여 사회적 기본권에 담겨있는 국가목표를 지속적으로 실현해야 할 의무를 진다. 뿐만 아니라, 사회적 기본권은 입법과 행정에 대하여 객관적 의무를 부과하는 헌법위임의 성격을 가지고 있다.[87] 헌법위임이란, 사회적 기본권에 표현된 국가목표를 적합한 조치를 통하여 실현하여야 할 국가기관의 의무, 무엇보다도 입법자의 의무(입법위임)를 의미한다. 사회적 기본권의 실현은 일차적으로 입법자의 과제이다. 사회적 기본권은 입법자에게 입법과정에서 고려하여야 할 구속력 있는 국가목표를 부과하고 이러한 국가목표를 입법을 통하여 실현해야 할 의무를 부과하고 있다. 따라서 입법자에 의한 부작위나 의무의 명백한 해태는 헌법적으로 허용되지 않는다. 입법자가 형성권을 현저하게 잘못 행사한 경우, 객관설은 입법자의 객관적 의무에 대응하는 개인의 주관적 권리가 인정될 수 있다는 것을 배제하지 않는다.[88]

사회적 기본권은 본질상 국가의 과제와 목표를 담고 있기 때문에, 그 형식이나 장소에 있어서 다양한 방법으로 규정될 수 있다. 사회적 기본권은 기본권의 형식뿐만 아니라 국가목표규정이나 입법위임규정의 형식으로 헌법에 수용될 수도 있으며,[89] 그 규정장소와 관련해서도 기본권에 관한 章 뿐만 아니라 경제에 관한 章, 또는 별도의 사회질서에 관한 章에 규정될 수도 있다.[90] 이 모두 헌법적 美學이나 헌법정책의 문제이지, 규정 형식과 규정장소에 따라 사회적 기본권의 법적 성격이 달라지는 것은 아니다.

6. 헌법소원의 가능성

가. '구체적 권리설'을 포함하여 '객관설'의 문제점

사회적 기본권의 법적 성격이 본질적으로 주관적 권리가 아니라 객관적 의무라면,

---

87) Vgl. Badura, Das Prinzip der sozialen Grundrechte und seine Verwirklichung im Recht der Bundesrepublik Deutschland, Der Staat 1975, S.34; Isensee, Verfassung ohne soziale Grundrechte, Der Staat 1980, S.378; Lücke, Soziale Grundrechte als Staatszielbestimmung und Gesetzgebungsaufträge, AöR 107(1982), S.21ff.; Böckenförde, Die sozialen Grundrechte im Verfassungsgefüge, in: Soziale Grundrechte, 1981, S.14.

88) 또한, 객관설은 특정한 조감할 수 있는 부분 영역에서 사회적 기본권을 주관적 권리로 규정한 경우(가령, 헌법 제31조 제2항의 무상의 초등교육 청구권 등)에는 구체적인 입법의무에 대응하여 구체적 입법을 요구할 수 있는 개인의 주관적 권리가 인정된다는 것을 배제하지 않는다.

89) Vgl. Lücke, Soziale Grundrechte als Staatszielbestimmung und Gesetzgebungsaufträge, AöR 107(1982), S.18f., 26ff.; J. P. Müller, Soziale Grundrechte in der Verfassung?, 1981, S.239ff. 예컨대, 독일 기본법에 환경보호에 관한 조항이 신설될 당시, 이를 사회적 기본권의 형태로 아니면 국가목표조항의 형식으로 규정할 것인지에 관하여 논란이 있었고, 결국 주관적 권리가 아닌 국가의 의무를 '기본권'의 형식으로 규정하는 것은 바람직하지 않다는 지배적인 견해에 따라 환경보호조항은 기본법 제20a조에 국가목표의 형식으로 규정되었다.

90) Vgl. Böckenförde, Die sozialen Grundrechte im Verfassungsgefüge, in: Soziale Grundrechte, 1981, S.16, 예컨대, 근로의 권리는 "모든 국민은 근로의 권리를 가진다."라고 사회적 기본권의 형태로써 '제2장 국민의 권리와 의무'에 규정될 수도 있고, 또는 "국가는 근로자의 고용증진에 노력하여야 한다."는 등의 국가의무·목표조항의 형식으로 '제9장 경제'에 규정될 수도 있다. 헌법 제35조의 환경권도 마찬가지로 국가목표조항의 형태로 '제9장 경제' 부분에 규율될 수 있다. 역으로, 헌법 제9장 제124조에 규정된 '소비자의 보호의무'는 '소비자의 권리'의 형태로 사회적 기본권으로 규정될 수 있다.

국가가 사회적 기본권의 실현의무를 이행하지 않는 경우 이를 헌법소원의 형태로써 다툴 수 있는지의 문제가 제기된다. 개인은 헌법상 보장된 기본권이 침해되었음을 이유로 헌법재판소에 헌법소원을 제기할 수 있기 때문이다. '구체적 권리설'은 위에서 확인한 바와 같이 그 실체에 있어서 객관설로서, 입법자의 의무불이행의 경우에 대하여 헌법소원을 제기할 수 있는 가능성을 단지 주장만 할 뿐, 객관적 성격의 사회적 기본권을 근거로 하여 어떻게 개인이 입법자의 의무이행을 다툴 수 있는지에 관하여 설명하지 못하고 있다. 객관적 성격의 사회적 기본권에 '구체적 권리'란 이름의 옷을 입힌다고 하여, 사회적 기본권의 실체가 객관적 성격에서 주관적 성격으로 변하는 것은 아니기 때문이다. '헌법이 사회적 기본권을 권리의 형태로 규정하고 있기 때문에 권리'라는 주장만으로는 사회적 기본권의 실현여부를 다툴 수 있는 가능성으로서의 '권리성'을 논증할 수 없다.[91)]

나. 사회적 기본권의 실현여부를 다툴 수 있는 권리의 헌법적 도출

사회적 기본권은 입법자에게 '사회적 기본권을 입법을 통하여 실현해야 할 의무'를 부과하고 있다. 사회적 기본권이 법적 구속력 있는 입법위임이라는 것은, 입법위임의 이행여부가 사법적으로 심사될 수 있다는 것을 의미한다. 헌법국가에서 헌법적 구속은 곧 사법적 심사의 가능성을 의미한다. 따라서 입법을 통하여 사회적 기본권을 실현해야 할 의무의 이행여부도 사법적 심사의 대상이 되어야 한다. 여기서 제기되는 문제는, '입법을 통하여 사회적 기본권을 실현해야 할 입법자의 의무'에 대응하는 개인의 주관적 권리로서 '입법자에 대하여 의무이행을 요구할 수 있는 권리'가 어떻게 도출될 수 있는지에 관한 것이다.

기본권의 구조는 객관적 법규범(기본권규정), 국가의 객관적 의무(기본권 존중의무), 개인의 주관적 권리(기본권)의 상관관계에서 보아야 이해가 가능하다.[92)] 기본권규정은 국가에게 객관적 의무를 부과하면서 개인에게는 주관적 권리를 부여하는 객관적 법규범이다. 개인이 특정 상대방으로부터 작위나 부작위를 요구할 수 있는 법적 권리를 가지고 있는 경우, '주관적 권리'가 인정된다. 주관적 권리는 이에 대응하는 '상대방의 법적 의무'를 전제로 하며, 이러한 법적 의무는 '객관적 법규범'에 의하여 부과된다. 한편, 공법상의 주관적 권리는, 객관적 법규범이 국가에게 특정한 법적 의무를 부과하면서 국가의 법적 의무를 규정하는 법규범이 공적 이익뿐만 아니라 개인의 이익을 위해서도 존재하는 경우에 인정될 수 있다.[93)]

---

91) 同旨 계희열, 헌법학(중), 2004, 698면.
92) Vgl. Maurer, Staatsrecht, 1999, §9 Rn.17.
93) Vgl. Maurer, Allgemeines Verwaltungsrecht, 1983, §8 Rn.6ff.

헌법상의 사회적 기본권 규정은 입법자에게 입법을 통하여 사회적 기본권을 실현해야 할 객관적 의무를 부과하고 있고, 사회적 기본권 규정이 이러한 의무를 부과하는 목적은 국가의 급부를 통하여 개인의 실질적인 자유행사를 가능하게 함으로써 인간의 존엄성을 실현하는데 있으므로, 사회적 기본권 규정은 궁극적으로 개인의 이익을 위하여 존재한다. 입법자의 의무이행에 의하여 개인의 법적 지위의 향상을 기대할 수 있으므로, 사회적 기본권 규정으로부터 '입법자에 대하여 의무의 이행을 요구할 수 있는 개인의 주관적 권리'가 '사회적 기본권을 실현해야 할 입법자의 객관적 의무'에 대응하는 권리로서 나온다. 사회적 기본권은 그 법적 성격에 있어서 국가의 객관적 의무이지만, 사회적 기본권 규정으로부터 국가의 객관적 의무에 대응하는 개인의 주관적 권리가 도출되는 것이다. 즉, 헌법상의 사회적 기본권 규정은 국가에 대하여 객관적 의무를 부과하면서, 동시에 이에 대응하는 개인의 주관적 권리를 부여하는 것이다. 따라서 입법자가 사회적 기본권의 실현의무를 제대로 이행하고 있지 않다고 판단되는 경우, 개인은 사회적 기본권 규정을 근거로 위 규정으로부터 도출되는 주관적 권리인 '사회적 기본권의 실현을 요구할 수 있는 권리'가 침해되었다는 주장으로 헌법소원을 제기할 수 있는 것이다.[94)]

Ⅵ. 맺는말

1. 기본권을 비롯하여 모든 주관적 권리의 특징은, 주관적 권리가 국가에 의하여 침해당하는 경우 권리구제절차를 통하여 사법적으로 관철되고 보장된다는 데 있다. 주관적 권리성을 판단하는 결정적인 기준은 바로 사법적 심사를 통한 관철의 가능성이다. 사회적 기본권의 법적 성격을 표현하는 견해로서 '주관설'과 '객관설' 중에서 무엇이 보다 타당한지에 관한 판단은, 개인이 어느 정도로 헌법재판을 통하여 사회적 기본권을 사법적으로 관철할 수 있는지의 판단에 달려있다.

개인이 국가에 대하여 사회적 기본권을 사법적으로 관철하기 위해서는 사회적 기본권이 사법적 심사를 위한 규범적 기준을 제시해야 한다. 그러나 사회적 기본권의 경우, 헌법이 스스로 보장내용을 구체화하는 명시적인 지침을 제시하지도 않을 뿐만 아니라 헌법해석을 통해서도 보장내용이 구체화될 수 없다는 점에서 사회적 기본권의 내용을

94) 헌법상 지방자치의 보장이 그 법적 성격에 있어서 주관적 보장이 아니라 제도보장으로서 객관적 보장이라면, 지방자치단체가 어떻게 자신의 주관적 법적 지위(자치권)의 침해를 주장하여 소송을 제기할 수 있는지의 문제가 마찬가지로 제기된다. 이 경우에도 위와 동일한 방법으로 지방자치단체의 주관적 법적 지위가 인정될 수 있다. 즉, 헌법상 지방자치의 보장은 객관적 보장이지만, 객관적 제도보장에 대응하는 주관적 법적 지위로서 지방자치단체의 자치권이 인정된다. 헌법 제117조는 지방자치를 객관적으로 제도로서 보장하면서, 동시에 제도보장에 의하여 부과되는 국가의무의 이행을 요구할 수 있는 주관적 법적 지위로서 자치권을 보장하는 것이다. 따라서 주관적 법적 지위로서 자치권의 보장은 헌법 제117조로부터 나오는 것이다.

밝히는 것이 거의 불가능하다. 국가에 의한 사회적 기본권의 실현 여부를 규범적으로 판단할 수 있는 사법적 심사기준이 존재하지 않으므로, 헌법재판소에 의한 사법적 심사의 가능성은 매우 제한적이다. 사회적 기본권의 실현은 국가과제의 실현 및 급부제공에 관한 것인데, 이는 제한된 국가의 재정능력과 실현되어야 하는 다양한 국가과제를 함께 고려하고 조정하여 우선순위를 결정하는 국가의 계획절차 내에서만 가능하다. 따라서 사회적 기본권의 실현여부를 판단하는 헌법재판소의 법익교량과정은 국가의 다른 모든 과제와 의무 및 사회적 기본권의 실현을 위하여 제한되는 자유권 등 다양한 헌법적 법익을 복합적으로 고려하여야 하는 다층적·다차원적인 것이다. 이는 곧 사회적 기본권의 실현여부에 대한 사법적인 심사가능성이 근본적인 한계에 부딪친다는 것을 의미한다.

결국, 사회적 기본권의 실현여부는 '최소한 보장의 원칙'을 기준으로 매우 제약적으로만 심사될 수 있다는 결론에 이른다. 사회적 기본권의 실현여부에 대한 헌법재판소의 '보다 엄격한 판단'은 상충하는 법익간의 교량을 통해서만 가능한데, '최소한 보장의 원칙'은 사회적 기본권의 경우 교량대상 법익의 다양성과 다원성으로 말미암아 헌법재판의 결정과정으로서의 법익교량이 사실상 거의 불가능하다는 인식에 기초하고 있다. 헌법재판소의 이러한 심사기준은 국가과제의 실현여부가 문제되는 경우에 일반적으로 적용되는 기준이다. 따라서 사회적 기본권 실현의무의 위반이 그 명백성의 결여로 인하여 대부분의 경우 거의 예외 없이 부정되기 때문에, 사회적 기본권의 실현여부를 다툴 수 있는 '주관적 권리'는 단지 헌법소원의 가능성만을 열어놓을 뿐, 헌법재판을 통하여 국가의 의무이행을 강제할 수 있는 효과는 거의 없다고 보아야 한다.

2. 주관설의 일반적 문제점은, 개인이 사회적 기본권을 근거로 하여 국가로부터 원칙적으로 특정한 급부를 요구할 수 없고 이를 사법적으로 거의 관철할 수 없음에도 이를 주관적 권리로 이해함으로써, '주관적 권리의 성격이 희박한 것'에 대하여 '권리'라는 법적 성격을 부여하고 있다는 점이다. 학계의 '권리설'은 우리 헌법이 사회적 기본권을 규정하고 있는 형식에 집착하여 '권리'로서 파악하려고 하나, 사회적 기본권의 본질을 '사회적 기본권을 실현해야 하는 국가의 의무'로 보고 있다는 점에서 사실상 그 실체는 '객관설'이라고 할 수 있다. 결국, 학계의 추상적·구체적 권리설과 객관적 규범설은 동일한 것을 단지 명칭을 달리 하여 표현하고 있을 뿐이며, 문제는 어떠한 것이 사회적 기본권의 법적 성격을 보다 잘 표현하고 있는지에 관한 선택의 문제인데, 객관설이 사회적 기본권의 법적 성격을 보다 잘 표현하고 있다고 판단된다.

한편, 독일 Alexy 교수의 '원칙 모델'에 따른 권리설은 처음부터 사회적 기본권을 주관적 권리로 상정한다는 점에서 진정한 의미의 주관설이라 할 수 있다. 그러나 위 견해는 다양한 법리적 문제점을 안고 있으며, 특히 이러한 법익형량의 모델에 의해서는 교량대상 법익의 다양성과 다원성으로 인하여 법익형량 자체가 현실적으로 불가능하다는 중대한 결함을 가지고 있다. 이러한 법익형량의 모델은 사법적 심사기준이라고 하기보다는, 헌법재판소에 의한 사법적 심사가능성의 규범적·사실적 한계에 관한 '또 다른 서술'에 지나지 않는다.

3. 사회적 기본권은 국가의 객관적 헌법원칙인 사회국가원리가 일정 생활영역과 관련하여 구체화된 헌법적 표현으로서, 그 母體와 마찬가지로 근본적으로 객관적인 성격을 갖고 있다. 사회적 기본권이란, 사회국가의 실현을 위하여 헌법에 기본권의 형식으로 규정된 국가목표규정이자, 동시에 사회적 기본권에 의하여 구체화된 국가과제를 실현해야 하는 헌법적 의무를 국가기관에게 부과하는 헌법위임, 특히 입법자에 대한 입법위임이다.

한편, 사회적 기본권을 국가목표규정이나 헌법위임으로 이해하는 '객관적 규범설'은 '입법자에 대하여 의무이행을 요구할 수 있는 개인의 주관적 권리'를 배제하지 않는다. 사회적 기본권은 그 법적 성격에 있어서 국가의 객관적 의무이지만, 사회적 기본권 규정으로부터 '사회적 기본권을 실현해야 할 입법자의 객관적 의무'에 대응하는 권리로서 '입법자에 대하여 의무의 이행을 요구할 수 있는 개인의 주관적 권리'가 나온다. 따라서 입법자가 사회적 기본권의 실현의무를 제대로 이행하고 있지 않다고 판단되는 경우, 개인은 사회적 기본권 규정을 근거로 위 규정으로부터 도출되는 주관적 권리인 '사회적 기본권의 실현을 요구할 수 있는 권리'가 침해되었다는 주장으로 헌법소원을 제기할 수 있다.

참고문헌

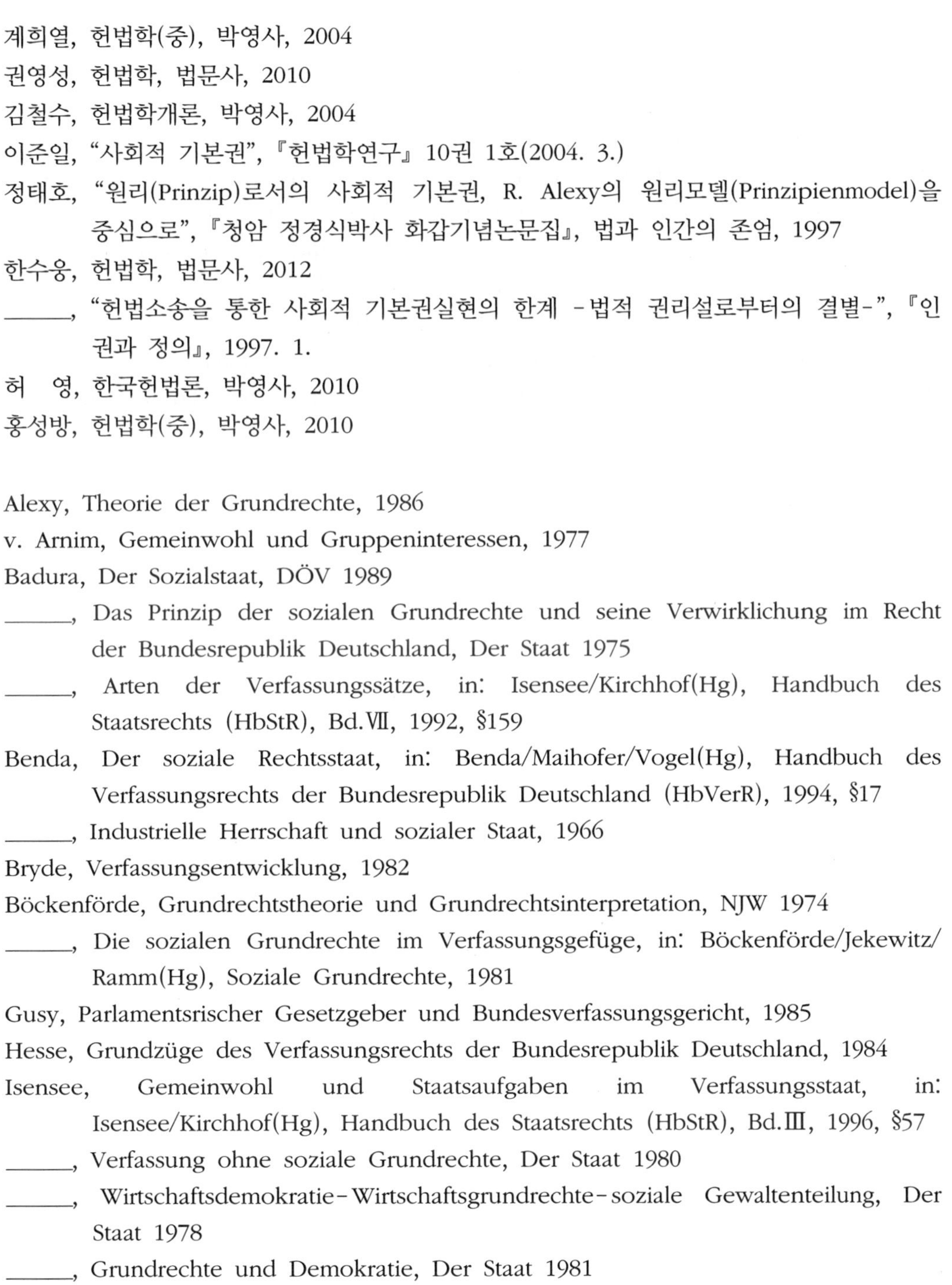

계희열, 헌법학(중), 박영사, 2004

권영성, 헌법학, 법문사, 2010

김철수, 헌법학개론, 박영사, 2004

이준일, "사회적 기본권", 『헌법학연구』 10권 1호(2004. 3.)

정태호, "원리(Prinzip)로서의 사회적 기본권, R. Alexy의 원리모델(Prinzipienmodel)을 중심으로", 『청암 정경식박사 화갑기념논문집』, 법과 인간의 존엄, 1997

한수웅, 헌법학, 법문사, 2012

______, "헌법소송을 통한 사회적 기본권실현의 한계 -법적 권리설로부터의 결별-", 『인권과 정의』, 1997. 1.

허 영, 한국헌법론, 박영사, 2010

홍성방, 헌법학(중), 박영사, 2010

Alexy, Theorie der Grundrechte, 1986

v. Arnim, Gemeinwohl und Gruppeninteressen, 1977

Badura, Der Sozialstaat, DÖV 1989

______, Das Prinzip der sozialen Grundrechte und seine Verwirklichung im Recht der Bundesrepublik Deutschland, Der Staat 1975

______, Arten der Verfassungssätze, in: Isensee/Kirchhof(Hg), Handbuch des Staatsrechts (HbStR), Bd.Ⅶ, 1992, §159

Benda, Der soziale Rechtsstaat, in: Benda/Maihofer/Vogel(Hg), Handbuch des Verfassungsrechts der Bundesrepublik Deutschland (HbVerR), 1994, §17

______, Industrielle Herrschaft und sozialer Staat, 1966

Bryde, Verfassungsentwicklung, 1982

Böckenförde, Grundrechtstheorie und Grundrechtsinterpretation, NJW 1974

______, Die sozialen Grundrechte im Verfassungsgefüge, in: Böckenförde/Jekewitz/Ramm(Hg), Soziale Grundrechte, 1981

Gusy, Parlamentsrischer Gesetzgeber und Bundesverfassungsgericht, 1985

Hesse, Grundzüge des Verfassungsrechts der Bundesrepublik Deutschland, 1984

Isensee, Gemeinwohl und Staatsaufgaben im Verfassungsstaat, in: Isensee/Kirchhof(Hg), Handbuch des Staatsrechts (HbStR), Bd.Ⅲ, 1996, §57

______, Verfassung ohne soziale Grundrechte, Der Staat 1980

______, Wirtschaftsdemokratie-Wirtschaftsgrundrechte-soziale Gewaltenteilung, Der Staat 1978

______, Grundrechte und Demokratie, Der Staat 1981

Lücke, Soziale Grundrechte als Staatszielbestimmungen und Gesetzgebungsaufträge, AöR 107(1982)

Maurer, Staatsrecht, 1999

______, Allgemeines Verwaltungsrecht, 1983

J. P. Müller, Soziale Grundrechte in der Verfassung?, 1981

______, Soziale Grundrechte in der schweizerischen Rechtsordnung in der europäischen Sozialcharta und den UNO-Menschenrechtspakten, in: Böckenförde/Jekewitz/Ramm(Hg), Soziale Grundrechte, 1981

Murswiek, Grundrechte als Teilhaberechte, soziale Grundrechte, in: Isensee/Kirchhof (Hg), Handbuch des Staatsrechts (HbStR), Bd.V, 1992, §112

W. Rüfner, Leistungsrechte, in: Merten/Papier(Hg), Handbuch der Grundrechte in Deutschland und Europa (HbGR), Bd.II, 2006, §40

Starck, Gesetzgeber und Richter im Sozialstaat,, DVBl 1978

Stern, Das Staatsrecht der Bundesrepublik Deutschland, Bd.I, 1984

W. Weber, Die verfassungsrechtlichen Grenzen sozialstaatlichen Forderungen, Der Staat 1965

Zacher, Das soziale Staatsziel, in: Isensee/Kirchhof(Hg), Handbuch des Staatsrechts (HbStR), Bd.II, 2004, §28

Zippelius, Allgemeine Staatslehre, 1980

제2절 교육을 받을 권리

제1주제

교육을 받을 권리와 국가교육권한의 한계*

-교육평준화 및 학교선택권 제한의 헌법적 한계를 중심으로-

Ⅰ. 문제의 제기

헌법 제31조는 "모든 국민은 능력에 따라 균등하게 교육을 받을 권리를 가진다."고 하여(제1항) '교육을 받을 권리'를 기본권의 형식으로 보장하면서, 한편으로는 국가에게 학교교육에 관한 포괄적인 권한과 과제를 부과하고 있다(제2항 내지 제6항). 헌법 제31조의 교육을 받을 권리와 관련하여 제기되는 일차적인 문제는 '교육을 받을 권리'의 헌법적 의미와 법적 성격이 무엇인가 하는 것이다. 무엇보다도, 교육을 받을 권리가 자유권적 측면도 포함하는지, 가령 '국가의 간섭이나 방해를 받지 아니하고 자유롭게 교육을 받을 권리'도 포함하는 기본권인지, 나아가 학교선택권과 같은 '학부모와 자녀의 권리'를 도출하는 헌법적 근거인지의 문제가 제기된다.

뿐만 아니라, 국가는 헌법 제31조에 의하여 학교교육의 권한과 과제를 부여받은 반면, 부모는 천부적이고 자연적인 자녀교육권을 가지고 있다는 점에서, '학교교육에서 국가와 부모의 관계'는 국가의 교육권한과 관련하여 규명되어야 하는 핵심적인 문제에 속한다. 국가는 헌법 제31조에 근거하여 어느 정도로 자유롭게 학교교육을 형성할 수 있으며, 국가형성권의 한계는 어디에 있는가? 부모는 자녀교육권을 근거로 학교교육에 대

* 위 논문은 2008년 4월, 법조(법조협회), 제619호, 5-46면에 게재된 것을 일부 수정한 것이다.

하여 어느 정도로 영향력을 행사할 수 있으며, 학교의 영역에서 존중되어야 하는 자녀교육권의 내용은 무엇인가?

나아가, 부모와 자녀의 학교선택권의 헌법적 근거는 무엇이며, 국가는 어느 정도로 부모의 학교선택권을 제한할 수 있는가? 교육평준화의 이름으로 모든 학생이 중고등학교의 단계까지 동일한 수준의 교육을 받아야 한다면, 부모와 자녀의 학교선택권을 이러한 방법으로 부정하는 것이 헌법적으로 정당화될 수 있는가? 헌법 제31조가 교육평준화정책의 헌법적 근거규범인가? 대도시 중고등학교의 경우, 부모와 자녀의 의사와 관계없이 일방적으로 학교를 배정하고 있는데, 사립학교선택의 자유가 인정되지 않는 상황에서 사립학교의 자유는 헌법적으로 무슨 의미가 있는가?

이 글에서는 우선, 교육을 받을 권리의 내용과 법적 성격을 검토한 다음(아래 Ⅱ.), 국가교육권한의 헌법적 근거와 내용을 확인하고(아래 Ⅲ.), 부모의 자녀교육권과 자녀의 자유로운 인격발현권의 헌법적 근거 및 내용을 서술한 후, 학교교육에서 국가와 부모의 관계, 부모의 학교선택권의 문제 및 학교제도에 관한 국가형성권의 한계를 살펴보기로 한다(아래 Ⅳ.). 마지막으로, 학교선택권을 전면적으로 부정하는 교육평준화정책이 헌법적으로 허용될 수 있는지에 관한 검토로 결론을 대신하기로 한다(아래 Ⅴ.).

Ⅱ. 교육을 받을 권리의 법적 성격 및 내용

1. 평등권으로서 성격

헌법은 제31조 제1항에서 "능력에 따라 균등하게"라고 하여 교육영역에서 평등원칙을 구체화하고 있다. 헌법 제31조 제1항은 헌법 제10조의 일반적 평등조항에 대한 특별규정으로서 교육의 영역에서 평등원칙을 실현하고자 하는 것이다.[1] 평등권으로서 교육을 받을 권리는 '취학의 기회균등',[2] 즉 각자의 능력에 상응하는 교육을 받을 수 있도록 교육기관에 입학함에 있어서 자의적 차별이 금지되어야 한다는 차별금지원칙을 의미한다. 여기서 '능력'이란 '修學能力'을 의미한다.

헌법 제31조 제1항은 교육시설에 입학함에 있어서 고려될 수 있는 유일한 차별기준으로서 '능력'의 요건을 스스로 제시함으로써, 능력 이외의 다른 요소에 의한 차별을 원칙적으로 금지하고 있다. 교육제도에서 '수학능력'은 개인의 인격발현과 밀접한 관계에 있는 인격적 요소이며, 교육시설에 입학함에 있어서 고려될 수 있는 합리적인 차별기준을 의미한다.[3] 이로써 교육의 영역에서 '能力主義'가 헌법적으로 확정되었고, 교육시설

1) 유사한 취지로 헌재 1994. 2. 24. 93헌마192, 판례집 6-1, 173, 177.
2) 같은 취지로 허영, 한국헌법론, 2007, 429면; 홍성방, 헌법학, 2004, 548면.
3) Vgl. Oppermann, Schule und berufliche Ausbildung, in: HbStR, Bd.Ⅵ, 1989, §135, Rn.41.

의 입학에서 능력 외의 다른 요소를 고려하여 취학기회를 제한하는 것은 원칙적으로 금지된다. 교육의 영역에서 능력주의는 입학여부를 결정하는 시험에 있어서 수학능력을 기준으로 하는 평가를 요구한다. 따라서 가령, 수학능력이 아니라 다른 기준에 의한 학생선발제도나 입학시험제도는 위헌의 의심을 강하게 불러일으키는 차별로서 보다 엄격하게 심사되어야 한다.[4)]

2. 사회적 기본권으로서 성격

가. 교육을 받을 권리는 단순히 소극적으로 취학의 기회균등, 즉 교육영역에서의 '법적 평등'의 실현에 그치는 것이 아니라, 적극적으로 국민 누구나 자유권, 즉 개인의 자기결정권과 자유로운 인격발현권을 실제로 행사할 수 있도록, 그에 필요한 실질적 조건을 교육의 영역에서 형성해야 할 국가의 의무를 포함하는 사회적 기본권으로서의 성격을 가지고 있다.[5)]

교육을 받을 권리는 일차적으로 모든 국민에게 그의 능력에 따른 교육가능성을 제공하는 공교육제도를 보장해야 할 국가의 의무와 과제를 의미한다. 국가는 수학능력에 따른 교육을 가능하게 하는 교육제도를 제공·정비하고 교육기관을 설립해야 할 의무가 있다. 오늘날 현대국가에서 교육이 가지는 의미와 중요성에 비추어, 교육은 사회의 자율에 맡겨질 수 있는 영역이 아니라 국가가 주체가 되어 적극적으로 급부를 제공해야 할 영역에 속한다.[6)]

현대의 사회국가에서 '교육'은 헌법상 보장된 개인의 자유를 행사하기 위한 필수적 요건에 속한다. 직업의 자유를 행사하기 위하여 그 전제조건으로서 직업교육을 비롯한 교육을 받아야 하며, 나아가 직업행사와 관계없이 전반적으로 인격을 자유롭게 발현하기 위해서도 최소한의 지식과 교양을 갖추어야 한다. 이러한 점에서 '교육을 받을 권리'는 개인의 자유를 의미 있게 행사하기 위하여 불가결한 실질적 조건에 해당한다. 따라서 개인이 인격의 자유로운 발현권과 직업의 자유를 실제로 행사할 수 있는 조건을 형성해야 할 과제가 국가의 교육제도에 부과된다.[7)]

---

4) 같은 취지로 허영, 한국헌법론, 2007, 429면.

5) 헌재 2000. 4. 27, 98헌가16, 판례집 12-1, 427, 448-449, "교육을 받을 권리란, 국민이 위 헌법규정을 근거로 하여 직접 특정한 교육제도나 학교시설을 요구할 수 있는 권리라기보다는 모든 국민이 능력에 따라 균등하게 교육을 받을 수 있는 교육제도를 제공해야 할 국가의 의무를 규정한 것이다. 즉, '교육을 받을 권리'란, 모든 국민에게 저마다의 능력에 따른 교육이 가능하도록 그에 필요한 설비와 제도를 마련해야 할 국가의 과제와 아울러 이를 넘어 사회적·경제적 약자도 능력에 따른 실질적 평등교육을 받을 수 있도록 적극적인 정책을 실현해야 할 국가의 의무를 뜻한다."; 또한 유사한 취지로 헌재 1992. 11. 12. 89헌마88, 판례집 4, 739, 750-751.

6) Vgl. Bothe, Erziehungsauftrag und Erziehungsmaßstab der Schule im freiheitlichen Verfassungsstaat, VVDStRL 54(1995), S.17ff.

7) Vgl. Dittmann, Erziehungsauftrag und Erziehungsmaßstab der Schule im freiheitlichen Verfassungsstaat, VVDStRL 54(1995), S.59.

나. 나아가, 사회적 기본권으로서 '교육을 받을 권리'는 수학능력이 있음에도 경제적 이유로 교육을 받을 수 없는 국민도 능력에 따른 교육을 받을 수 있도록 '교육영역에서의 실질적 기회균등을 꾀할 국가의 의무'를 부과하고 있다. 경제력의 차이 등으로 말미암아 교육의 기회에 있어서 사인 간에 불평등이 존재한다면, 국가는 의무교육의 확대 등 적극적인 급부활동을 통하여 사인간의 교육기회의 불평등을 해소해야 할 의무가 있다.[8)]

따라서 헌법 제31조의 '교육을 받을 권리'는 국가에 의한 교육제도의 정비·개선 외에도 개인의 경제적 능력과 관계없이 수학능력에 따른 교육을 받을 수 있도록 실질적 조건을 형성해야 할 국가의 의무, 무엇보다도 무상의무교육의 도입 및 확대(헌법 제31조 제2항 및 제3항), 국가장학금을 비롯한 교육비의 보조나 학자금의 융자 등 교육영역에서의 사회적 급부와 같은 국가의 적극적인 활동을 통하여 교육기회의 불평등을 완화해야 할 국가의 의무를 규정한 것이다.

3. 자유권으로서 성격?

가. 교육을 통하여 인격을 자유롭게 발현할 '자녀의 권리'의 헌법적 근거?

헌법 제31조의 '교육을 받을 권리'에 자유권적 요소, 즉 국가의 간섭이나 방해를 받지 않고 자유롭게 교육을 받을 자녀의 권리가 포함되는지의 문제가 제기된다. 학계의 일부에서는 헌법 제31조 제1항을 이와 같은 자유권적 내용을 포함하는 포괄적이고 종합적인 교육기본권으로 파악하고자 시도하고 있다.[9)] 그러나 이러한 견해는 헌법 제31조 제1항의 법문, 제31조 제2항 내지 제6항과의 체계적 연관관계, 헌법 제31조가 위치하는 규정장소('사회적 기본권') 등에 비추어 볼 때 받아들이기 어렵다. 또한, 헌법 제31조 제1항은 "능력에 따라 균등하게"라는 수식어를 통하여 '교육을 받을 권리'를 일차적으로 평등권과 사회권으로 이해함으로써, 자유권으로서 해석할 수 있는 여지를 배제하고 있다고 보아야 한다.

설사, 헌법 제31조의 '교육을 받을 권리'에 자유권적 측면을 포함시킨다 하더라도, 헌법 제31조가 단지 公敎育만을 규율한다는 점에 비추어 이러한 자유권적 측면은 '公敎育의 영역에서 국가의 간섭과 방해를 받지 않고 인격을 자유롭게 발현할 권리'의 측면만을 포함할 뿐, '私敎育의 영역에서 국가의 간섭과 방해를 받지 않고 인격을 자유롭게 발현할 권리'를 포함할 수 없다. 결국, '교육을 받을 권리'의 자유권적 측면은 공교육과 관련된 '반쪽의 자유권'일 뿐이다. 헌법재판소도 '과외금지결정'에서 과외 등 사교육을

---

8) 헌재 2000. 4. 27, 98헌가16, 판례집 12-1, 427, 452.
9) 가령, 성낙인, 헌법학, 2007, 595면 이하.

금지하는 국가의 조치로 인하여 제한되는 기본권을 헌법 제31조의 '교육을 받을 권리'가 아니라 헌법 제10조의 '자녀의 인격발현권'이라고 판단하였다.[10)]

'사회적 기본권으로서 측면'과 '자유권으로서 측면'이 서로 명확하게 구분되어야 하는 보다 결정적인 이유는, 사회권으로서 '교육을 받을 권리'는 국가교육권한의 헌법적 '근거규범'인 반면, 자유권으로서 '교육을 통한 자유로운 인격발현권'은 국가교육권한의 헌법적 '한계규범'이라는 근본적으로 상이한 성격을 가지고 있기 때문이다. 이와 같이 근본적으로 상이한 성격의 기본권을 하나의 기본권으로 통합하여 '교육을 받을 권리'의 범주에 포함시키는 것은 헌법이론적으로 정당화될 수 없을 뿐만 아니라, 상이한 내용을 하나의 용어로 표현하고자 한다는 점에서 학문적 의사소통의 어려움과 혼동의 우려가 있다.

'개인이 국가의 간섭과 방해를 받지 않고 교육을 통하여 자유롭게 자신의 인격을 발현할 권리'는 본질적으로 사회적 기본권과 평등권의 성격을 가진 '교육을 받을 권리'에 의하여 보호되는 것이 아니라 자유권인 '자유로운 인격발현권'에 의하여 보호되는 것이다. 따라서 용어의 사용에 있어서도 자유권적 측면과 사회권적 측면을 구분하여, 교육영역에 있어서 사회적 기본권적 측면과 평등권적 측면을 포함하는 권리는 '교육을 받을 권리'로 표현하고, 반면에 국가의 방해를 받지 아니하고 학습과 교육을 통하여 개인의 적성과 능력을 자유롭게 발현할 권리는 '학습의 자유', '학습권' 또는 '교육을 통한 자유로운 인격발현권'으로 표현하는 것이 바람직하다.

나. 학부모 권리의 헌법적 근거?

헌법재판소의 일부 판례 및 학계의 일부 견해는 '교육을 받을 권리'를 '교육을 통하여 인격을 자유롭게 발현할 자녀의 권리'뿐만 아니라 학교선택권과 같이 '자녀의 교육을 자유롭게 형성할 학부모 권리'의 헌법적 근거로 이해하고 있다.[11)] 그러나 이러한 견해는 '교육을 받을 권리'가 개인의 주관적 공권으로서 성격보다는 국가에게 교육과제를 부과하는 객관적 성격을 가지고 있다는 점을 간과하는 것이다. '학부모의 자녀교육권'과 같은 자유권적 요소의 헌법적 근거는 역시 헌법의 자유권에서 찾아야 할 것이며, 혼인

10) 헌법재판소는 "과외교습을 금지하는 심판대상조항에 의하여 제한되는 기본권은, 배우고자 하는 아동과 청소년의 인격의 자유로운 발현권, 자녀를 가르치고자 하는 부모의 교육권, 과외교습을 하고자 하는 개인의 직업선택의 자유 및 행복추구권이다."라고 판시하였다(헌재 2000. 4. 7. 98헌가16, 판례집 12-1, 427, 456).

11) 헌법재판소는 헌재 1995. 2. 23. 91헌마204 결정에서 "부모는 아직 성숙하지 못하고 인격을 닦고 있는 초·중·고등학생인 자녀를 교육시킬 교육권을 가지고 있으며, 그 교육권의 내용 중 하나로서 자녀를 교육시킬 학교선택권이 인정된다. 이러한 부모의 학교선택권은 미성년인 자녀의 교육을 받을 권리를 실효성 있게 보장하기 위한 것이므로, 미성년인 자녀의 교육을 받을 권리의 근거규정인 헌법 제31조 제1항에서 헌법적 근거를 찾을 수 있을 것이다."고 판단하였다(판례집 7-1, 267, 274-275). 또한, 권영성, 헌법학원론, 2007, 651면, 광의의 교육을 받을 권리에는 그 자녀에게 적절한 교육의 기회를 제공해 주도록 요구할 수 있는 '교육기회청구권'이라는 학부모의 권리도 포함된다고 한다.; 성낙인, 부모의 자녀교육에 관한 권리, 고시계 95/9, 72면 이하.

과 가족생활을 보장하는 헌법 제36조 제1항과 일반적 자유권인 헌법 제10조의 행복추구권에 헌법적 근거를 두고 있다고 보아야 한다.[12)]

이미 위에서 '교육을 통하여 인격을 자유롭게 발현할 자녀의 권리'와 관련하여 서술한 바와 같이, 헌법 제31조 제1항은 국가에게 학교교육의 과제와 의무를 부과하는 규정인 반면, 학부모의 기본권은 이러한 국가의 교육권한에 대하여 한계를 설정하는 헌법규범이라는 점에서 본다면, 위 견해는 국가의 과제·권한의 '근거규범'의 성격을 가진 헌법조항에 대하여 동시에 국가권한의 '한계규범'의 성격을 인정하고자 하는 것이다. 헌법 제31조의 '교육을 받을 권리'를, 한편으로는 학부모의 자유를 제한할 수 있는 수권규범인 국가의 과제와 의무로서, 다른 한편으로는 국가에 대한 학부모의 방어권으로서 이해함으로써 동일한 헌법규정에 상반된 내용을 부여하는 것은 법리적으로 문제가 있다.

4. 참여권으로서 성격?

학계의 일부에서는 '교육을 받을 권리'에 參與權으로서의 성격을 부여하고 있다.[13)] 그러나 한국의 헌법체계에서 교육을 받을 권리에 대하여 평등권과 사회권의 성격 외에 참여권으로서의 성격을 인정하는 것은 불필요할 뿐만 아니라 헌법이론적으로 문제가 있다.[14)]

독일 기본법(Grundgesetz)과 같이 '직업선택의 자유', '자유로운 인격발현권' 등 자유권적 기본권만을 규정하고 '교육을 받을 권리'와 같은 사회적 기본권 규정을 두고 있지 않은 헌법 체계에서는, 직업선택의 자유 또는 자유로운 인격발현권으로부터 평등원칙과 사회국가원리와의 연관관계에서 '국가가 제공하는 교육시설에 균등하게 입학할 권리', 즉 '공교육시설이라는 국가의 급부에 균등하게 참여할 권리'(Recht auf Teilhabe an staatlichen Bildungsstätten)를 도출하고자 시도하고 있다.[15)] 이로써 독일 기본법은 '교육을 받을 권리'를 사회적 기본권으로 명시적으로 보장하고 있지 않으나, 헌법해석을 통하여 자유권인 '직업의 자유' 또는 '자유로운 인격발현권'으로부터 '교육을 받을 권리'라는 사회권적 요소를 도출하는 결과에 이르게 된다.[16)]

---

12) 부모의 학교선택권의 헌법적 근거에 관하여 아래 Ⅳ. 4. 가. 참조. 헌법재판소는 헌재 2001. 11. 29. 2000헌마278 결정, 헌재 2000. 4. 27. 98헌가16등 결정에서는 부모의 자녀교육권의 헌법적 근거를 헌법 제36조 제1항 및 제10조 등에 있다고 판시하면서, 반면에 헌재 1995. 2. 23, 91헌마204결정에서는 자녀교육권의 한 요소인 학교선택권의 헌법적 근거를 헌법 제31조 제1항에 있다고 판시함으로써, 상호모순을 보이고 있다.

13) 예컨대, 허영, 한국헌법학, 2007, 430면; 성낙인, 헌법학, 2007, 600면.

14) 같은 견해로 홍성방, 헌법학, 2004, 550면 이하.

15) 독일 연방헌법재판소는 소위 제1차 대학정원결정(Numerus-Clausus-Urteil)에서 직업교육장선택의 자유를 포함하는 직업선택의 자유가 평등원칙 및 사회국가원리와 결합하여 '교육을 받을 권리'의 요소를 담고 있다고 판시하였다(BVerfGE 33, 303, 330ff.). 자유로운 인격발현권도 직업선택의 자유와 마찬가지로 평등원칙 및 사회국가원리와 결합하여 국가교육시설에 참여할 권리, 즉 인격발현을 위한 균등한 기회의 보장을 요구할 권리로 그 의미가 확대된다.

16) Vgl. Glotz/Faber, Richtlinien und Grenzen des Grundgesetzes für das Bildungswesen, in: HbVerfR,

이에 대하여, 한국 헌법은 제31조에서 '교육을 받을 권리'를 통하여 독일의 참여권이 보장하고자 하는 바를 명문으로 보장하고 있으므로, 참여권을 자유권으로부터 도출하거나 또는 '교육을 받을 권리'의 성격으로 언급하는 것은 불필요하다. 나아가, 우리 헌법은 사회적 기본권의 명시적 보장을 통하여, 자유권으로부터 사회적 기본권의 내용을 도출하는 헌법해석에 대하여 부정적인 입장을 취하고 있다고 보아야 한다.[17]

5. 소결론

헌법 제31조 제1항의 '교육을 받을 권리'는 교육의 영역에서 법적 평등을 보장하는 특별평등권으로서의 의미를 가지며, 나아가 국민 각자가 헌법적으로 보장된 자유권을 실제로 행사할 수 있는 실질적 조건을 교육영역에서 형성해야 할 국가의 의무를 담고 있는 사회적 기본권으로서의 성격을 가진다. 그러나 교육을 받을 권리는 '국가의 간섭과 방해를 받지 않고 자유롭게 교육을 받을 자녀의 권리'(학습권)나 자녀교육에 관한 부모의 자기결정권인 '부모의 자녀교육권'의 헌법적 근거가 아니다.

교육을 받을 권리의 내용 중에서 '현존하는 교육시설에 균등하게 입학할 권리'로서 평등권적 측면이 문제되는 경우, 공권력행위의 위헌심사기준으로서 평등원칙이 적용된다. 이에 대하여, 사회적 기본권으로서 교육을 받을 권리는 특정 교육제도나 교육시설을 요구할 수 있는 개인의 주관적 권리가 아니라 입법자에 의하여 이행되어야 하는 '국가목표'로서의 성격이 강하다. 개인의 주관적 권리로서 '학교에 입학할 권리'는 단지 헌법과 법률에 의하여 구체화된 취학의무에 대응하는 권리로서만 존재한다. 입법자는 자녀의 인격발현을 위하여 어떠한 교육정책을 추진할 것인지에 관하여 결정할 수 있는 광범위한 형성의 자유를 가지고 있다. 사회적 기본권으로서 교육을 받을 권리는 사회국가원리에 따라 국가에 의하여 보장되어야 하는 공교육제도의 최소한을 헌법적으로 보장한다.[18] 헌법적으로 최소한의 수준에 해당하는 것은 '모든 국민에게 능력에 따른 교육기회를 제공하는 공교육제도의 존속과 유지'이다.

---

(2), 1995, Rn.7ff.; Stein/Frank, Staatsrecht, 2000, S.434; Pieroth, Erziehungsauftrag und Erziehungsmaßstab der Schule im freiheitlichen Verfassungsstaat, DVBl 1994, S.957. 독일 學界의 다수견해는 자유권으로부터 도출한 '참여권'의 내용을 '현존하는' 공교육시설에 균등하게 참여할 권리로 이해하면서, 특정 교육을 요구할 권리나 현존하는 것이 아닌 부가적인 교육가능성의 제공을 요구할 급부권은 인정되지 않는 것으로 파악하고 있다.

17) 한수웅, 헌법소송을 통한 사회적 기본권 실현의 한계, 인권과 정의 1997/1, 88면 참조.

18) Vgl. Glotz/Faber, Richtlinien und Grenzen des Grundgesetzes für das Bildungswesen, in: HbVerfR, (2), 1995, Rn.13.

Ⅲ. 국가의 교육권한

1. 헌법적 근거

가. 문화적 생존배려의 핵심적 영역으로서 국가의 교육과제

현대국가에서 교육이 개인의 인격발현과 행복추구에 있어서 가지는 의미와 국가의 장래에 대하여 가지는 중요성을 감안한다면, 현대의 사회국가 또는 복지국가에서 교육은 문화적 생존배려의 가장 핵심적 영역에 속한다. 교육은 국민이 인간으로서 존엄을 유지하고 자주적 인격체로서 인간다운 생활을 영위하는데 필수적인 전제이자, 다른 기본권을 의미 있게 행사하기 위한 기초이고, 나아가 민주국가에서 교육을 통한 국민의 능력과 자질의 향상은 바로 그 나라의 번영과 발전의 토대가 되는 것이므로, 교육은 현대국가의 중요한 과제에 속한다.[19]

국가의 교육과제는 그 근거를 일차적으로 '다원적 사회에서 국가의 통합과제'에 두고 있다.[20] 국가는 학교교육을 통하여 사회공동체의 정신적·문화적 통일성을 다음 세대의 주역인 자녀에게 전달하고 사회적·정치적 공동생활의 기본조건을 교육을 통하여 형성하고 실현하고자 하는 것이다. 문화국가에서 공동체 구성원의 정신적·문화적 통일성은 본질적으로 공교육을 통한 자녀의 공동교육에 기인한다. 따라서 국가에 의한 공교육은 오늘날 문화국가의 불가결한 조건에 속한다.

나. 국가교육권한의 헌법적 근거

헌법은 제31조 제1항에서 '교육을 받을 권리'를 규정함으로써, 모든 국민에게 그의 능력에 상응하는 교육가능성을 제공하는 공교육제도를 보장해야 할 의무와 과제를 국가에게 부과하고 있다. 이로써 국가는 수학능력에 따른 교육을 가능하게 하는 공교육제도를 제공·정비하고 교육기관을 설립해야 할 의무가 있다. 국가의 교육과제는 학교제도가 기능할 수 있도록 이를 유지하고, 특히 재정적으로 적정하게 지원해야 할 국가의 의무(재정확보의 의무)를 뜻한다.

나아가, 헌법은 제31조 제6항에서 입법자로 하여금 학교교육에 관한 교육제도를 법률로 정하도록 위임함으로써 학교교육에 관한 포괄적 책임과 권한을 국가에 부여하고 있다.[21] 교육이란 막대한 재원을 필요로 하는 본질적으로 '급부행정'에 속하는 것으로

---

19) 유사한 취지로 헌재 2000. 4. 27, 98헌가16, 판례집 12-1, 427, 448; 헌재 1991. 2. 11. 90헌가27, 판례집 3, 11, 18.

20) Vgl. Pieroth, Erziehungsauftrag und Erziehungsmaßstab der Schule im freiheitlichen Verfassungsstaat, DVBl 1994, S.951.

21) 헌재 2000. 4. 27, 98헌가16, 판례집 12-1, 427, 449, "특히 같은 조 제6항은 … 학교교육에 관한 국가의

재정적인 뒷받침이 없이는 교육이 이루어질 수 없다. 교육재정의 확보는 교육과제의 수행을 위한 실질적 전제조건이다. 따라서 교육에 있어서 차지하는 재정의 중요한 의미 때문에, 헌법은 제31조 제6항에서 입법자가 스스로 교육재정에 관한 기본적 사항을 법률로 정하도록 규정하고 있다.

2. 국가교육권한의 의미와 내용

가. 부모와 자녀의 기본권제한을 정당화하는 헌법규범

학교에서 공동으로 이루어지는 자녀의 집단교육의 본질상, 경우에 따라 자녀의 교육과 복리에 관한 부모의 주관적·개인적 의사를 배제해야 하는 것이 불가피하고, 이러한 범위 내에서 국가의 교육과제는 부모의 자녀교육권과 자녀의 기본권에 대한 제한을 수반한다.[22] 다원주의적 사회에서 부모의 의사는 필연적으로 다원적인 반면, 학교교육은 국가에 의하여 일원적으로 조직되고 유지되어야 한다. 부모의 자녀교육권이 학교교육의 영역에서 제한을 수인해야 한다면, 이러한 제한은 모든 집단교육이 필연적으로 수반하는 통일성(일원성)과 평준화의 결과, 즉 학교교육이 학부모의 다양한 견해와 가치관을 완전하게 반영하고 수용할 수 없다는 현실적 제약의 결과이다.[23]

이로써 국가의 교육권한은 학교교육의 과제를 이행하기 위하여 불가피하게 발생하는 '부모와 자녀의 기본권에 대한 제한'을 정당화하는 헌법규범이다. 가령, 국가는 법률로써 자녀의 취학의무를 확정하고 자녀에게 어느 연령에서 취학의무가 부과되는지에 관한 구체적인 것을 규정할 수 있는데, 자녀의 취학의무의 부과와 취학연령의 확정을 통하여 부모의 권리를 제한하는 것은 그 헌법적 정당성을 국가의 교육권한에 두고 있다.[24]

나. 공립학교와 사립학교의 관계

헌법은 제31조에서 학교교육에 관한 포괄적인 권한과 책임을 국가에 부여함으로써, 학교교육의 비중에 있어서 국공립학교가 원칙이고 사립학교가 예외라는 '원칙과 예외'의 관계를 표현하면서, 사립학교의 자유에 의하여 완화되는 '제한적인 국가독점'을 출발점

권한과 책임을 규정하고 있다. 위 조항은 국가에게 학교제도를 통한 교육을 시행하도록 위임하였고, 이로써 국가는 학교제도에 관한 포괄적인 규율권한과 자녀에 대한 학교교육의 책임을 부여받았다. 따라서 국가는 헌법 제31조 제6항에 의하여 모든 학교제도의 조직, 계획, 운영, 감독에 관한 포괄적인 권한, 즉, 학교제도에 관한 전반적인 형성권과 규율권을 가지고 있다."

22) 자녀 기본권의 내용 및 부모의 자녀교육권과 자녀 기본권의 관계에 관하여 아래 Ⅳ. 2. 참조.

23) Vgl. Ossenbühl, Schule im Rechtsstaat, DÖV 1977, S.808.

24) 특히, 헌법 제31조 제2항은 의무교육을 받게 할 의무를 학부모에 부과함으로써 부모교육권에 대한 제한가능성을 명시적으로 규정하고 있다. 부모가 그의 자녀를 취학연령 이전에 학교에 입학시키는 것이나 임의로 취학을 연기하는 것 또는 취학의무로부터 면제받는 것에 관하여 자유롭게 결정할 수 없다는 법적 상황은 부모의 자녀교육권에 대한 위반이라 할 수 없다. 연령과 관계없이 재능에 따른 취학의 문제에 관하여 헌재 1994. 2. 24. 93헌마192, 판례집 6-1, 173, 180(의무교육 취학연령 결정) 참조.

으로 삼고 있다.[25)] 국가에 의한 공교육의 제공은 인격의 자유로운 발현과 직업교육의 자유를 행사하기 위한 조건의 실현에 관한 것이므로, 오늘날의 사회국가에서 인격발현의 필수적 조건에 관한 한 이를 실현해야 할 국가의 의무가 존재한다.

현대국가에서 교육이 가지는 이러한 중요한 기능에 비추어, 적어도 초·중등교육에 관한 한, 원칙적으로 국가에 의한 공교육이 될 수밖에 없으며, 헌법 제31조는 학교제도의 원칙적인 國·公立化에 관한 헌법적 결정이라 할 수 있다.[26)] 종교적·세계관적·교육학적 관점에서 代案敎育을 제공하는 사립학교는 공립학교를 대체해서는 안 되고, 단지 이를 보완하는 부수적 역할에 그쳐야 한다.

다. 구체적 내용

국가의 교육권한은 교육과정, 교육목표, 교육내용, 교육방법 등에 관련된 모든 사안에 있어서 규율하고, 지도하고, 통제하는 기능, 즉 학교제도의 조직, 계획, 지도 및 감독에 관한 모든 권한을 포괄한다.[27)] 이로써 국가의 교육권한은 학교제도에 관한 전반적인 형성권과 규범제정권 및 학교감독권을 포함한다.

구체적으로 살펴보면, 일차적으로 국가의 교육권한에 속하는 것은 모든 청소년에게 그의 능력에 따른 교육 가능성을 제공하기 위하여 학교제도를 계획하고 조직할 권한이다. 학교를 조직상으로 분류하는 것뿐만 아니라 교육내용에 관한 결정권, 즉 교육과정·교육목표 및 수업목표를 확정하고 수업교재를 결정하는 것도 국가의 형성영역에 속한다. 국가는 원칙적으로 학부모로부터 독립하여 학교의 교육목표를 확정할 수 있다.

학교감독권은 학교행정에 대한 법규감독은 물론이고, 학교와 교사의 수업·교육활동에 대하여 법규정이 준수되고 수업과 교육이 내용과 방법에 있어서 하자가 없는지에 관한 감독도 포함한다.[28)] 가령, 교사가 자신의 정치적 견해를 학생들에게 주입하기 위하여 자신의 직위와 영향력을 남용하는지를 감독하는 것도 국가의 학교감독권에 속한다. 국가는 사립학교에 대해서도 감독권한을 가진다.[29)] 물론, 국가가 사립학교에 대하여 학교감독권을 행사하는 경우, 사립학교의 헌법적 자유를 존중해야 하기 때문에, 국가의 영향력은 국립학교와 사립학교의 경우 그 정도에 있어서 동일한 것은 아니다.

---

25) 그러나 우리의 교육현실은 헌법의 규범적 내용과는 달리, 초등학교를 제외하고는 사학에 대한 의존도가 매우 높은 편이다.

26) Vgl. Glotz/Faber, Richtlinien und Grenzen des Grundgesetzes für das Bildungswesen, in: HbVerfR, (2), 1995, Rn.19; Bothe, Erziehungsauftrag und Erziehungsmaßstab der Schule im freiheitlichen Verfassungsstaat, VVDStRL 54(1995), S.19.

27) Vgl. Hemmrich, in: Münch/Kunig, GGK, Art.7 Rn.8.

28) Vgl. Hemmrich, in: Münch/Kunig, GGK, Art.7 Rn.11.

29) 헌재 1991. 7. 22. 89헌가106(사립학교교원에 대한 근로3권의 제한), 판례집 3, 387, 409, "사립학교가 공교육의 일익을 담당한다는 점에서 국·공립학교와 본질적인 차이가 있을 수 없기 때문에 공적인 학교제도를 보장하여야 할 책무를 진 국가가 일정한 범위 안에서 사립학교의 운영을 감독·통제할 권한과 책임을 지는 것 또한 당연하다 할 것이다."

국가는 학교교과서의 선정에 관하여 결정하고, 교육목표와 수업목표에 의하여 제시된 요건을 충족시키는 교과서만을 수업에서 사용하도록 감독할 권한을 가진다. 국가는 헌법 제31조의 교육권한에 근거하여 수업에 적합한 교과서를 선정함에 있어서 광범위한 재량권을 가지고 있다. 그러나 교과서를 선정하는 국가의 형성권은 무제한적인 것은 아니고, 국가는 교과서의 선정에 있어서 교육에 있어서 국가의 중립성 및 관용의 요청을 준수해야 한다. 그러므로 특정 정치적·세계관적 견해를 주입하고자 하는 교과서는 학교교재로 허용되어서는 안 된다. 지정된 교과서를 사용해야 하는 의무로 인하여 교사의 '교육의 자유'(수업권)가 제한을 받으나, 이는 교육내용의 객관성·전문성·적정성 및 통일성·균등성을 확보하고 부모와 자녀의 기본권을 보호하며 교육의 중립성을 유지하기 위한 것으로 헌법적으로 정당화된다.[30)]

Ⅳ. 국가교육권한의 한계

국가는 헌법상 부여된 학교과제를 이행함에 있어서 광범위한 형성의 자유를 가지고 있으나, 국가의 형성권은 무제한적인 것은 아니다. 국가교육권한의 한계는 무엇보다도 부모의 자녀교육권과 자녀의 자유로운 인격발현권에 있다.[31)]

1. 부모의 자녀교육권

가. 헌법적 근거 및 내용

부모의 자녀교육권이란, 자녀교육에 관한 전반적인 계획을 세우고 자신의 인생관·사회관·세계관에 따라 자녀의 교육을 자유롭게 형성할 부모의 권리를 말한다.[32)] 헌법은 부모의 자녀교육권을 명문으로 규정하고 있지 않으나, 부모의 자녀교육권은 헌법에서 이를 명시적으로 규정하고 있는지 여부와 관계없이 보장되는 자연적·선국가적 권리로서, 혼인과 가족생활을 보장하는 헌법 제36조 제1항 및 일반적 자유권으로서 행복추구권을 보장하는 헌법 제10조로부터 도출되는 기본권이다.[33)] 부모의 자녀교육권은 부모의 일차적이자 자연적 권리로서, 국가에 의하여 비로소 부여되는 것이 아니라, 국가

30) 헌재 1992. 11. 12. 89헌마88(교과용도서의 국정제), 판례집 4, 739, 765-769.

31) 헌재 2000. 4. 27. 98헌가16, 판례집 12-1, 427, 449-450, "학교교육의 영역에서도 부모의 교육권이 국가의 교육권한에 의하여 완전히 배제되는 것은 아니다. 학교교육을 통한 국가의 교육권한은 부모의 교육권 및 학생의 인격의 자유로운 발현권, 자기결정권에 의하여 헌법적인 한계가 설정된다."; vgl. Glotz/Faber, Richtlinien und Grenzen des Grundgesetzes für das Bildungswesen, in: HbVerfR, (2), 1995, Rn.21; Clemens, Grenzen staatlicher Maßnahmen im Schulbereich, NVwZ 1984, S.68.

32) 헌재 2000. 4. 27. 98헌가16, 판례집 12-1, 427, 447.

33) 헌재 2000. 4. 27. 98헌가16등(과외금지결정), 판례집 12-1, 427, 446-448; 헌재 2001. 11. 29, 2000헌마278(사립학교 운영위원회 구성의 의무화), 판례집 13-2, 762, 769.

이전에 존재하는 권리로서 국가에 의하여 단지 확인된 것이다.

부모의 자녀교육권은 일차적으로 대국가적 방어권으로서 자녀의 교육에 있어서 국가가 부당하게 간섭하거나 방해하는 것을 금지하는 기능을 한다. 부모의 자녀교육권은 무엇보다도 자녀교육의 목표와 수단에 관하여 결정할 수 있는 자율권을 포함한다.[34] 부모는 자녀교육의 목표를 확정함에 있어서 원칙적으로 자유이며, 국가에 의하여 정해진 교육목표에 의하여 제한을 받지 않는다.

나아가, 부모의 자녀교육권은 제도보장 또는 객관적 가치질서로서 '자녀의 교육에 있어서 부모의 자율성'을 보장함으로써, 입법자에게 '가정 내에서의 자녀교육'을 보장할 수 있도록 법적으로 형성해야 할 의무와 과제를 부과하고 있다.[35] 이에 따라 입법자는 부모가 자녀교육권을 자녀와의 관계에서 내부적으로 그리고 제3자에 대하여 외부적으로 행사할 수 있고 국가를 비롯한 제3자의 간섭과 방해를 배제할 수 있도록, 부모의 법적 지위를 규율해야 한다. 그러므로 국가에 의하여 이루어지는 '집단적 보육'은 헌법에 위반되며, 입법자가 가령 지나치게 조기에 자녀의 成年을 법적으로 규율함으로써 가정 내에서 부모교육의 가능성을 형해화해서는 안 된다.[36] 나아가, 미성년자에 대하여 조기에 기본권행사능력을 인정하는 것은 부모와의 관계에서 자녀의 자기결정권을 강화하고 부모의 결정권을 제한할 수 있다. 따라서 입법자가 성년의 연령을 확정하거나 자녀가 종교의 자유 등을 독자적으로 행사할 수 있는 연령을 확정함에 있어서, 자녀의 기본권뿐만 아니라 부모의 자녀교육권도 적정하게 고려하여야 한다.

나. 법적 성격

(1) 부모의 자녀교육권은 한편으로는 가족 내에서 '부모와 자녀의 관계'의 관점에서, 다른 한편으로는 자녀의 교육에 있어서 '부모와 국가의 관계'의 관점에서 살펴보아야 한다.

부모의 자녀교육권을 '부모와 자녀의 관계'에서 보건대, 부모의 자녀교육권은 일차적으로 부모 자신의 자유행사나 인격발현을 위해서가 아니라 자녀를 위하여 보장된 것이다. 부모의 자녀교육권은 본질적으로 자녀의 이익을 위한 권리, 자녀의 복리를 위하여 행사되어야 하는 의무적 성격의 기본권이다.[37] 이러한 점에서, 자녀의 복리는 부모의

---

34) 헌재 2000. 4. 27. 98헌가16, 판례집 12-1, 427, 447-448, "자녀교육권은 부모가 자녀교육에 대한 책임을 어떠한 방법으로 이행할 것인가에 관하여 자유롭게 결정할 수 있는 권리로서 교육의 목표와 수단에 관한 결정권을 뜻한다. 즉, 부모는 어떠한 방향으로 자녀의 인격이 형성되어야 하는가에 관한 목표를 정하고, 자녀의 개인적 성향·능력·정신적, 신체적 발달상황 등을 고려하여 교육목적을 달성하기에 적합한 교육수단을 선택할 권리를 가진다. 부모의 이러한 일차적인 결정권은, 누구보다도 부모가 자녀의 이익을 가장 잘 보호할 수 있다는 사고에 기인하는 것이다."

35) Vgl. Coester-Waltjen, in: Münch/Kunig, GGK, Art.6 Rn.58f.

36) Vgl. Coester-Waltjen, in: Münch/Kunig, GGK, Art.6 Rn.59.

37) 헌재 2000. 4. 27. 98헌가16, 판례집 12-1, 427, 447, "부모의 자녀교육권은 다른 기본권과는 달리, 기본권

자녀교육권의 한계가 아니라 그 본질을 구성하는 요소이다. 부모의 자녀교육권은 '자녀와의 관계에서는' 권리이기보다는 자녀의 복리에 의하여 규정되는 의무이다. 그러므로 부모의 권리를 '의무적 권리' 또는 '부모의 책임'으로 부르기도 한다.[38)]

그러나 부모의 자녀교육권은 전적으로 신탁적 권리는 아니다. 부모의 자녀교육권은 국가에 대한 방어권으로서 부모에게 '부모를 위해서도' 부여되기 때문이다.[39)] 부모의 자녀교육권은 '국가와의 관계'에서는 '독자적 권리'로서 자유권적 기본권으로서의 성격을 가진다.

(2) 국가는 학교교육의 영역을 제외한다면, 부모의 자녀교육권과 경쟁하는 독자적인 교육권한을 가지고 있는 것이 아니라 단지 감독자적 지위에서 부모의 자녀교육권의 남용을 방지할 권한과 의무만을 가지고 있다. 따라서 '가정 내에서의 교육'은 원칙적으로 부모의 자녀교육권에 속한다.

부모의 자녀교육권은 부모가 이를 헌법상 부여받은 이유와 목적에 의하여, 즉 자녀의 복리에 의하여 제한된다. 그러므로 국가에 대한 방어권으로서 부모의 자녀교육권은 자녀의 복리에 의하여 정당화되는 범위 내에서만 존재할 수 있고 보장된다.[40)] 마찬가지로 국가의 감독자적 지위도 단지 자녀의 복리를 위하여 존재하며, 이에 따라 항상 자녀의 복리를 행위의 기준으로 삼아야 하고, 자녀의 복리에 의하여 정당화된다.[41)] 그러나 부모는 자녀의 복리에 관한 결정에 있어서 국가와의 관계에서 원칙적인 우위를 가진다. 즉, 부모는 '구체적 상황에서 무엇이 자녀의 행복과 복리에 부합하는 것인지'를 해석하고 판단함에 있어서 원칙적인 결정권을 가진다.[42)]

부모의 교육방향을 결정하는 최고의 지침이 자녀의 복리라 할지라도, 국가가 감독자의 지위에서 자녀의 복리를 최적화하기 위하여 또는 가장 이상적으로 실현하기 위하여 부모의 자녀교육권을 제한해야 할 의무나 제한할 수 있는 권한을 가지고 있지 않다.[43)] 부모의 자녀교육권이 국가의 감독자적 지위에 의하여 공동화되지 않으려면, 국가의 간섭은 자녀의 복리가 현저하게 위협받는 경우에 국한되어야 한다. 부모의 자녀교육권에

의 주체인 부모의 자기결정권이라는 의미에서 보장되는 자유가 아니라, 자녀의 보호와 인격발현을 위하여 부여되는 기본권이다. 다시 말하면, 부모의 자녀교육권은 자녀의 행복이란 관점에서 보장되는 것이며, 자녀의 행복이 부모의 교육에 있어서 그 방향을 결정하는 지침이 된다."; vgl. Ossenbühl, Schule im Rechtsstaat, DÖV 1977, S.806; Pieroth, Erziehungsauftrag und Erziehungsmaßstab der Schule im freiheitlichen Verfassungsstaat, DVBl 1994, S.956; Starck, Staatliche Schulhoheit, pädagogische Freiheit und Elternrecht, DÖV 1979, S.274.

38) Vgl. BVerfGE 24, 119, 143.

39) Vgl. Ossenbühl, Die pädagogische Freiheit und die Schulaufsicht, DVBl 1982, S.1159; Coester-Waltjen, in: Münch/Kunig, GGK, Art.6 Rn.77.

40) Vgl. Gusy, Der Grundrechtsschutz von Ehe und Familie, JA 1986, S.185.

41) Vgl. BVerfGE 24, 119, 144.

42) Vgl. Ossenbühl, Schule im Rechtsstaat, DÖV 1977, S.806.

43) Vgl. BVerfGE 60, 79, 94; Coester-Waltjen, in: Münch/Kunig, GGK, Art.6 Rn.81, 92.

대한 국가의 감독자적 지위는 자녀의 복리를 스스로 정의하고 이를 최상으로 실현하고자 하는 '적극적 지위'가 아니라, 자녀의 복리에 의하여 설정되는 부모의 자녀교육권의 헌법적 한계가 준수되는지, 부모의 헌법적 의무가 이행되는지 여부를 감시하고 부득이 한 경우에 한하여 개입하는 데 그치는 '소극적 지위'이다. 부모가 자신의 헌법적 책임을 이행하지 않거나 이행할 수 없는 경우에만 부모의 자녀교육권에 대한 국가의 제한은 정당화된다. 따라서 국가의 감독자적 지위는 부모의 자녀교육에 대한 전반적이고 포괄적인 통제권한을 의미하는 것이 아니라, 단지 부모의 자녀교육권의 남용을 방지할 수 있는 소극적인 권한이다.

다. 사립학교의 자유

(1) 사립학교의 자유란 사립학교의 설립과 선택을 통하여 특정한 세계관이나 종교관에 기초한 교육을 실현할 자유를 말한다. 사립학교는 사적인 주도에 의하여 설립되고 운영되며, 세계관적 기초, 교육목표, 수업내용 및 수업방법에 관하여 독자적으로 형성된 수업을 제공하는 것에 그 본질이 있다. 사립학교는 세계관적 중립성의 의무가 있는 국공립학교에 대하여 세계관적으로 형성된 대안교육을 가능하게 한다.

사립학교의 자유는 '부모의 자녀교육권'과 밀접한 연관관계에 있다. 부모에게는 사립학교의 설립이나 선택을 통하여 자녀교육에 있어서 자신의 특별한 교육관이나 가치관을 실현하는 가능성이 주어진다.[44] 종교와 세계관에 관한 자녀교육이 일차적으로 부모의 자녀교육권에 속한다는 점에서, 사립학교의 자유는 부모에게 종교적 또는 세계관적 대안교육의 가능성을 보장하고, 교육학적 관점에서 개혁이나 대안, 독자적 시도를 실현할 수 있는 자유공간을 확보해 준다.[45] 사립학교의 보장은 교육의 영역에서 다원주의와 관용의 원칙의 필연적 산물을 의미한다.

사립학교가 보장되고 헌법적으로 정당화되는 이유가 바로 이와 같이 부모와 자녀의 기본권을 실현하고 촉진하는 기능에 있다.[46] 자녀가 성장함에 따라 '부모의 자녀교육권'은 감소하고 '교육에 있어서 자녀의 자기결정권과 자유로운 인격발현권'이 증가한다는 점에서, 사립학교의 자유는 학생인 자녀에 대해서도 자신의 가치관에 부합하는 학교교육의 가능성이 국가에 의하여 제공되지 않는 경우, 자신의 종교관과 세계관에 부합하는

---

44) 헌재 2001. 11. 29. 2000헌마278, 판례집 13-2, 762, 768, "다양한 교육기회의 제공을 위해서는 사학 설립의 자유와 사학의 교육방향의 자유가 일반적으로 인정되어야 한다. 공교육 제도가 지배적인 현대 사회에서도 사학을 인정하는 이유는 공립학교에서 제공하지 못하는 다양성을 사립학교가 제공할 수 있기 때문이다." 또한 유사한 취지로 헌재 1991. 7. 22. 89헌마106, 판례집 3, 387, 408; vgl. Evers, Verwaltung und Schule, VVDStRL 23(1966), S.189,

45) Glotz/Faber, Richtlinien und Grenzen des Grundgesetzes für das Bildungswesen, in: HbVerfR, (2), 1995, Rn.19; Schlaich, Neutralität als verfassungsrechtliches Prinzip, 1972, S.99.

46) Vgl. Bothe, Erziehungsauftrag und Erziehungsmaßstab der Schule im freiheitlichen Verfassungsstaat, VVDStRL 54(1995), S.19.

교육을 통하여 인격을 자유롭게 발현할 권리, 즉 자신의 가치관에 부합하는 교육을 선택할 권리, 교육에 관한 자기결정권을 보장한다.

따라서 학교설립에 관한 국가의 독점권은 인정되지 않는다.[47] 한편, 사립학교가 공교육의 일부를 담당하고 국가의 교육과제의 이행을 보완한다는 점에서, 국가에게는 사립학교와 관련해서도 교육이 이루어지는 전반적인 기본 틀을 형성해야 할 의무가 부과된다. 국가는 사립학교법과 사립학교의 허가 및 지도·감독 등을 통하여 학교제도에 관한 책임을 이행한다.

(2) 사립학교의 자유가 보장되는 이유가 궁극적으로 학부모와 자녀의 기본권보장에 있다면, 사립학교 '선택의 자유'가 전제되지 않는 사립학교 '설립의 자유'는 무의미하다. 따라서 사립학교설립의 자유로부터 '자녀를 사립학교에 보낼 수 있는 부모의 권리'가 나온다.[48] 사립학교설립의 자유는 허용하면서, 국공립 또는 사립의 여부를 막론하고 강제로 학교를 배정함으로써 학부모로 하여금 자신의 교육관·가치관에 부합하는 사립학교를 선택할 권리를 인정하지 않는다면, 세계관적 중립의무가 있는 국공립학교에 대한 대안으로서 사립학교제도의 헌법적 의미는 空洞化될 것이다.[49] 부족한 공교육시설을 단지 보완하는 기능만을 사립학교제도에 부여하는 현재의 강제배정방식은 위헌적 교육현실이 아닌지의 의문을 제기한다.

2. 자녀의 자유로운 인격발현권

가. 헌법적 근거 및 내용

자녀는 학습과 교육에 있어서 자신의 인격, 즉 개인의 적성과 능력을 가능하면 국가의 간섭과 방해를 받지 아니하고 자유롭게 발현할 권리를 가진다.[50] 교육의 영역에서 자녀의 인격발현권은 교육을 통한 인격발현권 또는 교육에 관한 자기결정권, 즉 자신의 교육에 관하여 스스로 결정할 권리를 의미하고, 이는 언제, 무엇을 누구로부터 어떻게 배울 것인지에 관하여 스스로 결정할 권리를 말한다.[51]

학습과 교육에 있어서 자유로운 인격발현권은 헌법 제15조의 '직업의 자유' 또는 보충적으로 일반적 자유권인 '행복추구권'에 의하여 보호된다.[52] 직업선택의 자유는 직업

47) Vgl. BVerfGE 75, 40, 61; Coester-Waltjen, in: Münch/Kunig, GGK, Art.6 Rn.88.

48) Vgl. Oppermann, Schule und berufliche Ausbildung, in: HbStR, Bd.Ⅵ, 1989, §135, Rn.17.

49) 현행 학군별 강제배정방식은 '부모의 사립학교선택의 자유'와 '사립학교의 학생선택의 자유'를 전면적으로 배제함으로써, 사립학교의 자유를 사실상 부정하고 있다.

50) 자유권으로서 자녀의 인격발현권에 관하여 또한 위 Ⅱ. 3. 가. 참조.

51) 헌재 2000. 4. 27. 98헌가16, 판례집 12-1, 427, 455-456, "과외교습금지에 의하여 학생의 '인격의 자유로운 발현권'이 제한된다. 학습자로서의 아동과 청소년은 되도록 국가의 방해를 받지 아니하고 자신의 인격, 특히 성향이나 능력을 자유롭게 발현할 수 있는 권리가 있다."고 판시하였다.

52) Vgl. Pieroth, Erziehungsauftrag und Erziehungsmaßstab der Schule im freiheitlichen Verfassungsstaat, DVBl 1994, S.957; Clemens, Grenzen staatlicher Maßnahmen im Schulbereich, NVwZ 1984, S.71;

을 선택하기 위한 전제조건으로서 '직업교육장선택의 자유'를 포함하는데, 직업교육장선택의 자유는 단지 직업과 연관된 교육을 보호하므로, 교육장소가 직업과 직접적인 연관성이 없는 초·중등교육의 경우에는 직업선택의 자유가 아니라 일반적·보충적 자유권인 '자유로운 인격발현권'(헌법 제10조의 행복추구권)에 의하여 보호된다. 물론, 자녀는 미성숙한 인격체로서 그의 성장과 함께 완전한 판단능력과 인식능력을 갖추게 된다는 사실은 학교영역에서 자녀의 기본권행사에 있어서 고려되어야 한다. 자녀의 기본권은 초기에는 부모에 의하여 행사되고, 성년이 가까워 옴에 따라 자녀는 자신의 기본권을 스스로 행사하게 된다.

자녀의 자유로운 인격발현권이 침해될 수 있는 경우로는, 학교행정에 의하여 정학이나 퇴학 등 징계조치가 내려짐으로써 학교교육을 통하여 자신의 인격을 발현할 가능성이 제한을 받는 경우, 국가가 정치적·세계관적으로 편향적인 교과서를 채택하거나 수업을 통하여 사상주입교육을 하는 경우 등을 들 수 있다.

나. 부모의 자녀교육권과 자녀의 인격발현권의 관계

(1) 부모의 자녀교육권은 자녀를 사회공동체 내에서 자립적이고 스스로 책임지는 인격체로 발전시키기 위하여 부여된 것이다. 부모의 자녀교육권의 실질적 내용인 '자녀에 대한 보호와 양육·교육'은 자녀의 자기결정권을 제한하는 것이 아니라, 자녀가 자기결정과 자기실현의 능력이 결여된 인생의 단계에서 자신의 인격을 발현할 수 있도록 돕는 것이다. 즉, 부모의 자녀교육권 행사는 자녀의 자기결정권에 대한 제한이 아니라 자녀의 자유로운 인격발현과 자유의 실현을 위한 불가결한 조건이다.[53] 부모의 자녀교육권은 자유로운 인격발현권을 가진 자녀에 대한 보호필요성에 의하여 헌법적으로 정당화되는 것이다.[54] 따라서 자녀가 성년에 이르러 완전한 기본권행사능력을 획득할 때까지, 자녀의 기본권은 부모에 의하여 신탁적으로 행사된다.[55]

(2) 자녀가 성장함에 따라 자신의 인생에 관하여 스스로 결정할 권리가 증가한다는 점에서, 학교교육의 영역에서 자녀의 권리는 시간적 관점에서 볼 때 부모의 자녀교육권과 표리관계에 있다. 부모에 의한 교육의 궁극적 목적이 자녀를 자기결정과 자기책임의 능력을 갖춘 자주적인 인격체로 교육시키고자 하는 것이므로, 자녀가 성장하여 성년에 가까워옴에 따라 부모가 학교교육과 관련하여 결정해야 할 대상과 범위가 축소한다는 결과가 나온다.[56)]

Glotz/Faber, Richtlinien und Grenzen des Grundgesetzes für das Bildungswesen, in: HbVerfR, (2), 1995, §28, Rn.7ff.

53) Vgl. Pieroth, Erziehungsauftrag und Erziehungsmaßstab der Schule im freiheitlichen Verfassungsstaat, DVBl 1994, S.956.

54) Vgl. Coester-Waltjen, in: Münch/Kunig, GGK, Art.6 Rn.81.

55) Vgl. Oppermann, Schule und berufliche Ausbildung, in: HbStR, Bd.Ⅵ, 1989, §135, Rn.81.

이에 따라, 자녀가 부분적인 신체적·정신적 성숙도에 도달하는 일정한 시점까지는 단지 부모의 자녀교육권만이 존재하고, 그 이후에는 부모의 자녀교육권이 감소하는 만큼 자녀의 자기결정권은 증가하여, 자녀가 성년에 이른 후에는 단지 자녀의 독자적 권리로서 자신의 자유로운 인격발현권만이 존재하게 된다. 즉, 자녀의 성장과 함께 자녀의 보호필요성이 감소하고 자기결정능력이 증가함에 따라 부모의 권리는 감소하며, 그에 비례하여 자유로운 인격발현권에 기초한 자녀의 권리는 증가하게 됨으로써, 자녀가 성년이 되면 부모의 자녀교육권의 바탕을 이루는 근거를 상실하게 되어 부모의 자녀교육권은 소멸하는 것이다.[57)]

(3) 국가와의 관계에서 학교교육권한에 대하여 한계를 설정하는 '기본권주체'의 관점에서 본다면, 자녀가 성장함에 따라 국가의 교육권한에 대하여 한계를 설정하는 비중이 부모의 자녀교육권에서 자녀의 인격발현권으로 옮겨간다. 따라서 감소하는 '부모의 자녀교육권'과 증가하는 '자녀의 인격발현권'의 總合으로부터 나오는 기본권의 비중은 국가의 교육권한에 대한 한계를 설정하는 요소로서 언제나 동일하다고 보아야 한다.

자녀의 인격발현권은 국가의 형성권을 제한하는 요소로서 부모의 자녀교육권과 근본적으로 동일한 내용과 성격을 가지고 있기 때문에, '자녀의 인격발현권과 국가의 교육권한의 경계'는 '부모의 자녀교육권과 국가의 교육권한의 경계'와 일치한다.[58)] 그러므로 학교영역에서 국가의 교육권한은 부모의 자녀교육권에 의하여 제한되는 것 이상으로, 자녀의 인격발현권을 존중해야 할 국가의 의무에 의하여 제한되지 않는다.

3. 국가교육권한의 한계

가. 학교교육에서 국가와 부모의 관계

헌법은 제31조에서 국가에게 학교교육에 관한 독자적 과제를 위임함으로써 학교는 부모 교육의 단순한 보조기관이 아니며, 국가의 학교교육권한은 부모의 자녀교육권으로부터 독립된 독자적인 것으로 부모의 자녀교육권과 동등한 지위로서 존재한다는 것을 밝히고 있다.[59)] 국가의 교육권한과 부모의 자녀교육권 중 그 무엇에도 절대적인 우위가

56) Vgl. BVerfGE 59, 360, 382, 387f.; Clemens, Grenzen staatlicher Maßnahmen im Schulbereich, NVwZ 1984, S.71; Pieroth, Erziehungsauftrag und Erziehungsmaßstab der Schule im freiheitlichen Verfassungsstaat, DVBl 1994, S.958.

57) 자녀에 대한 부모의 보호와 교육의 필요성이 자녀의 성장과 함께 점진적으로 감소함에도 불구하고 자녀가 성년이 될 때까지 부모의 친권이 원칙적으로 존속하는 것은, 입법자가 '자녀의 증가하는 자기결정권'을 보호하기 위한 안전장치를 규정하는 한, 헌법적으로 하자가 없다, vgl. Coester-Waltjen, in: Münch/Kunig, GGK, Art.6 Rn.81.

58) Vgl. BVerfGE 53, 185, 203; Glotz/Faber, Richtlinien und Grenzen des Grundgesetzes für das Bildungswesen, in: HbVerfR, (2), 1995, Rn.11.

59) 헌재 2000. 4. 27. 98헌가16, 판례집 12-1, 427, 450, "학교교육에 관한 한, 국가는 헌법 제31조에 의하여 부모의 교육권으로부터 원칙적으로 독립된 독자적인 교육권한을 부여받았고, 따라서 학교교육에 관한 광범위

부여되지 않으며, 양자 사이에는 상호 영향을 미치는 관계가 존재한다.[60] 국가와 부모의 교육과제가 영역별로, 즉 가정에서의 교육은 전적으로 부모의 자녀교육권에 귀속되고 학교에서의 교육은 전적으로 국가의 교육권한에 귀속된다는 형태로 엄격하게 분할된 것이 아니다.[61] 부모에게 원칙적으로 유보된 가정교육의 영역에서도 국가가 부모에 의한 자녀교육권의 남용을 방지해야 할 감독자적 지위를 가지는 것과 마찬가지로, 부모의 자녀교육권도 헌법 제31조에 의하여 학교교육의 영역으로부터 완전히 배제되는 것은 아니며, 부모의 권리는 학교 영역에서도 존중되어야 한다. 부모와 학교의 교육은 동일한 자녀의 인격발현을 위한 것이고, 교육의 주체로서 부모와 학교는 아무런 연관성 없이 병렬적으로 존재한다든지 아니면 서로 대립하는 것이 아니라, 부모와 학교의 '공동의 교육과제'가 존재하는 것이다.[62]

부모는 자녀의 교육에 관한 전반적인 계획을 세울 권리를 가지고 있으며, 학교가 자녀의 전체 교육에 중대한 영향을 미친다는 점에서, 부모가 학교교육에 일정 부분 영향력을 행사할 수 있어야 하고 학교영역에서 부모의 자녀교육권이 존중되어야 한다.[63] 바로 여기에 학교교육에 대한 부모의 영향력행사의 '근거'와 그 '한계'가 있는 것이다.

헌법은 제31조에서 국가에게 '부모의 자녀교육권'과 동등한 '학교교육의 과제'를 부여함으로써 학교의 조직과 구조에 관한 원칙적인 결정권을 국가에 귀속시키고 있다. 국가는 학교의 제도, 조직, 학교유형, 교육목표, 수업의 내용 및 방법에 관하여 결정할 수 있는 광범위한 형성권을 가진다.[64] 부모는 학교의 조직과 유형에 관하여 국가와 함께 결정할 수 있는 共同決定權을 가지고 있지 않다. 마찬가지로 부모에게는 학교자치행정에 참여할 수 있는 구체적인 권리도 인정되지 않는다.[65] 입법자는 법률로써 학부모에게 학교행정에의 참여권을 부여할 수는 있으나, 학교의 영역은 원칙적으로 국가의 교육권한에 속하는 것이기 때문에, 학부모의 참여권이 부모의 자녀교육권을 근거로 하여 헌법

한 형성권을 가지고 있다."; vgl. BVerfGE 34, 165, 183; 47, 46, 72; 59, 360, 376.

60) 같은 견해로 양건, 교육권에 관한 헌법재판소 판례 연구, 인권과 정의 2004. 8, 60면; vgl. Coester-Waltjen, in: Münch/Kunig, GGK, Art.6 Rn.14.

61) Vgl. Ossenbühl, Schule im Rechtsstaat, DÖV 1977, S.807; Starck, Staatliche Schulhoheit, pädagogische Freiheit und Elternrecht, DÖV 1979, S.274.

62) 헌재 2000. 4. 27. 98헌가16, 판례집 12-1, 427, 450, "자녀의 교육은 헌법상 부모와 국가에게 공동으로 부과된 과제이므로 부모와 국가의 상호연관적인 협력관계를 필요로 한다. 자녀의 교육은 일차적으로 부모의 권리이자 의무이지만, 헌법은 부모 외에도 국가에게 자녀의 교육에 대한 과제와 의무가 있다는 것을 규정하고 있다. 국가의 교육권한 또는 교육책임은 무엇보다도 학교교육이라는 제도교육을 통하여 행사되고 이행된다."; vgl. Pieroth, Erziehungsauftrag und Erziehungsmaßstab der Schule im freiheitlichen Verfassungsstaat, DVBl 1994, S.955.

63) Vgl. BVerfGE 47, 46, 75.

64) Vgl. Pieroth, Erziehungsauftrag und Erziehungsmaßstab der Schule im freiheitlichen Verfassungsstaat, DVBl 1994, S.956.

65) 헌법재판소는 부모의 자녀교육권으로부터 학교행정에 참여할 수 있는 '학부모의 참여권'을 도출하지 아니하였고, 이로써 학부모의 참여권을 헌법상 기본권으로 인정하지 아니하였다(헌재 2001. 11. 29. 2000헌마278, 판례집 13-2, 762, 770).

적으로 요청되는 것은 아니다.[66] 다만, 자녀의 교육을 위하여 학교와 학부모의 협력관계가 요청되기 때문에, 부모는 자녀교육권을 근거로 학교에 대하여 자녀교육에 대한 '정보를 요구할 권리'를 가진다. 결국, 부모의 자녀교육권과 자녀의 자유로운 인격발현권은 학교교육에서의 공동결정이나 적극적인 참여를 확보하는 권리가 아니라, 단지 국가의 교육권한에 대한 헌법적 한계를 설정할 뿐이다.

나. 교육의 중립성과 관용의 원칙

헌법은 제31조 제4항에서 교육의 자주성·전문성·정치적 중립성을 교육의 기본원칙으로서 규정하고 있다. 교육의 기본원칙은 국가가 교육제도를 확립함에 있어서 기본방향을 제시하는 중요한 지침이자 입법자를 비롯한 국가기관을 구속하는 헌법적 요청이다.

교육의 중립성이란 교육이 국가 등 외부세력으로부터 부당한 정치적 간섭과 영향을 받아서는 안 된다고 하는 요청일 뿐만 아니라, 나아가 학교교육의 과제를 헌법상 위임받은 국가 및 이러한 과제를 교육현장에서 직접 이행하는 학교와 교원에 대한 요청, 즉 교육 자체가 중립적이어야 한다는 헌법적 요청이다. 헌법은 제31조 제4항에서 교육의 기본원리로서 '정치적 중립성'을 언급하고 있으나, 이는 교육의 정치적 중립뿐 아니라 문화적·세계관적 중립을 요청하는 것으로 이해해야 한다. 교육의 중립성이란 교육의 정치적, 문화적, 종교적, 세계관적 중립을 의미하고, 이는 곧 관용과 다원주의의 요청이라 할 수 있다.[67]

교육은 단순히 지식의 전달을 넘어서 자녀에게 특정 가치관이나 사회적 생활양식을 전달하고자 하는 것이고, 궁극적으로 타인에 의한 형성을 의미한다는 점에서,[68] 국가에 의한 학교교육은 부모의 자녀교육권 및 자녀의 자유로운 인격발현권과 충돌할 수 있다. 국가의 세계관적 중립성의 요청 및 다원주의의 요청은 국가의 교육과제와 자녀의 자유로운 인격발현권·부모의 자녀교육권이 서로 조화를 이루고 국가의 학교교육을 정당화하기 위하여 요청되는 필수적인 것이다.[69] 설사 헌법이 제31조 제4항에서 교육의 중립성을 언급하지 않았다 하더라도, 교육의 중립성과 다원주의의 요청은 '자녀의 자유로운

66) Vgl. BVerfGE 59, 360, 380f.

67) 물론, 국가교육에 대한 다원주의와 중립성의 요청은 공동체의 특정한 가치를 교육목표로 삼는 것을 금지하는 것은 아니다. 중립성의 요청은 헌법의 통일성의 관점에서 다른 헌법규범과 함께 고려되어야 하는 하나의 요소이다. 따라서 국가가 '헌법의 정신'이나 '헌법적 기본가치'를 교육이 지향해야 하는 목표로 삼는 것을 금지하는 것은 아니다, vgl. Bothe, Erziehungsauftrag und Erziehungsmaßstab der Schule im freiheitlichen Verfassungsstaat, VVDStRL 54(1995), S.30f.

68) Vgl. Dittmann, Erziehungsauftrag und Erziehungsmaßstab der Schule im freiheitlichen Verfassungsstaat, VVDStRL 54(1995), S.50.

69) Vgl. Hemmrich, in: Münch/Kunig, GGK, Art.7 Rn.8a; Bothe, Erziehungsauftrag und Erziehungsmaßstab der Schule im freiheitlichen Verfassungsstaat, VVDStRL 54(1995), S.8.

인격발현권'과 '부모의 자녀교육권'으로부터 나오는 필연적인 헌법적 요청이다.

자녀의 자유로운 인격발현권과 부모의 자녀교육권은 학교교육에 있어서 정치적·세계관적 중립성과 관용을 요청한다. 자녀의 인격발현권은 국가에 대하여 일방적 견해나 편향적으로 선별된 지식의 전달을 금지하고 모든 중요한 정신적 흐름을 균형 잡힌 개관으로서 제공할 것을 요청한다.[70] 학교는 사회의 모든 중요한 가치관과 세계관을 '중립적인 중개자'로서 자녀에게 전달해야 한다. 뿐만 아니라, 국가는 '자신의 가치관과 세계관에 따라 자녀의 교육을 자유롭게 형성할 수 있는 부모의 자녀교육권'을 학교교육에 있어서 존중해야 한다. 따라서 국가는 교육과제의 수행에 있어서 다양한 가치관에 대하여 개방적이어야 하며 부모의 자녀교육권과 그의 종교적·세계관적 신념을 전반적으로 고려해야 한다.

다. 부모의 자녀교육권과 국가의 교육권한의 경계설정

(1) 위와 같은 관점에서 볼 때, 부모의 자녀교육권과 국가의 학교교육권한은 서로 긴장관계에 있다. 특히 국가와 부모가 자녀의 학교교육과 관련하여 서로 다른 것을 원하는 경우, 국가의 교육권한과 부모의 자녀교육권은 충돌할 수 있다. 부모의 자녀교육권과 국가교육권한의 경계를 설정하는 출발점은 부모 교육과 학교 교육의 상이한 기능에서 찾을 수 있다. 교육의 과제가 통상 '지식의 전달'과 '가치관 및 사회적 행위원칙의 전달'이라는 두 가지 요소를 포함하고 있다고 본다면, 물론 이러한 두 가지 요소가 서로 명확히 구분될 수 있는 것은 아니라 할지라도, 가정과 학교의 교육에서 두 가지 요소 중에서 어떠한 요소가 중점을 이루고 있는지 또는 어떠한 요소가 단지 보조적 기능을 하는지는 확인할 수 있다.[71]

학교의 과제는 일차적으로 '지식과 기술의 전달'이며, 이에 대하여 '가치관과 사회적 행위원칙의 전달'은 자신의 가치관과 세계관에 따라 자녀의 교육을 형성하고자 하는 부모의 자녀교육권에 우선적으로 속하는 것이다. 한편, 국가의 교육과제는 단순히 지식을 전달하는 것에 제한되지 않는다. 국가의 교육과제도 부모의 자녀교육권과 마찬가지로, 자녀를 독자적이고 스스로 책임지는 사회구성원으로 교육시키고자 하는 '동일한' 목적을 가지고 있으므로, 가치관과 세계관의 영역에서도 국가의 교육권한이 완전히 배제되는

---

70) Vgl. Glotz/Faber, Richtlinien und Grenzen des Grundgesetzes für das Bildungswesen, in: HbVerfR, (2), 1995, Rn.11; Bothe, Erziehungsauftrag und Erziehungsmaßstab der Schule im freiheitlichen Verfassungsstaat, VVDStRL 54(1995), S.29.

71) Vgl. Oppermann, Schule und berufliche Ausbildung, in: HbStR, Bd.VI, 1989, §135, Rn.79; Pieroth, Erziehungsauftrag und Erziehungsmaßstab der Schule im freiheitlichen Verfassungsstaat, DVBl 1994, S.956; Ossenbühl, Schule im Rechtsstaat, DÖV 1977, S.807, 독일 학계의 다수 견해는 소위 '3 영역 이론'(Drei-Bereiche-Lehre)에 따라 '부모에게 유보된 가정교육의 영역', '전적으로 국가에게 위임된 학교교육의 영역' 및 '부모의 자녀교육권과 국가의 교육권한이 서로 충돌하면서 균형과 조화를 이루는 상호 중복의 영역'으로 구분하고 있다.

것은 아니다. 가령, 인간의 性과 倫理는 일차적으로 자녀에 대한 부모의 개별적 교육의 영역이지만, 또한 사회적 행위의 일부로 다양한 사회적 연관성을 가진다는 점에서 자녀 전체교육의 중요한 구성부분으로 간주될 수 있고, 이에 따라 학교에서 수업의 대상으로 삼을 수 있는 것이다.[72)]

(2) 이러한 관점에서 볼 때, 첫째, 성교육, 종교교육, 윤리교육 등 자녀의 가치관과 세계관의 형성에 관한 개별교육은 부모 교육의 전반적 기초에 해당하고, 국가는 세계관적 중립의무가 있기 때문에, 이러한 영역은 일차적으로 부모의 개별교육의 대상에 속한다. 그러나 국가는 헌법 제31조의 위임에 따라 원칙적으로 학부모로부터 독립하여 학교의 교육목표, 수업목표, 교육과정을 정하고 교과목을 확정할 수 있다. 가치관과 세계관에 관한 교육은 부모의 교육영역에 보다 인접하기 때문에 일차적으로 부모의 자연적인 교육권에 속하지만, 성교육 · 종교교육 · 윤리교육 등 교과목의 도입이 부모의 동의나 공동결정을 필요로 하는 것은 아니다. 그럼에도 교과목의 성격이 개인의 가치관 · 세계관과 충돌할 가능성이 있는 경우, 국가는 교육의 목표와 내용을 정함에 있어서 부모의 다양한 가치관에 대하여 개방적이어야 하며, 부모의 자연적인 자녀교육권의 기초를 이루는 '상이하고 다양한 종교적 · 세계관적 신념'을 전반적으로 고려하고 존중해야 한다.[73)]

한편, 국가는 종교적 중립성(헌법 제20조)으로 말미암아 특정한 신앙공동체의 교리를 전달하는 종교교육을 실시할 수 없음은 물론이고, 설사 교육시설의 부족 등 부득이한 공익상의 사유로 종교교육을 실시하는 사립학교에 학생을 배정해야 하는 경우에는 자녀의 종교교육에 관한 부모의 자녀교육권을 존중하여 사립학교에서 종교교육이 강제로 이루어지지 않도록 규율해야 할 의무를 진다.[74)] 학부모와 사립학교 사이의 취학계약이 학부모의 자유의사에 기초한 것이 아니라 국가의 강제배정에 기인한다면, 국가는 사립학교로부터 학부모의 자녀교육권과 자녀의 '소극적 종교의 자유'를 보호해야 할 의무를 진다.

둘째, 부모는 자녀 교육에 관한 전반적 계획을 세울 권리를 가지고 있으며, 학교교육이 자녀의 전체 교육에 중대한 영향을 미친다는 점에서, 국가는 학교제도를 구체적으로 형성함에 있어서 부모의 자녀교육권을 고려하고 존중하여야 한다. 학교의 제도와 조직에 관한 기본결정은 학부모와 자녀의 기본권 행사와 실현에 있어서 중대한 의미를 가진다. 교육과정과 학교유형 등 교육진로와 관련된 기본결정은 자녀교육에 관한 전반적

72) Vgl. BVerfGE 47, 46, 71f.

73) Vgl. BVerfGE 47, 46, 78f., '국가는 성교육수업을 통하여 일정한 방향의 견해를 주입시키려는 시도나 특정한 성적 태도를 취하도록 영향을 행사해서는 안 되며, 부모는 학교에서 성교육의 시행에 있어서 자제와 관용을 요구할 수 있다. 국가가 이와 같은 원칙을 준수한다면, 학교에서 성교육의 실시여부는 부모의 동의에 달려있지 않다. 그러나 부모는 학교에서 실시하는 성교육의 내용과 방법에 관하여 적시에 정보를 제공받을 권리를 가진다.'는 취지로 판시하였다.

74) 유사한 취지로 허영, 한국헌법론, 2007, 405면; 성낙인, 헌법학, 2007, 409면.

인 계획을 세우고 자녀의 진로를 결정하는 '부모의 자녀교육권'과 밀접한 연관성이 있고, 뿐만 아니라 '자녀의 기본권', 즉 직업교육장선택의 자유 및 능력과 적성에 부합하는 교육을 통한 인격발현권과 밀접한 연관성을 가진다. 따라서 학교의 제도와 조직에 관한 기본결정의 경우, 부모가 자녀의 능력과 적성에 따라 학교교육에 관한 계획을 세울 수 있도록, 국가에게는 이에 대응하는 의무로서 '자녀의 능력과 적성에 부합하는 다양한 교육가능성을 제공해야 할 의무'가 부과된다. 여기서 무엇보다도 아래에서 다룰 학부모의 '학교선택권'이 문제된다.

셋째, 이에 대하여 학교교육의 구체적 사안, 학교의 조직과 구조, 학교유형, 수업의 내용과 방법, 특히 학교 내부적 영역(가령, 수업계획, 징계 등)에 관한 결정은 원칙적으로 국가의 교육권한에 속한다. 다만, 부모는 이러한 영역에서도 자녀교육권에 근거하여 학교영역에서 일어나는 일에 관하여 '정보를 제공받을 권리'를 가지고 있다.[75] 부모가 자녀의 학교교육에 관하여 적시에 충분한 정보를 제공받는 경우에만, 비로소 부모와 학교가 자녀의 교육을 위하여 서로 협력할 수 있고, 학교교육에 대한 학부모의 건의나 비판이 가능하기 때문이다. 이로써 학교교육에 참여할 학부모의 권리는 헌법적 차원에서는 '정보를 제공받을 권리'에 제한된다.[76]

4. 부모의 학교선택권

가. 학교선택권의 헌법적 근거

부모와 자녀는 국가와 사인에 의하여 제공되는 교육과정 중에서 원칙적으로 자유롭게 선택할 수 있는 학교선택권을 가진다. 학교선택권은 그 헌법적 근거를 주관적 측면에서는 '부모의 자녀교육권'과 '자녀의 자유로운 인격발현권'에 두고 있으며, 객관적 측면에서는 '능력에 따라' 교육받을 권리를 실현해야 할 국가의 의무(헌법 제31조 제1항)에 두고 있다.[77] 헌법재판소는 초기의 일부 결정에서 부모의 학교선택권의 헌법적 근거를 헌법 제31조 제1항의 '교육을 받을 권리'에서 찾고 있으나, 이는 타당하지 않다.[78]

---

75) 그럼에도 '정보를 제공받을 부모의 권리'는 개별적인 경우의 모든 상황을 합리적으로 고려하여 예외적으로 제한될 수 있다(BVerfGE 59, 360, 384, 독일 브레멘 州의 학교행정법은 학생의 부모에 대한 학생 상담자의 비밀엄수의무를 규정하고 있다).

76) 헌법재판소는 부모의 자녀교육권으로부터 학부모의 학교참여권을 도출할 수는 없지만(헌재 2001. 11. 29. 2000헌마278, 판례집 13-2, 762, 770), "학부모의 교육권과 교육제도에 관한 국가의 책임은 상호간에 조화와 조정을 필요로 한다. 미성년자인 학생의 교육문제에 관하여는 다양한 견해가 있을 수 있으므로, 토론과 협의를 거쳐 최선의 교육과정을 마련하는 것이 목표달성을 위한 하나의 중요한 조건이다."라고 판시함으로써 국가가 주도하는 교육과정에 학부모가 어떤 형태로든 참여해야 할 당위성을 인정하였다(헌재 1999. 3. 25. 97헌마130, 판례집 11-1, 233, 241).

77) Vgl. Oppermann, Schule und berufliche Ausbildung, in: HbStR, Bd.Ⅵ, 1989, §135, Rn.46; Glotz/Faber, Richtlinien und Grenzen des Grundgesetzes für das Bildungswesen, in: HbVerfR, (2), 1995, §28, Rn.20ff.; Clemens, Grenzen staatlicher Maßnahmen im Schulbereich, NVwZ 1984, S.68ff.

78) 가령, 헌재 1995. 2. 23. 91헌마204(거주지를 기준으로 한 중고등학교 입학제한), 판례집 7-1, 267, 275, 이

학교선택권은 일차적으로 '부모의 자녀교육권'으로부터 나온다. 학교영역에서 부모의 자녀교육권은, 부모가 자녀의 개성과 능력을 고려하여 자녀의 학교교육에 관한 전반적 계획을 세운다는 것에 기초하고 있다. 이로써 부모의 자녀교육권은 자녀 개성의 자유로운 발현을 위하여 그에 상응하는 교육과정을 선택할 권리, 즉 자녀의 교육진로에 관한 결정권(자녀가 다닐 학교를 선택할 권리)으로 구체화된다.

마찬가지로, 학교선택권은 '자녀(학생)의 자유로운 인격발현권'(헌법 제10조의 행복추구권)에서도 도출된다. 학생의 자유로운 인격발현권은 개인의 능력과 적성에 부합하는 교육을 통한 인격발현의 가능성을 보장한다. 그런데 개별학생마다 적성과 능력이 다르므로, 학생의 인격발현권은 자신의 능력과 적성에 부합하는 학교를 선택할 권리를 포함한다. 뿐만 아니라, 헌법 제31조 제1항의 규범내용("능력에 따라")에 비추어, 국가는 재정적으로 그리고 조직상 가능한 범위 내에서, 개인의 상이한 능력과 적성을 고려하여 자녀의 다양한 능력과 성향의 자유로운 발현을 가능하게 하는 학교제도를 제공해야 할 의무가 있다.

자녀의 자유로운 인격발현권에 기초하는 학교선택권과 부모의 자녀교육권에 기초하는 학교선택권은 국가와의 관계에서 동일한 내용과 성격을 가진 것으로, 여기서도 '부모의 자녀교육권과 자녀의 권리의 관계'에 관한 일반적 사고가 그대로 적용된다.[79]

나. 학교선택권의 내용

부모의 학교선택권은 단지 국가에 의하여 제공된 현존하는 학교유형과 교육과정 중에서 선택할 권리를 의미한다.[80] 학교선택권은 국공립학교와 사립학교 중에서 선택할 권리 및 공교육제도 내의 다양한 학교유형과 교육과정 중에서 선택할 권리를 포함한다. 부모의 교육관과 자녀의 능력·적성이 매우 다양하다는 점에서, 부모의 학교선택권은 국가에게 부모의 교육적 소망에 부합하는 특정한 학교유형을 설립할 의무를 부과하거나 특정한 학교유형을 정규학교로서 규정할 의무를 부과하는 것은 아니다. 부모의 교육관에 부합하는 특정 유형의 학교를 선택할 권리는 '사립학교의 설립 및 선택의 자유'에 의하여 실현된다. 그러나 국가에 의하여 제공된 학교 또는 학교유형 중에서 선택하는 부모의 권리는 필요 이상으로 제한되어서는 안 된다.[81] 다양한 학교유형 중에서 선택할 수 있는 부모의 권리가 합리적인 관점에서 요청되는 것 이상으로 과도하게 제한된다면,

---

에 대한 비판으로 위 Ⅱ. 3. 나 참조.

79) 부모의 자녀교육권과 자녀의 권리의 관계에 관하여 위 Ⅳ. 2. 나. 참조.

80) Vgl. Glotz/Faber, Richtlinien und Grenzen des Grundgesetzes für das Bildungswesen, in: HbVerfR, (2), 1995, §28, Rn.22; Hemmrich, in: Münch/Kunig, GGK, Art.7 Rn.16.

81) Vgl. BVerfGE 34, 165 ff.; 헌법재판소는 거주지를 기준으로 중고등학교의 입학을 제한하는 것을 합헌으로 판단하였다(헌재 1995. 2. 23, 91헌마204); 한편, 부모의 학교선택권의 침해가능성에 관하여 성낙인, 부모의 자녀교육에 관한 권리, 고시계 95/9, 74면 이하.

국가가 입학을 규율할 수 있는 한계를 넘은 것이다.

자녀의 교육진로(진학)에 관한 결정권은 자녀의 인생 계획에 있어서 대단히 중요한 의미를 가지는 사안으로, 부모는 자녀의 능력과 재능을 고려하여 자녀가 다니고자 하는 학교유형을 결정할 수 있는 '적극적 결정권'을 가지며, 국가는 자녀의 능력요건이 충족되지 못한 경우에 한하여 인정되는 '소극적 결정권'(진학을 거부할 권한)을 가진다.[82] 부모의 자녀교육권으로부터 원칙적으로 독립적인 국가의 교육권한에 속하는 것은 무엇보다도 학교의 조직상의 분류 및 교육과정과 수업목표의 내용적 확정에 관한 것이다.

그러므로 국가의 이러한 교육권한으로부터, 학교에 입학하는 요건을 정하는 권한, 설정한 수업목표가 어느 정도로 학생에 의하여 달성되었는지를 결정하는 권한을 비롯하여 상급학교에 진학하는 요건 및 동일한 교육과정 내에서 상급학년에 진급하는 요건을 확정할 수 있는 국가의 권한이 나온다.[83] 따라서 국가가 특정한 학교유형(교육과정)에 입학하는 것에 일정 능력요건을 결부시키고 수학능력의 요건을 충족시키지 못하는 자녀의 입학을 거부함으로써 이루어지는 국가의 소극적 선별은 허용된다. 물론, 국가에 의한 이와 같은 소극적인 선별은 경우에 따라 특정유형의 학교(가령, 장애인학교 등 특수학교)에 다닐 의무를 결과로 가져올 수 있는데, 이는 해당 학생의 입학이나 진학으로 인하여 다른 학생의 교육을 현저히 저해할 우려가 있다는 관점에서 정당화되는 것이므로, 헌법에 위반되는 것이 아니다.

그러나 이러한 소극적 선별의 경우를 제외한다면, 국가는 학생이 특정 학교유형이나 교육과정에 들어가도록 지시할 수 있는 '적극적인 결정권'을 가지고 있지 않다. 국가가 학생의 능력과 성향을 진단하여 학교를 배정하고 이러한 방법으로 장래 국가공동체 내에서 특정한 역할을 분담하도록 학생의 미래를 확정하는 것은 부모의 자녀교육권을 배제하는 것이므로, 헌법적으로 허용될 수 없다.[84]

다. 학교제도에 관한 국가형성권의 한계

헌법은 어떠한 학교제도가 교육학적으로 바람직한지에 관해서는 아무런 지침을 제시하고 있지 않다. 그러므로 학교형태와 교육과정에 관한 조직과 구조의 문제에 있어서 국가에게 광범위한 형성의 자유가 인정된다. 그러나 국가에 의하여 제공된 학교형태가

82) 학부모의 학교선택권에 관하여 노기호, 독일학교법상의 학부모의 교육권과 그 제한 및 한계, 공법연구 제31집 제4호(2003), 159면 이하 참조; 또한 vgl. BVerfGE 34, 165, 182f.; Starck, Staatliche Schulhoheit, pädagogische Freiheit und Elternrecht, DÖV 1979, S.275; Coester-Waltjen, in: Münch/Kunig, GGK, Art.6 Rn.88; Evers, Verwaltung und Schule, VVDStRL 23(1966), S.152; Hemmrich, in: Münch/Kunig, GGK, Art.7 Rn.14a; Glotz/Faber, Richtlinien und Grenzen des Grundgesetzes für das Bildungswesen, in: HbVerfR, (2), 1995, §28, Rn.22.

83) Vgl. Glotz/Faber, Richtlinien und Grenzen des Grundgesetzes für das Bildungswesen, in: HbVerfR,(2), 1995, §28, Rn.20.

84) Vgl. BVerfGE 34, 165, 192.

오로지 하나이기 때문에 국가에 의하여 일방적으로 확정된 수업목표를 가진 유일한 교육가능성만이 부모에게 제공된다면, 이로써 부모의 학교선택권이 사실상 유명무실하게 된 경우에는 헌법적으로 허용된 국가형성권의 한계를 명백히 넘은 것이다.[85]

그러므로 국가는 교육과정을 제공함에 있어서 학교선택권의 실질적인 행사를 가능하게 하는 조건으로서 '최소한의 다양성'을 보장해야 한다.[86] 부모와 자녀의 학교선택권은 다양한 유형과 수준의 학교유형(교육과정) 중에서 선택할 수 있는 가능성을 사실적 전제로 하며, 이러한 경우에만 자녀의 능력과 적성에 부합하는 교육가능성을 선택할 '부모의 자녀교육권'과 학교교육을 통하여 자신의 능력과 적성을 자유롭게 발현할 수 있는 '자녀의 인격발현권'은 비로소 보장될 수 있다. 그러므로 국가는 부모와 자녀에게 다양한 교육과정, 적어도 두 가지 이상의 상이한 수준의 교육과정 중에서 스스로 선택할 수 있는 가능성을 제공해야 한다.[87] 이러한 선택가능성의 제한을 정당화하는 합리적 사유가 인정되는 경우에만(가령, 교육수요가 현저하게 적은 도서지역의 경우), 학교선택권의 제한은 정당화될 수 있다.

헌법은 모든 학생이 동일한 수준의 교육을 받아야 하는 교육과정의 '시간적 한계'에 관하여 아무런 구체적 지침을 제시하고 있지 않지만, 국가의 형성권은 이와 관련해서도 무제한적인 것은 아니다. 교육제도에 관한 국가의 형성권은 자신의 능력과 적성에 부합하는 교육을 통하여 자신의 인격을 발현하고자 하는 학생의 기본권에 의하여 헌법적인 구속을 받는다. 물론, 모든 자녀가 일정 기간 동일한 수준의 의무교육을 제공하는 초등학교에 다닌다는 것을 전제로 하더라도, 이를 넘어서 모든 학생을 '과도하게 장기간' 동일한 수준의 수업을 제공하는 학교에 다니게 하는 것은 부모의 자녀교육권 및 자녀의 인격발현권과 부합하지 않는다.[88] 그러므로 모든 학생이 거의 성년에 이를 때까지 동일한 수업목표를 가진 학교에 다니게 하는 것은 위헌으로 간주된다.

85) Vgl. BVerfGE 45, 400, 416; Pieroth, Erziehungsauftrag und Erziehungsmaßstab der Schule im freiheitlichen Verfassungsstaat, DVBl 1994, S.956; 물론, 국가는 초등학교 졸업 후 학생의 능력과 적성에 따른 진학이 가능하도록 학교유형을 반드시 독일의 교육제도와 같이 다양한 유형(Hauptschule, Realschule, Gymnasium)으로 분류할 필요는 없다. '동일한' 학교유형 내에서도 교과과정의 '차별화'를 통하여 교육과정의 다양성과 수학능력에 따른 교육이 실현될 수 있다면, 부모의 선택권의 최소한이 보장될 수 있다.

86) Vgl. Dürig, in: Maunz/Dürig, GGK, Art.19 Abs.3 Rn.16ff.

87) Vgl. Clemens, Grenzen staatlicher Maßnahmen im Schulbereich, NVwZ 1984, S.69.

88) Vgl. BVerfGE 34, 165, 186f., 연방헌법재판소는 위 결정에서 모든 학생이 공통적으로 취학해야 하는 '단일화된 교육과정의 시간적 한계'가 어디에 있는지, 이러한 시간적 한계 이후에 부모의 자녀교육권과 자녀의 인격발현권의 보장을 위하여 교육과정의 제공에 있어서 어느 정도로 다양성과 차별성이 보장되어야 하는지의 문제에 관하여는 판단을 유보하였다; 또한 Glotz/Faber, Richtlinien und Grenzen des Grundgesetzes für das Bildungswesen, in: HbVerfR, (2), 1995, §28, Rn.24.

V. 맺는말

국가는 학교형태와 교육과정에 관한 결정에 있어서 광범위한 형성권을 가진다. 그러나 국가가 학교제도의 형성을 통하여 단지 시간적 관점에서 순차적으로 진학할 수 있는 가능성(가령, 초등학교, 중학교, 고등학교 등)만을 제공할 뿐, 다양한 유형과 수준의 학교 중에서 선택할 수 있는 가능성을 전면적으로 배제하는 것은, 헌법적으로 허용된 형성권의 한계를 넘는 것이다. 또한, 학부모에게 자신의 교육관·세계관에 부합하는 사립학교를 선택할 권리를 인정하지 않는다면, 세계관적 중립의무가 있는 국공립학교에 대한 대안으로서 인정되는 사립학교제도는 그 헌법적 의미를 상실할 것이다.

헌법 제31조는 '균등하게'란 표현에도 불구하고 교육평준화를 요청하거나 또는 정당화하는 근거규범이 아니다. 헌법 제31조에서 언급하는 '균등하게'란 표현은 '능력'(수학능력)에 종속된 개념으로서, '능력에 관계없이 균등하게'의 의미에서 평준화가 아니라 '능력에 따라 균등하게'란 의미에서 다양성과 차별화를 요청하고 있는 것이다. 헌법 제31조는 궁극적으로 학생의 자유로운 인격 발현에 기여하고자 하는 규범이므로, 그 보장내용도 개인의 자유 실현의 관점에서 파악되어야 한다. 즉, 헌법 제31조는 개인의 자유로운 인격 발현을 위한 실질적 조건을 교육의 영역에서 보장하고자 하는 것이며, 이러한 조건 중에서 본질적인 것은 바로 '능력과 적성에 상응하는 교육가능성'이다.

평준화된 교육은 개인의 상이한 수학능력과 적성을 무시하고 모든 학생에게 단일화된 수준의 교육을 강요함으로써 개인의 인격발현을 저해한다는 점에서 자유로운 인격발현에 대한 중대한 제한을 의미한다. 그러므로 교육평준화정책은 그 헌법적 근거를 헌법 제31조에서 구할 수 없는 것은 물론이고, 나아가 개인의 능력과 적성 및 부모의 세계관을 고려하는 최소한의 다양성과 수준별 교육가능성을 요청하는 헌법 제31조의 정신과도 부합하지 않는다. 뿐만 아니라, 개인의 상이한 능력과 적성을 고려하는 교육가능성의 제공은 공교육제도가 기능하기 위한 필수적인 조건이다. 개인의 개성과 능력을 고려하지 않는 획일적인 공교육제도는 필연적으로 별도의 사교육에 의한 보완을 필요로 하게 되고, 결국 자녀의 능력과 적성을 고려하는 사교육에 의하여 空洞化될 수 있는 위험을 안고 있기 때문이다.

물론, 학교선택권도 다른 기본권과 마찬가지로 제한될 수 있으나, 학교선택권이 자녀의 인격발현에 대하여 가지는 중대한 의미에 비추어 학교선택권에 대한 제한은 이에 상응하는 중대한 공익의 실현을 위하여 반드시 필요한 범위 내에서 이루어져야 한다. 그러나 교육평준화정책과 학군별 강제배정이 자녀와 부모의 학교선택권에 대한 전면적인 부정을 의미하고, 그 결과 필연적으로 공교육제도의 기능약화를 초래한다는 점에서,

이러한 극단적인 교육평준화정책이 과연 '공교육의 정상화, 입시경쟁의 과열화 방지'와 같은 공익을 실현하기에 적합한 수단인지, 궁극적으로 이러한 공익에 의하여 정당화될 수 있는 것인지에 대하여 강한 의문이 제기된다. 과열된 교육열로 인한 사교육의 폐해를 방지하고 공교육을 정상화하자는 취지에서 교육평준화가 요청된다면, 교육평준화는 그 정도에 있어서 공교육제도가 제대로 기능할 수 있는 범주 내에서 이루어져야 할 것이다. 바로 여기에 교육평준화의 사실적·헌법적 한계가 있다. 학생의 다양한 능력과 적성을 전면적으로 부정하는 교육평준화는 필연적으로 교육기능을 상실함으로써 공교육의 공동화를 수반하고, '사교육에의 의존성' 및 또 다른 형태의 '과열된 입시경쟁'을 초래하기 때문이다.

참고문헌

권영성, 헌법학원론, 법문사, 2007
노기호, 독일학교법상의 학부모의 교육권과 그 제한 및 한계, 공법연구 제31집 제4호, 한국공법학회, 2003
성낙인, 헌법학, 법문사, 2007
______, 부모의 자녀교육에 관한 권리, 고시계, 1995. 9
양건, 교육권에 관한 헌법재판소 판례 연구, 인권과 정의, 대한변호사협회, 2004/8
한수웅, 헌법소송을 통한 사회적 기본권 실현의 한계, 인권과 정의, 대한변호사협회, 1997/1
홍성방, 헌법학, 현암사, 2004
허 영, 한국헌법론, 박영사, 2007

Bothe, Erziehungsauftrag und Erziehungsmaßstab der Schule im freiheitlichen Verfassungsstaat, VVDStRL 54(1995)
Clemens, Grenzen staatlicher Maßnahmen im Schulbereich, NVwZ 1984
Coester-Waltjen, in: Münch/Kunig(Hg), Grundgesez Kommentar (GGK), 5. Aufl. 2000, Art.6
Dittmann, Erziehungsauftrag und Erziehungsmaßstab der Schule im freiheitlichen Verfassungsstaat, VVDStRL 54(1995)
Evers, Verwaltung und Schule, VVDStRL 23(1966)
Glotz/Faber, Richtlinien und Grenzen des Grundgesetzes für das Bildungswesen, in: Benda/Maihofer/Vogel(Hg), Handbuch des Verfassungsrechts der Bundesrepublik Deutschland (HbVerfR), (2), 1995
Gusy, Der Grundrechtsschutz von Ehe und Familie, JA 1986
Hemmrich, in: Münch/Kunig(Hg), Grundgesez Kommentar (GGK), 5. Aufl. 2000, Art.7
Oppermann, Schule und berufliche Ausbildung, in: Isensee/Kirchhof(Hg), Handbuch des Staatsrechts (HbStR), Bd.Ⅵ, 1989, §135
Ossenbühl, Schule im Rechtsstaat, DÖV 1977
______, Die pädagogische Freiheit und die Schulaufsicht, DVBl 1982
Pieroth, Erziehungsauftrag und Erziehungsmaßstab der Schule im freiheitlichen Verfassungsstaat, DVBl 1994
Schlaich, Neutralität als verfassungsrechtliches Prinzip, 1972
Starck, Staatliche Schulhoheit, pädagogische Freiheit und Elternrecht, DÖV 1979
Stein/Frank, Staatsrecht, 2000

제2주제

교육의 자주성 · 전문성 · 중립성 및 교사의 교육의 자유*

-교사의 사상주입교육의 헌법적 문제를 계기로 하여-

Ⅰ. 문제의 제기

헌법은 제31조 제1항에서 "모든 국민은 능력에 따라 균등하게 교육을 받을 권리를 가진다."고 규정하여, 모든 국민에게 그의 능력에 따른 교육을 가능하게 하는 교육제도를 제공 · 정비하고 교육기관을 설립해야 할 의무와 과제를 국가에 부과하고 있다. 나아가, 헌법은 제31조 제6항에서 입법자로 하여금 학교교육에 관한 교육제도를 법률로 정하도록 위임함으로써 학교교육에 관한 포괄적 책임과 권한을 국가에 부여하고 있다.

학교교육과 관련하여 제기되는 문제는 크게 2 가지로 나누어 볼 수 있다. 학교교육에는 국가, 학부모, 학생, 교사라는 일련의 당사자가 관련되어 있다.[1] 국가는 의무교육을 비롯한 공교육의 운영자이자 학교교육의 주체로서, 학교제도를 조직하고 교육과정 · 교육목표 · 교육내용 · 교육방법을 규율하는 포괄적인 권한을 가진다. 교사는 국가의 위임에 의하여 교육현장에서 교육과제를 실질적으로 담당하는 교육자로서, 교육활동을 위하여 불가결한 독자적 책임과 자율성의 보장을 요청할 수 있다. 학부모는 자녀교육에 관한 전반적인 계획을 세우고 자신의 가치관과 세계관에 따라 자녀의 교육을 자유롭게 형성할 수 있는 자녀교육권을 가진다. 학생은 교육의 영역에서 가능하면 국가의 간섭과 방해를 받지 아니하고 능력과 적성을 자유롭게 발현할 권리, 즉 개인의 능력과 적성에 부합하는 교육을 통하여 인격을 발현할 권리를 가진다.

이에 따라 학교교육에서 제기되는 첫 번째 문제는 국가의 학교교육권한과 부모의 자

* 위 논문은 2007년 12월, 저스티스(한국법학원), 제101호, 36-59면에 게재된 것을 일부 수정한 것이다.

1) 교육기본법은 제2장에서 '교육당사자'를 학습자, 보호자, 교원 및 국가 · 지방자치단체로 구분하고 있다.

녀교육권, 학생의 자유로운 인격발현권(학습권) 및 교사의 교육의 자유(수업권) 사이의 관계와 경계설정에 관한 것이다.[2] 또 다른 문제는 교육영역에서 입법자가 규율해야 할 대상과 행정청이 규율할 수 있는 대상의 경계설정의 문제, 즉 議會留保의 문제이다. 헌법 제31조 제6항은 "학교교육 및 평생교육을 포함한 교육제도와 그 운영, 교육재정 및 교원의 지위에 관한 기본적인 사항은 법률로 정한다."고 규정함으로써 교육의 영역에서 의회유보의 원칙을 명시적으로 밝히고 있는데, 교육의 영역에서 구체적으로 무엇이 입법자(의회)에게 유보되어야 하는지의 문제가 제기되는 것이다.

헌법 제31조 제4항 및 제6항은 제1항과 함께 '교육을 받을 권리'에 관한 규정 중에서 가장 핵심적인 규정이나, 판례와 학계의 노력에도 불구하고 아직 그 의미가 제대로 밝혀지지 아니한 헌법규범에 속한다. 위 두 헌법조항들은 다음과 같은 일련의 의문을 제기한다. 헌법 제31조 제4항("교육의 자주성·전문성·정치적 중립성 및 대학의 자율성은 법률이 정하는 바에 의하여 보장된다.")에서 규정하는 '교육의 자주성·전문성·정치적 중립성'의 헌법적 의미는 무엇인가? 교육의 이러한 기본원칙은 교사의 교육의 자유(수업권)와 어떠한 관계에 있는가? 교사의 교육의 자유의 헌법적 근거는 무엇인가? 교사의 자유는 법적 성격에 있어서 헌법적으로 보장되는 기본권인가 아니면 교사직무의 특성에 기초한 객관적인 헌법적 요청인가? 교사의 자유의 헌법적 한계는 어디에 있는가? 교사에게 수업을 통하여 자신의 가치관과 세계관을 학생에게 전달하는 것이 어느 정도로 허용되는가? 국가의 교육권한과 교사의 교육의 자유는 어떠한 관계에 있는가? 헌법 제31조 제6항의 교육제도 법정주의의 헌법적 의미는 무엇인가? 교육제도와 관련하여 어떠한 사안이 입법자에 의하여 스스로 규율되어야 하는가? 헌법이 추구하는 교육목표는 무엇인가?

이 글에서는 우선 헌법 제31조 제6항의 '교육제도 법정주의'의 헌법적 의미 및 헌법의 교육목표를 밝히고(아래 Ⅱ.), 이어서 헌법 제31조 제4항의 교육기본원칙의 헌법적 의미와 기능이 무엇인지를 검토한 다음(아래 Ⅲ.), 교사의 교육의 자유(수업권)의 법적 성격, 헌법적 근거 및 그 한계를 규명한 뒤(아래 Ⅳ.), 마지막으로 교사의 사상주입교육의 헌법적 문제를 다루는 것으로 결론을 대신하기로 한다(아래 Ⅴ).

---

2) '교육의 자유' 또는 '교육권'이란 용어는, 그 주체가 누구인지에 따라 매우 다양한 의미로 사용되고 있다(가령, 이러한 예로 양건, 교육권에 관한 헌법재판소 판례 연구, 인권과 정의 2004. 8, 54면 이하). 그러나 교육당사자의 권리나 권한을 모두 동일한 용어로 표현하는 것은 혼동의 우려가 있기 때문에, 이 글에서는 교육당사자별로 용어를 달리하여, 국가의 교육권은 '국가의 학교교육권한'으로, 학부모의 교육권은 '부모의 자녀교육권'으로, 학생의 교육권은 '학생의 자유로운 인격발현권(학습권)'으로, 교사의 교육권은 '교육의 자유(수업권)'로 부르기로 한다.

Ⅱ. 국가의 교육권한

1. 헌법 제31조 제6항의 '교육제도 법정주의'의 의미

헌법은 제31조 제6항에서 "학교교육 및 평생교육을 포함한 교육제도와 그 운영, 교육재정 및 교원의 지위에 관한 기본적인 사항은 법률로 정한다."고 하여 소위 '교육제도 법정주의'를 규정하고 있다. 교육제도 법정주의는 消極的으로는 교육의 영역에서 본질적이고 중요한 결정은 입법자에게 유보되어야 한다는 의회유보의 원칙을 규정하면서, 積極的으로는 헌법이 국가에게 학교제도를 통한 교육을 시행하도록 위임하고 있다는 점에서 학교제도에 관한 포괄적인 국가의 규율권한을 부여하고 있다.

가. 본질적 사항의 議會留保

헌법 제31조 제6항은 교육의 영역에서 기본적인 사항은 법률로 정한다고 규정함으로써 입법자가 교육의 영역에서 본질적이고 중요한 결정을 행정부에 위임하는 것을 금지하고 있다. 헌법 제31조 제6항의 소위 '교육제도 법정주의'는 본질적인 결정은 입법자에게 유보되어야 한다는 '의회유보원칙'의 명시적 표현이다.[3)]

(1) 本質性理論에 기초한 의회유보의 내용[4)]

(가) 법률유보는 역사적으로 19세기 독일에서 군주의 집행부로부터 시민사회를 보호하기 위하여 발전한 원칙으로서, 군주로 대표되는 집행부와 시민을 대표하는 의회와의 대립관계를 전제로 하여, 행정은 법률에 의한 수권이 있는 경우에만 국민의 자유와 재산에 대하여 침해할 수 있다는 원칙, 즉 행정에 의한 기본권의 침해는 법률에 근거해야 한다는 원칙을 말한다.

독일 연방헌법재판소는 70년대 초반부터 소위 '본질성이론'을 통하여 고전적 법률유보(침해유보)를 '민주국가에서 국가의 본질적인 문제는 국민의 대의기관인 의회에 유보되어야 하고, 의회의 법률에 의하여 규율되어야 한다'는 원칙인 의회유보로 발전시켰다.[5)] '자유와 재산에 대한 침해의 경우 의회의 동의를 얻어야 한다'는 침해유보의 사고

---

3) 같은 취지로 허영, 한국헌법론, 2007, 434면.

4) 본질성이론에 관한 국내 문헌으로 한수웅, 본질성이론과 입법위임의 명확성원칙, 헌법논총 제14집(2003), 579면-585면; 김철용 외, '위임입법의 한계에 관한 연구', 헌법재판연구 제8권(1996), 207면 이하; 홍기종, 위임입법의 한계, 헌법문제와 재판(上), (96. 10), 573면 이하; 김향기, 법률유보이론의 전개와 과제, 공법학의 제문제(김영훈박사 화갑기념), 1995, 377면 이하; 조태제, 법률의 유보원칙에 관한 연구, 1992, 63면 이하; 김충묵, 법률유보의 원칙, 현대행정법학이론(이명구박사 화갑기념), 1996, 13면 이하.

5) 법률유보와 의회유보에 관하여 vgl. Kisker, Neue Aspekte im Streit um den Vorbehalt des Gesetzes, NJW 1977, S.1316f.; Ossenbühl, Vorrang und Vorbehalt des Gesetzes, in: HbStR, Bd.Ⅲ, 1988, §62, Rn.32ff.; Kloepfer, Der Vorbehalt des Gesetzes im Wandel, JZ 1984, S.690f.; Eberle, Gesetzesvorbehalt und Parlamentvorbehalt, DÖV 1984, S.485ff.; Wehr, Grundfälle zu Vorrang und

도 그 당시 시민사회의 관점에서 가장 중요한 두 가지 기본권을 '본질적인 것'으로 인정한 것이라는 점에서 본다면, 오늘날 본질성이론을 통하여 실현하고자 하는 것과 동일한 것이 그 당시 침해유보의 개념을 통하여 표현되었다고 할 수 있다. 이러한 점에서, '무엇이 법률로써 규율되어야 하는지'를 판단하는 기준은 항상 사안의 '본질성'과 '중요성'이었다.

(나) 본질성이론에 기초한 의회유보의 구체적 요청은 다음과 같다.

첫째, 국가공권력 행위의 성격과 관계없이, 모든 본질적인 것은 입법자가 스스로 정해야 한다. 이로써 법률유보의 범위가 침해의 개념으로부터 분리되어 급부행정, 국가조직 등 전체 국가행위의 영역으로 확대되었다. 고전적 법률유보의 경우, 행정의 성격이 국민의 자유와 재산을 침해하는 침해행정인지 여부가 법률유보의 기준이었으나, 의회유보에서는 이러한 '침해'의 기준에서 벗어나 '국가가 규율하려는 영역이 국민의 기본권행사나 그 실현을 위하여 본질적인지'의 관점을 법률유보의 범위를 정하는 기준으로 삼고 있다.

둘째, 본질성이론에 의하면, 본질적인 사안은 의회의 독점적 결정권에 속하며, 의회는 이에 관하여 규율해야 할 의무가 있다. 따라서 입법자는 자신의 입법권을 포기하거나 다른 국가기관에 위임해서는 안 된다. 입법자는 본질적인 것을 스스로 정해야 하고, 나아가 규율대상이 본질적일수록 법률에 의한 규율이 보다 명확해야 한다. 이에 관하여 본질성이론은 구체적으로 다음의 2가지 핵심적 내용을 담고 있다.[6)]

1) 본질적인 것은 행정부에 위임해서는 아니 되고 입법자가 직접 정해야 한다는 의미에서, 본질적인 사항에 대한 '위임의 금지'이다. 이로써 입법자와 행정부의 관계에서 입법자가 행정부에 입법권을 위임하거나 또는 재량행위를 할 수 있는 수권을 부여하는 것에 대한 제한을 의미한다.

이로써 본질성이론에 의하여 법률유보의 범위를 확정하는 것은 입법부와 행정부가 규율할 수 있는 입법범위의 경계확정을 의미한다. 뿐만 아니라 입법자가 행정청에게 구체적인 행정행위를 할 수 있는 수권을 부여하는 경우, 본질성이론의 '위임의 금지' 요청은 '본질적인 것은 행정청의 재량에 맡기지 말고 스스로 법률에 정해야 한다'는 것을 의미한다. 즉 '입법자가 어느 정도로 행정청에게 재량을 부여할 수 있는가'에 관하여 본질성이론은 입법자의 형성권에 대한 제한을 의미한다.

Vorbehalt des Gesetzes, JuS 1997, S.422f.; 한국 문헌으로 조태제, 법률의 유보원칙에 관한 연구, 1992, 46면 이하; 김충묵, 법률유보의 원칙, 현대행정법학이론(이명구박사 화갑기념), 1996, 2면 이하.

6) Vgl. BVerfGE 83, 130, 152; Ossenbühl, Vorrang und Vorbehalt des Gesetzes, in: HbStR, Bd.Ⅲ, 1988, §62, Rn.4; Kloepfer, Der Vorbehalt des Gesetzes im Wandel, JZ 1984, S.691; Kisker, Neue Aspekte im Streit um den Vorbehalt des Gesetzes, NJW 1977, S.1317; Wehr, Grundfälle zu Vorrang und Vorbehalt des Gesetzes, JuS 1997, S.422f.

2) 의회의 법률이 본질적인 것을 스스로 정해야 한다면, 이는 필연적으로 그에 상응하는 '충분한 규율밀도'를 갖출 것을 요구하는 것이다. 즉, 사안이 본질적일수록, 그에 관한 규율은 보다 상세하고 명확해야 한다. 입법자가 행정부에 입법권을 위임하거나 재량권을 부여하는 경우, 법률이 어느 정도의 밀도를 가지고 규율해야 하는지의 문제는 '사안의 본질성'에 달려있다.

(2) 교육영역에서 의회유보

헌법은 제31조 제6항에서 교육의 영역에서 의회유보의 요청을 명시적으로 언급하고 있는데, 이는 우연이 아니다. 교육영역에서 국가행위는 침해의 성격보다 급부적 성격이 강하거나 또는 침해와 급부의 성격이 混在하는 국가행정이기 때문에, 종래의 법률유보의 사고로는 입법자가 교육영역에서의 중요결정을 행정부에 위임하는 것을 막을 수 없으며, 바로 여기에 침해유보의 한계가 있다. 교육의 영역과 같이 본질적으로 급부적 성격이 강한 국가행정의 영역에서 고전적 침해유보는 단지 제한적으로 기능할 수밖에 없다.

(가) 물론, 교육영역에서도 법률유보는 부분적으로는 고전적인 침해유보를 통하여 이루어진다. 국가가 의무교육을 도입하여 취학의무를 부과하는 경우, 이는 학부모의 자녀교육권과 자녀의 자유로운 인격발현권에 대한 제한을 의미한다. 뿐만 아니라, 학생을 퇴학시키거나 유급시키는 조치는 의심의 여지없이 학생의 기본권을 침해하는 국가행위에 해당한다. 따라서 침해유보의 관점에서 보더라도, 교육영역에서의 기본권제한은 법률의 근거를 필요로 한다.

그러나 고전적 법률유보의 원칙은 단지 '국가의 침해적 행위는 법률에 근거해야 한다'는 것을 요구하므로, 이 경우 입법자는 스스로 규율할 수도 있고 아니면 수권법률을 통하여 그 규율을 행정부에 위임할 수도 있다. 이에 대하여 의회유보는 국가작용의 성격과 관계없이 본질적인 것은 입법자가 스스로 정할 것을 요구하므로, 기본권에 대한 중대한 제한의 경우에는 입법자가 스스로 규율해야 한다.[7)]

(나) 그 외에 교육의 영역에서 문제되는 것은 교육제도의 기본결정에 관한 것이다. 학교제도의 개혁, 교육목적의 확정, 교과목의 확정, 주5일제 수업의 도입, 교과목으로서 성교육이나 제2 외국어의 도입 등에 관한 문제는 개인의 기본권에 대한 침해라고 하기보다는 국가의 교육방침과 기본적인 학교조직상의 문제이다. 교육제도의 기본결정의 경우 급부적 성격이 강하거나 또는 침해적 요소와 급부적 요소가 서로 뒤섞여 있기 때문

---

7) 독일 연방헌법재판소는 '학칙 위반으로 인한 징계조치로서 취하는 퇴학조치는 법률에 근거해야 한다'고 하여 학교영역에서의 기본권침해도 법적인 근거로서 '형식적 법률'을 필요로 한다는 것을 확인하였다(BVerfGE 41, 251, 259ff.). 연방헌법재판소는 한 보 더 나아가, 학업부진으로 인하여 퇴학조치를 취하는 경우, '퇴학은 장래 특정한 직업에 접근하는 가능성을 박탈하고 직업선택의 자유를 현저하게 제한하기 때문에 입법자가 퇴학의 조건에 관하여 직접 규율해야 하지만, 유급의 경우 기본권의 제한이 중대하지 않기 때문에 그에 관한 규율을 행정입법에 위임할 수 있다'고 판시하였다(BVerfGE 58, 257, 275ff.).

에, 개인의 기본권침해의 관점에서 문제가 제기되는 것이 아니라, 이러한 것들이 시행령으로 규율해도 되는지 아니면 입법자의 형식적 법률을 필요로 하는지의 문제가 무엇보다도 제기되는 것이다. 즉, 교육의 영역에서 논의되는 이러한 대상들은 '이와 같이 규율해도 되는지' 하는 규율의 내용이 아니라 '누가 어떠한 형태로 규율해야 하는지' 하는 규율의 형태, 즉 규율의 권한과 절차에 관한 것이다.

따라서 입법자가 기본권침해에 해당하지 않는 정치적 기본결정과 관련하여 입법권을 행정부에 위임하는 것을 금지하는 기능은 고전적 침해유보로부터는 기대할 수 없으므로, 바로 이러한 이유로 헌법 제31조 제6항은 본질적으로 급부적 성격을 가진 교육의 영역에서 의회유보의 원칙을 명시적으로 밝히고 있는 것이다.

(다) 학교교육의 급부적 성격에도 불구하고, 학교교육은 학생과 학부모의 기본권과 충돌할 수 있기 때문에, 기본권의 관점에서 매우 민감한 영역이다. 국가는 학교조직, 학교수업의 내용, 이를 전달하는 수업방식 등을 통하여 개인의 기본권행사에 중대한 영향을 미칠 수 있다. 교육의 영역에서 구체적으로 무엇이 입법자에게 유보되어야 하는 것인지의 문제가 제기되는데, 본질성이론에 의하면 국가공동체의 본질적 결정은 의회에 유보되어야 하며, 여기서 본질적인 것이란 무엇보다도 '기본권의 행사와 실현에 있어서 본질적인 것'을 의미한다. 이러한 관점에서 본다면, 학교제도에 관한 결정이 학부모의 자녀교육권 및 학생의 기본권의 행사와 실현에 대하여 가지는 의미와 중요성에 의하여 의회유보의 범위가 결정된다. 이러한 관점에서 볼 때, 입법자가 스스로 정해야 하는 법률유보의 범위는 다음과 같다.[8)]

첫째, 입법자는 기본적인 교육목표를 스스로 확정해야 한다. 교육의 내용과 방향을 근본적으로 결정하는 교육목표는 자녀의 인격형성과 자녀교육의 방향을 결정하는 부모의 자녀교육권에 대하여 중대한 의미를 가지므로, 국가에 의한 교육목표의 확정은 자녀와 부모의 기본권의 실현에 있어서 본질적인 것이다. 따라서 입법자는 교육방향에 관한 내용적 기본결정을 스스로 법률로써 내려야 한다.[9)]

둘째, 학교제도와 조직에 관한 근본적인 개혁은 학부모와 학생의 생활영역, 즉 기본권의 행사와 실현에 있어서 중대한 의미를 가진다. 교육과정, 학교조직의 변화는 특히 자녀교육에 관한 전반적인 계획을 세우고 자녀의 진로를 결정하는 부모의 자녀교육권과

---

8) 특히, 교육제도에서의 본질성이론에 관하여 Niehues, Der Vorbehalt des Gesetzes im Schulwesen, DVBl 1980, S.465ff.; Clemens, Grenzen staatlicher Maßnahmen im Schulbereich, NVwZ 1984, S.66ff.; Starck, Staatliche Schulhoheit, pädagogische Freiheit und Elternrecht, DÖV 1979, S.270f.; Glotz/Faber, Richtlinien und Grenzen des Grundgesetzes für das Bildungswesen, in: HbVerfR, (2), 1995, Rn.27ff.; Ossenbühl, Schule im Rechtsstaat, DÖV 1977, S.802ff.

9) Vgl. Bothe, Erziehungsauftrag und Erziehungsmaßstab der Schule im freiheitlichen Verfassungsstaat, VVDStRL 54(1995), S.26; Starck, Staatliche Schulhoheit, pädagogische Freiheit und Elternrecht, DÖV 1979, S.271.

관련되고, 자녀의 직업교육장선택 또는 직업선택의 자유 및 능력에 부합하는 교육을 통한 인격발현권과 관련될 수 있다.

예컨대, 상이한 수준의 학교형태(가령, 인문계학교와 실업계학교 등)를 통합하여 일정 기간 누구나 동일한 수준의 교육을 받도록 하는 경우에는 수준별 교육을 받을 기회가 제한되기 때문에, 상이한 수준의 교육과정 중에서 선택할 학부모와 학생의 기본권행사에 있어서 중대한 의미를 가진다. 또한, 가령 국가가 새로운 학교형태(교육과정)를 시험적으로 도입하는 경우에도 새로운 시험적 학교형태가 성공적으로 정착할 것인지 아니면 종래 학교제도로 회귀할 것인지가 불확실하고 이러한 불확실성이 학생과 학부모의 위험부담으로 돌아가기 때문에, 학생과 학부모의 기본권행사의 관점에서 본질적인 결정에 속한다. 뿐만 아니라, 부모의 자녀교육의 가능성과 자녀에 대한 부모의 영향력행사를 축소시키는 학교형태의 도입도 부모의 자녀교육권의 행사와 실현에 있어서 중대한 의미를 가진다.[10)]

셋째, 입법자는 학부모의 자녀교육권과 학생의 기본권과 충돌할 수 있는 교과목의 도입과 수업내용에 관하여 스스로 결정해야 한다.[11)] 이는 특히 성교육이나 윤리 등과 같이 세계관·가치관의 영역을 다루는 수업에서 문제된다. 가령, 생물학적 사실을 단순히 그대로 전달하는 교과목의 성격을 넘는 성교육과목의 도입은 일차적으로 부모에게 귀속되는 '성적 영역에서의 자녀교육권'에 대하여 중대한 의미를 가지는 것이다.

결론적으로, 교육의 영역에서 이와 같이 본질적인 사안은 입법자의 결정을 필요로 한다.[12)] 물론, 입법자는 법률로써 모든 구체적인 사안을 규율할 필요는 없으나, 적어도 입법자의 결정 내용을 인식할 수 있도록 규율해야 한다.[13)] 따라서 학교조직개혁이나 교과목의 명칭을 단지 법률에 언급하는 것만으로는 부족하고, 조직개혁이나 교과목도입의 대강의 목표와 방향에 관한 간단한 내용적 서술이 필요하다.

(라) 헌법재판소는 중등의무교육을 대통령령에 의하여 순차적으로 실시하도록 위임한 교육법규정에 대한 위헌법률심판사건에서 "입법자는 교육에 관한 법제의 전부가 아니라 그 기본골격을 수립할 책무가 있으므로 본질적인 사항에 대하여는 반드시 스스로 기본적인 결정을 내려야 하고, 그러한 기본적 사항의 결정을 행정부에 위임하여서는 아니되는 것이며 이 원칙을 선언하고 있는 것이 헌법 제31조 제6항이다."라고 판시하였는

10) 거의 하루 종일 학교에서 수업을 받게 하는 全日學校의 도입에 관하여 vgl. BVerwGE 47, 201, 205.

11) Vgl. BVerfGE 47, 46, 78f.

12) 독일 연방헌법재판소는 성교육을 학교과목으로 포함시킨 것에 관한 '性敎育 決定'에서 성교육과목의 도입을 교육영역에서 입법자가 스스로 정해야 할 본질적 문제로 간주하였다(BVerfGE 47, 46, 79). 또한, 고등학교 上級學年의 改革(Oberstufenreform)에 관해서도 입법자가 본질적인 결정을 스스로 해야 하며 문교행정에 위임해서는 안 된다고 판단하였다(BVerfGE 45, 400, 418ff.). 한편, '맞춤법표기에 관한 개혁'(BVerfGE 98, 218, 251)이나 '주 5일 등교제'(BVerwGE 47, 201, 205ff.) 등은 입법자에 의한 결정을 필요로 하지 않는 비본질적인 사안이라고 판단하였다.

13) Vgl. Clemens, Grenzen staatlicher Maßnahmen im Schulbereich, NVwZ 1984, S.67.

데,[14] 헌법재판소의 이러한 판시내용은 독일 연방헌법재판소의 본질성이론과 그에 바탕을 둔 의회유보의 사고를 받아들인 것이다.[15] 헌법재판소는 위 결정에서 중학교의무교육의 실시여부와 그 연한은 교육제도의 수립에 있어서 본질적인 내용이므로 국회입법에 유보되어야 하나, 그 실시의 시기와 범위 등 구체적 실시에 필요한 세부사항에 관해서는 행정입법에 위임할 수 있다고 판단하였다.

헌법재판소는 위 결정에서 '왜 중학교의무교육의 실시여부와 그 연한은 입법자에 의하여 스스로 결정되어야 하는 본질적인 내용인지'에 관하여 그 이유를 구체적으로 판시하지 않았으나, 중학교의무교육의 실시는 취학의무의 연장을 의미하고, 취학의무의 연장은 학부모의 자녀교육권과 학생의 자유로운 인격발현권에 대한 제한이자 학부모와 학생의 기본권실현에 있어서 중대한 의미를 가지는 사안이기 때문에, 의무교육의 실시여부와 그 연한은 입법자에 의하여 결정되어야 하는 것이다. 즉, 취학의무의 연장은 개인의 자유권에 대한 제한이자 동시에 개인이 자유권을 행사할 수 있는 실질적 가능성을 교육의 영역에서 확대한다는 점에서 이중적으로 기본권적 중요성이 있는 것이다.

나. 국가교육권한의 헌법적 근거

(1) 헌법은 제31조 제1항에서 "모든 국민은 능력에 따라 균등하게 교육을 받을 권리를 가진다."고 규정하여, 모든 국민에게 그의 능력에 상응하는 교육가능성을 제공해야 할 의무와 과제를 국가에 부과하고 있다. 이로써 국가는 수학능력에 따른 교육을 가능하게 하는 교육제도를 제공・정비하고 교육기관을 설립해야 할 의무가 있다. 국가의 교육과제는 학교제도가 기능할 수 있도록 유지하고, 특히 재정적으로 적정하게 지원해야 할 국가의 의무(재정확보의 의무)를 뜻한다. 교육이란 막대한 재원을 필요로 하는 본질적으로 급부행정에 속하는 것으로 재정적인 뒷받침이 없이는 교육이 이루어질 수 없다. 교육재정의 확보는 교육과제의 수행을 위한 실질적 전제조건이다. 따라서 교육에 있어서 차지하는 재정의 중요한 의미 때문에, 헌법은 제31조 제6항에서 입법자가 스스로 교육재정에 관한 기본적 사항을 법률로 정하도록 규정하고 있다.

(2) 나아가, 헌법은 제31조 제6항에서 입법자로 하여금 학교교육에 관한 교육제도를 법률로 정하도록 위임함으로써 '학교교육에 관한 포괄적 책임과 권한'을 국가에 부여하

---

14) 헌재 1991. 2. 11. 90헌가27, 판례집 3, 11, 27.

15) 헌법재판소는 '텔레비전방송 수신료' 결정에서(헌재 1999. 5. 27. 98헌바70) "오늘날 법률유보원칙은 단순히 행정작용이 법률에 근거를 두기만 하면 충분한 것이 아니라, 국가공동체와 그 구성원에게 기본적이고도 중요한 의미를 갖는 영역, 특히 국민의 기본권실현에 관련된 영역에 있어서는 행정에 맡길 것이 아니라 국민의 대표자인 입법자 스스로 그 본질적 사항에 대하여 결정하여야 한다는 요구까지 내포하는 것으로 이해하여야 한다(이른바 의회유보원칙)."라고 하여, 위 결정에서 의회유보원칙을 최초로 명시적으로 언급하였다(판례집 11-1, 633, 643). 그 외에 자치적인 사항을 정하는 정관과의 관계에서 의회유보의 원칙을 언급한 결정으로 헌재 2001. 4. 26. 2000헌마122, 판례집 13-1, 962, 973.

고 있다.[16] 현대국가에서 교육이 개인의 인격발현과 행복추구에 있어서 가지는 의미와 국가의 장래에 대하여 가지는 중요성을 감안한다면, 현대의 사회국가 또는 복지국가에서 교육은 문화적 생존배려의 가장 핵심적 영역에 속한다.

'교육을 받을 권리'는 국민이 인간으로서 존엄을 유지하고 자주적 인격체로서 인간다운 생활을 영위하는데 필수적인 전제이자 다른 기본권을 의미 있게 행사하기 위한 기초이고, 민주국가에서 교육을 통한 국민의 능력과 자질의 향상은 바로 그 나라의 번영과 발전의 토대가 되는 것이므로, 교육은 현대국가의 중요한 과제에 속한다.[17] 무엇보다도 교육이란 헌법상 보장된 개인의 자유를 행사하기 위한 필수적 요건에 속한다. 직업의 자유를 행사하기 위하여 그 전제조건으로서 직업교육을 비롯한 교육을 받아야 하며, 나아가 직업행사와 관계없이 전반적으로 인격을 자유롭게 발현하기 위해서도 최소한의 지식과 교양을 갖추어야 한다. 따라서 개인이 '인격의 자유로운 발현권'과 '직업의 자유'를 실제로 행사할 수 있는 조건을 형성해야 할 과제가 교육제도에 부과된다.[18]

헌법은 '경제에 관한 장(제9장)'에서 국가가 국민경제 전반에 대하여 포괄적인 책임을 지고 있다는 점을 밝히고 있는 바와 같이, 위와 같은 이유에서 마찬가지로 제31조의 일련의 조항을 통하여 '교육에 대한 국가의 포괄적인 책임'을 규정하고 있는 것이다. 물론, 대학은 학문의 자유의 보장과 헌법 제31조 제4항의 '대학의 자율성'의 요청에 의하여 헌법적으로 독자적인 지위를 부여받았고, 이로써 대학에 관한 국가의 규율권한과 감독권은 제한적이므로, 여기서 말하는 국가의 학교교육권한은 일차적으로 초·중등교육에 관한 것이다.

국가의 학교교육권한은 교육과정·교육목표·교육내용·교육방법 등에 관련된 모든 사안에 있어서 규율하고 지도하고 통제하는 기능, 즉 학교제도의 조직, 계획, 지도 및 감독에 관한 모든 권한을 포괄한다.[19] 이로써 국가의 교육권한은 학교제도에 관한 전반적인 형성권과 규범제정권 및 학교감독권을 포함한다.

---

16) 헌재 2000. 4. 27, 98헌가16, 판례집 12-1, 427, 449, 『특히 같은 조 제6항은 "학교교육 및 평생교육을 포함한 교육제도와 그 운영, 교육재정 및 교원의 지위에 관한 기본적인 사항은 법률로 정한다."고 함으로써 학교교육에 관한 국가의 권한과 책임을 규정하고 있다. 위 조항은 국가에게 학교제도를 통한 교육을 시행하도록 위임하였고, 이로써 국가는 학교제도에 관한 포괄적인 규율권한과 자녀에 대한 학교교육의 책임을 부여받았다. 따라서 국가는 헌법 제31조 제6항에 의하여 모든 학교제도의 조직, 계획, 운영, 감독에 관한 포괄적인 권한, 즉, 학교제도에 관한 전반적인 형성권과 규율권을 가지고 있다.』

17) 유사한 취지로 헌재 2000. 4. 27, 98헌가16, 판례집 12-1, 427, 448; 헌재 1991. 2. 11. 90헌가27, 판례집 3, 11, 18.

18) Vgl. Dittmann, Erziehungsauftrag und Erziehungsmaßstab der Schule im freiheitlichen Verfassungsstaat, VVDStRL 54(1995), S.59; 헌재 1992. 11, 12, 89헌마88, 판례집 4, 739, 751.

19) Vgl. Hemmrich, in: Münch/Kunig, GGK, Art.7 Rn.8.

2. 헌법의 교육목표

국가에 의한 학교교육은 무엇보다도 교육의 내용적 목표와 가치에 의하여 결정된다. 그런데 교육의 목표와 가치는 헌법에 의하여 직·간접적으로 형성된다. 학교교육에 관한 포괄적 규율권한을 가진 입법자가 헌법의 구속을 받는다는 것은, 입법자가 교육의 기본이념을 정함에 있어서 '헌법의 기본정신'에 의하여 구속을 받는다는 것을 의미한다.

가. 헌법의 人間像

교육제도에 있어서도 헌법적 지도이념은 헌법이 추구하는 인간상이다.[20] 오늘날 현대국가의 모든 헌법을 구성하는 2가지 기본적 가치가 '자유와 구속'인 것과 마찬가지로, 우리 헌법의 인간상도 '자유와 구속'의 양면성, 즉 '개인이자 사회공동체 구성원'이라는 양면성을 가진 인간에서 출발하고 있다. 이러한 헌법의 인간상은 사회공동체 내에서 생활하며 사회에 의하여 구속을 받으면서도, 동시에 자기책임 하에서 자유롭게 자신의 인격을 발현하고 독자적 인격의 주체로서 개인의 고유한 가치를 유지하는 인간을 바탕으로 하고 있다. 다시 말하자면 자기결정권과 자유로운 인격발현의 가능성을 가진 '자주적 인간'이자 동시에 사회공동체와의 관계에서 구속을 받는 '사회공동체 구성원'이 바로 헌법의 인간상인 것이다.[21] 따라서 헌법에 의하여 형성되는 교육이념은 '개체'로서의 교육목표와 '사회공동체 구성원'으로서의 교육목표로 구성된다고 볼 수 있다.[22]

나. 헌법의 교육목표

(1) 이러한 관점에서 볼 때, '자유'와 '자기결정권'은 교육영역에서도 구현되어야 하는 가장 중요한 가치에 속한다.[23] 자신의 개인적 생활을 자율적으로 형성하고자 하는 자는 독자적 인생관을 형성하고 자신의 삶을 계획하고 유지하기 위하여 기본적인 교양과 지식을 필요로 한다. 개인은 교육을 통해서만 자신의 삶을 자기책임 하에서 독자적으로 결정할 수 있는 능력을 갖추게 되고, 이로써 자유로울 수 있다. 자유란 '구속과 의존성의 不在'를 의미하고, 이는 곧 '자기결정영역의 확대'로 이어진다. 개인은 교육을 통해서만 지식과 정보의 우위에서 비롯되는 타인의 결정권한과 외부에 대한 의존성으로부터 벗어날 수 있다. 이러한 의미에서 학교교육목표의 확정에 있어서 그 방향을 결정하는

20) Vgl. Oppermann, Schule und berufliche Ausbildung, in: HbStR, Bd.Ⅵ, 1989, §135, Rn.35.

21) 유사하게 vgl. BVerfGE 4, 7, 15f.; Enders, Die Menschenwürde in der Verfassungsordnung, 1997, S.17ff., 45ff.; 같은 취지로 허영, 한국헌법론, 2007, 322면; 권영성, 헌법학원론, 2007, 373면; 김철수, 헌법학개론, 2007, 481면; 계희열, 헌법학(중), 2004, 192면.

22) 이러한 의미에서 vgl. Pieroth, Erziehungsauftrag und Erziehungsmaßstab der Schule im freiheitlichen Verfassungsstaat, DVBl 1994, S.952.

23) Vgl. Oppermann, Schule und berufliche Ausbildung, in: HbStR, Bd.Ⅵ, 1989, §135, Rn.34.

가장 중요한 내용적 근본규범은 학생의 '자유로운 인격발현권'이다.[24] 학생이 비판적이고 자주적인 인간으로 성장할 수 있도록 교육목표를 설정하고 교육제도를 형성해야 할 국가의 의무가 이로부터 나온다.

(2) 교육영역에서 추구되어야 하는 또 다른 중요한 가치는 바로 자유와 불가분의 관계에 있는 '사회적 구속'의 측면이다.[25] 헌법상의 자유란 언제나 동시에, 공익의 관점에서 어느 정도의 구속, 즉 자유에 대한 제한을 수인해야 한다는 것을 의미한다. '구속'은 사회공동체가 유지되고 개인이 사회공동체 내에 존재하기 위한 불가결한 조건이다.

독자적 인격체로서의 개인과 사회공동체의 조화와 공존은 타인과의 공동생활을 가능하게 하는 '관용의 원칙'을 통하여 이루어진다. 교육목표로서 '관용'이란 자유민주적 사고의 기초로서, 달리 생각하는 사회구성원에 대한 이해와 관용을 교육을 통하여 실현해야 할 국가의 의무를 뜻한다. 관용의 원칙은 헌법에서 종교의 자유, 양심의 자유, 표현의 자유 등의 기본권 보장을 통하여 구체적으로 표현되고 있다. 종교의 자유와 양심의 자유는 국가공동체로부터 타인의 종교와 양심상의 결정에 대한 관용을 요청하며, 표현의 자유는 사상의 다원주의와 자유시장을 전제로 타인의 의견에 대한 존중과 관용을 요청한다. 이러한 의미에서 관용의 원칙은 일련의 기본권적 자유가 기능하기 위한 사실적 전제조건이다. 헌법의 평화주의원칙(제5조)은 교육목표로서 '평화주의와 인류공영'을 요청한다. 결국, 관용의 원칙은 사회 내에서 구성원 사이의 평화로운 공존과 민주적 토론을 가능하게 하는 민주국가의 핵심적 요소이다.

또한, 민주주의원리도 학교의 교육목표에 있어서 중요한 의미를 가진다. 학생은 장래의 유권자로서 국가의 진로를 결정하게 되므로, 학교는 학생을 성숙하고 비판적인 민주시민으로 교육시켜야 할 과제를 진다.[26] 민주주의원리로부터 '민주주의를 실현할 용의가 있는 인간'이라는 교육목표가 나온다. 이에 속하는 것으로 공동체의 형성에 참여하고 정치적 책임을 떠맡을 자세 및 독자적으로 사고하고 비판적으로 판단할 능력을 들 수 있다. 뿐만 아니라, 헌법 제11조 및 제36조의 양성의 평등원칙은 전통적인 역할분담에 기초한 교육을 금지하고 개인적 · 사회적 영역에서 '양성의 평등을 실현할 자세와 능력'을 교육목표로서 요청한다.[27]

결국, 헌법은 비록 교육의 목표나 이념에 관하여 명시적으로 언급하고 있지 않으나, 헌법으로부터 도출되는 교육이념은, 다양성에 대한 이해와 관용을 바탕으로 사회 내에

24) Vgl. Dittmann, Erziehungsauftrag und Erziehungsmaßstab der Schule im freiheitlichen Verfassungsstaat, VVDStRL 54(1995), S.57.
25) Vgl. Oppermann, Schule und berufliche Ausbildung, in: HbStR, Bd.VI, 1989, §135, Rn.37.
26) Vgl. Stein/Frank, Staatsrecht, 17. Aufl. 2000, S.437.
27) Vgl. Bothe, Erziehungsauftrag und Erziehungsmaßstab der Schule im freiheitlichen Verfassungsstaat, VVDStRL 54(1995), S.34.

서 타인과의 공동생활을 가능하게 하는 자율적이고 독자적인 민주시민으로 형성하고자 하는 것이다.

(3) 입법자는 교육기본법 제2조(교육이념)에서 "교육은 홍익인간의 이념아래 모든 국민으로 하여금 인격을 도야하고 자주적 생활능력과 민주시민으로서 필요한 자질을 갖추게 하여 인간다운 삶을 영위하게 하고 민주국가의 발전과 인류공영의 이상을 실현하는데 이바지하게 함을 목적으로 한다."고 규정하여 헌법상의 교육이념을 구체화하였다.

입법자에 의하여 구체화된 교육목표는 학교에 대한 감독권한을 가진 '관할관청' 및 교육목표를 교육활동의 근거로 삼아야 할 의무가 있는 '교사'를 구속하는 법적 구속력을 가진다.[28] 그러나 교육목표는 대부분 교육의 성과로서 바람직한 것을 단지 추상적이고 개괄적으로 서술하는 소위 목표규범으로서, 목표를 달성하기 위한 수단 및 달성여부에 관하여 개방적이기 때문에, 법적 구속력은 매우 약하다. 교육목표는 교육현장에서 교사에 의하여 수업의 형태로 구체적으로 실현되어야 하며, 이 과정에서 교사에게 폭넓은 자유공간을 부여한다. 헌법상의 교육목표와 교육기본법상의 교육이념은 사법적 심사기준으로서 단지 매우 제한적으로 기능할 수밖에 없으므로, 교사활동의 위헌 · 위법성은 일차적으로 교육기본법상의 교사의 의무(가령, 제14조 제3항의 중립의무[29] 등)를 비롯하여 공무원의 복무상 의무를 기준으로 판단해야 한다.

Ⅲ. 교육의 자주성·전문성·정치적 중립성

헌법은 제31조 제4항에서 "교육의 자주성 · 전문성 · 정치적 중립성 및 대학의 자율성은 법률이 정하는 바에 의하여 보장된다."고 하여 교육의 자주성 · 전문성 · 정치적 중립성을 교육의 기본원칙으로서 규정하고 있다.[30]

1. 교육의 자주성 및 전문성

가. 학계와 판례의 견해

교육의 자주성은 국가권력뿐 아니라 사회세력에 의해서도 위협을 받을 수 있지만, 현실적으로 문제되는 것은 교사와 교육기관에 대한 감독권한을 가지고 있는 국가의 과

28) Vgl. Pieroth, Erziehungsauftrag und Erziehungsmaßstab der Schule im freiheitlichen Verfassungsstaat, DVBl 1994, S.954.

29) 교육기본법 제14조 제3항은 "교원은 특정 정당 또는 정파를 지지하거나 반대하기 위하여 학생을 지도하거나 선동하여서는 아니 된다."고 규정하고 있다.

30) 헌재 1992. 11. 12. 89헌마88, 판례집 4, 739, 762, "교육의 자주성 · 전문성 · 정치적 중립성을 헌법이 보장하고 있는 이유는 교육이 국가의 백년대계의 기초인 만큼 국가의 안정적인 성장 발전을 도모하기 위해서는 교육이 외부세력의 부당한 간섭에 영향 받지 않도록 교육자 내지 교육전문가에 의하여 주도되고 관할되어야 할 필요가 있다는 데서 비롯된 것이라고 할 것이다."

도한 간섭과 규제에 관한 것이다. 학계와 판례는 일반적으로 '교육의 자주성'을 교육내용과 교육방법이 교육자에 의하여 자주적으로 결정되고 행정권력에 의한 규제가 배제되어야 한다는 의미로 이해하고 있다.[31] 물론, 공교육제도는 국가적 감독을 받지 않을 수 없으나 그럼에도 국가적 감독은 필요 이상으로 합리적 범위를 넘어서 교육의 자주성을 훼손해서는 안 된다는 것이다. 교육의 자주성은 한편으로는 교육현장에서 직접 수업을 담당하는 '교사의 자유'란 의미로, 다른 한편으로는 교직원 · 학생 · 학부모로 구성된 단위인 '교육기관의 자율성' 또는 '학교운영의 자율성'이란 의미로[32] 사용되기도 한다.[33]

한편, '교육의 전문성'과 관련하여, 학계의 일부 견해와 판례는 '교육정책이나 그 집행은 가급적 교육전문가가 담당하거나, 적어도 그들의 참여하에 이루어져야 함'을 의미하는 것으로 이해하고 있다.[34]

나. 교육활동 및 교사직무의 특수성

교육의 자주성과 전문성은 교육활동과 교사직무의 특수성의 관점에서 이해되어야 한다.[35] 국가의 교육과제는 교육현장에서 수업을 담당하는 교사에 의하여 이행된다. 학교에서의 수업과정이란, 구체적 상황에서 특정 교사와 특정 학생들이 만나는 일회적이고 개별적 과정이다. 수업은 개별학교의 교육적 상황과 개별학생의 정신적 상황 및 개별교사의 능력에 적합하게 형성되어야 한다. 수업은 교사로 하여금 수업과 일체감을 가지고 개인의 인격적 요소를 투입할 것을 요구한다. 교사의 자유는 그 근거와 정당성을 '수업이 학생과 교사 간의 자유로운 정신적 교류'라고 하는 '수업의 특성'에 두고 있다.

교육활동은 법적인 규율을 필요로 하면서도 다른 한편으로는 단순히 법규범과 지시에 의하여 이행될 수 없다는 특수함이 있다.[36] '문화와 법'의 상호관계는 '문화라는 규율대상에 내재한 固有法則性과 그에 기초한 자율성' 및 '국가에 의한 규제' 사이의 긴장관계에 의하여 특징지을 수 있는 것과 마찬가지로, 학교의 수업에서도 이러한 긴장관계

---

31) 헌재 2001. 11. 29, 2000헌마278, 판례집 13-2, 762, 773, "일반적으로, 교육의 자주성이란 교육내용과 교육기구가 교육자에 의하여 자주적으로 결정되고 행정권력에 의한 통제가 배제되어야 함을 의미한다. 이는 교사의 교육시설 설치자 · 교육감독권자로부터의 자유, 교육내용에 대한 교육행정기관의 권력적 개입의 배제 및 교육관리기구의 공선제 등을 포함한다."; 또한 권영성, 헌법학원론, 2007, 266면.

32) 교육기본법 제5조(교육의 자주성 등)는 "① 국가 및 지방자치단체는 교육의 자주성 및 전문성을 보장하여야 하며, 지역의 실정에 맞는 교육의 실시를 위한 시책을 수립 · 실시하여야 한다. ② 학교운영의 자율성은 존중되며, 교직원 · 학생 · 학부모 및 지역주민 등은 법령이 정하는 바에 의하여 학교운영에 참여할 수 있다."고 하여 교육의 자주성을 '교사의 자유'가 아니라 '교육기관의 자유'로서 이해하고 있다.

33) 가령, 허영, 한국헌법론, 2007, 432면, 허영교수는 교육의 자주성 및 전문성의 개념을 첫째, 교육기관의 교육운영에 관한 자주적 결정권으로서 교육기관의 국가나 설립자에 대한 자유(교육기관의 자유)로서, 둘째, 교사의 교육내용과 교육방법에 관한 자주적 결정권(교사의 교육의 자유)으로서 이중적으로 이해하고 있다.

34) 헌재 2001. 11. 29, 2000헌마278, 판례집 13-2, 762, 773; 헌재 1992. 11. 12. 89헌마88.

35) 교원직무의 특수성에 관하여 헌재 1991. 7. 22. 89헌마106, 판례집 3, 387, 405 이하 참조.

36) Vgl. Evers, Verwaltung und Schule, VVDStRL 23(1966), S.178f.; Ossenbühl, Die pädagogische Freiheit und die Schulaufsicht, DVBl 1982, S.1158f.

는 그대로 드러난다.[37] 교육활동이란 법규범이나 감독관청의 지시를 단지 집행하는 것 이상의 것이다. 교육은 개별학교와 개별학생의 구체적 상황에 적합하게 이루어져야 하며, 교육에 내재하는 고유법칙성과 자율성은 국가의 규범과 지시에 의하여 대체될 수 없다. 이러한 관점은 구체적 교육상황의 특수함을 고려하는 '국가의 유연성 있는 규율'과 수업의 대상과 방법을 결정함에 있어서 어느 정도 '교사의 자율성'을 요청한다. 개별학생의 자유로운 인격발현을 궁극적 목적으로 하는 교육목표는 피교육자인 개별학생의 능력과 적성을 고려하는 개별적으로 형성된 수업을 통하여 실현될 수 있다는 점에서도 어느 정도 교사의 자율적 활동이 요청된다. 또한, 교사에게 자주적 교육 책임이 부과된다면, 책임이란 독자적 결정의 자유가 인정되는 경우에만 의미 있게 부과될 수 있기 때문에, 그에 대응하여 어느 정도 교육의 자유와 독자적 결정권도 인정되어야 한다.

다. 교육의 '자주성'과 '전문성'의 의미 및 관계

교육의 자주성과 전문성은 학교교육의 본질과 교사직무의 특수성으로부터 나오는 당연한 헌법적 요청이다. 교육의 자주성은 국가행정과 관료주의에 대한 것으로 그 핵심에 있어서 교사의 '교육의 자유'와 '독자적 책임'을 의미하는 것이며, 나아가 문화의 한 영역인 교육영역에서 국가와 정치로부터 학교의 자율성에 대한 요청, 즉 '자치행정적 학교'의 사고를 담고 있다. 후자의 경우, 학교운영의 자율성을 실현하기 위하여 해당학교나 해당지역의 학부모, 교사, 학생을 학교운영에 참여시키는 다양한 가능성이 고려된다.

교육의 전문성이란 일차적으로 교육활동에서 요구되는 교원의 전문적 능력에 대한 요청이라 할 수 있다. 특히 교사직무의 특성에 비추어, 교사의 교육과제를 원활하게 수행할 수 있는 기본조건으로서 학생의 학습심리와 성장·발달단계에 대한 이해와 교수방법에서의 전문성 및 교사로서의 자질과 품성이 요구된다.[38] 이에 따라 국가는 교육의 전문성을 실현하기 위하여 필요한 기본제도를 마련할 의무를 진다. 교육의 전문성을 보장하기 위한 제도로서, 전문직으로서 교직의 수행에 요구되는 소양과 자질을 갖추기 위한 전문적 교원양성제도, 교원자격제도, 교원의 신분보장제 등을 들 수 있다.

교육의 자주성과 전문성은 서로 분리하여 독립적으로 이해되어서는 아니 되고, 상호보완의 밀접한 관계에 있는 하나의 통일적 개념으로 해석해야 한다. 교육의 자주성과 전문성은 교육과 수업이란 '전문분야의 자율성'을 표현하고자 하는 것이며, 교육영역이 교육의 고유법칙성과 자율성의 지배를 받는다는 것, 이로써 교육학에서 중시하는 '교육의 전문적 자율성'을 표현하고자 한 것이다.

---

37) Vgl. Dittmann, Erziehungsauftrag und Erziehungsmaßstab der Schule im freiheitlichen Verfassungsstaat, VVDStRL 54(1995), S.66.

38) 이광윤 외, 교육제도의 헌법적 문제에 관한 연구, 헌법재판연구 제14권(2003), 263면 참조.

2. 교육의 중립성

가. 헌법적 의미

(1) 학계에서는 교육의 '정치적 중립성'을 주로 '외부세력으로부터 교육에 대한 간섭을 배제하고자 하는 의미' 또는 '교육이 정치영역에 개입하는 것을 배제하고자 하는 의미'로 파악하고 있다. 즉, 교육의 정치적 중립성 원리를 '정치적 오염으로부터 교육환경을 지키는 일'로서[39] 또는 '교육이 국가권력이나 정치적 세력으로부터 부당한 간섭을 받지 않아야 할 뿐 아니라 교육도 그 본연의 기능을 벗어나 정치영역에 개입하지 않아야 한다는 의미'로서[40] 이해하고 있다. 위와 같은 견해에 의하면 교육의 정치적 중립성이란 '교육'과 '국가를 비롯한 외부세력' 사이의 관계에 관한 문제로서 '교육에 대한 외부로부터의' 또는 '교육의 외부에의' 정치적 영향력행사를 배제하고자 하는 헌법적 요청으로 이해된다.

(2) 그러나 이러한 견해는 '외부와의 관계에서 교육의 정치적 중립'이라는 부차적인 관점만을 강조할 뿐, '교육 자체가 정치적으로 중립적이어야 한다'는 정작 중요한 관점(교육내부적 중립성)을 간과하고 있다. 교육의 중립성이란 교육이 국가 등 외부세력으로부터 부당한 정치적 간섭과 영향을 받아서는 안 된다고 하는 요청일 뿐만 아니라, 나아가 학교교육의 과제를 헌법상 위임받은 국가를 비롯하여 이러한 과제를 교육현장에서 직접 이행하는 학교와 교원에 대한 헌법적 요청이다.[41]

교육의 중립성이란 무엇보다도 학교교육이 정치적·이념적 또는 세계관적 주입교육의 수단으로 사용되어서는 안 된다는 것을 의미한다. 국가는 교과서의 허용여부를 결정함에 있어서 교육에 있어서의 국가의 중립성과 관용의 원칙을 준수해야 한다.[42] 따라서 국가는 예컨대 교과서의 선정에 있어서 특정 사상 등을 주입하고자 하는 교과서의 사용을 스스로 배제해야 하며, 나아가 교사가 자신의 정치적 견해를 그의 영향 하에 있는 학생들에게 일방적으로 강조하고 전달하기 위하여 자신의 지위, 권위 및 신뢰를 남용하지 않도록 감독해야 할 의무가 있다. 이러한 국가감독권한은 교사에 의한 모든 일

---

39) 허영, 한국헌법론, 2007, 433면, 교육의 중립성 원리를 '교육환경의 자유'라 하여 정치적 공해의 배제와 교육의 정치적 이용금지를 언급하고 있다.

40) 권영성, 헌법학원론, 2007, 267면.

41) 이와 같은 취지로 헌재 1991. 7. 22. 89헌마106, 판례집 3, 387, 418, "교원, 특히 보통교육과정에 종사하는 교원은 앞서 교원의 의의에서 본 바와 같이 그 직책상 불편부당한 중립적 가치를 제시하여 다양한 가치 및 세계관 가운데 배우는 학생들이 스스로 정당한 가치관과 세계관을 세워나가도록 도와주어야 하는 책무를 부담하고 있다. 따라서 교원은 교육의 본질에 위배되는 정치적·사회적·종교적 세력 등에 의한 부당한 영향을 받지 않도록 신분이 보장되어야 하는 한편 이러한 영향을 거부하고 중립성을 지켜야 할 의무도 함께 지고 있는 것이다."

42) 헌재 1992. 11. 12. 89헌마88, 판례집 4, 739, 756, 교과서의 국정제도는 교육의 자주성·전문성 및 교사의 자유에 대한 침해가 아니라고 판시하고 있다; 또한 vgl. BVerfGE 79, 298ff.

방적인 정치적 선전을 금지함으로써 교육의 중립성을 확보해야 할 국가의 의무로부터 나온다.

나. 교육의 중립성과 자녀의 인격발현권 · 부모의 자녀교육권의 관계

(1) 헌법은 제31조 제4항에서 교육의 기본원리로서 '정치적 중립성'을 언급하고 있으나, 이는 교육의 정치적 중립뿐만 아니라 문화적 · 세계관적 중립을 요청하는 것으로 이해해야 한다.[43] 교육의 중립성이란 교육의 정치적 · 문화적 · 종교적 · 세계관적 중립을 의미하고, 이는 곧 관용과 다원주의의 요청이라 할 수 있다.[44] 국가는 사회 내의 모든 세계관과 종교에 대하여 독립성과 중립성을 가지고 등거리를 유지해야만, 특정 집단이나 종교 또는 특정 세계관을 위해서가 아니라 모든 국민을 위하여 국가가 존재한다는 국가목표가 실현될 수 있다. 국가의 세계관적 중립의무는 '모든 국민의 국가'가 되기 위한 국가정당성의 근거이자 모든 국민을 위한 이익인 공공복리를 실현하기 위한 전제조건이다.[45]

교육이란 피교육자인 청소년을 일정한 인간상에 부합하는 인간으로 형성하고자 하는 것이며, 이로써 필연적으로 가치연관적 성격을 가진다. 교육은 학생에게 특정 가치관이나 사회적 생활양식을 전달하고 학생을 기존의 사회질서에 적응시키고 구속시키고자 하는 것이고 궁극적으로 타인에 의한 형성을 의미한다는 점에서[46], 국가에 의한 학교교육은 부모의 자녀교육권 및 자녀의 자유로운 인격발현권과 충돌할 수 있다. 바로 이러한 점에서 국가의 세계관적 중립성의 요청 및 다원주의의 요청은 국가의 교육과제와 자녀의 자유로운 인격발현권 · 부모의 자녀교육권이 서로 조화를 이루기 위하여 요청되는 필수적인 것이다.[47]

(2) 자녀의 자유로운 인격발현권과 부모의 자녀교육권은 학교교육에 있어서 정치적 · 세계관적 중립성과 관용을 요청한다. 자녀는 자신의 인격, 즉 능력과 적성을 가능하면 방해받지 않고 자유롭게 발현할 권리를 가진다. 국가가 개인의 인격발현에 영향력을 강력하게 행사할 수 있는 공교육영역에서 자녀의 '자유로운 인격발현권'은 중요한 의미를 가진다. 자녀의 인격발현권은 국가에 대하여 개인의 인격발현에 영향력을 행사할 수 있는 학교교육의 가능성을 남용해서는 아니 되고, 가능하면 인격의 자율적 발전을 촉진할

---

43) 같은 취지로 이광윤 외, 교육제도의 헌법적 문제에 관한 연구, 헌법재판연구 제14권(2003), 265면.

44) 학교의 중립성과 관용의 요청에 관하여 일반적으로 Schlaich, Neutralität als verfassungsrechtliches Prinzip, 1972, S.91ff.

45) Vgl. Isensee, Gemeinwohl und Staatsaufgaben im Verfassungsstaat, in: HbStR, Bd.Ⅲ, 1988, §57 Rn.57.

46) Vgl. Dittmann, Erziehungsauftrag und Erziehungsmaßstab der Schule im freiheitlichen Verfassungsstaat, VVDStRL 54(1995), S.50.

47) Vgl. Hemmrich, in: Münch/Kunig, GGK, Art.7 Rn.8a; Bothe, Erziehungsauftrag und Erziehungsmaßstab der Schule im freiheitlichen Verfassungsstaat, VVDStRL 54(1995), S.8.

것을 요청한다.[48] 자녀의 인격발현권은 국가에 대하여 일방적 견해나 편향적으로 선별된 지식의 전달을 금지하고 모든 중요한 정신적 흐름을 균형 잡힌 개관으로서 제공할 것을 요청한다.[49] 학교는 사회의 모든 중요한 가치관과 세계관을 '중립적인 중개자'로서 자녀에게 전달해야 하며, 학생에게 사상주입의 어떠한 시도도 해서는 안 된다.

뿐만 아니라, 국가는 '자녀교육에 관한 전반적 계획을 세우고 자신의 가치관과 세계관에 따라 자녀의 교육을 자유롭게 형성할 수 있는 부모의 자녀교육권'을 학교교육에 있어서 존중해야 한다. 가치관과 세계관에 관한 교육은 부모의 전반적 자녀교육의 기초에 해당하는 것이고 국가는 세계관적 중립의무가 있기 때문에, 이러한 영역은 원칙적으로 부모에 의하여 결정되어야 한다. 따라서 국가는 교육과제의 수행에 있어서 다양한 가치관에 대하여 개방적이어야 하며 부모의 자녀교육권과 그의 종교적·세계관적 신념을 전반적으로 고려해야 한다.

나아가, 세계관적·종교적 영역에서는 종교의 자유와 양심의 자유가 종교적·세계관적 중립성을 요청한다. 종교의 자유와 양심의 자유는 국가에 의한 특정 종교교육을 금지하는 등 국가의 학교교육 형성권에 대하여 본질적인 한계를 설정한다. 사회적·정치적 영역에서는 민주주의원리와 표현의 자유가 국가의 정치적 중립성을 요청한다. 민주주의의 실현은 독자적으로 사고하고 비판적으로 판단할 수 있는 성숙한 민주시민을 전제로 한다는 점에서, 민주주의원리는 국가에 의한 일방적인 정치적 사상주입교육을 금지한다. 표현의 자유는 국가로부터 자유로운 개인의 의견형성을 가능하게 하고자 하는 기본권이므로, 국가가 학교교육을 통하여 학생의 의견형성에 일방적으로 정치적인 영향력을 행사하고자 하는 것은 표현의 자유와 부합하지 않는다. 이와 같이 다양한 헌법규범으로부터 학교의 객관적 의무로서 정치적·세계관적 중립성의 원칙이 도출된다.

(3) 따라서 설사 헌법이 제31조 제4항에서 교육의 중립성을 언급하지 않았다 하더라도, 교육의 중립성과 다원주의의 요청은 그 헌법적 근거를 무엇보다도 '자녀의 자유로운 인격발현권'과 '부모의 자녀교육권'에서 찾을 수 있는 것이다. 교육의 중립성원칙이 이미 다른 헌법규범으로부터 도출되는 것임에도, 헌법은 제31조 제4항에서 '국가의 교육권한'과 '부모와 자녀의 기본권'이 조화를 이루고 국가의 학교교육을 정당화하기 위한 필수적 요건으로서 '교육의 중립성'을 다시 한 번 확인하고 강조하고 있는 것이다.

48) Vgl. Stein/Frank, Staatsrecht, 2000, S.437.

49) Vgl. Glotz/Faber, Richtlinien und Grenzen des Grundgesetzes für das Bildungswesen, in: HbVerfR, (2), 1995, Rn.11; Bothe, Erziehungsauftrag und Erziehungsmaßstab der Schule im freiheitlichen Verfassungsstaat, VVDStRL 54(1995), S.29.

3. 교육의 기본원칙의 헌법적 의미 및 기능

가. 헌법적 의미

교육의 기본원칙은 학교교육이 제대로 기능하기 위한 최소한의 요건이자 학부모와 자녀에 대하여 국가의 교육권한을 정당화하기 위한 필수적 요건이다. 교육의 기본원칙은 국민의 '교육을 받을 권리'를 효과적으로 보장하기 위한 요건을 규정한 것이자, 나아가 국가의 교육권한과 교육 관련자의 법적 지위, 즉 학부모의 자녀교육권, 자녀의 자유로운 인격발현권 및 교사의 교육의 자유가 서로 조화를 이루기 위한 불가결의 조건을 규정한 것이다.

교육의 3대 기본원칙은 국가가 교육제도를 확립함에 있어서 기본방향을 제시하는 중요한 지침이자 입법자를 비롯한 국가기관을 구속하는 헌법적 요청이다. 입법자는 교육 관련 법제를 통하여 교육제도를 구체적으로 형성함에 있어서 교육의 기본원칙을 고려하고 존중하여 입법을 통하여 위 원칙을 실현해야 할 의무가 있으며, 행정부와 사법부는 법적용기관으로서 위 원칙에 비추어 법률조항을 해석하고 적용해야 한다.

나. 초중등교육에 대한 헌법적 요청

헌법 제31조 제4항은 '교육의 자주성·전문성·중립성'을 '대학의 자율성'과 함께 언급함으로써 소위 '교육의 3대원칙'과 '대학의 자율성'의 관계가 무엇인지의 의문을 자아낸다. 특히, 교육원칙이 학교교육 중에서 초중등교육에 적용되는 원칙인지 아니면 대학교육의 영역에서도 적용되는 원칙인지의 문제가 제기되는 것이다.

대학이란 학문의 연구와 교수가 이루어지는 주된 장소이며, 연구의 자유는 진리탐구의 자유로서 연구과제·내용 및 연구방법을 자유롭게 결정할 자유를 의미하고, 교수의 자유는 연구를 통하여 얻은 학문적 지식을 자유롭게 전달할 자유로서 교수의 대상·내용·방법을 자유롭게 결정할 수 있는 자유를 의미한다. 그렇다면, 교육의 자주성과 전문성의 요청은 학문의 자유에 의하여 보호되는 대학교육의 영역에서는 지극히 당연한 요청으로 무의미한 반면, 학문의 자유의 보호를 받지 못하는 초중등교육의 수업에 있어서 비로소 고유한 의미를 가진다.

뿐만 아니라, 진리탐구의 작업이자 새로운 인식의 추구인 '연구'와 그 결과의 전파작업인 '교수'가 정치적·세계관적으로 중립적으로 이루어질 것을 요청하는 것은 학문의 본질과 부합할 수 없다. 교육의 세계관적 중립성의 요청은 학문의 자유가 지배하는 대학의 영역에서는 적용될 수 없는 원칙이다.[50] 따라서 헌법 제31조 제4항의 교육의 기

50) 대학교육과 학문적 활동의 영역에서는, '학문의 자유' 및 헌법 제31조 제4항의 '대학의 자율성'이 국가의 간섭과 영향력행사에 대하여 보호를 제공한다.

본원칙은 일차적으로 초중등교육에 대한 헌법적 요청으로 이해해야 한다.

Ⅳ. 교사의 교육의 자유(수업권)

교사의 교육의 자유(이하 '교사의 자유'라 한다)란, 수업에서 교육내용과 교육방법에 관한 결정권이 누구에게 있는지의 문제, 교사가 어느 정도로 외부의 간섭 없이 수업의 내용과 방법에 관한 결정권을 가지고 자기책임 하에서 행동할 수 있는지의 문제에 관한 것이다.[51] 학자에 따라서는 교사의 '교육의 자유'를 교사의 '교육권', '수업권' 또는 '수업의 자유'로 표현하기도 한다.[52] 교사의 자유는 첫째, 교사의 자유가 무엇으로부터 교사를 자유롭게 하고자 하는지, 즉 학교감독청으로부터의 자유인지 아니면 학부모 또는 학생으로부터의 자유인지, 둘째, 교사의 자유가 무엇에 기여하는지, 즉 교사 자신을 위한 개인적 자유인지 아니면 교사의 기능과 과제로부터 파생하는 부수적 산물인지의 관점에서 그 의미와 기능의 문제를 제기한다.

1. 의미와 내용

교사는 그 지위에 있어서 국가의 감독을 받는 자이면서, 동시에 교육현장에서 수업을 담당하는 교육자로서의 기능을 한다는 점에서 이중적 지위를 가진다. 국·공립학교의 교사는 공무원으로서 직무상의 지시에 따라야 하는 복종의무를 지며, 사립학교의 교원도 국가의 감독을 벗어날 수 없다. 바로 교사의 이중적 역할, 즉 '국가의 감독을 받는 지위'와 '교육의 固有法則性의 지배를 받는 교육자로서의 기능'의 불일치는 교사의 지위와 관련하여 긴장상황을 야기한다. 교사의 자유와 구속 사이의 이러한 긴장관계는 법적으로 '교사의 자유'의 문제로 나타난다.[53]

교사의 자유란, 교사의 교육활동이 법규정과 감독기관의 지시에 의하여 경직되는 것으로부터 보호하고자 하는 것이며, 교사가 수업에서 자신의 교육적 능력을 이상적으로 발휘할 수 있도록 불필요한 구속을 배제하고자 하는 것이다. 교사의 자유는 교육활동이 국가에 의하여 과도하게 규율되어서는 안 되고 교육활동을 위하여 불가결한 독자적 책임과 자율성이 보장되어야 한다는 요청이다. 개별학교와 개별학생의 구체적 상황에 부

51) Vgl. Ossenbühl, Die pädagogische Freiheit und die Schulaufsicht, DVBl 1982, S.1159; Pieroth, Erziehungsauftrag und Erziehungsmaßstab der Schule im freiheitlichen Verfassungsstaat, DVBl 1994, S.958; 교사의 교육의 자유에 관하여 김철수, 헌법학개론, 2007, 981면 이하; 이광윤 외, 교육제도의 헌법적 문제에 관한 연구, 헌법재판연구 제14권(2003), 259면 이하; 비교법적 소개로 노기호, 학교교사의 교육의 자유, 강희중교수 정년기념논문집, 2002, 116면 이하 참조.

52) 가령, 헌법재판소는 학교교육에 있어서 교사의 가르치는 권리를 '수업권'이라고 표현하고 있다(헌재 1992. 11. 12, 89헌마88, 판례집 4, 739, 756).

53) Vgl. Ossenbühl, Die pädagogische Freiheit und die Schulaufsicht, DVBl 1982, S.1157.

합하고 교사의 개인적 인격에 의하여 형성되는 교육활동이 가능하도록, 자유공간을 확보해 주고자 하는 것이 교사의 자유의 목적이다.[54] 교사의 자유는 개별학교의 특수한 상황, 개별학생과 개별교사의 인격적 요소를 고려하여 구체적 교육상황에 적합하고 학생의 능력과 적성에 부합하는 교육과제의 이행을 보장하고자 하는 것이다.

2. 법적 성격 및 헌법적 근거

가. 헌법상의 객관적 요청으로서 교사의 자유

이러한 점에서 교사의 자유는 교사 자신의 인격발현을 위하여 교사를 자유롭게 하고자 하는 것이 아니라, 수업에서 교사에게 맡겨진 학생을 가능하면 최상으로 교육시키기 위한 것이다. 즉, 교사의 자유는 교사의 개인적 자유가 아니라 학교의 기능과 목적, 이로써 궁극적으로 학생의 이익과 연관된 자유이다. 그러므로 교사의 자유는 학생의 '학습을 통한 자유로운 인격발현권(학습권)'에 봉사하는 자유, 이에 종속적인 자유이며 학생의 기본권을 존중해야 할 의무를 포함하는 자유이다.[55]

따라서 교사의 자유는 교사의 개인적 이익을 위하여 임의로 행사할 수 있는 어떠한 권리도 부여하지 않는다. 수업의 자유는 교사신분을 근거로 부여되는 '주관적 권리'가 아니라 수업의 목적 및 기능과 연관된 '객관적 요청'이다. 교사의 자유는 기본권적 지위가 아니라 교사라는 직무의 본질적 요소이며 학교의 교육목적과 학생의 이익을 구현하기 위한 수단이다.[56] 교사의 지위는 공교육의 책임이 있는 국가의 위임에 의한 것이고 이러한 위임에 근거하여 국가는 교사에 대한 포괄적인 감독권을 가지고 있다는 점에서도, 교사의 자유를 기본권으로 파악하기 어렵다.[57]

나. 학문의 자유와 교사의 자유의 관계

뿐만 아니라 수업과 관련된 교사의 결정권과 독자적 책임은 학문의 자유에 의하여

---

54) Vgl. Evers, Verwaltung und Schule, VVDStRL 23(1966), S.177ff.; Starck, Staatliche Schulhoheit, pädagogische Freiheit und Elternrecht, DÖV 1979, S.273; 헌재 1991. 7. 22. 89헌가106, 판례집 3, 387, 415, "교원의 직무를 수행함에 있어서는 그 직무의 자주성이 보장될 때에 비로소 창의적으로 학생을 지도할 수 있다 할 것이다."; 허영, 한국헌법론, 2007, 432면.

55) Vgl. Evers, Verwaltung und Schule, VVDStRL 23(1966), S.181; Starck, Staatliche Schulhoheit, pädagogische Freiheit und Elternrecht, DÖV 1979, S.273.

56) 헌재 1992. 11. 12, 89헌마88, 판례집 4, 739, 757-758, "교사의 수업권은 전술과 같이 교사의 지위에서 생겨나는 직권인데, 그것이 헌법상 보장되는 기본권이라고 할 수 있느냐에 대하여서는 이를 부정적으로 보는 견해가 많으며, 설사 헌법상 보장되고 있는 학문의 자유 또는 교육을 받을 권리의 규정에서 교사의 수업권이 파생되는 것으로 해석하여 기본권에 준하는 것으로 간주하더라도 수업권을 내세워 수학권을 침해할 수는 없으며 국민의 수학권의 보장을 위하여 교사의 수업권은 일정범위 내에서 제약을 받을 수밖에 없는 것이다."

57) Vgl. Starck, Staatliche Schulhoheit, pädagogische Freiheit und Elternrecht, DÖV 1979, S.272f.; Evers, Verwaltung und Schule, VVDStRL 23(1966), S.181; Ossenbühl, Die pädagogische Freiheit und die Schulaufsicht, DVBl 1982, S.1159; Pieroth, Erziehungsauftrag und Erziehungsmaßstab der Schule im freiheitlichen Verfassungsstaat, DVBl 1994, S.958.

보장되지 않는다. 학문적 활동은 본질적으로 연구와 교수를 통하여 이루어지므로, 학문의 자유는 연구와 교수의 자유를 그 내용으로 한다. 교수의 자유는 연구의 자유와의 밀접한 관계로 인하여 자신의 연구를 근거로 하여 이루어지는 학문적 교수만을 보호한다. 즉, 교수는 연구를 통하여 얻은 결과를 전달하는 행위로서, 연구하는 사람만이 교수의 자유를 주장할 수 있다.[58] '교수의 자유'는 강의를 통한 연구결과의 전달뿐 아니라 저서의 출판, 논문의 발표, 학술강연 또는 학술대회에서의 토론 등 대학 외에서도 학문적 지식을 교육적으로 전달하거나 자기책임 하에서 연구결과를 발표하는 자유를 포함한다.[59]

학문의 연구와 교수는 역사적으로 주로 대학에서 행해졌기 때문에 학문의 자유는 일차적으로 대학의 자유를 의미하고, 학문의 자유에 의하여 보호되는 교수의 자유는 주로 대학에서의 교수에 관련된 것이라 할 수 있다. 그럼에도 연구와 교수의 자유는 대학에서의 학문활동에 제한되지 않는다. 학문의 자유는 학문적으로 활동하는 모든 사람에게 보장되는 기본권으로, 진리를 탐구하고자 하는 모든 사람이 학문의 자유의 주체가 될 수 있다. 따라서 교사도 개인적으로 진리를 탐구하고 연구한 결과를 학술적으로 발표한다면, 연구와 교수의 자유의 주체가 될 수 있다.

그러나 교사가 학교수업을 주된 과제로 하는 교직과 관련하여 교수의 자유를 주장할 수 있는지의 문제는 전혀 별개의 문제이다. 대학에서 교수의 자유가 완성된 인격체인 대학생을 상대로 연구결과를 발표하는 자유를 포함하는데 반하여, 아직 인격형성의 과정에 있으며 충분한 비판능력을 갖추지 못한 미성년 학생을 대상으로 실시되는 초중등학교에서의 수업은 보통교육의 범주 내에서 일반적 지식을 전달한다는 점에서 교수의 자유에 의하여 보장되는 것으로 보기 어렵다. 또한, 초중등교육단계에서는 교육의 기회균등을 실현하기 위하여 합리적인 범위 내에서 어느 정도 교육내용과 방법에 관한 획일화나 통일성이 요구된다는 점에서도, 교사가 학교수업을 개인적인 연구결과를 발표하는 장으로 활용하는 것은 교사의 직무와 부합하지 않는다. 이러한 이유로, 초중등학교에서의 수업은 교수로 간주되지 않으며, 이에 따라 교사의 교육의 자유는 헌법 제22조 제1항의 학문의 자유에 의하여 보호되지 않는다고 보는 것이 타당하다.[60]

다. 학생의 학습권과 교사의 자유의 관계

또한, 학생의 학습권(정확하게 표현하자면, '학습 또는 교육을 통한 학생의 자유로운 인격

58) 同旨 계희열, 헌법학(중), 2004, 363면.
59) Vgl. BVerfGE 35, 79, 113.
60) Vgl. Starck, Staatliche Schulhoheit, pädagogische Freiheit und Elternrecht, DÖV 1979, S.273; Pieroth, Erziehungsauftrag und Erziehungsmaßstab der Schule im freiheitlichen Verfassungsstaat, DVBl 1994, S.958; Ossenbühl, Die pädagogische Freiheit und die Schulaufsicht, DVBl 1982, S.1160; Wendt, in: Münch/Kunig, GGK, Art.5 Rn.103.

발현권')으로부터도 기본권으로서의 교사의 자유를 도출할 수 없다. 교사의 자유가 학생의 이익을 위한 부수적 자유로서 '교사는 자유롭게 교육을 할 수 있을 때에만 학생에게 민주적이고 자율적 교육을 할 수 있으므로, 학생의 개성이나 인격을 최대한으로 발현할 수 있는 교육적 지위에 있어야 한다'는 관점에서, 교사의 자유를 '학생의 자유로운 인격발현권'에 그 헌법적 근거를 두고 있는 기본권으로 파악하고자 하는 견해도 있다.[61)]

그러나 이러한 견해는 교사의 자유가 학생의 학습권에 봉사하는 수단이라는 관점과 교사의 자유의 헌법적 근거를 동일시하는 오류를 범하고 있다. 학생의 자유로운 인격발현권은 교사의 자유의 수단적 성격을 강조하고 교사의 자율성을 요청하는 하나의 관점에 불과하다. '학생의 자유로운 인격발현권'은 국가의 교육권한에 대한 한계를 제시하고 이로써 동시에 교사의 자유에 대한 한계로 작용하기 때문에, '교사의 자유에 대한 한계규범'인 학생의 기본권이 동시에 교사의 자유의 헌법적 근거가 될 수 없다.

라. 교사의 자유의 구체적 요청

그러므로 교사의 자유란 기본권에 의하여 보장되는 개인적 자유가 아니라, 교육 및 수업의 본질과 교사직무의 특성에 비추어 '교육의 자주성·전문성으로부터 파생하는 헌법적 요청'을 의미한다. 이로써 '객관적 요청'으로서의 교사의 자유는 입법자에 대해서는 입법의 지침으로서, 학교감독기관에 대해서는 법규범의 해석지침으로서 작용하며, 나아가 모든 법규범과 학교감독기관의 지시는 교사의 자유란 헌법적 요청에 비추어 해석되어야 한다.

이에 따라 교사의 자유는 입법자에 대하여 수업의 세부적인 것까지 상세하게 규범화하는 것을 금지한다. 입법자는 일정 생활영역을 규율함에 있어서 규율하고자 하는 대상영역의 본질에서 나오는 고유법칙성을 고려하여 그에 부합하게 입법을 하게 된다. 따라서 입법자는 교육활동을 규범화함에 있어서도 규율대상인 교사직무와 수업의 고유법칙성을 존중해야 하고, 특히 교육활동을 입법적으로 규율하고 유도할 수 있는 한계를 인식해야 한다.[62)] 교육활동은 교육자의 자유공간을 필요로 하며, 과도한 법적 규율은 교육활동을 마비시키고 교육목표의 달성을 저해할 수 있다. 이는 입법자뿐만 아니라 행정청이 입법자의 위임에 의하여 행정입법으로써 교육활동을 규범화하는 경우에도 마찬가지이다. 나아가, 교사의 자유는 학교감독기관으로 하여금 감독권을 행사함에 있어서 적정한 자제를 요청한다. 교육의 자유의 관점에서 교사는 일반공무원과는 달리 무제한적인 국가의 감독과 통제를 받아서는 안 되며, 그의 교육자적 책임을 이행할 수 있도록 수업의 형성에 있어서 필요한 자유공간을 가져야 한다.[63)]

---

61) 가령 노기호, 학교교사의 교육의 자유, 강희중교수 정년기념논문집, 2002, 127면 이하 참조.

62) Vgl. Bothe, Erziehungsauftrag und Erziehungsmaßstab der Schule im freiheitlichen Verfassungsstaat, VVDStRL 54(1995), S.26f.

교육의 자주성·전문성에 헌법적 근거를 둔 '교사의 자유'는 헌법 제31조 제6항에 기초하는 '학교에 관한 포괄적 국가규율권한'에 대립하는 법익으로서, 국가에 의한 규율은 교육의 자주성의 요청에 비추어 정당화되어야 하며, 필요하고 합리적인 범위 내에서만 교육의 내용과 방법에 관한 교사의 자유로운 결정권은 제한되어야 한다는 요청인 것이다. 이로써 교사의 자유는 입법자와 감독관청이 교육의 내용과 방법을 규율함에 있어서 고려되어야 하는 헌법상의 객관적 요청이다.

3. 교사의 '교육의 자유'의 한계

가. 국가의 감독권과 학부모·학생의 기본권

국가는 학교감독기관으로서 교육현장에서 수업을 담당하는 교사에 대하여 학부모의 자녀교육권과 학생의 자유로운 인격발현권에 의하여 설정되는 국가교육권한의 한계를 제시하고, 이러한 한계의 준수를 감독하고 관철해야 한다.[64] 국가교육권한의 이러한 한계에 속하는 것은 무엇보다도 '교육의 중립성'이며, 교육의 중립성에 대한 요청은 부모와 학생의 기본권으로부터 나온다는 것은 이미 위에서 상술한 바와 같다. 국가가 의무교육제도를 도입하여 일정 기간 강제교육을 실시하고 나아가 학교교육의 주체로서 기능하기 때문에, 학부모가 그의 자녀를 학교교육에 맡겨야 한다면, 국가는 교육현장에서 실제로 수업을 담당하는 학교와 교사에 대하여 헌법정신에 부합하는 교육이념 및 이를 구체화하고 실현하고자 하는 입법자의 객관적 의사와 행정청의 지시에 따라 학교교육이 제대로 이루어지고 있는지에 대하여 감독해야 할 의무와 책임이 있다. 학교와 교사에 대한 국가의 감독은 학생과 학부모의 기본권을 보호하기 위하여 불가결한 국가적 통제를 의미하며, 바로 이러한 이유에서 정당화되는 것이다.

국가가 의무교육을 비롯한 공교육의 독점적 운영자로서의 지위를 근거로 학부모와 자녀에게 그들의 의사와 관계없이 교사를 배정할 권한을 가진다면, 개별교사의 통제되지 않은 무제한적인 자유공간은 그에게 맡겨진 학생의 기본권 및 학부모의 자녀교육권에 대한 침해로 이어질 수 있다는 점에서 허용될 수 없는 것이다.[65] 따라서 국가의 교육권한은 '국가에 의하여 통제받지 않는 세력'에 학교교육을 맡겨서는 안 된다는 요청을 당연한 전제로서 포함한다. 국가가 학교교육의 과제를 교사에게 위임하여 교사로 하여

---

63) BVerfGE 47, 46, 83.

64) 학교교육권한의 한계에 관하여 헌재 2000. 4. 27, 98헌가16, 판례집 12-1, 427, 449-450, "학교교육을 통한 국가의 교육권한은 부모의 교육권 및 학생의 인격의 자유로운 발현권, 자기결정권에 의하여 헌법적인 한계가 설정된다.", vgl. Starck, Staatliche Schulhoheit, pädagogische Freiheit und Elternrecht, DÖV 1979, S.274; Clemens, Grenzen staatlicher Maßnahmen im Schulbereich, NVwZ 1984, S.68ff.; Glotz/Faber, Richtlinien und Grenzen des Grundgesetzes für das Bildungswesen, in: HbVerfR, (2), 1995, Rn.11.

65) Vgl. Ossenbühl, Die pädagogische Freiheit und die Schulaufsicht, DVBl 1982, S.1160; Starck, Staatliche Schulhoheit, pädagogische Freiheit und Elternrecht, DÖV 1979, S.274.

금 교육현장에서 교육과제를 실질적으로 수행하게 한다면, 국가는 이러한 위임에 근거하여 교사에 대한 포괄적인 감독권한을 보유해야 하는 것이다. 요컨대, 국가교육권한의 한계는 부모의 자녀교육권과 자녀의 자유로운 인격발현권에 있으며, 마찬가지로 국가로부터 학교교육의 과제를 위임받은 교사의 자유도 부모와 자녀의 기본권에 의하여 헌법적 한계가 설정되는 것이다.[66)]

나. 수업의 내용과 방법에 관한 국가의 규율권한

교사의 자유의 목적이 교사와 학생의 개별성과 구체적 상황을 고려하는 교육활동을 외부의 지시와 통제로부터 보호하고자 하는 것이라면, 이러한 간섭과 영향력의 행사는 무엇보다도 학교감독관청으로부터 나온다. 따라서 교사의 자유는 교육활동을 규범화하고 규율하는 입법자와 학교감독기관에 대한 것이다. 법적으로 인정되는 교사의 자유의 범위는 학교감독기관의 지시감독권의 범위와 표리관계에 있으므로, 교사의 자유와 국가의 학교감독권한은 동일한 문제를 바라보는 2개의 상이한 관점이라 할 수 있다.[67)] 한편, 교사의 자유와 감독관청의 규율권한의 경계를 설정하는 것은 어려운 과제이다. 특히 이와 관련하여 감독관청의 규율을 받지 아니하고 수업의 내용과 방법을 결정할 수 있는 자유를 어느 정도로 교사에게 인정할 수 있는지의 문제가 제기된다.

(1) 모든 교육활동의 개별성과 일회성을 인정한다 하더라도, 학교교육은 국가에 의한 법적 규율을 벗어날 수 없다. 국가는 학교교육의 과제를 부여받음으로써 동시에 학교교육에서 최소한의 통일성과 균등성을 확보해야 할 의무가 있다. 국가가 학생의 기회균등과 교육수준의 균등성의 관점에서 교육과정을 규율해야 한다면, 교사는 교육의 자유에 대한 제한을 수인해야 한다.[68)]

'교육목표'에 관한 한, 국가에 의하여 통일적으로 확정되어야 한다는 것은 당연하다. 또한, 국가는 교육목표를 실현하기 위한 본질적 수단에 해당하는 '교과내용'에 관해서도 규율할 수 있다. 수업목표, 교과편성(커리큘럼), 수업내용은 교육의 통일성의 관점, 학생평가의 일원성의 관점에서 국가에 의하여 규율될 필요가 있다. 그러나 국가는 수업내용의 모든 구체적인 것을 확정적으로 결정할 수 없으며, 교사에게 그의 교육자적 책임을 이행하기 위하여 수업에서 필요한 자유공간이 부여되어야 한다는 관점에서 어느 정도로 교과내용을 확정할 것인지의 문제를 판단해야 한다.

(2) 국가는 교과서의 선정과 사용에 관하여 결정하고 수업목표와 교육목표에 의하여

---

66) 교육의 자유의 한계에 관하여 노기호, 독일기본법상의 국가의 교육권한과 교원의 교육권의 제한, 교육법학연구 제15권 제1호(2003), 140면 이하 참조; 헌재 1991. 7. 22. 89헌가106, 판례집 3, 387, 415.

67) Vgl. Ossenbühl, Die pädagogische Freiheit und die Schulaufsicht, DVBl 1982, S.1160.

68) Vgl. Evers, Verwaltung und Schule, VVDStRL 23(1966), S.180; Ossenbühl, Die pädagogische Freiheit und die Schulaufsicht, DVBl 1982, S.1160.

제시된 요건을 충족시키는 교과서만을 수업에서 사용하도록 감독할 권한을 가진다.[69] 어떠한 교과서가 수업에서 사용되어도 되는지에 관한 결정에 있어서, 학교감독청은 광범위한 재량권을 가지고 있다. 교사의 교육의 자유는 지정된 교과서를 사용해야 한다는 지시 및 그에 따라야 하는 교사의 의무에 의하여 제한될 수 있다.[70] 또한, 국가가 교과서의 허용여부에 관하여 규율하는 것은 교사나 교과서 발행인의 언론출판의 자유를 부당하게 침해하는 것이 아니다.[71]

(3) 또한, 교사는 수업방법에 관해서도 규정이나 지침에 구속을 받을 수 있다. 그러므로 국가에 의한 규율대상이 '수업내용'인지 아니면 '수업방법'인지의 기준에 따라 교사의 자유와 국가의 감독권한의 경계를 설정함으로써 교사의 자유를 수업방법의 자유로 이해하는 것은 타당하지 않다.[72] 가령, 입법자나 감독관청이 수업내용에 관한 지침은 제시할 수 있지만, 교사는 수업내용을 어떠한 방법으로 실현할 것인지에 관하여 결정권을 가진다는 견해에는 동의할 수 없다.

수업의 방법에 관해서도 구속력 있는 규정이나 지침이 요청될 수 있다. 감독관청은 보다 중대한 공익상의 이유로, 가령 필수적으로 요청되는 교육의 통일성의 관점이나 학생과 학부모의 기본권보호를 위하여 교수방법(예컨대, 성교육의 실시방법)을 규율할 수 있다. 물론, 이 경우 감독관청은 교육의 자주성의 요청에 비추어 수업방식에 대한 규율을 정당화해야 하므로, 필요하고 합리적인 범위 내에서만 지침을 통하여 수업방법을 구체화하는 것이 정당화된다. 또한, 교사의 교육의 자유는 학생의 학업성적에 대한 평가권을 포함하나, 평등원칙의 관점에서 학생에 대한 균일한 평가를 해야 한다는 헌법적 요청에 의하여 제한될 수 있다.[73]

Ⅴ. 교사의 사상주입교육의 헌법적 문제

1. 교사에 대한 '교육의 중립성'의 요청

교사도 기본권의 주체로서 모든 국민과 마찬가지로 기본권에 의하여 보장된 자유를 누린다. 따라서 교사도 표현의 자유를 행사하여 자신의 정치적 견해나 종교적·세계관

69) Vgl. Hemmrich, in: Münch/Kunig, GGK, Art.7 Rn.8a; BVerwGE 79, 298ff.; BVerfGE 31, 229, 245, 위 결정에서 연방헌법재판소는 적합한 교과서를 선정할 학교감독청의 권한을 인정하고 있다.

70) 헌재 1992. 11. 12, 89헌마88, 판례집 4, 739, 755 이하; vgl. BVerwG, NVwZ 1994, 583; Pieroth, Erziehungsauftrag und Erziehungsmaßstab der Schule im freiheitlichen Verfassungsstaat, DVBl. 1994, 958f.

71) 헌재 1992. 11. 12, 89헌마88, 판례집 4, 739, 758 이하; vgl. Wendt, in: Münch/Kunig, GGK, Art.5 Rn.30, 62.

72) Vgl. Starck, Staatliche Schulhoheit, pädagogische Freiheit und Elternrecht, DÖV 1979, S.274; Ossenbühl, Die pädagogische Freiheit und die Schulaufsicht, DVBl 1982, S.1161f.

73) Vgl. Evers, Verwaltung und Schule, VVDStRL 23(1966), S.183.

적 입장을 표명하고 이로써 타인의 의견형성에 영향을 미칠 수 있다. 그러나 '국가의 기능 또는 국가과제의 수행'과 '개인의 기본권적 자유'는 원칙적으로 양립하지 않는다.[74] 이는 국공립학교 또는 사립학교를 막론하고 '학교교육이라는 국가과제'를 담당하는 모든 학교의 교사에게 해당하는 것이다. 국가의 기능과 과제수행의 객관성과 공정성이 보장되기 위해서는 양자의 경계는 명확하게 그어져야 하고 엄격하게 준수되어야 한다. 개인의 기본권적 자유가 공직수행에서 행사된다면, 공직은 주관적 독단의 수단이자 자기실현의 수단으로 변질할 것이다.

교사에게 수업을 형성할 수 있는 '교육의 자유'가 인정된다고 하여, 교사가 사상주입교육을 할 권한을 부여받은 것은 아니다. '교육의 자주성과 전문성'에 그 헌법적 근거를 두고 있는 교사의 교육의 자유는 무엇보다도 '교육의 중립성' 원칙에 의하여 제한을 받는다. 물론, 교사도 다른 국민과 마찬가지로 기본권의 주체로서 자신의 견해와 사상을 자유롭게 타인에게 표명할 수 있다.[75] 그러나 '교직'과 '개인으로서 기본권적 자유'는 양립할 수 없는 것으로, 교직에서 정치적 표현의 자유가 행사되어서는 안 된다. 교사가 학교수업을 정치적 표현의 장으로 개인적으로 사용하는 경우, 교직은 자기실현의 수단이자 사적인 사상주입의 수단으로 변질될 것이다.

물론, 교사는 학생을 그의 정신적 성숙도에 걸맞게 사회현실에 접근시킬 수 있다. 교사는 사회적 · 정치적으로 논쟁이 되는 사안에 관해서도 가르칠 권리가 있으며, 이러한 의미에서 소위 '계기 수업'이나 '정치 교육'이 실시될 수도 있다. 그러나 이러한 경우에도 교사는 자신의 사회관 · 정치관을 일방적으로 선전하는 계기로 삼아서는 안 되고, 모든 세계관적 견해에 대하여 개방적인 상태에서 사회적 문제를 합리적으로 논의하는 기회를 제공함으로써 학생 스스로 자신의 견해를 형성하고 취할 수 있도록 해야 한다. 교사의 기능과 지위는 이념적 문제에서 자제를 요청한다. 교사는 정치적 · 종교적 문제와 관련하여 입장을 밝힐 수는 있으나, 이러한 경우에는 학생들이 가능하면 교사의 입장으로부터 독립하여 자신의 독자적 의견을 형성할 수 있도록 중립적인 방법으로 문제를 다루어야 한다.[76]

2. 헌법질서 내에서 교사의 과제

교사가 자신의 영향력과 지위를 남용하여 정신적으로 성숙하지 않은 학생에게 편향

---

74) Vgl. Isensee, Gemeinwohl und Staatsaufgaben im Verfassungsstaat, in: HbStR, Bd.Ⅲ, 1988, §57 Rn.61.

75) 초중등학교 교사의 정치활동금지는 교직에서의 정치활동에 제한되어야 한다. 따라서 교사에게 획일적으로 정치활동을 금지하는 것은 헌법적으로 문제가 있다, 같은 취지로 허영, 한국헌법론, 2007, 433면; 이광윤 외, 헌법재판연구 제14권(2003), 282면 이하 참조.

76) Vgl. Oppermann, Schule und berufliche Ausbildung, in: HbStR, Bd.Ⅵ, 1989, §135, Rn.69.

적인 세계관이나 특정 이념을 주입하는 것은, 청소년들이 다양한 사고와 정신세계에 접할 기회를 박탈하는 것이다. 편향적 교육에 의하여 형성된 편향적 사고는 다양한 사고와 가치, 문화에 대한 열린 눈과 가슴을 가리고, 궁극적으로는 자신의 인격을 자유롭게 발현하는 가능성을 스스로 제한한다. 교사가 특정 정치관과 세계관을 일방적으로 학생에게 심어주는 것이 국가에 의하여 방치된다면, 학교교육의 중립성은 보장될 수 없고, 국가는 학교교육의 주체로서의 자격을 상실하게 될 것이다.

학부모가 그들의 자녀를 학교에 맡길 수 있는 것은, 학교에서의 교육이 다양한 가치관과 세계관에 대하여 개방적으로 이루어지며 그들의 자녀가 일방적인 이념교육의 희생물이 되지 않으리라는 믿음이 있기 때문이다. 학교교육의 근간이 되는 이러한 신뢰가 흔들리고, 자녀가 이념교육의 희생자가 되는지 여부가 어떠한 교사를 만나느냐의 우연에 달려있다면, 국가에 의한 학교교육의 정당성이 의문시된다. 교육의 정치적 · 세계관적 · 종교적 중립성은 국가의 교육권한을 정당화하기 위한 필수적인 조건이기 때문이다.

교사에게는 일상적으로 수업을 형성할 수 있는 상당한 자유공간이 인정되기 때문에 교사의 자질은 더욱 중요하며, 자신에게 맡겨진 학생을 헌법의 정신에 부합하게 교육시킬 수 있는 자만이 교사가 되어야 한다.[77] '교사의 자유'란 헌법정신을 배척하거나 헌법에 대한 충성을 거부하는 권리가 아니라, 교사 스스로 헌법을 인정하고 존중하며 자신에게 맡겨진 학생을 헌법정신에 부합하게 교육시킨다는 것을 당연한 전제로 하여 인정되는 자유이다. 교사는 '국가와 법질서에 관한 올바른 상'을 학생에게 전달함으로써, 학생들이 공동체와 타인의 법익과 부합하는 범위 내에서 개인의 자유를 행사할 수 있도록 교육시켜야 한다.

77) Vgl. Starck, Staatliche Schulhoheit, pädagogische Freiheit und Elternrecht, DÖV 1979, S.273.

참고문헌

권영성, 헌법학원론, 2007
계희열, 헌법학(중), 2004
김철수, 헌법학개론, 2007
김철용 외, '위임입법의 한계에 관한 연구', 헌법재판연구 제8권(1996)
김충묵, 법률유보의 원칙, 현대행정법학이론(이명구박사 화갑기념), 1996
김향기, 법률유보이론의 전개와 과제, 공법학의 제문제(김영훈박사 화갑기념), 1995
노기호, 학교교사의 교육의 자유, 강희중교수 정년기념논문집, 2002
______, 독일기본법상의 국가의 교육권한과 교원의 교육권의 제한, 교육법학연구 제15권 제1호(2003)
양 건, 교육권에 관한 헌법재판소 판례 연구, 인권과 정의 2004. 8,
이광윤 외, 교육제도의 헌법적 문제에 관한 연구, 헌법재판연구 제14권(2003)
조태제, 법률의 유보원칙에 관한 연구, 1992
한수웅, 본질성이론과 입법위임의 명확성원칙, 헌법논총 제14집(2003)
허 영, 한국헌법론, 2007
홍기종, 위임입법의 한계, 헌법문제와 재판(上), 96. 10.

Bothe, Erziehungsauftrag und Erziehungsmaßstab der Schule im freiheitlichen Verfassungsstaat, VVDStRL 54(1995)
Clemens, Grenzen staatlicher Maßnahmen im Schulbereich, NVwZ 1984
Dittmann, Erziehungsauftrag und Erziehungsmaßstab der Schule im freiheitlichen Verfassungsstaat, VVDStRL 54(1995)
Eberle, Gesetzesvorbehalt und Parlamentvorbehalt, DÖV 1984
Enders, Die Menschenwürde in der Verfassungsordnung, 1997
Evers, Verwaltung und Schule, VVDStRL 23(1966)
Glotz/Faber, Richtlinien und Grenzen des Grundgesetzes für das Bildungswesen, in: Benda/Maihofer/Vogel(Hg), Handbuch des Verfassungsrechts der Bundesrepublik Deutschland (HbVerfR), (2), 1995
Hemmrich, in: Münch/Kunig(Hg), Grundgesetz Kommentar (GGK), Art.7
Isensee, Gemeinwohl und Staatsaufgaben im Verfassungsstaat, in: Isensee/Kirchhof (Hg), Handbuch des Staatsrechts (HbStR), Bd.Ⅲ, 1988, §57
Kisker, Neue Aspekte im Streit um den Vorbehalt des Gesetzes, NJW 1977
Kloepfer, Der Vorbehalt des Gesetzes im Wandel, JZ 1984
Niehues, Der Vorbehalt des Gesetzes im Schulwesen, DVBl 1980
Oppermann, Schule und berufliche Ausbildung, in: Isensee/Kirchhof(Hg), Handbuch

des Staatsrechts (HbStR), Bd.Ⅵ, 1989, §135
Ossenbühl, Vorrang und Vorbehalt des Gesetzes, in: Isensee/Kirchhof(Hg), Handbuch des Staatsrechts (HbStR), Bd.Ⅲ, 1988, §62
______, Schule im Rechtsstaat, DÖV 1977
______, Die pädagogische Freiheit und die Schulaufsicht, DVBl 1982
Pieroth, Erziehungsauftrag und Erziehungsmaßstab der Schule im freiheitlichen Verfassungsstaat, DVBl 1994
Schlaich, Neutralität als verfassungsrechtliches Prinzip, 1972
Starck, Staatliche Schulhoheit, pädagogische Freiheit und Elternrecht, DÖV 1979
Stein/Frank, Staatsrecht, 17. Aufl. 2000
Wehr, Grundfälle zu Vorrang und Vorbehalt des Gesetzes, JuS 1997
Wendt, in: Münch/Kunig(Hg), Grundgesetz Kommentar (GGK), 2000, Art.5

제3절 근로3권

근로3권의 법적 성격과 그 한계*

Ⅰ. 머리말

헌법 제33조 제1항은 “근로자는 근로조건의 향상을 위하여 자주적인 단결권·단체교섭권 및 단체행동권을 갖는다.”라고 규정하여 근로자의 근로3권을 보장하고 있다. 근로3권에 의하여 임금과 근로조건에 관한 원칙적인 사적 자치가 노사단체에게 보장되었고, 이로써 근로3권은 직업의 자유, 재산권의 보장과 함께 헌법상의 경제질서에 있어서 중요한 의미를 갖는 기본권이다.

우리 헌법은 근로3권을 그 규정장소에 있어서 ‘결사의 자유’와 완전히 분리하여, 기본권에 관한 章에서도 자유권의 부분이 아니라 사회적 기본권의 부분에 별도의 조항으로 규정하고 있다. 그러나 근로자의 단결권이 결사의 자유의 특별법적 규정이라는 점을 감안한다면, 이러한 보장의 형태는 독일이나 미국의 경우와 비교하면 상당히 독특한 것이다. 독일의 경우 결사의 자유를 규정한 기본권조항(기본법 제9조) 내에서 항을 달리하여 단체교섭권이나 단체행동권의 언급 없이 단지 단결권만을 규정하면서, 단결권을 근로자뿐만 아니라 사용자에게도 보장하고 있다(제9조 제3항 제1문).[1] 미국의 경우 헌법에

* 위 논문은 1997년 11월, 법과 인간의 존엄(정경식 박사 화갑기념논문집), 216-237면에 게재된 것을 일부 수정한 것이다.

1) 독일 기본법 제9조 제1항: “모든 독일인은 사단과 조합을 결성할 권리를 가진다.” 제9조 제3항 제1문: “근로·경제조건의 유지와 향상을 위하여 단체를 결성할 권리는 모든 사람과 모든 직업에 대하여 보장된다.”

서는 결사의 자유만이 규정되었을 뿐이고, 근로3권은 법률의 차원에서 보장된다.[2] 따라서 우리 헌법에서 근로3권이 규정된 장소와 그 규정형식은 '근로3권의 법적 성격'과 '근로3권 상호간의 관계'가 무엇인지에 관하여 의문을 제기한다.

헌법재판소는 근로3권을 "자유권적 기본권으로서의 성격보다는 생존권 내지 사회권적 기본권으로서의 측면이 보다 강한 것으로서 그 권리의 실질적 보장을 위해서는 국가의 적극적인 개입과 뒷받침이 요구되는 기본권"이라고 판단함으로써 사회권적 성격 외에 자유권적 성격을 인정하면서도 유독 근로3권의 사회권적 성격을 강조하고 있다.[3] 대법원은 근로3권을 "시민법상의 자유주의적 법원칙을 수정하는 신시대적 정책으로서 등장된 생존권적 기본권"으로 파악하고 있다.[4] 반면에 학계의 지배적인 견해는 근로3권을 근로자가 국가에 대하여 권리보장을 위한 입법 등의 조치를 적극적으로 요구할 수 있는 사회권적 성격뿐 아니라, 국가권력으로부터의 부당한 간섭이나 방해를 받지 아니할 자유권적 성격을 아울러 가지는 권리로 보고 있다.[5] 이 글에서는 근로3권의 법적 성격과 함께 근로3권을 제한하고 형성하는 입법에 있어서 입법형성권의 한계를 살펴보기로 한다.

Ⅱ. 헌법 제33조 제1항의 근로3권의 법적 성격

1. 자유권으로서 근로3권

가. 근로3권은 그 본질상 일차적으로 국가공권력에 대하여 부당한 침해를 하지 말 것을 요구하는 자유권적 기본권이다. 근로3권의 보장은 역사적으로 근로자가 단체를 결성함에 있어서 국가나 사용자에 의한 방해를 금지하고자 하는 것에서 출발한다. 근로3권은 근로자에게 국가의 간섭이나 방해를 받지 아니하고 자유롭게 근로자단체를 결성하고 단체의 목적을 집단으로 추구할 권리를 보장한다.[6] 사용자에 있어서는 직업의 자유와 재산권보장이 그의 사적 영역을 국가의 침해로부터 보호하듯이, 단결권은 근로조건에 관한 노사단체의 자율적 형성을 국가의 간섭으로부터 보호하는 대국가적 방어권의 기능을 한다.

나. 헌법 제33조 제1항의 법문("근로자는")에 의하면 단결권의 주체는 단지 개인인 것처럼 표현되어 있지만, 자유권으로서 단결권은 '근로자 개인의 권리'이자 '조직된 단체의 권리'로서 이중적 성격을 갖는다.

---

2) 김형배, 노동법, 1992, 145면; 김유성, 노동법 Ⅱ, 1996, 17면.
3) 헌재 1991. 7. 22. 89헌가106(사립학교법 제55조, 제58조제1항제4호에 대한 위헌심판사건).
4) 대법원 1990. 5. 15. 선고 90도357 판결(서울지하철공사사건).
5) 권영성, 헌법학원론, 1995, 588면; 김철수, 헌법학개론, 1994, 524면; 허영, 한국헌법론, 1994, 478면.
6) Vgl. BVerfGE 50, 366f.

(1) 우선 단결권은 근로자 개인의 권리로서 각 근로자가 노동조합과 같은 단체의 조직·가입·탈퇴에 있어서 국가의 부당한 개입 또는 간섭을 받지 아니할 권리와 노동조합에 가입하지 않을 수 있는 소극적인 단결권을 그 내용으로 한다. 개인적 단결권은 무엇보다도 근로자가 노동조합을 조직할 수 있는 권리와 그가 원하는 기존의 노동조합 중에서 선택하여 가입하고 그 조합에 머물면서 조합의 활동에 참여할 수 있는 권리를 말한다.

(2) 만일 헌법이 개인의 단결권만을 보장하고 결성된 단체의 권리를 보장하지 않는다면, 즉 국가가 임의로 단체의 존속과 활동을 억압할 수 있다면, 개인의 단결권 보장은 무의미하다. 따라서 헌법은 단결권의 보장을 통하여 개인적 단결권뿐만 아니라 조직된 단체 자체의 자유도 보장하고 있다. 헌법이 개별근로자의 단결권을 보장한 목적은 결성된 근로자단체의 활동을 통하여 노사간의 사적 자치를 가능하게 하기 위한 것이다. 따라서 조직된 단체의 권리는 그 내용상 크게 단체존속의 권리, 단체자치의 권리와 단체활동의 권리의 세 가지 형태로 나누어 볼 수 있다.

즉, 단체가 향유하는 단결권은, 근로자 단체의 존속·유지·발전·확장 등을 국가공권력으로부터 보장하고(단체존속의 권리), 근로자단체의 조직 및 의사형성절차에 관하여 규약의 형태로 자주적으로 결정하는 것을 보장하며(단체자치의 권리), 근로조건의 유지와 향상을 위한 근로자단체의 활동, 즉 단체교섭, 단체협약체결, 단체행동, 단체의 선전 및 단체가입의 권유 등을 보호한다(단체활동의 권리).

(3) 단체활동의 자유는 단체의 활동을 통하여 헌법 제33조 제1항의 목적을 달성하려는 자유를 보호하므로, 단체활동의 자유의 보호범위는 단결권의 헌법적 목적에 의하여 확정되고 제한된다. 근로3권은 '근로조건의 향상'이란 단결목적의 달성에 기여하는 활동만을 보호한다. 그러므로 노동조합의 선거운동은 그의 활동영역과 관련된 노동조합 선거의 경우에는 근로3권에 의하여 보호되나, 가령 국회의원선거와 같은 정치적 선거에서 선거운동을 하는 것은 단체목적에 기여하지 않는 활동으로서 헌법 제33조 제1항의 보호범위에 속하지 않는다. 이러한 정치적 활동은 모든 개인과 단체를 똑같이 보호하는 일반적인 기본권(의사표현의 자유 등)의 보호를 받는다.[7)]

마찬가지로 단체행동권도 단결목적의 실현에 기여하는 범위 내에서만 보호를 받는다. 단체행동권이란, 노동쟁의가 발생한 경우 쟁의행위를 할 수 있는 권리를 말한다. 노동쟁의 및 쟁의행위도 '단체협약'이란 목적을 위한 수단으로서 헌법적으로 보호되는 활동에 속한다. 쟁의행위는 단체협약의 체결을 목표로 하는 행위로서 단체협약자치의 기능을 유지하기 위하여 필요한 범위 내에서 보장된다. 따라서 쟁의행위는 단체협약에 의

---

7) Vgl. BVerfGE 44, 133.

하여 규율될 수 있는 대상만을 투쟁목표로 삼을 수 있으며, 쟁의행위의 주체는 오로지 단체협약을 체결할 수 있는 당사자이다.[8] 뿐만 아니라, 쟁의행위는 '최종적 수단의 원칙'에 의하여 구속을 받는다. 단체협약의 당사자가 합의에 이르고자 하는 모든 시도를 하였음에도 협상이 결렬된 경우, 즉 협상의 가능성을 완전히 소진한 후에, 쟁의행위는 비로소 허용된다.

(4) 근로자에게 부여된 단결권의 목적이 사용자에 대항할 수 있는 반대세력의 창출을 통하여 노사단체가 노동생활의 질서를 자율적으로 형성하게 하는데 있으며, 노사단체는 자율적인 단체교섭을 통하여 단결권의 목적을 실현할 수 있다. 그러므로 국가의 간섭을 받지 아니하고 노사 간에 자율적으로 단체교섭을 통하여 단체협약에 이르는 자유인 단체교섭권과 단체협약체결권은 단체활동의 자유 중에서 가장 핵심적인 자유에 속한다. 단결권·단체교섭권·단체행동권은 모두 궁극적으로 단체협약체결을 위한 수단이다. 이러한 이유에서 헌법 제33조 제1항은 노동조합의 활동의 자유 중에서 가장 본질적인 요소인 '단체교섭권'과 그를 보조하는 권리로서 '단체행동권'을 '단결권'과 함께 명시적으로 규정하고 있다.

2. 사회권으로서 근로3권

가. 자유권과 사회권의 구조적 차이

자유권은 국가가 개인의 사적 영역을 단지 존중하고 침해하지 않음으로써 보장되는 소극적인 성격을 가지고 있다. 즉, 자유권은 입법자에 의한 실현이라는 매개활동을 필요로 하지 않고, 단지 자유권이 존재함으로써 그 자체로써 헌법상 광범위한 방어적 기능을 하게 된다. 그러므로 자유권은 그 존재 자체만으로 직접적 효력을 가지는 제소 가능한 권리, 즉 국가의 부당한 침해행위의 부작위를 요구하는 주관적 공권을 의미한다.

이에 대하여 사회적 기본권은 그 내용이 실현되기 위해서는 국가의 적극적인 행위, 즉 입법과 행정의 조치를 요구하기 때문에 입법자에의 의존성에 그 특징이 있다. 즉, 사회적 기본권은 그 본질상 구체적 권리가 되기 위하여 사전에 입법에 의한 구체적 형성을 필요로 한다. 그러므로 사회적 기본권으로부터 원칙적으로 사법적으로 관철할 수 있는 개인의 주관적인 권리가 나오지 않는다. 사회적 기본권의 본질적인 의미는 국가로 하여금 그 내용을 실현하도록 헌법적으로 구속하고 의무를 부과하는 데 있다. 사회적

---

8) 헌재 1990. 1. 15. 89헌가103(노동쟁의에 대한 제3자 개입금지), 판례집 2, 4, 14, "쟁의행위는 노동관계 당사자가 임금 및 근로조건 등을 정하는 단체협약을 체결함에 있어서 보다 유리한 결과를 자신에게 가져오게 하기 위하여 행사하는 최후의 강제수단이다. 따라서 쟁의행위는 주로 단체협약의 대상이 될 수 있는 사항을 목적으로 하는 경우에만 허용되는 것이고, 단체협약의 당사자가 될 수 있는 자에 의하여서만 이루어져야 하는 것이다. 이 점에서 쟁의행위에는 원칙적으로 제3자가 개입하여서는 아니 된다는 성질상의 한계가 있게 되는 것이다."

기본권의 실현이 입법자의 형성행위에 의존하고 있으므로, 사회적 기본권의 객관적 내용은 입법자의 활동에 의하여 비로소 구체화되고 실현된다.

나. 사회국가원리의 구체화된 헌법적 표현으로서 근로3권

(1) 근로3권은 그의 자유권적 성격으로 말미암아 입법자에 의한 별도의 형성행위 없이 헌법의 규정만으로도 국가권력의 부당한 침해를 배제하는 구체적 권리성을 가진다. 그러나 고전적인 자유권이 '국가와 개인 사이의 양자관계'를 규율하는 반면에, 근로3권은 '국가 – 근로자 – 사용자의 3자 관계'를 규율대상으로 하므로, 고전적인 자유권에 있어서 전제되는 '개인의 자유'와 '공익상의 요청에 의한 자유의 제한'이라는 국가와 개인 간의 대립관계로는 완전히 파악될 수 없다.[9)]

근로3권은 국가공권력에 대하여 근로자 권리의 방어를 일차적인 목표로 하지만, 그보다 더욱 중요한 헌법적 의도는 근로자단체란 사회적 반대세력의 창출을 가능하게 함으로써 노동생활의 형성에 있어서 사회적 균형을 이루어 근로조건에 관한 노사단체의 사적 자치를 보장하려는 데 있다.[10)] 사회적 약자인 개별근로자는 노동조합과 같은 근로자단체로의 결성을 통하여 집단으로 사용자에 대항함으로써만 비로소 사용자와 대등한 세력을 이루어 근로조건의 형성에 영향을 미칠 수 있는 기회를 갖게 된다. 이러한 의미에서 근로3권은 '사회적 보호기능을 담당하는 자유권' 또는 '사회권적 성격을 띤 자유권'이라고 할 수 있다.[11)]

(2) 헌법 제33조 제1항이 기본권의 주체로서 단지 '근로자'만을 언급하고 단결권·단체교섭권·단체행동권을 근로자의 권리로만 보장하고 있는 것은, 위의 권리가 근로자와 사용자에 대해서 가지는 의미의 현저한 차이를 잘 표현하고 있다. 즉, 개인으로서 근로자는 근로조건의 개선에 있어서 단체결성을 통한 근로자 이익의 주장과 관철에 의존하고 있지만, 사용자에 있어서 단결권은 단지 그에게 이미 주어져 있는 가능성을 약간 개선하는 효과만을 가져온다. 이러한 관점에서 근로3권은 사회적 약자인 개별근로자를 보호하는 성격을 가지고 있다. 근로3권은 그의 기본권주체에 있어서나 헌법 내의 위치로 보나 재산권보장과 직업의 자유에 기초하는 '사용자의 경제적 세력우위에 대한 대립적 기본권'으로서 헌법에 삽입되었다.

그러므로 헌법 제33조 제1항에서 나타나는, 사용자와 근로자간의 기본권보호에서의 헌법적 차별은 노동생활영역에서의 실질적 평등과 사회적 정의를 실현하려는 수단이다. 헌법 제33조 제1항은 노동생활영역에 있어서 사회국가원리가 구체화된 규범적 표현이

---

9) Vgl. Badura, Wachstumsvorsorge und Wirtschaftsfreiheit, in: FS für Ipsen, 1977, S.380.

10) Vgl. Fuchs, Tarifautonomie, in: Benda/Maihofer/Vogel(Hg), in: HbVerfR, 1983, S.733; Scheuner, Die staatliche Einwirkung auf die Wirtschaft, 1971, S.54f.

11) Vgl. Scholz, Koalitionsfreiheit, in: Isensee/Kirchhof(Hg), HbStR, Bd.Ⅵ, 1989, S.1120.

다.[12] 이러한 이유에서 우리 헌법은 근로3권을 "국민의 권리와 의무"에 관한 章에 삽입하면서 자유권이 아닌 사회적 기본권의 부분에 자리 잡게 하였다. 한편, 사용자의 단결권은 결사의 자유에 의하여 보호된다.

다. 근로3권의 사회권적 성격의 구체적 의미

근로3권의 사회권적 성격은 입법조치를 통하여 근로자의 헌법적 권리를 보장해야 할 국가의 의무, 즉 근로3권을 실제로 행사할 수 있는 조건을 마련해야 할 의무에 있다. 예컨대, 근로자가 단결함으로써 사용자와 대등한 지위를 확보하였으나 사용자가 단체교섭에 응하지 않는다면, 헌법상 단결권의 보장은 무의미하다. 따라서 입법자는 단체교섭권을 실효성 있게 보장하기 위하여 사용자가 정당한 이유 없이 단체교섭을 거부하는 것을 부당노동행위로서 금지하고 이를 처벌할 수 있다.

근로3권의 사회권적 요소는 국가로부터 일정 급부를 요구할 수 있는 주권적 권리가 아니라, 근로자단체와 사용자간의 노동조건에 관한 사적 자치가 실제로 이루어질 수 있도록 법적 조건을 형성하고 특히 단체교섭 및 단체협약의 제도를 구체적 입법을 통하여 제공하고 그가 기능할 수 있도록 수정·보완조치를 해야 할 국가의 의무, 무엇보다도 입법자의 의무를 뜻한다.

이는 곧, 근로자단체의 조직, 단체교섭, 단체협약, 노동쟁의 등에 관한 노동조합관련법의 제정을 통하여 헌법상의 근로3권을 실현할 의무, 즉 노사간의 세력균형이 이루어지고 근로3권이 실제로 기능하도록 근로자 및 그의 단체가 헌법적으로 보장된 자유를 실제로 행사하기 위하여 필요한 법적 제도와 법규범을 마련할 국가의 의무를 의미한다. 기본권적인 자유를 행사할 수 있는 이러한 조건이 충족되지 않고서는 헌법상의 근로3권은 실질적으로 보장될 수 없다. 따라서 사용자에 의하여 근로자의 단결권이 침해된 경우(소위 부당노동행위) 국가가 적극적으로 개입하여 근로자에게 법적 구제를 부여함으로써 근로자를 보호해야 할 의무나 근로3권의 행사시에 사용자에 대한 손해배상책임 등 민사책임의 면제 등[13]은 현행 노동관계법에 있어서 근로3권의 사회권적 성격을 나타내는 단지 하나의 징표일 뿐, 근로3권의 사회권적 성격은 이러한 부분적 현상에 제한되는 것은 아니다. 근로3권의 사회권적 성격은 아래에서 살펴보는 바와 같이 근로3권의 제도적 보장으로서의 성격과 밀접한 연관관계에 있다.

---

12) Vgl. Badura, Arbeitsgesetzbuch, Koalitionsfreiheit und Tarifautonomie, RdA 1974, S.132; Kittner, AK-GG, Art.9 Abs.3 Rn.26ff.

13) 권영성, 헌법학원론, 1995, 588면; 신인령, 노동기본권연구, 1985, 105면 이하.

3. 제도보장(단체협약제도의 보장)으로서 근로3권[14)]

가. 특정 목적을 추구하는 기본권으로서 근로3권

우리 헌법상의 자유권은 자연법적 기본권사상에 기초하고 있고,[15)] 이로써 기본권적 자유란 자유 그 자체이지 일정 방향이나 목적을 위한 자유가 아니다. 이는 곧 자유의 내용과 행사방법이 처음부터 국가권력의 결정권한 밖에 있으며, 각자가 자신의 고유한 주관적 가치관에 따라 행위의 목적과 수단을 스스로 결정할 수 있다는 것을 의미한다.[16)]

따라서 직업의 자유나 재산권보장과 같은 자유권은 개인의 자유를 바로 '자유 그 자체' 때문에, 즉 인간의 존엄성 때문에 보장하는 것이지, 특정한 목적이나 특정한 사회·경제질서를 실현하기 위하여 보장하는 것은 아니다.[17)] 물론 자유권이 직업의 자유와 사유재산권을 보장함으로써 자유경쟁질서나 시장경제에 매우 유리하게 작용한다는 것은 부인할 수 없으나, 시장경제에 미치는 자유권의 효과는 기본권행사의 간접적·부수적 결과이지 기본권의 목적이 아니다. 자유권은 자유의 행사가 시장경제와 같은 일정질서로 기능할 수 있는 기회만을 부여할 뿐, 일정 질서의 형성이라는 기능 그 자체를 보장하는 것은 아니다.[18)] 기본권에 의한 경제적 자유의 보장은 경쟁과 시장경제의 형성을 가능하게 하나, 그것이 곧 '경쟁질서'나 '시장경제'란 객관적 질서나 제도의 헌법적 보장을 의미하는 것은 아니다.

헌법 제21조 제1항의 결사의 자유도 다른 모든 자유권과 마찬가지로 자유 그 자체가 목적이며 그 외의 다른 목적을 추구하지 않는다. 자유권은 일반적으로 '인간의 존엄성 실현'이란 목적 외에는 다른 아무런 구체적인 목적을 가지고 있지 않으나, 근로3권은 '근로조건의 향상'이라는 헌법이 의도하는 구체적인 사회적 목적을 추구하는 자유권이다.

---

14) Vgl. BVerfGE 4, 96, 106; 50, 290, 369.

15) 무엇보다도 우리 헌법 제10조에서 '인간의 존엄과 가치'를 헌법의 최고의 가치로 규정하고, 제37조 제2항에서 '기본권의 본질적 내용'에 대한 침해금지를 규정한 것은 자유주의적 기본권사상의 구체적인 표현이다. 또한, 헌법 제10조에 포함된 '행복을 추구할 권리'도 이를 '일반적 행동자유권'이든, '개성의 자유로운 발현권'이든 어떤 식으로 표현하든지 간에, 그의 바탕에 깔려있는 사고는, 기본권적 자유란 일정 목적이나 공동체적 가치를 실현하기 위한 수단이 아니라 기본권보장의 유일한 목적인 인간의 존엄성 실현을 위한 것이며, 개인은 누구나 자신이 스스로 선택한 가치관에 따라 자신의 생을 스스로 형성할 원칙적인 자유를 가진다는 것이다.

16) Vgl. Böckenförde, Grundrechtstheorie und Grundrechtsinterpretation, NJW 1974, S.1530f.; Klein, Die Grundrechte im demokratischen Staat, S.70, Fn.99.

17) Vgl. Kriele, Recht und Politik in der Verfassungsrechtsprechung, NJW 1976, S.780f.

18) Vgl. Scholz, Grenzen der staatlichen Aktivitäten unter der grundgesetzlichen Wirtschaftsverfassung, in: Duwendag, Der Staatssektor in der sozialen Marktwirtschaft, 1976, S.123.

나. 단결권의 목적을 실현하기 위한 수단으로서 단체협약제도

(1) 근로자의 단결권은, 근로자단체가 '근로조건의 향상'이라는 단체의 목적을 그의 활동을 통하여 실현할 수 있는 자유가 함께 보장된 경우에만 비로소 그 의미가 있다. 따라서 헌법 제33조 제1항의 단결권은 근로자단체의 활동의 자유를 함께 보호하는데, 근로자단체의 활동의 자유에는 특히 '단체교섭과 단체협약'을 통한 임금과 근로조건의 형성이 가장 본질적인 활동의 자유로서 포함된다. 이러한 의미에서 단체교섭과 단체협약을 위한 '단체교섭권'은 단결권의 목적으로부터 기능적으로 도출되는 구성부분으로서 단결권의 실질적인 보장을 위한 일종의 제도적 현상이다.[19] 뿐만 아니라, 국가가 노사에 대하여 중립을 지킨다는 전제 하에서는 노사단체에 의한 집단적 자율은 쟁의행위 없이는 관철될 수 없으므로, 단체교섭이 원만하게 이루어지지 않은 경우 단체교섭 당사자의 주장을 관철시키기 위한 '단체행동권'도 단체협약제도의 보장을 위한 부속적·보조적 제도로서 헌법적으로 보장된다. 이로써 쟁의행위는 단체협약체결이란 목적을 위한 수단으로서 기능한다.

따라서 헌법이 근로자의 '단결권'만을 규정하는지 아니면 우리 헌법과 같이 '단체교섭권'과 '단체행동권'을 함께 병렬적으로 보장하는지 여부와 관계없이, 단체교섭권과 단체행동권은 단결권의 목적으로부터 그 목적을 실현하기 위한 필수적 수단으로서 헌법적으로 도출되고 보장되는 제도적 현상이다.[20]

(2) 따라서 근로3권의 특징은 근로자의 단결권과 함께 '근로조건의 향상'이라는 헌법적 목적을 달성하기 위한 제도와 절차가 동시에 헌법적으로 보장된다는 데 있다. 헌법 제33조 제1항은 단결권과 함께 단체협약제도의 본질적 구성부분인 단체교섭권과 단체행동권을 명시적으로 보장함으로써, 동시에 단결권의 목적을 실현하기 위한 절차인 '단체협약제도'를 헌법적 차원에서 제도적으로 보장하고 있다. 단체협약제도는 노사 간의 사적 자치가 이루어지기 위한 불가결한 제도이다. 이로써 헌법 제33조 제1항은 단결권의 목적을 어떠한 제도와 절차를 통하여 실현할 것인지를 헌법이 직접 규정하는 '제도보장적 또는 절차보장적 기본권'의 성격을 가진다.

헌법 제33조 제1항의 목적과 단체협약제도의 헌법적 보장으로부터 '근로3권 상호간의 관계'가 밝혀진다. 근로3권 모두 '근로조건의 향상'이라는 헌법적 목적을 실현하기 위한 수단이지만, 근로3권 중에서도 단결권과 단체행동권의 궁극적인 목적은 사용자와

---

19) Vgl. Biedenkopf, Grenzen der Tarifautonomie, 1964, S.105f.; Säcker, Grundprobleme der kollektiven Koalitionsfreiheit, 1969, S.33ff.; Weber, Koalitionsfreiheit und Tarifautonomie als Verfassungsproblem, 1965, S.25.

20) Vgl. Scholz, in: Maunz/Dürig, GG, Art.9 Rn.164; Säcker, Grundprobleme der kollektiven Koalitionsfreiheit, 1969, S.71ff., 81ff.

의 단체교섭을 통한 단체협약의 체결에 있으므로, '단결권·단체행동권'과 '단체교섭권'은 다시금 수단과 목적의 관계에 있다.[21)]

우리 헌법은 근로3권을 보장함으로써 노사 간의 관계를 근본적으로 대립적·투쟁적 관계, 즉 근로자들이 노동조합을 조직하여 단체교섭과 단체협약을 통해서 근로조건을 집단적으로 개선하는 관계로 이해하고 있다. 이러한 노사 간의 대립적·투쟁적 관계를 구현하는 대표적인 제도가 바로 단체협약제도이다. 그러나 단체협약제도의 헌법적 보장은, 노사단체가 반드시 단체교섭과 단체협약의 방법으로만 활동해야 한다는 것을 뜻하지는 않는다.[22)] 단체협약제도의 헌법적 보장은 노사 간의 대립적·투쟁적 관계가 아니라 협력적·참여적 관계에 기초한 새로운 제도를 입법적으로 도입하는 것을 금지하지 않는다.

예컨대, 독일의 경영참여제도 등은 근로자에게 기업의 경영·자본·이윤에 참여를 허용함으로써 노사 간의 대립을 본원적으로 조정하려는 시도로서 협조적·참여적 노사관계를 실현하고자 하는 제도이다.[23)] 우리나라에서도 노사의 '대립 및 협력'의 양면성은 대립적 관계를 규율하는 '노동조합 및 노동관계조정법'과 참여적·협력적 관계를 규율하는 '근로자 참여 및 협력증진에 관한 법률'(구 노사협의회법)을 통하여 실정법적으로 구체화되고 있다.

다. 입법형성권을 구속하는 헌법적 지침

근로3권의 헌법적 목적성("근로조건의 향상")과 이를 실현하는 수단으로서의 단체협약제도의 헌법적 보장은 입법자의 형성권을 구속하는 헌법적 결정으로서, 헌법은 입법자에게 단체협약제도가 기능하기 위한 법적인 기본구조를 입법으로 보장해야 할 의무를 부과한다. 단체협약제도의 헌법적 보장은 입법자의 형성의 자유에 대하여 무엇보다도 다음의 2 가지 내용적 제한을 의미한다. 단체협약의 당사자인 '근로자단체의 자주성과 독립성', '국가의 중립의무와 협약당사자의 對等性 원칙'은 단체협약제도가 기능하기 위한 최소한의 조건으로서 헌법적으로 보장되는 단체협약제도의 핵심적 내용이다.[24)]

(1) 근로자단체의 자주성과 독립성

단체협약제도에 의하여 추구되는 근로3권의 헌법적 목적("근로조건의 향상")에 비추어, 입법자는 단체협약제도가 기능할 수 있도록 '단체협약을 체결할 수 있는 근로자단체의 조건'을 구체적으로 규정해야 한다. 입법자는 그 구성·조직·목적에 있어서 협약당사자로서의 기능을 이행할 수 있는 단체만이 단체교섭권 및 단체협약체결권을 갖도록

---

21) 같은 취지로 김형배, 노동법, 1992, 146면 이하; 대법원 1990. 5. 15. 선고 90도357 판결(서울지하철공사사건).
22) Vgl. BVerfGE 50, 290, 373.
23) 김형배, 노동법, 1992, 137면 참조.
24) Vgl. Badura, Arbeitsgesetzbuch, Koalitionsfreiheit und Tarifautonomie, RdA 1974, S.135.

규율해야 한다.

근로3권의 헌법적 목적으로부터 헌법적으로 요청되는 '근로자단체의 특징'이 도출되고, 이로써 노동조합의 개념, 목적, 지위, 기능이 그 대강에 있어서 이미 헌법적으로 규정된다. 노동조합의 목적이 사용자와의 대립적 관계에서 조합원인 근로자의 이익을 대변하고 관철하는데 있기 때문에, 단체의 이러한 목적을 달성하기 위해서는 단체협약의 상대방인 사용자의 참여와 영향력을 배제함으로써 노동조합의 자주성과 독립성이 보장되어야 한다는 헌법적 요청이 나온다.[25] 사용자측이 노동조합의 조합원이 되어서 조합 내부에서 영향력을 행사하거나 또는 노동조합이 사용자에 재정적으로 의존하고 있다면, 노동조합의 독립성은 크게 위협을 받으며, 이로써 노동조합은 국가나 사용자에 대하여 조합원인 근로자의 이익을 대변하려는 단결체의 기능을 제대로 이행할 수 없다. 따라서 그 구성원에 있어서 순수하게 근로자 또는 사용자만으로 결성된 단체가 헌법상 근로3권의 보호를 받으며, 근로자와 사용자가 혼합된 단체는 헌법 제33조 제1항의 '단체'가 아니다.

1997. 3. 13. 새로 개정된 '노동조합 및 노동관계조정법'(이하 '개정 노동조합법')은 제2조 제4호에서 "근로자가 주체가 되어 자주적으로 단결하여 근로조건의 유지 · 개선 기타 근로자의 경제적 · 사회적 지위의 향상을 도모함을 목적으로 조직하는 단체 또는 그 연합단체"라고 노동조합의 개념을 정의하고, 같은 호 가목과 나목에서 각각 "사용자 또는 항상 그의 이익을 대표하여 행동하는 자의 참가를 허용하는 경우"와 "경비의 주된 부분을 사용자로부터 원조받는 경우"에는 노동조합으로 보지 아니한다고 규정함으로써, 헌법적으로 요청되는 노동조합의 자주성과 독립성을 입법으로 구체화하였다. 개정 노동조합법 제24조 제2항의 노조전임자에 대한 사용자의 임금지급금지조항과 법 제81조 제4호에서 사용자가 전임자에게 급여를 지급하거나 노조의 운영비를 원조하는 행위를 불법노동행위로 규정한 것도 헌법이 요구하는 노동조합의 자주성을 보장하기 위한 것이다.

따라서 노동조합의 자주성과 독립성은 노동조합의 목적을 실현하기 위한 조직의 기본조건이자 단체협약제도가 기능하기 위한 전제조건으로서 헌법 제33조 제1항으로부터 직접 도출된다. 헌법 제33조 제1항은, 자주적으로 조직되고 그 전체구조로 보아 사용자의 참여와 영향력을 배제할 수 있는 충분한 독립성을 유지함으로써 조합원의 이익을 효율적이고 지속적으로 대변할 수 있는 근로자 단체만을 보호한다.[26]

---

25) Fuchs, Tarifautonomie, in: Benda/Maihofer/Vogel(Hg), HbVerfR, 1983, S.752ff.; Frotscher, Wirtschaftsverfassungs- Wirtschaftsverwaltungsrecht, 1988, S.50f.; Badura, Arbeitsgesetzbuch, Koalitionsfreiheit und Tarifautonomie, RdA 1974, S.136; BVerfGE 50, 290, 368.

26) BVerfGE 58, 233, 249.

(2) 협약당사자의 對等性 原則 및 국가의 중립의무

헌법은 근로3권을 보장함으로써 근로조건의 형성을 원칙적으로 근로자단체와 사용자의 私的 自治에 위임하고 있다. 그러나 근로3권에 의하여 보장된 사적 자치는 교섭단체간의 세력균형과 대등한 협상의 기회를 그 전제조건으로 한다.[27] 즉, 교섭단체간의 대등성은 헌법적으로 보장된 노사의 집단적 자치의 조건이자[28] 단체교섭의 결과로서 체결된 단체협약의 실질적 타당성을 보장하는 근거이다.[29] 협약당사자간의 세력균형이 이루어진 경우에만 근로자와 사용자의 상충하는 이익이 조화와 타협을 거쳐 정당한 결과에 이를 것을 기대할 수 있다. 노사의 대등성은 또한 단체협약이나 노동쟁의에 있어서 국가의 중립의무의 조건이기도 하다. 그러므로 헌법 제33조 제1항으로부터 노사에 의한 집단적 자치의 기본조건으로서, '협약당사자의 대등성 원칙'과 '국가의 중립성 원칙'이라는 헌법적 요청이 나온다.[30]

노동조합의 단체교섭권은 사용자의 단체교섭권과 함께 노사 간의 세력균형을 그 전제로 하며, 협약당사자간의 세력균형, 즉 노사의 대등성은 단체협약제도가 기능하기 위한 근본조건이다. 헌법이 근로3권을 통하여 의도하는 협약당사자간의 협약자치가 제대로 기능하는지 여부는 결정적으로 협약당사자간의 대등성과 세력균형에 달려있다. 그러므로 국가의 중립의무는 일차적으로 단체협약제도를 규율하는 입법자에 대한 요청으로서, 입법자가 단체협약제도에 관한 입법을 하는 경우에 협약당사자인 노사에 대하여 중립의무를 진다는 것을 의미한다. 따라서 입법자는 단체협약제도를 규율함에 있어서 어떠한 협약당사자도 다른 당사자에게 처음부터 자신의 의사를 강요할 수 없으며 가능하면 동등한 협상의 기회가 존재하도록, 협약당사자의 대등성을 형성하고 보장하는 입법을 하여야 한다.

Ⅲ. 입법형성권의 헌법적 한계

근로3권은 헌법이 스스로 정한 일정한 목적을 추구하는 자유권이므로 이러한 사회국가적 목적의 실현을 위한 절차적 보장의 성격으로 말미암아 입법자에 의한 구체적인 형성을 필요로 한다. 여기서 입법은 한편으로는 근로3권을 실현하기 위한 구체적인 형성이자, 다른 한편으로는 동시에 근로3권에 대한 제한을 의미한다.[31] 근로3권의 자유권

27) Vgl. Badura, Das Recht der Koalitionen, in: Das Arbeitsrecht der Gegenwart, Bd.15, 1978, S.22; Scheuner, Die Rolle der Sozialpartner in Staat und Gesellschaft, 1973, S.34; Rüthers, Arbeitgeber und Gewerkschaften, DB 1973, S.1651, 1656; Kaiser, Die Parität der Sozialpartner, 1973, S.38ff.
28) Vgl. Kaiser, Die Parität der Sozialpartner, 1973, S.38ff.
29) Vgl. BAG NJW 1980, S.1642f.
30) Vgl. BAG NJW 1980, S.1646.
31) 같은 취지로 허영, 한국헌법론 1994, 478면.

적 성격 및 사회권적·제도보장적 성격으로 인하여 입법자는 근로3권을 형성하는 노동정책적 입법에 있어서 이중적으로 구속을 받는다.

1. 근로3권의 자유권적 측면과 입법형성권의 한계

근로3권은 일차적으로 국가의 간섭으로부터 노사의 사적 자치를 보호하고자 하는 자유권이다. 근로3권을 구체적으로 형성하는 입법이 동시에 근로3권의 자유권적 측면을 제한한다면, 국가로부터의 부당한 간섭을 배제하는 근로3권의 자유권적·방어권적 측면은 입법자의 형성권에 헌법적 한계를 제시한다. 따라서 근로3권의 사회권적 또는 제도보장적 기능을 실현하기 위하여 근로3권을 입법으로 구체화하는 경우, 입법자는 동시에 근로3권의 자유권적 측면을 존중해야 한다.[32]

이로써 근로3권의 제한에 대한 헌법적 심사기준은 과잉금지원칙(비례의 원칙)이며, 이는 모든 자유권의 제한에 대한 헌법적 한계를 의미하는 헌법 제37조 제2항으로부터 나온다. 근로3권에 대한 제한은 공익적 목적의 실현을 위하여 정당화되어야, 즉 꼭 필요한 경우에 한하여 필요불가피한 최소한의 범위 내에서만 이루어져야 한다.

2. 근로3권의 사회권적·제도보장적 측면과 입법형성권의 한계

나아가, 근로3권을 입법을 통하여 구체화하는 입법형성권의 헌법적 한계는 근로3권의 사회권적 측면 또는 절차적인 관점에서 보장되어야 하는 근로3권의 핵심적 내용으로부터 나온다. 근로3권의 실질적인 보장이 입법자의 적극적인 형성적 행위에 의존하고 있으므로, 입법자에게는 근로3권을 구체적으로 형성하고 규율할 수 있는 광범위한 형성권이 주어진다. 그러나 근로3권의 목적을 실현하기 위한 절차의 보장에 대한 헌법적 요청은 입법자에게 단체협약제도가 기능할 수 있는 기본적인 법적 구조를 형성해야 할 의무를 부과한다. '근로자단체의 자주성과 독립성', '국가의 중립의무와 협약당사자의 對等性 원칙'은 단체협약제도가 기능하기 위한 최소한의 조건으로서 헌법적으로 보장되는 단체협약제도의 핵심적 내용이다.[33] 따라서 단체협약제도의 헌법적 보장은 근로3권을 구체적으로 형성함에 있어서 입법의 내용적 지침이자 한계를 제시한다.

뿐만 아니라, 근로3권의 자유권적 측면을 제한하는 법률에 있어서 근로3권의 사회국가적·제도보장적 측면은 근로3권의 제한을 정당화하는 '반대법익'으로 기능한다. 가령, 노조전임자에 대하여 사용자의 임금지급을 금지하는 법률조항이 노사간의 사적 자치를

---

32) 신인령, 노동법판례연구, 1995, 28면; 허영, 한국헌법론, 1994, 487면; 권영성, 헌법학원론, 1995, 601면 이하.

33) Vgl. Badura, Arbeitsgesetzbuch, Koalitionsfreiheit und Tarifautonomie, RdA 1974, S.135; BVerfGE 4, 96, 106.

과잉으로 제한하는지 여부가 문제되는 경우, 근로자의 근로3권의 제한은 단체협약제도가 기능하기 위한 필수적 요건인 '노동조합의 자주성과 독립성'의 법익에 의하여 정당화된다.

Ⅳ. 입법에 의한 근로3권의 구체적 제한

단결권이 근로자 개인의 권리이자 결성된 단체의 권리로서의 이중적 성격을 지니기 때문에, 근로3권이 입법자에 의하여 어느 정도로 제한될 수 있는지는 개별적으로 살펴보아야 한다. 입법자에 의한 규율의 필요성은, 근로3권의 보장내용인 개별 권리를 행사하는 경우에 발생하는 법익충돌의 가능성(정도)에 따라 다르기 때문이다. 따라서 결성된 단체의 권리의 구성부분인 단체의 존속, 단체자치, 단체의 활동도 획일적으로 판단될 수 없다.

1. 개인적 단결권의 제한

입법자는 근로자 개인의 단결권, 즉 근로자가 자유롭게 근로자단체를 결성하고 기존의 단체에 가입하거나 이로부터 탈퇴할 수 있는 권리를 원칙적으로 제한할 수 없다. 단체의 활동이 아닌 개인의 단결권 그 자체는 일반적으로 제3자의 법익이나 공익과 충돌하는 외부적 효과가 없기 때문에, 근로자 개인의 권리로서의 단결권에 대한 제한을 정당화할 수 있는 공익이 원칙적으로 존재하지 않는다.[34] 헌법 제76조 제1항에 근거해 중대한 재정·경제상의 위기에 있어서 필요한 처분을 하는 경우나 헌법 제77조의 비상계엄 선포 시와 같은 국가의 위기상황에서도 개인의 단결권을 제한해야 할 공익적 사유가 인식될 수 없다.

2. 단체존속의 권리에 대한 제한

근로자가 단체를 결성하고 가입·탈퇴하는 자유가 원칙적으로 제한될 수 없다면, 단체존속의 자유는 개인의 단결권과 불가분의 연관관계에 있고 그 이면을 의미하므로, 결성된 단체의 존속도 마찬가지로 입법자에 의하여 원칙적으로 제한될 수 없다.[35] 정상적 상황에서든 예외적 상황에서든 노동조합의 금지·해산·강제병합이나 다른 형태의 제한을 정당화할 수 있는 공익적 사유를 인식할 수 없다. 개정 노동조합법 제21조에 규정된 해산사유는 모두 근로자단체의 스스로의 결정에 의한 것으로서 법적 명확성과 안정성의 관점에서 단지 확인적 효과만 있을 뿐이다.

34) Vgl. Weber, Koalitionsfreiheit und Tarifautonomie als Verfassungsproblem, 1965, S.11f.
35) Vgl. Weber, Koalitionsfreiheit und Tarifautonomie als Verfassungsproblem, 1965, S.15f.

3. 단체자치의 권리에 대한 제한

가. 단체자치의 권리는 근로자의 단결체가 스스로 규약의 형태로 그의 조직, 내부운영, 의사형성절차 등을 외부로부터의 간섭을 받지 않고 자주적으로 결정하는 것을 그 내용으로 한다. 단체자치는 自己組織權 또는 내부적 형성권으로서 그 효과가 원칙적으로 단체 내부에 그치므로, 사용자를 대상으로 하는 외부적 단체활동과는 달리 국가에 의한 규율의 필요성이 크게 부각되지 않는다. 그러나 단체자치는 '노동조합의 개념'과 '단체협약체결권의 조건'이 문제가 되는 한, 입법자에 의하여 제한될 수 있으며, 나아가 근로3권의 사회권적·절차적 성격도 단체협약제도가 기능하기 위하여 이를 적극적으로 규율할 것을 요구한다.

근로3권의 목적과 단체협약제도의 기능에 비추어, 입법자는 모든 근로자단체에게 단체협약체결능력을 무제한적으로 부여할 수 없으며, 단체협약체결권을 인정하기 위하여 근로자단체가 충족시켜야 하는 최소한의 요건을 규율하는 것은 불가결하다. 그러므로 입법자는 '단체의 목적과 기능이 조합원인 근로자의 이익을 대변하는 데 있고, 자발적으로 조직되어 상대방의 참여와 영향력을 배제하는 독립성을 가지는 근로자단체'만이 단체협약을 체결하도록 규정함으로써, '노동조합의 정의규정'을 통하여 단체자치를 제한할 수 있다.[36]

나. 또한, 입법자는 단체협약제도의 원활한 기능을 위하여 '단체협약체결권의 구체적 행사'에 관하여 규율할 수 있다. 이와 관련하여 개정 노동조합법 제29조의 위헌여부가 문제된다. 위 규정은 노동조합의 대표자가 단체교섭권과 단체협약체결권을 가진다고 규정함으로써, 노동조합이 규약의 형태로 단체협약내용에 대한 노조총회의 의결가능성을 규정하는 것을 금지하고 있다.

위 규정이 노동조합의 대표자 또는 위임을 받은 자에게 단체교섭권과 함께 단체협약체결권을 부여한 것은, 노동조합이 근로3권의 기능을 효율적으로 이행하기 위한 조건을 규정한 것이다. 위 규정에 의하여 노동조합의 자주성이 제한된다면, 이는 '단체협약제도의 기능보장'이란 중대한 공익에 의하여 정당화되는 합헌적인 제한이다. 입법자는 각 노동조합에게 노동조합 대표자에게 최종적인 단체협약체결권을 위임할 것인지 아니면 조합원총회의 의결에 최종적인 체결권을 유보할 것인지에 관하여 스스로 규약으로 정할 수 있는 자율권을 부여할 수도 있다. 그러나 이러한 경우, 사용자가 결정권한이 없는 노조대표와 성실하고도 진지하게 교섭에 임하리라고 하는 것은 기대하기 어렵고, 교섭한 내용에 대하여 매번 조합원총회의 의사를 물어야 한다면 단체교섭이 원활하게 진행

36) Vgl. BVerfGE 50, 290, 368.

될 수가 없다.

결국, 입법자가 노동조합에게 규약으로써 노조대표자의 단체협약체결권을 제한하는 것을 허용한다면, 근로3권의 기능, 특히 근로3권의 헌법적 목적을 실현하기 위한 절차로서의 단체협약제도의 기능을 크게 저해하고, 노동영역에서의 사회적 평화를 위협하게 된다. 그러므로 입법자는 단체협약제도의 기능을 확보하기 위하여 노조대표에게 단체교섭권뿐만 아니라 단체협약체결권도 부여하였다. 이러한 규정은 입법자가 근로3권이 기능하기 위한 법적 제도와 법규범을 마련함에 있어서 노동조합의 활동의 자유를 합헌적으로 제한하는 규정으로, 노동조합의 존속과 활동을 유지하고 확보하기 위하여 불가결한 요소인 근로3권의 핵심적 내용에 대한 침해를 의미하지도 않는다. 더욱이 입법자가 개정 노동조합법 제11조, 제16조 등을 통하여 노조의 내부조직을 민주적으로 구성하고 의사형성이 민주적으로 이루어질 수 있도록 절차를 규율하였다는 관점에서도, 총회에서의 사전적 의결의 가능성과 노조대표자에 의한 대의제도의 보장은 노조대표자에 의한 교섭의 결과를 노동조합과 노조원에게 법적으로 귀속시키기에 충분하다.

4. 단체활동의 권리에 대한 제한

가. 노사단체의 협약자율권과 입법자의 보충적 규율권한

사회·경제질서를 형성하는 근로3권의 중요한 기능에 비추어, 근로조건의 형성에 있어서 '노사단체의 자치적 규율권'이 어느 정도로 입법자에 의한 '국가적 규율권한'에 대하여 우위를 차지하는지의 문제가 제기된다. 국가의 간섭과 영향을 받음이 없이 단체적 활동을 통하여 근로조건에 관하여 자율적으로 결정할 권리는 근로3권의 가장 핵심적인 보호범위에 속한다. 헌법은 근로3권을 보장함으로써 '협약의 자율은 노사단체의 형성의 자유에 속하며, 노사에 의한 사회적 자치가 국가에 의한 규율에 대하여 우위를 차지한다'는 것을 밝히고 있다. 헌법상 보장된 협약자율권을 근거로 집단적 합의에 의하여 임금과 근로조건을 자기 책임 하에서 합리적으로 규율할 수 있는 '규율의 우선권'이 노사단체에게 부여되는 것이다.[37)]

그러나 다른 한편으로는 정의로운 경제질서와 노동생활의 합리적인 규율을 실현해야 할 입법자의 사회국가적 책임은 노사의 협약자율권에 의하여 영향을 받지도 않고 면제되지도 않는다. 물론 이 경우 입법자의 사회국가적 규율권한은 노사단체의 협약자율권에 대하여 보충적이다. 즉, 노사단체가 헌법상 위임받은 과제를 제대로 이행하리라는 것을 기대할 수 없고, 근로자의 사회적 보호필요성이나 다른 중대한 공익이 국가의 간섭을 불가피한 것으로 요구한다면, 국가는 그의 사회국가적 책임을 이행해야 한다.[38)]

37) Vgl. BVerfGE 44, 341; 50, 367.

그러므로 헌법이 노사단체에게 근로조건에 관한 자율적인 결정을 위임한 것은, 국가가 노동생활영역에서 근로조건에 관하여 독자적인 규율을 할 수 없다는 것을 의미하지 않는다.

예컨대, 모든 근로관계에 있어서 일원적이고 통일적인 규율이 필요한 경우 또는 구체적 규율을 단체협약에 맡겨 둘 수도 있으나 단체교섭의 결과가 국가가 규율하려는 수준에 미치지 못하는 경우, 나아가 노사단체에 의한 집단적 자치가 국가의 관할 및 규율영역인 경제정책, 사회정책, 보건정책, 청소년보호정책 등과 불가분의 연관관계에 있기 때문에 사회단체의 사적 자치에 단순히 맡겨둘 수 없는 경우에는, 노사에 의하여 자율적으로 규율될 수 있는 대상도 입법자가 독자적으로 규율할 수 있다.[39] 이러한 경우, 입법자는 입법을 통하여 노사관계에 직접 개입하여 강행적인 근로조건의 최저기준을 설정한다. 입법자가 직접 근로자의 기본적인 근로조건을 규정하여 강제로 시행하는 법률로는, 근로기준법, 최저임금법, 산업재해보상보험법, 남녀고용평등법 등 근로조건에 관련된 일련의 법률을 들 수 있다.

요컨대, 노사단체는 근로조건의 형성에 있어서 단지 '우선적' 규율권을 가지고 있을 뿐, 국가에 대하여 '독점적' 규율권을 주장할 수는 없다. 그러나 헌법 제33조에 의하여 보장되는 노사단체의 자율적 규율권의 우위에 비추어, 국가가 노사단체의 협약자치를 제한하는 입법을 하는 경우에는 사회국가적 형성권을 과도하게 행사하는 것을 방어하는 비례의 원칙(과잉금지원칙)을 준수해야 한다.[40]

나아가, 입법자는 단체협약제도를 제공해야 한다. 단체협약제도의 규범화는 근로3권을 행사하기 위한 실질적 조건을 형성하는 것으로서 근로3권을 제한한다기보다는 오히려 지원하고 보장하는 역할을 한다.[41] 개정 노동조합법[42]은 단체협약을 체결할 수 있는 노동조합의 최소한의 요건과 단체협약의 체결과 효력을 규정하고 단체협약에 이르는 절차, 특히 노동쟁의 및 조정절차를 확정함으로써, 단체협약제도가 기능하기 위한 최소한의 질서를 형성하였다.

---

38) Vgl. Kittner, AK-GG, Art.9 Abs.3, Rn.71; BVerfGE 44, 342.

39) Vgl. Weber, Koalitionsfreiheit und Tarifautonomie als Verfassungsproblem, 1965, S.38f.

40) Vgl. Badura, Arbeitsgesetzbuch, Koalitionsfreiheit und Tarifautonomie, RdA 1974, S.135; Scholz, Koalitionsfreiheit, in: Isensee/Kirchhof(Hg), HbStR, Bd.Ⅵ, 1989, Rn.38ff.; Weber, Koalitionsfreiheit und Tarifautonomie als Verfassungsproblem, 1965, S.37f.

41) Vgl. Weber, Koalitionsfreiheit und Tarifautonomie als Verfassungsproblem, 1965, S.40; Kittner, AK-GG, Art.9 Ⅲ, Rn.65.

42) 법 개정 이전에는, 단결권에 관계된 노동조합의 조직과 활동, 단체교섭권과 관련된 단체교섭과 단체협약을 규율하는 '노동조합법'과 단체행동에 관한 내용을 규율하는 '노동쟁의조정법'으로 분리되어 있었으나, 개정 노동조합법은 이를 하나로 통합함으로써 집단적 노사관계의 통일적인 일반법이 마련되었다.

나. 근로자의 쟁의행위와 국가에 의한 강제중재

(1) 입법자에 의한 단체행동권의 제한가능성

입법자는 단체협약제도의 기능을 보장하기 위한 입법뿐만 아니라 단체협약제도에 예방적 안전장치를 삽입하는 규정을 둘 수도 있다. 근로자들이 사용자와의 단체교섭이 원만하게 이루어지지 않은 경우에 사실적인 힘을 사용하여 그들의 경제적 지위의 향상을 관철시키려는 단체행동권의 행사는 근로자뿐만 아니라 사용자, 나아가서는 국민전체의 경제생활에까지도 큰 영향을 미치게 된다. 특히 광범위한 파업은 국민경제를 마비시킬 수 있으며, 이로써 국민경제의 안정과 성장(헌법 제119조 제2항)이란 국가목표의 실현을 저해할 수 있다. 그러므로 근로자의 쟁의행위가 전체 국민경제에 미치는 막대한 영향력에 비추어, 그리고 국가가 경제와 사회 전반에 대하여 포괄적인 사회국가적 책임을 진다는 관점에서, 국가는 단체행동권을 가능하면 '최후의 수단'으로서 사용하게끔 조정에 관한 법적 절차를 도입하는 등 입법을 통하여 쟁의행위에 대한 事前的 예방조치를 취할 수 있다.

물론, 노사 간의 분쟁도 헌법 제33조 제1항이 보장하는 노사자치의 원칙에 따라 자주적으로 해결되어야 한다. 그러나 입법자는 노사 간의 임의적 조정에 우선권을 부여하는 한, 노사관계 당사자에 의하여 주도되는 자주적(임의적) 조정절차뿐만 아니라 국가에 의한 법정조정절차도 규정할 수 있다.[43] 조정은 노사당사자에게 조정안의 수락을 권고하는 절차로서, 권고가 강제적이 아니라는 점에서 조정은 노사의 자주적 해결의 원칙에 합치한다. 개정 노동조합법 제47조도 법정조정절차의 규정이 노사에 의한 노동쟁의의 자율적인 조정을 방해하지 않는다고 밝힘으로써 분쟁의 해결에 있어서 노사 간의 사적 조정이 우선임을 규정하고 있다.

또한, 국가는 쟁의행위 이전에 일정한 조정절차를 밟을 노사단체의 의무를 규정할 수도 있다. 개정 노동조합법은 제53조 이하에서 노동관계 당사자가 충분한 교섭 후에 조정신청을 하고 조정절차를 거친 후가 아니면 쟁의행위를 할 수 없다고 규정함으로써, 조정절차 前置主義를 도입하고 있다.

그러나 국가에 의한 강제중재는 노사 당사자에 의하여 원칙적으로 체결되어야 할 단체협약을 구속력 있는 중재위원회의 중재재정으로 대체하므로,[44] 조정절차로서는 가장 강력하게 노사의 협약자율권을 침해하게 된다. 그러므로 노사자치에 의한 근로조건의

---

43) Vgl. Weber, Koalitionsfreiheit und Tarifautonomie als Verfassungsproblem, 1965, S.42f.

44) 중재재정이 위법이거나 월권에 의한 것이라고 인정되는 경우에 한해서만 중재재정에 대하여 재심신청이나 행정소송을 제기할 수 있기 때문에, 중재결정의 실질적 타당성, 즉 이해관계 조정의 내용적 타당성에 관하여는 다시 문제 삼을 수 없다, 김형배, 노동법, 1992, 610면; 김유성, 노동법 II, 1996, 401면; 대법원 1992. 7. 14. 선고 91누8944 판결(서울지하철공사사건).

형성이란 근로3권의 핵심영역을 침해하는 강제중재는 예외적인 상황을 제외하고는 원칙적으로 허용되지 아니한다.[45] 개정 노동조합법은 두 가지 유형의 강제중재를 규정하고 있다. 하나는 필수공익사업[46]에 있어서 행해지는 강제중재(법 제62조 제3호)이고, 다른 하나는 "쟁의행위가 공익사업에 관한 것 또는 그 규모가 크거나 그 성질이 특별한 것으로서 현저히 국민경제를 해하거나 국민의 일상생활을 위태롭게 할 위험이 현존하는 때"에는 긴급조정의 결정(법 제76조)을 할 수 있도록 규정한 것이다.

(2) 국가의 사회국가적 책임 및 공익을 고려해야 할 勞使의 사회적 책임

필수공익사업부문에서의 쟁의행위가 국민경제와 국민생활에 대하여 가지는 중요성의 관점에서, 노사자율권이 어느 정도로 공익에 의한 구속을 받는지의 문제가 제기된다. 헌법이 노사에게 근로조건에 관한 자율적인 형성권과 결정권을 위임했다면, 이는 일차적으로 노사가 그들 사이의 세력의 대등성을 바탕으로 하여 노동영역에서 단체교섭의 형태로 '구체적인 공익'을 스스로 결정한다는 것을 의미한다.[47] 따라서 노사의 대등성에 기초한 단체교섭과 그 결과인 단체협약은 타당하고 공익과 합치한다는 추정이 일반적으로 가능하다. 그러나 단체협약의 타당성에 대한 일반적 추정에도 불구하고, 단체교섭에 있어서 노사의 주된 관심은 공익의 실현이 아니라 일차적으로 '집단이익의 관철'에 있다. 이러한 관점에서 노사가 단체교섭을 통하여 추구하는 이익은 일반국민의 이익이나 국가의 공익과 동일시할 수 없는 '부분이익'이다.

노사 간의 협약자치가 국민일반의 경제·사회생활에 중대한 영향을 미칠 수 있다는 점에서, 노사가 협약자율권과 단체행동권을 공익을 저해하는 방향으로 명백히 남용하는 경우, 강제중재는 예외적으로 허용될 수 있다. 단체협약의 효과가 노사단체에게만 국한되고 노사 간의 쟁의행위가 노사에만 관련되는 단순히 그들 내부의 문제라면, 국가의 사회국가적 책임이 문제될 이유가 없다. 그러나 노사 간의 단체협약의 결과는 물가, 소비자의 구매력, 화폐가치, 사경제의 경쟁력 등에 작용함으로써 그 효과에 있어서 단체협약 당사자의 범위를 넘어서 국민 전체의 경제생활에 큰 영향을 미치며, 특히 필수공익사업부문에서의 쟁의행위는 국민생활에 매우 중요한 기능을 하는 기업이나 시설을 마비시키는 등 국민경제를 파탄으로 몰고 갈 수 있다. 국가가 노사 간에 공익을 현저히 저해하는 합의가 이루어지는 것을 그냥 감수해야 한다면 또는 노동쟁의가 국가공동체의 번영을 저해하고 국민경제를 파탄시키는 방향으로 발전하는 것을 그냥 방관해야 한다면, 이는 사회의 모든 부정적 현상에 대하여 적절히 대처해야 할 사회국가적 책임, 즉

45) 김형배, 노동법, 1992, 608면 이하 참조.
46) 필수공익사업의 개념에 관하여, 개정노동법 제72조 제2항 참조.
47) Vgl. Scholz, Koalitionsfreiheit als Verfassungsproblem, 1971, S.221; ders. Koalitionsfreiheit, in: Isensee/Kirchhof(Hg), HbStR, Bd.VI, 1989, Rn.31ff.

사회국가를 실현해야 할 국가의 의무와 부합할 수 없다.

노사단체가 협약자율권을 행사함에 있어서 근로3권의 한계로서 공익을 고려해야 한다는 요청은, 헌법적으로 부여된 협약자율권의 행사가 단체교섭 당사자들의 범위를 넘어서 국민 일반에게 지대한 영향을 미치는 것에 대한 필연적인 결과이다.[48] 노사단체에게 국가 또는 국민경제의 중요한 영역을 자율적으로 규율할 권한을 그에 상응하는 책임의 부과 없이 무제한적으로 부여한다면, 국가는 필수공익사업과 같은 경제의 중요한 부분영역에 있어서 노사의 자율권에 내맡겨 지게 된다.[49] 따라서 단체교섭 당사자의 권한과 책임 사이의 불균형은 노사가 단체교섭 및 노동쟁의에 있어서 국민일반과 공익에 미치는 효과를 고려해야 할 의무에 의하여 수정되어야 한다.[50]

공익을 고려해야 할 노사단체의 의무는 무엇보다도 필수공익사업에 있어서 명백하게 드러난다. 그러므로 노사단체의 사회적 책임은 중요한 공익사업부문에서 경우에 따라 강제중재를 정당화한다. 그러나 물론 이러한 경우에도 입법자는 헌법상 보장된 협약자율권과 단체행동권을 원칙적으로 존중해야 하며, 그 제한에 있어서 과잉금지원칙을 준수해야 한다. 입법자는 공익상의 필요에 의하여 국가의 개입과 간섭이 불가피한 경우에 한하여 단체행동권을 제한해야 하며, 이 경우 단체행동권의 제한은 각 개별적인 경우마다 단체행동권의 행사가 사회·경제질서에 대하여 구체적으로 가져오는 부정적 효과 및 달성하려는 공익이나 대처해야 할 위험의 중요성과 긴급성에 상응하도록 규율해야 한다.

(3) 최종적 수단으로서 강제중재제도

개정 노동조합법 제76조의 '긴급조정'은 쟁의행위의 가능성을 개방하고 사후적·사태대응적으로 쟁의권을 제한하는 절차인데 반하여, 필수공익사업에서의 강제중재제도[51]는 형식적으로 보면 15일간의 냉각기간을 통하여 그 기간만 쟁의행위를 중지시키는 것이지만, 실질적으로는 조정이 결렬되면 쟁의행위 개시 이전에 중재회부가 가능하며 냉각

---

48) Vgl. Badura, Das Recht der Koalitionen, in: Das Arbeitsrecht der Gegenwart, Bd.15, 1978, S.22.

49) Vgl. Benda, Der Soziale Rechtsstaat, in: Benda/Maihofer/Vogel(Hg), HbVerfR, S.532f.; Biedenkopf, Grenzen der Tarifautonomie, 1964, S.64.

50) Vgl. Biedenkopf, Grenzen der Tarifautonomie, 1964, S.63ff.; Becker, Gewaltenteilung in Gruppenstaaten, 1986, S.152ff.; Knebel, Koalitionsfreiheit und Gemeinwohl, 1978, S.124ff.

51) 대법원은 강제중재조항의 위헌여부가 문제된 지하철공사사건(대법원 1990. 5. 15. 선고 90도357 판결)에서, 공익사업의 경우 사업의 성질상 공공복리에 의한 쟁의권의 제한의 필요성을 인정하였으나, 비례의 원칙을 기준으로 헌법상의 단체행동권과 공공복리를 비교형량하는 대신, 강제중재제도와 같은 상당한 대상조치가 제공되는 경우에는 쟁의권이 부정되더라도 그로써 쟁의권의 '본질적 내용'이 침해된다고 볼 수 없다고 판시하였다. 강제중재제도와 같은 대상조치가 제공되는 경우 근로3권이 부인되어도 근로3권의 본질적인 내용이 침해되지 않는다는 견해는, 기본권이 제도에 의하여 대체될 수 있다는 것을 전제로 하므로, 근로3권을 일차적으로 자유권이 아니라 순수한 제도적 보장이나 사회적 기본권으로 파악하는 경우에만 그 타당성이 있다. 대법원은 처음부터 근로3권을 사회적 기본권으로 파악하고 있으므로, 근로3권의 지극히 당연한 자유권적 측면을 간과하고 있다는 점을 제외하고는 나름대로 논리적인 일관성은 있다고 보인다.

기간 내에 노동위원회가 중재결정을 내리면 쟁의행위가 전면 금지되므로, 이 제도는 그 실질적인 운영에 있어서는 쟁의행위를 처음부터 완전히 봉쇄하는 기능을 한다. 그러므로 강제중재를 허용하는 사업부문은 일반국민의 중요한 법익인 생명·건강·안전 등을 위태롭게 할 수 있는 최소한의 필수적 영역으로 제한되어야 하고, 강제중재의 예외적인 성격에 상응하게 강제중재를 허용하는 법률요건을 제한적으로 해석하여야 한다.

그 외의 공익사업영역에서는 원천적으로 쟁의행위를 봉쇄하는 강제중재제도가 아니라 냉각기간을 일반사업에 비하여 더 길게 한다든지 아니면 나아가 쟁의행위에 의하여 발생한 부정적 효과에 대응하는 사후적 조치인 긴급조정제도를 두는 방식으로 헌법상 보장된 단체행동권과 공공복리를 조화시키려는 노력을 하여야 한다.[52)]

V. 맺는말

1. 근로3권은 직업의 자유, 재산권의 보장과 함께 헌법상의 경제질서에 있어서 중요한 의미를 갖는 자유권적 기본권이다. 근로3권에 의하여 임금과 근로조건에 관한 원칙적인 *私的 自治*가 노사단체에게 보장되었다(협약자율권의 헌법적 보장). 이로써 국가가 임금과 근로조건에 관하여 영향력을 행사하는 것은 원칙적으로 금지된다. 노사단체는 임금에 관한 결정권한을 가지고 국가경제정책을 국가와 함께 형성한다.

오늘날 민주국가에서 입법자는 그 규율대상에 있어서 원칙적으로 어떠한 제한도 받지 않는다. 그러나 헌법은 제33조에서 근로자의 근로3권을 기본권으로 보장함으로써, 노동생활영역에서는 입법자의 규율권한을 원칙적으로 포기한다는 것을 밝히고 있다. 헌법은 노사단체 간의 합의에 의하여 임금을 비롯한 근로조건을 결정하는 자율적 규율절차가 근로에 대한 정당한 대가를 발견하는 합목적적 절차임을 신뢰하고 있다. 협약당사자 간의 사적 자치에 의하여 근로조건을 규율하는 절차 외에 보다 실체적 타당성을 보장하는 합리적인 규율절차나 어떠한 대안적 절차도 근로조건의 영역에서는 생각할 수 없기 때문이다.

헌법은 근로3권을 '결사의 자유'와 완전히 분리하여 기본권에 관한 章에서 사회권의 부분에 별도의 조항으로 규정하고 있으나, 근로3권 중에서 핵심적인 자유인 '근로자의 단결권'은 '근로자의 결사의 자유'로서, 헌법 제21조의 결사의 자유에 대한 특별규정이다. 역사적으로 근로3권의 보장은 근로자단체의 결성이나 활동에 있어서 국가나 사용자에 의한 방해를 금지하고자 하는 것에서 출발하였다. 오늘날에도 근로3권의 주된 기능은 자유권적 기능에 있다. 종래 근로3권과 관련하여 헌법재판소의 심판대상이 된 사건들은 예외 없이 노사의 협약자율권에 대한 침해를 이유로 제기된 것으로서, 일차적으로

52) 신인령, 노동법판례연구, 1995, 567면 이하.

자유권에 관한 문제이다.

2. 근로3권은 근본적으로 자유권이지만, 그럼에도 근로3권은 국가와 개인 간의 대립 관계로는 완전히 파악될 수 없다. 사회적 약자인 개별근로자는 근로자단체로의 결성을 통하여 집단으로 사용자에 대항함으로써만 비로소 사용자와 대등한 세력을 이루어 근로조건의 형성에 영향을 미칠 수 있는 기회를 가지게 된다. 이러한 의미에서 근로3권은 '사회권적 성격을 가진 자유권'이라 할 수 있다. 근로3권은 재산권보장과 직업의 자유에 기초하는 사용자의 경제적 세력우위에 대한 '대립적 기본권'으로서 헌법에 삽입되었다. 근로3권은 노동생활영역에서 사회국가원리가 구체화된 규범적 표현이다. 이러한 이유에서 우리 헌법은 근로3권을 자유권이 아닌 사회적 기본권의 부분에 자리 잡게 하였다. 근로3권의 사회권적 성격은 국가에게 일정 급부를 요구할 수 있는 주관적 권리가 아니라, 근로3권이라는 자유권을 실제로 행사할 수 있는 실질적 조건인 법적 제도와 법규범을 형성해야 할 국가의 의무, 근로조건에 관한 노사의 사적 자치가 실제로 이루어질 수 있도록 법적 조건을 형성해야 할 의무에 있다. 이로써 근로3권은 자유권적 성격뿐만 아니라 사회권적·절차보장적 성격도 가진 복합적인 기본권이다.

근로3권은 일차적으로 勞使라는 사회단체에 의한 사적 자치를 가능하게 하려는 것이므로, 노사의 자치영역에 대한 국가의 규율은 항상 근로3권의 자유권적 측면, 즉 대국가적 방어권으로서의 측면을 제한한다. 그러므로 헌법에 의하여 부여된 노사의 협약자율권에 대한 침해를 이유로 법률에 대하여 제기되는 헌법소원은 일차적으로 자유권의 문제이다. 만일 헌법소원의 청구인이 근로3권의 사회권적 측면을 문제 삼는다면, 근로3권을 실제로 행사하기 위하여 필요한 최소한의 법적 제도와 법규범을 마련해야 할 국가의 의무를 제대로 이행하지 않았다는 주장으로 헌법소원을 제기해야 할 것이다. 근로3권의 복합적인 성격에도 불구하고 자유권적 측면과 사회권적 측면을 구분하는 것은 이러한 이유에서도 의미가 있다.

참고문헌

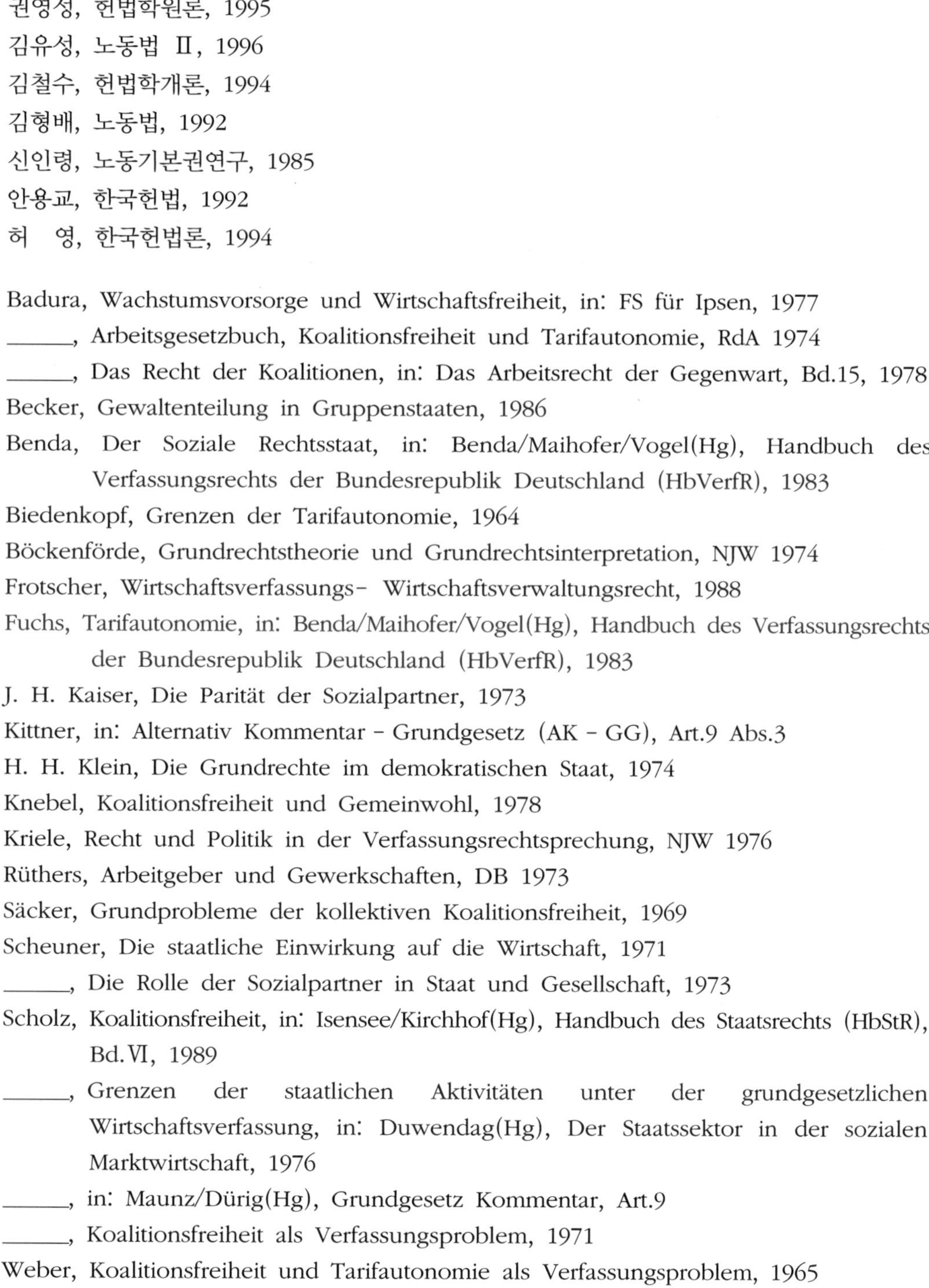

권영성, 헌법학원론, 1995

김유성, 노동법 II, 1996

김철수, 헌법학개론, 1994

김형배, 노동법, 1992

신인령, 노동기본권연구, 1985

안용교, 한국헌법, 1992

허 영, 한국헌법론, 1994

Badura, Wachstumsvorsorge und Wirtschaftsfreiheit, in: FS für Ipsen, 1977

______, Arbeitsgesetzbuch, Koalitionsfreiheit und Tarifautonomie, RdA 1974

______, Das Recht der Koalitionen, in: Das Arbeitsrecht der Gegenwart, Bd.15, 1978

Becker, Gewaltenteilung in Gruppenstaaten, 1986

Benda, Der Soziale Rechtsstaat, in: Benda/Maihofer/Vogel(Hg), Handbuch des Verfassungsrechts der Bundesrepublik Deutschland (HbVerfR), 1983

Biedenkopf, Grenzen der Tarifautonomie, 1964

Böckenförde, Grundrechtstheorie und Grundrechtsinterpretation, NJW 1974

Frotscher, Wirtschaftsverfassungs- Wirtschaftsverwaltungsrecht, 1988

Fuchs, Tarifautonomie, in: Benda/Maihofer/Vogel(Hg), Handbuch des Verfassungsrechts der Bundesrepublik Deutschland (HbVerfR), 1983

J. H. Kaiser, Die Parität der Sozialpartner, 1973

Kittner, in: Alternativ Kommentar - Grundgesetz (AK - GG), Art.9 Abs.3

H. H. Klein, Die Grundrechte im demokratischen Staat, 1974

Knebel, Koalitionsfreiheit und Gemeinwohl, 1978

Kriele, Recht und Politik in der Verfassungsrechtsprechung, NJW 1976

Rüthers, Arbeitgeber und Gewerkschaften, DB 1973

Säcker, Grundprobleme der kollektiven Koalitionsfreiheit, 1969

Scheuner, Die staatliche Einwirkung auf die Wirtschaft, 1971

______, Die Rolle der Sozialpartner in Staat und Gesellschaft, 1973

Scholz, Koalitionsfreiheit, in: Isensee/Kirchhof(Hg), Handbuch des Staatsrechts (HbStR), Bd.VI, 1989

______, Grenzen der staatlichen Aktivitäten unter der grundgesetzlichen Wirtschaftsverfassung, in: Duwendag(Hg), Der Staatssektor in der sozialen Marktwirtschaft, 1976

______, in: Maunz/Dürig(Hg), Grundgesetz Kommentar, Art.9

______, Koalitionsfreiheit als Verfassungsproblem, 1971

Weber, Koalitionsfreiheit und Tarifautonomie als Verfassungsproblem, 1965

제8장

8 국민의 기본의무

국민의 기본의무

국민의 기본의무*

Ⅰ. 문제의 제기

오늘날 헌법학은 기본권에 관하여 많은 관심을 가지고 기본권이론을 발전시키는 데 주력하는 반면, 국민의 기본의무는 헌법학의 시야에서 점차 사라지고 있다.[1] 국민의 기본의무는 일반국민의 헌법의식에서도 퇴색하고 있다. 오늘날 국가와 국민의 관계는 일방적으로 국가에 대하여 권리를 요구하는 국민의 자세와 성향에 의하여 지배되고 있다.[2] 심지어, '국가에 대하여 복종을 거부하고 요구하는 자세'가 '헌법질서를 존중하고 법질서에 복종하며 국가에 기여하고 봉사하는 자세'보다도 민주화되고 啓蒙化된 시민의 식이라는 잘못된 헌법윤리가 확산되고 있다. 이로써 자유민주국가가 정치적으로 통치하

---

* 위 논문은 2010년 10월, 저스티스(한국법학원), 제119호, 52-86면에 게재된 것을 일부 수정한 것이다.

1) 학계에서 국민의 기본의무에 관한 체계적인 연구는 지금까지 거의 이루어진 바 없다. 국민의 기본의무에 관하여 독일의 논의를 중심으로 서술된 최근의 논문으로 홍성방, "국민의 기본의무", 公法硏究 34집 4호 1권 (2006. 6), 310면 이하.

2) Vgl. Isensee, Die verdrängten Grundpflichten des Bürgers, DÖV 1982, S.618; V. Götz, Grundpflichten als verfassungsrechtliche Dimension, VVDStRL 41(1983), S.8.

기 위한 윤리적 전제조건이 붕괴될 위험에 처해 있다. 국가 내에서 개인의 법적 지위는 기본권뿐만 아니라 국민의 기본의무에 의해서도 구성된다는 인식이 자리 잡아야 한다.

국민의 기본의무와 관련하여 제기되는 첫 번째 질문은, 헌법에 규정된 기본의무가 자유권을 보장하는 법치국가의 헌법과 어떻게 조화를 이룰 수 있는지의 문제이다. 이는, 국가 내에서 개인의 헌법적 지위를 구성하는 2가지 요소인 '기본권'과 '기본의무' 사이에는 밀접한 내용적 상관관계가 있으며, 기본의무는 기본권과의 관계에서 파악되어야 한다는 것을 의미한다. 헌법에 기본의무를 규정한다는 것은 필연적으로 기본권의 주체로서의 개인의 헌법적 지위에 대하여 영향을 미친다. 따라서 기본의무가 제기하는 문제의 핵심은 기본권의 영역에 있으며, 기본의무의 문제는 잠재적인 기본권의 문제이다.[3]

이러한 관점에서, 헌법상 국민의 기본의무는 다음과 같은 일련의 의문을 제기한다. 헌법상 기본의무는 국민에게 직접 구속력을 가지고 의무를 부과하는 규정인가? 국민의 기본의무는 법적 의무인가 아니면 윤리적 의무인가? 어떠한 관점에서 법적 의무와 윤리적 의무를 구분해야 할 것인가? 헌법상 기본의무는 헌법 체계 내에서 어떠한 기능을 하며, 법적 성격은 무엇인가? 자유민주국가는 그 구성원인 국민이 헌법적으로 보장된 기본권적 자유를 사용하는 것에 의존하고 있다는 점에서, 자유를 행사해야 할 국민의 의무가 존재하는가? 법질서에 복종해야 할 국민의 의무가 존재하는가? 그러한 의무의 헌법적 근거는 무엇인가? 헌법 제32조 제2항의 근로의 의무와 헌법 제15조의 직업의 자유는 어떻게 조화를 이룰 수 있는가? 헌법 제23조 제2항의 '공공복리에 적합하도록 재산권을 행사해야 할 의무'는 무엇을 의미하는가? 공공복리에 부합하게 자유를 행사해야 할 국민의 의무가 존재하는가?

Ⅱ. 國家理論과 憲法史에서 국민의 기본의무

1. '자유의 내재적 한계'로서 理性法의 기본의무

계몽주의시대의 국가이론은 국가공동체 내에서 개인의 지위가 권리와 의무로 구성되는 것으로 이해하였고, 이로써 불가양·불가침의 기본적 인권 외에도 기본의무의 존재를 당연한 것으로 간주하였다.[4] 특히 그로티우스(Grotius, 1583-1645)를 비롯한 理性法(Vernunftsrecht)[5] 옹호자들의 自然法論은 인간의 '自然的 義務'에 관한 포괄적인 이론을

3) Vgl. Bethge, Grundpflichten als verfassungsrechtliche Dimension, NJW 1982, S.2145; A. Randelzhofer, Grundrechte und Grundpflichten, in: HbGR, Bd.II, 2006, §37 Rn.42ff.

4) Vgl. Zippelius, Geschichte der Staatsideen, 5. Aufl. 1985, S.127f.; Zippelius/Würtenberger, Deutsches Staatsrecht, 2005, S.196f.

5) 법제사에 있어서 理性法이란, 근대에 Grotius(1583-1645), Pufendorf(1632-1694), C. Wolff(1679-1754) 등에 의하여 형성된 '세속화된 자연법이론'으로서 오로지 인간의 이성에 의하여 정당화되고 이성에서 그 근거를 발견하는 법을 말한다.

담고 있었고, 여기서 인간의 기본의무로서 무엇보다도 '私人 상호간에 평화를 유지해야 하는 의무'가 강조되었다. 이성법에서 기본의무란 '국가공동체와의 관계에서 시민의 의무'가 아니라 '사인간의 관계에서 타인에 대한 인간의 自然的 義務'를 의미하는 것이었다.[6] 이성법은 기본의무를 통하여 개인의 모든 권리행사가 타인의 자유와 조화를 이루어야 할 필요성을 역설하였고, 모든 사람이 동등한 자유를 행사할 수 있는 조건으로서 권리남용의 한계를 제시하고자 하였다.

理性法的 의미에서 기본의무란 '타인의 자유를 침해하지 않는 범위 내에서의 자유'에 대한 요청 또는 개인의 자유가 서로 병립할 수 있도록 자유를 행사해야 한다는 요청으로서 인간의 자연적 의무를 말하는 것이었다. 인간의 자연적 의무란, 모든 사람의 동등한 자유행사로 인하여 필연적으로 요청되는 개인적 자유의 내재적 한계로서, '공동체 내에서 자유'의 본질로부터 '內部的으로 부과'되는 의무를 의미하는 것이었다. 이성법에 의하면, 기본의무는 '모든 인간의 자유를 병립·조화시키기 위한 원칙'(상호주의원칙)으로부터 파생하는 '자유의 내재적 한계'와 동일한 의미를 가지는 것이었고, 이로써 '영원불변의 삶의 원칙'과 일치하는 것이었다.

1795년의 프랑스헌법은 시민의 권리뿐만 아니라 의무에 관한 선언도 포함하고 있었고, '사회구성원에 대한 의무'이자 '영원불변의 삶의 원칙'으로서 상호주의원칙을 선언하였다. '타인이 자신에게 행하기를 원하지 않는 것을 타인에게 행하지 않을 의무'가 바로 그것이다.

2. 국가공동체에 대한 시민의 의무로서 기본의무

18세기 후반 이래, 국가와 법에 대한 복종의무·국방의 의무·납세의 의무 등의 형태로 등장한 기본의무는 '理性法의 의미에서 기본의무'와는 그 성격을 달리한다. 기본의무는 '사인 상호간의 관계에서 존재하는 인간의 자연적 의무'에서 '공동체에 대한 시민의 의무', 즉 국가에 대한 급부이행 및 수인의 의무로 변화하였다.[7] 시민의 이러한 의무는 개인의 자유행사를 가능하게 하는 공동체를 유지하기 위한 것으로, '공동체 내에서 자유'의 본질로부터 '내부적으로 부과'되는 의무(자유의 내재적 한계)가 아니라, '外部로부터 부과'되는 공동체에 대한 의무를 의미하는 것이었다. 공화주의적 시민의무의 고전적인 요소에 속하는 대표적인 것이 법복종의무 및 국방과 납세의 의무이다(소위 '고전적 기본의무').

그러나 19세기 유럽 시민사회의 법치국가적 헌법은 국민의 의무를 명시적으로 규정

6) Vgl. H. Hofmann, Grundpflichten als verfassungsrechtliche Dimension, VVDStRL 41(1983), S.58f.; ders. Grundpflichten und Grundrechte, in: HbStR, Bd.V, 2000, §114 Rn.7.
7) Vgl. H. Hofmann, Grundpflichten und Grundrechte, in: HbStR, Bd.V, 2000, §114 Rn.8.

하지 않았다. 기본의무는 법치국가적 헌법에서 전통적인 요소에 해당하지도 않을 뿐만 아니라, 오히려 이질적인 요소로 간주되었다.[8] 법치국가적 헌법의 주된 목표는 국가권력을 제한하고자 하는 것이므로, 헌법은 국가를 구속하고 국가기관에 대하여 의무를 부과하는 것이지, 국민에게 의무를 부과하는 것은 기본권의 보장을 통하여 개인의 자유영역을 확보하고자 하는 법치국가적 헌법의 경향에 반하는 것이었다. 물론, 이미 18세기 후반 미국과 프랑스의 인권선언에서도 인간의 기본적인 정치적 · 사회적 의무는 당연한 것으로 이해되었다. 그러나 '국가에 대한 의무'라는 사고 자체가 이미 혁명을 통하여 쟁취하려는 자유의 이념에 반하는 것으로 인식되었기 때문에, 기본의무의 목록을 헌법에 수용하는 것은 그 당시 인권선언의 정치적 방향과 부합하지 않는 것이었다.[9] 따라서 19세기 헌법에서는 국민의 기본의무가 헌법적으로 규범화된 것을 거의 찾아볼 수 없다. 독일 바이마르헌법에서 비로소 기본권과 함께 일련의 기본의무가 "독일인의 기본권과 기본의무"의 章에 수용됨으로써, 기본권과 기본의무가 처음으로 체계적 연관관계에서 규율되었다.[10]

이에 대하여, 1949년 독일 본(Bonn) 기본법은 개인의 자유를 경시하고 국민의 의무를 강조한 나치정권의 불법통치에 대한 반작용으로, 개인의 인권보호를 위한 헌법적 보장을 최대한으로 강화하고자 하였고, 이러한 과정에서 기본권을 '직접적 효력을 가지는 권리'로 선언하였다. 그 결과, 독일 기본법은 '기본권'을 구체적으로 규정함에 있어서 '직접 司法的으로 관철할 수 있는지 여부'를 결정적인 기준으로 삼았기 때문에, 입법에 의하여 비로소 실현되고 실효성을 가지는 사회적 기본권과 국민의 기본의무가 배제되었다.[11] 이에 따라 독일 기본법 제1장의 표제는 "기본권과 기본의무"가 아니라 "기본권"으로 확정되었고, 기본의무에 대해서는 더 이상 언급하고 있지 않다. 이로써 1949년 독일 기본법은 18세기 후반 혁명적 인권선언의 계몽주의적 · 이성법적 출발점 및 19세기 법치국가적 헌법의 전통으로 다시 回歸하였다. 오늘날 서구민주국가에서 국민의 기본의무의 이념은 퇴색하여 대부분의 국가에서 단지 국가에 대한 국민의 권리만을 규정할 뿐 공동체에 대한 국민의 의무에 대해서는 거의 언급하고 있지 않다. 한편, 1948년 우리 건국헌법은 독일 바이마르헌법을 모델로 삼아 제2장에서 기본권과 함께 국민의 의무를 함께 규율하였고, 이러한 규율체계는 현행 헌법까지도 그대로 유지되고 있다.

---

8) Vgl. C. Gusy, Grundpflichten und Grundgesetz, JZ 1982, S.657.

9) Vgl. Badura, Grundpflichten als verfassungsrechtliche Dimension, DVBl 1982, S.861; H. Hofmann, Grundpflichten und Grundrechte, in: HbStR, Bd.V, 2000, §114 Rn.5, 한편, 1795년의 프랑스헌법은 프랑스혁명 이후에 경험한 '자유의 과잉'에 대한 반작용으로서, 국가공동체를 지키고 이에 봉사하고 법질서에 복종하며 국가기관을 존중해야 할 의무를 '국가공동체에 대한 의무'로서 언급하였다. 사회공동체는 유지되기 위하여 사회구성원이 자신의 의무를 인식하고 이행하는 것이 요구된다는 것이 그 이유였다.

10) 이에 관하여 상세하게 Vgl. Badura, Grundpflichten als verfassungsrechtliche Dimension, DVBl 1982, S.865f.; V. Götz, Grundpflichten als verfassungsrechtliche Dimension, VVDStRL 41(1983), S.9ff.

11) Vgl. H. Hofmann, Grundpflichten und Grundrechte, in: HbStR, Bd.V, 2000, §114 Rn.1ff.

Ⅲ. 개념 및 법적 성격

1. 개 념

가. 狹義의 기본의무

기본의무(Grundpflichten)는 기본권(Grundrechte)의 개념에 대한 '상대 개념'으로 이해된다.[12] 기본의무는 국가에 대한 개인의 헌법적 지위의 兩面(기본권과 기본의무) 중에서 한 면을 서술하고 있다.[13] 이에 따라 기본의무는 헌법적으로 규정된 개인의 의무, 즉 국가에 대한 개인의 헌법적 의무이다.[14] 사인간의 의무나 국가기관의 의무는 기본의무가 아니며, 마찬가지로 헌법적 차원이 아니라 법률에 그 근거를 두고 있는 의무도 기본의무에 속하지 않는다. 일반적으로 '국민의 의무'라 한다면, 국방・납세・교육의 의무와 같은 협의의 기본의무를 말하는 것이다.

기본권에 의하여 보장되는 국민의 지위가 옐리네크(Georg Jellinek)의 地位理論(Status-Lehre)에 따라 소극적 지위(status negativus), 적극적 지위(status positivus) 및 능동적 지위(status activus)로 구분된다면, 기본의무는 수동적 지위(status passivus)로 서술될 수 있다.[15] 기본권의 주체로서 국민은 국가로부터 작위와 부작위 등 무엇을 요구할 수 있는 반면, 기본의무의 주체로서 국민은 국가에 대하여 무엇인가를 부담하고 수인해야 한다. 헌법이 국가공동체의 유지와 존속을 위하여 국민으로부터 특정한 기여나 희생을 요구하는 것에 기본의무의 본질이 있다. 이러한 의미에서 기본의무는 국가공동체에 대한 국민의 기여의무이다.[16] 기본의무는 공동의 정치적 생존을 유지하기 위하여 개인에게 국가에 대한 급부이행의무・수인의무・부작위의무 등을 부과함으로써 개인의 희생과 부담 등을 요구하는 것이다.[17] 국가에 대한 국민의 기본의무는 자유민주국가를 조직하고 유지해야 하는 필요성에 근거하고 있다.

나. 廣義의 기본의무

광의의 기본의무란, 위에서 서술한 협의의 기본의무 외에 자유권으로부터 파생하는

12) Vgl. A. Randelzhofer, Grundrechte und Grundpflichten, in: HbGR, Bd.II, 2006, §37, Rn.17ff.
13) Vgl. Bethge, Grundpflichten als verfassungsrechtliche Dimension, NJW 1982, S.2146.
14) Vgl. C. Gusy, Grundpflichten und Grundgesetz, JZ 1982, S.657; 홍성방, "국민의 기본의무", 公法研究 34집 4호 1권(2006. 6), 313면.
15) Vgl. Jellinek, Allgemeine Staatslehre, 3. Aufl.(1960), S.406, 486; H. Hofmann, Grundpflichten und Grundrechte, in: HbStR, Bd.V, 2000, §114 Rn.30.
16) Vgl. V. Götz, Grundpflichten als verfassungsrechtliche Dimension, VVDStRL 41(1983), S.12.
17) Vgl. H. Hofmann, Grundpflichten und Grundrechte, in: HbStR, Bd.V, 2000, §114 Rn.30; 계희열, 헌법학(중), 2004, 804면.

기본의무(타인에 대한 의무)를 모두 포괄하는 개념이다. 자유권으로부터 파생하는 국민의 기본의무란, 개인의 자유가 오로지 '공동체 내에서의 자유'로만 가능하다는 자유의 본질로부터 나오는 자유의 한계로서, 자유권에 내재된 개인의 책임을 의미한다.[18] 모든 국민은 개인적 자유를 타인의 자유 및 공동체의 법익과 조화를 이룰 수 있는 범위 내에서 행사해야 한다. 따라서 자유권으로부터 타인의 자유를 존중해야 할 의무가 나오며, 이로써 입법자가 법률로써 개인적 자유의 한계를 확정하는 것을 수인해야 한다. 자유권으로부터 파생하는 기본의무는 '광의의 기본의무'에 해당하는 것으로, '국가'가 아니라 '타인'에 대한 의무이다.

헌법이 명시적으로 이와 같은 내용의 기본의무를 규정하는지와 관계없이, 개인적 자유를 기본권의 형태로 규정한 것은, 개인적 자유가 타인의 자유를 보장하고 공익을 실현하기 위한 법질서의 구속을 받는다는 것을 의미한다.[19] 개인의 이러한 의무를 전제로 해서만, 헌법은 공존하는 개인적 자유를 보장할 수 있다. 이러한 기본의무는 공동체 내에서 자유의 사회적 구속성에 기인한다.

2. 법적 성격

기본의무의 법적 성격과 관련하여, 일차적으로 기본의무가 국민에게 직접 의무를 부과하는 직접적인 법적 효력을 가지는지의 문제가 규명되어야 하고, 이어서 기본의무의 실현과 구체화가 입법자의 입법형성에 의존하고 있다면, 이와 같이 입법자의 입법에 의존하고 있는 기본의무의 성격이 무엇인지를 밝혀야 한다.

가. 입법자의 입법에 의하여 구체화되는 헌법적 의무

(1) 법치국가적 헌법질서에서 법적 의무의 주체로서 국가

법치국가적 헌법질서에서, 국민은 '자유의 주체'이고 국가는 '법적 의무의 주체'이다. 원칙적으로 무제한적인 개인·사회의 자유영역과 필연적으로 제한적인 국가의 지배영역이라는 법치국가적 '배분의 원리'에 따라,[20] 법치국가적 헌법은 국민에게는 자유를 보장하는 반면, 국가에게는 한편으로는 국가목표·헌법위임·국가과제에 관한 규정을 통하여 이를 실현해야 할 행위의무를 부과하고, 다른 한편으로는 자유권의 보장을 통하여 이를 존중해야 할 부작위의 의무를 부과한다. 법치국가적 헌법은 국가권력을 제한하고자 하는 것이므로, 헌법에 의하여 구속을 받고 의무를 지는 것은 국가기관이다.

이에 대하여, 헌법은 국민에게 '직접' 의무를 부과하지 않는다. 헌법상 기본의무는 표

---

18) 이에 관하여 위 Ⅱ. 1. 참조할 것.; 또한, 학자에 따라서는 이를 헌법에 열거되지 아니한 기본의무로 소개하고 있다(가령, 계희열, 헌법학(중), 2004, 817면).

19) Vgl. Badura, Grundpflichten als verfassungsrechtliche Dimension, DVBl 1982, S.868.

20) Vgl. C. Schmitt, Verfassungslehre, 1. Aufl.(1928), S.126.

면상으로는 국민을 수범자로 하여 국민을 향하고 있지만, 실제로는 국가에 대한 요청, 즉 국가행위에 대한 요청이다.[21] 헌법이 직접 국가에 의하여 강제되고 관철될 수 있는 국민의 의무를 부과하는 것은 법치국가적 헌법과 부합하지 않는다.[22] 개인의 자유영역에 대한 모든 제한과 마찬가지로, 국민에 대한 의무의 부과는 법률을 필요로 한다. 헌법에 의하여 직접 부과되는 국민의 의무는 필연적으로 '예견할 수 없고 불명확한 국민의 의무'를 의미하고, 이는 법치국가적으로 용인될 수 없는 것이다. 그러므로 헌법상 기본의무의 상대방은 실질적 의미에서 언제나 '국가'이다.

(2) 입법자에 의한 형성의 필요성

헌법은 국민에 대하여 직접 집행할 수 있는 의무를 부과하지 않는다. 헌법적 의무는 관철되고 집행되기 위하여 입법자에 의한 형성과 구체화를 필요로 한다. 기본의무의 실현과 구체화는 입법자의 과제이다. 기본의무는 헌법적 차원에서 규정되고 있으나, 그 구체적 내용과 법적 효력은 법률에 의하여 비로소 획득된다. 국민의 기본의무는 단지 법률을 매개로 하여 개인에 대한 효력을 가진다. 기본의무가 법적인 형성에 의존하고 있다는 것은 기본의무를 규정하는 헌법규범의 법문("법률이 정하는 바에 의하여")에서도 그대로 표현되고 있다.[23] 헌법적 의무의 이러한 특성은 헌법규범의 직접적인 수범자가 국민이 아니라 국가기관이라는 사실에 기인한다.[24] 국민은 "법률이 정하는 바에 의하여" 즉, 기본의무의 내용 · 범위 · 의무위반에 대한 제재를 규정하는 법률에 따라 구체적이고 현실적인 의무를 부과 받는다. 국민의 기본의무는 예외적으로 법복종의무를 제외하고는 헌법상 자기집행력을 가질 수 없기 때문에, 헌법에 의하여 직접적인 효력이 인정되고 이로써 개인에게 관철할 수 있는 권리를 부여하는 기본권과는 근본적으로 다른 규범적 성격을 가진다.[25]

헌법상 기본의무의 인정은 곧 개인의 자유에 대한 제한가능성을 의미한다. 그러므로 법치국가적 헌법에서 국민의 의무는 자유제한적 효과로 인하여 법률유보의 구속을 받는다.[26] 따라서 행정청이 입법 없이 직접 헌법상 기본의무를 적용하고 집행하는 것은 허용

---

21) Vgl. V. Götz, Grundpflichten als verfassungsrechtliche Dimension, VVDStRL 41(1983), S.36.

22) Vgl. Bethge, Grundpflichten als verfassungsrechtliche Dimension, NJW 1982, S.2149; Isensee, Die verdrängte Grundpflichten des Bürgers, DÖV 1982, S.612; 유사한 취지로 허영, 한국헌법론, 2007, 594면; 계희열, 헌법학(중), 2004, 808면 이하; 권영성, 헌법학원론, 2008, 710면.

23) 헌법 제38조 및 제39조는 "법률이 정하는 바에 의하여" 각 납세의 의무와 국방의 의무를 진다고 규정하고 있고, 헌법 제31조 제2항은 "… 법률이 정하는 교육을 받게 할 의무를 진다."고 규정하고 있으며, 헌법 제32조 제2항은 "국가는 근로의 의무의 내용과 조건을 민주주의원칙에 따라 법률로 정한다."고 규정하고 있다. 또한 환경보전의무와 관련하여 헌법 제35조 제2항 참조할 것.

24) Vgl. C. Gusy, Grundpflichten und Grundgesetz, JZ 1982, S.661.

25) Vgl. H. Hofmann, Grundpflichten und Grundrechte, in: HbStR, Bd.V, 2000, §114 Rn.42; R. Stober, Grundpflichten als verfassungsrechtliche Dimension, NVwZ 1982, S.473; Isensee, Die verdrängte Grundpflichten des Bürgers, DÖV 1982, S.613.

26) Vgl. Isensee, Die verdrängte Grundpflichten des Bürgers, DÖV 1982, S.612; C. Gusy, Grundpflichten

되지 않는다. 행정청은 행정작용을 통하여 직접 기본의무를 구체화할 수 없다. 그러나 행정청은 법률의 해석과 적용에 있어서 기본의무를 해석의 지침으로 고려할 수 있다.

나. 특정 국가목표·과제의 실현을 위하여 자유권의 제한을 정당화하는 헌법적 근거

(1) 자유권의 제한을 정당화하는 授權規範

헌법상 기본의무는 입법자에게 법률로써 국민에게 의무를 부과할 수 있는 권한을 부여한다. 입법자에 의한 의무의 부과는 필연적으로 자유권의 제한을 수반한다. 따라서 헌법상 기본의무는 입법자에게 자유권을 제한할 수 있는 권한을 부여하는 헌법규범이다.[27] 이로써 국민의 기본의무는 공동체의 유지를 위하여 필수적인 국가목적·국가과제의 실현을 위하여 자유권에 대한 제한을 허용하는 헌법적 근거이다.[28] 가령, 국방의 의무는 '국가안보'라는 국가과제를 위하여, 납세의 의무는 '국가재정의 충당'이라는 국가과제를 위하여, 환경보전의무는 '환경의 보전'이라는 국가과제를 위하여, 취학의 의무는 '후세대의 교육'이라는 국가과제를 위하여 국민의 기본권에 대한 제한을 허용하는 것이다.

(2) 특정 국가목표·국가과제를 제시하는 헌법규범

자유권을 제한하는 효과의 측면에서 본다면, 기본의무는 입법자에게 기본권제한의 가능성을 부여하는 '法律留保'의 기능과 유사하다.[29] 그러나 기본의무는 법률유보의 한 유형이 아니라, 독자적인 헌법적 범주를 구성한다. 헌법 제37조 제2항의 '일반적 법률유보조항'이 개인의 자유를 타인의 자유나 공동체의 법익과 조화시키기 위한 수단이라면, 기본의무는 이와는 달리 국가의 특정한 과제나 목표를 출발점으로 삼아 공동체의 존속과 유지를 위하여 필요한 수단을 확보한다는 성격을 가진다.[30] 기본의무는 개인으로부터 특정한 내용의 부담과 희생을 요구함으로써, 공동체의 유지를 위하여 불가결한 국가목표와 국가과제를 동시에 제시하고 있다. 기본의무는 법적 평화, 국가안보, 헌법의 수호, 후세대의 교육, 국가재정의 충당, 환경보전 등 중요한 국가목표·국가과제의 실현에 기여한다는 의미에서, 국가목표와 특별한 연관성을 가진다. 이러한 점에서 기본의무는 사회적 기본권이나 국가목표규정과 유사하게 구체적인 국가목표와 국가과제를 제시하는 성격을 가지고 있다.[31]

헌법상 '법률유보조항'의 목적은 입법자에게 공익실현을 위하여 기본권을 제한할 수 있는 가능성을 제공하는 것에 있는 반면, 헌법상 '기본의무'의 목적은 개인에게 급부이

---

und Grundgesetz, JZ 1982, S.662.

27) Vgl. C. Gusy, Grundpflichten und Grundgesetz, JZ 1982, S.662.

28) 같은 취지로 허영, 한국헌법론, 2007, 594면.

29) Vgl. H. Hofmann, Grundpflichten und Grundrechte, in: HbStR, Bd.V, 2000, §114 Rn.47.

30) Vgl. H. Hofmann, Grundpflichten und Grundrechte, in: HbStR, Bd.V, 2000, §114 Rn.48.

31) Vgl. H. Hofmann, Grundpflichten als verfassungsrechtliche Dimension, VVDStRL 41(1983), S.77.

행의무나 수인의무 등을 부과할 수 있는 가능성을 규정함으로써 국가공동체의 유지와 기능을 위한 최소한의 조건을 확보하는 것에 있다. 이로써 헌법은 공동체의 유지와 기능을 위하여 불가결한 특정 국가목표나 국가과제를 제시하고 이러한 목적의 달성을 위하여 기본권제한의 가능성을 개방하는 것이다. 여기서 기본권의 제한은 '모든' 공익의 실현을 위한 수단이 아니라, 기본의무조항이 제시하는 '특정한' 국가목적·국가과제의 실현을 위한 수단이다. 또한, 여기서 기본권의 제한은 일반적으로 특정 개별기본권에 대한 제한이 아니라, 병역의 의무 등에서 드러나는 바와 같이, 다수의 기본권영역(가령, 신체의 자유, 거주·이전의 자유, 정치적 표현의 자유 등)을 제한하는 효과를 초래한다.

(3) 기본권적 자유의 주장을 배척하는 강화된 권한규범

한편, 누구도 자신의 기본권을 주장하여 기본의무의 이행을 거부할 수 없다는 점에서,[32] 기본의무는 기본권적 자유의 주장을 제한적이나마 배척하는 기능을 가진다. 다시 말하자면, 기본의무는 '법률을 통하여 기본의무를 실현하는 입법자의 권한'을 '개인의 기본권'으로부터 지켜주는 역할을 하는 '국가의 강화된 권한규범'이다.[33] 가령, 국민은 병역의무를 부과하는 국가에 대하여 신체의 자유나 거주·이전의 자유 등 자신의 기본권을 주장하여 병역의무의 도입필요성이나 목적에 대하여 이의를 제기할 수 없다. 다만, 국민은 헌법상 기본의무를 구체화하는 입법자의 법률에 대하여 '병역의무의 부과를 통하여 실현하고자 하는 목적의 달성을 위하여 필요한 정도를 넘어서 자신의 기본권을 과도하게 제한하고 있다'는 이의만을 제기할 수 있을 뿐이다. 이러한 의미에서 헌법상 기본의무는 '의무의 부과' 그 자체에 대하여 기본권을 주장하는 것을 배척하는 효과를 가진다. 이러한 범위 내에서 기본권은 기본의무의 유보 하에서 보장된다.

Ⅳ. 기본의무의 주체

1. 기본권은 그 주체에 따라 국민만이 주체가 될 수 있는 '국민의 권리'와 모든 자연인이 주체가 될 수 있는 '인간의 권리'로 구분된다. 이에 대하여, 기본의무는 정치적 공동체의 유지를 위한 의무로서, 정치적 공동체와 밀접한 연관관계에 있다. 그러므로 기본의무는 일차적으로 '국민의 의무'이지, 국적과 관계없이 모든 인간에게 부과되는 '인간의 의무'가 아니다.[34]

32) 1947년 제정된 독일 바덴 州의 헌법 제125조 제1항은 "모든 사람은 헌법 또는 법률에 의하여 부과된 국민의 의무를 이행해야 할 의무를 진다. 누구도 헌법에 의하여 보장된 권리와 자유를 주장하여 의무의 이행을 거부할 수 없다."고 규정하고 있다.

33) Vgl. H. Hofmann, Grundpflichten als verfassungsrechtliche Dimension, VVDStRL 41(1983), S.78; ders. Grundpflichten und Grundrechte, in: HbStR, Bd.V, 2000, §114 Rn.49; 계희열, 헌법학(중), 2004, 810면.

34) Vgl. H. Hofmann, Grundpflichten und Grundrechte, in: HbStR, Bd.V, 2000, §114 Rn.34.

한편, 기본의무는 인간의 의무는 아니지만, 그렇다고 하여 반드시 국적과 결부되는 것은 아니다.[35] 독일 바이마르헌법 당시만 하여도, 국적은 기본의무의 근거로서 인식되었다. 그러나 이미 그 당시에도 이러한 견해의 타당성여부가 문제되었다. 오늘날의 문화국가적 관점에서 볼 때, 부모의 자녀교육의무와 취학의무가 국적여부에 의하여 결정될 수 없다는 것은 명백하다. 또한, 법복종의무와 납세의 의무, 환경보전의 의무가, 비록 이러한 의무의 내용이 내국인과 외국인에 대하여 다를 수 있다고 하더라도, 국민에게만 해당하는 것은 아니다.[36]

그러므로 기본의무는 先國家的 의무로서 인간의 선국가적 성격에 자리 잡고 있는 것도 아니고,[37] 국민의 복종의무로부터 파생하는 것도 아니다. 기본의무는 자유민주국가를 조직하고 유지해야 할 필요성에 기인하는 것이다.[38] 국가는 이러한 필요성으로 인하여 '자신의 존재로부터 이익을 향유하는 원칙적으로 모든 사람'에 대하여 공동체의 유지를 위하여 불가피한 부담을 '부담평등의 원칙'에 따라 분배할 수 있다.[39]

2. 자연인뿐만 아니라 법인도 기본권의 주체가 될 수 있는 것과 마찬가지로, 법인도 기본의무의 주체가 될 수 있다. 기본권과 마찬가지로, 기본의무가 그 본질상 법인에게 적용될 수 있다면, 기본의무는 내국의 사법인에 대해서도 효력을 가진다.[40] 부모의 자녀양육의무 및 취학의무, 병역의 의무, 공무원의 충성의무는 그 본질상 개인과 연관된 것이고, 자연인을 전제로 하고 있다. 이에 대하여, 법복종의무, 납세의 의무, 재산권의 사회적 구속성 등은 그 본질상 법인에게도 적용될 수 있을 뿐만 아니라, 나아가 공동체가 유지되기 위하여 법인에게도 적용되어야 하는 기본의무이다.

Ⅴ. 기본권(자유권)과의 관계에서 기본의무

1. 타인의 자유를 존중해야 할 국민의 의무

타인의 자유를 존중해야 할 국민의 의무는 자유권으로부터 파생하는 기본의무에 속한다. 이미 위에서 서술한 바와 같이, 자유는 그의 내재적 한계로서 의무적 측면을 포함하고 있다. 타인의 자유를 존중해야 할 개인의 의무는 '국가공동체 내에서 자유란 모든 인간의 자유'라는 공동체와의 관계에서 자유의 구속성으로부터 필연적으로 도출되는

35) Vgl. H. Hofmann, Grundpflichten und Grundrechte, in: HbStR, Bd.V, 2000, §114 Rn.35.
36) 납세의 의무 또는 환경보전의무가 외국인에게도 부과될 수 있다는 것에 관하여, 허영, 한국헌법론, 2007, 594면; 권영성, 헌법학원론, 2008, 712면, 719면 참조.
37) 같은 취지로, 권영성, 헌법학원론, 2008, 710, "국민의 기본의무가 … 전국가적 인간의 의무라고 할 수 없다."
38) Vgl. H. Hofmann, Grundpflichten und Grundrechte, in: HbStR, Bd.V, 2000, §114 Rn.36; 홍성방, "국민의 기본의무", 公法硏究 34집 4호 1권(2006. 6), 323면.
39) 유사한 취지로 계희열, 헌법학(중), 2004, 806면.
40) Vgl. A. Randelzhofer, Grundrechte und Grundpflichten, in: HbGR, Bd.II, 2006, §37 Rn.60f.

요청이다. 자유권이 권리 외에도 의무적 측면을 포함하고 있다는 것은 오늘날 '헌법의 人間像'에서도 표현되고 있다. 이에 의하면, 인간은 고립된 개체가 아니라 공동체 내에서 인격을 발현하고 자유를 실현하는 공동체의 구성원이다. '모든 사람의 자유'로서 자유는 동시에 책임을 수반하고, 이로써 자유에는 필연적으로 책임이 대응한다. '책임 없는 자유'란 생각할 수 없고, 자유질서란 필연적으로 책임질서이다.[41] 모든 기본권의 주체는 자신의 자유를 행사함에 있어서 타인의 자유를 존중하고 침해해서는 안 된다는 책임적 측면은 모든 자유권에 내재하는 기본의무이다.

물론, 헌법은 스스로 개인의 자유에 대한 한계를 설정하는 것이 아니라, 법률유보의 형태로 입법자로 하여금 사인간의 자유의 경계를 설정하도록 위임하고 있다. 입법자의 법률에 의하여 개인의 자유에 대한 법적인 한계가 설정됨으로써, 자유행사가 제한되고 통제된다. 결국, 자유와 책임의 귀속의 문제는 자유에 내재하는 책임을 관철하는 수단인 법률을 통하여 해결된다.[42] 즉, 입법자가 입법을 통하여 충돌하는 개인의 자유 사이의 조화를 시도하고 자유의 한계를 확정함으로써, 개인은 타인의 자유를 존중해야 하고 침해해서는 안 된다는 국민의 헌법적 의무성이 구체화되는 것이다.[43]

2. 기본권적 자유를 행사해야 할 국민의 의무?

가. 국민의 윤리적 의무

(1) 자유민주국가는 그 구성원인 국민이 헌법적으로 보장된 기본권적 자유를 의미 있게 사용하는 것에 의존하고 있다. 다수의 국민이 자발적으로 정치적 의사형성과정에 참여하지 않는다면, 민주주의는 기능하지 않는다. 국민이 민주적 의사형성과정에 참여함으로써 비로소 정당한 이익조정을 통하여 공익을 발견하고 실현하는 작업이 가능해진다. 다수의 국민이 직업의 자유와 재산권 등 경제적 자유를 행사하지 않는다면, 국민경제는 물론이고 국민경제의 성장과 안정을 사실적 기초로 하는 사회국가는 붕괴하고 말 것이다. 자유민주국가의 헌법은 국민의 다수가 자유행사의 기회를 활용함으로써 기본권을 적극적으로 행사하고, 나아가 가능하면 기본권을 공익에 부합하는 방향으로 사용하리라는 기대에 기초하고 있다.

그러나 자유민주국가가 국민으로 하여금 기본권을 행사하도록 규율하고 조종할 수 있는 가능성은 매우 제한적이므로, 헌법은 기본권주체의 자발성에 의존하고 있다. 이로써 자유민주국가는 그 존립과 기능에 있어서 개인이 자신의 헌법적 자유를 의미 있게 행사해야 한다는 국민의 倫理的 基本義務를 필수적 전제조건으로 하는 것이다.[44]

---

41) Vgl. Gusy, Grundpflichten und Grundgesetz, JZ 1982, S.660.
42) Vgl. Gusy, Grundpflichten und Grundgesetz, JZ 1982, S.661.
43) Vgl. Zippelius/Würtenberger, Deutsches Staatsrecht, 2005, S.198.

(2) 법치국가에서 국민의 윤리적 의무를 법적 의무로 전환하고 국민의 윤리를 법적으로 강제하고 관철하는 것은 허용되지 않는다. 법치국가가 할 수 있는 것은 자신의 생존을 위하여 필수적인 윤리적 기본의무의 실현조건을 조장하고 조성하는 것뿐이다.[45] 즉, 법치국가는 민주시민의 정신이나 公共心을 강제할 수는 없지만, 이를 조성하고자 노력할 수는 있다. 이를 위한 가장 중요하고 효과적인 수단은 바로 학교교육이다.[46] 국가는 학교교육을 통하여 자유민주국가의 존립을 위하여 필수적인 국민의 윤리적 기본의무를 교육목표로 설정하고 이를 후세대의 주체에게 전달하고자 시도할 수 있다.

나. 자유민주국가 헌법의 특징으로서 자유와 의무의 非對稱性

(1) 역사적으로 자유를 동시에 의무로 이해하고자 하는 시도 또는 기본권적 자유를 국민의 기본의무로 변환하려는 시도는 지속적으로 이어져왔다. 칼 마르크스(C. Marx)는 '인권은 단지 개인의 이기주의의 보장'에 불과한 것으로 간주하였고, 약 한 세기 후에는 독일의 공법학자 스멘트(R. Smend)가 이러한 사고를 이어받아 '기본권이란 개인의 사익을 위한 이기적인 권리가 아니라 국민으로서 국가창출을 위한 신분적 권리'라고 주장하여 국민을 국가의 公僕으로 이해하는 소위 '통합이론'을 제시하였다.[47] 이러한 사고에 의하면, 기본권적 자유는 개인의 자유라기보다는 국가창출의 의무로서 기본권을 행사하지 아니할 자유(소극적 자유)는 당연히 부정되며, 언론의 자유는 민주주의에 봉사하는 공적인 과제와 기능에 종속되고, 기본권의 정치적 행사는 기본권의 경제적·사적 행사에 대하여 우위를 차지하며, 선거권은 곧 선거의무를 의미하게 된다.

또한, 사회주의국가의 헌법에서도 국민의 권리와 의무는 一體를 형성하여 자유권과 기본의무의 對稱性을 형성하고 있다. 사회주의국가에서 사회적으로 유용한 자유행사는 모든 국민의 명예로운 의무이고, 이러한 점에서 '근로의 권리'와 '근로의 의무'는 일체를 구성한다. 사회주의국가에서 '권리와 의무의 一體'의 원칙은 첫째, 국민의 헌법상 권리가 인정된다는 것은 이러한 권리를 국가와 사회의 발전과 번영을 위하여 적극적으로 행사해야 할 의무를 수반한다는 것을 의미하고, 둘째, 기본권에는 기본의무가 대응한다는 것을 의미한다.[48] 사회국가적 기본의무의 고전에 속하는 것이 바로 '근로의 의무'이다.[49] 헌법이 근로의 의무를 규정하는 것의 법적 결과는 파업의 금지, 직업선택의 자유

---

44) Vgl. Isensee, Die verdrängte Grundpflichten des Bürgers, DÖV 1982, S.615.
45) Vgl. Isensee, Gemeinwohl und Staatsaufgaben im Verfassungsstaat, in: HbStR, Bd.III, 1988, §57, Rn.163ff.
46) Vgl. Isensee, Die verdrängte Grundpflichten des Bürgers, DÖV 1982, S.616.
47) Vgl. Rudolf Smend, Bürger und Bourgeois im deutschen Staatsrecht(1933), in: Staatsrechtliche Abhandlungen, 2. Aufl. 1968, S.308-325.
48) V. Götz, Grundpflichten als verfassungsrechtliche Dimension, VVDStRL 41(1983), S.18f.
49) 가령, 1918년 소련연방헌법은 제18조에서 '근로'를 모든 '국민의 의무'로서 선언하고 있다.

의 배제, 임의적 직장변경의 금지, 나태한 자에 대한 처벌과 징계, 강제노역 등으로 나타난다.

(2) 이에 대하여, 모든 법치국가적 헌법의 특징은 자유권과 기본의무의 非對稱性이다.[50] 자유민주국가의 헌법에서 권리와 의무의 관계는 필연적으로 불균형적이고 비대칭적이다.[51] 자유민주국가의 헌법은 자유와 의무의 一體를 규정할 수 없다. 사회주의국가의 헌법이 개인의 자유와 권리의 보장을 의무이행의 유보 하에 두는 반면, 자유민주국가의 헌법은 일단 무조건적으로 개인의 자유를 보장하고, 다만 국민이 기본권적 자유를 행사하리라는 기대와 믿음에 의존하고 있다.[52] 여기서 기본권과 기본의무의 관계는 급부와 반대급부의 관계가 아니다.

다. 자유를 행사하지 아니할 자유(소극적 자유)

자유권의 본질에 속하는 것은 자유행사의 여부와 방법에 관하여 스스로 결정할 수 있다는 것이다. 자유행사의 여부와 방법은 기본권의 주체에게 맡겨져 있다. 자유가 무엇인가 하는 것은 궁극적으로 '자유롭고자 하는 자'만이 결정할 수 있다.[53] 기본권의 주체가 자유의 내용과 가치를 스스로 결정하는 것이다. 자유는 그 본질상 '무엇으로부터의 자유'이지. '무엇을 위한 자유'로서 존재할 수 없다.[54] 자유란 자유행사의 여부에 관한 任意性을 포함한다. 단지, 전체주의국가의 헌법만이 개인의 권리와 의무를 일체로서 파악하여 권리와 의무를 서로 대응시킨다. 자유권으로부터 자유행사의 의무를 도출하고자 한다면, 이는 필연적으로 자유의 폐지를 가져온다. 자유권이 그 기능에 있어서 변질됨이 없이, 자유는 의무로서 이해될 수 없다. 즉, 자유는 의무가 아닌 것이다. 이로써 자유를 행사해야 할 의무는 자유의 본질에 반하는 것이다.[55]

따라서 기본권적 자유는 '자유를 행사하지 아니할 자유'를 소극적 자유로서 포함한다.[56] 부모의 자녀교육권을 제외한다면,[57] 국가에 의하여 자유의 행사는 강요될 수 없다. 자유가 내포하는 두 가지 행위가능성(작위와 부작위)은 동등한 중요성을 가지고 국가로부터 보호받아야 한다.[58] 경우에 따라서는 "… 해도 된다."는 측면보다 "… 할 필요가 없다."는 측면이 더욱 중요할 수 있다. 개인의 자유영역을 국가의 간섭과 강제로

50) Vgl. Isensee, Die verdrängte Grundpflichten des Bürgers, DÖV 1982, S.614; A. Randelzhofer, Grundrechte und Grundpflichten, in: HbGR, Bd.II, 2006, §37 Rn.43ff.; 허영, 한국헌법론, 2007, 593면, "자유민주국가에서 … 기본권의 대칭물로서의 법적 의무가 있을 수 없다."
51) Vgl. H. Hofmann, Grundpflichten und Grundrechte, in: HbStR, Bd.V, 2000, §114, Rn.38.
52) Vgl. V. Götz, Grundpflichten als verfassungsrechtliche Dimension, VVDStRL 41(1983), S.13f.
53) Vgl. C. Schmitt, Verfassungsrechtliche Aufsätze, 1958, S.167.
54) Vgl. Böckenförde, Grundrechtstheorie und Grundrechtsinterpretation, NJW 1974, S.1530.
55) Vgl. Bethge, Grundpflichten als verfassungsrechtliche Dimension, NJW 1982, S.2148.
56) Vgl. Isensee, Die verdrängte Grundpflichten des Bürgers, DÖV 1982, S.615.
57) 이에 관하여 아래 Ⅶ. 4. 가. 참조할 것.
58) Vgl. D. Merten, Negative Grundrechte, in: HbGR, Bd.II, 2006, §42, Rn.44ff.

부터 보호하기 위해서는 적극적 자유(해도 될 권리)와 소극적 자유(하지 아니할 권리)라는 두 가지 측면의 보장이 필수적이다.[59] 자유란 언제나 작위와 부작위의 자유이다. 가령, 표현의 자유는 동시에 자신의 의견을 말하지 않을 자유이며, 직업의 자유는 또한 직업을 선택해야 하는 강제로부터의 자유이며, 종교의 자유는 또한 종교적 무관심의 자유이고, 근로3권의 단결권은 또한 노동조합에 가입하지 아니할 자유이며, 정치적 자유는 또한 민주적 의사형성과정에 참여하지 않는 자유, 정치적으로 무관심할 수 있는 자유이다. 자유는 필연적으로 게으름, 무관심과 어리석음의 자유이다.[60]

Ⅵ. 헌법상 국민의 기본의무의 유형

1. 고전적 · 문화국가적 · 사회국가적 기본의무[61]

가. 근대시민국가의 고전적인 국민의 의무

근대시민국가(입헌군주국가)에서 국민의 의무란 국가공동체를 유지하기 위하여 국민에게 인정된 최초의 고전적인 의무를 말한다. 이를 공화주의적 기본의무라고도 한다. 이에 속하는 것은 일차적으로 폭력에 의한 自力救濟를 금지하는 평화의무를 포함하는 '법복종의무'를 들 수 있다. 헌법은 법복종의무를 비록 명시적으로 언급하고 있지 않지만, 헌법국가의 전제조건에 속하는 기본의무이다. 또한, 헌법 제38조 및 제39조에서 규정하고 있는 '납세의 의무'와 '국방의 의무'도 고전적인 국민의무에 속한다.

나. 문화국가적 · 사회국가적 국민의 의무

문화국가적 관점에서 국민의 의무에는 헌법 제36조(혼인과 가족생활의 보장)에서 파생하는 '부모의 자녀교육의무' 및 헌법 제31조 제2항의 '의무교육을 받게 할 의무'(취학의무)가 속한다.

헌법 제23조 제2항은 재산권자에게 '공공복리에 적합하도록 재산권을 행사해야 할 의무'를 부과함으로써, 재산권에 대한 사회국가적 요청을 구체화하고 있다. 나아가, 헌법 제37조 제2항의 '일반적 법률유보'는 공공복리를 위하여 자유를 제한할 수 있는 가능성을 규정함으로써, 개인이 공동체의 이익을 위하여 자유에 대한 제한을 수인해야 하는 것을 밝히고 있다. 또한, 헌법 제33조 제3항은 주요방위산업체에 종사하는 근로자의 단체행동권을 제한함으로써 근로자의 사회적 구속성을 표현하고 있다. 또한, 헌법 제35

---

59) Vgl. Bethge, Grundpflichten als verfassungsrechtliche Dimension, NJW 1982, S.2147.
60) Vgl. Isensee, Die verdrängte Grundpflichten des Bürgers, DÖV 1982, S.615.
61) Vgl. H. Hofmann, Grundpflichten und Grundrechte, in: HbStR, Bd.V, 2000, §114 Rn.17ff.; 홍성방, "국민의 기본의무", 公法硏究 34집 4호 1권(2006. 6), 318면 이하; 권영성, 헌법학원론, 2008, 710면.

조의 환경보존의무도 '사회적 법치국가'의 헌법에 새롭게 추가된 국민의 의무에 속한다.

2. 국민의 윤리적 의무 및 법적 의무

'윤리적 · 법적'의 의미를 어떻게 이해하는지에 따라, 윤리적 의무와 법적 의무의 구분을 달리 할 수 있다.[62] 윤리와 법을 구분하는 기준이 '법적 구속력의 여부'에 있다면, 법적 구속력을 어떻게 이해하는지에 따라 윤리적 의무와 법적 의무의 이해가 다음과 같이 달라진다.

가. 국민의 의무가 '직접적인 법적 구속력을 가지는지의 기준'에 따른 구분

국민의 의무가 '직접적인 법적 효력(구속력)을 가지는지의 기준'에 따라 양자를 구분한다면, 헌법상의 의무가 입법자에 의한 매개 행위 없이 직접 국민을 구속하는 법적 효력을 발휘하는 경우에는 '법적 의무'로 귀속되고, 이에 대하여 헌법상의 의무가 직접 법적 구속력을 가지는 것이 아니라 입법자의 입법행위에 의하여 비로소 구체적인 의무로 형성되고 이로써 국민을 구속하는 직접적인 법적 효력을 가진다면 이는 '윤리적 의무'로 귀속된다. 이러한 구분에 의하면, 예외적으로 자기집행력을 가진 국민의 의무로서 '법복종의무'만이 법적 의무이고,[63] 그 외의 모든 의무는 윤리적 의무로 이해된다.

그러나 이러한 기준에 의한 구분은 사실상 모든 헌법상의 의무를 '윤리적 의무'로 파악한다는 문제점을 안고 있다. 비록 헌법상의 기본의무는 자기집행력을 가지고 있지는 않다고 하더라도, 헌법적 차원에서 개인의 법적 지위를 구성하고 국가기관에 대하여 수권규범으로 기능한다는 의미에서 '규범적 성격'을 가지고 있다. 기본의무의 규범적 효과는 법률에 의하여 비로소 발생하는 것이 아니라, 이미 헌법에 의하여 부여되는 것이다.[64] 헌법상의 기본의무가 직접 법적 구속력을 가지는 것은 아니지만 입법자의 법률을 통하여 법적 구속력을 발휘한다는 점에서, 간접적인 법적 구속력을 가진다고 보아야 한다. 헌법상의 기본의무는 비록 불완전하나마(leges imperfecta) 헌법적 차원에서의 법적 의무이다. 따라서 위와 같은 기준에 의하여 양자를 구분하는 것은 적절치 않은 것으로 판단된다.

---

62) 학계의 일부 견해(가령, 권영성, 헌법학원론, 2008, 719면; 허영, 헌법학원론, 2007, 599면)는 예컨대, 헌법 제32조 제2항의 근로의 의무를 법적 의무가 아니라 단지 '윤리적 의무'로 이해하고 있다. 그런데 "헌법 제32조 제2항의 근로의 의무는 윤리적 · 도덕적 의무에 지나지 아니하는 것이라고 할 수밖에 없다. … 그러나 근로의 의무의 내용과 조건이 법률로써 구체적으로 규정될 때에는 그 의무는 법적 의무가 된다."고 하는 서술(권영성, 헌법학원론, 2008, 719면)에서 드러나듯이, 대체 무엇을 기준으로 법적 의무와 윤리적 의무를 구분하고 있는지 대단히 불확실하고 혼란스럽다.

63) 이에 관하여 아래 Ⅶ. 1. 가. 참조할 것.

64) Vgl. A. Randelzhofer, Grundrechte und Grundpflichten, in: HbGR, Bd.II, 2006, §37 Rn.59.

나. 국민의 의무가 '법적으로 관철될 수 있는지의 기준'에 따른 구분

국민의 의무가 '법적으로 관철될 수 있는지의 기준'에 따라 양자를 구분한다면, 비록 헌법이 국민에게 직접 의무를 부과하지는 않지만 입법자의 입법을 통하여 구체적 법적 의무로 형성됨으로써 법적으로 관철할 수 있는 의무는 '법적 의무'로 이해하고, 이에 대하여 의무의 성격상 윤리와 도덕의 범주에 자리 잡고 있기 때문에 그 이행을 법적으로 관철하는 것이 부적합하거나 또는 의무의 이행을 법적으로 관철하는 것이 헌법의 기본정신에 위배되는 경우에는 이러한 의무를 '윤리적 의무'로 이해할 수 있다. 따라서 여기서 '법적 의무'라 함은 국가공동체가 법적으로 강제하고 관철할 수 있는 의무인 반면, '윤리적 의무'란 국가공동체가 단지 국민으로부터 그 자발적 이행을 기대할 수밖에 없고 국민에 대하여 그 이행을 호소할 수밖에 없는 그러한 의무를 말한다.

이러한 관점에서 본다면, '기본권적 자유를 행사해야 할 국민의 의무'는 소극적 자유의 헌법적 보장에 비추어 법적으로 강제하고 관철할 수 없는 것이므로, 윤리적 의무라 할 수 있고, 또한 '공익에 부합하게 자유를 행사해야 할 의무'도 자유행사의 여부 및 방법에 관한 결정권이 자유의 본질이라는 점에 비추어 단지 윤리적 의무라 할 수 있다.[65] 마찬가지로, '헌법에 대한 일반국민의 충성의무'도 윤리적 의무이다.[66] 국가는 국민으로부터 헌법과 국가에 대한 존중과 충성을 기대할 수는 있으나, 이를 법적으로 강제할 수는 없다. 다만, 국가조직의 일부로서 기능하는 직업공무원에 대해서만 법적으로 헌법에 대한 충성의 의무를 부과하고, 헌법적대적인 공직자를 공직으로부터 배제하는 등의 방법을 통하여 이를 법적으로 관철할 수 있다.

Ⅶ. 헌법상 국민의 기본의무의 구체적 내용

1. 法秩序에 대한 服從義務

가. 법률에 복종해야 할 의무

(1) 국민의 기본의무 중에서 가장 근본적인 것은 법률에 복종해야 할 의무, 즉 法服從義務(Gesetzesgehorsamspflicht)이다. 국민의 의무가 국민에 대한 법적 구속력을 발휘하기 위해서는 원칙적으로 법률에 의한 구체적 형성을 필요로 하지만, 이에 대한 예외는 바로 국민의 법복종의무이다. 법복종의무는 입법자의 구체적 법률 없이도 국민을 직접 구속하는 헌법적 기본의무이다. '법복종의무'란 합헌적 법률과 이에 근거한 국가행위에 대한 복종의무이다.[67]

---

65) 이에 관하여 아래 Ⅶ. 7. 참조할 것.
66) 이에 관하여 아래 Ⅶ. 1. 다. 참조할 것.

(2) 국민이 법질서에 복종해야 한다는 것은, 국민이 국가의 지배를 받는다는 것의 필연적 결과이다. 국가는 법적으로 조직된 정치적 지배의 단위이다. 국가는 국가공동체의 구성원이 신뢰할 수 있는 규율된 '인간의 공동생활', 특히 법적 평화와 법적 안정성을 보장하는 기능을 가진다. 그런데 국가의 이러한 기능은 오로지 통일적이고 효과적인 규범질서에 의해서만 이행될 수 있다. 따라서 국가는 공동체 내에서의 행위를 구속력을 가지고 규율하고 나아가 필요한 경우에는 규정된 행위를 물리적 강제력을 동원하여 강제할 수 있는 수단을 가져야 한다. 이는 곧, 국가는 '국가권력'을 가져야 한다는 것을 의미한다. 국가가 공동체의 질서와 평화를 유지하는 기능을 이행하기 위해서는, 공동체의 구성원이 규범질서를 자신의 행위기준으로 삼는다고 하는 보장이 존재해야 하는 것이다. 법이 확실하게 적용되고 관철되는 경우에만, 법은 신뢰할 수 있는 행위기준으로서 작용할 수 있고, 공동체 내에서 국가권력이 법의 관철을 위하여 투입되는 경우에만, 국가공동체는 법치국가로서 기능할 수 있다. 법적 평화와 법적 안정성을 보장하는 국가의 기본과제는 국가권력이 '물리적 강제력의 독점권'을 가질 것을 요청한다. 결국, 국가권력은 '법적으로 조직된 정치적 권력'이고, 이로써 '법적인 규율권한'과 '규율된 것을 관철하는 권한'의 형태로 구체적으로 형성된다.[68)]

국가는 인간에 대한 정치적 지배의 형태이다. 인간에 대한 모든 정치적 지배에 필수적으로 대응하는 것은 '인간의 복종'이다. 인간에 대한 모든 지배는 필연적으로 지배를 받는 자의 복종을 전제로 하고 있다.[69)] 국가공동체의 구성원이 국가권력을 인정하고 받아들이는 이성적인 이유는, 질서 · 법적 안정성 · 사회적 평화에 대한 기본적 요구를 충족시키기 위해서는 국가에 의한 정치적 지배가 불가피하다는 인식에 있다. 물론, 국가의 지배가 국민의 자발적인 복종에 의하여 지탱되는 경우에만, 국가의 지배는 장기적으로 존속할 수 있다. 법질서는 이미 국가의 지배가능성으로 말미암아 국가권력의 지배를 받는 자에 대하여 구속력을 가진다. 따라서 법질서에 대한 국민의 복종의무는 국가의 지배가능성, 즉 국가권력으로부터 나오는 것이다.

(3) 이러한 의미에서, 법복종의무는 법의 규율대상이 아니라, 국가의 지배가 가능하기 위한 전제조건이자 법질서가 기능하기 위한 전제조건이다.[70)] 법질서에 대한 복종은 법치국가에서 지극히 당연한 것이고 법의 집행에 의하여 관철되기 때문에, 법복종의무는 헌법적으로 명시적으로 규율될 필요가 없다.[71)] 법적 공동체로서 국가는 국민의 법복

67) Vgl. Götz, Grundpflichten als verfassungsrechtliche Dimension, VVDStRL 41(1983), S.11.
68) Vgl. Zippelius, Allgemeine Staatslehre, 7. Aufl. 1980, S.52.
69) Vgl. Zippelius, Allgemeine Staatslehre, 7. Aufl. 1980, S.54.
70) Vgl. Isensee, Die verdrängte Grundpflichten des Bürgers, DÖV 1982, S.612; 홍성방, 국민의 기본의무, 公法研究 34집 4호 1권(2006. 6), 320면.
71) Vgl. Zippelius/Würtenberger, Deutsches Staatsrecht, 2005, S.198.

종의무 없이는 존재할 수 없다. 법률에 복종해야 하는 국민의 의무는 법에 의하여 지배되는 법치국가의 당연한 전제조건이다. 법치국가원리가 국가에 대하여 '법에 의한 지배의 의무'를 부과한다면, 이러한 국가의 의무에 대응하는 것이 바로 '법에 복종해야 할 국민의 의무'이다.[72] 법질서와 국가에 대한 존중의무는 국가가 기본권을 보장한 것에 대한 필수적인 대응물이기도 하다.[73]

나. 平和義務

국민의 법복종의무는 사적인 폭력행사와 자력구제의 금지를 의미하는 국민의 평화의무(Friedenspflicht)를 포함한다.[74] 법질서는 곧 평화질서이므로, 국민이 법질서에 복종한다는 것은 평화적으로 행동한다는 것을 의미한다. 국가의 목표와 과제 중에서 가장 근본적인 것이 바로 국가공동체 내에서의 평화질서의 실현과 유지이며, 이는 일차적으로 모든 개인에 대하여 사적인 폭력행사와 자력구제를 금지하고 국가가 물리적 강제력을 독점하는 것을 전제로 한다.[75] 물리적 강제력의 국가적 독점권이 대내적으로 모든 사회세력에 대하여 우월적 권력을 의미하는 국가의 內的 主權의 실질적 기초이자 공공복리를 실현하기 위한 불가결한 전제조건이다.[76] 국가가 물리적 강제력행사의 권한을 독점하고 국민에게 평화적으로 행위를 해야 할 의무를 부과함으로써, 사적인 폭력을 금지하고 국민을 상호적인 공격으로부터 보호하여 국가공동체의 내적 평화와 법익의 안전을 보장할 수 있는 것이다.

'물리적 강제력의 행사에 관한 국가의 독점권'과 그에 대응하는 '평화적으로 행위를 해야 할 국민의 의무'의 관점에서, 기본권은 처음부터 평화적 자유행사의 유보 하에 있다. 국민의 평화의무는 모든 자유권의 한계이다. 평화의무는 특정 헌법구조의 산물이 아니라 국가의 정치적 지배가 가능하기 위한 필수적 전제조건이다.[77] 따라서 평화의무는 국가로 조직된 모든 공동체에 내재하는 국민의 의무이다. 모든 폭력이 사회로부터 추방되어야만 비로소 정당한 정치적·사회적 질서에 관한 민주적 논의가 가능하다. 국민이 자신의 권리를 자력으로 관철하는 것을 포기한 대가로서, 국가는 법적 분쟁의 평화적 해결을 위한 법치국가적 절차를 제공해야 한다.

72) Vgl. A. Randelzhofer, Grundrechte und Grundpflichten, in: HbGR, Bd.II, 2006, §37 Rn.38.
73) Vgl. Bethge, Grundpflichten als verfassungsrechtliche Dimension, NJW 1982, S.2150.
74) Vgl. H. Hofmann, Grundpflichten und Grundrechte, in: HbStR, Bd.V, 2000, §114 Rn.20; A. Randelzhofer, Grundrechte und Grundpflichten, in: HbGR, Bd.II, 2006, §37 Rn.38.
75) 한수웅, "자유권의 보호범위", 헌법학연구 제12권 제5호, 2006.12, 68면 이하 참조.
76) Vgl. Isensee, Gemeinwohl und Staatsaufgaben im Verfassungsstaat, in: HbStR, Bd.Ⅲ, 1988, §57 Rn.41ff.
77) Vgl. Isensee, Die verdrängte Grundpflichten des Bürgers, DÖV 1982, S.616.

다. 헌법에 대한 충성 의무?

국가에 대하여 충성하고 헌법질서를 수호해야 할 국민의 의무는 존재하지 않는다.[78)]헌법상 인정되는 '저항권'도 헌법질서를 제거하고자 하는 시도에 대하여 헌법질서를 수호해야 할 국민의 의무가 아니다. 저항권은 국민의 저항의무가 아니라 단지 국민의 권리이다. 국민은 규범적으로 헌법을 수호해야 할 의무를 지지 않는다. 헌법의 수호가 국가의 과제·의무라면, 저항권은 국민에게 헌법을 수호할 것을 단지 호소하고 있다.

또한, 자신의 자유를 헌법에 대한 투쟁을 위하여 사용해서는 안 될 국민의 의무도 존재하지 않는다. 헌법은 제8조 제4항에서 정당에 대해서는 헌법질서에 위배되는 정당의 해산가능성을 규정하고 있다. 그러나 헌법 제8조 제4항에 따라 헌법재판소의 결정에 의하여 정당이 금지되는 경우를 제외한다면, 자유민주적 기본질서를 부정하는 세력에 대해서도 헌법에 대한 충성의무를 관철할 수 없다. 국민은 금지되지 않은 정당 내에서 일반적으로 허용된 수단으로 활동하는 한, 헌법적 질서를 부정하고 정치적으로 투쟁할 수 있는 자유를 가진다. 따라서 헌법과 국가에 대한 국민의 충성의무는 법적으로 강제할 수 없는 倫理的 義務이다.[79)]

다만, 공무원과 같은 특정 인적 집단에 대해서만 헌법에 대한 충성의무가 존재한다.[80)] 헌법은 제7조에서 전통적인 직업공무원제도를 보장함으로써 공무원에 대하여 적극적으로 헌법에 대한 충성의무를 부과하고 있다. 자유민주국가가 자신을 파괴하고자 하는 자의 수중에 들어가서는 안 되기 때문이다.[81)] 따라서 헌법에의 충성의무는 공무원의 적격여부를 판단하는 중요한 기준이다. 요컨대, 헌법은 일반국민에 대해서는 국가와 헌법에 대한 충성의무를 부과하지 않지만, 공무원에 대해서는 이러한 충성의무를 부과하는 것이다.

2. 납세의 의무

헌법 제38조는 "모든 국민은 법률이 정하는 바에 의하여 납세의 의무를 진다."고 규정하고 있다. 납세의 의무는, 국가가 재정을 조달하기 위하여 반대급부 없이 국민에게 부과하는 금전적 부담인 조세를 납부해야 할 의무를 말한다. 현대국가는 사회국가이며,

---

78) Vgl. H. H. Klein, Verfassungstreue und Schutz der Verfassung, VVDStRL 37(1979), S.81; V. Götz, Grundpflichten als verfassungsrechtliche Dimension, VVDStRL 41(1983), S.21f.; Isensee, Die verdrängte Grundpflichten des Bürgers, DÖV 1982, S.613.

79) 유사한 취지로, 권영성, 헌법학원론, 2008, 711면, "조국에 대한 충성의 의무와 헌법옹호의 의무는 윤리적 의무일지라도 법률준수의 의무는 법적 의무이다."

80) Vgl. Isensee, Die verdrängte Grundpflichten des Bürgers, DÖV 1982, S.613; Zippelius/Würtenberger, Deutsches Staatsrecht, 2005, S.198; BVerfGE 39, 334, 346ff.

81) BVerfGE 39, 334, 349.

사회국가는 조세국가이고,[82] 조세국가는 국민의 납세의무를 전제로 한다. 租稅國家란, 국가의 영리활동이나 준조세의 징수를 통해서가 아니라 조세를 통하여 국가재정을 충당하는 것을 원칙으로 하는 국가를 말한다.[83] 헌법은 조세법률주의(헌법 제59조)와 납세의 의무(제38조)를 규정함으로써, 국가재정수입의 主源泉으로서 조세를 예정하고 있다.[84] 이로써 조세국가는 조세 외의 부담을 원칙적으로 배제하면서 엄격한 요건 하에서만 예외적으로 허용하기 때문에, 조세 외의 공과금의 부과는 별도의 정당성을 필요로 한다.[85]

자유민주국가는 사회주의적 기업국가와는 달리, 생산수단과 임금을 비롯한 작업조건에 관한 결정권을 가지고 있지 않기 때문에, 조세의 형태로 국민의 경제적 産物에 참여하는 것에 의존하고 있다.[86] 조세는 기본권에 의하여 보장되는 재산권의 부분적 박탈이자, 동시에 국가가 개인의 경제적 자유를 보장한 것에 대한 대가이기도 하다. 조세에 의한 국가재정의 충당은 사회국가적 급부와 재분배를 위한 중요한 전제조건이며, 동시에 헌법이 私經濟秩序를 채택하였다는 기본결정에 대한 대응물이다.[87] 국민의 납세의무는 사유재산제도와 자유경제질서가 가져오는 필연적인 결과이자, 헌법이 개인의 자유로운 경제활동을 보장한 것에 대하여 치러야 하는 대가이기도 하다. 다시 말하자면, 납세의무 없이는 경제적 자유도 있을 수 없다.[88] 개인의 인격발현을 위한 다양한 조건이 국가에 의하여 제공되고 보장된다는 점에서, 국가공동체의 구성원이 재정적으로 국가과제의 이행에 기여해야 한다는 것은 개인의 공동체기속의 관점에서 요청되는 것이다.[89]

3. 국방의 의무

국가공동체의 최고법익인 인간존엄성과 자유를 수호하고 지지하는 것은 모든 국민의 의무라는 사고가 국방의 의무의 이념적 기초를 이루고 있다. 인간존엄성·생명·자유와 재산을 기본권으로 인정하고 이를 보호하는 국가는 국민에 대한 헌법적 보호의무를 단지 국가의 존속을 지지하는 국민의 협력에 의해서만 이행할 수 있다는 데에 바로 국방

82) 헌재 1990. 9. 3. 89헌가95, 판례집 2, 245, 251, "현대국가는 조세국가라고 할 수 있고 우리나라도 그 예외는 아니라고 할 것이다."
83) Vgl. Isensee, Steuerstaat als Staatsform, in: Festschrift für H. P. Ipsen, 1977, S.409ff.
84) 헌재 2004. 7. 15. 2002헌바42(먹는샘물 수입판매업자에 대한 수질개선부담금 사건), 판례집 16-2 상, 14, 26.
85) Vgl. BVerfGE 93, 319, 342ff.; V. Götz, Grundpflichten als verfassungsrechtliche Dimension, VVDStRL 41(1983), S.34f.
86) Vgl. Isensee, Die verdrängte Grundpflichten des Bürgers, DÖV 1982, S.617.
87) Vgl. Vogel, Der Finanz- und Steuerstaat, in: HbStR, Bd.I, 1987, §27 Rn.59ff.; 또한, 허영, 한국헌법론, 2007, 594면 참조.
88) Vgl. Friauf, Verfassungsrechtliche Anforderung an die Gesetzgebung über die Steuern vom Einkommen und Ertrag, in: Friauf(Hg), Steuerrecht und Verfassungsrecht, 1989, S.3.
89) Vgl. BVerfGE 4, 7, 15f.

의무의 헌법적 정당성이 있다.[90] 국가에 대하여 자신의 자유와 재산을 보호해 줄 것을 요청하는 국민의 권리에 필연적으로 대응하는 것이 국가공동체를 방어해야 할 국민의 기본의무이다.

헌법 제39조는 제1항에서 "모든 국민은 법률이 정하는 바에 의하여 국방의 의무를 진다."고 하여 국방의 의무를 규정하고 있다. 국방의 의무는 납세의 의무와는 달리 국민에 대하여 재산적 희생이 아니라 개인적 희생을 요구한다. 국방의 의무는 외국의 침략적 행위로부터 국가의 독립과 영토를 보전하기 위하여 부담하는 국가방위의무이다. 국방의 의무는 일차적으로 병역의무를 의미하지만, 병역법에 따른 군복무의무뿐만 아니라 향토예비군설치법에 의한 예비군복무의무 및 민방위기본법에 의한 방공·방재 등 지원의무도 포함하는 것이다.[91] 헌법 제39조 제1항은 국민에게 직접 국방의무를 부과하는 규정이 아니라, 국가에게 국방의무를 부과할 수 있는 권한을 부여하는 授權規範이다.[92] 따라서 국가는 국민에게 국방의무를 부과할 수는 있지만, 부과해야 하는 것은 아니다. 헌법상 국방의무는 국민에 대하여 직접 적용될 수도 없고 집행될 수도 없다. 국민에 대한 직접적인 의무부과는 헌법이 아니라 법률에 의하여 이루어진다. 법률에 의하여 국방의무의 조건, 내용, 범위가 규정된다.

4. 교육을 받게 해야 할 의무

가. 부모의 양육·교육권과 양육·교육의무

(1) 헌법은 부모의 양육·교육권(이하 '자녀양육권')을 명시적으로 규정하고 있지 않지만, 이러한 권리는 혼인과 가족생활을 보장하는 헌법 제36조 제1항으로부터 나오는 부모의 자연적·천부적 권리이다. 자녀의 양육과 교육은 부모의 자연적 권리이자 일차적으로 부모에게 부과되는 의무이다.[93] 부모의 자녀양육권은 이중적으로 의무의 구속을 받는다. 첫째, 부모는 자녀양육권을 행사할 것인지에 관하여 선택권이 없으며, 둘째, 부모가 자녀양육의 과제를 어떻게 이행할 것인지에 관하여 원칙적인 자유가 부여되지만, 여기서도 '자녀의 복리'라는 자녀양육권의 목표와 지침에 의하여 구속을 받는다. 결국, 자녀양육에 관한 부모의 권리와 의무는 자녀에 대한 부모의 책임으로 수렴된다.

헌법은 자녀양육의무의 부과를 통하여 '자녀를 양육하지 아니할 자유'(소극적 자유)를 부정하고 있다. 부모의 자녀양육의무를 헌법적 의무로 인정하는 것은 예외적으로 자유

---

90) Vgl. BVerfGE 48, 127, 161.

91) 같은 취지로 권영성, 헌법학원론, 2008, 715면; 허영, 한국헌법론, 2007, 597면.

92) Vgl. Isensee, Die verdrängte Grundpflichten des Bürgers, DÖV 1982, S.617; C. Gusy, Grundpflichten und Grundgesetz, JZ 1982, S.660.

93) 부모의 자녀교육권에 관하여 상세하게, 한수웅, "교육을 받을 권리와 국가교육권한의 한계 - 교육평준화 및 학교선택권 제한의 헌법적 한계를 중심으로 -", 법조, 2008. 4, 21면 이하.

권의 소극적 측면(소극적 자유)을 배제하는 효과를 가진다. 부모의 자녀양육권은 권리와 의무가 대칭적으로 일치한다는 점에서, 기본권에 있어서 하나의 예외이다.[94] 이러한 예외적 현상은, 부모의 자녀양육권은 자기실현이 아니라 자녀의 인격발현을 위한 것이고, 부모의 자기결정권이 아니라 자신의 자기결정권을 아직 제대로 행사하지 못하는 자녀를 위한 신탁적 권리라는 사실에 기인한다. 즉, 다른 자유권의 경우에는 당연히 인정되는 '자유의 소극적 측면'이 부모의 자녀양육권의 경우에는 인정되지 않는 것은, 자녀양육권의 경우에는 개인(부모)과 국가 사이의 兩者關係가 아니라 부모－자녀－국가의 三者關係에 관한 것이고, 자녀에게 불리하게 행사되어서는 안 되는 부모의 권리에 관한 것이기 때문이다.[95] 이러한 특수한 구조가 '의무와 권리의 예외적인 對稱性'을 정당화하는 것이다.

(2) 국가공동체가 유지되기 위하여 필수적으로 전제되는 중대한 사안에 속하는 것이 바로 '자녀양육'이다. 국가는 존속하기 위하여 부모에 의한 자녀양육을 필요로 하고 그에 의존하고 있다. 이러한 점에서, 부모의 양육책임은 자녀에 대한 의무일 뿐만 아니라 국가에 대한 의무이기도 하다.[96] 부모가 양육의무를 해태하는 경우 국가의 개입의무가 존재한다는 것에서 국가에 대한 국민의 의무적 성격이 드러난다. 국가는 자녀의 자유로운 인격발현을 보장해야 할 의무를 지고 있다. 국가는 그의 보증인적 지위로 말미암아 부모에게 자녀양육의 의무를 부과해야 하고, 자녀의 양육여부를 전적으로 부모의 자유로운 결정에 맡겨놓을 수 없다. 따라서 국가는 감독자적 지위에서 부모가 양육책임을 이행하는지를 감독하고 자녀양육권의 남용을 방지해야 할 의무를 진다.[97] 물론, 부모의 자녀양육의무는 국민에 대하여 직접 적용되고 집행될 수는 없고, 법률에 의한 구체적 형성을 필요로 한다.

나. 교육을 받게 해야 할 의무

(1) 헌법 제31조는 제2항에서 "모든 국민은 그 보호하는 자녀에게 적어도 초등교육과 법률이 정하는 교육을 받게 할 의무를 진다."고 하여 취학의무를 규정하면서,[98] 제3항에서 "의무교육은 무상으로 한다."고 규정하고 있다. '교육을 받게 해야 할 의무'는 취학아동을 가진 부모 등 보호자가 그 자녀로 하여금 의무교육을 받도록 취학시킬 의무

94) Vgl. Isensee, Die verdrängte Grundpflichten des Bürgers, DÖV 1982, S.614.
95) Vgl. A. Randelzhofer, Grundrechte und Grundpflichten, in: HbGR, Bd.II, 2006, §37 Rn.44.
96) Vgl. C. Gusy, Grundpflichten und Grundgesetz, JZ 1982, S.658f.; Bethge, Grundpflichten als verfassungsrechtliche Dimension, NJW 1982, S.2146; A. Randelzhofer, Grundrechte und Grundpflichten, in: HbGR, Bd.II, 2006, §37, Rn.30.
97) Vgl. Ossenbühl, Schule im Rechtsstaat, DÖV 1977, S.806; H. Hofmann, Grundpflichten und Grundrechte, in: HbStR, Bd.V, 2000, §114 Rn.34.
98) 이에 따라 교육기본법과 초・중등교육법이 제정되었다.

(就學義務)를 말한다. 국민의 취학의무는 이에 대응하여 국가가 이에 필요한 교육시설과 교육제도를 제공해야 한다는 것을 당연한 전제로 하고 있다.[99]

국가에 의한 학교교육은 문화국가의 본질적 구성부분이다.[100] 학교는 자녀에게 지식·실용적 능력·민주시민의 덕성 등을 전달함으로써 자녀를 기본권에 의하여 보장되는 자기결정권과 민주적 공동결정권(참여권)을 자기책임 하에서 독자적으로 행사하는 민주시민으로 교육한다. 국가의 의무교육제도에 의하여 발생하는 취학의무는 다원적 사회를 '국민'이란 민주적 통일체로 통합하는 데 기여한다. 취학의무는 자유민주국가에서도 불가결한 국민의 정신적·윤리적·문화적 동질성의 기초를 확보하는 데 기여한다. 뿐만 아니라, 취학의무는 사회적 신분이나 개인이 처한 경제적·사회적 상황과 관계없이, 모든 자녀에게 개인의 인격발현과 자기결정권의 행사를 위하여 필요한 교육의 최소한을 제공함으로써, 사회적 불균형을 완화하고 조정하는 사회국가적 과제를 가진다.[101]

취학의무의 경우, 학부모와 자녀는 국가의 급부를 받도록 강제되므로, 국방의 의무나 납세의 의무와는 달리, 공동체를 위한 희생의 성격이 결여되어 있다.[102] 이로써 국가는 국민에게 '급부제공의 의무'가 아니라 국가가 제공하는 '급부의 수령의무' 또는 소비의무를 부과한다. 국가의 의무교육으로 인하여 기본권의 제한이 문제된다면, 이는 국가가 자신의 교육과제(헌법 제31조)를 이행함으로써 기본권에 의하여 보장되는 부모의 자녀교육권 및 특정한 방향의 종교적·세계관적 교육을 지향하는 사회세력의 교육적 영향력과 경쟁한다는 것에 있다.[103]

(2) 국민의 취학의무가 취학에 필요한 교육시설과 교육제도의 제공을 당연한 전제로 하고 있다면, 헌법 제31조 제3항에서 '의무교육의 無償性'을 규정한 것도 이의 延長線上에 있다. 국가가 자녀의 보호자(친권자 또는 후견인)에게 자녀의 취학을 강제하면서 취학의무를 이행하지 아니하는 경우에 대하여 법적 제재를 가한다면, 자녀의 취학으로 인하여 발생하는 보호자의 경제적 부담을 원칙적으로 덜어주어야 한다는 요청이 나온다. 따라서 국가가 의무교육의 형태로 국민에게 급부의 수령을 강제한다면, 그 대신 국민으로부터 국가의 급부제공에 대하여 원칙적으로 반대급부를 요구할 수 없다고 하는 것이 바로 '의무교육의 무상성'이다.

따라서 의무교육의 無償의 범위는 국가의 급부제공에 대한 반대급부에 해당하는 것에 제한된다고 이해해야 하며, 반대급부에 해당하는 것은 바로 '수업료'이다.[104] 물론,

99) 헌법 제31조 제1항의 '교육을 받을 권리'의 사회적 기본권적 성격에 관하여, 한수웅, "교육을 받을 권리와 국가교육권한의 한계", 법조, 2008. 4, 9면.
100) 문화적 생존배려의 핵심적 영역으로서 국가의 학교교육에 관하여, 한수웅, "교육을 받을 권리와 국가교육권한의 한계", 법조, 2008. 4, 16면.
101) Vgl. Isensee, Die verdrängte Grundpflichten des Bürgers, DÖV 1982, S.618.
102) Vgl. Isensee, Die verdrängte Grundpflichten des Bürgers, DÖV 1982, S.617.
103) 이에 관하여 상세하게 한수웅, "교육을 받을 권리와 국가교육권한의 한계", 법조, 2008. 4, 18면.

국가는 다른 국가과제와 국가재정이 허용하는 범위 내에서 무상의 범위를 교과서 등 교재, 학용품, 급식 등에도 확대할 수는 있으나, 헌법적으로 보장되는 무상교육의 범위, 이로써 헌법의 구속을 받는 국가가 반드시 시행해야 하는 무상제도의 범위는 '수업료'에 국한되는 것으로 이해하는 것이 타당하다.[105] '헌법이 보장하는 것'과 '국가가 할 수 있는 것'을 혼동해서는 안 된다. 무상교육의 헌법적 보장내용을 지나치게 확대하는 것은, 경제상황의 변화에 따라 국가가 실제로 보장할 수 없는 것을 헌법적 보장내용으로 확정함으로써, 결과적으로 헌법에 대한 국민의 신뢰와 헌법의 권위를 손상시킬 위험이 있다.

5. 근로의 의무

가. 자유민주국가에서 근로의 권리와 근로의 의무

헌법 제32조 제2항은 "모든 국민은 근로의 의무를 진다. 국가는 근로의 의무의 내용과 조건을 민주주의원칙에 따라 법률로 정한다."고 규정하고 있다. 근로의 의무는 자유민주국가의 헌법에서 매우 이질적인 것이다. 국가가 스스로 일자리와 작업조건에 관한 처분권을 독점적으로 보유하는 사회주의국가에서는, 국가에 대하여 일자리의 제공을 요구할 수 있는 '근로의 권리'에 대응하여 국가가 제공하는 근로를 이행해야 할 '근로의 의무'가 존재한다. 즉, 국가가 모든 국민에게 일자리를 제공할 수 있는 경우에만 이에 대응하는 근로의 의무가 성립할 수 있는 것이다.

그러나 직업의 자유와 재산권을 보장함으로써 개인의 결정에 의하여 시장에서 본질적인 것이 형성되는 자유주의적 경제질서에서, 국가는 직장에 관한 처분권한을 가지고 있지 않다. 모든 사람이 국가로부터 직장을 요구할 수 있는 주관적 권리를 가지고 있다면, 이를 이행하기 위하여 국가는 필연적으로 노동시장, 나아가 전반적인 경제활동에 관한 결정권한을 가져야 할 것이고, 이는 곧 직업의 자유의 종말을 의미한다. 따라서 자유민주국가에서는 국민의 주관적 권리로서 근로의 권리가 존재하지 않으며,[106] 이를 전제로 하는 근로의 의무도 존재하지 않는다.

나. 근로의 의무에 의한 '소극적 직업의 자유'의 부분적 배제

따라서 헌법 제32조의 '근로의 의무'를 헌법의 전체 체계 내에서 어떻게 이해해야 할

---

104) 현행 초·중등교육법은 무상의 범위에 관하여 수업료 면제만을 규정하고 있다(제12조 제4항).

105) 이에 대하여 수업료 면제뿐만 아니라 교과서의 무상배부도 포함된다는 견해로 권영성, 헌법학원론, 2008, 717면; 학용품, 교과서, 급식 등도 무상이어야 한다는 견해로 성낙인, 헌법학, 2009, 692면, 782면.

106) 헌법 제32조 제1항에 규정된 '근로의 권리'는, 개인이 국가로부터 '직장을 제공해 줄 것을 요구할 수 있는 개인의 주관적 권리'가 아니다. 헌법 제32조 제1항의 '근로의 권리'는 같은 조 제1항 제2문에서 스스로 구체화하고 있듯이, 사회적·경제적 방법으로 고용증진을 해야 할 국가의 의무, 즉 '상대적 완전고용'을 실현하기 위하여 그에 필요한 경제적·사회적 조건을 형성해야 할 국가의 의무를 뜻한다.

것인지의 문제가 제기된다. 특히, 직업선택의 자유와의 연관관계에서 근로의 의무에 어떠한 의미가 부여되는지, 무엇보다도 근로의 의무와 직업선택의 자유를 헌법의 통일성에 비추어 어떻게 조화시킬 수 있는지 의문이 제기된다.

여기서 문제되는 것은 헌법 제32조의 근로의 의무가 '직업을 선택하지 아니할 자유'라는 '소극적 직업의 자유'를 전반적으로 배제하는 효과를 가지는지 여부이다. 국민에 대한 직접적인 의무부과가 헌법이 아니라 법률에 의하여 이루어진다 하더라도, 입법자가 법률로써 전반적인 근로활동의 영역에 대하여 현실적인 법적 의무로서 근로의 의무를 발생시키고, 이로써 소극적 자유를 전반적으로 배제하여 근로의 강제를 규정할 수 있다면, 이러한 입법은 '소극적 직업의 자유'의 문제를 넘어서 직업선택의 자유를 사실상 폐기하는 것으로 헌법적으로 허용될 수 없을 것이다. 뿐만 아니라, 이와 같이 전반적으로 국민에게 근로를 강제하는 것은, 이를 정당화하는 입법목적(공익)을 발견할 수 없다는 점에서도 과잉금지원칙에 위반되어 직업선택의 자유를 과도하게 침해하는 것이다.

따라서 근로의 의무에 의하여 의도되는 소극적 자유의 배제는 '전반적인' 것이 아니라, 공익상의 이유로 소극적 자유의 배제가 불가피한 '부분적인' 영역에 국한되어야 한다.[107] 이러한 경우란, 무엇보다도 국가비상시의 경우 국민에게 예외적으로 법률로써 근로의 의무를 부과하는 상황이다.[108] 국가비상사태의 경우 일련의 기본권은 정상적인 상황에서 헌법적으로 허용되는 정도를 넘어서 제한될 수 있는데, 대표적인 기본권이 바로 직업의 자유이다. 국가비상사태의 경우, 남성에게는 법률에 의하여 방공·방재·구조·복구 및 민간시설이나 군시설에서의 *勞力支援* 등의 의무가 부과될 수 있고, 여성에게는 민간 위생·치료시설 또는 군병원·야전병원에서의 *勞力支援*의 의무가 부과될 수 있다. 또한, 사회보험의 기능유지의 관점에서, 실업보험급여 등 국가의 급부를 요구하는 국민에게 직장선택의 자유를 제한하고 국가가 제공하는 일자리를 수인할 것을 강제하는 경우이다.[109] 즉, 근로의 능력이 있으면서 일하고자 하지 않는 자에 대하여 국가가 사회보험적 급부를 제공하는 조건으로서 근로를 강제할 수 있는 것이다. 근로의 의무는 이러한 제한적인 관점에서 소극적 직업의 자유를 배제한다고 보아야 한다. 헌법 제32조 제2항이 근로의 의무를 선언하면서 근로의 의무의 내용과 조건을 법률로 정함에 있어서 "민주주의원칙에 따라"야 한다고 별도로 강조하고 있는 것도, 헌법이 근로의 의무를

---

107) 이러한 영역에서도 과잉금지원칙이 준수되어야 함은 물론이다. 따라서 대체이행의 가능성을 제공하더라도 입법목적의 실현이 가능한 경우에는 대체이행이 허용되어야 하며, 의무불이행에 대한 제재에 있어서도 '보다 약한 제재수단'으로도 입법목적의 실현이 가능하다면 '약한 제재수단'을 택해야 한다. 그러나 반드시 대체이행이 허용되어야 한다든지 아니면 제재수단으로서 자유형이 금지되는 것은 아니다. 이러한 점에서, 과잉금지원칙의 준수를 요청하는 것을 넘어서, '대체이행이 허용되어야 하고 제재수단으로서 자유형이 금지된다'는 학계의 일부 견해(가령, 권영성, 헌법학원론, 2008, 719면; 계희열, 헌법학(중), 2004, 814면)는 오류이다.

108) 유사한 취지로 권영성, 헌법학원론, 2008, 719면.

109) 유사한 취지로 권영성, 헌법학원론, 2009, 719면; 허영, 한국헌법론, 2007, 599면.

도입하는 한계를 스스로 인식하고 있음을 밝히고 있는 것이다.

6. 환경보전의무

헌법 제35조 제1항 후단은 "… 국가와 국민은 환경보전을 위하여 노력하여야 한다."고 하여, 국가뿐만 아니라 국민에 대해서도 환경보전의무를 지우고 있다. 환경보전의 과제는 국가와 국민의 공동의 노력에 의해서만 그 실현이 가능하므로, 의무의 주체로서 국민을 명시적으로 언급한 것이다. 환경침해행위와 공해유발행위가 주로 사기업 등 국민에 의하여 발생하기 때문에, 환경보전의 과제는 이에 상응하는 국민의 노력 없이는 실현될 수 없다. 환경보전의무는 현대산업국가에서 초래된 환경오염에 대한 필연적인 국가적 대응이다. 국가공동체를 유지하기 위하여 필수적인 자연적 환경의 중요성이 새롭게 인식되고 부각됨에 따라, 환경보전의무는 국민의 의무로서 헌법에 수용되었다.

그러나 국민은 헌법적 환경보전의무의 직접적인 상대방이 아니다. 환경보전의 의무는 일차적으로 입법자에게 부과된다.[110] '환경보전'이란 추상적이고 불명확한 헌법적 과제를 구체화하고 실현하는 것은 일차적으로 입법자의 과제이다. 환경보전이라는 국가목표의 실현은 필연적으로 개인의 자유에 대한 제한을 수반한다. 국가의 환경정책은 일차적으로 기업의 활동과 재산권행사를 제한하는 결과를 초래하고, 이로써 기업의 자유와 재산권보장을 제한하게 된다. 환경보전이라는 국가목표와 개인의 기본권적 자유라는 상호 대립하는 법익을 조정하는 것은 입법자의 과제이다. 따라서 환경보전의 과제는 실현되기 위하여 입법자의 법률을 필요로 한다. 요컨대, 환경보전의무의 직접적인 상대방은 입법자이며, 국민은 입법자에 의하여 형성된 환경보호관련 법률에 따라 의무를 부과 받게 된다.

7. 재산권의 사회적 구속성(헌법 제23조 제2항)

가. 입법자에 대한 헌법적 지침으로서 재산권의 사회적 구속성

헌법 제23조 제2항은 "재산권의 행사는 공공복리에 적합하도록 하여야 한다."고 규정하여 '재산권의 행사에 관한 국민의 의무'의 형태로 재산권의 사회적 구속성을 표현하고 있다. 헌법 제23조 제2항의 사회적 구속성의 내용에 관하여, 재산권행사의 공공복리 적합의무를 법적 의무로 규정한 것이라고 하는 '법적 의무설'과 헌법 제23조 제1항 후문과의 관계에서 공공복리를 실현하기 위하여 재산권을 제한할 수 있는 가능성을 규정한 것이라고 하는 '재산권제한설'이 대립하고 있다.[111]

---

110) Vgl. Zippelius/Würtenberger, Deutsches Staatsrecht, 2005, S.121f.; Badura, Staatsrecht, 2002, D44; Maurer, Staatsrecht, 1999, §6 Rn.13; Kloepfer, Umweltschutz als Verfassungsrecht: Zum neuen Art.20a GG, DVBl 1996, S.75f.

헌법 제23조 제2항은 일차적으로 입법자에 대한 헌법적 위임으로서, 법률로써 재산권의 내용을 구체적으로 형성함에 있어서 헌법상의 '재산권보장'뿐만 아니라 또한 '공공복리'를 고려해야 할 입법자의 의무를 규정하고 있다.[112] 이로써 헌법 제23조 제2항은 제23조 제1항의 사유재산권의 보장과 함께 재산권의 내용과 한계를 정하는 입법자를 구속하는 기본지침으로서, 사회국가원리가 재산권의 영역에서 구체화된 형태라고 할 수 있다. 헌법 제23조 제2항은 같은 조 제1항에 의하여 보장되는 '사적 유용성'의 기능 외에 '공공복리에 기여한다는 또 다른 기능'을 재산권에 부여하고 있다. 이로써 헌법은 입법자가 재산권질서를 형성함에 있어서 추구하고 실현해야 하는 또 다른 방향과 지침을 제시하고 있다. 헌법 제23조 제2항은 사회적으로 정당한 재산권질서의 실현, 즉 사회국가적 사회·경제정책의 요청에 대하여 개방되어 있는 재산권질서의 실현을 목표로 하고 있는 것이다. 헌법은 제23조 제1항 후문에서 "그 내용과 한계는 법률로써 정한다."고 하고 제2항에서 "재산권의 행사는 공공복리에 적합해야 한다."고 규정함으로써, 재산권의 내용과 한계는 재산권의 사회적 기속을 고려하는 법률에 의하여 정해진다는 의미에서 헌법 제23조 제1항 후문 및 제2항은 하나의 통일적인 형성적 법률유보를 형성하고 있다.

나. 공공복리에 부합하게 재산권을 행사해야 할 국민의 의무?

사회국가원리의 관점에서, '공익에 부합하게 자유를 행사해야 할 의무'를 국민의 기본의무로서 인정할 수 있는지의 문제가 제기된다. 특히 헌법 제23조 제2항은 "재산권의 행사는 공공복리에 적합하도록 하여야 한다."고 하여 이러한 내용의 의무를 명시적으로 언급하고 있으므로, 이러한 의무가 '법적 의무'인지, 즉 의무의 이행이 법적으로 관철되고 강제될 수 있는지의 문제가 제기된다.[113]

자유권이란 임의적 자유이지, 무엇을 위한 자유, 예컨대 공익실현을 위한 자유가 아니며, 이러한 자유권의 본질은 재산권보장의 경우에도 마찬가지로 유효하다. 기본권적 자유가 공익실현의 목적에 종속됨으로써 개인이 국가공동체에 바람직한 방향으로 자신의 자유를 행사해야 한다면, 그것은 이미 자유가 아니다. 헌법은 공공복리에 기여하는 자유행사에 대해서만 기본권적인 보호를 제공하는 것이 아니라, 기본권의 제한을 통하여 공공복리를 실현하는 구조를 취하고 있다(헌법 제37조 제2항). 공공복리는 단지 기본권적 자유의 한계인 것이지, 자유행사의 지침이 아닌 것이다. 공공복리는 입법자의 법

111) Vgl. H. Hofmann, Grundpflichten und Grundrechte, in: HbStR, Bd.V, 2000, §114 Rn.18, 42; 또한, 권영성, 헌법학원론, 2008, 720면 참조.

112) 입법자가 이미 구법에 의하여 형성된 기득재산권을 새롭게 형성하는 경우에는 기득재산권을 제한할 수 있는 가능성도 함께 규정하고 있는 것이다.

113) 법적 의무와 윤리적 의무의 구분에 관하여 위 Ⅳ. 2. 참조할 것.

익교량과정에서 개인의 자유권과 함께 고려되어야 하는 '반대 추'인 것이지, 개인의 자유행사가 추구해야 하는 방향이 아니다. 자유행사의 방향과 목적이 공공복리에 의하여 이미 헌법적으로 정해져 있다면, 이는 자유의 종말을 의미한다. 사회국가는 자유행사에 대하여 공공복리적합의무를 부과함으로써 개인의 자유를 폐지하고자 하는 국가가 아니라, 자유와 공익을 조화시키는 과제를 입법자에게 위임함으로써 양자를 조화시키고자 하는 국가이다.[114)]

헌법 제23조 제2항은 공공복리적합의무를 마치 재산권의 구체적인 행사에 있어서 재산권자가 준수해야 하는 의무인 것처럼 표현하고 있지만, 공공복리에 부합하는 방향으로 재산권을 행사해야 하는 법적 의무는 존재하지 않는다. 자유행사의 여부와 방법에 관한 자기결정권을 자유의 본질로 이해하는 자유민주국가의 헌법에서, '공공복리에 적합하게 자유를 행사해야 할 의무'는 그 이행을 법적으로 강제하고 관철할 수 있는 '법적 의무'로서 존재할 수 없다.[115)] 따라서 재산권행사의 공공복리적합의무를 굳이 '국민의 의무'로 이해한다면, 그러한 의무는 국가공동체가 국민으로부터 그 자발적 이행을 기대할 수밖에 없고 국민에 대하여 그 이행을 호소할 수밖에 없는 '倫理的 義務'에 지나지 않는다.

다. 공공복리를 위하여 불가피한 재산권의 제한을 수인해야 할 의무

헌법 제23조 제2항이 전적으로 입법자만을 향하고 있는 것은 아니다. 헌법 제23조 제2항은 재산권의 사회적 구속성을 언급함으로써 공공복리의 실현을 위하여 재산권이 제한될 수 있다는 것, 즉 개인의 사회적 책임성을 표현하고 있다.[116)]

헌법 제23조 제2항에서 표현되는 개인의 對社會的 책임이란 공공복리에 부합하게 재산권을 행사해야 할 개인의 헌법적 의무를 의미하는 것이 아니라, 사회국가가 실질적 자유와 평등을 실현하기 위하여 불가피하게 개인의 자유를 제한하는 경우 개인은 이를 수인해야 한다는 것을 말하는 것이다. 이로써 모든 국민은 합헌적 법률이 정하는 바에 의하여 재산권행사에 대한 제한을 수인해야 할 의무를 진다. 이러한 의미에서 헌법 제23조 제2항은 개인에게 '공공복리의 실현을 위하여 불가피한 재산권의 제한을 수인해야 할 의무'를 부과하고 있는 것이고, 이러한 의미에서 사회국가적 관점에서 부과되는 이러한 법적 의무를 '국민의 기본의무'로 이해할 수 있다.

---

114) Vgl. V. Götz, Grundpflichten als verfassungsrechtliche Dimension, VVDStRL 41(1983), S.16.

115) 그러나 일부 학자(가령, 성낙인, 헌법학, 2010, 802면)는 "법률로써 재산권행사의 공공복리적합의무를 강제할 수 있다."고 하나, 이러한 견해가 타당할 수 없다.

116) Vgl. Bryde, in: v. Münch/Kunig, GGK, Art.14 Rn.69; V. Götz, Grundpflichten als verfassungsrechtliche Dimension, VVDStRL 41(1983), S.30ff.; H. Hofmann, Grundpflichten und Grundrechte, in: HbStR, Bd.V, 2000, §114 Rn.18; Zippelius/Würtenberger, Deutsches Staatsrecht, 2005, S.199; A. Randelzhofer, Grundrechte und Grundpflichten, in: HbGR, Bd.II, 2006, §37 Rn.33.

같은 맥락에서, 국민의 자유가 공공복리를 위하여 법률로써 제한될 수 있음을 규정하는 헌법 제37조 제2항의 일반적 법률유보조항도 '모든 국민은 법률이 정하는 바에 의하여 자유의 제한을 수인해야 할 의무를 진다'는 의미로 전환하여 표현될 수 있고, 이로써 공공복리를 위하여 자유제한을 수인해야 할 '국민의 사회국가적 기본의무'를 담고 있다.

Ⅷ. 맺는말

1. 국민의 기본의무는 국가의 존속과 기능을 위하여 불가결한 조건에 관한 것이다. 국가는 그 존속과 기능에 있어서 국민이 국가를 방위하고 자녀를 양육하며 조세를 납부하고 법질서에 복종하고 타인과 국가공동체의 이익을 위하여 자신의 자유에 대한 제한을 수인하는 것에 절대적으로 의존하고 있다. 개인에게 헌법상 보장된 '기본권'이 개인의 자유로운 생존을 위한 기본조건에 관한 것이라면, 국민의 '기본의무'는 국가의 생존을 위한 기본조건에 관한 것이며, 이로써 '국가의 기본권'이라 할 수 있다. 국가의 존속과 기능이 보장되지 않고서는 개인의 자유도 있을 수 없다. 이러한 점에서 기본권과 기본의무는 서로 대립관계에 있는 것이 아니라, 기본의무는 궁극적으로 개인이 국가공동체 내에서 자신의 기본권을 행사하기 위한 필수적 조건에 속하는 것이다. 1946년에 제정된 독일 바이에른 州 헌법 제117조 제1문은 "모든 사람이 자신의 자유를 방해받지 않고 누리는 것은, 모든 사람이 민족과 헌법, 국가와 법에 대한 충성의무를 이행하는지에 달려있다."고 규정함으로써, 기본권과 기본의무의 상관관계를 적절하게 표현하고 있다.

자유민주국가는 존속하기 위하여 기본권뿐만 아니라 기본의무도 필요로 한다. '국가에 의한 개인의 자유 보장'과 '국가에 대한 개인의 의무'는 자유민주주의가 생존하기 위한 기본조건이다. 기본권과 기본의무는 자유민주주의가 생존하기 위한 기본조건으로서 동등한 지위와 가치를 가진다. 헌법은 기본권과 기본의무 중에서 어느 하나에게 일방적인 우위를 부여함으로써 양자의 관계를 스스로 확정하고 있는 것이 아니라, 기본권과 기본의무를 동등하게 중요한 것으로 간주하면서 양자의 관계를 구체적으로 형성하는 과제, 즉 기본의무의 실현을 입법자에게 위임하고 있다.[117)]

2. 기본의무와 관련하여 제기되는 핵심적인 문제는 '기본의무와 기본권의 관계'이다.

117) 한편, 일부 학자(가령, 홍성방, "국민의 기본의무", 公法研究 34집 4호 1권(2006. 6), 331면)는 기본권과 기본의무의 관계를 '기본의무 우선의 원칙'으로 표현하고 있다. 그러나 헌법이 기본의무를 규정한 것은 기본권에 대한 우위를 인정한 것이 아니다. 헌법은 기본권과 기본의무의 관계를 헌법적 차원에서 이미 우위관계를 확정함으로써 해결하는 것이 아니라, 기본의무의 실현이 법률유보의 형태로 이루어지게 함으로써 입법자로 하여금 구체적인 경우마다 양자의 관계를 조화시키도록 위임하고 있는 것이다.

법치국가의 헌법 내에서 기본의무와 기본권은 서로 모순되거나 충돌하지 않는다. 헌법은 국민에게 '직접' 의무를 부과하지 않는다. 헌법적 의무는 관철되고 집행되기 위하여 입법자에 의한 형성과 구체화를 필요로 한다. 헌법상 기본의무는 입법자에게 법률로써 국민에게 의무를 부과할 수 있는 권한, 이로써 개인의 자유권을 제한할 수 있는 권한을 부여한다. 기본의무는 특정한 국가목표·국가과제를 제시하고 그 실현을 위하여 자유권의 제한을 허용하는 헌법적 근거이다.

헌법상 기본의무가 인정되는 한, 국민은 자신의 기본권을 주장하여 기본의무의 이행을 거부할 수 없다. 국민은 헌법상 기본의무를 구체화·현실화하는 입법자의 법률에 대하여 의무부과 및 이에 수반되는 기본권제한의 필요성이나 목적에 대하여 이의를 제기할 수 없다. 헌법상 기본의무는 의무의 부과 그 자체에 대하여 기본권을 주장하는 것을 배척하는 효과를 가진다. '이러한 범위 내에서' 기본권은 기본의무의 유보 하에서 보장된다.

한편, 기본의무는 현실화되기 위하여 입법자에 의한 구체적 형성을 필요로 하며, 입법자에 의한 기본의무의 실현은 법률유보원칙과 과잉금지원칙의 구속을 받는다. 따라서 국민의 기본의무는 기본권과 법치국가원리의 관점에서 정당화되는 범위 내에서만 입법자에 의하여 실현되고 구체화될 수 있다. 국민은 헌법상 기본의무의 존재로 말미암아 국가에 의한 '의무부과 그 자체'에 대해서는 이의를 제기할 수 없지만, 입법자에 의한 구체적인 '의무부과의 내용과 형식'에 대해서는 다른 법률의 경우와 마찬가지로 과잉금지원칙, 명확성원칙, 신뢰보호원칙 등 법치국가적 원칙에 근거하여 이의를 제기할 수 있다.

따라서 헌법상 국민의 기본의무는 법치국가적 헌법과 자유에 대한 위협으로 작용할 수 없다. 다만, '자유를 행사해야 할 의무'를 자유권에 대응하는 '기본의무'로 인정함으로써 권리와 의무의 대칭성을 구성하고자 시도하는 경우에만, 기본의무는 자유에 대한 위협이 될 수 있다. 그러나 자유에는 의무가 대응하지 않는다는 법치국가적 헌법의 非對稱性이 유지되는 한, 기본의무는 자유에 대한 위협이 아니라 자유보장의 필수적 조건이다.

참고문헌

계희열, 헌법학(중), 2004
권영성, 헌법학원론, 2008
한수웅, 교육을 받을 권리와 국가교육권한의 한계 - 교육평준화 및 학교선택권 제한의 헌법적 한계를 중심으로 -, 법조, 2008. 4.
_____, 자유권의 보호범위, 헌법학연구 제12권 제5호, 2006. 12.
홍성방, 국민의 기본의무, 公法硏究 34집 4호 1권(2006. 6.)
허　영, 한국헌법론, 2007

Badura, Grundpflichten als verfassungsrechtliche Dimension, DVBl 1982
_____, Staatsrecht, 2002
Bethge, Grundpflichten als verfassungsrechtliche Dimension, NJW 1982
Böckenförde, Grundrechtstheorie und Grundrechtsinterpretation, NJW 1974
Friauf, Verfassungsrechtliche Anforderung an die Gesetzgebung über die Steuern vom Einkommen und Ertrag, in: Friauf(Hg), Steuerrecht und Verfassungsrecht, 1989
V. Götz, Grundpflichten als verfassungsrechtliche Dimension, VVDStRL 41(1983)
Gusy, Grundpflichten und Grundgesetz, JZ 1982
H. Hofmann, Grundpflichten und Grundrechte, in: Isensee/Kirchhof(Hg), Handbuch des Staatsrechts (HbStR), Bd.V, 2000, §114
_____, Grundpflichten als verfassungsrechtliche Dimension, VVDStRL 41(1983)
Isensee, Die verdrängten Grundpflichten des Bürgers, DÖV 1982
_____, Steuerstaat als Staatsform, in: Festschrift für H. P. Ipsen, 1977
_____, Gemeinwohl und Staatsaufgaben im Verfassungsstaat, in: Isensee/Kirchhof(Hg), Handbuch des Staatsrechts (HbStR), Bd.Ⅲ, 1988, §57
Jellinek, Allgemeine Staatslehre, 3. Aufl. 1960
H. H. Klein, Verfassungstreue und Schutz der Verfassung, VVDStRL 37(1979)
Kloepfer, Umweltschutz als Verfassungsrecht: Zum neuen Art.20a GG, DVBl 1996
Maurer, Staatsrecht, 1999
D. Merten, Negative Grundrechte, in: Merten/Papier(Hg), Handbuch der Grundrechte in Deutschland und Europa (HbGR), Bd.II, 2006, §42
A. Randelzhofer, Grundrechte und Grundpflichten, in: Merten/Papier(Hg), Handbuch der Grundrechte in Deutschland und Europa (HbGR), Bd.II, 2006, §37
Ossenbühl, Schule im Rechtsstaat, DÖV 1977
C. Schmitt, Verfassungsrechtliche Aufsätze, 1958
R. Stober, Grundpflichten als verfassungsrechtliche Dimension, NVwZ 1982
Vogel, Der Finanz- und Steuerstaat, in: Isensee/Kirchhof(Hg), Handbuch des

Staatsrechts (HbStR), Bd.I, 1987, §27
Zippelius, Geschichte der Staatsideen, 5. Aufl. 1985
______, Allgemeine Staatslehre, 7. Aufl. 1980
Zippelius/Würtenberger, Deutsches Staatsrecht, 2005

찾아보기

[저자 약력]

독일 Freiburg 대학교 법과대학 학사·석사
독일 제1차 사법시험 합격
독일 Freiburg 대학교 법과대학 법학박사
독일 제2차 사법시험 합격(독일변호사)
헌법재판소 헌법연구관
사법시험 출제위원
홍익대학교 법과대학 법학과 교수
한국법학원 제10회 법학논문상 수상
법제처 정부입법자문위원회 위원
법무부 차별금지법 특별분과위원회 위원장
국가인권위원회 인권위원(비상임)
중앙대학교 법학전문대학원 교수

[주요 저서]

헌법학, 법문사, 제10판(2020)
헌법학 입문, 법문사, 제3판(2019)
주석 헌법재판소법, 헌법재판연구원, 2015(한수웅 외 3인)
Merkmale der verfassungsrechtlichen Ordnung der Wirtschaft in Deutschland und Korea(1993)

기본권의 새로운 이해

2020년 7월 25일 초판 인쇄
2020년 8월 1일 초판 1쇄 발행

저 자 한 수 웅
발행인 배 효 선
발행처 도서출판 法 文 社

주 소 10881 경기도 파주시 회동길 37-29
등 록 1957년 12월 12일/제2-76호(윤)
전 화 (031)955-6500~6 FAX (031)955-6525
E-mail (영업) bms@bobmunsa.co.kr
(편집) edit66@bobmunsa.co.kr
홈페이지 http://www.bobmunsa.co.kr
조 판 법 문 사 전 산 실

정가 50,000원 ISBN 978-89-18-91123-6